丝绸之路研究论文目录

国家图书馆 主编 刘波 编

学苑出版社

图书在版编目（CIP）数据

丝绸之路研究论文目录/国家图书馆主编；刘波编 .—北京：学苑出版社，2018.11
ISBN 978-7-5077-5578-7

Ⅰ.①丝…　Ⅱ.①国…②刘…　Ⅲ.①丝绸之路-专题目录　Ⅳ.①Z88：K928.6

中国版本图书馆 CIP 数据核字（2018）第 245170 号

责任编辑：战葆红
出版发行：学苑出版社
社　　址：北京市丰台区南方庄 2 号院 1 号楼
邮政编码：100079
网　　址：www.book001.com
电子信箱：xueyuanpress@163.com
联系电话：010-67601101（营销部）　　67603091（总编室）
经　　销：新华书店
印　刷　厂：北京虎彩文化传播有限公司
开本尺寸：787×1092　1/16
印　　张：55.5
字　　数：1000 千字
版　　次：2019 年 1 月北京第 1 版
印　　次：2019 年 1 月北京第 1 次印刷
定　　价：680.00 元

"国家传统文化典籍整理工程" 出版成果

总　序

　　书籍是文明得以积累习得和历久不绝的有形物质。中华民族引以为豪的四大发明，就有两项与书籍密切相关，造纸术和印刷术的领先，让中国的文化生产和积累在很长一段时间居于世界前列。世界四大文明中，唯有中华文明五千年来一脉相承，从未中断，一个重要的原因就是中华民族有用文字记载历史，通过不断整理著述传承文化的优良传统。

　　这些祖先留给我们的书籍，浩如烟海。据初步统计，目前仅全国3000余家收藏机构收藏的汉文古籍就超过20万种，逾3000万册件。这些文献典籍镌刻着五千年来中华民族的精神追求、精神特质和精神脉络，形成中华民族历经磨难而绵延发展的精神密码。它们维系着中华文明的薪火相传，跨越时空、超越国度，富有永恒的魅力和持久的价值。

　　中国的大多数朝代都较为重视对这些传统文化典籍的保存和整理，特别是在政治清明、经济繁荣和文化发展的时期，都曾由官方组织对国家藏书进行大规模整理，编纂大型典籍。所谓"盛世修典"，征诸史书，历历可见。如唐代玄宗朝编纂《大唐开元礼》《初学记》和《唐六典》；北宋太宗、真宗朝编纂《太平御览》《太平广记》《文苑英华》和《册府元龟》；明成祖朝编纂《永乐大典》；清康熙朝编纂《古今图书集成》，乾隆朝编纂《四库全书》等。这些典籍的编纂和整理，对继承和弘扬中华民族优秀文明成果，推动文化的繁荣发展起到了积极作用。

　　中华人民共和国成立后，特别是改革开放以来，党和政府对古籍整理事业给予高度重视，古籍整理和出版工作成绩斐然。据统计，仅1949—2003年间整理出版的古籍就有约15000余种，其中"二十四史"与《清史稿》点校本、《资治通鉴》等史学巨著，《全唐诗》《全宋词》《全清词》等文学总集，《中华大藏经》等宗教经典，《大中华文库》（汉英对照）等外译工程，都可称为新中国文化事业的盛事。这些文献典籍整理成果，不仅成为人们了解、学习和认同中华优秀传统文化的重要载体，也使中华优秀传统文化得以为今天所用，为现实服务，在怡情养志、涵育文明方面焕发出新的生命力。

　　国家图书馆是国家古籍保护中心，馆藏宏富，撷英集萃，近4000万册件馆藏文献中，古籍收藏逾160万册件。自1909年京师图书馆初创，百余年来，历代国图人始终秉承"传承文明，服务社会"的宗旨，不遗余力地多方搜采、细致整理、精心保护文献典籍。近年来，在党和政府的大力支持下，国家图书馆组织实施了"中华再造善本工程""中华古籍保护计划""民国时期文献保护计划""等多个大型典籍整理出版项目，在中华优秀传统文化的保存保护、挖掘阐发、传播推广和展示利用方面积累了海量数据和丰富经验。

根据习近平总书记关于系统梳理传统文化资源，让书写在古籍里的文字活起来，推动中华优秀传统文化创造性转化、创新性发展的要求，国家图书馆依托文献收藏优势和文献整理专业能力，从坚定中华优秀传统文化自信、坚守中国特色社会主义文化立场、坚持社会主义核心价值观引领的高度，于2016年7月策划启动"国家传统文化典籍整理工程"，得到文化和旅游部、财政部的大力支持。

"国家传统文化典籍整理工程"将联合全国各级各类图书馆、博物馆等文献收藏机构和高校、科研院所等研究机构，根据已有文献积累及其整理情况，选择国家内政外交重大关切或与百姓民生联系紧密的选题，对有关领域文献典籍进行全面调查收集和系统梳理。在此基础上，编制专题典籍联合目录、整理出版典籍丛书、组织开展典籍整理研究，以期为研究人员利用文献典籍，开展学术研究提供便利，同时也为中华优秀传统文化的传承和发展奠定丰厚的文献基础，为解决现实问题提供历史借鉴。

在选题参与单位和专家学者黾勉从事、不辞劳苦的努力下，项目成果将陆续出版。借此机会，对参与单位的大力支持和专家学者的无私指导表示感谢！由于项目选题涉及领域广泛，在文献的搜集整理过程中，难免有疏漏、不妥之处，敬请方家批评指正，也欢迎广大读者提出宝贵意见。我们真心希望，能够有更多机构参与到这一工程中来，与我们携手，让经过数千年岁月洗礼的中华优秀传统文化在典籍保护与整理工作中绵延不坠、发扬光大。

钱权

2018年秋于北京

前　言

　　本书是"国家传统文化典籍整理工程"子项目"'一带一路'文献整理与研究项目"的阶段性成果。自从1877年德国地质地理学家李希霍芬在其著作《中国》中提出"丝绸之路"这一概念之后，其广为世人接受，内涵和外延也不断扩展。丝绸之路一直是现当代学界的研究热点，尤其是2013年"一带一路"倡议提出以来，相关研究更是如雨后春笋，层出不穷。在新时代继续深入开展丝绸之路研究，进行学术史的回顾和梳理是必不可少的，本书便是这方面的一个尝试之作。

　　本书著录论文13442篇，涉及作者1.1万余人。所收论文主要以丝绸之路历史文化研究及当代经济社会发展研究为范围。丝绸之路本质上是一条古代东西方文明交流的通道，因此对具体史事、人物、文物、遗址的研究论文，也以是否关涉中外交流为主要选择标准。所收文章以发表于学术期刊、集刊的论文为主，也兼及部分时政刊物、普及刊物中发表的研究性、资料性文章。我们的目标是尽可能全面地搜集资料，但我们也深知，全面搜集是一个不可能完成的任务，本书必然存在挂一漏万的问题。如果说本书能勉强提供关于丝绸之路各方面研究的概貌，或者为学者进一步研究提供一些有参考价值的线索，也就算没有白费工夫了。

　　编排方式大体上以类相从，各大类下划分小类，小类下如有必要仍进一步细分。小类的设立，大体上实行"以量立类"的原则，即文章达到一定数量的小类才单独立类。小类的设立与否，兼顾分类体系完整与条目数量均衡：以内容划分小类的，条目过少则一般不单独立类，而归并入"其他"类；但以时代划分小类的，即使某个时段的条目数量很小，也予以保留，以保持分类体系的完整。内容跨越多个小类的条目，则归入"通论"类。毋庸讳言，由于论文内容的复杂性，分类很难彻底，很多时候也很难做到准确贴切，我们只能大体上将各篇论文归入其内容更为侧重的某一个研究领域。

　　本书的编辑工作得到国家图书馆古籍馆副馆长陈红彦女士、萨仁高娃女士的支持与指导，同事王姿怡女士也协助核对了少量条目的出版信息，特此致谢。

　　囿于见闻与学识，本书在资料搜集、分类编排等方面，一定存在不少疏误，敬请各界读者批评指正。

刘　波

2018年6月6日

编 例

一、本目录各条目著录论文著者、论文标题、出版信息;

二、全书分"古代历史文化研究""当代经济社会研究"两编,各包括若干类,各类下酌设小类;

三、各小类所收论文以发表时间(期刊期次)排序。

目　录

上编　古代历史文化研究

丝绸之路综论 ································· 2
  通论 ····································· 2
  丝绸之路 ·································· 3
  海上丝绸之路 ······························ 8
  草原丝绸之路 ······························ 10
  西南丝绸之路 ······························ 12
  东北亚丝绸之路 ···························· 13
  其他交流路线 ······························ 15

史地研究 ····································· 18
  地理与环境 ································ 18
  历史地理 ·································· 20
    疆域 ··································· 20
    交通路线 ······························· 20
    地望考证 ······························· 31
    地名 ··································· 33
    关塞城驿 ······························· 35
    地图 ··································· 38
    其他 ··································· 39
  历史 ······································ 41
    上古秦汉 ······························· 41
    魏晋南北朝 ····························· 47
    隋唐五代 ······························· 48

- 宋 52
- 辽金元 52
- 明 55
- 清 56
- 民国 57

地方史 58
- 通论 58
- 西域 59
  - 通论 59
  - 上古秦汉 65
  - 魏晋南北朝 73
  - 隋唐五代 75
  - 宋 82
  - 辽金元 82
  - 明 83
  - 清 85
  - 民国 91
- 关陇河西 91
- 青藏 96
- 中原 97
- 华北 98
- 东南 99
- 岭南 102
- 西南 107

东西交流 109
- 通论 109
- 人员往来 114
- 贸易往来 117
- 文化交流 130

人物 140
- 上古秦汉 140
- 魏晋南北朝 143
- 隋唐五代 143

宋 145
　　辽金元 145
　　明 147
　　清 148
　　民国 149
　考古 150
　　通论 150
　　石窟 151
　　遗址 154
　　墓葬 158
　　探险与考察 162
　文物 163
　　通论 163
　　织物 164
　　陶瓷 168
　　玻璃器 173
　　石刻泥塑 174
　　玉器 176
　　金属器 177
　　漆器 179
　　纸张 180
　　钱币 181
　　其他 186
　其他 187

社会生活 189
　法律 189
　教育 190
　体育 191
　民俗 196
　游艺 198
　服饰 200
　饮食 203

科技百工 208
通论 208
天文历算 208
农牧业 209
通论 209
农田水利 211
农作物 212
蚕桑 216
畜牧养殖 218
医药 218
建筑 223
手工业 225

民 族 227
民族政策 227
民族关系 228
民族史 232
通论 232
汉族 235
塞人 235
匈奴 236
乌孙 238
吐蕃 239
吐谷浑 242
突厥 243
回鹘 244
沙陀 246
粟特 246
党项 248
蒙古族 249
维吾尔族 249
哈萨克族 251

回族 ……………………………………………………………… 251
　　其他 ……………………………………………………………… 253

宗教与信仰 ……………………………………………………………… 259
　通论 ………………………………………………………………… 259
　佛教 ………………………………………………………………… 261
　　佛教史 …………………………………………………………… 261
　　佛教宗派 ………………………………………………………… 268
　　佛教信仰 ………………………………………………………… 269
　　佛教文献 ………………………………………………………… 270
　　佛教人物 ………………………………………………………… 274
　　佛教文化 ………………………………………………………… 277
　道教 ………………………………………………………………… 281
　萨满教 ……………………………………………………………… 281
　摩尼教 ……………………………………………………………… 282
　祆教 ………………………………………………………………… 283
　基督教 ……………………………………………………………… 284
　伊斯兰教 …………………………………………………………… 286
　其他宗教 …………………………………………………………… 289
　民间信仰 …………………………………………………………… 289

艺　术 …………………………………………………………………… 293
　通论 ………………………………………………………………… 293
　美术 ………………………………………………………………… 295
　　通论 ……………………………………………………………… 295
　　岩画 ……………………………………………………………… 299
　　画像石 …………………………………………………………… 300
　　壁画 ……………………………………………………………… 301
　　绘画 ……………………………………………………………… 310
　　图案纹饰 ………………………………………………………… 315
　　雕塑 ……………………………………………………………… 318
　　工艺美术 ………………………………………………………… 322

乐舞 323
 通论 323
 音乐 328
 乐器 340
 舞蹈 345
 民歌 346
戏剧 347
书法 350
文学 350
 通论 350
 神话 353
 赋 354
 诗 355
  通论 355
  汉魏南北朝 356
  隋唐五代 356
  辽金元 363
  明 366
  清 366
  其他 371
 词 372
 曲 372
 小说 373
 其他 374

语言与文献 376

通论 376
语言接触 376
汉语 378
民族语文 381
 佉卢文 381
 回鹘文 382
 藏文 383

突厥文	385
其他	385
外国语	386
文献史料	387
简牍	387
石刻	388
文献研究	390

综述

研究	408
人物	421
著作	422
会议	433

下编　当代经济社会研究

"一带一路"综论

"一带一路"	444
丝绸之路经济带	451
21世纪海上丝绸之路	460
战略对接	466
美国"新丝绸之路"计划	466
欧亚经济联盟	468
其他	471

政治外交

国际认知	473
国际关系	475
通论	475
中亚	481
东北亚	485

  东南亚 ··· 487
  南亚 ··· 491
  西亚 ··· 492
  欧美 ··· 493
  其他 ··· 494
 侨务侨胞 ··· 494
 民族关系 ··· 496
 其他 ··· 498

经济贸易 ··· 500
 通论 ··· 500
 经济管理 ··· 501
 货币金融 ··· 505
 对外经贸 ··· 521
  通论 ··· 521
  中亚 ··· 531
  东北亚 ··· 539
  东南亚 ··· 542
  南亚 ··· 544
  欧美 ··· 546
  其他 ··· 547
 区域发展 ··· 547
  通论 ··· 547
  经济一体化 ··· 551
  城市发展 ··· 553
  西部 ··· 557
  新疆 ··· 561
  甘肃 ··· 578
  青海 ··· 583
  内蒙古 ··· 585
  宁夏 ··· 587
  陕西 ··· 588
  山西 ··· 593

  河南 594
  山东 596
  黑龙江 596
  江苏 598
  浙江 599
  福建 600
  云南 603
  广西 604
  广东 607
  海南 610
  台港澳地区 611
  其他 611
 产业发展 615
  通论 615
  农业 617
  工矿业 624
  能源 626
  物流 634
  电子商务 643
  其他 645

社会发展 649
 法制 649
 风险与安全 653
 生态环境 657
 医学与人类发展 663
 科技与知识产权 664
 教育与人才 667
 交通运输 675
 旅游 685
 体育 710
 文化艺术 712
  文化遗产保护 712

  文化传承与发展 …………………………………………………… 718
  文化交流与传播 …………………………………………………… 720
  文化建设 …………………………………………………………… 724
  文化产业 …………………………………………………………… 727
 宗教信仰 ……………………………………………………………… 732
 语言与翻译 …………………………………………………………… 733
 文献建设与数字化 …………………………………………………… 735
 媒体与传播 …………………………………………………………… 739

综述 ………………………………………………………………… 745
 研究 …………………………………………………………………… 745
 著作 …………………………………………………………………… 746
 会议 …………………………………………………………………… 747

论著作者索引 ……………………………………………………… 749

上编 古代历史文化研究

丝绸之路综论

通 论

1 胡斯振:《西北学刍议》,《西北民族大学学报(哲学社会科学版)》1985年第1期。
2 纪宗安:《试论南方丝绸之路与海上丝绸之路的关系》,《岭南文史》1993年第1期。
3 潘德深:《中国陆、海丝绸之路的开拓》,《福建师范大学学报(哲学社会科学版)》1993年第3期。
4 徐允信:《古代丝绸之路有四条》,《蚕桑通报》1997年第4期。
5 孙光圻、李宝民:《海上丝路与陆上丝路衔接探微》,《海洋开发与管理》1998年第4期。
6 刘明金:《中国陆海两条丝绸之路比较》,《湛江海洋大学学报》2003年第2期。
7 葛兆光:《从"西域"到"东海"——一个新历史世界的形成、方法及问题》,《文史哲》2010年第1期。
8 霍维洮:《西北学新论》,《西夏研究》2010年第1期。
9 夏文斌:《中国向西开放的时代意义》,《北大马克思主义研究》2015年刊,北京:社会科学文献出版社,2015年。
10 马勇:《南北丝绸之路与海上丝绸之路比较研究》,《社会主义论坛》2015年第2期。
11 汪敏倩、何青:《从舟山与敦煌看海上与陆上丝绸之路》,《农村经济与科技》2015年第5期。
12 岑沫:《广西历史上的三大丝绸之路》,《文史春秋》2016年第1期。
13 马丽蓉:《丝路学研究:基于人文外交的中国话语阐释》,《新疆师范大学学报(哲学社会科学版)》2016年第2期。
14 张江河、周彬:《古今丝绸之路地缘政治之较析——以张骞出使西域和郑和下西洋为例》,《东南亚研究》2016年第6期。
15 李宁:《综述"陆上丝绸之路"与"海上陶瓷之路"的历史发展和影响》,《青春岁月》2016年第7期。

16　陆韧、余华：《南方陆上丝绸之路与海上丝绸之路互联互通的历史进程》，《云南大学学报（社会科学版）》2017年第2期。

丝绸之路

17　孙培良：《丝绸之路概述》，《陕西师大学报（哲学社会科学版）》1978年第3期。

18　彭铮：《丝绸之路的由来》，《蚕业科技》1979年第1期。

19　布希乔：《漫话丝绸之路》，《世界知识》1979年第21期。

20　贾应逸：《丝绸之路初探》，《新疆大学学报（哲学社会科学版）》1980年第4期。

21　卢苇：《丝绸之路的出现和开通》，《史学月刊》1981年第4期。

22　王云度：《"丝绸之路"始辟于何时》，《徐州师范学院学报》1984年第1期。

23　张英莉、戴禾：《丝绸之路述论》，《思想战线》1984年第2期。

24　李明伟：《"丝绸之路"概述》，《兰州商学院学报》1987年第1期。

25　尚衍斌：《关于"丝绸之路"历史文化研究的概况及其初步设想》，《喀什师范学院学报》1989年第3期。

26　陈国灿：《从敦煌吐鲁番学看传统文化的时代价值》，《武汉大学学报（社会科学版）》1989年第4期。

27　展羽：《丝绸之路的源头在河南、河北、山东》，《北京师范学院学报（社会科学版）》1991年第1期。

28　张启安：《丝路文化简说》，《档案》1992年第5期。

29　熊家利、徐良利：《交往、丝绸之路和新旧大陆的汇合——纪念哥伦布发现美洲大陆五百周年》，《湖南师范大学社会科学学报》1992年第5期。

30　李忠存：《丝绸之路——世界友好交往的先驱》，《零陵师专学报》1994年增刊第1期。

31　杨建新：《论丝绸之路的产生、发展和运行机制》，《西北史地》1995年第2期。

32　殷晴：《丝路探微四题》，《西域研究》1996年第1期。

33　庄国土：《从丝绸之路到茶叶之路》，《海交史研究》1996年第1期。

34　何玉屏、熊家利：《丝绸、丝路和中西奴隶社会的灭亡》，《湖南师范大学社会科学学报》1996年第4期。

35　陆敬严：《丝绸之路考略》，《同济大学学报（人文·社会科学版）》1997年第1期。

36　李琴生：《关于"丝绸之路"形成的历史考察》，《丝绸》1999年第3期。

37	羽田明、娄贵书:《丝绸之路的开拓》,《黔西南民族师专学报》1999年第4期。
38	尤学工:《论东汉时期洛阳作为丝绸之路起点的可能性和现实性——兼与王世平先生商榷》,《洛阳工学院学报(社会科学版)》2000年第1期。
39	周得京:《中国丝绸之路的演变》,《洛阳工学院学报(社会科学版)》2000年第2期。
40	林文勋:《是"丝绸之路",还是"贝币之路"?》,《思想战线》2001年第5期。
41	朱士光:《历史时期丝绸之路通塞的启迪》,《中国历史地理论丛》2002年第2期。
42	瞿世民:《从丝绸之路到黑奴航线的古、近代远洋航运》,《中国远洋航务公告》2005年第2期。
43	张少华:《试论丝绸之路的文化意义》,《理论观察》2005年第6期。
44	魏文斌、赵建平:《丝绸之路的管理价值初探》,《丝绸》2005年第9期。
45	张信刚:《从张骞通西域到"世界工厂"》,《北京大学学报(哲学社会科学版)》2006年第4期。
46	田澍、李勇锋:《世界遗产视野中的丝绸之路》,《西北师大学报(社会科学版)》2007年第6期。
47	石云涛:《汉唐间丝绸之路起点的变迁》,《中州学刊》2008年第1期。
48	张芬:《浅析丝绸之路及其贡献》,《读与写(教育教学刊)》2009年第5期。
49	成建正:《汉唐宏观历史视阈下的丝绸之路》,《文博》2010年第3期。
50	田澍、李勇锋:《世界遗产视野中的丝绸之路》,《文化产业研究》第17辑,南京大学出版社,2011年。
51	鲁星星、费万春:《时间序列分析上的丝绸之路》,《现代丝绸科学与技术》2011年第1期。
52	刘博:《丝绸之路的人文精神探析》,《剑南文学》2013年第9期。
53	方光华:《丝绸之路遗产及其现代价值》,《五台山研究》2014年第2期。
54	杜玉粉:《汉唐宏观历史视阈下的丝绸之路解析》,《赤峰学院学报(哲学社会科学版)》2014年第3期。
55	孙占鳌:《丝绸之路的历史演变(上)》,《发展》2014年第4期。
56	孙占鳌:《丝绸之路的历史演变(中)》,《发展》2014年第5期。
57	杨斯童:《从"西域"到"西北"——西北边疆拓殖与开发的历史启示》,《东北师大学报(哲学社会科学版)》2014年第6期。
58	孙占鳌:《丝绸之路的历史演变(下)》,《发展》2014年第6期。
59	贺茹、朱宏斌:《丝绸之路衰落因素新探》,《兰台世界》2014年第7期。
60	冯天瑜:《开辟"丝绸之路"的三大动力源》,《湖北社会科学》2014年第9期。

61	张瑛:《试论丝绸之路的历史作用》,《丝绸之路》2014年第14期。	
62	荣新江:《丝绸之路就是一条"丝绸"之路》,赵丰主编《丝路之绸:起源、传播与交流》,杭州:浙江大学出版社,2015年。	
63	赵丰:《定义与实证:丝绸的起源、传播与交流》,赵丰主编《丝路之绸:起源、传播与交流》,杭州:浙江大学出版社,2015年。	
64	葛承雍:《中国记忆中的丝绸之路》,《全球史评论》第八辑,北京:中国社会科学出版社,2015年。	
65	杨煦生:《丝绸之路的精神之维》,《中外文化与文论》第31辑,成都:四川大学出版社,2015年。	
66	畲振华:《丝绸与路:西方视域下的"丝路表述"》,《中外文化与文论》第31辑,成都:四川大学出版社,2015年。	
67	王春泉:《辖域、解域与古代丝绸之路书写的新航线》,《长安大学学报(社会科学版)》2015年第1期。	
68	阿特米·马尔可夫:《关于丝绸之路的数学模型》,《城市观察》2015年第1期。	
69	蔡祥梅:《关于"丝绸之路"起点问题的一些认识》,《三门峡职业技术学院学报》2015年第1期。	
70	刘庆柱:《"丝绸之路"的考古认知》,《经济社会史评论》2015年第2期。	
71	王喜成:《历史上的"丝绸之路"及其重要作用》,《许昌学院学报》2015年第3期。	
72	郭万杰:《丝绸之路的古今比较研究》,《农村经济与科技》2015年第3期。	
73	鲍志成:《古代丝绸之路的历史作用概论》,《文化艺术研究》2015年第3期。	
74	张建学:《到底哪里是丝绸之路的起点?》,《环球市场信息导报》2015年第4期。	
75	朱士光:《关于丝绸之路历史文化研究的几点见解》,《长安大学学报(社会科学版)》2015年第4期。	
76	李萍:《丝绸之路文化的多元格局探析》,《四川省社会主义学院学报》2015年第4期。	
77	刘进宝:《东方学视野下的"丝绸之路"》,《清华大学学报(哲学社会科学版)》2015年第4期。	
78	鲍音、鲍兴诺:《丝绸之路综述》,《内蒙古民族大学学报(社会科学版)》2015年第5期。	
79	罗雪梅:《丝绸之路名称的历史演变》,《文史杂志》2015年第6期。	
80	葛剑雄:《丝绸之路历史回眸》,《中国中小企业》2015年第8期。	
81	杨正位:《丝绸之路的历史功能与当代启示》,《北方经济》2015年第9期。	

82	朱长征：《丝绸之路的价值分析》，《物流工程与管理》2015年第10期。	
83	墨非：《丝绸之路的历史价值及机遇》，《中国电力企业管理》2015年第11期。	
84	贾晶：《汉唐间丝绸之路变迁之研究与思辨》，《学园》2015年第14期。	
85	陈一军：《丝路文化的人类学意义》，《丝绸之路》2015年第24期。	
86	大卫·克里斯蒂安、刘玺鸿：《丝绸之路还是草原之路？——世界史中的丝绸之路》，《西北民族论丛》第14辑，北京：社会科学文献出版社，2016年。	
87	葛承雍：《中国疆域内所见的丝绸之路（Ⅰ）》，《遗产与保护研究》2016年第1期。	
88	鲍志成：《跨文化视域下丝绸之路的起源和历史贡献》，《丝绸》2016年第1期。	
89	张俊英、刘艳丽：《丝绸之路的历史文化影响与当代价值研究》，《历史教学问题》2016年第1期。	
90	王诗曼：《丝绸之路的前世今生》，《新教育时代电子杂志（学生版）》2016年第1期。	
91	葛承雍：《中国疆域内所见的丝绸之路（Ⅱ）》，《遗产与保护研究》2016年第2期。	
92	魏志江、李策：《论中国丝绸之路学科理论体系的构建》，《新疆师范大学学报（哲学社会科学版）》2016年第2期。	
93	刘迎胜：《丝绸之路的缘起与中国视角》，《江海学刊》2016年第2期。	
94	秦开凤：《空间生产视阈下丝绸之路的历史审视与现实启示》，《山东社会科学》2016年第3期。	
95	卫军茹：《丝绸之路的历史渊源与当代中国情结》，《产业与科技论坛》2016年第3期。	
96	惠晓东：《丝绸之路拓展与巩固》，《陕西青年职业学院学报》2016年第3期。	
97	闫丽红：《丝路精神及其时代内涵》，《山西社会主义学院学报》2016年第3期。	
98	张健、向仲怀：《论中国丝绸之路的文化价值》，《蚕业科学》2016年第5期。	
99	潘光：《欧亚陆上丝绸之路沿线的"文明断裂带"研究——兼论"文明冲突论"的双重性》，《俄罗斯研究》2016年第6期。	
100	聂文慧：《丝绸之路在世界体系演进中的作用研究》，《国际经济合作》2016年第6期。	
101	张君荣、吕梦荻：《以全球史视野认识"丝绸之路"》，《中国社会科学报》2016年7月18日。	
102	张克仁：《浅议彩陶之路与丝绸之路的契合》，《档案》2016年第8期。	
103	齐东方：《"丝绸之路"与中国文化》，《领导科学论坛》2016年第8期。	
104	邹立：《谁最早命名了"丝绸之路"》，《文史博览》2016年第9期。	

105	王济宪:《丝绸之路的自供状与历史的见证》,《文史天地》2016年第9期。	
106	杨海波:《"丝绸之路"的形成发展及当代启示》,《理论学习》2016年第11期。	
107	张国刚:《丝绸与中国人天下观的演进》,《南风窗》2016年第25期。	
108	刘瑞:《丝绸之路的起始点与最初的走向》,《丝绸之路研究集刊》第1辑,北京:商务印书馆,2017年。	
109	李正宇:《丝绸之路名实论》,《石河子大学学报(哲学社会科学版)》2017年第1期。	
110	傅梦孜:《对古代丝绸之路源起、演变的再考察》,《太平洋学报》2017年第1期。	
111	傅宁:《丝绸之路与文化自信》,《四川省社会主义学院学报》2017年第2期。	
112	李锦绣:《古代"丝瓷之路"综论》,《新疆师范大学学报(哲学社会科学版)》2017年第4期。	
113	张同胜:《考古文献重构的丝绸之路》,《甘肃广播电视大学学报》2017年第4期。	
114	袁剑:《丝绸之路、地方知识与区域秩序——"丝绸之路"的概念、话语及其超越》,《陕西师范大学学报(哲学社会科学版)》2017年第4期。	
115	张云:《高原丝绸之路的主要特点与历史成就》,《江海学刊》2017年第4期。	
116	徐文堪:《古代丝绸之路与跨学科研究》,《新疆师范大学学报(哲学社会科学版)》2017年第4期。	
117	彼得·弗兰科潘、邵旭东、孙芳:《丝绸之路的源起》,《二十一世纪商业评论》2017年第5期。	
118	刘迎胜:《"丝绸之路"与"一带一路"》,《金融博览》2017年第6期。	
119	王健:《从"丝绸之路"概念演变到"近代丝绸之路"研究》,《云南师范大学学报(哲学社会科学版)》2017年第6期。	
120	王永平:《全球史视野下的古代丝绸之路》,《中央社会主义学院学报》2017年第6期。	
121	郭晶晶:《丝绸之路的"前世今生"》,《标准生活》2017年第6期。	
122	冯天瑜:《"丝绸之路"的三大动力源》,《智慧中国》2017年第7期。	
123	张信刚:《古丝绸之路:人类历史的地理宿命》,《理论参考》2017年第7期。	
124	王健:《丝绸之路及其发展变化》,《唯实》2017年第10期。	
125	周阳敏:《传统丝绸之路兴衰历史周期研究》,《河南社会科学》2017年第10期。	
126	霍巍:《"高原丝绸之路"的形成、发展及其历史意义》,《社会科学家》2017年第11期。	

127　王锡伦：《"丝绸之路"的由来》，《世界文化》2018年第1期。

128　雍际春：《论丝绸之路的文化价值与历史影响》，《甘肃广播电视大学学报》2018年第1期。

129　管楚度、蔡翠：《丝绸之路主线及成因分析》，《工程研究-跨学科视野中的工程》2018年第1期。

130　田澍、孙文婷：《概念史视野下的"丝绸之路"》，《社会科学战线》2018年第2期。

131　李伯重：《15世纪以前的丝绸之路》，《法人》2018年第3期。

海上丝绸之路

132　廖渊泉、黄天柱、郑焕章：《海上"丝瓷之路"》，《航海》1982年第1期。

133　陈炎：《略论海上"丝绸之路"》，《历史研究》1982年第3期。

134　冯蔚然：《海上"丝绸之路"》，《上海海运学院学报》1983年第3期。

135　陈炎：《海上"丝绸之路"》，《国际贸易》1983年第4期。

136　王建辉：《"海上丝绸之路"应称为"瓷器之路"》，《求索》1984年第6期。

137　喻继如：《太平洋上的"丝绸之路"与"中国之船"》，《江西社会科学》1990年第1期。

138　唐嘉弘、张建华：《海上丝绸之路疏证》，《南方文物》1997年第2期。

139　马勇：《东南亚与海上丝绸之路》，《云南社会科学》2001年第6期。

140　赵春晨：《关于"海上丝绸之路"概念及其历史下限的思考》，《学术研究》2002年第7期。

141　陈潮：《重新审视海上丝路的开拓》，《复旦学报（社会科学版）》2003年第1期。

142　陈惠平：《海上丝绸之路的文化特质及其当代意义》，《中共福建省委党校学报》2005年第2期。

143　杨国桢：《从涉海历史到海洋整体史的思考》，《南方文物》2005年第3期。

144　吴春明：《环中国海海洋文化的土著生成与汉人传承论纲》，《复旦学报（社会科学版）》2011年第1期。

145　李传江：《东海丝绸之路史疏》，《人文中国学报》第二十二期，上海：上海古籍出版社，2013年。

146　刘永连：《"东南丝绸之路"刍议——谈从江浙至广州的丝绸外销干线及其网络》，《海交史研究》2013年第1期。

147 许家堃:《哪里是海上丝绸之路的始发港》,《沧桑》2013 年第 3 期。

148 汪震:《丝路帆远——从博物馆学角度看千年海上丝绸之路》,《艺苑》2013 年第 6 期。

149 龚缨晏:《关于古代"海上丝绸之路"的几个问题》,《海交史研究》2014 年第 2 期。

150 周长山:《"海上丝绸之路"概念之产生与流变》,《广西地方志》2014 年第3期。

151 舒曼:《"海上丝路"与"海上茶路"知多少——戒"海上丝路和海上茶路"一家说了算》,《农业考古》2014 年第 5 期。

152 龚缨晏:《海上丝绸之路与中国古代的海洋观》,《地图》2014 年第 5 期。

153 陈达森:《"海上丝绸之路"的形成及其历史价值》,《黑龙江史志》2014 年第 24 期。

154 林宏宇:《"海上丝绸之路"国际战略意义透析》,《人民论坛》2014 年第 25 期。

155 杨国桢:《海洋丝绸之路与海洋文化研究》,《海洋史研究》第 7 辑,北京:法律出版社,2015 年。

156 贾庆军:《东南亚与"海上丝绸之路"精神:历史见证未来——兼论日本对"海上丝绸之路"精神传承的破坏》,《宁波大学学报(人文科学版)》2015 年第 1 期。

157 李金明:《中国古代海上丝绸之路的发展与变迁》,《新东方》2015 年第 1 期。

158 杨国桢:《海洋丝绸之路与海洋文化研究》,《学术研究》2015 年第 2 期。

159 黄伟宗:《海洋文化与丝绸之路》,《广东广播电视大学学报》2015 年第 2 期。

160 薛迎春:《中国的海洋文化——兼论海洋文明的"分享"》,《天水师范学院学报》2015 年第 3 期。

161 司徒尚纪:《海上丝绸之路概念、内涵、性质和时限之我见》,《新东方》2015 年第 3 期。

162 魏志江、魏楚雄:《论十至十四世纪中韩海上丝绸之路与东亚海域交涉网络的形成》,《江海学刊》2015 年第 3 期。

163 杨国桢、王鹏举:《中国传统海洋文明与海上丝绸之路的内涵》,《厦门大学学报(哲学社会科学版)》2015 年第 4 期。

164 司徒尚纪、许桂灵:《中国海上丝绸之路的历史演变》,《热带地理》2015 年第 5 期。

165 陈洪波:《关于汉代海上丝绸之路的再思考》,《泉州师范学院学报》2015 年第 5 期。

166 李思成:《海上丝绸之路:比陆上丝绸之路更悠久》,《科学大观园》2015 年第

7 期。

167 松浦章、马成芬：《轮船时代的海上丝绸之路》，《国家航海》第 17 辑，上海：上海古籍出版社，2016 年。

168 燕海鸣、朱伟、聂政、赵哲昊：《古代世界的海上交流——全球视野下的海上丝绸之路》，《中国文物科学研究》2016 年第 2 期。

169 姜波、赵云、丁见祥：《海上丝绸之路的内涵与时空框架》，《中国文物科学研究》2016 年第 2 期。

170 李双幼：《海上丝绸之路历史记忆的个案考察》，《青海民族大学学报（社会科学版）》2016 年第 2 期。

171 韩洪文、董银苹、唐振：《中日古代海上丝绸之路发展历程及当代启示》，《西北工业大学学报（社会科学版）》2016 年第 3 期。

172 林惠玲、黄茂兴：《中国海洋文明与海上丝绸之路的复兴》，《东南学术》2016 年第 3 期。

173 黄颖：《海上丝绸之路形成的历史考察》，《理论参考》2016 年第 3 期。

174 刘正刚、张子俊：《官办丝绸之路最先始于海洋》，《肇庆学院学报》2016 年第 4 期。

175 松浦章、马成芬：《轮船时代的海上丝绸之路》，《国家航海》2016 年第 4 期。

176 马建春：《海上丝绸之路的历史贡献》，《社会科学战线》2016 年第 4 期。

177 马艳敏：《浅析"海上丝绸之路"文化的多元融合》，《丝路视野》2016 年第 5 期。

178 陈支平：《关于"海丝"研究的若干问题》，《文史哲》2016 年第 6 期。

179 姜波：《海上丝绸之路：环境、人文传统与贸易网络》，《南方文物》2017 年第 2 期。

180 丁清华：《海上丝绸之路的历史见证》，《海峡教育研究》2017 年第 2 期。

181 阎根齐：《论南海海上丝绸之路的形成时间》，《学术探索》2017 年第 3 期。

182 姚景芳、陈淑华：《谈海上丝绸之路的历史贡献与重建对策》，《辽宁师专学报（社会科学版）》2017 年第 5 期。

草原丝绸之路

183 芮传明：《游牧民族对古代东西交通的贡献——谈"草原之路"》，《苏州铁道师院学报》1984 年第 12 期。

184 陈良伟：《隋唐漠北草原丝道初探》，《喀什师范学院学报（哲学社会科学版）》

1993 年第 1 期。

185 卢明辉：《"草原丝绸之路"——亚欧大陆草原通道与中原地区的经济交流》，《内蒙古社会科学（文史哲版）》1993 年第 3 期。

186 陈良伟：《漠北草原丝道初探》，《喀什师范学院学报（哲学社会科学版）》1993 年第 4 期。

187 萨恒·松哈泰：《丝绸之路在草原文化发展中的作用》，《西域研究》1994 年第 4 期。

188 洪用斌：《草原丝绸之路概述》，《内蒙古金融研究》2003 年增刊第 3 期。

189 王蓬：《草原上的丝绸之路》，《丝绸之路》2004 年第 1 期。

190 王大方：《论草原丝绸之路》，《前沿》2005 年第 9 期。

191 张玉桥：《以洛阳为东端起点的欧亚草原丝绸之路的形成》，《焦作师范高等专科学校学报》2008 年第 2 期。

192 徐英：《欧亚草原丝路的贯通及意义》，《艺术探索》2009 年第 2 期。

193 石云涛：《3—6 世纪的草原丝绸之路》，《社会科学战线》2011 年第 9 期。

194 粟迎春：《环阿尔泰草原丝绸之路文化的变迁及启示》，《新疆财经大学学报》2014 年第 4 期。

195 翟禹：《辽金元时期的草原丝绸之路——兼谈内蒙古在当代丝绸之路经济带建设中的地位》，《西部发展研究（2015）》，成都：四川大学出版社，2015 年。

196 李青青、崔瑾、苏文泽、杨凯：《试析草原丝绸之路的重要意义——以唐代参天可汗道为例》，《前沿》2015 年第 5 期。

197 王其格：《草原丝绸之路在草原文化发展中的历史作用和当代意义》，《实践（思想理论版）》2015 年第 9 期。

198 钟昌斌：《草原文化在草原丝绸之路形成发展中的作用》，《实践（思想理论版）》2015 年第 10 期。

199 葛根高娃、李晓：《历史时期草原丝绸之路相关问题研究》，《中央民族大学学报（哲学社会科学版）》2016 年第 2 期。

200 吴团英：《谈构建草原文化学术话语体系问题——从草原丝绸之路说开去》，《内蒙古社会科学》2016 年第 3 期。

201 张宁馨：《草原丝绸之路上的聚居文化变迁》，《建筑工程技术与设计》2016 年第 21 期。

202 李春梅、胡玉春、班布日：《古代草原丝绸之路与东西文化交流——论草原文化与草原丝路沿线文化》，《实践（思想理论版）》2017 年第 10 期。

203 杜晓勤：《"草原丝绸之路"兴盛的历史过程考述》，《西南民族大学学报（人文社科版）》2017 年第 12 期。

204 张楠、马金辰：《历史时期草原丝绸之路沿线城镇的体系发展轨迹》，《内蒙古电大学刊》2018 年第 1 期。

西南丝绸之路

205 龙建民、唐楚臣：《南方丝绸路与西南文化》，《云南社会科学》1988 年第 5 期。

206 申旭：《南方丝路研究两题》，《东南亚》1988 年增刊第 1 期。

207 胡绍华：《西南丝绸之路》，《历史教学》1989 年第 8 期。

208 曹力生：《略论"西南丝绸之路"的复兴》，《经济问题探索》1991 年第 2 期。

209 周日琏：《古代青衣江上游的郡县建置与西南丝绸之路》，《四川文物》1991 年第 6 期。

210 王有鹏：《从文物考古资料论"西南丝绸之路"》，《四川金融》1992 年第 5 期。

211 范明三：《南方丝绸之路掠影》，《苏州丝绸工学院学报》1993 年第 1 期。

212 顾学稼：《南方丝绸之路质疑》，《史学月刊》1993 年第 3 期。

213 张策刚：《南方丝绸之路起点溯源》，《四川文物》1993 年第 5 期。

214 张明：《古代西南的"黄金之路"》，《贵州文史丛刊》1993 年第 6 期。

215 高大伦：《关于"南方丝绸之路"的几点思考》，《中国史研究》1995 年第 2 期。

216 叶农：《四川丝绸古今谈（三）——西南丝绸之路》，《今日四川》1996 年第 4 期。

217 宋蜀华：《论西南丝绸之路的形成、作用和现实意义》，《中央民族大学学报》1996 年第 6 期。

218 谢国先：《古代南方陆上丝绸之路的沉寂——一种政治的思考》，《云南教育学院学报》1997 年第 3 期。

219 吴焯：《西南丝绸之路研究的认识误区》，《历史研究》1999 年第 1 期。

220 罗二虎：《汉晋时期的中国"西南丝绸之路"》，《四川大学学报（哲学社会科学版）》2000 年第 1 期。

221 郭亚非：《中央王朝势力的加强与南方古丝绸之路的开发》，《云南师范大学学报（哲学社会科学版）》2000 年第 4 期。

222 申旭：《关于"西南丝绸之路"概念的一点看法》，《思想战线》2001 年第 5 期。

223 刘光全：《南方丝绸之路蠡测》，《文史杂志》2002 年第 2 期。

224 路义旭：《论西南丝绸之路的研究状况》，《西南民族大学学报（人文社科版）》2003 年第 11 期。

225 赵永康：《探索古代西南丝绸之路的遗踪》，《成都理工大学学报（社会科学版）》2004年第3期。

226 吴红：《三星堆文明和南方丝绸之路》，《西南民族大学学报（人文社科版）》2008年第3期。

227 刘世庆：《中国西部对外开放与南丝绸之路》，《中华文化论坛》2008年增刊第2期。

228 白立君：《从〈华阳国志〉看早期西南丝绸之路的状况》，《齐齐哈尔师范高等专科学校学报》2010年第6期。

229 屈小玲：《中国西南与境外古道：南方丝绸之路及其研究述略》，《西北民族研究》2011年第1期。

230 王升华：《源远流长的古西南丝绸之路》，《四川蚕业》2012年第3期。

231 全洪涛：《南方丝绸之路的文化探析》，《思想战线》2012年第6期。

232 林文勋：《"贝币之路"及其在云南边疆史研究中的意义》，《中国边疆史地研究》2013年第1期。

233 林文勋：《南方丝绸之路的历史特征和历史启示》，《社会主义论坛》2014年第11期。

234 杜韵红：《南方丝绸之路的变迁与保护》，《文化遗产》2015年第2期。

235 方铁：《简论西南丝绸之路》，《长安大学学报（社会科学版）》2015年第3期。

236 段渝：《南方丝绸之路：中—印交通与文化走廊》，《思想战线》2015年第6期。

237 万明：《整体视野下丝绸之路的思考——以明代南方丝绸之路为中心》，《中华文化论坛》2015年第9期。

238 汪泽仁：《从古蜀海贝到"南方丝绸之路"文化的试探》，《四川省干部函授学院学报》2016年第1期。

239 杨丽华：《从杨慎往返川滇行程看明中期的南方丝绸之路》，《中华文化论坛》2017年第11期。

东北亚丝绸之路

240 傅朗云：《东北亚丝绸之路初探》，《东北师大学报》1991年第4期。

241 傅朗云：《关于古代东北亚丝绸之路的探索》，《北方论丛》1995年第4期。

242 巩生勤、孟庆梅：《东北亚丝绸之路》，《辽宁经济管理干部学院学报》2001年第4期。

243 张克、云波：《古代东北黑龙江"丝绸之路"》，《黑龙江史志》2006年第8期。

244 龚强：《黑龙江冰雪丝绸之路考》，《黑龙江档案》2009 年第 6 期。

245 王德恒：《三国和"海东盛国"时的东北亚丝路》，《知识就是力量》2010 年第 7 期。

246 楚福印：《东方丝绸之路——记渤海国与大唐、日本的友好往来》，《黑龙江史志》2010 年第 11 期。

247 程弓：《黑龙江冰雪丝绸之路》，《黑龙江史志》2012 年第 2 期。

248 程弓：《黑龙江冰雪丝绸之路（二）》，《黑龙江史志》2012 年第 4 期。

249 程弓：《黑龙江冰雪丝绸之路（连载三）》，《黑龙江史志》2012 年第 6 期。

250 程弓：《黑龙江冰雪丝绸之路（连载四）》，《黑龙江史志》2012 年第 12 期。

251 程弓：《黑龙江冰雪丝绸之路（连载五）》，《黑龙江史志》2012 年第 14 期。

252 程弓：《黑龙江冰雪丝绸之路（连载六）》，《黑龙江史志》2012 年第 16 期。

253 程弓：《黑龙江冰雪丝绸之路（连载七）》，《黑龙江史志》2012 年第 18 期。

254 程弓：《黑龙江冰雪丝绸之路（连载八）》，《黑龙江史志》2012 年第 22 期。

255 程弓：《黑龙江冰雪丝绸之路（连载九）》，《黑龙江史志》2012 年第 24 期。

256 程弓：《黑龙江冰雪丝绸之路（连载十）》，《黑龙江史志》2013 年第 2 期。

257 程弓：《黑龙江冰雪丝绸之路（连载十一）》，《黑龙江史志》2013 年第 4 期。

258 程弓：《黑龙江冰雪丝绸之路（连载十二）》，《黑龙江史志》2013 年第 6 期。

259 程弓：《黑龙江冰雪丝绸之路（连载十三）》，《黑龙江史志》2013 年第 8 期。

260 程弓：《黑龙江冰雪丝绸之路（连载十四）》，《黑龙江史志》2013 年第 10 期。

261 程弓：《黑龙江冰雪丝绸之路（连载十五）》，《黑龙江史志》2013 年第 12 期。

262 程弓：《黑龙江冰雪丝绸之路（连载十六）》，《黑龙江史志》2013 年第 14 期。

263 程弓：《黑龙江冰雪丝绸之路（连载十七）》，《黑龙江史志》2013 年第 16 期。

264 程弓：《黑龙江冰雪丝绸之路（连载十八）》，《黑龙江史志》2013 年第 18 期。

265 陈永亮：《"东北亚陆海丝绸之路"：基于历史和现实的探讨》，《满族研究》2015 年第 4 期。

266 许正：《汉代"丝绸之路"战略与"东北亚大陆"秩序的塑造》，《学术界》2015 年第 11 期。

267 张忠：《东方丝绸之路的初始》，《辽宁丝绸》2016 年第 1 期。

268 张忠：《东方丝绸之路的形成》，《辽宁丝绸》2016 年第 2 期。

269 张忠：《东方丝绸之路的形成（续）》，《辽宁丝绸》2016 年第 3 期。

270 龚强：《黑龙江冰雪丝绸之路古今考》，《黑龙江史志》2016 年第 3 期。

271 佟大群：《东北亚丝绸之路发展历程考察》，《学问》2017 年第 1 期。

其他交流路线

272 任乃强:《中西陆上古商道——蜀布之路(上)》,《文史杂志》1987 年第 1 期。

273 任乃强:《中西陆上古商道——蜀布之路(下)》,《文史杂志》1987 年第 2 期。

274 孟东风:《东北亚海上丝绸之路——唐代渤海国的"龙原日本道"》,《中国典籍与文化》1993 年第 3 期。

275 臧振:《"玉石之路"初探》,《人文杂志》1994 年第 2 期。

276 彭作禄:《中朝"丝绸之路"辨考(上)》,《丹东师专学报》1995 年第 3 期。

277 彭作禄:《中朝"丝绸之路"辨考(下)》,《丹东师专学报》1995 年第 4 期。

278 章金荣:《云南与古"稻米之路"》,《云南农业》1997 年第 10 期。

279 季学源:《海上陶瓷之路》,《文化交流》2001 年第 2 期。

280 王小甫:《"黑貂之路"质疑——古代东北亚与世界文化联系之我见》,《历史研究》2001 年第 3 期。

281 施倩:《先于"丝绸之路"的"稻米之路"》,《乡镇企业科技》2001 年第 4 期。

282 杨伯达:《玉石之路的布局及其网络》,《南都学坛》2004 年第 3 期。

283 张翔里:《神秘的中国西羌丝绸之路》,《阿坝师范高等专科学校学报》2006 年第 2 期。

284 张得祖:《古玉石之路与丝绸之路青海道》,《青海师范大学学报(哲学社会科学版)》2008 年第 5 期。

285 李凯:《先秦时代的"海贝之路"》,《青海社会科学》2010 年第 1 期。

286 闫亚林:《关于"玉石之路"问题的探讨》,《考古与文物》2010 年第 3 期。

287 段继业:《历史上的砖茶之路及其社会文化功能》,《西南民族大学学报(人文社科版)》2010 年第 7 期。

288 赵宝红:《唐朝的海上"丝香之路"研究》,《兰台世界》2010 年第 17 期。

289 郑云龙、周艾民、刘影:《黑曜石之路初探》,《边疆经济与文化》2011 年第 7 期。

290 张高陵:《从"玉石之路"到"丝绸之路"》,《中国商人》2011 年第 12 期。

291 叶舒宪:《怎样从大传统重解小传统——玉石之路、祖灵牌位和车马升天意象》,《思想战线》2013 年第 5 期。

292 叶舒宪:《玉石之路与华夏文明的资源依赖——石峁玉器新发现的历史重建意义》,《上海交通大学学报(哲学社会科学版)》2013 年第 6 期。

293 叶舒宪:《丝绸之路还是玉石之路——河西走廊与华夏文明传统的重构》,《探索与争鸣》2013 年第 7 期。

294　刘艳荣：《浅析陶瓷之路》，《宿州教育学院学报》2014 年第 1 期。

295　彭一万：《"海上茶叶之路"的定义辨析——〈宁波"海上茶路"启航地的地位毋庸置疑〉质疑》，《农业考古》2014 年第 2 期。

296　钟华邦：《中国古代"玉石之路"的质疑》，《宝石和宝石学杂志》2014 年第 3 期。

297　唐启翠：《玉石之路山西道代县路段再考察》，《百色学院学报》2014 年第 4 期。

298　崔明德：《再谈"青藏高原丝绸之路"的开辟及拓展》，《烟台大学学报（哲学社会科学版）》2014 年第 5 期。

299　冯玉雷：《玉帛之路：比丝绸之路更早的国际大通道》，《丝绸之路》2014 年第 19 期。

300　冯玉雷：《玉帛之路及其古代路网的调查及研究》，《百色学院学报》2015 年第 1 期。

301　冯玉雷：《玉帛之路环腾格里沙漠路网考察报告》，《百色学院学报》2015 年第 2 期。

302　崔永红：《青海丝绸之路：玉石之路、羌中道研究》，《青海民族大学学报（社会科学版）》2015 年第 3 期。

303　王阳：《乳香之路：对丝绸之路的另一种认知》，《社会科学战线》2015 年第 7 期。

304　蒋太旭：《从丝绸之路到万里茶道》，《决策与信息（上旬刊）》2015 年第 11 期。

305　冯玉雷：《玉帛之路与齐家文化考察》，《丝绸之路》2015 年第 13 期。

306　乔智慧：《玉石之路——丝绸之路的奠基者》，《新疆人文地理》2016 年第 4 期。

307　易华：《金玉之路与欧亚世界体系之形成》，《社会科学战线》2016 年第 4 期。

308　冯玉雷：《玉帛文化：华夏文明发生的动力及核心价值》，《甘肃社会科学》2016 年第 4 期。

309　玉时阶：《山地丝绸之路：古代中国广西通向东南亚的经贸之路》，《深圳大学学报（人文社会科学版）》2016 年第 5 期。

310　玉时阶：《山地丝绸之路：古代中国广西通向东南亚的南方丝绸之路——南方丝绸之路研究之一》，《广西社会主义学院学报》2016 年第 6 期。

311　雍际春：《中西青铜文化交流与青铜之路》，《丝绸之路》2016 年第 6 期。

312　叶舒宪：《中国话语：从"重开丝路"到"玉帛之路"》，《金融博览》2016 年第 19 期。

313　霍川、霍巍：《汉晋时期藏西"高原丝绸之路"的开通及其历史意义》，《西藏大学学报(社会科学版)》2017年第1期。

314 杨建华、邵会秋:《欧亚草原东部金属之路的形成》,《文物》2017年第6期。

315 沈骞:《玉帛之路——和田玉在丝绸之路上的物质文化传播》,《文物天地》2017年第11期。

316 李涛:《曾与"丝绸之路"齐名的食盐之路》,《中国盐业》2017年第18期。

史地研究

地理与环境

317 樊自立：《历史时期塔里木河流域水系变迁的初步研究》，《新疆地理》1979 年第 2 期。

318 赵松乔：《罗布荒漠的自然特征和罗布泊的"游移"问题》，《地理研究》1983 年第 2 期。

319 胡智育：《和田地区沙漠化与人口增长》，《西北人口》1983 年第 3 期。

320 李江风：《唐代轮台气候》，《干旱区地理》1986 年第 2 期。

321 徐勤：《试论丝绸之路的地理基础》，《兰州学刊》1987 年第 1 期。

322 王宗维：《"敦煌"释名——兼论中国吐火罗人》，《新疆社会科学》1987 年第 1 期。

323 殷晴：《和田地区的环境演变与生态经济研究》，《新疆社会科学》1987 年第 3 期。

324 胡文康：《新疆"丝绸之路"及其环境变迁》，《干旱区研究》1990 年第 4 期。

325 黎洪：《上古西亚环境破坏刍议》，《玉林师专学报》1994 年第 1 期。

326 吴景山：《古丝绸之路话护林》，《中国林业》1995 年第 6 期。

327 王守春：《历史上塔里木河下游地区环境变迁与政治经济地位的变化》，《中国历史地理论丛》1996 年第 3 期。

328 段华：《古代丝绸之路上的造林》，《森林与人类》1997 年第 2 期。

329 王勋陵：《我国境内丝绸之路生态环境的变化》，《西北大学学报（自然科学版）》1999 年第 3 期。

330 朱士光、唐亦功：《西北地区丝路沿线自然地理环境变迁初步研究》，《西北大学学报（自然科学版）》1999 年第 6 期。

331 王守春：《胡桐一词的词源与古代楼兰地区的生态环境》，《西域研究》2002 年第 1 期。

332 王鹏辉：《史前时期新疆的环境与考古学研究》，《西域研究》2005 年第 1 期。

333 王锋：《张骞通西域与丝绸之路中国境内的自然生态环境保护》，《宁夏大学学报

（人文社会科学版）》2005 年第 5 期。

334 孙继敏、朱日祥：《天山北麓晚新生代沉积及其新构造与古环境指示意义》，《第四纪研究》2006 年第 1 期。

335 熊黑钢、韩春鲜：《历史时期塔里木盆地南缘交通线路变迁与环境的关系》，《人文地理》2006 年第 6 期。

336 张德伟：《古丝绸之路繁荣的地理人文因素分析》，《聊城大学学报（社会科学版）》2007 年第 2 期。

337 钱云：《丝绸之路的绿洲保障体系》，《北京林业大学学报（社会科学版）》2011 年第 4 期。

338 张彦虎：《汉唐时期西域生态环境与屯垦开发研究》，《石河子大学学报（哲学社会科学版）》2012 年第 1 期。

339 李宝华、周金花：《气候波动与陆上丝绸之路的兴衰》，《课外阅读（中旬）》2012 年第 11 期。

340 李并成：《新疆渭干河下游古绿洲沙漠化考》，《西域研究》2012 年第 2 期。

341 叶晗、李朝阳、张多勇、王小君：《历史时期气候变化对我国南疆绿洲丝路兴衰的影响》，《陇东学院学报》2014 年第 2 期。

342 潘登：《地理环境变迁与楼兰古国兴衰的关系》，《城市地理》2014 年第 18 期。

343 袁剑：《新疆史地研究的生态视野——环境、历史与社会的一种解释路径》，《新疆师范大学学报（哲学社会科学版）》2015 年第 1 期。

344 郝二旭：《唐五代敦煌农业对生态环境的影响研究》，《敦煌学辑刊》2015 年第 2 期。

345 张骥飞：《张骞对西域丝绸之路自然生态环境的保护谈喷》，《兰台世界》2015 年第 9 期。

346 马小娟：《汉武帝反击匈奴对汉边境的地理环境影响》，《兰台世界》2015 年第 27 期。

347 金勇强：《唐宋时期中原地区的气候变化对古丝绸之路的影响》，《陕西理工学院学报（社会科学版）》2017 年第 1 期。

348 阿尔斯朗·马木提、木合塔尔·麦丁、唐世明：《塔里木河下游绿洲景观兴衰浅析》，《和田师范专科学校学报》2017 年第 1 期。

349 张恒、李荣华：《汉唐时期河西走廊农牧演替与环境变迁》，《农业考古》2017 年第 4 期。

350 安成邦、王伟、段阜涛、黄伟、陈发虎：《亚洲中部干旱区丝绸之路沿线环境演化与东西方文化交流》，《地理学报》2017 年第 5 期。

351 陈发虎、安成邦、董广辉、张东菊:《丝绸之路与泛第三极地区人类活动、环境变化和丝路文明兴衰》,《中国科学院院刊》2017 年第 9 期。

历史地理

疆 域

352 苏北海:《两汉在西域昆仑山、喀喇昆仑山及帕米尔高原的统治疆域》,《新疆师范大学学报(社会科学版)》1982 年第 1 期。

353 苏北海:《从大宛到浩罕的疆域问题》,《新疆大学学报(哲学社会科学版)》1982 年第 2 期。

354 艾素珍:《魏晋南北朝时期边疆域外地理知识的发展》,《自然辩证法通讯》1998 年第 2 期。

355 林荣贵:《北宋与辽并立时期的疆域格局》,《中国边疆史地研究》1998 年第 3 期。

356 司徒尚纪:《海上丝绸之路与我国在南海传统疆域的形成》,《云南社会科学》2001 年第 6 期。

357 司徒尚纪:《海上丝绸之路与我国南海传统疆域形成》,《广东蚕业》2002 年第 1 期。

358 周学军、刘焕峰:《中俄勘分西北边界与科布多西路八卡伦的两次内迁》,《西域研究》2003 年第 3 期。

359 樊明方:《19 世纪 60 年代中俄西段边界的划定》,《历史档案》2007 年第 2 期。

360 吴孟显:《高车国疆域变迁述略》,《丝绸之路》2010 年第 8 期。

361 何星亮:《清代勘分中俄科塔边界大臣的第一件察合台文文书及其相关问题研究》,《西域研究》2015 年第 4 期。

362 杨荣春:《北凉疆域变迁考》,《内蒙古社会科学》2016 年第 4 期。

363 王连旗、崔广庆、高汝东:《先秦秦汉时期陆上丝绸之路与中国西北边疆安全》,《塔里木大学学报》2017 年第 1 期。

交通路线

364 冯汉镛:《关于"经西宁通西域路线"的一些补充》,《考古》1958 年第 7 期。

365 刘惠孙:《泉州湾宋船航线与航向的进一步探讨》,《海交史研究》1978 年。

366	施雅风、王宗太：《历史上的木扎尔特冰川谷道和中西交通》，《冰川冻土》1979年第2期。	
367	莫任南：《关于汉代"丝绸之路"中段路线问题——与李约瑟、齐思和等专家商榷》，《世界历史》1979年第5期。	
368	鲜肖威：《甘肃境内的丝绸之路》，《兰州大学学报（社会科学版）》1980年第2期。	
369	王北辰：《古代居延道路》，《历史研究》1980年第3期。	
370	李成林：《公元前后的中西古航线试探》，《学术月刊》1980年第3期。	
371	吴礽骧：《两关以东的"丝绸之路"——兼与鲜肖威同志商榷》，《兰州大学学报（社会科学版）》1980年第4期。	
372	陈茜：《川滇缅印古道初考》，《中国社会科学》1981年第1期。	
373	周伟洲：《古青海路考》，《西北大学学报（哲学社会科学版）》1982年第1期。	
374	初师宾：《丝路羌中道开辟小议》，《西北师大学报（社会科学版）》1982年第2期。	
375	鲁人勇：《宁夏境内的"丝绸之路"——兼论唐长安、凉州北道的驿程及走向》，《宁夏社会科学》1983年第2期。	
376	王北辰：《古代西域南道上的若干历史地理问题》，《地理研究》1983年第3期。	
377	王叔凯：《古代青海中西交通道考》，《青海社会科学》1983年第3期。	
378	刘满：《关于西汉昭宣时期的羌匈交通路线》，《青海社会科学》1983年第5期。	
379	吴礽骧：《也谈"羌中道"》，《敦煌学辑刊》1984年第2期。	
380	鲁人勇：《灵州西域道考略》，《固原师专学报（社会科学版）》1984年第3期。	
381	王宗维：《张骞出使西域的路线》，《西北大学学报（哲学社会科学版）》1984年第4期。	
382	陈炎：《东海"丝绸之路"初探——唐代以前的东海航路和丝绸外传及其影响》，《海交史研究》1985年第2期。	
383	冯汉镛：《唐代西蜀经吐蕃通天竺路线考》，《西藏研究》1985年第4期。	
384	芮传明：《〈西域图记〉中的"北道"考》，《铁道师院学报》1986年第3期。	
385	陈俊谋：《试论回鹘路的开通及其对回鹘的影响》，《中央民族学院学报》1987年第2期。	
386	苏北海：《唐代中亚热海道考》，《社会科学》1987年第3期。	
387	《商业志》编辑室：《古丝道的变迁》，《新疆地方志通讯》1987年第3期。	
388	王育民：《汉魏丝路南北道分路考》，《学术月刊》1987年第7期。	
389	陈守忠：《北宋通西域的四条道路的探索》，《西北师大学报（社会科学版）》	

1988 年第 1 期。

390 程喜霖：《从唐代过所文书所见通"西域"的中道》，《敦煌研究》1988 年第 1 期。

391 莫任南：《汉代"丝路"北道西段究竟如何走》，《湖南师范大学社会科学学报》1988 年第 3 期。

392 陈良伟：《帕米尔丝道初探》，《新疆大学学报（哲学社会科学版）》1988 年第 4 期。

393 高景明：《丝绸之路长安——陇州道》，《文博》1988 年第 6 期。

394 杨泓：《丝绸之路由中国向日本的延伸》，《文物》1989 年第 1 期。

395 喇秉礼、喇秉德：《丝绸辅道"青海路"的兴衰——兼述历史上青海地区的商业贸易活动》，《青海民族学院学报》1989 年第 2 期。

396 叶文程：《中国古外销陶瓷的港口和路线（上）》，《河北陶瓷》1990 年第 2 期。

397 张波、赛宁：《汉晋时期西南丝绸路上的永昌道》，《云南民族学院学报》1990 年第 2 期。

398 叶文程：《中国古外销陶瓷的港口和路线（下）》，《河北陶瓷》1990 年第 3 期。

399 李惠兴：《丝绸古道上的邮驿》，《中国民族》1990 年第 9 期。

400 桑山正进著，王钺译：《巴米扬大佛与中印交通路线的变迁》，《敦煌学辑刊》1991 年第 1 期。

401 李健超：《丝绸之路中国境内沙漠路线的考察》，《西北大学学报（哲学社会科学版）》1991 年第 2 期。

402 王炳华：《从考古资料看丝路开拓及路线变迁》，《西域研究》1991 年第 3 期。

403 史占扬：《西南川滇缅印古道探论——兼述早期佛教之南传入蜀》，《东南文化》1991 年增刊第 1 期。

404 卫心：《丝绸南路》，《青海民族研究》1992 年第 1 期。

405 吴焯：《青海道述考》，《西北民族研究》1992 年第 2 期。

406 王棣：《海上丝绸之路与中药外传：宋代中药海道外传路线考述》，《广东社会科学》1992 年第 2 期。

407 吴焯：《古代青海交通西域的路线及其历史沿革》，《西域研究》1992 年第 2 期。

408 殷晴：《古代于阗的南北交通》，《历史研究》1992 年第 3 期。

409 薛正昌：《萧关道的历史地理与文化现象》，《宁夏社会科学》1993 年第 2 期。

410 余太山：《汉魏通西域路线及其变迁》，《西域研究》1994 年第 1 期。

411 郭应德：《古代中阿交往路线》，《阿拉伯世界》1994 年第 1 期。

412 哈德斯：《中国阿尔泰古代丝绸之路》，《西北民族研究》1994 年第 2 期。

413 李春茂：《丝路东段的陇山古道》，《庆阳师专学报（社会科学版）》1994 年第 3 期。

414 王宗维：《五船道与伊吾路》，《西域研究》1994 年第 4 期。

415 史念海：《唐代通西域道路的渊源及其途中的都会》，《中国历史地理论丛》1995 年第 1 期。

416 高天佑：《陇蜀古道考略》，《文博》1995 年第 2 期。

417 张志坤：《张骞出使西域路线辨正》，《中国人民大学学报》1995 年第 3 期。

418 徐百成、程鸿运：《浅论唐代丝绸之路过天山路径》，《西北史地》1995 年第 4 期。

419 袁辉：《丝绸之路丹东段述路》，《丹东师专学报》1995 年第 4 期。

420 李春茂：《丝路东段的陇山古道》，《甘肃社会科学》1996 年第 2 期。

421 纪宗安：《丝绸之路新北道网络及城镇考述》，《新疆大学学报（哲学社会科学版）》1996 年第 3 期。

422 陈良伟：《松灌丝道沿线的考古调查——丝绸之路河南道的一支》，《中国社会科学院研究生院学报》1996 年第 6 期。

423 冯汉镛：《僰道支线考》，《中国历史地理论丛》1997 年第 1 期。

424 巫新华：《唐代西州沟通周边地区的主要交通路线》，《中国边疆史地研究》1997 年第 4 期。

425 吴焯：《张骞指求的身毒国道应该是哪条路线》，《南亚研究》1998 年第 1 期。

426 马千希：《汉代"五船道"考略》，《西域研究》1999 年第 2 期。

427 阎永宏：《浅析经青海通西域路线不发达的原因》，《青海社会科学》1999 年第 4 期。

428 张步天：《从〈山海经〉看青海海东地区古丝绸之路的枢纽地位》，《青海师专学报（社会科学版）》2001 年第 1 期。

429 傅朗云：《通往美洲的丝绸之路》，《黑龙江民族丛刊》2001 年第 3 期。

430 赵贞：《敦煌文书中所见晚唐五代宋初的灵州道》，《中国历史地理论丛》2001 年第 4 期。

431 杨共乐：《甘英出使大秦线路及其意义新探》，《世界历史》2001 年第 4 期。

432 木霁弘：《南方陆上的古通道——茶马古道》，《思想战线》2001 年第 5 期。

433 吕昭义：《滇缅印古道——文化传播的五彩路》，《思想战线》2001 年第 5 期。

434 黄光成：《西南丝绸之路是一个多元立体的交通网络》，《中国边疆史地研究》2002 年第 4 期。

435 施杨：《丝绸之路上的呼罗珊大道考述》，《贵州师范大学学报（社会科学版）》

2002 年第 4 期。

436　林远辉：《西汉南海道的几个问题》，《海交史研究》2003 年第 2 期。

437　张连杰：《明朝与中亚、西亚陆上交通路线考》，《唐山师范学院学报》2004 年第 3 期。

438　秦红卫：《魏晋南北朝时期的河南道》，《青海民族研究（社会科学版）》2004 年第 3 期。

439　薛正昌：《唐代长安—灵州道：历史与文化》，《江汉论坛》2004 年第 4 期。

440　姜江来：《从江山到浦城的仙霞古道》，《东方博物》第 16 辑，杭州：浙江大学出版社，2005 年。

441　高俊刚：《〈何君尊楗阁刻石〉考释——兼论西南丝路牦牛道荥经段路线走向》，《四川文物》2005 年第 1 期。

442　韦浩明：《秦汉时期的"潇贺古道"——潇贺古道系列研究之一》，《广西梧州师范高等专科学校学报》2005 年第 1 期。

443　刘永连：《岭南海路与丝绸外销》，《丝绸》2005 年第 1 期。

444　刘满：《秦汉陇山道考述》，《敦煌学辑刊》2005 年第 2 期。

445　王宏谋：《古代内陆欧亚的社会形态及交通路线——以希罗多德〈历史〉所记为中心》，《昌吉学院学报》2005 年第 3 期。

446　杨克旺：《大理古商道的崛起》，《大理文化》2005 年第 4 期。

447　余太山：《裴矩〈西域图记〉所见敦煌至西海的"三道"》，《西域研究》2005 年第 4 期。

448　陈保亚：《论滇僰古道的形成及其文化传播地位——茶马古道早期形态研究》，《思想战线》2006 年第 2 期。

449　黄兆宏：《元狩二年霍去病西征路线考释——兼谈汉唐时期东段丝绸之路北道》，《兰州大学学报（社会科学版）》2006 年第 6 期。

450　杨铭：《唐代中西交通吐蕃—勃律道考》，《藏学学刊》第 3 辑，成都：四川大学出版社，2007 年。

451　聂静洁：《唐释悟空入竺、求法及归国路线考——〈悟空入竺记〉所见丝绸之路》，《欧亚学刊》第 9 辑，北京：中华书局，2007 年。

452　巫新华：《西域丝绸之路——孕育文明的古道》，《中国文化遗产》2007 年第 1 期。

453　杨铭：《唐代中西交通吐蕃—勃律道考》，《西域研究》2007 年第 2 期。

454　李宗俊：《唐代河西走廊南通吐蕃道考》，《敦煌研究》2007 年第 3 期。

455　潘世东：《横亘东西勾连南北的汉水流域古代盐道》，《郧阳师范高等专科学校学报》2008 年第 1 期。

456 李久昌：《崤函古道历史地理与文化内涵》，《三门峡职业技术学院学报》2008 年第 1 期。

457 杨瑾：《于阗与北宋王朝的贸易路线初探》，《新疆大学学报（哲学人文社会科学版）》2008 年第 4 期。

458 史家珍、吴业恒：《丝绸之路洛阳段历史地理调查——崤山南道与北道》，《三门峡职业技术学院学报》2008 年第 4 期。

459 陈昌远：《谈崤函古道的研究及其意见》，《三门峡职业技术学院学报》2008 年第 4 期。

460 田亚岐、杨曙明：《丝绸之路南线长安至陇山段考察研究》，《秦汉研究》第三辑，西安：陕西人民出版社，2009 年。

461 李久昌：《崤函古道开通的历史地理基础》，《三门峡职业技术学院学报》2009 年第 3 期。

462 樊自立、张青青、徐海量：《塔克拉玛干沙漠中的古代交通路线》，《中国沙漠》2009 年第 5 期。

463 张萍、吕强：《明清陕甘交通道路的新发展与丝绸之路变迁》，《丝绸之路》2009 年第 6 期。

464 赵斌：《丝绸之路西安至泾川段线路研究》，《丝绸之路》2009 年第 6 期。

465 李健超：《丝绸之路之陕西、甘肃中东部线路的形成与发展》，《丝绸之路》2009 年第 6 期。

466 雍际春、苏海洋：《丝绸之路陇右南道陇山段的交通路线》，《丝绸之路》2009 年第 6 期。

467 苏海洋、雍际春：《丝绸之路青海段交通线综考》，《丝绸之路》2009 年第 6 期。

468 李并成：《唐代河西走廊交通道路考》，《丝绸之路》2009 年第 6 期。

469 王炳华：《丝路葱岭道初步调查》，《丝绸之路》2009 年第 6 期。

470 杨曙明：《陕西凤翔境内古丝绸之路考略》，《丝绸之路》2009 年第 6 期。

471 苏海洋、雍际春：《从考古看丝绸之路祁山道的形成》，《丝绸之路》2009 年第 14 期。

472 马英明：《唐代广州通海夷道的繁盛》，《中小企业管理与科技》2009 年第 28 期。

473 毕雅静：《回中道考》，《秦汉研究》第四辑，西安：陕西人民出版社，2010 年。

474 殷晴：《汉代丝路南北道研究》，《新疆社会科学（汉文版）》2010 年第 1 期。

475 李宗俊：《唐代河西通西域诸道及相关史事再考》，《中国历史地理论丛》2010 年第 1 期。

476	段渝：《藏彝走廊与丝绸之路》，《西南民族大学学报（人文社会科学版）》2010年第2期。
477	马建军：《丝绸之路上的萧关道》，《文博》2010年第3期。
478	朱世广：《茹河古道考察研究》，《陇东学院学报》2010年第3期。
479	田峰：《吐蕃通往勃律、罽宾之道略考》，《青海民族大学学报（社会科学版）》2010年第4期。
480	周佩妮：《丝绸之路上的"六盘鸟道"》，《宁夏师范学院学报》2010年第4期。
481	王元林：《试论丝绸之路东段线路走向和构成的文化线路网络特性》，《文博》2010年第5期。
482	孙泓：《东北亚海上交通道路的形成和发展》，《深圳大学学报（人文社会科学版）》2010年第5期。
483	何双全、谢晓燕：《唐、宋时期甘肃茶马互市与茶马古道》，《丝绸之路》2010年第18期。
484	林沄：《丝路开通以前新疆的交通路线》，《内蒙古文物考古》2011年第1期。
485	何双全、蒋树森：《明清时期甘肃茶马互市与茶马古道》，《丝绸之路》2011年第2期。
486	陆水林：《印度河科希斯坦古代交通路线初探》，《西域研究》2011年第3期。
487	苏海洋、雍际春、晏波、尤晓妮：《丝绸之路陇右南道甘肃东段的形成与变迁》，《西北农林科技大学学报（社会科学版）》2011年第3期。
488	李刚、李薇：《论历史上三条茶马古道的联系及历史地位》，《西北大学学报（哲学社会科学版）》2011年第4期。
489	陈保亚：《论丝绸之路向茶马古道的转型——从词与物的传播说起》，《云南民族大学学报（哲学社会科学版）》2011年第5期。
490	刘军刚：《秦、西汉时期关中通往陇西郡交通线路考析》，《丝绸之路》2011年第16期。
491	白雪：《古代东方丝绸之路的探究》，《辽宁丝绸》2012年第2期。
492	杨铭：《唐代吐蕃与于阗的交通路线考》，《中国藏学》2012年第2期。
493	苏海洋：《从国际视野看丝路青海道的演变》，《青海民族研究》2012年第3期。
494	苏海洋：《再谈丝绸之路青海道的形成》，《青海民族大学学报（社会科学版）》2012年第4期。
495	王蓬：《河西回纥通商道》，《丝绸之路》2012年第13期。
496	高振茂：《探寻丝绸之路东段北线古道遗存》，《丝绸之路》2012年第17期。
497	李硕、蒋爱花：《中国南北对峙时期的白龙江道研究》，《历史地理》第27辑，

上海：上海人民出版社，2013 年。

498　王启明：《清代新疆冰岭道研究二题》，《伊犁师范学院学报（社科版）》2013 年第 1 期。

499　刘永连：《唐代中西交通海路超越陆路问题新论》，《陕西师范大学学报（哲学社会科学版）》2013 年第 1 期。

500　吴景山：《丝绸之路在甘肃的线路述论》，《兰州大学学报（社会科学版）》2013 年第 3 期。

501　段渝：《五尺道的开通及其相关问题》，《四川师范大学学报（社会科学版）》2013 年第 4 期。

502　李巧玲：《论中国境内西北沙漠绿洲之路的形成和发展》，《兰州商学院学报》2013 年第 6 期。

503　昆都、孟文婷：《丝绸之路的连通和地区运输走廊》，《俄罗斯研究》2013 年第 6 期。

504　薛正昌：《唐宋时期穿越灵州的丝绸之路》，《丝绸之路》2013 年第 22 期。

505　李宝军、上官荣光：《崤函古道石壕段遗址考古调查述略》，《洛阳考古》第二期，郑州：中州古籍出版社，2014 年。

506　刘再聪：《居延里程简所记高平媪围间线路的考古学补证》，《吐鲁番学研究》2014 年第 2 期。

507　赵剑锋、颜世明：《中学历史教材汉代西北丝绸之路分途地商榷》，《兵团教育学院学报》2014 年第 3 期。

508　刘满：《北朝以来炳灵寺周围交通路线考索》，《敦煌学辑刊》2014 年第 3 期。

509　潘竟虎、潘发俊：《西域道"四路五关"考略》，《克拉玛依学刊》2014 年第 3 期。

510　黄兆宏：《甘青古道述略——以青海与甘肃河西走廊交通为例》，《丝绸之路》2014 年第 14 期。

511　马志勇：《流金溢银的河州古道》，《丝绸之路》2014 年第 16 期。

512　叶舒宪：《玉石之路黄河段刍议》，《中外文化与文论》第 31 辑，成都：四川大学出版社，2015 年。

513　赵贞：《回鹘南迁路线考》，《南都学坛》2015 年第 1 期。

514　陈保亚、袁琳：《一条横贯欧亚大陆的北方茶马古道——基于 chaj 读音分布的语言地理学证据》，《思想战线》2015 年第 1 期。

515　蒋太旭：《"中俄万里茶道"的前世今生》，《武汉文史资料》2015 年第 1 期。

516　张硕勋、王晓红、韩岩：《作为媒介的驿道：古代长安通西域的驿道考》，《长安大学学报（社会科学版）》2015年第1期。

517 董春林、赵双叶：《"香药之路"的文化路径——宋代与东南亚交流路线再探讨》，《成都师范学院学报》2015年第2期。

518 王启明：《清代新疆伊犁通乌什道——从达瓦齐逃遁路线谈起》，《西域研究》2015年第2期。

519 丁柏峰：《丝绸之路青海道历史发展述评》，《中国土族》2015年第3期。

520 赵力扬、葛立、黄桂林：《秦汉直道研究进展及相关问题分析》，《三门峡职业技术学院学报》2015年第3期。

521 李树辉：《丝绸之路"新北道"的开通与兴盛》，《石河子大学学报（哲学社会科学版）》2015年第3期。

522 丁柏峰：《丝绸之路青海道与河湟民族走廊的形成》，《青海师范大学学报（哲学社会科学版）》2015年第3期。

523 李健胜：《西羌与丝绸之路青海道的国际化》，《攀登》2015年第4期。

524 邓辉：《佛教文化传播视域下的古代广东南江古道研究》，《玉林师范学院学报》2015年第4期。

525 瞿萍：《丝绸之路灵州道沿线盐业运输网初探——兼谈人类学视域下的驼运文化》，《西夏研究》2015年第4期。

526 李书吉、钱龙：《汉唐间的伊吾及伊吾路》，《山西大学学报（哲学社会科学版）》2015年第5期。

527 牛海丹：《秦汉五尺道与南丝绸之路》，《寻根》2015年第5期。

528 宋冰：《回中道和回中宫相关问题研究》，《北方民族大学学报（哲学社会科学版）》2015年第6期。

529 陈汛：《五尺道考》，《中国民族博览》2015年第24期。

530 马智全：《汉代丝绸之路上的安定道》，《豳风论丛》第2辑，北京：中国社会科学出版社，2016年。

531 宋立州：《清代民国时期敦煌婼羌道路考》，《历史地理》第33辑，上海：上海人民出版社，2016年。

532 李宗俊：《敦煌文书P.3885反映的吐蕃行军路线及神策军驻地、洮州治所等相关问题考》，《唐史论丛》第22辑，西安：三秦出版社，2016年。

533 崔永红：《丝绸之路青海道盛衰变迁述略》，《青海社会科学》2016年第1期。

534 彭兆荣：《岭南走廊：一个重新发现的文化线路》，《百色学院学报》2016年第1期。

535 白玉冬：《沙州归义军政权大中五年入朝路再释》，《内蒙古社会科学》2016年第

1 期。

536 李健胜：《丝绸之路青海道历史地位述论》，《青藏高原论坛》2016 年第 2 期。

537 李健胜：《丝绸之路青海道商贸功能探析》，《西藏大学学报（社会科学版）》2016 年第 2 期。

538 魏晴晴：《三国时期陇蜀古道研究》，《陇东学院学报》2016 年第 2 期。

539 林梅村：《通往恭御城之路——兼论中亚历史上的讹答刺城》，《江海学刊》2016 年第 2 期。

540 苏聪：《波斯帝国与丝绸之路西段的形成》，《社会科学家》2016 年第 2 期。

541 王子今：《直道与丝绸之路交通》，《历史教学（下半月刊）》2016 年第 2 期。

542 马巍、张健：《宋与北汉交通道路研究》，《山西广播电视大学学报》2016 年第 3 期。

543 马瑞琼：《8—10 世纪丝绸之路中段呼罗珊大道考述》，《中国历史地理论丛》2016 年第 3 期。

544 周武：《南方丝绸之路的奇花：天威径古道》，《卷宗》2016 年第 3 期。

545 闫向莉：《西汉丝绸古道中印陆路交通线开通探源》，《包头职业技术学院学报》2016 年第 3 期。

546 李健胜：《丝绸之路青海道军事功能述略》，《兰州学刊》2016 年第 3 期。

547 张忠：《东方丝绸之路的辽东路线》，《辽宁丝绸》2016 年第 4 期。

548 朱进彬、张炜华：《蜀身毒道上的永昌丝绸》，《保山学院学报》2016 年第 4 期。

549 颜祥林：《关于金代肇州海西西陆路部分驿站的考证》，《大庆社会科学》2016 年第 4 期。

550 司马倩：《茶马古道与陆海丝路——茶马古道的历史意义》，《学术探索》2016 年第 5 期。

551 徐宁、图登克珠、蒙媛：《西藏与丝绸之路的历史渊源》，《西藏发展论坛》2016 年第 5 期。

552 薛正昌：《由河西走廊到高平第一城——兼论窦融率河西大军穿越丝绸之路东段北道》，《宁夏师范学院学报》2016 年第 5 期。

553 王子今：《战国秦代"西—雍"交通》，《东方论坛》2016 年第 6 期。

554 陈保亚：《茶马古道与盐运古道、丝绸之路的关系——基于词与物的古道类型学研究》，《思想战线》2016 年第 6 期。

555 刘立云：《明清陕藏商道研究》，《西藏研究》2016 年第 6 期。

556 秦陇华：《铜官古驿道——丝绸之路北线之支线考察研究》，《丝绸之路》2016 年第 10 期。

557　赵逵夫：《茶马古道说陇南》，《档案》2016 年第 12 期。

558　易国才：《汉代新疆丝绸之路北道路线考辨》，《连云港师范高等专科学校学报》2017 年第 1 期。

559　李飞：《茶马古道生命周期与空间演化研究——基于廊道遗产视角》，《中国名城》2017 年第 1 期。

560　霍巍：《文物考古所见古代青海与丝绸之路》，《青海民族大学学报（社会科学版）》2017 年第 1 期。

561　姜成山：《唐代"丝绸之路"北航线考——以韩朝彩出使中国东北与朝鲜半岛路程为中心》，《东疆学刊》2017 年第 2 期。

562　任乃宏：《"西王母之邦"与"丝绸之路青海道"》，《青海民族大学学报（社会科学版）》2017 年第 2 期。

563　张萍：《GIS 技术与二千年丝绸之路道路复原研究的新思路》，《中国史研究动态》2017 年第 2 期。

564　郭凤霞、李健胜：《南北朝时期丝绸之路青海道政治交流功能述略》，《青海师范大学学报（哲学社会科学版）》2017 年第 2 期。

565　仝涛：《西藏西部的丝绸与丝绸之路》，《中国国家博物馆馆刊》2017 年第 2 期。

566　苏海洋：《地缘结构与丝绸之路东段南道》，《青海民族大学学报（社会科学版）》2017 年第 2 期。

567　解生才：《唐蕃古道上的海藏咽喉》，《中国土族》2017 年第 2 期。

568　陈佳楣：《汉风流被　丝路新语——南方丝绸之路四川雅安段田野调查》，《中华文化论坛》2017 年第 3 期。

569　陈海龙：《〈西域闻见录〉所载伊犁至乌什之"冰岭道"考释》，《中国历史地理论丛》2017 年第 3 期。

570　刘治立：《唐宋时期的灵州道庆阳段》，《西夏研究》2017 年第 3 期。

571　马锦、李发源、庞国伟、李晨瑞、刘玮：《古陆上丝绸之路复原及沿线基本地理特征分析》，《地理与地理信息科学》2017 年第 4 期。

572　黄俊棚、龚伟：《论南方丝绸之路与茶马古道的关系——以"邛人故地"为中心》，《中华文化论坛》2017 年第 5 期。

573　邵文实：《〈王昭君变文〉中的昭君出塞路线考》，《鲁东大学学报（哲学社会科学版）》2017 年第 6 期。

574　张多勇、于光建：《西夏进入河西的"啰庞岭道"与啰庞岭监军司考察》，《石河子大学学报（哲学社会科学版）》2017 年第 6 期。

575　喇明英：《"岷山道"的历史作用及其当代价值》，《西南民族大学学报（人文社

576 吴昊、叶俊士、王思明：《从〈宋云行纪〉路线看中原与西域的交流——以鄯善、左末城、末城为例》，《中国农史》2018 年第 1 期。

577 龚伟：《〈史记〉〈汉书〉所载"西夷西"道覆议——兼论汉代南方丝绸之路的求通》，《四川师范大学学报（社会科学版）》2018 年第 2 期。

地望考证

578 黄文弼：《略述龟兹都城问题》，《文物》1962 年第 7、8 期。

579 汪受宽：《拔延山考》，《青海社会科学》1981 年第 3 期。

580 鲜肖威：《唐乌兰县何在？——兼论敦煌以东丝绸之路》，《兰州学刊》1982 年第 4 期。

581 李从军：《条支、碎叶与李白生地》，《社会科学研究》1983 年第 5 期。

582 钱伯泉：《北胥鞬考》，《新疆社会科学》1985 年第 2 期。

583 芮传明：《奄蔡和阿兰》，《铁道师院学报》1986 年第 1 期。

584 江戎疆：《蒲类、蒲类海、婆悉海考》，《喀什师范学院学报》1987 年第 2 期。

585 余太山：《奄蔡、阿兰考》，《西北民族研究》1988 年第 1 期。

586 江戎疆、李秀梅：《龟兹王都及汉唐都护府在龟兹位置考》，《喀什师范学院学报》1988 年第 5 期。

587 陈世良：《龟兹都城研究》，《新疆社会科学》1989 年第 2 期。

588 李吟屏：《古代于阗国都再研究》，《新疆大学学报（哲学社会科学版）》1989 年第 3 期。

589 耿占军：《〈汉书〉"天山"并非"祁连山"》，《中国历史地理论丛》1989 年第 4 期。

590 谢继忠、党养性、门晓琴：《西汉张掖郡治觻得考辨》，《张掖师专学报（综合版）》1990 年第 2 期。

591 孟凡人：《尉犁城、焉耆都城及焉耆镇城的方位》，《中国边疆史地研究》1991 年第 1 期。

592 余太山：《罽宾考》，《西域研究》1992 年第 1 期。

593 心雨：《鄯州建置》，《青海民族研究》1992 年第 1 期。

594 莫任南：《刘宋时遣使来华的迦毗黎国在南亚何处》，《海交史研究》1992 年第 1 期。

595 戴淮清：《〈汉书·西域传〉所记"乌弋"地望辨正》，《中国边疆史地研究》

1993 年第 2 期。

596　张思恩：《鄯善即楼兰考》，《唐都学刊》1994 年第 3 期。

597　周轩：《北胥鞬新考》，《中国历史地理论丛》1995 年第 3 期。

598　苏北海：《唐轮台城位置考》，《中国历史地理论丛》1995 年第 4 期。

599　林梅村：《楼兰国始都考》，《文物》1995 年第 6 期。

600　王克之：《弓月古城考》，《伊犁师范学院学报（社会科学版）》1996 年第 1 期。

601　戴良佐：《蒲类和木垒》，《西北史地》1996 年第 2 期。

602　刘真伦：《婆利即骠国考——海上丝绸之路研究》，《中国边疆史地研究》1996 年第 3 期。

603　李正宇：《西汉蒲昌海位置新证》，《北京图书馆馆刊》1996 年第 4 期。

604　林梅村：《敦煌写本钢和泰藏卷所述帕德克城考》，《敦煌研究》1997 年第 1 期。

605　王宗元：《汉金城郡令居县故城考》，《中国边疆史地研究》1997 年第 2 期。

606　戴良佐：《务涂谷今地考》，《西北史地》1997 年第 4 期。

607　王克之：《弓月古城考》，《中国地名》1997 年第 4 期。

608　苏金花：《丝路古国阿兰考略》，《西北史地》1998 年第 3 期。

609　余太山：《汉晋正史"西域传"所见西域诸国的地望》，《欧亚学刊》第 2 辑，北京：中华书局，2000 年。

610　余太山：《南北朝正史西域传所见西域诸国的地望》，《欧亚学刊》第 3 辑，北京：中华书局，2001 年。

611　施新荣：《也谈高昌麴氏之郡望——与王素先生商榷》，《西域研究》2001 年第 3 期。

612　李肖：《且末古城地望考》，《中国边疆史地研究》2001 年第 3 期。

613　万雪玉：《康居国地望辨》，《西域研究》2002 年第 1 期。

614　努尔兰·肯加合买提：《不剌、双河两城考辨》，《西域研究》2002 年第 4 期。

615　何立波：《甘肃永昌"罗马城"质疑》，《周口师范学院学报》2002 年第 6 期。

616　王亚勇：《丰安军与定远城》，《宁夏大学学报（人文社会科学版）》2003 年第 6 期。

617　曾钫：《魏晋时期帕米尔地区"权于摩国"和"于摩国"两国考》，《中国历史地理论丛》2008 年第 3 期。

618　雍际春：《南使（市）城考》，《唐史论丛》第 11 辑，西安：三秦出版社，2009 年。

619　陆水林：《关于科域（Kog yul）地望的补充材料》，《西域研究》2009 年第 3 期。

620　孙长龙：《唐会州及其属县、关口考》，《丝绸之路》2009 年第 16 期。

621 陆水林：《佉沙国地望及交通初探》，《西域研究》2012 年第 3 期。

622 孙长龙：《安西白马河与昆水河地望探析》，《塔里木大学学报》2014 年第 1 期。

623 林梅村：《甘埋里考——兼论宋元时代海上丝绸之路》，《国际汉学》2015 年第 3 期。

624 许序雅：《汉籍所记"捕喝"历史地理考述》，《西域研究》2015 年第 4 期。

625 李并成：《唐代会宁关及其相关问题考》，《历史地理》第 31 辑，上海：上海人民出版社，2016 年。

626 陈晓露：《扜弥国都考》，《考古与文物》2016 年第 3 期。

627 刘振玉：《〈大唐西域记〉所记"呾剌健国"考》，《西域研究》2017 年第 3 期。

地　名

628 苏北海：《和阗名称新考》，《新疆大学学报（哲学社会科学版）》1980 年第 3 期。

629 王维屏：《新疆维语地名的初步研究》，《南京师大学报（社会科学版）》1983 年第 2 期。

630 李之勤：《论新疆各县的命名、改名等问题》，《中国历史地理论丛》1985 年第 1 期。

631 杨铭：《吐蕃简牍中所见的西域地名》，《新疆社会科学》1989 年第 1 期。

632 王学平：《河西走廊的地名与历史上的屯田》，《天水师专学报》1992 年第 1 期。

633 牛汝极：《从新疆地名看历史上的移民》，《西域研究》1992 年第 3 期。

634 戴良佐：《乾隆与新疆地名研究及地图测绘》，《新疆地方志》1993 年第 4 期。

635 陈三平：《阿干与阿步干初考——〈水经注〉中鲜卑语地名研究一例》，《中国历史地理论丛》1993 年第 4 期。

636 苏北海：《别失八里名称源于北胥鞬考》，《中国历史地理论丛》1994 年第 4 期。

637 陈桥驿：《论中国的非汉语地名》，《中国地名》1998 年第 3 期。

638 陈桥驿：《论中国的非汉语地名（续）》，《中国地名》1998 年第 4 期。

639 牛汝辰：《关于西域地名、族名的汉译对音研究》，《中国边疆史地研究》1999 年第 1 期。

640 薛宗正：《汉晋古音与古西域地名》，《新疆大学学报（社会科学版）》2000 年第 1 期。

641 戴良佐：《乾隆与新疆地名研究及疆域地图》，《中国边疆史地研究》2000 年第 4 期。

642　张俊民：《北胥鞬应是"比胥鞬"》，《西域研究》2001 年第 1 期。

643　戴良佐：《星星峡地名考》，《西域研究》2001 年第 1 期。

644　马克章：《〈汉书·西域传〉中地名引发的思考》，《乌鲁木齐成人教育学院学报》2001 年第 4 期。

645　贺灵：《西域地名的文化意义》，《西域研究》2003 年第 1 期。

646　贺灵：《西域地名语属语意类型探析》，《新疆大学学报（社会科学版）》2003 年第 3 期。

647　何彤慧、李禄胜：《宁夏地名特征与地名文化》，《宁夏社会科学》2003 年第 4 期。

648　贺灵：《西域历史地名浅论》，《西北民族研究》2005 年第 1 期。

649　顾政博：《对〈钦定西域同文志〉一书中几个地名释译的质疑》，《和田师范专科学校学报》2005 年第 1 期。

650　顾政博：《对〈钦定西域同文志〉一书中两处地名释译的质疑》，《昌吉学院学报》2005 年第 1 期。

651　薛宗正：《从疏勒到伽师祇离》，《新疆社会科学（汉文版）》2005 年第 2 期。

652　钟兴麒：《"塔克拉玛干"释义》，《新疆师范大学学报（哲学社会科学版）》2005 年第 4 期。

653　应晓琴、黄珅：《瀚海考》，《华东师范大学学报（哲学社会科学版）》2006 年第 5 期。

654　李树辉：《尉犁地名和柔然源流考》，《新疆大学学报（哲学·人文社会科学版）》2007 年第 2 期。

655　姜付炬：《弓月与伊丽——伊犁史地论札之一》，《伊犁师范学院学报（社科版）》2009 年第 1 期。

656　哈斯吾其：《新疆乌苏蒙古语地名及其演变略谈》，《新疆地方志》2009 年第 3 期。

657　哈斯吾其：《乌苏蒙古语地名及其演变略论》，《伊犁师范学院学报（社科版）》2009 年第 4 期。

658　罗佳：《清代西域地名的功能初探》，《东北师大学报（哲学社会科学版）》2011 年第 3 期。

659　周日安：《佛山的三个梵文音译地名》，《佛山科学技术学院学报：社会科学版》2012 年第 5 期。

660　邢立涛：《试论吐鲁番地区之历史沿革及地名来源》，《群文天地》2012 年第 12 期。

661 苏都必力格：《〈钦定西域同文志〉青海属山名类型刍议——以蒙古语、蒙藏合璧地名为中心》，《西部蒙古论坛》2013年第3期。

662 白静静、张纯、强爱国：《浅析西域历史地名的发展与传承》，《科技创新导报》2013年第19期。

663 段晴：《新疆洛浦县地名"山普鲁"的传说》，《西域研究》2014年第4期。

664 秦汉：《且末地名考译》，《新疆人文地理》2014年第6期。

665 孙峰：《古代马秦山地名考证——基于浙东"海上丝绸之路"的推测》，《宁波大学学报（人文科学版）》2015年第1期。

666 王炳华：《"吐火罗"译称"大夏"辨析》，《西域研究》2015年第1期。

667 王守春：《新疆孔雀名物考与孔雀河名的由来》，《西域研究》2015年第2期。

668 牛汝辰、程锦、牛劲梅、曾钰：《新疆地名音转溯源规律研究》，《测绘科学》2015年第2期。

669 白静静、张纯、强爱国：《浅析西域历史地名的发展与传承》，《中国地名》2015年第12期。

670 牛汝辰：《昆仑地名与昆仑文化——西域最早的汉语地名考释》，《测绘科学》2016年第1期。

671 廖肇羽：《西域汉语地名演变特点及其当代启示》，《石河子大学学报（哲学社会科学版）》2016年第4期。

672 郑敏：《清代行程记中奎屯地名小考》，《湖北函授大学学报》2016年第5期。

673 牛汝辰：《天山（祁连）名称考源》，《中国地名》2016年第9期。

674 马龙：《高昌地名的由来》，《吐鲁番》2017年第1期。

675 王子今：《上郡"龟兹"考论——以直道史研究为视角》，《咸阳师范学院学报》2017年第3期。

676 希都日古：《〈西域地名考录〉蒙古地名考误》，《中国史研究》2017年第3期。

677 李树辉：《新疆地名文化：语源、语义和文化特点》，《石河子大学学报（哲学社会科学版）》2017年第4期。

关塞城驿

678 刘满：《萧关位置辨》，《文献》1981年第2期。

679 丝路：《丝绸之路上的铁门关》，《新疆师范大学学报（社会科学版）》1984年第2期。

680 孟凡人：《略论可汗浮图城》，《新疆大学学报（哲学社会科学版）》1985年第

1 期。

681 王冀青：《唐前期西北地区用于交通的驿马、传马和长行马——敦煌、吐鲁番发现的馆驿文书考察之二》，《敦煌学辑刊》1986 年第 2 期。

682 王继光：《别失八里西迁考辨》，《西北民族大学学报（哲学社会科学版）》1989 年第 3 期。

683 王北辰：《内蒙古乌审旗古代历史地理丛考——龟兹县、榆溪塞、契吴山》，《干旱区地理》1989 年第 4 期。

684 蒋学熙：《新疆阿拉山口的历史》，《新疆师范大学学报（哲学社会科学版）》1990 年第 2 期。

685 蒋学熙：《新疆阿拉山口的历史沿革》，《中国边疆史地研究导报》1990 年第 3 期。

686 黎蔷：《阳关三叠与玉门出塞》，《乐府新声（沈阳音乐学院学报）》1990 年第 3 期。

687 苏北海：《吐鲁番盆地柳中城的历史发展》，《西北民族研究》1992 年第 2 期。

688 李并成：《五代宋初的玉门关及其相关问题考》，《敦煌研究》1992 年第 2 期。

689 赵评春：《西汉玉门关、县及其长城建置时序考》，《中国历史地理论丛》1994 年第 2 期。

690 李惠兴：《西域"丝路"上的邮驿》，《西北史地》1994 年第 4 期。

691 杨希义、唐莉芸：《唐代丝绸之路东段长安至敦煌间的馆驿》，《敦煌研究》1994 年第 4 期。

692 李建国：《简论近代甘肃的驿运业》，《甘肃社会科学》1995 年第 2 期。

693 蓝勇：《南方丝绸之路灵关、石门关考辨》，《成都大学学报（社会科学版）》1995 年第 5 期。

694 王彦俊：《丝路天水段古镇考略》，《西北史地》1996 年第 1 期。

695 纪宗安：《丝绸之路新北道考实——兼谈玉门关址的东迁》，《敦煌学辑刊》1996 年第 1 期。

696 黎海南、马鸿良、郦桂芬：《丝绸之路城址起源与丝绸之路变迁》，《甘肃科技》1997 年第 6 期。

697 侯玉臣：《汉玉门关与西域南北道》，《甘肃社会科学》2002 年第 1 期。

698 李并成：《汉悬索关考》，《敦煌研究》2004 年第 4 期。

699 李并成：《石关峡：最早的玉门关与最晚的玉门关》，《中国历史地理论丛》2005 年第 2 期。

700 赵永复：《明代〈西域土地人物略〉部分中亚、西亚地名考释》，《历史地理》第

21 辑，上海：上海人民出版社，2006 年。

701　王继光：《〈西域行程记〉与别失八里西迁考》，《西域研究》2007 年第 2 期。

702　陈世良：《唐柘厥关考》，《西域研究》2008 年第 3 期。

703　何峰：《河西走廊蜂腰地带古城关隘在历史上的地位》，《山西建筑》2009 年第 6 期。

704　董艳：《汉唐丝路驿站小考》，《丝绸之路》2009 年第 12 期。

705　刘浩：《南方丝绸之路的古驿站——登相营》，《兰台世界》2009 年第 17 期。

706　何金龙：《西出嶲唐无故人——论保山汉营古城址应即嶲唐城并为"南丝路之阳关"》，《边疆考古研究》第 9 辑，北京：科学出版社，2010 年。

707　雍际春：《论天水古城的历史变迁与其文化遗存的关系》，《中国名城》2010 年第 9 期。

708　李鹏海：《沙雅建置考》，《新疆地方志》2011 年第 3 期。

709　李正宇：《新玉门关考》，《丝绸之路》2011 年第 18 期。

710　马维绪：《奇台石城子疏勒城说质疑——兼论疏勒城在吉木萨尔大龙口古城》，《北方文学》2012 年第 10 期。

711　王冠辉：《河西汉塞浅论》，《华北水利水电学院学报（社科版）》2013 年第 1 期。

712　何端中：《从悬泉置遗址和〈驿使图〉谈古代河西邮传》，《档案》2013 年第 2 期。

713　林梅村：《考古学视野下的西域都护府今址研究》，《历史研究》2013 年第 6 期。

714　刘新：《试论汉代南阳郡治宛城的历史地位——兼谈宛城在汉代丝绸之路上的作用》，《洛阳考古》第四期，郑州：中州古籍出版社，2014 年。

715　李并成：《玉门关历史变迁考》，《石河子大学学报（哲学社会科学版）》2015 年第 3 期。

716　艾尼瓦尔·吐尼亚孜：《龟兹重镇白马城初探》，《新疆地方志》2015 年第 4 期。

717　徐承炎、曹中月：《新和县通古孜巴什古城考述》，《塔里木大学学报》2016 年第 2 期。

718　孙长龙：《丝绸之路上的齐兰古城》，《塔里木大学学报》2016 年第 4 期。

719　魏坚、任冠：《楼兰 LE 古城建置考》，《文物》2016 年第 4 期。

720　杨鹰：《撒马尔罕城市历史发展研究》，《陇东学院学报》2016 年第 6 期。

721　张珍珍：《铁门关历代地理意象变迁》，《兰台世界》2017 年第 2 期。

722　王琳峰：《从屯田到守边——以玉门关为例谈经济与军事双重因素下的汉长城体系》，《西部人居环境学刊》2017 年第 2 期。

723 杰弗里·勒纳著，庞霄骁、杨巨平译：《希腊—巴克特里亚时期的瓦罕城堡与丝绸之路》，《西域研究》2017年第3期。

724 郑彦卿：《石门关：丝绸之路的历史见证》，《宁夏师范学院学报》2017年第5期。

725 潘竟虎、潘发俊：《阳关兴废时间初考》，《克拉玛依学刊》2017年第6期。

726 班德军：《从文物看"玉门"的来历》，《丝绸之路》2017年第16期。

727 戴亚伟：《玉门关与丝绸之路》，《丝绸之路》2017年第16期。

728 周运中：《西汉玉门关最初在今玉门市考》，《丝绸之路》2017年第16期。

729 李并成：《有关玉门、玉门关研究中几个重要问题的再探讨》，《丝绸之路》2017年第16期。

730 杨富学：《玉门"西域城"即"下苦峪"考》，《丝绸之路》2017年第16期。

地　图

731 李淑芝：《宫廷画家徐扬和他的〈西域舆图卷〉》，《黑龙江文物丛刊》1982年第1期。

732 黄盛璋：《晚清对丝绸之路的勘察和实测地图的发现》，《西域研究》1991年第1期。

733 邱轶皓：《舆图原自海西来——〈桃里寺文献集珍〉所载世界地图考》，《西域研究》2011年第2期。

734 郭美兰：《乾隆年间西北地区三次绘图始末》，《满语研究》2013年第1期。

735 龚缨晏：《欧洲古地图上的"中国"与"丝绸之路"》，《地图》2014年第1期。

736 陈振杰：《从古地图中追寻"海上丝绸之路"的发展与变迁》，《中国远洋航务》2014年第3期。

737 赖进义：《论〈郑和航海图〉与海上丝绸之路间的关系》，《回族研究》2014年第3期。

738 席会东：《清代地图中的西域观——基于清准俄欧地图交流的考察》，《新疆师范大学学报（哲学社会科学版）》2014年第6期。

739 赵剑锋、颜世明：《中学历史教材汉代西北丝绸之路分途地商榷》，《教学与管理（中学版）》2014年第10期。

740 梁二平：《海上丝路与海图——最早进入中国地图的海湾》，《丝绸之路》2015年第5期。

741 梁迅：《中国明代航海图特色探讨》，《地球信息科学学报》2016年第1期。

742 翁莹芳：《"混血地图"的盛世美颜——鲜为人知的中国国家图书馆藏〈坤舆万国全图〉》，《地图》2016 年第 2 期。

743 张晓东：《明代〈蒙古山水地图〉探微》，《西域研究》2016 年第 2 期。

744 邹振环：《蒋友仁的〈坤舆全图〉与〈地球图说〉》，《北京行政学院学报》2017 年第 1 期。

其 他

745 佟柱臣：《考古学上汉代及汉代以前的东北疆域》，《考古学报》1956 年第 1 期。

746 岑仲勉：《穆天子传西征地理概测》，《中山大学学报（社会科学）》1957 年第 2 期。

747 李长傅：《罗布淖尔的历史地理问题》，《开封师范学院学报》1957 年。

748 杨建新：《"西域"辩正》，《新疆大学学报（哲学社会科学版）》1981 年第 1 期。

749 黄盛璋：《我国历史上的帕米尔》，《新疆社会科学》1982 年第 2 期。

750 陈连开：《鲜卑山考》，《社会科学战线》1982 年第 3 期。

751 薛仰敬：《甘肃古代黄河桥梁考》，《兰州学刊》1984 年第 2 期。

752 阮明道：《乌弋国"北有葱岭"辨》，《南充师院学报（哲学社会科学版）》1985 年第 1 期。

753 周振鹤：《西汉西域都护所辖诸国考》，《新疆大学学报（哲学社会科学版）》1985 年第 2 期。

754 孔恩阳：《青海尕斯（茫崖）历史沿革及地域考》，《青海师范大学学报（哲学社会科学版）》1985 年第 3 期。

755 秦佩珩：《〈西域水道记〉简疏——罗布淖尔和哈喇淖尔水源的初步追迹》，《郑州大学学报（哲学社会科学版）》1988 年第 2 期。

756 魏晋贤：《临夏自治州历史上的黄河渡口》，《兰州大学学报（社会科学版）》1990 年第 1 期。

757 胡正华：《西域范围浅释》，《新疆地方志》1990 年第 2 期。

758 陈世良：《〈汉书·西域传〉山北诸国之道里》，《新疆社会科学》1990 年第 6 期。

759 陈佳荣：《宋元明清之东西南北洋》，《海交史研究》1992 年第 1 期。

760 昱昊：《〈大唐西域记〉"铜水"解》，《史林》1994 年第 1 期。

761 谢道辛：《西南丝路的桥梁》，《大理师专学报（社会科学版）》1995 年第 2 期。

762 田卫疆：《"西域"的概念及其内涵》，《西域研究》1998 年第 4 期。

763 许序雅：《〈大唐西域记〉所记中亚里程辨析》，《中国边疆史地研究》1998 年第 4 期。

764 余太山：《〈史记〉〈汉书〉所见西域里数考述》，《西北第二民族学院学报（哲学社会科学版）》1999 年第 4 期。

765 许序雅：《〈新唐书·西域传〉所记"曹国"考》，《浙江师大学报（社会科学版）》2000 年第 3 期。

766 钱伯泉：《〈西天路竟〉东段释地及研究》，《西域研究》2003 年第 1 期。

767 王元林：《古代早期的中国南海与西海的地理概念》，《西域研究》2006 年第 1 期。

768 宋岘、艾力·吾甫尔：《阿拉伯文献对新疆历史地理的若干记述》，《西域研究》2007 年第 2 期。

769 任玉贵：《日月山的历史地位及其巨大影响》，《雪莲》2007 年第 2 期。

770 钟兴麒：《〈西域志〉岐沙谷即明铁盖达坂考》，《新疆师范大学学报（哲学社会科学版）》2008 年第 1 期。

771 真大成：《〈新唐书·西域传下〉"米国"条"献璧"献疑》，《中国典籍与文化》2008 年第 1 期。

772 潘志平、石岚：《新疆和中亚及有关的地理概念》，《中国边疆史地研究》2008 年第 3 期。

773 江闻杰：《蓬莱、方丈、瀛洲考源》，《励耘学刊（语言卷）》第一期，北京：学苑出版社，2009 年。

774 侯甬坚：《西昆仑出山径流尼雅河与尼雅聚落》，《西域研究》2009 年第 1 期。

775 刘永胜：《靖远黄河古渡口考证》，《丝绸之路》2009 年第 16 期。

776 邢卫、侯甬坚：《18—20 世纪初党河下游河道变迁研究》，《西域研究》2010 年第 2 期。

777 杨发鹏：《汉唐时期"河陇"地理概念的形成与深化》，《中国边疆史地研究》2010 年第 2 期。

778 王子今：《"西域"名义考》，《清华大学学报（哲学社会科学版）》2010 年第 3 期。

779 吴华峰：《〈新唐书·西域传〉"五国故地"考辨》，《中国典籍与文化》2012 年第 2 期。

780 罗帅：《悬泉汉简所见折垣与祭越二国考》，《西域研究》2012 年第 2 期。

781 薛小林：《汉代地理观念中的"西州"》，《西域研究》2012 年第 4 期。

782 荣新江、文欣：《"西域"概念的变化与唐朝"边境"的西移——兼谈安西都护府在唐政治体系中的地位》,《北京大学学报（哲学社会科学版）》2012 年第 4 期。

783　喻鹏涛：《"西域"地域》,《文史月刊》2012 年第 8 期。

784　郭润涛：《新疆建省之前的郡县制建设》,《西域研究》2013 年第 1 期。

785　陆水林：《贾帕尔桑河谷及其交通初探》,《西域研究》2013 年第 3 期。

786　苟翰林、马丽平：《基于正史〈西域传〉的西域地域范围演变探微》,《吐鲁番学研究》2014 年第 2 期。

787　刘瑶：《略述楼兰及其在丝绸之路上的重要地位》,《发展》2014 年第 9 期。

788　秦红增、杨琴：《广西北部湾海上丝路古水运体系考述》,《文化遗产》2015 年第 3 期。

789　陈宏：《"西域"与"西洋"——从哈密西关看〈三宝太监西洋记通俗演义〉的地理意识》,《辽东学院学报（社会科学版）》2015 年第 5 期。

790　温玉成：《"丝绸之路"上的古国探秘："乌杔国"与"权於摩国"》,《大众考古》2015 年第 10 期。

791　荣新江：《从吐鲁番出土文书看古代高昌的地理信息》,《陕西师范大学学报（哲学社会科学版）》2016 年第 1 期。

792　张晓东：《〈肃镇华夷志〉之"西域疆里"考》,《中国地方志》2016 年第 2 期。

793　罗帅：《汉代海上丝绸之路的西段（一）——印度西南海岸古港穆吉里斯》,《新疆师范大学学报（哲学社会科学版）》2016 年第 5 期。

794　宋翔：《汉魏南北朝时期"河陇"政治地理之演变——以"陇右"观念为中心》,《暨南学报（哲学社会科学版）》2017 年第 5 期。

795　汪汉利：《三佛齐：宋代海上丝绸之路重要节点》,《浙江海洋大学学报（人文科学版）》2017 年第 6 期。

796　花敏洁：《丝绸之路上的和田》,《城市地理》2017 年第 16 期。

797　王子今：《焉耆在丝绸之路交通格局中的地位》,《唐都学刊》2018 年第 1 期。

历　史

上古秦汉

798　王剑英：《汉代的屯田》,《历史教学》1956 年第 9 期。

799　肖之兴：《试释"汉归义羌长"印》,《文物》1976 年第 7 期。

800　宋治民:《汉代铭刻所见职官小记》,《考古》1979 年第 5 期。

801　柳用能:《试论〈轮台之诏〉与统一西域》,《新疆师范大学学报（社会科学版）》1982 年第 1 期。

802　钱伯泉:《先秦时期的"丝绸之路"——〈穆天子传〉的研究》,《新疆社会科学》1982 年第 3 期。

803　古永继:《汉武帝中期不可能有"袭亡秦之迹"的自我察觉——对〈试论《轮台之诏》与统一西域〉一文中所引一条史料的质疑》,《新疆师范大学学报（社会科学版）》1983 年第 2 期。

804　田余庆:《论轮台诏》,《历史研究》1984 年第 2 期。

805　马雍:《东汉后期中亚人来华考》,《新疆大学学报（哲学社会科学版）》1984 年第 2 期。

806　赵汝清:《浅评李广利伐大宛在中西交通史上的作用——读〈史记·大宛列传〉》,《宁夏大学学报（社会科学版）》1985 年第 2 期。

807　刘锡淦、陈良伟、尚衍斌:《试论汉匈之争的初期战略及在西域的对抗》,《新疆大学学报（哲学社会科学版）》1985 年第 4 期。

808　梁向明:《试论汉武帝的"轮台诏令"》,《固原师专学报（社会科学版）》1986 年第 2 期。

809　兰干:《汉"东南一尉"辨释》,《浙江学刊》1986 年第 3 期。

810　陈以鉴、周其岗:《汉武帝时期的战争与财经政策》,《盐城师专学报（社会科学版）》1987 年第 3 期。

811　钱伯泉:《"堂邑氏胡奴甘父"考辨》,《民族研究》1987 年第 4 期。

812　连劭名:《居延汉简中的有方》,《考古》1987 年第 11 期。

813　丘进:《论汉武帝时期的交通建设》,《佛山大学佛山师专学报（社会科学版）》1988 年第 1 期。

814　郗百施:《西汉骊靬城与罗马战俘无关》,《兰州大学学报（社会科学版）》1990 年第 4 期。

815　景亚鹂:《张骞"凿空"原由考》,《文博》1991 年第 1 期。

816　竹云:《论张骞"凿空"在历史上的贡献》,《学术论坛》1991 年第 4 期。

817　刘弘:《西南丝绸之路上的汉代移民》,《东南文化》1991 年第 6 期。

818　李大龙:《两汉重要边吏的选拔和任用制度述略》,《中国边疆史地研究》1993 年第 3 期。

819　张艳国:《张骞"凿空"的文化意义简析》,《历史教学》1993 年第 3 期。

820　高荣:《汉代对西北边疆的经营管理》,《中国边疆史地研究》1994 年第 4 期。

821　施丁：《汉代轮台屯田的上限问题》，《中国史研究》1994年第4期。

822　蒋猷龙：《丝绸之路的开拓——周穆王首传丝绸至西方》，《中国蚕业》1995年第3期。

823　王国华、徐万和：《浑邪王归汉年代辩正》，《西北史地》1996年第4期。

824　李清凌：《战国秦汉西北地区的土地所有制与经营方式》，《简牍学研究》第1辑，兰州：甘肃人民出版社，1997年。

825　刘彦威：《西汉王朝的边疆经略》，《中国边疆史地研究》1997年第3期。

826　李清凌：《两汉在西北的屯田制度》，《简牍学研究》第2辑，兰州：甘肃人民出版社，1998年。

827　陈梧桐：《西汉王朝开拓边疆斗争的历史意义》，《中国边疆史地研究》1999年第3期。

828　王嵘：《西汉和亲政策与汉文化的传播》，《新疆大学学报（社会科学版）》2000年第1期。

829　李志慧：《论西汉长安文化的多源性》，《陕西广播电视大学学报》2001年第1期。

830　侯甬坚：《西汉政府在西北边疆开发中的投入》，《中国历史地理论丛》2002年第2期。

831　周尚兵、王洪军：《走向世界：汉代开放对古代中国的影响》，《黄冈师范学院学报》2002年第2期。

832　尚新丽：《西汉人口数量变化考论》，《郑州大学学报（哲学社会科学版）》2003年第3期。

833　上官绪智：《两汉政权"以夷制夷"策略的具体运用及其影响》，《南阳师范学院学报》2003年第4期。

834　贾丛江：《西汉属部朝贡制度》，《西域研究》2003年第4期。

835　晋之、盛黎明：《汉家旌帜满阴山》，《上海文博论丛》第四期，上海：上海辞书出版社，2004年。

836　何宁生：《先秦的公众舆论监督论略》，《西域研究》2004年第1期。

837　徐行：《陕西秦汉时期道路交通发展与文化传播》，《西安航空技术高等专科学校学报》2004年第2期。

838　李炳泉：《西汉中垒校尉"外掌西域"新证》，《西域研究》2004年第3期。

839　谢彦明：《西汉中垒校尉"外掌西域"考辨》，《贵州师范大学学报（社会科学版）》2006年第5期。

840　谢彦明：《西汉中垒校尉"外掌西域"考辨》，《晋阳学刊》2007年第1期。

841　薛宗正：《西汉的使者校尉与屯田校尉》，《新疆社会科学（汉文版）》2007年第5期。

842　杨燕起：《〈史记〉所叙汉武之拓边疆》，《渭南师范学院学报》2007年第6期。

843　谢彦明：《西汉中垒校尉职掌考辨》，《中南民族大学学报（人文社会科学版）》2008年第1期。

844　贾丛江：《西汉伊循职官考疑》，《西域研究》2008年第4期。

845　曹凛：《汉代舟船勘察与海上丝绸之旅》，《中国船检》2008年第7期。

846　梁中效：《汉代长安与成都的文化交流》，《秦汉研究》第三辑，西安：陕西人民出版社，2009年。

847　谢绍鹢：《江苏尹湾汉简所见的武库与使节辨析》，《西域研究》2009年第2期。

848　王子今：《汉匈西域战争中的"诅军"巫术》，《西域研究》2009年第4期。

849　王维克：《论西汉的屯垦戍边》，《乌鲁木齐职业大学学报》2009年第4期。

850　李铭：《汉武帝的求仙动机与张骞通西域》，《黑龙江史志》2009年第14期。

851　邓文韬：《西汉政府以夷制夷政策实行过程中的阻力初探》，《青年文学家》2009年第22期。

852　任宝磊：《汉代河西长城与丝绸之路》，《西北民族论丛》第7辑，北京：中国社会科学出版社，2010年。

853　张安福：《基于西北边疆安全的汉武帝财政改革》，《东岳论丛》2010年第3期。

854　刘国防：《西汉护羌校尉考述》，《中国边疆史地研究》2010年第3期。

855　贾文丽：《汉朝在河西的防御与战略演变》，《南都学坛》2010年第4期。

856　唐丽雅：《汉长安城和古罗马城城市形态对比》，《濮阳职业技术学院学报》2010年第6期。

857　柳颜：《大汉威仪与丝绸之路的起点》，《南北桥》2010年第11期。

858　杨东晨：《论秦汉王朝向西方开拓政策的成败与得失——兼论人才在封建王朝向西方拓土中的重要作用》，《秦汉研究》第五辑，西安：陕西人民出版社，2011年。

859　周建、喻堰田：《段会宗第二次出任西域都护之年代考证》，《乐山师范学院学报》2011年第3期。

860　殷晴：《柳中屯田与东汉后期的西域政局——兼析班勇的身世》，《西域研究》2011年第3期。

861　崔丽芳：《西汉使节出使域外动机探析》，《安顺学院学报》2011年第3期。

862　袁延胜：《悬泉汉简"户籍民"探析》，《西域研究》2011年第4期。

863　陈功：《新莽伐焉耆之战中的军队组成及统帅》，《成功（教育版）》2011年第

5 期。

864　王永平：《从"天下"到"世界"：汉代中国对世界的探索与认知》，《全球史评论》第五辑，北京：中国社会科学出版社，2012 年。

865　张新超：《西汉骑都尉考》，《天水师范学院学报》2012 年第 1 期。

866　陈强：《先秦西游故事探析》，《昌吉学院学报》2012 年第 2 期。

867　费仙梅：《从敦煌汉简看王莽伐西域后勤补给问题》，《文博》2012 年第 2 期。

868　宋国荣、徐蓉蓉：《汉代骊靬故县是否为骊靬降人而置》，《哈尔滨工业大学学报（社会科学版）》2012 年第 4 期。

869　何达：《邛竹杖之产地新说》，《文史杂志》2012 年第 4 期。

870　杨亦军：《周穆王与西王母昆仑之会的新阐释——兼论"历史情结"与自然空间》，《四川师范大学学报（社会科学版）》2012 年第 5 期。

871　胡建芳：《先秦时期中原与西域的联系》，《哈尔滨学院学报》2013 年第 10 期。

872　王连旗、包朗：《汉朝的西北屯垦战略与边疆安全》，《塔里木大学学报》2014 年第 4 期。

873　陈文祥、李强：《论纳质制度与中国古代藩属体制的构建——以汉王朝在西域的活动为例》，《石河子大学学报（哲学社会科学版）》2014 年第 4 期。

874　辛德勇：《汉武帝晚年政治取向与司马光的重构》，《清华大学学报（哲学社会科学版）》2014 年第 6 期。

875　苏惠萍：《西汉"两关"与丝绸之路》，《寻根》2014 年第 6 期。

876　水丽淑：《西汉丝绸之路走向繁荣的原因及启示》，《兰州大学学报（社会科学版）》2014 年第 6 期。

877　石云涛：《汉代良马的输入及其影响》，《社会科学战线》2014 年第 7 期。

878　魏巍：《居延汉简中汉代边塞地区的"秋射"活动考》，《兰台世界》2014 年第 10 期。

879　张德芳：《丝路畅通汉国保障——汉帝国政权在政治、军事上对丝绸之路交通体系的支撑》，《丝绸之路》2014 年第 15 期。

880　陈宁：《小论汉代天马》，《黑龙江史志》2014 年第 21 期。

881　石云涛：《汉代丝绸之路的开拓与中外交流途径》，《人文丛刊》第十辑，北京：学苑出版社，2015 年。

882　胡岩涛：《论汉武帝征讨大宛国的缘由与影响》，《秦汉研究》第十一辑，西安：陕西人民出版社，2015 年。

883　周俊：《两汉丝绸之路上的植物浅析》，《思想战线》2015 年第 1 期。

884　谢绍鹢：《汉代西北边郡代管边外事务试析》，《西域研究》2015 年第 2 期。

885　陶玉乐：《汉代肩水塞的布防特点及历史价值》，《敦煌研究》2015年第3期。

886　韩建业：《公元前3至前1千纪中国和中亚地区的尖顶冠形符号》，《西域研究》2015年第4期。

887　胡岩涛、徐卫民：《论天马战争与汉武帝"天下秩序"的构建》，《宁夏大学学报（人文社会科学版）》2015年第4期。

888　王子今：《马援楼船军击交阯九真与刘秀的南海经略》，《社会科学战线》2015年第5期。

889　白晓红：《先秦两汉的南方丝绸之路探源》，《大观》2015年第10期。

890　杨倩如：《汉匈西域战略成败的原因——兼论大国的对外战略导向与战略信誉》，《国际政治科学》第三期，北京：清华大学出版社，2016年。

891　唐尚书：《从"博望凿空"到"轮台罪己"——西汉武帝时期经略丝绸之路的文化检讨》，《甘肃广播电视大学学报》2016年第1期。

892　苟长玲、徐黎丽：《两汉对丝绸之路开通与维护的贡献》，《西北民族大学学报（哲学社会科学版）》2016年第2期。

893　苗中泉：《从三强并立到帝国秩序——西汉时期东亚国际体系的演变》，《世界经济与政治》2016年第2期。

894　杨倩如：《汉匈西域战略成败的原因——兼论大国的对外战略导向与战略信誉》，《国际政治科学》2016年第3期。

895　王瑰：《〈续汉书·郡国志〉永昌郡人口辨》，《曲靖师范学院学报》2016年第4期。

896　胡一楠：《由丝路汉简看古代的会计核算制度》，《宝鸡文理学院学报（社会科学版）》2016年第4期。

897　李硕：《汉长城西端新发现城址与敦煌汉简中的大煎都侯障》，《敦煌研究》2016年第5期。

898　胡一楠：《两汉丝绸之路的开辟及其对经济、文化的影响》，《西安财经学院学报》2016年第5期。

899　徐黎丽、古力努尔：《丝绸之路在西汉"贯通"对中国西北边疆经略的影响》，《云南师范大学学报（哲学社会科学版）》2016年第5期。

900　徐黎丽、万红：《为什么丝绸之路在西汉"贯通"》，《青海师范大学学报（哲学社会科学版）》2016年第5期。

901　石云涛：《汉代骆驼的输入及其影响》，《历史教学（下半月刊）》2016年第6期。

902　王玉萍：《汉武帝经略西南夷及其对西南丝绸之路的贡献》，《兰州教育学院学报》2016 年第 7 期。

903 周运中：《汉武别国考》，《暨南史学》第 13 辑，桂林：广西师范大学出版社，2017 年。

904 王永平：《返魂香与伏虎兽：从罗马到汉朝——〈海内十洲记〉所记西胡月支国朝贡事发微》，《河北学刊》2017 年第 1 期。

905 金楠：《汉代"丝绸之路"上的边疆安全——以军事保障制度为视角》，《北京科技大学学报（社会科学版）》2017 年第 3 期。

906 王友富：《集权边缘与边疆治理：汉唐羁縻制度考略》，《遵义师范学院学报》2017 年第 3 期。

907 慕容浩：《论秦汉时期河套开发与草原丝绸之路的兴起》，《内蒙古社会科学》2017 年第 3 期。

908 张连杰：《试论汉武帝伐大宛取汗血马中的求仙因素——兼谈汉武帝时期的汗血马之路线》，《渭南师范学院学报》2017 年第 5 期。

909 高福顺：《汉代丝绸之路的兴衰变迁与历史意义》，《人民论坛》2017 年第 14 期。

910 李瑞：《浅析张骞"凿空"之举及其历史意义》，《丝绸之路》2017 年第 18 期。

911 陈勇勤：《汉代丝绸之路的精神内涵与发展变迁》，《人民论坛》2017 年第 23 期。

912 王子今：《东汉洛阳的国际化市场》，《中原文化研究》2018 年第 1 期。

913 余淼：《中国古代鞋履趣谈之——从汉代鞋履看张骞的"凿空"之旅》，《西部皮革》2018 年第 1 期。

魏晋南北朝

914 黎尚诚：《北凉简论》，《西北民族大学学报（哲学社会科学版）》1984 年第 2 期。

915 黎虎：《东晋南朝与西北诸国交往的目的和意义》，《汉中师院学报（哲学社会科学版）》1989 年第 4 期。

916 田德新、公维章：《北魏对西北地区的统治措施》，《发展》1998 年第 6 期。

917 石云涛：《3—6 世纪中西间海上航线的变化》，《海交史研究》2004 年第 2 期。

918 石云涛：《三至六世纪中西间海上交通条件的变化》，《人文丛刊》第一辑，北京：学苑出版社，2006 年。

919 石云涛：《北魏西北丝路的利用》，《西域研究》2008 年第 1 期。

920 徐国栋：《北魏平城时代的丝绸之路》，《沧桑》2009 年第 2 期。

921 王德恒：《北燕的宫廷政变和东北亚丝路的开发》，《知识就是力量》2010 年第

1 期。

922　李方：《北魏与西域的关系——董琬出使西域前后》，《中国边疆学》第 2 辑，北京：社会科学文献出版社，2014 年。

923　石云涛：《魏晋南北朝时期海上丝路的利用》，《国家航海》2014 年第 1 期。

924　石云涛：《魏晋南北朝时期良马输入的途径》，《西域研究》2014 年第 1 期。

925　王欣：《魏晋西域屯田的特点》，《中国边疆史地研究》2015 年第 4 期。

隋唐五代

926　傅振伦：《隋唐五代物质文化史参考资料》，《历史教学》1955 年第 1 期。

927　傅振伦：《隋唐五代物质文化史参考资料（续完）》，《历史教学》1955 年第 1 期。

928　王謇：《唐太宗平定高昌的历史意义》，《历史研究》1979 年第 4 期。

929　黄新亚：《唐蕃石堡城之争辨析》，《青海社会科学》1982 年第 6 期。

930　潘孝伟：《唐朝前期军事布局的演变》，《安庆师院学报（社会科学版）》1985 年第 3 期。

931　郑铁巨：《松赞干布发兵助王玄策事析》，《西藏研究》1987 年第 3 期。

932　李清凌：《隋朝对西部地区的经营》，《西北民族大学学报（哲学社会科学版）》1988 年第 1 期。

933　史念海：《隋唐时期域外地理的探索及世界认识的再扩大》，《中国历史地理论丛》1988 年第 2 期。

934　吴玉贵：《阿史那贺鲁降唐诸说考异》，《新疆大学学报（哲学社会科学版）》1989 年第 1 期。

935　屈小强：《谈谈唐王朝的对外开放》，《文史杂志》1989 年第 3 期。

936　丁克家：《唐代中国与大食的军事冲突及文化交流》，《阿拉伯世界》1990 年第 1 期。

937　周伟洲：《五代时期的丝绸之路》，《文博》1991 年第 1 期。

938　曹尔琴：《唐代长安的丝绸》，《中国历史地理论丛》1991 年第 3 期。

939　崔明德：《安史之乱持续之久原因新探》，《历史教学》1991 年第 5 期。

940　卫心：《隋帝西巡》，《青海民族研究》1992 年第 2 期。

941　史念海：《隋唐时期的交通与都会》，《唐史论丛》第 6 辑，西安：陕西人民出版社，1995 年。

942　李庆新：《唐代市舶使若干问题的再思考》，《海交史研究》1998 年第 2 期。

943	张兴胜：《唐朝与突骑施攻战原因探微》，《西北史地》1999 年第 4 期。	
944	买丽萍：《唐代文化中的西域文化因素》，《西北民族研究》2000 年第 2 期。	
945	霍然：《论北朝西部母权制遗风及其对唐代思想文化的影响》，《西域研究》2001 年第 4 期。	
946	王静：《隋唐四方馆、鸿胪客馆论考》，《西域研究》2002 年第 2 期。	
947	石云涛：《隋朝中西交通的开展》，《国际汉学》第 8 辑，郑州：大象出版社，2003 年。	
948	赵贞：《敦煌所出灵州道文书述略——兼谈朔方韩氏对灵州道的经营》，《敦煌研究》2003 年第 4 期。	
949	许序雅：《唐朝在中亚建立的防御体系述论》，《浙江师范大学学报（社会科学版）》2003 年第 6 期。	
950	饶宗颐：《略论李唐西北边政之得失——陈国灿〈吐鲁番出土唐代文献编年〉序》，《西域研究》2004 年第 1 期。	
951	黑维强：《吐鲁番出土文书所见"针氈"考》，《西域研究》2004 年第 4 期。	
952	霍然：《论北朝西部审美观与初唐审美兴趣的复归》，《西域研究》2005 年第 1 期。	
953	刘锡涛、古丽扎帕尔：《浅谈唐代的军警预报制度——烽堠制度——兼谈唐代西域的烽堠分布》，《喀什师范学院学报》2005 年第 2 期。	
954	程喜霖：《唐代烽铺建制新证——新出烽铺文书研究之二》，《西域研究》2006 年第 3 期。	
955	霍然：《论北朝西部审美观与盛唐美学思想的展开》，《西域研究》2006 年第 4 期。	
956	陈渭忠：《摩诃池的兴与废》，《四川水利》2006 年第 5 期。	
957	马超：《论恒逻斯战争及影响》，《内江师范学院学报》2006 年增刊第 1 期。	
958	乜小红：《试论唐代马匹在丝路交通中的地位和作用》，《唐史论丛》第 9 辑，西安：三秦出版社，2007 年。	
959	王宇：《唐代猛兽的进口与驯养》，《乾陵文化研究》，西安：三秦出版社，2008 年。	
960	马冬：《两汉迄隋中原王朝对"四夷"的服饰赏赐》，《西北民族论丛》第 6 辑，北京：中国社会科学出版社，2008 年。	
961	徐畅：《敦煌吐鲁番出土文献所见唐代城主新议》，《西域研究》2008 年第 1 期。	
962	刘永连：《唐代园林与西域文明》，《中华文化论坛》2008 年第 4 期。	
963	杨蕤、王润虎：《略论五代以来陆上丝绸之路的几点变化》，《宁夏社会科学》	

2008 年第 6 期。

964 赵贞:《晚唐五代朔方韩氏事迹略说》,《青海民族学院学报(社会科学版)》2009 年第 1 期。

965 赵志超:《吐鲁番出土文书所见唐代士兵借贷问题研究》,《西域研究》2009 年第 2 期。

966 袁黎明:《简论唐代丝绸之路的前后期变化》,《丝绸之路》2009 年第 6 期。

967 索朗平措:《略考唐蕃神龙会盟之历史背景》,《西藏研究》2009 年第 6 期。

968 张升森:《从敦煌吐鲁番文书看唐前期的均田制》,《丝绸之路》2009 年第 24 期。

969 樊文礼:《唐代羁縻府州的南北差异》,《唐史论丛》第 12 辑,西安:三秦出版社,2010 年。

970 盖金伟:《献俘礼与"北庭大捷"质疑》,《西域研究》2010 年第 1 期。

971 汪永臻:《再论唐代前期西北地区的均田》,《内蒙古农业大学学报(社会科学版)》2010 年第 2 期。

972 李兴祥:《论唐代前期军队与地方的关系——以患兵处理为视角》,《西域研究》2010 年第 3 期。

973 张安福:《屯垦开发路径下唐代西北边疆安全体系的构建》,《石河子大学学报(哲学社会科学版)》2010 年第 6 期。

974 赵斌:《刍议唐乾陵六十一蕃臣像中的新罗人》,《丝绸之路》2010 年第 24 期。

975 林冠群:《中唐时期李唐"联回抗蕃"政策之检讨》,《陕西师范大学学报(哲学社会科学版)》2011 年第 2 期。

976 李宗俊:《唐代中后期唐蕃河陇之争与疆域变迁》,《唐史论丛》第 15 辑,西安:三秦出版社,2012 年。

977 李叶宏:《唐代货币立法及其对"西域地区"的影响》,《经济法论坛》第 10 辑,北京:群众出版社,2013 年。

978 尚珩:《"雇人上烽契"与唐代"雇人上烽"研究》,《文物春秋》2013 年第 4 期。

979 张增如、欧居湖:《从敦煌写本看唐代性文化——基于唐代婚姻文化的视角》,《文史杂志》2013 年第 4 期。

980 王国健、周斌:《唐代文人的旅游生活与新自然景观的发现——以西域、岭南两地为中心》,《湖南师范大学社会科学学报》2013 年第 5 期。

981 兰松林、杨勇林:《唐朝积极向中亚地区进取的意义——怛罗斯战役对唐朝在中亚地区的影响》,《黑河学刊》2013 年第 10 期。

982 王文光、李艳峰:《隋唐时期西部边疆的昭武九姓研究三题》,《云南师范大学学报（哲学社会科学版）》2014 年第 2 期。

983 郭勤华：《隋炀帝的开放政策与丝绸之路经济的开发》，《宁夏社会科学》2014 年第 6 期。

984 李新贵：《开元二十九年吐蕃行军路线与唐陇右、河西兵力调动研究》，《历史地理》第 32 辑，上海：上海人民出版社，2015 年。

985 赵贞：《唐前期"中男"承担差役考——以敦煌吐鲁番文书为中心》，《西域研究》2015 年第 1 期。

986 吴玉贵：《唐代长安与丝绸之路》，《西北大学学报（哲学社会科学版）》2015 年第 1 期。

987 黄楼：《吐鲁番出土文书所见唐代宦官诸使》，《魏晋南北朝隋唐史资料》2015 年第 2 期。

988 谭前学：《大唐西市与丝绸之路的繁荣》，《西部大开发》2015 年第 6 期。

989 刘凤鸣：《唐中后期东方海上丝绸之路繁荣原因探析》，《中国高校社会科学》2015 年第 6 期。

990 曾丽荣：《试论隋唐时期泾州在丝绸之路上的地位》，《乐山师范学院学报》2015 年第 9 期。

991 朱德军：《中晚唐关中诸军赏赐问题探微——以立仗军士为中心》，《唐史论丛》第 22 辑，西安：三秦出版社，2016 年。

992 魏迎春、张旭：《唐蕃松州之战探微》，《中国藏学》2016 年第 1 期。

993 张玉兴：《职役抑或军职：西域文书所见唐代的"城局"》，《西域研究》2016 年第 1 期。

994 胡岩涛：《代宗朝唐蕃关陇战争与京都防御体系的构建》，《西北民族大学学报（哲学社会科学版）》2016 年第 4 期。

995 孙宜孔：《隋唐时期驿传制度的演化及其影响》，《三门峡职业技术学院学报》2016 年第 4 期。

996 刘海霞：《武则天时期唐朝的封授失误与边疆危机》，《文山学院学报》2016 年第 4 期。

997 林梅村：《怛逻斯城与唐代丝绸之路》，《浙江大学学报（人文社会科学版）》2016 年第 5 期。

998 郑学檬：《唐五代海上丝路研究的若干问题补论》，《历史教学（下半月刊）》2016 年第 12 期。

999 陶继双：《史思明父子杀"胡"与政权失败》，《巢湖学院学报》2017 年第 1 期。

1000 冯西西：《隋唐大运河与中原繁荣的相互影响》，《华北水利水电大学学报（社会科学版）》2017 年第 2 期。

1001 张晓虹：《丝绸之路与唐代流行文化及其空间格局》，《交响——西安音乐学院学报》2017 年第 3 期。

1002 胡岩涛：《论河陇地区在唐代京畿防御中的战略地位》，《西北大学学报（自然科学版）》2017 年第 5 期。

宋

1003 任树民：《北宋官办蕃学初探》，《民族研究》1993 年第 4 期。

1004 任树民：《北宋对西北边疆舆图资料的收集和舆图的绘制》，《中国边疆史地研究》1996 年第 3 期。

1005 卢山：《宋代港市发展初探》，《华中建筑》2002 年第 5 期。

1006 龚绍方：《宋代海上丝路源头新探》，《中州学刊》2008 年第 5 期。

1007 俞世峰、李远：《宋元时期海上运输法中的国际私法规则研究——以〈市舶条法〉为视角》，《国家航海》2014 年第 4 期。

1008 金城、刘恒武：《宋元时期海溢灾害初探》，《太平洋学报》2015 年第 11 期。

1009 马巍：《宋代丝绸之路新特点》，《文史杂志》2016 年第 5 期。

1010 申慧青：《简论北宋对丝绸之路的经营与利用》，《宋史研究论丛》第 19 辑，保定：河北大学出版社，2017 年。

1011 胡风雨：《回回炮在宋元襄樊之战的应用及对后世的影响》，《湖北文理学院学报》2017 年第 1 期。

1012 何骥晨：《宋代海上丝绸之路简论》，《长江丛刊》2017 年第 11 期。

辽金元

1013 王晓清：《大蒙古国窝阔台合罕时期中原经济动向初探》，《华中师院学报（哲学社会科学版）》1985 年第 4 期。

1014 袁澍：《元代用人政策与西域知识分子》，《新疆师范大学学报（社会科学版）》1986 年第 2 期。

1015 张啸虎：《辽金遗士对元初政治建设与文化开拓的贡献》，《中南民族学院学报（哲学社会科学版）》1988 年第 2 期。

1016 吴宏歧：《金元时期所谓的"山前"、"山后"》，《中国历史地理论丛》1988 年第 2 期。

1017 包桂芹：《元朝文书驿传机构简述》，《历史档案》1990 年第 1 期。

1018 樊保良：《蒙元时期丝绸之路简论》，《兰州大学学报（社会科学版）》1990年第4期。

1019 张来仪：《蒙古帝国与丝绸之路的复兴》，《甘肃社会科学》1991年第6期。

1020 陈贤春：《试论元代商人的社会地位与历史作用》，《湖北大学学报（哲学社会科学版）》1993年第3期。

1021 张松柏：《西域驯兽对辽代的影响及其在辽境的传播》，《内蒙古文物考古》1994年第1期。

1022 周宝利、邴淑清：《元朝的商业繁荣与海上丝绸之路》，《辽宁丝绸》1994年第2期。

1023 魏良弢：《西辽时期中亚契丹人的经济生活》，《西域研究》1994年第4期。

1024 修晓波：《大蒙古国及元初政坛上的西域商人》，《社会科学战线》1996年第1期。

1025 卢明辉：《13世纪以后亚欧大陆"草原丝绸之路"与蒙古游牧文化的变迁》，《内蒙古社会科学（文史哲版）》1997年第6期。

1026 胡兴东：《斡脱：蒙元时期民事制度的一个创新》，《云南师范大学学报（哲学社会科学版）》2003年第5期。

1027 张郁：《草原丝绸之路契丹印迹》，《内蒙古金融研究》2003年增刊第3期。

1028 乌云高娃：《蒙古与高丽的战争》，《欧亚学刊》第6辑，北京：中华书局，2004年。

1029 张沛之：《元代少数民族官僚家族婚姻初探》，《河南师范大学学报（哲学社会科学版）》2004年第1期。

1030 胡小鹏：《〈契丹国志〉中的"小食国"考》，《西域研究》2006年第3期。

1031 党宝海：《元朝延祐年间北方边将脱忽赤叛乱考——读〈大元赠岭北行省右丞忠愍公庙碑〉》，《西域研究》2007年第2期。

1032 马建春：《辽与西域伊斯兰地区交聘初探》，《回族研究》2008年第1期。

1033 李治安：《元代汉人受蒙古文化影响考述》，《历史研究》2009年第1期。

1034 陈得芝：《关于元朝的国号、年代与疆域问题》，《北方民族大学学报（哲学社会科学版）》2009年第3期。

1035 王红梅：《元代蒙古王室与畏兀儿亦都护家族联姻考》，《兰州学刊》2009年第6期。

1036 于秀丽：《从朝阳北塔文物看辽朝与外界的关系》，《辽宁省博物馆馆刊》，沈阳：辽海出版社，2011年。

1037 宫海峰：《蒙元时期游牧家产制与汉地中央集权制的冲突及影响》，《西域研究》

2011 年第 4 期。

1038　曹凛：《元朝海上丝绸之路》，《中国船检》2011 年第 10 期。

1039　乌云高娃：《13 世纪蒙古征高丽、日本及其影响》，《西部蒙古论坛》2012 年第 1 期。

1040　段海蓉：《元代海道都漕运万户西域唐兀人黄头事迹考》，《新疆大学学报（哲学·人文社会科学版）》2013 年第 1 期。

1041　李鸣飞：《蒙元时期的札撒孙》，《西域研究》2013 年第 2 期。

1042　武玉环、程嘉静：《辽代对草原丝绸之路的控制与经营》，《求索》2014 年第 7 期。

1043　杨蕤：《文物考古学视野下的辽代丝绸之路》，《北方民族大学学报（哲学社会科学版）》2015 年第 2 期。

1044　程嘉静：《辽代榷场设置述论》，《内蒙古社会科学》2015 年第 2 期。

1045　魏志江：《试论西辽帝国对中亚、西域的经略及其对丝绸之路的影响》，《北方民族大学学报（哲学社会科学版）》2015 年第 2 期。

1046　刘嘉伟：《元代非汉族士人群体形成的历史文化背景探论》，《阿坝师范高等专科学校学报》2015 年第 4 期。

1047　王坤、傅惟光：《辽代的契丹和草原丝绸之路》，《理论观察》2015 年第 6 期。

1048　张楠：《比较蒙元帝国时期三大陆上丝绸之路的开拓方式》，《内蒙古电大学刊》2016 年第 1 期。

1049　孙秀君：《论蒙古帝国时期蒙古人对陆上丝绸之路的贡献》，《西部蒙古论坛》2016 年第 1 期。

1050　陈新元：《八儿赤与元代豹猎》，《西域研究》2016 年第 2 期。

1051　闫国疆：《蒙元初期的丝绸之路与国家治理》，《河海大学学报（哲学社会科学版）》2016 年第 2 期。

1052　张晓慧：《再谈蒙元时代的字可孙》，《西域研究》2016 年第 2 期。

1053　陈春晓：《忽推哈敦与伊利汗国前期政治——蒙古制度在西亚的实践》，《西域研究》2016 年第 2 期。

1054　李志勇：《和议之前契丹、女真对宋政策对比研究》，《丝绸之路》2016 年第 20 期。

1055　魏志江：《论辽帝国对漠北蒙古的经略及其对草原丝绸之路的影响》，《社会科学辑刊》2017 年第 3 期。

1056　冯国昌：《元初陆海"丝绸之路"及当代启示》，《江苏科技大学学报（社会科学版）》2017 年第 3 期。

1057 任红敏：《"西北子弟"与元代文坛格局》，《殷都学刊》2017年第4期。

1058 高福顺、铁颜颜：《论辽朝对术不姑的经略》，《社会科学战线》2017年第6期。

1059 邱江宁：《海、陆丝绸之路的拓通与蒙元时期的异域书写》，《文艺研究》2017年第8期。

明

1060 周积明：《略论明代初、中期的"朝贡"与"赐赉"》，《武汉师范学院学报（哲学社会科学版）》1983年第5期。

1061 高自厚：《明代的关西七卫及其东迁》，《兰州大学学报（社会科学版）》1986年第1期。

1062 秦川：《明政府开发西北决策的若干启示》，《兰州学刊》1991年第3期。

1063 秦川：《试论明朝在西北的退缩战略与开发西北的决策》，《社科纵横》1992年第4期。

1064 杨旸：《明代东北亚丝绸之路与"虾夷锦"文化现象》，《社会科学战线》1993年第1期。

1065 钱伯泉：《明朝撒里畏兀儿诸卫的设置及其迁徙》，《西域研究》2002年第1期。

1066 松浦章：《关于明代海外诸国通事》，《明史研究》第9辑，合肥：黄山书社，2005年。

1067 程利英：《明代关西七卫与西番诸卫》，《西藏研究》2005年第3期。

1068 程利英：《明代关西七卫探源》，《内蒙古社会科学》2006年第4期。

1069 张连银、喻堰田：《明清嬗代与西北边陲的变迁——以16—18世纪的河西走廊为例》，《青海师范大学学报（哲学社会科学版）》2009年第2期。

1070 李陆华：《明代通往北国东疆的丝绸之路——冰川雪域的"纳丹府东北陆路"丝绸古道》，《黑龙江社会科学》2010年第6期。

1071 陈光文：《明朝弃置敦煌考略》，《敦煌学辑刊》2011年第1期。

1072 施新荣：《明代西北地缘政治之演变》，《人文杂志》2011年第2期。

1073 任小波：《明代西番馆职司与史事述考》，《西藏大学学报（社会科学版）》2012年第3期。

1074 柯嘉囝：《明清时的太平洋丝绸之路》，《文化交流》2013年第8期。

1075 孙继亮：《海上丝绸之路的发展与明代银本位制度确立关系初探》，《经济研究参考》2013年第34期。

1076 杨林坤：《论明太祖经营西北边疆政策的得失》，《烟台大学学报（哲学社科学版）》2014 年第 2 期。

1077 王希隆、杨代成：《论明清时期嘉峪关职能的演变》，《青海民族大学学报（社会科学版）》2014 年第 4 期。

1078 苟翰、林热米娜·克依木：《论〈明史·西域传〉反映的明朝士人西域观》，《牡丹江教育学院学报》2014 年第 11 期。

1079 苏惠苹：《试析明清时期闽籍士绅关于"开海"、"禁海"问题之态度》，《中国社会经济史研究》2015 年第 3 期。

1080 郑力乔：《论明代海南士大夫的海洋观念——以丘濬、钟芳和唐胄为中心》，《新东方》2015 年第 5 期。

1081 章忠民、胡林梅：《明清海上丝绸之路经略与海权渐失》，《社会科学》2016 年第 1 期。

1082 晁中辰：《明永乐帝为柯枝封山考——以〈明史·柯枝传〉为中心》，《社会科学辑刊》2016 年第 3 期。

1083 周泓：《元明都城西御敕寺院与当地畏兀（畏吾）文化》，《青海民族研究》2016 年第 4 期。

1084 刘彩虹：《明代海上丝绸之路的变迁及其启示》，《西部皮革》2016 年第 16 期。

1085 张连银：《嘉峪关外：内地化进程中的边陲社会——以明清时期的王子庄为个案》，《中国边疆史地研究》2017 年第 1 期。

1086 李淮东：《明代汉藏交通的兴衰演变——以明朝使臣入藏活动为中心的探讨》，《中国边疆史地研究》2017 年第 2 期。

1087 田澍：《陆路丝绸之路上的明朝角色》，《中国边疆史地研究》2017 年第 3 期。

清

1088 董蔡时：《论左宗棠与新疆开置行省》，《江苏师院学报》1982 年第 1 期。

1089 喻常森：《18 世纪中叶至 19 世纪中叶的东南亚华侨矿业》，《印度支那》1989 年第 1 期。

1090 谢增虎：《左宗棠重振丝绸之路》，《开发研究》1990 年第 1 期。

1091 香坂昌纪著，李小林译：《清朝前期对准噶尔作战的经济效果》，《史学集刊》2000 年第 4 期。

1092 耿昇：《从法国安菲特利特号船远航中国看 17—18 世纪的海上丝绸之路》，《西北第二民族学院学报（哲学社会科学版）》2001 年第 2 期。

1093 乌云毕力格：《清太宗与喀尔喀右翼扎萨克图汗素班第的文书往来——兼谈喀尔

喀—卫拉特联盟的形成》,《西域研究》2008 年第 2 期。

1094 朱立春:《清朝北方民族赏乌绫与东北亚丝绸之路》,《广东技术师范学院学报（社会科学版）》2010 年第 5 期。

1095 潘志平:《清前期中亚地缘政治形势——附论比什凯克的来历》,《西域研究》2012 年第 4 期。

1096 吕文利:《清代盟旗制度与内蒙古五路驿站的设立——兼论草原丝绸之路的形成》,《中国边疆学》第 2 辑,北京:社会科学文献出版社,2014 年。

1097 刘传飞、张莉:《清代前中期的西北地缘政治演变》,《陕西师范大学学报（哲学社会科学版）》2014 年第 2 期。

1098 游博清:《英国东印度公司与南中国海水文调查（1779—1833）》,《自然科学史研究》2015 年第 1 期。

1099 车辚:《南方丝绸之路上的陌生人——清末民初在云南游历和工作的外国人述略》,《云南农业大学学报（社会科学版）》2015 年第 3 期。

1100 张燕、王友文:《清代伊犁将军与哈萨克草原丝绸之路发展的政治考虑》,《广西社会科学》2015 年第 10 期。

1101 刘刚文:《左宗棠以夷制夷》,《科学大观园》2015 年第 12 期。

1102 王立本:《19 世纪中国的海权理论与今日的反思》,《国家航海》第 17 辑,上海:上海古籍出版社,2016 年。

1103 白海提:《萨图克·布格拉汗麻扎谢赫任命书中的"新兴宗派"》,《西域研究》2016 年第 1 期。

1104 李晓标:《晚清西文游记中草原茶叶丝绸之路地缘经济景观》,《兰台世界》2016 年第 3 期。

1105 鲁靖康、魏亚儒:《清代边疆政区设置的变通与调适——以塔尔巴哈台为例》,《西域研究》2016 年第 3 期。

1106 张玮:《浅论左宗棠对河西的开发》,《兰台世界》2016 年第 4 期。

1107 陈柱:《从满文档案看洪扎与清朝宗藩关系的建立》,《中国边疆史地研究》2017 年第 4 期。

1108 杨军民:《"舆地"与"官制"之"合宜":雍乾时期西北边疆经略与河西走廊军政建制演变（1724—1773）》,《宝鸡文理学院学报（社会科学版）》2017 年第 4 期。

民　国

1109 刘玲:《析东南沿海经济在近代前的发展趋势》,《宿州教育学院学报》2001 年第 2 期。

1110 周仕德：《近代西方列强屡次从海上侵略中国原因管见》，《史学月刊》2006 年第 4 期。

1111 许建英：《英国驻喀什噶尔总领事馆对苏俄的情报活动——以 1917—1922 年为中心》，《西域研究》2008 年第 2 期。

1112 刘大先：《论近代中国士人的首次西游书写》，《东方论坛：青岛大学学报》2012 年第 4 期。

1113 熊元彬：《试论近代云贵高原联动与整合中商路的变迁及其影响》，《天府新论》2015 年第 3 期。

1114 吴臣辉、朱进彬：《试论晚清民国时期永昌道上的马帮运输》，《保山学院学报》2015 年第 4 期。

1115 乔南：《试论近代山西商人对丝路沿线城市兴起的作用》，《兰州商学院学报》2015 年第 4 期。

1116 乔南：《商路、城市与产业——晋商对近代西北经济带形成的作用浅析》，《经济问题》2015 年第 5 期。

1117 魏峡：《抗日战争时期的"丝绸之路"》，《福建党史月刊》2015 年第 10 期。

1118 刘春子：《丝路商人与草原文化的交汇融通——以近代绥远旅蒙商为例》，《实践（思想理论版）》2015 年第 11 期。

1119 苗金萍：《略论西北近代开发史上的三次开发高潮》，《消费导刊》2016 年第 3 期。

1120 陶德臣、杨志玲：《近代中国茶埠群论析》，《安徽史学》2016 年第 6 期。

1121 王健：《民国初期张相文塞北之行与草原丝绸之路》，《学海》2017 年第 1 期。

地方史

通 论

1122 秦塞：《试论古代西北文化的地位》，《社会科学》1990 年第 1 期。

1123 邵敏灵：《中国历史上的西部开发》，《江西社会科学》2001 年第 9 期。

1124 刘秀梅：《我国历史上的四次西部大开发》，《地理教育》2002 年第 3 期。

1125 贾小军：《秦汉魏晋南北朝西北经济及其经济交流初探》，《伊犁教育学院学报》2004 年第 4 期。

1126 李军：《宋元"海上丝绸之路"繁荣时期广州、明州（宁波）、泉州三大港口发展之比较研究》，《南方文物》2005年第1期。

1127 李建国：《略论近代西北地区的陆路交通》，《历史档案》2008年第2期。

1128 梁中效：《汉代长安与成都的文化交流》，《唐都学刊》2009年第1期。

1129 梁俊艳：《荣赫鹏与英国在新疆和西藏的殖民扩张》，《西域研究》2012年第1期。

1130 金勇强：《"河湟"与"陇右""河陇""西羌"关系之考辩》，《西北民族大学学报（哲学社会科学版）》2015年第1期。

1131 徐黎丽、唐淑娴：《论陆上丝绸之路对中国西北地区发展的影响》，《北方民族大学学报（哲学社会科学版）》2016年第1期。

1132 郑学檬：《唐宋元海上丝绸之路和岭南、江南社会经济研究》，《中国经济史研究》2017年第2期。

西　域

通　论

1133 吕振羽：《新疆和祖国的历史关系》，《中国民族》1962年第2期。

1134 李遇春：《从出土文物看新疆和祖国的历史关系》，《中国民族》1964年第9期。

1135 汪宁生：《汉晋西域与祖国文明》，《考古学报》1977年第1期。

1136 肖之兴：《驳齐赫文斯基对我国新疆历史的歪曲》，《中央民族学院学报》1980年第2期。

1137 佟柱臣：《从考古材料看汉、唐对西域的管辖》，《社会科学战线》1981年第4期。

1138 胡焕庸：《新疆人口的过去、现在和未来》，《西北人口》1983年第2期。

1139 董永茂：《新疆人口发展历史一瞥》，《西北人口》1984年第4期。

1140 沈德仁、胡波：《新疆人口发展的过去现在和未来》，《实事求是》1984年第5期。

1141 黄力平：《浅述中国先民经由新疆移居中亚、西亚的开始》，《华侨历史》1986年第3期。

1142 张德阶：《略论历代王朝对西域的经营》，《武汉教育学院学报（哲学社会科学版）》1987年第1期。

1143 吴平凡：《试论龟兹与中原王朝的友好关系》，《新疆大学学报（哲学社会科学版）》1988年第1期。

1144 殷晴：《古代新疆商业的发展及商人的活动》，《西北民族研究》1989年第2期。

1145 尚衍斌：《汉唐时期龟兹经济的几个问题》，《新疆师范大学学报（哲学社会科学版）》1989年第4期。

1146 李吟屏：《新疆历代度量衡初探》，《喀什师范学院学报》1991年第2期。

1147 侯灿：《略论我国历史上新疆》，《新疆师范大学学报（哲学社会科学版）》1991年第4期。

1148 程溯洛：《西域和祖国的关系——公元840年以前》，《西域研究》1992年第1期。

1149 肖之兴：《汉唐龟兹史事琐谈》，《中国边疆史地研究》1992年第4期。

1150 魏长洪：《新疆秘密社会研究》，《新疆大学学报（哲学社会科学版）》1993年第1期。

1151 刘宾：《古代中原人的西域观念》，《西域研究》1993年第1期。

1152 王东平：《先秦至唐汉文化在西域的传播》，《新疆大学学报（哲学社会科学版）》1994年第1期。

1153 陈爱珠：《丝绸之路与西域绿洲诸国经济的发展》，《兵团党校论坛》1994年第3期。

1154 傅小锋：《吐鲁番盆地绿洲经济发展研究》，《经济地理》1995年第3期。

1155 余太山：《两汉魏晋南北朝时期西域的绿洲大国称霸现象》，《西北史地》1995年第4期。

1156 马德元：《新疆在丝绸之路文化历史上的地位》，《西北民族研究》1996年第1期。

1157 刘文锁：《汉文化与古代新疆》，《西北民族研究》1997年第2期。

1158 余太山：《两汉魏晋南北朝时期西域南北道绿洲诸国的两属现象——兼说贵霜史的一个问题》，《中国边疆史地研究》1997年第2期。

1159 马国荣：《汉晋时期西域城郭诸国的社会生活》，《西域研究》1997年第4期。

1160 刘卫平：《西域经济思想史研究刍议》，《社会科学》1997年第9期。

1161 宣朝庆：《古代西域概况》，《历史教学》1998年第2期。

1162 宗永平：《略论中原王朝在新疆历史上的屯田》，《伊犁师范学院学报（文理综合版）》1999年第2期。

1163 周泓：《从考古资料看汉唐两朝对古代新疆的管辖经营》，《新疆师范大学学报（哲学社会科学版）》2000年第4期。

1164 仲高：《两汉魏晋南北朝时期的于阗文化》，《新疆师范大学学报（哲学社会科学版）》2001年第2期。

1165 王茜:《历史时期新疆园林业的发展及特点》,《西域研究》2001年第3期。

1166 殷晴:《丝绸之路和西域经济——对新疆开发史上若干问题的思考》,《西域研究》2001年第4期。

1167 余太山:《两汉魏晋南北朝正史"西域传"所见西域诸国的制度和习惯法》,《西北民族研究》2001年第4期。

1168 张岩:《汉唐龟兹关亭烽燧景观考略》,《新疆教育学院学报》2002年第1期。

1169 余太山:《两汉魏晋南北朝正史"西域传"所见西域诸国的社会生活》,《西域研究》2002年第1期。

1170 张岩、刘锡涛:《古代新疆的三次大开发及其历史借鉴》,《天水师范学院学报》2002年第1期。

1171 赵荣织:《纷乱时期中原封建王朝对西域的管辖》,《西域研究》2002年第2期。

1172 苗普生:《新疆在中国统一的多民族国家形成、发展和巩固过程中的历史地位》,《西域研究》2003年第1期。

1173 魏兆和、程嘉翎:《丝绸之路在西域的三绝三通》,《中国蚕业》2003年第2期。

1174 魏长洪、管守新:《西域界说史评》,《新疆大学学报(社会科学版)》2004年第1期。

1175 苗普生:《新疆历史研究需要阐明的几个问题》,《西域研究》2004年第2期。

1176 李竟成:《丝绸之路与西域文化特质》,《新疆艺术学院学报》2004年第4期。

1177 董琳、杨晓梅:《新疆历史上政治经济中心的变迁》,《新疆师范大学学报(自然科学版)》2004年第4期。

1178 王洪瑞:《新疆古代战争的时空分布特征》,《人文杂志》2005年第2期。

1179 张岩:《西域开发史上女性的历史地位及特点》,《石河子大学学报(哲学社会科学版)》2005年第4期。

1180 季羡林:《龟兹研究三题》,《龟兹学研究》,乌鲁木齐:新疆大学出版社,2006年。

1181 马大正:《新疆历史发展中的五个基本问题》,《学术探索》2006年第2期。

1182 马大正:《新疆历史研究中的几个问题》,《西域研究》2006年第2期。

1183 樊根耀:《论古代新疆屯垦的经济意义》,《西北民族大学学报(哲学社会科学版)》2006年第4期。

1184 韩保全:《汉唐长安与"丝绸之路"》,《文博》2006年第6期。

1185 张建春:《论晋唐时期西域龟兹文化与中原文化的交融》,《新疆师范大学学报(哲学社会科学版)》2007年第3期。

1186 李国平、罗会光、秀梅:《中亚军事、政治地位的变迁》,《塔里木大学学报》

2007 年第 3 期。

1187 张凤武、雷霆：《试论汉唐两朝对西域的开发经营》，《河南理工大学学报（社会科学版）》2007 年第 4 期。

1188 张来仪：《帕米尔历史文化研究的意义与方法》，《华南师范大学学报（社会科学版）》2008 年第 1 期。

1189 王青：《西域传说中的特殊国度》，《西域研究》2008 年第 3 期。

1190 李吟屏：《论和田与罗布泊地区的双向移民》，《新疆师范大学学报（哲学社会科学版）》2008 年第 4 期。

1191 邓德芳、段汉明：《古代新疆屯垦的时空分布特征与动力机制分析》，《西北农林科技大学学报（社会科学版）》2009 年第 1 期。

1192 王聪延：《汉文化在西域的传播探析》，《兵团党校学报》2009 年第 2 期。

1193 朱培民：《新疆古代史研究中两个问题的探讨》，《实事求是》2009 年第 2 期。

1194 牛汝极：《跨文化视角：龟兹历史与人类文明》，《西域研究》2009 年第 3 期。

1195 张晓莉、张安福：《中国古代西域屯垦与丝绸之路文明》，《经济研究导刊》2009 年第 3 期。

1196 张红：《汉唐时期中原政权与西域的密切关系》，《敦煌学辑刊》2009 年第 3 期。

1197 李艳玲：《游牧势力在塔里木盆地的角逐及其对交通的影响——以柔然、吐谷浑、高车、嚈哒为中心》，《西域研究》2009 年第 4 期。

1198 张安福：《新疆历代民屯的发展趋势探析》，《兵团党校学报》2009 年第 5 期。

1199 买买提祖农·阿布都克力木：《汉唐时期西域屯垦及其作用》，《喀什师范学院学报》2010 年第 1 期。

1200 王聪延：《汉、唐、清时期汉文化在西域的传播》，《兵团党校学报》2010 年第 3 期。

1201 李国强：《历代中央政府治理新疆模式的发展演变与启示》，《中共伊犁州委党校学报》2010 年第 4 期。

1202 朱丽娜、张安福：《西域屯垦人物的历史作用研究》，《兵团党校学报》2011 年第 1 期。

1203 李方：《中古时期中原王朝和地方政权治理西域的经验与教训》，《南京师大学报（社会科学版）》2011 年第 2 期。

1204 张安福：《天山南北绿洲经济的历史变迁研究》，《江西社会科学》2011 年第 8 期。

1205 廖肇羽：《古代西域双轨运行机制与社会结构》，《社会科学战线》2011 年第 10 期。

1206 姜宇：《西汉、唐两时期在西域屯垦之比较》，《科技信息》2011年第30期。

1207 乌布里·买买提艾力：《丝绸之路新疆段地域文化初探》，《建筑史》第29辑，北京：清华大学出版社，2012年。

1208 张凡：《西域屯垦戍边的路径依赖分析》，《河北青年管理干部学院学报》2012年第1期。

1209 孙启军：《简析历代中央政权治理新疆策略及启示》，《世纪桥》2012年第1期。

1210 张安福：《西域屯田预期嬗变的历史动因分析》，《中国地方志》2012年第2期。

1211 薛宗正：《千古回声——中国历史上的西域治理》，《兵团建设》2012年第5期。

1212 张安福、王玉平：《汉唐吐鲁番屯田与高昌文化重镇的形成》，《石河子大学学报（哲学社会科学版）》2012年第6期。

1213 穆罕默德·巴格尔·乌苏吉著，林喆译：《波斯文献中关于喀什噶尔在丝绸之路上的地位的记载》，《新疆师范大学学报（哲学社会科学版）》2012年第6期。

1214 王文君：《新疆古代屯田治理对当代屯垦的启示》，《中国农垦》2012年第9期。

1215 谢海涛、丁云飞、谢春林：《浅议汉唐西域屯田制》，《西江月》2012年第19期。

1216 邓慧君：《丝绸之路上的察合台汗国和东察合台汗国》，《丝绸之路》2012年第24期。

1217 王坤：《新疆历代治边方略的经验与启示》，《学理论》2012年第30期。

1218 王伟：《历史时期西域行政发展研究》，《学理论》2012年第31期。

1219 李方：《中古时期中原王朝和地方政权治理西域的经验与教训》，《中国边疆学》第1辑，北京：社会科学文献出版社，2013年。

1220 陈霞：《丝绸之路的开通及其对新疆历史的影响》，《西域研究》2013年第3期。

1221 李建军：《20世纪以前新疆符号文化的演变》，《西域研究》2013年第3期。

1222 张安福、岳丽霞：《汉唐柳中屯田及对当今东疆社会稳定的启示》，《石河子大学学报（哲学社会科学版）》2013年第5期。

1223 于逢春：《边疆研究视域下的"中原中心"与"天山意象"》，《新疆大学学报（哲学·人文社会科学版）》2014年第1期。

1224 张安福、胡志磊：《汉唐环塔里木烽燧布局的演变》，《史林》2014年第2期。

1225 熊建军：《古代新疆形象的历史叙事与建构》，《武汉理工大学学报（社会科学版）》2014年第2期。

1226 任克良：《龟兹汉唐风》，《新疆地方志》2014年第3期。

1227 赵辉、王淑莲：《历代西域屯田的时空分布述论》，《农业考古》2014年第3期。

1228 李锦绣：《汉唐经营西域目的比较》，《史林》2014年第4期。

1229 张少华:《汉唐时期于阗地区的社会生活》,《和田师范专科学校学报》2014年第5期。

1230 赵辉:《新疆屯田的历史演进及其意义》,《边疆经济与文化》2014年第5期。

1231 马迎胜:《新疆一体多元文化的历史明证》,《新疆大学学报(哲学·人文社会科学版)》2014年第6期。

1232 徐文堪:《蒲立本西域史二题》,《西域研究》2015年第1期。

1233 于逢春:《"中国疆域五大文明板块"视野下的西域》,《新疆师范大学学报(哲学社会科学版)》2015年第1期。

1234 顾华详:《新疆长治久安治本策略研究》,《乌鲁木齐职业大学学报》2015年第2期。

1235 王聪延:《汉文化在新疆的传播及其作用》,《石河子大学学报(哲学社会科学版)》2015年第3期。

1236 周泓:《中国非汉族体大家族理念与形制——基于西域诸族的考释》,《青海民族研究》2015年第3期。

1237 厉声:《从历史看新疆与祖国大家庭的关系》,《中国民族》2015年第3期。

1238 李琪:《"中亚"所指及其历史演变》,《新疆师范大学学报(哲学社会科学版)》2015年第3期。

1239 孟宪实:《中原与西域——西域研究若干思考》,《西域研究》2015年第4期。

1240 刘洁:《汉晋时期西域精绝国与贵霜、苏毗关系考略》,《山东社会科学》2015年第4期。

1241 王希隆:《关于西域史研究的几点认识》,《西域研究》2015年第4期。

1242 纪亚光、马超:《试论西域文化发展的向心倾向》,《西部学刊》2015年第4期。

1243 李洁:《试论边疆治理之移民实边——以新疆为例》,《兰州大学学报(社会科学版)》2015年第5期。

1244 张鹰:《我国西北地区的文化地理划分及西域历史探究溯源》,《美与时代·城市》2015年第12期。

1245 廖肇羽:《试论西域昆仑的文化旗帜与文明立场》,《伊犁师范学院学报(社科版)》2016年第1期。

1246 袁剑:《连续性与断裂性——近代中国知识视野下的"中亚"范畴流变》,《青海民族研究》2016年第4期。

1247 薛艳丽、王祥伟:《西域借贷契约中的债务偿还方式》,《西域研究》2016年第4期。

1248 徐承炎:《浅谈茶与西域》,《农业考古》2016年第5期。

1249　程秀金：《"内亚"概念源流考》，《北方民族大学学报（哲学社会科学版）》2016 年第 6 期。

1250　石桥：《龟兹与汉唐西域都护府》，《丝绸之路》2016 年第 7 期。

1251　瞿萍：《西域历史中的龟兹》，《丝绸之路》2016 年第 7 期。

1252　袁剑：《"中亚"在哪里？——近代中国人笔端下的"中亚"范畴变化》，《文化纵横》2017 年第 1 期。

1253　施展：《历史哲学视域下的西域—中亚》，《俄罗斯研究》2017 年第 2 期。

1254　杨恕、刘亚妮：《新疆史研究应注意的几个问题》，《兰州大学学报（社会科学版）》2017 年第 2 期。

1255　侯明明：《新疆在中华民族多元一体格局形成初期的贡献》，《黔南民族师范学院学报》2017 年第 3 期。

1256　刘奎：《20 世纪台湾视域中新疆形象的大致变迁》，《石河子大学学报（哲学社会科学版）》2017 年第 5 期。

1257　僧海霞：《历史时期中原与西域的界标及其意象变迁研究》，《地理科学》2017 年第 8 期。

1258　曹宇：《论西域历史上宦官之活动及其积极意义——以唐、北宋、明为例》，《兰台世界》2017 年第 17 期。

上古秦汉

1259　姚鋆：《张骞通西域》，《历史教学》1954 年第 10 期。

1260　朱葆珊：《试论西汉时期汉在西域统治的确立和汉匈统一的形成》，《内蒙古大学学报（社会科学）》1963 年第 2 期。

1261　刘慧琪：《两汉时期西域与祖国的关系》，《历史教学》1966 年第 1 期。

1262　孟池：《从新疆历史文物看汉代在西域的政治措施和经济建设》，《文物》1975 年第 7 期。

1263　贾应逸：《汉代西域都护府的由来——兼谈郑吉的历史功绩》，《新疆大学学报（哲学社会科学版）》1977 年增刊第 1 期。

1264　朱葆珊：《论东汉三通西域》，《内蒙古大学学报（历史学专集）》1981 年增刊第 1 期。

1265　薛启赓：《"拂菻国"小考》，《教学与进修》1982 年第 1 期。

1266　苏北海：《论汉武帝征大宛》，《新疆师范大学学报（社会科学版）》1983 年第 1 期。

1267　田雨：《张骞两次出使西域的原因》，《史学月刊》1983 年第 1 期。

| 1268 | 刘锡淦：《关于西域都护与僮仆都尉问题的质疑》，《新疆大学学报（哲学社会科学版）》1983年第1期。
| 1269 | 哈建华：《有关西域都护建置的年代问题》，《历史教学》1983年第3期。
| 1270 | 龙显昭：《汉代西域的族属及其与周秦"西戎"之关系》，《西南民族学院学报（哲学社会科学版）》1984年第1期。
| 1271 | 侯灿：《论楼兰城的发展及其衰废》，《中国社会科学》1984年第2期。
| 1272 | 吴平凡：《上古西域诸国也是奴隶制城邦》，《新疆大学学报（哲学社会科学版）》1984年第3期。
| 1273 | 何芳川：《试谈两汉时期西域诸国的国家形态》，《历史教学》1984年第8期。
| 1274 | 彭慧敏：《两汉在西域屯田论述》，《新疆大学学报（哲学社会科学版）》1985年第1期。
| 1275 | 苗普生：《略论东汉三绝三通西域》，《新疆师范大学学报（社会科学版）》1985年第2期。
| 1276 | 王宗维：《汉代河西与西域之间的相互关系》，《新疆社会科学》1985年第3期。
| 1277 | 郑勇：《楼兰王国的灭亡》，《新疆环境保护》1985年第4期。
| 1278 | 朱振杰：《"凿空"前西域同内地的联系》，《新疆社会科学》1986年第2期。
| 1279 | 马国荣：《汉朝中央政府对新疆的行政管理》，《新疆社会科学》1987年第3期。
| 1280 | 阮明道：《关于汉代大宛北鄙问题》，《南充师院学报（哲学社会科学版）》1987年第4期。
| 1281 | 斯维至：《张骞通西域与西南夷》，《人文杂志》1987年第5期。
| 1282 | 彭卫：《略述班勇对古代西域的记述》，《历史教学》1987年第11期。
| 1283 | 张德阶：《汉唐王朝与西域关系史略》，《吉首大学学报（社会科学版）》1988年第1期。
| 1284 | 张京华：《汉光武帝对西域属国的政策》，《理论学刊》1988年第5期。
| 1285 | 方英楷：《汉武帝是新疆屯垦的首创者》，《新疆农垦科技》1988年第6期。
| 1286 | 王家广：《张骞出使西域及其启示》，《人文杂志》1988年第6期。
| 1287 | 彭文宇：《西汉王朝与东越的政治关系》，《福建师范大学学报（哲学社会科学版）》1989年第1期。
| 1288 | 钮仲勋：《论汉代经营西域之战略形势》，《山西大学师范学院学报（哲学社会科学版）》1989年第1期。
| 1289 | 江成疆：《汉代西域都护府的位置问题》，《喀什师范学院学报》1989年第3期。
| 1290 | 李大龙：《略论西汉时期陈汤经营西域》，《民族研究》1989年第5期。
| 1291 | 李大龙：《西汉的郎官及其在治理西域中的作用》，《新疆社会科学》1989年第

6 期。

1292 林剑鸣：《西汉戊己校尉考》，《历史研究》1990 年第 2 期。

1293 李大龙：《西汉派往西域的使者述论》，《民族研究》1990 年第 6 期。

1294 马国荣：《论西域都护府》，《新疆社科论坛》1991 年第 2 期。

1295 李大龙：《西汉西域都护略论》，《中国边疆史地研究》1991 年第 2 期。

1296 墨功：《汉代莎车北胥鞬屯田与今泽普县伯斯干大渠》，《新疆地方志》1991 年第 3 期。

1297 洪涛：《关于奄蔡研究的几个问题》，《中央民族学院学报》1991 年第 5 期。

1298 李大龙：《西域都护的设立不是乌孙和西汉关系转变的标志》，《西域研究》1993 年第 1 期。

1299 余太山：《东汉与西域关系述考》，《西北民族研究》1993 年第 2 期。

1300 余太山：《西汉与西域关系述考》，《西北民族研究》1994 年第 1 期。

1301 余太山：《两汉西域戊己校尉考》，《史林》1994 年第 1 期。

1302 余太山：《西汉与西域关系述考》，《西北民族研究》1994 年第 2 期。

1303 莫任南：《论傅介子出使西域的历史功绩》，《湖南师范大学社会科学学报》1994 年第 5 期。

1304 李琪：《略论中亚安德罗诺沃文化》，《西域研究》1996 年第 2 期。

1305 马国荣：《秦汉时期西域羌族、车师和月氏的社会生活》，《喀什师范学院学报》1996 年第 2 期。

1306 刘江波：《西汉西域都护府的设立与首任西域都护——郑吉》，《新疆地方志》1996 年第 2 期。

1307 苏北海：《楼兰古道对汉朝统一西域及丝路的重大贡献》，《西北史地》1996 年第 4 期。

1308 殷红梅：《东汉统一西域新论》，《新疆地方志》1996 年第 4 期。

1309 安志敏：《塔里木盆地及其周围的青铜文化遗存》，《考古》1996 年第 12 期。

1310 王茂福：《末代楼兰王名考》，《文献》1997 年第 1 期。

1311 白庆红：《张骞出使西域及"凿空"的内涵与意义》，《滨州师专学报》1998 年第 3 期。

1312 白庆红：《张骞通西域及通西域"凿空"的内涵及意义》，《德州师专学报》1999 年第 1 期。

1313 王守春：《齐桓公至新疆试证》，《西域研究》1999 年第 1 期。

1314 马国荣：《西域都护府的建立及其历史作用》，《乌鲁木齐职业大学学报》1999 年第 2 期。

1315 洪涛：《汉西域都护府的建立及其历史地位》，《西域研究》1999年第3期。

1316 王炳华：《樿櫘考——兼论汉代礼制在西域》，《西域研究》1999年第3期。

1317 赵贞：《汉代戊己校尉阐释》，《敦煌研究》1999年第4期。

1318 董建勇：《两汉对西域的统治及其比较》，《兵团教育学院学报》2000年第2期。

1319 姚景洲、李艳华：《解忧公主与汉代西域初探》，《东南文化》2000年第3期。

1320 张德芳：《〈长罗侯费用簿〉及长罗侯与乌孙关系考略》，《文物》2000年第9期。

1321 张德芳：《从悬泉汉简看两汉西域屯田及其意义》，《敦煌研究》2001年第3期。

1322 陈慧生：《汉代以前新疆和中原地区的经济文化联系》，《西域研究》2001年第3期。

1323 张静：《略论班勇与西域的关系》，《新疆社科论坛》2001年第4期。

1324 李炳泉：《西汉西域渠犁屯田考论》，《西域研究》2002年第1期。

1325 侯灿：《楼兰研究析疑——楼兰问题驳难之二》，《敦煌研究》2002年第1期。

1326 王守春：《楼兰古城兴废的历史教训》，《中国历史地理论丛》2002年第2期。

1327 刘国防：《汉西域都护的始置及其年代》，《西域研究》2002年第3期。

1328 李惠兴：《张骞通西域丝路有题碑》，《中国地方志》2002年第3期。

1329 李炳泉：《两汉戊己校尉建制考》，《史学月刊》2002年第6期。

1330 李炳泉：《西汉西域伊循屯田考论》，《西域研究》2003年第2期。

1331 李炳泉：《关于汉代西域都护的两个问题》，《民族研究》2003年第6期。

1332 孟宪实：《西汉戊己校尉新论》，《广东社会科学》2004年第1期。

1333 周学锋：《简析汉匈争夺西域之战与两汉时期中央政府西进策略》，《兵团教育学院学报》2004年第2期。

1334 李正周：《东汉"三绝三通"西域与"羌祸"之关联》，《烟台师范学院学报（哲学社会科学版）》2004年第3期。

1335 周伟洲：《两汉时期新疆的经济开发》，《中国边疆史地研究》2005年第1期。

1336 曹俊兴：《楼兰消亡原因新探——毁于水涝》，《成都理工大学学报（社会科学版）》2005年第1期。

1337 水涛：《西域史前文明发展的若干理论问题》，《西域研究》2005年第4期。

1338 袁延胜：《悬泉汉简所见汉代乌孙的几个年代问题》，《西域研究》2005年第4期。

1339 俄琼卓玛：《汉代西域译长》，《西域研究》2006年第2期。

1340 孙占宇：《马圈湾汉简所见一次发生在车师的战争》，《敦煌学辑刊》2006年第3期。

1341 梁安和：《西汉政府对西域的开发》，《西北大学学报（哲学社会科学版）》2006年第3期。

1342 贾丛江：《两汉时期西域人汉式姓名探微》，《西域研究》2006年第4期。

1343 刘国防：《西汉比胥鞬屯田与戊己校尉的设置》，《西域研究》2006年第4期。

1344 贾丛江：《西汉戊己校尉的名和实》，《中国边疆史地研究》2006年第4期。

1345 周学锋、沈莉：《两次"天马战争"的原因及对西汉经营西域的影响》，《石河子大学学报（哲学社会科学版）》2006年第5期。

1346 李蕾：《汉代戊己校尉隶属问题再探》，《淮南师范学院学报》2006年第6期。

1347 李培志、高娜：《论西汉在西域的"众建其国"之策》，《伊犁师范学院学报》2007年第1期。

1348 张运德：《两汉时期西域屯垦的基本特征》，《西域研究》2007年第3期。

1349 蓝琪：《论中亚原始文化与原始居民》，《西域研究》2007年第3期。

1350 赵雷：《张骞通西域与汉武帝的求仙动机》，《五邑大学学报（社会科学版）》2007年第3期。

1351 刘永强：《汉通西域时西域各国经济构成研究》，《甘肃社会科学》2007年第5期。

1352 王天海：《周穆王凿空西域三千年祭》，《贵州民族学院学报（哲学社会科学版）》2007年第5期。

1353 周明学：《张骞通西域的属性问题及其他》，《历史教学（中学版）》2007年第11期。

1354 张平：《掀起拜城史前文化的盖头》，《龟兹学研究》，乌鲁木齐：新疆大学出版社，2008年。

1355 袁延胜：《尹湾汉简〈武库永始四年兵车器集簿〉所见西域史事探微》，《西域研究》2008年第1期。

1356 赵雷：《张骞通西域与汉武帝的求仙动机》，《船山学刊》2008年第1期。

1357 任克良：《两汉经营龟兹及西域方略浅析》，《新疆地方志》2008年第3期。

1358 王天海：《周穆王凿空西域三千年祭》，《贵州大学学报（社会科学版）》2008年第4期。

1359 邵会秋：《试论新疆阿勒泰地区的两类青铜文化》，《西域研究》2008年第4期。

1360 李春风、李灵仙：《西域都护与西域都护府名实辨析》，《安徽文学（评论研究）》2008年第9期。

1361 郝树声：《简论敦煌悬泉汉简〈康居王使者册〉及西汉与康居的关系》，《敦煌研究》2009年第1期。

1362　王旺祥：《敦煌悬泉置汉简所记永光五年西域史事考论》，《西北师大学报（社会科学版）》2009年第1期。

1363　陈金凤、张丽君：《汉光武帝西域政策探微》，《咸阳师范学院学报》2009年第1期。

1364　杜庆军：《试析西汉时期发生在西域的三次矫制》，《井冈山学院学报（社会科学版）》2009年第3期。

1365　任克良：《西域都护府的设置及其意义》，《新疆地方志》2009年第3期。

1366　张德芳：《从悬泉汉简看楼兰（鄯善）同汉朝的关系》，《西域研究》2009年第4期。

1367　张安福：《汉武帝经略西域的策略研究》，《史林》2009年第6期。

1368　薛宗正：《车师考——兼论前、后二部的分化及车师六国诸问题》，《兰州学刊》2009年第8期。

1369　李开华：《汉代在新疆的屯垦历史及其现实意义》，《兵团建设》2009年第9期。

1370　邵会秋：《东西方文化早期的碰撞与融合——从新疆史前时期文化格局的演进谈起》，《社会科学战线》2009年第9期。

1371　张德芳：《悬泉汉简中有关西域精绝国的材料》，《丝绸之路》2009年第24期。

1372　杨建华、张盟：《中亚天山、费尔干纳与帕米尔地区的早期铁器时代研究——与新疆地区的文化交往》，《边疆考古研究》第9辑，北京：科学出版社，2010年。

1373　张安福、英宝军：《西汉屯田西域的战略考量分析》，《临沂师范学院学报》2010年第1期。

1374　李文英：《两汉西域质子制度特点新探》，《青年文学家》2010年第2期。

1375　杨海英：《浅谈两汉的西域都护府》，《新疆地方志》2010年第3期。

1376　孔令杰：《对薛新力〈也说西域戊己校尉〉一文的两点商榷》，《华章》2010年第4期。

1377　任克良：《浅议龟兹史前文明的形成与发展》，《新疆地方志》2010年第4期。

1378　肖小勇：《丝绸之路对两汉之际西域的影响——以考古学为视角》，《西域研究》2010年第4期。

1379　李大龙：《两汉王朝治理西域的经验与教训》，《北方民族大学学报（哲学社会科学版）》2010年第5期。

1380　王文涛：《简论汉朝与龟兹以和睦友好为主流的交往》，《湖湘论坛》2011年第1期。

1381　于沙沙、张安福：《东汉西域屯田"三废三置"与西北边疆安全研究》，《中共伊犁州委党校学报》2011年第1期。

1382　张德芳：《郑吉"数出西域"考论》，《西域研究》2011 年第 2 期。

1383　马智全：《汉简所见西汉与车师的交往》，《鲁东大学学报（哲学社会科学版）》2011 年第 3 期。

1384　丁杰：《两汉西域诸国户数、人口、胜兵情况的统计及蠡测》，《昌吉学院学报》2011 年第 3 期。

1385　魏贤玲：《西汉与西域各国之间质子关系述略》，《佳木斯大学社会科学学报》2011 年第 5 期。

1386　刘辉：《西汉西北屯田与边塞守御之联系及其演变》，《安庆师范学院学报（社会科学版）》2011 年第 5 期。

1387　马智全：《论汉简所见汉代西域归义现象》，《中国边疆史地研究》2012 年第 4 期。

1388　王昭义：《张骞第二次出使西域本意新探》，《文史月刊》2012 年第 11 期。

1389　于志勇：《西汉时期楼兰"伊循城"地望考》，《西部考古》第 7 辑，西安：三秦出版社，2013 年。

1390　阿里木·阿布都热合曼、彭杰：《龟兹汉文化二题》，《西部考古》第 7 辑，西安：三秦出版社，2013 年。

1391　殷晴：《汉代西域人士的中原憧憬与国家归向——西域都护府建立后的态势与举措》，《西域研究》2013 年第 1 期。

1392　张詠：《"天下"与"统一"：汉与西域关系的再认识》，《宁夏社会科学》2013 年第 1 期。

1393　林梅村：《大月氏人的原始故乡——兼论西域三十六国之形成》，《西域研究》2013 年第 2 期。

1394　李炳泉：《甘延寿任西域使职年代考——兼及冯嫽在册封乌孙两昆弥事件中的活动》，《西域研究》2013 年第 3 期。

1395　刘春雨：《从悬泉汉简中的使者看西域与内地的关系》，《中州学刊》2013 年第 6 期。

1396　闫忠林、郝建英：《论班勇经营西域之方略——管窥东汉王朝的西北边防（西域）战略》，《社科纵横》2013 年第 8 期。

1397　陈跃：《论汉代西域的人口迁移》，《石河子大学学报（哲学社会科学版）》2014 年第 1 期。

1398　徐国栋：《汉代西域都护府总督郑吉对罗马商队的保护——中罗交通史研究中的罗马宪法和国际法问题》，《法治研究》2014 年第 3 期。

1399　杜倩萍：《屯田与汉文化在西域的传播》，《西域研究》2014 年第 3 期。

▶ 丝绸之路研究论文目录

1400　张德芳：《汉简中的丝绸之路：大宛和康居》，《丝绸之路》2015年第1期。

1401　申超：《汉代西域长史略论》，《中国边疆史地研究》2015年第1期。

1402　陈宇宏：《张骞出使西域》，《西部大开发》2015年第1期。

1403　刘国防：《政策因素对两汉西域经略的影响——以龟兹为例》，《西域研究》2015年第3期。

1404　王聪延：《汉代西域屯垦与汉文化在西域的传播》，《兵团党校学报》2015年第4期。

1405　孟辽阔：《西汉中期西域都护府的设立及其重要意义》，《宁夏大学学报（人文社会科学版）》2015年第6期。

1406　陈跃：《汉匈关系视野下的汉朝经略焉耆》，《昆明学院学报》2016年第1期。

1407　胡岩涛、徐卫民、姚柯桢：《论汉武昭宣时期的西域羁縻策略》，《新疆大学学报（哲学·人文社会科学版）》2016年第1期。

1408　张志军：《论疏勒河流域汉代长城的真实功用——兼述丝绸之路总干道的修筑》，《宁夏社会科学》2016年第2期。

1409　吴勇、田小红、穆桂金：《楼兰地区新发现汉印考释》，《西域研究》2016年第2期。

1410　李新伟：《西汉西北军屯与边疆安全研究》，《长江论坛》2016年第2期。

1411　后晓荣、苗润洁：《关于敦煌马圈湾汉简涉及西域战争的几个问题》，《河北大学学报（哲学社会科学版）》2016年第3期。

1412　李楠：《两汉戊己校尉职数再考证》，《内蒙古大学学报（哲学社会科学版）》2016年第3期。

1413　贾文丽：《对东汉时期张珰经营西域之"三策"及相关史实的分析》，《新疆大学学报（哲学·人文社会科学版）》2016年第4期。

1414　薛海波：《西汉经营西域中亚丝路新论》，《社会科学战线》2016年第8期。

1415　孙宝镛：《汉代西域的两个疏勒》，《中国地名》2016年第9期。

1416　吴高修：《康居与康里关系考辨》，《重庆与世界（学术版）》2016年第10期。

1417　张驰：《两汉西域屯田的相关问题——以新疆出土汉代铁犁铧为中心》，《贵州社会科学》2016年第11期。

1418　陈君：《汉代车师国史表（前108—191）》，《国学》第一期，成都：四川人民出版社，2017年。

1419　李楠：《两汉西域屯田组织管理体系》，《农业考古》2017年第1期。

1420　朱丽：《两汉时期西域风物东传探略》，《新疆地方志》2017年第2期。

1421　田小红：《楼兰地区新发现的"斗量封"小考》，《草原文物》2017年第2期。

1422 陈君：《汉代车师国史表（前108—191）》，《江苏师范大学学报（哲学社会科学版）》2017年第3期。

1423 周泓：《汉域历史上的西域文化考略》，《青海民族研究》2017年第3期。

1424 吴勇：《楼兰地区新发现"张市千人丞印"的历史学考察》，《西域研究》2017年第3期。

1425 王莹：《汉帝国的丝路想象初探——以蒲陶和天马为个案》，《广西师范学院学报（哲学社会科学版）》2017年第4期。

1426 胡岩涛：《汉帝国西域屯垦与国防的战略选择》，《西北民族大学学报（哲学社会科学版）》2017年第4期。

1427 张振岳：《张骞出使西域于华夏"天下观"之影响》，《黑河学刊》2017年第5期。

1428 敬玉芳：《西汉至唐朝时期中华文化在西域的传承和发展情况探析》，《福建质量管理》2017年第13期。

魏晋南北朝

1429 孟凡人：《魏晋楼兰屯田概况》，《农业考古》1985年第1期。

1430 余太山：《柔然与西域关系述考》，《新疆社会科学》1985年第4期。

1431 武守志：《五凉政权与西域的关系》，《兰州教育学院学报》1986年第1期。

1432 钱伯泉：《魏晋时期鄯善国的土地制度和阶级关系》，《中国社会经济史研究》1988年第2期。

1433 钱伯泉：《高昌国郡县城镇的建置及其地望考实》，《新疆大学学报（哲学社会科学版）》1988年第2期。

1434 施光明：《西域与"五凉"关系考述》，《新疆大学学报（哲学社会科学版）》1991年第1期。

1435 方英楷：《魏晋楼兰屯田考》，《新疆农垦科技》1991年第1期。

1436 薛瑞泽、高卫星：《鄯善古国经济状况述略》，《新疆地方志》1992年第3期。

1437 李宝通：《试论魏晋南北朝高昌屯田的渊源流变》，《西北师大学报（社会科学版）》1992年第6期。

1438 张建军：《鄯善小考》，《中国历史地理论丛》1994年第2期。

1439 余太山：《西凉、北凉与西域关系述考》，《西北史地》1994年第3期。

1440 余太山：《前秦、后凉与西域关系述考》，《中国边疆史地研究》1994年第4期。

1441 余太山：《前凉与西域关系述考》，《中国史研究》1995年第2期。

1442 余太山：《南北朝与西域关系述考》，《西北民族研究》1996年第1期。

1443　薛宗正：《西凉王朝的兴亡与西域》，《喀什师范学院学报》1999年第1期。

1444　薛宗正：《西凉王朝的兴亡与西域》，《乌鲁木齐职业大学学报》1999年第1期。

1445　侯灿：《魏晋西域长史治楼兰实证——楼兰问题驳难之一》，《敦煌研究》2001年第4期。

1446　赵向群：《北魏太武帝时期的西域经济战略》，《文史哲》2002年第3期。

1447　王青：《石赵政权与西域文化》，《西域研究》2002年第3期。

1448　周泓：《论魏晋十六国时期中原王朝对西域的管辖经营》，《新疆师范大学学报（哲学社会科学版）》2003年第2期。

1449　周泓：《魏晋十六国时期中原王朝对西域的管辖经营》，《新疆地方志》2003年第2期。

1450　侯文昌：《前凉经略西域》，《陇东学院学报（社会科学版）》2003年第3期。

1451　钟盛：《〈吐鲁番出土文书〉中所见的南北朝时期高昌地区的奴婢状况》，《内蒙古社会科学》2004年第1期。

1452　秦红卫：《北魏对西域的经营及其特点》，《伊犁教育学院学报》2005年第2期。

1453　王素：《高昌戊己校尉的设置——高昌戊己校尉系列研究之一》，《新疆师范大学学报（哲学社会科学版）》2005年第3期。

1454　盖金伟：《沮渠氏高昌政权性质考论》，《西域研究》2005年第3期。

1455　荣新江：《阚氏高昌王国与柔然、西域的关系》，《历史研究》2007年第2期。

1456　王欣、常婧：《鄯善王国的畜牧业》，《中国历史地理论丛》2007年第2期。

1457　高丹丹：《吐鲁番出土〈某氏族谱〉与高昌王国的家族联姻——以宋氏家族为例》，《西域研究》2007年第4期。

1458　王恩春：《魏晋南北朝时期西域地方政权与中原王朝的关系》，《学术界》2009年第4期。

1459　蓝琪：《论喀喇汗王朝的统治制度》，《西域研究》2010年第1期。

1460　李方：《前秦与西域东部关系考》，《新疆师范大学学报（哲学社会科学版）》2010年第2期。

1461　王欣：《高昌内徙与西域政局》，《中国边疆史地研究》2011年第3期。

1462　陈楠：《吕光出兵西域原因及相关史事新考》，《中国边疆民族研究》第6辑，北京：中央民族大学出版社，2013年。

1463　王希隆：《魏、晋、前凉西域屯田述论》，《西域研究》2013年第3期。

1464　李天石：《试论3—5世纪鄯善王国奴隶制的几个问题——兼与中原奴婢制、罗马奴隶制比较》，《山西大学学报（哲学社会科学版）》2014年第2期。

1465　张振华、魏丽琴：《高昌国田租制度管见》，《兰台世界》2014年第3期。

1466 李文娟：《麴氏高昌及其对丝绸之路的贡献》，《甘肃金融》2014年第10期。

1467 王欣：《北魏对西域的经营与治理》，《西北民族论丛》第12辑，北京：社会科学文献出版社，2015年。

1468 裴成国：《论高昌国与突厥之间的关系》，《西北民族论丛》第11辑，北京：社会科学文献出版社，2015年。

1469 贾小军：《民族融合背景下西北边疆民众的生存空间——以魏晋十六国时期河西走廊为中心》，《河西学院学报》2015年第1期。

1470 赵红梅：《两汉魏晋南北朝时期西域管理模式演变研究——以魏晋时期凉州刺史领戊己校尉护西域事为中心》，《学习与探索》2015年第8期。

1471 石坤：《浅谈高昌王国的客馆制度》，《文教资料》2015年第26期。

1472 裴成国：《论5—8世纪吐鲁番与焉耆的关系》，《新疆师范大学学报（哲学社会科学版）》2016年第3期。

1473 任崇岳：《魏晋南北朝时期中原与西域的丝路交往》，《中原文化研究》2017年第5期。

隋唐五代

1474 周连宽：《唐代西域裴罗将军城考》，《中山大学学报（社会科学）》1961年第4期。

1475 章伯锋：《唐代对西域的开拓和经营》，《社会科学》1980年第3期。

1476 邹逸麟、赵永复：《唐代的碎叶城》，《复旦学报（社会科学版）》1980年增刊第1期。

1477 郭锋：《唐代前期唐、蕃在西域的争夺与唐安西四镇的弃置》，《敦煌学辑刊》1985年第1期。

1478 林梅村：《藏文古籍所述于阗王谱系迄始年代研究》，《新疆社会科学》1985年第5期。

1479 吴玉贵：《唐代西域羁縻府州建置年代及其与唐朝的关系》，《新疆大学学报（哲学社会科学版）》1986年第1期。

1480 巴桑旺堆：《藏文文献中的若干古于阗史料》，《敦煌学辑刊》1986年第1期。

1481 赵云旗：《论隋炀帝经通西域》，《新疆大学学报（哲学社会科学版）》1986年第2期。

1482 柳洪亮：《安西都护府治西州境内时期的都护及年代考》，《新疆社会科学》1986年第2期。

1483 杨博文：《试论回纥与唐关系的几个问题——和刘戈同志商榷》，《上海师范大学学报（哲学社会科学版）》1986 年第 4 期。

1484　钱伯泉：《〈职贡图〉与南北朝时期的西域》，《新疆社会科学》1988 年第 3 期。

1485　苏北海：《唐代安西都护府的设立及其所属都督府州考》，《喀什师范学院学报》1988 年第 4 期。

1486　薛宗正：《隋朝与西域》，《新疆社会科学》1989 年第 3 期。

1487　陈恩志：《贞观之治与西域经营》，《人文杂志》1989 年第 6 期。

1488　马国荣：《唐代西域的军屯》，《新疆社会科学》1990 年第 2 期。

1489　王小甫：《安史之乱后西域形势及唐军的坚守》，《敦煌研究》1990 年第 4 期。

1490　羊毅勇：《从考古资料看唐前新疆东部交通》，《新疆大学学报（哲学社会科学版）》1991 年第 2 期。

1491　王小甫：《唐初安西四镇的弃置》，《历史研究》1991 年第 4 期。

1492　荣新江：《于阗在唐朝安西四镇中的地位》，《西域研究》1992 年第 3 期。

1493　羊毅勇：《唐代伊州考》，《西北民族研究》1993 年第 1 期。

1494　张建军：《安西都护府治所迁徙年代辩疑》，《中国历史地理论丛》1993 年第 1 期。

1495　荒川正晴著，王忻译：《唐政府对西域布帛的运送及客商的活动》，《敦煌学辑刊》1993 年第 2 期。

1496　王永兴：《唐灭高昌及置西州、庭州考论》，《北大史学》第 4 辑，北京：北京大学出版社，1994 年。

1497　孟凡人：《隋唐时期于阗王统考》，《西域研究》1994 年第 2 期。

1498　荣新江：《于阗王国与瓜沙曹氏》，《敦煌研究》1994 年第 2 期。

1499　陈国灿：《唐开元西州诸曹符帖目中的西域"警固"事》，《西域研究》1995 年第 1 期。

1500　薛宗正：《隋唐时期塔里木城邦诸国的社会生活》，《中国边疆史地研究》1996 年第 2 期。

1501　李惠兴：《隋朝内地与西域关系述略》，《西北史地》1996 年第 4 期。

1502　薛宗正：《唐代西域吐蕃人生活管窥》，《青海民族研究》1996 年第 4 期。

1503　薛宗正：《唐代西域史研究中若干重大问题——答王小甫，兼作反批评》，《北大史学》第 5 辑，北京：北京大学出版社，1998 年。

1504　钱伯泉：《于阗国使刘再昇的国籍及出使过程探微》，《敦煌研究》1998 年第 1 期。

1505　蓝淇：《裴矩在开拓西域中的作用》，《贵州大学学报（社会科学版）》1998 年第 2 期。

1506　荒川正晴著，乐胜奎译：《关于唐向西域输送布帛与客商的关系》，《魏晋南北朝隋唐史资料》第 16 辑，1998 年。

1507　张广达、荣新江：《十世纪于阗国的天寿年号及其相关问题》，《欧亚学刊》第 1 辑，北京：中华书局，1999 年。

1508　熊飞：《张谓"往年在西域"综考》，《西域研究》1999 年第 1 期。

1509　林英：《试论唐代西域的可萨汗国——兼论其与犹太人入华的联系》，《中山大学学报（社会科学版）》2000 年第 1 期。

1510　钟兴麒：《唐代安西碎叶镇位置与史事辨析》，《中国边疆史地研究》2000 年第 1 期。

1511　薛宗正：《怛逻斯之战历史溯源——唐与大食百年政治关系述略（651—751）》，《中国边疆史地研究》2000 年第 4 期。

1512　仲高：《隋唐时期的于阗文化》，《西域研究》2001 年第 1 期。

1513　蒋其祥：《黑汗朝名称考——兼辨黑汗非喀喇汗译名》，《西域研究》2001 年第 1 期。

1514　吴大旬：《试论唐前期均田制在西域地区的实施》，《新疆大学学报（社会科学版）》2002 年第 1 期。

1515　吴大旬：《试论唐前期租庸调制在西域地区的实施》，《新疆大学学报（社会科学版）》2003 年第 2 期。

1516　刘锡涛：《隋唐时期西域人的内迁及其影响》，《喀什师范学院学报》2004 年第 1 期。

1517　王欣：《唐末宋初于阗王国的社会经济》，《中国历史地理论丛》2004 年第 1 期。

1518　吴大旬：《从出土文书看唐代西州的屯田》，《新疆大学学报（社会科学版）》2004 年第 3 期。

1519　殷弘承：《封常清在西域——从出土文物看其后期的重要活动》，《新疆地方志》2004 年第 3 期。

1520　吴大旬：《从出土文书看唐代伊州的屯田管理》，《民族史研究》第 6 辑，北京：中央民族大学出版社，2005 年。

1521　阿布都克里木·热合满：《喀喇汗王朝时期的社会文化》，《西北民族研究》2005 年第 1 期。

1522　阿米娜·热合木吐拉：《唐朝在西域实行的地方行政制度对社会发展的作用》，《新疆教育学院学报（综合版）》2005 年第 2 期。

1523　李方：《关于唐西州蒲昌府问题》，《西域研究》2005 年第 3 期。

1524　葛承雍：《论唐代长安西域移民的生活环境》，《西域研究》2005 年第 3 期。

1525　吴大旬：《从出土文书看唐代伊州的屯田管理》，《新疆师范大学学报（哲学社会科学版）》2005年第4期。

1526　钱伯泉：《从〈唐支用钱练帐〉考察唐初西域的政治经济状况》，《新疆社会科学（汉文版）》2005年第5期。

1527　李方：《怛罗斯之战与唐朝西域政策》，《中国边疆史地研究》2006年第1期。

1528　刘再聪：《从吐鲁番文书看唐代西州县以下行政建制》，《西域研究》2006年第3期。

1529　袁志鹏：《西州在唐代前期西域争夺中的地位与作用》，《乌鲁木齐职业大学学报》2006年第3期。

1530　李方：《试论唐西州高昌县的等级》，《西域研究》2006年第3期。

1531　荣杰：《怛罗斯战役辨析》，《湖南科技学院学报》2006年第6期。

1532　陈国灿：《唐西州在丝绸之路上的地位和作用》，《唐史论丛》第9辑，西安：三秦出版社，2007年。

1533　吴树国：《试论唐前期吐鲁番地区户税的几个问题》，《西域研究》2007年第1期。

1534　李军：《晚唐五代伊州相关史实考述》，《西域研究》2007年第1期。

1535　毕波：《怛逻斯之战和天威健儿赴碎叶》，《历史研究》2007年第2期。

1536　袁延胜：《〈汉书·西域传〉户口资料系年蠡测》，《郑州大学学报（哲学社会科学版）》2007年第3期。

1537　赵永伦：《萨法尔王朝的兴亡》，《西域研究》2007年第4期。

1538　李方：《唐代西域的贬谪官吏》，《新疆大学学报（哲学·人文社会科学版）》2007年第6期。

1539　林晓洁：《唐代西州官吏日常生活的时与空》，《西域研究》2008年第1期。

1540　李宗俊：《敦煌寿昌县的废置与唐前期对西域石城、播仙二镇地区的经营》，《中国边疆史地研究》2008年第2期。

1541　朱叶：《唐朝西域防御体系的瓦解》，《铜陵职业技术学院学报》2008年第2期。

1542　阿米娜·热合木吐拉：《浅谈唐朝在西域实行屯田戍边措施以及对经济发展的意义》，《新疆教育学院学报》2008年第3期。

1543　刘再聪：《唐四镇地区基层行政治理研究——以于阗、龟兹两地村坊制度为中心的考察》，《西域研究》2008年第3期。

1544　王恩春：《从安西、北庭都护府的设置看唐朝对西域的治理》，《昌吉学院学报》2008年第4期。

1545　韩涛：《略论唐代中原文化在西域的传播》，《新疆大学学报（哲学·人文社会科学版）》2008 年第 4 期。

1546　陈国灿：《唐安西四镇中"镇"的变化》，《西域研究》2008 年第 4 期。

1547　盖金伟：《论北庭大都护阿史那献与郭虔瓘之争——以唐代西域军政管理模式为中心》，《昌吉学院学报》2008 年第 5 期。

1548　沈旭：《论唐代前期对西域的政治军事经略》，《新疆职业大学学报》2008 年第 6 期。

1549　孟宪实：《试论唐代西域的民间结社》，《西域研究》2009 年第 1 期。

1550　郭可悫：《〈大唐西域记〉与唐代中原、西域的文化互动》，《中州学刊》2009 年第 3 期。

1551　吴艳春：《从和田布扎克彩棺看唐——五代长安文化对西域的影响》，《新疆师范大学学报（哲学社会科学版）》2009 年第 3 期。

1552　郑亮：《大唐西域：作为想象共同体的他者转变》，《云梦学刊》2009 年第 5 期。

1553　郭声波、颜培华：《渠犁、阁甄、姒塞：唐中期新置西域羁縻都督府探考》，《中国边疆史地研究》2010 年第 1 期。

1554　赵晓芳、陆庆夫：《试论唐西州下层女性的婚姻生活》，《敦煌研究》2010 年第 1 期。

1555　王晓晖：《麴氏高昌和西州时期吐鲁番地区的妇女与佛教》，《河西学院学报》2010 年第 1 期。

1556　张安福：《唐代西域经济开发研究》，《中国农史》2010 年第 1 期。

1557　张安福、朱丽娜：《基于西北政局稳定的唐代西域行政治理模式研究》，《烟台大学学报（哲学社会科学版）》2010 年第 2 期。

1558　田峰：《〈大唐西域记〉中所载西域女国考论》，《西北工业大学学报（社会科学版）》2010 年第 4 期。

1559　王春花：《唐代前期西州老年人口试探——基于对吐鲁番出土相关文书的考察》，《西域研究》2010 年第 4 期。

1560　张铭心、陈浩：《唐代乡里制在于阗的实施及相关问题研究——以新出贞元七年和田汉文文书为中心》，《西域研究》2010 年第 4 期。

1561　田峰：《〈大唐西域记〉中关于于阗的三则故事小考》，《西安文理学院学报（社会科学版）》2010 年第 5 期。

1562　于沙沙、张安福：《唐朝西域治理下的文化认同研究》，《新疆社科论坛》2010 年第 5 期。

1563　刘安志：《伊西与北庭——唐先天、开元年间西域边防体制考论》，《魏晋南北朝隋唐史资料》第 26 辑，2010 年。

1564　薛宗正：《伊吾归唐与伊州创置》，《中国边疆民族研究》第 4 辑，北京：中央民族大学出版社，2011 年。

1565　周德钧：《略论唐代治理西域的大战略》，《湖北大学学报（哲学社会科学版）》2011 年第 1 期。

1566　张安福：《屯垦西域与唐代西北边疆安全体系的构建研究》，《宁夏社会科学》2011 年第 1 期。

1567　赵永伦：《论唐朝在西域的都护府制度》，《凯里学院学报》2011 年第 2 期。

1568　赵剑锋：《唐朝西域羁縻政策浅析》，《新疆职业大学学报》2011 年第 2 期。

1569　刘再聪：《唐西州里正铨拟、上直与县吏分片管理制度》，《西域研究》2011 年第 2 期。

1570　王旭送：《论唐代西域烽铺屯田》，《石河子大学学报（哲学社会科学版）》2011 年第 3 期。

1571　马建春、刘宝真：《唐以来西域刀剑器的传入、制造与使用》，《北方民族大学学报（哲学社会科学版）》2011 年第 3 期。

1572　淡如冰：《论唐太宗对西突厥汗国的政策》，《乾陵文化研究》，西安：三秦出版社，2012 年。

1573　赵永伦：《倭玛亚王朝在中亚的总督统治》，《西域研究》2012 年第 3 期。

1574　刘子凡：《唐前期西州民间工匠的赋役》，《西域研究》2012 年第 3 期。

1575　王蕾：《论唐代龟兹在丝绸之路上的地位和作用》，《安康学院学报》2012 年第 4 期。

1576　孟宪实：《于阗：从镇戍到军镇的演变》，《北京大学学报（哲学社会科学版）》2012 年第 4 期。

1577　魏开伟：《盛唐西域怛逻斯之战失败的原因与历史影响》，《哈尔滨师范大学社会科学学报》2012 年第 4 期。

1578　王希隆：《唐代西域屯田述略》，《贵州大学学报（社会科学版）》2012 年第 5 期。

1579　杨严争、王宗磊：《唐代内地移民对西域社会及文化的积极影响》，《教育教学论坛》2012 年第 39 期。

1580　刘后滨、王湛：《唐代于阗文书折冲府官印考释——兼论于阗设置折冲府的时间》，《西域研究》2013 年第 3 期。

1581　孙晓岗：《〈大唐西域记〉中汉质子与汉王寺诠释》，《青海师范大学学报（哲学社会科学版）》2013 年第 5 期。

1582　朱丽娜：《唐代开元年间西域屯垦经济效益探微》，《石河子大学学报（哲学社会科学版）》2013 年第 6 期。

1583 王樾：《唐代西域与吐火罗》，《学术月刊》2013 年第 8 期。

1584 米卡热慕·艾尼玩：《浅谈喀喇汗王朝与高昌回鹘汗国之间的关系》，《丝绸之路》2013 年第 10 期。

1585 贺菊莲：《略探茶文化在唐代西域的发展》，《兰台世界》2013 年第 36 期。

1586 孟宪实：《于阗镇守军及使府主要职官——以中国人民大学博物馆藏品为中心》，《西域研究》2014 年第 1 期。

1587 刘子凡：《于阗镇守军与当地社会》，《西域研究》2014 年第 1 期。

1588 封传兵：《何妥为西域人及其他——中华本〈隋书·儒林传〉校误》，《新世纪图书馆》2014 年第 2 期。

1589 张安福、王玉平：《唐代西州屯区民众的生产与生活》，《中国社会经济史研究》2014 年第 2 期。

1590 韩香：《隋唐西使活动与西域经略》，《中国边疆史地研究》2014 年第 4 期。

1591 徐秀玲：《唐前期西州雇人代役研究》，《四川师范大学学报（社会科学版）》2014 年第 4 期。

1592 张安福、卞亚男：《安西都护府与唐代龟兹商贸的发展》，《中国农史》2014 年第 4 期。

1593 张玉祥：《论隋朝在新疆的管理方式》，《黑河学刊》2014 年第 6 期。

1594 万冰、龙开义：《浅析唐朝西域屯垦的经济效益》，《兰台世界》2014 年第 33 期。

1595 曹李海：《隋唐时期西域治理人物、事件、关系以及军事制度回应的梳理》，《兰州大学学报（社会科学版）》2015 年第 1 期。

1596 王使臻：《曹元忠、曹延禄父子两代与于阗政权的联姻》，《敦煌学辑刊》2015 年第 2 期。

1597 彭丰文：《〈汉书·西域传〉的疆土意识与民族观念》，《西域研究》2015 年第 3 期。

1598 邢培顺：《裴矩与隋朝经略西域》，《滨州学院学报》2015 年第 3 期。

1599 海滨：《试论唐人的汉代情结在西域的现实对应》，《昌吉学院学报》2015 年第 4 期。

1600 左斌：《论碎叶作为唐安西四镇之一的历史意义》，《环球人文地理》2015 年第 12 期。

1601 赵疆囡：《试析唐朝安西都护府的军事实力》，《丝绸之路》2015 年第 24 期。

1602 刘子凡：《唐代伊西节度使考辩》，《昌吉学院学报》2016 年第 1 期。

1603 丁俊：《于阗镇守军征税系统初探》，《西域研究》2016 年第 3 期。

1604 张安福：《唐代丝绸之路中段西州与龟兹的商贸研究》，《中国农史》2016年第3期。

1605 刘森垚：《隋代安西都护蠡测》，《西北民族大学学报（哲学社会科学版）》2016年第5期。

1606 张宜婷：《从安西四镇之焉耆镇看唐朝对丝绸之路的控制和经营》，《昆明学院学报》2016年第5期。

1607 董红玲：《唐代北庭在丝绸之路上的地位与作用》，《文史博览（理论）》2016年第12期。

1608 吴正浩：《唐代西域龙兴寺》，《西安电子科技大学学报（社会科学版）》2017年第4期。

1609 罗会光、封兴中：《〈大唐西域记〉中的新疆南部区域简析》，《喀什大学学报》2017年第5期。

1610 杨富学：《论唐与回鹘关系的历史转折》，《暨南学报（哲学社会科学版）》2017年第11期。

宋

1611 楚生：《谈宋元丰八年的于阗贡马》，《新疆社会科学》1984年第1期。

1612 刘迎胜：《早期的察合台汗国》，《新疆社会科学》1984年第2期。

1613 吕患诚：《10—14世纪中国学者对西域的地理认识》，《干旱区地理》1998年第3期。

1614 张蕾蕾：《北宋时期西域诸国与宋贡赐活动考述》，《柴达木开发研究》2013年第2期。

辽金元

1615 冀开运：《西辽时期汉文化对中亚的影响》，《历史研究》1985年第4期。

1616 李清昇：《赛典赤赡思丁"西域附元"说质疑》，《云南民族学院学报》1988年第4期。

1617 穆德全：《元西域花剌子模考》，《新疆大学学报（哲学社会科学版）》1988年第4期。

1618 冀开运：《西辽时期汉文化在中亚的影响》，《华夏文化》1998年第3期。

1619 贾丛江：《关于元朝经营西域的几个问题》，《西域研究》1998年第4期。

1620 贾丛江：《元朝前期西域政治史的几个问题》，《喀什师范学院学报》1999年第4期。

1621 马建春：《元代东迁西域人屯田述论》，《西域研究》2001 年第 4 期。

1622 南快莫德格：《论蒙古统一西域的影响》，《内蒙古大学学报（人文社会科学版）》2004 年第 2 期。

1623 吴寒：《西域文士在元代社会中的角色与地位——以赡思为个案研究》，《石河子大学学报（哲学社会科学版）》2004 年第 2 期。

1624 马建春：《元代的西域工匠》，《回族研究》2004 年第 2 期。

1625 南快莫德格：《试论西域文化对入驻西域蒙古人的影响》，《西北民族研究》2004 年第 3 期。

1626 蔡凤林：《元西域人蒙古化考》，《内蒙古民族大学学报（社会科学版）》2005 年第 1 期。

1627 南快莫德格：《论瓦剌蒙古与西域社会》，《西北民族大学学报（哲学社会科学版）》2005 年第 2 期。

1628 田庆锋：《钦察汗国与蒙元大汗廷之关系新论》，《广西社会科学》2005 年第 12 期。

1629 马建春：《元代西域人的商业活动》，《暨南学报（哲学社会科学版）》2006 年第 3 期。

1630 尚衍斌：《元代西域史事杂录》，《中国边疆史地研究》2006 年第 4 期。

1631 刘倩：《元西域人华化之先导蒲寿宬考论》，《安徽大学学报（哲学社会科学版）》2009 年第 4 期。

1632 杜飞舟：《大蒙古汗国分裂和中亚四汗国形成的历史进程》，《新疆地方志》2010 年第 4 期。

1633 王宗磊：《元代在西域屯田之原因及条件探析》，《石河子大学学报（哲学社会科学版）》2015 年第 4 期。

1634 李爱荣、和谈：《契丹与西域诸部关系之史料考述》，《兰台世界》2015 年第 36 期。

1635 荣新江：《真实还是传说：马可·波罗笔下的于阗》，《西域研究》2016 年第 2 期。

1636 施泳峰：《从新疆出土元青花看元代对西域的经营》，《文物天地》2016 年第 3 期。

1637 温旭：《孛要合自西域东归的历史年代新探》，《中国史研究》2017 年第 2 期。

明

1638 赵俪生：《明朝的西域关系》，《东岳论丛》1980 年第 1 期。

1639　白翠琴：《明代蒙古与西域关系述略》，《新疆社会科学》1983 年第 3 期。

1640　蒿峰：《明失哈密述论》，《山东师大学报（哲学社会科学版）》1984 年第 1 期。

1641　田卫疆：《论陈诚出使西域》，《喀什师范学院学报》1984 年增刊第 1 期。

1642　魏良弢：《"叶尔羌汗国"及有关非汉文史料介绍》，《新疆大学学报（哲学社会科学版）》1986 年第 1 期。

1643　田卫疆：《明哈密、土鲁番速檀（王）世系补正》，《新疆大学学报（哲学社会科学版）》1986 年第 3 期。

1644　田卫疆：《论明代哈密卫的设置及其意义》，《西北民族大学学报（哲学社会科学版）》1988 年第 1 期。

1645　白坚：《试论明初的西域政策》，《兰州学刊》1988 年第 5 期。

1646　田卫疆：《十五世纪东察合台汗国历史探幽》，《民族研究》1988 年第 5 期。

1647　田卫疆：《准噶尔部的南下与东察合台汗国的覆没》，《新疆大学学报（哲学社会科学版）》1989 年第 1 期。

1648　高自厚：《试释〈明史·西域传〉中的"牙兰"》，《西北民族大学学报（哲学社会科学版）》1989 年第 3 期。

1649　田卫疆：《十六世纪初的东察合台汗国》，《西北民族研究》1991 年第 1 期。

1650　刘国防：《明朝初期对西域的管辖及往来关系》，《西域研究》1992 年第 1 期。

1651　田卫疆：《东察合台汗国地域范围及其变迁考释》，《新疆大学学报（哲学社会科学版）》1992 年第 4 期。

1652　秦川：《试论明政府经营西域的失误》，《兰州学刊》1992 年第 5 期。

1653　赵予征：《明对西域的统辖及哈密卫屯垦研究》，《西域研究》1994 年第 3 期。

1654　李江：《陈诚出使西域事迹考》，《江西社会科学》1996 年第 12 期。

1655　朱新光：《东察合台汗国与帖木儿帝国之战及影响》，《中国边疆史地研究》1997 年第 3 期。

1656　于默颖：《明代哈密蒙古的封贡问题》，《内蒙古大学学报（人文社会科学版）》2000 年第 5 期。

1657　田澍：《明代河西走廊境内的西域贡使》，《中国边疆史地研究》2001 年第 3 期。

1658　朱新光：《明初中亚河中帖木儿汗东征及其影响刍议》，《青海民族学院学报（社会科学版）》2002 年第 3 期。

1659　田澍：《明代哈密危机述论》，《中国边疆史地研究》2002 年第 4 期。

1660　马守平：《试析土鲁番与明朝的关系》，《青海民族研究（社会科学版）》2004 年第 2 期。

1661　田卫疆：《明代吐鲁番地区的社会经济和宗教文化》，《西域研究》2004 年第

4 期。

1662 田卫疆：《关于明代吐鲁番史若干问题的探讨》，《中国边疆史地研究》2005 年第 3 期。

1663 施新荣：《明代哈密卫部众渊源考》，《欧亚学刊》第 8 辑，北京：中华书局，2006 年。

1664 陶勇：《从〈高昌馆课〉看西域与中原的经济交往》，《新疆地方志》2006 年第 3 期。

1665 施新荣：《关于明永乐初年哈密的两个问题》，《西域研究》2009 年第 2 期。

1666 张文德：《论明代通事与西域贡使的关系》，《西域研究》2009 年第 3 期。

1667 洲塔、董知珍：《从〈竹山先生文集〉看陈诚第二次出使西域》，《历史教学（下半月刊）》2012 年第 5 期。

1668 张文德：《明与西域通贡往来的特点及其成因》，《学海》2013 年第 2 期。

1669 胡睿：《陈诚出使西域与明朝前期对西域的经营》，《林区教学》2013 年第 10 期。

1670 努尔兰：《明代文献记录中的哈萨克汗国》，《国家航海》第 8 辑，上海：上海古籍出版社，2014 年。

1671 赵毅：《明代西域人内迁研究二题》，《昌吉学院学报》2014 年第 2 期。

1672 苟翰林：《明代西域经略——以〈明史·西域传〉为中心》，《延安大学学报（社会科学版）》2015 年第 3 期。

1673 邓慧君：《明初太祖成祖对西域和中亚丝绸之路的经营方略》，《甘肃社会科学》2015 年第 4 期。

1674 姚胜：《明代土鲁番与西域其他部族关系述略》，《民族史研究》第 13 辑，北京：中央民族大学出版社，2016 年。

1675 高彩云：《察合台及其后裔在中亚的统治研究》，《西北民族大学学报（哲学社会科学版）》2018 年第 1 期。

清

1676 丁汝俊、马春燕：《龚自珍〈西域置行省议〉述评》，《西北民族大学学报（哲学社会科学版）》1988 年第 2 期。

1677 刘正寅：《和卓家族在西域的兴起》，《新疆大学学报（哲学社会科学版）》1991 年第 2 期。

1678 吕一燃：《清政府对帕米尔地区的管辖》，《史学月刊》1992 年第 5 期。

1679 刘存宽：《十九世纪和二十世纪初俄国对新疆的地理考察》，《社会科学战线》

1993 年第 2 期。

1680 杨秀清：《清代前期开发西北若干问题的思考》，《开发研究》1993 年第 3 期。

1681 刘正寅：《策妄阿拉布坦对天山南路的征服与统治》，《中国边疆史地研究》1994 年第 2 期。

1682 刘正寅：《准噶尔汗国末年和卓家族的活动与西域形势的演变》，《民族研究》1996 年第 5 期。

1683 王希隆：《吐鲁番察合台后裔与清朝》，《兰州大学学报（社会科学版）》1998 年第 4 期。

1684 金玉萍：《清季吐鲁番地区的租佃契约关系——吐鲁番厅察合台文文书研究》，《西域研究》2001 年第 3 期。

1685 李敏：《论清代新疆屯田的重大历史作用》，《西域研究》2001 年第 3 期。

1686 刘文鹏：《论清代新疆台站体系的兴衰》，《西域研究》2001 年第 4 期。

1687 贾建飞：《清代学者对西域的认知》，《欧亚学刊》第 4 辑，北京：中华书局，2002 年。

1688 王希隆：《关于清代新疆军府制的几个问题》，《西域研究》2002 年第 1 期。

1689 周泓：《清末新疆通内外交通的反差》，《新疆大学学报（社会科学版）》2002 年第 1 期。

1690 吴波：《纪昀的西域谪戍生涯及〈阅微草堂笔记〉反映西域风土人情的特点》，《广西师范学院学报（哲学社会科学版）》2002 年第 2 期。

1691 周轩：《纪晓岚流放前后与新疆之关系》，《新疆大学学报（社会科学版）》2002 年第 2 期。

1692 乌兰：《叶尔羌汗国灭亡时间补证》，《西域研究》2002 年第 3 期。

1693 周轩：《清末新疆的最后一批流人》，《西域研究》2002 年第 4 期。

1694 方立军：《龚自珍论新疆防务》，《西域研究》2002 年第 4 期。

1695 厉声：《清王朝对西北藩属哈萨克治理政策研究》，《西北民族论丛》第 2 辑，北京：中国社会科学出版社，2003 年。

1696 石沧金：《早期阿古柏政权同英、俄的关系》，《西域研究》2003 年第 1 期。

1697 朱新光：《1874—1881 年英国对中亚的前进外交政策评述》，《西域研究》2003 年第 1 期。

1698 徐中煜：《左宗棠收复新疆时的军械、军火运输》，《西域研究》2003 年第 2 期。

1699 李娜：《近代沙俄对中国新疆的侵略史实概述》，《昌吉学院学报》2003 年第 3 期。

1700 赵星华：《清代新疆南疆通事的来源》，《西域研究》2003 年第 3 期。

1701　许建英:《清末新疆英奴问题及其解决》,《西域研究》2003 年第 3 期。

1702　齐清顺:《新疆省名及其相关问题述评》,《西域研究》2003 年第 4 期。

1703　秦川:《从惠远城兴建的军事功能看清代新疆军府制的建立》,《新疆师范大学学报(哲学社会科学版)》2003 年第 4 期。

1704　梁俊艳:《英国与阿古柏政权关系研究》,《西域研究》2004 年第 3 期。

1705　周轩:《清代教案与新疆流人》,《西域研究》2004 年第 3 期。

1706　李强、纪宗安:《十九世纪中后期清政府对帕米尔的政策》,《西域研究》2004 年第 3 期。

1707　陈国光:《新疆"方神"本是戍边爱国之士——清末新疆方神志文辨析》,《西域研究》2004 年第 4 期。

1708　纪宗安、李强:《1865 年—1892 年间英俄在帕米尔的角逐》,《暨南学报(人文科学与社会科学版)》2004 年第 4 期。

1709　徐光雄:《从将军辖区到新疆行省:新疆发展史上的一个里程碑》,《历史学习》2004 年第 7 期。

1710　齐清顺:《18 世纪前半期清朝与准噶尔对吐鲁番地区的争夺》,《西域研究》2005 年第 1 期。

1711　施扬:《19 世纪末 20 世纪初西欧殖民主义者对西域的探险》,《沈阳教育学院学报》2005 年第 2 期。

1712　黄达远:《晚清新疆城镇近代化初探》,《西域研究》2005 年第 3 期。

1713　王称:《试论雍正朝对西域的经营》,《新疆大学学报(哲学·人文社会科学版)》2006 年第 2 期。

1714　杨建平:《从制度缺陷看近代新疆的社会动荡》,《西域研究》2006 年第 2 期。

1715　王继平、李桢峰:《清代、民国时期新疆盐业概述》,《西域研究》2006 年第 2 期。

1716　黄达远:《清代中期新疆北部城市崛起的动力机制探析》,《西域研究》2006 年第 2 期。

1717　吴元丰:《清代伊犁察哈尔营述论》,《西域研究》2006 年第 3 期。

1718　张世才:《清同治后吐鲁番地区土地买卖的形式及特点》,《西域研究》2006 年第 4 期。

1719　李大海:《清代新疆地区官主山川祭祀研究》,《西域研究》2007 年第 1 期。

1720　齐清顺:《清代伊犁回屯赋率辨——从〈新疆简史〉中的一则注释谈起》,《西域研究》2007 年第 2 期。

1721　张淑红:《从〈西域置行省议〉等文献看龚自珍的开发西北思想》,《天水师范学院学报》2007 年第 3 期。

1722 金鑫：《清代中期塔尔巴哈台地区的屯田》，《新疆师范大学学报（哲学社会科学版）》2007 年第 3 期。

1723 闫存庭：《从〈马达汉西域考察日记 1906—1908〉看清末的新疆社会》，《新疆教育学院学报》2007 年第 4 期。

1724 王志强、姚勇：《清代新疆台站体系及其在边疆开发中的作用》，《西域研究》2007 年第 4 期。

1725 王东平：《塔里雅沁考》，《新疆大学学报（哲学·人文社会科学版）》2007 年第 4 期。

1726 王恩春：《清代乾隆皇帝统治新疆的军事策略》，《昌吉学院学报》2007 年第 4 期。

1727 闫存庭：《从〈马达汉西域考察日记 1906—1908〉看清末的新疆社会》，《贵州师范大学学报（社会科学版）》2008 年第 1 期。

1728 张莉：《〈西域图志〉所载镇西府、迪化州地区户口资料考述》，《中国历史地理论丛》2008 年第 2 期。

1729 周轩：《清代新疆流人与西域史地学》，《新疆社会科学（汉文版）》2008 年第 3 期。

1730 刘海峰：《从〈西域置行省议〉看龚自珍的移民实边思想》，《昌吉学院学报》2008 年第 5 期。

1731 彭森鹏：《浅析清朝中后期"因俗而治"治疆理念的弊端》，《昌吉学院学报》2008 年第 6 期。

1732 王恩春：《清代乾隆统治时期的新疆屯田》，《辽宁行政学院学报》2008 年第 10 期。

1733 黄达远：《清代新疆政区变革与城市发展》，《西域研究》2009 年第 3 期。

1734 王东平：《〈西域地理图说〉库车、沙雅尔户口数勘误》，《西域研究》2009 年第 4 期。

1735 方燕、郭院林：《清末新疆外省寄居人口研究》，《新疆社科论坛》2009 年第 6 期。

1736 甘桂琴：《清代总理回疆事务参赞大臣素质的历史考察》，《西域研究》2010 年第 1 期。

1737 张军华：《奇台驼运业与近代丝绸之路》，《新疆地方志》2010 年第 2 期。

1738 王力：《晚清满汉关系与新伊分治》，《西域研究》2010 年第 2 期。

1739 张文亚：《清末伊犁宁远县田赋制度探析》，《西域研究》2010 年第 2 期。

1740　吴轶群：《清代伊犁人口变迁与人口结构特征探析》，《西域研究》2010年第3期。

1741　贾建飞：《清代中原士人西域观探微》，《清华大学学报（哲学社会科学版）》2010年第3期。

1742　许建英：《近代土耳其对中国新疆的渗透及影响》，《西域研究》2010年第4期。

1743　蔡家艺：《清代新疆茶务探微》，《西域研究》2010年第4期。

1744　郭晔旻：《左宗棠收复新疆始末》，《文史天地》2010年第11期。

1745　赵海霞：《清代新疆商屯研究》，《西域研究》2011年第1期。

1746　王培华：《清代新疆解决用水矛盾的多种措施——以镇迪道、阿克苏道、喀什道为例》，《西域研究》2011年第2期。

1747　朱永明、王爱辉：《清代库尔喀喇乌苏军政机构的设置》，《西域研究》2011年第3期。

1748　贾建飞：《人口流动与乾嘉时期新疆煤矿业的兴起和发展》，《西域研究》2011年第4期。

1749　王鹏辉：《兰州碑刻所见清代新疆史事》，《西域研究》2012年第1期。

1750　郭胜利：《清末哈密"改土归流"研究》，《西域研究》2012年第1期。

1751　王启明：《清乾隆年间西域之"玛哈沁"》，《西域研究》2012年第3期。

1752　古力孜拉·克孜尔别克、胡阿提·克孜尔别克：《浅析清朝在新疆实行"因俗而治"政策的历史必然性》，《昌吉学院学报》2012年第4期。

1753　王希隆、黄祥深：《清代新疆书院研究》，《西域研究》2012年第4期。

1754　祁美琴、褚宏霞：《清代嘉道时期新疆移民落籍方式初探》，《西域研究》2013年第2期。

1755　李军：《屡丰接乎青黄荒服臻乎富庶——从〈新疆赋〉等看18至19世纪新疆的屯垦开发》，《北方民族大学学报（哲学社会科学版）》2013年第4期。

1756　杨亦军：《阿凡提与西域流放者生命意识差异研究》，《四川文理学院学报》2013年第4期。

1757　张淑红：《从龚自珍〈西域置行省议〉写作年代看其西北史地学研究》，《图书馆理论与实践》2013年第12期。

1758　靳煜：《清乾隆年间西域测绘再考察》，《历史地理》第30辑，上海：上海人民出版社，2014年。

1759　王东：《边疆危机与清末新疆电报线的建设》，《西域研究》2014年第1期。

1760　刘传飞：《清代新疆建省前镇迪道部分职官、建置考》，《西域研究》2014年第2期。

1761 鲁靖康:《清代新疆行省体制下政区建置的几个问题》,《西域研究》2014 年第 2 期。

1762 周轩:《丝路庭州的清代流放名人》,《昌吉学院学报》2014 年第 3 期。

1763 徐溪:《清代新疆流放文人精神特质探析》,《西域研究》2014 年第 4 期。

1764 张安福:《清代新疆屯垦与国家安全》,《人民论坛》2014 年第 24 期。

1765 王启明:《晚清吐鲁番协理台吉》,《新疆大学学报(哲学・人文社会科学版)》2015 年第 1 期。

1766 鲁靖康:《清代哈密办事大臣设置时间考辨》,《西域研究》2015 年第 2 期。

1767 苏奎俊:《满洲八旗驻防新疆及其人口变化》,《西域研究》2015 年第 2 期。

1768 岳永:《略论〈阅微草堂笔记〉中的西域见闻》,《伊犁师范学院学报(社科版)》2015 年第 3 期。

1769 黄娟:《清人对新疆认识的演变》,《西域研究》2015 年第 3 期。

1770 孙长龙:《清朝乾嘉时期库车绿洲河湖水系的变迁》,《塔里木大学学报》2015 年第 4 期。

1771 阿利亚・艾尼瓦尔、布艾杰尔・库尔班:《清代新疆地震及政府对民间的救济》,《北方民族大学学报(哲学社会科学版)》2015 年第 4 期。

1772 靳煜:《乾隆年间三次西域测绘再分析》,《西域研究》2016 年第 1 期。

1773 张晓燕、李中耀:《从"玉门关"意象看清代文人的西域情怀》,《西域研究》2016 年第 1 期。

1774 周轩:《〈皇清职贡图〉中的西域史实》,《伊犁师范学院学报(社科版)》2016 年第 2 期。

1775 谢贵安:《论清代阿克苏的交通与台站——以〈清实录〉记载为线索》,《北方民族大学学报(哲学社会科学版)》2016 年第 2 期。

1776 史雷:《清代徐松学术转向研究》,《伊犁师范学院学报(社科版)》2016 年第 3 期。

1777 玉努斯江・艾力、潘勇勇:《沙俄侵占伊犁期间对塔兰奇人的统治》,《伊犁师范学院学报(社科版)》2016 年第 3 期。

1778 李强、纪宗安:《清与坎巨提宗藩关系中的几个问题》,《西域研究》2016 年第 3 期。

1779 何婷婷:《论乾隆间西域黑水营之战》,《边疆经济与文化》2016 年第 3 期。

1780 丁君涛:《清末民初吐鲁番葡萄地价的变化——以尼牙子家族地契为中心》,《西域研究》2016 年第 4 期。

1781 赵超:《略论清末吐鲁番地区以谷付息的土地典当——对吐峪沟所出清光绪十七

年"当卖葡萄园契"的探讨》,《西域研究》2016 年第 4 期。

1782 吴轶群:《清代新疆喀什噶尔人口变迁探析》,《西域研究》2016 年第 4 期。

1783 赵毅:《清末吐鲁番坎儿井民事纠纷之书状》,《昌吉学院学报》2016 年第 6 期。

1784 赵毅:《晚清吐鲁番坎儿井买卖》,《新疆大学学报(哲学·人文社会科学版)》2016 年第 6 期。

1785 闫国疆、陈晓律:《取雍去蔽、区域复兴:清末新疆建省后的丝绸之路与居民身份变化》,《南京政治学院学报》2016 年第 6 期。

1786 翁晖:《黄濬遣戍新疆考》,《兰台世界》2016 年第 23 期。

1787 赵卫宾:《回疆东四城伯克遣使投清史事考——兼谈雍正即位初年的西域经略观》,《西域研究》2017 年第 1 期。

1788 胡凡:《清代嘉庆朝徐松案发微》,《西夏研究》2017 年第 2 期。

1789 康继亚、张世才:《乾隆改"西域"为"新疆"的缘由探析》,《昌吉学院学报》2017 年第 5 期。

1790 陶野:《浅谈近代外国来华人员在新疆的科考及对新疆的影响》,《中外交流》2017 年第 35 期。

民 国

1791 伏阳:《试论杨增新主政新疆时期的"弱兵政策"》,《西域研究》2001 年第 2 期。

1792 欧阳云梓:《四十年代中苏关于苏联势力撤出新疆问题的交涉》,《西域研究》2001 年第 4 期。

1793 朱瑛:《论新疆的抗战文化》,《西域研究》2003 年第 1 期。

1794 袁澍:《民国新疆归化军探析》,《西域研究》2004 年第 1 期。

1795 贾秀慧:《民国后期新疆的工商同业公会刍议》,《西域研究》2010 年第 4 期。

1796 买玉华:《试论金树仁统治时期国人的新疆观》,《西域研究》2011 年第 1 期。

1797 冯建勇:《1942—1943 年国民政府对新疆外交权之统合》,《西域研究》2012 年第 3 期。

1798 徐承炎:《试论民国时期的新疆屯田》,《农业考古》2016 年第 1 期。

关陇河西

1799 唐景绅:《明代河西的军屯》,《敦煌学辑刊》1980 年。

1800 潘玉闪:《略谈"丝绸之路"和汉魏敦煌》,《敦煌研究》1982 年第 1 期。

▶ 丝绸之路研究论文目录

1801 梁勤：《论唐代河陇地区经济的发展》，《陕西师大学报（哲学社会科学版）》1982 年第 4 期。

1802 唐景绅：《明清时期河西垦田面积考实》，《兰州大学学报（社会科学版）》1983 年第 4 期。

1803 史苇湘：《河西节度使覆灭的前夕——敦煌遗书伯 2942 号残卷的研究》，《敦煌研究》1983 年创刊号。

1804 钮海燕：《唐代河西陇右的战略地位》，《历史教学》1985 年第 1 期。

1805 武复兴：《唐长安的市场和商业》，《西北大学学报（哲学社会科学版）》1985 年第 2 期。

1806 陆庆夫：《曹魏时期河西经济恢复原因浅析》，《社会科学》1985 年第 4 期。

1807 唐耕耦：《曹仁贵节度沙州归义军始末》，《敦煌研究》1987 年第 2 期。

1808 李华瑞：《试论西夏经营河西》，《兰州学刊》1987 年第 5 期。

1809 梁勤、君羊：《唐代河陇地区经济的发展》，《社会科学》1988 年第 1 期。

1810 王迎喜、尹伟先：《略论沮渠北凉政权的兴衰》，《张掖师专学报（综合版）》1989 年第 2 期。

1811 王永刚：《河西走廊屯垦史》，《中国农垦》1989 年第 5 期。

1812 邱树森：《元代各族人民对陕甘宁地区的开发》，《西北第二民族学院学报（哲学社会科学版）》1990 年第 2 期。

1813 贺世哲：《试论曹仁贵即曹议金》，《西北师大学报（社会科学版）》1990 年第 3 期。

1814 王仁波：《丝绸之路的起点——长安》，《文博》1991 年第 1 期。

1815 束锡鸿：《试论元代宁夏境内的文化融合——兼析宁夏区域文化的形成》，《宁夏社会科学》1991 年第 2 期。

1816 魏明孔：《曹魏对金城、河西地区的经营述论》，《西北民族大学学报（哲学社会科学版）》1991 年第 2 期。

1817 徐泉：《试论汉武帝经营河西的关键措施——马政建设》，《张掖师专学报（综合版）》1992 年第 2 期。

1818 赵以武：《五凉文化的影响概述》，《社科纵横》1992 年第 4 期。

1819 晒麟：《曹仁贵即曹议金》，《敦煌学辑刊》1993 年第 2 期。

1820 郝润华：《凉州七里十万家——古代凉州与盛唐凉州的繁华》，《中国典籍与文化》1994 年第 4 期。

1821 葛承雍：《丝绸之路的起点》，《华夏文化》1995 年第 1 期。

1822 张涌泉：《华戎相交一都会》，《中国典籍与文化》1996 年第 3 期。

1823 达浚、韶蓉：《汉唐丝绸之路与陇右的开发》，《中国典籍与文化》1997年第3期。

1824 王乃昂、蔡为民：《论丝路重镇凉州的历史地位及其影响》，《中国边疆史地研究》1997年第4期。

1825 罗丰：《五代、宋初灵州与丝绸之路》，《西北民族研究》1998年第1期。

1826 王冰、柳刚：《隋朝裴矩在河西走廊的招商活动》，《发展》1998年第5期。

1827 雍际春：《魏晋隋唐时期天水地域文化的发展》，《天水师专学报》1999年第1期。

1828 尚志迈：《两汉时期河西走廊的战略地位》，《张家口师专学报》2000年第1期。

1829 王伟章：《话说河湟文化圈》，《中国土族》2001年第4期。

1830 陈旭：《唐宋时期中西交通史中的灵州》，《阴山学刊》2004年第4期。

1831 李春芳：《丝绸之路对河西开发的影响》，《甘肃理论学刊》2004年第5期。

1832 冯培红：《汉晋敦煌大族略论》，《敦煌学辑刊》2005年第2期。

1833 吴浩军：《河西文化圈形成述略》，《河西学院学报》2005年第4期。

1834 朱加荣：《汉代敦煌的兴盛与边防战略的变迁》，《城市史研究》第24辑，北京：社会科学文献出版社，2006年。

1835 陈杰：《明代河州的茶马互市》，《档案》2006年第2期。

1836 薛平拴：《隋唐长安商业市场的繁荣及其原因》，《陕西师范大学学报（哲学社会科学版）》2006年第3期。

1837 冯玉新、王蓉：《唐代前期凉州的历史地位和作用考论》，《甘肃联合大学学报（社会科学版）》2006年第4期。

1838 杨作山：《唐朝前期移民河西考》，《宁夏师范学院学报》2007年第2期。

1839 杨作山：《北宋时期秦州路考略》，《宁夏社会科学》2007年第3期。

1840 闫廷亮：《隋代经营开发河西述论》，《河西学院学报》2007年第4期。

1841 董华锋：《汉唐金城、西平麹氏研究》，《西域研究》2008年第3期。

1842 王婷梅：《浅论西汉河西四郡设立的重要性》，《承德民族师专学报》2008年第3期。

1843 叶舒宪：《文本、想象与认知建构——河西走廊的文化镜像分析》，《湘潭大学学报（哲学社会科学版）》2008年第6期。

1844 杨芳：《汉简所见河西边塞军屯人口来源考》，《中国边疆史地研究》2009年第1期。

1845 高启安、邰惠莉：《明代肃镇军政杂考——以〈肃镇华夷志〉为主》，《丝绸之路》2009年第2期。

1846　孙长龙：《关于唐代会州的几个问题》，《兰州教育学院学报》2009 年第 3 期。

1847　赵耀锋：《论西海固文化的历史定位》，《宁夏师范学院学报》2009 年第 4 期。

1848　阴朝霞、李冰：《论两汉隋唐时期敦煌大族崇文尚武之大族风尚》，《内蒙古农业大学学报（社会科学版）》2009 年第 5 期。

1849　梁坤：《民国时期甘肃的道路建设与丝绸之路变迁》，《丝绸之路》2009 年第 6 期。

1850　于光建、张吉林：《试论武威在西夏王朝的历史地位》，《丝绸之路》2009 年第 14 期。

1851　李并成：《"山结"、"水结"、"路结"——对于兰州在丝绸路上重要地位的新认识》，《历史地理》第 24 辑，上海：上海人民出版社，2010 年。

1852　陈永耘：《论丝路北方国际重镇灵州地理位置及其遗存》，《文博》2010 年第 3 期。

1853　梁中效：《唐长安西市文化述论》，《唐都学刊》2011 年第 3 期。

1854　苏海洋：《论河西走廊人地关系转型与交通格局的演变》，《陇东学院学报》2011 年第 5 期。

1855　马玉蘋：《明清时期河西走廊图书出版简况及特点——以四篇藏书目录为中心》，《丝绸之路》2011 年第 6 期。

1856　刘玉权：《西夏时期的瓜、沙二州》，《丝绸之路》2011 年第 18 期。

1857　贾文丽：《汉代酒泉郡的交通及其军事战略地位》，《内蒙古社会科学》2012 年第 1 期。

1858　黄兆宏、秦菲：《居延汉简反映的汉代河西地区戍卒、田卒问题探析》，《石河子大学学报（哲学社会科学版）》2012 年第 4 期。

1859　张克非：《也论河西地区在历史上的地位和贡献》，《甘肃社会科学》2012 年第 5 期。

1860　黄兆宏：《西汉河西地区防御工程体系及相关问题》，《西北师大学报（社会科学版）》2013 年第 1 期。

1861　薛正昌：《丝绸之路在宁夏的走向与周秦时期的文化开拓》，《丝绸之路》2013 年第 2 期。

1862　杨富学、张海娟：《蒙古豳王家族与元代亦集乃路之关系》，《敦煌研究》2013 年第 3 期。

1863　颉耀文、余林、汪桂生、王学强、史志林：《黑河流域汉代垦殖绿洲空间分布重建》，《兰州大学学报（自然科学版）》2013 年第 3 期。

1864　赵逵夫：《论甘肃早期文化同华夏文明的关系》，《甘肃社会科学》2013 年第

4 期。

1865　张向红：《唐代前期河西州县城城防体系》，《军事史林》2013 年第 10 期。

1866　郑炳林、杜海：《曹议金节度使位继承权之争——以"国太夫人"、"尚书"称号为中心》，《敦煌学辑刊》2014 年第 4 期。

1867　毕然：《丝绸之路从西安开始》，《新疆人文地理》2014 年第 4 期。

1868　黄留珠：《陕西人与丝绸之路》，《西部学刊》2014 年第 10 期。

1869　温全禄：《唐朝由盛而衰的转折及其对敦煌地区的影响》，《丝绸之路》2014 年第 22 期。

1870　吕宗力：《"大长安"：丝绸之路的起点》，《西北大学学报（哲学社会科学版）》2015 年第 1 期。

1871　史志林：《关于唐会州州治的几个问题》，《中国历史地理论丛》2015 年第 1 期。

1872　李建宗：《文化边界与族群互动："内亚"视角下的河西走廊》，《青海民族研究》2015 年第 1 期。

1873　王子今：《早期中西交通线路上的丰镐与咸阳》，《西北大学学报（哲学社会科学版）》2015 年第 1 期。

1874　马宁：《元代内蒙古地区的穆斯林社会初探——以亦集乃路为个案》，《内蒙古统战理论研究》2015 年第 5 期。

1875　雍际春：《河西四郡及其战略地位论要》，《甘肃广播电视大学学报》2015 年第 5 期。

1876　席会东：《丝路西安：延续千年的交通起点》，《地图》2015 年第 6 期。

1877　安北江：《北宋时期丝绸之路上的秦州》，《天水师范学院学报》2015 年第 6 期。

1878　孙占鳌：《酒泉长城与长城文化》，《丝绸之路》2015 年第 6 期。

1879　吴炯炯、刘满：《也谈炳灵寺石窟周围的交通问题》，《敦煌研究》2015 年第 6 期。

1880　叶夫根尼·克恰诺夫著，董斌、史志林译：《敦煌作为西夏王国疆域的一部分（982—1227）》，《丝绸之路》2015 年第 8 期。

1881　李黎：《明清以来陕西发展的两次机遇及其历史启迪》，《赤峰学院学报（哲学社会科学版）》2015 年第 9 期。

1882　罗京：《丝绸之路给关中经济带来的效益》，《中外企业家》2015 年第 9 期。

1883　朱鸿：《长安：丝绸之路的起点》，《丝绸之路》2015 年第 9 期。

1884　刘再聪：《敦煌文化是世界文明的精髓》，《丝绸之路》2015 年第 16 期。

1885　周伟洲：《丝绸之路起点唐长安城的三大标识》，《长安大学学报（社会科学版）》2016 年第 1 期。

1886 郑红翔：《唐蕃青海之战与陇右军事力量的初创》，《敦煌学辑刊》2016 年第 4 期。

1887 王开堂：《古代河西走廊的商贸活动与"互市"发展》，《河西学院学报》2016 年第 6 期。

1888 杨林坤：《"治性"相通：河西走廊与中原王朝的涉外管理》，《历史教学（下半月刊）》2016 年第 10 期。

1889 胡雪：《浅析嘉峪关在古今丝绸之路上的重要作用》，《丝绸之路》2016 年第 24 期。

1890 刘爱琳、罗志、李倩：《丝绸之路观照下的淮安历史文化》，《连云港师范高等专科学校学报》2017 年第 1 期。

1891 韩树伟：《论西凉政权及其在丝路史上的历史地位和影响》，《青海师范大学学报（哲学社会科学版）》2017 年第 1 期。

1892 管卫中：《甘肃在中国历史上所起的作用》，《档案》2017 年第 2 期。

1893 王力平：《八至十世纪的敦煌杜氏家族研究——兼及藏经洞文书的"偏向性"》，《敦煌学辑刊》2017 年第 2 期。

1894 张宁、连振波、崔敏：《陇中地区由"富庶无如陇右"到"苦甲天下"的历史变迁及其启示》，《社科纵横》2017 年第 2 期。

1895 程军：《蒙元时期的宁夏府路初探》，《新西部（中旬刊）》2017 年第 3 期。

1896 王金都：《汉武帝第二次河西之战霍去病进军路线论证》，《湖北科技学院学报》2017 年第 3 期。

1897 杨小敏：《北宋时期的秦州（天水）经济与陆上丝绸之路》，《中国史研究》2017 年第 4 期。

1898 保宏彪：《宋初西北边防体系中的灵州》，《西夏研究》2017 年第 4 期。

1899 李建宗：《绿洲连缀体，内部嵌合性与丝绸之路——基于河西走廊绿洲社会的思考》，《西北民族研究》2017 年第 4 期。

1900 邵晓：《丝路重镇姑臧城的历史演变》，《兰州文理学院学报（社会科学版）》2017 年第 4 期。

1901 翟少冬：《敦煌烽燧与陆上丝绸之路的变迁》，《甘肃社会科学》2017 年第 5 期。

1902 薛正昌：《草原丝绸之路上的阿拉善右旗》，《丝绸之路》2017 年第 13 期。

1903 马啸：《明清陕州城营建略考》，《文物鉴定与鉴赏》2018 年第 1 期。

青　藏

1904 张得祖：《丝绸之路在青海》，《青海师范学院学报（哲学社会科学版）》1982

年第 1 期。

1905 杜常顺：《从"西番诸卫"看明朝对甘青藏区的统治措施》，《青海师范大学学报（哲学社会科学版）》1989 年第 4 期。

1906 村渭：《隋唐青海屯田述论》，《青海社会科学》1990 年第 6 期。

1907 夏敏：《玄奘取经故事与西藏关系通考》，《西藏研究》1991 年第 1 期。

1908 刘景华：《清代青海的商业》，《青海社会科学》1995 年第 3 期。

1909 邵文实：《开元后期唐蕃关系探谜》，《西北史地》1996 年第 3 期。

1910 陈新海：《西汉时期湟中地区的交通》，《中国历史地理论丛》1997 年第 1 期。

1911 董绍宣：《漫说青海汉族民间的龙和蛙文化》，《雪莲》2003 年第 6 期。

1912 田峰：《〈大唐西域记〉与西藏文化》，《西藏研究》2006 年第 3 期。

1913 励轩：《西方对他者的殖民表征：以异域西藏为案例》，《西北民族研究》2011 年第 4 期。

1914 高晓波：《略论清朝前期对青海藏区的经略》，《西藏民族学院学报（哲学社会科学版）》2014 年第 3 期。

1915 赵心愚：《清代早期西藏方志中的"康"及有关记载特点》，《藏学学刊》2015 年第 2 期。

1916 保罗：《从史籍及〈格萨尔〉看丝绸之路与西藏的关系》，《西藏研究》2016 年第 2 期。

1917 杨林：《都兰高原古王国》，《柴达木开发研究》2016 年第 2 期。

1918 贺卫光：《青藏高原游牧文化的特征及其与丝绸之路的关系》，《西藏大学学报（社会科学版）》2016 年第 3 期。

1919 毛阳海：《论宋代祖国内地和藏区主要经济关系的性质问题》，《西藏大学学报（社会科学版）》2016 年第 3 期。

1920 张清民：《丝绸之路青海道上的西宁及其历史地位》，《青海师范大学学报（哲学社会科学版）》2016 年第 6 期。

中　原

1921 苏健：《洛阳与"丝绸之路"》，《中原文物》1981 年第 3 期。

1922 刘明坤：《洛阳——丝绸之路的另一起点》，《地域研究与开发》1987 年第 1 期。

1923 黄新波：《洛阳与丝绸之路关系述论》，《中原文物》1995 年第 3 期。

1924 吴少珉：《北魏对外交往的国际大都会——洛阳》，《史学月刊》1996 年第 3 期。

1925 许永璋：《古代洛阳与南海丝绸之路》，《史学月刊》2000 年第 1 期。

1926 郭绍林：《关于唐代洛阳与丝绸之路的几个问题》，《河南科技大学学报（社会科学版）》2005 年第 2 期。

1927 张留见：《河洛文化与丝绸之路》，《中州学刊》2009 年第 1 期。

1928 曾谦：《论河南丝绸之路的文化内涵》，《沧桑》2011 年第 5 期。

1929 曾谦：《论河南丝绸之路的兴起与发展》，《丝绸之路》2011 年第 10 期。

1930 贺金峰：《丝路源头河南南阳方城考》，《荆楚学刊》2015 年第 2 期。

1931 傅山泉：《丝绸之路视域下的域外文化与新乡文化的互动——以新乡出土文物为例》，《河南科技学院学报（社会科学版）》2016 年第 1 期。

1932 赵楠：《略论洛阳作为丝绸之路的东端起点》，《内蒙古师范大学学报（哲学社会科学版）》2016 年第 2 期。

1933 顾懿德：《秦汉至魏晋南北朝时期河洛地区与周边地域的文化融合》，《山东青年》2016 年第 5 期。

1934 王歌莺：《汉代南阳在"丝路"中的地位和作用——从南阳申城、宛城的筑城说起》，《南都学坛》2017 年第 6 期。

华 北

1935 朱龙、董韶华：《登州港与东方海上丝绸之路》，《中国海洋大学学报（社会科学版）》2004 年第 4 期。

1936 王欣、周伟洲：《10 世纪前中国西北边疆发展的几个特点》，《中国边疆史地研究》2006 年第 2 期。

1937 刘凤鸣：《齐国开辟了"东方海上丝绸之路"》，《海岱学刊（齐鲁文化研究）》总第 8 辑，济南：泰山出版社，2009 年。

1938 郭泮溪：《对青岛海洋文明历史中几个问题的初步探讨》，《东方论坛》2009 年第 5 期。

1939 吕琳、吕仁义：《中国古代历史上第一个具有特区性质的城区——大唐西市》，《丝绸之路》2009 年第 6 期。

1940 庄明军：《古青州与丝绸之路》，《海岱学刊（齐鲁文化研究）》总第 9 辑，济南：泰山出版社，2010 年。

1941 张弛：《中国古代政治中心地理位置及变迁对登州港存续发展影响力的定位研究》，《学理论》2011 年第 16 期。

1942 王银田：《丝绸之路与北魏平城》，《暨南学报（哲学社会科学版）》2014 年第 1 期。

1943　张舒、正明：《历史上的丝绸之路与山西》，《文史月刊》2014 年第 12 期。

1944　张庆捷：《山西在北朝的历史地位——兼谈丝绸之路与北朝平城晋阳》，《史志学刊》2015 年第 1 期。

1945　魏振国：《丝绸之路与北魏平城》，《黑龙江史志》2015 年第 5 期。

1946　葛美珠：《古青州与陆上丝绸之路的关系》，《城市学刊》2016 年第 1 期。

1947　王震中：《胶东早期海洋文明与海上丝绸之路之始》，《鲁东大学学报（哲学社会科学版）》2016 年第 1 期。

1948　张舒、正明：《清代晋商与万里茶路》，《文史月刊》2016 年第 6 期。

1949　朱艳、王菁华：《丝绸之路在海岱地区的交汇衍生与发展》，《人民论坛》2016 年第 8 期。

1950　王一凡：《考古及出土文物所见河北与丝绸之路的文明互动》，《西部学刊》2017 年第 1 期。

1951　宋栋国：《丝绸之路的兴起对山西经济发展转型的影响》，《大众标准化》2017 年第 1 期。

1952　孟万春：《陕北人口源流考》，《北方论丛》2017 年第 1 期。

1953　王可佳：《浅析青岛与"东方海上丝绸之路"的历史渊源》，《烟台职业学院学报》2017 年第 2 期。

1954　毛洪东、杨丁：《浅析山东半岛在"早期东方海上丝绸之路"开辟过程中的地位及作用——兼论中国文化对早期日本文化的影响》，《中国港口》2017 年增刊第 1 期。

1955　赵万里：《先秦齐国与早期丝绸之路关系探析》，《山东理工大学学报（社会科学版）》2018 年第 1 期。

1956　王保真：《山西晋商与丝绸之路》，《新产经》2018 年第 3 期。

东　南

1957　许泉：《泉州海外交通史概说》，《海交史研究》1978 年。

1958　顾敦信：《扬州在唐代国际交往中的地位》，《海交史研究》1982 年。

1959　傅宗文：《宋代泉州港的崛起与港口分布》，《厦门大学学报（哲学社会科学版）》1985 年增刊第 1 期。

1960　潘德深：《宋代对外开放政策促进福建港口城市繁荣》，《中共福建省委党校学报》1986 年第 9 期。

1961　李洪甫：《古代连云港地区的对朝交通——海上丝路的东延》，《东南文化》

1990 年第 5 期。

1962 许在全：《泉州港与"海上丝绸之路"》，《海交史研究》1991 年第 1 期。

1963 傅宗文：《刺桐港史初探（专著连载之一）》，《海交史研究》1991 年第 1 期。

1964 傅宗文：《刺桐港史初探（专著连载之二）》，《海交史研究》1991 年第 2 期。

1965 李洪甫：《南京与海上丝绸之路》，《文博》1992 年第 6 期。

1966 王连茂：《元代泉州社会资料辑录》，《海交史研究》1993 年第 1 期。

1967 黄天柱：《古泉州港与海上丝路的关系》，《浙江丝绸工学院学报》1993 年第 3 期。

1968 张玉忠：《从考古资料看西汉以前新疆与祖国东南沿海地区的交往》，《西北民族研究》1996 年第 1 期。

1969 林承坤：《古代刘家港崛起与衰落的探讨》，《地理研究》1996 年第 2 期。

1970 杜瑜：《明清时期潮、汕、漳、厦港口的发展及其局限》，《海交史研究》1997 年第 2 期。

1971 俞敏敏：《古代浙江丝绸的生产、外销与对外技术交流》，《海交史研究》1998 年第 1 期。

1972 万明：《明代嘉靖年间的宁波港》，《海交史研究》2002 年第 2 期。

1973 李天锡：《从泉州华侨看泉州港在海上丝路的历史地位》，《泉州师范学院学报》2003 年第 1 期。

1974 李英魁：《试论宁波"海上丝绸之路"兴起的历史上限》，《东方博物》第 13 辑，杭州：浙江大学出版社，2004 年。

1975 吴幼雄：《试析泉州"海上丝绸之路"多元一体文化内涵》，《闽都文化研究》上，福州：海峡文艺出版社，2004 年。

1976 林浩：《关于宁波"海上丝绸之路"各个时期特点的探讨》，《东方博物》第 15 辑，杭州：浙江大学出版社，2005 年。

1977 杨成鉴：《海上丝绸之路的起点站——双屿港》，《浙江纺织服装职业技术学院学报》2005 年第 1 期。

1978 林士民：《郑和"航海外交"与宁波港》，《南方文物》2005 年第 3 期。

1979 王伟明：《古代泉商的拓海贡献与原因》，《黎明职业大学学报》2007 年第 4 期。

1980 张钧雷：《古刺桐港"海上丝绸之路"上的奇葩——港口史海拾零之泉州港（一）》，《水运管理》2010 年第 11 期。

1981 张钧雷：《宋元时期的超级大港——港口史海拾零之泉州港（三）》，《水运管理》2011 年第 3 期。

1982 李金明：《月港开禁与中国古代海上丝绸之路的发展》，《闽台文化交流》2011

年第 4 期。

1983 郑镛：《论明代月港在中国海外交通史上的地位》，《漳州职业技术学院学报》2012 年第 3 期。

1984 苏惠苹：《明中叶至清前期闽南海洋环境与家族发展——圭海许氏家族的个案分析》，《安徽史学》2014 年第 1 期。

1985 郑松才、吴颖、陈海燕、冯盈之：《略论象山在宁波海上丝绸之路史上的重要历史地位》，《浙江纺织服装职业技术学院学报》2014 年第 4 期。

1986 朱少伟：《青龙镇与海上"丝绸之路"》，《都会遗踪》第一期，上海：学林出版社，2015 年。

1987 商大民：《苏州与海上丝绸之路的渊源》，《江苏丝绸》2015 年第 2 期。

1988 李英姿：《古代镇江造船考》，《江苏科技大学学报（社会科学版）》2015 年第 2 期。

1989 钟建华：《从月港到厦门港：明清漳州浦头港的历史考察》，《闽南师范大学学报（哲学社会科学版）》2015 年第 3 期。

1990 张友信：《海上丝绸之路与上海（上）》，《净水技术》2015 年第 5 期。

1991 李易安、耿奇：《支撑南京海上丝绸之路历史地位的思考》，《江苏丝绸》2015 年第 5 期。

1992 张友信：《海上丝绸之路与上海（下）》，《净水技术》2015 年第 6 期。

1993 苏月秋：《上海有关郑和下西洋的人物考》，《浙江海洋学院学报（人文科学版）》2015 年第 6 期。

1994 占益波：《宋元"海上丝绸之路"对泉州城市发展的影响》，《环球人文地理》2016 年第 2 期。

1995 陈晔：《唐代明州"海上丝绸之路"与对外交往》，《宁波广播电视大学学报》2016 年第 2 期。

1996 丁春华：《海纳百川：福州海上丝绸之路文化特色研究——以泉州和广州为比较对象》，《经济与社会发展》2016 年第 2 期。

1997 张春兰：《试论闽安与海上丝绸之路》，《福建文博》2016 年第 2 期。

1998 陈支平：《福建客家的从商性格与连城海丝之路》，《历史教学（下半月刊）》2016 年第 2 期。

1999 黄天柱：《泉州港与古代丝瓷之路》，《理论参考》2016 年第 2 期。

2000 龚缨晏、陆臻杰：《关于宁波古代海上丝绸之路的几个问题》，《宁波大学学报（人文科学版）》2016 年第 3 期。

2001 洪映红：《闽南海丝文化的历史钩沉——以厦门港为中心的追溯》，《集美大学学报（哲学社会科学版）》2016年第3期。

2002 徐晓望：《论中国海上丝绸之路在中国东南的起源》，《历史教学（下半月刊）》2016年第3期。

2003 丁洁雯：《大运河（宁波段）与海上丝绸之路的重要衔接——论庆安会馆的起源、价值与保护对策》，《宁波大学学报（人文科学版）》2016年第4期。

2004 韩翔、韩鹏：《古代海上丝绸之路与舟山城市变迁》，《浙江海洋学院学报（人文科学版）》2016年第4期。

2005 郭筠：《宋朝杭州与阿拉伯国家交往特点与意义——以阿布·菲达的〈地理书〉为例》，《中国民族博览》2016年第8期。

2006 王少泉、谢国财：《福建在海上丝绸之路中地位变迁研究》，《福建论坛（人文社会科学版）》2016年第10期。

2007 陈恺旻：《从〈恩赐琅琊郡王德政碑〉看海上丝绸之路中的福州》，《文化学刊》2016年第11期。

2008 张莎莎：《两宋时期宁波海上丝绸之路的对外影响——以技术影响为例》，《人间》2016年第18期。

2009 叶岗、陈民镇：《越文化与海上丝绸之路的发生与发展——兼及对"一带一路"战略的启示》，《绍兴文理学院学报（哲学社会科学）》2017年第2期。

2010 刘锡涛：《试述泉州海洋文化的历史特色》，《福建省社会主义学院学报》2017年第3期。

2011 谢重光：《唐宋元时期的漳州海上丝绸之路史迹》，《大众考古》2017年第3期。

2012 蔡定益：《海上丝绸之路视角下的浮梁近代红茶历史》，《蚕桑茶叶通讯》2017年第4期。

2013 冯毅：《海上丝绸之路上的宁波往事》，《宁波通讯》2017年第14期。

2014 董俊珏、谢西娇：《古代福清与海上丝绸之路的文化因缘》，《福建师大福清分校学报》2018年第1期。

2015 霍杰：《宁波在海上丝绸之路地位演变研究》，《内蒙古科技与经济》2018年第3期。

岭　南

2016 徐俊鸣、郭培忠：《略论古代广州在海上"丝绸之路"的地位》，《热带地理》1983年第3期。

2017 徐俊鸣、徐晓梅：《试论唐代在广东的人文地理概况》，《岭南文史》1985年第

1期。

2018　祁开寅：《粤丝史话》,《丝绸》1989年第9期。

2019　杨万秀：《论广州港在海上"丝绸之路"的地位和作用》,《学术研究》1990年第6期。

2020　徐亦亭：《古代广西的对外交通》,《广西民族研究》1991年第3期。

2021　张难生、叶显恩：《海上丝绸之路与广州》,《中国社会科学》1992年第1期。

2022　陈柏坚：《广州是"海上丝绸之路"的始发港》,《岭南文史》1992年第2期。

2023　陈炎：《澳门港在近代海上丝绸之路中的特殊地位和影响——兼论中西文化交流和相互影响》,《海交史研究》1993年第2期。

2024　袁钟仁：《古代广州地区是东西方经济文化交流的重要枢纽》,《暨南学报（哲学社会科学）》1994年第2期。

2025　何翔、梁永强、张书裔：《海南与"海上丝绸之路"》,《海南金融》1995年第12期。

2026　方忠英：《广州外经机构沿革》,《广东史志》1996年第3期。

2027　刘重日：《明代海上丝绸之路与澳门》,《东岳论丛》1999年第5期。

2028　万明：《明代澳门与海上丝绸之路》,《世界历史》1999年第6期。

2029　纪宗安：《十六世纪以来澳门在太平洋大帆船贸易网中的作用与地位》,《暨南学报（哲学社会科学）》1999年第6期。

2030　梁旭达、邓兰：《汉代合浦郡与海上丝绸之路》,《广西民族研究》2001年第3期。

2031　黄启臣：《广东是"海上丝绸之路"的东方发祥地》,《广东蚕业》2002年第1期。

2032　吴建华：《海上丝绸之路与粤洋西路之海盗》,《湛江师范学院学报》2002年第2期。

2033　刘佐泉：《雷州文化的历史及特征与"海上丝绸之路"》,《湛江师范学院学报》2002年第2期。

2034　阮应祺：《海上丝绸之路航线上雷州半岛主港概述》,《湛江师范学院学报》2002年第2期。

2035　吴小玲：《海上丝绸之路与钦州的发展》,《钦州师范高等专科学校学报》2002年第4期。

2036　邓家倍：《合浦是中国汉代海上"丝路"始发港》,《广西地方志》2002年第5期。

2037　周家干：《合浦乾体古港作为"海上丝绸之路"始发港探源》,《广西地方志》

2002 年第 5 期。

2038 过伟：《合浦畅想——关于海上稻谷、瓷器、丝绸之路的思考》，《钦州师范高等专科学校学报》2003 年第 1 期。

2039 曾昭璇、曾新、曾宪珊：《论中国古代以广州为起点的"海上丝绸之路"的发展》，《中国历史地理论丛》2003 年第 2 期。

2040 赖琼：《历史时期雷州半岛主要港口兴衰原因探析》，《中国历史地理论丛》2003 年第 3 期。

2041 吴小玲：《古代钦州湾地区的对外交往述论》，《广西师范大学学报（哲学社会科学版）》2003 年第 3 期。

2042 赵焕庭：《广州是华南海上丝绸之路最早的始发港（Ⅰ）》，《热带地理》2003 年第 3 期。

2043 赵焕庭：《广州是华南海上丝绸之路最早的始发港（Ⅱ）》，《热带地理》2003 年第 4 期。

2044 李岩：《岭南先秦商业活动的考古学立场管窥》，《古代文明（辑刊）》第 3 卷，北京：文物出版社，2004 年。

2045 邓家倍、任建芬：《广州不是中国汉代海上丝绸之路始发港》，《广州社会主义学院学报》2004 年第 1 期。

2046 邓家倍：《再论合浦是中国汉代海上丝路始发港》，《广州社会主义学院学报》2004 年第 4 期。

2047 张玉鹏：《鸦片战争前西人对广州的认识》，《五邑大学学报（社会科学版）》2005 年第 2 期。

2048 杜树海：《试论两汉时期合浦郡与中原王朝的政治、经济、军事关系》，《广西地方志》2005 年第 3 期。

2049 覃主元：《汉代合浦港在南海丝绸之路中的特殊地位和作用》，《社会科学战线》2006 年第 1 期。

2050 赵焕庭：《番禺是华南海上丝路最早的始发港——对〈关于中国古代"海上丝绸之路"最早始发港研究述评〉的意见》，《地理科学》2006 年第 1 期。

2051 梁国昭：《广州港：从石门到虎门——历史时期广州港口地理变化及其对城市空间拓展的影响》，《热带地理》2008 年第 3 期。

2052 何海龙：《两汉时期岭南商品经济发展浅析》，《中国社会经济史研究》2008 年第 4 期。

2053 陈世柏：《论广州在古代中外交通史上的地位和作用》，《牡丹江师范学院学报（哲学社会科学版）》2009 年第 5 期。

2054 梁炳猛:《汉唐时期的合浦与北部湾海上丝绸之路》,《创新》2010 年第 1 期。

2055 陈洪波:《浅析三国之后合浦港衰落的原因》,《桂林师范高等专科学校学报》2010 年第 3 期。

2056 周加胜:《岭南市舶使研究》,《漯河职业技术学院学报》2010 年第 6 期。

2057 张朔人:《西汉海南置罢郡历史研究》,《海南大学学报(人文社会科学版)》2011 年第 5 期。

2058 韩强:《广府海洋文化撮要》,《佛山科学技术学院学报(社会科学版)》2011 年第 5 期。

2059 王元林:《泛北"海上丝绸之路"与移民文化》,《广西师范大学学报(哲学社会科学版)》2013 年第 1 期。

2060 吴锡民:《合浦大汉古港对外交往论》,《广西师范学院学报(哲学社会科学版)》2013 年第 3 期。

2061 颜洁:《南海丝绸之路最早始发港合浦兴衰史考证》,《东南亚纵横》2013 年第 12 期。

2062 李彩霞:《宋元海上丝绸之路对海南经济生活的影响》,《韶关学院学报》2014 年第 1 期。

2063 梁庭望:《古骆越方国考证》,《百色学院学报》2014 年第 3 期。

2064 郭城、饶宏展:《唐代海上丝绸之路与海南》,《今日海南》2014 年第 10 期。

2065 李彩霞:《明代海南成为海上丝路中转站的原因》,《兰台世界》2014 年第 33 期。

2066 袁晓春:《海上丝绸之路朝鲜史料中的广东船》,《广东造船》2015 年第 1 期。

2067 顿贺:《广东船细节的研究及广东与海上丝绸之路》,《广东造船》2015 年第 1 期。

2068 柏宇亮:《基于广州海上丝绸之路的历史研究》,《黑龙江史志》2015 年第 3 期。

2069 石坚平:《江门海上丝绸之路文化探源》,《五邑大学学报(社会科学版)》2015 年第 3 期。

2070 韦夏宁:《明代广西海上丝绸之路研究》,《民族论坛》2015 年第 4 期。

2071 李凡:《历史地理视角下海上丝绸之路在岭南的区域效应》,《热带地理》2015 年第 5 期。

2072 李巧玲:《海上丝路文化在雷州的传播、影响及其开发利用》,《热带地理》2015 年第 5 期。

2073 文豪、许兆欢:《阳江海上丝绸之路文化遗存概况》,《南方论刊》2015 年第 7 期。

2074 曾旅湘：《从黄埔古港看广州海上丝绸之路的发展》，《丝绸之路》2015年第10期。

2075 徐靖彬：《宋代钦州博易场的兴衰与"海上丝绸之路"的发展变迁》，《钦州学院学报》2015年第10期。

2076 曾艳英、陈鹏：《古代广州地区交通物流的历史变迁研究》，《企业导报》2015年第11期。

2077 陈张承、宁波：《琼粤在古代海上丝绸之路的历史地位及当代价值》，《科教文汇》2015年第16期。

2078 南炳文：《明中期葡萄牙人入居澳门时间补考——试解〈明史〉、〈明熹宗实录〉误载之缘由》，《西南大学学报（社会科学版）》2016年第1期。

2079 申友良：《唐代雷州半岛的经济发展研究》，《社科纵横》2016年第1期。

2080 熊雪如、王元林：《深圳地域与海上丝绸之路关系的历史演变》，《岭南文史》2016年第1期。

2081 申友良：《唐宋时期雷州港兴起的原因探究》，《社科纵横》2016年第2期。

2082 王元林：《广信：秦汉时期陆海丝绸之路最早对接点之一》，《广西民族大学学报（哲学社会科学版）》2016年第2期。

2083 王元林、熊雪如：《历史上深圳地域与海上丝绸之路渊源初探》，《深圳大学学报（人文社会科学版）》2016年第3期。

2084 黄哲：《汕头古代海上丝绸之路史迹概述》，《潮商》2016年第3期。

2085 陈友义：《汕头"海丝"文化构成及其价值刍论》，《南方职业教育学刊》2016年第3期。

2086 谢重光：《试论阳江在海丝路上的地位和作用》，《福建文博》2016年第3期。

2087 付煜、张百顺、梁洪川：《北海港："海上丝绸之路"的历史流变》，《贺州学院学报》2016年第4期。

2088 申友良：《宋代雷州港衰落的原因探究》，《社科纵横》2016年第4期。

2089 王元林：《六朝岭南海陆路线变迁与苍梧郡地位的变化——"梧州：陆海丝绸之路对接点"系列研究之二》，《广西民族大学学报（哲学社会科学版）》2016年第4期。

2090 刘向明、郑三粮：《广东梅州是海上丝绸之路的重要起点——以唐代梅县水车窑为中心的论述》，《嘉应学院学报》2016年第6期。

2091 何春燕：《浅谈九日山作为古代海上丝绸之路起点的几点依据》，《才智》2016年第18期。

2092 魏梦月、孙慧兰、张冰：《从〈东西洋考每月统记传〉看鸦片战争前夕南海地区的"海上丝绸之路"缩影》,《学报编辑论丛》第 24 集,上海:上海交通大学出版社,2017 年。

2093 郑传锋:《樟林古港与中国"海上丝绸之路"关系探索》,《南方职业教育学刊》2017 年第 1 期。

2094 田丰:《海上丝绸之路精神与广东近代思潮》,《岭南文史》2017 年第 1 期。

2095 刘向明、郑三粮:《从考古发现看东江与海上丝绸之路的关系——以出土唐代梅县水车窑为中心的考察》,《惠州学院学报》2017 年第 2 期。

2096 陈朝萌:《深圳海上丝绸之路文化:历史与现实》,《华南理工大学学报(社会科学版)》2017 年第 2 期。

2097 吴石坚:《广州番禺学宫与明清海上丝绸之路》,《岭南文史》2017 年第 4 期。

2098 吴丹微:《广州与海上丝绸之路》,《文物天地》2017 年第 10 期。

2099 周兴梁:《广州海丝之路溯源及其发展过程研究》,《中国名城》2018 年第 1 期。

西　南

2100 周廷贤:《赛典赤的改革与元代云南社会的发展》,《云南教育学院学报》1991 年第 1 期。

2101 段渝:《巴蜀丝绸对世界古代文明的贡献》,《文史杂志》1997 年第 4 期。

2102 李永平:《简牍和考古所见汉代河西走廊与蜀地之间的交往及相关的几个问题》,《四川文物》2004 年第 6 期。

2103 程印学:《试论西汉对西南夷地区的经略与开发》,《理论学刊》2005 年第 5 期。

2104 林向:《临邛与"西南丝绸之路"——近年来邛崃考古发现中的几个问题》,《文史杂志》2009 年第 1 期。

2105 刘弘:《古代西南地区"杖"制考》,《四川文物》2009 年第 2 期。

2106 彭邦本:《古代成都与北方丝绸之路》,《国家人文地理》2010 年第 2 期。

2107 周翔宇:《川东南地区在秦汉"华夷"交流史上的影响》,《西南石油大学学报(社会科学版)》2010 年第 3 期。

2108 刁丽俊:《西南丝绸古道对保山文化的影响》,《保山学院学报》2010 年第 6 期。

2109 杨晓富:《永昌:南方丝绸之路的重要门户》,《社会主义论坛》2010 年第 9 期。

2110 杨永平:《马帮文化和云南侨乡》,《学理论》2010 年第 10 期。

2111 段渝、刘弘:《论三星堆与南方丝绸之路青铜文化的关系》,《学术探索》2011 年第 4 期。

2112 王振刚:《历史上云南行政中心西移洱海地区的原因及其影响》,《大理民族文化研究论丛》第 5 辑，北京：民族出版社，2012 年。

2113 彭邦本：《古代成都与南方丝绸之路》，《环球人文地理》2014 年第 14 期。

2114 祁和晖、谭继和：《蜀商出现时间与蜀商的历史贡献》，《地方文化研究辑刊》第 9 辑，成都：四川大学出版社，2015 年。

2115 陆璐：《南方丝绸之路对大理的影响及当前的对策》，《大理学院学报》2015 年第 3 期。

2116 于秀情：《汉武帝经营西南地区探析》，《商丘师范学院学报》2015 年第 5 期。

2117 郭勤华：《六盘山与丝绸之路文化》，《宁夏师范学院学报》2015 年第 5 期。

2118 凌受勋：《清代、民国时期以水码头宜宾为起点的滇边岸盐路》，《宜宾学院学报》2015 年第 10 期。

2119 朱安女：《论南诏大理国时期南方丝绸之路的文化特点》，《大理大学学报》2015 年第 11 期。

2120 于秀情：《汉武帝经营西南地区的发端和影响》，《兰台世界》2015 年第 35 期。

2121 朱万民：《南方丝绸之路从成都开始》，《四川蚕业》2016 年第 2 期。

2122 何一民：《对内对外开放的枢纽与古代成都的三次崛起——重新认识成都在中国历史上的地位与作用》，《四川师范大学学报（社会科学版）》2016 年第 2 期。

2123 李桂芳：《秦汉时期的南方丝绸之路与中央王朝对西南地区的治理》，《中华文化论坛》2016 年第 8 期。

2124 张巨成：《元代时期的云南》，《社会主义论坛》2016 年第 11 期。

2125 黄剑华：《略论蜀与滇的文化关系》，《地方文化研究》2017 年第 1 期。

2126 张铭、李娟娟：《赤水河在"南方丝绸之路"中的支柱意义研究》，《贵州文史丛刊》2017 年第 1 期。

2127 陈世松：《蒙元四川与丝绸之路》，《中华文化论坛》2017 年第 4 期。

2128 何一民：《古代成都与丝绸之路》，《中华文化论坛》2017 年第 4 期。

2129 龚伟：《论"邛都夷"社会发展与南方丝绸之路的关系》，《中华文化论坛》2017 年第 9 期。

2130 于秀情：《汉武帝对西南地区的经营战略研究》，《长江师范学院学报》2018 年第 1 期。

2131 梁中效：《唐诗所反映的成都文化形象》，《成都大学学报（社会科学版）》2018 年第 1 期。

2132 王启涛：《天府之国与丝绸之路》，《西南民族大学学报（人文社科版）》2018 年第 2 期。

东西交流

通 论

2133　冯汉镛：《驳"唐代长安与西域文明"书中有关交通部分——对右派分子向达交通史"成就"的重新估价》，《史学月刊》1958 年第 9 期。

2134　朱杰勤：《中国和伊朗历史上的友好关系》，《历史研究》1978 年第 7 期。

2135　纳忠：《中世纪中国与阿拉伯的友好关系》，《历史教学》1979 年第 1 期。

2136　步履：《汉唐时代中西交通概述》，《西北大学学报（哲学社会科学版）》1980 年第 2 期。

2137　夏鼐、丁钟华：《中世纪中国和拜占廷的关系》，《世界历史》1980 年第 4 期。

2138　张俊彦：《中古时期中国和阿拉伯的往来——兼论中国和阿曼的关系》，《北京大学学报（哲学社会科学版）》1981 年第 3 期。

2139　张铁伟：《"丝绸之路"与中国和伊朗历史上的友好交往》，《西亚非洲》1981 年第 4 期。

2140　吕昭义：《对西汉时中印交通的一点看法》，《南亚研究》1984 年第 2 期。

2141　周中坚：《扶南在古代中印关系中的地位》，《福建论坛（文史哲版）》1984 年第 5 期。

2142　马骏骐：《帖木儿帝国与明朝的关系》，《贵州师范大学学报（社科版）》1985 年第 4 期。

2143　刘爱兰：《汉唐时期中印交往通道》，《民族论坛》1986 年第 4 期。

2144　张铁伟：《中国和土耳其友好关系小史》，《西亚非洲》1987 年第 6 期。

2145　顾吉辰：《北宋时期中西交通考述——兼述吐蕃在中西交通史上的地位和作用》，《西藏研究》1989 年第 2 期。

2146　莫任南：《魏晋南北朝时期的中西交通》，《湖南师范大学社会科学学报》1989 年第 4 期。

2147　苏赫、田广林：《草原丝绸之路与辽代中西交通》，《昭乌达蒙族师专学报（哲学社会科学版）》1989 年第 4 期。

2148　姜伯勤：《敦煌与波斯》，《敦煌研究》1990 年第 3 期。

2149　朱昌利：《南方丝绸之路与中、印、缅经济文化交流》，《东南亚》1991 年第 3 期。

2150 朱江：《扬州、海上丝绸之路与阿拉伯》，《阿拉伯世界》1992 年第 2 期。

2151 吴长春、于霞：《元帝国与中西海上交通》，《历史教学》1992 年第 11 期。

2152 尤中：《古代中缅之间的经济文化交流》，《云南民族学院学报（哲学社会科学版）》1993 年第 3 期。

2153 李明伟：《阿里·法拉比时代的丝绸之路及中国与哈萨克人的经济文化交流》，《甘肃社会科学》1993 年第 5 期。

2154 纪宗安：《丝绸之路与中西经济文化交流》，《暨南学报（哲学社会科学）》1994 年第 3 期。

2155 于兰：《秦汉时期岭南越人与外界的交往》，《暨南学报（哲学社会科学）》1994 年第 4 期。

2156 侯灿：《略论东丝绸之路与日本九州》，《新疆师范大学学报（哲学社会科学版）》1995 年第 2 期。

2157 钱伯泉：《大食与辽朝的交往和耶律大石的西征——辽朝与喀喇汗王朝关系史探微》，《社会科学战线》1995 年第 2 期。

2158 周宝利：《东方丝绸之路与中朝日经济文化交流》，《辽宁丝绸》1995 年第 3 期。

2159 申旭：《汉唐时期川滇缅印之间的交往》，《云南社会科学》1996 年第 1 期。

2160 王平：《"安史之乱"对唐朝对外交通的影响》，《黔南民族师专学报》1996 年第 1 期。

2161 朱亚非：《从〈入唐求法巡礼行记〉看唐代山东的对外交往》，《文献》1996 年第 4 期。

2162 张国元、杨国庆：《东汉与罗马的首次交往》，《文史杂志》1996 年第 6 期。

2163 傅伯模：《唐以来我国浙江海上与阿拉伯的交往》，《阿拉伯世界》1997 年第 4 期。

2164 何跃：《试论中伊关系的开端》，《云南师范大学学报（哲学社会科学版）》1997 年第 5 期。

2165 钟伯清：《汉代以前的中西交通小识》，《中央民族大学学报》1997 年第 6 期。

2166 何跃：《唐宋元明时期的中国伊朗关系》，《云南教育学院学报》1997 年第 6 期。

2167 鲁人勇：《论西夏交通》，《固原师专学报》2001 年第 1 期。

2168 胡宏起：《汉代中国与中西亚诸国》，《南昌大学学报（人文社会科学版）》2001 年第 1 期。

2169 张绪山：《罗马帝国沿海路向东方的探索》，《史学月刊》2001 年第 1 期。

2170 姜伊凡：《明朝与帖木儿帝国关系史考略》，《济南教育学院学报》2001 年第 6 期。

2171 周智生：《中国云南与印度古代交流史述略（上）》，《南亚研究》2002 年第 1 期。

2172 韩香：《隋唐时期长安与中亚的交通》，《中国历史地理论丛》2002 年第 2 期。

2173 周智生：《中国云南与印度古代交流史述略（下）》，《南亚研究》2002 年第 2 期。

2174 陈频：《张骞凿空西域及东西方经济文化交流述论》，《乌鲁木齐职业大学学报（人文社会科学版）》2002 年第 4 期。

2175 徐黎丽：《蒙古帝国和元朝与金帐汗国的政治关系》，《西域研究》2002 年第 4 期。

2176 李荣建：《古代中国和阿拉伯的经济往来与文化交流》，《江汉论坛》2004 年第 1 期。

2177 田庆锋：《钦察汗国之疆域及其历史变迁——钦察汗国与蒙元时期之中西交通研究之一》，《喀什师范学院学报》2004 年第 4 期。

2178 鲜于浩、雷斌：《法国与丝绸之路》，《社会科学研究》2004 年第 4 期。

2179 荆克迪：《早期中外关系与丝绸之路》，《历史学习》2004 年第 12 期。

2180 刘卓：《哈烈国与明朝关系述略》，《西域研究》2006 年第 2 期。

2181 袁晓春：《海上丝绸之路与 14 世纪中韩航海交流——以蓬莱高丽古船为中心》，《当代韩国》2006 年第 3 期。

2182 石云涛：《北魏中西交通的开展》，《社会科学辑刊》2007 年第 1 期。

2183 张文德：《论明与中亚帖木儿王朝的关系》，《历史档案》2007 年第 1 期。

2184 杨富学、陈爱峰：《辽朝与大食帝国关系考论》，《河北大学学报（哲学社会科学版）》2007 年第 5 期。

2185 卢苇：《南海丝绸之路与东南亚》，《海交史研究》2008 年第 2 期。

2186 段渝：《中国西南早期对外交通——先秦两汉的南方丝绸之路》，《历史研究》2009 年第 1 期。

2187 邢利海：《明朝与中亚帖木儿王朝的交流——15 世纪陆上丝绸之路史的重要一页》，《考试周刊》2009 年第 1 期。

2188 王恩春：《试析别失八里与明朝的关系》，《昌吉学院学报》2009 年第 2 期。

2189 袁延胜：《悬泉汉简所见康居与西汉的关系》，《西域研究》2009 年第 2 期。

2190 王河江：《谈渤海国对日本交往的两个问题》，《佳木斯大学社会科学学报》2009 年第 3 期。

2191 石云涛：《南朝萧梁时中外互动关系述略》，《全球史评论》第三辑，北京：中国社会科学出版社，2010 年。

2192 陈玉霞、高芬：《古代海上丝绸之路与中外交流》，《兰台世界》2011 年第 5 期。

2193 谢晓丹：《从〈史记〉、〈汉书〉和〈后汉书〉探讨两汉时期中印交流》，《牡丹江师范学院学报（哲学社会科学版）》2011 年第 5 期。

2194 申瑞鹏：《中国与中亚交往的历史和现状》，《法制与社会》2011 年第 9 期。

2195 张云凤：《十四世纪明朝和帖木儿王朝交往》，《青年与社会：中外教育研究》2011 年第 11 期。

2196 王宏谋：《分庭抗礼与互纳质子——贵霜帝国与两汉关系的两条主线》，《黑龙江史志》2011 年第 21 期。

2197 于民：《丝绸之路与中外经济文化交流》，《兰台世界》2011 年第 28 期。

2198 郭小红：《古罗马向东方的探索与丝绸之路》，《首都师范大学学报（社会科学版）》2011 年增刊。

2199 黎虎：《汉代外交与"软实力"》，《文史哲》2012 年第 4 期。

2200 伞霁虹：《辽代草原丝绸之路上的中外交流》，《新课程学习（基础教育）》2012 年第 12 期。

2201 杨巨平：《两汉中印关系考——兼论丝路南道的开通》，《西域研究》2013 年第 4 期。

2202 覃静兰：《唐代中国与大食的多层次交往》，《文艺生活·文艺理论》2013 年第 6 期。

2203 董欣欣、张靖雷：《浅析秦代海上交通》，《湖北函授大学学报》2013 年第 7 期。

2204 姜波：《从泉州到锡兰山：明代中国与斯里兰卡的交往》，《学术月刊》2013 年第 7 期。

2205 吴昊天：《历史叙述中的中印交通史——〈后汉书〉、两唐书及〈大唐西域记〉中对于天竺记载的文本比较》，《学理论》2013 年第 22 期。

2206 段渝：《古代中印交通与中国丝绸西传》，《天府新论》2014 年第 1 期。

2207 潘勇勇、王晓霞：《洪武年间明朝与撒马尔罕的朝贡关系述论》，《伊犁师范学院学报（社科版）》2014 年第 1 期。

2208 黄齐：《海上丝绸之路上的中外印记》，《地图》2014 年第 5 期。

2209 冯玉雷：《通过丝绸之路，新罗与世界相通——韩国庆州考察记》，《丝绸之路》2014 年第 8 期。

2210 郑守一：《海上丝绸之路与韩半岛》，《丝绸之路》2014 年第 8 期。

2211 胡振华：《丝绸之路经济带背景下的民族文化交流——中国与土库曼斯坦国的历史交往》，《青海民族大学学报（社会科学版）》2015 年第 2 期。

2212 张德芳：《汉帝国在政治军事上对丝绸之路交通体系的支撑》，《甘肃社会科学》

2015 年第 2 期。

2213 郝树声：《汉简中的大宛和康居——丝绸之路与中西交往研究的新资料》，《中原文化研究》2015 年第 2 期。

2214 蔡薇、刘超、席龙飞：《海上丝绸之路上的中国帆船》，《海交史研究》2015 年第 2 期。

2215 黄英湖：《汉唐时期的丝绸之路及其对中西交往的影响》，《上海商学院学报》2015 年第 5 期。

2216 廉德瑰：《从海权博弈角度看日本对朝贡体制的挑战》，《日本学刊》2015 年第 6 期。

2217 欧阳哲生：《中西交通史上的"西方"概念之探源》，《史学月刊》2015 年第 9 期。

2218 梁二平：《古代日本与中国最初的海上交往》，《丝绸之路》2015 年第 9 期。

2219 余秋雨：《丝绸之路的核心目标就是经济文化交流》，《中国民族博览》2015 年第 18 期。

2220 路旭斌：《两汉时期欧洲人的中国印象及其成因探析——基于马克思交往理论的视角》，《学理论》2015 年第 23 期。

2221 厉声：《历史上哈萨克汗国与中国睦邻关系的回顾》，《伊犁师范学院学报（社科版）》2016 年第 1 期。

2222 赵卫宾：《清与哈萨克汗国的首次交往——兼议使臣满泰生平》，《西域研究》2016 年第 1 期。

2223 王开玺：《清代的中西交通及其特点与作用》，《晋阳学刊》2016 年第 6 期。

2224 王韵：《唐代南方丝绸之路上的中缅经济文化交流》，《中华文化论坛》2016 年第 8 期。

2225 于向东：《古代海洋史与南海合作——以中国与越南的比较为例》，《史学月刊》2016 年第 12 期。

2226 袁晓春：《海上丝绸之路与蓬莱高丽古船》，《中国港口》2016 年增刊第 1 期。

2227 魏志江、魏珊：《论宋丽海上丝绸之路与海洋文化交流》，《东疆学刊》2017 年第 1 期。

2228 徐黎丽：《通道地带理论——中国边疆治理理论初探》，《思想战线》2017 年第 2 期。

2229 李青：《考古发现所见早期丝绸之路中外交往史迹管窥》，《西北美术》2017 年第 3 期。

2230 古小松：《早期海上丝绸之路与中南半岛国家的建立》，《云南社会科学》2017

年第 3 期。

2231 容子：《哥德堡号中国之旅——中瑞"海上丝绸之路"史话》，《档案春秋》2017 年第 4 期。

2232 齐小艳：《早期索格底亚那与丝绸之路的开通》，《广西社会科学》2017 年第 4 期。

2233 朱建君：《海参之链："海上丝绸之路"上的中澳早期交通》，《学海》2017 年第 5 期。

2234 高克冰：《塞琉古王国与帕提亚王国及丝绸之路》，《内蒙古大学学报（哲学社会科学版）》2017 年第 6 期。

2235 安胜蓝：《以交河公主事迹为中心看唐与突骑施之关系》，《丝绸之路》2017 年第 10 期。

人员往来

2236 丁文：《"宋云行纪笺注"读后》，《学术月刊》1957 年第 4 期。

2237 杜斗城：《关于敦煌人宋云西行的几个问题》，《社会科学》1982 年第 2 期。

2238 陆庆夫：《论王玄策对中印交通的贡献》，《敦煌学辑刊》1984 年第 1 期。

2239 马曼丽：《宋云丝路之行初探》，《青海社会科学》1985 年第 4 期。

2240 陈连庆：《孙吴时期朱应、康泰的扶南之行》，《东北师大学报》1986 年第 4 期。

2241 陈崇凯：《华人华工与近代的中非关系》，《文史杂志》1990 年第 1 期。

2242 万明：《明初中西交通使者傅安出使略考》，《中国边疆史地研究导报》1990 年第 2 期。

2243 褚荣昌：《古代留居中国的阿拉伯人概况》，《阿拉伯世界》1990 年第 4 期。

2244 马兴东：《唐宋文献缺乏有关波斯大食人入滇记载的原因》，《思想战线》1991 年第 2 期。

2245 许永璋：《有关大秦国使者访华的几个问题》，《殷都学刊》1994 年第 3 期。

2246 艾周昌：《杜环非洲之行考辨》，《西亚非洲》1995 年第 3 期。

2247 郑山玉：《明代泉州人旅居东南亚的谱牒资料分析》，《华侨华人历史研究》1998 年第 1 期。

2248 彭援军：《古籍中的海外游记专著》，《旅游科学》1998 年第 2 期。

2249 德效骞、屈直敏：《古代中国一座罗马人的城市》，《敦煌学辑刊》2001 年第 2 期。

2250 王献军：《元代入居内地的藏族人》，《元史及民族与边疆研究集刊》2002 年第

1 期。

2251 张文德：《中亚帖木儿王朝的来华使臣》，《西域研究》2002 年第 2 期。

2252 中国第一历史档案馆：《晚清欧洲人在华游历史料》，《历史档案》2002 年第 4 期。

2253 张睿丽：《王延德出使高昌使命补证》，《西域研究》2003 年第 3 期。

2254 张文德：《15 世纪后期撒马儿罕使臣海路来华与明廷的反应》，《西域研究》2003 年第 4 期。

2255 王继光：《陈诚西使及洪永之际明与帖木儿帝国的关系》，《西域研究》2004 年第 1 期。

2256 张文德：《明与中亚帖木儿帝国的礼仪往来》，《西域研究》2005 年第 3 期。

2257 蒋岱：《〈利玛窦中国札记〉与〈马可·波罗行记〉的跨文化想象的异同——两个意大利人的文本的中国形象的比较》，《东方丛刊》第四期，桂林：广西师范大学出版社，2006 年。

2258 马建春：《元代居留江浙行省的西域人》，《社会科学》2006 年第 3 期。

2259 尹磊：《从行记作品看欧亚大陆文明传统——对 15 世纪初外交使节记录的比较研究》，《西域研究》2006 年第 3 期。

2260 王子今：《论西汉北边"亡人越塞"现象》，《暨南史学》第 5 辑，广州：暨南大学出版社，2007 年。

2261 陆芸：《从海南、泉州穆斯林的流动看中国与东南亚的伊斯兰联系》，《西北民族大学学报（哲学社会科学版）》2009 年第 4 期。

2262 耿昇：《考察草原丝绸之路的法国人》，《北方民族大学学报（哲学社会科学版）》2009 年第 6 期。

2263 郭永琴：《法显与中国古代中西交通》，《五台山研究》2010 年第 3 期。

2264 李宗俊：《唐敕使王玄策使印度事迹新探》，《西域研究》2010 年第 4 期。

2265 刘凤鸣：《押新罗渤海两蕃使与东方海上丝绸之路的繁荣》，《鲁东大学学报（哲学社会科学版）》2010 年第 5 期。

2266 韩华：《蒙元时期传教士与中西交通》，《西南民族大学学报（人文社科版）》2010 年第 10 期。

2267 刘迎胜：《郑和船队锡兰山之战史料研究——中国海军的首次大规模远洋登陆作战》，《元史及民族与边疆研究集刊》第 23 辑，上海：上海古籍出版社，2011 年。

2268 李光斌：《伊本·白图泰东游与海文化》，《暨南史学》第 7 辑，桂林：广西师范大学出版社，2012 年。

2269 覃主元：《先秦时期岭南越人的航海活动与对外交通》，《海南师范大学学报（社会科学版）》2012 年第 3 期。

2270 韩香：《两汉时期中亚人的东来及活动》，《西北民族论丛》第 9 辑，北京：中国社会科学出版社，2013 年。

2271 张文德：《明代来华西域人的归附与明廷的安置》，《元史及民族与边疆研究集刊》第 26 辑，上海：上海古籍出版社，2013 年。

2272 王永平：《王玄策使印与天竺幻术在唐朝的传播》，《河北学刊》2013 年第 6 期。

2273 尼古拉斯·辛姆斯-威廉姆斯、毕波：《中国和印度的粟特商人》，《西北民族论丛》第 10 辑，北京：中国社会科学出版社，2014 年。

2274 彭晓燕、邱轶皓：《察合台汗国的外交与遣使实践初探》，《西域研究》2014 年第 2 期。

2275 周妍、任继昉：《"张骞乘槎"典故研究》，《长春师范学院学报（人文社会科学版）》2014 年第 3 期。

2276 张文德：《明代天方国使臣来华考——兼议明人对天方国的认识》，《西域研究》2015 年第 4 期。

2277 曾少聪：《我国海路与陆路的海外移民——以福建和云南的海外移民为中心》，《世界民族》2015 年第 6 期。

2278 李海英：《唐朝与新罗的海上通路与文化交流——以留学生、佛僧为例》，《通化师范学院学报》2015 年第 9 期。

2279 王文利：《从〈沙哈鲁遣使中国记〉看明朝对王朝使臣帖木儿的接待》，《兰台世界》2015 年第 26 期。

2280 刘永连、刘家兴：《唐代漂流人与东亚海域》，《国家航海》第 14 辑，上海：上海古籍出版社，2016 年。

2281 韩香：《唐朝境内的波斯人及其活动》，《中国边疆学》第 5 辑，北京：社会科学文献出版社，2016 年。

2282 李国泰、李涯：《"丝绸之路"印度洋上的客家人——以印度加尔各答的客家人为例》，《客家文博》2016 年第 2 期。

2283 滕宇鹏、刘恒武：《明代日本、朝鲜的中国认知——以策彦周良、崔溥为中心的考察》，《当代韩国》2016 年第 3 期。

2284 陈琮渊：《海外福州人的社会资本与创业发展——马来西亚个案探析》，《闽江学院学报》2016 年第 3 期。

2285 汪汉利：《从〈苏莱曼东游记〉看唐朝与阿拉伯的海上丝路》，《回族研究》2016 年第 3 期。

2286 张远：《古代丝绸之路上的中印交流——以唐初六次遣使时间及唐使官阶为重心的回顾》，《甘肃社会科学》2016 年第 5 期。

2287 陆芸：《海上丝绸之路与移民——兼论中国历代政府对中外移民的管理》，《学术探索》2016 年第 6 期。

2288 肖文评、王濯巾、钟敏丽：《民国时期新加坡大埔人与原乡互动研究——以吴深才〈账本〉和吴发祥〈日记交易〉为例》，《嘉应学院学报》2016 年第 7 期。

2289 庄国土：《海上丝绸之路与中国海外移民》，《人民论坛》2016 年第 8 期。

2290 张唐彪：《论古代丝绸之路行旅商贾的新闻传播》，《新闻界》2016 年第 8 期。

2291 钱允凤：《从"一带一路"发展战略看甘英出使大秦的历史贡献》，《文学教育（上）》2016 年第 10 期。

2292 胡成霞：《丝绸之路河南道西线上的旅行者》，《青海师范大学民族师范学院学报》2017 年第 2 期。

2293 郑自海：《古苏禄国及苏禄国王访华有关问题考述》，《丝绸之路》2017 年第 6 期。

2294 马启亮：《16 世纪以前南海丝绸之路上的通使活动》，《世界海运》2017 年第 9 期。

2295 金楠：《边疆安全视野下的汉唐"丝绸之路"的出入境与人口管理研究》，《丝路视野》2017 年第 12 期。

2296 郭善兵：《曹魏与邪马台国始通使年再考辩》，《西华师范大学学报（哲学社会科学版）》2018 年第 1 期。

贸易往来

2297 乌廷玉：《隋唐时期的国际贸易》，《历史教学》1957 年第 2 期。

2298 徐规、周梦江：《宋代两浙的海外贸易》，《杭州大学学报（哲学社会科学版）》1979 年增刊第 1 期。

2299 陈茜：《云南对外贸易的历史概述》，《思想战线》1980 年第 3 期。

2300 余家栋：《宋元明时期江西古外销瓷初探》，《江西历史文物》1981 年第 3 期。

2301 林树建：《唐五代浙江的海外贸易》，《浙江学刊》1981 年第 4 期。

2302 冯先铭：《元以前我国瓷器销行亚洲的考察》，《文物》1981 年第 6 期。

2303 孔祥星：《唐代"丝绸之路"上的纺织品贸易中心西州——吐鲁番文书研究》，《文物》1982 年第 4 期。

2304 陈炎：《古代浙江在海上"丝绸之路"中的地位——兼论浙江历代的海外丝绸

贸易》,《杭州商学院学报》1982 年第 4 期。

2305 郑炳山：《略谈我国古代陶瓷器在国外畅销的情况与原因》,《福建论坛》1982 年第 5 期。

2306 刘曼春：《丝绸之路上的丝绸贸易》,《丝绸》1982 年第 7 期。

2307 忻鼎新、高汉玉：《明州港的丝绸外贸与技术交流》,《海交史研究》1982 年。

2308 何崇恩：《宋代外贸小议》,《湘潭大学社会科学学报》1983 年第 3 期。

2309 常青：《中、印两国贸易往来源远流长》,《国际贸易》1983 年第 7 期。

2310 雷学华：《略述唐朝对西域的商业贸易管理》,《敦煌学辑刊》1983 年。

2311 沈富腾：《源远流长的我国与伊拉克的经济往来》,《阿拉伯世界》1984 年第 1 期。

2312 叶文程：《宋元时期我国陶瓷器的对外贸易》,《中国社会经济史研究》1984 年第 2 期。

2313 蔡渭洲、谢咸铠：《唐宋元明的沿海海关——市舶司——我国海关史话之三》,《国际贸易》1984 年第 2 期。

2314 姜培玉：《青岛对外贸易渊源初探》,《国际贸易》1984 年第 7 期。

2315 叶文程：《宋元时期中国东南沿海地区陶瓷的外销》,《海交史研究》1984 年。

2316 吴能远：《中国与东南亚各国经济交流史话》,《国际经济合作》1985 年第 1 期。

2317 苏垂昌：《唐五代中国古陶瓷的输出》,《厦门大学学报（哲学社会科学版）》1986 年第 2 期。

2318 雷学华：《唐代中原与西域间的商业贸易关系》,《中南民族学院学报（社会科学版）》1986 年第 3 期。

2319 陈茜：《云南外贸史略述》,《国际贸易》1986 年第 6 期。

2320 王熹、林永匡：《清代新疆的丝绸贸易》,《新疆社会科学》1986 年第 6 期。

2321 陈坚红：《关于唐代广州港年外舶数及外商人数之质疑》,《海交史研究》1987 年第 2 期。

2322 李明伟：《中国历史上的贸易之路》,《兰州商学院学报》1987 年第 3 期。

2323 程牧：《清代西北城市的外贸与洋行》,《兰州学刊》1987 年第 3 期。

2324 和晔：《明朝与瓦剌"贡赐"贸易中的回回——回回民族研究之五》,《内蒙古社会科学（文史哲版）》1987 年第 5 期。

2325 于留纪：《元代的对外贸易》,《史学月刊》1987 年第 6 期。

2326 杜石然：《宋元算书中的市舶贸易算题》,《海交史研究》1988 年第 1 期。

2327 马志冰：《魏晋南北朝时期西域与中原的贸易往来》,《新疆社会科学》1988 年第 3 期。

2328 王郁风：《"丝绸之路"与我国茶叶早期对外贸易》，《茶叶》1988年第3期。

2329 蒋致洁：《丝路贸易与海路贸易关系试探》，《兰州商学院学报》1989年第1期。

2330 李明伟：《中国历史上的贸易之路》，《开发研究》1989年第1期。

2331 蒋致洁：《试论丝绸之路贸易的衰落》，《兰州学刊》1989年第2期。

2332 约翰·罗克斯著，杨淑美译：《中国商船开辟了丝绸之路》，《海交史研究》1989年第2期。

2333 徐素琴：《试论唐代的"兴胡之旅"》，《广东社会科学》1989年第4期。

2334 赫树权：《古代外贸的通道——丝绸之路》，《商业研究》1989年第12期。

2335 李明伟：《十九世纪以前的西北边贸传统》，《兰州商学院学报》1989年增刊第1期。

2336 余家栋：《略谈宋、元、明江西瓷器的外销及其它》，《景德镇陶瓷》1990年第2期。

2337 冯先铭：《中国古陶瓷的对外传播》，《故宫博物院院刊》1990年第2期。

2338 叶文程：《元以后景德镇青花瓷器的外销》，《景德镇陶瓷》1990年第3期。

2339 李明伟：《贸易路上的西北商镇》，《兰州商学院学报》1990年第4期。

2340 蓝勇：《唐宋南方陆上"丝绸之路"的转输贸易》，《中国社会经济史研究》1990年第4期。

2341 李明伟：《贸易路上的西北商镇》，《敦煌研究》1991年第1期。

2342 和晔：《明代丝路贸易中的回回》，《中央民族学院学报》1991年第1期。

2343 俞德华：《古代桂东南沿海地区对外贸易的历史回顾及其启示》，《社会科学探索》1991年第2期。

2344 陈炳应：《西夏的丝路贸易与钱币法》，《中国钱币》1991年第3期。

2345 魏明孔：《隋代河西地区的民族贸易与"张掖互市"》，《社科纵横》1991年第4期。

2346 林梅村：《公元100年罗马商团的中国之行》，《中国社会科学》1991年第4期。

2347 杨仁飞：《明清之际澳门海上丝路贸易述略》，《中国社会经济史研究》1992年第1期。

2348 甘叔：《南海神庙——海上交通贸易的历史见证》，《岭南文史》1992年第1期。

2349 王翔：《对外贸易与中国丝绸业的近代化》，《安徽师大学报（哲学社会科学版）》1992年第1期。

2350 李传印：《宋代发展海上贸易的政策措施》，《安庆师院社会学科学报》1992年第3期。

2351 齐陈骏：《对古丝路上贸易的估价》，《兰州商学院学报》1992年第3期。

2352 尹元超:《十字军东征、蒙古军西征与东西方贸易》,《武汉大学学报(社会科学版)》1992 年第 5 期。

2353 林梅村:《粟特文买婢契与丝绸之路上的女奴贸易》,《文物》1992 年第 9 期。

2354 蒋致洁:《简论古丝绸之路上贡赐交往中的经贸意义和作用》,《北京商学院学报》1993 年第 2 期。

2355 蓝勇:《南方丝绸之路的丝绸贸易研究》,《四川师范大学学报(社会科学版)》1993 年第 2 期。

2356 傅朝云:《东方丝路的反馈贸易》,《东南文化》1993 年第 2 期。

2357 蓝勇:《明清西南丝路国际贸易研究》,《西南民族学院学报(哲学社会科学版)》1993 年第 3 期。

2358 郭培忠:《丝绸之路 友谊之路——古代广东的海外交通和贸易》,《中国典籍与文化》1993 年第 4 期。

2359 杨共乐:《谁是第一批来华经商的西方人》,《世界历史》1993 年第 4 期。

2360 申旭:《历史上云南和泰国之间的交通贸易》,《思想战线》1994 年第 1 期。

2361 李炳东:《广西对外贸易的历史概述》,《广西社会科学》1994 年第 1 期。

2362 郭应德:《唐代中阿经济关系》,《阿拉伯世界》1994 年第 2 期。

2363 王尚达:《唐代中原与西域之间的贡赐贸易管窥》,《社科纵横》1994 年第 2 期。

2364 陈爱珠:《魏晋南北朝时期丝绸贸易路的发展》,《兰州商学院学报》1994 年第 2 期。

2365 杨俊广、刘洪林:《郑和远航与古代太平洋半环贸易网》,《濮阳教育研究》1994 年第 3 期。

2366 李峰:《唃厮啰的交换贸易及货币形态》,《中国藏学》1994 年第 3 期。

2367 刘文龙:《马尼拉帆船贸易——太平洋丝绸之路》,《复旦学报(社会科学版)》1994 年第 5 期。

2368 陈克志、王麟:《试论"唐蕃古道"及其唐蕃货币贸易情况》,《青海金融》1994 年第 12 期。

2369 王春城:《从陆路交通管窥明代瓷器的外销》,《首都博物馆丛刊》第 10 辑,北京:国家图书馆出版社,1995 年。

2370 介永强:《唐代的外商》,《晋阳学刊》1995 年第 1 期。

2371 析侠:《陆上丝绸之路与汉唐边贸事业》,《郑州大学学报(哲学社会科学版)》1995 年第 2 期。

2372 张学君:《南方丝绸之路上的食盐贸易》,《盐业史研究》1995 年第 4 期。

2373 郑国珍:《中琉历史商贸交往在"海上丝绸之路"中的地位与作用》,《海交史研究》1996 年第 2 期。

2374 李明伟：《丝绸之路与历史上的西北贸易》，《传统文化与现代化》1996 年第 6 期。

2375 许永璋：《大秦商人秦论来华若干问题探讨》，《北大史学》第 2 辑，北京：北京大学出版社，1997 年。

2376 蒋致洁：《丝绸之路与古代西北民族贸易》，《兰州商学院学报》1997 年第 1 期。

2377 杨共乐：《"丝绸之路"研究中的几个问题——与〈公元 100 年罗马商团的中国之行〉一文作者商榷》，《北京师范大学学报（社会科学版）》1997 年第 1 期。

2378 郭亚非、王菊映：《云南与东南亚各国的早期经济交往》，《云南师范大学学报（哲学社会科学版）》1997 年第 2 期。

2379 杨富学：《明代陆路丝绸之路及其贸易》，《中国边疆史地研究》1997 年第 2 期。

2380 张学君：《南方丝绸之路上的食盐贸易（续篇）》，《盐业史研究》1997 年第 3 期。

2381 李玉昆：《宋元时期泉州的香料贸易》，《海交史研究》1998 年第 1 期。

2382 田澍：《明代甘肃镇与西域朝贡贸易》，《中国边疆史地研究》1999 年第 1 期。

2383 陈劼：《历史上中国与印度的商贸关系》，《南亚研究季刊》1999 年第 4 期。

2384 陈小锦：《明清时期澳门在中西贸易中的地位》，《广西师范学院学报（哲学社会科学版）》2001 年第 2 期。

2385 李金明：《联系中国与拉美贸易的"海上丝绸之路"》，《海交史研究》2001 年第 2 期。

2386 宋晓梅：《都官文书中的藏钱与高昌对外贸易中的几个问题》，《西域研究》2001 年第 4 期。

2387 毛铿祖：《广东丝绸生产、贸易与"海上丝绸之路"》，《广东蚕业》2001 年第 4 期。

2388 李登峰：《简论明清时期广东对外丝绸贸易》，《五邑大学学报（社会科学版）》2002 年第 1 期。

2389 朱鹏：《浅议唐代广东的海上丝绸贸易》，《五邑大学学报（社会科学版）》2003 年第 1 期。

2390 苏振兴：《略谈中外经济文化交流中的陶瓷》，《康定民族师范高等专科学校学报》2003 年第 2 期。

2391 杨蕤：《北宋时期陆上丝路贸易初探》，《西域研究》2003 年第 3 期。

2392 薛平拴：《论隋唐长安的商人》，《陕西师范大学学报（哲学社会科学版）》2004 年第 2 期。

2393　张绪山：《关于"公元100年罗马商团到达中国"问题的一点思考》，《世界历史》2004年第2期。

2394　丁明俊：《明朝与中亚穆斯林贡贸关系探析》，《西北第二民族学院学报（哲学社会科学版）》2004年第2期。

2395　陈永华：《两宋时期中国与东南亚的贸易》，《东南亚纵横》2004年第5期。

2396　张绪山：《六七世纪拜占庭帝国对中国的丝绸贸易活动及其历史见证》，《北大史学》第11辑，北京：北京大学出版社，2005年。

2397　刘艳霞：《唃厮啰政权在11世纪中外贸易中的角色》，《西藏研究》2005年第1期。

2398　庄景辉、李海宁：《泉州古外销陶瓷研究刍议》，《南方文物》2005年第3期。

2399　柳岳武：《乾隆朝清准贸易研究》，《新疆社科论坛》2005年第3期。

2400　江凌、乔晶：《中国丝绸对外贸易发展的历史分析》，《重庆工商大学学报（社会科学版）》2005年第4期。

2401　温翠芳：《唐代长安西市中的胡姬与丝绸之路上的女奴贸易》，《西域研究》2006年第2期。

2402　屠恒贤、张实：《商周时期丝绸的外传》，《东华大学学报（社会科学版）》2006年第2期。

2403　宋建良：《古罗马的海上丝绸贸易之路》，《陕西教育学院学报》2006年第3期。

2404　高红梅：《唐以前中阿贸易关系概述》，《西北第二民族学院学报（哲学社会科学版）》2006年第3期。

2405　李瑞哲：《入华粟特人商业活动的特点浅析》，《藏学学刊》第3辑，成都：四川大学出版社，2007年。

2406　施新荣：《明代哈密与中原地区的经济交往——以贡赐贸易为中心》，《西域研究》2007年第1期。

2407　陈立立：《远洋陶瓷贸易与番薯的引种》，《农业考古》2007年第3期。

2408　殷晴：《唐代西域的丝路贸易与西州商品经济的繁盛》，《新疆社会科学（汉文版）》2007年第3期。

2409　毛民：《早期粟特商人与海上丝绸之路》，《广州文博》第二期，北京：文物出版社，2008年。

2410　梁子：《乳香之路——唐宋香料贸易》，《乾陵文化研究》，西安：三秦出版社，2008年。

2411　李文博：《试论明代西域商队的贸易风险》，《新疆教育学院学报》2008年第1期。

2412 林梅村:《于阗花马考——兼论北宋与于阗之间的绢马贸易》,《西域研究》2008 年第 2 期。

2413 郭友亮:《论唐代外国商人来华贸易的原因及影响》,《商丘职业技术学院学报》2008 年第 3 期。

2414 祁美琴、李立璞:《明后期清前期长城沿线民族贸易市场的生长及其变化》,《西域研究》2008 年第 3 期。

2415 王华:《非洲古代纺织业与中非丝绸贸易》,《丝绸》2008 年第 9 期。

2416 赵莹波:《宋日贸易再考——海上丝绸之路东亚贸易圈的形成》,《河南社会科学》2009 年第 1 期。

2417 陈爱峰、杨富学:《西夏与回鹘贸易关系考》,《兰州学刊》2009 年第 1 期。

2418 杨瑾:《于阗与北宋王朝的乳香贸易及其影响》,《新疆师范大学学报（哲学社会科学版）》2009 年第 1 期。

2419 牛鸿斌:《中国云南与印度经济关系的历史》,《东南亚南亚研究》2009 年第 2 期。

2420 陈爱峰、杨富学:《西夏与回鹘贸易关系考》,《敦煌研究》2009 年第 2 期。

2421 金炳堇:《新安船装载的紫檀木和国际贸易》,《海交史研究》2009 年第 2 期。

2422 李瑞哲:《试论胡商在丝绸之路上的活动以及中原王朝对待胡商的政策》,《敦煌学辑刊》2009 年第 2 期。

2423 李瑞哲:《古代丝绸之路商队的活动特点分析》,《兰州大学学报（社会科学版）》2009 年第 3 期。

2424 杨蕤:《宋代陆上丝绸之路贸易三论》,《新疆大学学报（哲学·人文社会科学版）》2009 年第 5 期。

2425 乔瑞:《中世纪商贸之国可萨汗国的兴衰》,《内蒙古农业大学学报（社会科学版）》2009 年第 6 期。

2426 张海博:《郑和与海上丝瓷贸易》,《丝绸之路》2009 年第 12 期。

2427 高春平:《晋商与中俄恰克图茶叶贸易——纪念伟大的茶叶之路》,《全球史评论》第三辑, 北京: 中国社会科学出版社, 2010 年。

2428 温翠芳:《中古时代丝绸之路上的香药贸易中介商研究》,《唐史论丛》第 12 辑, 西安: 三秦出版社, 2010 年。

2429 冯敏:《固原境内的丝路贸易》,《宁夏师范学院学报》2010 年第 4 期。

2430 刘正刚、何横松:《海洋贸易与清代粤北经济的变化》,《学术研究》2010 年第 6 期。

2431 黄晓宏:《浅谈宋元时期海上丝绸之路陶瓷贸易》,《丝绸之路》2010 年第 14 期。

2432 程旭：《朝贡·贸易·战争·礼物——何家村唐代金银器再解读》，《文博》2011年第1期。

2433 朱昭华：《试论曾纪泽的中俄陆路通商交涉》，《西域研究》2011年第2期。

2434 许永璋：《宋代中国对非贸易探讨》，《黄河科技大学学报》2011年第2期。

2435 冯立军、夏福顺：《略述清代以前中国与柬埔寨的香药贸易》，《南洋问题研究》2011年第2期。

2436 冯敏：《隋唐时期丝绸之路贸易管理政策析论》，《青岛大学师范学院学报》2011年第2期。

2437 朱卫：《1919—1929年拉达克与中国新疆、西藏的贸易》，《西域研究》2011年第4期。

2438 侯凌静：《从晚唐五代敦煌商业贸易结构看敦煌的衰落》，《文史博览：理论》2011年第10期。

2439 林梅村：《澳门开埠以前葡萄牙人的东方贸易——15—16世纪景德镇青花瓷外销调查之二》，《文物》2011年第12期。

2440 乔予：《中国式的大航海时代——关于北宋商贸之路的研究》，《中国商贸》2011年第34期。

2441 张文德：《明代西域朝贡贸易家族的兴衰——以写亦虎仙家族为例》，《学海》2012年第1期。

2442 杨洁：《中古丝路绿洲城镇的贸易活动：中转与经营》，《社科纵横》2012年第1期。

2443 张永坚：《中国国际物流之源考》，《世界海运》2012年第3期。

2444 张继军：《双屿港与十六世纪全球贸易圈的关系研究》，《浙江学刊》2012年第4期。

2445 何志标、吕锡鹏：《中国瓷器外销与"海上瓷器之路"发展的历史轨迹》，《武汉船舶职业技术学院学报》2012年第5期。

2446 程民生：《〈清明上河图〉中的驼队是胡商吗——兼谈宋朝境内骆驼的分布》，《历史研究》2012年第5期。

2447 许戈：《浅谈丝绸之路上的商人》，《南北桥》2012年第7期。

2448 李庆新：《南宋海外贸易中的外销瓷、钱币、金属制品及其他问题——基于"南海Ⅰ号"沉船出水遗物的初步考察》，《学术月刊》2012年第9期。

2449 王元：《丝绸之路和海上贸易》，《各界》2012年第12期。

2450 周湘东：《从"南海一号"出水瓷器看古代海外贸易瓷器的生产变迁》，《丝绸之路》2012年第14期。

2451 刘静：《古代丝绸之路的商品流通》，《兰台世界》2012年第16期。

2452 王东：《五代宋初党项马贸易与西北政治格局关系探析》，《丝绸之路》2012年第20期。

2453 李瑞哲：《古代丝绸之路胡商的主要交易品浅析》，《西部考古》第7辑，西安：三秦出版社，2013年。

2454 于倩、陈果：《中国古代西北丝绸之路贸易兴衰的经济学探讨》，《丝绸之路》2013年第2期。

2455 宋佳柏：《宋代中阿海上贸易繁荣原因探析》，《黑龙江科技信息》2013年第3期。

2456 田若虹：《江门海上丝绸之路与商泊贸易》，《五邑大学学报（社会科学版）》2013年第4期。

2457 张爽：《5—6世纪欧亚大陆的政治联系与丝绸贸易——以嚈哒帝国为中心》，《社会科学战线》2013年第4期。

2458 倪立保：《"马绢贸易"与"丝绸之路"的繁荣》，《新疆社科论坛》2013年第6期。

2459 于倩、周骁腾：《古丝绸之路贸易规律探析》，《时代经贸》2013年第9期。

2460 付君：《清代鸦片战争前宁波港对外贸易述评》，《黑龙江史志》2013年第23期。

2461 李德霞：《明末清初中外海上丝绸贸易及其影响》，《国家航海》第8辑，上海：上海古籍出版社，2014年。

2462 邵艳平：《宋日贸易与海上丝绸之路》，《兰州学刊》2014年第1期。

2463 韩香：《魏晋南北朝时期西域贾胡在丝路沿线的活动》，《西域研究》2014年第1期。

2464 王建荣、冯卫英：《探索海上丝绸之路与中国茶的传播》，《农业考古》2014年第2期。

2465 李博：《"东游记"——中俄早期茶叶贸易探析》，《农业考古》2014年第2期。

2466 苏惠萍：《敦煌粟特人的丝路贸易》，《寻根》2014年第2期。

2467 杨林坤：《论明朝西域朝贡贸易政策的得失》，《中南民族大学学报（人文社会科学版）》2014年第2期。

2468 冯敏：《唐代丝路上的胡商商队》，《西夏研究》2014年第2期。

2469 李德霞：《明末清初中外海上丝绸贸易及其影响》，《国家航海》2014年第3期。

2470 陆芸：《唐宋时期留居广州的外国穆斯林商人》，《西北民族大学学报（哲学社会科学版）》2014年第4期。

▶ 丝绸之路研究论文目录

2471 郭卫东：《丝绸、茶叶、棉花：中国外贸商品的历史性易代——兼论丝绸之路衰落与变迁的内在原因》，《北京大学学报（哲学社会科学版）》2014年第4期。

2472 邵艳平、宿久高：《〈平家物语〉中的"宋日贸易"》，《日语学习与研究》2014年第5期。

2473 徐堇：《古代海上丝绸之路对中国港口经济的影响》，《企业导报》2014年第7期。

2474 孙玉琴：《汉唐时期丝绸之路贸易的历史经验及其现实启示》，《国际贸易》2014年第8期。

2475 汪根基、黄晋祥：《唐代与阿拉伯地区的商贸交往述论》，《赤峰学院学报（自然科学版）》2014年第13期。

2476 李彩霞：《清代海南对外贸易的兴衰转变》，《兰台世界》2014年第22期。

2477 沙吾提·帕万：《喀喇汗王朝的外贸研究》，《黑龙江史志》2015年第1期。

2478 崔策：《泉州与广东的古代海外交通贸易》，《广东造船》2015年第1期。

2479 姚三刚：《安史之乱后唐与回鹘绢马贸易之互动影响》，《和田师范专科学校学报》2015年第2期。

2480 刘莉：《宋代明州与高丽海外贸易发展因素分析研究》，《中共宁波市委党校学报》2015年第2期。

2481 孟巍坚：《"丝绸之路"的开辟对我国古代世界贸易的促进》，《漯河职业技术学院学报》2015年第3期。

2482 陈东杰、可里：《茶叶与丝绸：浅议茶叶在清哈贸易缺失之因（1757—1795）》，《湖北民族学院学报（哲学社会科学版）》2015年第3期。

2483 孙立祥、许宁宁：《中日丝绸业的逆转与东海丝路的兴衰》，《华中师范大学学报（人文社会科学版）》2015年第3期。

2484 贺圣达：《17—18世纪的荷兰—印尼—中国贸易与多元文化交流》，《广西师范大学学报（哲学社会科学版）》2015年第4期。

2485 杜珊珊：《浅论金夏间的贡榷贸易》，《新西部（下旬刊）》2015年第4期。

2486 俞如先：《清前期政府海外贸易政策的调整与影响——以清代闽西四堡邹姓族商为视角》，《龙岩学院学报》2015年第4期。

2487 吴二持：《海上丝绸之路：清代潮人的海上贸易》，《韩山师范学院学报》2015年第5期。

2488 丁文：《中国古代茶叶经济与丝绸之路》，《楚雄师范学院学报》2015年第5期。

2489 全毅、林裳：《漳州月港与大帆船贸易时代的中国海上丝绸之路》，《福建行政学院学报》2015年第6期。

2490 邓贝：《中国古代的贸易瓷及其外销》，《赤子》2015年第9期。

2491 申友良、申东宁：《西汉时期徐闻古港的对外贸易》，《南方论刊》2015年第9期。

2492 李世佳：《试论广西汉代"海上丝绸之路"经济带的形成与范围》，《钦州学院学报》2015年第10期。

2493 孙先民：《论古代丝绸之路贸易维持体系》，《学术交流》2015年第11期。

2494 梁二平：《唐宋市舶、阿拉伯与中国的海上商圈》，《丝绸之路》2015年第17期。

2495 侯凌静：《明代肃州地区商业贸易特点初探》，《雪莲》2015年第18期。

2496 李阳：《宋代海外贸易与传统对外经济模式的转型》，《环球人文地理》2015年第20期。

2497 关海萍：《探究朝贡贸易政策对古代河西商业贸易的影响》，《才智》2015年第22期。

2498 杨磊、孟楠：《唐代西域胡商在内地的活动及其管理启示》，《兰台世界》2015年第24期。

2499 袁晓春、张俊杰：《海上丝绸之路朝鲜史料中的山东海商》，《朝鲜·韩国历史研究》第17辑，延吉：延安人民出版社，2016年。

2500 李瑞哲：《古代丝绸之路商队的运营方式》，《陕西历史博物馆馆刊》，西安：三秦出版社，2016年。

2501 范明三：《关于中国丝绸外贸史的一些研究》，《文化遗产研究》第7辑，成都：四川大学出版社，2016年。

2502 罗帅：《贵霜帝国的贸易扩张及其三系国际贸易网络》，《北京大学学报（哲学社会科学版）》2016年第1期。

2503 安北江：《北宋朝贡贸易中的于阗社会经济》，《和田师范专科学校学报》2016年第2期。

2504 李建华：《两宋时期杭州丝绸对外贸易情况探究》，《蚕桑通报》2016年第2期。

2505 陆韧、苏月秋：《宋代海上丝绸之路广西口岸发展与西南地区的交通贸易》，《长安大学学报（社会科学版）》2016年第2期。

2506 张晓东：《明清时期的上海地区与海上丝绸之路贸易活动——兼论丝路贸易和殖民贸易的兴替》，《史林》2016年第2期。

2507 尹飞：《明初官营茶马贸易兴盛的原因》，《长春师范大学学报（人文社会科学版）》2016年第3期。

2508 孙先知：《南方丝绸之路上的文化技艺交流和丝绸盐茶贸易（上）》，《四川蚕业》2016 年第 3 期。

2509　申友良：《宋代雷州港的对外贸易研究》，《社科纵横》2016 年第 3 期。

2510　张海英：《14—18 世纪中朝民间贸易与商人》，《社会科学》2016 年第 3 期。

2511　刘少明：《五口通商至清末时期福州港茶叶贸易变迁与启示》，《海关与经贸研究》2016 年第 3 期。

2512　李瑞哲：《古代丝绸之路商队运营面临的危险以及应对措施》，《敦煌学辑刊》2016 年第 3 期。

2513　严错：《18 世纪中法海上丝绸之路的航运及贸易》，《甘肃社会科学》2016 年第 3 期。

2514　方李莉：《丝绸之路上的中国瓷器贸易与世界文明再生产》，《云南师范大学学报（哲学社会科学版）》2016 年第 4 期。

2515　孙先知：《南方丝绸之路上的文化技艺交流和丝绸盐茶贸易（下）》，《四川蚕业》2016 年第 4 期。

2516　李海英：《张保皋商团与 9 世纪东亚海上丝绸之路——以〈入唐求法巡礼行记〉为例》，《哈尔滨学院学报》2016 年第 4 期。

2517　袁晓春：《〈备边司誊录〉中的山东海商与海船》，《国家航海》2016 年第 4 期。

2518　邹一清：《南方丝绸之路对外贸易的研究及展望》，《中国史研究动态》2016 年第 4 期。

2519　李敏：《闽西客家古陶瓷的外销考析》，《雕塑》2016 年第 5 期。

2520　谢贵安：《清代阿克苏在新疆丝绸之路上的商贸活动初探——以〈清实录〉记载为线索》，《西部学刊》2016 年第 5 期。

2521　黄晖菲：《略论市舶司制度及其对宋元时期泉州海外贸易之影响》，《泉州师范学院学报》2016 年第 5 期。

2522　刘昌玉：《麦鲁哈与上古印度洋—波斯湾海上贸易》，《浙江师范大学学报（社会科学版）》2016 年第 5 期。

2523　邢莉：《清代中期中蒙俄茶叶贸易及价值解构》，《内蒙古社会科学》2016 年第 5 期。

2524　刘未：《中国东南沿海及东南亚地区沉船所见宋元贸易陶瓷》，《考古与文物》2016 年第 6 期。

2525　庄礼伟：《年鉴学派与世界体系理论视角下东南亚的"贸易时代"》，《东南亚研究》2016 年第 6 期。

2526　燕海鸣：《互惠互利的远航海上丝绸之路上的中外货物交流》，《世界遗产》2016 年第 6 期。

2527 赵莹波：《浅析唐宋元时期东南沿海与日本肥前国的海上交通和贸易》，《史林》2016年第6期。

2528 张晓刚、刘钦：《锁国时期广州港口海外贸易输入品结构考述——以白银、香料及米粮为中心》，《社会科学》2016年第9期。

2529 李志鹏：《丝路贸易中的实物货币流通研究——以"敦煌吐鲁番文书、佉卢文文书"为线索》，《甘肃金融》2016年第10期。

2530 姜辉：《唐代沿丝绸之路药材贸易情况研究的方向和意义》，《新西部（下旬刊）》2016年第10期。

2531 高荣：《"商性"相通：汉唐间河西走廊与丝绸之路贸易》，《历史教学（下半月刊）》2016年第10期。

2532 苟利武、胡莉：《近代广西"海上丝绸之路"与商埠贸易研究》，《改革与开放》2016年第14期。

2533 胡莹莹：《唐五代时期敦煌地区与动物有关的商品贸易》，《环球人文地理》2016年第16期。

2534 刘雪梅：《从出土简牍看汉代河西商业贸易》，《丝绸之路》2016年第24期。

2535 刘舒羽：《从南海贸易圈到21世纪海上丝绸之路战略的发展》，《西安财经学院学报》2017年第1期。

2536 陶德臣：《清代新疆茶叶贸易兴盛的三大因素》，《中国茶叶》2017年第1期。

2537 束成杰、袁昌齐、肖正春、张卫明：《古丝绸之路上的外贸历史见证者——邛竹与蜀布》，《中国野生植物资源》2017年第1期。

2538 郭胜强：《商周之际东西方商贸和交往的重要通道——崤函古道》，《三门峡职业技术学院学报》2017年第2期。

2539 崔敏：《打造丝路黄金段定西对外贸易融入格局》，《物流科技》2017年第2期。

2540 孙占鳌：《嘉峪关与明代丝绸之路贸易》，《甘肃广播电视大学学报》2017年第2期。

2541 赵沛、李刚：《论秦商在古丝绸之路贸易中的历史地位和作用》，《西南大学学报（社会科学版）》2017年第2期。

2542 殷晴：《6世纪前中印陆路交通与经贸往来——古代于阗的转口贸易与市场经济》，《中国经济史研究》2017年第3期。

2543 高克冰：《罗马帝国时期丝绸之路西段贸易的发展》，《科学·经济·社会》2017年第3期。

2544 孙先知：《四川古代丝绸经济贸易简史》，《四川蚕业》2017年第3期。

2545 牛来颖：《大唐商人与外部世界》，《人民论坛》2017年第4期。

2546 王雅丽、乐家华：《"海上丝绸之路"区位优势下中泰水产品贸易发展现状》，《中国渔业经济》2017年第4期。

2547 陶德臣：《汉至元明时期丝绸之路茶叶贸易的发展》，《中国茶叶》2017年第4期。

2548 葛芳：《汉唐香事——汉唐时期南粤地区的香料贸易与传统香器设计》，《创意与设计》2017年第4期。

2549 夏时华：《北宋时期陆上丝绸之路乳香贸易问题探究》，《西北民族大学学报（哲学社会科学版）》2017年第5期。

2550 楚鲁鹏：《蓬莱"东方海上丝绸之路"上的贸易与文化研究》，《才智》2017年第5期。

2551 葛金芳：《南宋海外贸易方式论析》，《决策与信息（上旬刊）》2017年第5期。

2552 郭颖珊：《丝路贸易的缩影——以汉唐时期骆驼形象为例》，《天水师范学院学报》2017年第5期。

2553 邱捷：《清代广东丝绸出口与"海上丝绸之路"》，《学术研究》2017年第5期。

2554 李晓巧：《从丝绸之路走到大唐的外商》，《文史博览》2017年第8期。

2555 郭阿梅：《元代艺术市场——元代的工艺品贸易》，《美与时代（中旬刊）·美术学刊》2017年第8期。

2556 朱姝、黄淑萍：《海上丝绸之路·贸易篇》，《美术教育研究》2017年第10期。

2557 何东红：《从广彩瓷器看海丝路上的粤商》，《文物天地》2017年第10期。

2558 周建明：《以海上丝绸之路为视角：普鲁士银币与中德贸易》，《区域金融研究》2017年第12期。

2559 陈泽桢：《唐宋时期对外贸易对经济的影响探究》，《环球市场信息导报》2017年第35期。

2560 董涛：《中国外销瓷器与丝绸之路浅谈》，《文物天地》2018年第2期。

文化交流

2561 李浴：《古代欧洲美术所受中国之影响述略》，《美苑》1980年第1期。

2562 郁龙余：《从沈括的〈梦溪笔谈〉看中印古代文化交流》，《南亚研究》1981年第1期。

2563 张铠：《明清时代中国丝绸在拉丁美洲的传播》，《世界历史》1981年第6期。

2564 郭应德：《中古时期中国和阿拉伯之间的文化联系》，《阿拉伯世界》1982年第1期。

2565 常任侠：《海上"丝绸之路"与文化交流》，《社会科学战线》1985年第3期。

2566 张广达：《论隋唐时期中原与西域文化交流的几个特点》，《北京大学学报（哲学社会科学版）》1985年第4期。

2567 杨兆钧：《中土文化交流的历史回顾》，《思想战线》1986年第2期。

2568 沈立新：《中国古代和阿拉伯国家的文化交流》，《阿拉伯世界》1987年第1期。

2569 朱英荣：《龟兹文化与犍陀罗文化》，《新疆大学学报（哲学社会科学版）》1988年第1期。

2570 杨武能：《17—18世纪中国文化在西方的传播》，《社会科学战线》1989年第4期。

2571 施光明：《十六国时期西域与五凉文化交流述论》，《兰州学刊》1990年第2期。

2572 施光明：《论五凉文化与西域文化的交融》，《许昌学院学报》1990年第2期。

2573 左建：《恺撒长袍与丝绸之路》，《文史杂志》1990年第2期。

2574 陈炎：《东海丝绸之路和中外文化交流》，《史学月刊》1991年第1期。

2575 王翔：《论中国丝绸的外传》，《苏州大学学报》1991年第2期。

2576 佘树声：《丝绸之路外层文化圈的建构——兼论中国古代文化发展历史特点》，《唐都学刊》1991年第2期。

2577 张津芬：《贵霜文化对于阗的影响》，《新疆地方志》1991年第2期。

2578 陈炎：《海上丝绸之路与中、菲、美之间的文化联系》，《海交史研究》1991年第2期。

2579 欧阳友徽：《古代中印文化交流的一个例证——目连传说的演变》，《西域研究》1992年第2期。

2580 黄培炤：《唐代的中阿文化关系（一）》，《阿拉伯世界》1992年第3期。

2581 贾峨：《从出土"唐三彩"看中原与西域及北非的文化交流》，《文物春秋》1992年第3期。

2582 黄培炤：《唐代的中阿文化关系（续）》，《阿拉伯世界》1992年第4期。

2583 江上波夫著，袁靖译：《在东西文化交流中农耕民族和骑马民族所起的作用》，《中国历史博物馆馆刊》1993年第2期。

2584 施光明：《魏晋南北朝文化交融三题》，《文史哲》1993年第3期。

2585 张乃翥：《武周万国天枢与西域文明》，《西北史地》1994年第2期。

2586 彭树智：《阿富汗与古代东西方文化交往》，《历史研究》1994年第2期。

2587 日知：《张骞凿空前的丝绸之路——论中西古典文明的早期关系》，《传统文化与现代化》1994年第6期。

2588 张乃翥：《武周万国天枢与西域文明》，《洛阳大学学报》1995年第1期。

2589 武金峰：《从借词看汉族与新疆少数民族之间的文化交流》，《伊犁师范学院学报（社会科学版）》1995年第4期。

2590 申海田：《郑和下西洋对中西文化交流的推动和影响》，《山东社会科学》1995年第6期。

2591 陈炎：《海上丝绸之路与中泰两国的文化交流：为纪念亡友泰国史专家葛治伦教授逝世一周年而作》，《海交史研究》1996年第1期。

2592 贺继宏：《西域文化东传繁荣了中原文化》，《西北史地》1996年第2期。

2593 张凤武：《中国历史文化与〈福乐智慧〉——兼及中西人道理想思辨》，《乌鲁木齐职业大学学报》1996年增刊第1期。

2594 肖爱民：《从怛逻斯到卡特万——试述两次会战及其对中西文化交流的影响》，《昭乌达蒙族师专学报（汉文哲学社会科学版）》1997年第1期。

2595 王援朝、钟少异：《弯月形弓韬的源流——西域兵器影响中原的一个事例》，《文物天地》1997年第6期。

2596 刘云：《中亚在古代文明交往中的地位》，《西北大学学报（哲学社会科学版）》1998年第1期。

2597 史继忠：《从中西文化交流看中国传统文化》，《贵州民族研究》1998年第3期。

2598 赵文润：《隋朝时期中原与西域的文化交流》，《陕西师范大学学报（哲学社会科学版）》1998年第4期。

2599 王嵘：《中原文化在西域的传播》，《新疆大学学报（哲学社会科学版）》1999年第1期。

2600 王进玉：《从敦煌文物看中西文化交流》，《西域研究》1999年第1期。

2601 刘小英：《西方文化对中国文化影响的回眸与展望》，《江海学刊》1999年第2期。

2602 张彦修：《中外文化交流与中华传统文化的发展》，《河南师范大学学报（哲学社会科学版）》1999年第3期。

2603 郎樱：《论西域与中原文化交流》，《西域研究》2001年第4期。

2604 贺卫光：《中国古代游牧文化的几种类型及其特征》，《内蒙古社会科学》2001年第5期。

2605 刘小荣：《丝绸之路上的希腊文化》，《历史教学》2001年第9期。

2606 仲高：《转型期的于阗文化》，《西域研究》2002年第1期。

2607 武金峰：《从借词看新疆少数民族与汉族的文化交流》，《中央民族大学学报》2002年第1期。

2608 王清华：《西南丝绸之路与中印文化交流》，《云南社会科学》2002年第2期。

2609 陈戈:《苏贝希文化的源流及与其它文化的关系》,《西域研究》2002 年第 2 期。

2610 张泽洪:《贝叶经的传播及其文化意义——贝叶文化与南方丝绸之路》,《贵州民族研究》2002 年第 2 期。

2611 曾维华:《论胡床及其对中原地区的影响》,《学术月刊》2002 年第 7 期。

2612 张文德:《从贡狮看帖木儿王朝与明朝的关系》,《西北民族论丛》第 2 辑,北京:中国社会科学出版社,2003 年。

2613 王勇:《丝绸之路与"书籍之路"——试论东亚文化交流的独特模式》,《浙江大学学报(人文社会科学版)》2003 年第 5 期。

2614 马小玲:《雄狮东渐与西域文化》,《喀什师范学院学报》2003 年第 5 期。

2615 王勇:《"丝绸之路"与"书籍之路"——试论东亚文化交流的独特模式》,《浙江大学学报(人文社会科学版)》2003 年第 5 期。

2616 陈水德:《"海上丝绸之路"与中外文化互动倾向》,《闽都文化研究》下,福州:海峡文艺出版社,2004 年。

2617 王青:《西域冥府游历故事对中土的影响》,《新疆大学学报(社会科学版)》2004 年第 1 期。

2618 王智娟:《文化整合语境下的西域文化》,《西北民族研究》2004 年第 3 期。

2619 周宁:《海客谈瀛洲:帝制时代中国的西方形象》,《书屋》2004 年第 4 期。

2620 王春辉、张安福:《论 7—9 世纪中韩经济交流及其影响》,《石家庄师范专科学校学报》2004 年第 4 期。

2621 艾山江·阿不力孜:《从"瞎子摸象"故事的流传看丝绸古道上的文化交流》,《新疆师范大学学报(哲学社会科学版)》2004 年第 4 期。

2622 蔡丰明:《中国东海沿岸地区文化在东亚各国的流布与影响》,《江苏行政学院学报》2004 年第 5 期。

2623 庞乃明:《明代中国人的欧洲称谓述略》,《历史教学》2004 年第 6 期。

2624 张德华:《唐宋时期鄞州与日本的佛教交往》,《东方博物》第 15 辑,杭州:浙江大学出版社,2005 年。

2625 翟杰:《管中窥豹,小中见大——从狮子入华看郑和下西洋的成就》,《山东教育学院学报》2005 年第 1 期。

2626 张庆芬:《贝叶文化与南方丝绸之路》,《云南民族大学学报(哲学社会科学版)》2005 年第 2 期。

2627 何荣:《论魏晋南北朝时期中原与西域文化交流》,《新疆地方志》2005 年第 3 期。

2628 彭金章:《从敦煌莫高窟北区石窟考古发现看古代文化交流》,《敦煌研究》

2005 年第 5 期。

2629 詹艳：《略论泉州"海上丝绸之路"与中外文化交流》，《黔东南民族师范高等专科学校学报》2005 年第 5 期。

2630 侯亚梅：《水洞沟：东西方文化交流的风向标——兼论华北小石器文化和"石器之路"的假说》，《第四纪研究》2005 年第 6 期。

2631 孟楠：《略论龟兹文化的兼容性及其启示》，《龟兹学研究》，乌鲁木齐：新疆大学出版社，2006 年。

2632 宋建良：《汉通西域前中国丝绸外流的主要途径》，《西安工程科技学院学报》2006 年第 2 期。

2633 沈爱凤：《从中亚和草原墓葬看中西丝绸文化交流》，《丝绸》2006 年第 3 期。

2634 郑炳林：《敦煌：晚唐五代中外文化交融与碰撞》，《龟兹学研究》，乌鲁木齐：新疆大学出版社，2007 年。

2635 杨巨平：《阿伊·哈努姆遗址与"希腊化"时期东西方诸文明的互动》，《西域研究》2007 年第 1 期。

2636 王青、唐娜：《中土传说对西域世界的重新构建——以西域枣的仙道化过程为中心》，《西域研究》2007 年第 2 期。

2637 钱耀鹏：《丝绸之路形成的东方因素分析——多样性文化与人类社会的共同进步》，《西北大学学报（哲学社会科学版）》2007 年第 4 期。

2638 江玉祥：《老鼠嫁女：从印度到中国——沿西南丝绸之路进行的文化交流事例之一》，《四川文物》2007 年第 6 期。

2639 任克良、吐逊·木沙：《龟兹文化中的中原文化基因》，《龟兹学研究》，乌鲁木齐：新疆大学出版社，2008 年。

2640 陈丽萍、李青峰：《唐代中外经济文化交流的新格局》，《乾陵文化研究》，西安：三秦出版社，2008 年。

2641 王勇：《遣唐使时代的"书籍之路"》，《甘肃社会科学》2008 年第 1 期。

2642 张崇琛：《中西交通视野下的〈聊斋〉狐狸精形象——从〈聊斋〉中狐狸精的"籍贯"说起》，《蒲松龄研究》2008 年第 3 期。

2643 李吟屏：《论西方文化对古于阗的影响》，《喀什师范学院学报（哲学社会科学版）》2008 年第 10 期。

2644 钟诗吟：《开通丝绸之路对跨文化交流的意义》，《群文天地》2008 年第 11 期。

2645 孙泓：《西方文化在辽代的传播》，《辽金历史与考古》第 1 辑，沈阳：辽宁教育出版社，2009 年。

2646 孙泓：《从考古资料看西域文化在新罗的传播》，《朝鲜·韩国历史研究》第 10

辑，延吉：延安人民出版社，2009 年。

2647 刘永连：《浅探西域文化在唐人园林、庭院中的流痕》，《唐史论丛》第 11 辑，西安：三秦出版社，2009 年。

2648 王伟：《汉晋六朝神道柱与外来文化研究》，《艺术研究》2009 年第 1 期。

2649 马健：《黄金制品所见中亚草原与中国早期文化交流》，《西域研究》2009 年第 3 期。

2650 孙少华：《秦汉河西走廊上的文化学术交流及其文学影响》，《齐鲁学刊》2009 年第 5 期。

2651 杨蕤：《五代、北宋时期陆上丝绸之路输入品辑考》，《丝绸之路》2009 年第 6 期。

2652 王涛：《唐代中国与印度、内地与西域文化交流——以毗沙门天王流变为考察个案》，《全球史评论》第 3 辑，北京：中国社会科学出版社，2010 年。

2653 张绪山：《萨珊波斯帝国与中国—拜占庭文化交流》，《全球史评论》第 3 辑，北京：中国社会科学出版社，2010 年。

2654 杨斌：《马、海贝与白银：全球视角下的云南》，《全球史评论》第 3 辑，北京：中国社会科学出版社，2010 年。

2655 张琨、孙明艳：《浅论丝绸之路上的文化交流及其意义》，《吉林广播电视大学学报》2010 年第 1 期。

2656 张国刚：《丝绸之路与中西文化交流》，《西域研究》2010 年第 1 期。

2657 贾建威：《从甘肃出土文物看东西方文化交流》，《文博》2010 年第 3 期。

2658 栾海龙、赵霞：《17 至 18 世纪中国风在欧洲的传播》，《电影评介》2010 年第 3 期。

2659 任大援：《东西文化互动与近代汉学研究》，《江西社会科学》2010 年第 4 期。

2660 玛依努尔·吾甫尔：《新疆地区发现的希腊—罗马文化遗存》，《文博》2010 年第 5 期。

2661 马莉：《宁夏固原北朝丝路遗存显现的外来文化因素》，《丝绸之路》2010 年第 6 期。

2662 王红茹：《丝绸之路上的文化交流及其意义》，《丝绸之路》2010 年第 8 期。

2663 陈金生：《两汉西域质子与敦煌的密切关系——兼谈质子与中西文化交流》，《敦煌学辑刊》2011 年第 1 期。

2664 李传军：《汉唐"风土记"中的西域风土映像——兼论华夷文化观在汉唐时期的转变》，《西域研究》2011 年第 1 期。

2665 冯敏：《丝绸之路传入物品考——以宁夏境内几种常见物品为中心》，《宁夏师范学院学报》2011 年第 2 期。

2666 陆芸:《文化交流与冲突中的国家认同与民族意识——以明末清初回族与西方传教士的文化碰撞为例》,《云南民族大学学报（哲学社会科学版）》2011 年第 4 期。

2667 勉卫忠:《茶的西传及对伊斯兰文化的影响》,《中国茶叶》2011 年第 5 期。

2668 罗希:《唐文化中的胡风胡韵及其审美影响》,《社会科学家》2011 年第 12 期。

2669 刘小龙:《从明代耶稣会士活动看中西文化交流》,《丝绸之路》2012 年第 2 期。

2670 项家宝:《"谈生"故事来源及大月氏族的"桥梁"作用》,《阜阳师范学院学报（社会科学版）》2012 年第 2 期。

2671 郝树声:《从西北汉简和朝鲜半岛出土〈论语〉简看汉代儒家文化的流布》,《敦煌研究》2012 年第 3 期。

2672 刘学堂:《石器时代东西方文化交流初论》,《新疆师范大学学报（哲学社会科学版）》2012 年第 4 期。

2673 吕朋珍:《略论北魏平城的西域外来文明》,《沧桑》2012 年第 4 期。

2674 赵莎莎:《从河南新野汉画像砖中的"胡人"形象看中外文化交流》,《美与时代》2012 年第 6 期。

2675 马海滨:《中国文化与阿拉伯文化的融合》,《商》2012 年第 23 期。

2676 马冬:《锁子甲传入中国考》,《西北民族论丛》第 9 辑,北京:中国社会科学出版社,2013 年。

2677 韩建业:《"彩陶之路"与早期中西文化交流》,《考古与文物》2013 年第 1 期。

2678 李建军:《中国与中亚文化交流力建构》,《石河子大学学报（哲学社会科学版）》2013 年第 3 期。

2679 史云霄:《中外文化交流之北朝释游文化研究》,《今日湖北（下旬刊）》2013 年第 4 期。

2680 薛东前、石宁、段志勇、郭晶、李玲:《文化交流、传播与扩散的通道——以中国丝绸之路为例》,《西北大学学报（自然科学版）》2013 年第 5 期。

2681 高建新:《"丝绸之路"开拓与"胡文化"的输入》,《阴山学刊（社会科学版）》2013 年第 6 期。

2682 李易安:《丝绸及其文化的东西方传播》,《江苏丝绸》2013 年第 6 期。

2683 于逢春:《中国疆域底定视域下的西洋火器之海上传入及使用》,《江西社会科学》2013 年第 11 期。

2684 吴巍巍:《"海上丝绸之路"与明清时期西方人在闽台地区的文化活动初探》,《国家航海》第 6 辑,上海:上海古籍出版社,2014 年。

2685 林梅村:《珠宝艺术与中外文化交流》,《考古与文物》2014 年第 1 期。

2686 林移刚:《狮子入华考》,《民俗研究》2014 年第 1 期。

2687 张清廉:《丝绸之路上的中原印记:历史记忆与现实书写》,《平顶山学院学报》2014 年第 4 期。

2688 严家辉:《关于中国指南针西传相关问题的思考》,《绥化学院学报》2014 年第 5 期。

2689 石云涛:《丝绸之路与汉代香料的输入》,《中原文化研究》2014 年第 6 期。

2690 曲金良:《五世纪初南中国海—印度洋"海上丝绸之路"的文化图景——以〈法显传〉为中心的微观考察》,《新东方》2014 年第 6 期。

2691 吴培植:《泉州海上丝绸之路与中外文化交流》,《丝绸之路》2014 年第 10 期。

2692 张书峰:《丝绸之路——东西方的文明之路》,《美与时代·城市》2014 年第 11 期。

2693 杜兵兵:《浅谈丝绸之路与阿拉伯文化》,《魅力中国》2014 年第 18 期。

2694 罗婷:《丝绸之路上东方文明的传播与影响》,《青年文学家》2014 年第 26 期。

2695 高荣盛:《"香料"辨义——以东西交通为视角》,《形象史学研究》第二期,北京:人民出版社,2015 年。

2696 陈明:《一角仙人故事的文本、图像与文化交流》,《全球史评论》第 8 辑,北京:中国社会科学出版社,2015 年。

2697 段清波:《从秦始皇陵考古看中西文化交流(一)》,《西北大学学报(哲学社会科学版)》2015 年第 1 期。

2698 贺茹、朱宏斌、刘英英:《唐代丝绸之路中外文化交流的特点》,《运城学院学报》2015 年第 1 期。

2699 夏燕靖:《中古时期我国跨文化交往的历史书写——以唐代中外设计文化交流为主线的考察》,《创意与设计》2015 年第 1 期。

2700 余建华:《古代丝绸之路与亚欧文明交流》,《历史教学问题》2015 年第 1 期。

2701 赵阳阳:《略论古代丝绸之路中西动植物物种的交流》,《历史教学问题》2015 年第 1 期。

2702 侯立兵:《狮子入华相关问题再考——与林移刚先生商榷》,《江汉大学学报(社会科学版)》2015 年第 1 期。

2703 段清波:《从秦始皇陵考古看中西文化交流(二)》,《西北大学学报(哲学社会科学版)》2015 年第 2 期。

2704 吴巍巍、林金水:《明清之际的福建与中西文化交流——"海上丝绸之路"的历史契机与当代启示》,《海交史研究》2015 年第 2 期。

2705 韩有成:《中西文化交流的见证——须弥山双层礼拜道洞窟》,《宁夏师范学院学报》2015 年第 2 期。

2706 王聪延：《汉唐时期中原与西域双向的文化馈赠》，《新疆社科论坛》2015 年第 2 期。

2707 段清波：《从秦始皇陵考古看中西文化交流（三）》，《西北大学学报（哲学社会科学版）》2015 年第 3 期。

2708 孔含鑫、吴丹妮：《香满丝绸之路与古代中国社会发展》，《西北民族大学学报（哲学社会科学版）》2015 年第 4 期。

2709 任浩、郭风平：《中国古代西域贡狮中的却贡问题研究》，《昌吉学院学报》2015 年第 6 期。

2710 苏莹莹：《中国文化在马来西亚的传播与传承》，《中国高校社会科学》2015 年第 6 期。

2711 张广林：《中国穆斯林对外文化交流的体验》，《中国穆斯林》2015 年第 6 期。

2712 吕晓洁：《汉唐王朝的西域政策与文化交流》，《中州学刊》2015 年第 7 期。

2713 蔺姝：《丝绸之路上中印文化交流在中印关系中的作用》，《学理论》2015 年第 8 期。

2714 陈志明：《从海上丝绸之路文物看世界多元文化融合》，《企业文化（中旬刊）》2015 年第 10 期。

2715 赵旭国、杨发鹏：《略论清代西北陆路丝绸之路兴盛中的民族文化交流》，《大理大学学报》2015 年第 11 期。

2716 郭宪春：《丝绸之路与中国物质文化传播的影响》，《中华文化论坛》2015 年第 11 期。

2717 巫新华：《丝路新疆文明交流与发展的关键（上）》，《新疆人文地理》2015 年第 12 期。

2718 霍巍：《丝绸入蕃：考古学的观察及其文化史意义》，《西北民族论丛》第 13 辑，北京：社会科学文献出版社，2016 年。

2719 王永平：《"波斯狗"东传：从伊朗到中国——兼论粟特人在丝绸之路物种传播中的贡献》，《唐史论丛》第 23 辑，西安：三秦出版社，2016 年。

2720 刘春燕：《从民间故事看西域与中原的文化交流》，《中国俗文化研究》第 12 辑，成都：四川大学出版社，2016 年。

2721 卫霞：《汉文化在丝路明珠莎车的传播述论》，《北方民族大学学报（哲学社会科学版）》2016 年第 1 期。

2722 周懿：《从梵夹装装帧形制演变看唐蕃古道的文化融合》，《西藏民族大学学报（哲学社会科学版）》2016 年第 1 期。

2723 巫新华：《丝路新疆文明交流与发展的关键（下）》，《新疆人文地理》2016 年第 1 期。

2724 马凌霄、王彦智：《古代中韩文化交流的脉络与特点》，《鲁东大学学报（哲学社会科学版）》2016 年第 2 期。

2725 熊雯：《唐代庆山寺地宫艺术与丝绸之路中外文化交流》，《艺术探索》2016 年第 2 期。

2726 金秋蓉：《海上丝绸之路与福建近代中西文化的撞击》，《重庆交通大学学报（社会科学版）》2016 年第 2 期。

2727 张唐彪、付轩：《古代丝绸之路上的跨文化传播者》，《喀什大学学报》2016 年第 2 期。

2728 杨士宏、陈改玲：《"文化边界"上的"文化嵌入"与民族交流、交往——以丝绸之路"洮河岷"段为例》，《青海民族研究》2016 年第 3 期。

2729 王晶波：《中西文化交流视野下的敦煌学》，《敦煌学辑刊》2016 年第 3 期。

2730 姚远、徐超：《丝绸之路上的浩荡胡风》，《文物世界》2016 年第 4 期。

2731 马瑞琼：《明朝对赫拉特的文化影响》，《大众文艺》2016 年第 5 期。

2732 哈桑、董国炎：《阿拉伯古代文化对中国文化的影响》，《文化学刊》2016 年第 5 期。

2733 刘迎胜：《海丝异质文化交流的纽带》，《世界遗产》2016 年第 6 期。

2734 雪莲、徐利颖：《蒙元时期草原丝路上的文化交往》，《赤峰学院学报（哲学社会科学版）》2016 年第 7 期。

2735 刘敏、岳亮：《丝绸之路与中西文明交流》，《文史天地》2016 年第 8 期。

2736 叶舒宪：《玉、马、佛、丝——丝路中国段文化传播多米诺效应》，《人文杂志》2016 年第 9 期。

2737 沈韵琪：《浅谈唐代丝绸之路中外文化交流史》，《速读（上旬）》2016 年第 10 期。

2738 荣新江：《中国多元文化的发展与中印之间的丝绸之路（四〇〇年—七〇〇年）》，《紫禁城》2016 年第 10 期。

2739 赵锦玉：《从草原丝绸之路看古代商贸往来和文化交融》，《商业文化》2016 年第 11 期。

2740 叶舒宪：《敦煌：中外文化交流的中转站》，《丝绸之路》2016 年第 19 期。

2741 南恺时、刘朔、普慧、申丽霞：《中国的割股奉亲：丝绸之路的舶来品》，《中国俗文化研究》第 13 辑，成都：四川大学出版社，2017 年。

2742 罗心怡：《略论丝绸之路的文化交流及历史意义》，《大观》2017 年第 1 期。

2743　荣新江：《丝绸之路与中外文化交流研究动态》，《敦煌研究》2017年第1期。

2744　王旗：《由"狮"字成语说到东西方文化交流》，《语文教学之友》2017年第1期。

2745　朱义禄：《略论物缘与古代丝绸之路》，《福州大学学报（哲学社会科学版）》2017年第2期。

2746　荣新江：《丝绸之路也是一条"写本之路"》，《文史》2017年第2期。

2747　周泓：《中古汉地之西域文化》，《民族学刊》2017年第5期。

2748　昆仑：《丝绸之路是文明火炬的双向传送带》，《群文天地》2017年第5期。

2749　庞乃明：《亦真亦幻大秦国：古代中国的罗马帝国形象》，《世界历史》2017年第5期。

2750　王旗：《成语里的"狮""虎"及背后的历史文化》，《文教资料》2017年第5期。

2751　刘章才：《茶文化西传与海上丝绸之路》，《茶世界》2017年第6期。

2752　顾晶晶：《中阿（富汗）丝绸之路文明交往的历史演进及当代启示》，《西安财经学院学报》2017年第6期。

2753　蔡凤林：《丝绸之路对日本文化形成的历史影响》，《日本问题研究》2017年第6期。

2754　车乒、蓝江湖：《丝绸之路上中国茶文化的传播及其对欧洲的影响》，《福建茶叶》2017年第8期。

2755　邵振宇：《从馆藏文物看东西方文化交流——西安地区博物馆和撒马尔罕地区博物馆的丝路文化联系》，《丝绸之路》2017年第20期。

2756　张元敏、谢长菊、刘海燕、宴芳：《丝绸之路上的文化互动》，《文化创新比较研究》2017年第23期。

2757　葛承雍：《天马与骆驼——汉代丝绸之路标识符号的新释》，《故宫博物院院刊》2018年第1期。

2758　赵丽云：《中国古代青金石名称的演化及其内涵》，《河南科技大学学报（社会科学版）》2018年第1期。

人　物

上古秦汉

2759　柳用能：《班勇生平考》，《新疆大学学报（哲学社会科学版）》1978年第2期。

2760 莫任南：《班超对中西交通的贡献》，《湖南师院学报（哲学社会科学版）》1980年第2期。

2761 泰卫星：《班超与西域》，《新疆大学学报（哲学社会科学版）》1983年第1期。

2762 薛正昌：《西汉女外交家——冯嫽》，《固原师专学报（社会科学版）》1984年第4期。

2763 张仁镜：《张骞出使西域的历史贡献——纪念我国古代探险家、外交家张骞逝世二千一百周年》，《汉中师院学报（哲学社会科学版）》1986年第2期。

2764 杨育坤：《张骞在汉与乌孙联姻结盟中的历史作用》，《新疆石油教育学院学报》1987年第2期。

2765 郑因：《西汉女外交家冯嫽》，《烟台大学学报（哲学社会科学版）》1990年第1期。

2766 马国荣：《班超献身西域三十年》，《新疆社科论坛》1990年第2期。

2767 祥春：《乌氏倮——丝绸之路上有史可查的第一个大商人》，《中国历史地理论丛》1996年第2期。

2768 齐万良、安悦君：《投笔从戎 献身边疆——班超在西域的事迹》，《新疆社科论坛》1997年第1期。

2769 张玉声：《司马迁与西域文史的构建》，《西域研究》1999年第3期。

2770 郝树声：《浅论李广利伐大宛的功过是非》，《甘肃社会科学》2002年第4期。

2771 王欣：《常惠综论》，《西北民族论丛》第2辑，北京：中国社会科学出版社，2003年。

2772 王庆宪：《匈汉争夺中活跃在西域的三位汉家公主》，《云南师范大学学报（哲学社会科学版）》2003年第3期。

2773 余太山：《贵霜王朝的创始人——丘就却》，《欧亚学刊》第10辑，北京：中华书局，2008年。

2774 刘凤鸣：《徐福：齐文化培育的方士领袖和航海家》，《海岱学刊（齐鲁文化研究）》总第7辑，济南：山东文艺出版社，2008年。

2775 予征：《第一任西域都护郑吉》，《兵团建设》2008年第1期。

2776 吴明贤：《论司马相如在开发西南夷中的贡献》，《四川师范大学学报（社会科学版）》2008年第4期。

2777 赵炳清：《司马相如与通"西南夷"》，《西华师范大学学报（哲学社会科学版）》2008年第5期。

2778 姚胜：《甘英出使大秦原因考》，《塔里木大学学报》2009年第1期。

2779 谢晓燕：《甘英临西海以望大秦但终未抵大秦之原因分析》，《内蒙古农业大学学报（社会科学版）》2009 年第 2 期。

2780 刘范弟：《说甘英不渡"西海"的"最原始材料"》，《长沙理工大学学报（社会科学版）》2009 年第 3 期。

2781 殷晴：《班氏家族与汉代西域——系列研究之一：家世兴衰与社会背景》，《西域研究》2009 年第 4 期。

2782 王兴锋、王逸之：《西汉使者冯奉世经略边疆述论》，《乐山师范学院学报》2011 年第 1 期。

2783 王志杰：《汉武帝与汉武时代的文化遗产》，《西部大开发：中旬刊》2012 年第 4 期。

2784 王子今：《说索劢楼兰屯田射水事》，《甘肃社会科学》2013 年第 6 期。

2785 吴海琪：《张骞与"丝绸之路"》，《西部大开发》2014 年第 3 期。

2786 崔永强：《班超与东汉中期的西北边疆经略》，《河北北方学院学报（社会科学版）》2014 年第 5 期。

2787 孙富磊：《常惠：三朝外交家，六次出西域》，《文史天地》2014 年第 12 期。

2788 陈星星：《西域第一女外交家——冯嫽》，《魅力中国》2014 年第 13 期。

2789 韩楠：《刘细君西行足迹探微》，《兰台世界》2014 年第 18 期。

2790 贾晓雅：《"跨国驴友"鼻祖张骞出使西域的历史意义》，《兰台世界》2014 年第 30 期。

2791 康爱华、羽离子：《海陵人吕岱对海上丝绸之路的开辟及其归葬》，《泰州学术》2016，南京：南京出版社，2016 年。

2792 张涛：《大时代里的大命运：班超经略西域》，《人民论坛》2016 年第 1 期。

2793 高启安：《傅介子刺楼兰事迹综理》，《石河子大学学报（哲学社会科学版）》2016 年第 2 期。

2794 乔佳宏：《丝绸之路视角下士人的人格特征——以丝路"开拓者"张骞为例》，《青年文学家》2016 年第 23 期。

2795 朱永梅、陈金龙：《班超经略西域的决策艺术及其时代价值》，《领导科学》2016 年第 33 期。

2796 王凯：《论班氏家族及其对丝绸之路的贡献》，《洛阳理工学院学报（社会科学版）》2017 年第 6 期。

2797 胡泊、靳义亭：《论张骞对丝绸之路开发的贡献》，《经济研究导刊》2018 年第 1 期。

魏晋南北朝

2798 直盛：《万俟丑奴与波斯狮子》，《固原师专学报》1994 年第 1 期。

2799 项阳：《改梵为秦中的"学者之宗"曹植》，《天津音乐学院学报（天籁）》2007 年第 1 期。

2800 薛宗正：《麴嘉考——兼论麴氏王朝的内外政策》，《新疆师范大学学报（哲学社会科学版）》2008 年第 1 期。

2801 丁宏武、靳婷婷：《前秦苻氏家族的多元文化倾向及其成因考论》，《甘肃社会科学》2009 年第 5 期。

2802 杨荣春：《北凉高昌太守阚仁史迹钩沉》，《吐鲁番学研究》2014 年第 2 期。

2803 李俊生：《张彝与北魏社会变革》，《洛阳师范学院学报》2016 年第 1 期。

2804 韩树伟、马托弟：《李暠与西凉政权》，《甘肃广播电视大学学报》2017 年第 1 期。

2805 杨荣春：《沮渠安周与大凉政权》，《青海民族大学学报（社会科学版）》2017 年第 4 期。

2806 杨荣春：《沮渠牧犍与北凉政权》，《昌吉学院学报》2017 年第 6 期。

隋唐五代

2807 郑畅：《李白究竟出生在哪里》，《四川大学学报（哲学社会科学版）》1981 年第 4 期。

2808 刘友竹：《李白的生地是"条支"》，《社会科学研究》1982 年第 2 期。

2809 殷晴：《于阗尉迟王家世系考述》，《新疆社会科学》1983 年第 2 期。

2810 齐陈骏：《裴矩功过述评》，《敦煌学辑刊》1983 年。

2811 李清凌：《丝绸之路上的裴矩》，《西北师大学报（社会科学版）》1986 年第 1 期。

2812 张书城：《李白先世流放焉耆碎叶》，《新疆师范大学学报（社会科学版）》1986 年第 2 期。

2813 崔明德：《安禄山祖籍为西域》，《史学月刊》1988 年第 2 期。

2814 吴玉贵：《阿史那弥射考》，《民族研究》1988 年第 3 期。

2815 郭平梁：《突骑施苏禄传补阙》，《新疆社会科学》1988 年第 4 期。

2816 王晓建：《唐代维吾尔族名将契苾何力》，《中国民族》1988 年第 6 期。

2817 王增斌：《骆宾王从军西域时间考——兼探骆宾王生平》，《山西大学学报（哲学社会科学版）》1989 年第 2 期。

2818 张书城：《说李白"本姓李，其先陇西成纪人"》，《天水师专学报》1991 年第

2期。

2819 笕文生：《李白隐于竹溪年考》，《唐代文学研究（1992）》，桂林：广西师范大学出版社，1992年。

2820 徐希平：《李白与少数民族》，《西南民族学院学报（哲学社会科学版）》1993年第4期。

2821 李家烈：《李白的家世与生籍考辨（上）》，《四川师范学院学报（哲学社会科学版）》1997年第4期。

2822 李家烈：《李白的家世与生籍考辨（下）》，《四川师范学院学报（哲学社会科学版）》1998年第1期。

2823 张书城：《李白"一房被窜于"哈密碎叶余论》，《西北史地》1999年第1期。

2824 艾尚连：《北庭节度使赵玼及其任职期限》，《西域研究》2001年第1期。

2825 梁子、文军：《乾陵六十一蕃王考述》，《文博》2003年第6期。

2826 田平凤、艾尚连：《北庭副都护和守阳事迹考述》，《中国边疆史地研究》2005年第2期。

2827 张世民：《杨良瑶：中国最早航海下西洋的外交使节》，《咸阳师范学院学报》2005年第3期。

2828 蒋志：《李白与西域文化》，《绵阳师范学院学报》2006年第3期。

2829 周保明：《高仙芝的活动轨迹与开天之际战略局势的转变》，《洛阳师范学院学报》2006年第3期。

2830 余静：《隋唐五代时期的尉迟氏》，《唐史论丛》第9辑，西安：三秦出版社，2007年。

2831 薛宗正：《郭昕主政安西史事钩沉》，《西域研究》2009年第4期。

2832 荣新江、朱丽双：《于阗国王李圣天事迹新证》，《西域研究》2012年第2期。

2833 张振玉：《王审知与福州海上丝绸之路》，《福建文博》2013年第4期。

2834 岳东：《武则天与古西域胡》，《绵阳师范学院学报》2013年第7期。

2835 伏俊琏、郑骥：《李白入赘婚之异族文化背景详考》，《宁夏师范学院学报》2014年第4期。

2836 崔宏艳：《李白家学渊源考论》，《绵阳师范学院学报》2015年第3期。

2837 王增斌：《再论骆宾王从军西域的时间问题——兼谈尊重历史文献的客观真实性》，《江苏大学学报（社会科学版）》2015年第4期。

2838 赵心愚：《韦皋与唐代南方丝绸之路的重开》，《民族学刊》2016年第3期。

2839 陈浩：《登利可汗考》，《西域研究》2016年第4期。

2840 李晓明：《唐史宪诚家族在河北的活动》，《甘肃广播电视大学学报》2016年第

5 期。

2841 李晓明：《唐史孝章家族族属再考》，《西北民族大学学报（哲学社会科学版）》2016 年第 6 期。

2842 梁森：《李白家世研究"西域胡人说"平议》，《中央民族大学学报（哲学社会科学版）》2017 年第 4 期。

宋

2843 罗绍文：《米芾为西域人后裔考》，《历史研究》1988 年第 2 期。

2844 王连旗：《论王韶对西北地区的开拓经营》，《塔里木大学学报》2011 年第 4 期。

2845 周兴禄：《米芾姓氏及民族考辨》，《贵州民族研究》2017 年第 8 期。

2846 周兴禄：《米芾家世发覆》，《中国书法》2017 年第 14 期。

辽金元

2847 杨志玖：《关于成吉思汗的历史地位》，《历史教学》1962 年第 12 期。

2848 林松、白崇人：《萨都剌族籍考》，《中央民族学院学报》1979 年第 4 期。

2849 李慎仪：《耶律楚材评传》，《史学月刊》1981 年第 4 期。

2850 丝路：《古代西域名流之一：农学家鲁明善》，《新疆师范大学学报（社会科学版）》1982 年第 2 期。

2851 王志华：《关于萨都剌的族别问题》，《山西大学学报（哲学社会科学版）》1982 年第 2 期。

2852 杨镰：《贯云石新考》，《新疆大学学报（哲学社会科学版）》1983 年第 1 期。

2853 房建昌：《萨都剌为阿拉伯人》，《江汉论坛》1983 年第 2 期。

2854 龙永行：《赛典赤的才干与忽必烈的知人》，《思想战线》1984 年第 1 期。

2855 周双利：《略论萨都剌的家世与族属》，《固原师专学报（社会科学版）》1985 年增刊第 1 期。

2856 刘守刚：《萨都剌的族籍》，《中国民族》1988 年第 8 期。

2857 达应庚：《元代泰不华族源初探》，《甘肃社会科学》1991 年第 2 期。

2858 羽离子：《纪念元代杰出的波斯援华科学家扎马鲁丁》，《内蒙古大学学报（哲学社会科学版）》1992 年第 4 期。

2859 方衍、贾书梅：《邱处机与成吉思汗》，《学习与探索》1994 年第 6 期。

2860 王洪祥：《马可·波罗和他传播的元代新疆新闻》，《新疆新闻界》1996 年第 6 期。

2861 张文德：《论帖木儿对丝绸之路的经营及其影响》，《贵州师范大学学报（社会科学版）》1997 年第 3 期。

2862　马建春：《凉州历史上的两位西域人——西宁王忻都、伏羌侯毛忠》，《西域研究》1998 年第 2 期。

2863　白乙拉：《元末名将察罕帖木儿传略》，《昭乌达蒙族师专学报（北方民族文化）》1998 年第 4 期。

2864　李星琼：《元初西域少数民族翻译家的主要活动及其贡献》，《西域研究》2002 年第 2 期。

2865　王梅堂：《廉惠山海牙生卒年小考》，《西域研究》2002 年第 4 期。

2866　田庆锋、杨照珺：《畏兀儿人阔儿吉思与丝绸之路西段经营初探》，《喀什师范学院学报》2003 年第 2 期。

2867　王梅堂：《廉阿年八哈考述》，《西域研究》2003 年第 4 期。

2868　张迎胜：《萨都剌族籍诸说刍议》，《宁夏大学学报（人文社会科学版）》2004 年第 1 期。

2869　张文澍：《蒲松龄远祖蒲鲁浑与蒲居仁小考》，《蒲松龄研究》2004 年第 3 期。

2870　丁立军：《西辽创建者耶律大石评述》，《伊犁师范学院学报》2005 年第 2 期。

2871　张文澍：《英雄歧路，末世悲歌——论元末西域作家余阙》，《民族文学研究》2006 年第 4 期。

2872　卫欣：《西域画家高克恭民族问题研究》，《新西部（学术版）》2006 年第 12 期。

2873　王颋：《伯牙吾氏泰不华事迹补考》，《民族研究》2007 年第 2 期。

2874　赵文坦：《成吉思汗与丘处机关系辨析》，《东岳论丛》2009 年第 10 期。

2875　王梅堂：《元文人赵孟頫与朝中西域籍大臣关系略考》，《黄河科技大学学报》2010 年第 1 期。

2876　尚衍斌：《畏兀儿人世杰班仕元遗事》，《西域研究》2012 年第 1 期。

2877　杨富学、张海娟：《蒙古豳王家族与元代西北边防》，《中国边疆史地研究》2012 年第 2 期。

2878　和谈：《元代丞相耶律铸生于北庭考》，《新疆地方志》2012 年第 3 期。

2879　尚衍斌：《元代高昌鲁氏家族研究》，《中国边疆民族研究》第 6 辑，北京：中央民族大学出版社，2013 年。

2880　李超、孟楠：《马·雅巴拉哈三世生平考略》，《宗教学研究》2013 年第 1 期。

2881　王绍林、蔡斌：《试论金帐汗月即别》，《四川文理学院学报》2014 年第 1 期。

2882　和谈：《耶律楚材姓名辨正》，《兰台世界》2014 年第 27 期。

2883　刘迎胜：《高克恭杂考》，《西域研究》2015 年第 1 期。

2884 和谈:《耶律楚材为中书令诸问题之探讨》,《新疆大学学报(哲学·人文社会科学版)》2015 年第 6 期。

2885 尚衍斌:《元代于阗人哈八石事迹考述》,《民族研究》2016 年第 1 期。

2886 周春健:《元西域人廉希宪与孟子学》,《杭州师范大学学报(社会科学版)》2016 年第 4 期。

2887 刘嘉伟:《元代苇林文士金哈剌的儒者情怀》,《管子学刊》2016 年第 4 期。

2888 云峰:《元代状元泰不华族籍考》,《中央民族大学学报(哲学社会科学版)》2017 年第 5 期。

2889 咸成海:《流沙西域 饯日东边:论"二太子"察合台》,《兰台世界》2017 年第 10 期。

2890 薛正昌:《耶律楚材与西域》,《丝绸之路》2017 年第 18 期。

明

2891 刘如仲:《郑和与南亚》,《南亚研究》1981 年增刊第 1 期。

2892 范中义:《"三保太监"名号的由来》,《历史研究》1982 年第 4 期。

2893 王引:《郑和在南京的史迹》,《海交史研究》1985 年第 2 期。

2894 庄为玑:《试论郑和与王景弘之死》,《海交史研究》1987 年第 1 期。

2895 晁中辰:《郑和赴麦加考》,《阿拉伯世界》1990 年第 3 期。

2896 万明:《郑和下西洋与明初海上丝绸之路——兼论郑和远航目的及终止原因》,《海交史研究》1991 年第 2 期。

2897 万明:《傅安西使与明初中西陆路交通的畅达》,《明史研究》第 2 辑,合肥:黄山书社,1992 年。

2898 席龙飞:《庄为玑教授关于郑和及其宝船研究的通信》,《海交史研究》1992 年第 1 期。

2899 谢方:《郑和海外用兵略论》,《海交史研究》1992 年第 2 期。

2900 白翠琴:《关于也先的几个问题》,《新疆师范大学学报(哲学社会科学版)》1993 年第 1 期。

2901 侯志川:《郑和为什么下西洋?》,《读书》1996 年第 12 期。

2902 吴之邨:《郑和"三保"名号考》,《安徽史学》1998 年第 4 期。

2903 吴之邨:《郑和"三保"名号考》,《海交史研究》1999 年第 1 期。

2904 王继光:《陈诚及其西使记:文献与研究》,《暨南史学》第 2 辑,广州:暨南大学出版社,2003 年。

2905 辛元欧：《郑和下西洋的重大意义与历史源流》，《上海造船》2003年第2期。

2906 李琼：《鄂本笃与丝绸之路》，《丝绸之路》2004年第6期。

2907 万明：《从"西域"到"西洋"——郑和远航与人类文明史的重大转折》，《河北学刊》2005年第1期。

2908 王继光：《陈诚家世生平考述》，《西域研究》2005年第1期。

2909 杨槱：《对郑和航海和郑和宝船研究之管见》，《上海造船》2005年第2期。

2910 梁向明：《郑和下西洋对东南亚诸国的影响》，《云南民族大学学报（哲学社会科学版）》2005年第5期。

2911 张箭：《马欢的族属与〈瀛涯胜览〉的地位》，《西南民族大学学报（人文社科版）》2005年第6期。

2912 王继光：《陈诚家世生平续考》，《西域研究》2006年第1期。

2913 陈占山：《明钦天监夏官正刘信事迹考述》，《自然科学史研究》2009年第2期。

2914 张文德：《明朝西域使臣陈诚"累官右通政"?》，《西域研究》2010年第2期。

2915 张钦：《陈诚：大明王朝的伟大外交家》，《各界》2011年第10期。

2916 王志高：《洪保生平事迹及坟寺初考》，《考古》2012年第5期。

2917 王晓鹏、张春阳：《郑和航海活动的历史功绩及其对建设21世纪"海上丝绸之路"的启示》，《世界海运》2014年第1期。

2918 万明：《郑和七下印度洋——马欢笔下的"那没黎洋"》，《南洋问题研究》2015年第1期。

2919 熊小飞、冀开运：《杰出的"丝路"外交家——陈诚》，《商洛学院学报》2015年第3期。

2920 胡正宁、范金民：《郑和下西洋研究二题——基于洪保〈寿藏铭〉的考察》，《江苏社会科学》2015年第5期。

2921 张俊峰、林金水：《艾儒略在泉州地区史地详考》，《晋阳学刊》2016年第5期。

2922 刘明翰、陈月清：《郑和七下西洋对海上丝绸之路的贡献——郑和下西洋的伟绩同西欧早期殖民扩张的对比》，《大连大学学报》2017年第5期。

2923 杨涛维：《王琼的治边理念研究——以处理哈密危机为例》，《档案》2017年第10期。

清

2924 陈超：《鄂对等人在清统一新疆时的贡献》，《新疆社会科学》1987年第4期。

2925 蒋林：《清代西域满族修志名家及著作》，《新疆地方志》1990年第3期。

2926 周轩:《清代西域史地学家祁韵士》,《紫禁城》1993 年第 4 期。

2927 郭书兰:《晚清地学巨子徐松》,《史学月刊》1999 年第 4 期。

2928 周轩:《杨廷理流放新疆期间的思想和活动》,《西域研究》2001 年第 4 期。

2929 朱玉麒:《徐松遣戍伊犁时期的生活考述》,《西域研究》2006 年第 1 期。

2930 黑龙:《奇塔特出使准噶尔部初探》,《西域研究》2007 年第 1 期。

2931 邬国义:《映堂居士究竟是何人》,《近代史研究》2009 年第 6 期。

2932 朱玉麒:《西北史地学背景下的徐松与邓廷桢、林则徐交谊》,《伊犁师范学院学报（社科版）》2010 年第 4 期。

2933 沈韬:《龚自珍与魏源西北开发思想之比较》,《重庆科技学院学报（社会科学版）》2010 年第 7 期。

2934 吴华峰:《萧雄西域事迹考》,《新疆大学学报（哲学·人文社会科学版）》2014 年第 3 期。

2935 焦霓、王艳花:《刘统勋西北政务二事考——乾隆治边策略研究点滴》,《石河子大学学报（哲学社会科学版）》2014 年第 5 期。

2936 李彩云:《从〈新疆游记〉看谢彬的民族忧患意识》,《佳木斯大学社会科学学报》2015 年第 3 期。

2937 朱玉麒:《徐松遣戍新疆案过程新证》,《西域研究》2015 年第 4 期。

2938 史国强:《伊犁将军萨迎阿与新疆研究二题》,《新疆大学学报（哲学·人文社会科学版）》2015 年第 5 期。

2939 林振武:《黄遵宪对清代海上丝绸之路发展的贡献》,《嘉应学院学报》2015 年第 9 期。

2940 韩琦:《何国宗生年史事小考》,《自然科学史研究》2016 年第 4 期。

2941 孙文杰:《和瑛生平考论》,《黑河学刊》2016 年第 4 期。

2942 王耀:《李文田、西域地理书及其他》,《昌吉学院学报》2016 年第 6 期。

2943 孙文杰:《乌鲁木齐都统和瑛宦绩新考——以中国第一历史档案馆馆藏档案为依据》,《山西档案》2017 年第 1 期。

2944 郑玉玲:《秀堃史料补充及卒年考》,《中国民族博览》2017 年第 6 期。

民　国

2945 樊明方:《陈箓在库伦》,《西域研究》2007 年第 1 期。

2946 崔保新:《曾问吾生平事迹编年述略》,《伊犁师范学院学报（社科版）》2014 年第 1 期。

考 古

通 论

2947 西谷正、侯灿、孙允华：《丝绸之路的考古学》，《新疆师范大学学报（哲学社会科学版）》1992 年第 2 期。

2948 罗二虎：《"西南丝绸之路"的考古调查》，《南方民族考古》第 5 辑，北京：科学出版社，1993 年。

2949 杜根成：《丝绸之路上的考古新发现》，《故宫博物院院刊》1998 年第 3 期。

2950 刘学堂、李溯源：《新疆伊犁河流域考古新发现》，《西域研究》2002 年第 1 期。

2951 刘学堂、关巴：《新疆伊犁河谷史前考古的重要收获》，《西域研究》2002 年第 4 期。

2952 马建军、周佩妮：《固原北朝文物考古的发现与研究》，《固原师专学报》2003 年第 2 期。

2953 周伟洲：《新疆的史前考古与最早的经济开发》，《西域研究》2003 年第 4 期。

2954 马建军、周佩妮：《固原隋唐时期文物考古的发现与研究》，《宁夏大学学报（人文社会科学版）》2006 年第 2 期。

2955 赵丰：《丝绸之路美术考古概论》，《文物》2007 年第 4 期。

2956 张慧行：《水下考古驶向海洋》，《百姓》2007 年第 6 期。

2957 肖小勇：《论鄯善考古学文化的三元结构》，《西域研究》2008 年第 2 期。

2958 陕西省考古研究院：《陕西域外考古工作的主要收获》，《考古与文物》2008 年第 6 期。

2959 李庆新：《海洋考古与南中国海区域经济文化史研究》，《学术研究》2008 年第 8 期。

2960 巫新华：《新疆和田达玛沟佛寺考古新发现与研究》，《文物》2009 年第 8 期。

2961 张凤：《新疆东部地区古文化探微》，《西域研究》2010 年第 2 期。

2962 冯国富、程云霞：《固原北朝隋唐文物考古述略》，《宁夏师范学院学报》2011 年第 4 期。

2963 王炳华：《一种考古研究现象的文化哲学思考——透视所谓"吐火罗"与孔雀河青铜时代考古文化研究》，《西域研究》2014 年第 1 期。

2964 宋蓬勃、陈浩、羊泽林、陈建国：《福建沿海水下考古调查》，《文物》2014 年

2965　王炳华：《加强考古研究　深入认识西域文明》，《西域研究》2015 年第 4 期。

2966　熊昭明：《汉代海上丝绸之路航线的考古学观察》，《社会科学家》2017 年第 11 期。

石　窟

2967　阎文儒：《莫高窟的石窟构造及其塑像》，《文物参考资料》1951 年第 4 期。

2968　王子云：《新疆拜城赫色尔石窟》，《文物参考资料》1955 年第 2 期。

2969　王树英：《印度阿旃陀石窟》，《南亚研究》1982 年第 4 期。

2970　许宛音：《克孜尔新 1 窟试论》，《文物》1984 年第 12 期。

2971　丁果：《关于敦煌石窟和敦煌学》，《上海师范大学学报（哲学社会科学版）》1985 年第 3 期。

2972　朱英荣：《库车石窟概论（一）》，《敦煌研究》1986 年第 2 期。

2973　木十戊：《奚康生与南、北石窟寺》，《敦煌学辑刊》1993 年第 2 期。

2974　马世长：《三仙洞年代别议》，《考古学研究》第十期，北京：科学出版社，1994 年。

2975　陈海涛、刘惠琴：《炳灵寺石窟及其三个重要阶段》，《西北史地》1994 年第 4 期。

2976　姚士宏：《关于新疆龟兹石窟的吐蕃窟问题》，《文物》1999 年第 9 期。

2977　魏文斌、吴荭：《炳灵寺石窟的唐蕃关系史料》，《敦煌研究》2001 年第 1 期。

2978　董广强：《宋代麦积山石窟发展的社会背景》，《敦煌学辑刊》2001 年第 2 期。

2979　李最雄：《丝绸之路石窟的岩石特征及加固》，《敦煌研究》2002 年第 4 期。

2980　廖旸：《新疆克孜尔石窟早期洞窟研究（上）》，《新疆艺术学院学报》2003 年第 3 期。

2981　廖旸：《新疆克孜尔石窟早期洞窟研究（中）》，《新疆艺术学院学报》2004 年第 1 期。

2982　霍旭初：《阿艾石窟题记考识》，《西域研究》2004 年第 2 期。

2983　廖旸：《新疆克孜尔石窟早期洞窟研究（下）》，《新疆艺术学院学报》2004 年第 2 期。

2984　雷玉华：《米仓道与巴中石窟》，《敦煌研究》2005 年第 1 期。

2985　陈悦新：《中心文化对须弥山北朝洞窟的影响》，《北京理工大学学报（社会科学版）》2005 年第 1 期。

2986 祁永龙：《浅析炳灵寺石窟开凿的原因》，《西北民族大学学报（哲学社会科学版）》2005 年第 4 期。

2987 韩有成：《试论须弥山北魏洞窟中的"云冈因素"》，《固原师专学报》2005 年第 4 期。

2988 霍旭初：《克孜尔石窟年代研究和碳十四测定数据的应用》，《西域研究》2006 年第 4 期。

2989 陈悦新：《中心文化对北朝麦积山石窟的影响》，《敦煌研究》2006 年第 4 期。

2990 赵声良：《敦煌北朝石窟形制诸问题》，《敦煌研究》2006 年第 5 期。

2991 王鹏辉：《新疆吉木萨尔千佛洞考述》，《西域研究》2007 年第 4 期。

2992 葛云健、张忍顺、杨桂山：《丝绸之路中国段佛教石窟差异性及其与丹霞地貌的关系》，《地理研究》2007 年第 6 期。

2993 彭杰：《龟兹石窟保护维修的回顾与展望》，《龟兹学研究》，乌鲁木齐：新疆大学出版社，2008 年。

2994 何林：《龟兹石窟保护现状》，《龟兹学研究》，乌鲁木齐：新疆大学出版社，2008 年。

2995 介永强：《丝绸之路上的佛教石窟》，《丝绸之路》2009 年第 6 期。

2996 罗玉珍：《冯国瑞与炳灵寺石窟》，《丝绸之路》2009 年第 9 期。

2997 李并成、马燕云：《炳灵寺石窟与丝绸之路东段五条干道》，《敦煌研究》2010 年第 2 期。

2998 薛正昌：《丝绸之路与宁夏石窟文化》，《现代哲学》2010 年第 6 期。

2999 包乌云：《敦煌石窟蒙古文题记的佛教文化特色》，《北方语言论丛（2011）》，银川：黄河出版传媒集团阳光出版社，2011 年。

3000 张飞：《克孜尔石窟：见证西域千年信仰变迁》，《中国西部》2012 年第 2 期。

3001 荻原裕敏：《略论龟兹石窟现存古代期龟兹语题记》，《敦煌吐鲁番研究》第 13 卷，上海：上海古籍出版社，2013 年。

3002 张乃翥：《龙门石窟天竺寺事辑》，《石窟寺研究》第四辑，北京：文物出版社，2013 年。

3003 谢倩倩：《龟兹石窟：丝路古道上的文明交汇地》，《新疆艺术学院学报》2013 年第 4 期。

3004 朱英荣：《论龟兹石窟研究的重大意义》，《学术探索》2013 年第 5 期。

3005 郭倩倩：《浅谈龟兹石窟的外来文化影响——以克孜尔石窟 14 窟为例》，《卷宗》2013 年第 6 期。

3006 赵海如：《论三教合一对安岳石窟飞天造型特征的影响》，《文艺生活·文艺理论》2013 年第 12 期。

3007 段文杰：《历尽沧桑再现辉煌——纪念敦煌藏经洞文物发现一百周年》，《丝绸之路》2013 年第 20 期。

3008 周轩：《谢济世考察龟兹石窟说辩误》，《西域研究》2014 年第 1 期。

3009 马志明：《简论须弥山石窟的重要价值》，《丝绸之路》2014 年第 2 期。

3010 王亮、王银田：《试论晋冀豫地区北朝石窟寺的地理分布》，《石窟寺研究》第六辑，北京：科学出版社，2015 年。

3011 张延清、张子鹏：《莫高窟第 158 窟建窟年代新探》，《藏学学刊》2015 年第 1 期。

3012 杨慧玲、佘贵孝：《须弥山石窟的凿造与固原社会经济》，《宁夏师范学院学报》2015 年第 2 期。

3013 丁晓莲、王龙：《吐峪沟石窟寺西岸中区考古新收获》，《吐鲁番学研究》2015 年第 2 期。

3014 韩有成：《宁夏原州区禅塔山石窟调查报告》，《敦煌研究》2015 年第 3 期。

3015 新疆龟兹研究院、北京大学中国古代史研究中心、中国人民大学国学院西域历史语言研究所：《新疆库木吐喇窟群区第 50 窟主室正壁龛内题记》，《西域研究》2015 年第 3 期。

3016 吴正科：《庆阳北石窟寺区域历史文化遗存概述》，《敦煌学辑刊》2015 年第 4 期。

3017 刘文荣：《马蹄寺石窟群最早开凿时期考》，《贵州大学学报（艺术版）》2015 年第 5 期。

3018 陈运涛：《须弥山石窟：见证古丝绸之路的文化交融》，《文化学刊》2015 年第 6 期。

3019 包乌云：《论敦煌蒙古文题记的语言特征》，《北方语言论丛（2016）》，银川：黄河出版传媒集团阳光出版社，2016 年。

3020 孙晓岗：《安阳灵泉寺石窟与丝绸之路关系研究》，《艺术探索》2016 年第 1 期。

3021 项一峰：《丝绸之路与麦积山石窟的营建》，《中国文化遗产》2016 年第 1 期。

3022 刘治立：《明清时期的北石窟寺》，《陇东学院学报》2016 年第 6 期。

3023 柴剑虹：《"时"、"地"、"人"——敦煌莫高窟开窟因缘述略》，《敦煌研究》2016 年第 6 期。

3024 王毓红、冯少波：《营造现实版的西天净土：敦煌石窟的性质》，《西夏研究》2017 年第 1 期。

3025 王百岁：《甘肃省西和县法镜寺石窟调查与研究》，《敦煌学辑刊》2017 年第

3 期。

3026　王云：《丝路佛教石窟系列（一）——印度早期佛教石窟》，《中国美术》2017年第 4 期。

3027　王云：《丝路佛教石窟系列（二）——印度后期佛教石窟》，《中国美术》2017年第 5 期。

3028　刘勇：《浅谈库木吐喇石窟病害成因》，《魅力中国》2017 年第 43 期。

遗　址

3029　观民：《交河城调查记》，《考古》1959 年第 5 期。

3030　张驭寰、杜仙洲：《青海乐都瞿昙寺调查报告》，《文物》1964 年第 5 期。

3031　罗哲文：《古塔摭谈》，《文物》1982 年第 3 期。

3032　韩翔：《焉耆国都、焉耆都督府治所与焉耆镇城——博格达沁古城调查》，《文物》1982 年第 4 期。

3033　阿合买提·热西提：《交河故城》，《新疆大学学报（哲学社会科学版）》1983 年第 4 期。

3034　殷晴：《湮埋在沙漠中的绿洲古国——扜弥故地考索》，《新疆社会科学》1985 年第 1 期。

3035　李遇春：《尼雅遗址的重要发现》，《新疆社会科学》1988 年第 4 期。

3036　侯灿：《楼兰古城址调查与试掘简报》，《文物》1988 年第 7 期。

3037　李并成：《石羊河流域汉代边城军屯遗址考》，《西北师大学报（社会科学版）》1989 年第 2 期。

3038　王宗元：《临夏古城及"丝路"遗迹考》，《西北师大学报（社会科学版）》1989 年第 4 期。

3039　莫洪贵：《广汉三星堆遗址海贝的研究》，《四川文物》1993 年第 5 期。

3040　李并成：《河西走廊东部汉长城遗迹考》，《西北史地》1994 年第 3 期。

3041　李并成：《河西走廊东部新发现的一条汉长城——汉揟次县至媼围县段长城勘察》，《敦煌研究》1996 年第 4 期。

3042　林梅村：《汉代精绝国与尼雅遗址》，《文物》1996 年第 12 期。

3043　马逵：《元中都的历史成因探析及其遗址的考古价值》，《张家口大学学报（综合版）》1997 年第 2 期。

3044　刘建国、古方、丛德新：《新疆库尔勒至轮台间古代城址的遥感探查》，《考古》1997 年第 7 期。

3045　阮秋荣：《试探尼雅遗址聚落形态》，《西域研究》1999 年第 2 期。

3046　杜根成、刘玉生、祁小山：《焉耆古国的七个星——清点七个星佛教遗址 1 个世纪以来的发现》，《文物天地》2002 年第 9 期。

3047　李一全、孙鸣生、李梅菊：《青海乌兰县大南湾遗址试掘简报》，《考古》2002 年第 12 期。

3048　曹汛：《寻找汉唐的路堠》，《建筑史》第 3 辑，北京：清华大学出版社，2003 年。

3049　何宇华、孙永军：《空间遥感考古与楼兰古城衰亡原因的探索》，《考古》2003 年第 3 期。

3050　林立：《夏合吐尔和乌什吐尔地面佛寺遗址研究》，《西域研究》2005 年第 3 期。

3051　孙满利、王旭东、李最雄、张明泉：《交河故城衰落的原因分析》，《敦煌研究》2005 年第 6 期。

3052　杨文成、代福尧、周志清、唐翔、唐亮、索德浩：《2006 年度四川会理县东咀遗址发掘简报》，《成都考古发现（2006）》，北京：科学出版社，2006 年。

3053　薛春霖、施维琳：《茶马古道的历史物证——马店》，《云南民族大学学报（哲学社会科学版）》2006 年第 2 期。

3054　孙尚勇：《论〈大唐西域记〉所载佛说〈毗摩罗诘经〉遗址》，《中国文化研究》2007 年第 4 期。

3055　邓炳权：《海上丝绸之路与相关文物古迹的认定》，《广州文博》第二期，北京：文物出版社，2008 年。

3056　张多勇：《从居延 E·P·T59·582 汉简看汉代泾阳县、乌氏县、月氏道城址》，《敦煌研究》2008 年第 2 期。

3057　束锡红：《黑水城"河边大塔"的性质及断代——以考察队的地图和照片为中心》，《西夏学》第 4 辑，银川：宁夏人民出版社，2009 年。

3058　梁涛：《新疆和田安迪尔古城佛塔保存现状及保护对策》，《文物保护与考古科学》2009 年第 3 期。

3059　薛正昌：《黑水城：不同历史时期的地位与影响》，《西夏学》第一期 5 辑，上海：上海古籍出版社，2010 年。

3060　邢春林：《唐代安西都护府渭干河西岸遗址群的调查与研究》，《新疆师范大学学报（哲学社会科学版）》2010 年第 1 期。

3061　王元林：《丝绸之路古城址的保存现状和保护问题》，《中国文物科学研究》2010 年第 1 期。

3062　苏银梅：《宁夏固原早期丝绸之路遗址——回中宫、瓦亭驿、朝那古城、固原古城》,《文博》2010 年第 3 期。

3063　强进前、杨路军:《河西走廊古城堡遗址变迁初探》,《河西学院学报》2010 年第 6 期。

3064　冉万里、习通源、朱超、陈新儒、赵占锐、亚合甫江:《新疆哈密白杨河下游佛寺遗址群调查报告》,《西部考古》第 5 辑,西安:三秦出版社,2011 年。

3065　何双全:《关于锁阳城遗址的几点初步认识》,《丝绸之路》2011 年第 18 期。

3066　李宏伟、谢延明:《锁阳城遗址形制及相关遗存初探》,《丝绸之路》2011 年第 18 期。

3067　龚鹏程:《特克斯考古记》,《文化遗产研究》第 2 辑,成都:巴蜀书社,2012 年。

3068　吴勇:《新疆吐鲁番胜金口石窟考古发掘新收获》,《西域研究》2012 年第 3 期。

3069　张书颖:《对楼兰古城废弃原因的思考》,《丝绸之路》2012 年第 16 期。

3070　郭青林、张景科、孙满利、王旭东、谌文武、裴强强、杨善龙:《新疆北庭故城病害特征及保护加固研究》,《敦煌研究》2013 年第 1 期。

3071　黄培杰、满盈盈:《西域佛教美术遗址考古综论》,《民族艺术》2013 年第 2 期。

3072　张安福:《西域都护府乌垒城遗址考》,《齐鲁学刊》2013 年第 3 期。

3073　陈晓露:《楼兰 LB 佛寺考》,《文物》2013 年第 4 期。

3074　严辉、王咸秋:《洛阳新安汉函谷关遗址考古工作综述》,《洛阳考古》第二期,郑州:中州古籍出版社,2014 年。

3075　钱国祥、刘涛、郭晓涛:《汉魏故丝路起点——汉魏洛阳故城遗址的考古勘察收获》,《洛阳考古》第二期,郑州:中州古籍出版社,2014 年。

3076　赵淑梅:《新安汉函谷关遗址病害调查与保护对策刍议》,《文物建筑》第 7 辑,北京:科学出版社,2014 年。

3077　王建新、A. Berdimimurodov、马健、陈爱东、周新郢、孙危、曹辉、M. Khasanov、K. Raximov:《2014 年乌兹别克斯坦撒马尔罕盆地南缘考古调查简报》,《西部考古》第 8 辑,北京:科学出版社,2014 年。

3078　高城:《交河故城的前世今生》,《寻根》2014 年第 2 期。

3079　蔡磊、康荔、代巨鹏、朱伟:《丝绸之路文物古迹"甘肃锁阳城"三维建模方法研究》,《地理空间信息》2014 年第 4 期。

3080　西北大学丝绸之路文化遗产保护与考古学研究中心、新疆文物考古研究所哈密地区文物局巴里坤县文物局:《2009 年新疆巴里坤石人子沟遗址 F2 发掘报告》,《考古与文物》2014 年第 5 期。

3081　张安福、田海峰:《环塔里木丝绸之路沿线汉唐时期历史遗存调查》,《石河子大学学报（哲学社会科学版）》2014 年第 5 期。

3082 马健、习通源、任萌、王建新：《新疆巴里坤红山口遗址 2008 年调查简报》，《文物》2014 年第 7 期。

3083 郭桂坊：《羊牧隆城遗址考略》，《黑龙江史志》2014 年第 15 期。

3084 林梅村：《龟兹王城古迹考》，《西域研究》2015 年第 1 期。

3085 阿里甫江·尼亚孜、王永强：《新疆和静县巴仑台—伊尔根铁路沿线考古调查与发掘》，《西域研究》2015 年第 1 期。

3086 刘文锁：《曲什曼：古代新疆拜火教遗址的新发现》，《新疆师范大学学报（哲学社会科学版）》2015 年第 2 期。

3087 张明清：《丝路古道平川区境内古渡口与古城遗址考述》，《丝绸之路》2015 年第 2 期。

3088 刘琦、贺凌飞：《万里丝路千古灞桥——浅谈隋灞桥遗址在丝绸之路上的重要作用及其保护问题》，《陕西社会主义学院学报》2015 年第 3 期。

3089 张安福、田海峰：《城址遗存与汉代西域屯城布局》，《中国历史地理论丛》2015 年第 3 期。

3090 刘恒武、陈竞翘：《萨摩塔与宋日海上丝绸之路》，《日语学习与研究》2015 年第 5 期。

3091 李宏伟：《锁阳城遗址近百年重大考古发现综述》，《丝绸之路》2015 年第 14 期。

3092 张晋峰：《甘肃省古浪县丝绸之路佛教遗址的调查研究》，《人间》2015 年第 33 期。

3093 翟禹：《内蒙古草原丝绸之路历史文化遗产论纲——以文物遗址为例》，《地方文化研究辑刊》第 11 辑，成都：四川大学出版社，2016 年。

3094 裴梦斐：《汉长安城遗址区未搬迁居民问题研究》，《秦汉研究》第十辑，西安：陕西人民出版社，2016 年。

3095 刘立云：《丝路历史文化遗址及其集聚研究》，《宁夏社会科学》2016 年第 1 期。

3096 赵丛苍、张朝：《考古学视野下的丝绸之路军事遗存》，《文物》2016 年第 2 期。

3097 李并成：《唐代会州故址及其相关问题考——兼谈对于古代城址考察研究的些许体会》，《中国历史地理论丛》2016 年第 3 期。

3098 苏海洋：《河西南境的塞垣、古城与穿越祁连山宽谷的丝绸之路》，《天水师范学院学报》2016 年第 4 期。

3099 王炳华、王路力：《阿凡纳羨沃考古文化与孔雀河青铜时代考古遗存》，《西域研究》2016 年第 4 期。

3100 栾福明、熊黑钢、王昭国、王芳:《旧石器时期以来新疆文化遗址分布特征及驱动因素》,《中国沙漠》2016 年第 5 期。

3101 阿布都艾尼·阿不都拉:《高昌故城城墙保护加固研究》,《敦煌研究》2016 年第 5 期。

3102 熊昭明、富霞、陈启流:《广西合浦县草鞋村汉代遗址发掘简报》,《考古》2016 年第 8 期。

3103 张海龙:《吐鲁番军事防御设施遗址考古记》,《大众考古》2016 年第 12 期。

3104 夏吉金:《浅析骆驼城遗址及其在丝绸之路上的重要地位》,《丝绸之路》2016 年第 24 期。

3105 任萌、习通源、王建新、聂忠智、梁云、曹辉、热娜古丽·玉素甫、兰博、戎天佑、郝柯羽、刘露露、张寒冬、苏河、A. Berdimimurodov、M. Khasanov、K. Raximov、T. Annaev:《2015 年度撒马尔罕萨扎干遗址发掘报告》,《西部考古》第 12 辑,北京:科学出版社,2017 年。

3106 赖洪波:《清代惠远城望河楼及其文化镜像剖析》,《伊犁师范学院学报(社科版)》2017 年第 1 期。

3107 杨圆梦、艾中帅:《河南丝绸之路古关隘的现状调查及保护对策》,《济源职业技术学院学报》2017 年第 3 期。

3108 林梅村:《中亚锡尔河北岸的康居王庭》,《西域研究》2017 年第 3 期。

3109 邹飞:《塔克西拉佛教遗址发掘历程述论》,《敦煌学辑刊》2017 年第 3 期。

3110 尤江彬、陈富龙:《西域都护府/且末古城数字地望考与长波段雷达次地表考古初探》,《遥感技术与应用》2017 年第 5 期。

3111 栾福明、熊黑钢、王芳、王昭国:《新疆文化遗址时空演变与人地关系》,《地域研究与开发》2017 年第 5 期。

3112 雷婷婷:《从居延遗址窥探汉代丝绸之路的兴盛》,《大观》2017 年第 8 期。

墓　葬

3113 何汉南:《西安市西窑头村唐墓清理记》,《考古》1965 年第 8 期。

3114 丝路:《阿斯塔那的张雄古墓》,《新疆师范大学学报(社会科学版)》1984 年第 2 期。

3115 韩孔乐、罗丰:《固原北魏墓漆棺的发现》,《美术研究》1984 年第 2 期。

3116 卢茂村:《从朱然墓的出土文物谈吴国海上丝绸之路》,《海交史研究》1990 年第 2 期。

3117 陈安利：《西安、吐鲁番唐墓葬制葬俗比较》，《文博》1991年第1期。

3118 冯国富、武殿卿、黄丽荣：《固原北魏墓出土文物》，《固原师专学报》1991年第4期。

3119 孟凡人：《论尼雅59MN001号墓的时代》，《西域研究》1992年第4期。

3120 陈明芳：《西南丝绸之路上的悬棺葬及其族属》，《南方文物》1993年第4期。

3121 姚蔚玲：《唐宋"蕃客"的丧葬习俗》，《固原师专学报》1995年第2期。

3122 马国荣：《唐以前西域的丧葬文化》，《西域研究》1995年第2期。

3123 叶茂林：《四川松潘县松林坡唐代墓葬的清理》，《考古》1998年第1期。

3124 罗丰：《丝绸之路与北朝隋唐原州古墓》，《固原师专学报》1998年第5期。

3125 林梅村：《从考古发现看隋末唐初于阗与中原的关系——大唐毗沙郡将军叶和墓表考证》，《西域研究》1999年第2期。

3126 刘学堂：《新疆地区史前墓葬的初步研究》，《史前研究》，西安：三秦出版社，2000年。

3127 张庆捷、畅红霞、张兴民、李爱国：《太原隋代虞弘墓清理简报》，《文物》2001年第1期。

3128 柳洪亮：《吐鲁番阿斯塔那—哈拉和卓古墓地出土古尸述论》，《西域研究》2001年第1期。

3129 刘文锁：《山普拉墓地的埋葬制度》，《西域研究》2002年第3期。

3130 刘学堂、托呼提：《新疆额敏河流域发现早期游牧民族的墓葬》，《西域研究》2002年第3期。

3131 姚蔚玲：《宁夏固原北朝墓葬初探》，《华夏考古》2002年第4期。

3132 霍巍：《论青海都兰吐蕃时期墓地考古发掘的文化史意义——兼评阿米·海勒〈青海都兰的吐蕃时期墓葬〉》，《青海民族学院学报（社会科学版）》2003年第3期。

3133 刘学堂、托呼提、阿里甫：《新疆尼勒克县别特巴斯陶墓群全面发掘获重要成果》，《西域研究》2004年第1期。

3134 周小明：《新疆尼勒克县加勒格斯哈音特和铁木里克沟口墓地考古发掘成果简述》，《西域研究》2004年第4期。

3135 杨军凯、孙福喜：《西安市北周史君石椁墓》，《考古》2004年第7期。

3136 吴勇：《新疆喀什下坂地墓地考古发掘新收获》，《西域研究》2005年第1期。

3137 祖鲁比亚·吾斯曼、努尔比亚·吾斯曼：《从考古资料试析西域民族丧葬习俗的演变及文化渊源》，《新疆教育学院学报》2006年第2期。

3138 陆锡兴：《吐鲁番古墓纸明器研究》，《西域研究》2006年第3期。

3139 祖鲁比亚·吾斯曼、努尔比亚·吾斯曼：《西域民族丧葬习俗的演变及文化渊源》，《新疆大学学报（哲学·人文社会科学版）》2006年第3期。

3140 刘弘、武科、杨永鹏、李平、党国平、禄德军、李绪成、李升、周志清、唐翔、唐亮、索德浩：《四川会理县雷家山墓地M1发掘报告》，《成都考古发现（2007）》，北京：科学出版社，2007年。

3141 王博、傅明方：《包孜东、麻扎甫塘古墓与龟兹古国文化》，《龟兹学研究》，乌鲁木齐：新疆大学出版社，2007年。

3142 张铭心：《吐鲁番交河沟西墓地新出土高昌墓砖及其相关问题》，《西域研究》2007年第2期。

3143 梅建军、李明华：《关于我国北方商周墓葬所出"弓形饰"的若干问题》，《西域研究》2007年第3期。

3144 侯晓斌：《乾陵陪葬墓"狩猎类"文物浅析》，《乾陵文化研究》，西安：三秦出版社，2008年。

3145 新疆文物考古研究所库车县文物局：《新疆库车县发现晋十六国时期汉式砖室墓》，《西域研究》2008年第1期。

3146 宋晓梅：《新疆尉犁县营盘15号墓文化内涵探析》，《石河子大学学报（哲学社会科学版）》2008年第5期。

3147 王维坤：《论西安北周粟特人墓和罽宾人墓的葬制和葬俗》，《考古》2008年第10期。

3148 傅举有：《马王堆汉墓与南海海上丝绸之路》，《广州文博》第四期，北京：文物出版社，2010年。

3149 马建军：《固原北朝、隋唐墓地及其普遍价值》，《丝绸之路》2010年第2期。

3150 杨建华：《张家川墓葬草原因素寻踪——天山通道的开启》，《西域研究》2010年第4期。

3151 刘向上：《苏禄国东王墓：中国国土上惟一的外国国王陵墓》，《丝绸之路》2010年第9期。

3152 谭玉华：《新疆塔什库尔干县下坂地AⅡ号墓地新识》，《西域研究》2011年第3期。

3153 周佩妮：《北周田弘墓出土文物的重要学术价值》，《宁夏师范学院学报》2011年第4期。

3154 周良霄：《沽源南沟村元墓与阔里吉思考》，《考古与文物》2011年第4期。

3155 吕馨：《辽墓出土金属面具与网络起源的再探讨》，《南方文物》2012年第1期。

3156 吴勇：《论新疆喀什下坂地墓地青铜时代文化》，《西域研究》2012年第4期。

3157 王维坤：《关于西安发现的北周粟特人墓和罽宾人墓之我见》，《碑林集刊》第19辑，西安：陕西人民美术出版社，2013年。

3158 肖小勇：《西域史前晚期墓葬类型研究》，《西域研究》2013年第1期。

3159 艾涛：《新疆阿克陶县克孜勒加依墓地考古新发现》，《西域研究》2013年第2期。

3160 于建军：《新疆阿勒泰加朗尕什、哈拜汗墓地发掘成果》，《西域研究》2013年第2期。

3161 田小红、吴勇：《新疆拜城多岗墓地考古新收获》，《西域研究》2013年第3期。

3162 张翔宇、柴怡、王励耘、史连峰、李文会、张红仓、陈芳学、杨永岗、高博、党晓婷、王娥：《西安西郊唐突骑施奉德可汗王子墓发掘简报》，《文物》2013年第8期。

3163 司艺、蒋洪恩、王博、何秋菊、胡耀武、杨益民、王昌燧：《新疆阿斯塔那墓地出土唐代木质彩绘的显微激光拉曼分析》，《光谱学与光谱分析》2013年第10期。

3164 巫新华：《2013年新疆塔什库尔干吉尔赞喀勒墓地的考古发掘》，《西域研究》2014年第1期。

3165 三海子考古队：《新疆青河三海子墓葬及鹿石遗址群考古新收获》，《西域研究》2014年第1期。

3166 张弛：《尼雅95MNIM8随葬弓矢研究——兼论东汉丧葬礼仪对古代尼雅的影响》，《西域研究》2014年第3期。

3167 陈亚军：《麦坪遗址瓮棺葬（M1）年代及其相关问题》，《四川文物》2014年第4期。

3168 于建军、胡望林：《2014年新疆哈巴河县喀拉苏墓地考古发掘新收获》，《西域研究》2015年第1期。

3169 王子今：《论汉昭帝平陵从葬驴的发现》，《南都学坛》2015年第1期。

3170 海科·施托伊尔著，周芝雨译：《罗马帝国时期日耳曼尼亚的首领墓葬——跨界者的墓葬》，《西域研究》2015年第2期。

3171 王永强、张杰：《新疆哈密市柳树沟遗址和墓地的考古发掘》，《西域研究》2015年第2期。

3172 何伟、李卓：《略论宁夏地区唐代中小型墓葬分期》，《华夏考古》2015年第3期。

3173 西北大学文化遗产学院、宁夏文物考古研究所、彭阳县文物管理所：《宁夏彭阳海子塬北魏、隋墓清理简报》，《考古与文物》2015年第3期。

3174 马晓玲：《中古时期入华粟特人墓葬的发现与研究》，《中国史研究动态》2015 年第 3 期。

3175 孙占鳌：《论河西魏晋墓画所反映的经济社会生活》，《丝绸之路》2015 年第 8 期。

3176 刘瑞：《城固饶家营"张骞墓"的发掘及相关问题》，《西部考古》第 11 辑，北京：科学出版社，2016 年。

3177 李春香、周慧：《小河墓地出土人类遗骸的母系遗传多样性研究》，《西域研究》2016 年第 1 期。

3178 孔令远、李艳华：《马达加斯加武海马尔墓地的发掘与研究》，《海交史研究》2016 年第 2 期。

3179 田海峰：《墓葬遗存与环塔里木历史文化研究》，《宁夏社会科学》2017 年第 2 期。

3180 陈平平：《今南京郑和墓与其海上丝绸之路申遗问题考析》，《南通航运职业技术学院学报》2017 年第 3 期。

3181 赵洋：《中古丝路上文化的传与承——以墓葬所见有翼神兽为例》，《新疆大学学报（哲学·人文社会科学版）》2017 年第 3 期。

探险与考察

3182 傅乐焕：《斯坦因第三次中亚考古盗去我国文物简述》，《文物参考资料》1951 年第 5 期。

3183 敏文清：《斯坦因西域探险著述略释》，《图书与情报》1991 年第 2 期。

3184 纪宗安：《追求、探索与保存：斯文·赫定与丝绸之路文化》，《暨南学报（哲学社会科学）》1997 年第 1 期。

3185 刘进宝：《鄂登堡考察团与敦煌遗书的收藏》，《中国边疆史地研究》1998 年第 1 期。

3186 王炳华：《小河考察断想》，《西域研究》2001 年第 2 期。

3187 耿昇：《伯希和西域探险与中国文物的外流》，《西北第二民族学院学报（哲学社会科学版）》2001 年第 4 期。

3188 Е.И. 鲁勃·列斯尼切钦科、Т.К. 沙弗拉诺夫斯卡娅著，崔红芬、文志勇译：《黑水死城（上）》，《西北第二民族学院学报（哲学社会科学版）》2005 年第 1 期。

3189 Е.И. 鲁勃·列斯尼切钦科、Т.К. 沙弗拉诺夫斯卡娅著，崔红芬、文志勇译：

《黑水死城（下）》，《西北第二民族学院学报（哲学社会科学版）》2005 年第 2 期。

3190 谢继忠：《英国考察家斯坦因在张掖》，《河西学院学报》2007 年第 3 期。

3191 耿昇：《伯希和西域探险团对库车地区的考察及其所获汉文书》，《龟兹学研究》，乌鲁木齐：新疆大学出版社，2008 年。

3192 周轩：《俄属芬兰男爵曼纳海姆（马达汉）西域考察中的官员交往》，《西域研究》2008 年第 2 期。

3193 石云涛：《斯坦因楼兰考古的历史发现》，《人文丛刊》第六辑，北京：学苑出版社，2011 年。

3194 闫存庭：《芬兰探险家马达汉视域下的清末中国社会——〈马达汉西域考察日记 1906—1908〉述评》，《黑龙江史志》2012 年第 9 期。

3195 夏琳、陶继波：《斯文·赫定与斯坦因中国西域考察之比较研究》，《边疆经济与文化》2015 年第 4 期。

3196 陶继波：《斯文赫定与张骞的西域之行及其影响》，《文化学刊》2015 年第 9 期。

3197 李军：《徐松敦煌考察说献疑》，《文献》2016 年第 3 期。

文 物

通 论

3198 李遇春：《新疆省两年来的文物保护工作》，《文物参考资料》1955 年第 6 期。

3199 武伯纶：《唐代长安遗留在西安及其附近的和波斯有关的历史文物》，《西北大学学报（哲学社会科学版）》1978 年第 1 期。

3200 冯国富：《固原近年出土文物简述》，《固原师专学报（社会科学版）》1989 年第 1 期。

3201 樋口隆康著，张静译：《出土中国文物的西域遗迹》，《考古》1992 年第 12 期。

3202 聂崇正：《从存世文物看清代宫廷中的中西美术交流》，《文物》1997 年第 5 期。

3203 王丽娟：《由出土萨珊朝文物看魏晋南北朝时期的中伊文化交流》，《泰安师专学报》1998 年第 4 期。

3204 张海波：《对"泉州伊斯兰历史文化"陈列馆捐赠品考释》，《海交史研究》2001 年第 2 期。

3205 林向：《南方丝绸之路上发现的"立杆测影"文物》，《四川文物》2007 年第

4 期。

3206 吴小玲：《"南海一号"与宋代广西北部湾的对外交往》，《广西民族研究》2012年第1期。

3207 郑云：《龙海海域水下文物遗存初探》，《漳州师范学院学报（哲学社会科学版）》2013年第2期。

3208 张弛：《黄文弼在新疆考察所见古代西域十二生肖文物》，《吐鲁番学研究》2014年第2期。

3209 吴艳春：《新疆发现猴形文物的多元文化成因》，《新疆艺术学院学报》2014年第4期。

3210 刘英智：《珍藏在旅顺博物馆里的西域遗存》，《新疆人文地理》2014年第5期。

3211 武宇林：《日本龙谷大学图书馆藏西域文物资料考述》，《图书馆理论与实践》2014年第5期。

3212 廖国一、郭健新：《从出土出水文物看唐宋时期中国对印尼的影响》，《广西师范大学学报（哲学社会科学版）》2015年第4期。

3213 刘晓荣、裴应东：《武山博物馆馆藏唐代丝绸之路文物概说》，《丝绸之路》2015年第20期。

3214 张桂凤：《从出土文物看古城朝阳与丝绸之路之关联》，《辽宁师专学报（社会科学版）》2016年第1期。

3215 李枝彩：《南方丝路永昌道文物史迹探索》，《大理民族文化研究论丛》第6辑，北京：民族出版社，2017年。

3216 周伟洲：《新出土中古有关胡族文物研究》，《中国边疆史地研究》2017年第1期。

3217 吴伟峰：《广西合浦汉代出土文物与海上丝绸之路》，《当代广西》2017年第10期。

3218 刘莉莉：《新出土中古有关胡族文物研究》，《文化创新比较研究》2017年第16期。

3219 张彤、杜汉超：《丝绸之路上的西风古韵——内蒙古元代文物外来文化因素考》，《文物鉴定与鉴赏》2018年第3期。

3220 姚香勤：《"丝绸之路"文化对文物的影响——从馆藏和新乡地区出土文物说起》，《文物鉴定与鉴赏》2018年第4期。

织　物

3221 新疆维吾尔自治区博物馆出土文物展览工作组：《"丝绸之路"上新发现的汉唐

织物》，《文物》1972 年第 3 期。

3222 樊锦诗、马世长：《莫高窟发现的唐代丝织物及其它》，《文物》1972 年第 12 期。

3223 陈娟娟：《新疆土鲁番出土的几种唐代织锦》，《文物》1979 年第 2 期。

3224 刘曼春：《丝绸之路上的丝绸》，《丝绸》1982 年第 6 期。

3225 贾应逸：《新疆丝织技艺的起源及其特点》，《考古》1985 年第 2 期。

3226 梁加龙：《从西德发现的中国丝绣品论早期中西交通》，《浙江丝绸工学院学报》1986 年第 2 期。

3227 武敏：《新疆出土汉至唐丝织物概说》，《文博》1991 年第 1 期。

3228 梁加龙：《新出丝绸与中西交通》，《史学月刊》1991 年第 6 期。

3229 朱亚非：《山东早期的纺织业与北方海上丝绸之路》，《管子学刊》1993 年第 1 期。

3230 蒋猷龙：《丝绸之路话丝绸》，《丝绸》1993 年第 2 期。

3231 蒋猷龙：《丝绸之路话丝绸（续）》，《丝绸》1993 年第 3 期。

3232 蒋猷龙：《丝绸之路话丝绸（续）》，《丝绸》1993 年第 4 期。

3233 武敏：《新疆近年出土毛织品研究》，《西域研究》1994 年第 1 期。

3234 赵丰：《中国丝绸在瑞典的收藏和研究》，《丝绸》1994 年第 1 期。

3235 孙丽英：《试论中国古代织金织物的发展》，《丝绸》1994 年第 4 期。

3236 孙佩兰：《关于新疆、甘肃出土织绣物的考证：丝绸之路话刺绣、缂丝》，《上海工艺美术》1994 年第 4 期。

3237 周宏：《国外室内丝绸纺织品发展简史》，《国外丝绸》1994 年第 5 期。

3238 赵丰：《魏唐织锦中的异域神祇》，《考古》1995 年第 2 期。

3239 孙佩兰：《对缂丝起源研究中几个问题的看法》，《丝绸》1995 年第 7 期。

3240 牛汝极、王红梅：《丝绸之路上纺织业术语的东西方借用》，《西北民族研究》1996 年第 1 期。

3241 林梅村：《公元 3 世纪的西域纺织物》，《西域研究》1998 年第 1 期。

3242 孙佩兰：《丝绸之路上的汉唐刺绣》，《丝绸》2001 年第 2 期。

3243 楼婷：《"五星出东方利中国"汉式织锦——国宝级文物》，《北方文物》2002 年第 2 期。

3244 王展：《关于新疆尼雅 95MN1 号墓出土"汉锦"的特色》，《江苏丝绸》2003 年第 1 期。

3245 张勤：《吐鲁番古墓群出土纺织品探》，《文博》2003 年第 3 期。

3246 屠恒贤：《丝绸之路与东西方纺织技术交流》，《东华大学学报（社会科学版）》

2003 年第 4 期。

3247　严勇：《古代中日丝绸文化的交流与日本织物的发展》，《考古与文物》2004 年第 1 期。

3248　马建春：《元代西域纺织技艺的引进》，《新疆大学学报（哲学·人文社会科学版）》2005 年第 2 期。

3249　楼淑琦：《元代织金锦服饰工艺及修复》，《内蒙古文物考古》2006 年第 1 期。

3250　王永礼、屠恒贤：《经锦、纬锦与中外文化交流》，《哈尔滨工业大学学报（社会科学版）》2006 年第 4 期。

3251　许新国：《吐蕃墓出土蜀锦与青海丝绸之路》，《藏学学刊》第 3 辑，成都：四川大学出版社，2007 年。

3252　徐时仪：《"锦筵"和"舞筵"考源》，《燕赵学术》第二期，成都：四川辞书出版社，2007 年。

3253　杨印民：《纳失失与元代宫廷织物的尚金风习》，《黑龙江民族丛刊》2007 年第 2 期。

3254　张晓亚、张国华：《五星出东方利中国锦见证丝绸之路的畅通》，《四川丝绸》2007 年第 2 期。

3255　王君平：《关于新疆尼雅出土汉锦"五星出东方利中国"、"王侯合昏千秋万岁宜子孙"的产地及其艺术成就》，《纺织科技进展》2007 年增刊第 1 期。

3256　赵丰、王乐、王明芳：《论青海阿拉尔出土的两件锦袍》，《文物》2008 年第 8 期。

3257　赵丰：《丝绸之路上的纺织艺术》，《饰》2009 年第 2 期。

3258　王菊：《武威磨嘴子汉墓新出土纺织品文物的保护》，《丝绸之路》2009 年第 4 期。

3259　周菁葆：《日本正仓院所藏唐锦研究》，《浙江纺织服装职业技术学院学报》2009 年第 4 期。

3260　马万宏：《浅谈西域纺织品的外来因素》，《大众文艺》2009 年第 11 期。

3261　卓文静：《条纹裙相关问题刍议》，《西域研究》2010 年第 3 期。

3262　祁小山：《新疆洛浦县山普鲁乡出土的人物纹栽绒毯》，《西域研究》2010 年第 3 期。

3263　李青、张勇：《楼兰两汉织物艺术论》，《新疆艺术学院学报》2010 年第 3 期。

3264　郭丹华、吴子婴、刘剑、周旸、李文瑛：《新疆营盘出土丝纤维品种及其老化状况分析》，《纺织学报》2010 年第 4 期。

3265　张禾：《新疆洛浦山普拉出土人物纹栽绒毯内容初探》，《西域研究》2011 年第 1 期。

3266 张禾：《新疆洛浦山普拉出土人物栽绒毯内容再探——兼论印度教传入和田的年代及途径》，《西域研究》2011 年第 4 期。

3267 于颖：《尉论》，《上海博物馆集刊》第十二期，上海：上海书画出版社，2012 年。

3268 罗群、吕继熔：《唐代宝花狮纹锦织物的特点和复制》，《文物保护与考古科学》2012 年第 3 期。

3269 周菁葆：《丝绸之路与汉代西域的毛纺织技术》，《浙江纺织服装职业技术学院学报》2012 年第 3 期。

3270 萧巍：《从出土文物看我国古代纺织技术》，《丝绸之路》2012 年第 6 期。

3271 夏侠：《解析高昌合蠡纹锦袴的工艺特征》，《新疆艺术学院学报》2013 年第 1 期。

3272 于颖：《新疆出土斜纹晕繝缂毛》，《吐鲁番学研究》2013 年第 1 期。

3273 周菁葆：《丝绸之路与汉代西域的织锦》，《浙江纺织服装职业技术学院学报》2013 年第 1 期。

3274 周菁葆：《丝绸之路与史前时期西域的毛织品》，《浙江纺织服装职业技术学院学报》2013 年第 2 期。

3275 周菁葆：《西域高昌地区出土的魏晋南北朝时期的纺织品》，《浙江纺织服装职业技术学院学报》2013 年第 3 期。

3276 鲁佳亮、赵丰、王乐：《敦煌出土的绮的生产技术研究》，《丝绸》2014 年第 8 期。

3277 巴音其其格：《试析阿斯塔那出土织锦覆面的文化意义》，《丝绸之路》2014 年第 10 期。

3278 马叶桢：《新疆山普拉古墓群出土原白色套头上衣的修复和研究》，《商》2014 年第 50 期。

3279 李晓瑜：《我国古代织物用金之表现技艺发展的三个阶段》，《设计艺术研究》2015 年第 1 期。

3280 段晴：《新疆山普鲁古毛毯上的传说故事》，《西域研究》2015 年第 1 期。

3281 黎珂、王睦、李肖、德金、佟湃、陈晓程：《裤子、骑马与游牧——新疆吐鲁番洋海墓地出土有裆裤子研究》，《西域研究》2015 年第 2 期。

3282 卢秀文、徐会贞：《披帛与丝路文化交流》，《敦煌研究》2015 年第 3 期。

3283 李亚平：《论唐丝织品的输出与唐宋律令规定的变化及影响》，《西北师范大学学报（社会科学版）》2015 年第 3 期。

3284 段晴：《天树下娜娜女神的宣言——新疆洛浦县山普鲁出土毛毯系列研究之

一》,《西域研究》2015 年第 4 期。

3285 王子今:《汉代河西市场的织品——出土汉简资料与遗址发掘收获相结合的丝绸之路考察》,《中国人民大学学报》2015 年第 5 期。

3286 闫文君、徐红:《新疆阿斯塔那墓出土的晋唐时期丝履特色分析》,《丝绸》2015 年第 7 期。

3287 夏侠:《新疆古代纺织品配饰的造型与工艺》,《新疆艺术学院学报》2016 年第 2 期。

3288 徐红、何元园:《从出土文物看新疆各时期的缂毛产品》,《现代纺织技术》2016 年第 2 期。

3289 葛美珠:《齐鲁时期山东的丝织业与北方海上丝绸之路》,《内蒙古师范大学学报（哲学社会科学版）》2016 年第 3 期。

3290 李晓瑜:《五代宋金元时期回鹘对中原丝绸织金的影响》,《艺术设计研究》2016 年第 4 期。

3291 陈爱蓉、陈雅劼:《如何丝路成坦途——南丝路上蜀锦的过去、现在与将来》,《四川戏剧》2016 年第 4 期。

3292 付岳莹:《探析丝绸之路对室内装饰用丝织品发展的影响——以唐代为例》,《现代装饰（理论）》2016 年第 6 期。

3293 曹秋玲、刘辉、王博:《元代以前西域的棉纺织》,《丝绸》2016 年第 9 期。

3294 李斌、李强、黄琳:《缂丝起源与传播的问疑》,《丝绸》2016 年第 11 期。

3295 苏扬帆、葛明桥:《略论缂丝的历史发展与艺术特点》,《浙江纺织服装职业技术学院学报》2017 年第 2 期。

3296 王子今:《汉代河西的蜀地织品——以"广汉八稯布"为标本的丝绸之路史考察》,《四川文物》2017 年第 3 期。

3297 司徒尚纪、许桂灵:《黄道婆对棉纺织业的贡献与我国海上丝绸之路》,《新东方》2017 年第 3 期。

3298 唐林:《蜀锦与丝绸之路》,《中华文化论坛》2017 年第 3 期。

3299 王敏:《陆地丝绸之路上的刺绣文化》,《锦绣》2017 年第 5 期。

3300 茅惠伟、徐铮:《丝路百衲织物的比较研究》,《丝绸》2018 年第 2 期。

陶 瓷

3301 周长源:《扬州出土古代波斯釉陶器》,《考古》1985 年第 2 期。

3302 李辉柄:《〈茶经〉与唐代瓷器》,《故宫博物院院刊》1986 年第 3 期。

3303 熊寥：《从出土陶瓷看唐代中外文化交流》，《新美术》1989年第3期。

3304 冯先铭：《泰国、朝鲜出土的中国陶瓷》，《中国文化》1990年第1期。

3305 马志祥：《汉代陶楼小议》，《文博》1991年第1期。

3306 乔文征：《从出土陶瓷看唐代中外文化交流》，《文博》1991年第1期。

3307 陈达生：《唐代海上陶瓷之路的见证——泰国猜耶出土瓷碗和扬州出土背水壶上阿拉伯文图案的鉴定》，《海交史研究》1992年第2期。

3308 王莉英：《中西文化交流中的中国瓷器》，《故宫博物院院刊》1993年第2期。

3309 何继英：《西方艺术对魏晋南北朝隋唐陶瓷器的影响》，《上海博物馆集刊》第七期，上海：上海书画出版社，1996年。

3310 李建毛：《长沙窑瓷与丝绸之路》，《海交史研究》1996年第1期。

3311 邓禾颖：《佛教与中国陶瓷文化》，《景德镇陶瓷》1997年第4期。

3312 温其洲：《宋代广西烧造腰鼓的瓷窑及定窑、磁州窑腰鼓》，《广西社会科学》1997年第5期。

3313 邓禾颖：《佛教与中国陶瓷文化》，《陶瓷研究》1998年第2期。

3314 李翎：《六朝佛教对传统青瓷艺术的影响》，《佛学研究》1998年。

3315 陈野：《浙江青瓷与"陶瓷之路"》，《浙江工艺美术》1999年第4期。

3316 王国栋、王骥：《中原古代瓷器在西藏的流传》，《青海师范大学学报（哲学社会科学版）》2001年第4期。

3317 王博：《新疆考古出土手制黑衣陶器初探》，《西域研究》2002年第3期。

3318 苏振兴：《略论中外经济文化交流中的陶瓷》，《喀什师范学院学报》2003年第4期。

3319 栗建安：《闽南古代陶瓷与"海上丝绸之路"》，《闽都文化研究》下，福州：海峡文艺出版社，2004年。

3320 李国清、郑培凯、梁宝鎏、余君岳、李果：《中国德化白瓷与欧洲早期制瓷业》，《海交史研究》2004年第1期。

3321 梅礼成：《从三彩单峰驼看盛唐中西交通》，《寻根》2004年第6期。

3322 余家栋、余江安：《从窖藏和沉船瓷器看景德镇瓷器外销兴旺的历史背景》，《南方文物》2005年第3期。

3323 施加农：《西晋青瓷胡人俑的初步研究》，《东方博物》第18辑，杭州：浙江大学出版社，2006年。

3324 贾兴和、董豫、王昌燧、温睿：《斯里兰卡曼泰（Mantai）遗址出土陶瓷产地的初步分析》，《考古与文物》2006年第3期。

3325 施茜：《西域之风——从元青花瓷器纹饰"开光"看中亚、西亚文化对中原的影响》,《中国陶瓷》2006 年第 9 期。

3326 曹春生:《景德镇元代陶瓷雕塑时代特征》,《景德镇陶瓷》2007 年第 1 期。

3327 冉万里:《"丝绸之路"视野中的一件三彩骆驼俑》,《乾陵文化研究》,西安:三秦出版社,2008 年。

3328 陈联众:《明代永宣青花瓷器与西域文化》,《文物春秋》2008 年第 1 期。

3329 约翰·盖伊著,王丽明译:《九世纪初连结中国与波斯湾的外销瓷:勿里洞沉船的例证》,《海交史研究》2008 年第 2 期。

3330 赵维玺:《陶模冶新析论》,《西域研究》2009 年第 1 期。

3331 贾建威:《介绍几件甘肃省出土的元青花瓷》,《考古与文物》2009 年第 4 期。

3332 江凌、詹嘉:《宋初景德镇青白瓷来源及分布研究》,《丝绸之路》2009 年第 24 期。

3333 董波:《试论早期白瓷中的西域要素》,《中原文物》2010 年第 6 期。

3334 王雪艳:《丝绸之路对中国古代陶瓷艺术的影响》,《大舞台》2011 年第 10 期。

3335 马金梅、杨芳:《略论回族文物的伊斯兰文化特征——以清真寺、瓷器、金属器为例》,《丝绸之路》2011 年第 22 期。

3336 郭育生:《"海上丝绸之路"的外销瓷——磁灶童子山窑的产品及其工艺》,《海交史研究》2012 年第 1 期。

3337 张静容:《文化软实力视野下克拉克瓷的文化叙事》,《贵阳学院学报(社会科学版)》2012 年第 2 期。

3338 高炳文:《略论漳州窑兴衰缘由及其历史地位》,《漳州师范学院学报(哲学社会科学版)》2012 年第 4 期。

3339 陈艳云:《浅谈张骞出使西域之中外陶瓷文化交流贡献》,《文艺生活·文海艺苑》2012 年第 11 期。

3340 王雪艳:《17 世纪后通过海上丝绸之路西方文化对中国陶瓷艺术的影响》,《陶瓷学报》2013 年第 1 期。

3341 万礼杰:《国际经济文化交流中的中国古陶瓷研究》,《科技广场》2013 年第 4 期。

3342 张莉:《浅析西夏灵武窑瓷器装饰纹样的艺术特征》,《大众文艺》2013 年第 4 期。

3343 曾翠:《"南海Ⅰ号"出水宋代婴戏莲纹碗浅析》,《大众文艺》2013 年第 16 期。

3344 易中华:《论唐代长沙窑陶瓷的异域生活装饰美》,《创作与评论》2013 年第 20 期。

3345 高顺旺:《"丝绸之路"上的唐三彩》,《大众文艺》2013 年第 21 期。

3346 周华、李铧：《广西唐代青瓷窑的兴衰》，《广西博物馆文集》第 10 辑，南宁：广西人民出版社，2014 年。

3347 王艳蓉、朱铁权、冯泽阳、谭羡、叶道阳、郑颖：《"南海Ⅰ号"出水古陶瓷器科技分析研究》，《岩矿测试》2014 年第 3 期。

3348 万明：《全球化视野下晚明漳州青花瓷的异军突起》，《社会科学辑刊》2014 年第 3 期。

3349 郑闰：《郑和七下西洋与青花瓷釉料研究》，《南通航运职业技术学院学报》2014 年第 4 期。

3350 杜静薇：《试析考古出土西夏瓷器的制作工艺》，《丝绸之路》2014 年第 10 期。

3351 刘光煜：《汪世显家族墓出土的南宋官窑瓷器及相关问题研究》，《丝绸之路》2014 年第 10 期。

3352 刘邦：《元代青花瓷器与丝绸之路中的跨文化交流》，《学理论》2014 年第 36 期。

3353 肖强、张丽莉：《洗砚池晋墓出土的青瓷胡人骑狮考释》，《文博》2015 年第 1 期。

3354 朱方胜、朱丹丹：《新航路开辟对巴洛克陶瓷的影响》，《美苑》2015 年第 6 期。

3355 龚为纲、罗教讲：《大数据视野下的 19 世纪"海上丝绸之路"——以丝绸、瓷器与茶叶的文化影响力为中心》，《学术论坛》2015 年第 12 期。

3356 周世荣：《畅谈"丝绸之路"中的长沙窑彩瓷》，《湖南省博物馆馆刊》第 12 辑，长沙：岳麓书社，2016 年。

3357 张茂林、袁枫：《景德镇历代陶瓷艺术中的语言文字及作用研究》，《中国陶瓷工业》2016 年第 1 期。

3358 张晓鸣：《"海上丝绸之路"上的广彩》，《广州航海学院学报》2016 年第 1 期。

3359 李雅淳：《早期英国金银配饰的中国瓷器》，《南方文物》2016 年第 2 期。

3360 黄芳芳：《"海上丝路"背景下"广彩"的艺术形态研究》，《美与时代（上旬刊）》2016 年第 2 期。

3361 傅宝姬：《沿海唐五代时期孔雀蓝釉陶器的异域风格考析》，《装饰》2016 年第 3 期。

3362 张海军：《海上丝绸之路上的璀璨明珠长沙窑中外文化交流略谈》，《收藏家》2016 年第 3 期。

3363 杨莉萍：《丝路瓷器与中国传统美学思想的传播》，《福建论坛（人文社会科学版）》2016 年第 4 期。

3364 丁雨、秦大树：《肯尼亚乌瓜纳遗址出土的中国瓷器》，《考古与文物》2016年第6期。

3365 谢捷：《浅析高丽青瓷从模仿到创新的原因》，《陶瓷科学与艺术》2016年第6期。

3366 林珊娜：《泉州市博物馆藏宋元外销军持赏析——伊斯兰文化与泉州海上丝绸之路陶瓷外销初探》，《文物天地》2016年第7期。

3367 林尚斌：《唐三彩与丝绸之路文化交流》，《档案》2016年第8期。

3368 苏倩：《从出土的陶瓷看唐宋时期中国与马来西亚的关系》，《文史博览（理论）》2016年第9期。

3369 程酩茜：《波斯釉陶：早期海上丝绸之路的见证者》，《大众考古》2016年第9期。

3370 朱素珍：《海上丝绸之路视野下龙泉青瓷外销研究》，《丝绸之路》2016年第10期。

3371 林刚年：《泉州外销瓷与"海丝"文化初探——以馆藏宋元德化窑外销瓷为例》，《东方收藏》2016年第10期。

3372 阎晶宇：《唐代白釉双龙柄壶刍议》，《杭州文博》第二期，北京：中国书店，2017年。

3373 王元林：《吴哥古迹出土陶瓷与海上丝绸之路文化交往》，《南方文物》2017年第2期。

3374 常雷：《异域青花别样蓝——管窥17世纪荷兰绘画中的青花瓷》，《中国美术》2017年第4期。

3375 胡桂芬：《丝绸之路沿线史前彩陶异形器物研究》，《青海师范大学学报（哲学社会科学版）》2017年第5期。

3376 孟原召：《闽南地区宋至清代制瓷手工业遗存研究》，《文物》2017年第9期。

3377 党顺民：《从民间藏唐西域风格陶扑满说起》，《收藏》2017年第11期。

3378 陈思：《浅谈长沙窑出口瓷与丝绸之路的发展关系》，《中外交流》2017年第12期。

3379 陈怀成：《论唐三彩的收藏价值与鉴别》，《长江丛刊》2017年第18期。

3380 胡锦彤：《唐代乐平南窑茶器研究》，《大众文艺》2017年第22期。

3381 胡宇：《海上丝绸之路对清代民间广彩陶瓷设计的影响》，《包装工程》2018年第2期。

玻璃器

3382　周庆基：《玻璃输入与"海上丝绸之路"》，《海交史研究》1985 年第 1 期。

3383　干福熹、李青会、顾冬红、张平、承焕生、张斌、马波：《新疆拜城和塔城出土的早期玻璃珠的研究》，《硅酸盐学报》2003 年第 7 期。

3384　张平、潜伟、李青会：《拜城克孜尔墓地出土的玻璃珠及其相关问题》，《龟兹学研究》第一辑，乌鲁木齐：新疆大学出版社，2006 年。

3385　孙泓：《从东北亚地区出土的玻璃器看丝绸之路的向东延伸》，《东方博物》第 21 辑，杭州：浙江大学出版社，2006 年。

3386　干福熹：《古代丝绸之路和中国古代玻璃》，《自然杂志》2006 年第 5 期。

3387　陆驰：《丝绸之路对中国古代玻璃艺术的影响》，《装饰》2007 年第 4 期。

3388　崔剑锋、何传坤、刘克父、吴小红：《台湾出土部分古代玻璃珠的科学分析》，《南方文物》2008 年第 4 期。

3389　高伟、翟晓兰：《从"鸭形玻璃注"看北燕时期中西交流》，《文博》2009 年第 5 期。

3390　曹光新：《法门寺伊斯兰琉璃器》，《中国科技博览》2009 年第 17 期。

3391　马建军：《北周田弘墓出土的玻璃器探析》，《宁夏师范学院学报》2011 年第 4 期。

3392　成倩、王博、郭金龙、崔剑锋：《丝绸之路且末古国墓地出土玻璃器成分特点研究》，《玻璃与搪瓷》2012 年第 2 期。

3393　成倩、郭金龙、王博、崔剑锋：《LA-ICP-AES 分析丝绸之路且末出土玻璃器成分特点》，《光谱学与光谱分析》2012 年第 7 期。

3394　魏楚楚：《先秦时期楚国的琉璃珠来源路径探讨》，《金田》2012 年第 10 期。

3395　白曙璋：《北魏平城的玻璃器和金银器》，《赤峰学院学报（哲学社会科学版）》2013 年第 8 期。

3396　刘瑶：《从元代玻璃莲花托盏看中国玻璃器的发展》，《丝绸之路》2013 年第 8 期。

3397　赵婷婷：《海上丝绸之路之清代贸易品玻璃器的料性与器型分析》，《当代手工艺》第三期，青岛：青岛出版社，2014 年。

3398　博碧姬：《北部湾地区汉代玻璃器和海上丝绸之路》，《广西博物馆文集》第 11 辑，南宁：广西人民出版社，2014 年。

3399　刘光煜：《试论中国早期出土的蜻蜓眼式玻璃珠之功用》，《丝绸之路》2014 年第 18 期。

3400 黄芮:《丝绸之路与秦汉时期的玻璃艺术》,《青春岁月》2015 年第 4 期。

3401 杨静:《由丝绸之路上的外来玻璃制品看中西方的文化交流》,《民族艺林》2016 年第 1 期。

3402 周静:《试论外部因素对中国玻璃艺术的影响》,《艺术教育》2016 年第 3 期。

3403 商春芳:《丝路遗风古都流韵——洛阳地区出土的古代西方玻璃器和仿玻璃器》,《黄河科技大学学报》2016 年第 4 期。

3404 毛晓沪:《中国玻璃起源新论》,《文物天地》2016 年第 6 期。

3405 冯彬妮:《法门寺琉璃器与中西文化的互动——法门寺地宫出土伊斯兰琉璃器》,《大观》2016 年第 11 期。

3406 王飞峰:《百济、新罗、加耶地区出土玻璃器及其与丝绸之路的相关研究》,《延边大学学报(社会科学版)》2017 年第 2 期。

3407 蔡青:《蜻蜓眼玻璃珠在中国的传播与发展》,《新疆艺术学院学报》2017 年第 2 期。

3408 马丽亚·艾海提、金诚实、静永杰:《内蒙古北魏墓出土萨珊玻璃器及其相关问题》,《文博》2017 年第 4 期。

石刻泥塑

3409 李刚:《从汉晋胡俑看东南地区胡人、佛教之早期史》,《东南文化》1989 年第 2 期。

3410 王桂枝:《丝绸路上仆仆风尘的行旅——记陇县出土的唐俑》,《美术》1992 年第 7 期。

3411 谢建国:《疏勒犍陀罗式泥塑像初探》,《美术》1994 年第 2 期。

3412 金理那、洪起龙:《关于 6 世纪中国七尊像中的螺髻像之研究》,《敦煌研究》1998 年第 2 期。

3413 广中智之:《和田约特干出土猴子骑马俑与猴子骑驼俑源流考》,《西域研究》2003 年第 1 期。

3414 任江:《初论西安唐墓出土的粟特人胡俑》,《考古与文物》2004 年第 5 期。

3415 张志忠:《大同北魏墓葬胡俑的粟特人象征》,《文物世界》2005 年第 6 期。

3416 刘潇:《从胡俑看胡人在唐朝的生活》,《乾陵文化研究》,西安:三秦出版社,2008 年。

3417 杨泓:《李唐王朝的胡人与胡俑》,《乾陵文化研究》,西安:三秦出版社,

2008 年。

3418 葛承雍：《丝路古道与唐代胡俑》，《乾陵文化研究》，西安：三秦出版社，2008 年。

3419 韩建武：《几件与外来文化相关的唐俑》，《乾陵文化研究》，西安：三秦出版社，2008 年。

3420 黄丽荣：《丝路文化遗存——固原博物馆馆藏陶俑》，《宁夏大学学报（人文社会科学版）》2008 年第 6 期。

3421 霍巍：《四川东汉大型石兽与南方丝绸之路》，《考古》2008 年第 11 期。

3422 雷玉华：《成都地区南朝佛教造像研究》，《成都考古研究》第一期，北京：科学出版社，2009 年。

3423 林健：《甘肃出土的隋唐胡人俑》，《文物》2009 年第 1 期。

3424 苏惠萍：《敦煌胡俑与丝路贸易》，《丝绸之路》2010 年第 2 期。

3425 陈亮：《关中西部汉唐陶俑考古学观察》，《文物世界》2010 年第 3 期。

3426 张玲玲：《十二生肖纪年与十二生肖俑略论——兼谈吐鲁番发现的生肖俑》，《新疆艺术学院学报》2010 年第 3 期。

3427 王志炜：《西域草原石刻对汉墓石雕的影响——以霍去病墓前石雕为例析》，《石河子大学学报（哲学社会科学版）》2010 年第 5 期。

3428 吴荣国、荣红梅：《敦煌三危山旱峡南口建筑遗址彩塑考释》，《丝绸之路》2011 年第 16 期。

3429 张同标：《从克孜尔木佛谈西域早期佛像的域外渊源》，《湖南省博物馆馆刊》第 8 辑，长沙：岳麓书社，2012 年。

3430 朴大在：《新发现的新罗佛幡石刻和丝绸之路》，《西部考古》第 7 辑，西安：三秦出版社，2013 年。

3431 秦臻：《四川渠县新发现汉晋石兽及相关问题》，《四川文物》2013 年第 2 期。

3432 王轶鸿：《石狮在山西的产生及演变》，《文物世界》2013 年第 6 期。

3433 周颖：《由辽宁朝阳出土的唐俑浅谈唐代的对外交流》，《辽宁省博物馆馆刊》，沈阳：辽海出版社，2014 年。

3434 李雯雯：《西域泥塑佛像的制作探讨》，《中国美术研究》第 12 辑，上海：东南大学出版社，2014 年。

3435 程狄：《唐代巴蜀广元地区石窟造像中的密教形象分析》，《中国美术研究》第 9 辑，上海：东南大学出版社，2014 年。

3436 刘昭佚：《从北朝及隋唐骆驼俑之演变看唐代西域社会文化之发展》，《河南广播电视大学学报》2014 年第 2 期。

3437　俄玉楠、杨富学：《甘肃省博物馆收藏的一件未刊北朝残塔》，《敦煌研究》2014年第4期。

3438　葛承雍：《蒙元时代胡人形象俑研究》，《文物》2014年第10期。

3439　马兰：《论北凉石塔造像中的南方因素》，《中国美术研究》第18辑，上海：东南大学出版社，2016年。

3440　张思琪、田广林：《草原丝绸之路的史前中外交通新证——以考古发掘所见石质容器为例》，《史志学刊》2017年第1期。

3441　张倩影、王煜：《成都博物馆藏东汉胡人持莲石座初探》，《中国国家博物馆馆刊》2017年第9期。

玉　器

3442　殷晴：《和田玉古今谈》，《新疆社会科学》1981年第1期。

3443　李吟屏：《论历史上和田的采玉和蚕桑生产》，《新疆大学学报（哲学社会科学版）》1988年第3期。

3444　殷晴：《和田采玉与古代经济文化交流》，《故宫博物院院刊》1995年第1期。

3445　包燕丽：《胡人玉带图考》，《上海博物馆集刊》第九期，上海：上海书画出版社，2002年。

3446　殷晴：《唐宋之际西域南道的复兴——于阗玉石贸易的热潮》，《西域研究》2006年第1期。

3447　张文德：《明与西域的玉石贸易》，《西域研究》2007年第3期。

3448　李丽娜：《试析中原地区出土夏商周时期和田玉器及其相关问题》，《西域研究》2008年第4期。

3449　杨森、杨诚：《敦煌文献所见于阗玉石之东输》，《唐史论丛》第13辑，西安：三秦出版社，2011年。

3450　蒋鸣镝：《"人羊肖形玉印"小识》，《广西博物馆文集》第10辑，南宁：广西人民出版社，2014年。

3451　莫默、丘志力、张跃峰、李榴芬、吴沫、罗涵：《中国彩色宝玉石使用的三次高潮及其与古代丝绸之路关系探索》，《中山大学学报（自然科学版）》2014年第6期。

3452　吕富华：《辽代胡人乐舞纹玉带及相关问题探讨》，《东北师大学报（哲学社会科学版）》2015年第1期。

3453　叶舒宪：《新疆史前玉斧的文化史意义》，《金融博览》2015年第23期。

3454 崔天兴：《红山文化"玉猪龙"原型新考》，《北方文物》2016 年第 3 期。

3455 冯玉雷：《浅议玉门关的海关属性及输入商品玉石的文化意义》，《百色学院学报》2017 年第 4 期。

3456 李正宇：《和为贵：汉朝接管河西体现的玉文化精神》，《丝绸之路》2017 年第 16 期。

3457 王金、冯玉雷：《试论玉文化传播对中华文明进程的深刻影响》，《丝绸之路》2017 年第 16 期。

3458 叶舒宪：《中华文明探源工程与玉文化研究》，《丝绸之路》2017 年第 16 期。

金属器

3459 孙培良：《略谈大同市南郊出土的几件银器和铜器》，《文物》1977 年第 9 期。

3460 吕树芝：《波斯鎏金狩猎纹银盘》，《历史教学》1984 年第 8 期。

3461 陈良伟：《试论新疆的环刃器及其相关问题——兼论九黎部族入居西域》，《新疆大学学报（哲学社会科学版）》1987 年第 4 期。

3462 陈炳应：《兰州、张掖出土的汉代铜车马》，《文物》1988 年第 2 期。

3463 黄新生：《武威东汉铜马新释》，《东南文化》1990 年第 4 期。

3464 P. T. 科拉多克著，向红笳译：《西藏铜合金基本情况》，《中国藏学》1992 年第 1 期。

3465 冈崎敬著，姚义田译：《中亚发现的唐镜》，《文博》1992 年第 1 期。

3466 张松柏：《敖汉旗李家营子金银器与唐代营州西域移民》，《北方文物》1993 年第 1 期。

3467 戴良佐：《新疆阜康出土唐代青铜犁》，《农业考古》1996 年第 3 期。

3468 康柳硕：《谈甘肃出土的铅饼》，《中国钱币》1996 年第 4 期。

3469 刘学堂：《论中国早期铜镜源于西域》，《新疆师范大学学报（哲学社会科学版）》1999 年第 3 期。

3470 梅建军、刘国瑞、常喜恩：《新疆东部地区出土早期铜器的初步分析和研究》，《西域研究》2002 年第 2 期。

3471 张庆捷、常一民：《北齐徐显秀墓出土的嵌蓝宝石金戒指》，《文物》2003 年第 10 期。

3472 师小群、党顺民：《龙纹铅饼探》，《文博》2004 年第 1 期。

3473 赵瑞廷：《唐代金银器对中国传统金属工艺的承接》，《内蒙古师范大学学报（自然科学汉文版）》2006 年第 4 期。

▶ 丝绸之路研究论文目录

3474 李永平：《华丽精美 摄人心魄——甘肃古代金银器赏析》，《上海文博论丛》第三期，上海：上海辞书出版社，2007 年。

3475 卢新燕：《唐代金银器的造型艺术》，《攀枝花学院学报（综合版）》2007 年第 2 期。

3476 杨建华：《从晋陕高原"勺形器"的用途看中国北方与欧亚草原在御马器方面的联系》，《西域研究》2007 年第 3 期。

3477 刘学堂、李溯源：《新疆发现的铸铜石范及其意义》，《西域研究》2008 年第 4 期。

3478 凌勇、梅建军：《关于新疆公元前第一千纪金属技术的几点思考》，《西域研究》2008 年第 4 期。

3479 张玲玲：《历代中原铜镜的工艺类型及在新疆的遗存》，《新疆艺术学院学报》2009 年第 4 期。

3480 徐建炜、梅建军、格桑本、陈洪海：《青海同德宗日遗址出土铜器的初步科学分析》，《西域研究》2010 年第 2 期。

3481 卢向前：《金钥匙考——古代中外文化交流之一例》，《西域研究》2011 年第 3 期。

3482 陈勤学：《北齐徐显秀墓出土的嵌蓝宝石金戒指胡人形象源流浅析》，《大众文艺》2011 年第 21 期。

3483 陈洪波：《汉代海上丝绸之路出土金珠饰品的考古研究》，《广西师范大学学报（哲学社会科学版）》2012 年第 1 期。

3484 张景明：《北方草原金银器产生的历史条件及早期丝绸之路的开通》，《大连大学学报》2012 年第 2 期。

3485 杨建华、邵会秋：《中国早期铜器的起源》，《西域研究》2012 年第 3 期。

3486 张景明：《北方草原地区发现的隋唐与西方风格的金银器》，《文物世界》2012 年第 3 期。

3487 王云鹏、庄明军：《青州西辛战国墓出土金银器对草原丝绸之路的佐证》，《潍坊学院学报》2012 年第 3 期。

3488 张景明：《鲜卑金银器与草原丝绸之路》，《边疆考古研究》第 14 辑，北京：科学出版社，2013 年。

3489 梅建军、凌勇、陈坤龙、伊第利斯、李文瑛、胡兴军：《新疆小河墓地出土部分金属器的初步分析》，《西域研究》2013 年第 1 期。

3490 张景明：《西夏、金朝的金银器与草原丝绸之路的文化交流现象》，《文物世界》2013 年第 5 期。

3491 张景明:《辽代金银器在草原丝绸之路中的作用》,《大连大学学报》2013 年第 5 期。

3492 张景明:《从明清金银器看草原丝绸之路的衰落》,《通化师范学院学报》2013 年第 9 期。

3493 王璞、梅建军、张玉忠:《新疆呼图壁县石门子墓地出土铜器的初步科学分析》,《西域研究》2014 年第 4 期。

3494 张景明:《草原丝绸之路上的蒙元金银器发现与研究》,《哈尔滨学院学报》2014 年第 11 期。

3495 果林:《关于李静训墓出土金器的思考》,《文物鉴定与鉴赏》2015 年第 4 期。

3496 贾建威:《东罗马神人纹鎏金银盘》,《文物天地》2015 年第 4 期。

3497 林梅村:《塞伊玛—图尔宾诺文化与史前丝绸之路》,《文物》2015 年第 10 期。

3498 刘翔:《青海大通县塞伊玛—图尔宾诺式倒钩铜矛考察与相关研究》,《文物》2015 年第 10 期。

3499 陶建英:《赤峰地区出土唐宋时期金银器艺术风格浅析》,《草原文物》2016 年第 1 期。

3500 蔡淋:《盛放莲花　大唐气象——鸳鸯莲瓣纹金碗》,《文物天地》2016 年第 6 期。

3501 刘翔:《海上丝绸之路之历史遗存——宋代市舶银铤考》,《区域金融研究》2016 年第 11 期。

3502 种坤:《三门峡市博物馆馆藏唐代海兽葡萄镜鉴赏》,《收藏与投资》2017 年第 1 期。

3503 马静娟、郁明:《徐州狮子山楚王墓出土丝质缀贝金带板(扣)腰带赏析》,《文物世界》2017 年第 4 期。

3504 程雅娟:《高丽王朝时期青铜行炉溯源考——兼论丝路艺术东传演变特征》,《装饰》2017 年第 5 期。

漆　器

3505 吴艳春:《新疆发现的汉式彩棺及彩绘纹样研究》,《新疆艺术学院学报》2007 年第 3 期。

3506 曾明、李琰君、胡玉康:《秦汉时期甘肃漆器艺术的文化内涵》,《河北工程大学学报(社会科学版)》2009 年第 4 期。

3507 曾明、李琰君:《秦汉时期甘肃漆器艺术的装饰风格与特色》,《设计艺术》

2009 年第 5 期。

3508 曾明、李琰君、胡玉康：《秦汉时期甘肃漆器艺术的装饰风格与特色》，《华南理工大学学报（社会科学版）》2009 年第 6 期。

3509 郭明：《魏晋南北朝士人绘画对漆器描金工艺发展的影响》，《艺苑》2012 年第 4 期。

3510 黄晨阳：《古丝绸之路与中华国漆文化传播》，《中国生漆》2015 年第 3 期。

3511 林娜：《福州漆器发展历程与对外交流》，《黑龙江史志》2015 年第 7 期。

3512 潘天波：《从部族到国家：元代海上丝路漆器文化的历史与逻辑》，《深圳大学学报（人文社会科学版）》2016 年第 1 期。

3513 胡玉康：《汉唐丝路漆器文化外溢：契机、途径与效应》，《深圳大学学报（人文社会科学版）》2016 年第 1 期。

3514 胡良益、潘天波：《清代海上丝路漆器文化外溢：贸易、想象与环流》，《海南大学学报（人文社会科学版）》2016 年第 2 期。

3515 潘天波：《边界视域：明朝海上丝路漆器文化的生产、贸易与溢出》，《历史教学问题》2016 年第 3 期。

3516 张海博：《刍议敦煌出土的汉代漆器与丝路传播》，《丝绸之路》2016 年第 4 期。

纸　张

3517 潘吉星：《新疆出土古纸研究——中国古代造纸技术史专题研究之二》，《文物》1973 年第 10 期。

3518 马骥：《简论丝路沿线出土的汉代古纸》，《文博》1991 年第 1 期。

3519 游修龄：《纸衣和纸被》，《古今农业》1996 年第 1 期。

3520 吐尔逊·皮达库：《怛逻斯之战与造纸术西传》，《阿拉伯世界》1996 年第 2 期。

3521 郝茂：《楼兰汉文简纸文字歧释的成因》，《西域研究》2003 年第 1 期。

3522 安尼瓦尔·哈斯木、艾尼瓦尔·艾合买提：《吐鲁番阿斯塔那墓葬出土剪纸综述》，《新疆地方志》2010 年第 3 期。

3523 李晓岑、郑渤秋、王博：《吐鲁番阿斯塔那—哈拉和卓古墓群出土古纸研究》，《西域研究》2012 年第 1 期。

3524 刘仁庆：《论"丝绸之路"与"纸张之路"——古纸研究遗补之六》，《纸和造纸》2015 年第 7 期。

3525 张新艳：《西域纸的传播途径研究》，《兰台世界》2015 年第 21 期。

3526 张玉平：《古丝绸之路出土剪纸功能用途管窥》，《西北美术》2017 年第 1 期。

3527 刘琦平：《丝绸之路经济带背景下新疆无纸化通关发展对策分析》，《西部金融》2017 年第 7 期。

钱　币

3528 陈直：《从秦汉史料中看屯田采矿铸钱三种制度》，《历史研究》1955 年第 6 期。

3529 夏鼐：《综述中国出土的波斯萨珊朝银币》，《考古学报》1974 年第 1 期。

3530 张平：《汉龟二体钱及有关问题》，《中国钱币》1987 年第 1 期。

3531 库车文管所：《汉龟二体铜钱的发现及其认识》，《中国钱币》1987 年第 1 期。

3532 马文宽：《非洲出土的中国钱币及其意义》，《海交史研究》1988 年第 2 期。

3533 牛汝极：《突骑施钱币考》，《中国钱币》1988 年第 3 期。

3534 宋杰：《吐鲁番文书所反映的高昌物价与货币问题》，《北京师范学院学报（社会科学版）》1990 年第 2 期。

3535 康柳硕：《波斯萨珊王朝银币在中国西北地区流通述略》，《兰州学刊》1990 年第 3 期。

3536 王长启、高曼：《西安新发现的东罗马金币》，《文博》1991 年第 1 期。

3537 陈财经：《从新疆出土的古代地方钱币看中西货币文化交流》，《文博》1991 年第 1 期。

3538 张善熙、孔繁胜：《南丝绸之路及其商贸货币》，《文史杂志》1991 年第 3 期。

3539 庞文秀：《草原丝路与黑城古币》，《内蒙古社会科学（文史哲版）》1992 年第 3 期。

3540 孙仲文：《"南方丝绸之路"货币初探》，《南洋问题研究》1993 年第 1 期。

3541 张策则：《康藏高原丝茶古道及货币探踪》，《西藏研究》1993 年第 4 期。

3542 刘文锁：《古代于阗国的货币》，《中国钱币》1993 年第 4 期。

3543 刘世旭：《略论"西南丝绸之路"出土海贝与贝币》，《四川文物》1993 年第 5 期。

3544 赵丰：《唐代西域的练价与货币兑换比率》，《历史研究》1993 年第 6 期。

3545 叶大槐：《南丝路使用贝币的浅见》，《四川金融》1993 年第 9 期。

3546 四川省钱币学会课题组：《南方丝绸之路商贸货币探讨》，《四川金融》1993 年第 11 期。

3547 四川省钱币学会南方丝绸之路货币课题组：《南方丝绸之路货币的初步研讨》，《中国钱币》1993 年第 4 期。

3548 黄维勋：《南方丝路与边境货币状况》，《云南金融》1994 年第 1 期。

3549　刘世旭：《"南方丝绸之路"出土海贝与贝币浅论》，《中国钱币》1995 年第 1 期。

3550　马通：《丝绸路上的穆斯林商贸与钱币》，《西北民族研究》1995 年第 2 期。

3551　吴钦承：《南方丝绸之路货币考察研究的实践与认识》，《四川金融》1995 年第 5 期。

3552　王永生：《大历元宝、建中通宝铸地考——兼论上元元年以后唐对西域的坚守》，《中国钱币》1996 年第 3 期。

3553　李冠国：《合浦海滩出土的记号五铢》，《广西金融研究》1997 年增刊第 1 期。

3554　李吟屏：《新疆洛浦县发现西域古钱币》，《中国钱币》1998 年第 4 期。

3555　蒂埃里、郁军：《关于伯希和在丝绸之路发现的唐代货币》，《中国钱币》1998 年第 4 期。

3556　康柳硕：《北朝丝绸之路货币概述》，《中国钱币》1998 年第 4 期。

3557　林文勋：《云南古代货币文化发展的特点》，《思想战线》1998 年第 6 期。

3558　赵海鹰、龚天祥：《敦煌境内的燕国刀币——兼论"丝绸之路"的开通历史》，《甘肃金融》1998 年第 11 期。

3559　张平：《再论龟兹的地方铸币》，《西域研究》1999 年第 1 期。

3560　林文勋：《钱币之路：沟通中外关系的桥梁和纽带》，《思想战线》1999 年第 5 期。

3561　周祥：《试论突骑施汗国钱币》，《上海博物馆集刊》第八期，上海：上海书画出版社，2000 年。

3562　F. 蒂埃里、C. 莫里森著，郁军译：《简述在中国发现的拜占庭帝国金币及其仿制品》，《中国钱币》2001 年第 4 期。

3563　阎璘：《青海乌兰县出土东罗马金币》，《中国钱币》2001 年第 4 期。

3564　蒋海明：《浅述帖木儿王朝钱币对丝绸之路的影响》，《中国钱币》2002 年第 4 期。

3565　康柳硕：《从中国境内出土发现的古代外国钱币看丝绸之路上东西方线币文化的交流与融合》，《甘肃金融》2002 年增刊第 2 期。

3566　雷顺英：《浅析古丝绸之路酒泉发现的"周天元连"古铜币》，《广西金融研究》2002 年增刊第 2 期。

3567　郑重、黎明：《杜维善：从古钱币上发现历史》，《上海文博论丛》第四期，上海：上海辞书出版社，2003 年。

3568　潜伟、张平、伊弟利斯：《新疆龟兹钱币的金属学初步研究》，《中国钱币》2003 年第 1 期。

3569 金德平、孔祥山、赵颐丽：《新见的三枚罗马金币辨析》，《中国钱币》2003年第4期。

3570 刘大有、王建功：《天水发现突骑施钱币》，《内蒙古金融研究》2003年增刊第1期。

3571 邵磊：《南京出土萨珊卑路斯银币考略》，《中国钱币》2004年第1期。

3572 吴福环、韦斌：《丝绸之路上的中外钱币》，《西域研究》2004年第3期。

3573 张文芳：《论内蒙古历代货币研究中的要点问题》，《内蒙古文物考古》2005年第1期。

3574 杨文清：《吐鲁番发现的波斯银币》，《中国钱币》2005年第1期。

3575 廖国一：《汉代合浦郡与东南亚等地的"海上丝绸之路"及其古钱币考证》，《广西金融研究》2005年增刊第1期。

3576 钱伯泉：《吐鲁番发现的萨珊银币及其在高昌王国的物价比值》，《西域研究》2006年第1期。

3577 羽离子：《对中国西北地区新出土三枚东罗马金币的考释》，《考古》2006年第2期。

3578 骆伦良：《谈明朝海上丝绸之路的货币文化特点及启示》，《广西金融研究》2006年增刊第1期。

3579 王永生：《高昌吉利钱币考——兼论隋唐之际高昌地区的文化融合》，《西域研究》2007年第1期。

3580 黄丽荣：《丝绸之路文化在固原——固原博物馆馆藏丝绸之路文物金银器与金银币》，《宁夏社会科学》2007年第3期。

3581 蔡杰华：《试析伊斯兰教的传播对新疆钱币的影响》，《新疆金融》2007年第5期。

3582 杨巨平：《希腊式钱币的变迁与古代东西方文化交融》，《北京师范大学学报（社会科学版）》2007年第6期。

3583 黄志刚、魏拥军：《试析魏晋南北朝时期丝绸之路货币在西域的行使和影响》，《新疆金融》2007年第7期。

3584 罗安鹄：《西夏钱币的社会文化背景》，《广西金融研究》2007年增刊第1期。

3585 唐亚林：《海上丝绸之路与中国古代圆形方孔钱在东南亚的传播》，《东南亚纵横》2008年第1期。

3586 姜宝莲、郭明卿、梁晓青：《关于陕西发现波斯萨珊金、银币的研究》，《文博》2008年第2期。

3587 郭云艳：《萨珊波斯帝国在拜占廷金币传入过程中的影响》，《安徽史学》2008

年第 4 期。

3588　程彤：《伊利汗国法尔斯地区"宝"字钱币考释》，《西域研究》2008 年第 4 期。

3589　卢雪萍、黄昭斌：《从五铢钱出土看中原文化对广西防城历史的影响》，《广西金融研究》2008 年增刊第 1 期。

3590　钱伯泉：《高昌回鹘国回鹘文铜钱研究》，《中国钱币》2009 年第 3 期。

3591　陈之伟、张秀莲：《党项人与其铸造的铁质钱币》，《丝绸之路》2009 年第 16 期。

3592　于光建、张吉林、黎大祥：《略论西夏天盛元宝钱币版别及武威西夏钱币考古的重要价值》，《丝绸之路》2009 年第 22 期。

3593　王永生：《关于丝绸之路钱币研究中的几点思考》，《中国钱币》2010 年第 2 期。

3594　杨洁：《论流入中国的波斯萨珊银币的功能——以吐鲁番出土银币为例》，《中国社会经济史研究》2010 年第 2 期。

3595　杨洁：《从粟特文文书看入华粟特人的货币问题》，《史林》2012 年第 2 期。

3596　马建军、周佩妮：《金币辉煌　丝路遗珍——丝绸之路的金银币（上）》，《文物鉴定与鉴赏》2012 年第 10 期。

3597　马建军、周佩妮：《金币辉煌　丝路遗珍——丝绸之路宁夏境内的金银币（下）》，《文物鉴定与鉴赏》2012 年第 11 期。

3598　郭晓红：《丝绸之路货币文化中的西夏铁钱》，《西夏研究》2013 年第 4 期。

3599　储怀贞、黄宪、崔志瑞、周辉：《新版"高昌吉利"钱考》，《吐鲁番》2013 年第 4 期。

3600　王煜：《四川汉墓出土"西王母与杂技"摇钱树枝叶试探——兼论摇钱树的整体意义》，《考古》2013 年第 11 期。

3601　段晴、李建强：《钱与帛——中国人民大学博物馆藏三件于阗语—汉语双语文书解析》，《西域研究》2014 年第 1 期。

3602　王东平：《清代天山南路地区的钱币私铸案》，《新疆大学学报（哲学·人文社会科学版）》2014 年第 1 期。

3603　康柳硕、曹源：《关与"高昌吉利"钱币的几点猜想》，《甘肃金融》2014 年第 4 期。

3604　林燕：《博白县出土五铢钱初探》，《黑龙江史志》2014 年第 5 期。

3605　张铁山：《新疆历史钱币上语言文字的交融与合璧》，《吐鲁番学研究》2015 年第 1 期。

3606　张立民、李文娟、历洁、曹源：《丝绸之路货币文化研究：以甘肃为视角》，《甘肃金融》2015 年第 4 期。

3607 袁炜：《丝绸之路上的伊朗货币》，《甘肃金融》2015年第5期。

3608 曹源、袁炜：《前四史所见西域钱币考》，《中国钱币》2015年第5期。

3609 刘果强：《陇蜀道上的金融活动及钱币文化考证》，《甘肃金融》2015年第6期。

3610 李志鹏：《丝路货币上的宗教印记研究——蒙古汗国钱币的伊斯兰化及其影响（一）》，《决策与信息（中旬刊）》2015年第12期。

3611 戴建兵：《和田马钱（汉佉二体钱）的文化谱系及新发现》，《丝绸之路》2015年第24期。

3612 叶真铭：《海上丝绸之路与外国银币流入福建》，《江苏钱币》2015年第3、4期合刊。

3613 李强：《欧亚草原丝路与沙漠绿洲丝路上发掘的拜占庭钱币研究述论》，《草原文物》2016年第1期。

3614 吴树实：《浅析丝绸之路上粟特人与粟特文钱币》，《长春金融高等专科学校学报》2016年第1期。

3615 郭云艳：《论蒙古国巴彦诺尔突厥壁画墓所出金银币的形制特征》，《草原文物》2016年第1期。

3616 裴成国：《麹氏高昌国流通银钱辨正》，《北京大学学报（哲学社会科学版）》2016年第1期。

3617 王勇：《从布帛到黄金：试论古代东亚的国际货币》，《浙江大学学报（人文社会科学版）》2016年第2期。

3618 马建军：《宁夏境内考古发现的丝绸之路古国金银币简考》，《中国钱币》2016年第6期。

3619 陈志强：《蒙古国拜占庭金币考古断想》，《南京政治学院学报》2016年第6期。

3620 姚朔民：《突骑施钱币和突骑施》，《中国钱币》2016年第6期。

3621 叶伟奇：《福建"海上丝绸之路"与外国银币的流入》，《福建金融》2016年第7期。

3622 祁兵：《从"海上丝绸之路"的发展看越南古钱币变迁》，《区域金融研究》2016年第8期。

3623 曹源：《纺织品：丝绸之路金属铸币的重要补充》，《甘肃金融》2016年第8期。

3624 武润生：《孕育与偏重——古西域的那些自铸币（上）》，《新疆人文地理》2016年第8期。

3625 武润生：《孕育与偏重——古西域的那些自铸币（下）》，《新疆人文地理》2016年第9期。

3626 李志鹏：《从中亚古钱币看"希腊化"的影响》，《卷宗》2016年第11期。

3627 袁炜：《公元 1262 年至 1272 年各蒙古汗国发行汉阿拉伯文二体钱考》，《甘肃金融》2016 年第 11 期。

3628 叶伟奇：《钱从海上来——从海上丝绸之路流入福建的外国银币》，《东方收藏》2016 年第 11 期。

3629 侯明明：《于阗自造汉文钱币与汉佉二体钱的历史背景》，《丝绸之路》2016 年第 12 期。

3630 叶真铭：《五铢钱与丝绸之路》，《江苏钱币》2017 年第 1 期。

3631 郑祎：《波斯银币——古丝绸之路的物证》，《大众文艺》2017 年第 3 期。

3632 袁炜：《两晋南北朝正史所见西域钱币考》，《中国钱币》2017 年第 3 期。

3633 叶真铭：《最早马币上的西域汗血马》，《江苏钱币》2017 年第 4 期。

3634 叶伟奇：《最早的马币——钱币上的西域汗血马》，《东方收藏》2017 年第 11 期。

3635 侯官响、伍茜溪：《南方丝绸之路视域下的海贝与白银》，《商业文化》2017 年第 32 期。

3636 杨富学、袁炜：《从钱币资料看印塞王国与后印希王国对罽宾统治的交替》，《中国钱币》2018 年第 1 期。

其 他

3637 陈云华：《从两方出土古印的考证说起》，《新疆地方志》1989 年第 4 期。

3638 毛宪民：《清代宫廷眼镜研究》，《文物世界》2002 年第 1 期。

3639 齐东方：《丝绸之路的象征符号——骆驼》，《故宫博物院院刊》2004 年第 6 期。

3640 马冬：《外来的"铁布衫"——漫议中国古代的锁子甲》，《江南大学学报（人文社会科学版）》2006 年第 5 期。

3641 许晓东：《辽代琥珀来源的探讨》，《北方文物》2007 年第 3 期。

3642 陈庚龄、田小龙：《甘肃武威磨咀子出土汉代木牛车抢救性复原修复》，《文物保护与考古科学》2010 年第 1 期。

3643 辛蔚：《辽上京地区出土的古代东北亚民族古玺印的新资料》，《暨南史学》第 7 辑，桂林：广西师范大学出版社，2012 年。

3644 周云：《古代西域首饰述略》，《新疆艺术学院学报》2012 年第 2 期。

3645 高启安：《马头盘功能及出现时代新论》，《丝绸之路》2012 年第 18 期。

3646 王银田、王亮：《再议"下颌托"》，《暨南史学》第 9 辑，桂林：广西师范大学出版社，2014 年。

3647 李康、杨四宏：《甘肃武威汉代木雕文化因素分析》，《环球人文地理》2014年第2期。

3648 陈庚龄、翟胜丞、张艳杰：《甘肃出土糟朽木器材质鉴定及特征分析》，《文物保护与考古科学》2015年第3期。

3649 孙章峰：《博山炉的兴起与丝绸之路》，《华夏考古》2015年第4期。

3650 潘素娟、张闯辉：《植毛牙刷发明小考——从内蒙古博物院藏植毛牙刷柄谈起》，《丝绸之路》2015年第18期。

3651 冉万里：《古印度舍利容器集锦及初步研究》，《西部考古》第11辑，西安：三秦出版社，2016年。

3652 赵志强、温睿、张鋆、朱瑛培：《新疆丝绸之路沿线出土料珠初探》，《西部考古》第10辑，北京：科学出版社，2016年。

3653 张乃翥：《新疆出土汉文印信的文化生态考察》，《石河子大学学报（哲学社会科学版）》2016年第1期。

3654 林唐欧：《"南海Ⅰ号"沉船凝结物分析》，《中国文物科学研究》2016年第1期。

3655 扬之水：《元明时代的温酒器》，《南方文物》2016年第1期。

3656 赵亚娟：《论中国与东盟国家合作保护古沉船——以海上丝绸之路沿线古沉船为例》，《暨南学报（哲学社会科学版）》2016年第9期。

3657 满泽阳：《多穆壶起源探析》，《文物鉴定与鉴赏》2016年第10期。

3658 孔凡一：《早期"丝绸之路"文化信息探寻——甘新地区出土先秦时期海贝简析》，《边疆经济与文化》2017年第8期。

3659 李光辉：《浅谈广东出土的汉代珠饰》，《文物天地》2017年第10期。

3660 林梅村、郝春阳：《鹊尾炉源流考——从犍陀罗到黄河、长江》，《文物》2017年第10期。

其 他

3661 饶瑞符：《"屯垦戍边"的历史意义》，《农业考古》1985年第1期。

3662 陈炎：《六世纪前泰国湾和泰国境内的古国在东西海上交通中的地位》，《东南亚》1993年第4期。

3663 钱伯泉：《大石、黑衣大石、喀喇汗王朝考实》，《民族研究》1995年第1期。

3664 马大正：《中国古代的边疆政策与边疆治理》，《西域研究》2002年第4期。

3665 赵汝清、王宏谋、王旺祥：《希腊城邦与中亚城郭之国比较研究》，《华中师范大学学报（人文社会科学版）》2004年第4期。

3666 殷力欣：《阿富汗巴米扬河谷的历史文化遗存》，《建筑创作》2006年第9期。

3667 王子今：《女儿国的传说与史实》，《河北学刊》2008年第3期。

3668 秦超超、李凤琼：《华夷思想影响下的中国藩属制度概述》，《成功（教育版）》2009年第9期。

3669 王宏谋：《略论贵霜帝国的衰落》，《丝绸之路》2010年第22期。

3670 王宏谋：《从流离到安居——略论贵霜帝国时期的社会经济》，《天中学刊》2012年第1期。

3671 德全英：《长城的团结：草原社会与农业社会的历史法理——拉铁摩尔中国边疆理论评述》，《西域研究》2013年第1期。

3672 余太山：《贵霜王朝的终结》，《西域研究》2014年第3期。

3673 余太山：《寄多罗贵霜的若干问题》，《欧亚学刊》第2辑，北京：商务印书馆，2015年。

3674 康青：《海市蜃楼——一种青花瓷、游牧和丝绸之路的文本实验》，《南京艺术学院学报（美术与设计版）》2015年第3期。

3675 张晓东：《新罗海上军事力量与古代东北亚国际关系》，《海交史研究》2016年第2期。

3676 黄红：《试述贵霜帝国的历史概貌》，《贵州师范大学学报（社会科学版）》2016年第4期。

3677 庞霄骁：《贵霜帝国的城市与丝绸之路在南亚次大陆的拓展》，《西域研究》2017年第1期。

3678 钱云：《从"四夷"到"外国"：正史周边叙事的模式演变》，《复旦学报（社会科学版）》2017年第1期。

3679 车效梅、郑敏：《"丝绸之路"与13—14世纪大不里士的兴起》，《世界历史》2017年第5期。

3680 王韵：《魏晋至唐代时缅甸在南方丝绸之路中的地位》，《中华文化论坛》2017年第7期。

社会生活

法 律

3681　连劭名：《西域木简所见〈汉律〉中的"证不言请"律》,《文物》1986 年第 11 期。

3682　殷雯：《鄯善国法律初探》,《新疆师范大学学报（哲学社会科学版）》1987 年第 3 期。

3683　毛起雄：《唐代海外贸易与法律调整》,《海交史研究》1988 年第 2 期。

3684　马国荣：《西域法制史二题》,《西域研究》1992 年第 3 期。

3685　齐陈骏：《敦煌、吐鲁番文书中有关法律文化资料简介》,《敦煌学辑刊》1993 年第 1 期。

3686　尚衍斌：《关于晋唐时期西域法律制度的几个问题》,《新疆大学学报（哲学社会科学版）》1994 年第 1 期。

3687　齐陈骏：《丝路古道上的法律文化资料简介》,《敦煌学辑刊》1996 年第 2 期。

3688　申艳红：《哈萨克汗国时期的法律初探》,《西北史地》1998 年第 4 期。

3689　陈慧生：《杨增新与新疆俄文法政专门学校的创立》,《西域研究》2002 年第 4 期。

3690　杨积堂：《略论〈福乐智慧〉中的立法思想》,《宁夏大学学报（人文社会科学版）》2003 年第 2 期。

3691　哈宝玉：《唐、宋时期东南沿海穆斯林礼法制度之初步探讨》,《元史及民族与边疆研究集刊》2007 年第 1 期。

3692　叶萍：《明清海禁立法之比较》,《法制与社会》2008 年第 32 期。

3693　梁海峡：《试论清代回疆司法审判制度的变迁》,《西域研究》2009 年第 1 期。

3694　李叶宏：《唐朝丝绸之路贸易管理法律制度探析——以过所为例》,《武汉理工大学学报（社会科学版）》2009 年第 5 期。

3695　何宁生：《十六国的刑事法制》,《西域研究》2011 年第 1 期。

3696　李博：《敦煌出土文书所见"五逆之罪"考》,《丝绸之路》2013 年第 2 期。

3697　张文晶：《罗马法之神圣物与唐律之神御物比较研究》,《南京大学法律评论》

2013 年第 2 期。

3698 徐华：《敦煌吐鲁番所出法制文书疑难词语新释》，《四川师范大学学报（社会科学版）》2013 年第 6 期。

3699 张文德：《明代西域来华使臣的违法与违禁》，《新疆师范大学学报（哲学社会科学版）》2013 年第 6 期。

3700 俞世峰、李远：《宋元时期海上运输法中的国际私法规则研究——以〈市舶条法〉为视角》，《国家航海》第 9 辑，上海：上海古籍出版社，2014 年。

3701 白京兰：《军府体制下清代新疆的司法体系及运作》，《西域研究》2014 年第 3 期。

3702 刘晶芳：《唐朝丝绸之路贸易管理法律制度析论》，《兰台世界》2014 年第 12 期。

3703 邢蕾：《社会治理视阈下〈回疆则例〉的立法考察》，《西域研究》2015 年第 2 期。

3704 王启涛：《敦煌吐鲁番文献所见杖刑考辨》，《成都工业学院学报》2015 年第 3 期。

3705 麦莱克·约兹特勤著，李刚、芦韬译：《契约文书对丝绸之路法律史的贡献——回鹘文契约文书中的土地产权和使用情况》，《吐鲁番学研究》2016 年第 2 期。

3706 白京兰、张建江：《新疆地区法律的历史格局及演进——兼论多元法律文化与边疆治理》，《贵州民族研究》2017 年第 1 期。

教 育

3707 袁澍、樊国斌：《新疆人才史杂议》，《新疆师范大学学报（哲学社会科学版）》1987 年第 4 期。

3708 伍德勤：《佛教与中国古代教育》，《阜阳师范学院学报（社会科学版）》1993 年第 4 期。

3709 李树辉：《古代西域汉语文教育述论》，《喀什师范学院学报》1994 年第 4 期。

3710 修海林：《魏晋南北朝时期的音乐教育》，《音乐艺术（上海音乐学院学报）》1997 年第 2 期。

3711 赵云田：《清末新政期间新疆文化教育的发展》，《西域研究》2002 年第 2 期。

3712 李维青：《近、现代新疆民族文化与教育关系》，《西域研究》2002 年第 4 期。

3713 姚崇新：《唐代西州的私学与教材——唐代西州的教育之二》，《西域研究》2005 年第 1 期。

3714 热合木吐拉·艾山：《清末民初维吾尔族世俗教育的发展及其特点》，《西域研究》2009 年第 2 期。

3715 佟克力：《尚学会与民国时期锡伯族文化教育》，《西域研究》2009 年第 2 期。

3716 何荣：《清代新疆建省前文化教育的三元共存》，《西域研究》2011 年第 4 期。

3717 朱玉麒：《清代新疆官办民族教育的政府反思》，《西域研究》2013 年第 1 期。

3718 孙希：《唐代艺人对音乐教育的贡献——中外文化交流中的音乐教育》，《时代报告（下半月）》2013 年第 1 期。

3719 吐尔逊娜依·赛买提、唐伟：《论〈福乐智慧〉蕴含的教育思想》，《民族教育研究》2014 年第 1 期。

3720 陈丽芳：《唐代于阗的童蒙教育——以中国人民大学博物馆藏和田习字文书为中心》，《西域研究》2014 年第 1 期。

3721 和谈：《论耶律楚材家族的儒学教育及对儒学的贡献》，《宁夏大学学报（人文社会科学版）》2014 年第 6 期。

3722 热合木吐拉·艾山：《清末维吾尔族王公兴办学堂教育及其作用》，《新疆大学学报（哲学·人文社会科学版）》2016 年第 1 期。

3723 赵蕾：《泛丝绸之路文化交流视阈下长安教育的发展与研究》，《教育现代化》2017 年第 2 期。

体　育

3724 雷力：《试论"丝绸之路"对我国古代体育发展的影响》，《西安体育学院学报》1988 年第 1 期。

3725 李重申、韩佐生：《敦煌佛教文化与体育》，《敦煌研究》1992 年第 2 期。

3726 李金梅、刘传绪、李重申：《敦煌传统文化与武术》，《敦煌研究》1995 年第 2 期。

3727 庞锦荣：《对丝绸之路体育文化三个问题的再认识》，《西昌师范高等专科学校学报》1997 年第 3 期。

3728 陈新海：《论丝路地区的尚武精神与民族体育》，《西北史地》1997 年第 4 期。

3729 郭仁辉、董敏慧：《丝绸之路节令民俗体育文化初探》，《西安联合大学学报》1999 年第 1 期。

3730 卢耿华：《浅谈丝路控制权之争与中华武术》，《西安体育学院学报》1999 年第 1 期。

3731 罗普云、罗普磷：《浅析丝绸之路体育对唐代马球运动的影响》，《西安体育学院学报》1999 年第 2 期。

3732 曾飙、汪玮琳：《海上丝绸之路体育文化研究》，《赣南师范学院学报》1999 年第 3 期。

3733 庞锦荣、刘志刚：《对丝绸之路体育文化三个问题的再认识》，《北京体育大学学报》1999 年第 4 期。

3734 芦平生、袁明煜：《西北民族体育形成的社会基础及其品格》，《西北师大学报（社会科学版）》1999 年第 5 期。

3735 赵杰、刘怀祥：《汉代时期丝绸之路的体育文化交流》，《南京体育学院学报》2000 年第 1 期。

3736 李建军、张军：《从敦煌壁画看"倒立"运动》，《体育文史》2001 年第 4 期。

3737 刘萍、蒲仁：《丝绸之路体育的特色及千年不衰的原因》，《体育文化导刊》2003 年第 2 期。

3738 李小惠、杨新平：《丝绸之路上的体育奇葩——"节子"的产生与演变》，《体育文化导刊》2003 年第 2 期。

3739 高朝阳、曾玉华：《九姓胡对唐代体育的影响》，《西安体育学院学报》2003 年第 4 期。

3740 李重申、李金梅：《丝绸之路原始体育考析》，《敦煌研究》2004 年第 1 期。

3741 王天军：《从历史文物看西域体育文化及其特征》，《体育文化导刊》2004 年第 4 期。

3742 曾玉华、许万林：《丝绸之路上的粟特人对唐代长安体育文化的影响》，《体育文化导刊》2004 年第 8 期。

3743 李彤：《丝绸之路原始体育形态与意蕴考析》，《体育文化导刊》2004 年第 12 期。

3744 张涛：《西域马球文化活动史略考辨》，《西安体育学院学报》2005 年第 2 期。

3745 李重申、李小惠：《丝绸之路汉代体育简牍研究》，《敦煌研究》2005 年第 3 期。

3746 马兴胜：《敦煌体育文化的历史成因和社会文化背景分析》，《成都体育学院学报》2005 年第 4 期。

3747 许万林、曾玉华：《丝绸之路陇右文化与唐代长安体育的繁荣》，《体育科学》2005 年第 5 期。

3748 曾玉华、许万林、王广进：《唐代长安的"镇集化"特征与体育多元文化生态》，《北京体育大学学报》2005 年第 8 期。

3749 李小唐：《丝绸之路体育考古研究》，《体育文化导刊》2005 年第 10 期。

3750 魏长洪、周红、魏方：《"达瓦孜"新探》，《新疆大学学报（哲学社会科学版）》2006 年第 1 期。

3751　王晓：《中国古代丝绸之路地区民族体育文化新探》，《成都体育学院学报》2006 年第 6 期。

3752　曾玉华、许万林：《唐代长安的城市发展与体育文化的嬗变》，《北京体育大学学报》2006 年第 10 期。

3753　路志峻、林春、李金梅：《汉唐间丝绸之路上的马毬运动考辨》，《敦煌研究》2007 年第 3 期。

3754　杜芸、齐朝勇：《当代丝绸之路民族体育文化研究》，《西安体育学院学报》2007 年第 5 期。

3755　刘阳、夏宇、曾玉华：《多民族融合对唐代体育文化发展的影响》，《长春师范学院学报（自然科学版）》2007 年第 6 期。

3756　王永平、孙岳：《马毬与唐代东西方文化交流》，《学习与探索》2008 年第 3 期。

3757　刘金生、李旭天、朱梅新、熊飞：《古代西域体育活动与中原地区体育发展略考》，《体育成人教育学刊》2009 年第 1 期。

3758　孟峰年、李颖侠：《多元文化融合的凉州武术体系》，《西北成人教育学报》2009 年第 2 期。

3759　黄聪：《对中原马球是从波斯传入的质疑》，《成都体育学院学报》2009 年第 2 期。

3760　王晋：《唐朝历代皇帝的马球情结》，《兰台世界》2009 年第 17 期。

3761　石金亮：《地方因素与敦煌壁画文书中古代体育文化源流考》，《兰台世界》2009 年第 23 期。

3762　庞辉、孙成林：《西域民族传统体育发展研究》，《西安体育学院学报》2010 年第 6 期。

3763　邓凤莲：《南阳汉画体育研究》，《体育文化导刊》2010 年第 7 期。

3764　孙有智、许万林：《丝绸之路马球运动的生态因子分析》，《山东体育学院学报》2010 年第 9 期。

3765　李小惠：《丝绸之路上的驿传与体育》，《体育文化导刊》2010 年第 12 期。

3766　隋红：《西域少数民族体育文化的特征》，《湖北体育科技》2011 年第 1 期。

3767　李建疆、亚力坤、范磊：《达瓦孜运动发展研究》，《体育文化导刊》2011 年第 1 期。

3768　程鹏：《西域与中原健身文化的融合——隋唐时期的健身文化解析》，《体育科技文献通报》2011 年第 12 期。

3769　李小惠、刘景刚：《破译甘肃出土简牍中的体育符号》，《敦煌研究》2012 年第

3期。

3770　陈祎晟、白洁：《文化视角下关于嘉峪关魏晋墓葬中体育题材彩绘砖画的研究》，《敦煌研究》2012年第3期。

3771　姚如好、曾玉华、许万林：《张骞"凿空"与西汉民族体育大发展的现代启示》，《体育科技（广西）》2012年第3期。

3772　隋红：《西域少数民族体育文化的传承》，《体育科技文献通报》2012年第8期。

3773　郑国英：《唐代西域体育文化的发展与地理分布研究》，《兰台世界》2012年第15期。

3774　董茜：《甘肃丝绸之路少数民族传统体育文化研究》，《运动》2012年第21期。

3775　赵昆：《论古代乐舞娱乐化对民间游戏体育发展的影响》，《兰台世界》2012年第28期。

3776　刘阳、曾玉华：《龟兹文化对唐代长安体育的影响》，《体育文化导刊》2013年第1期。

3777　胡勇刚：《东汉时期的宫廷体育文化研究》，《当代体育科技》2013年第18期。

3778　焦贝：《新疆马球运动的历史与发展》，《体育时空》2013年第23期。

3779　宋志伟：《张骞"凿空"西域对汉代民族体育文化的影响》，《兰台世界》2013年第33期。

3780　栗肖鹏、邱宏亮：《唐代丝绸之路新北道体育文化区研究》，《商情》2013年第37期。

3781　刘鹏：《丝绸之路语境下之西棍研究》，《西安体育学院学报》2014年第5期。

3782　徐超：《考证张骞"凿空"对西汉体育的影响》，《兰台世界》2014年第9期。

3783　吴拥政、赵迎山：《乌孙民族体育初探》，《体育科技文献通报》2014年第9期。

3784　顾克鹏、胡光霞：《张骞"凿空"西域对中国民族体育文化发展的影响》，《兰台世界》2014年第24期。

3785　张向辉、金承哲：《张骞"凿空"西域与东西方"文体"交流》，《兰台世界》2014年第27期。

3786　刘向阳、肖存峰：《汉代丝绸之路上体育文化的传播与交流》，《兰台世界》2014年第36期。

3787　于力：《古代西域民族体育项目类型浅析》，《塔里木大学学报》2015年第1期。

3788　林春：《魏晋墓葬彩绘体育砖画的审美研究》，《敦煌学辑刊》2015年第1期。

3789　于力：《古代西域民族体育文化特征初探》，《塔里木大学学报》2015年第3期。

3790　张永强：《汉唐时期陕西体育文化发展研究》，《辽宁体育科技》2015年第3期。

3791　陈建辉、邓文才：《盛唐时期西域体育活动的多元化研究》，《兰台世界》2015

年第 3 期。

3792　杨飞、赵迎山：《浅析丝绸之路唐代体育文化》，《体育科技文献通报》2015 年第 5 期。

3793　贾晨阳、储建新：《丝绸之路陇右文化与唐代长安体育活动》，《兰台世界》2015 年第 6 期。

3794　马景卫：《宗教与武术技艺的融通：回族武术的渊源、表征与传承》，《体育与科学》2015 年第 6 期。

3795　田文林：《"波斯球"的传入对唐代体育运动的影响》，《兰台世界》2015 年第 9 期。

3796　郭志禹：《古道丝路武术文化特征及其核心理念（上）》，《少林与太极》2015 年第 9 期。

3797　郭志禹：《古道丝路武术文化特征及其核心理念（下）》，《少林与太极》2015 年第 10 期。

3798　李晓平、苏德苹：《海上丝绸之路与客家民俗体育文化交流》，《赣南师范学院学报》2016 年第 2 期。

3799　杨扬：《丝绸之路陇右文化与唐代长安体育的繁荣》，《美与时代·城市》2016 年第 2 期。

3800　王泽湘、林春：《汉唐乐府中的民俗体育研究》，《敦煌学辑刊》2016 年第 4 期。

3801　邸静、闫强：《基于丝绸之路下的高校体育文化交流平台设计》，《自动化与仪器仪表》2016 年第 5 期。

3802　陈正权：《汉代丝绸之路上体育文化的传播与交流》，《丝路视野》2016 年第 13 期。

3803　贾磊、聂秀娟：《东南丝绸之路的构建与休闲体育文化的传播》，《黄山学院学报》2017 年第 3 期。

3804　蒲实、徐传明：《唐宋时期丝绸之路体育文化的发展嬗变》，《中华文化论坛》2017 年第 4 期。

3805　赵犇、武晓敏：《公元 7—8 世纪的龟兹体育研究：内容、特征及启示》，《沈阳体育学院学报》2017 年第 6 期。

3806　邓李娜、王兴茂：《佛教文化对丝绸之路体育的影响》，《东方收藏》2017 年第 12 期。

3807　王增明、邓李娜：《丝绸之路起点西安的体育繁荣》，《东方收藏》2017 年第 12 期。

3808　李迟蕾：《马毬运动的发展与唐代对外交往》，《兰台世界》2017 年第 18 期。

3809 刘祥友、郭志禹：《新疆武术文化初考》，《体育学刊》2018 年第 1 期。

民　俗

3810 任树民：《吐蕃占领区的民俗政策与文化交流的关系》，《西北民族研究》1991 年第 1 期。

3811 王政：《审美交互作用与唐代长安风俗》，《唐都学刊》1991 年第 4 期。

3812 牛汝辰：《新疆地名所反映的习俗崇尚》，《中央民族学院学报》1992 年第 6 期。

3813 何英：《从〈大唐西域记〉看唐代西域民俗》，《新疆社科论坛》1998 年第 3 期。

3814 蔡鸿生：《唐代"黄坑"辨》，《欧亚学刊》第 3 辑，北京：中华书局，2001 年。

3815 阿合买提江·艾海提：《西域拜火习俗的文化理解》，《西域研究》2001 年第 3 期。

3816 马建春：《元代东迁西域人礼俗汉化之考察》，《西北民族学院学报（哲学社会科学版）》2001 年第 4 期。

3817 骆惠珍：《西域民族民俗的行为规范功能》，《昌吉学院学报》2003 年第 4 期。

3818 武沐、王希隆：《对乌孙收继婚制度的再认识》，《西域研究》2003 年第 4 期。

3819 吴妍春：《习惯法在丝绸之路古今各民族中的表现》，《新疆大学学报（哲学·人文社会科学版）》2005 年第 5 期。

3820 仲高：《乞寒习俗与苏莫遮》，《龟兹学研究》，乌鲁木齐：新疆大学出版社，2006 年。

3821 秀梅：《卫拉特蒙古禁忌习俗文化探微》，《塔里木大学学报》2006 年第 2 期。

3822 潘玲：《髡面习俗的渊源和流传》，《西域研究》2006 年第 4 期。

3823 高汝东、黄艳红：《藏传佛教与卫拉特人丧葬和祭祀习俗的演变》，《塔里木大学学报》2007 年第 1 期。

3824 俞秀红：《西域文化对元宵灯俗的影响》，《新疆大学学报（哲学·人文社会科学版）》2007 年第 2 期。

3825 孟楠：《黠戛斯人髡面习俗研究》，《西域研究》2007 年第 3 期。

3826 秀梅、安晓平：《论卫拉特蒙古民间信仰习俗中环境保护意识》，《塔里木大学学报》2007 年第 3 期。

3827 李传军：《论元宵观灯起源于西域佛教社会》，《西域研究》2007 年第 4 期。

3828 张庆捷：《"髡面截耳与椎心割鼻"图解读》，《乾陵文化研究》，西安：三秦出版社，2008 年。

3829 张安福：《唐代西北地区农民群体的生活世界》，《齐鲁学刊》2008 年第 6 期。

3830 孙永刚：《剺面习俗小议》，《赤峰学院学报（哲学社会科学版）》2009 年第 12 期。

3831 曾分良：《从椅子看辽代家具风格的多元化》，《北方文物》2010 年第 2 期。

3832 刘克俭、李重申：《敦煌的赛社与希腊的赛会之比较研究》，《敦煌研究》2010 年第 4 期。

3833 刘宗迪：《摩睺罗与宋代七夕风俗的西域渊源》，《民俗研究》2012 年第 1 期。

3834 黄韵诗：《广佛肇神诞庙会民俗考释——以南海神庙波罗诞、佛山北帝诞及悦城龙母诞为例》，《西南农业大学学报（社会科学版）》2013 年第 8 期。

3835 张敏：《浅谈唐宋时期敦煌地区婚姻礼俗》，《丝绸之路》2013 年第 22 期。

3836 王永莉：《丝绸之路河西走廊段赛神风俗的时空分布与文化意蕴》，《长安大学学报（社会科学版）》2014 年第 3 期。

3837 张墨：《"割耳剺面"习俗刍议》，《南阳师范学院学报》2015 年第 1 期。

3838 肖小勇：《新疆早期丧葬中的用火现象》，《西域研究》2016 年第 1 期。

3839 冯金磊：《从"波罗诞"民俗文化庙会看南海神庙的华丽转身》，《广州航海学院学报》2016 年第 1 期。

3840 裴成国：《论高昌国的骑射之风》，《西域研究》2016 年第 1 期。

3841 张晓妍：《花靥碎妆：西域妆饰习俗在唐代的流行现象》，《时尚设计与工程》2016 年第 2 期。

3842 钱婉约：《汉唐丝路文化"多元共生"特性探微——以"上元燃灯"习俗中儒佛道文化的共生融合为例》，《中国文化研究》2016 年第 4 期。

3843 李国平：《古代西域地区"含币"葬俗简论》，《西北民族大学学报（哲学社会科学版）》2017 年第 1 期。

3844 杨林、赵金科：《丝绸之路上巴里坤社火文化融合路径研究》，《新疆艺术学院学报》2017 年第 3 期。

3845 买托合提·居来提、迪丽努尔·吾普尔：《普鲁人传统婚俗探究》，《丝绸之路》2017 年第 4 期。

3846 刘妙：《胡服骑射与丝绸之路》，《语文学刊》2017 年第 5 期。

3847 曹群：《浅谈古丝绸之路的开通对新疆地毯发展的影响》，《芒种》2017 年第 18 期。

游 艺

3848 常任侠：《汉唐间西域传入内地的杂技艺术》，《新疆社会科学》1982年第2期。

3849 贾峨：《说汉唐间百戏中的"象舞"——兼谈"象舞"与佛教"行像"活动及海上丝路的关系》，《文物》1982年第9期。

3850 周君平：《漫谈古代民间百戏中的狮子舞》，《文史杂志》1987年第6期。

3851 赵世骞：《西域乌孙马与马舞》，《民族艺术》1988年第2期。

3852 梁全录：《唐代"丝绸之路"上的围棋》，《体育文史》1988年第4期。

3853 贾峨：《唐代的畋猎弋射与丝绸之路》，《华夏考古》1991年第2期。

3854 胡小杰：《西域狮子舞东渐及其在日本的嬗变》，《新疆大学学报（哲学社会科学版）》1992年第2期。

3855 马德福、李重申、李金梅：《敦煌气功史料初探》，《社科纵横》1994年第4期。

3856 许关中：《关于"都卢"的考证》，《杂技与魔术》1994年第4期。

3857 黎虎：《狮舞流沙万里来》，《西域研究》2001年第3期。

3858 毛保枝：《汉画中的戏车与杂技艺术》，《中原文物》2003年第5期。

3859 钱松、赵玉霞：《丝绸古道上的舞马与马舞艺术》，《新疆艺术学院学报》2004年第4期。

3860 樊小敏：《狮舞在新疆的源起与衰落》，《新疆艺术学院学报》2006年第1期。

3861 陆晖：《丝绸之路上的皮影戏》，《昌吉学院学报》2007年第4期。

3862 路志峻、张有：《中国角抵戏的本体发展与历史演进》，《敦煌研究》2008年第4期。

3863 林移刚：《浅析中原地区狮舞渊源及流变》，《时代文学》2008年第7期。

3864 路志峻、张有：《丝绸之路上的胡戏——双陆之考析》，《敦煌研究》2009年第5期。

3865 刘欣：《中国舞狮运动文化意蕴探析》，《兰台世界》2009年第19期。

3866 强中华：《舞马：中国古代文学中的盛装舞步》，《陇东学院学报》2010年第1期。

3867 李重申、李金梅：《论敦煌古代的游戏、竞技与娱乐》，《南方文物》2010年第3期。

3868 黎国韬：《岭南狮子舞功能述略》，《体育学刊》2011年第2期。

3869 张有：《丝绸之路河西地区魏晋墓彩绘砖画——六博新考》，《敦煌研究》2011年第2期。

3870 张有：《甘肃魏晋墓遗存的"博戏"图辨析》，《成都体育学院学报》2011年第3期。

3871 张新辉、赵凤霞、朱梅新：《丝绸古道上的舞马与马舞活动的现代遗存考略》，《福建体育科技》2012年第1期。

3872 贾红毅、李世光：《我国古代舞狮运动发展考述》，《兰台世界》2012年第34期。

3873 王敏婷：《汉代传统舞狮产生的历史因素研究》，《兰台世界》2013年第3期。

3874 郭军：《豫东"槐店文狮舞"考察探究》，《装饰》2013年第5期。

3875 熊旸：《从四首诗词看唐代舞马形象的变迁》，《宜宾学院学报》2013年第11期。

3876 何粉霞：《河南沈丘回族文狮子舞溯源及舞韵的"古西域"艺术元素探析》，《宁夏大学学报（人文社会科学版）》2014年第4期。

3877 曹莉、贾文龙：《在游戏与阴谋之间：中国古代"幻术"涵义的历史流变》，《保定学院学报》2015年第2期。

3878 丛振：《古代双陆游戏小考——兼论敦煌、吐鲁番的双陆游戏》，《吐鲁番学研究》2015年第2期。

3879 丛振：《敦煌壁画中的儿童游戏》，《山西档案》2015年第5期。

3880 郭春阳：《丝路文化背景下的古代中西武艺交流与分化》，《武汉体育学院学报》2015年第6期。

3881 蒋燕君：《龟兹乐舞中动物模拟舞的艺术特征探析——以西域马舞为例》，《北方音乐》2015年第14期。

3882 丛振：《敦煌岁时节日中的游艺文化——以上巳、端午、七夕为中心》，《敦煌学辑刊》2016年第1期。

3883 何志国：《东汉外来杂技幻术与佛像关系及影响》，《民族艺术》2016年第1期。

3884 王永平：《伊本·白图泰眼中的杭州绳技——一种从海上丝绸之路传来的印度魔术》，《山西大学学报（哲学社会科学版）》2016年第3期。

3885 丛振：《先秦至唐五代角抵与相扑名实考辩——兼论敦煌壁画、文献中的相扑文化》，《敦煌学辑刊》2016年第4期。

3886 王晓辉、乾清华、郭钰、王建文：《舞狮运动北狮的历史演进辨析》，《体育文化导刊》2016年第10期。

3887 朱贺琴：《新疆罗布淖尔狮舞文化探微》，《伊犁师范学院学报（社科版）》2017年第2期。

服 饰

3888 原田淑人著，常任侠译：《中国唐代的服装》，《美术研究》1958年第1期。

3889 尚衍斌：《唐代西域服饰考略》，《新疆大学学报（哲学社会科学版）》1989年第1期。

3890 黄钦康：《服饰的流变与思考》，《西北美术》1990年第2期。

3891 尚衍斌：《尖顶帽考释》，《喀什师范学院学报》1991年第1期。

3892 尚衍斌：《吐鲁番古代衣饰习尚谈薮》，《喀什师范学院学报（哲学社会科学版）》1992年第2期。

3893 李蓉：《唐代前期妇女服饰开放风气》，《中国典籍与文化》1995年第1期。

3894 尚衍斌：《外来文化对古代西域服饰的影响》，《喀什师范学院学报》1996年第1期。

3895 乔志军：《敦煌壁画服饰审美文化透视》，《益阳师专学报》1997年第4期。

3896 林梅村：《鍮石入华考》，《考古与文物》1999年第2期。

3897 杨清凡：《从服饰图例试析吐蕃与粟特关系（上）》，《西藏研究》2001年第3期。

3898 杨清凡：《由服饰图例试析吐蕃与粟特关系（下）》，《西藏研究》2001年第4期。

3899 龚晓嵘：《东服西走西服东移——魏晋南北朝中外服饰文化交流》，《浙江工程学院学报》2002年第3期。

3900 吴妍春、王立波：《西域高尖帽文化解析》，《西域研究》2004年第1期。

3901 赵斌：《秦汉北方游牧民族冠帽谈薮》，《西域研究》2004年第3期。

3902 张晓平：《万国衣冠拜故都——简论中国古代服饰文化对世界文明的影响》，《江苏丝绸》2004年第4期。

3903 竺小恩：《胡气氤氲的大唐服饰》，《浙江纺织服装职业技术学院学报》2005年第1期。

3904 管志刚：《论魏晋南北朝服饰演变》，《淮北煤炭师范学院学报（哲学社会科学版）》2005年第3期。

3905 李怡：《唐代士人服饰文化解析》，《北京科技大学学报（社会科学版）》2005年第4期。

3906 艾山江·阿不力孜：《西域高尖帽的传承与发展——以维吾尔族高尖帽的制作及相关习俗为例》，《民族研究》2005年第4期。

3907　李怡：《唐代文官服饰的文化内涵解析》，《殷都学刊》2006 年第 4 期。

3908　李怡：《唐代官员常服的服色文化》，《华夏文化》2006 年第 4 期。

3909　穆兴平、魏鹏：《从"全身障蔽"到"靓妆露面"——以羃离、帷帽与胡帽为例》，《乾陵文化研究》，西安：三秦出版社，2008 年。

3910　马冬：《唐初官服"异文"与"陵阳公样"》，《西域研究》2008 年第 2 期。

3911　夏侠：《从楼兰出土文物看魏晋时期的西域服饰》，《新疆艺术学院学报》2009 年第 3 期。

3912　林沄：《欧亚草原有角神兽牌饰研究》，《西域研究》2009 年第 3 期。

3913　马冬：《北族文化对唐朝官服影响及其历史意义》，《西域研究》2010 年第 3 期。

3914　竺小恩：《莫高窟早期三窟世俗人物服饰研究》，《浙江纺织服装职业技术学院学报》2010 年第 3 期。

3915　万芳、李薏：《新疆出土三角形及长方形衣饰研究》，《西域研究》2010 年第 3 期。

3916　童友军、卢新燕：《福建三大渔女之——蟳埔女头饰文化的解读》，《贵州大学学报（艺术版）》2011 年第 2 期。

3917　李怡：《唐代的官靴考辨》，《华夏文化》2011 年第 2 期。

3918　李怡、马琳：《唐代官员常服的文化美学审视》，《社科纵横》2011 年第 4 期。

3919　李波：《莫高窟晚唐第 156 窟艺人服饰研究》，《敦煌研究》2011 年第 5 期。

3920　乌云：《龟兹服饰与粟特服饰之比较》，《装饰》2011 年第 12 期。

3921　赵新平、王媛媛：《浅议宋代禁金背后的服饰用金》，《大众文艺》2011 年第 21 期。

3922　陶娜、周莉英：《丝绸之路文化传播对汉朝服饰文化的影响》，《中国科技财富》2011 年第 22 期。

3923　杜红：《新疆石窟壁画中的服饰文化》，《丝绸之路》2011 年第 24 期。

3924　竺小恩：《敦煌石窟中沙州回鹘时期的回鹘服饰》，《浙江纺织服装职业技术学院学报》2012 年第 1 期。

3925　周菁葆：《日本正仓院所藏尖顶帽艺术溯源》，《浙江纺织服装职业技术学院学报》2012 年第 1 期。

3926　周菁葆：《高昌石窟壁画中的服饰艺术》，《浙江纺织服装职业技术学院学报》2012 年第 2 期。

3927　夏侠：《浅论隋代服饰中的异域文化元素》，《新疆艺术学院学报》2012 年第 2 期。

3928　陈娟：《浅析外来文化对唐代服装的影响》，《科学咨询》2012 年第 12 期。

3929　卢秀文：《敦煌唐代妇女服装款式考述》，《丝绸之路》2012年第14期。

3930　朱晓宇：《唐代书仪中的丧服衣服图解析——以法藏敦煌西域文献为例》，《长安大学学报（社会科学版）》2013年第1期。

3931　张珝沭：《浅析敦煌壁画中供养人的服饰》，《大众文艺》2013年第3期。

3932　钱毓：《古时新疆流行百褶裙》，《新疆人文地理》2013年第3期。

3933　程雅娟：《"兽载乐舞"表演的服饰艺术研究》，《大众文艺》2013年第24期。

3934　卢秀文：《敦煌民俗乐舞服饰图像研究——〈宋国夫人出行图〉女子乐舞服饰》，《敦煌学辑刊》2014年第1期。

3935　毛静一：《基于西域佛教壁画服饰的研究》，《神州（中旬刊）》2014年第1期。

3936　卢新燕、童友军：《海洋文化视角下"非遗"蟳埔女服饰研究》，《艺术设计研究》2014年第2期。

3937　高愚民：《从阿斯塔那出土文物看唐代西域女子发式艺术》，《新疆艺术学院学报》2014年第2期。

3938　邹淑琴：《唐诗中的胡姬之服装考》，《兰台世界》2014年第3期。

3939　莫玉玲、孙恩乐：《清代至民国时期广府华侨服饰艺术特征研究》，《艺术设计研究》2014年第4期。

3940　董铮：《从〈簪花仕女图〉看唐代贵族女子服饰》，《美术大观》2014年第6期。

3941　王宛春：《丝绸之路民族服饰对现代服饰的影响》，《商》2014年第22期。

3942　潘璠：《汉唐丝绸文化和服饰艺术与中西文化互动交流》，《西北美术》2015年第1期。

3943　张蓓蓓：《南北朝至隋唐时期新疆与中原民族妇女服饰交流》，《民族艺术研究》2015年第2期。

3944　罗佳：《东天山地区史前服饰艺术考》，《艺术探索》2015年第3期。

3945　林茵：《古新疆洋海人服饰文化探寻》，《文艺生活·文海艺苑》2015年第7期。

3946　吴江、张星：《盛唐女装风向标之胡服风》，《艺术科技》2015年第11期。

3947　陈安琪、吕钊：《"苏幕遮"面具初探》，《科技视界》2015年第15期。

3948　陈芳：《国色天香——唐代女子服饰时尚（一）》，《艺术品》2016年第2期。

3949　贾玺增：《国色天香——唐代女子服饰时尚（二）》，《艺术品》2016年第3期。

3950　董晓荣：《蒙元时期蒙古族服饰中所体现的外来文化》，《西部蒙古论坛》2016年第4期。

3951　贾玺增：《国色天香——唐代女子服饰时尚（三）》，《艺术品》2016年第4期。

3952　王唯宁：《浅谈丝绸之路敦煌之元代妇女服饰及头饰》，《文艺生活·文艺理论》2016年第5期。

3953 徐红、闫文君：《唐代西域女装研究及对当代女装设计的思考——以新疆出土文物为例》，《丝绸》2016年第6期。

3954 杨瑾：《"女为胡妇学胡妆"再解读——从馆藏胡服女性形象谈起》，《文物天地》2016年第6期。

3955 徐红：《西域服饰艺术》，《美术》2016年第8期。

3956 徐国灿：《浅析魏晋南北朝服饰文化的特征》，《文艺生活·文海艺苑》2016年第11期。

3957 覃春雷、孙傲：《中国古代琥珀珠饰鉴定及其产地初探》，《岩石矿物学杂志》2016年增刊第1期。

3958 王若诗：《论唐代丝绸之路影响下的服饰新变——以唐代诗歌为研究视角》，《周口师范学院学报》2017年第1期。

3959 高宇、樊嘉禄：《胭脂的传入、发展和制作原料等问题探析》，《黄山学院学报》2017年第2期。

3960 李楠：《新疆地域民族服饰文化的异质交互与生存现状》，《设计艺术》2017年第3期。

3961 陈秋儿：《浅谈唐诗中的胡服》，《青春岁月》2017年第9期。

3962 刘文：《南宋临安服饰特色研究》，《山东纺织经济》2017年第12期。

3963 魏臻、李慧国：《河西走廊中东部石窟寺壁画中的人物形象与服饰初探——河西走廊中东部地区石窟、寺观壁画考察与研究之六》，《大众文艺》2017年第14期。

3964 张宇：《丝绸之路中外服饰文化交流引起的民族服饰变异》，《中国民族博览》2017年第18期。

3965 王蕴锦：《从"黄金之丘"服饰配件艺术探究丝绸之路多元因素》，《艺术设计研究》2018年第1期。

饮　食

3966 晓白：《烤肉史料两则》，《新疆社会科学》1984年第1期。

3967 良穆：《丝绸路上的美食交往》，《阿拉伯世界》1991年第2期。

3968 樊维纲：《"沙糖"小考——兼释"甜盐"和"吴盐"》，《农业考古》1991年第3期。

3969 罗绍文：《八珍之一——醍醐考》，《西域研究》1994年第2期。

3970 尚衍斌、桂栖鹏：《元代西域葡萄和葡萄酒的生产及其输入内地述论》，《农业考古》1996 年第 3 期。

3971 王赛时：《古代西域的葡萄酒及其东传》，《中国烹饪研究》1996 年第 4 期。

3972 韩建武：《唐都长安的胡食》，《华夏文化》1997 年第 1 期。

3973 仲高：《西域挏马酒及潼酒考释》，《新疆大学学报（哲学社会科学版）》1998 年第 2 期。

3974 仲高：《西域蒸馏酒源流考》，《新疆地方志》1998 年第 2 期。

3975 王赛时：《古代西域的葡萄酒及其东传》，《新疆地方志》1998 年第 2 期。

3976 张清宏：《唐代的胡酒》，《华夏文化》2001 年第 4 期。

3977 翟旭龙：《酿酒史上的"丝绸之路"》，《酿酒科技》2002 年第 6 期。

3978 姚伟钧、王玲：《汉唐时期北方胡汉饮食原料之交流》，《南宁职业技术学院学报》2004 年第 3 期。

3979 夏雷鸣：《西域薄馕的考古遗存及其文化意义——兼谈波斯饮食文化对我国食俗的影响》，《新疆大学学报（哲学·人文社会科学版）》2005 年第 1 期。

3980 陈习刚：《唐代葡萄酒产地考——从吐鲁番文书入手》，《古今农业》2006 年第 3 期。

3981 陈习刚：《中国古代葡萄、葡萄酒及葡萄文化经西域的传播（一）——两宋以前葡萄和葡萄酒产地》，《新疆师范大学学报（哲学社会科学版）》2006 年第 3 期。

3982 贺菊莲：《从新疆史前考古初探其古代居民饮食文化》，《中国农史》2007 年第 3 期。

3983 贺菊莲：《西域饮食文化初探》，《新疆大学学报（哲学·人文社会科学版）》2007 年第 4 期。

3984 赵海霞、茹毅：《5—7 世纪高昌地区的食物品种》，《新疆大学学报（哲学·人文社会科学版）》2008 年第 2 期。

3985 陈青萍：《〈福乐智慧〉反映的膳食养生方法及其意义》，《西域研究》2008 年第 3 期。

3986 僧海霞：《唐宋时期敦煌药酒文化透视——基于药用酒状况的敦煌文书考察》，《甘肃社会科学》2009 年第 4 期。

3987 贺菊莲：《从考古发现略论汉唐时期祖国内地饮食文化在西域的传播》，《丝绸之路》2010 年第 2 期。

3988 陈秀芬：《新丝绸之路时代我国酒店业面临的挑战及应对措施》，《管理观察》2010 年第 2 期。

3989 陈习刚：《吐鲁番文书中的"酢"、"苦酒"与葡萄酒的种类》，《西域研究》

2010 年第 3 期。

3990 海滨：《郁金·琥珀·叵罗·胡姬——李白饮酒诗中西域元素考释》，《西域研究》2011 年第 2 期。

3991 彭卫：《汉代酒杂识》，《宜宾学院学报》2011 年第 3 期。

3992 张全超、朱泓：《新疆古墓沟墓地人骨的稳定同位素分析——早期罗布泊先民饮食结构初探》，《西域研究》2011 年第 3 期。

3993 高启安：《丝路名馔"驼蹄羹"杂考》，《西域研究》2011 年第 3 期。

3994 田峰：《从唐诗看唐代胡姬酒肆及其文化》，《青海民族大学学报（社会科学版）》2011 年第 4 期。

3995 奴尔买买提·卡迪尔：《浅谈喀喇汗王朝时期维吾尔族饮食文化的整合》，《黑龙江史志》2011 年第 5 期。

3996 张玉梅：《简论胡椒与唐代的饮食文化》，《考试周刊》2011 年第 38 期。

3997 葛承雍：《"胡人岁献葡萄酒"的艺术考古与文物印证》，《酒史与酒文化研究》第 1 辑，北京：社会科学文献出版社，2012 年。

3998 岳东：《魏徵与葡萄酒酿造术的传播》，《绵阳师范学院学报》2012 年第 1 期。

3999 解梅：《"胡饼"考略》，《农业考古》2012 年第 1 期。

4000 邢立涛：《试论元代西域的葡萄酒文化》，《群文天地》2012 年第 8 期。

4001 徐成文：《佛教饮食习俗对民间的影响》，《少林与太极》2012 年第 9 期。

4002 陈静薇：《浅论宋词中的葡萄酒文化》，《丝绸之路》2012 年第 20 期。

4003 贺菊莲：《汉唐西域饮食文化交流的客观性与可能性探析》，《兰台世界》2012 年第 33 期。

4004 陈习刚：《中国葡萄酒（宋前）历史文化考》，《酒世界》2013 年第 2 期。

4005 李丽：《印度熬糖法入唐探究》，《丝绸之路》2013 年第 2 期。

4006 吕庆峰、张波：《先秦时期中国本土葡萄与葡萄酒历史积淀》，《西北农林科技大学学报（社会科学版）》2013 年第 3 期。

4007 赵海霞、王曙明：《荟萃与交融——5—7 世纪高昌饮食器具探析》，《兰台世界》2013 年第 3 期。

4008 高愚民：《从出土文物看古代西域饮食》，《新疆人文地理》2013 年第 5 期。

4009 周智武：《唐宋广州的兴起及其城市饮食文化特征》，《南宁职业技术学院学报》2013 年第 5 期。

4010 刘树琪：《葡萄与葡萄酒在中原地区的传播和发展》，《山东社会科学》2014 年第 3 期。

4011 贺菊莲：《汉唐时期西域饮食文化交流探析》，《贵州民族大学学报（哲学社会科学版）》2014 年第 4 期。

4012 眉宇：《西域酒文化博物馆解读西域酒神精神》，《新疆人文地理》2014 年第 6 期。

4013 方铁：《马可·波罗所见南方丝绸之路的饮食习俗》，《楚雄师范学院学报》2014 年第 10 期。

4014 骆亚琪、卫丽、樊志民：《唐代宴会盛行的社会经济原因探析》，《兰台世界》2014 年第 12 期。

4015 徐怡：《舌尖上的异域风情——唐代"胡食"及其社会影响论述》，《黑龙江史志》2014 年第 21 期。

4016 刘妍、柳雯：《唐代葡萄酒文化传承与发展探析》，《兰台世界》2014 年第 30 期。

4017 庄华峰、徐达标：《汉魏两晋南北朝胡汉饮食文化交流述论》，《安徽广播电视大学学报》2015 年第 2 期。

4018 冯培红：《高启安与丝绸之路饮食文化研究》，《南宁职业技术学院学报》2015 年第 3 期。

4019 曹茂、秦莹：《南方丝路重镇会理端午饮食习俗考》，《中南民族大学学报（人文社会科学版）》2015 年第 3 期。

4020 杜莉：《"一带一路"饮食文化交流与美食资源开发》，《美食研究》2015 年第 4 期。

4021 王少良：《中国古代葡萄酒文化琐谈》，《边疆经济与文化》2015 年第 11 期。

4022 孙占鳌：《魏晋时期河西饮食文化发展的特征》，《丝绸之路》2015 年第 16 期。

4023 鲁超凡：《浅谈唐朝初期西域各国主产作物及饮食》，《兰台世界》2015 年第 31 期。

4024 温建辉：《虞弘墓浮雕图案中的葡萄酒文化》，《晋中学院学报》2016 年第 1 期。

4025 涂丹、刁培俊：《东南亚香药与明代饮食风尚》，《古代文明》2016 年第 4 期。

4026 王启涛：《丝绸之路上的饮食文化研究之一：饼——以吐鲁番出土文书为中心》，《四川旅游学院学报》2016 年第 4 期。

4027 邹淑琴：《唐诗中的胡姬与西域酒文化在中原地区的传播》，《中国韵文学刊》2016 年第 4 期。

4028 周旺林、叶新：《汉代合浦食文化发展概述（一）》，《南宁职业技术学院学报》2016 年第 4 期。

4029 王启涛：《丝绸之路上的饮食文化研究之二：肉——以吐鲁番出土文书为中心》，《四川旅游学院学报》2016 年第 5 期。

4030 周旺、林叶新：《汉代合浦食文化发展概述（二）》，《南宁职业技术学院学报》2016年第5期。

4031 王启涛：《丝绸之路上的饮食文化研究之三：酒——以吐鲁番出土文书为中心》，《四川旅游学院学报》2016年第6期。

4032 付晓青：《胡姬押酒劝客尝——略谈唐代丝绸之路上的葡萄酒文化》，《人文天下》2016年第9期。

4033 张君君、朱宏斌：《宋元时期中外饮食文化交流》，《兰台世界》2016年第12期。

4034 乔天：《唐代三勒浆杂考》，《唐史论丛》第25辑，西安：三秦出版社，2017年。

4035 王珏：《谈谈因避讳胡人而更名的"胡"词族食物》，《汉字文化》2017年第1期。

4036 刘庆：《从古代诗句中映象出的葡萄酒文化（上）》，《世界文化》2017年第2期。

4037 刘庆：《从古代诗句中映象出的葡萄酒文化（下）》，《世界文化》2017年第3期。

4038 叶俊士、郑思阳：《考古出土材料视角下的精绝国饮食文化》，《四川旅游学院学报》2017年第3期。

4039 刘启振、张小玉、王思明：《汉唐西域葡萄栽培与葡萄酒文化》，《中国野生植物资源》2017年第4期。

4040 黄瑞柳、丁慧、李孟丹、何梦曦：《高昌王国汉人生活方式的传承与变迁——饮食和交通篇》，《北方文学（下旬刊）》2017年第5期。

4041 张云、张付新：《试论隋唐胡食的传播及其影响》，《内蒙古电大学刊》2017年第5期。

4042 卫斯：《唐代以前我国西域地区的葡萄栽培与酿酒业》，《农业考古》2017年第6期。

4043 李颖：《丝路"糖史"》，《人才资源开发》2017年第19期。

4044 王婷：《丝绸之路传来的葡萄美酒——中国古代葡萄酒文化漫话》，《现代食品》2017年第23期。

4045 郭雁云：《魏征与葡萄酒酿造术传播历程研究——基于科技传播视角》，《山西财经大学学报》2017年增刊第1期。

科技百工

通 论

4046　刘铭恕：《元代的几项中外科技交流》，《海交史研究》1983 年。

4047　冯立升：《元代色目人对科学技术的贡献》，《中央民族学院学报》1989 年第 6 期。

4048　马碧黛：《元代中阿科技文化交流》，《阿拉伯世界》1994 年第 2 期。

4049　李迪：《两唐书〈西域传〉中的科技史料》，《内蒙古师范大学学报（哲学社会科学版）》2002 年第 5 期。

4050　易继明：《我国古代对外科技交流史略考》，《科技与法律》2003 年第 4 期。

4051　王哲然：《赵友钦小孔成像研究来源初考》，《自然科学史研究》2014 年第 4 期。

4052　何国卫：《论中国古代"海上丝绸之路"的技术基础》，《南海学刊》2015 年第 3 期。

4053　袁晓春：《马可·波罗对海上丝绸之路中国造船技术的记载与传播》，《南海学刊》2016 年第 1 期。

4054　陈刚：《古丝绸之路与中原和西域科学技术的传播交流》，《兰台世界》2017 年第 20 期。

天文历算

4055　陈美东：《回回历法中若干天文数据之研究》，《自然科学史研究》1986 年第 1 期。

4056　陈久金、马肇曾：《回人马依泽对宋初天文学的贡献》，《中国科技史料》1989 年第 2 期。

4057　一文：《西洋历法何时传入中国》，《宁波师院学报（社会科学版）》1990 年第 4 期。

4058　陈静：《元回回天算家及其天文工作考论》，《回族研究》1992 年第 2 期。

4059　吕患成：《札马鲁丁在天文地理学方面的贡献》，《中国穆斯林》1994 年第 5 期。

4060 江晓原：《东来七曜术（上）》，《中国典籍与文化》1995 年第 2 期。

4061 江晓原：《东来七曜术（中）》，《中国典籍与文化》1995 年第 3 期。

4062 江晓原：《东来七曜术（下）》，《中国典籍与文化》1995 年第 4 期。

4063 孔庆典、江晓原：《11—14 世纪回鹘人的二十八宿纪日》，《西域研究》2009 年第 3 期。

4064 罗鹏：《唐朝天学与印度天学家的交流考辨》，《东京文学》2009 年第 3 期。

4065 让·马克·博奈比多、弗朗索瓦丝·普热得瑞、魏泓著，黄丽平译：《敦煌中国星空：综合研究迄今发现最古老的星图（上）》，《敦煌研究》2010 年第 2 期。

4066 孔庆典：《中古时期中国西北民族的生肖纪年》，《西域研究》2010 年第 3 期。

4067 让·马克·博奈比多、弗朗索瓦丝·普热得瑞、魏泓著，黄丽平译：《敦煌中国星空：综合研究迄今发现最古老的星图（下）》，《敦煌研究》2010 年第 3 期。

4068 孔庆典、马丁玲：《德国内布拉星盘与中古时期中国北方民族的昴星团历法》，《西域研究》2011 年第 2 期。

4069 白玉冬：《〈苏吉碑〉纪年及其记录的"十姓回鹘"》，《西域研究》2013 年第 3 期。

4070 李树辉：《突厥语文献的纪年形式和断代方法》，《语言与翻译（汉文版）》2014 年第 3 期。

4071 龚丽坤：《从地到天：丝绸之路与天文交流》，《知识就是力量》2014 年第 12 期。

4072 邓文宽：《法国学者对敦煌术数和天文历法文献研究的贡献》，《敦煌学辑刊》2015 年第 1 期。

4073 王龙：《印度纪月法的西夏译名》，《宁夏社会科学》2015 年第 6 期。

4074 木沙江·艾力：《古代维吾尔语历法和占卜文献及其研究现状》，《喀什大学学报》2016 年第 1 期。

农牧业

通　论

4075 刘毓璜：《我国古代的农书》，《读书月报》1956 年第 9 期。

4076 李并成：《盛唐时期河西走廊农业开发的成就》，《开发研究》1989 年第 2 期。

4077 张波：《河西古代农业发展概略》，《干旱地区农业研究》1992 年第 3 期。

4078 陈伟明：《明清时期农业科技文化交流述论》，《海交史研究》1993年第1期。

4079 游修龄：《农史小札（二则）》，《古今农业》1994年第3期。

4080 缪祥山：《海上丝路与古代农业科技文化交流》，《中国农史》1994年第4期。

4081 王四达：《宋元泉州的农业危机及其对地方经济发展的影响》，《中国农史》1997年第1期。

4082 张泽咸：《汉唐间河西走廊地区农牧生产述略》，《中国史研究》1998年第1期。

4083 王欣：《古代鄯善地区的农业与园艺业》，《中国历史地理论丛》1998年第3期。

4084 朱和平：《试论两汉时期匈奴的农业生产》，《中州学刊》2001年第3期。

4085 张敏波：《唐代西域农业开发管窥》，《湖南商学院学报》2002年第3期。

4086 朱宏斌：《两汉西域屯田及其在中西农业科技文化交流中的作用》，《中国农史》2003年第2期。

4087 韦浩明：《潇贺古道与贺江流域的农业开发——"潇贺古道"系列研究之二》，《广西梧州师范高等专科学校学报》2005年第2期。

4088 谢丽：《民国时期新疆和阗地区粮食减产与农业垦荒研究》，《西域研究》2006年第1期。

4089 谷小勇、朱宏斌、冯风：《〈大唐西域记〉中关于农业内容的整理与分析》，《古今农业》2007年第2期。

4090 王晓晖：《北朝隋唐入华粟特人与农牧业》，《黑龙江民族丛刊》2007年第5期。

4091 殷晴：《物种源流辨析——汉唐时期新疆园艺业的发展及有关问题》，《西域研究》2008年第1期。

4092 王晓晖：《安史之乱前入华粟特人在西域河西的农牧业生产》，《河西学院学报》2008年第1期。

4093 魏会廷、李俊、彭正松、卢宝荣、赵志军、杨武云：《节节麦DNA指纹关系所揭示的古代中国与西方农业技术交流》，《自然科学进展》2008年第9期。

4094 冯玉新：《清代哈密农业开发考论》，《西域研究》2009年第2期。

4095 鲁靖康、樊志民：《清代屯垦对新疆农业发展的影响》，《西域研究》2009年第2期。

4096 班睿、韩华：《汉代甘肃河西地区农作物浅述——以历代出土汉简为例》，《丝绸之路》2009年第4期。

4097 赵建安、张英、刘芳：《古代新疆伊犁河流域农业土地资源利用及启示》，《资源科学》2009年第12期。

4098 吕卓民、陈跃：《两汉南疆农牧业地理》，《西域研究》2010年第2期。

4099 陈跃：《论古代北疆农业的发展》，《西域研究》2011年第2期。

4100 仲高：《西域绿洲农耕文化的脉搏》，《新疆大学学报（哲学·人文社会科学版）》2011年第2期。

4101 吴大旬、王卫红：《论唐代西域畜牧业对中原农牧业生产的贡献》，《环球市场信息导报》2011年第9期。

4102 陈跃：《魏晋南北朝西域农业的新发展》，《中国经济史研究》2012年第3期。

4103 张彦虎：《14至17世纪西域绿洲农业经济的曲折发展及原因》，《中国经济史研究》2014年第2期。

4104 李艳玲：《公元5世纪至7世纪前期吐鲁番盆地农业生产探析》，《西域研究》2014年第4期。

4105 刘永强：《基于考古资料的汉代新疆农牧业考察》，《东北农业大学学报（社会科学版）》2014年第6期。

4106 陈跃：《吐蕃统治西域时期的农牧业管理》，《西域研究》2015年第1期。

4107 杨富学、陈亚欣：《河西史前畜牧业的发展与丝绸之路的孕育》，《新疆师范大学学报（哲学社会科学版）》2015年第3期。

4108 张喜琴：《清末新疆对俄国出口结构和新疆地区农业结构的关系》，《中央民族大学学报（哲学社会科学版）》2016年第3期。

4109 内田吟风著，童岭译，余太山审校：《古代游牧民族侵入农耕国家的原因——以匈奴史为例的考察》，《西域研究》2016年第4期。

4110 潘伯荣、刘文江、束成杰、张丹：《古丝绸之路对新疆农林业发展的影响》，《中国野生植物资源》2017年第1期。

4111 齐小艳：《索格底亚那农业经济的历史考察》，《农业考古》2017年第1期。

4112 刘汉兴：《从考古资料考察乌孙的农业经济》，《农业考古》2017年第4期。

4113 张彦虎：《13世纪西域绿洲农业经济的新发展、成就与成因——基于非平衡生态理论的视角》，《中国农史》2017年第6期。

农田水利

4114 陈桥驿：《〈水经注〉中记载的农田》，《中国农史》1982年第1期。

4115 唐景绅：《明清时期河西的水利》，《敦煌学辑刊》1982年。

4116 田尚：《清代西域的农田水利》，《中国历史地理论丛》1989年第4期。

4117 李并成：《汉唐时期河西走廊的水利建设》，《西北师大学报（社会科学版）》1991年第2期。

4118 钮仲勋：《魏晋南北朝时期新疆的水利开发》，《西域研究》1999年第1期。

4119　卫斯：《我国汉唐时期西域栽培水稻疏议》，《农业考古》2005 年第 1 期。

4120　魏新民：《试析中国古代西域农田水利建设的历史特点》，《农业考古》2008 年第 6 期。

4121　王晓晖：《西州水利利益圈与西州社会》，《西域研究》2009 年第 2 期。

4122　高鹏举、张军华：《唐代西州农田水利管理探析》，《丝绸之路》2010 年第 10 期。

4123　李方：《中古时期西域水渠研究（二）》，《敦煌吐鲁番研究》第 13 卷，上海：上海古籍出版社，2013 年。

4124　李方：《唐西州高昌城西水渠考（续）——中古时期西域水利研究之八》，《吐鲁番学研究》2014 年第 2 期。

4125　李方：《唐西州高昌城西水渠考——中古时期西域水利研究（七）》，《西域研究》2014 年第 4 期。

4126　李方：《中古时期西域水利考（五）——柳中县、蒲昌县水渠考》，《敦煌吐鲁番研究》第 14 卷，上海：上海古籍出版社，2015 年。

4127　王培华：《清代新疆的水资源分配制度》，《西域研究》2015 年第 3 期。

4128　马智全：《汉简反映的汉代敦煌水利刍论》，《敦煌研究》2016 年第 3 期。

4129　张景平：《丝绸之路东段传统水利技术初探——以近世河西走廊讨赖河流域为中心的研究》，《中国农史》2017 年第 2 期。

农作物

4130　郗荣庭：《关于我国核桃起源问题的商榷》，《中国果树》1981 年第 4 期。

4131　林更生：《古代从海路引进福建的植物》，《海交史研究》1982 年。

4132　张玉忠：《新疆出土的古代农作物简介》，《农业考古》1983 年第 1 期。

4133　曹隆恭：《关于中国小麦的起源问题》，《农业考古》1983 年第 1 期。

4134　张仲葛：《西瓜小史》，《农业考古》1984 年第 1 期。

4135　张宗子：《葡萄何时引进我国》，《农业考古》1984 年第 2 期。

4136　侯灿：《楼兰出土穄子、大麦及珍贵的小麦花》，《农业考古》1985 年第 2 期。

4137　牛龙菲：《说"芨芨草"》，《中国农史》1986 年第 3 期。

4138　胡澍：《葡萄引种内地时间考》，《新疆社会科学》1986 年第 5 期。

4139　杨宝霖：《芒果来华年代考辨》，《华南农业大学学报》1987 年第 1 期。

4140　杨源：《漾濞是核桃原产地的初步考证》，《云南林业》1987 年第 2 期。

4141　叶静渊：《"庵罗果"辨》，《农业考古》1989 年第 1 期。

4142 曾维华：《我国"西瓜"种植起源考略》，《上海师范大学学报（哲学社会科学版）》1989年第2期。

4143 闵宗殿：《海外农作物的传入和对我国农业生产的影响》，《古今农业》1991年第1期。

4144 邱东如：《张骞引种的植物》，《植物杂志》1991年第4期。

4145 舒迎澜：《古代栀子及其栽培与利用》，《中国农史》1992年第3期。

4146 黄时鉴：《关于茶在北亚和西域的早期传播——兼说马可·波罗未有记茶》，《历史研究》1993年第1期。

4147 谈克生、谈寅：《新疆枣树栽培历史研究》，《经济林研究》1993年增刊第1期。

4148 李迪：《张骞传西域葡萄入内地说的一点质疑》，《内蒙古师范大学学报（自然科学汉文版）》1993年增刊第1期。

4149 王兴国、王旭：《葡萄原产地及传入时间考辨》，《中华医史杂志》1994年第1期。

4150 张平真：《菜用萘菜引入考》，《中国农史》1994年第1期。

4151 李载龙：《中国古代桃的西传时期稽考》，《中国农史》1994年第3期。

4152 钟兴麒：《中原井渠法与吐鲁番坎儿井》，《西域研究》1995年第4期。

4153 王大方、张松柏：《西域瓜果香飘草原——从内蒙古发现我国古代最早的西瓜图谈契丹人的贡献》，《农业考古》1996年第1期。

4154 仲高：《丝绸之路上的葡萄种植业》，《新疆大学学报（哲学社会科学版）》1999年第2期。

4155 曾维华：《"黄瓜"始名考》，《上海师范大学学报（哲学社会科学版）》2000年第2期。

4156 陈习刚：《唐代葡萄种植分布》，《湖北大学学报（哲学社会科学版）》2001年第1期。

4157 陈习刚：《吐鲁番文书所见唐代葡萄的栽培》，《农业考古》2002年第1期。

4158 李树辉：《吐鲁番地名Bujluq（葡萄沟）探源——兼谈葡萄种植技术的东传》，《西域研究》2002年第3期。

4159 赵天相：《介绍二则唐代茶史资料》，《农业考古》2002年第4期。

4160 黄斌、张瑞贤：《豌豆蚕豆皆胡豆》，《医古文知识》2004年第1期。

4161 周敏：《中国苜蓿栽培史初探》，《草原与草坪》2004年第1期。

4162 刘进宝：《唐五代敦煌棉花种植研究——兼论棉花从西域传入内地的问题》，《历史研究》2004年第6期。

4163 明月：《稻米习俗的文化比较——稻谷之路比丝绸之路意义更大》，《垦殖与稻作》2005 年第 1 期。

4164 韩毅：《唐宋时期阿拉伯农作物和药材品种在中国的传播》，《古今农业》2005 年第 4 期。

4165 刘明金：《略论海上丝绸之路引种的几个有争议问题》，《湛江海洋大学学报（社会科学版）》2005 年第 5 期。

4166 陈习刚：《隋唐时期的葡萄文化》，《中华文化论坛》2007 年第 1 期。

4167 李春、曹义中：《从西瓜传播看三条丝绸之路的交互作用》，《北京交通管理干部学院学报》2007 年第 3 期。

4168 陈习刚：《先秦至魏晋南北朝时期的葡萄文化》，《许昌学院学报》2007 年第 4 期。

4169 李艳玲：《公元 3、4 世纪西域绿洲国农作物种植业生产探析——以佉卢文资料反映的鄯善王国为中心》，《欧亚学刊》第 10 辑，北京：中华书局，2008 年。

4170 郭风平、郭新荣、王立宏：《丝绸之路植物交流探源》，《丝绸之路》2009 年第 6 期。

4171 王庆、黄林、袁中伟、胡喜贵、刘登才：《中国新疆与黄河流域节节麦的传播关系》，《四川农业大学学报》2010 年第 4 期。

4172 李婵娜：《张骞得安石国榴种入汉考辨》，《学理论》2010 年第 21 期。

4173 于建军：《新疆史前考古中发现的粟类作物》，《西域研究》2012 年第 3 期。

4174 韦双龙：《敦煌汉简所见几种农作物及相关问题研究》，《金陵科技学院学报（社会科学版）》2012 年第 4 期。

4175 贺菊莲：《略探汉唐塔里木盆地周缘农作物的主要品种》，《贵州民族学院学报（哲学社会科学版）》2012 年第 5 期。

4176 颜昭斐：《葡萄传入内地考》，《考试周刊》2012 年第 8 期。

4177 殷小平：《从印度到东南亚：中古胡椒的种植与输入》，《农业考古》2013 年第 4 期。

4178 黄夏年：《黄瓜的传入及其经典寓意》，《社会科学战线》2013 年第 4 期。

4179 曹秋玲、朱苏康：《营盘出土籽棉的鉴定与古代西域的棉花利用》，《纺织学报》2013 年第 12 期。

4180 王守云：《敦煌文献中三种植物新考》，《丝绸之路》2013 年第 22 期。

4181 石润宏：《菠菜入华考》，《阅江学刊》2014 年第 1 期。

4182 韩星海：《丝绸之路中国茶》，《柴达木开发研究》2014 年第 3 期。

4183 余欣、翟旻昊：《中古中国的郁金香与郁金》，《复旦学报（社会科学版）》2014 年第 3 期。

| 4184 | 刘英英、朱宏斌：《胡荽的传入及其本土化》，《农业考古》2014年第6期。
| 4185 | 沈广斌、丁燕燕：《绵苹果传入中土时间考》，《农业考古》2014年第6期。
| 4186 | 刘家兴、刘永连：《"素馨"考辨》，《暨南史学》第11辑，桂林：广西师范大学出版社，2015年。
| 4187 | 曹秋玲、王琳：《基于文献记载的元代以前棉花在我国的利用》，《纺织科技进展》2015年第4期。
| 4188 | 吴迪：《西瓜引种中国及其栽培技术的传播》，《农业考古》2015年第6期。
| 4189 | 王根宪：《我国核桃起源问题探究》，《西北园艺（果树）》2015年第6期。
| 4190 | 周生霞：《敦煌植棉史浅考》，《卷宗》2015年第8期。
| 4191 | 韩天琪：《从丝绸之路传来的农作物》，《决策与信息（上旬刊）》2015年第12期。
| 4192 | 霍巍：《西藏西部考古新发现的茶叶与茶具》，《西藏大学学报（社会科学版）》2016年第1期。
| 4193 | 孙启忠、柳茜、那亚、李峰、陶雅：《我国汉代苜蓿引入者考》，《草业学报》2016年第1期。
| 4194 | 石云涛：《论胡麻的引种与文化意蕴》，《中国高校社会科学》2016年第2期。
| 4195 | 叶俊士：《"发菜"考辨》，《农业考古》2016年第4期。
| 4196 | 金久宁、李梅：《丝绸之路上传播的芳香植物》，《中国野生植物资源》2016年第4期。
| 4197 | 邵文丽：《中国史书记载胡桃来源新考》，《兰州教育学院学报》2016年第4期。
| 4198 | 孙启忠、柳茜、李峰、陶雅：《我国古代苜蓿的植物学研究考》，《草业学报》2016年第5期。
| 4199 | 胡文亮、王思明：《菠萝蜜在中国的引种推广及其动因探析》，《中国农史》2016年第5期。
| 4200 | 刘启振、王思明：《陆上丝绸之路传入中国的域外农作物》，《中国野生植物资源》2016年第6期。
| 4201 | 孙启忠、柳茜、陶雅、徐丽君：《张骞与汉代苜蓿引入考述》，《草业学报》2016年第10期。
| 4202 | 孙启忠、柳茜、陶雅、徐丽君：《汉代苜蓿传入我国的时间考述》，《草业学报》2016年第12期。
| 4203 | 刘景云、杨建军：《西域"红蓝"花名考》，《丝绸之路研究集刊》第1辑，北京：商务印书馆，2017年。
| 4204 | 刘启振、张小玉、王思明：《丝绸之路引种中国的油料作物及其传播动因》，

《中国野生植物资源》2017 年第 1 期。

4205　刘启振、王思明：《略论西瓜在古代中国的传播与发展》，《中国野生植物资源》2017 年第 2 期。

4206　刘启振、张小玉、王思明：《"一带一路"视域下栽培大豆的起源和传播》，《中国野生植物资源》2017 年第 3 期。

4207　程杰：《西瓜传入我国的时间、来源和途径考》，《南京师范大学学报（社会科学版）》2017 年第 4 期。

4208　李昕升、王思明：《中国原产粮食作物在世界的传播及影响》，《农林经济管理学报》2017 年第 4 期。

4209　何红中、李鑫鑫：《欧亚种葡萄引种中国的若干历史问题探究》，《中国农史》2017 年第 5 期。

4210　李荣华、樊志民：《"植之秦中，渐及东土"：丝绸之路纬度同质性与域外农作物的引进》，《中国农史》2017 年第 6 期。

4211　孙启忠、柳茜、陶雅、徐丽君：《两汉魏晋南北朝时期苜蓿种植利用刍考》，《草业学报》2017 年第 11 期。

4212　蔡定益：《丝绸之路视角下的浮梁茶史》，《安徽农学通报》2017 年第 15 期。

4213　熊健余：《重庆方言中"薤菜"和"胡豆"的命名研究》，《文教资料》2017 年第 25 期。

4214　李阳、杨富学：《高昌回鹘植棉业及其在世界棉植史上的地位》，《石河子大学学报（哲学社会科学版）》2018 年第 1 期。

蚕 桑

4215　季羡林：《中国蚕丝输入印度问题的初步研究》，《历史研究》1955 年第 4 期。

4216　罗绍文：《新疆蚕业史概述》，《蚕业科学》1982 年第 1 期。

4217　李吟屏：《和田蚕桑史述略》，《新疆地方志通讯》1987 年第 2 期。

4218　武敏：《从出土文书看古代高昌地区的蚕丝与纺织》，《新疆社会科学》1987 年第 5 期。

4219　冯卓五、张元龙、汪凤梅：《黄河中下游地区植桑养蚕的历史现状及其对策》，《国际贸易》1989 年第 12 期。

4220　蒋猷龙：《南亚、东南亚蚕业起源的研究》，《国外农学——蚕业》1990 年第 3 期。

4221　刘焕成：《求婚的内幕——中国的蚕桑如何传到了西域》，《情报杂志》1990 年第 3 期。

4222 蒋猷龙：《南亚、东南亚蚕业起源的研究（续）》，《国外农学——蚕业》1991年第1期。

4223 蒋猷龙：《中国古代的养蚕和文化生活》，《浙江丝绸工学院学报》1993年第3期。

4224 李并成：《古代河西走廊桑蚕丝织业考》，《敦煌学辑刊》1997年第2期。

4225 殷晴：《中国古代养蚕技术的西传及其相关问题》，《民族研究》1998年第3期。

4226 李安宁：《东国公主传蚕种木板画研究》，《新疆艺术学院学报》2005年第1期。

4227 吴高泉：《丝绸之路为何是中西文化交流之路——蚕桑文明与中国的审美意识》，《湛江师范学院学报》2010年第5期。

4228 罗鹭凌：《山东地区周秦汉时期的蚕桑丝织业》，《海岱考古》第4辑，北京：科学出版社，2011年。

4229 闫廷亮：《古代河西桑蚕丝织业述略》，《古今农业》2011年第4期。

4230 李传江：《齐鲁蚕桑业的发展与东海丝绸之路的兴盛》，《暨南史学》第8辑，桂林：广西师范大学出版社，2013年。

4231 张宗子：《汉函谷关与丝绸之路及蚕桑文化》，《古今农业》2013年第1期。

4232 赵建平、王海宇、王春梅：《从墓葬壁画看魏晋时期酒泉地区的桑蚕业》，《丝绸之路》2014年第24期。

4233 王君平：《嫘祖开创的蚕丝文明及其在丝绸之路上的传播》，《纺织科技进展》2015年第6期。

4234 张萌、刘俊仙：《丝绸之路与古代中国蚕桑技术的外传》，《中国民族博览》2015年第16期。

4235 向仲怀、陶红：《汗血马与"五星出东方利中国"——新疆蚕业及丝绸之路考察报道（二）》，《蚕学通讯》2016年第1期。

4236 王雪梅、文建刚：《南充蚕桑丝绸文化考论》，《地方文化研究》2016年第1期。

4237 杨虎：《明清江南蚕桑生产及其行销路径与社会效应分析》，《中国农史》2016年第2期。

4238 乜小红、丁君涛：《古丝绸之路上蚕桑丝织业的兴衰——对吐鲁番出土蚕桑丝织文献的新研究》，《中国经济史研究》2016年第4期。

4239 凌受勋：《清代民国时期南丝绸之路上宜宾的蚕丝业》，《宜宾学院学报》2016年第9期。

4240 王勇、秦利：《东北亚丝绸之路的历史演变与柞蚕产业发展的思考》，《蚕业科学》2017年第6期。

4241 石勇强：《丝绸之路话桑蚕》，《大自然》2018年第1期。

畜牧养殖

4242　周万友、克孜尔汗：《新疆骆驼的种类及类型》，《新疆农业科学》1991 年第 6 期。

4243　邹礼洪：《新疆的骆驼养殖与驼运史管窥》，《新疆师范大学学报（哲学社会科学版）》1996 年第 2 期。

4244　滕先森：《驴与中国传统文化》，《文史杂志》2001 年第 5 期。

4245　周士琦：《汗血马小考》，《文史杂志》2002 年第 2 期。

4246　夏雷鸣：《阴牙角与速霍角》，《西域研究》2004 年第 4 期。

4247　李海霞：《藏獒古名考》，《文史杂志》2006 年第 5 期。

4248　韩香：《鸵鸟及鸵鸟卵传入中国考证》，《西域研究》2009 年第 3 期。

4249　鲁靖康：《清代新疆渔业考述》，《西域研究》2010 年第 2 期。

4250　高启安：《"殺羊"及敦煌羊只饲牧方式论考》，《西北民族大学学报（哲学社会科学版）》2013 年第 2 期。

4251　白娜：《从史料探究中国历史时期孔雀的地理分布》，《文山学院学报》2015 年第 4 期。

4252　焦虎三、聂娇、晋超：《丝绸之路的羊文化研究》，《农家顾问》2015 年第 6 期。

4253　张明：《中古史籍中的鸵鸟"啖火食铁"考》，《石家庄学院学报》2016 年第 4 期。

4254　廖靖靖：《唐代驼印研究——以大英博物馆藏安迪尔古城所出手稿为例》，《史志学刊》2016 年第 5 期。

4255　陈桂权：《南方丝绸之路上的矮种马》，《金融博览》2018 年第 1 期。

医　药

4256　郭庆昌：《对宋大仁先生"中国和阿拉伯的医药交流"一文的意见》，《历史研究》1959 年第 6 期。

4257　宋大仁：《中国和阿拉伯的医药交流》，《海交史研究》1980 年第 2 期。

4258　王慧芳：《泉州湾出土宋代海船的进口药物在中国医药史上的价值》，《海交史研究》1982 年第 4 期。

4259　房定亚、耿引循、耿引曾：《从〈外台秘要〉看印度医学对我国医学的影响》，《南亚研究》1984 年第 2 期。

4260 赵健雄、徐鸿达、王道坤、黄祝龄、宋东眷、赵福礼：《敦煌壁画中的医学内容》，《甘肃中医学院学报》1985年第1期。

4261 赵健雄、徐鸿达、王道坤、黄祝龄、宋东眷、赵福礼：《敦煌壁画中的医学内容》，《中医药信息》1985年第2期。

4262 张万杰：《阿拉伯医学—伊斯兰文化与维吾尔医学的关系》，《新疆中医药》1985年第3期。

4263 周年：《阿拉伯医学在中国》，《阿拉伯世界》1985年第3期。

4264 张万杰：《阿拉伯医学—伊斯兰文化与维吾尔医学的关系（续）》，《新疆中医药》1985年第4期。

4265 肖林榕、俞慎初：《略论外来药物输入与中医药的发展》，《福建中医药》1986年第5期。

4266 蔡景峰：《唐以前的中印医学交流》，《中国科技史料》1986年第6期。

4267 龚纯：《孙思邈在药物学上的成就和特点》，《陕西中医》1987年第3期。

4268 钟赣生、颜正华：《略谈阿拉伯香药的输入及其对我国药学的影响》，《上海中医药杂志》1988年第3期。

4269 赵友琴：《魏晋南北朝时期的中外医学交流》，《山东中医学院学报》1988年第4期。

4270 漆浩：《对〈饮膳正要〉所引部分药物产地的考证》，《内蒙古中医药》1989年第3期。

4271 莫任南：《中国药物西传考》，《海交史研究》1990年第1期。

4272 林宝成、张作君：《武威汉代医简牍简介》，《甘肃中医》1990年第2期。

4273 赵健雄、苏彦玲：《敦煌壁画医学内容考察》，《甘肃中医》1991年第2期。

4274 冯汉镛、杨国才：《中缅医药文化交流》，《中医药学报》1992年第6期。

4275 王棣：《宋朝的海外药物交流》，《晋阳学刊》1992年第6期。

4276 王棣：《宋代"海上丝绸之路"上的中药外传》，《中国中药杂志》1993年第10期。

4277 范家伟：《从脚气病论魏晋南北朝时期印度医学之传入》，《中华医史杂志》1995年第4期。

4278 洪嘉禾、李兆健：《佛学与中医学》，《上海中医药大学上海市中医药研究院学院》1996年增刊第1期。

4279 刘芳、长青：《耆婆医方钩沉》，《陕西中医》1997年第8期。

4280 薛克翘：《印度佛教与中国古代汉地医药学》，《佛学研究》1997年。

4281 夏雷鸣：《西域药物东传与中医药的繁荣》，《西域研究》1998年第1期。

4282　阿尔甫·买买提尼牙孜：《古丝绸之路的维吾尔医药》，《中国民族医药杂志》1998年第2期。

4283　李照国：《针刺术在西方早期的传播、研究与应用》，《上海针灸杂志》1999年第3期。

4284　宋阿棣：《从高昌妇女的健康长寿看我国古代中医理论中的生物心理社会医学思想》，《医学与哲学》1999年第8期。

4285　陈明：《古代西域的两部印度梵文医典》，《自然科学史研究》2001年第4期。

4286　陈明：《生命吠陀：西域出土胡语医学文献的知识来源》，《欧亚学刊》第4辑，北京：中华书局，2002年。

4287　夏雷鸣：《〈福乐智慧〉和〈突厥语大词典〉中的食疗》，《西域研究》2002年第3期。

4288　张如青：《俄藏敦煌钟乳散方释读考证》，《中医文献杂志》2002年第4期。

4289　鲁莽：《丝绸之路与维医药学》，《大众健康》2002年第6期。

4290　陈明：《耆婆的形象演变及其在敦煌吐鲁番地区的影响》，《文津学志》第1辑，北京：北京图书馆出版社，2003年。

4291　王兴伊：《西域方药文献研究述要》，《中医文献杂志》2003年第2期。

4292　陈明：《情性至道：西域"足身力"方与敦煌房中方药》，《中国俗文化研究》第2辑，成都：巴蜀书社，2004年。

4293　夏雷鸣：《西域葡萄药用与东西方文化交流》，《敦煌学辑刊》2004年第2期。

4294　刘庆宇、王兴伊：《西域方药民族瑰宝》，《上海中医药大学学报》2004年第2期。

4295　王兴伊：《〈回回药方〉——西域民族医学方书之集大成者》，《医古文知识》2005年第4期。

4296　王青：《中古叙事作品中所反映的西域医术》，《西域研究》2006年第1期。

4297　温翠芳：《唐太宗治气痢方与印度医学之关系》，《中国文化研究》2006年第3期。

4298　李应存、史正刚：《从敦煌佛书中的医学内容谈佛教的世俗化》，《敦煌学辑刊》2007年第4期。

4299　陈明：《"商胡辄自夸"：中古胡商的药材贸易与作伪》，《历史研究》2007年第4期。

4300　王兴伊：《西域医学初探》，《中医药文化》2007年第5期。

4301　付滨、孟琳、高常柏：《从疾病演变史探"伤寒"原义》，《河南中医》2007年第5期。

4302 张如青：《论出土医学文献的整理研究》，《上海中医药大学学报》2008 年第 3 期。

4303 陈明：《汉唐时期于阗的对外医药交流》，《历史研究》2008 年第 4 期。

4304 陈明：《作为眼药的乌贼鱼骨与东西方药物知识的流动——从"沙摩路多"的词源谈起》，《西域研究》2009 年第 1 期。

4305 洪梅：《唐宋婆娑石名实考》，《北方药学》2009 年第 2 期。

4306 杨雪梅、李德杏：《先秦两汉时期吐纳的起源与发展》，《中华医史杂志》2009 年第 4 期。

4307 姚洁敏、严世芸：《从"丝绸之路"探晋唐医学文化交流》，《中医药文化》2011 年第 1 期。

4308 殷小平：《元代马薛里吉思家族与回回医药文化》，《西域研究》2011 年第 3 期。

4309 侯海洋：《中古时期药用盐的输入与传播》，《西域研究》2012 年第 2 期。

4310 徐仪明：《〈饮膳正要〉药膳精粹与道医养生文化》，《湖南城市学院学报》2013 年第 2 期。

4311 陈明：《书写与属性——再论大谷文书中的医学残片》，《西域研究》2013 年第 2 期。

4312 杨瑞馥：《丝绸之路与传染病传播》，《中国基础科学》2013 年第 6 期。

4313 李应存、柳长华：《敦煌紫苏煎方源及相关医方探析》，《西部中医药》2013 年第 12 期。

4314 孙晓燕、徐丽莉、邸若虹：《〈本草纲目〉中外来药物的研究》，《医学信息》2014 年第 6 期。

4315 王文利：《略论唐代西域医药学对中医药学的影响》，《兰台世界》2014 年第 33 期。

4316 陈明：《丝路出土密教医学文献刍议》，《敦煌吐鲁番研究》第 15 卷，上海：上海古籍出版社，2015 年。

4317 李婴华、王育林：《"菴罗""紫铆""阿魏"考释》，《中华医史杂志》2015 年第 1 期。

4318 丰云舒、谭启龙、宋岘、宋晶：《清宫御用外来药物考》，《西域研究》2015 年第 4 期。

4319 王锦、王兴伊：《古回回医学与高昌回鹘医学的联系——以〈回回药方〉和〈杂病医疗百方〉外治方药对比为例》，《中医药文化》2015 年第 6 期。

4320 靳萱：《〈海药本草〉对回医药学的贡献》，《云南中医中药杂志》2015 年第 12 期。

▶ 丝绸之路研究论文目录

4321　其合力嘎：《论草原丝绸之路对蒙医学的影响》，《中国民族医药杂志》2015年第12期。

4322　孙婧婍：《宋代香药业研究》，《黑龙江史志》2015年第13期。

4323　史正刚、刘喜平、辛宝、张炜、段永强：《敦煌遗书中梵文香药的应用探析》，《中国民族民间医药》2015年第20期。

4324　常学辉、位磊：《丝绸之路与中医药学》，《中医药管理杂志》2015年第20期。

4325　陈明：《译释与传抄：丝路汉文密教文献中的外来药物书写》，《世界宗教研究》2016年第1期。

4326　僧海霞：《唐宋时期"药中王"诃梨勒医方探析——基于敦煌医药文献考察》，《敦煌研究》2016年第2期。

4327　齐耀东、李利平、肖培根、郭豪杰、罗丽、刘海涛、贾晓光、张本刚：《丝绸之路上的维吾尔医药》，《中国现代中药》2016年第3期。

4328　吕变庭、邱飞飞：《论回回特色医药对祖国医学的历史贡献》，《青海民族研究》2016年第3期。

4329　王丹、杨富学：《回鹘医学与东西方医学关系考》，《敦煌研究》2016年第4期。

4330　王兴伊：《敦煌藏经洞出土于阗语残药方P.2889v探析》，《中华医史杂志》2016年第5期。

4331　潘伯荣、刘文江、束成杰、张丹：《古丝绸之路对我国民族医药学的影响》，《中国野生植物资源》2016年第5期。

4332　哈木拉提·吾甫尔、刘文先、高振、努尔买买提·艾买提、吉尼斯·杜布洛文、尼可拉斯·莫尔、培尔顿·米吉提、阿米尔·阿卜杜喀迪尔：《草原丝绸之路时期维吾尔医学与古希腊医学的交流——维吾尔医学发展之一》，《新疆医科大学学报》2016年第7期。

4333　刘文先、高振、努尔买买提·艾买提、吉尼斯·杜布洛文、尼可拉斯·莫尔、培尔顿·米吉提、阿米尔·阿卜杜喀迪尔、哈木拉提·吾甫尔：《西域伊斯兰影响时期维吾尔医学的回归合流趋向——维吾尔医学发展之三》，《新疆医科大学学报》2016年第7期。

4334　刘文先、高振、贾晓光、哈木拉提·吾甫尔：《古今丝绸之路上的维吾尔医药学》，《中国现代中药》2016年第10期。

4335　吴孟华、赵中振、曹晖：《唐宋外来药物的输入与中药化》，《中国中药杂志》2016年第21期。

4336　买托合提·居来提、阿布都拉·艾沙、艾比拜·阿布都卡地尔：《维吾尔医的起源、特点与价值浅析》，《中国民族民间医药》2017年第2期。

4337　袁开惠、王兴伊：《苏合香考》，《中医药文化》2017 年第 2 期。

4338　孙其斌：《〈敦煌汉简〉与〈居延汉简〉医药简中的药物制度》，《西部中医药》2017 年第 3 期。

4339　于业礼：《丝绸之路上的一次医疗活动：俄藏 Дх.19064 文书解读》，《中医药文化》2018 年第 1 期。

建　筑

4340　杨根、高苏、王若昭、槐强：《中国古代建筑琉璃釉色考略》，《自然科学史研究》1985 年第 1 期。

4341　覃日旭：《古丝道建筑拾遗》，《建筑工人》1987 年第 10 期。

4342　李扬：《新疆古伊斯兰教建筑艺术》，《民族艺术》1990 年第 1 期。

4343　常青：《两汉砖石拱顶建筑探源》，《自然科学史研究》1991 年第 3 期。

4344　杨筱平：《丝路文化与西部建筑》，《长安大学学报（建筑与环境科学版）》1991 年增刊第 1 期。

4345　常青：《丝绸之路建筑文化关系史观》，《同济大学学报（人文·社会科学版）》1992 年第 1 期。

4346　张文效、杜俊枝：《关于丝绸之路建筑文化的思考》，《长安大学学报（建筑与环境科学版）》1992 年增刊第 1 期。

4347　孙儒僩：《敦煌莫高窟的建筑艺术》，《敦煌研究》1993 年第 4 期。

4348　陈伟利：《宗教与中国古代建筑艺术》，《旅游研究与实践》1996 年第 1 期。

4349　刘諲：《西域建筑创作的道路》，《建筑》1998 年第 4 期。

4350　刘諲：《西域建筑创作的道路（续）》，《建筑》1998 年第 6 期。

4351　沙武田：《关于莫高窟窟前殿堂与窟檐建筑的时代问题》，《考古与文物》2003 年第 1 期。

4352　邓其生、曹劲：《广州古代建筑与海上"丝绸之路"》，《广东经济》2003 年第 1 期。

4353　张勃：《汉传佛教建筑礼拜空间源流概述》，《北方工业大学学报》2003 年第 4 期。

4354　潘华：《泉州海丝文化遗迹中伊斯兰建筑特征初探》，《华中建筑》2003 年第 4 期。

4355　辛克靖：《丝绸之路上的石窟建筑艺术》，《华中建筑》2004 年第 2 期。

4356　李雄飞、樊新和：《伊斯兰文化东渐的遗踪——陆上丝绸之路名城喀什中亚风格清真寺建筑构图研究》，《华中建筑》2008年第9期。

4357 李雄飞、樊新和：《伊斯兰文化东渐的遗踪——陆上丝绸之路名城喀什中亚风格清真寺建筑构图研究（续）》，《华中建筑》2009年第1期。

4358 李琪：《帖木尔王朝时期中亚建筑艺术的主要特点》，《西域研究》2010年第1期。

4359 吕变庭：《略论宋代伊斯兰教建筑》，《青海民族研究》2011年第2期。

4360 周建朋、仇春霞：《"凹凸花"考辨与丝绸之路建筑装饰原理研究》，《新疆师范大学学报（哲学社会科学版）》2011年第6期。

4361 周菁葆：《丝绸之路与新疆古代建筑艺术》，《丝绸之路》2011年第16期。

4362 巫新华：《中国的早期"东亚佛教建筑"——达玛沟佛寺遗址研究与相关历史文化概说》，《科技导报》2012年第31期。

4363 雷繁、舒昌：《高昌故城土遗址建筑形制及价值评估》，《城市建筑》2013年第4期。

4364 罗汉：《浅谈敦煌壁画中的两种建筑风格》，《丝绸之路》2013年第4期。

4365 曹伟：《古丝绸之路驿站建筑文化考——以中国西北、土耳其为例》，《中外建筑》2013年第12期。

4366 徐承炎、曹中月：《新疆瓮城起源刍议》，《塔里木大学学报》2015年第4期。

4367 刘晓婧、陈洪海：《新疆建筑工艺及建筑材料的起源——以土坯为例》，《西北大学学报（自然科学版）》2015年第5期。

4368 林舜仪：《新疆克孜尔石窟建筑和中亚古建筑比较研究》，《美与时代·城市》2015年第6期。

4369 宋晓楠：《西域文化在图案装饰方面对唐代园林建筑的影响》，《建筑·建材·装饰》2015年第8期。

4370 赖德霖：《亚洲视野下的中国建筑研究》，《建筑学报》2015年第11期。

4371 马一帆：《探究丝绸之路沿线的伊斯兰建筑》，《城市建设理论研究（电子版）》2015年第12期。

4372 赵凯：《准噶尔盆地南缘民居建筑雕刻纹样研究》，《装饰》2015年第12期。

4373 张引良：《丝绸之路沿线古民居建筑研究——以天水胡宅为例》，《戏剧之家》2015年第24期。

4374 高云：《古代海上丝绸之路对福建古建筑的影响研究》，《湖北科技学院学报》2016年第1期。

4375 李雪欣、钟燕丽：《新疆巴里坤东黑沟遗址石筑高台、石围建筑与墓葬关系研究》，《西域研究》2016年第1期。

4376 胡月文：《丝绸之路东段生态地域建筑衍生机理研究现状》，《西北美术》2016年第2期。

4377 赵婷婷：《中国古典建筑中的琉璃构件与陈设》，《美术观察》2016年第2期。

4378 翁萌、刘红杰：《丝绸之路陕、甘段古民居建筑形象研究》，《艺术科技》2016年第4期。

4379 甘季中、曹万智、王洪镇、杨永恒、段俊峰：《在新丝绸之路经济带建筑中应用装配式保温装饰一体化板的必要性研究》，《中国建材科技》2016年第5期。

4380 温泉、康浩：《西南丝绸之路建筑文化初探》，《丝路视野》2016年第21期。

4381 丁万录：《丝路遗珠：前近代中亚地区伊斯兰教建筑》，《北方民族大学学报（哲学社会科学版）》2017年第4期。

4382 薛程、徐瑛智：《汉代新疆烽火台夯筑工艺研究——以克孜尔尕哈烽火台为例》，《遗产与保护研究》2017年第7期。

4383 翁萌：《浅析丝路沿线陕甘段古民居建筑的营建智慧》，《艺术科技》2017年第9期。

4384 朱姝、邱怡菁：《海上丝绸之路·建筑篇》，《美术教育研究》2017年第10期。

4385 牛乐：《穆扶提拱北建筑与装饰艺术》，《丝绸之路》2017年第12期。

手工业

4386 孟乃昌：《中国炼丹术研究的过去和现在》，《中国科技史料》1985年第4期。

4387 徐艺乙：《木棉花布甲诸郡——南通地区的蓝印花布》，《民俗研究》1988年第1期。

4388 王连芳：《新疆石油史料考析》，《新疆地方志》1990年第2期。

4389 王一丹：《波斯、和田与中国的麝香》，《北京大学学报（哲学社会科学版）》1993年第2期。

4390 吕一燃：《关于西域回回炮及其东传的研究》，《中国边疆史地研究》1993年第4期。

4391 郑炳林：《唐五代敦煌手工业研究》，《敦煌学辑刊》1996年第1期。

4392 罗树宝：《回鹘文木活字与印刷术的西传》，《印刷杂志》1998年第6期。

4393 张树栋：《印刷术西传的背景、路线及来自欧洲人的记述》，《固原师专学报》1999年第1期。

4394 马冬、陶涛：《锁子甲的起源、形制及传入中国》，《中国典籍与文化》2005年第1期。

4395　李肖：《古代龟兹地区矿冶遗址的考察与研究》，《龟兹学研究》，乌鲁木齐：新疆大学出版社，2006年。

4396　罗欣：《返魂香考》，《社会科学战线》2009年第1期。

4397　刘卫武：《义净对中国印刷术发明国地位的捍卫》，《华夏文化》2012年第1期。

4398　陆新军：《外来文化对紫砂文化的影响》，《陶瓷科学与艺术》2012年第11期。

4399　周志清：《南丝路上的早期金属工业》，《成都考古研究》第二期，北京：科学出版社，2013年。

4400　彭建祥：《秦汉少数民族天然材料包装设计的特点》，《包装学报》2014年第1期。

4401　谭振超：《唐代的麝香研究》，《黑龙江史志》2015年第9期。

4402　施建平：《论五代蜀闽瓜沙等地出版活动及对后世的巨大影响》，《兰台世界》2015年第30期。

4403　杨东宇：《丝绸之路上的阿拉伯、波斯与中国麝香应用比较研究》，《青海民族研究》2016年第2期。

4404　刘义杰：《福船源流考》，《海交史研究》2016年第2期。

4405　万安伦、赵梦阳、鲁晓双：《试论新疆对中国印刷术发展和外传的历史贡献》，《中国编辑》2016年第6期。

4406　梅蓉、卫艺林：《夹缬隋代起源说考略》，《纺织科技进展》2018年第3期。

民 族

民族政策

4407 殷晴：《汉唐西域民族政策述论》，《西北民族研究》1992年第1期。

4408 张涛：《经学与西汉王朝的民族政策》，《内蒙古社会科学（文史哲版）》1992年第6期。

4409 杨秀清：《试论明朝对西北民族问题的决策》，《民族研究》1994年第6期。

4410 彭建英：《元代民族政策的类型、特点及其主要指导思想》，《西北史地》1996年第2期。

4411 何根海：《关于隋文帝民族政策与开皇之治关系的思考》，《安徽史学》2003年第5期。

4412 李娜：《浅析后赵石勒的民族政策》，《淮北煤炭师范学院学报（哲学社会科学版）》2005年第4期。

4413 杨文：《试论唃厮啰政权对北宋王朝建设及经略河湟民族政策的影响》，《西藏研究》2009年第4期。

4414 何治民、何煦：《浅析东汉对北方民族的"以退为进"政策》，《民族论坛》2010年第2期。

4415 王文光、尤伟琼：《从〈史记·大宛列传〉看汉王朝对西北民族的治理及对中亚、南亚民族的认识》，《学术探索》2013年第2期。

4416 周斌：《从对西域与岭南的治理看唐代民族政策的南北差异性——以柳宗元、岑参的诗文创作为考察中心》，《云南民族大学学报（哲学社会科学版）》2014年第4期。

4417 张倩：《汉武帝在西域的民族政策研究》，《民族论坛》2014年第5期。

4418 程喜霖：《略论唐朝治理西域的战略思想与民族政策》，《西域研究》2015年第4期。

4419 李敏、韩雨笑：《从边塞诗看唐代民族政策》，《文学教育（中）》2015年第7期。

4420 李元晖：《"约"与西汉的民族政策》，《西域研究》2016年第2期。

4421 巨星：《汉武帝西域民族政策及其影响》，《财讯》2016年第32期。

4422 孙文杰：《清代中期中央政府对新疆民族问题的管理与认识——以和瑛西域著述为中心》，《山西档案》2017 年第 2 期。

4423 邓舒：《唐朝民族管理的思想理念透视》，《贵州民族研究》2017 年第 5 期。

4424 张永辉：《从班超经略西域看东汉丝绸之路上的民族政策》，《中国民族博览》2018 年第 2 期。

民族关系

4425 方国瑜：《南北朝时期内地与边境各族的大迁移及融合》，《民族研究》1982 年第 5 期。

4426 崔明德：《汉唐和亲与西域文明》，《中央民族学院学报》1990 年第 3 期。

4427 田德民、田静：《"丝绸之路"与汉唐"和亲"》，《文博》1991 年第 1 期。

4428 李华瑞：《论宋夏争夺西北少数民族的斗争》，《西北民族研究》1991 年第 2 期。

4429 李华瑞：《论宋夏争夺西北少数民族的斗争》，《中州学刊》1992 年第 1 期。

4430 李明伟：《古丝绸之路与西北民族的凝聚》，《西北民族研究》1994 年第 2 期。

4431 贺继宏：《民族大迁徙为西域带来发展和繁荣》，《西北史地》1995 年第 3 期。

4432 刘仲华：《甘肃历史上的民族关系与开发建设》，《发展》1997 年第 5 期。

4433 萧兵：《中亚羌种女王西王母——兼论华夏、羌戎与西域—中亚的血肉之情》，《淮阴师范学院学报（哲学社会科学版）》1998 年第 1 期。

4434 车宝仁：《岑参西域诗的民族和睦内容》，《西安教育学院学报》1999 年第 4 期。

4435 尚衍斌：《唐代入华"兴生胡"的社会权益评析》，《西域研究》2001 年第 1 期。

4436 彭清深：《内迁与融合：魏晋时期西北地域的民族互动》，《青海民族研究》2002 年第 3 期。

4437 彭清深：《内迁与融合：魏晋时期西北地域的民族互动》，《新疆师范大学学报（哲学社会科学版）》2003 年第 1 期。

4438 王青：《早期狐怪故事：文化偏见下的胡人形象》，《西域研究》2003 年第 4 期。

4439 俞明：《细君、解忧公主和亲述论》，《江苏社会科学》2003 年第 5 期。

4440 涂裕春：《古丝绸之路与各民族的融合》，《西南民族大学学报（人文社会科学版）》2004 年第 2 期。

4441 李培峰：《岑参轮台诗及其反映的唐代西域民族融合》，《昌吉学院学报》2004 年第 3 期。

4442 刘建丽：《略论西辽与金朝及西域民族的关系》，《新疆大学学报（社会科学版）》2004 年第 3 期。

4443 赵玉霞、孟楠：《两汉魏晋南北朝西域各民族之间联姻探析》，《西域研究》2004年第4期。

4444 齐桂莲：《浅谈西汉与乌孙的和亲始末》，《兵团教育学院学报》2005年第2期。

4445 崔明德：《中国古代和亲与丝绸之路的拓展》，《中国边疆史地研究》2005年第2期。

4446 苗普生：《塔里木盆地边缘地区的民族融合和维吾尔族的形成与发展》，《西域研究》2005年第4期。

4447 杨铭：《唐代吐蕃与突厥、回纥关系述略》，《西南民族大学学报（人文社会科学版）》2005年第6期。

4448 郭茂育、赵振华：《〈唐张羲之夫人阿史那氏墓志〉与胡汉联姻》，《西域研究》2006年第2期。

4449 郭丽：《西汉时期的西域开发及其民族关系》，《新疆社科论坛》2006年第6期。

4450 崔明德：《班彪祖孙三代的民族关系思想》，《烟台大学学报（哲学社会科学版）》2007年第1期。

4451 侯豫新：《从"石赵政权"看中华民族的多元一体格局》，《塔里木大学学报》2007年第1期。

4452 周永华：《论西域文化与民族关系的发展》，《西北民族研究》2007年第3期。

4453 沈寿文：《汉代的和亲与人质制度研究》，《贵州民族研究》2007年第3期。

4454 崔明德：《隋唐时期西域诸国的民族关系思想》，《烟台大学学报（哲学社会科学版）》2007年第4期。

4455 陈东：《3—6世纪胡人入据岷江上游及对"岷江道"的开拓》，《贵州民族研究》2007年第5期。

4456 霍然：《论北朝西部民族大融合与中唐美学思想的深入》，《西域研究》2008年第1期。

4457 杨铭：《唐代吐蕃与粟特关系考述》，《西藏研究》2008年第2期。

4458 曾国富：《五代时期北方民族关系略论》，《黑龙江民族丛刊》2008年第3期。

4459 肖小勇：《楼兰鄯善与周邻民族关系史述论》，《新疆社会科学（汉文版）》2008年第4期。

4460 苗普生：《论历史上的新疆民族关系》，《西域研究》2008年第4期。

4461 武沐、赵洁：《以寿龄为名看明清时期河湟民族之融合》，《青海民族研究》2008年第4期。

4462 霍然：《论北朝西部民族大融合与晚唐美学思想的回潮》，《西域研究》2008年第4期。

4463 顾华详：《论魅力无穷的西域诗韵——兼论中原文化对西域少数民族文化的影响》，《乌鲁木齐职业大学学报》2010年第4期。

4464 任玉贵：《青海历史上民族迁徙与融合的巨大影响》，《柴达木开发研究》2010年第5期。

4465 王冰：《浅析和亲政策对西域经济的影响》，《文学界（理论版）》2010年第5期。

4466 李宝通：《汉唐受降城与胡汉交融》，《丝绸之路》2011年第4期。

4467 廖肇羽：《贯古通今臂指相连——西域文明视野下的民汉文化大融合》，《石河子大学学报（哲学社会科学版）》2011年第4期。

4468 许序雅：《唐朝与中亚九姓胡关系演变考述——以中亚九姓胡朝贡为中心》，《西域研究》2012年第1期。

4469 李烨：《"秦胡"别释》，《内江师范学院学报》2012年第5期。

4470 余慧、邱建：《西南丝绸之路与四川传统多民族聚落的生长和演变解析》，《中国园林》2012年第7期。

4471 王子今、乔松林：《"译人"与汉代西域民族关系》，《西域研究》2013年第1期。

4472 汪高鑫：《汉代的民族交往与民族融合》，《学习与探索》2013年第1期。

4473 任志强：《狐与胡：唐代狐精故事中的文化他者》，《民族文学研究》2013年第6期。

4474 丁晓东：《北齐、北周胡化现象探析》，《丝绸之路》2013年第8期。

4475 闫家富：《论西域多民族文化的并存与发展》，《大众文艺》2013年第15期。

4476 程嘉芬：《考古材料所见魏晋隋唐时期圆形毡帐形象变化及其所反映的族群互动关系初论》，《边疆考古研究》第14辑，北京：科学出版社，2014年。

4477 蒋新红、杨庆玲：《滇西契丹后裔民族融合原因初探》，《保山学院学报》2014年第1期。

4478 许序雅：《从敦煌吐鲁番文书看唐朝对来华九姓胡人的管理》，《西域研究》2014年第2期。

4479 李明瑶：《从西汉与匈奴的交往过程看西北部疆域变迁》，《吉林省教育学院学报（下旬）》2014年第10期。

4480 陈星星：《细君、解忧公主的西域和亲及其功过》，《青春岁月》2014年第12期。

4481 汤晓青：《丝路为媒：跨民族文化交流与保护》，《中外文化与文论》第31辑，成都：四川大学出版社，2015年。

4482　王晶：《论汉宋间翟氏的民族融合》，《中国边疆史地研究》2015年第1期。

4483　任克良：《唐代西域汉人与当地民族的融合》，《新疆地方志》2015年第1期。

4484　龙成松：《中古西域胡姓后裔认同模式研究》，《新疆大学学报（哲学·人文社会科学版）》2015年第5期。

4485　朱浒：《北朝器物中的域外设计因素：以胡人形象为中心》，《装饰》2015年第10期。

4486　李克建：《论元代的"华化"与民族融合——以〈元西域人华化考〉为分析中心》，《西南民族大学学报（人文社会科学版）》2015年第11期。

4487　肖忠纯：《隋唐营州的民族融合、胡风与葬俗》，《渤海大学学报（哲学社会科学版）》2016年第1期。

4488　赵海霞：《论清代新疆民族迁徙及其对民族关系的影响》，《西域研究》2016年第1期。

4489　王子今：《早期丝绸之路跨民族情爱与婚姻》，《陕西师范大学学报（哲学社会科学版）》2016年第1期。

4490　龙晓燕、鲁茸玉滇：《西汉时期西北边疆的民族关系研究》，《思想战线》2016年第5期。

4491　莫筱、莫简：《关于古汉语中用"胡"泛指来自西方人和物的猜想》，《丝绸之路》2016年第18期。

4492　吐尔逊·卡地尔：《西域各民族与汉族在历史上的文化互动》，《丝路视野》2016年第20期。

4493　赵炳清：《历史时期喀什多民族文化的交流与整合——兼论维吾尔文化形成的基础》，《地域文化研究》2017年第1期。

4494　武沐、马嘉晖：《以寿龄为人名看明清时期河湟民族融合》，《西北民族大学学报（哲学社会科学版）》2017年第2期。

4495　王聪延：《管窥汉代西域少数民族上层对中原汉文化的认同》，《兵团党校学报》2017年第5期。

4496　马智全：《汉代民族归义与西北边疆开拓》，《西北民族大学学报（哲学社会科学版）》2017年第5期。

4497　王德恒、思文：《丝绸之路上的和亲》，《国际人才交流》2017年第7期。

4498　杜建录：《丝绸之路是民族交流融合的舞台》，《共产党员（河北）》2017年第8期。

4499　张尚庆：《11世纪喀喇汗王朝和西夏、北宋关系的演变》，《兰州教育学院学报》2017年第11期。

4500 张安福:《全球史视野下民族连通与丝绸之路的开辟》,《兰州学刊》2017年第11期。

4501 陈福麟:《和亲的力量——以8世纪几大势力在西域的争夺为例》,《现代交际》2017年第14期。

4502 王锦:《唐王朝的和亲政策对丝绸之路的影响》,《青年时代》2017年第26期。

4503 张曙晖、王兴宇:《西汉时期西北边疆的民族及其与王朝的关系——基于〈汉书〉的分析》,《云南大学学报(社会科学版)》2018年第1期。

民族史

通 论

4504 刘锡淦:《古代西北各民族在丝绸之路上的贡献》,《新疆大学学报(哲学社会科学版)》1980年第3期。

4505 刘满:《鲜水及其有关的民族和交通线路探讨》,《青海社会科学》1982年第3期。

4506 高新生:《新疆古代少数民族对祖国文化的重要贡献》,《实事求是》1987年第4期。

4507 魏良弢:《关于塔里木盆地古代主体居民族属的几个问题》,《新疆大学学报(哲学社会科学版)》1987年第4期。

4508 关意权:《大夏之故地与民族》,《西北民族研究》1990年第1期。

4509 温军:《简论民族地理学研究的若干问题》,《西北民族研究》1991年第1期。

4510 陆庆夫:《汉唐间中亚胡人来华探因》,《开发研究》1992年第5期。

4511 樊保良:《略论中国古代少数民族与丝绸之路》,《兰州大学学报》1994年第2期。

4512 夏敏:《沙僧形名与西域民族》,《明清小说研究》1995年第2期。

4513 王克林:《骑马民族文化的概念与缘起》,《华夏考古》1998年第3期。

4514 乔永:《胡字词义考》,《新疆大学学报(社会科学版)》2001年第2期。

4515 杨东晨、杨建国:《秦汉时期新疆地区的多民族国家与文化》,《西藏大学学报》2001年第2期。

4516 李鸿宾:《唐代前期胡族南下及其分布格局》,《民族史研究》第3辑,北京:中央民族大学出版社,2002年。

4517 赵杰：《论西域民族的发展过程与结合特性》，《石河子大学学报（哲学社会科学版）》2002 年第 4 期。

4518 刘光华：《西汉前期西北民族研究》，《西北第二民族学院学报（哲学社会科学版）》2003 年第 2 期。

4519 刘春华：《司马迁、班固民族思想之比较》，《西域研究》2003 年第 4 期。

4520 张权：《明清时期的西域民族》，《新疆地方志》2005 年第 2 期。

4521 张晓东：《乾隆年间凉州甘州肃州少数民族述论》，《社科纵横》2005 年第 5 期。

4522 周红、吴艳春：《论民族聚落的形成及其民俗功能——以丝绸之路沿线民族情况为依据》，《新疆大学学报（哲学·人文社会科学版）》2006 年第 3 期。

4523 谢贵平、安晓平：《新疆南疆种族的历史变迁与统一多民族格局的形成》，《塔里木大学学报》2006 年第 4 期。

4524 沈爱凤：《草原丝绸古道上的民族及其文化艺术初探》，《苏州大学学报（工科版）》2006 年第 5 期。

4525 周伟洲、李泰仁：《公元三至九世纪新疆地区的民族及其变迁》，《西北民族论丛》第 5 辑，北京：中国社会科学出版社，2007 年。

4526 刘建丽：《两宋时期西北少数民族政权特色述论》，《西域研究》2007 年第 3 期。

4527 侯世新：《西域胡人探析》，《乾陵文化研究》，西安：三秦出版社，2008 年。

4528 荣新江：《何谓胡人？——隋唐时期胡人族属的自认与他认》，《乾陵文化研究》，西安：三秦出版社，2008 年。

4529 田卫疆：《关于新疆诸民族起源、形成问题研究方法的一点思考》，《西域研究》2008 年第 3 期。

4530 高恒天：《秦汉时代西域诸民族道德生活》，《伦理学研究》2009 年第 3 期。

4531 杨方方：《北宋时期西北地区民族分布与交通格局的改变》，《丝绸之路》2009 年第 6 期。

4532 杨瑾：《从出土文物看唐代的胡人女性形象》，《乾陵文化研究》，西安：三秦出版社，2010 年。

4533 张振霞：《唐前期凉州地区诸少数民族的兴衰嬗替——以吐谷浑、铁勒诸部、西域胡及其与唐王朝关系为中心》，《邢台学院学报》2010 年第 1 期。

4534 杨瑾：《考古资料所见的唐代胡人女性》，《文博》2010 年第 3 期。

4535 王子今：《汉代的"商胡""贾胡""酒家胡"》，《晋阳学刊》2011 年第 1 期。

4536 李正元、廖肇羽：《新疆多元民族文化特征分析》，《兰州大学学报（社会科学版）》2011 年第 1 期。

4537 白雪：《魏晋时期河西的民族结构研究》，《社会科学家》2011 年第 5 期。

4538 张詠：《盐池历史上的民族与盐池文化的形成》，《昌吉学院学报》2011 年第 5 期。

4539 张振霞：《唐前期凉州地区诸少数民族入迁及原因——以吐谷浑、突厥、回纥、铁勒诸部、西域胡为例》，《宜宾学院学报》2012 年第 1 期。

4540 刘正江：《清至民国时期乌鲁木齐民族居住格局的形成及其原因》，《黑龙江民族丛刊》2012 年第 2 期。

4541 王敏：《胡姬形象与西域文化的传播》，《新闻界》2012 年第 19 期。

4542 邹淑琴：《汉魏六朝诗文中的胡姬形象》，《西域研究》2013 年第 3 期。

4543 崔星、史淑琴：《甘肃各民族与丝绸之路》，《甘肃高师学报》2013 年第 3 期。

4544 杜玉粉：《新疆多元民族与文化形成的历史背景》，《长沙铁道学院学报（社会科学版）》2014 年第 1 期。

4545 马永真、刘蒙林：《民族史研究中应重视的几个问题》，《西域研究》2015 年第 1 期。

4546 刘治立：《魏晋南北朝时期陇东的民族》，《西夏研究》2015 年第 3 期。

4547 葛根高娃、王佳：《北方游牧民族历史体系研究》，《内蒙古社会科学》2015 年第 4 期。

4548 刘正寅：《多语种民族志文献与西域民族研究》，《西域研究》2015 年第 4 期。

4549 华涛：《民族史与民族学（人类学）的对话互动及其对西域研究的意义》，《西域研究》2015 年第 4 期。

4550 吴洪琳：《十六国北朝时期统万城附近活动的民族》，《中国历史地理论丛》2015 年第 4 期。

4551 黄会奇：《从石刻文献看北朝陇东地区的民族分布及融合》，《陇东学院学报》2015 年第 6 期。

4552 王子今：《草原民族对丝绸之路交通的贡献》，《山西大学学报（哲学社会科学版）》2016 年第 1 期。

4553 黄会奇、李红举：《从石刻看北朝关陇的民族分布及其融合》，《齐齐哈尔大学学报（哲学社会科学版）》2016 年第 1 期。

4554 史金波：《"丝绸之路"上的少数民族》，《历史教学（下半月刊）》2016 年第 3 期。

4555 马成俊、王含章：《范式转换：中国民族走廊与国际民族通道——丝绸之路研究的方法论刍议》，《西北民族研究》2016 年第 3 期。

4556 黄英湖：《丝绸之路上的古代中国西迁民族》，《八桂侨刊》2016 年第 4 期。

4557 董知珍、冯小琴：《史前到先秦时期甘肃地区的古人类与民族活动》，《陇东学院学报》2016 年第 6 期。

4558　胡小鹏:《"民性"相同:敦煌与亚洲古民族的迁徙》,《历史教学(下半月刊)》2016 年第 10 期。

4559　李方:《汉唐西域民族与丝绸之路和边疆社会》,《吐鲁番学研究》2017 年第 2 期。

4560　李方:《古代民族政权与绿洲丝绸之路》,《中央民族大学学报(哲学社会科学版)》2017 年第 3 期。

4561　王子今:《多民族共构丝绸之路》,《中央社会主义学院学报》2017 年第 6 期。

4562　牛乐:《民族文化的互融共生与跨域传承——丝路文明视角下的砖雕文化变迁史》,《社科纵横》2017 年第 7 期。

汉　族

4563　傅仁麟:《浅谈中原汉族移民新疆史及"丝绸之路"的开拓》,《地域研究与开发》1989 年增刊第 1 期。

4564　薛宗正:《唐代西域汉人的社会生活》,《西域研究》1996 年第 4 期。

4565　何光岳:《汉人与汉族的形成》,《中央民族大学学报》1997 年第 1 期。

4566　王治来:《历史上汉族人向西北边疆的迁徙》,《西北史地》1997 年第 1 期。

4567　贺萍:《两汉时期西域的汉族及其对开发建设西域的贡献》,《西安电子科技大学学报(社会科学版)》2003 年第 4 期。

4568　贾丛江:《关于西汉时期西域汉人的几个问题》,《西域研究》2004 年第 4 期。

4569　贾丛江:《元朝前四汗时期西域汉人的来源》,《西部蒙古论坛》2011 年第 3 期。

4570　王巧玲:《汉唐时期新疆的汉族人口》,《中共伊犁州委党校学报》2015 年第 1 期。

塞　人

4571　张志尧:《略论我国阿尔泰、天山北部与东部的塞人—匈奴文化》,《中央民族学院学报》1988 年第 6 期。

4572　余太山:《〈汉书·西域传〉所见塞种——兼谈有关车师的若干问题》,《新疆社会科学》1989 年第 1 期。

4573　苏北海:《古代塞种在哈萨克草原的活动》,《西北民族研究》1989 年第 1 期。

4574　余太山:《塞种考》,《西域研究》1991 年第 1 期。

4575　古丽比娅:《新疆塞人艺术初探》,《美术研究》1991 年第 4 期。

4576 齐万良：《塞种真是"允姓之戎"吗》，《新疆地方志》1993年第2期。

4577 马国荣：《新疆古代塞人的社会生活》，《中央民族大学学报》1994年第3期。

4578 戴良佐：《新疆昌吉地区塞人文化遗迹初探》，《西北民族研究》1997年第2期。

4579 何涛：《斯基泰、萨迦和塞种关系论》，《商丘师范学院学报》2003年第4期。

4580 王宏谋：《塞人及其与草原丝绸之路的开拓》，《阴山学刊》2006年第2期。

4581 赵明海：《塞种概念辨析》，《黑龙江史志》2011年第10期。

4582 孙洁：《古代塞人初探》，《黑龙江史志》2014年第5期。

匈　奴

4583 白凤岐：《试论匈奴与西域的关系》，《内蒙古大学学报（哲学社会科学版）》1981年第2期。

4584 船木胜马著，古清尧译：《关于匈奴、乌桓、鲜卑的"大人"》，《民族译丛》1984年第3期。

4585 刘光华：《张骞与西汉中期的"断匈奴右臂"战略》，《西北民族研究》1988年第1期。

4586 余太山：《匈奴、鲜卑与西域关系述考》，《西北民族研究》1989年第1期。

4587 陈世良：《浑邪考》，《新疆大学学报（哲学社会科学版）》1989年第2期。

4588 万雪玉：《试论匈奴政权在西域的统治》，《新疆大学学报（哲学社会科学版）》1989年第4期。

4589 王宗维：《塔里木盆地的古代居民及其与匈奴的关系》，《新疆大学学报（哲学社会科学版）》1991年第2期。

4590 宋新潮：《匈奴文化及其对两汉的影响》，《中央民族大学学报》1994年第1期。

4591 王庆宪：《西汉遣往匈奴、乌孙的和亲使者》，《云南师范大学学报（哲学社会科学版）》2002年第6期。

4592 王庆宪：《匈奴盛时其境内非匈奴人口的构成》，《内蒙古社会科学》2003年第1期。

4593 成史章：《匈奴握衍朐鞮单于之死新探》，《内蒙古社会科学》2003年第5期。

4594 肖爱民：《从张骞、苏武的经历看匈奴人的社会》，《民族史研究》第5辑，北京：中央民族大学出版社，2004年。

4595 何光岳：《匈奴族源漫议》，《寻根》2004年第6期。

4596 刘运动：《论西汉对匈奴与西域诸国的经济文化渗透》，《石河子大学学报（哲学社会科学版）》2007年第6期。

4597 李锋敏、孙占宇：《与狐兰支亡降匈奴事件有关的三枚汉简新探》，《青海民族研究》2008 年第 1 期。

4598 张睿丽、赵斌：《秦汉匈奴服装形制探析》，《西域研究》2008 年第 2 期。

4599 高荣：《论汉武帝"图制匈奴"战略与征伐大宛》，《西域研究》2009 年第 2 期。

4600 李尚奎：《西汉时期匈奴在丝绸之路上的地位和作用》，《昌吉学院学报》2009 年第 5 期。

4601 王庆宪：《匈奴社会发展与汉朝西、北边疆》，《黑龙江民族丛刊》2009 年第 6 期。

4602 张书艳：《匈奴和亲政策初探》，《烟台大学学报（哲学社会科学版）》2010 年第 1 期。

4603 崔丽芳：《霍去病与汉武帝"断匈奴右臂"战略》，《兰台世界》2011 年第 3 期。

4604 王胜、王恩春：《古匈奴对西域发展的影响新探》，《黑龙江教育学院学报》2011 年第 9 期。

4605 王成喜：《西汉与匈奴、乌孙和亲比较研究》，《丝绸之路》2011 年第 24 期。

4606 王子今：《论匈奴僮仆都尉"领西域""赋税诸国"》，《石家庄学院学报》2012 年第 4 期。

4607 林梅村、李军：《乌禅幕东迁天山考——兼论公元前 2—1 世纪匈奴在西域的遗迹》，《西域研究》2012 年第 4 期。

4608 王子今：《匈奴"僮仆都尉"考》，《南都学坛：南阳师范学院人文社会科学学报》2012 年第 4 期。

4609 秦铁柱：《论西域对匈奴的战略价值》，《河套学院学报》2012 年第 4 期。

4610 王子今：《匈奴西域"和亲"史事》，《咸阳师范学院学报》2012 年第 5 期。

4611 秦铁柱：《论西域对匈奴的战略价值》，《和田师范专科学校学报》2013 年第 1 期。

4612 王子今：《匈奴控制背景下的西域商贸》，《社会科学》2013 年第 2 期。

4613 许红梅：《"汉匈奴归义亲汉长"印考释》，《丝绸之路》2013 年第 18 期。

4614 林梅村：《乌禅幕东迁蒙古高原考——兼论匈奴文化对汉代艺术之影响》，《欧亚学刊》第 3 辑，北京：商务印书馆，2015 年。

4615 乔琛：《休屠王阏氏与金氏家族——一个西汉匈奴家族的血统延续与文脉传承》，《西域研究》2015 年第 1 期。

4616 杨建华、邵会秋：《匈奴联盟与丝绸之路的孕育过程——青铜时代和早期铁器时代中国北方与欧亚草原的文化交往》，《吉林大学社会科学学报》2015 年第 1 期。

4617　王子今：《前张骞的丝绸之路与西域史的匈奴时代》，《甘肃社会科学》2015年第2期。

4618　朱绍侯：《两汉对匈奴西域西羌战争战略研究》，《史学月刊》2015年第5期。

4619　史继东：《张骞凿空与西汉中期对匈奴策略探析》，《兰台世界》2015年第17期。

4620　王莉：《匈奴统治西域时期新疆地区的语言文化互动》，《中国民族博览》2015年第20期。

4621　苗普生：《匈奴统治西域述论》，《西域研究》2016年第2期。

4622　吴海平：《河西战役及其对西汉匈奴政权的影响》，《黑龙江史志》2016年第9期。

4623　姜欢：《"匈奴王冠"所见匈奴族的风俗与文化》，《西安文理学院学报（社会科学版）》2017年第2期。

4624　李岭：《乌禅幕相关史事还原——与林梅村先生商榷》，《内蒙古社会科学》2017年第2期。

4625　厉声：《历史上匈奴统一与经营西域研究的思考》，《伊犁师范学院学报（社会科学版）》2017年第3期。

4626　吴曦、杨俊明：《寻找匈奴西迁的踪迹——试论匈人、匈奴同族说》，《泉州师范学院学报》2017年第3期。

4627　张建斌：《匈奴西迁与丝绸之路关系述论》，《甘肃高师学报》2017年第4期。

4628　李海群：《两汉时期匈奴对西域的经营和统治——基于考古资料的考察》，《广西社会科学》2017年第12期。

乌　孙

4629　孟凡人：《乌孙的活动地域和赤谷城的方位》，《西北师范大学学报（社会科学版）》1978年第1期。

4630　刘光华：《也谈汉代的乌孙——〈关于汉代乌孙的几个问题〉商榷》，《新疆大学学报（哲学社会科学版）》1981年第3期。

4631　林幹：《乌孙及其与西汉王朝的关系》，《新疆社会科学》1982年第3期。

4632　王明哲：《论汉代乌孙族对伊犁河流域的开发——关于汉代乌孙族人口发展问题的研究》，《新疆社会科学》1983年第1期。

4633　丝路：《乌孙与天马》，《新疆师范大学学报（社会科学版）》1984年第2期。

4634　苏北海：《汉代乌孙居地考》，《新疆师范大学学报（社会科学版）》1985年第

1 期。

4635 苏北海：《汉代乌孙族的社会经济及政治制度》，《西北民族研究》1988 年第 2 期。

4636 龙玉梅：《乌孙与西汉王朝关系述论》，《西北民族大学学报（哲学社会科学版）》1988 年第 4 期。

4637 陈世良：《悦般即乌孙说》，《西北民族研究》1990 年第 2 期。

4638 洪涛：《关于乌孙研究的几个问题》，《中央民族大学学报》1994 年第 2 期。

4639 任冰心：《乌孙居住地探析》，《伊犁师范学院学报》2001 年第 3 期。

4640 贾合甫·米尔扎汗、夏里甫汗：《乌孙与哈萨克族的源流关系》，《西域研究》2006 年第 2 期。

4641 石少颖：《乌孙归汉与西汉外交》，《湖北大学学报（哲学社会科学版）》2006 年第 3 期。

4642 王明哲：《关于西汉乌孙人口问题的研究》，《伊犁师范学院学报（社会科学版）》2013 年第 4 期。

吐 蕃

4643 史苇湘：《吐蕃王朝管辖沙州前后——敦煌遗书 S1438 背〈书仪〉残卷的研究》，《敦煌研究》1983 年创刊号。

4644 顾吉辰：《〈宋史〉吐蕃纪事辨误》，《史学月刊》1984 年第 4 期。

4645 杨铭：《吐蕃统治下的河、陇少数民族》，《西藏民族学院学报（社会科学版）》1987 年第 3 期。

4646 樊保良：《回鹘与吐蕃及西夏在丝路上的关系》，《民族研究》1987 年第 4 期。

4647 杰当·西饶江措：《吐蕃铁索桥考》，《中央民族学院学报》1988 年第 3 期。

4648 薛宗正：《噶尔家族专国与吐蕃的北部领土扩张——兼论唐、蕃间的河源、西域争夺》，《西藏研究》1988 年第 4 期。

4649 王欣：《吐蕃驿站制度在西域的实施》，《新疆社会科学》1989 年第 5 期。

4650 余贵孝：《唐与突厥、吐蕃对峙时期的固原》，《固原师专学报》1990 年第 3 期。

4651 任树民：《吐蕃军事力量概述》，《西藏研究》1990 年第 3 期。

4652 张云：《吐蕃与西域诸族的关系》，《新疆社会科学》1990 年第 5 期。

4653 高永久、王国华：《吐蕃统治下的于阗》，《西北民族研究》1991 年第 2 期。

4654 尹伟先：《回鹘与吐蕃对北庭、西州、凉州的争夺》，《西北民族研究》1992 年第 2 期。

4655　张云：《唐代吐蕃统治西域的各项制度》，《新疆大学学报（哲学社会科学版）》1992年第4期。

4656　张云：《新疆出土简牍所见吐蕃职官考略》，《西域研究》1992年第4期。

4657　王小甫：《盛唐与吐蕃在西域的较量（720—755年）》，《新疆大学学报（哲学社会科学版）》1992年第4期。

4658　杨铭：《敦煌文书中的Lho bal与南波——吐蕃统治时期的南山部族》，《敦煌研究》1993年第3期。

4659　杨铭、何宁生：《曹（Tshar）——吐蕃统治敦煌及西域的一级基层兵制》，《西域研究》1995年第4期。

4660　杨铭：《吐蕃"十将"（Tshan bcu）制补证》，《中国藏学》1996年第2期。

4661　李茂林：《新疆吐蕃简牍经济史料研究——兼论唐蕃经济渊源》，《重庆商学院学报》1997年第1期。

4662　杨作山：《吐蕃与大食关系刍议》，《回族研究》2000年第3期。

4663　薛宗正：《吐蕃、回鹘、葛逻禄的多边关系考述——关于唐安史乱后的西域角逐》，《西域研究》2001年第3期。

4664　薛宗正：《噶尔家族与附蕃西突厥诸政权——兼论唐与吐蕃间的西域角逐》，《中国边疆史地研究》2002年第4期。

4665　王香莲、蓝琪：《论吐蕃在唐西域的活动及其对丝绸之路的影响》，《贵州师范大学学报（社会科学版）》2004年第1期。

4666　孙林：《汉藏史学的交流以及敦煌学术传统与吐蕃史学的关系》，《西藏民族学院学报（哲学社会科学版）》2004年第4期。

4667　朗措：《吐蕃与于阗关系考述——于阗和鄯善地区吐蕃部落的族属及特点》，《西藏研究》2005年第4期。

4668　杨作山：《吐蕃与大食早期经济往来》，《青海民族研究（社会科学版）》2006年第1期。

4669　陆离：《吐蕃统治河陇西域时期职官四题》，《西北民族研究》2006年第2期。

4670　杨铭：《新刊西域古藏文写本所见的吐蕃官吏研究》，《中国藏学》2006年第3期。

4671　陆离：《吐蕃统治河陇西域时期的军事、畜牧业职官二题》，《敦煌研究》2006年第4期。

4672　霍魏：《西域风格与唐风染化——中古时期吐蕃与粟特人的棺板装饰传统试析》，《敦煌学辑刊》2007年第1期。

4673　李宗俊：《敦煌文书〈为肃州刺史刘臣壁答南蕃书〉所见吐蕃进攻河西的两次

唐蕃战争》,《敦煌学辑刊》2007 年第 3 期。

4674 李树辉:《西州"贞元七年没于西蕃"中的"西蕃"是指吐蕃吗——兼论〈辞海〉"西蕃"词条的释义》,《新疆师范大学学报(哲学社会科学版)》2008 年第 3 期。

4675 陆离:《吐蕃驿传制度新探》,《中国藏学》2009 年第 1 期。

4676 朱悦梅:《吐蕃王朝军队给养方式探蠡》,《中国藏学》2009 年第 3 期。

4677 陆离:《吐蕃统治敦煌的监军、监使》,《中国藏学》2010 年第 2 期。

4678 雷富饶:《唐与吐蕃在西域的争夺》,《宜春学院学报》2010 年第 9 期。

4679 杨铭:《敦煌、西域古藏文文献所见苏毗与吐蕃关系史事》,《西域研究》2011 年第 3 期。

4680 任小波:《敦煌吐蕃文书中的"人马盟誓"情节新探——IOL Tib J 731 藏文写卷研究释例》,《中国藏学》2011 年第 3 期。

4681 田峰:《吐蕃向西域的开拓》,《西藏民族学院学报(哲学社会科学版)》2011 年第 3 期。

4682 朱悦梅:《吐蕃占领西域期间的军事建制及其特征》,《西域研究》2011 年第 4 期。

4683 刘星若:《唐代吐蕃对西北社会的贡献》,《长沙大学学报》2011 年第 6 期。

4684 朱悦梅:《从出土文献看唐代吐蕃占领西域后的管理制度》,《敦煌研究》2012 年第 2 期。

4685 董知珍、马巍:《吐蕃王朝时期吐蕃与西域的交通及驿站述考》,《社科纵横》2012 年第 3 期。

4686 朱悦梅:《吐蕃占领西域期间的社会控制》,《探索与争鸣》2012 年第 3 期。

4687 黎桐柏:《简析吐蕃王朝边境后拓辖区的军政区划》,《西藏民族学院学报(哲学社会科学版)》2012 年第 4 期。

4688 宗喀益西丹佛:《试论吐蕃治下河陇、西域地区的制度选择及其渊源》,《青海民族大学学报(社会科学版)》2013 年第 3 期。

4689 张蕾蕾:《论西夏时期吐蕃文化对河西地区的影响》,《柴达木开发研究》2013 年第 5 期。

4690 周毛措:《浅谈公元 8 世纪小勃律对吐蕃的战略意义》,《卷宗》2013 年第 9 期。

4691 德格吉:《从吐蕃碑文和简牍看吐蕃职官制度的差异》,《黑龙江史志》2013 年第 17 期。

4692 霍巍:《金银器上的吐蕃宝马与骑士形象》,《西藏大学学报(社会科学版)》2014 年第 1 期。

4693 陆离：《关于吐蕃统治下于阗地区的 tshan》，《西域研究》2015 年第 1 期。

4694 格藏才让：《试论吐蕃时期属民的财产与收入状况》，《西藏民族学院学报（哲学社会科学版）》2015 年第 5 期。

4695 任小波：《暗军考——吐蕃王朝军政体制探例》，《中国藏学》2017 年第 2 期。

4696 何志文：《吐蕃统治敦煌西域时期的雇佣问题探析——兼与陷蕃之前及归义军统治时期雇佣比较》，《中国农史》2017 年第 5 期。

4697 梁景宝：《开元时期唐、突骑施、大食及吐蕃对西域的争夺》，《安康学院学报》2017 年第 6 期。

4698 张延清：《从敦煌看丝绸之路上的吐蕃元素》，《社会科学家》2017 年第 11 期。

吐谷浑

4699 胡小鹏：《吐谷浑与南北朝关系述论》，《社会科学》1990 年第 4 期。

4700 任树民：《论吐谷浑在唐蕃关系中的枢纽地位》，《西北民族研究》1992 年第 1 期。

4701 薛宗正：《吐谷浑与西域》，《西域研究》1998 年第 3 期。

4702 冯培红：《从敦煌文献看归义军时代的吐谷浑人》，《兰州大学学报（社会科学版）》2004 年第 1 期。

4703 王超云：《试析吐谷浑在中西交通史上的作用》，《和田师范专科学校学报（汉文综合版）》2006 年第 2 期。

4704 措科：《简论吐谷浑商业型畜牧经济》，《攀登》2006 年第 4 期。

4705 牟雪松：《浅析吐谷浑在中西交通史上的作用》，《重庆科技学院学报（社会科学版）》2009 年第 9 期。

4706 冯建华：《鸣鹤古城考——兼谈吐谷浑的历史沿革》，《丝绸之路》2010 年第 6 期。

4707 李朝、张红岩：《吐谷浑与丝绸之路》，《青海民族大学学报（社会科学版）》2011 年第 2 期。

4708 文忠祥：《丝绸之路经济带视野下吐谷浑与唃厮啰外交政策比较的历史启示》，《青海师范大学民族师范学院学报》2015 年第 1 期。

4709 徐小坤、顾盼盼：《试论魏晋南北朝时期吐谷浑汗国与青海道的繁荣》，《环球人文地理》2015 年第 8 期。

4710 欧燕：《吐谷浑：丝绸之路青海道的缔造者》，《中国民族教育》2018 年第 3 期。

突 厥

4711　薛宗正：《突厥初世史探幽（上）》，《新疆社会科学》1982年第4期。

4712　薛宗正：《突厥初世史探幽（下）》，《新疆社会科学》1983年第1期。

4713　蒋其祥、周锡娟：《九至十三世纪初突厥各部的分布与变迁》，《新疆社会科学》1983年第4期。

4714　林幹：《西突厥纪事》，《新疆社会科学》1984年第1期。

4715　戴云客：《西突厥部族之构成及其与唐代的关系》，《辽宁大学学报（哲学社会科学版）》1985年第6期。

4716　苏北海：《唐朝在回纥、东突厥地区设立的府州考》，《新疆大学学报（哲学社会科学版）》1987年第1期。

4717　薛宗正：《西突厥的属部、属国与西域的突厥化》，《喀什师范学院学报》1987年第2期。

4718　莫任南：《突厥在中西交通史上的地位和作用》，《湖南师范大学社会科学学报》1990年第6期。

4719　赵云旗：《论隋与突厥关系的发展进程》，《中央民族学院学报》1992年第3期。

4720　郭泽保：《西突厥汗国的兴盛与历史进步作用》，《新疆大学学报（哲学社会科学版）》1994年第2期。

4721　侯万明：《突厥汗国的兴衰》，《历史教学》1997年第1期。

4722　李明伟：《安西大都护府的伟大功绩和突厥对丝绸之路的贡献》，《西北民族研究》2001年第3期。

4723　王治来：《论突厥史观的演变》，《西域研究》2002年第1期。

4724　张李：《突厥的兴衰及归宿》，《沧州师范专科学校学报》2002年第2期。

4725　李方：《东突厥的归附与隋前期的边政》，《西域研究》2004年第1期。

4726　魏良弢：《突厥汗国与中亚》，《西域研究》2005年第3期。

4727　陈瑞芳：《突厥十姓可汗阿史那献事迹考》，《安庆师范学院学报（社会科学版）》2007年第6期。

4728　张云：《释古代突厥人"重兵死，而耻病终"的文化意义》，《石河子大学学报（哲学社会科学版）》2008年第4期。

4729　张咏、徐海燕：《中亚、突厥族群对文化学研究的意义》，《青海民族研究》2009年第2期。

4730　李树辉：《突厥原居地"金山"考辨》，《中国边疆史地研究》2009年第3期。

4731 陈瑞芳：《贞观年间突厥可汗阿史那氏助唐开疆拓土述论》，《喀什师范学院学报》2009 年第 4 期。

4732 温玉成：《论"索国"与突厥部的起源》，《新疆师范大学学报（哲学社会科学版）》2011 年第 1 期。

4733 陈涛：《若干唐代西突厥史料献疑》，《西域研究》2011 年第 3 期。

4734 蓝琪：《论中亚的突厥化》，《西域研究》2012 年第 3 期。

4735 任萌：《天山东、中部地区突厥时期典型岩画分析》，《西域研究》2012 年第 4 期。

4736 任宝磊：《略论新疆地区突厥石人分布与特征》，《西域研究》2013 年第 3 期。

4737 裴成国：《论高昌国与突厥之间的关系》，《西北民族论丛》2015 年第 1 期。

4738 李秀莲：《后东突厥阿布思及其同罗部的族属考证》，《哈尔滨师范大学社会科学学报》2015 年第 6 期。

4739 朱德军：《逐鹿北疆：隋代文炀二帝经营突厥战略述论——兼论草原丝绸之路的兴衰》，《宁夏社会科学》2017 年第 1 期。

4740 陈星宇：《从苏秉琦的"三部曲"模式分析突厥汗国分裂的政治原因》，《哈尔滨学院学报》2017 年第 2 期。

4741 杨继伟：《唐安西都护府和西突厥在西域的博弈——从郭孝恪任安西都护期间来看》，《南阳理工学院学报》2018 年第 1 期。

回　鹘

4742 高自厚：《甘州回鹘渊源考》，《西北民族大学学报（哲学社会科学版）》1982 年第 1 期。

4743 艾尚连：《回鹘南迁初探》，《民族研究》1982 年第 4 期。

4744 樊保良：《回鹘与丝绸之路》，《兰州大学学报（社会科学版）》1985 年第 4 期。

4745 钱伯泉：《新复州回鹘研究》，《新疆社会科学》1986 年第 2 期。

4746 柳洪亮：《柏孜柯里克石窟年代试探——根据回鹘供养人像对洞窟的断代分期》，《敦煌研究》1986 年第 3 期。

4747 钱伯泉：《龟兹回鹘国始末》，《新疆社会科学》1987 年第 2 期。

4748 程溯洛：《〈宋史·龟兹传〉补正——兼论高昌回鹘王国中的双王制》，《历史研究》1987 年第 3 期。

4749 孙修身：《五代时期甘州回鹘和中原王朝的交通》，《敦煌研究》1989 年第 3 期。

4750 孙修身：《五代时期甘州回鹘和中原王朝的交通（续）》，《敦煌研究》1989 年第 4 期。

4751 孙修身：《五代时期甘州回鹘和中原王朝的交通（续）》，《敦煌研究》1990年第1期。

4752 华涛：《回鹘西迁及东部天山地区的政治局势》，《西北民族研究》1990年第1期。

4753 苏北海、李秀梅：《回纥汗国的统治疆域及漠北回纥族的西迁》，《敦煌学辑刊》1990年第2期。

4754 钱伯泉：《西州回鹘国在丝绸之路的地位和作用》，《新疆大学学报（哲学社会科学版）》1991年第4期。

4755 牛新军：《甘州回鹘漫谈》，《西北师大学报（社会科学版）》1994年第1期。

4756 薛宗正：《回鹘南迁考》，《西域研究》1997年第4期。

4757 田卫疆：《高昌回鹘史研究刍议》，《新疆师范大学学报（哲学社会科学版）》2001年第2期。

4758 贾丛江：《回鹘西迁诸事考》，《西域研究》2001年第4期。

4759 田卫疆：《北宋时期西州回鹘相关史实考述》，《西域研究》2003年第1期。

4760 阿尔丁夫：《关于〈亦都护高昌王世勋碑〉所记"高昌回鹘"方位问题——从北方民族空间方位观念发生、发展和演变看》，《西域研究》2003年第3期。

4761 耿世民：《西方回鹘史研究的简短回顾》，《西域研究》2004年第3期。

4762 王继平、杨富学：《唐宋时代回鹘社会的发展与转型》，《新疆大学学报（哲学·人文社会科学版）》2005年第2期。

4763 高汝东：《高昌回鹘与环塔里木多元文化的融合》，《塔里木大学学报》2005年第4期。

4764 赵贞：《回鹘归义军始末》，《西域研究》2006年第2期。

4765 宋晓东：《回鹘西迁后生产方式的转变及对后世的影响》，《殷都学刊》2007年第3期。

4766 阿利娅·艾尼瓦尔：《鄂尔浑回鹘汗国及其回鹘文字》，《西北民族大学学报（社会科学版）》2007年第5期。

4767 武沐、赵洁：《高昌回鹘与河州》，《民族研究》2008年第3期。

4768 洪勇明：《甘州回鹘登里可汗考辩》，《西域研究》2010年第2期。

4769 阿布利特·卡玛洛夫：《西伯利亚—贝加尔湖畔的晚唐突厥系——九姓回鹘部落考古遗存》，《内蒙古大学艺术学院学报》2011年第1期。

4770 黄兆宏、刘玉璟：《回鹘入迁河西及其影响》，《石河子大学学报（哲学社会科学版）》2011年第6期。

4771 黑文凯：《公元745—840年间回鹘对西域地区的争夺》，《鲁东大学学报（哲学社会科学版）》2014年第1期。

4772 付马：《回鹘时代的北庭城——德藏 Mainz 354 号文书所见北庭城重建年代考》，《西域研究》2014 年第 2 期。

4773 杜海：《敦煌归义军政权与沙州回鹘关系述论》，《敦煌学辑刊》2015 年第 4 期。

4774 杨富学：《回鹘社会文化发展逆演进现象考析》，《暨南学报（哲学社会科学版）》2015 年第 4 期。

4775 王金保：《论漠北回鹘汗国的城市兴建与半定居生活》，《敦煌学辑刊》2015 年第 4 期。

4776 闫国疆、郝新鸿：《多元共生、动态交融——回鹘西迁后的西域文明与居民身份变化》，《西北民族大学学报（哲学社会科学版）》2015 年第 6 期。

4777 杨瑾：《从世界史视角观察回鹘对丝绸之路地区的影响》，《石河子大学学报（哲学社会科学版）》2018 年第 1 期。

4778 王龙：《西夏文献中的回鹘——丝绸之路背景下西夏与回鹘关系补证》，《宁夏社会科学》2018 年第 1 期。

沙 陀

4779 徐庭云：《内迁中原前的沙陀及其族源》，《中央民族学院学报》1993 年第 6 期。

4780 李锋敏：《唐五代时期的沙陀汉化》，《甘肃社会科学》1999 年第 3 期。

4781 蔡家艺：《沙陀族历史杂探》，《民族研究》2001 年第 1 期。

4782 刘正民：《西域籍沙陀人在中原称帝及其历史作用》，《新疆师范大学学报（哲学社会科学版）》2001 年第 4 期。

4783 赵荣织：《试论沙陀政权后唐的兴起》，《西域研究》2005 年第 4 期。

4784 赵荣织：《沙陀名号考实》，《西域研究》2006 年第 4 期。

4785 赵荣织：《沙陀"朱邪"姓氏消失与重现原因蠡测》，《昌吉学院学报》2007 年第 1 期。

4786 赵荣织：《趣谈沙陀三王朝》，《昌吉学院学报》2007 年第 5 期。

4787 赵荣织、王旭送：《唐代沙陀人在西域的活动区域》，《昌吉学院学报》2008 年第 6 期。

4788 王旭送：《沙陀汉化之过程》，《西域研究》2010 年第 3 期。

粟 特

4789 穆德全：《西域"粟特"考》，《河南大学学报（社会科学版）》1991 年第 1 期。

4790 刘波：《敦煌所出粟特语古信札与两晋之际敦煌姑臧的粟特人》，《敦煌研究》1995 年第 3 期。

4791 陈海涛：《阿姆河宝藏及其反映的早期粟特文化》，《西域研究》2001 年第 2 期。

4792 荒川正晴著，陈海涛译，杨富学校：《唐帝国和粟特人的交易活动》，《敦煌研究》2002 年第 3 期。

4793 荣新江：《北朝隋唐粟特人之迁徙及其聚落补考》，《欧亚学刊》第 6 辑，北京：中华书局，2004 年。

4794 霍巍：《粟特人与青海道》，《四川大学学报（哲学社会科学版）》2005 年第 2 期。

4795 荣新江：《西域粟特移民聚落补考》，《西域研究》2005 年第 2 期。

4796 许序雅：《粟特、粟特人与九姓胡考辨》，《西域研究》2007 年第 2 期。

4797 陈菊霞：《西域、敦煌粟特翟氏及相关问题研究》，《中国边疆史地研究》2008 年第 3 期。

4798 邵明杰：《论入华粟特人流向的完整线索及最终归宿——基于粟特人"回鹘化"所作的考察》，《青海民族研究》2010 年第 1 期。

4799 侯世新：《西域粟特胡人的社会生活与文化风尚》，《西域研究》2010 年第 2 期。

4800 王睿：《再论中国的粟特柘羯军》，《西域研究》2011 年第 3 期。

4801 孙武军：《北朝隋唐入华粟特人死亡观研究——以葬具图像的解读为主》，《考古与文物》2012 年第 2 期。

4802 郑燕燕：《论高昌地区粟特商业的运营》，《西域研究》2012 年第 2 期。

4803 刘延清：《浅析唐代河西粟特人的社会地位》，《兰台世界》2012 年第 33 期。

4804 卞蓉荣、韩海梅：《丝绸之路上唐与中亚粟特的文明交流》，《西安文理学院学报（社会科学版）》2015 年第 4 期。

4805 薛正昌：《隋唐宁夏粟特人与丝绸之路》，《石河子大学学报（哲学社会科学版）》2015 年第 5 期。

4806 刘全波：《论粟特人何妥及其家族与儒学的关系》，《甘肃广播电视大学学报》2015 年第 6 期。

4807 王燕：《丝绸之路与粟特人》，《黑龙江史志》2015 年第 7 期。

4808 朱琳：《隋唐官制下的萨宝与粟特人的管理》，《法制与社会》2015 年第 7 期。

4809 苏银梅、马晴：《商贾精英文化使者——"丝绸之路"上的粟特人》，《今日民族》2016 年第 1 期。

4810 冯培红：《五凉后期粟特人踪迹考索》，《石河子大学学报（哲学社会科学版）》2016 年第 1 期。

4811 田成伟：《统万城为北朝粟特聚落考》，《环球人文地理》2016 年第 2 期。

4812 冯培红：《丝绸之路陇右段粟特人踪迹钩沉》，《浙江大学学报（人文社会科学版）》2016 年第 5 期。

4813 杨富学、赵天英：《粟特文在丝绸之路沿线的传播与影响》，《河西学院学报》2017 年第 1 期。

4814 齐小艳：《丝路古国粟特的文献研究及其利用》，《山西档案》2017 年第 2 期。

4815 王正儒：《唐代宁夏地区的粟特胡人与丝绸之路——考古石刻材料与文献的互证》，《中国边疆史地研究》2017 年第 4 期。

4816 齐小艳：《丝绸之路上粟特商业的发展及其原因探析》，《内蒙古大学学报（哲学社会科学版）》2017 年第 5 期。

4817 陆薪羽：《固原史姓粟特家族多元信仰探讨》，《丝绸之路》2017 年第 14 期。

4818 王雪莲、王子璠：《粟特人安伽及相关问题考述》，《丝绸之路》2017 年第 22 期。

党　项

4819 王天顺：《略论党项拓跋部在陕北的割据》，《宁夏社会科学》1990 年第 6 期。

4820 钱伯泉：《西夏对丝绸之路的经营及其强盛》，《西北民族研究》1993 年第 2 期。

4821 李辉：《西夏与丝绸之路》，《社科纵横》2001 年第 3 期。

4822 李学江：《西夏时期的丝绸之路》，《宁夏社会科学》2002 年第 1 期。

4823 杨蕤：《关于西夏丝路研究中几个问题的再探讨》，《中国历史地理论丛》2003 年第 4 期。

4824 彭向前：《西夏王朝对丝绸之路的经营》，《宁夏大学学报（人文社会科学版）》2006 年第 2 期。

4825 李银霞：《论西夏对周边民族艺术的吸收》，《新疆艺术学院学报》2008 年第 2 期。

4826 保宏彪：《论河西走廊在西夏兴起与发展过程中的战略意义》，《西夏研究》2012 年第 2 期。

4827 崔星、王东：《晚唐五代党项与灵州道关系考述》，《西夏研究》2013 年第 2 期。

4828 裴海霞：《从黑水城出土文物谈西夏时期黑水城人文社会》，《丝绸之路》2013 年第 12 期。

4829 曾汉辰：《西夏大黑天传承初探——以黑水城文书〈大黑求修并作法〉为中心》，《中国藏学》2014 年第 1 期。

4830 赵焕震：《关于西夏初期丝绸之路是否畅通的初探》，《黑龙江史志》2014 年第 3 期。

4831 杨满忠、何晓燕：《从历代孔子谥号看西夏儒学的发展与贡献》，《西夏研究》2015 年第 3 期。

4832 朱生云：《西夏时期重修莫高窟第 61 窟原因分析》，《敦煌学辑刊》2016 年第 3 期。

4833 陈光文：《西夏时期敦煌的行政建制与职官设置》，《敦煌研究》2016 年第 5 期。

4834 郝振宇：《唐宋丝绸之路视域下党项西夏政权建立的历史考察》，《西北民族大学学报（哲学社会科学版）》2017 年第 2 期。

4835 徐敏：《简析丝绸之路上的西夏》，《哈尔滨学院学报》2017 年第 3 期。

4836 孙伯君：《西夏文献与"丝绸之路"文化传统》，《西南民族大学学报（人文社会科学版）》2017 年第 8 期。

蒙古族

4837 冯锡时：《建国后第一次对新疆蒙古族社会历史的考察》，《新疆大学学报（哲学社会科学版）》1982 年第 4 期。

4838 田卫疆：《关于新疆蒙古都格拉特部的研究》，《新疆社会科学》1986 年第 5 期。

4839 樊保良：《略述瓦剌与明朝在西北的关系》，《兰州大学学报（社会科学版）》1999 年第 3 期。

4840 吐娜：《伊犁厄鲁特营的戍边》，《西域研究》2002 年第 3 期。

4841 刘志东：《丝绸之路与蒙古族社会伦理》，《辽宁大学学报（哲学社会科学版）》2002 年第 5 期。

4842 安俭：《论土尔扈特回归故土事件中的文化因素》，《西域研究》2003 年第 2 期。

4843 吐娜：《试论北路土尔扈特盟旗制度》，《西域研究》2009 年第 3 期。

4844 乌云毕力格：《17 世纪卫拉特各部游牧地研究》，《西域研究》2010 年第 1 期。

4845 乌云毕力格：《17 世纪卫拉特各部游牧地研究（续）》，《西域研究》2010 年第 2 期。

4846 塔力甫江·吐尔逊艾力：《札剌亦儿考略》，《青海民族研究》2016 年第 2 期。

维吾尔族

4847 程溯洛：《元代维吾尔人对于祖国文史的贡献》，《历史教学》1964 年第 3 期。

4848 苏北海：《维吾尔族先祖——姑师（车师）、乌古斯、高车辨》，《喀什师范学院学报》1990 年第 1 期。

4849 王胞生：《元代入滇的畏兀儿人》，《云南民族学院学报》1991 年第 1 期。

4850 韩康信：《新疆古代居民的种族人类学研究和维吾尔族的体质特点》，《西域研究》1991 年第 2 期。

4851 王茜：《维吾尔族古代先民社会经济发展述论》，《西域研究》2002 年第 3 期。

4852 贾丛江：《元代畏兀儿迁居永昌事辑》，《西域研究》2002 年第 4 期。

4853 田卫疆：《试论元朝对畏兀儿地区的军政管理形式及变化》，《民族研究》2002 年第 6 期。

4854 奇曼·乃吉米丁：《古代维吾尔族的生态伦理思想——以喀喇汗朝时期的诗歌为例》，《西域研究》2006 年第 3 期。

4855 崔建华、孟楠：《略论 9—13 世纪畏兀儿文化涵化的历史进程》，《西域研究》2008 年第 2 期。

4856 加·奥其尔巴特：《察合台蒙古融入维吾尔族》，《新疆大学学报（哲学·人文社会科学版）》2008 年第 4 期。

4857 张世才：《清代新疆天山南路维吾尔社会结构与变迁》，《西域研究》2012 年第 1 期。

4858 吾斯曼江·亚库甫：《关于维吾尔史学史的几个问题》，《青海民族大学学报（社会科学版）》2013 年第 4 期。

4859 沙吉代木·依夏尼：《浅谈丝绸之路对维吾尔族巴扎尔发展的影响》，《长春教育学院学报》2013 年第 4 期。

4860 阿布都克力木·阿布力孜、瓦哈甫·吐尔逊：《蒙元时期维吾尔族的国家认同初探》，《经济研究导刊》2013 年第 36 期。

4861 阿不来提·艾合买提：《浅论吐鲁番郡王统治下维吾尔族的经济情况》，《黑龙江史志》2014 年第 1 期。

4862 潘妙：《喀什维吾尔族传统耳饰与丝绸之路南道》，《装饰》2014 年第 9 期。

4863 奇曼·乃吉米丁、刘超建：《乾隆时期喀什地区维吾尔族生存空间研究》，《兰台世界》2014 年第 33 期。

4864 张先革、李朝虹、唐菊花：《维吾尔族国家认同的内在要求和自身困境》，《云南民族大学学报（哲学社会科学版）》2017 年第 5 期。

4865 杨柳：《论维吾尔族"木马"与印度"金翅鸟"之形象塑造》，《知与行》2017 年第 8 期。

哈萨克族

4866　洪涛：《哈萨克族在我国历史上的贡献》，《中央民族学院学报》1987 年第 3 期。

4867　夏里甫罕·阿布达里：《新疆哈萨克族近代文化转型进程述论》，《西域研究》2001 年第 2 期。

4868　钱伯泉：《哈萨克族族源新探》，《民族研究》2001 年第 5 期。

4869　聂爱文：《哈萨克族禁忌的人类学解读》，《西域研究》2002 年第 3 期。

4870　李国平：《哈萨克族民俗生活的再思考》，《伊犁师范学院学报（社会科学版）》2007 年第 2 期。

4871　黄中祥：《哈萨克英雄史诗中的骏马形象》，《西域研究》2008 年第 4 期。

4872　张荣：《哈萨克问题与清朝乾隆时期西北边防体系的构建》，《中国边疆史地研究》2012 年第 4 期。

4873　万雪玉：《新疆哈萨克族东迁原因俯视》，《西北民族大学学报（哲学社会科学版）》2014 年第 2 期。

4874　巴荷夏·沙合曼：《丝路文化中哈萨克族有关骆驼民俗的内涵解析》，《西北民族大学学报（哲学社会科学版）》2016 年第 3 期。

4875　安小婷：《跨境的哈萨克民族在丝绸之路演变中的地位》，《西部皮革》2016 年第 12 期。

回　族

4876　穆德全：《元代山西回回诗人萨都拉》，《晋阳学刊》1983 年第 6 期。

4877　张绥：《也论"回族的形成"》，《宁夏社会科学》1984 年第 2 期。

4878　高占福：《丝绸之路上的甘肃回族》，《宁夏社会科学》1986 年第 2 期。

4879　薄树人：《回族先民札马鲁丁的科学贡献》，《科学》1986 年第 4 期。

4880　和龑：《明代西域回回入附中原考》，《宁夏社会科学》1987 年第 4 期。

4881　存理：《元代回回商人的活动及其特点》，《宁夏社会科学》1988 年第 1 期。

4882　王胞生：《元代洱海地区回族族源考略》，《大理师专学报（哲学社会科学版）》1988 年第 2 期。

4883　水渺：《明代西域回回入附中原概览》，《社会科学》1988 年第 3 期。

4884　姜永兴：《源远流长的广州回族》，《宁夏社会科学》1989 年第 1 期。

4885　黄庭辉：《元代回回诗人伯颜子中生平事迹考评》，《宁夏大学学报（社会科学版）》1989 年第 2 期。

4886 马兴东：《元代以前有关云南回族族源问题的进一步探讨》，《云南社会科学》1990年第2期。

4887 和龑：《明代西域入附回回人口及其分布》，《内蒙古社会科学（文史哲版）》1990年第2期。

4888 穆宝修：《元朝时期的回回人》，《文史哲》1990年第6期。

4889 曾昭璇：《蒲寿庚是西域华化广州回民考》，《岭南文史》1991年第1期。

4890 和晖：《明代入附回回姓氏汉化考》，《中央民族学院学报》1992年第2期。

4891 和龑：《明代西域入附回回的职业结构》，《宁夏社会科学》1992年第3期。

4892 高占福：《丝绸之路上的甘肃回族》，《党的建设》1994年第1期。

4893 马肇曾：《略论河南几位回回先人》，《中国穆斯林》1994年第1期。

4894 申旭：《回族与西南丝绸之路》，《云南社会科学》1994年第4期。

4895 杨志玖：《元代回回史学家察罕》，《回族研究》1997年第2期。

4896 马肇曾：《再论河南几位回回先人》，《中国穆斯林》1997年第6期。

4897 刘迎胜：《回族与其他一些西北穆斯林民族文字形成史初探——从回回字到"小经"文字》，《回族研究》2002年第1期。

4898 张文德：《入附明朝的撒马儿罕回回》，《西北民族研究》2003年第3期。

4899 王建军：《元代回回国子监研究》，《回族研究》2004年第1期。

4900 蓝炯熹、刘冬：《鹏霄榭：清代闽南一个回族文人社团》，《海交史研究》2004年第2期。

4901 马建春：《蒙元时期回回等西域族类东迁过程疏证》，《回族研究》2006年第2期。

4902 马建春：《"识宝回回"与中国珠宝业的发展》，《暨南史学》第5辑，广州：暨南大学出版社，2007年。

4903 钱伯泉：《明代哈密回回首领写亦虎仙的叛乱》，《西域研究》2008年第1期。

4904 马建春：《明代西域回回人马克顺事迹考》，《回族研究》2008年第2期。

4905 谢筱婷：《元代回回商人与西域珠宝的输入》，《科教导刊》2010年第20期。

4906 张文德：《明代士大夫眼中的回回形象》，《西域研究》2013年第3期。

4907 郑晓培：《邢台回族渊源考》，《邢台学院学报》2014年第2期。

4908 海杰：《丝绸之路经济带上的昌吉回族文化》，《昌吉学院学报》2014年第3期。

4909 姚晓菲：《试论明人笔记中关于西域回回人的记载》，《昌吉学院学报》2014年第3期。

4910 庄莉红：《试论泉州回民与海洋文化的关系——以百崎回族自治乡为例》，《集美大学学报（哲学社会科学版）》2015年第2期。

4911 谢贵安：《怀柔远人：国史〈明实录〉对西域"回回"记载的价值取向》，《北方民族大学学报（哲学社会科学版）》2015年第2期。

4912 胡振华：《丝绸之路与回族》，《黑龙江民族丛刊》2015年第4期。

4913 刘露：《明代西域回回商人入市中国之考察》，《新西部（理论版）》2016年第17期。

4914 孙浩然：《宋末回族诗人蒲寿宬咏水诗析论》，《闽南师范大学学报（哲学社会科学版）》2017年第2期。

4915 马健君：《试析陕西回族发展历史上的三个时期》，《丝绸之路》2017年第12期。

其 他

4916 宋大仁：《关于"西域""回回"和"阿维森纳"问题——答郭庆昌先生》，《历史研究》1959年第12期。

4917 褚俊杰：《羌人西迁与和阗起源》，《西藏民族学院学报》1982年第3期。

4918 林幹：《稽胡（山胡）略考》，《社会科学战线》1984年第1期。

4919 黄靖：《大月氏的西迁及其影响》，《新疆社会科学》1985年第2期。

4920 冯一下：《大月氏历史述略》，《史学月刊》1985年第6期。

4921 张永禄：《元代的色目人与中西文化交流》，《西北大学学报（哲学社会科学版）》1986年第2期。

4922 郭锋：《略论敦煌归义军时期仲云人的族属诸问题》，《兰州大学学报（社会科学版）》1988年第1期。

4923 钱伯泉：《仲云族始末考述》，《西北民族研究》1989年第1期。

4924 林梅村：《开拓丝绸之路的先驱——吐火罗人》，《文物》1989年第1期。

4925 钟进文：《近现代丝绸路上的裕固族驼队文化》，《西北民族大学学报（哲学社会科学版）》1991年第1期。

4926 余太山：《大宛和康居综考》，《西北民族研究》1991年第1期。

4927 黄盛璋：《塔里木盆地东缘的早期居民》，《西域研究》1992年第1期。

4928 陆培勇、黄琦敏：《犹太人与丝绸之路》，《同济大学学报（人文·社会科学版）》1992年第1期。

4929 钱伯泉：《从吐鲁番文书看薛延陀前期历史》，《西域研究》1992年第1期。

4930 高博：《犹太人和中国关系大事纪要》，《国际研究参考》1992年第2期。

4931 陆庆夫：《唐代丝绸路上的昭武九姓》，《兰州商学院学报》1992年第3期。

4932 薛宗正：《丁零—铁勒的西迁及其所建西域政权》，《喀什师范学院学报（哲学社会科学版）》1992 年第 3 期。

4933 卢美松、欧潭生：《海上丝绸之路溯源——兼论古代南方蛮族的历史性贡献》，《南方文物》1992 年第 4 期。

4934 洪涛：《关于大月氏研究的几个问题》，《中央民族学院学报》1993 年第 1 期。

4935 王野苹：《罗布淖尔与罗布人》，《西北民族研究》1994 年第 1 期。

4936 杨毓骧：《云南契丹的社会文化》，《思想战线》1995 年第 2 期。

4937 王野苹：《也说托茂人》，《西域研究》1995 年第 2 期。

4938 薛宗正：《柔然汗国的兴亡——兼论丁零、铁勒系族群的西迁与崛起》，《西域研究》1995 年第 3 期。

4939 张倩红：《论历史上开封犹太人被同化的原因》，《民族研究》1995 年第 3 期。

4940 薛宗正：《黠戛斯的崛兴》，《民族研究》1996 年第 1 期。

4941 王家祐：《西王母昆仑山与西域古族的文化》，《中华文化论坛》1996 年第 2 期。

4942 薛宗正：《魏晋南北朝时期西域草原诸族的社会生活》，《喀什师范学院学报》1997 年第 1 期。

4943 钱伯泉：《宋初西域的大石国及其主体民族研究》，《喀什师范学院学报》1997 年第 2 期。

4944 张咏梅：《中亚犹太人与丝绸之路》，《文博》1997 年第 4 期。

4945 唐国尧：《蒙元时期北京地区的色目人》，《首都博物馆丛刊》第 12 辑，北京：国家图书馆出版社，1998 年。

4946 王欣：《吐火罗在河西一带的活动》，《兰州大学学报（社会科学版）》1998 年第 1 期。

4947 何兆吉：《辽金元时期一支外来的民族世家——汪古马氏家族源流考略》，《青海师范大学学报（哲学社会科学版）》1998 年第 3 期。

4948 苏北海：《中亚奄蔡——阿速族考》，《新疆大学学报（社会科学版）》1998 年第 3 期。

4949 王欣：《吐火罗之名考》，《民族研究》1998 年第 3 期。

4950 马驰：《铁勒契苾部的盛衰与迁徙》，《中国历史地理论丛》1999 年第 3 期。

4951 刘迎胜：《辽与漠北诸部——胡母思山蕃与阻卜》，《欧亚学刊》第 3 辑，北京：中华书局，2001 年。

4952 钱伯泉：《汉唐龟兹人的内迁及其扩散》，《西域研究》2001 年第 2 期。

4953 王义康：《魏晋"杂胡"释义问题探析》，《民族研究》2001 年第 3 期。

4954 佟克力：《儒家文化对锡伯族文化的影响》，《西域研究》2001 年第 4 期。

4955 侯丕勋：《祁连小月氏族源新探》，《青海民族研究（社会科学版）》2001年第4期。

4956 朱学渊：《西域族国名与东北亚族名之关联（上）》，《满语研究》2002年第1期。

4957 马娟：《对元代色目人家族的考察——以乌伯都剌家族为例》，《元史及民族与边疆研究集刊》2002年第1期。

4958 曾文芳：《明代哈剌灰人族源探讨》，《伊犁教育学院学报》2002年第1期。

4959 李克郁：《土族赵土司族系考》，《青海民族学院学报（社会科学版）》2002年第1期。

4960 朱学渊：《西域族国名与东北亚族名之关联（下）》，《满语研究》2002年第2期。

4961 曾文芳：《明代哈剌灰人的来源、组成和名称诸问题》，《西域研究》2002年第2期。

4962 马建春：《钦察、阿速、斡罗思人在元朝的活动》，《西北民族研究》2002年第4期。

4963 周伟洲：《多弥史钩沉》，《民族研究》2002年第5期。

4964 崔银秋、段然慧、周慧、朱泓：《新疆古代居民的遗传结构分析》，《高等学校化学学报》2002年第12期。

4965 马建春：《元代东迁中土的康里人》，《宁夏社会科学》2003年第1期。

4966 林梅村：《吐火罗人的起源与迁徙》，《西域研究》2003年第3期。

4967 艾力江·阿西木：《论新疆和田人的特殊性格之历史渊源》，《内蒙古民族大学学报（社会科学版）》2003年第4期。

4968 尚衍斌：《古楼兰国居民及其社会生活考析》，《民族史研究》第5辑，北京：中央民族大学出版社，2004年。

4969 魏郭辉：《唐代河陇朝鲜人之研究》，《敦煌学辑刊》2005年第2期。

4970 马冬、吴洪琳：《狯胡与嚈哒》，《西域研究》2005年第4期。

4971 高汝东、夏光仁：《沙俄的统治与柯尔克孜族的社会文化变异》，《塔里木大学学报》2006年第3期。

4972 张俊民：《敦煌悬泉出土汉简所见人名综述（二）——以少数民族人名为中心的考察》，《西域研究》2006年第4期。

4973 钱伯泉：《隋唐时期西域的朝鲜族人》，《新疆大学学报（哲学·人文社会科学版）》2006年第4期。

4974 张全超、崔银秋：《新疆地区古代居民的人种地理变迁》，《社会科学战线》

2006 年第 6 期。

4975　万翔：《寄多罗人年代与族属考》，《欧亚学刊》第 9 辑，北京：中华书局，2007 年。

4976　谢承志、李春香、崔银秋、张全超、周慧、朱泓：《尼雅遗址古代居民线粒体 DNA 研究》，《西域研究》2007 年第 2 期。

4977　康亚军：《羯族西域月氏说商榷》，《青海民族研究》2007 年第 4 期。

4978　陈勇：《后赵羯胡为流寓河北之并州杂胡说》，《民族研究》2008 年第 1 期。

4979　刘宁：《楼兰古国源流之人类学考察》，《辽宁省博物馆馆刊》，沈阳：辽海出版社，2009 年。

4980　赵天宝：《西汉张骞与中华民族的形成》，《长安大学学报（社会科学版）》2009 年第 1 期。

4981　汪桂海：《从出土资料谈汉代羌族史的两个问题》，《西域研究》2010 年第 2 期。

4982　侯世新：《胡人的变迁及其对东西方文化交流的促进》，《文博》2010 年第 3 期。

4983　卢继旻：《卢水胡居地与族源再探》，《丝绸之路》2010 年第 6 期。

4984　毕波：《隋唐长安坊市胡人考析》，《丝绸之路》2010 年第 24 期。

4985　毕波：《隋代大兴城的西域胡人及其聚居区的形成》，《西域研究》2011 年第 2 期。

4986　张青平：《简论唐宋之际的嗢末》，《丝绸之路》2011 年第 6 期。

4987　汪玺、铁穆尔、张德罡、师尚礼：《裕固族的草原游牧文化（Ⅰ）——裕固族民族的形成、宗教信仰与语言文字》，《草原与草坪》2011 年第 6 期。

4988　陆离：《关于唐宋时期龙家部族的几个问题》，《西域研究》2012 年第 2 期。

4989　岳明浩：《从山东方志看元代西域人的华化与儒学》，《文史月刊》2012 年第 11 期。

4990　艾仁贵：《利玛窦疑惑中"发现"开封犹太人》，《世界知识》2012 年第 20 期。

4991　黄博：《畏惧噶逻：西域葛逻禄与西藏古格王朝的传说与历史》，《藏学学刊》第 9 辑，成都：中国藏学出版社，2013 年。

4992　尕藏扎西、昂毛吉：《论元初撒拉族东迁及其与藏族文明的互动》，《内蒙古民族大学学报（社会科学版）》2013 年第 2 期。

4993　段渝：《先秦汉晋西南夷内涵及其时空演变》，《思想战线》2013 年第 6 期。

4994　张乃翥、郑瑶峰：《文化人类学视域下伊洛河沿岸的唐代胡人部落——以龙门石窟新发现的景教瘗窟为缘起（上）》，《石窟寺研究》第 5 辑，北京：文物出版社，2014 年。

4995　韩晓雪、杨富学：《论黠戛斯在西域的进出》，《吐鲁番学研究》2014 年第 2 期。

4996 冯卓慧：《我国甘肃永昌县发现古罗马人后裔》，《西安财经学院学报》2014年第4期。

4997 贾衣肯：《〈魏书·序纪〉在游牧部族迁徙问题研究中的价值——以汉唐时期为中心》，《西域研究》2014年第4期。

4998 张乃翥、郑瑶峰：《文化人类学视域下伊洛河沿岸的唐代胡人部落——以龙门石窟新发现的景教瘗窟为缘起（下）》，《石窟寺研究》第6辑，北京：科学出版社，2015年。

4999 曹寅：《河南的孤立群落还是丝绸之路上的一个贸易网络？——宋元时期来华犹太人再考》，《海交史研究》2015年第1期。

5000 乌云毕力格：《土尔扈特汗廷与西藏关系（1643—1732）——以军机处满文录副档记载为中心》，《西域研究》2015年第1期。

5001 马伟：《丝绸之路上的撒拉族与土库曼人》，《青海民族研究》2015年第2期。

5002 杨富学、张海娟：《蒙古豳王家族与裕固族的形成》，《内蒙古社会科学》2015年第3期。

5003 杨亚雄：《试论西迁及其对柯尔克孜族形成的影响》，《北方民族大学学报（哲学社会科学版）》2015年第3期。

5004 叶甫盖尼·克恰诺夫著，李梅景、史志林译：《元帝国时期（13—14世纪）唐古特民族与宗教变更》，《甘肃广播电视大学学报》2015年第5期。

5005 徐艳芹：《从新近的考古发现看斯基泰人在中西交流中的作用和地位》，《平顶山学院学报》2015年第6期。

5006 殷晨：《元代内迁哈剌鲁人的文化变迁》，《丝绸之路》2015年第18期。

5007 王欣：《柔然与西域》，《西北民族论丛》第14辑，北京：社会科学文献出版社，2016年。

5008 陈晓露：《塔里木盆地的贵霜大月氏人》，《边疆考古研究》第19辑，北京：科学出版社，2016年。

5009 黄玲、王晓芬：《多元共生：盐马古道沙溪白族的空间、信仰与实践》，《百色学院学报》2016年第1期。

5010 吴玉梅、冯瑞建、白少双：《略论元代河北境内的色目人》，《西夏研究》2016年第1期。

5011 李圳：《试论羯胡之族源、迁徙及分布》，《新疆大学学报（哲学·人文社会科学版）》2016年第6期。

5012 冯珍：《羌族的羊图腾初探》，《大观》2016年第11期。

5013 李健胜：《"土人"考——兼论土族族源问题》，《攀登》2017年第3期。

▶ 丝绸之路研究论文目录

5014　马曼丽、艾买提：《研究古丝路上族群跨国流动的经验推动"一带一路"的发展》，《广西民族研究》2017年第3期。

5015　李明山：《东南沿海疍民与海上丝绸之路（上）》，《广东职业技术教育与研究》2017年第5期。

5016　李明山：《东南沿海疍民与海上丝绸之路（下）》，《广东职业技术教育与研究》2017年第6期。

5017　梅红：《南丝绸之路关帝忠义精神的传播——以明清西南少数民族地区为例》，《西南民族大学学报（人文社会科学版）》2017年第9期。

宗教与信仰

通 论

5018　刘维钧：《西域的民族与宗教概说》，《社会科学战线》1989年第3期。

5019　汪泛舟、徐相霖：《古敦煌宗教考述》，《宗教学研究》1989年增刊第1期。

5020　伊藤清郎著，郑毅译：《日本海沿岸的宗教交流》，《吉林师范学院学报》1995年第2期。

5021　余太山：《两汉魏晋南北朝正史西域传所见西域诸国的宗教、神话传说和东西文化交流》，《西北民族研究》2001年第3期。

5022　阿巴拜克·阿不来提：《蒙元时期新疆"维吾尔人"与宗教》，《喀什师范学院学报》2001年第3期。

5023　唐大潮：《佛教、基督教在中国的传播和发展之比较》，《社会科学研究》2001年第6期。

5024　许序雅：《〈新唐书·西域传〉所记中亚宗教状况考辨》，《世界宗教研究》2002年第4期。

5025　陈国光：《蒙古统治者在西域实施的宗教政策》，《新疆社会科学》2004年第2期。

5026　陆芸：《泉州的宗教文化特点》，《西北民族大学学报（哲学社会科学版）》2004年第3期。

5027　夏敏：《沙僧、大流沙与西域宗教的想象》，《明清小说研究》2005年第1期。

5028　李进新：《蒙古统治西域时期的宗教政策》，《新疆师范大学学报（哲学社会科学版）》2005年第3期。

5029　黄海德：《泉州地区宗教文化特征论略》，《成都大学学报（社会科学版）》2005年第3期。

5030　秀梅：《浅谈卫拉特蒙古多元宗教观念的表现形式》，《塔里木大学学报》2006年第1期。

5031　陆芸：《海上丝绸之路在宗教文化传播中的作用和影响》，《西北民族大学学报（哲学社会科学版）》2006年第5期。

5032 秀梅：《从柯尔克孜宗教信仰谈其民族文化变迁》，《塔里木大学学报》2007年第1期。

5033 王璐：《试论卫拉特蒙古宗教文化对其禁忌习俗的影响》，《塔里木大学学报》2007年第1期。

5034 王欣：《文本解说与传说构建：西域宗教文化的承继、融合与变异——以新疆鄯善艾苏哈卜·凯赫夫麻札为例》，《思想战线》2007年第3期。

5035 程彤、吴冰冰：《伊朗古代钱币的宗教内涵》，《世界宗教研究》2007年第4期。

5036 姚崇新：《在宗教与世俗之间：从新出吐鲁番文书看高昌国僧尼的社会角色》，《西域研究》2008年第1期。

5037 赵喜惠：《唐代胡商宗教信仰探析》，《唐史论丛》第12辑，西安：三秦出版社，2010年。

5038 黎惠伦、王蓉：《重提多马传道会个案：从21世纪的视角看1世纪》，《浙江大学学报（人文社会科学版）》2010年第3期。

5039 郭益海：《蒙元时期的宗教政策与西域宗教的发展变化》，《青海民族大学学报（社会科学版）》2010年第4期。

5040 华锦木、赵江民：《维吾尔谚语镜射出的宗教文化》，《西域研究》2011年第2期。

5041 郭益海：《蒙古统治西域时宗教政策特点探析》，《世界宗教研究》2011年第3期。

5042 王春辉：《唐代西域多元宗教文化的特征与影响探究》，《石河子大学学报（哲学社会科学版）》2011年第3期。

5043 朱国祥：《简论高昌古城的历史与宗教》，《新疆地方志》2012年第1期。

5044 朱国祥：《简论西域古城高昌的历史与宗教信仰》，《河南工业大学学报（社会科学版）》2012年第1期。

5045 郭益海、周普元：《西域丧葬习俗中的自然宗教文化》，《实事求是》2012年第4期。

5046 张泽洪：《吐谷浑多元宗教的文化透视》，《青海社会科学》2013年第1期。

5047 郭守涛：《西域宗教文化与艺术设计》，《学理论》2013年第18期。

5048 谢增虎：《生与死：敦煌宗教哲学的独特观照》，《甘肃社会科学》2014年第2期。

5049 陈水德：《泉州外来宗教文化的传播》，《黎明职业大学学报》2014年第4期。

5050 杨富学、彭晓静：《丝绸之路与宗教文化的传播交融》，《中原文化研究》2014年第5期。

5051 才吾加甫:《丝绸之路上的古代宗教》,《丝绸之路》2014年第12期。

5052 薛小梅、王晓芬:《丝绸之路上的宗教文化接触》,《丝绸之路》2014年第18期。

5053 侯明明:《丝绸之路与吐鲁番宗教文化的传播融合》,《商》2014年第48期。

5054 郭益海:《中国历代政权治理新疆时期宗教政策特点研究》,《实事求是》2015年第1期。

5055 卓新平:《丝绸之路的宗教之魂》,《世界宗教文化》2015年第1期。

5056 帕提曼·穆明:《高昌回鹘国多元宗教共生并存格局及其历史启示》,《和田师范专科学校学报》2015年第2期。

5057 陈淑霞:《慧超行纪所见丝路沿线宗教状况考析》,《石河子大学学报(哲学社会科学版)》2015年第3期。

5058 张泽洪、焦丽锋:《丝绸之路河南道多元宗教文化传播研究》,《世界宗教文化》2015年第6期。

5059 李琼:《丝路构建背景下宗教语言价值的探究》,《新西部(下旬刊)》2015年第8期。

5060 吕建福:《丝路上宗教交流的历史经验》,《中国宗教》2015年第11期。

5061 卞程秀、廖永林、李先敏:《近代以来儒学宗教化路径中的西方范式与中国问题》,《宁夏社会科学》2016年第6期。

5062 李琼:《宗教语言在我国古代西北地区的传播透视》,《甘肃广播电视大学学报》2016年第6期。

5063 李志鹏:《交流碰撞与交汇融合——西域货币上隐含的宗教文化信息》,《决策与信息(下旬刊)》2016年第10期。

5064 王思杰:《"海上丝绸之路"视域下的宋元泉州与宗教共生》,《宁夏社会科学》2017年第6期。

佛　教

佛教史

5065 夏鼐:《敦煌千佛洞的历史和宝藏——敦煌考古漫记的一章》,《考古通讯》1956年第4期。

5066 孙修身:《从〈张骞出使西域图〉谈佛教的东渐》,《敦煌学辑刊》1981年。

5067 阎丽川：《我国早期佛教艺术的民族化》，《西安美院学报》1982年第2期。

5068 杜斗城：《魏晋南北朝时代河西僧人的西行与南下》，《西北民族大学学报（哲学社会科学版）》1982年第4期。

5069 黄惠焜：《佛教中唐入滇考》，《云南社会科学》1982年第6期。

5070 李泰玉：《新疆佛教由盛转衰和伊斯兰教兴起的历史根源》，《新疆社会科学》1983年第1期。

5071 吴焯：《从考古遗存看佛教传入西域的时间》，《敦煌学辑刊》1985年第2期。

5072 买买提·木沙、朱英荣、张铁山：《古代库车的佛教与佛教遗址》，《新疆大学学报（哲学社会科学版）》1985年第2期。

5073 董玉祥、杜斗城：《北凉佛教与河西诸石窟的关系》，《敦煌研究》1986年第1期。

5074 武守志：《五凉佛教史简议》，《西北师大学报（社会科学版）》1987年第1期。

5075 温玉成：《五台山与蒙元时代的佛教》，《五台山研究》1987年第5期。

5076 韩国磐：《魏晋南北朝时寺院地主阶级的形成与发展》，《中国社会经济史研究》1988年第1期。

5077 阎万钧：《大月氏的佛教》，《敦煌学辑刊》1988年增刊第1期。

5078 葛根高娃：《简论佛教的中国化》，《内蒙古社会科学（文史哲版）》1989年第1期。

5079 顾国荣：《佛教在辽朝的流布及其影响》，《昭乌达蒙族师专学报（哲学社会科学版）》1989年第1期。

5080 孙斌：《于阗佛教初探》，《新疆地方志》1989年第2期。

5081 李吟屏：《于阗佛教兴衰史述略》，《喀什师范学院学报》1989年第6期。

5082 冯铁健：《五台山与斯里兰卡佛教》，《五台山研究》1990年第4期。

5083 宫静：《五至七世纪中叶西域佛教之变迁》，《南亚研究》1990年第4期。

5084 曹旅宁：《佛教与岭南》，《学术研究》1990年第5期。

5085 杨耀坤：《苻坚、姚兴与佛教》，《社会科学战线》1991年第2期。

5086 杨东野：《略论西域佛教对徐海地区的影响》，《西域研究》1991年第4期。

5087 陈世良：《关于佛教初传龟兹》，《西域研究》1991年第4期。

5088 曹旅宁：《古代湖南佛教的传播及发展》，《求索》1992年第1期。

5089 常青：《汉魏两晋南北朝时期长安佛教与丝绸之路上的石窟遗迹》，《文博》1992年第2期。

5090 蓝勇：《魏晋南北朝隋唐佛教传播与"西南丝路"》，《西南师范大学学报（人文社会科学版）》1992年第2期。

5091 李刚：《佛教海路传入中国论》，《东南文化》1992 年第 5 期。

5092 刘元春：《佛教初传西域新论》，《法音》1992 年第 6 期。

5093 尕藏加：《吐蕃佛教与西域》，《西藏研究》1993 年第 1 期。

5094 尕藏加：《藏文文献中所见西域佛教之比较研究》，《敦煌学辑刊》1993 年第 2 期。

5095 王邦维：《峨眉山继业三藏西域行程略笺释》，《南亚研究》1993 年第 2 期。

5096 王治新：《汉晋佛教比较研究》，《重庆师院学报（哲学社会科学版）》1994 年第 2 期。

5097 吴焯：《关中早期佛教传播史料钩稽》，《中国史研究》1994 年第 4 期。

5098 何满子：《休屠王金人非佛像辨》，《书城》1994 年第 9 期。

5099 黄心川：《韩国佛教的发展过程及其与中国的双向交流》，《中国文化研究》1995 年第 1 期。

5100 吴廷璆、郑彭年：《佛教海上传入中国之研究》，《历史研究》1995 年第 2 期。

5101 杨德聪：《"阿嵯耶"辨识》，《云南民族学院学报（哲学社会科学版）》1995 年第 4 期。

5102 范家伟：《六朝时期佛教在岭南地区的传播》，《佛学研究》1995 年。

5103 阎万钧：《于阗与龟兹佛教之兴衰》，《北京图书馆馆刊》1998 年第 3 期。

5104 陶喻之：《张骞政治外交与佛教关系刍论》，《汉中师范学院学报（社会科学版）》1998 年第 4 期。

5105 汪保全：《略论六世纪政治形势对天水佛教文化发展的影响》，《天水师专学报》1999 年第 4 期。

5106 郑建明：《关于元代西僧的两个问题》，《宜春师专学报》1999 年第 6 期。

5107 张晓华：《对佛教初传中国内地的时间及路线的再考察》，《史学集刊》2001 年第 1 期。

5108 姚崇新：《吐谷浑佛教论考》，《敦煌研究》2001 年第 1 期。

5109 殷力欣：《唐僧玄奘记录巴米扬大佛》，《科技文萃》2001 年第 7 期。

5110 温玉成、刘建华：《佛教考古两得》，《佛学研究》2002 年第 1 期。

5111 陈寒：《略论鸠摩罗什时代的龟兹佛教》，《西北大学学报（哲学社会科学版）》2002 年第 1 期。

5112 项一峰：《试论天水与四川佛教石窟之关系》，《敦煌学辑刊》2002 年第 2 期。

5113 宋晓梅：《从考古遗存引发关于南北两路佛教初传问题的思考》，《西域研究》2003 年第 2 期。

5114 杨文：《佛教在我国传入发展过程中战争的作用》，《甘肃高师学报》2003 年第 3 期。

5115 才吾加甫：《魏晋南北朝时期的西域喀什及其他诸地佛教》，《新疆师范大学学报（哲学社会科学版）》2003年第4期。

5116 陈寒：《东晋南北朝时期印度来华僧人与汉地佛教》，《人文杂志》2004年第1期。

5117 才吾加甫：《汉代佛教传入西域诸地考》，《新疆师范大学学报（哲学社会科学版）》2004年第3期。

5118 薛宗正：《古代于阗与佛法初传》，《西北民族研究》2005年第2期。

5119 梅林：《昙摩毗与"昙摩蜱"名实辨——附说敦煌法良禅师及其相关问题》，《敦煌研究》2005年第3期。

5120 孙尚勇：《论〈大唐西域记〉所载之佛本生窣堵波》，《西域研究》2005年第4期。

5121 介永强：《我国西北地区佛教文化重心的历史变迁》，《陕西师范大学学报（哲学社会科学版）》2005年第5期。

5122 陈爱峰、杨富学：《西夏与辽金间的佛教关系》，《西夏学》第1辑，银川：宁夏人民出版社，2006年。

5123 沈卫荣：《重构十一至十四世纪的西域佛教史——基于俄藏黑水城汉文佛教文书的探讨》，《历史研究》2006年第5期。

5124 夏雷鸣：《从佉卢文文书看鄯善国佛教的世俗化》，《新疆社会科学》2006年第6期。

5125 陈保亚：《陆路佛教传播路线西南转向与茶马古道的兴起》，《云南民族大学学报（哲学社会科学版）》2007年第1期。

5126 赵学东、杨富学：《佛教与甘州回鹘之外交》，《敦煌研究》2007年第3期。

5127 罗会光、秀梅：《玄奘视野中的龟兹佛国——〈大唐西域记·屈支国〉析读》，《塔里木大学学报》2007年第3期。

5128 季爱民：《唐代西州僧尼的社会生活》，《西域研究》2007年第4期。

5129 李国平、王璐：《藏传佛光辉映下的卫拉特蒙古民间精神空间》，《伊犁师范学院学报（社会科学版）》2008年第1期。

5130 班玛更珠：《论藏传佛教与西域佛教的早期联系》，《康定民族师范高等专科学校学报》2008年第1期。

5131 郑亮：《汉唐中原西向求法对西域文化的影响》，《新疆社科论坛》2008年第1期。

5132 许娜、赵学东：《档案文献中的鄯善国佛教戒律研究初探》，《档案》2008年第2期。

5133 高凯：《从人口性比例和疾病状况看西域在汉晋时期佛教东渐中的作用》，《史林》2008 年第 6 期。

5134 罗会光、王振磊、秀梅：《论龟兹佛教的社会功能》，《塔里木大学学报》2009 年第 1 期。

5135 陈爱峰、杨富学：《西夏印度佛教关系考》，《宁夏社会科学》2009 年第 2 期。

5136 孙梦：《唐太宗与玄奘译经事业考》，《辽宁工业大学学报（社会科学版）》2009 年第 4 期。

5137 龙显昭：《巴蜀佛教的传播、发展及其动因试析》，《西华大学学报（哲学社会科学版）》2009 年第 6 期。

5138 郭盛：《青海"河南道"佛教传播源流考释》，《青海师范大学学报（哲学社会科学版）》2010 年第 1 期。

5139 孙娟：《浅议唐代赤山法华院在三国交流中的作用》，《延边教育学院学报》2010 年第 1 期。

5140 赵晓芳：《论唐朝对西州佛教的管理》，《西域研究》2010 年第 4 期。

5141 张付新：《从于阗佛国看佛教东传》，《前沿》2010 年第 5 期。

5142 王胜：《对塔里木盆地佛教初传的思考》，《昌吉学院学报》2011 年第 1 期。

5143 思和：《法显〈佛国记〉所载西、北天竺诸国佛教情况考析》，《佛学研究》2011 年第 1 期。

5144 田峰：《于阗文化考释——以〈大唐西域记〉中的佛国瞿萨旦那为例》，《伊犁师范学院学报（社会科学版）》2011 年第 2 期。

5145 魏郭辉：《唐五代宋初灵州佛教发展考略》，《陇东学院学报》2011 年第 3 期。

5146 才吾加甫：《藏文文献所见于阗佛教》，《西域研究》2011 年第 4 期。

5147 屈大成：《曹魏佛教流传考》，《五台山研究》2011 年第 4 期。

5148 张海娟、杨富学：《蒙古豳王家族与河西西域佛教》，《敦煌学辑刊》2011 年第 4 期。

5149 周菁葆：《丝绸之路与龟兹佛教》，《丝绸之路》2011 年第 22 期。

5150 张云江：《试论唐代西域求法僧侣的求法动机及其"宗教生存困境"》，《宗教与民族》第 7 辑，北京：宗教文化出版社，2012 年。

5151 陈洪波：《古代佛教入华的岭南交广海路及其影响》，《广西民族师范学院学报》2012 年第 1 期。

5152 郭胜利：《明朝吐鲁番僧纲司考》，《青海民族大学学报（社会科学版）》2012 年第 1 期。

5153 陈晓露：《大佛像源流刍议》，《敦煌研究》2012 年第 3 期。

5154 蒋莉：《十六国时期关中的僧侣移民》，《华夏文化》2012 年第 4 期。

5155 魏文斌：《汉至北魏秦州佛教史料与麦积山石窟（一）》，《敦煌学辑刊》2013 年第 1 期。

5156 冯敏：《中古时期沿丝绸之路入华佛教僧侣译经活动考述》，《广西师范大学学报（哲学社会科学版）》2013 年第 1 期。

5157 史坤：《关于〈汉书·西域传〉中为何不载佛教问题的思考》，《群文天地》2013 年第 2 期。

5158 魏文斌：《汉至北魏秦州佛教史料与麦积山石窟（二）》，《敦煌学辑刊》2013 年第 2 期。

5159 霍旭初：《古代佛僧"帛"姓考辩》，《西域研究》2013 年第 3 期。

5160 杨富学、徐烨：《佉卢文文书所见鄯善国之佛教》，《五台山研究》2013 年第 3 期。

5161 高人雄：《两晋南北朝河西僧人西行及河西的译经活动》，《新疆大学学报（哲学·人文社会科学版）》2013 年第 5 期。

5162 程爱民：《试论五凉时期凉州佛教对中国佛教的影响》，《丝绸之路》2013 年第 16 期。

5163 霍克功：《元代北京佛道关系研究》，《佛学研究》2014 年第 1 期。

5164 杨维中：《佛教传入中土的三条路线再议》，《中国文化研究》2014 年第 4 期。

5165 王宏谋：《贵霜帝国时期的佛教东渐与文化交流》，《中国文化研究》2014 年第 4 期。

5166 姚潇鸫：《试论汉唐时期商人在佛教东传中土过程中的作用》，《史林》2014 年第 5 期。

5167 陈艳玲：《略论无遮大会的传入及其变化——以萧梁、李唐为中心》，《历史教学问题》2014 年第 5 期。

5168 郑学檬：《印度佛教向东而非向西传播的原因——东西方文化差异的一个案例》，《文史哲》2014 年第 6 期。

5169 张付新、张云：《从高昌佛教看玄奘西行及其历史作用》，《绥化学院学报》2014 年第 12 期。

5170 王启元：《"取经"意象与明代佛教》，《佛学研究》2015 年第 1 期。

5171 李乃贤、潘俊杰：《浅谈佛教在梧州的传播及发展》，《梧州学院学报》2015 年第 1 期。

5172 丹曲：《试论藏传佛教在甘肃地区的传播（一）》，《西藏研究》2015 年第 1 期。

5173 丹曲：《试论藏传佛教在甘肃地区的传播（二）》，《西藏研究》2015 年第 2 期。

5174 刘洁:《试论竺夏在佛教东传过程中的重要作用》,《湖南科技学院学报》2015年第2期。

5175 胡克森:《佛教初传中国的途径讨论》,《邵阳学院学报(社会科学版)》2015年第3期。

5176 黄剑华:《汉唐时期的西行取经与佛典汉译》,《地方文化研究》2015年第3期。

5177 王欣:《汉唐时期的西域佛教及其东传路径》,《中国历史地理论丛》2015年第3期。

5178 宋立彬:《试论武威在中国佛教传播过程中的地位及其贡献》,《丝绸之路》2015年第4期。

5179 张如柏、张玉玉、张善云、刘天祐、杨庆、林缪迅:《对佛教起源的再思考——佛教:从中国传到印度经中亚、中国汉代西域再回到中国(内地)》,《成都理工大学学报(社会科学版)》2016年第1期。

5180 彭瑞花:《菩萨戒东传日本研究》,《五台山研究》2016年第1期。

5181 求芝蓉、马晓林:《安藏家族人名考——兼论13世纪回鹘佛教徒的汉文化修养》,《西域研究》2016年第2期。

5182 刘正刚、王熳丽:《汉唐海上丝绸之路与佛教传播》,《韶关学院学报》2016年第3期。

5183 双宝、那仁毕力格:《论北方草原民族在佛教文化东传过程中的历史作用》,《西部蒙古论坛》2016年第3期。

5184 朱丽双:《佛教初传于阗研究——以〈日藏经·护塔品〉为中心》,《文史》2016年第4期。

5185 刘林魁:《魏晋南北朝时期的海路佛教传播》,《宝鸡文理学院学报(社会科学版)》2016年第4期。

5186 张唐彪:《古代丝绸之路行旅佛教徒的新闻传播活动》,《新闻界》2016年第4期。

5187 张重洲:《吐鲁番地区尼僧初探——以高昌国及唐西州为例》,《甘肃广播电视大学学报》2016年第5期。

5188 王荣国:《福建古代佛教与"海上丝绸之路"》,《福建史志》2016年第5期。

5189 刘再聪:《"知性"相通:敦煌与佛教的中国化》,《历史教学(下半月刊)》2016年第10期。

5190 何欢欢:《"陈那"名讳考》,《文史》2017年第1期。

5191 才吾加甫:《丝绸古道上的柔然佛教研究》,《青海民族大学学报(社会科学版)》2017年第1期。

5192 姚胜：《明代吐鲁番佛教的衰亡》，《国际汉学》2017年第2期。

5193 郭益海：《西域佛教衰落原因新探》，《实事求是》2017年第2期。

5194 黄崑威：《北魏平城佛教与草原丝绸之路略论》，《法音》2017年第3期。

5195 张爽：《从平城到洛阳：北魏丝绸贸易与佛教兴盛关系略论》，《四川师范大学学报（社会科学版）》2017年第3期。

5196 李广志：《"海上丝绸之路"上的日本僧人足迹》，《书屋》2017年第5期。

5197 袁志伟：《丝绸之路上的宗教思想与文化认同——以契丹、党项、回鹘佛教为中心》，《求索》2017年第5期。

5198 宗性：《早期巴蜀佛教与丝绸之路》，《中华文化论坛》2017年第5期。

5199 赵徽弘：《佛教传入对西域认知的影响》，《新疆大学学报（哲学·人文社会科学版）》2017年第6期。

5200 王蕊：《魏晋南北朝佛教的播迁与东西丝路的连通》，《东岳论丛》2017年第7期。

5201 苏嘉雨：《浅析魏晋玄学对佛学的影响及合流》，《文存阅刊》2017年第17期。

佛教宗派

5202 华山：《法相宗和玄奘的唯识思想批判》，《山东大学学报（历史版）》1962年增刊第4期。

5203 季羡林：《关于大乘上座部的问题》，《中国社会科学》1981年第5期。

5204 杜继文：《中国佛教的多民族性与诸宗派的个性》，《中国社会科学》1990年第6期。

5205 任宜敏：《普应国师禅学思想析论》，《浙江学刊》2001年第4期。

5206 秀梅：《论藏传佛教对卫拉特蒙古人生礼仪的影响》，《塔里木大学学报》2006年第3期。

5207 才吾加甫：《元明时期的新疆藏传佛教》，《西域研究》2007年第3期。

5208 刘欣荣：《摩诃衍那禅思想的特点及其在西藏的传播》，《西藏民族学院学报（哲学社会科学版）》2007年第5期。

5209 任平山：《说一切有部的弥勒观》，《西域研究》2008年第2期。

5210 内玛才让：《新疆藏传佛教名刹圣佑寺研究》，《甘肃高师学报》2009年第6期。

5211 宋立道：《隋唐时期净土教关注的几个理论问题——五篇早期中国净土论著的比较》，《佛学研究》2010年第1期。

5212 张敬全：《西域净土信仰向中原净土宗转变的原因探析》，《西部大开发（中旬刊）》2010 年第 5 期。

5213 胡方艳、曹生龙：《伊犁藏传佛教寺院考述》，《西藏研究》2010 年第 5 期。

5214 李智君：《五凉时期河陇禅法在东晋南朝的传播》，《学术月刊》2010 年第 10 期。

5215 沈卫荣、安海燕：《明代汉译藏传密教文献和西域僧团——兼谈汉藏佛教史研究的语文学方法》，《清华大学学报（哲学社会科学版）》2011 年第 2 期。

5216 吐娜：《民国时期南路土尔扈特、和硕特部的黄教》，《西域研究》2011 年第 3 期。

5217 程狄：《试论敦煌的密教形象》，《书画世界》2011 年第 3 期。

5218 沈卫荣：《文本对勘与历史建构：藏传佛教于西域和中原传播历史研究导论》，《文史》2013 年第 4 期。

5219 崔晓晨：《试论朝阳地区汉传佛教与藏传佛教的融合》，《辽宁省博物馆馆刊》，沈阳：辽海出版社，2015 年。

5220 吐尔逊·卡地尔：《西域佛教和藏传佛教的关系》，《科学与财富》2015 年第 12 期。

5221 吕建福：《密教大毗卢遮那佛法身观的形成》，《青海民族大学学报（社会科学版）》2016 年第 4 期。

5222 巴图·克惕诺娃著，达丽译：《昂嘉恩喇嘛与密教在卡尔梅克蒙古中的发展》，《西部蒙古论坛》2016 年第 4 期。

5223 彭瑞花：《论大乘戒及密教菩提心戒在中国的形成》，《世界宗教研究》2017 年第 6 期。

5224 张泽洪、廖玲：《南方丝绸之路阿吒力教研究——以南诏大理国时期为中心》，《思想战线》2018 年第 2 期。

佛教信仰

5225 普慧：《略论弥勒、弥陀净土信仰之兴起》，《中国文化研究》2006 年第 4 期。

5226 王力：《伏尔加河流域土尔扈特蒙古进藏朝拜活动考述》，《西域研究》2009 年第 2 期。

5227 贾发义：《弥陀净土信仰与中西文化交流》，《全球史评论》第 3 辑，北京：中国社会科学出版社，2010 年。

5228 马格侠、沈建纲：《唐代陇右东部地区佛教信仰研究》，《天水师范学院学报》2011 年第 3 期。

5229 江婷婷：《中古时期"佛忏"的产生嬗变及对中土文化的影响》，《哈尔滨工业大学学报（社会科学版）》2012 年第 6 期。

5230 圣凯：《六朝佛教礼忏仪的形成》，《中国文化》2013 年第 2 期。

5231 田峰：《于阗毗沙门天王信仰研究》，《西北民族大学学报（哲学社会科学版）》2013 年第 4 期。

5232 杨富学、樊丽沙：《西夏弥勒信仰及相关问题》，《内蒙古社会科学》2013 年第 5 期。

5233 卜小翠：《浅议隋唐时期北石窟寺阿弥陀信仰流行趋向》，《丝绸之路》2013 年第 22 期。

5234 赵丽云：《唐代西方宝主说》，《兰台世界》2013 年第 27 期。

5235 廖旸：《经咒·尊神·象征——对白伞盖信仰多层面的解析》，《形象史学研究》2014，北京：人民出版社，2014 年。

5236 叶舒宪、公维军：《从玉教到佛教——本土信仰与外来信仰的置换研究之一》，《民族艺术》2015 年第 4 期。

5237 张书彬：《神圣空间的建构与复制——以中古时期"文殊—五台山"信仰在东亚的传播为中心》，《美术学报》2015 年第 6 期。

5238 叶舒宪：《从玉石之路到佛像之路——本土信仰与外来信仰的置换研究之二》，《民族艺术》2015 年第 6 期。

5239 栾睿：《从授记到结构化——佛菩萨信仰的演化——以于阗佛菩萨信仰为例》，《西域研究》2016 年第 1 期。

5240 张海娟、杨富学：《论裕固族藏传佛教信仰的形成》，《中国藏学》2016 年第 3 期。

5241 张敬全：《试析弥勒信仰在西域佛教中的地位》，《陕西教育（高教）》2016 年第 9 期。

5242 冯敏：《唐代沿"丝绸之路"入华粟特人的文化认同与佛教信仰》，《法音》2017 年第 2 期。

5243 黄凯、刘世超：《〈大唐西域记〉中的佛足迹石崇拜》，《五台山研究》2018 年第 1 期。

5244 夏德美：《〈佛国记〉所载弥勒信仰考论》，《东方论坛》2018 年第 1 期。

佛教文献

5245 马祖毅：《中国翻译史话——我国的佛经翻译》，《安徽大学学报》1978 年第 1 期。

5246 张育英：《牟子、牟融与〈理惑论〉》，《河北师范大学学报（哲学社会科学版）》1983 年第 2 期。

5247 黄文焕：《吐蕃经卷里的数码研究》，《敦煌学辑刊》1986 年第 1 期。

5248 周志培、李学经：《佛经翻译概述》，《河南师范大学学报（哲学社会科学版）》1986 年第 1 期。

5249 阿罗：《漫说中国佛经的翻译》，《文史杂志》1986 年第 3 期。

5250 俞理明：《汉魏六朝佛经在汉语研究中的价值》，《四川大学学报（哲学社会科学版）》1987 年第 4 期。

5251 季羡林、王邦维：《义净和他的〈南海寄归内法传〉》，《文献》1989 年第 1 期。

5252 段晴：《于阗语〈出生无边门陀罗尼经〉残片释读》，《西域研究》1993 年第 2 期。

5253 宋肃瀛：《魏晋时期西域高僧对汉译佛典的贡献》，《西域研究》1994 年第 4 期。

5254 王惠民：《关于〈天请问经〉和天请问经变的几个问题》，《敦煌研究》1994 年第 4 期。

5255 方广锠、许培玲：《敦煌遗书中的佛教文献及其价值》，《西域研究》1996 年第 1 期。

5256 王惠民：《〈董保德功德记〉与隋代敦煌崇教寺舍利塔》，《敦煌研究》1997 年第 3 期。

5257 彭海：《汉语佛经中华夏国称的两大音系——"震旦"与"脂那"》，《西北史地》1998 年第 1 期。

5258 鲜于煌：《日本圆仁〈入唐求法巡礼行记〉对中国历史记载的重要贡献》，《重庆大学学报（社会科学版）》2000 年第 1 期。

5259 陈明：《〈四百赞〉：丝绸之路被湮没的佛教赞歌》，《南亚研究》2003 年第 1 期。

5260 周贵华：《从〈婆薮盘豆法师传〉等看瑜伽行派三大师唯识著述的流出分期》，《中国文化研究》2003 年第 4 期。

5261 张铁山：《〈阿含经〉在回鹘人中的传译及其社会历史原因》，《西域研究》2003 年第 4 期。

5262 李树辉：《S.6551 讲经文写作年代及相关史事考辨》，《敦煌研究》2003 年第 5 期。

5263 杨共乐：《〈普曜经〉中的"大秦书"考》，《北京师范大学学报（社会科学版）》2004 年第 1 期。

5264 董艳秋：《〈佛说阿弥陀经讲经文〉写作时代考》，《敦煌研究》2004 年第 1 期。

5265 介永强：《中古时期西北佛教译经文化区域考论》，《中国历史地理论丛》2004

年第 4 期。

5266　高列过：《东汉佛经的特殊语言现象及成因》，《西域研究》2005 年第 1 期。

5267　孙尚勇：《论佛教经典的戏剧背景——以〈央掘魔罗经〉为例》，《四川大学学报（哲学社会科学版）》2005 年第 3 期。

5268　王玉娟：《义净与〈大唐西域求法高僧传〉》，《山东图书馆季刊》2005 年第 3 期。

5269　王菡薇：《作为书法作品的陈写本〈生经〉——敦煌〈佛说生经〉残卷（P.2965）的探索途径》，《新美术》第六期，杭州：中国美术学院出版社，2009 年。

5270　赵红：《南师大文学院藏 03 号〈妙法莲华经〉卷第三研究与校勘》，《西域研究》2009 年第 1 期。

5271　高列过：《中古汉译佛经比喻与三则成语溯源》，《西域研究》2009 年第 4 期。

5272　陈信雄：《法显〈佛国记〉与中外文明交流——标志中国与印度陆、海两通的千古巨碑》，《国际汉学》第 20 辑，郑州：大象出版社，2010 年。

5273　刘卫英：《明清小说中的喷火兽母题佛经来源及其异国情调》，《东疆学刊》2010 年第 1 期。

5274　耿世民：《西域佛教及胡语佛教文献》，《中国佛学》总第 32 期，北京：社会科学文献出版社，2012 年。

5275　高人雄：《初译与再译的文学切磋——佛经传译中的胡汉文化合流二论》，《西域研究》2012 年第 2 期。

5276　庆昭蓉：《库车出土文书所见粟特佛教徒》，《西域研究》2012 年第 2 期。

5277　杜斗城、任曜新：《鲍威尔写本〈孔雀王咒经〉与龟兹密教》，《世界宗教研究》2012 年第 2 期。

5278　司志武：《汉文佛典中兔本生故事研究》，《齐齐哈尔大学学报（哲学社会科学版）》2012 年第 3 期。

5279　彭建华：《论早期汉译佛典的来源地（上）》，《许昌学院学报》2013 年第 6 期。

5280　彭建华：《论早期汉译佛典的来源地（下）》，《许昌学院学报》2014 年第 1 期。

5281　董晓萍：《〈大唐西域记〉的民俗学研究：佛典文献与口头故事》，《民俗典籍文字研究》2014 年第 2 期。

5282　彭杰：《略论柏孜克里克石窟新发现的汉文〈金刚经〉残卷》，《新疆大学学报（哲学·人文社会科学版）》2015 年第 1 期。

5283　范慕尤：《从梵汉对勘看鸠摩罗什译〈金刚经〉》，《西域研究》2015 年第 1 期。

5284　郭静娜、杜斗城：《昙曜与〈方便心论〉》，《山西大同大学学报（社会科学版）》2015 年第 1 期。

5285 康耀仁：《〈金刚三藏像〉考略》，《中国美术》2015年第2期。

5286 范晶晶：《佛教官方译场与中古的外交事业》，《世界宗教研究》2015年第3期。

5287 周珩帮：《作为资源、职业和信仰的佛经抄写——吐蕃统治时期敦煌汉文写经的模式与社会文化动因》，《西北民族大学学报（哲学社会科学版）》2015年第5期。

5288 高人雄：《康僧铠所译〈佛说无量寿经〉的文学性》，《兰州学刊》2015年第11期。

5289 史飞翔：《丝绸之路视域下的长安佛经翻译活动》，《钟山风雨》2016年第1期。

5290 马振颖、郑炳林：《英藏黑水城文献〈天地八阳神咒经〉拼接及研究》，《敦煌学辑刊》2016年第2期。

5291 冯相磊：《〈大唐西域求法高僧传〉探微》，《兰台世界》2016年第3期。

5292 霍旭初：《鸠摩罗什〈赠沙门法和〉偈颂辩正》，《西域研究》2016年第3期。

5293 陈明：《佛教譬喻故事"略要本"在西域和敦煌的流传——以敦研256号写卷为例》，《文史》2016年第4期。

5294 康振栋：《竺法护翻译佛经的原典是否梵经》，《辽宁师范大学学报（社会科学版）》2016年第4期。

5295 高人雄、唐星：《〈维摩诘经〉的戏剧性》，《西域研究》2016年第4期。

5296 元文广：《从语言学角度考证〈四十二章经〉的成书年代》，《图书馆学研究》2016年第10期。

5297 张炎：《俄藏敦煌本〈灌顶拔除过罪生死得度经〉残卷缀合研究》，《古籍研究》第一期，合肥：安徽大学出版社，2017年。

5298 阳清、刘静：《六朝佛教行记文献十种叙录》，《大学图书馆学报》2017年第1期。

5299 杨德春：《汉译佛经的源语言、语言性质与汉语分期》，《长沙民政职业技术学院学报》2017年第3期。

5300 杨德春：《汉译佛经语言性质及相关问题》，《广播电视大学学报（哲学社会科学版）》2017年第3期。

5301 杨德春：《汉译佛经源语言、语言性质与汉语分期问题研究》，《连云港职业技术学院学报》2017年第3期。

5302 杨德春：《佛教早期语言策略与早期汉译佛经的来源》，《殷都学刊》2017年第4期。

5303 王邦维：《再谈敦煌写卷P.2001号：学术史与〈大唐西域求法高僧传〉的书名》，《清华大学学报（哲学社会科学版）》2017年第5期。

5304 杨德春：《佛教早期语言策略与早期汉译佛经的来源》，《四川职业技术学院学报》2017 年第 6 期。

5305 杨德春：《汉译佛经的源语言、语言性质与汉语分期》，《商丘职业技术学院学报》2017 年第 6 期。

5306 杨德春：《佛教早期的语言策略与早期汉译佛经的源语言》，《河西学院学报》2018 年第 1 期。

佛教人物

5307 方循：《唐玄奘和他的"大唐西域记"》，《历史教学》1957 年第 4 期。

5308 周连宽：《关于玄奘从跋禄迦国至赭时国的一段行程》，《中山大学学报（社会科学版）》1962 年第 4 期。

5309 殷鼎：《略论鸠摩罗什》，《新疆大学学报（哲学社会科学版）》1980 年第 2 期。

5310 苏晋仁：《道安法师在佛典翻译上的贡献》，《法音》1985 年第 4 期。

5311 顾吉辰：《北宋蕃僧考实》，《史学集刊》1987 年第 1 期。

5312 顾吉辰：《北宋蕃僧考实（续）》，《史学集刊》1987 年第 2 期。

5313 刘进宝：《法显西行述论》，《社会科学》1987 年第 5 期。

5314 骊珠赓：《释迦牟尼正义直探》，《社会科学》1988 年第 1 期。

5315 胡戟：《龟兹名僧鸠摩罗什传》，《敦煌学辑刊》1991 年第 1 期。

5316 邓锐龄：《明初使藏僧人克新事迹考》，《中国藏学》1992 年第 1 期。

5317 卓建明：《试论义净在唐朝和南海诸国关系史上的作用和地位》，《世界历史》1992 年第 6 期。

5318 牟钟鉴：《鸠摩罗什与姚兴》，《世界宗教研究》1994 年第 2 期。

5319 黄夏年：《著名翻译家鸠摩罗什》，《世界宗教文化》1995 年第 2 期。

5320 杜斗城、杨富学：《唐玄奘的理想》，《宗教学研究》1999 年第 4 期。

5321 罗志英：《鸠摩罗什在长安》，《文献》2001 年第 1 期。

5322 向世山：《梁初入蜀的康居国僧释明达》，《文史杂志》2001 年第 6 期。

5323 杨国学、朱瑜章：《玄奘取经与〈西游记〉"遗迹"现象透视》，《河西学院学报》2004 年第 6 期。

5324 张虹萍：《开创对外文化交流的第一汉僧——朱士行》，《烟台师范学院学报（哲学社会科学版）》2005 年第 2 期。

5325 广中智之：《慧超所见于阗大乘佛教的戒律》，《敦煌学辑刊》2005 年第 4 期。

5326 谭世宝：《略论慧能对玄奘中国本位思想的继承与发展》，《学术研究》2006 年第 11 期。

5327 刘元春：《玄奘与西域佛教》，《西南民族大学学报（人文社会科学版）》2007 年第 1 期。

5328 王璐、秀梅：《法显与中印文化交流》，《塔里木大学学报》2008 年第 1 期。

5329 介永强：《唐代胡僧考源》，《暨南史学》第 6 辑，广州：暨南大学出版社，2009 年。

5330 谭继和：《唐僧玄奘与巴蜀文化》，《西南民族大学学报（人文社会科学版）》2010 年第 5 期。

5331 张体勇：《鉴真东渡与日僧西行——以〈东征传〉与〈天平之甍〉中的人物形象为中心》，《济南大学学报（社会科学版）》2010 年第 6 期。

5332 项一峰：《丝绸之路佛教大师鸠摩罗什传教小议》，《丝绸之路》2010 年第 12 期。

5333 杜镇：《从〈高僧传〉看北朝僧人参政现象》，《华夏文化》2011 年第 3 期。

5334 薛克翘：《〈酉阳杂俎〉所记玄奘与〈西域记〉诸事》，《大连大学学报》2011 年第 6 期。

5335 彭薇、刘秀敏：《唐代西行高僧义净》，《文教资料》2011 年第 18 期。

5336 尚永琪：《从"智慧第一"到"谬充传译"——鸠摩罗什宗教生涯的理想目标与现实错位》，《中国佛学》总第 32 期，北京：社会科学文献出版社，2012 年。

5337 石云涛：《六朝时经海路往来的僧人及其佛经译介》，《许昌学院学报》2012 年第 6 期。

5338 马珂：《玄奘与阿旃陀石窟》，《艺海》2012 年第 10 期。

5339 何孝荣：《元末明初名僧宗泐事迹考》，《江西社会科学》2012 年第 12 期。

5340 拓和提·莫扎提：《关于古代西域著名少数民族佛经翻译家支谦及其贡献》，《民族翻译》2013 年第 1 期。

5341 王邦维：《法显与佛教律在汉地的传承》，《宗教学研究》2013 年第 4 期。

5342 周伟洲：《丝绸之路与唐代入竺求法新罗僧》，《西北民族论丛》第 10 辑，北京：中国社会科学出版社，2014 年。

5343 庆昭蓉：《龟兹僧利言的生平事业（上）——兼论唐人所谓"吐火罗言"》，《唐研究》2014 年第 1 期。

5344 刘学军：《佛陀跋陀罗"被摈"始末考——〈高僧传〉的书写与中古佛教僧团的社会、政治境遇》，《古典文献研究》2014 年第 1 期。

5345 金涛：《丝绸之路上的日本僧人》，《民主与科学》2014 年第 4 期。

5346 包磊、王玉：《论南北朝于法兰的山水之游及其影响》，《兰台世界》2014 年第

18 期。

5347 王鹤琴、李利安：《论玄奘对西域罗汉崇拜的考察》，《西南民族大学学报（人文社会科学版）》2015 年第 1 期。

5348 张泽洪、廖玲：《南方丝绸之路上的梵僧——以南诏梵僧赞陀崛多为中心》，《思想战线》2015 年第 3 期。

5349 陈明：《义净的律典翻译及其流传——以敦煌西域出土写卷为中心》，《文史》2015 年第 3 期。

5350 崔峰：《鸠摩罗什破戒的思想渊源与历史影响》，《中国文化研究》2015 年第 3 期。

5351 王汐：《义净与 1300 年前的南海航线》，《地图》2015 年第 3 期。

5352 张浩：《法显在丝路文化交流上的地位及意义》，《华侨大学学报（哲学社会科学版）》2015 年第 4 期。

5353 李森：《南朝时期的佛驮跋陀罗》，《黑龙江史志》2015 年第 7 期。

5354 陈楠：《唐梵新路与西域求法高僧》，《民族史研究》第 13 辑，北京：中央民族大学出版社，2016 年。

5355 清扬：《丝路上的早期译经人安世高和支娄迦谶》，《中国宗教》2016 年第 1 期。

5356 王晓农、王楠：《鸠摩罗什：丝绸之路成就的佛经翻译批评家》，《西北民族大学学报（哲学社会科学版）》2016 年第 2 期。

5357 田峰：《玄奘对西域的地理感知与生命体验》，《西北民族大学学报（哲学社会科学版）》2016 年第 2 期。

5358 清扬：《丝路上西行求法的"第一人"朱士行》，《中国宗教》2016 年第 2 期。

5359 阿依达尔·米尔卡马力：《回鹘佛经翻译家Çisuin 都统其人》，《西域研究》2016 年第 3 期。

5360 黄毓芸：《魏晋南北朝佛经译师分布考》，《四川职业技术学院学报》2016 年第 5 期。

5361 王宝坤：《前后秦时期来华僧人生平及活动考述》，《西部学刊》2016 年第 5 期。

5362 介永强：《唐代胡僧僧伽生平事迹考索》，《史学集刊》2016 年第 5 期。

5363 麻天祥：《季潭宗泐——西行求法的殿军》，《宗教学研究》2017 年第 1 期。

5364 郁龙余：《伟大玄奘对于当今世界的意义》，《湖南科技学院学报》2017 年第 1 期。

佛教文化

5365 黄盛璋：《五台山大塔院寺白塔的来源与创建新考》，《晋阳学刊》1982 年第 1 期。

5366 马化龙：《丝绸之路东段的几处佛教石窟——泾川王母宫与南、北石窟寺考察》，《西北师范大学学报（社会科学版）》1983 年第 4 期。

5367 孙机：《关于中国早期高层佛塔造型的渊源问题》，《中国历史博物馆馆刊》1984 年。

5368 罗颢：《简述佛教与中国文化相结合的历程》，《法音》1988 年第 1 期。

5369 尹清亮、杜斗城：《张掖大佛寺有关问题考述》，《敦煌学辑刊》1991 年第 2 期。

5370 张玉兰：《巴基斯坦部落地区的佛教文化古迹》，《西域研究》1991 年第 4 期。

5371 朱云宝：《丝绸之路上的佛塔》，《西域研究》1992 年第 2 期。

5372 陈忠凯：《唐长安城寺院与丝绸之路》，《文博》1992 年第 2 期。

5373 孟凡人：《库车的苏巴什佛寺遗址》，《中国边疆史地研究》1993 年第 1 期。

5374 王清廉、张和纬：《中国佛寺地域分布与选址相地说》，《河北师范大学学报（社会科学版）》1993 年第 3 期。

5375 周琦：《佛教与中外文化交流》，《东南文化》1994 年第 2 期。

5376 陈国光：《释"和尚"——兼谈中印文化交流初期西域佛教的作用》，《西域研究》1995 年第 2 期。

5377 常青：《陕西麟游县东川寺、白家河、石鼓峡的佛教遗迹》，《考古》1996 年第 1 期。

5378 黄栢权：《岭南佛教文化的特色及其传播》，《西江大学学报》1998 年第 2 期。

5379 张法：《空间形式与象征意义：佛教石窟从印度到汉地的演化》，《浙江学刊》1999 年第 1 期。

5380 张国庆：《辽代燕云地区佛教文化探论》，《民族研究》2001 年第 2 期。

5381 俞士玲：《佛教发展与西游故事之流衍》，《南京大学学报（哲学·人文科学·社会科学）》2001 年第 3 期。

5382 刘安志：《唐代龟兹白寺城初考》，《敦煌学辑刊》2002 年第 1 期。

5383 栾睿：《北庭西大寺所反映的高昌回鹘佛教特征》，《西域研究》2004 年第 1 期。

5384 杨军：《从大乘佛教向汉地的传播看中印早期文化交流的特点》，《烟台师范学院学报（哲学社会科学版）》2004 年第 4 期。

5385 彭建华：《李白与佛教—印度文化》，《中国俗文化研究》第 3 辑，成都：巴蜀书社，2005 年。

5386 松本伸之著，李云译：《丝绸之路与佛教文化》，《新疆艺术学院学报》2006 年第 1 期。

5387 陈晓露：《从八面体佛塔看犍陀罗艺术之东传》，《西域研究》2006 年第 4 期。

5388 温玉成：《西天诸神怎样来到中国》，《中原文物》2007 年第 3 期。

5389 苏玉敏：《西域的供养人、工匠与窟寺营造》，《西域研究》2007 年第 4 期。

5390 介永强：《论我国西北佛教文化格局的历史变迁》，《中国边疆史地研究》2007 年第 4 期。

5391 高人雄：《佛经传译中的胡汉文化合流》，《西域研究》2008 年第 3 期。

5392 郭绍林：《说唐代洛阳白马寺》，《河南科技大学学报（社会科学版）》2008 年第 3 期。

5393 内玛才让、才吾加甫：《论藏传佛教文化在新疆的传播》，《西藏大学学报》2009 年第 2 期。

5394 篠原典生：《脱库孜萨来佛寺伽蓝布置及分期研究》，《石窟寺研究》第 1 辑，北京：文物出版社，2010 年。

5395 程云霞：《石窟寺：丝绸之路佛教东传的路标》，《文博》2010 年第 3 期。

5396 陈晓露：《西域回字形佛寺源流考》，《考古》2010 年第 11 期。

5397 王立：《〈聊斋志异〉动物引识仙草母题的佛经文化溯源》，《齐鲁学刊》2011 年第 2 期。

5398 李琪、孙瑜：《丝绸之路中亚路段巴克特里亚艺术中的佛教成分》，《青海民族大学学报（社会科学版）》2011 年第 2 期。

5399 李静杰：《佛钵信仰与传法思想及其图像》，《敦煌研究》2011 年第 2 期。

5400 何卯平：《试论大足"十王"对敦煌"十王"的传承》，《宗教学研究》2011 年第 3 期。

5401 才吾加甫：《塔里木盆地吐蕃佛教文化研究》，《新疆师范大学学报（哲学社会科学版）》2011 年第 5 期。

5402 王康：《张掖大佛寺——玉轴函三藏 金躯卧九间——张掖大佛寺概览》，《文物鉴定与鉴赏》2011 年第 11 期。

5403 叶君明、郭纯向：《狮子与佛教同时同步入华一说之商榷》，《考试周刊》2011 年第 48 期。

5404 邓氏事：《浅谈日常生活中阿弥陀佛的活用语》，《福建论坛（人文社会科学版）》2011 年增刊第 1 期。

5405 陈晓露：《鄯善佛教与酒文化探秘》，《酒史与酒文化研究》第 1 辑，北京：社会科学文献出版社，2012 年。

5406 张万财：《唐代西域佛教寺院经济管理刍议》，《鸡西大学学报（综合版）》2012 年第 1 期。

5407 杨阳：《毗沙门天王的多级神性》，《五台山研究》2012 年第 1 期。

5408 张鹏：《毗沙门天与鼠》，《西域研究》2012 年第 1 期。

5409 石劲松、王玲秀：《炳灵寺第 171 龛唐代大佛史事钩沉》，《敦煌研究》2012 年第 4 期。

5410 何方耀：《明末清初的岭南佛寺与中外交通——以广州光孝寺和韶州南华寺为中心》，《学术研究》2012 年第 8 期。

5411 岳东：《鲁智深、小乘教及寺院葡萄园》，《忻州师范学院学报》2013 年第 1 期。

5412 陈晓露：《鄯善佛寺分期初探》，《华夏考古》2013 年第 2 期。

5413 赵娜冬、段智钧、吕学贞：《东汉至南北朝时期汉地佛寺布局论要》，《文物世界》2013 年第 3 期。

5414 杨慧玲：《浅谈佛教文化在固原的传播》，《丝绸之路》2013 年第 8 期。

5415 李光明：《金刚宝座塔与曼陀罗文化初探》，《文物建筑》第 7 辑，北京：科学出版社，2014 年。

5416 刘林魁：《从"胡"到"梵"：汉唐佛教的文化身份转变》，《世界宗教研究》2014 年第 2 期。

5417 彭杰：《唐代北庭龙兴寺营建相关问题新探——以旅顺博物馆藏北庭古城出土残碑为中心》，《西域研究》2014 年第 4 期。

5418 刘连香：《北朝佛传故事龙浴太子形象演变》，《敦煌研究》2014 年第 6 期。

5419 王慧慧：《佛传中的洗浴太子：从经文到图像的转变》，《敦煌研究》2014 年第 6 期。

5420 陈明：《三条鱼的故事——印度佛教故事在丝绸之路的传播例证》，《西域研究》2015 年第 2 期。

5421 庆昭蓉：《从 tuñe 一词看龟兹佛教之香华供养》，《西域研究》2015 年第 3 期。

5422 赵世金：《庆阳地区佛教古塔考述》，《甘肃广播电视大学学报》2015 年第 3 期。

5423 刘慧中、徐国群：《砖之莲——江西六朝时期的墓砖纹饰与佛教文化》，《南方文物》2015 年第 4 期。

5424 许圆圆：《从〈洛阳伽蓝记〉看北朝佛寺与地方文化》，《黑龙江史志》2015 年第 5 期。

5425 白凡：《公元 5—8 世纪丝绸之路对佛教文化的影响》，《丝绸之路》2015 年第 20 期。

5426 艾斯卡尔·模拉克、乌布里·买买提艾力:《丝绸之路新疆段佛塔特征研究》,《建筑学报》2015年增刊第1期。

5427 左金众:《五凉时期河西走廊上繁荣的西域佛教文化》,《吕梁学院学报》2016年第1期。

5428 彭瑞花:《丝路佛教文化的传播与跨文化道德准则的建构》,《青海社会科学》2016年第2期。

5429 龙忠:《弥勒发冠演变过程——从印度佛教初期到我国北魏时期》,《雕塑》2016年第4期。

5430 黄凯:《海上丝绸之路上的佛教文化交流——基于中古海路密教传播的考察》,《中山大学研究生学刊(人文社会科学版)》2016年第4期。

5431 李健胜、宋义岳:《丝绸之路青海道佛教文化交流功能述略》,《青海师范大学学报(哲学社会科学版)》2016年第5期。

5432 韩养民:《丝路东传的第一个宗教节——浴佛节》,《咸阳师范学院学报》2016年第5期。

5433 陈爱峰:《柏孜克里克石窟第17窟佛说大乘庄严宝王经变考释》,《敦煌研究》2016年第6期。

5434 李天、周晶:《西宁东关清真大寺——西北丝绸之路沿线文化融合的典范》,《建筑与文化》2016年第7期。

5435 薛正昌:《试论佛塔承载的多元文化——以宁夏境内佛塔为例》,《丝绸之路》2016年第14期。

5436 柴剑虹:《金塔辉煌源远流长——丝绸之路塔文化断想》,《丝绸之路》2016年第14期。

5437 才吾加甫:《丝绸之路上的新疆佛塔研究》,《丝绸之路》2016年第14期。

5438 李婷:《修梵行愿:隋代女子名号中的佛教色彩——以墓志资料为基本素材》,《乾陵文化研究》,西安:三秦出版社,2017年。

5439 仝涛:《丝绸之路上的疑似吐蕃佛塔基址——青海都兰考肖图遗址性质刍议》,《中山大学学报(社会科学版)》2017年第2期。

5440 赵思方:《浅谈北宋亲佛政策对释子文学的影响》,《中学政史地(教学指导版)》2017年第2期。

5441 陈婷婷:《早期行像考》,《美与时代(下旬刊)》2017年第2期。

5442 阳清:《唐朝佛教行记文学的时代趋向》,《云南师范大学学报(哲学社会科学版)》2017年第4期。

5443 龙忠:《弥勒大佛造型特征研究》,《遗产与保护研究》2017年第5期。

5444　王文元：《山丹大佛寺：丝绸之路上的大佛之谜》,《丝绸之路》2017年第9期。

5445　王大中：《兖州金口坝佛教残石研究》,《中国书法》2017年第13期。

5446　王少宇：《丝绸之路与儒佛文化圈的形成》,《丝绸之路》2017年第22期。

道　教

5447　王利器：《〈化胡经〉考》,《宗教学研究》1988年第1期。

5448　张泽洪：《唐代敦煌道教的传播》,《中国文化研究》2001年第1期。

5449　薛正昌：《固原道教文化的生成与变迁》,《固原师专学报》2004年第1期。

5450　杨富学：《回鹘道教杂考》,《中国道教》2004年第4期。

5451　马啸：《吐鲁番59TAM303墓所出道教符箓考释》,《西域研究》2004年第4期。

5452　周菁葆：《西域道教造型艺术》,《新疆艺术学院学报》2004年第4期。

5453　李青、高占盈：《汉唐西域道教美术史迹述论》,《西域研究》2008年第1期。

5454　郭传彩：《道教文化在新疆的传播及其保护开发问题——以乌鲁木齐西山老君庙为例》,《新疆艺术学院学报》2008年第4期。

5455　问永宁：《古回鹘文易经与道教因素之西传》,《世界宗教研究》2011年第1期。

5456　廖肇羽：《天山南北的道教宫观和遗存》,《中国道教》2013年第1期。

5457　程琦、王睿颖：《河西走廊的伏羲女娲图像与道教信仰》,《天水师范学院学报》2014年第1期。

5458　张辉辉：《试析新疆道教的发展脉络》,《塔里木大学学报》2015年第3期。

5459　衡宗亮：《古代西域道教宫观》,《世界宗教文化》2017年第4期。

5460　邹一清：《南方丝绸之路与道教在东南亚的传播》,《中华文化论坛》2017年第10期。

萨满教

5461　程适良：《〈福乐智慧〉中的萨满教痕迹》,《民族文学研究》1994年第3期。

5462　刘宾：《西域萨满论》,《西域研究》1996年第3期。

5463　陈冬季：《萨满教与古代西域氏族社会》,《昌吉师专学报》1999年第2期。

5464　色音：《萨满教与北方少数民族占卜习俗》,《西域研究》2001年第2期。

5465　仲高：《西域萨满教岩画的文化阐释》,《西域研究》2003年第1期。

5466　刘艺：《镜文化与萨满教》,《西域研究》2004年第1期。

5467　郭淑云：《萨满教天穹层次构想与神秘数字》,《西域研究》2004年第3期。

5468 阿布都力江·赛依提：《哈萨克人信仰中的萨满教遗迹》，《西域研究》2005 年第 3 期。

5469 李进新：《萨满教在新疆少数民族中的遗留》，《新疆大学学报（哲学·人文社会科学版）》2005 年第 4 期。

5470 郭淑云：《致幻药物与萨满通神体验》，《西域研究》2006 年第 3 期。

5471 文华、杨冬梅：《唐代西域"胡旋舞"与"胡腾舞"在蒙古族萨满舞蹈中的传承》，《民族教育研究》2008 年第 3 期。

5472 张湘宾：《萨满教对西域各民族影响初探》，《学理论》2011 年第 6 期。

5473 郭淑云：《中国萨满教研究特点与展望》，《西域研究》2012 年第 2 期。

5474 葛华廷：《辽代瑟瑟仪浅考》，《辽金历史与考古》第 6 辑，沈阳：辽宁教育出版社，2015 年。

摩尼教

5475 罗丰：《中亚流传中国的拜火教与摩尼教之比较研究》，《固原师专学报》1989 年第 4 期。

5476 梅村：《摩尼光佛像与摩尼教》，《文物天地》1997 年第 1 期。

5477 阿布都外力·克力木：《浅谈西域回鹘人摩尼教发展历程》，《西北民族学院学报（哲学社会科学版）》2002 年第 5 期。

5478 王媛媛：《新出汉文〈下部赞〉残片与高昌回鹘的汉人摩尼教团》，《西域研究》2005 年第 2 期。

5479 苏航：《北朝末期的萨保品位》，《西域研究》2005 年第 2 期。

5480 林悟殊：《宋元滨海地域明教非海路输入辨》，《中山大学学报（社会科学版）》2005 年第 3 期。

5481 阿依先：《从古迹看新疆摩尼教》，《世界宗教文化》2005 年第 4 期。

5482 荣新江：《西域：摩尼教最终的乐园》，《寻根》2006 年第 1 期。

5483 茨默著，王丁译：《有关摩尼教开教回鹘的一件新史料》，《敦煌学辑刊》2009 年第 3 期。

5484 林悟殊：《晋江摩尼教草庵发现始末考述》，《福建师范大学学报（哲学社会科学版）》2010 年第 1 期。

5485 买买提祖农·阿布都克力木：《试论摩尼教对鄂尔浑回鹘的影响》，《首都师范大学学报（社会科学版）》2010 年第 5 期。

5486 周青葆：《摩尼教在丝绸之路上的传播及其服饰艺术》，《浙江纺织服装职业技术学院学报》2011 年第 3 期。

5487　王媛媛：《唐大历、元和年间摩尼寺选址原因辨析》，《西域研究》2011 年第 3 期。

5488　葛承雍：《龟兹摩尼教艺术传播补正》，《西域研究》2012 年第 1 期。

5489　芮传明：《摩尼教帕提亚语赞美组诗〈胡亚达曼〉译释》，《西域研究》2012 年第 2 期。

5490　马小鹤：《摩尼"想威感波斯"——福建霞浦民间宗教文书阅读笔记》，《西域研究》2013 年第 1 期。

5491　林悟殊：《京藏摩尼经开篇结语辨释》，《西域研究》2013 年第 2 期。

5492　克林凯特著，陈瑞莲、杨富学译：《耶稣涅槃——中亚摩尼教对佛教的依托》，《河西学院学报》2013 年第 3 期。

5493　杨富学：《回鹘摩尼僧开教福建补说》，《西域研究》2013 年第 4 期。

5494　段培华：《摩尼教"四寂法身"研究》，《西域研究》2013 年第 4 期。

5495　王媛媛：《日藏"摩尼降诞图"再解读》，《西域研究》2014 年第 3 期。

5496　林悟殊：《唐代摩尼教"风"入神名考——夷教文典"风"字研究之二》，《西域研究》2014 年第 3 期。

5497　马小鹤：《日本大和文华馆藏摩尼教〈冥王圣帧〉溯源》，《欧亚学刊》第 3 辑，北京：商务印书馆，2015 年。

5498　马小鹤：《摩尼教惠明考——福建霞浦文书研究》，《西域研究》2015 年第 4 期。

5499　温浩：《浅析摩尼教以及其在回鹘的发展》，《新西部（下旬刊）》2015 年第 11 期。

5500　马小鹤：《日藏〈摩尼诞生图〉补考》，《西域研究》2016 年第 4 期。

5501　林悟殊：《霞浦抄本"土地赞"夷偈二首辨释》，《西域研究》2016 年第 4 期。

5502　吉田豊：《粟特语摩尼教文献中所见 10 至 11 世纪的粟特与高昌关系》，《中山大学学报（社会科学版）》2017 年第 5 期。

祆　教

5503　王素：《高昌火祆教论稿》，《历史研究》1986 年第 3 期。

5504　周菁葆：《西域祆教文明》，《西北民族研究》1991 年第 1 期。

5505　高永久：《西域祆教考述》，《西域研究》1995 年第 4 期。

5506　林梅村：《从考古发现看火祆教在中国的初传》，《西域研究》1996 年第 4 期。

5507　杨巨平：《虞弘墓祖祆教文化内涵试探》，《世界宗教研究》2006 年第 3 期。

5508 李进新:《祆教在新疆的传播及其地域特点》,《西域研究》2007 年第 1 期。

5509 解梅:《唐五代敦煌的祆教文化》,《社科纵横》2007 年第 12 期。

5510 周菁葆:《西域祆教艺术》,《西域研究》2010 年第 1 期。

5511 邵明杰、赵玉平:《莫高窟第 23 窟"雨中耕作图"新探——兼论唐宋之际祆教文化形态的蜕变》,《西域研究》2010 年第 2 期。

5512 孙宗贤:《凤翔发现的唐代祆教石棺床及构件相关问题浅析》,《文博》2012 年第 5 期。

5513 秦帮兴:《玄奘未记高昌祆教原因初探》,《陕西教育学院学报》2013 年第 1 期。

5514 谌璐琳:《从人到鸟神——北朝粟特人祆教祭司形象试析》,《西域研究》2013 年第 4 期。

5515 冯敏:《中古时期入华粟特人与祆教的在华传播——以固原史姓人墓地为中心》,《西北民族大学学报(哲学社会科学版)》2013 年第 6 期。

5516 马妍:《浅谈祆教在中国现代塔吉克族社会中的遗俗》,《甘肃科技》2013 年第 12 期。

5517 李瑞哲:《入华粟特人石质葬具反映的深刻意义——祆教艺术和中原礼制艺术之间的互动与交融》,《敦煌学辑刊》2014 年第 1 期。

5518 张小贵:《敦煌文书〈儿郎伟〉与祆教关系辨析》,《西域研究》2014 年第 3 期。

5519 丁杰:《中古来华粟特人墓葬中的祆教祭祀图像述略》,《学理论》2015 年第 18 期。

5520 翟战胜:《我国唐宋时期关于西域事"火祆"文献考述》,《西部考古》第 11 辑,西安:三秦出版社,2016 年。

5521 康智超:《论琐罗亚斯德教与中国"阴阳"说》,《南风》2016 年第 29 期。

基督教

5522 张伯龄:《考与〈景教碑〉有关的人和事》,《文博》1991 年第 1 期。

5523 周祯祥:《元代景教徒扫马和马可》,《西北大学学报(哲学社会科学版)》1993 年第 2 期。

5524 周祯祥:《从景教碑所镌僧寺看中西交通和基督教在中国的传布》,《文博》1993 年第 5 期。

5525 周菁葆:《西域景教文明》,《新疆师范大学学报(哲学社会科学版)》1994 年第 2 期。

5526 高永久:《西域景教考述》,《西北史地》1994 年第 3 期。

5527 刘阳：《最早的汉译景教文献与翻译中的误解误释》，《中国翻译》1994 年第 4 期。

5528 高永久：《景教的产生及其在西域的传播》，《世界宗教研究》1996 年第 3 期。

5529 杨志玖：《唐代的景教》，《历史教学》1997 年第 4 期。

5530 葛承雍：《唐代长安一个粟特家庭的景教信仰》，《历史研究》2001 年第 3 期。

5531 木拉提·黑尼亚提：《近代西方内地会传教士在新疆的活动》，《西域研究》2001 年第 4 期。

5532 木拉提·黑尼亚提：《近代新疆天主教会历史考》，《西域研究》2002 年第 3 期。

5533 木拉提·黑尼亚提：《新疆内地会传教士传教经历及其中外文姓名的勘同》，《西域研究》2003 年第 4 期。

5534 牛汝极：《泉州新发现的叙利亚文回鹘语景教碑铭》，《西域研究》2004 年第 3 期。

5535 王静：《唐代中国景教与景教本部教会的关系》，《长安大学学报（社会科学版）》2006 年第 3 期。

5536 张乃翥：《跋河南洛阳新出土的一件唐代景教石刻》，《西域研究》2007 年第 1 期。

5537 牛汝极：《新疆阿力麻里古城发现的叙利亚文景教碑铭研究》，《西域研究》2007 年第 1 期。

5538 胡瑞琴：《德国传教士安保罗的儒学观》，《云南财贸学院学报（社会科学版）》2007 年第 2 期。

5539 赵晓军、褚卫红：《洛阳新出大秦景教石经幢校勘》，《河南科技大学学报（社会科学版）》2007 年第 3 期。

5540 陈继春：《唐代景教绘画遗存的再研究》，《文博》2008 年第 4 期。

5541 李超：《十三世纪前后景教在西部蒙古地区的流行及影响》，《西部蒙古论坛》2010 年第 4 期。

5542 陈玮：《13—14 世纪黑水城的景教信仰》，《寻根》2011 年第 1 期。

5543 钟丽娟：《丝绸之路沿途景教绘画遗存考》，《西北美术：西安美术学院学报》2011 年第 3 期。

5544 吴莉苇：《关于景教研究的问题意识与反思》，《复旦学报（社会科学版）》2011 年第 5 期。

5545 武世刚：《康雍乾时期的中西交通——以"领票传教"为中心》，《国家航海》2012 年第 1 期。

5546 殷小平：《唐元景教关系考述》，《西域研究》2013 年第 2 期。

5547　高铁泰：《元崇福司考》，《西域研究》2014 年第 2 期。

5548　毛阳光：《洛阳新出土唐代景教徒花献及其妻安氏墓志初探》，《西域研究》2014 年第 2 期。

5549　殷小平：《元代崇福使爱薛史事补说》，《西域研究》2014 年第 3 期。

5550　林悟殊：《景教"净风"考——夷教文典"风"字研究之一》，《西域研究》2014 年第 3 期。

5551　徐晓鸿：《昭武九姓与景教信仰》，《天风》2014 年第 3 期。

5552　钟丽娟：《浅谈唐代丝绸之路景教绘画》，《丝绸之路》2014 年第 10 期。

5553　林悟殊：《福建霞浦抄本元代天主教赞诗辨释——附：霞浦抄本景教〈吉思呪〉考略》，《西域研究》2015 年第 4 期。

5554　殷小平、张展：《洛阳景教经幢图像再考察》，《暨南史学》第 12 辑，桂林：广西师范大学出版社，2016 年。

5555　马克·迪更斯著，刘慧译：《吐鲁番基督教文本的书写实践》，《西域研究》2016 年第 2 期。

5556　张乃翥：《"感德乡"景教社团与隋唐东都人文地理之因缘——以新出土唐元琰、刘谈经墓志纪事为缘起》，《石河子大学学报（哲学社会科学版）》2017 年第 5 期。

5557　石艳艳：《丝路遗珍——景教经幢》，《文物天地》2017 年第 8 期。

5558　白玉冬：《丝路景教与汪古渊流——从呼和浩特白塔回鹘文题记 Text Q 谈起》，《中山大学学报（社会科学版）》2018 年第 2 期。

伊斯兰教

5559　穆宝修：《唐宋时期穆斯林的来华和留居》，《云南社会科学》1985 年第 5 期。

5560　穆德全：《丝绸路上的穆斯林（上）》，《河南大学学报（哲学社会科学版）》1987 年第 1 期。

5561　穆德全：《丝绸路上的穆斯林（下）》，《河南大学学报（哲学社会科学版）》1987 年第 4 期。

5562　和龑：《〈西域番国志〉中的穆斯林社会》，《中国穆斯林》1988 年第 1 期。

5563　刘志扬：《明代哈密、土鲁番地区回回的成分及伊斯兰教的渗透》，《中央民族学院学报》1988 年第 5 期。

5564　马通：《中国伊斯兰教门宦与西北穆斯林》，《西北民族研究》1989 年第 1 期。

5565　陈刚：《关于伊斯兰教何时传入新疆的诸种说法》，《新疆地方志》1990 年第 4 期。

5566 和晔:《关于明代西域蒙古族伊斯兰教信仰的几个问题》,《内蒙古社会科学(文史哲版)》1992年第3期。

5567 魏良弢:《西域史上的一个幻影——"伊斯兰神圣国家"或"和卓时代"考实》,《中国社会科学》1992年第4期。

5568 王玉祥:《西域伊斯兰教的乡土化、民族化和现代化》,《新疆社科论坛》1993年第3期。

5569 陈森镇:《伊斯兰教在泉州的历史、影响和启迪》,《中共福建省委党校学报》1993年第9期。

5570 马建钊:《伊斯兰文化对广州回族社区形成发展的作用》,《回族研究》1994年第3期。

5571 姚继德:《云南穆斯林朝觐小史》,《云南民族学院学报(哲学社会科学版)》1995年第3期。

5572 刘正寅、魏良弢:《西域伊斯兰教黑山派与白山派的斗争及其对叶尔羌汗国的影响》,《中国边疆史地研究》1996年第2期。

5573 刘正寅:《西域伊斯兰教派和卓势力的膨胀与叶尔羌汗国的衰落》,《西北史地》1996年第4期。

5574 郑一钧、蒋铁民:《郑和下西洋时期伊斯兰文化的传播对海上丝绸之路的贡献》,《青岛海洋大学学报(社会科学版)》1997年第2期。

5575 杨志玖:《回回人传来的伊斯兰文化(一)》,《回族研究》1999年第4期。

5576 韩毅:《略述两宋时期伊斯兰教在西北的传播与发展》,《青海民族研究》2001年第1期。

5577 赵荣织:《论伊斯兰教在新疆兴起的社会根源》,《西域研究》2001年第3期。

5578 王东平:《哈特曼调查回疆伊斯兰教经典目录的再考订》,《西域研究》2002年第2期。

5579 陈国光:《伊斯兰教在吐鲁番地区的传播(10—15世纪)》,《西域研究》2002年第3期。

5580 陈国光:《西辽统治者与西域地方伊斯兰政权》,《新疆社会科学》2003年第2期。

5581 韩中义:《新疆苏非圣徒崇拜初探》,《西域研究》2003年第2期。

5582 程利英:《试论元明之际西域、甘肃伊斯兰教的发展》,《青海民族研究(社会科学版)》2003年第3期。

5583 韩毅:《丝绸之路与唐代伊斯兰教传入西北》,《青海民族学院学报(社会科学版)》2003年第4期。

5584 陈国光：《伊斯兰教传入新疆的时间问题》，《西域研究》2003 年第 4 期。

5585 沙宗平：《丝绸之路与中国伊斯兰教》，《石河子大学学报（哲学社会科学版）》2004 年第 3 期。

5586 南快莫德格：《论文化整合——蒙维民族的伊斯兰化过程》，《新疆大学学报（哲学·人文社会科学版）》2005 年第 4 期。

5587 姜歆：《西夏时期伊斯兰教在西北传播及发展初探》，《固原师专学报》2005 年第 5 期。

5588 陆芸：《明初我国与东南亚的伊斯兰联系》，《广西社会科学》2005 年第 8 期。

5589 王广平、马永：《唐、两宋时期伊斯兰教在广州史考》，《广州大学学报（社会科学版）》2006 年第 1 期。

5590 董波：《伊斯兰文化对中晚唐时期中国设计艺术的影响——伊斯兰文化全面影响中国设计艺术开端简论》，《苏州大学学报（工科版）》2006 年第 5 期。

5591 韩中义：《西域苏非派早期发展（10—13 世纪）》，《西域研究》2007 年第 2 期。

5592 马艳：《拱北：宗教场域与文化象征——对甘青地区拱北的文化解读》，《中国回族学》第 3 卷，银川：宁夏人民出版社，2008 年。

5593 陆芸：《元代伊斯兰教在中国东南沿海的传播与发展》，《西北民族大学学报（哲学社会科学版）》2008 年第 6 期。

5594 陈玮：《元代亦集乃路伊斯兰社会探析——以黑城出土文书、文物为中心》，《西域研究》2010 年第 1 期。

5595 陆芸：《伊斯兰教在中国传播过程中与佛教的碰撞》，《西北民族大学学报（哲学社会科学版）》2010 年第 2 期。

5596 韩中义、马翔、唐智：《明末至清中叶白山派发展述略》，《西北民族研究》2010 年第 2 期。

5597 李振中：《回族的宗教信仰与政治信仰》，《西北民族研究》2011 年第 2 期。

5598 蓝琪：《论中亚的伊斯兰化》，《西域研究》2011 年第 4 期。

5599 陆芸：《伊斯兰教与基督教在中国的接触、碰撞和冲突》，《西北民族大学学报（哲学社会科学版）》2011 年第 4 期。

5600 陆芸：《海上丝绸之路与伊斯兰文化》，《暨南史学》第 7 辑，桂林：广西师范大学出版社，2012 年。

5601 陆芸：《伊斯兰文化与中国传统文化的互动——从穆斯林的作品谈起》，《西北民族大学学报（哲学社会科学版）》2012 年第 2 期。

5602 次旦顿珠：《西藏世居穆斯林考略》，《中国藏学》2012 年第 3 期。

5603 周燮藩:《苏非主义初入新疆述略》,《西域研究》2013 年第 1 期。

5604 王晓云、周丽群:《福建漳州伊斯兰教史迹考述》,《焦作大学学报》2014 年第 2 期。

5605 冶倩:《丝绸之路上的伊斯兰教文化传播——以陕西地区为例》,《戏剧之家》2015 年第 1 期。

5606 韩中义:《丝绸之路上的近现代苏非派多维度考察》,《青海民族研究》2015 年第 2 期。

5607 马丽蓉:《郑和符号对丝路伊斯兰信仰板块现实影响评估》,《世界宗教研究》2015 年第 5 期。

5608 周燮藩:《伊斯兰教与海上丝绸之路》,《中国宗教》2015 年第 12 期。

5609 王宇洁:《早期中国伊斯兰教遗迹引发的思考》,《西北民族大学学报(哲学社会科学版)》2016 年第 1 期。

5610 张广林:《中国穆斯林对外交流的探索及启示》,《中国宗教》2016 年第 1 期。

5611 马宁:《辽、金、元时期伊斯兰教在蒙古地区传播初探》,《内蒙古统战理论研究》2016 年第 4 期。

5612 马惠兰:《丝绸之路与回族伊斯兰文化自觉》,《北方民族大学学报(哲学社会科学版)》2017 年第 3 期。

其他宗教

5613 蒋颖贤:《印度的婆罗门教及其传入泉州》,《海交史研究》1980 年第 2 期。

5614 张小贵:《康国别院"令狗食人肉"辨》,《西域研究》2007 年第 3 期。

5615 朱明忠:《丝绸之路连接着中印文明——记印度教神庙在泉州》,《东南亚南亚研究》2016 年第 1 期。

5616 葛晓音、户仓英美:《"飒磨遮"与印度教女神祭的关系》,《文史》2018 年第 1 期。

民间信仰

5617 段塔丽:《唐代狐狸精迷信盛行原因初探》,《陕西师范大学学报(哲学社会科学版)》1991 年第 1 期。

5618 李琳:《从青海出土木龙马看汉代马神崇拜》,《文博》1991 年第 1 期。

5619　谭蝉雪：《西域鼠国及鼠神摭谈》,《敦煌研究》1994 年第 2 期。

5620　李吟屏：《古代西域的自然崇拜》,《西域研究》1997 年第 1 期。

5621　仲高：《西域圣火仪式本相论——兼及中西圣火仪式比较》,《西域研究》1998 年第 1 期。

5622　马昌仪：《西域鼠国及其信仰》,《中国历史博物馆馆刊》1998 年第 1 期。

5623　吴鸿丽：《宋元时期泉州海外贸易与泉州的民间信仰》,《泉州师范学院学报》2003 年第 1 期。

5624　王青：《西域地区的龙崇拜以及对中土文化的影响》,《西域研究》2004 年第 2 期。

5625　闫晓青：《南海神庙——中国古代海上丝绸之路的重要遗迹》,《南方文物》2005 年第 3 期。

5626　王元林：《宋南海神东、西庙与广州海上丝路》,《海交史研究》2006 年第 1 期。

5627　海热提江·乌斯曼：《试析罗布淖尔人的雅答巫术》,《新疆大学学报（哲学·人文社会科学版）》2006 年第 6 期。

5628　王元林：《再论宋南海神东、西庙与广州海上丝绸之路》,《暨南史学》第 5 辑,广州：暨南大学出版社, 2007 年。

5629　李国平、秀梅：《环塔里木区域民族民间信仰初探》,《塔里木大学学报》2008 年第 1 期。

5630　林移刚：《汉族狮崇拜及其起源》,《华夏文化》2008 年第 1 期。

5631　王元林：《再论宋广州南海神庙相关史实——答赵立人先生》,《海交史研究》2008 年第 1 期。

5632　吴艳春、魏然：《论四神文化在西域的流变》,《西域研究》2008 年第 2 期。

5633　王晶：《浅议吐鲁番出土文书中唐代高昌地区的民间墓葬信仰》,《齐齐哈尔师范高等专科学校学报》2008 年第 2 期。

5634　王欢：《唐代敦煌雨水信仰》,《兰州教育学院学报》2008 年第 4 期。

5635　薛正昌：《秦汉风俗与"祀典"及其民间信仰演变——以宁夏固原历史经历与民间信仰变迁为例》,《兰州大学学报（社会科学版）》2010 年第 6 期。

5636　王煜：《西王母地域之"西移"及相关问题讨论》,《西域研究》2011 年第 3 期。

5637　王青：《西域地区的龙崇拜以及对中土文化的影响》,《环球人文地理》2011 年第 11 期。

5638　乔培华：《南海神庙：广州对外文化交流的见证与名片》,《广州航海高等专科学校学报》2012 年第 1 期。

5639　林容宇：《丝绸之路龙文化与中土龙崇拜研究》,《丝绸之路》2012 年第 20 期。

5640　朱磊：《试论魏晋南北朝时期新疆的北斗信仰》，《西域研究》2013年第2期。

5641　高乔子：《南海神庙：广州海上丝绸之路的重要载体》，《广州航海高等专科学校学报》2013年第3期。

5642　吴妙英：《南海神庙具有怀柔远人的功能》，《广州航海学院学报》2013年第4期。

5643　李国平、张芳：《西域民族民间信仰简论》，《西藏大学学报（社会科学版）》2014年第3期。

5644　王煜：《汉墓胡人戏兽画像与西王母信仰——亦论汉画像中胡人的意义》，《中原文化研究》2014年第5期。

5645　负娟：《西域龙马图腾崇拜及其文化意蕴》，《濮阳职业技术学院学报》2014年第5期。

5646　李文：《甘肃天水伏羲庙及其乐楼考述》，《中华戏曲》第51辑，北京：文化艺术出版社，2015年。

5647　石沧金：《跨国网络中的何氏九仙信仰与琼瑶教》，《世界宗教研究》2015年第2期。

5648　林明太、黄朝晖：《妈祖文化在海上丝绸之路沿线国家的传播与发展》，《集美大学学报（哲学社会科学版）》2015年第4期。

5649　蔡天新：《妈祖文化的形成及其古丝绸之路的传播》，《福建省社会主义学院学报》2015年第5期。

5650　陈进国：《南海诸岛庙宇史迹及其变迁辨析》，《世界宗教文化》2015年第5期。

5651　张珣：《非物质文化遗产：民间信仰的香火观念与进香仪式》，《民俗研究》2015年第6期。

5652　蔡天新：《古丝绸之路的妈祖文化传播及其现实意义》，《世界宗教文化》2015年第6期。

5653　刘振伟、华锦木：《诸天共在——西域天神崇拜试析》，《西南民族大学学报（人文社科版）》2015年第12期。

5654　陈娟：《龟兹地区龙崇拜之初探》，《丝绸之路》2015年第18期。

5655　连心豪：《闽南粤东有关宋末民间传说及其信仰习俗》，《海交史研究》2016年第1期。

5656　牟艳旗、牟艳涛：《清代的东北妈祖信仰与东北亚海上丝绸之路》，《莆田学院学报》2016年第1期。

5657　李亚娟：《海上丝绸之路建设与妈祖文化圈的发展路径研究》，《青年时代》2016年第1期。

5658　王丽梅：《妈祖文化与海上丝绸之路》，《五邑大学学报（社会科学版）》2016年第1期。

5659　张金杰：《古代占卜在西域少数民族中的流传和应用——从清代志锐诗〈鸡卜〉谈起》，《昌吉学院学报》2016年第1期。

5660　刘慧茹：《海上丝绸之路与观音崇拜》，《丝绸之路》2016年第2期。

5661　毕旭玲：《吴越地区海神信仰域外传播概述》，《中原文化研究》2016年第4期。

5662　毛军吉、陈文广：《赤湾妈祖庙与海上丝绸之路探析》，《特区实践与理论》2016年第5期。

5663　王丁：《数术与丝绸之路——希腊、印度、突厥与汉文体动占卜书》，《中山大学学报（社会科学版）》2016年第5期。

5664　王成良：《妈祖文化在海上丝绸之路的历史和现实作用》，《莆田学院学报》2016年第6期。

5665　曹萌：《辽宁开发创新妈祖文化与海上丝绸之路对接》，《边疆经济与文化》2017年第1期。

5666　施雪琴、许婷婷：《海上丝绸之路与印尼民丹岛华人民间信仰的传播》，《海交史研究》2017年第1期。

5667　林国平：《海神信仰与古代海上丝绸之路——以妈祖信仰为中心》，《福州大学学报（哲学社会科学版）》2017年第2期。

5668　刘英英：《试述泉港东岳庙与"海上丝绸之路"的关系》，《福建文博》2017年第3期。

5669　李一鸣、李洁宇、黄海蓉：《古代海上丝绸之路与海南妈祖信仰关系初探》，《新东方》2017年第3期。

5670　黄婕：《妈祖文化与海上丝绸之路的民间交流及其途径研究》，《闽台文化研究》2017年第4期。

5671　夏立平：《妈祖文化在海上丝绸之路建设中的作用》，《珠江水运》2017年第5期。

5672　刘婷玉：《明代海上丝绸之路与妈祖信仰的海外传播》，《中国高校社会科学》2017年第6期。

5673　何正金：《族群变迁与信仰内涵——南诏铁柱信仰及族群关系研究》，《思想战线》2018年第1期。

艺 术

通 论

5674 陈晖:《阿富汗出土的古代艺术一瞥》,《西亚非洲》1983 年第 4 期。

5675 岸边成雄著,周谦译:《论西域艺术家及其对古代文化史的贡献》,《交响——西安音乐学院学报》1987 年第 2 期。

5676 巴兹尔·格雷著,李铁匠译:《八至十五世纪波斯对中国艺术的影响》,《江西文物》1989 年第 1 期。

5677 巴兹尔·格雷著,安文英译:《八至十五世纪中国艺术中的波斯影响》,《新美术》1990 年第 4 期。

5678 王嵘:《西域文化艺术研究的新格局》,《西域研究》1993 年第 2 期。

5679 王嵘:《论西域文化艺术的开放性》,《文艺研究》1995 年第 5 期。

5680 张亚莎:《印度·卫藏·敦煌的波罗—中亚艺术风格论》,《敦煌研究》2002 年第 3 期。

5681 郭沐洁:《商贸是东西方艺术交流的首要因素》,《新疆艺术学院学报》2003 年第 1 期。

5682 张鸿勋:《从印度到中国——丝绸路上的睒子故事与艺术》,《天水师范学院学报》2003 年第 6 期。

5683 高山:《浅谈萨珊波斯王朝艺术对唐朝的影响》,《安徽农业大学学报(社会科学版)》2008 年第 4 期。

5684 沈爱凤:《斯基泰三要素探源——上古亚欧草原艺术述略之一》,《苏州工艺美术职业技术学院学报》2009 年第 3 期。

5685 沈爱凤:《丝路中段巴克特利亚王国的希腊化艺术》,《丝绸之路》2009 年第 4 期。

5686 张旻萌、徐建德:《丝路上的艺术交流——波斯萨珊艺术特色及其对唐朝艺术的影响》,《美术大观》2009 年第 12 期。

5687 周菁葆:《丝绸之路与新疆古代草原艺术》,《丝绸之路》2009 年第 18 期。

5688 瞿康宁、张慨:《丝绸之路与中国艺术传播》,《美术教育研究》2012 年第 2 期。

5689 沈爱凤：《东地中海、西亚若干古城希腊化艺术综论》，《丝绸之路》2012 年第 16 期。

5690 平菁菁：《浅析丝绸之路上的文化艺术交流》，《老区建设》2012 年第 22 期。

5691 刘鑫：《丝绸之路中阳性审美范式对中国壮美艺术空间的扩展与延伸》，《丝绸之路》2012 年第 22 期。

5692 沈爱凤：《楚-汉装饰要素对西北和中亚上古各族艺术的影响》，《民族艺术研究》2013 年第 1 期。

5693 沈爱凤：《文明初期东西方艺术之交流述略》，《西北美术》2014 年第 1 期。

5694 贝阿特·莱芬塞德著，王鸶嘉译：《汉唐视觉艺术的空间观念——基于亚洲与东方影响的比较研究》，《西北美术》2014 年第 4 期。

5695 李莹：《丝绸之路上的东方艺术传播》，《艺术时尚（下旬刊）》2014 年第 4 期。

5696 林梅村：《西域之贡：汉代皇家艺术中的汗血马》，《紫禁城》2014 年第 10 期。

5697 史王鑫磊：《巴洛克视觉艺术表达中的中华元素》，《新疆艺术学院学报》2015 年第 3 期。

5698 马慧：《西域传统艺术文化历史传承述略》，《丝绸之路》2015 年第 4 期。

5699 程金城、马硕：《艺术表达在丝绸之路文化中的独特价值》，《西北民族研究》2015 年第 4 期。

5700 杨玺伟：《浅议丝绸之路上的文化艺术传播与交流》，《新西部（下旬刊）》2015 年第 7 期。

5701 李娜、李萃芝：《丝绸之路中文化艺术的传播与交流》，《人间》2015 年第 21 期。

5702 张乾元：《丝绸之路东西文化的汇聚点——土耳其伊斯坦布尔艺术面面观》，《美术》2016 年第 10 期。

5703 朱尽晖：《丝绸之路艺术与中国国家意识》，《美术》2017 年第 1 期。

5704 程金城：《丝绸之路艺术的意义与价值——兼及"丝绸之路艺术学"刍议》，《兰州大学学报（社会科学版）》2017 年第 2 期。

5705 王晓玲：《草原丝绸之路动物风格造型中的波斯艺术因素探析》，《新美术》2017 年第 3 期。

5706 刘洋：《丝绸之路与东西方艺术交流述略》，《梧州学院学报》2017 年第 4 期。

5707 朱姝、许明珠：《海上丝绸之路·艺术篇》，《美术教育研究》2017 年第 10 期。

5708 朱冉：《浅析我国盛唐时期造物设计审美观》，《魅力中国》2017 年第 11 期。

5709 王荻：《丝路视域下 18 世纪法国装饰艺术中臆测的中国意象的由来》，《大众文艺》2018 年第 3 期。

美 术

通 论

5710 徐悲鸿:《我对于敦煌艺术之看法》,《文物参考资料》1951 年第 4 期。

5711 辛文:《新疆的佛教艺术》,《美术研究》1979 年第 2 期。

5712 辛文:《新疆的佛教艺术(续)》,《美术研究》1979 年第 3 期。

5713 余尧:《甘肃的石窟艺术》,《西北师大学报(社会科学版)》1980 年第 3 期。

5714 沈康身:《丝绸之路与源远流长的石窟艺术》,《杭州大学学报(哲学社会科学版)》1981 年第 1 期。

5715 胡振华:《莫高窟——民族美术的宝库》,《中国民族》1981 年第 10 期。

5716 李仲元:《中国狮子造型源流初探》,《沈阳故宫博物馆论文集》(1979—1982),沈阳:沈阳故宫博物馆,1982 年。

5717 王冀青:《古代和田派美术初探》,《敦煌学辑刊》1984 年第 2 期。

5718 罗照晖:《印度犍陀罗艺术对中国审美观念的影响》,《南亚研究》1984 年第4 期。

5719 孙修身:《敦煌佛教艺术和古代于阗》,《新疆社会科学》1986 年第 1 期。

5720 张跃进:《"天马"小考》,《东南文化》1986 年第 1 期。

5721 孙国璋:《中国佛教的早期图像》,《中国历史博物馆馆刊》1986 年。

5722 巴兹尔·格著,安文英译:《八至十五世纪中国艺术中的波斯影响》,《新美术》第四期,杭州:中国美术学院出版社,1990 年。

5723 冯国富:《佛教艺术在固原的传播》,《固原师专学报》1990 年第 3 期。

5724 李青:《汉唐美术与丝绸之路漫谈》,《西北美术》1991 年第 3 期。

5725 任道斌:《新疆古代消失少数民族的美术》,《新美术》第三期,杭州:中国美术学院出版社,1993 年。

5726 黄春和:《阿尼哥与元代佛教艺术》,《五台山研究》1993 年第 3 期。

5727 陈传席:《中国早期佛教艺术样式的四次变革及其原因》,《敦煌研究》1993 年第 4 期。

5728 陈传席:《中国早期佛教艺术样式的四次变革及其原因》,《美术研究》1994 年第 1 期。

5729 周国信、程怀文:《丝绸之路古颜料考(Ⅰ)》,《现代涂料与涂装》1995 年第 1 期。

5730 周国信、程怀文：《丝绸之路古颜料考（Ⅱ）》，《现代涂料与涂装》1995 年第 2 期。

5731 段文杰：《敦煌石窟艺术的特点》，《敦煌研究》1995 年第 2 期。

5732 弘远（心悟）：《敦煌莫高窟佛教壁画雕塑之兴起、发展与演变》，《文史杂志》1995 年第 6 期。

5733 周国信、程怀文：《丝绸之路古颜料考（Ⅲ）》，《现代涂料与涂装》1996 年第 2 期。

5734 冯其庸：《对新疆石窟艺术的几点思考》，《传统文化与现代化》1996 年第 5 期。

5735 西梅：《明清时期西洋美术的传入》，《美术大观》1997 年第 11 期。

5736 柴剑虹：《西域飞天与"天人合一"——关于飞天艺术的一点思考》，《传统文化与现代化》1998 年第 1 期。

5737 李红雄：《论庆阳北石窟寺创建背景与 165 窟艺术造型》，《固原师专学报》1998 年第 2 期。

5738 张岩：《龟兹千佛洞艺术探究》，《新疆职工大学学报》1999 年第 3 期。

5739 李静杰：《卢舍那法界图像研究简论》，《故宫博物院院刊》2000 年第 3 期。

5740 张志强：《中国佛教艺术的产生与兴盛》，《海南大学学报（人文社会科学版）》2001 年第 2 期。

5741 宫治昭著，赵莉译：《丝绸之路沿线佛传艺术的发展与演变》，《敦煌研究》2001 年第 3 期。

5742 张朋川：《中国石窟寺艺术设计》，《苏州工艺美术职业技术学院学报》2003 年第 1 期。

5743 张朋川：《中国石窟寺艺术设计（续）》，《苏州工艺美术职业技术学院学报》2003 年第 2 期。

5744 郑渤秋：《吐鲁番阿斯塔那 225 号墓出土伏羲女娲图与日本龙谷大学藏伏羲女娲图的缀合》，《西域研究》2003 年第 3 期。

5745 张亚莎：《11 世纪卫藏波罗样式考述》，《藏学学刊》第 1 辑，成都：四川大学出版社，2004 年。

5746 陆离：《敦煌、新疆等地吐蕃时期石窟中着虎皮衣饰神祇、武士图像及雕塑研究》，《敦煌学辑刊》2005 年第 3 期。

5747 褚晓莉：《古道西风彩韵斑斓——浅议克孜尔的石窟艺术》，《新疆教育学院学报》2005 年第 3 期。

5748 王骁勇：《天水地区石窟分布及其艺术特征》，《天水师范学院学报》2005 年第 3 期。

5749 王立波:《新疆出土文物中的动物"化合式"变形艺术》,《新疆艺术学院学报》2006年第2期。

5750 金维诺:《龟兹艺术的创造性成就》,《龟兹学研究》,乌鲁木齐:新疆大学出版社,2007年。

5751 毛民:《天马与水神》,《内蒙古大学艺术学院学报》2007年第1期。

5752 英卫峰:《试论11—13世纪卫藏佛教艺术中的有关波罗艺术风格》,《西藏研究》2008年第4期。

5753 崔峰:《粟特文化对北齐佛教艺术的影响》,《甘肃高师学报》2008年第6期。

5754 篠原典生:《从考古发现看疏勒与龟兹佛教艺术之交流》,《中原文物》2009年第1期。

5755 束锡红:《敦煌西域学界面临的新形势与俄藏黑水城艺术品的研究和出版》,《西北民族大学学报(哲学社会科学版)》2009年第2期。

5756 王征:《巴米扬和龟兹佛教艺术比较研究》,《西域研究》2009年第4期。

5757 沈爱凤:《古代楼兰艺术的文化属性浅论》,《苏州大学学报(工科版)》2009年第5期。

5758 王玉芳、马万宏:《张骞出使西域前后中国马的艺术造型比较》,《美与时代(下半月)》2009年第6期。

5759 王进玉:《中国古代彩绘艺术中应用青金石颜料的产地之谜》,《文博》2009年第6期。

5760 张丽香:《从印度到克孜尔与敦煌——佛传中降魔的图像细节研究》,《西域研究》2010年第1期。

5761 樊海涛:《试论滇国出土文物图像中的怪兽形象》,《四川文物》2010年第4期。

5762 杨巨平:《娜娜女神的传播与演变》,《世界历史》2010年第5期。

5763 王忠林:《可能与必然——论弥勒图像的转型与定型》,《世界宗教文化》2010年第6期。

5764 宋永忠:《须弥山石窟艺术初探》,《大众文艺》2010年第17期。

5765 刘美奎:《浅谈麦积山石窟艺术特色》,《美与时代(上半月)》2011年第6期。

5766 王蕴锦:《中亚阿姆河流域晚期犍陀罗佛教艺术探析》,《丝绸之路》2011年第8期。

5767 张俊:《浅谈敦煌石窟艺术对中国美术史的重要影响》,《岁月(下半月)》2011年第10期。

5768 郑聪:《唐代琵琶艺术探研——以洛阳唐代文物中的琵琶图像为例》,《四川文物》2012年第3期。

5769 封巍：《伏羲女娲文化西传图像秩序构建与地域文化的融通》，《美术教育研究》2012年第5期。

5770 满盈盈：《克孜尔石窟中的游牧艺术元素》，《新疆大学学报（哲学·人文社会科学版）》2012年第6期。

5771 刘林媛：《浅析唐代外来美术》，《文艺生活·文艺理论》2012年第8期。

5772 郭萍：《从粟特美术图像看宗教的世俗化发展》，《美术大观》2012年第11期。

5773 朱振华、颉玉娟：《魏晋南北朝时期艺术特征探析——以北齐徐显秀墓室北壁宴饮图为例》，《太原大学教育学院学报》2013年第1期。

5774 钮毅：《以敦煌石窟图像再谈于阗与中原的佛教艺术交流》，《荆楚理工学院学报》2013年第1期。

5775 郭早早、刘韬：《论龟兹石窟艺术在中国原创动画创作中的应用》，《河北学刊》2013年第1期。

5776 陈晓露：《"倚榻饮酒"图像的嬗变》，《西域研究》2013年第2期。

5777 满盈盈：《犍陀罗艺术及其东传龟兹考》，《西北民族大学学报（哲学社会科学版）》2013年第3期。

5778 侯科远：《丝绸之路中唐三彩的造型艺术研究》，《艺术科技》2013年第3期。

5779 林玲爱：《二至六世纪佛教艺术中的鸟翼冠与冠带主题——以西亚、犍陀罗、西域间的交流为中心》，《许昌学院学报》2013年第4期。

5780 胡同庆：《试探东乡县红塔寺石窟的艺术特点》，《敦煌研究》2013年第6期。

5781 高彬：《唐代狮子造型面部刻画拟胡人化刍议》，《装饰》2013年第7期。

5782 杨保玉：《我国古代历史版画中的佛像艺术研究》，《兰台世界》2013年第13期。

5783 李零：《"国际动物"：中国艺术中的狮虎形象》，《浙江大学艺术与考古研究》第1辑，杭州：浙江大学出版社，2014年。

5784 黄剑华：《佛教东传与丝路石窟艺术》，《美育学刊》2014年第2期。

5785 王梦彤：《西风古道彩韵斑斓——漫谈龟兹石窟艺术》，《丝绸之路》2014年第4期。

5786 魏文斌：《丝绸之路佛教及佛教艺术的交流》，《丝绸之路》2014年第15期。

5787 李瑞哲：《对"图像程序"的重新认识——入华粟特人石质葬具图像所表现的共同主题》，《敦煌学辑刊》2015年第1期。

5788 孙武军：《阿胡拉·马兹达象征图像源流辨析》，《西域研究》2015年第2期。

5789 王胜泽：《西夏佛教艺术中的童子形象》，《敦煌学辑刊》2015年第4期。

5790 陈粟裕：《新疆和田达玛沟托普鲁克墩1号佛寺图像研究》，《世界宗教文化》

2015 年第 4 期。

5791 王煜、唐熙阳:《汉代西王母图像与西方女神像之关系及其背景》,《考古与文物》2015 年第 5 期。

5792 张建宇:《丝绸之路上的骆驼》,《社会科学战线》2015 年第 9 期。

5793 梁加诚:《浅议汉唐时期于阗佛教美术的演变》,《大众文艺》2015 年第 11 期。

5794 李凇:《丝绸之路上的中外美术交流》,《中国美术研究》第 20 辑,上海:东南大学出版社,2016 年。

5795 霍巍:《从于阗到益州:唐宋时期毗沙门天王图像的流变》,《中国藏学》2016 年第 1 期。

5796 李钟天:《胡叟图像新解》,《艺术设计研究》2016 年第 1 期。

5797 孙晓岗:《文殊图像及信仰中国化表达形式研究》,《佛学研究》2016 年第 1 期。

5798 李静杰:《北魏金铜佛板图像所反映犍陀罗文化因素的东传》,《故宫博物院院刊》2016 年第 5 期。

5799 朱浒:《大象有形 垂鼻辚囷——汉代中外交流视野中的大象图像研究》,《故宫博物院院刊》2016 年第 6 期。

5800 谷新春:《西域的世俗与宗教绘画(下/佛教绘画)》,《美术》2016 年第 7 期。

5801 孟瑶、樊萌:《双向回授——丝路美术的传播与发展》,《艺术科技》2016 年第 11 期。

5802 陈燮君:《敦煌艺术的文化肖像》,《丝绸之路》2016 年第 20 期。

5803 肖旭艺:《试论佛教美术与国家文化认同的关系》,《大众文艺》2017 年第 3 期。

5804 王胜泽:《西夏艺术图像中的丝路印记》,《西夏研究》2017 年第 4 期。

5805 陈晓露:《从伎乐供养人图像看希腊化对佛教美术的影响》,《故宫博物院院刊》2017 年第 4 期。

5806 刘恒武:《图像观识与海上丝绸之路史》,《学术月刊》2017 年第 12 期。

5807 刘潇:《丝绸之路上敦煌石窟艺术的历史演进与传承》,《美术教育研究》2017 年第 13 期。

5808 王霖:《汉传佛教美术的早期风格流变》,《新美术》2018 年第 1 期。

5809 董晓萍:《新疆史诗故事、佛典文献与毛毯绘画》,《文化遗产》2018 年第 1 期。

岩 画

5810 崔谷平:《巴康岩画与生殖崇拜》,《新美术》第二期,杭州:中国美术学院出版社,1998 年。

5811 陈冬季、蔡宇知：《西域岩画的文化意义——兼论原始艺术的起源》，《西域研究》1999 年第 3 期。

5812 朱存世、李芳：《试析青铜时代贺兰山、北山岩画与欧亚草原丝绸之路的关系——兼论欧亚草原丝绸之路的东段走向》，《宁夏社会科学》2001 年第 3 期。

5813 王天军：《西域岩画与古代狩猎文化》，《西安体育学院学报》2003 年第 3 期。

5814 彭金城：《新疆弓箭岩画研究》，《体育文化导刊》2009 年第 11 期。

5815 王志炜：《西域早期游牧民族岩画的文化认知研究》，《大众文艺》2010 年第 17 期。

5816 郭物：《通过天山的沟通——从岩画看吉尔吉斯斯坦和中国新疆在早期青铜时代的文化联系》，《西域研究》2011 年第 3 期。

5817 张付新、张云：《试论民族学视野下的西域岩画与原始文化》，《贵州民族大学学报（哲学社会科学版）》2013 年第 2 期。

5818 马晓玖：《天地有大美而不言——新疆呼图壁县康家石门子岩画审美探索》，《西域研究》2014 年第 4 期。

画像石

5819 霍巍：《中心与边缘：汉文化的扩张与变异——以四川乐山麻浩一号崖墓画像石刻为例》，《中国历史学前沿》，2008 年第 2 期。

5820 乔军：《浅谈汉画像石中所反映的中外交流》，《科技信息》2009 年第 7 期。

5821 郑彤：《再论汉画像石上的象纹》，《华夏考古》2010 年第 1 期。

5822 赵咏维、王英：《外来文化对汉画像石图像内容的影响》，《安徽文学（下半月）》2010 年第 7 期。

5823 赵玲、王瑾：《巴蜀汉画像石中鼓的艺术形式窥探》，《乐山师范学院学报》2011 年第 1 期。

5824 赵莎莎：《汉代画像石中的外来形象与对外文化交流》，《郑州轻工业学院学报（社会科学版）》2011 年第 6 期。

5825 袁祖雨：《"张骞通西域"汉代画像石考辩》，《南阳师范学院学报》2013 年第 7 期。

5826 张洪静：《从汉画像石中的胡人形象论西域文化在汉代的表现》，《文物鉴定与鉴赏》2013 年第 10 期。

5827 杨锡开：《临沂汉画像石胡汉战争图解读》，《丝绸之路》2014 年第 14 期。

5828 王伟、张铁梅：《聂政自屠还是祆教幻术表演？——南阳汉墓画像石图像考析》,《装饰》2015 年第 4 期。

壁　画

5829　金维诺：《敦煌壁画中的中国佛教故事》,《美术研究》1958 年第 1 期。

5830　金维诺：《敦煌壁画祇园记图考》,《文物参考资料》1958 年第 10 期。

5831　金维诺：《敦煌壁画维摩变的发展》,《文物》1959 年第 2 期。

5832　丁明夷：《关于克孜尔壁画的研究——五至八世纪龟兹佛教和佛教艺术初探》,《学习与思考（中国社会科学院研究生院学报）》1981 年第 6 期。

5833　朱英荣：《论新疆克孜尔千佛洞涅槃画的几个问题》,《法音》1982 年第 3 期。

5834　吴焯：《克孜尔石窟壁画画法综考——兼谈西域文化的性质》,《文物》1984 年第 12 期。

5835　陈履生：《谈丝路石窟壁画中的荷花形象》,《敦煌学辑刊》1985 年第 1 期。

5836　朱英荣：《试析库车石窟壁画中的天象图》,《敦煌学辑刊》1985 年第 2 期。

5837　刘汝醴：《论敦煌魏窟壁画的艺术风格》,《东南文化》1985 年。

5838　山崎一雄著,刘永增译：《关于西域壁画的颜料》,《敦煌研究》1987 年第 2 期。

5839　王崇人：《丝路石窟壁画的探讨》,《西北美术》1987 年增刊第 1 期。

5840　陈允吉：《敦煌壁画飞天及其审美意识之历史变迁》,《复旦学报（社会科学版）》1990 年第 1 期。

5841　孙仁儒、方步和：《"飞天"刍议》,《张掖师专学报（综合版）》1990 年第 2 期。

5842　王惠民：《敦煌佛顶尊胜陀罗尼经变考释》,《敦煌研究》1991 年第 1 期。

5843　周菁葆：《龟兹石窟壁画中的题材与内容》,《西域研究》1991 年第 2 期。

5844　暨远志：《张议潮出行图研究——兼论唐代节度使旌节制度》,《敦煌研究》1991 年第 3 期。

5845　杨森：《敦煌壁画中的"角"研究》,《敦煌研究》1991 年第 4 期。

5846　上野照夫著,张元林译：《克孜尔千佛洞佛教美术中的印度式风格》,《敦煌研究》1992 年第 2 期。

5847　邱陵：《新疆米兰佛寺壁画："有翼天使"》,《西域研究》1995 年第 3 期。

5848　王光照：《试论唐代佛教寺院壁画的历史分期》,《阜阳师范学院学报（社会科学版）》1997 年第 3 期。

5849　范小平：《四川汉画及摇钱树所反映的中国早期佛教艺术》,《中华文化论坛》1998 年第 3 期。

▶ 丝绸之路研究论文目录

5850 庄壮：《敦煌西千佛洞壁画乐伎》，《敦煌研究》1998年第3期。

5851 霍巍：《西藏西部佛教壁画中的降魔变与西域美术的比较研究》，《西藏研究》1999年第1期。

5852 陈霞：《吐鲁番屏式壁画所见唐人的精神生活》，《兵团教育学院学报》2002年第3期。

5853 高庆衍、解安宁：《龟兹石窟壁画的艺术特色》，《美术观察》2002年第9期。

5854 施爱民：《文殊山石窟万佛洞西夏壁画》，《文物世界》2003年第1期。

5855 王艳云：《西夏壁画中的药师经变与药师佛形象》，《宁夏大学学报（人文社会科学版）》2003年第1期。

5856 郭伟华：《新疆吐鲁番古代壁画的特点与成就》，《美术观察》2003年第4期。

5857 陈康：《墓室壁画"散乐图"》，《北京文物与考古》第6辑，北京：民族出版社，2004年。

5858 霍巍：《西藏西部石窟壁画中几种艺术风格的分析——兼论西藏西部石窟壁画艺术三个主要的发展阶段》，《藏学学刊》第1辑，成都：四川大学出版社，2004年。

5859 吴荣鉴：《敦煌壁画中的线描》，《敦煌研究》2004年第1期。

5860 庄壮：《论早期敦煌壁画音乐艺术》，《中国音乐》2004年第1期。

5861 樊锦诗：《玄奘译经和敦煌壁画》，《敦煌研究》2004年第2期。

5862 杨雄：《敦煌西晋墓画——敦煌壁画的另一源头》，《内蒙古社会科学》2005年第1期。

5863 广中智之：《龟兹石窟壁画中的猴子骑动物图像——兼论于阗与龟兹的比较》，《新疆师范大学学报（哲学社会科学版）》2005年第4期。

5864 霍旭初：《克孜尔石窟故事壁画与龟兹本土文化》，《新疆师范大学学报（哲学社会科学版）》2005年第4期。

5865 赵林毅、李燕飞、于宗仁、李最雄：《丝绸之路石窟壁画地仗制作材料及工艺分析》，《敦煌研究》2005年第4期。

5866 刘国瑞、屈涛、张玉忠：《新疆丹丹乌里克遗址新发现的佛寺壁画》，《西域研究》2005年第4期。

5867 谢崇安：《中江塔梁子东汉崖墓胡人壁画雕像考释——兼论印欧人种入居我国西南的时代问题》，《四川文物》2005年第5期。

5868 李瑞哲：《小乘佛教根本说一切有部经律在克孜尔石窟壁画中的反映》，《龟兹学研究》，乌鲁木齐：新疆大学出版社，2006年。

5869 栾睿：《作为典籍符号的图像叙事——西域石窟壁画阿阇世王题材再探讨》，

《龟兹学研究》，乌鲁木齐：新疆大学出版社，2006 年。

5870　殷福兰：《库木吐喇谷口区第 21 窟壁画艺术初探》，《龟兹学研究》，乌鲁木齐：新疆大学出版社，2006 年。

5871　霍旭初：《〈杂宝藏经〉与龟兹石窟壁画——兼论昙曜的译经》，《龟兹学研究》，乌鲁木齐：新疆大学出版社，2006 年。

5872　殷弘承：《克孜尔石窟壁画护法神形象中多头、多臂现象初探》，《新疆地方志》2006 年第 1 期。

5873　栾睿：《作为典籍符号的图像叙事——西域石窟壁画阿阇世王题材再探讨》，《西域研究》2006 年第 1 期。

5874　孙小东：《古龟兹、高昌石窟壁画山水法式辨析》，《天津美术学院学报》2006 年第 4 期。

5875　王征：《龟兹石窟壁画风格研究》，《西域研究》2006 年第 4 期。

5876　王晓玉、王晓玲：《丝绸之路东段石窟壁画的历史文化成因》，《西北美术》2006 年第 4 期。

5877　广中智之：《浅谈龟兹壁画与吐火罗壁画的人物形象》，《龟兹学研究》，乌鲁木齐：新疆大学出版社，2007 年。

5878　钟健：《从龟兹壁画探视尉迟乙僧画风》，《装饰》2007 年第 1 期。

5879　陈晓军：《汉风熏习的新疆古代墓室绘画》，《新疆艺术学院学报》2007 年第 2 期。

5880　霍旭初：《克孜尔石窟壁画裸体形象问题研究》，《西域研究》2007 年第 3 期。

5881　彭杰：《库车克孜尔尕哈石窟壁画中的地神》，《西域研究》2007 年第 3 期。

5882　栾睿：《从克孜尔 207 窟壁画谈佛教对拜火教的融摄》，《西域研究》2007 年第 3 期。

5883　石应宽：《敦煌飞天及古代音乐审美意识》，《贵州大学学报（艺术版）》2007 年第 4 期。

5884　魏东：《古西域佛教壁画图式探析》，《装饰》2007 年第 8 期。

5885　高宇琪：《浅论唐代壁画》，《社科纵横》2007 年第 12 期。

5886　李翎：《从鬼子母图像的流变看佛教的东传——以龟兹地区为中心》，《龟兹学研究》，乌鲁木齐：新疆大学出版社，2008 年。

5887　赵声良：《敦煌早期壁画中中原式人物造型》，《敦煌研究》2008 年第 3 期。

5888　李瑞哲：《新疆克孜尔石窟壁画内容所反映的戒律问题》，《西域研究》2008 年第 3 期。

5889　彭杰：《日本大谷探险队所获汉文佛典与龟兹汉风壁画》，《西域研究》2008 年第 3 期。

5890 林玲爱：《敦煌石窟北魏时期金刚力士的"汉化"过程》，《中华文化论坛》2008 年第 4 期。

5891 叶玉梅：《青海瞿昙寺壁画的风格特点和艺术成就》，《攀登》2008 年第 4 期。

5892 孙泓：《从东北亚地区发现的壁画等考古资料看古代西域文化的传播》，《东北史地》2009 年第 1 期。

5893 赵声良：《敦煌早期壁画中"西域式"人物造型》，《民族艺术》2009 年第 1 期。

5894 梁涛、彭杰：《于阗的地神图像及其流变》，《东南文化》2009 年第 2 期。

5895 朱巍：《飞天图像流变考论》，《东南文化》2009 年第 2 期。

5896 李晓舟：《唐代佛教壁画发展浅论》，《戏剧丛刊》2009 年第 2 期。

5897 陈育宁、汤晓芳：《阿尔寨石窟第 31 窟毗沙门天王变相图释读》，《内蒙古社会科学》2009 年第 3 期。

5898 马玉华：《北凉北魏时期敦煌壁画的技法及色彩构成》，《敦煌研究》2009 年第 3 期。

5899 夏海东：《米兰佛寺"有翼天使"壁画造型风格考》，《艺术百家》2009 年第 4 期。

5900 任平山：《牛踏比丘——克孜尔佛传壁画补遗》，《西域研究》2009 年第 4 期。

5901 胥昊：《敦煌壁画中乐舞图像的视觉呈现》，《飞天》2009 年第 18 期。

5902 张善庆：《中晚唐五代时期敦煌降魔变地神图像研究》，《西域研究》2010 年第 1 期。

5903 黄梦梦：《唐宋时期敦煌莫高窟与泉州开元寺飞天造型的异同》，《美术教育研究》2010 年第 2 期。

5904 徐玉琼：《论传统绘画技法在莫高窟北朝佛教壁画中的运用》，《美与时代（下半月）》2010 年第 3 期。

5905 郭萍：《从克孜尔石窟壁画看龟兹地区粟特艺术的传播》，《西域研究》2010 年第 4 期。

5906 周菁葆：《西域石窟壁画中的图案艺术》，《新疆师范大学学报（哲学社会科学版）》2010 年第 4 期。

5907 邵楠：《略论青海藏传佛教建筑壁画艺术——以塔尔寺和瞿昙寺为例》，《青海师范大学学报（自然科学版）》2010 年第 4 期。

5908 徐玉琼：《论麦积山石窟北朝壁画飞天造型特征及其来源》，《巢湖学院学报》2010 年第 5 期。

5909 李楠：《西域洞窟壁画特点探析》，《青年文学家》2010 年第 5 期。

5910 姚桂兰、张善庆：《马蹄寺石窟群千佛洞地神图像研究》，《敦煌研究》2010年第5期。

5911 孙毅华：《敦煌壁画中"城"的形象与演变》，《南方建筑》2010年第6期。

5912 律广：《中国传统壁画色彩装饰性的成因探析》，《赤峰学院学报（自然科学版）》2010年第12期。

5913 赵雪芬：《炳灵寺第126窟罗汉像探析》，《丝绸之路》2010年第22期。

5914 李翎：《"八天神"图像之误读——关于丹丹乌里克壁画残片的释读》，《西域研究》2011年第2期。

5915 周菁葆：《丝绸之路与中国古代新疆壁画中的人体艺术》，《艺术百家》2011年第2期。

5916 王尧：《西域石窟壁画中的图案艺术》，《文学与艺术》2011年第2期。

5917 沙武田：《莫高窟第322窟图像的胡风因素——兼谈洞窟功德主的粟特九姓胡人属性》，《故宫博物院院刊》2011年第3期。

5918 王倩：《龟兹壁画中的多元民族文化》，《剑南文学》2011年第5期。

5919 周菁葆：《丝绸之路南麓的佛寺壁画艺术研究》，《新疆师范大学学报（哲学社会科学版）》2011年第6期。

5920 刘媛媛：《吐鲁番古代壁画绘画风格研究》，《成功（教育版）》2011年第6期。

5921 陆敬国：《浅论敦煌壁画中西域绘画特点与汉画风格的融合》，《美术教育研究》2011年第7期。

5922 木尼热·阿布都热合曼、阿不来提·马合苏提：《浅谈西域佛教壁画艺术的区域性特色》，《美术教育研究》2011年第7期。

5923 任慧婷：《谈石窟壁画中的龟兹飞天形象以及风格造型》，《大众文艺》2011年第24期。

5924 米德昉：《敦煌曹氏归义军时期石窟四角天王图像研究》，《敦煌学辑刊》2012年第2期。

5925 周菁葆：《丝绸之路与新疆石窟壁画中的动物形象》，《丝绸之路》2012年第2期。

5926 刘丽萍、雷雅琴：《敦煌壁画的叙事图式在现代壁画设计中的传承》，《美术界》2012年第3期。

5927 周菁葆：《丝绸之路石窟壁画中的民俗文化》，《新疆师范大学学报（哲学社会科学版）》2012年第3期。

5928 褚晓莉：《新疆库木吐拉石窟汉风格壁画的技法探析》，《新疆教育学院学报》2012年第3期。

5929 满盈盈：《龟兹石窟波斯艺术元素与中外文化交流考论》，《新疆师范大学学报（哲学社会科学版）》2012年第3期。

5930 周静：《一方新发现的西域佛教石窟壁画》，《四川大学学报（哲学社会科学版）》2012年第3期。

5931 郑怡楠：《河西高台墓葬壁画娱乐图与龟兹乐舞苏摩遮——兼论队舞的起源及其高台墓葬壁画乐舞图的性质》，《敦煌学辑刊》2012年第4期。

5932 李雨濛：《试析克孜尔石窟壁画菱形格形式的起源》，《西域研究》2012年第4期。

5933 沈爱凤：《多元文化因素影响下的龟兹飞天造型》，《西域研究》2012年第4期。

5934 陈粟裕：《敦煌石窟中的于阗守护神图像研究》，《故宫博物院院刊》2012年第4期。

5935 罗延焱：《安西榆林窟第三窟壁画的渊源与形成》，《大舞台》2012年第5期。

5936 陆敬国：《晋唐时期西域壁画风格探究》，《大舞台》2012年第6期。

5937 李国、沙武田：《粟特人及其美术影响下的敦煌壁画艺术成分》，《丝绸之路》2012年第20期。

5938 姚志虎、熊明祥：《龟兹石窟中的动物画风格特点》，《美术观察》2013年第1期。

5939 吉薇羲：《唐代敦煌壁画艺术表现与现代平面构图的关联》，《美术教育研究》2013年第4期。

5940 杨树文、邬建华：《北齐徐显秀墓壁画中的"胡化"因素再探讨》，《昌吉学院学报》2013年第5期。

5941 何银香：《敦煌壁画中反弹琵琶的文化内涵》，《艺海》2013年第7期。

5942 徐玉琼：《论莫高窟早期三窟壁画飞天的西域式造型特征》，《赤峰学院学报（哲学社会科学版）》2013年第9期。

5943 张云志、路倩：《"唐风"及唐代敦煌壁画的人物风格》，《兰台世界》2013年第36期。

5944 朱浒：《传承与分立：魏晋南北朝墓室壁画中所见胡人形象》，《形象史学研究》2014，北京：人民出版社，2014年。

5945 古丽比亚：《和田地区新出佛寺壁画综论》，《中国美术研究》第12辑，上海：东南大学出版社，2014年。

5946 刘蓉：《丝路多元音乐文化在敦煌壁画中的呈现》，《交响——西安音乐学院学报》2014年第1期。

5947 沙武田：《角色转换与历史记忆——莫高窟第323窟张骞出使西域图的艺术史意

义》,《敦煌研究》2014 年第 1 期。

5948 李青:《罗布泊雅丹壁画墓考察》,《艺术探索》2014 年第 2 期。

5949 高雄山:《佛教对河西走廊石窟绘画艺术的影响》,《丝绸之路》2014 年第 2 期。

5950 陈粟裕:《"新样文殊"中的于阗王形象研究》,《艺术设计研究》2014 年第 2 期。

5951 刘菲:《魏晋南北朝时期外来佛教对敦煌壁画的影响钩沉》,《北方文学(下旬刊)》2014 年第 4 期。

5952 马玲玲:《浅析吐蕃统治时期莫高窟维摩诘经变画之流变》,《丝绸之路》2014 年第 6 期。

5953 袁梦雅:《敦煌莫高窟壁画中女供养人的妆饰探究——以 61 窟于阗天公主为例》,《装饰》2014 年第 6 期。

5954 邓亚楠:《敦煌石窟早期壁画线描艺术探析》,《晋阳学刊》2014 年第 6 期。

5955 关晋文:《敦煌隋代壁画技法探析》,《敦煌研究》2014 年第 6 期。

5956 王征:《龟兹壁画临摹与西域山水画创作》,《美术观察》2014 年第 8 期。

5957 杨梓艺:《浅探隋代飞天的艺术特色及其影响》,《艺术时尚(下旬刊)》2014 年第 9 期。

5958 李聿骐:《北朝石窟中弟子像法服初探》,《石窟寺研究》第 6 辑,北京:科学出版社,2015 年。

5959 李青:《米兰壁画与东西方艺术关系考论》,《西北民族论丛》第 11 辑,北京:社会科学文献出版社,2015 年。

5960 王毓红、冯少波:《唐代三大胡舞中的佛教转世再生思想——以敦煌石窟佛教经变壁画为例》,《唐史论丛》第 20 辑,西安:三秦出版社,2015 年。

5961 董华锋:《庆阳北石窟寺第 165 窟"舍身饲虎"图像考辨》,《敦煌学辑刊》2015 年第 1 期。

5962 任平山:《"身若出壁"的吐火罗粟特壁画——以尉迟乙僧为线索》,《敦煌研究》2015 年第 1 期。

5963 李青:《米兰壁画与东西方艺术关系考论》,《西北民族论丛》2015 年第 1 期。

5964 刘泓文:《敦煌壁画中的女供养人》,《寻根》2015 年第 2 期。

5965 姚志虎:《龟兹石窟中动物画的分期及其特征分析》,《装饰》2015 年第 2 期。

5966 汪小洋:《丝绸之路墓室壁画的图像体系讨论》,《民族艺术》2015 年第 2 期。

5967 伏奕冰:《古老的狩猎方式——莫高窟第 285 窟壁画中的"猎杀野猪图"》,《敦煌学辑刊》2015 年第 3 期。

5968 高勇:《佛教菱格画到连环画形式的演变——以克孜尔和莫高窟的故事画为

例》,《艺术探索》2015 年第 3 期。

5969 荻原裕敏:《试论库木吐喇第 50 窟主室正壁佛龛千佛图像的程序》,《西域研究》2015 年第 3 期。

5970 高勇:《论佛教菱格画到连环画形式的演变——以克孜尔和莫高窟的故事画为例》,《创意设计源》2015 年第 4 期。

5971 杨殿刚:《浅述魏晋墓壁画反映的丝绸之路文化》,《丝绸之路》2015 年第 4 期。

5972 田小书:《长川一号墓壁画在高句丽音乐史上的价值》,《交响——西安音乐学院学报》2015 年第 4 期。

5973 赵莉、杨波:《龟兹"佛履三道宝阶降还"和"龙王搭桥渡佛过河"壁画探析》,《西域研究》2015 年第 4 期。

5974 郭俊叶:《莫高窟第 217 窟佛顶尊胜陀罗尼经变中的看相图及相关问题》,《敦煌学辑刊》2015 年第 4 期。

5975 李梅:《论北魏飞天形象的审美意蕴》,《民族艺林》2015 年第 4 期。

5976 洛克什·钱德拉著、杨富学译:《丹丹乌里克二号殿所见于阗诃利帝壁画》,《敦煌研究》2015 年第 5 期。

5977 孙晓岗:《论河西与高句丽壁画墓的关系》,《艺术探索》2015 年第 5 期。

5978 席丽博:《浅析西域外来文化对敦煌壁画的影响》,《艺术科技》2015 年第 7 期。

5979 刘艳燕、曾俊琴:《敦煌壁画中马形象探析》,《丝绸之路》2015 年第 8 期。

5980 陈振杰:《明清时期福建民间远洋贸易推动海上丝绸之路繁荣发展——解析福建古民居乾隆时期福船远洋阿拉伯壁画》,《中国远洋航务》2015 年第 12 期。

5981 冯丽娟:《甘肃高台魏晋墓壁画中民族交汇融合探究》,《美与时代（中旬刊）·美术学刊》2015 年第 12 期。

5982 李欣悦:《从克孜尔的猿猴绘画看佛教文化对中国绘画的影响》,《科教文汇》2015 年第 23 期。

5983 苏东黎:《洛阳两座唐墓壁画中虎豹纹物品的考释》,《人类文化遗产保护》,西安:陕西交通大学出版社,2016 年。

5984 李青:《楼兰 03LE 壁画墓再讨论》,《西北民族论丛》第 13 辑,北京:社会科学文献出版社,2016 年。

5985 孙晓峰:《麦积山石窟北朝晚期胡人图像及相关问题研究》,《形象史学研究》第一期,北京:人民出版社,2016 年。

5986 张元林:《从敦煌图像看丝路文化交融中的"变"与"不变"》,《遗产与保护研究》2016 年第 1 期。

5987 王江鹏:《丝路沿线汉唐墓葬壁画的艺术演变与中外文化交流》,《美术》2016

年第 1 期。

5988 任平山：《王女牟尼本生及龟兹壁画》，《西域研究》2016 年第 1 期。

5989 丛振：《敦煌狩猎图像考》，《石河子大学学报（哲学社会科学版）》2016 年第 2 期。

5990 王美艳：《唐代丝绸之路上中亚地区粟特人城市遗址壁画研究》，《设计艺术研究》2016 年第 2 期。

5991 刘芳、鲍丙峰：《浅议新疆佛教壁画人物造型特点的形成因素》，《塔里木大学学报》2016 年第 2 期。

5992 魏迎春：《敦煌莫高窟第 103 窟维摩诘像与吴道子画风》，《艺术百家》2016 年第 2 期。

5993 刘文荣：《库木土喇 46 窟所见猕猴伎乐图像考》，《中国音乐学》2016 年第 4 期。

5994 任平山：《抒海本生及其在吐峪沟壁画中的呈现》，《敦煌研究》2016 年第 4 期。

5995 商春芳：《"拂林狗"在中国唐代的流传——从洛阳壁画墓中出现的宠物狗谈起》，《文物鉴定与鉴赏》2016 年第 5 期。

5996 王芳：《敦煌唐五代旷野鬼夜叉图像小议》，《敦煌研究》2016 年第 6 期。

5997 王胜泽：《华丽典雅的龟兹壁画艺术》，《丝绸之路》2016 年第 7 期。

5998 孙立婷：《四至九世纪莫高窟壁画中的四种飞天图式及其来源》，《美与时代（上旬刊）》2016 年第 7 期。

5999 弋大勇：《浅析敦煌飞天艺术形象的发展历程》，《青春岁月》2016 年第 9 期。

6000 邵强军：《敦煌莫高窟第 98 窟〈报恩经变〉研究》，《关东学刊》2016 年第 10 期。

6001 章鸿昊：《北凉北魏时期敦煌壁画中的飞天与千佛》，《大观》2016 年第 11 期。

6002 宋永忠：《中亚美术的奇葩——粟特壁画艺术》，《美术》2016 年第 11 期。

6003 吴洁：《丝路佛教音乐的"交响与变奏"：克孜尔石窟与云冈石窟天宫伎乐图像比较》，《艺术教育》2016 年第 11 期。

6004 刘颖：《高昌石窟壁画所见证的丝路物质文化交流》，《美术大观》2016 年第 12 期。

6005 郦宁宁：《北朝石窟佛龛与柱头图像及其渊源考察》，《石窟寺研究》第 7 辑，北京：科学出版社，2017 年。

6006 沙武田：《丝绸之路交通贸易图像——以敦煌画商人遇盗图为中心》，《丝绸之路研究集刊》第 1 辑，北京：商务印书馆，2017 年。

6007 朝鸿、张未：《丝绸之路上三大壁画中用线用色的比较研究》，《天津大学学报

（社会科学版）》2017 年第 1 期。

6008　王艳玲：《淡妆浓抹总相宜的美人妆——论敦煌壁画中唐五代女子的妆容特点》，《陇东学院学报》2017 年第 2 期。

6009　吴璇：《龙门石窟奉先寺卢舍那大佛背光乐伎研究》，《河南科技大学学报（社会科学版）》2017 年第 2 期。

6010　李静杰：《炳灵寺第 169 窟西秦图像反映的犍陀罗文化因素东传情况》，《敦煌研究》2017 年第 3 期。

6011　刘晓晨：《浅谈敦煌壁画与新疆少数民族音乐的若干联系》，《当代音乐》2017 年第 3 期。

6012　赵旭：《莫高窟 275 窟北壁尸毗王本生故事图中飞天艺术形象的初探》，《美术界》2017 年第 3 期。

6013　黄保华：《浅析北魏时期敦煌壁画中的人物造型》，《文艺生活（下旬刊）》2017 年第 4 期。

6014　刘梦圆：《简析唐墓壁画——以"异域文化"为例》，《美术大观》2017 年第 7 期。

6015　王征：《丝绸之路上的龟兹与敦煌音乐图像研究》，《人民音乐》2017 年第 9 期。

6016　武瑛：《宁夏固原博物馆藏北朝隋唐墓葬壁画赏析》，《文物天地》2017 年第 9 期。

6017　张全红：《新疆克孜尔壁画人体艺术浅析》，《艺术科技》2017 年第 9 期。

6018　万洁、关懿：《和田策勒达玛沟轮王说法图的保护与修复》，《丝绸之路》2017 年第 10 期。

6019　曹雅妮、胡桂芬：《丝绸之路沿线之麦积山石窟壁画色彩探蠡》，《中国包装》2017 年第 11 期。

6020　刘璟、贺明：《浅析敦煌壁画之民间艺术》，《中国民族博览》2017 年第 12 期。

6021　黄泽敏：《论敦煌 323 窟中匈奴祭天金人图像》，《大众文艺》2017 年第 15 期。

6022　陈茹茹：《波斯萨珊艺术对敦煌壁画的影响与启示》，《大众文艺》2017 年第 16 期。

6023　张小刚：《敦煌壁画中于阗白衣立佛瑞像源流研究》，《创意设计源》2018 年第 1 期。

绘　画

6024　原田淑人：《西域绘画所见服装的研究》，《美术研究》1958 年第 1 期。

6025 张朋川：《河西出土的汉晋绘画简述》，《文物》1978 年第 6 期。

6026 郑为：《后梁赵岩调马图卷》，《上海博物馆集刊》第十二期，上海：上海书画出版社，1982 年。

6027 丝路：《古代西域名流之三：丹青妙手尉迟乙增》，《新疆师范大学学报（社会科学版）》1982 年第 2 期。

6028 杨树云：《从敦煌绢画〈引路菩萨〉看唐代的时世妆》，《敦煌学辑刊》1983 年第 4 期。

6029 孙培良：《中国画法的西渐与伊朗细画》，《西南师范大学学报（人文社会科学版）》1984 年第 3 期。

6030 王维芳：《水彩画传入中国的历史沿革》，《新美术》第二期，杭州：中国美术学院出版社，1988 年。

6031 任道斌：《关于高昌回鹘的绘画及其特点》，《新美术》第三期，杭州：中国美术学院出版社，1991 年。

6032 裴建平：《"人首蛇身"伏羲、女娲绢画略说》，《文博》1991 年第 1 期。

6033 任道斌：《关于高昌回鹘的绘画及其特点》，《新美术》1991 年第 3 期。

6034 阎瑜民：《六朝佛画刍议》，《五台山研究》1991 年第 4 期。

6035 洪再新：《赵孟頫〈红衣西域僧（卷）〉研究》，《新美术》1995 年第 1 期。

6036 李卫星：《论两汉与西域关系在汉画中的反映》，《考古与文物》1995 年第 5 期。

6037 小野忠重、莫小也：《利玛窦与明末版画》，《新美术》第三期，杭州：中国美术学院出版社，1999 年。

6038 汤开建：《中国现存最早的欧洲人形象资料——〈东夷图像〉》，《故宫博物院院刊》2001 年第 1 期。

6039 陈霞：《唐代的屏风——兼论吐鲁番出土的屏风画》，《西域研究》2002 年第 2 期。

6040 王志兴：《辉耀历史的传奇巨匠尉迟乙僧》，《新疆艺术学院学报》2003 年第 2 期。

6041 松本文三郎著，金申译：《兜跋毗沙门天考》，《敦煌研究》2003 年第 5 期。

6042 邱忠鸣：《曹仲达与"曹家样"研究》，《故宫博物院院刊》2006 年第 5 期。

6043 李维琨：《松根胡僧憩寂寞——读赵孟頫的〈红衣罗汉图〉卷》，《上海文博论丛》第四期，上海：上海辞书出版社，2007 年。

6044 方闻、申云艳：《敦煌的凹凸画》，《故宫博物院院刊》2007 年第 3 期。

6045 鲁粲：《西域凹凸画法的源流及其对中原绘画的影响》，《南京艺术学院学报（美术与设计版）》2007 年第 4 期。

6046　方闻、申云艳：《敦煌的凹凸画》，《中国书画》2007 年第 7 期。

6047　史世任：《唐绘画与多元文化形态的交融及其价值》，《江西社会科学》2007 年第 8 期。

6048　吴秋野：《中国古代画僧制度考释》，《美术观察》2007 年第 8 期。

6049　刘建新：《波斯细密画对新疆油画的影响》，《新美术》第三期，杭州：中国美术学院出版社，2008 年。

6050　王立：《图画崇拜与画中人母题的佛经渊源及仙话意蕴》，《南开学报（哲学社会科学版）》2008 年第 3 期。

6051　篠原典生：《图木舒克佛教故事图考》，《西域研究》2008 年第 3 期。

6052　刘建新：《波斯细密画对新疆油画的影响》，《新美术》2008 年第 3 期。

6053　杨菱菱：《高克恭山水画浅论》，《美术大观》2008 年第 4 期。

6054　赵丽娅：《西域叠晕法的由来及影响》，《新疆艺术学院学报》2009 年第 1 期。

6055　朱叶：《李公麟的〈五马图〉及其白描艺术》，《榆林学院学报》2009 年第 3 期。

6056　兰翠：《论古代马的审美文化特质——以唐人咏马画马为中心的考察》，《文史哲》2009 年第 6 期。

6057　周建朋、仇春霞：《相马术和西域马对唐代鞍马美术风格的影响》，《甘肃社会科学》2009 年第 6 期。

6058　董振辉：《浅析丝绸之路对新疆少数民族绘画色彩风格形成的影响》，《丝绸之路》2009 年第 22 期。

6059　郭俊峰：《"曹家样"与佛教艺术样式的东渐》，《长治学院学报》2010 年第 4 期。

6060　田中公明著，刘永增译：《敦煌出土胎藏大日八大菩萨像》，《敦煌研究》2010 年第 5 期。

6061　钟丽娟：《浅谈唐代丝路之景教绘画》，《当代艺术》第四期，长春：长春出版社，2011 年。

6062　何卯平：《东传日本的宁波佛画〈十王图〉》，《敦煌学辑刊》2011 年第 3 期。

6063　陆敬国：《西域画风东渐对魏晋南北朝画家的影响》，《艺术探索》2011 年第 5 期。

6064　顾颖：《古代于阗佛教绘画的风格考辨》，《新疆大学学报（哲学·人文社会科学版）》2011 年第 5 期。

6065　周菁葆：《丝绸之路与新疆古代绘画艺术》，《丝绸之路》2011 年第 14 期。

6066　邰振明：《西域"凹凸画法"在唐代画坛的作用及表现》，《中国美术》2012 年第 4 期。

6067　顾颖：《佛教绘画中的"西域样式"辨微》，《文艺研究》2012 年第 6 期。

6068　李斌：《汉画中的佛教图像漫谈》，《美术界》2012 年第 8 期。

6069　叶红、刘多敏、王立：《〈邛崃叱驭图〉的惊世价值》，《文物鉴定与鉴赏》2012 年第 10 期。

6070　吴春燕：《尉迟乙僧考》，《中国美术研究》第 8 辑，上海：东南大学出版社，2013 年。

6071　柯杨：《宋末元初西域画家高克恭及其山水画艺术略考》，《淮海工学院学报（社会科学版）》2013 年第 21 期。

6072　阿不来提·马合苏提：《西域绘画艺术的诞生，鼎盛时期与艺术特点》，《学术界》2013 年增刊第 1 期。

6073　赵婷婷：《从清代康熙年间手工艺玻璃画鉴证广州十三洋行商馆区贸易的兴衰与沉浮》，《当代手工艺》第一期，青岛：青岛出版社，2014 年。

6074　董华锋、林玉：《四川博物院藏两件敦煌绢画》，《文物》2014 年第 1 期。

6075　张建中：《新疆古代画家尉迟乙僧的凹凸画派与龟兹画风》，《丝绸之路》2014 年第 4 期。

6076　董海鹏：《研究〈职贡图〉、〈红衣西域僧（卷）〉中引发的思考》，《青春岁月》2014 年第 14 期。

6077　朱浒：《"夷歌成章，胡人遥集"——从〈职贡图〉看南朝胡人图像与政治的关系》，《南京艺术学院学报（美术与设计版）》2015 年第 1 期。

6078　张小刚、杨晓华、郭俊叶：《于阗曹皇后画像及生平事迹考述》，《西域研究》2015 年第 1 期。

6079　张建宇：《敦煌西魏画风新诠——以莫高窟第 285 窟工匠及粉本问题为核心》，《敦煌研究》2015 年第 2 期。

6080　刘学荣：《略谈凹凸晕染法对中国绘画艺术的影响》，《美术大观》2015 年第 3 期。

6081　左力光：《探寻西北宗山水画之源助力新丝绸之路文化发展》，《民族艺林》2015 年第 3 期。

6082　赵喜惠：《唐朝与西域绘画艺术交流探析》，《青海师范大学学报（哲学社会科学版）》2015 年第 5 期。

6083　杨可：《素朴与华丽——唐代中原与西域绘画的碰撞与融合》，《天津美术学院学报》2015 年第 11 期。

6084　张勤：《没骨法缘起初探》，《艺术科技》2015 年第 12 期。

6085　李燕：《小雁塔上保留下来的唐代线刻画》，《陕西历史博物馆馆刊》第 23 辑，西安：三秦出版社，2016 年。

▶ 丝绸之路研究论文目录

6086 梁二平：《从宋元古画看海上温州的丝绸之路》，《丝绸之路》2016 年第 1 期。

6087 赵旭：《浅谈"凹凸画法"在唐朝的传播》，《文艺生活·文艺理论》2016 年第 2 期。

6088 张文：《也谈〈清明上河图〉中的胡人及相关问题》，《苏州大学学报（哲学社会科学版）》2016 年第 3 期。

6089 刘玉权：《玄奘图像之滥觞及早期玄奘图像——玄奘图像学考察》，《敦煌研究》2016 年第 5 期。

6090 董一平：《十里春风雕琢丝中繁花——缂丝中的宋人书画》，《江苏丝绸》2016 年第 5 期。

6091 谷新春：《西域的世俗与宗教绘画（上）》，《美术》2016 年第 6 期。

6092 周密：《凹凸法形成的地域文化渊源》，《湖南大众传媒职业技术学院学报》2016 年第 6 期。

6093 梁加诚：《历史的荣耀与辉煌——于阗画派考》，《齐鲁艺苑》2016 年第 6 期。

6094 施锜：《蜀地佛教神通与文人禅：宋元图像中的竹杖渊源》，《民族艺术》2016 年第 6 期。

6095 张勤：《从"凹凸花"到"没骨花"——试探"没骨法"的形成及发展历程》，《美术大观》2016 年第 10 期。

6096 顾生蓉：《东方圣像画研究——丝路圣像画的技术艺术史解读》，《艺术品》2016 年第 11 期。

6097 肥田路美、卢超：《西域瑞像流传到日本——日本 13 世纪画稿中的于阗瑞像》，《丝绸之路研究集刊》第 1 辑，北京：商务印书馆，2017 年。

6098 陆艳清：《尉迟乙僧的绘画艺术及其当代意义》，《艺术研究》2017 年第 1 期。

6099 顾颖：《论西域样式凹凸法与天竺遗法》，《敦煌研究》2017 年第 2 期。

6100 池漪：《纸上丝绸之路——对细密画〈波斯王子胡马与中国公主胡马雍相会〉的多维解读》，《美术观察》2017 年第 7 期。

6101 朱天曙：《陈垣与书画史研究——以〈吴渔山生平〉〈元西域人华化考·美术篇〉为例》，《中国书法》2017 年第 17 期。

6102 程玉萍：《论郎世宁的丝绸之路艺术与清代艺术的交融》，《卷宗》2017 年第 33 期。

6103 荣新江：《贞观年间的丝路往来与敦煌翟家窟画样的来历》，《敦煌研究》2018 年第 1 期。

图案纹饰

6104 诸葛铠：《唐代外来纹样民族化的几点看法》，《装饰》1983年第2期。

6105 诸葛铠：《唐代外来纹样民族化的几点看法（续）》，《装饰》1983年第3期。

6106 关双喜：《谈西域文化对唐镜纹饰的影响》，《文博》1991年第1期。

6107 吴妍春：《汉唐西域织物纹样的艺术特色》，《上海工艺美术》1998年第2期。

6108 孙荪：《丝绸之路对中国染织图案的影响》，《东华大学学报（社会科学版）》2002年第2期。

6109 高明：《敦煌唐代壁画中宝相花纹饰探议》，《装饰》2004年第11期。

6110 刘珂艳：《敦煌莫高窟装饰艺术中首饰纹样分析》，《装饰》2005年第2期。

6111 魏东：《古西域立体图案装饰分类探考》，《装饰》2005年第5期。

6112 解梅：《敦煌壁画中的联珠纹》，《社科纵横》2005年第6期。

6113 邵会秋、杨建华：《早期斯基泰文化及欧亚草原的动物纹起源问题的探讨——从〈斯基泰—伊朗动物纹风格的起源〉一文谈起》，《西域研究》2006年第4期。

6114 魏文斌：《也谈仰月、日月菩萨冠饰——以麦积山石窟为例展开》，《敦煌学辑刊》2007年第4期。

6115 高山：《从唐联珠猪头纹锦看联珠纹样发展过程中的装饰演变》，《四川丝绸》2008年第1期。

6116 吴逸飞：《丝绸之路的纹理：联珠纹——中西文化交流第二次高潮的写照》，《解放军艺术学院学报》2008年第1期。

6117 张玲玲：《从吐鲁番出土文物上的狩猎纹样看中西文化交流》，《新疆艺术学院学报》2008年第2期。

6118 李敏：《敦煌北凉、北魏壁画装饰图案》，《敦煌研究》2008年第3期。

6119 李静：《河西走廊与中原北方北朝隋代石窟天井图样考察》，《故宫博物院院刊》2008年第4期。

6120 韩香：《联珠纹饰与中西文化交流——以西安出土文物为例》，《唐史论丛》第11辑，西安：三秦出版社，2009年。

6121 王文秀：《论莲纹的装饰组合》，《淮北煤炭师范学院学报（哲学社会科学版）》2009年第1期。

6122 刘珂艳：《敦煌莫高窟早期石窟装饰图案分析》，《艺术百家》2009年第4期。

6123 李海勇：《雷州窑瓷器装饰纹样艺术研究》，《美术大观》2009年第7期。

6124 周珍珍：《对"葡萄纹"的一点认识》，《法制与社会》2009年第30期。

| 6125 | 金普军、毛振伟：《西藏铜币纹饰管窥》，《文物鉴定与鉴赏》2010年第1期。
| 6126 | 李敏：《莫高窟西魏北周装饰图案研究》，《敦煌研究》2010年第1期。
| 6127 | 阿朝东：《从青海出土文物浅析隋唐时期联珠纹饰的盛行及衰微》，《文博》2010年第3期。
| 6128 | 刘佳丽：《浅谈上古时代纹样东渐与改善及其影响》，《文艺生活·文艺理论》2010年第7期。
| 6129 | 谢群：《漂浮在丝绸之路上的祥云——宁夏须弥山石窟云纹图饰研究》，《美术大观》2010年第8期。
| 6130 | 李敏：《敦煌北凉、北魏石窟图案的装饰风格》，《大众文艺》2011年第3期。
| 6131 | 吴艳春：《亚欧草原动物纹艺术的典型题材——鹿—鸟组合图像探析》，《文博》2011年第4期。
| 6132 | 沈爱凤：《丝绸之路古代纹样若干问题研究》，《丝绸》2011年第12期。
| 6133 | 王煜：《"车马出行——胡人"画像试探——兼谈汉代丧葬艺术中胡人形象的意义》，《考古与文物》2012年第1期。
| 6134 | 孟昕：《隋唐至明清传统图案色彩浅析》，《美术大观》2012年第3期。
| 6135 | 衣霄：《吐鲁番出土织物树纹特征源流考》，《南京艺术学院学报（美术与设计版）》2012年第4期。
| 6136 | 郭萍：《魏晋隋唐时期"绶带鸟"图案寓意的东渐》，《装饰》2012年第7期。
| 6137 | 叶尔米拉：《古道上洒落的珍珠——联珠纹》，《文物鉴定与鉴赏》2012年第9期。
| 6138 | 刘甜甜：《浅析联珠纹在古代中西方文明交流中的发展与演变》，《今日湖北（下旬刊）》2012年第9期。
| 6139 | 李兰：《佛教艺术中的莲花纹对中国陶瓷文化的影响》，《美术教育研究》2012年第9期。
| 6140 | 刘珂艳：《元代织物中兔纹形象分析》，《装饰》2012年第10期。
| 6141 | 卢文丽：《浅谈克孜尔石窟中菱格形图案的象征意义》，《美术教育研究》2012年第24期。
| 6142 | 殷冀飞：《浅论西域文化对唐代铜镜纹饰的影响》，《华章》2012年第29期。
| 6143 | 艾尔西丁·若孜：《十世纪前期维族服饰植物纹样分类与文化内涵》，《艺术百家》2012年增刊第1期。
| 6144 | 沈爱凤：《西域和匈奴丝绸纹样中的东西方要素探析》，《丝绸》2013年第3期。
| 6145 | 郭萍：《花角鹿图案在丝绸之路上的传播》，《昌吉学院学报》2013年第3期。
| 6146 | 华黎静：《论唐代玉器纹样"世俗化"的倾向》，《苏州工艺美术职业技术学院

学报》2013 年第 4 期。

6147 王敏：《连珠纹源流及其在新疆少数民族装饰中的运用》，《创意与设计》2013 年第 5 期。

6148 徐玉琼：《莫高窟北朝佛像背光装饰纹样特征及其演变》，《郑州航空工业管理学院学报（社会科学版）》2013 年第 5 期。

6149 赵丰、段光利：《从敦煌出土丝绸文物看唐代夹缬图案》，《丝绸》2013 年第 8 期。

6150 邝杨华、刘辉：《汉唐刺绣图案构图研究》，《丝绸》2014 年第 8 期。

6151 方莉敏：《"丝绸之路"对唐宋耀州窑纹饰的影响》，《文艺生活·文海艺苑》2014 年第 9 期。

6152 陈振旺：《莫高窟隋唐图案的历史演变和文化交流》，《深圳大学学报（人文社会科学版）》2015 年第 6 期。

6153 孙婷、王彦娜：《丝绸之路中波斯文化与大唐文化的图形语言初探》，《人间》2015 年第 15 期。

6154 吴艳春：《三角形——西域史前文化景观中的核心符号及象征意义》，《形象史学研究》第二期，北京：人民出版社，2016 年。

6155 张成渝、张乃翥：《洛阳"格里芬"美术遗迹与西域文明之东渐》，《形象史学研究》第二期，北京：人民出版社，2016 年。

6156 李楠、潘鲁生：《传播与回授：公元 5—8 世纪吐鲁番地区服饰织锦遗存中的几种动物纹样》，《南京艺术学院学报（美术与设计版）》2016 年第 5 期。

6157 王玉芳：《流传与移植——试论中国古代美术作品中葡萄纹的流传》，《南京艺术学院学报（美术与设计版）》2016 年第 5 期。

6158 林鸽、边素萍、栗瑶：《中国唐代铜镜海兽葡萄纹浅析》，《艺术科技》2016 年第 5 期。

6159 王彦娜、王茹娜：《浅论唐代长安织锦纹样》，《美术教育研究》2016 年第 6 期。

6160 邵强军、张铭：《莫高窟早期平棋图案艺术研究》，《天水师范学院学报》2016 年第 6 期。

6161 高杨：《嘉峪关魏晋墓画像砖屯垦图考释》，《丝绸之路》2016 年第 8 期。

6162 吴迪：《辽代摩竭纹图案及其文化意义》，《赤峰学院学报（哲学社会科学版）》2016 年第 10 期。

6163 于慧中：《丝绸之路中的流传纹样》，《魅力中国》2016 年第 17 期。

6164 常沙娜：《中国敦煌历代装饰图案的研究与创新应用》，《丝绸之路》2016 年第 20 期。

6165 韩颖、张毅：《丝绸之路打通前后联珠纹的起源与流变》，《丝绸》2017年第2期。

6166 张志云：《元青花图案文化多元性探索》，《美术文献》2017年第2期。

6167 韩颖、张毅：《丝绸之路文化影响下联珠纹的形式流变》，《丝绸》2017年第5期。

6168 杨玉山：《固原北魏漆棺画装饰纹样探微之二——联珠纹》，《大众文艺》2017年第11期。

雕　塑

6169 王子云：《新疆的石刻艺术》，《文物参考资料》1956年第8期。

6170 诸葛铠：《敦煌彩塑中的隋代丝绸备案》，《丝绸》1981年第8期。

6171 阮荣春：《孔望山佛教造像时代考辩》，《南京艺术学院学报（音乐与表演版）》1984年第4期。

6172 阮荣春：《孔望山佛教造像时代考辩》，《考古》1985年第1期。

6173 李文生：《我国石窟中的优填王造像——龙门石窟优填王造像之早之多为全国石窟之最》，《中原文物》1985年第4期。

6174 陈文军：《新疆出土的古代雕塑简介》，《新疆社会科学》1986年第2期。

6175 李扬：《漫谈新疆古代雕塑》，《民族艺术》1988年第1期。

6176 冯国富：《固原出土的佛雕造像》，《固原师专学报》1992年第1期。

6177 贺世哲：《关于十六国北朝时期的三世佛与三佛造像诸问题（一）》，《敦煌研究》1992年第4期。

6178 贺世哲：《关于十六国北朝时期的三世佛与三佛造像诸问题（二）》，《敦煌研究》1993年第1期。

6179 朱刚：《中土弥勒造像源流及艺术阐述》，《复旦学报（社会科学版）》1993年第4期。

6180 何志国：《四川早期佛教造像滇缅道传入论——兼与吴焯先生商榷》，《东南文化》1994年第1期。

6181 束有春：《早期佛教造像南传系统中的楚文化因子》，《东南文化》1994年第1期。

6182 蔡伟堂：《犍陀罗弥勒菩萨像的几个问题》，《敦煌研究》1994年第3期。

6183 高次若、刘明科：《陕西千阳县上店发现唐代铜佛造像窖藏》，《考古与文物》1997年第1期。

6184 梁丰：《"牙雕佛传造像"的释读及其他》，《中国历史文物》1999年第1期。

6185 刘波：《敦煌与阿姆河流派造像美术比较研究》，《敦煌研究》1999年第2期。

6186 刘波：《敦煌与阿姆河流派造像美术比较研究（二）》，《敦煌研究》1999年第3期。

6187 霍巍、罗进勇：《岷江上游新出南朝石刻造像及相关问题》，《四川大学学报（哲学社会科学版）》2001年第5期。

6188 张正明、院文清：《战国中期曾有佛教造像传入南楚》，《江汉论坛》2001年第8期。

6189 李辉、罗明：《麦积山石窟造像风格探源》，《天水师范学院学报》2002年第4期。

6190 王长启：《西安出土的隋唐时期佛教造像》，《碑林集刊》第9辑，西安：陕西人民美术出版社，2003年。

6191 王蔚华、袁凯铮：《明秦藩王墓石雕艺术》，《碑林集刊》第9辑，西安：陕西人民美术出版社，2003年。

6192 韩有成：《须弥山中心柱洞窟及其造像》，《固原师专学报》2003年第2期。

6193 金永安：《论丝绸之路南北两道的佛教造像艺术》，《南京艺术学院学报（美术与设计版）》2003年第3期。

6194 朱哲：《西域木偶的艺术地位》，《当代戏剧》2003年第5期。

6195 蔡伟堂：《莫高窟早期三窟佛像比例探讨》，《敦煌研究》2005年第3期。

6196 葛佳平：《浅谈莫高窟第432窟胁侍菩萨与佛教造像的汉化》，《浙江传媒学院学报》2005年第4期。

6197 罗二虎：《论中国西南地区早期佛像》，《考古》2005年第6期。

6198 孙红、孙田成：《弭邪赐福石狮子——中国狮文化艺术探源》，《徐州工程学院学报》2006年第5期。

6199 裴建平：《陕西出土的十六国、北魏佛造像与犍陀罗艺术》，《碑林集刊》第13辑，西安：陕西人民美术出版社，2007年。

6200 周巩平：《龟兹佛教造像的艺术风格与成就》，《上海艺术家》2007年第1期。

6201 苗利辉：《龟兹燃灯佛授记造像及相关问题的探讨》，《西域研究》2007年第3期。

6202 胡彬彬：《长江中上游地区的造像与佛教初始输入的别径》，《湖南大学学报（社会科学版）》2007年第5期。

6203 王锡臻、仇宇：《炳灵寺西秦立佛造像风格的再认识》，《甘肃联合大学学报（社会科学版）》2008年第3期。

6204 王剑平、雷玉华：《四川唐代摩崖造像中部分瑞像的辨识》，《敦煌学辑刊》2009年第1期。

6205 叶繁：《丝绸之路多元文化影响下的古代佛教雕塑》，《雕塑》2009年第2期。

6206 于春、王婷、卢丁、钟治、李生、王静、杨红武、毕瑞、罗春晓、师若予、曾玲玲、杨伟：《四川绵阳碧水寺唐代摩崖造像调查》，《文物》2009年第2期。

6207 刘文东：《论昙曜五窟佛造像的衣线美》，《新疆师范大学学报（哲学社会科学版）》2009年第4期。

6208 丁万华、黄平：《浅议炳灵寺石窟释迦、多宝造像》，《丝绸之路》2009年第18期。

6209 王一名：《咸阳古渡遗址出土的隋唐佛教造像》，《丝绸之路》2009年第22期。

6210 张玉平、吴少明：《甘肃武山拉梢寺摩崖造像艺术特征及成因探究》，《装饰》2010年第12期。

6211 陈瑞近：《关于明清金铜佛造像鉴定的几点体会》，《苏州文博论丛》总第2辑，北京：文物出版社，2011年。

6212 周菁葆：《丝绸之路与新疆古代雕塑艺术》，《丝绸之路》2011年第2期。

6213 黄浙苏：《宁波天后宫雕刻特色研究》，《莆田学院学报》2011年第4期。

6214 李永康：《古代于阗佛教雕塑艺术》，《雕塑》2011年第4期。

6215 韩晓龙：《魏晋河西石窟浮塑飞天刍议》，《雕塑》2011年第4期。

6216 胡彬彬：《论长江流域早期佛教造像的古印度影响》，《湖南大学学报（社会科学版）》2011年第5期。

6217 张玉平：《甘肃武山水帘洞石窟群雕塑的艺术特征探究》，《美与时代（上半月）》2011年第6期。

6218 邓淑苹：《从"西域国手"与"专诸巷"论南宋在中国玉雕史上的重要意义》，《考古学研究》第九期上册，北京：文物出版社，2012年。

6219 张乃翥：《中外文化源流递变的一个美学例证——龙门石窟宾阳中洞帝后礼佛图雕刻的美术史考察》，《石窟寺研究》第3辑，北京：文物出版社，2012年。

6220 王锋钧：《十六国北朝时期长安佛教造像的表现艺术》，《文博》2012年第1期。

6221 董华云、陈建军：《北齐陶俑艺术研究》，《艺术评论》2012年第6期。

6222 王霞：《"秀骨清像"、"褒衣博带"——论北魏石窟汉化造像样式的确立及成因》，《南京艺术学院学报（美术与设计版）》2012年第6期。

6223 闫佳梅：《魏晋南北朝时期麦积山石窟造像艺术探究》，《大众文艺》2012年第8期。

6224 霍永军：《武山拉梢寺石窟造像特点解析》，《文物鉴定与鉴赏》2012年第8期。

6225　杨玲：《敦煌彩塑漫谈》，《艺海》2012年第9期。

6226　王剑平、雷玉华：《四川唐代摩崖造像中部分瑞像的辨识》，《成都考古研究》第二期，北京：科学出版社，2013年。

6227　尤宝铭：《甘肃武威出土汉代木雕鉴赏》，《上海文博论丛》第三期，上海：上海辞书出版社，2013年。

6228　余明泾：《敦煌莫高窟北朝时期佛陀造像衣着的演变》，《集美大学学报（哲学社会科学版）》2013年第1期。

6229　徐玉琼：《新疆于阗早期佛教造像特征》，《昌吉学院学报》2013年第2期。

6230　李娜：《论麦积山早期塑像的艺术意蕴》，《美术教育研究》2013年第15期。

6231　苗利辉：《库木吐喇第45窟造像内容考证》，《敦煌研究》2014年第2期。

6232　卢丁：《成都周边地区唐代石窟造像样式形成的相关问题》，《四川文物》2014年第3期。

6233　万熹、杨波：《论克孜尔石窟涅槃佛像的笈多风格》，《新疆艺术学院学报》2014年第4期。

6234　时兰兰：《从高善穆石造像塔看北凉时期河西佛教文化的繁荣》，《丝绸之路》2014年第10期。

6235　李鹏：《南丝绸之路对雅安雕刻艺术的影响》，《青年时代》2014年第15期。

6236　张健波、李钦曾：《于阗木雕与中亚贵霜文化渊源考释》，《石河子大学学报（哲学社会科学版）》2015年第2期。

6237　刘吉平：《氐羌遗韵：八峰崖石窟造像艺术的文化解析》，《成都大学学报（社会科学版）》2015年第4期。

6238　王怀宥：《平凉出土北魏佛教石刻造像探析》，《丝绸之路》2015年第4期。

6239　乔建奇：《云冈石窟雕刻中的西域人形象》，《文物世界》2015年第5期。

6240　林雪红：《拉梢寺石窟造像艺文化多元性探究》，《雕塑》2015年第6期。

6241　石建刚、高秀军、贾延财：《延安地区宋金石窟僧伽造像考察》，《敦煌研究》2015年第6期。

6242　赵孟懿：《简论宁波石刻艺术的海外传播》，《艺术评论》2015年第12期。

6243　唐培淞：《彬县大佛寺胁侍菩萨造型风格研究》，《美术教育研究》2015年第13期。

6244　李雯雯：《丝绸之路上的西域佛教雕塑》，《丝绸之路》2015年第16期。

6245　张南男：《浅析古代"丝路"对云冈石窟佛像雕刻的影响》，《美术大观》2016年第1期。

6246　潘国义：《南丝绸之路上的蒲江石窟——飞仙阁摩崖造像》，《先锋》2016年第2期。

6247 阮荣春：《西域雕塑（上）》，《美术》2016 年第 4 期。

6248 阮荣春：《西域雕塑（下）》，《美术》2016 年第 5 期。

6249 魏文斌、吴荭：《泾川大云寺遗址新出北朝造像碑初步研究》，《故宫博物院院刊》2016 年第 5 期。

6250 信博涛：《崇信县博物馆馆藏佛教造像浅考》，《丝绸之路》2016 年第 20 期。

6251 张乃翥、张成渝：《龙门石窟北朝造像中装饰雕刻的艺术格调》，《石窟寺研究》第 7 辑，北京：科学出版社，2017 年。

6252 张成渝：《洛阳北魏晚期石刻艺术中的西域美术元素》，《石河子大学学报（哲学社会科学版）》2017 年第 2 期。

6253 魏亚芳：《甘谷红凡沟石造像塔浅考》，《丝绸之路》2017 年第 4 期。

6254 李青：《丝绸之路楼兰史前时期的雕塑艺术与文化》，《梧州学院学报》2017 年第 4 期。

6255 郭牧：《论印度"擦擦"艺术的功用及其传播》，《西安文理学院学报（社会科学版）》2017 年第 5 期。

6256 项一峰：《麦积山石窟弥勒像教思想探析——兼谈丝绸之路弥勒信仰造像》，《法音》2017 年第 6 期。

6257 王延丹：《梵音流韵——固原地区馆藏北魏石佛造像艺术赏析》，《文物天地》2017 年第 9 期。

6258 董建业：《帝王与雕塑——霍去病墓石刻与西域艺术关系》，《卷宗》2017 年第 18 期。

6259 彭栓红：《多元文化孕育下的云冈石窟造像模式》，《美术观察》2018 年第 1 期。

工艺美术

6260 陆宇澄：《唐代工艺美术的艺术特点》，《艺术百家》2005 年第 6 期。

6261 周尚仪：《丝绸之路上的艺术奇葩——古代伊朗金属艺术》，《装饰》2007 年第 5 期。

6262 隋莹莹：《羌姆面具艺术的文化研究》，《艺术探索》2009 年第 5 期。

6263 李永康：《楼兰木雕艺术特征》，《新疆艺术学院学报》2011 年第 3 期。

6264 张禾：《新疆和田洛浦县山普拉人物栽绒毯艺术特征及风格研究》，《西域研究》2012 年第 4 期。

6265 侯懿航：《从滇文化金属、玉石器看西来工艺美术的影响》，《美术界》2012 年第 12 期。

6266 周菁葆：《丝绸之路上的乌兹别克斯坦工艺美术》，《新疆艺术学院学报》2013年第2期。

6267 杨建军、崔岩：《中国传统红花染料与红花染工艺研究——以丝绸之路上的红花传播为例》，《服饰导刊》2013年第3期。

6268 王晓玲：《草原丝绸之路动物造型艺术及其金属装饰风格刍议》，《美术观察》2015年第4期。

6269 邵洪玲：《由汉代丝绸之路开启的工艺美术交流之路》，《陶瓷研究》2015年第4期。

6270 郭小影：《丝绸之路上的新疆维吾尔族民间手工艺术》，《设计》2016年第5期。

6271 于超：《中国狮子装饰艺术之渊源》，《湘南学院学报》2016年第6期。

6272 赵妍：《古丝路文明下的传统毡毯装饰形式初探》，《美与时代（上旬刊）》2016年第7期。

6273 吴艳春：《丝路首饰：珠圆意满，光华灿烂——史前·汉晋时期西域首饰艺术的变化历程》，《新疆人文地理》2016年第10期。

6274 马春梅：《西域工艺美术》，《美术》2016年第10期。

6275 李晓瑜：《"丝绸之路"文明与工艺美术的装饰审美变迁研究——以丝绸用金装饰在五代宋金元时期的发展转折为例》，《艺术与设计（理论）》2017年第10期。

乐 舞

通 论

6276 阴法鲁：《从敦煌壁画论唐代的音乐和舞蹈》，《文物参考资料》1951年第4期。

6277 董锡玖：《从敦煌壁画的乐舞艺术想到的》，《文艺研究》1979年第1期。

6278 韩顺发：《北齐黄釉瓷扁壶乐舞图像的初步分析》，《文物》1980年第7期。

6279 周菁葆：《五代宋辽时期的新疆乐舞》，《新疆师范大学学报（社会科学版）》1983年第2期。

6280 郝毅、晓莹：《试论唐代甘肃民族乐舞艺术——〈西凉乐〉》，《西北民族大学学报（哲学社会科学版）》1984年第2期。

6281 赵世骞：《略谈西域乐舞对中原的影响》，《青海师专学报》1985年第3期。

6282 阎万钧：《昭武九姓国及其音乐舞蹈艺术的东传》，《敦煌学辑刊》1986年第2期。

6283 赵世骞：《试论西域乐舞对中原的影响》，《新疆师范大学学报（哲学社会科学版）》1987年第1期。

6284 黎蔷：《异国他乡输入的歌舞戏》，《黄梅戏艺术》1990年第3期。

6285 张晓宁：《牛耕养蚕西传 佛教乐舞东渐——魏晋南北朝时期西域与内地的经济文化交流》，《新疆教育学院学报》1990年增刊第1期。

6286 周菁葆：《西域乐舞诗钞发微》，《乌鲁木齐职业大学学报》1992年第2期。

6287 廖奔：《西域乐舞与梵呗说唱对中原戏曲的影响》，《艺术百家》1994年第1期。

6288 黎蔷：《源远流长的西域乐舞》，《黄梅戏艺术》1994年第1期。

6289 包于榕：《从西域百戏乐舞的东渐看维吾尔族对中华武术文化宝库的贡献》，《浙江体育科学》1994年第1期。

6290 黎蔷：《佛教乐舞的华化（上）》，《交响（西安音乐学院学报）》1994年第1期。

6291 王克芬：《西域与中原乐舞：交流及影响》，《寻根》1994年第2期。

6292 黎蔷：《佛教乐舞的华化（下）》，《交响（西安音乐学院学报）》1994年第2期。

6293 杨国学：《西凉伎与西域乐舞的渊源》，《西域研究》1994年第3期。

6294 谢生保：《敦煌壁画中的唐代"胡风"——之一〈胡乐胡舞〉》，《社科纵横》1994年第4期。

6295 黎蔷：《西亚诸教对敦煌乐舞影响之研究（上）》，《交响——西安音乐学院学报》1995年第3期。

6296 黎蔷：《西亚诸教对敦煌乐舞影响之研究（下）》，《交响——西安音乐学院学报》1995年第4期。

6297 赵文润：《隋唐时期西域乐舞在中原的传播》，《陕西师范大学学报（哲学社会科学版）》1997年第1期。

6298 杨国学：《西凉伎琐议》，《社科纵横》1999年第2期。

6299 谢建忠：《白居易诗中的西域乐舞考论（一）》，《四川三峡学院学报》1999年第3期。

6300 谢建忠：《白居易诗中的西域乐舞考论（二）》，《四川三峡学院学报》1999年第5期。

6301 黎蔷：《中国道教与乐舞戏曲西渐考》，《山西师大学报（社会科学版）》2000年第2期。

6302 黎羌：《日本古典乐舞戏中的大唐文化》，《山西师大学报（社会科学版）》2002年第3期。

6303 卫凌：《试论龟兹乐舞及其东渐》，《交响——西安音乐学院学报》2002 年第 3 期。

6304 刘玉霞：《唐代艺术与西域乐舞》，《西域研究》2002 年第 4 期。

6305 古丽比亚：《管弦伎乐特善诸国——西域佛教艺术中的乐舞》，《西部》2002 年第 8 期。

6306 郎樱：《西域歌舞戏对中原戏剧发展的贡献》，《西域研究》2003 年第 1 期。

6307 周菁葆：《古代丝绸之路音乐舞蹈钩沉》，《新疆艺术学院学报》2003 年第 2 期。

6308 李安宁：《龟兹舍利盒乐舞图研究》，《新疆艺术学院学报》2003 年第 3 期。

6309 刘堡：《古凉州乐舞》，《山西社会主义学院学报》2003 年第 4 期。

6310 周吉：《绿洲丝绸之路新疆段乐舞文物资料概要》，《新疆师范大学学报（哲学社会科学版）》2004 年第 1 期。

6311 姚春梅：《唐代西域乐舞诗的文化解读》，《喀什师范学院学报》2005 年第 1 期。

6312 周菁葆：《西域摩尼教的乐舞艺术》，《西域研究》2005 年第 1 期。

6313 王虹霞：《东晋南北朝时期西域乐舞在北方地区的传播及其特点》，《音乐研究》2005 年第 3 期。

6314 杨冬梅：《唐代乐舞文化与乐舞诗综论》，《齐齐哈尔大学学报（哲学社会科学版）》2005 年第 6 期。

6315 钱建华：《古代西域乐舞艺术东传中原综述》，《四川戏剧》2006 年第 6 期。

6316 钱伯泉：《源远流长的龟兹乐舞》，《龟兹学研究》，乌鲁木齐：新疆大学出版社，2007 年。

6317 张倩：《浅析大唐乐舞中的西域风情》，《美与时代（下半月）》2007 年第 9 期。

6318 石应宽：《敦煌古代乐舞探究（文二）敦煌石窟壁画中的古代乐舞艺术》，《贵州大学学报（艺术版）》2008 年第 3 期。

6319 顾晨媛：《论唐代歌舞大曲多元化性质的构成》，《大众文艺》2008 年第 11 期。

6320 杜文玉：《丝绸之路与新罗乐舞》，《人文杂志》2009 年第 1 期。

6321 杨芳、王强：《西域乐舞影响下的维吾尔族舞蹈的文化遗存——以龟兹乐舞为例》，《体育科技文献通报》2010 年第 1 期。

6322 陈方：《唐代西域乐舞与李白作品关系考论》，《绵阳师范学院学报》2010 年第 7 期。

6323 孙泓：《5—14 世纪西域音乐舞蹈在朝鲜半岛的传播和影响》，《朝鲜·韩国历史研究》第 11 辑，延吉：延安人民出版社，2011 年。

6324 李建栋：《西域歌舞戏东渐与北齐戏剧之蜕变》，《民族文学研究》2011 年第 1 期。

6325 杨亦军：《北朝至唐的"尚武"之变与西域乐舞"东传"》，《北京化工大学学报（社会科学版）》2011 年第 2 期。

6326 海滨：《文学与考古双重视野中的唐代西域乐舞"胡旋舞"》，《新疆师范大学学报（哲学社会科学版）》2011 年第 4 期。

6327 蔡丽红：《明清时期中国与邻国乐舞文化交流述略——以海陆丝绸之路的文化线路为例》，《福建师范大学学报（哲学社会科学版）》2011 年第 6 期。

6328 孙瑜洽：《龟兹乐舞在新疆维吾尔族舞蹈动作中的传承》，《科教导刊》2011 年第 23 期。

6329 宿月：《西域乐舞的南传与陈代诗歌中的胡笳意象》，《西域研究》2012 年第 3 期。

6330 王健红：《魏晋南北朝外来民族乐器赋研究——魏晋南北朝乐舞赋研究系列之三》，《贵州大学学报（艺术版）》2012 年第 4 期。

6331 高建新：《唐诗中的西域"三大乐舞"——〈胡旋舞〉〈胡腾舞〉〈柘枝舞〉》，《民族文学研究》2012 年第 6 期。

6332 杨亦军：《西域与唐诗的变奏：从边塞诗、山水田园诗到乐舞诗》，《长江师范学院学报》2012 年第 9 期。

6333 李桂瑶：《从西域乐舞传播看文化现象的移动》，《飞天》2012 年第 10 期。

6334 牛白琳：《南北朝隋唐五代时期并州地区歌舞文化述略》，《丝绸之路》2012 年第 20 期。

6335 叶文、耿占军：《论西域乐舞对唐代长安乐舞艺术的影响》，《西安交通大学学报（社会科学版）》2013 年第 5 期。

6336 张付新、张云：《浅述隋唐时代西域乐舞在中原的传播与发展》，《红河学院学报》2013 年第 6 期。

6337 王芳芳：《浅谈唐代诗赋中的西域乐舞——〈柘枝舞〉》，《金田》2013 年第 8 期。

6338 程爱民：《简论西凉乐舞与凉州大曲》，《丝绸之路》2013 年第 22 期。

6339 蔡建东、海滨：《文学与考古双重视野中的西域乐舞"胡腾舞"》，《昌吉学院学报》2014 年第 2 期。

6340 郭院、林焦霓：《试论唐代诗歌中的西域歌舞艺术》，《南京师范大学文学院学报》2014 年第 3 期。

6341 张欢：《丝绸之路上的中亚地区乐舞艺术》，《新疆艺术学院学报》2014 年第 3 期。

6342 段盟盟：《李白诗歌中的西域歌舞情结》，《艺术科技》2014 年第 3 期。

6343 李琦：《论武威攻鼓子中的西凉乐舞遗存》，《北京舞蹈学院学报》2014年第4期。

6344 黎羌：《缅甸与中国传统乐舞戏剧艺术交流》，《民族艺术研究》2014年第4期。

6345 武佳：《汉唐时期西域乐舞传入中原的方式及效应》，《兰台世界》2014年第21期。

6346 韩文慧：《西域胡文化之乐舞戏剧在中原》，《社会科学论坛》2015年第1期。

6347 杨程斌：《克孜尔石窟女性乐舞及裸体形象研究》，《美术大观》2015年第2期。

6348 成松柳、刘康：《西域乐舞的异质文化特征与盛唐诗歌》，《船山学刊》2015年第2期。

6349 赵喜惠：《西域乐舞对唐代乐舞的影响考析》，《船山学刊》2015年第2期。

6350 黎羌：《中国古代行旅者与丝路乐舞戏文化传播》，《石河子大学学报（哲学社会科学版）》2015年第2期。

6351 马建军：《考古所见丝绸之路宁夏段上的乐舞艺术》，《宁夏社会科学》2015年第3期。

6352 韩文慧、高益荣：《魏晋时期西域宗教文化与乐舞绘画艺术》，《渭南师范学院学报》2015年第5期。

6353 石建刚、贾延财、杨军：《延安地区北宋石窟涅槃造像中的乐舞图像考察》，《甘肃广播电视大学学报》2015年第5期。

6354 石磊：《丝绸之路东段北道上的乐舞文化》，《丝绸之路》2016年第2期。

6355 梁萍：《试论西域乐舞的交流与影响》，《韶关学院学报》2016年第3期。

6356 陈卉：《敦煌220窟〈东方药师经变画〉乐舞图像研究》，《西北大学学报（哲学社会科学版）》2016年第4期。

6357 李鑫：《试论西域舞蹈在汉唐时期对中原乐舞发展的影响》，《戏剧之家》2016年第4期。

6358 金秋：《海上丝绸之路乐舞艺术研究》，《民族艺术研究》2016年第5期。

6359 周彦池：《浅析唐代西域乐舞与李白作品的关系》，《北方文学（中旬刊）》2016年第7期。

6360 吴梦：《龟兹石窟中的龟兹乐舞风貌》，《四川戏剧》2016年第7期。

6361 李江杰：《元代以前西域乐舞与中原戏曲关系考论》，《戏剧文学》2016年第11期。

6362 项阳：《进入中土太常礼制仪式为用的西域乐舞》，《音乐研究》2017年第3期。

6363 吴璇：《龙门石窟万佛洞乐舞图像研究》，《洛阳理工学院学报（社会科学版）》2017年第3期。

6364 张君仁：《三重印证与多维比较——丝绸之路乐舞文化研究的方法论路径》，《交响（西安音乐学院学报）》2017年第3期。

6365 邹淑琴：《唐诗中的胡姬乐舞与唐代西域的音乐、歌辞艺术》，《新疆职业大学学报》2017年第3期。

6366 韩文慧：《钵头小考》，《新疆艺术学院学报》2017年第4期。

6367 周宁：《浅析古代西域乐舞东渐对中原乐舞产生的影响》，《丝绸之路》2017年第6期。

6368 谭悦：《大唐胡乐舞风气的由来与生成》，《四川戏剧》2017年第7期。

6369 李静：《试论龟兹乐舞研究系克孜尔石窟价值所在》，《艺术科技》2017年第7期。

6370 谢雯雯：《探析李白诗歌中的西域歌舞情结》，《丝路视野》2017年第12期。

6371 李昱：《浅谈东方舞中音乐与舞蹈的关系》，《中外交流》2017年第51期。

6372 郭志山：《从敦煌壁画看西域乐舞"中原化"的两个阶段》，《艺术评鉴》2018年第3期。

音 乐

6373 潘怀素：《隋唐燕乐的成立、递变和流传》，《人民音乐》1955年第2期。

6374 马可：《关于隋唐时代吸收西域音乐的历史经验》，《人民音乐》1956年第12期。

6375 吴竞存：《我国古代音乐发展的规律问题》，《北京大学学报（人文科学版）》1962年第6期。

6376 常任侠：《汉唐间西域音乐艺术的东渐》，《音乐研究》1980年第2期。

6377 阴法鲁：《丝绸之路上的音乐文化交流》，《人民音乐》1980年第2期。

6378 王柔：《西洋音乐传入中国考》，《音乐研究》1982年第2期。

6379 丝路：《古代西域名流之二：龟兹乐师苏祗婆》，《新疆师范大学学报（社会科学版）》1982年第2期。

6380 张启祥：《民族音乐交流的先驱者苏祗婆》，《中国民族》1982年第11期。

6381 林济庄：《略谈隋唐九部乐、十部乐》，《齐鲁艺苑》1982年增刊第2期。

6382 周菁葆：《隋唐龟兹音乐家》，《音乐爱好者》1983年第2期。

6383 岸边成雄著，陈应时译，林晔校：《唐俗乐二十八调》，《中国音乐》1983年第4期。

6384 何昌林：《唐五代西川音乐之一瞥》，《音乐探索——四川音乐学院学报》1984年第4期。

6385 王耀华：《福建南曲中的〈兜勒声〉——〈摩诃兜勒〉考证研究的参考材料》，《人民音乐》1984年第11期。

6386 周菁葆：《试论龟兹乐与大食乐的关系》，《交响——西安音乐学院学报》1985年第1期。

6387 吕冰：《关于苦音音阶形成的探索》，《音乐研究》1985年第2期。

6388 郝毅：《试探〈西凉乐〉民族之源——暨论"变龟兹声为之"》，《音乐研究》1985年第3期。

6389 梅加林：《古丝绸之路上的中外音乐交流》，《兰州学刊》1986年第1期。

6390 岸边成雄著，周谦译：《西域七调及其起源（上）》，《交响——西安音乐学院学报》1986年第2期。

6391 郑汝中：《"敦煌音乐"中的若干问题》，《敦煌研究》1986年第2期。

6392 周吉：《关于古丝路音乐研究工作的几点思考》，《交响——西安音乐学院学报》1986年第2期。

6393 黎平：《哈密古乐——伊州曲》，《新疆师范大学学报（社会科学版）》1986年第2期。

6394 叶栋：《唐传筝曲和唐声诗曲解译——兼论唐乐中的节奏节拍》，《音乐艺术》1986年第3期。

6395 陈应时：《燕乐二十八调为何止"七宫"》，《交响——西安音乐学院学报》1986年第3期。

6396 岸边成雄著，周谦译：《西域七调及其起源（中）》，《交响——西安音乐学院学报》1986年第3期。

6397 岸边成雄著，周谦译：《西域七调及其起源（下）》，《交响——西安音乐学院学报》1986年第4期。

6398 刘忠贵：《大足石刻中所见的伎乐》，《四川文物》1986年增刊第1期。

6399 高德祥：《唐乐西传的若干踪迹》，《敦煌研究》1987年第1期。

6400 吴朋：《西域"胡歌"稗考》，《中国音乐》1987年第1期。

6401 陈洛：《楚楚胡乐入汉声——谈龟兹乐对汉族音乐的影响》，《艺术探索》1987年第2期。

6402 王耀锟：《从丝路来的七声》，《中国音乐》1987年第2期。

6403 王梓盾：《五台山与唐代佛教音乐》，《五台山研究》1987年第4期。

6404 王梓盾：《五台山与唐代佛教音乐（续完）》，《五台山研究》1987年第5期。

6405 田青：《佛、道音乐述要》，《中国音乐》1988年第4期。

6406 叶栋：《唐大曲曲式结构》，《中国音乐学》1989年第3期。

6407 席臻贯：《丝路音乐文化流向研究中的一些问题》，《音乐研究》1989年第4期。

6408 黎蔷：《迷离扑朔的西域古乐谱》，《交响——西安音乐学院学报》1990年第1期。

6409 永言：《怎样界定音乐中的"中"、"外"概念》，《交响——西安音乐学院学报》1991年第1期。

6410 李武华：《唐代音律考（上）》，《交响——西安音乐学院学报》1991年第2期。

6411 李武华：《唐代音律考（下）》，《交响——西安音乐学院学报》1991年第3期。

6412 郑祖襄：《略述两汉时期的少数民族音乐》，《民族艺术研究》1991年第4期。

6413 王福生：《我国古代的军乐》，《乐器》1991年第4期。

6414 孙星群：《西夏在中原与西域音乐文化交流中的地位》，《中央音乐学院学报》1991年第4期。

6415 沙金：《新疆维吾尔族宗教音乐》，《中国音乐》1992年第1期。

6416 金文达：《佛教音乐的传入及其对中国音乐的影响》，《中央音乐学院学报》1992年第1期。

6417 黎蔷：《苏祗婆与龟兹乐》，《乐府新声（沈阳音乐学院学报）》1992年第2期。

6418 金文达：《对古代中印音乐文化交流中的某些问题的再探讨》，《中央音乐学院学报》1992年第3期。

6419 金文达：《对古代中印音乐文化交流中的某些问题的再探讨（续）》，《中央音乐学院学报》1992年第4期。

6420 殷克勤：《丝绸之路与汉唐音乐之发展》，《交响——西安音乐学院学报》1993年第1期。

6421 李世斌：《陕西宗教音乐——陕西传统器乐概观之五》，《交响——西安音乐学院学报》1993年第2期。

6422 周菁葆：《丝绸之路与东西音乐文化交流》，《西域研究》1993年第2期。

6423 徐荣坤：《苦音音阶的由来及其特征》，《音乐研究》1993年第2期。

6424 冯文慈：《西域音乐在唐代宫廷繁盛的原因——兼论西北高原汉族民歌近似色彩区的历史渊源》，《交响——西安音乐学院学报》1993年第2期。

6425 蒲亨强、严昌洪：《羯鼓声高众乐停——胡鼓、洋鼓、爵士鼓之东渐》，《音乐爱好者》1993年第3期。

6426 何绵山：《引人入胜的唐代大曲》，《文史杂志》1993年第6期。

6427 吕冰：《关于唐俗乐二十八调的音阶》，《中国音乐学》1994年第4期。

6428 戴宁：《隋唐朝的打击乐史》，《艺术探索》1995年第3期。

6429 白翠琴：《西凉乐探幽》，《寻根》1995年第3期。

6430　李西林：《唐代文人士大夫对西域音乐的态度略考》，《交响——西安音乐学院学报》1995 年第 4 期。

6431　孔繁洲：《五台山的佛教音乐》，《中国音乐》1995 年第 4 期。

6432　李雄飞：《唐诗中的丝绸之路音乐文化》，《交响——西安音乐学院学报》1996 年第 1 期。

6433　戴宁：《隋唐朝的打击乐论》，《交响——西安音乐学院学报》1996 年第 3 期。

6434　刘锡涛：《南北朝时期西域音乐的东传》，《喀什师范学院学报》1998 年第 3 期。

6435　王献彩：《唐代的〈大曲〉和〈法曲〉及其结构特点》，《新乡师专学报（社会科学版）》1998 年第 3 期。

6436　王伟：《鼓吹乐小史》，《南京艺术学院学报（音乐及表演版）》1998 年第 3 期。

6437　李玉辉：《凝结的艺术——历史的概化——临莫高窟 220 窟舞乐图有感》，《天水师范学院学报》2000 年第 4 期。

6438　柘植元一：《日本"丝绸之路音乐"的研究状况》，《音乐研究》2001 年第 1 期。

6439　李洋：《西南丝绸路上交流的东西方音乐文化》，《民族艺术研究》2001 年第 6 期。

6440　白翠琴：《从西凉乐形成发展看民族间文化交融》，《民族史研究》第 3 辑，北京：中央民族大学出版社，2002 年。

6441　项阳、张欢：《大曲的原生态遗存论纲》，《黄钟（武汉音乐学院学报）》2002 年第 2 期。

6442　党群：《从汉文佛经中的西域音乐史料看到的西域音乐状况》，《新疆艺术学院学报》2003 年第 1 期。

6443　吴军行：《略论中西方音乐文化交流中的互补超越》，《新疆艺术学院学报》2003 年第 2 期。

6444　邱源媛：《唐代雅乐简论》，《四川大学学报（哲学社会科学版）》2003 年第 3 期。

6445　王承植：《外来文化交汇下的唐代琵琶音乐》，《戏曲艺术》2003 年第 3 期。

6446　王其书：《西南丝绸之路音乐文化考察报告》，《音乐探索》2003 年第 3 期。

6447　项阳：《释俗交响之初阶——中国早期佛教音乐浅识》，《文艺研究》2003 年第 5 期。

6448　施舟人：《"海上丝绸之路"与南音》，《闽都文化研究》下，福州：海峡文艺出版社，2004 年。

6449　许序雅：《胡乐胡音竞纷泊——胡乐对唐代社会影响述论》，《西域研究》2004 年第 1 期。

6450 吴朋：《隋唐五代雅乐稗考》，《中国音乐学》2004年第1期。

6451 韩育民：《新疆伊犁维吾尔族鼓吹乐考略》，《新疆艺术学院学报》2004年第1期。

6452 李昌集：《苏幕遮的乐与辞——胡乐入华的个案研究与唐代曲子辞的声、词关系探讨》，《中国文化研究》2004年第2期。

6453 曾玲玲：《唐代凉州胡人乐伎试探》，《西域研究》2004年第2期。

6454 高人雄：《源自西域乐曲的词牌和曲调举隅（上）》，《新疆艺术学院学报》2004年第3期。

6455 高人雄：《源自西域乐曲的词牌和曲调举隅（下）》，《新疆艺术学院学报》2004年第4期。

6456 朱易安：《唐代诗化的音乐和西部乐器》，《新疆师范大学学报（哲学社会科学版）》2005年第1期。

6457 高人雄：《西域传入的乐曲与词牌雏形考论》，《新疆师范大学学报（哲学社会科学版）》2005年第1期。

6458 高人雄：《从〈教坊记〉曲目考察词调中的西域音乐因子》，《西域研究》2005年第2期。

6459 庄壮：《甘肃炳灵寺石窟第169窟佛背光乐伎研究》，《交响——西安音乐学院学报》2005年第3期。

6460 周菁葆：《西域音乐艺术家及其对中国音乐史的贡献》，《新疆艺术学院学报》2005年第3期。

6461 霍旭初：《西域佛教石窟寺中的音乐造型》，《西域研究》2005年第3期。

6462 王璐：《永乐年间北边防御政策透视——从明朝中原与西域贸易关系起论》，《塔里木大学学报》2006年第1期。

6463 张树国、梁爱东：《边声与"华音"：民族碰撞中的汉代乐章》，《中南民族大学学报（人文社会科学版）》2006年第4期。

6464 张文静：《对佛教音乐在中国发展过程及其种类的考察》，《甘肃农业》2006年第7期。

6465 许彩萍：《汉代音乐文化艺术对南音琵琶演奏艺术的影响》，《福建艺术》2007年第1期。

6466 马运新：《〈伊州乐〉考》，《新疆地方志》2007年第4期。

6467 王鲲：《胡乐的涌入与隋唐音乐的发展》，《江西教育学院学报》2007年第5期。

6468 赵青：《胡乐在隋唐燕乐中的地位及影响探析》，《内蒙古社会科学》2007年第5期。

6469 田同旭：《论古代戏曲音乐的形成和民族文化融合》，《山西大学学报（哲学社会科学版）》2007年第5期。

6470 李建栋：《西域胡戎乐在北魏的传播与被接受》，《学术月刊》2007年第5期。

6471 李永铎：《〈阳关三叠〉古代西域新疆与中原音乐文化完美结合的典范》，《音响技术》2007年第6期。

6472 李建栋：《西域胡戎乐在北魏的传播与被接受》，《文史知识》2007年第7期。

6473 李素娥：《〈马可·波罗行纪〉所载元代音乐史料钩沉》，《中国音乐学》2008年第1期。

6474 陈应时：《论敦煌乐谱中的西域古曲》，《文化艺术研究》2008年第1期。

6475 周耘：《丝绸之路的东延与佛乐跨海东传》，《交响——西安音乐学院学报》2008年第1期。

6476 敖昌群、王其书、胡扬吉、包德树、柳良：《南北丝绸之路音乐文化对比研究考察研究报告》，《音乐探索》2008年第2期。

6477 霍旭初：《〈梁高僧传·经师论〉解读——西域与中原佛教音乐关系之考析》，《西域研究》2008年第3期。

6478 苏丹：《丝绸之路对汉代音乐的影响》，《南都学坛》2008年第4期。

6479 范瑾：《隋唐时期西域音乐家来历考证》，《沧桑》2008年第6期。

6480 付明华：《龟兹文明及音乐艺术——龟兹乐的东渐》，《电影评介》2008年第18期。

6481 贺志凌：《从箜篌与宗教的关系管窥音乐文化传播》，《中国音乐学》2009年第1期。

6482 王其书：《南诏奉圣乐、骠国乐与隋、唐燕乐——西南丝绸之路音乐文化考察研究之二》，《音乐探索》2009年第1期。

6483 韦民：《白马寺佛教音乐初探》，《美与时代（上半月）》2009年第2期。

6484 李征：《洞经与南丝古道——西南丝绸之路音乐文化考察研究之三》，《音乐探索》2009年第3期。

6485 彭英姿：《汉代经济繁荣之下的音乐审美趣味世俗化》，《艺术探索》2009年第3期。

6486 王玮轩：《浅论龟兹乐在魏晋至隋唐时期的盛行》，《中国外资》2009年第3期。

6487 高人雄、宿月：《白居易音乐诗中的西域音乐》，《西域研究》2009年第4期。

6488 包德述：《唐五代时期南北丝绸之路多元音乐文化在成都的传播与交融》，《音乐探索》2009年第4期。

6489 黄适远：《唐宋时伊州乐面貌勾勒》，《丝绸之路》2009年第4期。

6490 柳良：《夷、夏音乐"涵化"研究——试论南、北丝绸之路音乐对唐宋音乐的影响》，《音乐探索》2009年第4期。

6491 宿月：《秋月荻花瑟瑟胡曲——从〈琵琶行〉看白居易的西域音乐情结》，《绵阳师范学院学报》2009年第6期。

6492 黎国韬：《末泥与胡乐西来》，《西域研究》2010年第1期。

6493 任德昕：《中国汉代鼓吹乐溯源》，《中国科技纵横》2010年第2期。

6494 圭特·克莱宁著，曾金寿译：《从西方人的视角看丝绸之路上的音乐交流》，《交响——西安音乐学院学报》2010年第3期。

6495 顾楠：《从琵琶的发展史看唐代各民族音乐的融合》，《大舞台》2010年第3期。

6496 王安潮：《〈伊州〉考》，《新疆艺术学院学报》2010年第3期。

6497 王福利：《〈摩诃兜勒〉曲名含义及其相关问题》，《历史研究》2010年第3期。

6498 霍锟：《中国民族音乐的温室——汉代乐府初探》，《长春教育学院学报》2010年第4期。

6499 卢盈盈：《当代民族器乐曲创作中的西域风格》，《昌吉学院学报》2010年第5期。

6500 许云和：《〈通志〉"梵竺四曲"考略》，《江西师范大学学报（哲学社会科学版）》2010年第6期。

6501 任德昕：《刍议中国的散乐与百戏》，《科技资讯》2010年第7期。

6502 孙思：《浅谈盛唐的音乐流变》，《科技创新导报》2010年第12期。

6503 李建栋：《北齐时代的西域胡戎乐东渐及其对政治的影响》，《安徽大学学报（哲学社会科学版）》2011年第1期。

6504 翟芳淳：《秦时名"乐"汉时"歌"——浅谈秦汉古乐的文化思考》，《艺术研究》2011年第1期。

6505 曾金寿：《"金言有译，梵响无授"——丝绸之路上的佛乐汉化形态探微》，《交响——西安音乐学院学报》2011年第2期。

6506 王允亮：《胡乐兴盛与以悲为美》，《文艺评论》2011年第2期。

6507 黄英：《浅谈中华文化的传承与音乐的关系》，《音乐探索》2011年第2期。

6508 洪博涵：《兼收并蓄 博采众长——试论契丹音乐中的西域色彩》，《乐府新声：沈阳音乐学院学报》2011年第4期。

6509 海滨：《唐诗三种创作主题与西域器乐文化关系的流变考释》，《上海大学学报（社会科学版）》2011年第4期。

6510 黎国韬：《清商乐衰亡原因试析》，《中山大学学报（社会科学版）》2011年第6期。

6511 黎国韬：《〈老胡文康乐〉的东传与改编》，《西域研究》2012年第1期。

6512 洲塔、董知珍：《明朝洪武永乐时期朝廷对西域诸国的政策及目的》，《甘肃社会科学》2012年第1期。

6513 李征：《西南丝绸之路铜鼓音乐文化考察研究》，《四川戏剧》2012年第1期。

6514 罗希：《唐代"解曲"对比结构的审美特征》，《西域研究》2012年第1期。

6515 武沐、董知珍：《洪武永乐时期明朝与西域诸"地面"的关系》，《烟台大学学报（哲学社会科学版）》2012年第2期。

6516 闫芳：《苏祇婆对我国古代音乐的三大贡献》，《艺术研究：哈尔滨师范大学艺术学院学报》2012年第2期。

6517 曾金寿：《"木卡姆"文化现象的观察与思考》，《交响——西安音乐学院学报》2012年第3期。

6518 高人雄：《铙歌与北歌的民族文化源流》，《甘肃理论学刊》2012年第5期。

6519 魏盛楠：《论中国音乐史上的文化交流——以唐代歌舞大曲为例》，《金田》2012年第6期。

6520 吴蕾：《从唐代燕乐歌舞大曲〈霓裳羽衣曲〉谈唐代的艺术特征》，《黄河之声》2012年第8期。

6521 王均佳：《试论隋唐时期中西音乐文化交流》，《黄河之声》2012年第17期。

6522 徐微微：《横吹曲〈折杨柳〉的音乐形态研究》，《乐府学》第8辑，北京：社会科学文献出版社，2013年。

6523 张远：《〈秦王破阵乐〉是否传入印度及其他——兼与宁梵夫教授商榷》，《南亚研究》2013年第2期。

6524 周菁葆：《日本正仓院所藏伎乐面钩沉》，《艺术百家》2013年第3期。

6525 陈应时：《西域七调起源之争》，《音乐艺术》2013年第3期。

6526 李鸿姝：《西域乐官曹妙达在唐宫廷音乐中的贡献及影响》，《兰台世界》2013年第30期。

6527 程天健：《敦煌壁画乐器、乐队、乐伎的历史形态构成分析》，《交响——西安音乐学院学报》2014年第1期。

6528 王宁：《试论丝路对西域音乐在中原流行的推动与传播》，《兰台世界》2014年第1期。

6529 赛雅拉·阿巴索夫：《苏祇婆是"婆"吗？——西域龟兹音乐家苏祇婆汉译姓名之浅考》，《新疆艺术学院学报》2014年第1期。

6530 马欢：《论西凉乐的形成、发展及其影响》，《交响——西安音乐学院学报》2014年第3期。

▶ 丝绸之路研究论文目录

6531 林玉峰：《南北朝宫廷音乐家苏祗婆的音乐成就及影响》，《赤峰学院学报（哲学社会科学版）》2014 年第 3 期。

6532 王汉民：《"回回曲"探考》，《音乐研究》2014 年第 5 期。

6533 罗成：《古西域民歌的南北风交融》，《无线音乐·教育前沿》2014 年第 5 期。

6534 杨婷婷：《初盛唐时期音乐审美观念"胡化"研究》，《音乐天地》2014 年第 6 期。

6535 马希刚：《中国佛教音乐的分类与组成》，《音乐大观》2014 年第 7 期。

6536 王洁：《海纳百川道不绝，有容乃大融天下——史观"丝绸之路"上的音乐文化往来》，《北方音乐》2014 年第 10 期。

6537 冯燕：《苏祗婆其人及对中国古代音乐的贡献》，《兰台世界》2014 年第 15 期。

6538 曹晓晶：《论在民族大融合中〈西凉乐〉的形成与发展》，《北方音乐》2014 年第 16 期。

6539 徐婧文：《浅谈古代西凉乐的艺术特征与价值》，《丝绸之路》2014 年第 18 期。

6540 郭益欣：《初探西北丝绸之路音乐文化》，《青春岁月》2014 年第 20 期。

6541 刘辉：《苏祗婆与西域龟兹乐在中原的传播》，《兰台世界》2014 年第 36 期。

6542 刘文荣：《瓜州东千佛洞西夏第 7 窟"涅盘变"中乐器图像的音乐学考察》，《西夏学》第 11 辑，上海：上海古籍出版社，2015 年。

6543 夏凡：《丝路交融下的新疆"弹拨尔"音律形态研究》，《中外文化与文论》第 31 辑，成都：四川大学出版社，2015 年。

6544 晏新志：《驼载乐伎走丝路——对西安中堡村三彩载乐骆驼的解读》，《陕西历史博物馆馆刊》，西安：三秦出版社，2015 年。

6545 谢玄：《唐代卤簿横吹曲考论》，《南京艺术学院学报（音乐与表演版）》2015 年第 2 期。

6546 张伯瑜：《处在四条道路的交叉路口：丝绸之路的音乐视角》，《人民音乐》2015 年第 3 期。

6547 王安潮：《梵呗入华佛乐俗化——中国古代佛乐与俗乐融合研究述评》，《安徽理工大学学报（社会科学版）》2015 年第 3 期。

6548 高人雄、唐星：《汉礼与胡风糅合的北周乐府》，《西域研究》2015 年第 3 期。

6549 武君：《西域音乐进入唐代乐府体系的过程与特点新论》，《北京化工大学学报（社会科学版）》2015 年第 3 期。

6550 盛菲菲：《新疆木卡姆音乐文化传承研究》，《民族音乐》2015 年第 3 期。

6551 朴万里、曾金寿：《北非木卡姆的生成背景与文化渊源》，《交响——西安音乐学院学报》2015 年第 3 期。

6552 唐星、高人雄：《试论北周时期的西域音乐及其东传》，《廊坊师范学院学报（社会科学版）》2015 年第 4 期。

6553 胡企平：《释十二律名称的由来——兼谈中日律名的异同》，《浙江艺术职业学院学报》2015 年第 4 期。

6554 王耀华：《泉州南音"四大名谱"部分外来音乐因素溯源及其传入路径考》，《音乐研究》2015 年第 5 期。

6555 李海、王怡：《北魏乐律学研究》，《山西大同大学学报（自然科学版）》2015 年第 6 期。

6556 程惠萌、舒辉波：《唐代文人的音乐态度与西域音乐的吸收》，《兰台世界》2015 年第 6 期。

6557 马维纳：《音乐文化交流参与者的枢纽作用——以唐朝时期我国与西域、日本的音乐文化交流为例》，《湖北科技学院学报》2015 年第 8 期。

6558 贾增辉：《论民族音乐的发展与传承》，《参花》2015 年第 9 期。

6559 姚锐：《探索胡乐传播和佛教东传的关系》，《北方音乐》2015 年第 9 期。

6560 连文玲：《丝绸之路经济带背景下的音乐文化交流研究》，《赤峰学院学报（哲学社会科学版）》2015 年第 10 期。

6561 邢晔：《丝绸之路音乐的形式与类别》，《文艺生活·文艺理论》2015 年第 12 期。

6562 何汝贵：《西域音乐对于隋唐时期音乐发展的影响》，《兰台世界》2015 年第 27 期。

6563 高鸣：《从唐代时期法曲的起源、流变管窥法曲与大曲的关系》，《兰台世界》2015 年第 30 期。

6564 韩宁、徐文武：《〈昔昔盐〉考——兼论"盐曲"音乐属性》，《乐府学》第 14 辑，北京：社会科学文献出版社，2016 年。

6565 杨满忠：《党项西夏音乐文化述略》，《西夏学》第 13 辑，兰州：甘肃文化出版社，2016 年。

6566 武君：《丝绸路上传来的唐代乐府曲调文献考》，《乐府学》第 13 辑，北京：社会科学文献出版社，2016 年。

6567 杨瑾：《唐代墓葬中的胡人伎乐形象与唐代的乐籍制度》，《文博》2016 年第 1 期。

6568 葛晓音：《日本伎乐"吴公"本事与汉魏乐府》，《北京大学学报（哲学社会科学版）》2016 年第 1 期。

6569 吴蛮：《谈传统音乐的"跨界"》，《人民音乐》2016 年第 1 期。

6570 袁静芳：《中国佛教音乐文化》，《中国音乐学》2016年第2期。

6571 杨军：《〈昔昔盐〉考——兼论音乐文化传播的特点》，《音乐研究》2016年第3期。

6572 许元振：《海丝核心区妈祖文化产业发展对策探析——以长乐显应宫为例》，《莆田学院学报》2016年第3期。

6573 张伯瑜：《论丝绸之路音乐研究的意义》，《音乐研究》2016年第3期。

6574 王小盾、金溪：《西方世界的中亚音乐研究：中国关系篇》，《音乐研究》2016年第3期。

6575 夏凡：《丝绸之路宗教艺术视野下的新疆有品乐器研究》，《世界宗教文化》2016年第3期。

6576 张俊杰：《古今丝路的音乐交往与文明新声》，《华夏文化》2016年第4期。

6577 陈美静：《论妈祖音乐的海洋性特征》，《莆田学院学报》2016年第4期。

6578 郑志刚、李重申：《丝绸之路古代游戏、娱乐与竞技场地空间分布考研》，《敦煌学辑刊》2016年第4期。

6579 姜雪：《唐代西域音乐文化的东渐传播研究》，《文艺生活·文艺理论》2016年第4期。

6580 萧梅：《在田野中触摸历史的体温——丝绸之路音乐研究散论》，《音乐研究》2016年第4期。

6581 张得祖：《丝绸之路青海道经过乐都地区的几条线路考述》，《青海师范大学学报（哲学社会科学版）》2016年第5期。

6582 吴少静：《历史民族音乐学理念下的南音学术研究范式转型思考》，《人民音乐》2016年第6期。

6583 库尔班·买吐迪：《丝绸之路绿洲中维吾尔木卡姆艺术形成的社会背景》，《音乐创作》2016年第8期。

6584 王雯雯：《漫谈历史上的中外音乐文化交流》，《北方音乐》2016年第10期。

6585 祁越：《海上丝绸之路诗歌的音乐性》，《艺术评鉴》2016年第10期。

6586 冯雅颂：《从胡琴演变管窥丝绸之路音乐艺术交流与发展》，《丝绸之路》2016年第22期。

6587 杜瑶、石娟：《论丝绸之路音乐研究的意义》，《北方音乐》2016年第23期。

6588 赵芹：《丝绸之路之于中国古代音乐史的特殊意义》，《戏剧之家》2016年第24期。

6589 张辽艳：《丝绸之路木卡姆音乐文化渊源与发展初探》，《北方音乐》2017年第1期。

6590 李建栋：《西域胡乐流播与北齐诗风的转变》，《安徽大学学报（哲学社会科学版）》2017年第1期。

6591 刘嵬：《汉末以前古丝绸之路上的中外音乐文化交流》，《艺术研究》2017年第2期。

6592 杜亚妮：《试论魏晋南北朝时期西域音乐对中原音乐的影响》，《陇东学院学报》2017年第2期。

6593 高人雄：《从地缘视阈考察伊州乐歌生成的文化源流及其词牌曲调的发展》，《兰州学刊》2017年第3期。

6594 斯文尼伯·帕顿著，张伯瑜、周陶译：《跨越丝绸之路——音乐的邂逅、阐释和前景》，《中央音乐学院学报》2017年第3期。

6595 张寅、周莉：《西域屯垦中的音乐事象及相关思考》，《音乐研究》2017年第3期。

6596 吴巧云、姬红兵：《云冈石窟音乐窟中的北魏音乐》，《天津音乐学院学报》2017年第3期。

6597 贾怡：《海上丝绸之路视野下新加坡南音的维系与变异》，《音乐研究》2017年第3期。

6598 吴巧云：《北魏华乐复何在 云冈千年日日鸣——凝固在云冈石窟乐器图像中的北魏音乐考》，《黄钟（武汉音乐学院学报）》2017年第4期。

6599 柏互玖：《唐俗乐大曲的结构及其形成》，《中国音乐学》2017年第4期。

6600 吕锤宽：《从生态史观论大曲之展演型态》，《黄钟——中国·武汉音乐学院学报》2017年第4期。

6601 刘淑萃：《丝绸之路甘肃黄金段民族民间音乐传承研究》，《北京印刷学院学报》2017年第6期。

6602 王新宇：《朝鲜民族调式与中国传统调式之比较》，《北方音乐》2017年第24期。

6603 万明：《丝绸之路的文化传承：筚篥在中国——明代以来霸州胜芳镇音乐会渊源考》，《河北学刊》2018年第1期。

6604 黄锦：《兰州鼓子的中国传统音乐文化特征研究》，《音乐创作》2018年第2期。

6605 王力博：《丝绸之路背景下的唐代音乐文化交流》，《音乐天地》2018年第2期。

乐 器

6606　李德真：《漫话管子》，《中国音乐》1983 年第 1 期。

6607　岸边成雄：《日本正仓院乐器的起源——古代丝绸之路的音乐（上）》，《中央音乐学院学报》1984 年第 3 期。

6608　岸边成雄：《日本正仓院乐器的起源——古代丝绸之路的音乐（下）》，《中央音乐学院学报》1984 年第 4 期。

6609　赵世骞：《西域打击乐器——羯鼓》，《中国音乐》1985 年第 2 期。

6610　周菁葆：《新疆出土文物中的乐器——骨龠》，《乐器》1985 年第 2 期。

6611　赵世骞：《我国西北地区几件古乐器的产生和演变》，《青海师专学报》1986 年第 3 期。

6612　朱同：《胡笳杂谈》，《乐器》1987 年第 1 期。

6613　赵世骞：《从古乐器谈西域与中原的文化交流》，《乐器》1987 年第 1 期。

6614　赵世骞：《从古乐器谈西域与中原的文化交流（续）》，《乐器》1987 年第 2 期。

6615　周菁葆：《胡琴的演变》，《中国音乐》1987 年第 3 期。

6616　韩淑德：《唐代琵琶演奏家裴神符》，《音乐探索——四川音乐学院学报》1987 年第 3 期。

6617　李根万：《西域吹奏乐器之冠——筚篥》，《交响——西安音乐学院学报》1987 年第 4 期。

6618　赵世骞：《羌笛说》，《中国音乐》1988 年第 4 期。

6619　岸边成雄著，席臻贯译：《大佛开眼式（上）——正仓院的乐器》，《交响——西安音乐学院学报》1989 年第 2 期。

6620　岸边成雄著，席臻贯译：《大佛开眼式（中）——正仓院的乐器》，《交响——西安音乐学院学报》1989 年第 3 期。

6621　岸边成雄著，席臻贯译：《大佛开眼式（下）——正仓院的乐器》，《交响——西安音乐学院学报》1989 年第 4 期。

6622　高德祥、吕殿生：《敦煌石窟壁画中的吹奏乐器》，《乐府新声（沈阳音乐学院学报）》1989 年第 4 期。

6623　李玫：《新疆石窟壁画中的汉风乐器》，《中国音乐学》1991 年第 4 期。

6624　戴宁：《羯鼓论》，《黄钟——武汉音乐学院学报》1992 年第 2 期。

6625　赵世骞：《胡琴溯源》，《民族艺术》1992 年第 3 期。

6626　赵世骞：《西域打击乐器——羯鼓》，《民族艺术》1993 年第 1 期。

6627 李健正：《古代丝绸之路与中国琵琶（上）》，《交响——西安音乐学院学报》1993年第3期。

6628 李健正：《古代丝绸之路与中国琵琶（下）》，《交响——西安音乐学院学报》1993年第4期。

6629 胡根兵：《"唢呐"漫话》，《中国音乐》1993年第4期。

6630 胡根兵：《中国古典诗歌中的西域乐器》，《中国音乐》1994年第3期。

6631 李玫：《箜篌变异形态考辨——新疆诸石窟壁画中的箜篌种种》，《中国音乐学》1994年第4期。

6632 赵世骞：《羌笛考》，《民族艺术》1995年第2期。

6633 张大为：《觱篥源流考》，《咸阳师范专科学校学报》1999年第5期。

6634 王淑玲：《论胡琴的演变》，《洛阳师范学院学报》2001年第1期。

6635 杨久盛：《横笛源流考辨》，《乐府新声》2001年第1期。

6636 伊斯拉菲尔·玉苏甫、安尼瓦尔·哈斯木：《古老的乐器——箜篌》，《西域研究》2001年第2期。

6637 赵志安：《汉代阮咸类琵琶起源考》，《黄钟——武汉音乐学院学报》2001年第4期。

6638 李葆嘉、岳峰：《奚琴、嵇琴、胡琴名实考论》，《中央音乐学院学报》2002年第1期。

6639 班丽霞：《竖箜篌考略》，《天津音乐学院学报（天籁）》2002年第3期。

6640 庄壮：《敦煌壁画上的打击乐器》，《交响——西安音乐学院学报》2002年第4期。

6641 赵维平：《丝绸之路上的琵琶乐器史》，《中国音乐学》2003年第4期。

6642 王其书：《羌笛源流考辨——西南丝绸之路音乐文化考察研究之一》，《音乐探索》2003年第4期。

6643 劳沃格林著，方建军、林达译：《丝绸之路乐器考》，《交响——西安音乐学院学报》2004年第3期。

6644 蓝雪霏：《中国福建乐器和朝鲜乐器的关联》，《音乐艺术——上海音乐学院学报》2005年第2期。

6645 周菁葆：《答腊鼓与达卜考辨》，《乐器》2005年第2期。

6646 宋新：《中国古代"笛""笙"考》，《史学月刊》2005年第10期。

6647 张静远：《论琵琶的产生及其发展》，《西华大学学报（哲学社会科学版）》2006年第2期。

6648 李维路：《略论五弦琵琶的历史渊源与艺术表现力》，《人民音乐》2007年第2期。

6649　许彩萍：《南音琵琶演奏艺术的萌芽期与形成期》，《福建论坛（社科教育版）》2008年第4期。

6650　翟敏：《羯鼓论略》，《科教文汇》2008年第23期。

6651　饶文心：《清代宫廷礼乐中的外来乐器阐释》，《音乐研究》2009年第3期。

6652　谢瑾：《明代箜篌的形制及其运用》，《中央音乐学院学报》2009年第3期。

6653　周菁葆：《丝绸之路上的阮咸》，《乐器》2009年第4期。

6654　敖昌群、王其书：《筚篥与羌笛——〈羌笛源流考辨〉续篇》，《音乐探索》2009年第4期。

6655　周菁葆：《丝绸之路与中亚哈萨克族的乐器》，《乐器》2009年第12期。

6656　周菁葆：《丝绸之路上的箜篌及其东渐》，《新疆艺术学院学报》2010年第1期。

6657　周菁葆：《丝绸之路上的扬琴（上）》，《乐器》2010年第1期。

6658　周菁葆：《丝绸之路上的扬琴（下）》，《乐器》2010年第2期。

6659　周菁葆：《丝绸之路上的凤首箜篌（上）》，《乐器》2010年第4期。

6660　周菁葆：《丝绸之路上的凤首箜篌（下）》，《乐器》2010年第5期。

6661　周菁葆：《丝绸之路与竖箜篌的西渐（上）》，《乐器》2010年第6期。

6662　周菁葆：《丝绸之路与竖箜篌的西渐（下）》，《乐器》2010年第7期。

6663　李香：《中国乐器对朝鲜半岛的影响》，《飞天》2010年第20期。

6664　陈晓静：《笛与篪的渊源》，《大众文艺》2010年第23期。

6665　喻莹：《琵琶传入史概》，《艺海》2011年第3期。

6666　周菁葆：《丝绸之路上的五弦琵琶研究》，《中央音乐学院学报》2011年第3期。

6667　周菁葆：《西域的横笛》，《乐器》2011年第5期。

6668　周菁葆：《伊斯兰世界的乌德乐器（上）》，《乐器》2011年第8期。

6669　曾茜：《扬琴东渐暨在中国的发展》，《大众文艺》2011年第8期。

6670　周菁葆：《伊斯兰世界的乌德乐器（下）》，《乐器》2011年第9期。

6671　周菁葆：《丝绸之路与横笛的东渐》，《乐器》2011年第11期。

6672　周菁葆：《丝绸之路上的铜钹（上）》，《乐器》2012年第2期。

6673　周菁葆：《丝绸之路上的铜钹（下）》，《乐器》2012年第3期。

6674　周菁葆：《中亚的长颈直项琵琶（一）》，《乐器》2012年第4期。

6675　周菁葆：《中亚的长颈直项琵琶（二）》，《乐器》2012年第5期。

6676　周菁葆：《中亚的长颈直项琵琶（三）》，《乐器》2012年第6期。

6677　周菁葆：《中亚的长颈直项琵琶（四）》，《乐器》2012年第7期。

6678　何玉人、何燕漪：《丝绸之路文化传播的历史影响——丝绸之路乐器的传播及在戏曲中的运用》，《艺术百家》2013年第1期。

6679　陈应时：《浅谈唐传两种琵琶谱的记谱法》，《浙江艺术职业学院学报》2013 年第 1 期。

6680　鲁璐：《中国古今箜篌艺术研究（上）》，《乐器》2013 年第 1 期。

6681　周菁葆：《丝绸之路上的双簧乐器研究（一）》，《乐器》2013 年第 2 期。

6682　张寅：《达玛沟三弦琵琶定弦研究》，《音乐研究》2013 年第 2 期。

6683　鲁璐：《中国古今箜篌艺术研究（中）》，《乐器》2013 年第 2 期。

6684　周菁葆：《丝绸之路上的双簧乐器研究（二）》，《乐器》2013 年第 3 期。

6685　鲁璐：《中国古今箜篌艺术研究（下）》，《乐器》2013 年第 3 期。

6686　周菁葆：《丝绸之路上的双簧乐器研究（三）》，《乐器》2013 年第 4 期。

6687　陈应时：《龟兹五弦琵琶东传日本考》，《丝绸之路》2013 年第 4 期。

6688　周菁葆：《丝绸之路上的双簧乐器研究（四）》，《乐器》2013 年第 5 期。

6689　周菁葆：《丝绸之路上的双簧乐器研究（五）——汉族的唢呐》，《乐器》2013 年第 6 期。

6690　周菁葆：《丝绸之路上的卡龙（上）》，《乐器》2013 年第 9 期。

6691　周菁葆：《丝绸之路上的卡龙（中）》，《乐器》2013 年第 10 期。

6692　周菁葆：《丝绸之路上的卡龙（下）》，《乐器》2013 年第 11 期。

6693　周菁葆、张欢：《丝绸之路上的笙（上）》，《乐器》2014 年第 2 期。

6694　周菁葆、张欢：《丝绸之路上的笙（中）》，《乐器》2014 年第 3 期。

6695　周菁葆、张欢：《丝绸之路上的笙（下）》，《乐器》2014 年第 4 期。

6696　周菁葆：《丝绸之路上的细腰鼓》，《艺术百家》2014 年第 4 期。

6697　吴蒗：《唐代的琵琶艺术与琵琶文化》，《兰台世界》2014 年第 22 期。

6698　岳键：《胡琴溯源》，《民族艺林》2015 年第 1 期。

6699　赵春婷、施鹤皋：《亚细亚传来的乐音（八）——邮票中的亚洲传统乐器》，《乐器》2015 年第 2 期。

6700　张欢、周菁葆：《丝绸之路音乐中的弓弦乐器》，《中国音乐》2015 年第 2 期。

6701　梁秋丽、周菁葆：《丝绸之路上的弹拨乐器——"托布秀尔"（一）》，《乐器》2015 年第 3 期。

6702　杨洪冰、贾嫚：《从西亚到新疆——箜篌自西向东的流播路径》，《西域研究》2015 年第 3 期。

6703　朱晓峰：《〈张议潮统军出行图〉仪仗乐队乐器考》，《敦煌研究》2015 年第 4 期。

6704　梁秋丽、周菁葆：《丝绸之路上的弹拨乐器——"托布秀尔"（二）》，《乐器》2015 年第 4 期。

6705 梁秋丽、周菁葆：《丝绸之路上的弹拨乐器——"托布秀尔"（三）》，《乐器》2015年第5期。

6706 李美燕：《汉传佛经中的"琉璃琴"初探——兼以云冈石窟第六窟"耶输陀罗入梦图"为例》，《艺术百家》2015年第6期。

6707 梁秋丽、周菁葆：《丝绸之路上的弹拨尔研究（一）》，《乐器》2015年第6期。

6708 梁秋丽、周菁葆：《丝绸之路上的弹拨尔研究（二）》，《乐器》2015年第7期。

6709 梁秋丽、周菁葆：《丝绸之路上的弹拨尔研究（三）》，《乐器》2015年第8期。

6710 吴树德：《唢呐的世界 世界的唢呐》，《乐器》2015年第8期。

6711 梁秋丽、周菁葆：《丝绸之路上的弹拨尔研究（四）》，《乐器》2015年第9期。

6712 邹宇：《小议琵琶改革历程及其必然性》，《乐器》2015年第10期。

6713 梁秋丽、周菁葆：《丝绸之路上的"筚篥"乐器（一）》，《乐器》2015年第11期。

6714 梁秋丽、周菁葆：《丝绸之路上的"筚篥"乐器（二）》，《乐器》2015年第12期。

6715 刘燕：《唐代琵琶高度发展的表征探析》，《黄河之声》2015年第12期。

6716 吴春艳、张寅：《新疆丝路沿线出土琵琶类乐器及其音响复原构想》，《音乐研究》2016年第3期。

6717 郭郑瑞：《试论四至十世纪筚篥的东流西渐》，《菏泽学院学报》2016年第4期。

6718 赵丽娅、台来提·乌布力：《龟兹石窟壁画中的乐器考》，《新美术》2016年第5期。

6719 周菁葆：《丝绸之路音乐中的弓弦乐器（一）》，《乐器》2016年第6期。

6720 周菁葆：《丝绸之路音乐中的弓弦乐器（二）》，《乐器》2016年第7期。

6721 周菁葆：《丝绸之路音乐中的弓弦乐器（三）》，《乐器》2016年第8期。

6722 周菁葆：《丝绸之路音乐中的弓弦乐器（四）》，《乐器》2016年第9期。

6723 周菁葆：《丝绸之路音乐中的弓弦乐器（五）》，《乐器》2016年第10期。

6724 谢丹：《再论中国琵琶的起源及发展》，《艺海》2016年第12期。

6725 朱丽萍：《中国古代丝绸之路上琵琶的演变》，《丝路视野》2016年第13期。

6726 李天义、侯李游美：《甘肃东乡族乐器"咪咪"探源》，《民族艺林》2017年第1期。

6727 王建朝、单晓杰：《论筚篥在隋唐音乐中的运用》，《歌海》2017年第3期。

6728 段文：《唐代佛教乐器螺贝源流考》，《北方音乐》2017年第3期。

6729 廖莎：《丝绸之路文化背景下的中国琵琶艺术》，《中央民族大学学报（哲学社会科学版）》2017年第6期。

6730 王红蕾：《琵琶源流考》，《赤子》2017年第30期。

6731 谢青：《琵琶艺术流派形成的初期——唐朝》，《艺海》2018年第2期。

舞 蹈

6732 赵世骞：《漫谈西域舞蹈》，《民族艺术》1994年第1期。

6733 罗丰：《隋唐间中亚流传中国之胡旋舞——以新获宁夏盐池唐墓石门胡舞图为中心》，《传统文化与现代化》1994年第2期。

6734 金秋：《寻找敦煌舞蹈的源头》，《敦煌研究》2001年第2期。

6735 姚春梅：《张说〈苏摩遮〉与西域乞寒舞》，《平原大学学报》2005年第3期。

6736 付明华：《龟兹文明及舞蹈艺术》，《贵州民族学院学报（哲学社会科学版）》2005年第4期。

6737 杨冬梅：《唐代咏柘枝舞诗词研究》，《殷都学刊》2006年第1期。

6738 杨冬梅：《唐代咏胡旋舞与胡腾舞诗研究》，《哈尔滨工业大学学报（社会科学版）》2006年第2期。

6739 徐有富：《唐诗中的柘枝舞》，《新乡师范高等专科学校学报》2006年第3期。

6740 马沛军、王恩春：《新疆岩画中原始猎牧民族的舞蹈遗存》，《黑龙江史志》2009年第14期。

6741 林春、李金梅：《古代中亚的胡腾舞考释》，《敦煌学辑刊》2010年第1期。

6742 李金梅、路志峻：《古代中亚的胡旋舞考释》，《敦煌研究》2010年第3期。

6743 解梅、陈红：《唐代的胡旋舞略谈》，《兰台世界》2010年第7期。

6744 张婷婷：《胡舞的保护与传承》，《飞天》2011年第14期。

6745 叶文：《从〈胡旋舞〉与〈康国乐〉的关系看〈胡旋舞〉传入中国的时间》，《华章》2012年第19期。

6746 吴露生：《江南风格起，参差有异色——两晋南北朝浙江汉、胡舞蹈寻踪》，《浙江艺术职业学院学报》2013年第3期。

6747 王茗、贺晓阳：《唐代西域舞蹈表演形态特点分析》，《新疆艺术学院学报》2013年第4期。

6748 邹淑琴：《从唐诗看胡旋舞的艺术形象及其文化内涵》，《北京舞蹈学院学报》2013年第5期。

6749 邹淑琴：《唐诗中的柘枝舞及其艺术流变》，《北京舞蹈学院学报》2014年第5期。

6750 王蓓蓓、李洪波：《唐代咏胡旋舞与胡腾舞诗研究》，《兰台世界》2014年第

27 期。

6751 米娜玩·衣明：《维吾尔族舞蹈在群众文化中的作用》，《环球市场信息导报》2014 年第 29 期。

6752 连殿冬、于力、拓万亮：《古代龟兹乞寒舞研究》，《塔里木大学学报》2015 年第 2 期。

6753 韩晶：《异质文化交融下的敦煌舞蹈文化基础研究》，《丝绸之路》2015 年第 20 期。

6754 彭瑞琪：《史学视角——胡舞影响下唐代舞蹈的发展及特点》，《黄河之声》2015 年第 24 期。

6755 韩露、艾茵：《唐代胡旋舞的传入及艺术精神考》，《兰台世界》2015 年第 27 期。

6756 杨嘉：《敦煌壁画舞姿的考究》，《兰台世界》2015 年第 30 期。

6757 程群、涂敏华：《道教舞蹈中多元思想文化基因考辨》，《新疆艺术学院学报》2016 年第 3 期。

6758 吴洁：《从史料、壁画来看丝绸之路上胡旋舞、胡腾舞、柘枝舞的发展与流变》，《交响（西安音乐学院学报）》2017 年第 2 期。

6759 张睿智：《浅析新疆的舞蹈对外交流历程》，《文存阅刊》2017 年第 2 期。

6760 毕研洁、赵海军：《丝绸之路复合型民族舞蹈文化研究》，《西藏大学学报（社会科学版）》2017 年第 4 期。

6761 侯颖、郁斐：《唐代柘枝舞的变迁及其艺术价值》，《兰州教育学院学报》2017 年第 5 期。

6762 宋若琳、秦纪：《漫话丝绸之路上的西域健舞》，《东方收藏》2017 年第 12 期。

6763 谷苗凤：《从史学视角探究胡舞影响下唐代舞蹈的发展及特点》，《中国民族博览》2017 年第 22 期。

民　歌

6764 阿·乌铁库尔著，刘宾译：《丝绸之路上的歌声》，《西北民族研究》1990 年第 2 期。

6765 段宝林：《海上丝绸之路与中国民歌四行诗之西传》，《民族艺术》1999 年第 2 期。

6766 廖肇羽：《库车民歌的文化学阐释——兼论龟兹歌舞与多浪歌舞的差异互补》，《塔里木大学学报》2005 年第 4 期。

6767　高人雄：《十六国时期的慕容鲜卑歌》，《西域研究》2006 年第 2 期。

6768　罗成：《中国古代民歌的西域情概略》，《民族音乐》2014 年第 2 期。

6769　郭玮：《临夏"花儿"与中亚东干族"少年"文化探究》，《丝绸之路》2016 年第 2 期。

6770　王思思：《丝绸之路中民歌现象管窥》，《音乐创作》2017 年第 7 期。

戏　剧

6771　黎蔷：《古代西域艺术与中国戏曲》，《戏曲艺术》1985 年第 2 期。

6772　黎蔷：《印度梵剧与中国戏曲关系之研究》，《戏剧艺术》1986 年第 3 期。

6773　姚宝瑄：《试析古代西域的五种戏剧——兼论古代西域戏剧与中国戏曲的关系》，《文学遗产》1986 年第 5 期。

6774　布海歌、洛秦：《中国戏曲在亚洲的流变——印度、中国和日本的传统戏曲比较》，《戏剧艺术》1987 年第 4 期。

6775　吴新雷：《论戏曲艺术的起源》，《宁波大学学报（人文科学版）》1989 年第 1 期。

6776　李肖冰：《西域戏剧发生之端绪》，《戏剧艺术》1989 年第 1 期。

6777　刘敬贤：《中国戏曲形成的一大渊源》，《当代戏剧》1990 年第 1 期。

6778　萧赛、李行、严淑琼、周健强：《论〈地藏经〉到〈目连戏〉的中国化》，《四川戏剧》1990 年第 2 期。

6779　黎蔷：《西域戏剧的缘起及敦煌佛教戏曲的形成》，《敦煌研究》1990 年第 2 期。

6780　钟兴麒：《隋唐龟兹戏剧及其美学特征》，《西域研究》1991 年第 1 期。

6781　吴丽佳：《南方丝道和永昌戏剧》，《戏剧艺术》1993 年第 2 期。

6782　黎蔷：《西域文学艺术的戏剧化》，《敦煌研究》1994 年第 1 期。

6783　郝延霖：《论西域散曲家作品的喜剧色彩》，《西域研究》1994 年第 3 期。

6784　廖奔：《西域戏剧文化东向探迹》，《西域研究》1995 年第 4 期。

6785　倪开升：《云南保山香童戏》，《中华戏曲》总第 19 辑，太原：山西古籍出版社，1996 年。

6786　黎蔷：《西域敦煌傩戏考》，《敦煌研究》1996 年第 2 期。

6787　黄永明：《西域戏曲艺术探源》，《西域研究》1997 年第 1 期。

6788　孙崇涛：《西域戏剧文献的发现及研究》，《民族艺术》1997 年第 2 期。

6789　穆罕默德·艾沙、杨新亭：《维吾尔族古代戏剧初探》，《民族文学研究》2002

年第 4 期。

6790　郎樱:《西域佛教戏剧对中国古代戏剧发展的贡献》,《民族文学研究》2002 年第 4 期。

6791　孔繁洲:《佛教乐神"摩睺罗"衍变而成的古老剧种——山西地方戏曲"耍孩儿"》,《新疆艺术学院学报》2003 年第 2 期。

6792　黎国韬:《傀儡戏四说》,《西域研究》2003 年第 4 期。

6793　李未醉:《张说与泼寒胡戏》,《交响——西安音乐学院学报》2004 年第 2 期。

6794　安祥馥:《唐宋傩礼、傩戏与高丽傩戏》,《湖北民族学院学报(哲学社会科学版)》2004 年第 4 期。

6795　高人雄:《〈弥勒会见记〉与中国戏曲——古代维吾尔族戏剧与中国戏剧之刍议》,《新疆大学学报(哲学·人文社会科学版)》2005 年第 5 期。

6796　陈四海、马欢:《梨园考》,《宁夏大学学报(人文社会科学版)》2005 年第 6 期。

6797　吴寿鹏:《龟兹乐舞与中国戏剧浅析》,《龟兹学研究》,乌鲁木齐:新疆大学出版社,2006 年。

6798　安祥馥:《韩中傀儡戏比较研究》,《戏曲研究》第 69 辑,北京:文化艺术出版社,2006 年。

6799　曲六乙:《略谈上古仪式戏剧与戏剧发生学》,《中华戏曲》总第 34 辑,北京:文化艺术出版社,2006 年。

6800　吴寿鹏:《龟兹乐舞与中国戏剧探讨》,《新疆艺术学院学报》2006 年第 2 期。

6801　库尔班·买吐尔迪:《从苏幕遮到诺鲁孜——古代西域戏苏幕遮来源略考》,《戏剧(中央戏剧学院学报)》2006 年第 2 期。

6802　吕超:《印度表演艺术与敦煌变文讲唱》,《南亚研究》2007 年第 2 期。

6803　俞海涛:《中国戏曲形成的一大渊源》,《陕西教育(高教)》2007 年第 7 期。

6804　吴学忠:《浅析汉代百戏的起源及其影响》,《音乐天地》2007 年第 8 期。

6805　赵维娜:《从出土胡俑看唐代百戏》,《乾陵文化研究》,西安:三秦出版社,2008 年。

6806　周吉:《西域百戏初考》,《西域研究》2008 年第 1 期。

6807　曹凌燕:《吐鲁番地区古戏剧初探》,《西域研究》2008 年第 2 期。

6808　黎国韬:《论中古假面戏群》,《西域研究》2009 年第 1 期。

6809　阿米娜:《西域文化对元杂剧影响探微》,《丝绸之路》2009 年第 8 期。

6810　陈明:《阿富汗出土梵语戏剧残叶跋》,《西域研究》2011 年第 4 期。

6811　尤康:《"旦角"溯源》,《新农村》2012 年第 3 期。

6812 贾建飞：《人口流动与乾嘉道时期新疆的戏曲发展》，《西域研究》2012年第4期。

6813 周菁葆：《丝绸之路与西域佛教戏剧研究》，《丝绸之路》2012年第4期。

6814 蔡琦：《浅析百戏与散乐的相互关系》，《黄河之声》2012年第13期。

6815 刘建树：《丝绸之路两种不同印度戏剧的传播及其影响》，《丝绸之路》2012年第20期。

6816 高益荣：《丝绸之路与秦腔的传播》，《中国古代小说戏剧研究》第9辑，兰州：甘肃人民出版社，2013年。

6817 王潞伟：《山西襄汾傩舞"花腔鼓"中"判官"及其信仰传播》，《中国古代小说戏剧研究》第9辑，兰州：甘肃人民出版社，2013年。

6818 王萍：《民间小戏"神仙道化"剧展演功能刍议——以丝绸之路沿线民间小戏为依据》，《石河子大学学报（哲学社会科学版）》2013年第2期。

6819 麻国钧：《明清以来队戏的演变及演出形态论》，《中国古代小说戏剧研究》第10辑，兰州：甘肃人民出版社，2014年。

6820 罗彬：《西域戏剧传播变迁中的语境研究》，《新疆财经大学学报》2014年第3期。

6821 王萍：《刍议永靖傩舞戏民间叙事的多元性特征》，《中国古代小说戏剧研究》第11辑，兰州：甘肃人民出版社，2015年。

6822 陈刚、王琳：《丝绸之路与中国戏曲中的少数民族文化因素》，《宁夏师范学院学报》2015年第5期。

6823 王伟：《荔镜情缘：海丝文化记忆中的闽南戏曲景观》，《艺苑》2015年第6期。

6824 任红敏：《北方草原文化及西域商业文化对元杂剧创作的影响》，《内蒙古社会科学》2016年第1期。

6825 王伟：《海丝文化生态圈中歌仔戏的跨界传播及其当代发展——以"陈三五娘"为例》，《艺术科技》2016年第2期。

6826 李建华：《泼寒胡戏被禁原因新探》，《宁波大学学报（人文社会科学版）》2016年第2期。

6827 王伟：《记忆与想象：海丝文化圈中的"陈三五娘"研究》，《艺苑》2016年第2期。

6828 兰宇：《丝绸之路与中原戏剧的西向传播——以秦腔为例》，《西安电子科技大学学报（社会科学版）》2016年第3期。

6829 王伟：《闽南物语：海丝人文交流中的荔镜情缘》，《理论月刊》2016年第6期。

6830 孙晓婷：《从〈教坊记〉内容中考察唐代戏曲文化大融合的时代精神》，《北方音乐》2016 年第 11 期。

6831　黎国韬：《"鱼龙幻化"新考及其戏剧史意义发微》，《文学遗产》2017 年第 4 期。

6832　芦柳源：《中国传统文化视域中戏曲与宗教的融合与排斥》，《山西大学学报（哲学社会科学版）》2017 年第 6 期。

书　法

6833　王乃栋：《康里子山的族属及其书法艺术的探索》，《新疆社会科学》1985 年第 4 期。

6834　王乃栋：《西域少数民族书法家遗存作品考》，《故宫博物院院刊》1989 年第 1 期。

6835　罗绍文：《西域书法理论家盛熙明和他的〈法书考〉》，《新疆社会科学》1990 年第 5 期。

6836　古丽娜尔·努尔买买提：《吐鲁番楼兰书法艺术初探》，《新疆艺术学院学报》2009 年第 1 期。

6837　周珩帮：《从地方回应到书写变革——公元 7—8 世纪的吐鲁番民间书法》，《伊犁师范学院学报（社会科学版）》2012 年第 2 期。

6838　周珩帮：《技与物的传载——汉魏六朝书法西域传播的主体和载体》，《新疆艺术学院学报》2015 年第 2 期。

6839　楚默：《元代书风之嬗变：汉、蒙古两族文化之冲撞与融合》，《中国书法》2016 年第 15 期。

6840　崔树强、刘莹：《康里子山与奎章阁及其在元代书史中的地位》，《中国书法》2017 年第 7 期。

6841　任小平：《论王羲之书法对西域的影响》，《中国书法》2017 年第 16 期。

文　学

通　论

6842　星汉：《元代维吾尔族文学家贯云石及其作品》，《新疆师范大学学报（社会科学版）》1983 年第 1 期。

6843 张玉声：《试谈西域文学特点》，《新疆师范大学学报（社会科学版）》1985 年第 2 期。

6844 张玉声：《谈西域文学的两翼》，《新疆师范大学学报（哲学社会科学版）》1987 年第 1 期。

6845 李国香：《金帐汗国始末及其文学上的成就》，《西北民族研究》1989 年第 2 期。

6846 徐扬尚：《汉魏六朝的中外文学比较》，《宁波师院学报（社会科学版）》1990 年第 2 期。

6847 苏平：《论外来文化对中国近代文学的影响》，《文艺理论与批评》1992 年第 1 期。

6848 郎樱：《高昌回鹘汗国时代的维吾尔佛教文学》，《民族文学研究》1992 年第 1 期。

6849 张先堂：《敦煌文学与周边民族文学、域外文学关系研究述论》，《兰州教育学院学报》1993 年第 2 期。

6850 张先堂：《敦煌文学与周边民族文学、域外文学关系述论》，《敦煌研究》1994 年第 1 期。

6851 李竟成：《丝绸之路西域少数民族民间文学导论》，《西部学坛》1994 年第 2 期。

6852 李明伟：《唐代文学的嬗变与丝绸之路的影响》，《敦煌研究》1994 年第 3 期。

6853 刘长东：《新疆少数民族文学中的比较文学材料零拾》，《中外文化与文论》第 6 辑，成都：四川教育出版社，1999 年。

6854 古远清：《澳门文学的发展脉胳》，《武汉文史资料》1999 年第 11 期。

6855 艾赛提·苏来曼：《波斯文学与维吾尔文学交流史断想》，《民族文学研究》2001 年第 3 期。

6856 王开元：《西域文化对白居易文学创作的影响》，《昌吉学院学报》2002 年第 1 期。

6857 陈明：《西域出土文献与印度古典文学研究》，《文献》2003 年第 1 期。

6858 王青：《汉魏六朝文学中所见的西域商贸》，《西域研究》2003 年第 2 期。

6859 宋晓云：《边声四起唱大风——耶律楚材与元代丝绸之路文学》，《新疆大学学报（社会科学版）》2003 年第 4 期。

6860 胥惠民：《古代西域文学论纲》，《新疆教育学院学报（社会科学版）》2005 年第 1 期。

6861 黄中祥：《哈萨克族口头文学的巡回传承特点》，《西域研究》2005 年第 4 期。

6862 高人雄：《多民族文化交融促进了唐代文学繁荣》，《新疆社科论坛》2007 年第 2 期。

6863 范学新：《丝路文化精神对丝路少数民族文学的影响——以哈萨克文学为例》，《江西社会科学》2007年第5期。

6864 朱凤玉：《敦煌边塞文学中"灵鹊报喜"风俗初探》，《中国俗文化研究》第5辑，成都：巴蜀书社，2008年。

6865 徐晓琳：《新疆少数民族民间文学与出版》，《伊犁师范学院学报（社会科学版）》2008年第4期。

6866 刘嘉伟：《论廼贤在多民族文学史上的地位及贡献》，《前沿》2009年第4期。

6867 王焕然：《汉代通西域对文学的影响》，《南都学坛》2010年第6期。

6868 叶爱欣：《元代伏牛山地域文学新质概论》，《平顶山学院学报》2010年第6期。

6869 杨波：《论维吾尔族文学的印度文化渊源——从〈世事记〉与一则印度民间童话的比较谈起》，《新疆大学学报（哲学·人文社会科学版）》2011年第3期。

6870 宋晓云：《论〈长春真人西游记〉在蒙元时期丝绸之路汉语文学中的价值》，《西域研究》2012年第1期。

6871 任小波：《吐蕃盟歌的文学情味与政治意趣——敦煌P.T.1287号〈吐蕃赞普传记〉第5、8节探析》，《中国藏学》2012年第2期。

6872 韩文慧：《丝绸之路上的文学传播与影响——以〈列王纪〉对〈玛纳斯〉的影响为例》，《昌吉学院学报》2013年第1期。

6873 岳永：《〈西域闻见录〉文学性初探》，《天水师范学院学报》2013年第3期。

6874 秦琰：《元代色目文学中的民族文化失语现象》，《江西社会科学》2013年第8期。

6875 刘建虎：《丘处机及其随侍十八士的西游文学创作》，《殷都学刊》2014年第2期。

6876 宋晓蓉：《汉唐西域史地文献文学性及科学性嬗变考察——以〈史记·大宛列传〉、〈汉书·西域传〉、〈大唐西域记〉为例》，《西域研究》2014年第3期。

6877 史国强：《伊犁将军奎林及其文学创作简论》，《伊犁师范学院学报（社会科学版）》2014年第3期。

6878 霍有明：《唐代陇右文学中的"北国风味"》，《兰州大学学报（社会科学版）》2014年第6期。

6879 阿地里·居玛吐尔地：《丝绸之路上的多民族文学——以新疆及中亚跨界民族文学为视点》，《中外文化与文论》第31辑，成都：四川大学出版社，2015年。

6880 熊建军、李建梅：《西域形象的文学表达与建构》，《天府新论》2015年第1期。

6881 陈强：《比较文学形象学视野中的先秦西域形象》，《昌吉学院学报》2015年第2期。

6882 史国强：《清乾隆年间伊犁将军与西域文学及文人研究》，《伊犁师范学院学报（社会科学版）》2015 年第 2 期。

6883 邵郁、安建军：《丝绸之路青泥古道交通碑刻的文学意义》，《青海师范大学学报（哲学社会科学版）》2015 年第 4 期。

6884 吐尔逊·库尔班：《丝绸之路上的波斯文学与突厥语族诸民族文学交流关系》，《民族文学研究》2015 年第 5 期。

6885 海丽恰姆·买买提：《印度佛教文学及其对维吾尔文学的影响》，《山花》2015 年第 24 期。

6886 姑丽娜尔·吾甫力、柔鲜古丽·阿尤甫、王媛：《喀什维吾尔族的文学生活——个案视角下的初步认知》，《文化遗产研究》第 7 辑，成都：四川大学出版社，2016 年。

6887 董国炎、邹晓华：《丝绸之路与民族文学融合》，《中国语言文学研究》第二期总第二十期，北京：社会科学文献出版社，2016 年。

6888 赵瑞：《元代画家高克恭文学考论》，《解放军艺术学院学报》2016 年第 1 期。

6889 周菲菲：《日本平安时代物语文学与海陆丝绸之路——以〈宇津保物语·俊荫卷〉为中心》，《东疆学刊》2016 年第 1 期。

6890 姑丽娜尔·吾甫力、米克拉吉·阿不来提、王媛：《中国与阿拉伯—波斯文学关系的见证——麦吉侬形象迁移及其在维吾尔文学中的演变》，《中国比较文学》2016 年第 3 期。

6891 王济宪：《西行记——丝绸之路文学的奇葩异卉》，《华夏文化》2016 年第 4 期。

6892 李晨：《早期华侨文学中的东南亚地区殖民地状况——从〈噶喇吧纪略〉和〈海岛逸志〉谈起》，《江汉论坛》2016 年第 9 期。

6893 薛幼萍：《浅谈汉代文学作品中的西域文化》，《语文建设》2016 年第 12 期。

6894 郑玲：《丝绸之路上散落的一颗文学明珠——〈弥勒会见记〉》，《陕西学前师范学院学报》2017 年第 3 期。

6895 何雪利、阳清：《中古西域僧传的文学倾向考察》，《百色学院学报》2017 年第 3 期。

6896 汤德伟：《曹魏康僧铠所译〈无量寿经〉的文学艺术特色探析》，《安康学院学报》2017 年第 6 期。

神 话

6897 姚宝瑄：《中国古代神话——"中原文学"与"西域文学"的共同土壤》，《新疆社会科学》1985 年第 3 期。

6898 成建正：《神话、传说与丝绸之路》，《文博》1991 年第 1 期。

6899 李竟成：《试论新疆地区神话的特征与功能》，《民族文学研究》1992 年第 2 期。

6900 户晓辉：《上古神话与西域研究》，《西域研究》1992 年第 3 期。

6901 李竟成：《西域游牧民族的创世神话〈迦萨甘创世〉》，《西部学坛》1994 年第 3 期。

6902 张绪山：《甘英西使大秦获闻希腊神话传说考》，《史学月刊》2003 年第 12 期。

6903 刘宗迪：《西王母神话的本土渊源》，《湖北民族学院学报（哲学社会科学版）》2004 年第 1 期。

6904 仲高：《西域神话意象的文化意义》，《民族文学研究》2004 年第 4 期。

6905 王开元：《西域古代文化——昆仑神话对屈原之影响》，《河池学院学报》2004 年第 5 期。

6906 刘振伟：《西域神话研究之现状及其意义》，《西域研究》2006 年第 1 期。

6907 李雪荣：《浅析西域神话故事特征——以〈迦萨甘创世〉神话为例》，《塔里木大学学报》2006 年第 3 期。

6908 刘振伟：《丝绸之路上的王者与神话》，《民族文学研究》2006 年第 4 期。

6909 刘振伟：《论游牧、定居的分离对西域神话的影响》，《新疆师范大学学报（哲学社会科学版）》2007 年第 2 期。

6910 李雪荣、柳晓明：《古希腊与西域哈萨克族人类起源神话之比较》，《塔里木大学学报》2007 年第 3 期。

6911 张新红：《西域神话的隐喻分析》，《新疆师范大学学报（哲学社会科学版）》2008 年第 3 期。

6912 王志勇：《关于西王母"身份"之迷的探究》，《辽宁行政学院学报》2009 年第 2 期。

6913 覃志峰：《古希腊神话丝路入华考》，《青海民族大学学报（社会科学版）》2012 年第 1 期。

6914 张绪山：《汉唐时代华夏族人对希腊罗马世界的认知——以西王母神话为中心的探讨》，《世界历史》2017 年第 5 期。

6915 侯立兵：《汉唐辞赋中的西域"水""马"意象》，《文学遗产》2010 年第 3 期。

赋

6916 汤洪：《从丝路看屈辞外来文化的可能性》，《中华文化论坛》2011 年第 5 期。

6917 史国强：《〈天山赋〉著者考辨》，《中国典籍与文化》2013年第4期。

6918 张美娟：《唐代西域赋的主旨与创作模式》，《海南师范大学学报（社会科学版）》2015年第3期。

6919 史国强：《感怀一统赋伊犁——清人刘豢龙及其〈伊犁赋〉研究》，《西域研究》2016年第3期。

6920 倪童、母小琳：《汉长安京都赋中的西域文献》，《哈尔滨师范大学社会科学学报》2017年第2期。

6921 倪童、祁琪：《汉长安京都赋与西域文化影响》，《哈尔滨师范大学社会科学学报》2017年第3期。

6922 董定一：《浅议汉唐西域乐舞赋的创作原因与赋体特征》，《伊犁师范学院学报（社会科学版）》2017年第3期。

6923 张兴田：《西域文化视域下的初唐四杰辞赋》，《安徽广播电视大学学报》2017年第3期。

6924 董定一：《赋体文学中的特殊书写——清前赋作中的天山意象刍议》，《语文学刊》2017年第6期。

诗

通 论

6925 胥惠民、白应东：《漫论西域诗的爱国主义》，《新疆社会科学》1984年第1期。

6926 刘正民：《西域少数民族汉文诗歌成就概述》，《新疆师范大学学报（社会科学版）》1984年第1期。

6927 星汉：《〈哈密志〉西域诗评述》，《新疆地方志》1989年第3期。

6928 张力华：《丝路诗词中的河西物产考释》，《西北史地》1997年第3期。

6929 赵嘉麒：《论西域诗歌的中华情结》，《实事求是》2007年第1期。

6930 赵嘉麒、范学新：《愿得此身长报国——论西域诗歌中报国立功的民族精神》，《新疆大学学报（哲学·人文社会科学版）》2007年第2期。

6931 韩留勇：《〈历代西域诗钞〉编纂得失之我见》，《塔里木大学学报》2008年第1期。

6932 王辉斌：《宋金元奉使诗探论》，《江淮论坛》2010年第2期。

6933 刘坎龙：《汉隋西域屯垦戍边诗散论》，《新疆教育学院学报》2011年第3期。

6934 海滨：《论西域民俗文化对唐诗创作的影响——以酒俗和饮酒诗为核心》，《西北民族研究》2011年第4期。

6935　曾羽霞：《丝绸之路与凉州诗》，《丝绸之路》2012年第22期。

6936　张雯：《佛教传入对中国古代诗歌创作的影响》，《华北水利水电学院学报（社会科学版）》2013年第5期。

6937　王佑夫：《西域诗学论略》，《西域研究》2014年第3期。

6938　孟柏严：《我国古代西域诗歌的时代特征分析》，《新疆职业大学学报》2014年第6期。

6939　郭弘：《边塞诗在丝路文学中的地位及其文化开发研究》，《丝绸之路》2016年第2期。

6940　孔庆蓉：《论汉诗在汉魏六朝的文学传播——以史书和选集为例》，《文艺评论》2016年第4期。

6941　曾建生：《中国古代海上丝绸之路诗歌与廉洁文化建设》，《广州航海学院学报》2017年第2期。

6942　李俊红、刘军：《边关征战场，民族交融地——草原丝绸之路上阴山诗歌之意象分析》，《山西档案》2017年第5期。

汉魏南北朝

6943　张洪慈：《谈〈乌孙公主歌〉的"歌"》，《新疆教育学院学报》1986年第2期。

6944　恕子：《〈敕勒歌〉族属问题》，《新疆师范大学学报（社会科学版）》1986年第2期。

6945　王开元：《西域文化对先秦两汉诗赋的影响》，《昌吉学院学报》2003年第1期。

6946　霍然：《论北朝民族大融合对唐代诗歌的影响》，《西域研究》2003年第2期。

6947　刘坎龙：《论南朝西域屯垦戍边诗的特征》，《伊犁师范学院学报（社会科学版）》2011年第4期。

6948　张应斌：《雷州与汉乐府》，《湛江师范学院学报》2014年第1期。

6949　张培锋、孙可：《论南北朝时期僧团与诗歌声律论及吟诵发展关系》，《贵州社会科学》2014年第3期。

6950　胡一楠：《〈汉乐府〉视角下汉代丝绸之路的经济、文化影响研究》，《西安财经学院学报》2018年第1期。

隋唐五代

6951　卢苇：《岑参西域之行及其边塞诗中对唐代西域情况的反映》，《兰州大学学报》

1980 年第 1 期。

6952 许奕谋：《岑参在甘肃写的诗》，《兰州大学学报（社会科学版）》1982 年第 1 期。

6953 柴剑虹：《岑参边塞诗和唐代的中西交往》，《西北大学学报（哲学社会科学版）》1984 年第 1 期。

6954 袁行云：《唐以来诗文中所见敦煌述略》，《社会科学战线》1984 年第 2 期。

6955 华锋：《中唐边塞诗简论》，《中州学刊》1984 年第 3 期。

6956 刘维钧：《唐代西域诗句释地》，《新疆大学学报（哲学社会科学版）》1984 年第 4 期。

6957 张志岳：《略析盛唐三首著名的七言绝句》，《绥化师专学报》1985 年第 1 期。

6958 黄刚：《岑参在西域的两度思想消沉及其缘由》，《上海师范大学学报（哲学社会科学版）》1985 年第 2 期。

6959 廖立：《唐玄宗时西域战争性质与岑参边塞诗》，《中州学刊》1985 年第 4 期。

6960 熊笃：《初盛唐时期的边境战争及边塞诗评价问题》，《社会科学》1986 年第 2 期。

6961 李明伟：《丝绸之路与唐诗的繁荣》，《中州学刊》1988 年第 6 期。

6962 澄之：《丝绸之路与唐诗的繁荣》，《社会科学》1989 年第 2 期。

6963 李文钟：《"为美好的时刻活着"——波斯文化与盛唐李白诗歌之关系》，《昆明师专学报》1992 年第 4 期。

6964 孙立峰：《唐代诗歌中胡姬形象的文化意义》，《学习与探索》1993 年第 2 期。

6965 宁志新：《岑参的边塞诗与唐朝在西域的战争》，《敦煌学辑刊》1993 年第 2 期。

6966 刘艺：《唐代最早从军西域的著名诗人——骆宾王》，《新疆大学学报（哲学社会科学版）》1994 年第 2 期。

6967 许总：《论岑参诗歌的文化性格与艺术风貌》，《阴山学刊》1995 年第 1 期。

6968 李羿萱：《岑参西域诗中的火山、赤亭、走马川考》，《西北史地》1995 年第 4 期。

6969 廖立：《岑参赴西域时间路途考补》，《河南大学学报（社会科学版）》1995 年第 4 期。

6970 胡大浚：《唐诗中的"丝路"之旅》，《唐代文学研究》第 6 辑，桂林：广西师范大学出版社，1996 年。

6971 孙润祥：《简析唐代咏和亲诗的思想倾向》，《镇江市高等专科学校学报》1996 年第 1 期。

6972 苏北海：《岑参的西域诗及历史功绩》，《新疆大学学报（哲学社会科学版）》1996 年第 3 期。

6973　吴逢箴：《杜诗与西域文明》，《杜甫研究学刊》1996 年第 3 期。

6974　丘继业：《唐朝诗人笔下的"胡姬"》，《历史教学》1997 年第 1 期。

6975　葛晓音：《论唐前期文明华化的主导倾向——从各族文化的交流对初盛唐诗的影响谈起》，《中国社会科学》1997 年第 3 期。

6976　张瑞义：《〈凉州词〉小考》，《连云港教育学院学报》1997 年第 4 期。

6977　李凯：《杜诗的西域文化背景》，《西域研究》1999 年第 1 期。

6978　刘明华：《杜诗中"胡"的多重内涵——兼论杜甫的民族意识》，《唐代文学研究》第 8 辑，桂林：广西师范大学出版社，2000 年。

6979　刘艺：《多维视野中的杜甫及其西域边塞诗》，《西域研究》2001 年第 1 期。

6980　王开元、陈庆明：《西域历史对唐边塞诗之影响》，《昌吉师专学报》2001 年第 1 期。

6981　乌尔沁：《外来民间文化的使者：西域胡姬——唐诗胡姬形象解析》，《民族文学研究》2001 年第 4 期。

6982　谢建忠：《试探岑参诗中的西域胡人》，《西南民族学院学报（哲学社会科学版）》2001 年第 11 期。

6983　戴明应：《从唐诗中看西域来华文明》，《合肥教育学院学报》2002 年第 1 期。

6984　王素：《新发现麴伯雅佚诗的撰写时地及其意义——〈高昌史稿·统治编〉续论之二》，《西域研究》2003 年第 2 期。

6985　聂巧平、鲁茜：《论杜甫的和亲诗》，《西域研究》2003 年第 3 期。

6986　朱秋德：《论唐代西域地理名称的变迁——岑参诗中的安西、北庭、碛西、镇西》，《石河子大学学报（哲学社会科学版）》2003 年第 3 期。

6987　谢建忠：《李白诗中的西域文化考论》，《贵州大学学报（社会科学版）》2003 年第 6 期。

6988　戴伟华：《义净诗二首探微》，《唐代文学研究》第 10 辑，桂林：广西师范大学出版社，2004 年。

6989　陈忻：《简论岑参边塞诗的风格》，《唐代文学研究》第 10 辑，桂林：广西师范大学出版社，2004 年。

6990　陈铃美：《略论唐代与琵琶有关之诗作》，《北京化工大学学报（社会科学版）》2004 年第 4 期。

6991　刘洁：《从唐代边塞诗看唐蕃关系的发展变化——唐代边塞诗系列研究之三》，《甘肃广播电视大学学报》2005 年第 1 期。

6992　邓乔彬：《西域风光和壁画对唐人边塞诗与变文的影响》，《新疆师范大学学报（哲学社会科学版）》2005 年第 1 期。

6993 李胜旗：《岑参西域诗歌意象论》，《兵团教育学院学报》2005 年第 2 期。

6994 崔志勇：《说尽塞垣是岑参——〈轮台歌奉送封大夫出师西征〉琐记》，《新疆社科论坛》2005 年第 2 期。

6995 张彩秋：《春风到西域塞上开奇葩——岑参边塞风光诗的艺术风格》，《中国环境管理干部学院学报》2005 年第 3 期。

6996 姚皓华：《大历十才子与盛唐边塞诗派边塞诗歌内容之比较》，《东岳论丛》2005 年第 4 期。

6997 李萍：《论岑参边塞诗中的西域精魂》，《新疆教育学院学报》2005 年第 4 期。

6998 熊柱：《〈全唐诗〉中的轮台》，《广西大学学报（哲学社会科学版）》2005 年第 6 期。

6999 朱秋德：《以诗证史：岑参边塞诗中有关唐代西域名称的变迁》，《中国文学研究》2006 年第 1 期。

7000 徐辉：《规范题材：岑参乐府歌行名篇因缘新探——以西域边塞歌行为中心》，《新疆社科论坛》2006 年第 6 期。

7001 蒙曼：《胡姬与胡儿——兼谈唐诗中胡化意向的性别因素》，《民族史研究》第 7 辑，北京：中央民族大学出版社，2007 年。

7002 史国强、赵婧：《岑参赴安西路途考证》，《新疆大学学报（哲学·人文社会科学版）》2007 年第 1 期。

7003 秦坚：《岑参西征诗本事考》，《新疆教育学院学报（社会科学版）》2007 年第 3 期。

7004 海滨：《唐诗与西域文化研究范式的转型呼唤》，《上海大学学报（社会科学版）》2007 年第 3 期。

7005 王斌：《浅谈岑参边塞诗的西域文化风格》，《新疆地方志》2007 年第 4 期。

7006 盖金伟：《唐诗"交河"语汇考论》，《新疆师范大学学报（哲学社会科学版）》2008 年第 2 期。

7007 路云亭：《盛唐边塞诗文化性征》，《新疆大学学报（哲学·人文社会科学版）》2008 年第 4 期。

7008 路云亭：《盛唐边塞诗文化性征》，《太原师范学院学报（社会科学版）》2008 年第 4 期。

7009 滕桂华：《试析岑参西域送别诗产生的原因》，《伊犁师范学院学报（社会科学版）》2008 年第 4 期。

7010 滕桂华：《豪迈雄壮奇伟瑰丽——岑参西域送别诗简析》，《伊犁师范学院学报（社会科学版）》2009 年第 2 期。

7011　黎羌：《唐五代词中的胡风与丝绸之路民族诗歌的交流》，《民族文学研究》2009年第2期。

7012　唐红：《唐代西域边塞诗中的边愁与作者文化心理探微》，《塔里木大学学报》2009年第3期。

7013　马登杰：《岑参诗中的西域主将和僚佐》，《西域研究》2009年第4期。

7014　郭院林：《唐诗中的西域意象及其文化意蕴》，《兰州学刊》2009年第7期。

7015　王学军：《初盛唐诗歌中战争战役的空间分布及焦点区域转移》，《文教资料》2009年第18期。

7016　海滨：《论影响唐诗创作的双重开放格局》，《昌吉学院学报》2010年第2期。

7017　刘雁翔、王小凤：《杜甫秦州诗题咏的丝绸之路说解》，《敦煌学辑刊》2010年第4期。

7018　郑亮：《想象的他者——李白诗中西域意象的文化透析》，《石河子大学学报（哲学社会科学版）》2010年第6期。

7019　肖素娟：《简析岑参诗歌的边塞风情》，《青年文学家》2010年第19期。

7020　海滨：《唐诗琵琶文化景观形成的源流考述》，《昌吉学院学报》2011年第3期。

7021　海滨：《进贡与却贡——唐诗中葡萄的象征意义》，《陕西师范大学学报（哲学社会科学版）》2011年第5期。

7022　刘坎龙、吕亚宁：《论唐代西域屯垦戍边诗的思想意蕴》，《新疆大学学报（哲学·人文社会科学版）》2011年第6期。

7023　王湘：《从盛唐边塞诗人看当时的西域——以岑参、李颀为例》，《剑南文学半月》2011年第8期。

7024　马芳：《浅析唐远征西域背景下的骆宾王边塞诗》，《丝绸之路》2011年第20期。

7025　郭文庭：《唐诗中的丝路文化》，《青海民族大学学报（社会科学版）》2012年第1期。

7026　赵士城：《唐诗中西域马意象分析》，《边疆经济与文化》2012年第1期。

7027　海滨：《岑参对唐诗西域之路的双重建构》，《中华文史论丛》2012年第2期。

7028　王佃印：《岑参边塞诗的"陌生化"》，《内蒙古电大学刊》2012年第4期。

7029　王艺璇：《论岑参边塞诗与西域文化相互契合的意义》，《北方文学》2012年第5期。

7030　戴伟华：《岑参边塞诗新论——以人缘和地缘为视角》，《华南师范大学学报（社会科学版）》2012年第6期。

7031　郭雪妮：《唐诗中的胡姬与现代日本的西域想象》，《兰州学刊》2012年第11期。

7032　唐帅、魏景波：《丝绸之路与唐代边塞诗》，《丝绸之路》2012年第20期。

7033　唐成英：《唐代西域诗的民俗特征》，《新疆职业大学学报》2013年第1期。

7034　戴伟华：《从两个传统中确认岑参边塞诗的写实特质》，《西北师大学报（社会科学版）》2013年第2期。

7035　赵莉：《论岑参歌行体送别诗之新创》，《南京工程学院学报（社会科学版）》2013年第2期。

7036　孙文杰：《身在谪籍心系朝廷——贬谪期间的刘禹锡诗歌与长安》，《新疆教育学院学报》2013年第2期。

7037　海滨：《唐代亲历西域诗人诗歌考述》，《昌吉学院学报》2013年第3期。

7038　邹淑琴：《唐诗中的胡姬之"姬"》，《新疆大学学报（哲学·人文社会科学版）》2013年第4期。

7039　孙植：《论岑参诗歌的前期创作心路》，《常州大学学报（社会科学版）》2013年第5期。

7040　杜丹丹：《论岑参边塞诗的异域情调》，《赤子》2013年第8期。

7041　孙植：《论岑参河朔游历及其诗作》，《南京师范大学文学院学报》2014年第1期。

7042　柯庆梅：《唐代边塞诗物名化研究——以琵琶为例》，《漯河职业技术学院学报》2014年第1期。

7043　张同胜：《移动的边塞诗——以唐王朝的边塞与边塞诗为中心》，《浙江工商大学学报》2014年第1期。

7044　徐树春：《岑参诗歌中的西域》，《旅游纵览》2014年第2期。

7045　邹淑琴：《唐诗中胡姬形象的文化传播与民族融合的媒介价值探析》，《昌吉学院学报》2014年第4期。

7046　王树森：《唐蕃角力与盛唐西北边塞诗》，《北京大学学报（哲学社会科学版）》2014年第4期。

7047　祁和晖：《杜甫秦州诗记写西域丝绸之路首段栈程山川人文风貌》，《杜甫研究学刊》2014年第4期。

7048　黄晓东、宁博涵：《论唐代边塞诗中的韵》，《新疆大学学报（哲学·人文社会科学版）》2014年第5期。

7049　杨晓霭、高震：《岑参的西域行旅与"丝路"之作》，《宁夏师范学院学报》2014年第5期。

7050　李小茜：《唐代胡姬诗探微》，《社科纵横》2014年第8期。

7051　王永莉：《唐代边塞诗"绝域"意象的历史地理学考察》，《人文杂志》2014年第 10 期。

7052 魏嵘：《细雨春风花落时挥鞭直就胡姬饮——浅谈李白诗歌的西域想象》，《情感读本》2014 年第 14 期。

7053 马悦宁：《唐代丝绸之路的盛衰与边塞诗风的嬗变》，《豳风论丛》创刊号，北京：中国社会科学出版社，2015 年。

7054 高建新：《李益边塞诗及其对唐代中国北疆的书写》，《中文学术前沿》第 10 辑，杭州：浙江大学出版社，2015 年。

7055 黄晓东：《由语言风格手段的表现看唐代边塞诗的语言风格》，《湖北社会科学》2015 年第 1 期。

7056 邹淑琴：《唐诗中的胡姬：被塑造的"他者"形象》，《湖南师范大学社会科学学报》2015 年第 2 期。

7057 卢燕新：《由唐人诗文之"胡商"看西域与唐的文化交往》，《甘肃社会科学》2015 年第 3 期。

7058 王丽超：《李白诗歌中的西域乡情》，《北方文学（中旬刊）》2015 年第 3 期。

7059 石云涛：《唐诗中长安生活方式的胡化风尚》，《国际汉学》2015 年第 3 期。

7060 张鸿杰、朱峰：《古丝绸之路上的"渭城客舍"与〈渭城曲〉》，《咸阳师范学院学报》2015 年第 5 期。

7061 张利亚：《唐代河西地区人口迁移对诗歌西传的影响——以敦煌诗歌写本为例》，《内蒙古社会科学》2015 年第 6 期。

7062 韩雨笑：《丝绸之路上的唐代边塞诗——论丝路文化如何为"一带一路"工程服务》，《艺术科技》2015 年第 7 期。

7063 胡冰清：《岑参边塞诗中异域女性形象研究》，《文教资料》2015 年第 8 期。

7064 孙坤：《唐代边塞诗西域意象研究》，《环球人文地理》2015 年第 10 期。

7065 齐海棠：《浅析李白诗词中的西域文化》，《青年文学家》2015 年第 11 期。

7066 邹淑琴：《唐诗中的粟特胡姬进入中原地区的原因》，《兰台世界》2015 年第 27 期。

7067 石云涛：《河湟的失陷与收复在唐诗中的反响》，《石河子大学学报（哲学社会科学版）》2016 年第 2 期。

7068 石云涛：《唐诗中长安与边塞和域外的交通》，《中国文化研究》2016 年第 3 期。

7069 杨晓霭：《"丝绸之路"上的人物往来与唐诗境界的开拓》，《中国高校社会科学》2016 年第 3 期。

7070 高建新：《展开在"丝绸之路"上的文学景观——再读张籍〈凉州词三首〉其一》，《临沂大学学报》2016 年第 6 期。

7071 石云涛：《唐诗中流寓和出入长安之外域人》，《社会科学战线》2016 年第 12 期。

7072 米彦青：《草原丝绸之路上的唐诗写作》，《文学评论》2017 年第 1 期。

7073 夏国强：《岑参西域诗史地学价值论略》，《昌吉学院学报》2017 年第 1 期。

7074 梁中效：《唐宋诗词中张骞形象的变迁》，《陕西理工学院学报（社会科学版）》2017 年第 2 期。

7075 谢桃坊：《花蕊夫人宫词与西域文明》，《中华文化论坛》2017 年第 3 期。

7076 杨许波：《唐帝国的丝路想象初探——以唐诗"胡"为个案》，《广西师范学院学报（哲学社会科学版）》2017 年第 4 期。

7077 阳清：《敦煌写本残卷〈慧超往五天竺国传〉中的五言诗——兼论中世佛教行记的情感抒写及其诗笔》，《清华大学学报（哲学社会科学版）》2017 年第 4 期。

7078 苏宁：《唐诗中的丝绸之路与天府之国》，《文学评论》2017 年第 4 期。

7079 石云涛：《唐诗中的阳关意象》，《武汉科技大学学报（社会科学版）》2017 年第 4 期。

7080 燕晓洋：《丝绸之路景观与岑参边塞诗的空间想象》，《哈尔滨师范大学社会科学学报》2017 年第 6 期。

7081 葛景春：《论李白诗歌中的丝路文化色彩》，《中州学刊》2017 年第 6 期。

7082 侯水平：《从唐诗看蜀与海上丝绸之路》，《中华文化论坛》2017 年第 7 期。

辽金元

7083 齐冲天：《论元代民族诗人乃贤》，《内蒙古社会科学》1980 年第 3 期。

7084 钟兴麒：《西行万里亦良图——简评耶律楚材及其边塞诗》，《新疆师范大学学报（社会科学版）》1984 年第 2 期。

7085 门岿：《元代西域诗人及其创作》，《中央民族学院学报》1987 年第 6 期。

7086 余国钦：《萨都剌诗歌浅说》，《内蒙古师大学报（哲学社会科学版）》1988 年第 2 期。

7087 刘坎龙：《论元代西域少数民族诗人散曲创作之价值》，《新疆师范大学学报（哲学社会科学版）》1991 年第 2 期。

7088 曾凡礼：《元代大诗人萨都剌和他的诗》，《内蒙古电大学刊》1991 年第 7 期。

7089 童凤畅：《元代西域少数民族汉文诗词简论》，《青海师范大学学报（哲学社会科学版）》1992 年第 3 期。

7090 桂栖鹏：《萨都剌卒年考——兼论干文传〈雁门集序〉为伪作》，《文学遗产》

1993年第5期。

7091 李中耀：《耶律楚材和他的西域诗》，《西域研究》1994年第4期。

7092 李中耀：《耶律楚材和他的西域诗》，《民族文学研究》1994年第4期。

7093 阎福玲：《耶律铸边塞诗论析》，《河北师院学报（社会科学版）》1997年第3期。

7094 史铁良：《金元诗数题》，《株洲师范高等专科学校学报》2004年第4期。

7095 张文澍：《风霜万里苦吟人——论元末回回诗人丁鹤年》，《民族文学研究》2005年第2期。

7096 霍彤彤：《不妨终老在天涯——耶律楚材风土诗的价值》，《新疆教育学院学报》2005年第4期。

7097 宋晓云：《丘处机的丝绸之路诗歌创作》，《新疆师范大学学报（哲学社会科学版）》2005年第4期。

7098 张迎胜：《元代回回诗人的山水吟唱》，《中国韵文学刊》2007年第1期。

7099 王梅堂：《元代畏吾儿诗人廉恒及其诗》，《西域研究》2007年第2期。

7100 张文澍：《论马祖常之诗文与虞集等人之唱答诗——兼论元代中期文风》，《民族文学研究》2007年第4期。

7101 宋晓云：《马祖常丝绸之路诗歌创作谫论》，《西域研究》2008年第1期。

7102 宋晓云：《论葛逻禄诗人乃贤的丝绸之路诗歌》，《新疆师范大学学报（哲学社会科学版）》2008年第2期。

7103 刘坎龙：《西域诗人不忽木父子论略》，《新疆教育学院学报》2008年第4期。

7104 罗海燕：《元代边塞诗特征》，《集美大学学报（哲学社会科学版）》2008年第4期。

7105 宋晓云：《萨都剌丝绸之路相关题材诗歌创作引论》，《民族文学研究》2009年第1期。

7106 刘嘉伟：《论色目诗人廼贤的民族特色》，《黑龙江民族丛刊》2009年第2期。

7107 刘倩：《元代回回诗人蒲寿（山成）仕履及文学成就综论》，《北方民族大学学报（哲学社会科学版）》2009年第3期。

7108 刘嘉伟、丛国巍：《廼贤诗歌意象探析》，《阿坝师范高等专科学校学报》2010年第1期。

7109 王筱芸：《蒙元新西域诗与蒙古王朝认同建构——以耶律楚材、丘处机为中心》，《中国社会科学院文学研究所学刊》2011，北京：社会科学文献出版社，2011年。

7110 陈昌云：《元后期西域诗人的江南情怀》，《北方论丛》2011年第6期。

上编　古代历史文化研究

7111　叶爱欣：《多元文化背景下葛逻禄贤的诗歌创作》，《沈阳师范大学学报（社会科学版）》2012 年第 1 期。

7112　贾继用：《色目诗人孟昉生卒年考辨》，《民族文学研究》2012 年第 3 期。

7113　朱秋德：《耶律楚材西域边塞诗内涵浅析》，《石河子大学学报（哲学社会科学版）》2012 年第 6 期。

7114　熊作勤：《耶律楚材西域风物人情诗论略》，《文史月刊》2012 年第 8 期。

7115　多洛肯、郭兰英：《西域色目诗人丁鹤年诗歌艺术特色及其诗学主张探微》，《喀什师范学院学报》2013 年第 2 期。

7116　和谈：《略论耶律楚材父子的青藏诗》，《西藏研究》2013 年第 6 期。

7117　罗建军：《现实主义视野观照下的元代后期西域少数民族诗人诗歌》，《现代语文（学术综合）》2013 年第 6 期。

7118　施贤明：《论葛逻禄诗人迺贤的江南情怀》，《民族文学研究》2014 年第 1 期。

7119　刘宏英：《元代诗文中的天马集咏》，《河北北方学院学报（社会科学版）》2014 年第 1 期。

7120　马克章：《用汉语诗歌抒写西域的契丹才俊耶律楚材》，《乌鲁木齐职业大学学报》2014 年第 2 期。

7121　和谈：《耶律楚材家族边塞与赠别思归作品分析》，《新疆职业大学学报》2014 年第 2 期。

7122　周秀坤：《耶律楚材诗歌浅析》，《北方文学（中旬刊）》2014 年第 3 期。

7123　和谈：《耶律楚材在西域的交游及诗文创作》，《新疆社科论坛》2014 年第 3 期。

7124　辛梦霞：《元代畏吾儿诗人廉惇生平交游初探》，《民族文学研究》2015 年第 6 期。

7125　朱胜楠：《西域诗人马祖常题画诗之创获》，《韶关学院学报》2016 年第 1 期。

7126　陈才智：《白居易对元代西域诗人的影响》，《民族文学研究》2016 年第 2 期。

7127　刘建建：《西域诗人蒲寿宬送别诗探析》，《北方文学（中旬刊）》2016 年第 3 期。

7128　杨镰：《元代葛逻禄诗人迺贤与中华文学》，《民族文学研究》2016 年第 3 期。

7129　黄鸣：《异域风光恰如故，一销魂处一篇诗——论河中地域与耶律楚材的河中诗》，《古典文学知识》2017 年第 1 期。

7130　王吉祥：《元代中后期色目文人诗作中的游牧文化意象探寻——以对上都扈从诗的筛查为例》，《长江丛刊》2018 年第 4 期。

明

7131 杨富学：《陈诚边塞诗论稿》，《兰州学刊》1995年第5期。

7132 段海蓉：《谈陈诚的西域纪行诗》，《新疆大学学报（哲学社会科学版）》1996年第2期。

7133 段海蓉：《再论陈诚的西域纪行诗》，《西域研究》1996年第3期。

7134 汪小军：《论陈诚〈西域往回记行诗〉》，《兰州大学学报（社会科学版）》2003年第6期。

7135 杨镰：《双语诗人答禄与权新证》，《许昌学院学报》2012年第6期。

清

7136 周轩：《献马无过聊表悃　同舟真是大联情——谈乾隆皇帝关于哈萨克的诗篇》，《新疆大学学报（哲学社会科学版）》1980年第1期。

7137 星汉：《蒙古族诗人和瑛西域诗简论》，《新疆师范大学学报（社会科学版）》1986年第2期。

7138 许荣生：《洪亮吉西域诗琐议》，《青海师范大学学报（哲学社会科学版）》1986年第4期。

7139 星汉、李建华：《颜检西域诗简论》，《新疆师范大学学报（哲学社会科学版）》1989年第3期。

7140 陈火祥：《萧雄和他的西域民俗诗》，《喀什师范学院学报》1989年第6期。

7141 黄刚：《论清代西域边塞诗之特色》，《上海师范大学学报（哲学社会科学版）》1996年第1期。

7142 杨丽：《清代西域怀古诗述评》，《西域研究》1999年第2期。

7143 杨丽：《黄濬流放新疆期间的诗作》，《新疆大学学报（社会科学版）》2000年第2期。

7144 李中耀：《乾隆统一新疆与清中期西域边塞诗的兴起》，《江海学刊》2000年第2期。

7145 李中耀：《洪亮吉对西域壮美山河的吟唱》，《新疆大学学报（社会科学版）》2000年第2期。

7146 鲁岱青：《王苤孙的〈西陬牧唱词六十首〉》，《西域研究》2002年第1期。

7147 星汉：《清政府统一天山南北西域诗论略》，《西域研究》2002年第2期。

7148 星汉：《杨廷理的西域诗》，《西域研究》2005年第2期。

7149 尤海燕：《论清代国梁西域诗的田园之风》，《新疆教育学院学报》2005年第3期。

7150 魏长洪、高健：《李銮宣与其西域的遗诗》，《新疆大学学报（哲学·人文社会科学版）》2005 年第 5 期。

7151 石利娟、余红莲：《新疆独特的自然人文氛围与清代西域边塞诗》，《新疆社科论坛》2006 年第 1 期。

7152 郑忠莉、刘精远：《论林则徐西域诗的爱国主义精神》，《新疆教育学院学报》2006 年第 2 期。

7153 刘靖远：《西域美丽风情的热情赞歌——论宋伯鲁西域诗的爱国情怀》，《新疆教育学院学报》2007 年第 1 期。

7154 张建春：《论清代西域诗中维护国家统一情怀的展抒》，《新疆大学学报（哲学·人文社会科学版）》2007 年第 3 期。

7155 张建春：《论清代西域诗中维护国家统一情怀的展抒》，《新疆大学学报（哲学·人文社会科学版）》2007 年第 3 期。

7156 朱彩霞、张书进：《西域文化对纪晓岚〈乌鲁木齐杂诗〉的影响》，《安徽文学（评论研究）》2008 年第 1 期。

7157 杨丽：《林则徐流放西域家事诗浅议》，《新疆教育学院学报》2008 年第 2 期。

7158 吴华峰、周燕玲：《清代西域风情诗三论》，《新疆师范大学学报（哲学社会科学版）》2008 年第 2 期。

7159 星汉：《陈寅西域诗浅谈》，《新疆教育学院学报》2008 年第 4 期。

7160 杨丽：《林则徐西域诗的用典及其特色》，《西域研究》2008 年第 4 期。

7161 陈云、易国才：《论纪昀〈乌鲁木齐杂诗〉的价值与影响》，《湖北第二师范学院学报》2008 年第 11 期。

7162 宋运娜：《试评林则徐关于甘肃丝绸之路的诗作》，《丝绸之路》2009 年第 22 期。

7163 星汉：《中俄划界途中严金清与易寿崧唱和诗论》，《新疆大学学报（哲学·人文社会科学版）》2010 年第 1 期。

7164 星汉：《伊犁将军西域诗论》，《新疆师范大学学报（哲学社会科学版）》2010 年第 2 期。

7165 星汉：《志锐西域诗论略》，《西域研究》2010 年第 2 期。

7166 鲁靖康：《清代西域农事诗研究》，《伊犁师范学院学报（社会科学版）》2010 年第 4 期。

7167 杨丽：《论史善长流放诗的西域文化特征》，《新疆大学学报（哲学·人文社会科学版）》2010 年第 4 期。

7168 宋彩凤：《乾隆朝新疆竹枝词创作特征及个案探析》，《牡丹江师范学院学报

（哲学社会科学版）》2010 年第 4 期。

7169 唐艳华：《试论清朝治新政策在西域诗歌中的反映》，《新疆大学学报（哲学·人文社会科学版）》2010 年第 6 期。

7170 朱秀敏、宋彩凤：《福庆创作〈异域竹枝词〉因为探析》，《民族文学研究》2011 年第 1 期。

7171 杨丽：《论施补华西域诗的历史文化价值》，《西域研究》2011 年第 2 期。

7172 刘志佳：《汪廷楷〈回城竹枝词〉研究》，《青年文学家》2011 年第 2 期。

7173 李彩云：《论清代西域诗中的雪意象》，《伊犁师范学院学报（社会科学版）》2011 年第 3 期。

7174 张建春：《清代西域屯垦诗在古诗词赏析教学中的运用》，《新疆教育学院学报》2011 年第 3 期。

7175 史国强、崔凤霞：《徐步云生平及其西域诗作研究》，《西域研究》2011 年第 3 期。

7176 李彩云、滕桂华：《论清代西域诗中的松树意象》，《新疆社科论坛》2011 年第 4 期。

7177 李彩云：《论清代西域诗中的天山意象》，《喀什师范学院学报》2011 年第 5 期。

7178 周轩：《从乾隆帝西域诗看新疆与中亚之关系》，《西域研究》2012 年第 2 期。

7179 张建春：《清代流放新疆名人诗作中的天山北麓》，《新疆教育学院学报》2012 年第 3 期。

7180 孙文杰：《和瑛诗歌与西藏》，《西藏大学学报（社会科学版）》2012 年第 4 期。

7181 徐晓鸿：《清代文人诗歌中的洋教与洋俗（六）》，《天风——中国基督教杂志》2012 年第 4 期。

7182 刘坎龙：《屯田艰难与屯民辛劳——兼论纪昀屯垦戍边诗的丰富性》，《新疆教育学院学报》2012 年第 4 期。

7183 周燕玲：《文学视野中的西域民俗景观——以清代西域诗为视角》，《新疆社科论坛》2012 年第 5 期。

7184 张建春：《徐步云与〈新疆纪胜诗〉》，《新疆大学学报（哲学·人文社会科学版）》2012 年第 5 期。

7185 郭院、林焦霓：《论祁韵士〈西陲竹枝词〉中的国家认同感》，《石河子大学学报（哲学社会科学版）》2012 年第 5 期。

7186 李彩云、高长山：《清代西域诗所见"毡"意象述论》，《青海社会科学》2012 年第 6 期。

7187 吴华锋：《萧雄〈听园西疆杂述诗〉西域民俗描写及其意义》，《文艺评论》

2012 年第 12 期。

7188 刘坎龙：《清代西域屯垦戍边诗的纪实性手法》，《西域研究》2013 年第 1 期。

7189 孙文杰：《和瑛诗歌与新疆》，《西域研究》2013 年第 2 期。

7190 秦帮兴：《论铁保的新疆诗作》，《许昌学院学报》2013 年第 3 期。

7191 杨丽、唐彦临：《论萧雄西域诗的纪实性特点》，《新疆大学学报（哲学·人文社会科学版）》2013 年第 3 期。

7192 刘坎龙：《西域题材与时代文化思潮的融合——论清代西域屯垦戍边诗纪实性成因》，《新疆大学学报（哲学·人文社会科学版）》2013 年第 4 期。

7193 李金鑫：《福庆诗歌与西域》，《昌吉学院学报》2013 年第 5 期。

7194 严寅春：《聊述新疆风土可补舆图阙如——论和瑛的西域诗》，《和田师范专科学校学报》2013 年第 6 期。

7195 刘坎龙：《清代西域山水田园诗的独特风貌》，《新疆社科论坛》2014 年第 1 期。

7196 郭娇：《祁韵士〈西陲竹枝词〉诗下自注研究》，《萍乡高等专科学校学报》2014 年第 1 期。

7197 李彩云、高长山：《清代西域诗所见瀚海意象论略》，《社会科学战线》2014 年第 3 期。

7198 张建春：《清代西域诗天山意象之新解》，《新疆大学学报（哲学·人文社会科学版）》2014 年第 3 期。

7199 张建春：《清及近人的达坂城后沟诗文与"白水涧道"》，《西域研究》2014 年第 3 期。

7200 吴华峰、周燕玲：《"天山渔者"王大枢的遣戍生涯与诗文创作》，《西域研究》2014 年第 4 期。

7201 李金鑫：《福庆西域诗歌简论——兼论福庆生平》，《陕西学前师范学院学报》2014 年第 5 期。

7202 路海洋、魏雪艳：《洪亮吉西域遣戍诗探论》，《常州工学院学报（社会科学版）》2014 年第 6 期。

7203 张建春：《论清代西域诗中的水意象》，《新疆教育学院学报》2015 年第 1 期。

7204 李彩云：《清代西域诗中柳意象探微》，《新疆社科论坛》2015 年第 1 期。

7205 史国强：《伊犁将军晋昌的西域诗歌创作研究》，《新疆教育学院学报》2015 年第 1 期。

7206 吴华峰：《袁洁及其〈出戍诗话〉研究》，《敦煌学辑刊》2015 年第 1 期。

7207 吴华峰：《道光年间乌鲁木齐"定舫诗社"钩沉》，《西域研究》2015 年第 3 期。

7208 杨丽、成湘丽：《从左宗棠的西域诗看其对新疆稳定统一的贡献》，《芒种》

2015 年第 23 期。

7209 张晓燕、郭院林：《嘉道诗文中的天山北麓文化景观及其意义》，《兰台世界》2015 年第 24 期。

7210 司聘：《简述清代贬谪入疆文士的诗文特色——以纪昀新疆行记为中心》，《西北民族大学学报（哲学社会科学版）》2016 年第 2 期。

7211 杨向奎、党文静：《李銮宣谪戍新疆与其诗风转变》，《石河子大学学报（哲学社会科学版）》2016 年第 2 期。

7212 星汉：《清代统一西域前军营僚属诗作论略》，《西域研究》2016 年第 2 期。

7213 孙文杰：《清代西域诗的唐诗影响——以〈历代西域诗钞〉及〈清代西域诗辑注〉为中心》，《新疆社科论坛》2016 年第 2 期。

7214 段朋飞：《试论颜检流放遭际及其西域诗歌》，《新疆广播电视大学学报》2016 年第 3 期。

7215 吴轶群：《清人诗中的左宗棠与古牧地之战》，《伊犁师范学院学报（社会科学版）》2016 年第 4 期。

7216 周轩、张建春：《乾隆帝西域诗用典研究》，《西域研究》2016 年第 4 期。

7217 段朋飞：《浅析和瑛西域诗歌的文化诗学与民俗传播》，《张家口职业技术学院学报》2016 年第 4 期。

7218 段朋飞：《试论颜检流放遭际及其西域诗歌》，《兵团党校学报》2016 年第 6 期。

7219 程如铁、吴孝成：《伏腊同风过月氏——清代西域诗中惠远的岁时节庆习俗》，《伊犁师范学院学报（社会科学版）》2017 年第 1 期。

7220 翁晖、姚晓菲：《黄治西域诗整理与研究》，《昌吉学院学报》2017 年第 1 期。

7221 姚晓菲：《满族西域诗人觉罗舒敏与〈适斋居士集〉》，《满族研究》2017 年第 2 期。

7222 杨晓霭：《"丝绸之路"上的"旧体新生"——以〈河海昆仑录〉之旧体诗为个案》，《聊城大学学报（社会科学版）》2017 年第 3 期。

7223 姚晓菲：《山水知音感伯牙——论清代满汉诗人觉罗舒敏、舒其绍的情谊》，《新疆广播电视大学学报》2017 年第 3 期。

7224 路遥：《史家诗心 士子情怀——论祁韵士的史笔与文笔》，《晋阳学刊》2017 年第 3 期。

7225 李娟：《毓奇西域诗创作论略》，《和田师范专科学校学报》2017 年第 3 期。

7226 张益智、杨向奎：《庄肇奎谪戍伊犁与其西域诗风》，《伊犁师范学院学报（社会科学版）》2017 年第 3 期。

7227 孙岩:《纪昀〈乌鲁木齐杂诗〉中的经济与文化》,《昌吉学院学报》2017年第4期。

7228 张琪、周燕玲:《施补华西域诗中的文化特征》,《昌吉学院学报》2017年第4期。

7229 米彦青:《清代草原丝绸之路诗歌文学的特质》,《民族文学研究》2017年第5期。

7230 张玲荣:《〈听园西疆杂述诗〉所见同光年间乌鲁木齐的城市景观》,《北方文学(下旬刊)》2017年第7期。

7231 王雪娇:《纪昀乌鲁木齐杂诗的新变》,《北方文学(中旬刊)》2017年第10期。

7232 海刚:《乾嘉时期流人西域诗中的情感世界分析》,《文学教育(下)》2017年第10期。

7233 李娟:《萨迎阿家族西域诗歌比较》,《佳木斯职业学院学报》2018年第1期。

其 他

7234 黄仁钰:《〈诗经〉与丝绸》,《中南民族学院学报(哲学社会科学版)》1988年第3期。

7235 钱伯泉:《吐谷浑人在西域的历史——兼谈坎曼尔诗签的族属和价值》,《新疆大学学报(哲学社会科学版)》1990年第2期。

7236 郭平梁:《有关〈坎曼尔诗签〉的若干史事》,《西域研究》1992年第2期。

7237 阿地里·居玛吐尔地:《〈玛纳斯〉史诗的口头特征》,《西域研究》2003年第2期。

7238 秀梅:《试论卫拉特〈格斯尔〉中马的形象》,《塔里木大学学报》2005年第3期。

7239 伊克巴尔·吐尔逊:《关于艾里希尔·纳瓦依研究的若干问题》,《西域研究》2005年第4期。

7240 贾衣肯:《〈玛纳斯〉史诗中的"乌鲁姆""克热木"考释》,《西域研究》2016年第4期。

7241 卢兆旭:《维吾尔文学经典长诗〈福乐智慧〉的死亡观研究》,《新疆师范大学学报(哲学社会科学版)》2016年第6期。

7242 王丰玲:《论民国诗人邓缵先及其边塞古体诗》,《新疆广播电视大学学报》2017年第1期。

7243 冯海霞:《论"丝绸之路"文化背景下〈江格尔〉的崇高之美》,《赤峰学院学报（汉文哲学社会科学版）》2017 年第 7 期。

7244 冯海霞：《丝绸之路文化背景下蒙古族史诗〈江格尔〉的对外传播》，《三峡大学学报（人文社会科学版）》2017 年增刊第 1 期。

词

7245 阴法鲁：《关于词的起源问题》，《北京大学学报（人文科学）》1964 年第 5 期。

7246 林松：《域外词人李波斯——五代词人李珣及其作品漫议》，《中央民族学院学报》1988 年增刊第 1 期。

7247 何全江：《菩萨蛮发疑——关于菩萨蛮词牌的注释》，《西北民族大学学报（哲学社会科学版）》1990 年第 3 期。

7248 冈村繁、张寅彭：《唐末曲子词文学的成立》，《词学》第 14 辑，上海：华东师范大学出版社，2003 年。

7249 冈村繁著，张寅彭译：《唐末曲子词文学的成立》，《词学》2003 年第 1 期。

7250 张建春：《清代西域竹枝词的历史文化价值》，《西域研究》2007 年第 3 期。

7251 林松：《西域词人李波斯在中国词坛上的地位和对宋词的影响》，《北方民族大学学报（哲学社会科学版）》2012 年第 3 期。

7252 刘尊明：《论唐五代文人边塞词》，《词学》第 29 辑，上海：华东师范大学出版社，2013 年。

7253 蔡凌：《唐代边塞词与西域文化》，《兰台世界》2013 年第 6 期。

7254 叶嘉莹：《从词的起源看丝路上的文化交流》，《文学与文化》2016 年第 1 期。

7255 尤红娟：《唐代曲子词的传播环境论》，《西安文理学院学报（社会科学版）》2016 年第 4 期。

7256 周燕玲：《清代西域词综论》，《中国韵文学刊》2017 年第 4 期。

曲

7257 张洪慈：《元代西域散曲家阿里西瑛的族属问题》，《新疆教育学院学报》1987 年第 1 期。

7258 郝浚：《西域少数民族在元曲发展中的贡献》，《西北民族大学学报（哲学社会科学版）》1989 年第 1 期。

7259 马建春：《元代西域散曲家辑述》，《西北民族研究》1997 年第 2 期。

7260 闫雪莹：《元代维族散曲家贯云石研究——元代少数民族散曲作家及作品研究之一》，《北华大学学报（社会科学版）》2012 年第 6 期。

7261 闫雪莹：《元代维族散曲家薛昂夫研究——元代少数民族散曲作家及作品研究之二》，《沈阳师范大学学报（社会科学版）》2012年第6期。

7262 温斌：《志心两离不忽木，西域儒行第一人——不忽木其人其曲》，《中国文化研究》2013年第3期。

7263 温斌：《俗情钟女性，散曲新天地——元西域色目人兰楚芳的散曲创作》，《阴山学刊（社会科学版）》2013年第6期。

7264 刘嘉伟：《贯云石、薛昂夫等西域曲家的英雄情结》，《民族文学研究》2014年第5期。

7265 林春：《元曲中女子蹴鞠的研究》，《敦煌学辑刊》2016年第2期。

小　说

7266 夏敏：《沙僧与西域因缘考释》，《西域研究》1998年第1期。

7267 刘守华：《唐玄奘采录的古代西域民间故事》，《中国典籍与文化》1998年第4期。

7268 陈辽：《谈〈西游记〉故事的演变》，《古典文学知识》1999年第4期。

7269 杨国学：《丝绸之路〈西游记〉故事情节原型辨析》，《明清小说研究》2002年第3期。

7270 王立：《〈聊斋志异·鹿衔草〉本事考论——古代小说动物引识仙草母题溯源》，《蒲松龄研究》2003年第1期。

7271 何红艳：《〈大唐西域记〉与唐五代小说的创作》，《内蒙古民族大学学报（社会科学版）》2003年第6期。

7272 蔡铁鹰：《唐僧取经故事生成于西域之求证》，《明清小说研究》2004年第2期。

7273 李洪甫：《西游故事的地望解析》，《淮海工学院学报（人文社会科学版）》2004年第3期。

7274 王青：《玄奘西行对唐代小说创作的影响》，《西域研究》2005年第1期。

7275 杨国学：《孙悟空头上的紧箍儿咒探源》，《运城学院学报》2005年第1期。

7276 蔡铁鹰：《从西域到中原：渐行渐近的〈西游记〉》，《淮阴师范学院学报（哲学社会科学版）》2005年第4期。

7277 杨国学：《河西走廊〈西游记〉故事原型再探》，《河西学院学报》2005年第6期。

7278 蔡静波、杨东宇：《试论唐五代笔记小说中的胡商形象》，《西域研究》2006年第3期。

7279 张祝平：《〈西游记〉之西梁女国与海上女国》，《淮海工学院学报（社会科学版）》2006年第4期。

7280 蔡铁鹰：《论宋元以来民间宗教对〈西游记〉的影响》，《民族文学研究》2008年第2期。

7281 张晓琴：《唐代商贾小说中的异域商人》，《科学之友》2009年第2期。

7282 张同胜：《〈西游记〉的成书与俗讲、说话》，《中国古代小说戏剧研究》第7辑，兰州：甘肃教育出版社，2010年。

7283 王珂：《浅论唐人明皇小说中的异宝题材故事》，《理论界》2010年第3期。

7284 张同胜：《〈西游记〉与西域动物》，《中国古代小说戏剧研究》第8辑，兰州：甘肃人民出版社，2012年。

7285 王邦维：《历史怎样变为神话：玄奘与〈西游记〉故事的来源》，《新世纪图书馆》2012年第2期。

7286 张同胜：《〈西游记〉中"六贼"的概念人物化叙事论略》，《中国古代小说戏剧研究》第9辑，兰州：甘肃人民出版社，2013年。

7287 刘惠卿：《离魂与冥游：六朝小说魂游地狱故事的宗教性考索》，《民族文学研究》2013年第3期。

7288 兰拉成：《〈西游记〉取经故事文体与叙事结构分析》，《宝鸡文理学院学报（社会科学版）》2013年第4期。

7289 杨昊：《〈大唐西域记〉的文学影响——以唐五代小说为例》，《晋城职业技术学院学报》2013年第6期。

7290 王瑞平：《〈西游记〉中儒释道三家思想的交融与思维创新》，《商丘师范学院学报》2013年第11期。

7291 钟响：《从"异域"到"任侠"——试论日本中国历史小说中班超形象的变迁》，《佳木斯职业学院学报》2015年第12期。

7292 周秋良：《〈西游记〉小说之前的观音书写——以"玄奘西行"题材为中心》，《中南大学学报（社会科学版）》2017年第5期。

其　他

7293 王青：《从历史性书面叙事到表演性口头叙事》，《南京师范大学学报（社会科学版）》2005年第5期。

7294 石利娟：《古代汉族西域散文中的新疆想象研究——以〈大唐西域记〉为例》，《长春师范学院学报（人文社会科学版）》2008年第4期。

7295 石利娟:《古代汉族西域散文中的新疆自然人文特色研究》,《石河子大学学报（哲学社会科学版）》2011 年第 1 期。

7296 魏丹霞:《浅析〈大唐西域记〉的散文艺术》,《考试周刊》2011 年第 53 期。

7297 张正学:《变·变相·变文——从唐人黄元之"西域之变"说起》,《求是学刊》2014 年第 6 期。

语言与文献

通 论

7298　王树林:《元西域文家散文的文献考察及整体风貌》,《民族文学研究》2015 年第 6 期。

7299　周有光:《字母之路与文字姻缘》,《中文信息》1994 年第 2 期。

7300　丹尼斯·西诺尔著,黄长著译:《丝绸之路沿线的语言与文化交流》,《第欧根尼》1997 年第 1 期。

7301　爱德华·特里雅尔斯基著,元祯译:《丝绸之路的地理和语言状况》,《第欧根尼》1997 年第 1 期。

7302　徐时仪:《不离文字与不立文字——谈言和意》,《上海师范大学学报(哲学社会科学版)》1997 年第 4 期。

7303　何崝:《商代文字来源缺失环节的域外觅踪——兼论三星堆器物刻符》,《四川大学学报(哲学社会科学版)》2001 年第 4 期。

7304　马鸣春:《略论命名与语言、民俗、文化及其他学科的关系》,《石河子大学学报(哲学社会科学版)》2004 年第 2 期。

7305　杨富学:《河西多体文字六字真言私臆》,《中国藏学》2012 年第 3 期。

7306　陈得芝:《蒙元史研究中的历史语言学问题》,《西域研究》2012 年第 4 期。

7307　成湘丽、杨荣成:《〈西域考古记〉中记载的中国古代语言文字简考》,《兰台世界》2015 年第 31 期。

7308　海燕萍、张洋:《新疆民族语言的历史足迹》,《科教导刊(下旬)》2018 年第 1 期。

语言接触

7309　刘珉:《双语在新疆历史上的地位和作用》,《新疆社会科学》1987 年第 6 期。

7310　宽忍:《古代来华的西域各国译人译籍知多少》,《五台山研究》1989 年第 3 期。

7311　李方:《唐西州的译语人》,《文物》1994 年第 2 期。

上编　古代历史文化研究

7312　高增良：《语言借贷与文化交流——兼述丝绸之路的影响与贡献》，《中国文化研究》1994 年第 4 期。

7313　刘阳：《最早的汉译基督教文献与翻译中的误解误释》，《暨南学报（哲学社会科学版）》1995 年第 1 期。

7314　詹姆斯·汉密尔顿著，冯晔译：《东西方通过丝绸之路借用纺织术语》，《第欧根尼》1997 年第 1 期。

7315　文平：《丝绸之路与中国西北部的混合型语言》，《第欧根尼》1997 年第 2 期。

7316　高列过：《从被动式看东汉西域译经者的翻译风格》，《西域研究》2002 年第 2 期。

7317　杨富学：《论多种文字在维吾尔族先民中的行用》，《民族史研究》第 5 辑，北京：中央民族大学出版社，2004 年。

7318　温翠芳：《支那为"齐"考述》，《云南社会科学》2006 年第 5 期。

7319　陈世明：《清代〈西域图志〉维汉蒙汉合璧地名》，《民族语文》2007 年第 1 期。

7320　魏长洪、艾玲：《萨尔特研究咃余》，《西域研究》2007 年第 4 期。

7321　赵江民：《论新疆历史上民汉语言的接触》，《新疆社会科学（汉文版）》2008 年第 2 期。

7322　陈明：《佛教双语字书与隋唐胡语风气》，《四川大学学报（哲学社会科学版）》2009 年第 2 期。

7323　孙宏开：《丝绸之路上的语言接触和文化扩散》，《西北民族研究》2009 年第 3 期。

7324　陈世明：《新疆古代民汉文字翻译说略》，《西北民族研究》2010 年第 1 期。

7325　蒋宏军：《试论元代西域的多语状况及其演变》，《新疆大学学报（哲学·人文社会科学版）》2011 年第 2 期。

7326　乌达巴勒：《论古代西域民族语言文化发展的道路》，《产业与科技论坛》2011 年第 5 期。

7327　蒋宏军：《论元代西域多语状况的成因》，《新疆师范大学学报（哲学社会科学版）》2011 年第 5 期。

7328　李楠、王建光：《试论张骞通西域时的语言翻译》，《兰台世界》2011 年第 22 期。

7329　李欣、屈王静：《试论跨境语言与语言接触的关系——兼评赵杰先生的〈丝绸之路语言研究〉》，《北方语言论丛》2012，银川：黄河出版传媒集团阳光出版社，2012 年。

7330　耿世民：《汉唐时期的西域古代语文及其对中国文明的贡献》，《中央民族大学学报（哲学社会科学版）》2012 年第 2 期。

7331 蒋宏军：《唐代西域的多语状况》，《新疆大学学报（哲学·人文社会科学版）》2012 年第 4 期。

7332 李肖：《吐鲁番：欧亚大陆种族、语言交流的十字路口》，《石河子大学学报（哲学社会科学版）》2012 年第 5 期。

7333 朱丽娜：《唐代丝绸之路上的译语人》，《民族史研究》第 12 辑，北京：中央民族大学出版社，2013 年。

7334 蒋宏军：《略论唐代西域的优势语》，《新疆大学学报（哲学·人文社会科学版）》2014 年第 3 期。

7335 缑娅兰：《丝绸之路上的混合语探析》，《丝绸之路》2014 年第 18 期。

7336 段锐超：《拓跋鲜卑无民族文字及以汉字拼记鲜卑语考辨》，《青海师范大学学报（哲学社会科学版）》2015 年第 2 期。

7337 郭兰、陈世明：《古代新疆汉族学习其他民族语言现象说略》，《新疆大学学报（哲学·人文社会科学版）》2015 年第 4 期。

7338 刘艳芹：《古代西域少数民族翻译家工作的现代启迪》，《贵州民族研究》2016 年第 4 期。

7339 张伟：《对新疆双语文化的历史脉络的梳理——基于对新疆博物馆西域史料的考察》，《喀什大学学报》2017 年第 2 期。

7340 苏聪：《丝绸之路沿线语言文化交往探略》，《社会科学家》2017 年第 9 期。

汉　语

7341 林剑鸣：《"支那"的称谓源于"秦"还是"楚"》，《人文杂志》1981 年第 6 期。

7342 牛汝辰：《新疆地名中的"喀拉"一词辨析》，《新疆社会科学》1984 年第 4 期。

7343 伍铁平：《从外语词汇看我国对世界文化的贡献（上）》，《山东外语教学》1988 年第 1 期。

7344 伍铁平：《从外语词汇看我国对世界文化的贡献（下）》，《山东外语教学》1988 年第 2 期。

7345 陈世良：《月氏音义诠索》，《新疆社会科学》1988 年第 5 期。

7346 沈锡伦：《从魏晋以后汉语句式的变化看佛教文化的影响》，《汉语学习》1989 年第 3 期。

7347 张柏青：《说"纽"及其他》，《安徽师大学报（哲学社会科学版）》1991 年第 1 期。

7348　徐思益：《古代汉语在西域》，《语言与翻译》1993 年第 2 期。

7349　宋金兰：《丝路汉语语法的两个特征》，《青海民族研究》1993 年第 3 期。

7350　徐思益：《古代汉语在西域（续）》，《语言与翻译》1993 年第 3 期。

7351　强强：《丝绸之路与早期中国的外来语》，《北方蚕业》1997 年第 2 期。

7352　傅定淼：《先秦两汉反切语考》，《黔南民族师专学报》1999 年第 1 期。

7353　乔永：《"胡"字词义考》，《新疆大学学报（哲学社会科学版）》2001 年第 2 期。

7354　徐时仪、梁晓虹、陈五云：《佛经音义中有关织物的词语——佛经音义外来词研究之一》，《汉语史学报》第 12 辑，上海：上海教育出版社，2002 年。

7355　雷汉卿：《河西宝卷所反映的西北方言浅说》，《汉语史研究集刊》第 5 辑，成都：巴蜀书社，2002 年。

7356　徐时仪、梁晓虹、陈五云：《佛经音义中有关织物的词语——佛经音义外来词研究之一》，《汉语史学报》2002 年第 1 期。

7357　刘明金：《从"障塞"一词看海上丝路的起始年代》，《湛江海洋大学学报》2002 年第 2 期。

7358　徐时仪：《玄应〈众经音义〉所释西域名物词考》，《汉语史研究集刊》第 7 辑，成都：巴蜀书社，2004 年。

7359　俞理明：《东汉佛道文献词汇研究的构想》，《汉语史研究集刊》第 8 辑，成都：巴蜀书社，2005 年。

7360　钟焓：《阿鲁骨马一词的语源与本义》，《西域研究》2005 年第 1 期。

7361　朱湘蓉：《西域汉简与秦简词语互证》，《西域研究》2006 年第 3 期。

7362　廖冬梅：《汉语文在西域的传播使用与民汉双语现象》，《新疆大学学报（哲学·人文社会科学版）》2006 年第 4 期。

7363　曹春梅：《论古代西域汉语文化》，《社科纵横》2006 年第 4 期。

7364　董印其、郭玮：《新疆汉语方言形成的历史概述》，《乌鲁木齐职业大学学报》2006 年第 4 期。

7365　李和平：《略论古代西域文化对汉语的影响》，《安徽教育学院学报》2006 年第 5 期。

7366　戴希龙：《月氏（Yuèzhī）乎？月氏（Ròuzhī）乎？——浅论语言的微观变化》，《湖南大学学报（社会科学版）》2006 年第 6 期。

7367　贾丛江：《汉代汉语文在西域的流行——从西域人汉字名字谈起》，《欧亚学刊》第 9 辑，北京：中华书局，2007 年。

7368　黑维强：《论敦煌社会经济文献中的外来词》，《敦煌学辑刊》2008 年第 3 期。

7369 张洋：《古代新疆汉语的历史足迹》，《新疆大学学报（哲学·人文社会科学版）》2008年第6期。

7370 张洋、娣丽达·买买提明：《新疆汉语方言的历史、形成、确认及其特点》，《新疆社科论坛》2009年第6期。

7371 陈云华：《汉唐时期西域汉字应用初探》，《语言与翻译（汉文版）》2010年第1期。

7372 李春艳：《中国古代注音法"反切"的中印文化渊源》，《哈尔滨工业大学学报（社会科学版）》2010年第2期。

7373 楚艳芳：《安石榴正名——兼谈外来词的相关问题》，《西域研究》2010年第4期。

7374 沈淑花：《黍、粟的维吾尔语词源考》，《西域研究》2011年第4期。

7375 于泉胜：《以音韵学的角度看丁零的历史演变》，《北方文学（下旬刊）》2013年第11期。

7376 赵永复：《"汉儿"刍议》，《历史地理》第29辑，上海：上海人民出版社，2014年。

7377 马克章：《明代〈高昌馆课〉与汉语在西域》，《语言与翻译（汉文版）》2014年第4期。

7378 曾缇、董印其：《新疆汉语方言词汇系统的构成》，《语言与翻译（汉文版）》2015年第2期。

7379 王冀青：《关于"丝绸之路"一词的词源》，《敦煌学辑刊》2015年第2期。

7380 黄晓东：《论元代维吾尔族作家贯云石散曲中的叠音词》，《喀什师范学院学报》2015年第2期。

7381 马克章：《从〈高昌馆课〉看明代汉语在西域的发展变化》，《乌鲁木齐职业大学学报》2015年第4期。

7382 郑阿财：《唐代汉字文化在丝绸之路的传播》，《浙江大学学报（人文社会科学版）》2016年第4期。

7383 杨刚、朱珠：《汉语在古代斯里兰卡的传播》，《云南师范大学学报（对外汉语教学与研究版）》2016年第5期。

7384 李树辉：《瀚海新考——兼论〈辞源〉、〈辞海〉相关词条的释义》，《中国边疆史地研究》2017年第4期。

民族语文

佉卢文

7385 赵俪生:《新疆出土佉卢文简书内容的考释和分析》,《兰州大学学报(社会科学版)》1979 年第 1 期。

7386 林梅村:《佉卢文书及汉佉二体钱所记于阗大王考》,《文物》1987 年第 2 期。

7387 林梅村:《新疆佉卢文书释地》,《西北民族研究》1989 年第 1 期。

7388 林梅村:《佉卢文时代鄯善王朝的世系研究》,《西域研究》1991 年第 1 期。

7389 杨富学:《佉卢文书所见鄯善国之货币——兼论与回鹘货币之关系》,《敦煌学辑刊》1995 年第 2 期。

7390 林梅村:《新疆营盘古墓出土的一封佉卢文书信》,《西域研究》2001 年第 3 期。

7391 刘文锁:《佉卢文契约文书之特征》,《西域研究》2003 年第 3 期。

7392 刘文锁:《说一件佉卢文离婚契》,《西域研究》2005 年第 3 期。

7393 张秀萍:《浅析佉卢文在鄯善地区流行的原因》,《丝绸之路》2009 年第 22 期。

7394 林梅村:《佉卢文材料中国藏品调查记》,《西域研究》2011 年第 2 期。

7395 关迪:《和田博物馆藏佉卢文判决书考释》,《西域研究》2014 年第 4 期。

7396 文俊红、杨富学:《佉卢文书所见鄯善国妇女土地问题辨析》,《石河子大学学报(哲学社会科学版)》2015 年第 2 期。

7397 陈国灿:《略论佉卢文契约中的人口买卖》,《西北师范大学学报(社会科学版)》2015 年第 3 期。

7398 关迪:《古鄯善国佉卢文简牍的形制、功用与辨伪》,《西域研究》2016 年第 3 期。

7399 吴赟培:《和田博物馆藏佉卢文尺牍放妻书再释译》,《西域研究》2016 年第 3 期。

7400 王臣邑:《和田博物馆藏源于龟兹国的一件佉卢文木牍》,《西域研究》2016 年第 3 期。

7401 段晴:《萨迦牟云的家园——以尼雅 29 号遗址出土佉卢文书观鄯善王国的家族与社会》,《西域研究》2016 年第 3 期。

7402 张婧:《魏晋时期南疆地区土地买卖及相关问题研究——以佉卢文书为据》,《西安文理学院学报(社会科学版)》2016 年第 5 期。

7403 乜小红、陈国灿：《对丝绸之路上佉卢文买卖契约的探讨》，《西域研究》2017年第2期。

7404 杨富学、刘源：《佉卢文简牍所见鄯善国丝织品贸易》，《石河子大学学报（哲学社会科学版）》2017年第3期。

回鹘文

7405 耿世民：《回鹘文〈八十华严〉残经研究》，《民族语文》1986年第3期。

7406 李经纬：《回鹘文〈金光明经〉序品（片断）译释》，《喀什师范学院学报》1987年第4期。

7407 牛汝极：《六件9—10世纪敦煌回鹘文商务书信研究》，《西北民族研究》1992年第1期。

7408 李经纬：《吐鲁番IB4672号回鹘文庙柱文书考释》，《西域研究》1992年第4期。

7409 牛汝极、王菲：《敦煌回鹘文写本的年代》，《西域研究》1995年第3期。

7410 郑炳林、杨富学：《敦煌西域出土回鹘文文献所载qunbu与汉文文献所见官布研究》，《敦煌学辑刊》1997年第2期。

7411 牛汝极：《敦煌吐鲁番回鹘佛教文献与回鹘语大藏经》，《西域研究》2002年第2期。

7412 杨富学：《回鹘文源流考辨》，《西域研究》2003年第3期。

7413 赵永红：《试论佛教文化对回鹘语词汇的影响》，《西域研究》2003年第4期。

7414 杨富学：《回鹘文〈兔王本生〉及相关问题研究》，《宗教学研究》2006年第3期。

7415 黄适远：《哈密回鹘文本〈弥勒会见记〉的主要内容及文化意义》，《新疆艺术学院学报》2010年第2期。

7416 许多会、热合木吐拉·艾山：《有关回鹘文的几个问题》，《西域研究》2012年第2期。

7417 张铁山：《汉文—回鹘文〈金光明经·舍身饲虎〉校勘研究》，《新疆师范大学学报（哲学社会科学版）》2012年第4期。

7418 阿依达尔·米尔卡马力：《安藏与回鹘文〈华严经〉》，《西域研究》2013年第3期。

7419 杨富学、张艳：《回鹘文〈五台山赞〉及相关问题考释》，《五台山研究》2014年第4期。

7420 张铁山、朱国祥：《试论回鹘文〈玄奘传〉专有名词的翻译方式——以回鹘文第九、十卷为例》，《敦煌吐鲁番研究》第 14 卷，上海：上海古籍出版社，2015 年。

7421 泼尔奇奥著，张海娟、杨富学译：《回鹘文佛典翻译技巧考析》，《河西学院学报》2015 年第 1 期。

7422 乜小红：《试论回鹘文契约的前后期之分》，《西域研究》2016 年第 3 期。

7423 韩智敏、穆拉特·埃尔马勒：《从回鹘文译本典籍中的语法术语看丝路沿线各语言的相互关系》，《语言与翻译（汉文版）》2016 年第 4 期。

7424 马克·狄更斯、茨默著，唐莉芸译：《出自吐鲁番的回鹘文叙利亚语赞美诗集》，《河西学院学报》2016 年第 6 期。

7425 郑玲：《反思与重构——回鹘文〈弥勒会见记〉文学价值刍议》，《宁夏社会科学》2016 年第 6 期。

7426 阿曼·阿宝：《回鹘文文献〈金光明经〉与现代哈萨克语词汇比较》，《中国民族博览》2017 年第 14 期。

藏　文

7427 刘忠：《敦煌阿骨萨部落一区编员表藏文文书译考——兼向藤枝晃、姜伯勤等先生译文质疑》，《中国史研究》1999 年第 1 期。

7428 杨铭：《英藏新疆麻札塔格、米兰出土藏文写本选介（一）——托马斯〈有关西域的藏文文献和文书〉部分》，《敦煌学辑刊》2002 年第 1 期。

7429 杨铭：《英藏新疆麻札塔格、米兰出土藏文写本选介（二）——武内绍人〈英国图书馆藏斯坦因收集品中的新疆出土古藏文写本〉部分》，《敦煌学辑刊》2003 年第 1 期。

7430 杨铭：《英藏新疆麻札塔格、米兰出土藏文写本选介（三）——武内绍人〈英国图书馆藏斯坦因收集品中的新疆出土古藏文写本〉部分》，《敦煌学辑刊》2005 年第 3 期。

7431 胡静、杨铭：《英藏新疆麻札塔格、米兰出土藏文写本选介（四）——武内绍人〈英国图书馆藏斯坦因收集品中的新疆出土古藏文写本〉部分》，《敦煌学辑刊》2007 年第 3 期。

7432 杨铭：《有关藏文史料 nam "难磨" 的记载补正》，《藏学学刊》第 5 辑，成都：四川大学出版社，2009 年。

7433 胡静、杨铭：《英藏新疆麻札塔格、米兰出土藏文写本选介（五）——武内绍人〈英国图书馆藏斯坦因收集品中的新疆出土古藏文写本〉部分》,《敦煌学辑刊》2009 年第 1 期。

7434 萨尔吉:《〈甘珠尔〉中保存的于阗僧人尸罗达摩译经》,《藏学学刊》第 6 辑,成都:四川大学出版社,2010 年。

7435 武内绍人著,杨富学译:《后吐蕃时代藏语文在西域河西西夏的行用与影响》,《敦煌研究》2011 年第 5 期。

7436 束锡红:《海外藏敦煌西域藏文文献的多元文化内涵和史学价值》,《敦煌研究》2012 年第 1 期。

7437 武内绍人著,杨铭、杨公卫译:《敦煌西域古藏文雇佣契约研究》,《西域研究》2013 年第 4 期。

7438 索南:《英藏敦煌藏文文献〈普贤行愿王经〉及相关问题研究》,《西藏研究》2013 年第 6 期。

7439 宗喀·漾正冈布、周毛先:《"颇罗"新证——基于汉藏文献和对音的释名研究》,《西藏大学学报(社会科学版)》2014 年第 2 期。

7440 武内绍人、杨铭、杨公卫:《有关敦煌西域出土的古藏文契约文书的若干问题》,《藏学学刊》第 13 辑,成都:中国藏学出版社,2015 年。

7441 武内绍人著,杨铭、杨公卫译:《敦煌西域古藏文契约文书中的印章》,《魏晋南北朝隋唐史资料》2015 年第 1 期。

7442 武内绍人著,杨铭、杨公卫译:《有关敦煌西域出土的古藏文契约文书的若干问题》,《藏学学刊》2015 年第 2 期。

7443 王东:《西域出土一份古藏文告身文献补考》,《敦煌研究》2015 年第 4 期。

7444 杨铭:《英藏敦煌西域古藏文非佛教文献的刊布与研究》,《西域研究》2016 年第 3 期。

7445 陈国灿:《对敦煌吐蕃文契约文书断代的思考》,《西域研究》2016 年第 4 期。

7446 杨铭、贡保扎西:《Or. 8210/S. 2228 系列古藏文文书及相关问题研究》,《敦煌研究》2016 年第 5 期。

7447 陈践:《敦煌藏文文献〈古太公家教〉译释(上)》,《西藏民族大学学报(哲学社会科学版)》2017 年第 2 期。

7448 陈践:《敦煌藏文文献〈古太公家教〉译释(下)》,《西藏民族大学学报(哲学社会科学版)》2017 年第 3 期。

7449 杨铭、贡保扎西:《丝绸之路沿线所出古藏文契约文书概说》,《西南民族大学学报(人文社会科学版)》2017 年第 7 期。

突厥文

7450 杨金祥：《关于〈突厥语词典〉中若干词条的探讨》，《新疆师范大学学报（哲学社会科学版）》1990年第2期。

7451 库来西·塔依尔：《论〈突厥语大词典〉的语言学价值》，《西域研究》2001年第2期。

7452 阿不里克木·亚森、沈淑花：《〈突厥语大词典〉所见喀喇汗朝的官职称号》，《西域研究》2003年第1期。

7453 李树辉：《特勤的语源和语义》，《西域研究》2003年第4期。

7454 阿力肯·阿吾哈力：《突厥如尼文字溯源》，《西域研究》2004年第2期。

7455 杨东宇：《〈突厥语大词典〉中的"人参"考辨》，《西域研究》2006年第2期。

7456 阿布里克木·亚森、阿地力·哈斯木：《〈突厥语大词典〉等文献中的粟特语借词》，《西域研究》2006年第3期。

7457 王佑夫：《〈突厥语大词典〉中诗歌所体现的生命意识》，《民族文学研究》2008年第1期。

7458 阿布力克木·阿布都热西提：《与青金石有关的突厥语宝石名称考》，《西域研究》2008年第3期。

7459 白玉冬：《鄂尔浑突厥鲁尼文碑铭的Çülgl（Çülgil）》，《西域研究》2011年第1期。

7460 张铁山：《〈故回鹘葛啜王子墓志〉之突厥如尼文考释》，《西域研究》2013年第4期。

7461 张铁山、李刚：《吐鲁番雅尔湖千佛洞5号窟突厥文题记研究》，《西域研究》2015年第4期。

7462 白玉冬、杨富学：《新疆和田出土突厥卢尼文木牍初探——突厥语部族联手于阗对抗喀喇汗朝的新证据》，《西域研究》2016年第4期。

其　他

7463 胡振华：《〈西域尔雅〉中的维吾尔语词》，《中央民族学院学报》1979年增刊第1期。

7464 冯蒸：《〈西域尔雅〉中的"西番语"词初探》，《西藏研究》1985年第1期。

7465 咏馥：《汉化的梵语"刹那"和"魔"》，《铁道师院学报》1986年第3期。

7466 钟焓：《说"商伯克"一词的语源》，《民族史研究》第7辑，北京：中央民族大学出版社，2007年。

7467 彼诺著，耿昇译：《西域的吐火罗语写本与佛教文献》，《龟兹学研究》第3辑，乌鲁木齐：新疆大学出版社，2008年。

7468 伊斯拉菲尔·玉苏甫、安尼瓦尔·哈斯木：《吐火罗语及其研究情况》，《龟兹学研究》，乌鲁木齐：新疆大学出版社，2008年。

7469 乜小红：《从粟特文券契看高昌王国奴婢买卖之官文券》，《西域研究》2009年第4期。

7470 阿布都热扎克·沙依木、库来西·塔依尔：《中亚维吾尔文字演变初探》，《西域研究》2009年第4期。

7471 李保文：《伯德尔格考释》，《西域研究》2009年第4期。

7472 洪勇明：《胡语文献涉"龙"诸名考辨》，《新疆师范大学学报（哲学社会科学版）》2010年第2期。

7473 庆昭蓉：《唐代安西之帛练——从吐火罗B语世俗文书上的不明语词kaum* 谈起》，《敦煌研究》2012年第4期。

7474 庆昭蓉：《从吐火罗B语词汇看龟兹畜牧业》，《文物》2013年第3期。

7475 徐彦：《从维吾尔语外来词管窥文化交流》，《西域研究》2013年第4期。

7476 曾俊敏：《色勒库尔及瓦罕塔吉克语与于阗语的亲缘距离》，《华西语文学刊》第13辑，成都：四川文艺出版社，2016年。

7477 康鹏：《〈马卫集书〉中的契丹语词"Sh. rghūr（汉人）"》，《西域研究》2016年第3期。

7478 钱玉趾：《印度古文字与彝族古文字的关系初探》，《文史杂志》2017年第2期。

7479 周利群：《圣彼得堡藏西域梵文写本释读新进展》，《文献》2017年第2期。

外国语

7480 耿鉴庭：《扬州出土的阿拉伯文石崿》，《文物》1978年第3期。

7481 马建春：《阿拉伯、波斯语文在元明两朝官方的教习与运用》，《暨南史学》第6辑，广州：暨南大学出版社，2009年。

7482 回达强：《古典戏曲中的波斯语、阿拉伯语语词例释》，《中华戏曲》第二期，北京：文化艺术出版社，2013年。

7483 吾斯曼江·亚库甫：《波斯文历史著作〈拉失德史〉所见关于西藏的记载》，《西藏研究》2013年第1期。

7484 刘迎胜：《波斯语在东亚的黄金时代的开启及终结》，《新疆师范大学学报（哲学社会科学版）》2013 年第 1 期。

7485 王偲、张烨：《从"silk"一词的生成及演变看"丝绸之路"的现实意义》，《文化学刊》2016 年第 9 期。

文献史料

简　牍

7486 陈梦家：《汉简考述》，《考古学报》1963 年第 1 期。

7487 余尧：《甘肃汉简概述》，《西北师范大学学报（社会科学版）》1981 年第 2 期。

7488 马耀圻、吉发习：《关于居延汉简和汉代的居延屯戍区》，《内蒙古社会科学》1982 年第 6 期。

7489 连劭名：《西域木简中的记与檄》，《文物春秋》1989 年增刊第 1 期。

7490 王震亚：《汉简中的商品、价格、税收与市场管理》，《简牍学研究》第 1 辑，兰州：甘肃人民出版社，1997 年。

7491 吴礽骧：《敦煌悬泉遗址简牍整理简介》，《敦煌研究》1999 年第 4 期。

7492 李学勤：《简帛书籍的发现及其影响》，《文物》1999 年第 10 期。

7493 何双全：《敦煌悬泉汉简内容概述》，《文物》2000 年第 5 期。

7494 殷晴：《悬泉汉简和西域史事》，《西域研究》2002 年第 3 期。

7495 郭金龙：《新疆维吾尔自治区博物馆馆藏吐蕃简牍保护简述》，《中国藏学》2007 年第 2 期。

7496 袁延胜：《悬泉汉简所见辛武贤事迹考略》，《秦汉研究》第 4 辑，西安：陕西人民出版社，2010 年。

7497 杨俊：《敦煌一棵树汉代烽燧遗址出土的简牍》，《敦煌研究》2010 年第 4 期。

7498 藤田胜久、肖芸晓：《金关汉简的传与汉代交通》，《简帛》第 7 辑，上海：上海古籍出版社，2012 年。

7499 庆昭蓉、赵莉、吴丽红、王建林、台来提·乌布力：《新疆龟兹研究院藏木简调查研究简报》，《文物》2013 年第 3 期。

7500 张俊民：《西汉楼兰、鄯善简牍资料钩沉》，《鲁东大学学报（哲学社会科学版）》2013 年第 4 期。

7501 赵建平、王海宇、王春梅：《从居延汉简看汉代居延绿洲的开发》，《丝绸之路》2013 年第 14 期。

7502 张德芳：《西北汉简中的丝绸之路》，《中原文化研究》2014 年第 5 期。

7503 侯宗辉：《敦煌汉简中的"卑爰疐"简及其相关问题》，《简牍学研究》第 6 辑，兰州：甘肃人民出版社，2015 年。

7504 杨芳：《汉简所见汉代河西边塞流动人口来源考析》，《简牍学研究》第 6 辑，兰州：甘肃人民出版社，2015 年。

7505 张荣强：《甘肃临泽新出西晋简册考释》，《魏晋南北朝隋唐史资料》2015 年第 2 期。

7506 李力：《关于秦汉简牍所见"稍入钱"一词的讨论》，《国学学刊》2015 年第 4 期。

7507 王子今：《说敦煌马圈湾简文"驱驴士""之蜀"》，《简帛》第 12 辑，上海：上海古籍出版社，2016 年。

7508 葛承雍：《敦煌悬泉汉简反映的丝绸之路再认识》，《西域研究》2017 年第 2 期。

石　刻

7509 周轩：《〈平定准噶尔勒铭格登山之碑〉碑文浅释》，《新疆大学学报（哲学社会科学版）》1981 年第 4 期。

7510 王御分：《唐代哥舒碑》，《新疆师范大学学报（社会科学版）》1985 年第 1 期。

7511 潜心：《裴岑纪功碑文考》，《敦煌研究》1986 年第 4 期。

7512 耿德铭：《南方丝路永昌道三大珍贵石刻群》，《东南文化》1991 年增刊第 1 期。

7513 郑炳林：《〈索勋纪德碑〉研究》，《敦煌学辑刊》1994 年第 2 期。

7514 吴疆：《甘肃清代前期交通碑铭目录提要》，《图书与情报》1994 年第 3 期。

7515 李举纲、樊波：《新疆汉碑述略》，《碑林集刊》第 4 辑，西安：陕西人民美术出版社，1996 年。

7516 中国文物研究所：《河南出土明代回回买凤墓志考释》，《民族研究》1997 年第 2 期。

7517 牛汝极：《叙利亚文和回鹘文景教碑铭文献在中国的遗存》，《欧亚学刊》第 1 辑，北京：中华书局，1999 年。

7518 张庆捷：《〈虞弘墓志〉中的几个问题》，《文物》2001 年第 1 期。

7519 佟柱臣：《大唐王玄策天竺使出铭考》，《藏学学刊》第 1 辑，成都：四川大学出版社，2004 年。

7520 张乃翥：《裴怀古、李释子、和守阳墓志所见盛唐边政之经略》，《西域研究》2005 年第 2 期。

7521　董延寿、赵振华：《唐代支谟及其家族墓志研究》，《洛阳大学学报》2006 年第 1 期。

7522　李宗俊：《读〈李无亏墓志铭〉》，《西域研究》2006 年第 2 期。

7523　郭平梁：《〈虞弘墓志〉新考》，《民族研究》2006 年第 4 期。

7524　许全胜：《吐鲁番出土墓志札记》，《西域研究》2007 年第 1 期。

7525　王东平：《乾隆御制〈敕建回人礼拜寺碑记〉的两个问题》，《西域研究》2007 年第 2 期。

7526　杨晓春：《隋〈虞弘墓志〉所见"鱼国"、"尉纥驎城"考》，《西域研究》2007 年第 2 期。

7527　高俊刚、李炳中、潘红兵：《〈何君尊楗阁刻石〉考古发现和对南方丝绸之路研究的意义》，《四川文物》2007 年第 5 期。

7528　努尔兰·肯加哈买提：《碎叶出土唐代碑铭及其相关问题》，《史学集刊》2007 年第 6 期。

7529　陈瑜、杜晓勤：《从阿史那忠墓志考骆宾王从军西域史实》，《文献》2008 年第 3 期。

7530　刁淑琴、朱郑慧：《北魏鄯乾、鄯月光、于仙姬墓志及其相关问题》，《河南科技大学学报（社会科学版）》2008 年第 6 期。

7531　樊波、李举纲：《新出唐墓志所见西域史事二题》，《西域研究》2009 年第 4 期。

7532　李鸿宾：《安菩墓志铭再考——一个胡人家族入居内地的案例分析》，《唐史论丛》第 12 辑，西安：三秦出版社，2010 年。

7533　洪勇明：《〈塞福列碑〉语史置疑》，《伊犁师范学院学报（社会科学版）》2010 年第 3 期。

7534　呼啸：《新征集唐〈罗州玠墓志〉志主的胡人身份浅析》，《文博》2010 年第 3 期。

7535　毛阳光：《一支洛阳月氏胡人家族的汉化经历——以〈支彦墓志〉与〈支敬伦墓志〉为中心》，《华夏考古》2010 年第 4 期。

7536　杨富学：《唐代仆固部世系考——以蒙古国新出仆固氏墓志铭为中心》，《西域研究》2012 年第 1 期。

7537　刘明：《浅析两处摩崖石刻题记与"古道"的联系》，《黑龙江史志》2012 年第 16 期。

7538　马建春、徐虹：《元一统与地方多元社会的构建——基于杭州回回社区史料与碑铭的考察》，《暨南史学》第 8 辑，桂林：广西师范大学出版社，2013 年。

7539　吴景山、张洪：《〈大唐都督杨公纪德颂〉碑校读》，《西域研究》2013 年第 1 期。

7540 王素：《唐华文弘墓志中有关昆丘道行军的资料——近年新刊墓志所见隋唐西域史事考释之一》，《西域研究》2013年第4期。

7541 舒韶雄：《唐张弼墓志文字再补》，《宁夏师范学院学报》2013年第4期。

7542 张国藩：《甘肃古近代交通碑铭的史料价值和艺术价值》，《档案》2013年第5期。

7543 葛承雍：《新出土〈唐故突骑施王子志铭〉考释》，《文物》2013年第8期。

7544 孙晓岗：《安阳灵泉寺"陇西敦煌人"碑文初探——丝绸之路文化研究中不容忽视的"细节"》，《河南教育学院学报（哲学社会科学版）》2014年第1期。

7545 陈玮：《唐孙杲墓志所见安史之乱后西域、回鹘史事》，《西域研究》2014年第4期。

7546 赵青山：《〈唐故东都安国寺大德尼法真墓志铭并序〉考释》，《敦煌学辑刊》2015年第1期。

7547 王素：《唐曲建泰墓志与高昌"义和政变"家族——近年新刊墓志所见隋唐西域史事考释之二》，《魏晋南北朝隋唐史资料》2015年第1期。

7548 孙晓岗：《博爱县青天河北魏摩崖石刻与丝绸之路的关系研究》，《中国民族博览》2015年第18期。

7549 王素：《唐康子相和成公崇墓志中有关高昌与西州的资料——近年新刊墓志所见隋唐西域史事考释之三》，《故宫博物院院刊》2016年第1期。

7550 吴宇翔：《唐代市舶使吴德廊墓志考释》，《岭南文史》2016年第4期。

7551 林梅村：《碎叶川裴罗将军城出土唐碑考》，《中原文物》2016年第5期。

7552 任曦：《丝绸之路甘肃段重要石刻资料概说》，《丝绸之路》2016年第14期。

7553 苏原裕：《北朝佛教造像碑与佛教之本土化迹象初探——以台北历史博物馆藏之张解等造佛七尊像碑为例》，《中国美术研究》第22辑，上海：东南大学出版社，2017年。

7554 王庆卫：《唐贞观二十二年昆丘道行军再探讨——以新出〈杨弘礼墓志〉为中心》，《魏晋南北朝隋唐史资料》2017年第1期。

7555 张多勇、马悦宁：《丝绸之路陇蜀道上北宋摩崖刻石〈新修白水路记〉新释》，《天水师范学院学报》2017年第6期。

文献研究

7556 岑仲勉：《现存的职贡图是梁元帝原本吗?》，《中山大学学报（社会科学）》1961年第3期。

7557　向达:《记现存几个古本《大唐西域记》》,《文物》1962 年第 1 期。

7558　陈佳荣:《朱应、康泰出使扶南和〈吴时外国传〉考略》,《中央民族学院学报》1978 年第 4 期。

7559　余士雄:《〈马可·波罗游记〉的历史背景及其对中西交通的贡献》,《读书》1980 年第 7 期。

7560　翁经方:《〈山海经〉中的丝绸之路初探》,《上海师范大学学报（哲学社会科学版）》1981 年第 2 期。

7561　葛定华:《〈大唐西域记〉所记第七世纪印度历史概观》,《河北大学学报（哲学社会科学版）》1982 年第 1 期。

7562　魏长洪:《〈新疆图志〉浅谈》,《新疆地方志通讯》1983 年第 2 期。

7563　田卫疆:《新疆历史上最早的方志——〈西州图经〉》,《新疆地方志通讯》1984 年第 2 期。

7564　黄盛璋:《〈西天路竟〉笺证》,《敦煌学辑刊》1984 年第 2 期。

7565　陈连庆:《〈魏书〉本纪中所见印巴次大陆诸国考实》,《敦煌学辑刊》1984 年第 2 期。

7566　周桓:《西域南海交通史资料书举要》,《河北大学学报（哲学社会科学版）》1985 年第 3 期。

7567　李士厚:《郑氏家谱首序及赛典赤家谱新证》,《中南民族学院学报（哲学社会科学版）》1985 年第 3 期。

7568　李士厚:《郑氏家谱首序及赛典赤家谱新证》,《文献》1985 年第 3 期。

7569　马雍:《略谈有关高昌史的几件新出土文书》,《考古》1985 年第 3 期。

7570　潘京京:《对〈辞海〉"安西都护府"释文的质疑》,《云南教育学院学报》1985 年第 3 期。

7571　荣新江:《欧洲所藏西域出土文献闻见录》,《敦煌学辑刊》1986 年第 1 期。

7572　郑炳林:《〈沙州伊州地志〉所反映的几个问题》,《敦煌学辑刊》1986 年第 2 期。

7573　魏良弢:《有关叶尔羌汗王朝的汉文史料介绍》,《新疆大学学报（哲学社会科学版）》1986 年第 3 期。

7574　王校阆:《〈元史·亦黑迷失传〉三国笺证》,《学术论坛》1986 年第 3 期。

7575　郎樱:《试论〈福乐智慧〉的文化结构》,《新疆社会科学》1986 年第 6 期。

7576　周一良:《关于贝叶》,《文物》1986 年第 12 期。

7577　郎樱:《试论〈福乐智慧〉的多层文化结构》,《中央民族学院学报》1987 年第 1 期。

7578 钮仲勋：《徐松的〈西域水道记〉》，《中国水利》1987年第5期。

7579 陈世良：《李柏文书新探》，《新疆社会科学》1987年第6期。

7580 陈湘萍：《敦煌残卷〈新修本草〉文献学考察》，《上海中医药杂志》1988年第2期。

7581 魏良弢：《东察合台汗国与叶尔羌汗国统治者世系和年表——对阿塞穆什金〈察合台兀鲁思东部统治者年表〉的补正》，《新疆大学学报（哲学社会科学版）》1988年第2期。

7582 郭平梁：《骆宾王西域之行与阿斯塔那64TAM35：19（a）号文书》，《西北民族研究》1989年第1期。

7583 王继光：《〈西域番国志〉版本考略》，《文献》1989年第1期。

7584 陈世良：《〈汉书·西域传〉记载道里之特殊方法》，《新疆社会科学》1990年第1期。

7585 王煜：《清代吐鲁番档案概述》，《历史档案》1990年第2期。

7586 郭锋：《大英图书馆藏未经马斯伯乐刊布之斯坦因第三次中亚探险所获汉文文书》，《敦煌学辑刊》1990年第2期。

7587 白井千彰：《〈明史〉撒马儿罕传"成化十九年条"所存在的问题》，《青海民族学院学报》1990年第3期。

7588 王世平：《〈大唐西域记〉价值的再认识》，《文博》1991年第1期。

7589 姚之若：《"戊地"小考》，《学术研究》1991年第1期。

7590 陈铁凡、傅吾康：《〈西山杂志〉节文质疑——据〈文莱国泉州宋墓考释〉征引之一节》，《海交史研究》1991年第2期。

7591 许力：《关于〈文艺志〉"越境"问题的再思考》，《新疆地方志》1991年第3期。

7592 井口泰淳著，贺小平译：《关于龙谷大学图书馆藏大谷探险队带来敦煌古写经》，《敦煌研究》1991年第4期。

7593 王永兴：《吐鲁番出土唐天宝四载十一—十二月交河郡财务案残卷考释》，《北京大学学报（哲学社会科学版）》1991年第5期。

7594 陈国强：《〈易经〉与〈史记·大宛列传〉》，《福建论坛（文史哲版）》1991年第5期。

7595 石塚晴通：《玄应〈一切经音义〉的西域写本》，《敦煌研究》1992年第2期。

7596 王宇、刘广堂：《旅顺博物馆所藏西域文书》，《西域研究》1992年第2期。

7597 徐莉莉：《〈西域尔雅〉及其作者》，《辞书研究》1992年第2期。

7598 叶国庆：《海上丝绸之路和〈泉州访古记〉》，《厦门大学学报（哲学社会科学版）》1992 年第 3 期。

7599　赵俪生：《徐松及其〈西域水道记〉》，《兰州大学学报（社会科学版）》1992 年第 4 期。

7600　王珍仁、刘广堂：《新疆出土的"孔目司"公牍析》，《西域研究》1992 年第 4 期。

7601　王仲荦：《敦煌石窟出〈寿昌县地镜〉考释》，《敦煌学辑刊》1992 年增刊第 1 期。

7602　宫下三郎著，谭真译：《敦煌本〈张仲景五脏论〉校译注》，《南都学坛》1992 年增刊第 2 期。

7603　王广荣：《清代新疆地方志与西域学之关系》，《新疆地方志》1993 年第 1 期。

7604　戴良佐：《新疆建省后的第一部志书〈新疆四道志〉》，《中国边疆史地研究》1993 年第 1 期。

7605　林梅村：《新疆和田出土汉文于阗文双语文书》，《考古学报》1993 年第 1 期。

7606　昱昊：《〈大唐西域记〉"淳风西偃"与"候律东归"释》，《史林》1993 年第 1 期。

7607　王和平：《〈新疆图志〉史料价值述略》，《喀什师范学院学报》1994 年第 1 期。

7608　杨镰：《西域史地研究与〈坎曼尔诗笺〉的真伪》，《中国边疆史地研究》1994 年第 2 期。

7609　林承节：《〈大唐西域记〉对印度历史学的贡献》，《南亚研究》1994 年第 4 期。

7610　荣新江：《英伦印度事务部图书馆藏敦煌西域文献纪略》，《敦煌学辑刊》1995 年第 2 期。

7611　阮明道：《有关〈西域地理图说〉的两个问题》，《四川师范学院学报（哲学社会科学版）》1995 年第 4 期。

7612　束景南：《"婆罗门书"考辨》，《文献》1995 年第 4 期。

7613　G. M. 榜迦德-列文、M. L. 沃罗巴耶娃-吉斯雅托夫斯卡雅著，杨富学译：《前苏联科学院东方学研究所写本部典藏西域本经籍》，《佛学研究》1995 年。

7614　余太山：《〈后汉书·西域传〉与〈魏略·西戎传〉的关系》，《西域研究》1996 年第 3 期。

7615　杨富学：《陈诚〈与安南辨明丘温地界书〉笺释》，《江西社会科学》1996 年第 4 期。

7616　冻国栋：《旅顺博物馆藏〈唐建中五年（784）〈孔目司帖〉〉管见》，《魏晋南北朝隋唐史资料》第 14 辑，1996 年。

7617　余太山：《关于两汉魏晋南北朝正史"西域传"的体例》，《西北大学学报（哲学社会科学版)》1997 年第 1 期。

7618 李江:《陈诚与〈陈竹山先生文集〉》,《江西师范大学学报》1997 年第 1 期。

7619 郭锋:《敦煌西域出土文献的一个综合统计》,《敦煌学辑刊》1997 年第 2 期。

7620 王天海:《〈穆天子传〉考略》,《古籍整理研究学刊》1997 年第 4 期。

7621 程喜霖:《敦煌吐鲁番文书所见儒家经典及其研究》,《北京图书馆馆刊》1997 年第 4 期。

7622 林梅村:《犍陀罗语文书地理考》,《传统文化与现代化》1997 年第 6 期。

7623 冯锡时:《徐松〈西域水道记〉辨误》,《中国边疆史地研究》1998 年第 2 期。

7624 吕育良:《〈西域图记〉管窥》,《新疆地方志》1998 年第 3 期。

7625 王燕玉:《徐松和〈西域水道记〉》,《贵州师范大学学报(社会科学版)》1998 年第 4 期。

7626 陈明:《〈医理精华〉是一部重要的印度梵文医典》,《五台山研究》1999 年第 4 期。

7627 宁稼雨:《〈世说新语〉中樗蒲的文化精神》,《盐城师范学院学报(人文社会科学版)》2000 年第 1 期。

7628 许序雅:《〈新唐书·石国传〉考辨》,《贵州师范大学学报(社会科学版)》2000 年第 1 期。

7629 杨国学:《〈西凉伎〉琐议》,《文学遗产》2000 年第 2 期。

7630 牛海桢:《清代官修西北边疆史志述论》,《图书与情报》2000 年第 2 期。

7631 张文德:《〈明史·西域传〉黑娄考》,《西域研究》2001 年第 1 期。

7632 许序雅:《〈新唐书·宁远传〉疏证》,《西域研究》2001 年第 2 期。

7633 李吟屏:《新发现于新疆洛浦县的两件唐代文书残页考释》,《西域研究》2001 年第 2 期。

7634 余太山:《部分正史〈西域传〉所见西域山水》,《史林》2001 年第 3 期。

7635 艾娣雅·买买提:《鄂尔浑——叶尼塞碑铭文献古俗寻绎》,《西域研究》2001 年第 3 期。

7636 余太山:《〈后汉书·西域传〉要注》,《欧亚学刊》第 4 辑,北京:中华书局,2002 年。

7637 冯瑞、贺兴:《王韶〈平戎策〉及其经略熙河》,《兰州大学学报(社会科学版)》2002 年第 1 期。

7638 杨晓春:《校读〈元史·地理志·河源附录〉》,《元史及民族与边疆研究集刊》2002 年第 1 期。

7639 陈国灿:《略论吐鲁番出土的敦煌文书》,《西域研究》2002 年第 3 期。

7640 张燕婴、张玉声：《〈天问〉"石林""虬龙"章句新说》，《新疆大学学报（社会科学版）》2002年第4期。

7641 余太山：《〈史记·大宛列传〉要注》，《暨南史学》第2辑，广州：暨南大学出版社，2003年。

7642 余太山：《两汉魏晋南北朝正史〈西域传〉的认知和阐述系统》，《西北民族论丛》第2辑，北京：中国社会科学出版社，2003年。

7643 陈凌：《斯文赫定收集品的新刊楼兰文书》，《欧亚学刊》第5集，北京：中华书局，2003年。

7644 袁延胜：《也谈〈过长罗侯费用簿〉的史实》，《敦煌研究》2003年第1期。

7645 陈国灿：《〈唐李慈艺告身〉及其补阙》，《西域研究》2003年第2期。

7646 盖金伟：《郭元振〈论去四镇兵疏〉校注》，《昌吉学院学报》2003年第2期。

7647 留草、刘杰、王显辉：《试论新疆尼雅遗址档案室的价值》，《档案学研究》2003年第2期。

7648 卫斯：《关于吐鲁番出土文书〈租酒帐〉之解读与"姓"字考》，《西域研究》2003年第2期。

7649 戴良佐：《修志要高度重视西行记资料》，《中国地方志》2003年第3期。

7650 陈明：《新出安世高译〈七处三观经〉平行梵本残卷跋》，《西域研究》2003年第4期。

7651 覃波：《清宫广州十三行档案的珍贵价值》，《历史档案》2003年第4期。

7652 孟宪实：《略论高昌上奏文书》，《西域研究》2003年第4期。

7653 刘蓉：《论〈穆天子传〉的史料价值》，《文史哲》2003年第5期。

7654 余太山：《〈隋书·西域传〉要注》，《暨南史学》第3辑，广州：暨南大学出版社，2004年。

7655 朱玉麒：《〈西域水道记〉稿本研究》，《文献》2004年第1期。

7656 李之勤：《〈西域土地人物略〉的最早、最好版本》，《中国边疆史地研究》2004年第1期。

7657 王爱武：《关于〈突厥语大辞典〉手稿和抄本及后人的整理校勘》，《西域研究》2004年第1期。

7658 荣新江：《〈史记〉与〈汉书〉——吐鲁番出土文献札记之一》，《新疆师范大学学报（哲学社会科学版）》2004年第1期。

7659 哈磊：《〈《大唐西域记》校注〉疏误数则》，《学术研究》2004年第2期。

7660 余太山：《〈后汉书·西域传〉和〈魏略·西戎传〉有关大秦国桑蚕丝记载浅析》，《西域研究》2004年第2期。

7661 余太山：《〈梁书·西北诸戎传〉（节录）要注》，《西北民族研究》2004年第2期。

7662 汪桂海：《汉代的"史书"》，《文献》2004年第2期。

7663 孟宪实：《论高昌国的下行文书——符》，《西域研究》2004年第2期。

7664 林梅村：《勒柯克收集品中的五件犍陀罗语文书》，《西域研究》2004年第3期。

7665 余太山：《〈隋书·西域传〉的若干问题》，《新疆师范大学学报（哲学社会科学版）》2004年第3期。

7666 马彩霞：《关于黑水城所出一件元代经济文书的考释》，《西域研究》2004年第4期。

7667 郑炳林：《俄藏敦煌写本唐义净和尚〈西方记〉残卷研究》，《兰州大学学报（社会科学版）》2004年第6期。

7668 季羡林：《丝绸之路与西行行记考》，《中国海洋大学学报（社会科学版）》2004年第6期。

7669 李锦绣：《〈通典·边防·西戎〉"西域"部分序说》，《欧亚学刊》第7辑，北京：中华书局，2005年。

7670 乔治忠、侯德仁：《乾隆朝官修〈西域图志〉考析》，《清史研究》2005年第1期。

7671 朱蕴秋、王立欣：《〈大唐西域记〉中的印度人形象》，《沈阳大学学报》2005年第1期。

7672 高启安：《〈肃镇华夷志〉文献价值初探》，《敦煌学辑刊》2005年第2期。

7673 施新荣：《吐鲁番所出〈高昌书仪〉刍议》，《西域研究》2005年第2期。

7674 李锦绣：《〈通典·边防典〉"吐火罗"条史料来源与〈西域图记〉》，《西域研究》2005年第4期。

7675 吴阿宁：《〈何君阁道碑〉与南方丝绸之路》，《文史杂志》2005年第6期。

7676 陈子丹：《郑和金石档案探略》，《档案与建设》2005年第7期。

7677 余太山：《托勒密〈地理志〉所见丝绸之路的记载》，《欧亚学刊》第8辑，北京：中华书局，2006年。

7678 林梅村：《元经世大典图考》，《考古学研究》第六期，北京：科学出版社，2006年。

7679 李德辉：《唐人行记三类论略》，《唐代文学研究》第11辑，桂林：广西师范大学出版社，2006年。

7680 张承志：《王延德行记与天山碙砂》，《考古学研究》第六期，北京：科学出版社，2006年。

7681 王继光：《〈西域番国志〉与〈明史·西域传〉》，《西北民族大学学报（哲学社会科学版）》2006年第1期。

7682 简圣宗：《〈大唐西域记〉中的动物形象》，《浙江树人大学学报（人文社会科学版）》2006年第2期。

7683 余太山：《〈魏略·西戎传〉要注》，《中国边疆史地研究》2006年第2期。

7684 森安孝夫著，广中智之、尹磊译：《〈往五天竺国传〉记载的西域史料研究》，《新疆师范大学学报（哲学社会科学版）》2006年第3期。

7685 陈亚洲：《张穆及其〈蒙古游牧记〉刍议》，《塔里木大学学报》2006年第3期。

7686 王守春：《释道安与〈西域志〉》，《西域研究》2006年第4期。

7687 黄景春：《谈所谓"白雀元年衣物疏"》，《考古与文物》2006年第4期。

7688 侯德仁：《〈大清一统志〉之西域新疆统部的纂修及其学术价值》，《中国地方志》2006年第12期。

7689 高健：《〈西域闻见录〉异名及版本考述》，《中国边疆史地研究》2007年第1期。

7690 陈亚洲：《徐松及其〈西域水道记〉探析》，《塔里木大学学报》2007年第1期。

7691 宋涛：《山西博物院藏〈优婆塞戒经〉残片考释》，《文物世界》2007年第2期。

7692 胡瑞琴：《德国传教士安保罗与〈四书本义官话〉》，《鲁东大学学报（哲学社会科学版）》2007年第3期。

7693 余太山：《伊西多尔〈帕提亚驿程志〉译介》，《西域研究》2007年第4期。

7694 李吟屏：《发现于新疆策勒县的四件唐代汉文文书残页考释》，《西域研究》2007年第4期。

7695 王志强：《〈西域闻见录〉之版本著者考述及史料价值论略》，《伊犁师范学院学报（社会科学版）》2008年第1期。

7696 张国旺：《俄藏黑水城TKl94号文书〈至正年间提控案牍与开除本官员状〉的定名与价值》，《西域研究》2008年第2期。

7697 高田时雄著，高启安译：《京都兴圣寺现存最早的〈大唐西域记〉抄本》，《敦煌研究》2008年第2期。

7698 郑世连、张翠兰：《清代方志所见洋琴史料丛考》，《中央音乐学院学报》2008年第2期。

7699 王继光：《〈四库全书总目〉"使西域记提要"辨证》，《西域研究》2008年第4期。

7700 李亚茹：《清人七十一与〈西域闻见录〉》，《新疆大学学报（哲学·人文社会科学版）》2008年第5期。

7701 王立：《〈聊斋志异·八大王〉的西域传说源流及文化意义》，《中南民族大学学报（人文社会科学版）》2008年第6期。

7702 马晓娟：《正史西域撰述产生与发展学术背景之考察》，《社会科学论坛》2008年第8期。

7703 程佳、卢滨玲：《一代名臣耶律楚材及其作品〈西游录〉》，《边疆经济与文化》2008年第9期。

7704 森鹿三、李子捷：《西域出土的文书》，《新疆艺术学院学报》2009年第1期。

7705 艾力·吾甫尔：《关于佚名作者〈喀什噶尔史〉的几个问题》，《西域研究》2009年第2期。

7706 李吟屏：《发现于新疆策勒县的唐代汉文文书残页考释及研究》，《西域研究》2009年第2期。

7707 菅原纯：《圣地乌帕尔——依据麻扎文书的历史探讨》，《西域研究》2009年第2期。

7708 许全胜：《〈西游录〉与〈黑鞑事略〉的版本及研究——兼论中日典籍交流及新见沈曾植笺注本》，《复旦学报（社会科学版）》2009年第2期。

7709 周义轚：《河西学院图书馆河西文献书目（续）——敦煌学、丝绸之路研究部分》，《河西学院学报》2009年第4期。

7710 沈玉萍：《有关〈西域土地人物略〉作者的考察》，《西北民族研究》2009年第4期。

7711 尚辉：《吐鲁番租佃契约研究》，《丝绸之路》2009年第12期。

7712 王继光：《〈陈竹山文集〉的史料价值与版本》，《西域研究》2010年第1期。

7713 苏嘉：《玄奘和〈大唐西域记〉》，《出版史料》2010年第1期。

7714 范雅黎：《〈明史·西域传〉之八答黑商辨误二则》，《西部蒙古论坛》2010年第3期。

7715 朱玉麒：《〈西域水道记〉刊刻年代再考》，《西域研究》2010年第3期。

7716 吴元丰：《清代新疆历史满文档案概述》，《西域研究》2010年第3期。

7717 陆离：《关于敦煌文书中的"Lho bal"（蛮貊）与"南波"、"南山"》，《敦煌学辑刊》2010年第3期。

7718 王子今：《论贾谊〈新书〉"备月氏、灌窳之变"》，《社会科学》2010年第3期。

7719 钱伯泉：《〈王延德历叙使高昌行程所见〉的笺证和研究》，《西域研究》2010年第4期。

7720 王守亮：《〈山海经〉"暂显于汉"探析》，《滨州学院学报》2010年第4期。

7721　王伟：《试析两汉时期〈西域传〉书写模式的形成》，《昌吉学院学报》2010年第4期。

7722　王旭送：《〈拉失德史〉的史学思想》，《西部蒙古论坛》2010年第4期。

7723　余欣：《〈大唐西域记〉古写本述略稿》，《文献》2010年第4期。

7724　安奇贤：《〈穆天子传〉中的"天命人事"观》，《宜宾学院学报》2010年第9期。

7725　马晓娟：《魏收笔下的西域历史人文——略论〈魏书〉"西域撰述"》，《丝绸之路》2010年第10期。

7726　王启涛：《试论敦煌吐鲁番所出军事文书在汉语史研究上的价值》，《西南民族大学学报（人文社会科学版）》2010年第11期。

7727　李锦绣：《〈西域图记〉考》，《欧亚学刊（国际版）》新1辑（总第11辑），北京：中华书局，2011年。

7728　田卫疆：《塔里木盆地"沙埋古城"的两则史料辨析》，《新疆师范大学学报（哲学社会科学版）》2011年第1期。

7729　陈云、易国才：《〈乌鲁木齐杂诗〉的创作与版本》，《黄石理工学院学报（人文社会科学版）》2011年第2期。

7730　乜小红：《中古西域民汉文买卖契约比较研究》，《西域研究》2011年第2期。

7731　陈强：《〈山海经〉中的乐园探析》，《昌吉学院学报》2011年第2期。

7732　罗贤佑：《〈突厥世系〉史料价值刍议》，《西部蒙古论坛》2011年第3期。

7733　马晓娟：《〈清史稿〉"西域—新疆撰述"探析》，《史学史研究》2011年第3期。

7734　许全胜：《西陲坞堡与胡姓家族——〈新获吐鲁番出土文献〉研究二题》，《西域研究》2011年第4期。

7735　蒋小莉：《清代新疆地方志的优秀之作——〈新疆图志·建置志〉》，《中国地方志》2011年第4期。

7736　刘全波：《唐〈西域图志〉及相关问题考》，《中华文化论坛》2011年第5期。

7737　李方：《唐代西域告身研究》，《石河子大学学报（哲学社会科学版）》2011年第5期。

7738　张慧佳：《〈大唐西域记〉中的异域形象及其镜鉴功用》，《湖南科技学院学报》2011年第7期。

7739　蔺周智：《〈旧唐书·西戎传〉"泥婆罗国"史料来源考略》，《青年文学家》2011年第9期。

7740　曹凛：《〈岛夷志略〉与汪大渊下西洋》，《中国船检》2011年第11期。

7741 王伟：《汉代〈西域传〉书写模式的形成浅析》，《学理论》2011年第25期。

7742 吴玉贵：《吐蕃"求分十姓突厥之地"辨误》，《隋唐辽宋金元史论丛》第2辑，上海：上海古籍出版社，2012年。

7743 周运中：《〈山海经·西山经〉地理新释》，《古代文明》2012年第1期。

7744 孙长龙：《〈唐益谦、薛光泚、康大之请给过所案卷〉若干问题考》，《塔里木大学学报》2012年第2期。

7745 张重艳：《黑水城出土文书与丝绸之路》，《宁夏社会科学》2012年第2期。

7746 王祥伟：《一件新出吐鲁番文书及其在四柱结算法研究中的意义》，《西域研究》2012年第3期。

7747 邵欢欢：《从〈福乐智慧〉看喀喇汗王朝多元文化》，《濮阳职业技术学院学报》2012年第3期。

7748 华喆：《郑玄礼学的延伸——敦煌吐鲁番出土写本〈论语郑氏注〉研究》，《西域研究》2012年第3期。

7749 庆昭蓉：《唐代"税抄"在龟兹的发行——以新发现的吐火罗B语词汇sau为中心》，《北京大学学报（哲学社会科学版）》2012年第4期。

7750 吕长颖：《〈西域图志〉在碑刻文献研究中地位——以敦煌大历、乾宁二碑为例》，《青年文学家》2012年第4期。

7751 孔祥军：《居延新简"建武三年十二月候粟君所责寇恩事"册书复原与研究》，《西域研究》2012年第4期。

7752 毕波：《西域出土唐代文书中的"贯"》，《北京大学学报（哲学社会科学版）》2012年第4期。

7753 裴成国：《故国与新邦——以贞观十四年以后唐西州的砖志书写为中心》，《历史研究》2012年第5期。

7754 谭弘毅：《清初粤中名僧大汕和尚与〈海外纪事〉》，《丝绸之路》2012年第8期。

7755 任和：《浅析〈大唐西域记〉的叙事学价值》，《现代语文（学术综合）》2012年第8期。

7756 赵心愚：《乾隆〈西域遗闻〉的编撰及其缺陷、价值》，《西南民族大学学报（人文社会科学版）》2012年第11期。

7757 杨晓春：《〈隋书·西域传〉与隋裴矩〈西域图记〉关系考论》，《历史地理》第27辑，上海：上海人民出版社，2013年。

7758 陈海龙、吾斯曼江·亚库甫：《〈钦定皇舆西域图志〉阿斯腾阿喇图什和玉斯屯阿喇图什考》，《历史地理》第27辑，上海：上海人民出版社，2013年。

7759 华涛：《〈萨剌姆东使记〉译注与研究》，《元史及民族与边疆研究集刊》第 26 辑，上海：上海古籍出版社，2013 年。

7760 尚衍斌：《读〈遗山先生文集〉杂识》，《元史及民族与边疆研究集刊》第 26 辑，上海：上海古籍出版社，2013 年。

7761 杨宝玉：《敦煌文书 P.2942 中重要官称所涉历史人物及相关史事考辨》，《形象史学研究》2013，北京：人民出版社，2013 年。

7762 王守亮：《〈河图括地象〉考论》，《齐鲁师范学院学报》2013 年第 1 期。

7763 黄祥深：《〈西域图志〉与〈新疆图志〉比较研究》，《伊犁师范学院学报（社会科学版）》2013 年第 1 期。

7764 张扬、余敏辉：《〈西域闻见录〉版本、作者及史料价值》，《合肥师范学院学报》2013 年第 1 期。

7765 魏文：《〈最胜上乐集本续显释记〉译传考——兼论西夏上乐付法上师》，《中国藏学》2013 年第 1 期。

7766 李军：《徐松〈西域水道记〉论略》，《新疆地方志》2013 年第 1 期。

7767 李树辉：《〈唐会要·葛逻禄国〉疏证辨误》，《中国藏学》2013 年第 2 期。

7768 程喜霖：《论唐代西州镇戍——以吐鲁番唐代镇戍文书为中心》，《西域研究》2013 年第 2 期。

7769 陈国灿：《〈北凉高昌郡高宁县条次烽候差役更代簿〉考释》，《吐鲁番学研究》2013 年第 2 期。

7770 高健：《〈乌鲁木齐政略〉文献再探》，《西域研究》2013 年第 3 期。

7771 姚晓菲：《试论〈阅微草堂笔记〉对新疆的描写及其史料价值》，《昌吉学院学报》2013 年第 4 期。

7772 卉子：《千年前西域儿重习字残片》，《新疆人文地理》2013 年第 4 期。

7773 裴成国：《〈高昌主簿张绾等传供帐〉再研究——兼论阚氏高昌国时期的客使接待制度》，《西域研究》2013 年第 4 期。

7774 朱玉麒：《所谓"李崇之印"考辨》，《中国典籍与文化》2013 年第 4 期。

7775 王娟：《姚莹〈康輶纪行〉论析》，《池州学院学报》2013 年第 5 期。

7776 谢弈桢：《〈汉书·西域传〉"田畜随水草"辨疑》，《文教资料》2013 年第 6 期。

7777 王亚伟：《略述唐代丝绸之路上的商业契约——以吐鲁番契约文书为例》，《淮海工学院学报（社会科学版）》2013 年第 22 期。

7778 朱成林：《〈大唐西域记〉所记传丝公主故事考释》，《黑龙江史志》2013 年第 23 期。

7779 高敏：《浅析历史背景对史书创作的影响——以〈西域闻见录〉和〈圣武记〉为例》，《黑龙江史志》2013年第23期。

7780 张宗品：《从古写本看汉唐时期〈史记〉在西域的流播——中古时期典籍阅读现象之一侧面》，《古典文献研究》第17辑上卷，南京：凤凰出版社，2014年。

7781 董晓萍：《〈大唐西域记〉的民俗学研究：佛典文献与口头故事》，《民俗典籍文字研究》第14辑，北京：商务印书馆，2014年。

7782 施新荣：《〈明史·西域传〉正误二则》，《元史及民族与边疆研究集刊》第27辑，上海：上海古籍出版社，2014年。

7783 杨宝玉：《敦煌文书P.2942校注及"休明肃州少物"与"玉门过尚书"新解》，《隋唐辽宋金元史论丛》第2辑，上海：上海古籍出版社，2014年。

7784 乔辉、张小涓：《法藏敦煌西域文献〈丧礼服制度〉写本残卷考索》，《西藏大学学报（社会科学版）》2014年第1期。

7785 杜成辉：《刘祁〈北使记〉的成书及刊行经过》，《商丘师范学院学报》2014年第1期。

7786 杨宝玉：《法藏敦煌文书P.2942作者考辨》，《敦煌研究》2014年第1期。

7787 丁俊：《有关和田出土的几件粮帐文书》，《西域研究》2014年第1期。

7788 王彬、张沛：《从〈唐律〉看唐代对长安西市交易及市场的管理》，《咸阳师范学院学报》2014年第1期。

7789 姚晓菲：《明代笔记中有关西域的记载及价值论略》，《乌鲁木齐职业大学学报》2014年第2期。

7790 颜世明、高健：《班超〈西域风土记〉佚文蠡测——兼析甘英出使大秦路线》，《南昌大学学报（人文社会科学版）》2014年第2期。

7791 岩尾一史著，杨富学、杨春燕译：《西域出土古藏语田籍初探》，《西夏研究》2014年第2期。

7792 史国强：《〈永平诗存〉所辑〈伊江杂咏〉著者考辨》，《新疆大学学报（哲学·人文社会科学版）》2014年第3期。

7793 张福龙：《谈西域史地文献叙事语体特征的变化》，《北京教育学院学报（社会科学版）》2014年第3期。

7794 孙丽萍：《德藏文书〈唐西州高昌县典周达帖〉札记》，《西域研究》2014年第4期。

7795 李宗俊：《法藏敦煌文书P.2942相关问题再考》，《敦煌研究》2014年第4期。

7796 杨荣春：《吐鲁番出土〈北凉神玺三年（公元三九九年）仓曹贷粮文书〉研究》，《敦煌学辑刊》2014年第4期。

7797 王敏：《清代蒙古族诗人和瑛与〈易简斋诗钞〉》，《现代语文（学术综合）》2014年第5期。

7798 宋晓蓉：《语篇结构视域下的〈大唐西域记〉说明语体特点分析》，《喀什师范学院学报》2014年第5期。

7799 潘勇勇、史小霞：《帖木儿时代的撒马尔罕——以〈陈竹山文集〉和〈克拉维约东使记〉为主要依据》，《和田师范专科学校学报》2014年第5期。

7800 周珩帮：《楼兰出土〈张济逞文书〉的文本范围及其他问题》，《南京艺术学院学报（美术与设计版）》2014年第6期。

7801 颜世明、高健：《浅析〈后汉纪·孝殇皇帝纪〉西域史料价值》，《西北民族大学学报（哲学社会科学版）》2014年第6期。

7802 李军：《徐松"西域三种"论略——兼论从"西域三种"到"西域四种"》，《西部学刊》2014年第10期。

7803 范锐超：《张雨〈边政考〉版本及内容考释》，《黑龙江史志》2014年第13期。

7804 刘顺利：《"龙城在倭东北一千里"——高丽僧人一然〈三国遗事〉载"花厦国"与日本"出云"的位置》，《国际中国文学研究丛刊》第三集，上海：上海古籍出版社，2015年。

7805 陈引驰、陈特：《〈大唐西域记〉所载佛教口传故事考述》，《岭南学报》复刊号，上海：上海古籍出版社，2015年。

7806 王汝良：《影响与变异：〈大唐西域记〉所载"烈士"传说与后世杜子春故事》，《中国古代小说戏剧研究》第11辑，兰州：甘肃人民出版社，2015年。

7807 姚晓菲：《〈竹叶亭杂记〉中的新疆记载述评》，《喀什师范学院学报》2015年第1期。

7808 李军：《西北史地学巨著〈汉西域图考〉论略》，《鲁东大学学报（哲学社会科学版）》2015年第1期。

7809 曹博林：《徐松及〈西域水道记〉研究述评》，《西北民族论丛》2015年第1期。

7810 杨杰：《〈大乘要道密集〉所录汉译宁玛派文献〈服石要门〉研究》，《中国藏学》2015年第2期。

7811 黄楼：《阚氏高昌杂差科帐研究——吐鲁番洋海一号墓所出〈阚氏高昌永康年间供物、差役帐〉的再考察》，《敦煌学辑刊》2015年第2期。

7812 台来提·乌布力：《新疆库木吐喇石窟的题记、题刻和榜题》，《西域研究》2015年第3期。

7813 陈光文：《敦煌莫高窟第237窟北元时期汉文游人题记考释》，《敦煌学辑刊》

2015 年第 3 期。

7814 梁初阳：《近代西方人士考察中国西南边疆的重要著述——〈代理领事李敦滇西北旅行报告〉研究》，《学术探索》2015 年第 3 期。

7815 赵亮、张争胜、南文龙：《〈更路簿〉对海上丝路南海空间格局构建的研究》，《南海学刊》2015 年第 4 期。

7816 赵剑锋：《〈三州辑略·艺文门〉的文献价值》，《中文信息》2015 年第 5 期。

7817 颜世明、刘兰芬：《班勇〈西域诸国记〉、范晔〈后汉书·西域传〉、鱼豢〈魏略·西戎传〉关系考论——兼与余太山先生商榷》，《郧阳师范高等专科学校学报》2015 年第 5 期。

7818 韩文慧：《丝绸之路上的吐鲁番出土文书》，《昌吉学院学报》2015 年第 5 期。

7819 包晓悦：《日本书道博物馆藏敦煌吐鲁番"写经残片册"的文献价值》，《文献》2015 年第 5 期。

7820 颜世明、高健：《〈汉张骞碑〉浅议》，《鲁东大学学报（哲学社会科学版）》2015 年第 6 期。

7821 孙文杰：《〈三州辑略〉史学价值论析》，《昌吉学院学报》2015 年第 6 期。

7822 段海蓉：《萨都剌〈雁门集〉（十四卷本）辨误》，《新疆大学学报（哲学·人文社会科学版）》2015 年第 6 期。

7823 刘京臣：《振笔欲增西域记——GIS 视阈中〈万里荷戈集〉研究》，《重庆师范大学学报（哲学社会科学版）》2015 年第 6 期。

7824 孙文杰：《〈回疆通志〉史学价值论析》，《新疆大学学报（哲学·人文社会科学版）》2015 年第 6 期。

7825 周慧：《日本〈中村不折旧藏禹域墨书集成〉题跋研究》，《古籍整理研究学刊》2015 年第 6 期。

7826 冯继强、马臻加：《〈西陲要略〉〈伊犁总统事略〉著录辨析》，《图书馆理论与实践》2015 年第 12 期。

7827 玉努斯江·艾力、潘勇勇：《剑桥大学所藏的一份清代新疆穆斯林的文献》，《兰台世界》2015 年第 17 期。

7828 孙文杰：《和瑛西域著述叙录》，《商》2015 年第 52 期。

7829 袁晓春：《〈备边司誊录〉中的山东海商与海船》，《国家航海》第 17 辑，上海：上海古籍出版社，2016 年。

7830 孙文杰：《〈三州辑略〉史料来源探究（上）》，《昌吉学院学报》2016 年第 1 期。

7831 苏铁：《〈诸蕃志〉成书新考》，《海关与经贸研究》2016 年第 1 期。

7832 刘宏伟：《〈史记〉与丝绸文化》，《渭南师范学院学报》2016年第1期。

7833 孙文杰：《〈三州辑略〉史料来源探究（下）》，《昌吉学院学报》2016年第2期。

7834 严寅春：《〈三州辑略·艺文门〉的文献价值》，《和田师范专科学校学报》2016年第2期。

7835 李永泉：《〈乌鲁木齐赋〉非纪昀作考辨》，《西域研究》2016年第2期。

7836 李德辉：《古西行记源出汉代西域诸书说》，《西北师大学报（社会科学版）》2016年第2期。

7837 梅艺华：《〈岛夷志略〉对海上丝绸之路的影响力》，《城市地理》2016年第2期。

7838 孙文杰：《〈回疆通志〉史料来源探究》，《伊犁师范学院学报（社会科学版）》2016年第2期。

7839 司艳华：《〈西域考古录〉的史料来源与运用》，《吐鲁番学研究》2016年第2期。

7840 秦桦林：《黑水城出土宋刻〈初学记〉残页版本考——兼论宋元时期江南至塞外的"书籍之路"》，《浙江大学学报（人文社会科学版）》2016年第2期。

7841 陈汉初：《广东侨批：见证海上丝绸之路》，《岭南文史》2016年第2期。

7842 程国君：《论丝路河西宝卷的文化形态、文体特征与文化价值》，《甘肃社会科学》2016年第2期。

7843 苏健：《民国时期国家图书馆同人译作研究》，《国家图书馆学刊》2016年第3期。

7844 郭朝辉：《〈明史·西域传〉编纂考述》，《中国典籍与文化》2016年第3期。

7845 颜世明、高健：《道安〈西域志〉研究三题》，《新疆社科论坛》2016年第3期。

7846 陈柳晶、陈广恩：《黑水城文书中的别（柏）奇帖木儿大王》，《西域研究》2016年第3期。

7847 孟宪实：《略论折冲府的"承直马"——以敦煌吐鲁番出土文书为中心》，《西域研究》2016年第3期。

7848 颜世明、高健：《裴矩〈西域图记〉研究拾零——兼与余太山、李锦绣二先生商榷》，《敦煌研究》2016年第3期。

7849 阳清：《支僧载及其〈外国事〉综议》，《宗教学研究》2016年第4期。

7850 李建伟：《"海丝"视阈下广东梅州客侨家谱开发利用述略》，《图书馆研究》2016年第4期。

7851 孙文杰：《和瑛西域著述的基本特征》，《昌吉学院学报》2016年第4期。

▶ 丝绸之路研究论文目录

7852 孙文杰：《和瑛西域著述的价值与意义》，《新疆大学学报（哲学·人文社会科学版）》2016年第4期。

7853 吴恩荣：《四库馆臣对〈礼部志稿〉的删改及其政治寓意》，《云南社会科学》2016年第4期。

7854 王映予：《宋代类书〈海录碎事〉考略》，《西北师大学报（社会科学版）》2016年第5期。

7855 孙文杰：《从满文寄信档看"乌什事变"真相》，《云南民族大学学报（哲学社会科学版）》2016年第6期。

7856 乌拉特：《库车文书与龟兹学》，《丝绸之路》2016年第7期。

7857 张丽娜：《楼兰出土文书的整理及其意义》，《丝绸之路》2016年第8期。

7858 玉努斯江·艾力、潘勇勇：《〈伊犁史〉中有关清代卡伦的记载》，《兰台世界》2016年第8期。

7859 孙文杰：《〈清史稿·和瑛传〉新证》，《兰台世界》2016年第9期。

7860 孙魏：《〈诸蕃志〉的历史价值》，《兰台世界》2016年第9期。

7861 和谈：《耶律铸〈大尾羊赋〉和〈廑沆〉的史料价值》，《兰台世界》2016年第10期。

7862 孙文杰：《和瑛西域著述的特征与价值》，《兰台世界》2016年第13期。

7863 杨莉、孟楠：《〈福乐智慧〉中的喀喇汗王朝军事文化》，《兰台世界》2016年第20期。

7864 贾小军：《河西走廊出土文献中的丝绸之路意象》，《丝绸之路研究集刊》第1辑，北京：商务印书馆，2017年。

7865 张瑛：《〈西域图志〉纂修略论》，《西夏研究》2017年第1期。

7866 程钟书、颜世明：《〈张骞出关志〉研究二题》，《西北民族大学学报（哲学社会科学版）》2017年第1期。

7867 周燕玲、吴华峰：《唐道西域著述考辨》，《伊犁师范学院学报（社会科学版）》2017年第1期。

7868 史国强：《黄聘三及其〈西行漫草〉研究》，《伊犁师范学院学报（社会科学版）》2017年第1期。

7869 颜世明：《许敬宗〈西域图志〉研究拾零——兼议道世〈法苑珠林〉的成书时间》，《图书馆理论与实践》2017年第2期。

7870 王启涛：《吐鲁番文献释录中的几个问题》，《新疆师范大学学报（哲学社会科学版）》2017年第2期。

7871 赵鑫桐：《〈读书杂志·汉书第十五·西域传〉校读札记》，《忻州师范学院学报》2017 年第 3 期。

7872　董炳月：《两种〈西域旅行日记〉的知识谱系》，《开放时代》2017 年第 3 期。

7873　郑玲：《民族翻译文献的典范之作——〈弥勒会见记〉》，《唐山师范学院学报》2017 年第 3 期。

7874　计晓云：《羽 153V〈妙法莲华经讲经文〉中九色鹿王本生故事源流考》，《敦煌学辑刊》2017 年第 3 期。

7875　刘进宝：《"西城"还是"西域"——〈史记·大宛列传〉辨析》，《中国史研究》2017 年第 4 期。

7876　张旭：《再探〈史记·大宛列传〉的史学研究价值》，《芜湖职业技术学院学报》2017 年第 4 期。

7877　吴昱捷、丁天、肖晓、孙占琴：《〈山海经〉中关于新疆的记载的研究》，《北方文学（中旬刊）》2017 年第 4 期。

7878　莫艳梅：《〈诸蕃志〉：中西文化交流与海上丝绸之路的志书》，《中国地方志》2017 年第 5 期。

7879　郇宇：《多元文化交融的结晶——〈阅微草堂笔记〉文本价值新探》，《大庆师范学院学报》2017 年第 5 期。

7880　马雪兵、高健：《〈西域地理图说〉相关问题再探》，《昌吉学院学报》2017 年第 6 期。

7881　杨再红：《〈福乐智慧〉文体特征刍议》，《今传媒（学术版）》2017 年第 7 期。

7882　王启涛：《儒学在古代丝绸之路流传写本考》，《西南民族大学学报（人文社会科学版）》2017 年第 8 期。

7883　司艳华：《〈西域考古录〉的文献学价值探析》，《中国地方志》2017 年第 10 期。

7884　郭晓花：《论〈西域水道记〉的学术特点》，《名作欣赏》2017 年第 11 期。

7885　冯璇：《新见旅顺博物馆藏新疆出土汉文文献中的汉史写本考释》，《西域研究》2018 年第 1 期。

7886　陈强：《敦煌写本〈吃（缒）蜜〉故事在丝绸之路上的流变》，《北方民族大学学报（哲学社会科学版）》2018 年第 1 期。

7887　曾志雄：《〈史记〉"西域"诂》，《渭南师范学院学报》2018 年第 5 期。

综 述

研 究

7888　傅振伦：《百年来西北边疆探检年表》，《文物参考资料》1951 年第 5 期。

7889　夏鼐：《近年中国出土的萨珊朝文物》，《考古》1978 年第 2 期。

7890　长泽和俊：《"丝绸之路"研究的回顾与展望》，《国外社会科学》1978 年第 5 期。

7891　加藤直人著，刘世哲、邢玉林译：《1979 年日本史学界有关中亚研究概况》，《民族译丛》1981 年第 2 期。

7892　刘镇绪：《国外蚕豆研究概况》，《云南农业科技》1981 年第 5 期。

7893　戚志芬、阎万钧：《敦煌学与西域文明文献研究目录（一）》，《敦煌研究》1982 年第 2 期。

7894　森安孝夫、刘世哲、邢玉林：《伊斯兰化前的中亚史研究现状（上）》，《民族译丛》1983 年第 1 期。

7895　森安孝夫、刘世哲、邢玉林：《伊斯兰化前的中亚史研究现状（下）》，《民族译丛》1983 年第 2 期。

7896　张广达：《研究中亚史地的入门书和参考书（上）》，《新疆大学学报（哲学社会科学版）》1983 年第 3 期。

7897　张广达：《研究中亚史地的入门书和参考书（下）》，《新疆大学学报（哲学社会科学版）》1983 年第 4 期。

7898　李玉昆：《1981 年中国海外交通史论文索引》，《海交史研究》1983 年。

7899　阎万钧、戚志芬：《敦煌学与西域文明文献研究目录（二）》，《敦煌研究》1983 年创刊号。

7900　张广达：《出土文书与穆斯林地理著作对于研究中亚历史地理的意义（上）》，《新疆大学学报（哲学社会科学版）》1984 年第 1 期。

7901　长泽和俊、钟美珠：《近年日本研究西域史的新成果》，《民族译丛》1984 年第 2 期。

7902　张广达：《出土文书与穆斯林地理著作对于研究中亚历史地理的意义（下）》，

《新疆大学学报（哲学社会科学版）》1984年第2期。

7903 李玉昆：《1982年中国海外交通史研究论文索引》，《海交史研究》1984年。

7904 满达人：《西北史地文献书目简述》，《图书与情报》1984年增刊第1期。

7905 鲜肖威：《近年有关敦煌以东丝绸之路的研究和讨论》，《中国历史地理论丛》1985年第2期。

7906 林幹：《建国三十五年来古代北方民族史研究的回顾与展望》，《北方文物》1985年第3期。

7907 穆舜英：《新疆考古三十年》，《新疆社会科学》1985年第3期。

7908 冀振武：《日本对"丝绸之路"研究的概况》，《河北大学学报（哲学社会科学版）》1986年第2期。

7909 牛汝辰、牛汝极：《新疆地名研究的回顾与展望》，《新疆师范大学学报（哲学社会科学版）》1987年第1期。

7910 柯蒂：《我国中东研究的历史与现状》，《西亚非洲》1988年第2期。

7911 余家栋：《江西陶瓷考古综述》，《景德镇陶瓷》1989年第1期。

7912 阎芳：《西域史地研究的重要工具书》，《中国边疆史地研究导报》1989年第1期。

7913 张德芳：《甘肃古代史研究述评》，《社会科学》1990年第5期。

7914 刘宾：《西域研究中比较思想论的意义》，《西域研究》1991年第1期。

7915 郝苏民：《西蒙古研究：西域研究中内容最丰富的部分之一》，《西域研究》1991年第2期。

7916 郭平梁：《西域研究应向纵深发展》，《西域研究》1991年第2期。

7917 徐新吾、张守愚：《江南丝绸业历史综述》，《中国经济史研究》1991年第4期。

7918 阮荣春：《"早期佛教造像南传系统"研究概说》，《东南文化》1991年增刊第1期。

7919 周伟洲：《我国近十年来西域民族史研究的特点及展望》，《西域研究》1992年第4期。

7920 牛汝辰：《新疆地名研究史概略》，《中国边疆史地研究》1992年第4期。

7921 周丕显：《清代西北舆地学与元史研究》，《甘肃社会科学》1993年第1期。

7922 杨富学：《德藏西域梵文写本：整理与研究回顾》，《敦煌研究》1994年第2期。

7923 张倩红：《开封犹太人被同化原因研究综述》，《中国史研究动态》1994年第4期。

7924 桂林：《吐鲁番民族文献研究的先驱》，《敦煌研究》1994年第4期。

7925 彭印川：《"支那"考综述》，《中国历史地理论丛》1994年第4期。

7926 梁州：《十多年来西南丝绸之路研究综述》，《中国史研究动态》1994 年第 8 期。

7927 李明伟：《敦煌文献与丝绸之路的研究》，《社科纵横》1995 年第 4 期。

7928 贾依肯：《1994 年中亚史研究综述》，《中国史研究动态》1995 年第 7 期。

7929 贾依肯：《1995 年中亚史研究综述》，《中国史研究动态》1996 年第 7 期。

7930 耿昇：《法国学者对丝绸之路的研究》，《中国史研究动态》1996 年第 1 期。

7931 傅振伦：《回忆西陲简牍的发现及研究》，《简牍学研究》第 1 辑，兰州：甘肃人民出版社，1997 年。

7932 李琪：《论俄罗斯及中亚国家的阿尔泰历史文化研究走势》，《中国边疆史地研究》1997 年第 1 期。

7933 罗正义：《古代苏州丝绸发展进程的研究》，《江苏丝绸》1997 年第 2 期。

7934 罗伯尔热拉-贝扎尔：《法国对中国西域的研究》，《中国文化研究》1997 年第 3 期。

7935 张明俊：《海上丝绸之路研究在福建》，《海洋开发与管理》1997 年第 4 期。

7936 周轩：《清代西域诗编注与研究述评》，《西域研究》1998 年第 2 期。

7937 荣新江：《西域史研究的回顾与展望》，《历史研究》1998 年第 2 期。

7938 贾国芳、琛玉、满达人：《国外人士研究中国西部文献史料析述——西域部分》，《西北史地》1998 年第 4 期。

7939 布尔努瓦著，耿昇译：《法国的丝绸之路研究》，《传统文化与现代化》1998 年第 4 期。

7940 贾依肯：《1997 年中亚史研究综述》，《中国史研究动态》1998 年第 10 期。

7941 孙机：《建国以来西方古器物在我国的发现与研究》，《文物》1999 年第 10 期。

7942 钟涛、李颖：《新疆出土戏剧文献与中国戏剧史研究》，《文学前沿》第二期，北京：首都师范大学出版社，2000 年。

7943 赵敏俐：《20 世纪出土文献与中国文学研究》，《文学前沿》第一期，北京：首都师范大学出版社，2000 年。

7944 杨丽梅：《国外学者对中国西部历史文献译著及研究管窥》，《甘肃社会科学》2000 年第 2 期。

7945 祁美琴：《五十年来的近代新疆开发史研究综述》，《西域研究》2001 年第 1 期。

7946 木合亚提·沙黑多拉：《中世纪克普恰克文献综述》，《西域研究》2001 年第 1 期。

7947 池田温著，张铭心译：《近年日本的敦煌吐鲁番研究》，《敦煌学辑刊》2001 年第 1 期。

7948 阿拉腾奥其尔：《新疆史若干问题研究综述（1989—1998）》，《中国边疆史地研究》2001 年第 2 期。

7949 杨富学：《西域敦煌回鹘佛教文献研究百年回顾》，《敦煌研究》2001 年第 3 期。

7950 张玉忠：《近年新疆考古新收获》，《西域研究》2001 年第 3 期。

7951 陈世明：《二十四史中亚（广义）资料维吾尔文译注工作概述》，《西域研究》2001 年第 4 期。

7952 李廷勇：《晚清蒙元史研究的新风气》，《浙江学刊》2001 年第 5 期。

7953 马娟：《近十余年来国内元代色目人研究综述》，《西域研究》2002 年第 1 期。

7954 郭物：《欧亚草原考古研究概述》，《西域研究》2002 年第 1 期。

7955 齐清顺：《新疆民族史研究的回顾与展望》，《西域研究》2002 年第 1 期。

7956 耿昇：《法国汉学界对丝绸之路的研究》，《西北第二民族学院学报（哲学社会科学版）》2002 年第 2 期。

7957 库来西·塔依尔：《国外有关〈突厥语大词典〉研究情况综述》，《西域研究》2002 年第 3 期。

7958 杨富学：《20 世纪国内敦煌吐蕃历史文化研究述要》，《中国藏学》2002 年第 3 期。

7959 王宗光：《甘肃石窟文化综述》，《西北民族学院学报（哲学社会科学版）》2002 年第 4 期。

7960 耿昇：《2001 年海上丝路研究在中国（上）》，《南洋问题研究》2003 年第 1 期。

7961 贾建飞：《同光前期的西北史地学》，《西域研究》2003 年第 1 期。

7962 耿昇：《近年蓬勃发展的中外关系史研究》，《中国文化研究》2003 年第 2 期。

7963 耿昇：《2001 年海上丝路研究在中国（下）》，《南洋问题研究》2003 年第 2 期。

7964 耿世民：《德国柏林科学院吐鲁番学研究中心介绍》，《西域研究》2003 年第 2 期。

7965 牛锐：《2002 年西域史研究综述》，《西域研究》2003 年第 3 期。

7966 卫斯：《西域农业考古资料索引》，《农业考古》2003 年第 3 期。

7967 陈国灿：《吐鲁番学研究和发展刍议》，《西域研究》2003 年第 3 期。

7968 唐雨良：《草原丝绸之路货币研究文章综述》，《内蒙古金融研究》2003 年增刊第 3 期。

7969 程利英：《20 年来明代西北民族史研究综述》，《西北第二民族学院学报（哲学社会科学版）》2004 年第 1 期。

7970 程利英：《近二十五年来国内明代西域研究综述》，《喀什师范学院学报》2004

年第 1 期。

7971 宋晓云：《元代丝绸之路文学研究述评》，《西域研究》2004 年第 1 期。

7972 牛耕：《近年来罗布淖尔地区的考古发现》，《西域研究》2004 年第 2 期。

7973 程利英：《1978—2003 年国内明代西域政治、文化研究概况》，《新疆师范大学学报（哲学社会科学版）》2004 年第 4 期。

7974 魏晶：《南北朝前西域音乐文化研究成果述要》，《新疆师范大学学报（哲学社会科学版）》2004 年第 4 期。

7975 韩湖初、杨士弘：《关于中国古代"海上丝绸之路"最早始发港研究述评》，《地理科学》2004 年第 6 期。

7976 徐文堪：《汉学与内陆欧亚研究之互动》，《欧亚学刊》第 7 辑，北京：中华书局，2005 年。

7977 聂静洁：《20 世纪西域佛教史若干问题研究述评》，《西域研究》2005 年第 1 期。

7978 魏晶：《隋唐时期西城音乐文化研究成果述要（上）》，《新疆师范大学学报（哲学社会科学版）》2005 年第 1 期。

7979 佟克力：《伊犁资料与研究综述》，《伊犁师范学院学报》2005 年第 1 期。

7980 张武一：《丝绸之路研究的新动向》，《中国钱币》2005 年第 1 期。

7981 魏晶：《隋唐时期西域音乐文化研究成果述要（下）》，《新疆师范大学学报（哲学社会科学版）》2005 年第 2 期。

7982 田澍、毛雨辰：《20 世纪 80 年代以来明代西北边镇研究述评》，《西域研究》2005 年第 2 期。

7983 李明伟：《丝绸之路研究百年历史回顾》，《西北民族研究》2005 年第 2 期。

7984 卫斯：《西域农业考古资料索引（续）》，《农业考古》2005 年第 3 期。

7985 张辉、张如青：《敦煌吐鲁番〈五藏论〉文献研究进展》，《上海中医药杂志》2005 年第 11 期。

7986 卫斯：《西域农业考古资料索引（续）》，《农业考古》2006 年第 1 期。

7987 孙占宇：《敦煌汉简王莽征伐西域战争史料研究综述》，《西域研究》2006 年第 3 期。

7988 肖小勇：《楼兰鄯善考古研究综述》，《西域研究》2006 年第 4 期。

7989 乌买尔·达吾提：《国外察合台文献研究概述》，《西域研究》2006 年第 4 期。

7990 邹一清：《先秦巴蜀与南丝路研究述略》，《中华文化论坛》2006 年第 4 期。

7991 林英：《20 世纪中国与拜占庭帝国关系研究综述》，《世界历史》2006 年第 5 期。

7992 卫斯：《西域农业考古资料索引（续）》，《农业考古》2007 年第 1 期。

7993 姚春梅：《唐代西域诗研究综述》，《喀什师范学院学报》2007 年第 2 期。

7994 陈爱峰、赵学东：《西夏与丝绸之路研究综述》，《西北第二民族学院学报（哲学社会科学版）》2007年第2期。

7995 盖金伟：《近二十年新疆回族史若干问题研究述评》，《西域研究》2007年第2期。

7996 洪涛：《汉代西域都护府研究述评》，《新疆师范大学学报（哲学社会科学版）》2007年第2期。

7997 贾建飞：《19世纪西方之新疆研究的兴起及其与清代西北史地学的关联》，《西域研究》2007年第2期。

7998 田向阳、李青丽：《新疆喀什地区古代维吾尔文献述评》，《图书馆理论与实践》2007年第3期。

7999 郭云艳：《中国发现的拜占廷金币及其仿制品的研究综述》，《中国钱币》2007年第4期。

8000 侯德仁：《百年来的清代西北边疆史地学研究述评》，《西域研究》2007年第4期。

8001 孟宪实、荣新江：《吐鲁番学研究：回顾与展望》，《西域研究》2007年第4期。

8002 白杨：《玄奘研究综述（1994—2007）（上）》，《新疆师范大学学报（哲学社会科学版）》2008年第1期。

8003 白杨：《玄奘研究综述（1994—2007）（下）》，《新疆师范大学学报（哲学社会科学版）》2008年第2期。

8004 田澍、马啸：《1980年以来中国古代北方游牧文化研究评述》，《西域研究》2008年第2期。

8005 李倩：《丝绸之路研究的新视角》，《山西煤炭管理干部学院学报》2008年第2期。

8006 刘永强：《2000年以来两汉西域研究综述》，《黑龙江民族丛刊》2008年第3期。

8007 修彩波：《试析近代中西交通史研究兴起的历史背景》，《东方论坛》2008年第6期。

8008 贺菊莲：《西域研究刍议》，《兰州学刊》2008年第7期。

8009 阿利娅·艾尼瓦尔：《2005—2007年有关清代西域民族史研究综述》，《中国史研究动态》2008年第9期。

8010 徐凯、陈昱良：《14至19世纪"西域"的开发与鉴戒——1997—2007年明清时期"西域"研究热点评析》，《中国边疆民族研究》第2辑，北京：中央民族大学出版社，2009年。

8011 杨洁：《高昌王国贸易史研究综述》，《敦煌学辑刊》2009年第1期。

8012 李绍明：《近30年来的南方丝绸之路研究》，《中华文化论坛》2009年第1期。

8013 宋亦箫：《新疆青铜时代考古研究现状述评》，《西域研究》2009年第1期。

8014 何永明：《杨增新研究综述》，《西域研究》2009年第2期。

8015 张铁山：《我国古代突厥文研究六十年概述》，《西域研究》2009年第3期。

8016 李炳泉：《十年来大陆两汉与西域关系史研究综述》，《西域研究》2009年第4期。

8017 田峰：《吐蕃时期周边交通研究综述》，《安阳师范学院学报》2009年第4期。

8018 邹一清：《2007年以来的南方丝绸之路文化交流研究》，《中国史研究动态》2009年第8期。

8019 崔惠萍：《北石窟寺研究成果述论》，《丝绸之路》2009年第16期。

8020 刘宁：《新疆地区古人类材料发现与研究概述》，《辽宁省博物馆馆刊》，沈阳：辽海出版社，2010年。

8021 成珊娜、张玲玲、万海玲：《近三十年国内近代南疆维吾尔族社会生活研究综述》，《西域研究》2010年第2期。

8022 李芳：《建国以来月氏、乌孙研究综述》，《西域研究》2010年第3期。

8023 朱玉麒：《清代西域流人与早期敦煌研究——以徐松与〈西域水道记〉为中心》，《敦煌研究》2010年第5期。

8024 木仕华：《论李绍明先生的藏彝走廊研究观》，《西南民族大学学报（人文社会科学版）》2010年第8期。

8025 白苏侠：《徐松及〈钦定新疆识略〉文献研究现况》，《青年文学家》2010年第11期。

8026 宫珊珊：《近20年北宋西北边疆军事经略研究综述》，《丝绸之路》2010年第22期。

8027 周义矍：《1979—2009年丝绸之路研究论文的统计分析》，《科技情报开发与经济》2010年第34期。

8028 刘虹：《柘枝舞研究综述》，《新疆艺术学院学报》2011年第1期。

8029 邱美玲：《近三十年岑参诗研究综述》，《绥化学院学报》2011年第3期。

8030 杨蕤：《五代、宋时期陆上丝绸之路研究述评》，《西域研究》2011年第3期。

8031 任宝磊：《国内近三十年西突厥研究简述（1980—2010）》，《西域研究》2011年第4期。

8032 吴大旬、陈延安、张琦：《近年新获吐鲁番出土文献概述》，《贵州民族学院学报（哲学社会科学版）》2011年第6期。

8033 胡同庆：《瓜州东千佛洞研究编年述评》，《丝绸之路》2011年第18期。

8034 马榕：《居延汉简及其研究概述》，《丝绸之路》2011年第22期。

8035 杨富学：《敦煌与中外关系史研究三十年——纪念中国中外关系史学会成立三十周年》，《敦煌学国际联络委员会通讯》2012，上海：上海古籍出版社，2012年。

8036 丛振：《敦煌体育史研究回顾与述评》，《敦煌学国际联络委员会通讯》2012，上海：上海古籍出版社，2012年。

8037 杨洁：《百年来敦煌吐鲁番商业贸易研究回顾》，《敦煌学国际联络委员会通讯》2012，上海：上海古籍出版社，2012年。

8038 侯文昌：《近六十年吐鲁番汉文契约文书研究综述》，《西域研究》2012年第1期。

8039 刘俊珂：《海洋文明的初曙——中国早期海上商业力量发展述评》，《海南师范大学学报（社会科学版）》2012年第1期。

8040 田澍、邢蕾：《清代回疆司法控制研究综述》，《西域研究》2012年第2期。

8041 刘超建、王恩春：《乾嘉时期新疆舆地学著述研究初探》，《北方民族大学学报（哲学社会科学版）》2012年第2期。

8042 周长山：《日本学界的南方海上丝绸之路研究》，《海交史研究》2012年第2期。

8043 侯德仁：《清朝官修西北边疆史地著作的学术成就》，《苏州大学学报（哲学社会科学版）》2012年第3期。

8044 土晓梅：《西夏统治时期的敦煌研究综述》，《丝绸之路》2012年第4期。

8045 李孝迁：《民国时期中西交通史译著述评》，《中国图书评论》2012年第6期。

8046 修彩波：《试论20世纪上半叶中西交通史学科的形成及特点》，《东岳论丛》2012年第9期。

8047 李强：《丝路结奇葩合力筑巨厦——丝绸之路文化、文学、艺术研究回顾与展望》，《丝绸之路》2012年第18期。

8048 郑广薰：《作为丝绸之路学的韩国敦煌学》，《丝绸之路》2012年第22期。

8049 史淑琴：《敦煌汉藏对音材料研究概述》，《丝绸之路》2012年第24期。

8050 王蕾：《2012年吐鲁番学研究论著目录》，《敦煌学国际联络委员会通讯》2013，上海：上海古籍出版社，2013年。

8051 刘玉皑：《近30年来国内清代新疆屯垦研究综述》，《西域研究》2013年第1期。

8052 修彩波：《中西交通史学科发展脉络探析》，《青岛农业大学学报（社会科学版）》2013年第2期。

8053 杨耀文：《武威汉代医简出土四十年研究综述》，《丝绸之路》2013年第2期。

8054 杨富学：《新世纪初国内回鹘佛教研究的回顾与展望》，《西夏研究》2013 年第 2 期。

8055 陆芸：《近 30 年来中国海上丝绸之路研究述评》，《丝绸之路》2013 年第 2 期。

8056 马晓娟：《葛逻禄研究概述》，《西域研究》2013 年第 2 期。

8057 郭萍：《粟特美术研究的回顾与思考》，《中国美术》2013 年第 3 期。

8058 郭飞飞：《〈大唐西域记〉研究现状》，《青年文学家》2013 年第 4 期。

8059 艾力·吾甫尔：《新疆"阿布达里人"研究综述》，《中国史研究动态》2013 年第 4 期。

8060 王晓农：《新世纪以来国内关于鸠摩罗什的研究述评及展望——纪念鸠摩罗什大师逝世 1600 周年》，《河北联合大学学报（社会科学版）》2013 年第 4 期。

8061 李金鑫：《近三十年清西域诗研究综述》，《江西教育学院学报》2013 年第 5 期。

8062 田芸、杨吉宁：《甘肃汉简研究综述》，《丝绸之路》2013 年第 16 期。

8063 李国、夏生平：《莫高窟第 285 窟研究百年回顾与综述》，《敦煌学国际联络委员会通讯》2014，上海：上海古籍出版社，2014 年。

8064 马娟：《百年元代色目人研究述评》，《元史及民族与边疆研究集刊》第 27 辑，上海：上海古籍出版社，2014 年。

8065 李梅：《20 世纪以来〈弥勒会见记〉研究综述》，《西域研究》2014 年第 2 期。

8066 张寅：《五弦琵琶研究评述》，《人民音乐》2014 年第 2 期。

8067 安浩、郭文娟：《〈大唐西域记〉研究现状述评》，《黑龙江生态工程职业学院学报》2014 年第 3 期。

8068 邹一清：《近年南方丝绸之路研究新进展》，《中国史研究动态》2014 年第 4 期。

8069 刘英俊：《孔望山摩崖造像研究综述》，《艺术探索》2014 年第 5 期。

8070 廖国一：《从北部湾出发的汉代海上丝绸之路研究述略》，《广西民族研究》2014 年第 5 期。

8071 韦夏宁：《广西海上丝绸之路研究综述》，《钦州学院学报》2014 年第 6 期。

8072 耿昇：《法国汉学界的丝路研究》，《丝绸之路》2014 年第 11 期。

8073 韩文慧：《20 世纪以来"丝绸之路"研究述评》，《渭南师范学院学报》2014 年第 14 期。

8074 朱之勇、高磊：《新疆旧石器、细石器研究的成就、问题与展望》，《边疆考古研究》第 18 辑，北京：科学出版社，2015 年。

8075 祁晓庆：《敦煌石窟艺术与中外石窟艺术关系研究综述》，《敦煌学国际联络委员会通讯》2014，上海：上海古籍出版社，2015 年。

8076 张重洲：《百年克孜尔石窟研究论著目录（1912—2014）》，《敦煌学国际联络委员会通讯》2015，上海：上海古籍出版社，2015年。

8077 曹博林：《徐松及〈西域水道记〉研究述评》，《西北民族论丛》第11辑，北京：社会科学文献出版社，2015年。

8078 林光纪：《时空、文化叙事与海洋族群——海上丝绸之路的社会学研究若干要点》，《中国海洋社会学研究》总第3卷，北京：社会科学文献出版社，2015年。

8079 淮建军、王征兵、赵寅科：《新丝绸之路经济带研究综述》，《学术界》2015年第1期。

8080 石建刚：《延安宋金石窟研究述评》，《敦煌学辑刊》2015年第1期。

8081 徐黎丽、卫霞：《中西边疆研究的差异性对中国边疆研究的启示》，《西北师范大学学报（社会科学版）》2015年第1期。

8082 耿昇：《法兰西学院汉学讲座200周年与伯希和的贡献》，《社会科学战线》2015年第1期。

8083 林献忠：《百年来汉代戍卒研究综述——以汉简为中心》，《西域研究》2015年第2期。

8084 乔同欢：《国内回鹘城市史研究简述》，《西安建筑科技大学学报（社会科学版）》2015年第2期。

8085 裴永亮：《近二十年来敦煌汉简研究综述》，《管子学刊》2015年第2期。

8086 杨富学、盖佳择：《敦煌吐鲁番摩尼教文献研究述评》，《吐鲁番学研究》2015年第2期。

8087 荣新江：《近年对龟兹石窟题记的调查与相关研究》，《西域研究》2015年第3期。

8088 罗群、朱强：《20世纪以来"南方丝绸之路"研究述评》，《长安大学学报（社会科学版）》2015年第3期。

8089 喻忠杰：《古代丝绸之路文学概述》，《长安大学学报（社会科学版）》2015年第3期。

8090 苏海洋：《丝绸之路秦陇南道研究的回顾与展望》，《天水师范学院学报》2015年第3期。

8091 文志勇：《我国大陆地区"三区革命"史研究概述》，《西域研究》2015年第3期。

8092 张倩红、贾森：《丝绸之路视域下的犹太商人——开封犹太社团来历问题研究述评》，《国际汉学》2015年第3期。

8093 马大正：《清至民国中国学者新疆考察史研究评述》，《西域研究》2015年第4期。

8094 孙占鳌：《河西简牍学百年发展述论》，《丝绸之路》2015 年第 4 期。

8095 荣新江：《加强西域地区的丝绸之路研究》，《西域研究》2015 年第 4 期。

8096 颜世明、刘兰芬：《甘英出使大秦：研究述评与再审视》，《西北民族大学学报（哲学社会科学版）》2015 年第 6 期。

8097 宫治昭著，李茹译：《犍陀罗美术研究的现状》，《丝绸之路》2015 年第 8 期。

8098 郑冬梅：《21 世纪海上丝绸之路研究述评及其前瞻》，《福建教育学院学报》2015 年第 10 期。

8099 毛雨辰：《近年来有关明代河西长城研究述评》，《丝绸之路》2015 年第 24 期。

8100 尹雪萍、高健：《〈裴岑碑〉研究综述》，《兰台世界》2015 年第 27 期。

8101 赵毅霖：《中国制造业对丝绸之路经济带出口竞争力研究综述》，《商》2015 年第 33 期。

8102 刘正平：《丝绸之路如何经过陇东地区——张多勇丝绸之路陇山以东走向研究评介》，《豳风论丛》第 2 辑，北京：中国社会科学出版社，2016 年。

8103 杨富学、盖佳择：《敦煌祆教研究述评》，《敦煌学国际联络委员会通讯》2016，上海：上海古籍出版社，2016 年。

8104 王海亭：《近十年来云南学界"南方丝绸之路"研究评述》，《云南社会主义学院学报》2016 年第 1 期。

8105 黄民兴：《西北大学的中亚史研究》，《外国问题研究》2016 年第 1 期。

8106 吴方浪、吴方基：《20 世纪 80 年代以来秦汉丝织研究综述》，《中国社会经济史研究》2016 年第 1 期。

8107 黄珊：《八千里路云和月——北京大学丝绸之路考古研究》，《北京大学学报（哲学社会科学版）》2016 年第 1 期。

8108 戚文闯：《海上丝绸之路研究综述》，《福建省社会主义学院学报》2016 年第 2 期。

8109 郑星：《草原丝绸之路研究：1986—2014 年国内文献述评》，《兰州财经大学学报》2016 年第 2 期。

8110 汪洪亮：《民国边政学视野下的丝绸之路沿线地理研究——以〈边政公论〉所刊论著为中心》，《北方民族大学学报（哲学社会科学版）》2016 年第 2 期。

8111 张艳璐：《沙俄的中国西北边疆史地研究》，《西域研究》2016 年第 2 期。

8112 郑玲：《河西回鹘与西夏关系研究综述》，《西夏研究》2016 年第 2 期。

8113 陶连洲：《2013 年以来中国—E7984 东盟命运共同体研究综述》，《东南亚纵横》2016 年第 3 期。

8114 谭瑶：《21 世纪海上丝绸之路建设研究综述》，《东南亚纵横》2016 年第 3 期。

8115 王海亭：《云南学界"南方丝绸之路"研究概述》，《社会主义论坛》2016年第3期。

8116 郝文军、陈托兄：《草原丝绸之路研究论文的统计分析》，《渤海大学学报（自然科学版）》2016年第3期。

8117 吴春明：《对"海上丝绸之路"研究有关问题的重新思考》，《南方文物》2016年第3期。

8118 齐陈骏：《回望丝绸之路与敦煌学的研究》，《社会科学战线》2016年第3期。

8119 李国、沙武田：《敦煌石窟粟特美术研究学术史》，《敦煌学辑刊》2016年第4期。

8120 李春保：《论王钟翰对满族社会形态的研究——兼论其关于清代新疆民族政策的研究》，《昌吉学院学报》2016年第5期。

8121 杨洸：《泉州海上丝绸之路研究综述》，《泉州师范学院学报》2016年第5期。

8122 李艺：《福州海上丝绸之路研究综述》，《福建省社会主义学院学报》2016年第6期。

8123 刘启振、王思明：《西瓜在中国的引种栽培史研究综述》，《农业考古》2016年第6期。

8124 邵强军、蔡小龙：《敦煌莫高窟装饰图案研究述评》，《甘肃广播电视大学学报》2016年第6期。

8125 杨巨平：《希腊化文明与丝绸之路关系研究的回顾与展望》，《北京师范大学学报（社会科学版）》2016年第6期。

8126 赵麦茹、余洁：《丝绸之路经济带学术问题研究演化》，《南京理工大学学报（社会科学版）》2016年第6期。

8127 刘文先、高振、哈木拉提·吾甫尔：《近百年维吾尔医学研究综述》，《新疆医科大学学报》2016年第7期。

8128 任云英、张婧：《丝绸之路中国段沿线城镇研究综述》，《建筑与文化》2016年第7期。

8129 索荣荣：《20世纪90年代以来整理出版唐代石刻文献综述》，《丝绸之路》2016年第8期。

8130 赵卫：《近五年中国对伊朗文化研究综述》，《丝绸之路》2016年第10期。

8131 范晓倩：《乌兹别克斯坦文化研究综述》，《丝绸之路》2016年第10期。

8132 李并成：《"学性"相通：敦煌学属于全世界》，《历史教学（下半月刊）》2016年第10期。

8133 程龙彪：《海上丝绸之路研究综述》，《环球市场信息导报》2016年第12期。

▶ 丝绸之路研究论文目录

8134　程金城：《丝绸之路中外艺术交流研究综述》，《丝绸之路》2016 年第 18 期。

8135　孙文杰：《21 世纪以来唐代西域文学研究述评》，《昌吉学院学报》2017 年第 1 期。

8136　陈跃：《清代新疆和卓研究回顾与展望》，《云南师范大学学报（哲学社会科学版）》2017 年第 1 期。

8137　刘源：《汉晋鄯善国社会经济史研究述要》，《吐鲁番学研究》2017 年第 1 期。

8138　杨洸：《广州海上丝绸之路研究综述》，《广州社会主义学院学报》2017 年第 2 期。

8139　叶农、陈益敧：《海上丝绸之路的新支点——鸦片战争后港澳对外贸易研究综述》，《海交史研究》2017 年第 2 期。

8140　李楠：《近 20 年来两汉西域治理问题研究》，《中国史研究动态》2017 年第 2 期。

8141　王永强、尚玉平、党志豪、吴勇、于建军、阮秋荣、安尼瓦尔·哈斯木、李文瑛：《2015—2016 年新疆考古收获》，《西域研究》2017 年第 2 期。

8142　李云、杨传宇：《近百年新疆古代佛教雕塑研究成果评述》，《和田师范专科学校学报》2017 年第 3 期。

8143　张月：《南方丝绸之路与中华文化传播学术研讨会综述》，《杜甫研究学刊》2017 年第 3 期。

8144　范佳：《南方丝绸之路文献整理现状研究》，《四川图书馆学报》2017 年第 3 期。

8145　蔡晶晶：《近十年来的元代色目文化研究》，《中国史研究动态》2017 年第 4 期。

8146　李霞、戚文闯：《改革开放以来草原丝绸之路研究巡礼》，《西部学刊》2017 年第 4 期。

8147　刘进宝：《东方学视野下的西北史地学》，《社会科学战线》2017 年第 4 期。

8148　陈民镇：《交错视界中的中外交通——饶宗颐与中外交流史研究》，《社会科学辑刊》2017 年第 5 期。

8149　刘传铭：《丝绸之路研究新探》，《社会科学家》2017 年第 11 期。

8150　张蓉、喻丽：《南方丝绸之路研究述评》，《名作欣赏》2017 年第 33 期。

8151　张如青：《丝绸之路医药研究的回顾与展望》，《中医药文化》2018 年第 1 期。

8152　田圣宝：《东方海上丝绸之路研究述评》，《山东行政学院学报》2018 年第 1 期。

8153　黎跃进：《中国"东方学"的古代资源》，《社会科学研究》2018 年第 1 期。

8154　林春培、刘佳、田帅：《基于文献计量的国内海上丝绸之路研究热点分析》，

《情报杂志》2018 年第 2 期。

8155　马丽蓉：《百年来国际丝路学研究的脉络及中国丝路学振兴》，《新疆师范大学学报（哲学社会科学版）》2018 年第 2 期。

人　物

8156　张铁伟：《我国中外关系史学科创建人——张星烺》，《西亚非洲》1983 年第 5 期。

8157　章文钦：《戴裔煊先生与澳门史研究》，《当代港澳研究》1999 年第 2 期。

8158　史晓明：《韩乐然与克孜尔石窟》，《西北美术》1999 年第 2 期。

8159　黄春高：《史业今生未许休——阎宗临先生的文化史研究论略》，《山西大学学报（哲学社会科学版）》2000 年第 1 期。

8160　方立军：《徐松与西北边疆史地研究》，《喀什师范学院学报》2002 年第 5 期。

8161　方立军：《徐松与西北边疆史地研究》，《固原师专学报》2003 年第 2 期。

8162　修彩波：《方豪与中西交通史研究》，《史学理论研究》2003 年第 3 期。

8163　伍成泉：《试析魏源在边疆历史地理沿革研究上的贡献》，《中国矿业大学学报（社会科学版）》2003 年第 3 期。

8164　伍成泉：《试析魏源在边疆历史地理沿革研究上的贡献》，《集美大学学报（哲学社会科学版）》2003 年第 4 期。

8165　朱玉麒：《徐松及其西域著作研究述评》，《新疆师范大学学报（哲学社会科学版）》2004 年第 4 期。

8166　丁明俊：《杨志玖教授史学思想析论》，《西北民族研究》2004 年第 4 期。

8167　耿昇：《法国学者对敦煌文本的研究与谢和耐教授的贡献》，《国际汉学》第 13 辑，郑州：大象出版社，2005 年。

8168　修彩波、俞晓辉：《向达对整理中外关系史料的贡献》，《东方论坛》2005 年第 4 期。

8169　Dieter Jaekel：《李希霍芬对中国地质和地球科学的贡献》，《第四纪研究》2005 年第 4 期。

8170　程喜霖：《杰出的吐鲁番学家柳洪亮先生》，《西域研究》2005 年第 4 期。

8171　纪宗安、孟宪军：《朱杰勤与中外关系史研究》，《暨南学报（哲学社会科学版）》2006 年第 6 期。

8172　章永俊：《龚自珍的西北史地研究》，《安徽教育学院学报》2007 年第 2 期。

8173　李韬：《浅析杜拉·欧罗巴斯的冲突考古学——续论璏式佩剑法的西传及古丝路

军事交流》,《欧亚学刊》第10辑,北京:中华书局,2008年。

8174 刘正:《羽田亨和日本的敦煌学、西域史研究》,《敦煌研究》2009年第2期。

8175 张铁山:《俄罗斯学者 Л. Ю. 吐古舍娃及其回鹘文文献研究》,《西域研究》2011年第1期。

8176 王新春:《贝格曼与中国西北考古》,《中国边疆史地研究》2011年第3期。

8177 葛艳玲、刘继华:《汉学家德效骞与早期中罗关系研究》,《甘肃社会科学》2012年第3期。

8178 杨俊光:《齐思和研究综述》,《德州学院学报》2012年第3期。

8179 毛瑞方:《陈垣与中西交通史研究》,《淮阴师范学院学报(哲学社会科学版)》2012年第3期。

8180 丁培卫:《张维华教授史学成就述略》,《文史月刊》2012年第8期。

8181 金琰:《耿世民先生与回鹘佛教研究》,《河西学院学报》2013年第6期。

8182 杨俊光、叶建:《开拓与进取:齐思和的中西交通史研究》,《德州学院学报》2014年第1期。

8183 谢力丹:《陈炎:中国研究"海上丝绸之路"的先驱》,《团结》2014年第6期。

8184 陈继宏:《劳费尔中亚古代语言文字研究浅介——以吐火罗语、藏语、西夏语为例》,《江西科技师范大学学报》2016年第2期。

8185 杨公卫:《西域丝路契约精神:武内绍人"中亚出土古藏文契约"的研究》,《民族学刊》2016年第2期。

8186 张学锋:《"宫崎史学"的东西交通视野》,《江海学刊》2016年第5期。

8187 孙延青:《向达与中西交通史学》,《湘南学院学报》2017年第1期。

8188 黎难秋:《近代杰出史地学、宗教学翻译家冯承钧》,《上海翻译》2017年第1期。

8189 李海萍:《彼得·弗兰克潘与他的丝绸之路研究》,《国际汉学》2017年第1期。

8190 李建国:《从徐松〈西域水道记〉看早期敦煌研究》,《名作欣赏》2017年第2期。

8191 孟建军:《丝绸之路乐器学研究领域的开拓者——访著名丝绸之路乐器学研究专家周菁葆》,《乐器》2017年第7期。

著 作

8192 朱杰勤:《岑仲勉先生对西域史地的研究——岑著〈汉书西域传地里考释〉校后记》,《史学史资料》1979年第5期。

8193	郑炳林：《试论唐贞观年间所并的大碛路——兼评〈大唐西域记史地研究丛稿〉》，《敦煌学辑刊》1985年第1期。	
8194	王广荣：《〈新疆图志〉综述》，《新疆地方志通讯》1988年第2期。	
8195	景红卫：《丝路文化与〈丝绸之路文献叙录〉》，《社科纵横》1989年第6期。	
8196	阴法鲁：《丝路管弦话古今——读〈丝绸之路上的音乐文化〉》，《音乐研究》1990年第3期。	
8197	王丽娜：《西域史研究的重要成果——〈高昌楼兰研究论集〉读后》，《西北师大学报（社会科学版）》1991年第1期。	
8198	虞浩旭：《明州港研究的重要成果——评〈海上丝绸之路的著名海港——明州〉》，《海交史研究》1991年第1期。	
8199	文青：《一部"通古今之变"的新著——〈新疆屯垦〉》，《西域研究》1991年第3期。	
8200	罗兰：《一部从事新疆历史和现实研究的基本工具书〈西域研究书目〉》，《西域研究》1991年第4期。	
8201	史无云：《不仅有裨于今日而且有裨于将来——评苏北海著〈西域历史地理〉》，《喀什师范学院学报（哲学社会科学版）》1993年第3期。	
8202	荣新江：《唐代西域史研究的重要成果——〈唐吐蕃大食政治关系史〉评介》，《北京大学学报（哲学社会科学版）》1994年第1期。	
8203	邢玉林：《西域研究的最新缩微景观——推荐〈西域考察与研究〉》，《中国边疆史地研究》1995年第1期。	
8204	王欣：《西域文化艺术的宝库——〈中国新疆古代艺术〉图册述评》，《西域研究》1995年第2期。	
8205	江平、灵均：《一部填补西域史研究空白的力著——〈叶尔羌汗国史纲〉读后》，《西域研究》1995年第4期。	
8206	孙明媚：《丝绸之路上的民族与历史的再现——评介〈中国古代少数民族与丝绸之路〉》，《青海社会科学》1995年第4期。	
8207	殷晴：《把西域史的研究推向新水平——读〈于阗史丛考〉》，《北京大学学报（哲学社会科学版）》1995年第5期。	
8208	季羡林：《古代穆斯林论中西文化的差异——读〈丝绸之路〉札记》，《传统文化与现代化》1995年第5期。	
8209	魏绎：《一部高质量的学术著作——〈黄河上游地区历史与文物〉读后》，《青海社会科学》1996年第2期。	
8210	杨镰：《斯文·赫定和他的〈丝绸之路〉》，《新疆大学学报（哲学社会科学	

版）》1996 年第 3 期。

8211 刘正刚、黄国信：《一部开拓性的海外贸易史巨著——读陈柏坚、黄启臣教授新著〈广州外贸史〉》，《海交史研究》1997 年第 1 期。

8212 陈冬季：《丝路民族民间文学研究的新成果——评〈丝绸之路民族民间文学研究〉》，《民间文学论坛》1997 年第 3 期。

8213 仲高：《寻解西域文化的历史真谛——评余太山主编的〈西域文化史〉》，《西域研究》1997 年第 3 期。

8214 柳洪亮：《唐代西陲边政研究的重要成果——评薛宗正先生新著〈安西与北庭〉》，《中国边疆史地研究》1997 年第 4 期。

8215 周伟洲：《民族政策是边政问题的核心——〈两汉时期的边政与边吏〉评述》，《民族研究》1997 年第 6 期。

8216 施新荣：《西域史研究的丰硕成果——〈西域通史〉评介》，《新疆师范大学学报（哲学社会科学版）》1998 年第 3 期。

8217 施新荣：《展示西域史研究丰硕成果的新著——〈西域通史〉评介》，《中国史研究动态》1998 年第 6 期。

8218 刘国防：《明初的哈密及其王族——兼评〈剑桥中国明代史〉的相关部分》，《西域研究》1999 年第 2 期。

8219 高敏：《一部新型的地域通史——读余太山主编之〈西域通史〉》，《史学月刊》1999 年第 2 期。

8220 边缘人：《从神圣到世俗——读〈祭坛古歌与中国文化〉》，《民俗研究》2000 年第 4 期。

8221 余欣：《法国敦煌学的新进展——〈远东亚洲丛刊〉"敦煌学新研"专号评介》，《敦煌学辑刊》2001 年第 1 期。

8222 塔伊尔江：《积极探索增进沟通促进发展——〈西域翻译史〉评述》，《西域研究》2001 年第 1 期。

8223 林悟殊：《值得青年学者取法的西域史研究专著——读〈唐代九姓胡与突厥文化〉》，《西域研究》2001 年第 1 期。

8224 李大龙：《中国边疆研究的汇总创新之作——〈中国边疆经略史〉评述》，《中国边疆史地研究》2001 年第 1 期。

8225 边丁：《寻找历史和未来结合部的新尝试——读〈西域文化的回声〉》，《中国边疆史地研究》2001 年第 2 期。

8226 刘美崧：《研究宋代中外海上交通及南海的史籍——评杨武泉的〈岭外代答校注〉》，《海南大学学报（人文社会科学版）》2001 年第 2 期。

8227 海滨、张朴：《西域文化研究的新探索——〈西域文化论稿〉评介》，《昌吉学院学报（综合版）》2001年第4期。

8228 韩香：《回鹘史研究的一部新作——〈回鹘文契约文书初探〉评介》，《西域研究》2002年第2期。

8229 陈明：《新材料·新问题·新史识——读荣新江教授新作〈中古中国与外来文明〉》，《西域研究》2002年第2期。

8230 陈华：《〈突厥语大词典〉翻译工作的回顾》，《西域研究》2002年第3期。

8231 赵莉：《评〈考证与辨析——西域佛教文化论稿〉》，《西域研究》2003年第1期。

8232 解梅：《缜思明辨 洞见幽微——朱雷先生〈敦煌吐鲁番文书论丛〉评介》，《西域研究》2003年第1期。

8233 万雪玉：《俄国统治中亚研究是历史而非政治——读〈俄国统治中亚政策研究〉》，《西域研究》2003年第3期。

8234 潘志平：《非常年月的非常之旅——写在〈一个英国"商人"的冒险〉出版之际》，《西域研究》2003年第3期。

8235 徐文堪：《评王欣新著〈吐火罗史研究〉》，《史林》2003年第4期。

8236 潘志平：《西域学海的收获——读〈新疆近世史论稿〉》，《西域研究》2003年第4期。

8237 霍旭初：《〈印度到中国新疆的佛教艺术〉评介》，《西域研究》2004年第1期。

8238 赵星华：《〈高昌回鹘文献语言研究〉评介》，《西域研究》2004年第2期。

8239 灵均：《〈新疆史纲〉介评》，《西域研究》2004年第2期。

8240 周红：《中西文化交流史宏伟历程的启示——读国风所著〈丝路春秋〉》，《晋阳学刊》2004年第3期。

8241 张文德：《周连宽先生校注本〈西域行程记西域番国志〉拾遗》，《西域研究》2004年第3期。

8242 耿世民：《〈丝绸之路南道〉评介》，《民族研究》2004年第5期。

8243 方也：《基础深厚注释精当——读〈吐鲁番出土砖志集注〉》，《文史杂志》2004年第6期。

8244 施新荣：《集资料性与学术性之大成的一部力作——读〈吐鲁番出土砖志集注〉》，《新疆师范大学学报（哲学社会科学版）》2005年第1期。

8245 王菲：《牛汝极著〈阿尔泰文明与人文西域〉评介》，《新疆大学学报（哲学·人文社会科学版）》2005年第1期。

8246 李明伟：《粟特：雾里看花——评姜伯勤〈中国祆教艺术史研究〉》，《敦煌研究》2005 年第 1 期。

8247 屈文军：《史料、史实与史识——读〈西域历史研究（八至十世纪）〉》，《西域研究》2005 年第 3 期。

8248 户晓辉：《西域艺术：超越、理解与对话——读仲高〈西域艺术通论〉》，《西域研究》2005 年第 4 期。

8249 陈得芝：《重读向达先生的〈唐代长安与西域文明〉——人文学科学术标准感言》，《元史及民族与边疆研究集刊》2006 年第 1 期。

8250 杨富学、李应存：《〈殊方异药——出土文书与西域医学〉述评》，《西域研究》2006 年第 2 期。

8251 苏彬：《丝绸：中国文明发展的见证——评〈中国丝绸通史〉》，《国外丝绸》2006 年第 2 期。

8252 阿依达尔·米尔卡马力：《回鹘文文献研究的新成果——〈俄罗斯藏回鹘语文献研究〉介绍》，《西域研究》2006 年第 3 期。

8253 何庆：《西域净苑的瑰丽画卷——〈丝绸之路·新疆佛教艺术〉评介》，《西域研究》2006 年第 3 期。

8254 倪培翔：《西域史地研究的〈水经注〉——徐松〈西域水道记〉（外二种）评介》，《中国出版》2006 年第 3 期。

8255 李开荣：《一部具有学术震撼力的西域艺术史论专著——李青〈古楼兰鄯善艺术综论〉》，《新疆艺术学院学报》2006 年第 3 期。

8256 张铁山：《耿世民著〈回鹘文社会经济文书研究〉评介》，《西域研究》2006 年第 4 期。

8257 徐文堪：《粟特研究的最新创获——读〈粟特人在中国——历史、考古、语言的新探索〉》，《社会科学》2006 年第 8 期。

8258 刘振伟：《一部西域文学研究的力著——评〈西域文化影响下的中古小说〉》，《中国出版》2006 年第 11 期。

8259 舒健：《〈哈烈国与明朝关系述略〉读后感》，《元史及民族与边疆研究集刊》2007 年第 1 期。

8260 王智娟：《构建与实证——评〈浩罕国与西域政治〉》，《西域研究》2007 年第 1 期。

8261 廖国一：《证本求源弘扬海上丝路的开拓精神——读吴传钧院士主编的〈海上丝绸之路研究〉》，《钦州学院学报》2007 年第 1 期。

8262 刘振伟：《西域文化、文学与中原文学——评〈西域文化影响下的中古小说〉》，《西域研究》2007 年第 2 期。

8263 王立：《跨学科、跨文化视野中的重要成果——评仲高研究员〈西域艺术通论〉》，《艺术百家》2007年第3期。

8264 王立：《跨学科、跨文化视野中的重要成果——评仲高研究员〈西域艺术通论〉》，《内蒙古社会科学》2007年第3期。

8265 张铁山：《刘戈著〈回鹘文买卖契约译注〉评介》，《西域研究》2007年第3期。

8266 孟格斯著，桂林、杨富学译：《论中亚摩尼教、基督教、佛教之关系——评〈丝绸之路上基督教、诺斯替教和佛教之碰撞〉》，《敦煌学辑刊》2007年第3期。

8267 王爽：《〈二十四史南北朝时期西域史料译注〉述评》，《语言与翻译（汉文版）》2007年第4期。

8268 池田温著，广中智之译：《内陆亚细亚研究的新刊——〈西域文史〉》，《西域研究》2007年第4期。

8269 刘俊敏：《丝绸之路研究的新收获——评石云涛〈三至六世纪丝绸之路的变迁〉》，《中国出版》2007年第10期。

8270 刘进宝：《卢向前〈唐代西州土地关系述论〉评介》，《西域研究》2008年第1期。

8271 安毅：《天水麦积山石窟近百年研究成果的集中展现——评〈天水麦积山石窟研究论文集〉》，《敦煌学辑刊》2008年第1期。

8272 周祥：《一部研究新疆历史货币的力作——王永生著〈新疆历史货币〉评介》，《中国钱币》2008年第2期。

8273 李世惠：《一部有很高学术价值的力作——〈山东半岛与东方海上丝绸之路〉评介》，《山东工商学院学报》2008年第2期。

8274 萨仁娜：《丝绸之路研究的新成果——评周伟洲等编〈丝绸之路大辞典〉》，《西域研究》2008年第3期。

8275 尹磊：《新史料与新思路——读殷晴著〈丝绸之路与西域经济〉》，《西域研究》2008年第3期。

8276 华涛：《迟到的贡献——〈蒙古入侵时期的突厥斯坦〉中文译本初读札记》，《西域研究》2008年第4期。

8277 裴成国：《评林英〈唐代拂菻丛说〉》，《中国图书评论》2008年第12期。

8278 晁中辰：《〈山东半岛与东方海上丝绸之路〉读后》，《东方论坛》2009年第1期。

8279 郝春文：《〈新获吐鲁番出土文献〉读后》，《敦煌研究》2009年第1期。

8280 张朋川：《〈从青金石之路到丝绸之路〉介评》，《西域研究》2009年第4期。

▶ 丝绸之路研究论文目录

8281　毛晓剑：《飞天：佛教艺术的奇葩——读〈飞天艺术：从印度到中国〉》，《美术之友》2009 年第 6 期。

8282　商明惠：《〈西夏物质文化〉书评》，《丝绸之路》2009 年第 20 期。

8283　刘进宝：《佛教初传时期的北方社会——读尚永琪〈3—6 世纪佛教传播背景下的北方社会群体研究〉》，《西域研究》2010 年第 1 期。

8284　田卫疆：《探索中西文化交流史的学术长卷——〈丝绸之路研究丛书〉评述》，《新疆社会科学（汉文版）》2010 年第 1 期。

8285　赵红：《细节的力量——〈新获吐鲁番出土文献〉读后》，《西域研究》2010 年第 1 期。

8286　邱轶皓：《蒙古帝国史全景下的察合台汗国——〈察合台汗国史研究〉述评》，《西域研究》2010 年第 3 期。

8287　王旭送：《〈丝绸之路与西域经济——十二世纪前新疆开发史稿〉评介》，《中国经济史研究》2010 年第 4 期。

8288　田卫疆：《探索中西文化交流史的学术长卷——〈丝绸之路研究丛书〉评述》，《中国出版》2010 年第 5 期。

8289　纪华传：《〈东晋求法高僧法显和《佛国记》〉述评》，《佛学研究》2011 年第 1 期。

8290　张田：《中亚之发现——〈中亚探险史〉评述》，《西域研究》2011 年第 1 期。

8291　夏洞奇：《东方摩尼教研究的两条路向——芮传明、王小甫摩尼教研究新作赘语》，《世界宗教研究》2011 年第 2 期。

8292　孟楠：《博学　慎思　笃行——读魏良弢师〈喀喇汗王朝史、西辽史〉》，《新疆大学学报（哲学·人文社会科学版）》2011 年第 3 期。

8293　任小波：《古藏文碑铭学的成就与前景——新刊〈古藏文碑铭〉录文评注》，《敦煌学辑刊》2011 年第 3 期。

8294　李根万：《吞吐大荒　驰骋千古——〈西域艺术史〉与王嵘先生》，《新疆艺术学院学报》2011 年第 3 期。

8295　赖洪波：《曾问吾及其〈中国经营西域史〉研究》，《伊犁师范学院学报（社会科学版）》2011 年第 4 期。

8296　刘建树：《比较文化视域与戏剧交流研究的丰硕成果——兼评李强教授新著〈丝绸之路戏剧文化研究〉》，《新疆师范大学学报（哲学社会科学版）》2011 年第 6 期。

8297　董波：《现代文明背景下的一部远古史诗——评沈爱凤的〈从青金石之路到丝绸之路——西亚、中亚与亚欧草原古代艺术溯源〉》，《艺苑》2011 年第 6 期。

8298 王喆、施咏：《百年传播变迁路华乐马来发新芽——读〈中国传统音乐在海外的传播与变迁——以马来西亚为例〉》，《人民音乐（评论版）》2011年第7期。

8299 任小波：《敦煌藏文写本研究的中国经验——〈敦煌吐蕃文献选辑〉两种读后》，《敦煌学辑刊》2012年第1期。

8300 夏国强：《华戎所交一都会　千年敦煌史之旅——刘进宝〈丝绸之路敦煌研究〉读后》，《西域研究》2012年第1期。

8301 列斯科夫、奈马克著，王垚磊译，毛民校：《中亚新著：〈丝绸之路上的金帐汗国城市〉》，《内蒙古大学艺术学院学报》2012年第1期。

8302 曲六乙：《丝绸之路戏剧文化学的新拓展——评李强新著〈丝绸之路戏剧文化研究〉》，《戏曲研究》2012年第1期。

8303 王旭送：《唐代西域史研究的创新与拓展——〈敦煌吐鲁番文书与唐代西域史研究〉评介》，《西域研究》2012年第2期。

8304 冯培红：《出土文书与传世史籍相结合的典范之作——刘安志〈敦煌吐鲁番文书与唐代西域史研究〉介评》，《敦煌学辑刊》2012年第3期。

8305 张存良：《斯坦因中亚考察著作综述》，《西域研究》2012年第3期。

8306 明成满：《为敦煌学史和丝绸之路研究书写新篇章——评刘进宝教授〈丝绸之路敦煌研究〉》，《社会科学战线》2012年第3期。

8307 邵会秋：《关于草原考古的几个问题——从库兹米娜〈印度—伊朗人的起源〉一书谈起》，《西域研究》2012年第4期。

8308 宋江莉：《一枝绽放在丝路上的奇葩——浅议〈丝绸之路服饰研究〉》，《今传媒（学术版）》2012年第10期。

8309 史明文：《〈钱币与西域历史研究〉读后》，《中国钱币》2013年第1期。

8310 查洪德：《北朝民族文学研究之拓荒——评高人雄教授新著〈北朝民族文学叙论〉》，《西北民族大学学报（哲学社会科学版）》2013年第1期。

8311 蔡晶晶：《蒙元史的研究成果与方法——从〈美国学界蒙元史研究模式及文献举隅〉谈起》，《西北民族研究》2013年第2期。

8312 张彦虎：《西域屯垦与绿洲社会发展——评〈汉唐屯垦与吐鲁番绿洲社会变迁研究〉》，《中国农史》2013年第5期。

8313 孙健：《试论陈垣先生的〈元西域人华化考〉》，《教育界》2013年第18期。

8314 艾尔肯·白克力、阿布都外力·克热木：《西域文化的精髓：学术视野下的西域艺术——读仲高先生的〈丝绸之路艺术研究〉的启发》，《环球市场信息导报》2013年第35期。

▶ 丝绸之路研究论文目录

8315 冯国富：《地方文化研究的荟萃精编——评〈固原历史文化研究（第一辑）〉》，《宁夏师范学院学报》2014年第2期。

8316 尹波涛：《何谓西域，谁之新疆——〈文本解读与田野实践——新疆历史与民族研究〉读后》，《中国边疆史地研究》2014年第2期。

8317 郭声波、买买提祖农·阿布都克力木：《毗沙都督府羁縻州之我见——兼评〈唐代于阗的羁縻州与地理区划研究〉》，《西域研究》2014年第2期。

8318 陈浩：《评史书仁〈突厥汗国时期内亚的考古学与历史学研究〉》，《西域研究》2014年第2期。

8319 王兰平：《〈唐朝汉语景教文献研究〉述评及相关问题》，《西域研究》2014年第3期。

8320 汪一鸣：《丝绸之路绿洲研究集成、开拓之鸿篇大著——评钱云〈丝绸之路绿洲研究〉一书》，《宁夏大学学报（人文社会科学版）》2014年第4期。

8321 李欣：《试论跨境语言与语言接触的关系——兼评〈丝绸之路语言研究〉》，《赤峰学院学报（哲学社会科学版）》2014年第7期。

8322 陈习刚：《吐鲁番学研究新成就——评〈吐鲁番唐代军事文书研究〉》，《西域研究》2015年第2期。

8323 宝音朝克图：《西域史地学新著——评〈西域历代蒙古语地名研究〉》，《西部蒙古论坛》2015年第2期。

8324 郭勤华：《沿丝绸之路追寻宁夏历史文化：〈宁夏境内丝绸之路文化研究〉读后》，《西夏研究》2015年第2期。

8325 张弛：《唐代西域史地研究之力作——读薛宗正先生〈安西大都护府治所考〉》，《吐鲁番学研究》2015年第2期。

8326 李小岛：《英汉翻译中的回译问题初探——以〈丝绸之路上的宗教〉为例》，《五邑大学学报（社会科学版）》2015年第3期。

8327 陕锦风：《丝绸之路上族群交往的多重展演——〈撒拉族与丝绸之路民族社会文化研究〉评介》，《青海民族研究》2015年第4期。

8328 韩中华：《丝路起点研究的新视野——评石云涛〈丝绸之路的起源〉》，《陕西学前师范学院学报》2015年第6期。

8329 彭忠富：《丝路花雨，异彩纷呈——读〈丝绸之路新史〉》，《晚霞》2015年第24期。

8330 冯培红：《粟特研究又一春——荣新江〈中古中国与粟特文明〉介评》，《敦煌吐鲁番研究》第16卷，上海：上海古籍出版社，2016年。

8331 郑豪：《评〈唐代丝绸之路与中亚史地丛考〉》，《民族史研究》第13辑，北京：中央民族大学出版社，2016年。

8332　韩香：《理解粟特文明的一把钥匙——读荣新江教授新作〈中古中国与粟特文明〉》，《西北民族论丛》第13辑，北京：社会科学文献出版社，2016年。

8333　钟焓：《从漠北到江南——读林梅村教授新著〈大朝春秋——蒙元考古与艺术〉》，《西域研究》2016年第1期。

8334　李宗俊：《荣新江先生〈丝绸之路与东西文化交流〉评介》，《西域研究》2016年第2期。

8335　吴羽：《资料与问题——刘安志〈新资料与中古文史论稿〉读后》，《西域研究》2016年第2期。

8336　杨铭、杨公卫：《武内绍人与〈敦煌西域出土的古藏文契约文书〉》，《西藏民族大学学报（哲学社会科学版）》2016年第3期。

8337　艾美华、李阳：《一带一路视野下中国新丝路文化的深度解读——以〈丝绸之路传奇〉为例》，《实事求是》2016年第3期。

8338　张善庆：《〈敦煌佛教感通画研究〉介评》，《敦煌学辑刊》2016年第4期。

8339　佘贵孝：《传承丝路文化弘扬华夏文明——读〈固原历史文化研究（第三辑）〉》，《宁夏师范学院学报》2016年第4期。

8340　李锋：《一本研究吐蕃史的力作——评杨铭著〈吐蕃统治敦煌西域研究〉》，《文史杂志》2016年第4期。

8341　刘义杰：《评〈南海古代航海史〉》，《南海学刊》2016年第4期。

8342　多强：《清末新疆建省前后官办学校教育研究——以〈中国经营西域史〉为中心》，《昌吉学院学报》2016年第5期。

8343　杨琳琳：《情洒西域，奠基乐史——简评宋博年、李强〈西域音乐史〉》，《艺术评鉴》2016年第5期。

8344　胡耀飞：《政局与路线的互动——读朱德军、王凤翔〈长安与西域之间丝绸之路走向研究〉》，《关东学刊》2016年第6期。

8345　章兴宝：《从传统音乐的传播变迁看我国民族文化影响力的提升——评〈中国传统音乐在海外的传播与变迁：以马来西亚为例〉》，《中国教育学刊》2016年第6期。

8346　多强：《研究清代新疆治理的新视角——〈徐松与《西域水道记》研究〉简评》，《中国出版》2016年第13期。

8347　古滕客：《丝绸之路串起的世界史——读彼得·弗兰科潘〈丝绸之路：一部全新的世界史〉》，《学习月刊》2016年第22期。

8348　王跃潼：《渐变的历史文化的漫延——评赵维平〈丝绸之路上的琵琶乐器

史〉》,《北方音乐》2016 年第 23 期。

8349　张玉兴：《千年丝路的记忆：道路变迁与华戎博弈——〈长安与西域之间丝绸之路走向研究〉评介》,《唐都学刊》2017 年第 1 期。

8350　郭茂全：《丝路文化记忆的探寻与个体行旅体验的敞亮——评王蓬〈从长安到罗马：汉唐丝绸之路全程探行纪实〉》,《陕西理工学院学报（社会科学版）》2017 年第 1 期。

8351　秦帮兴：《学术史研究的范式之作——读朱玉麒著〈徐松与《西域水道记》研究〉》,《西域研究》2017 年第 2 期。

8352　梁立昌：《人类文明的演进和中国世纪的到来——评〈丝绸之路：一部全新的世界史〉》,《公共外交季刊》2017 年第 3 期。

8353　朱德军：《评李宗俊〈唐前期西北军事地理问题研究〉》,《西域研究》2017 年第 4 期。

8354　荣新江：《丝绸专家笔下的丝绸之路——读赵丰〈锦程：中国丝绸与丝绸之路〉》,《中国图书评论》2017 年第 4 期。

8355　刘硕：《一带一路贯通古今，丝路音乐异域风情——评宋博年、李强〈丝绸之路音乐研究〉》,《乐府新声（沈阳音乐学院学报）》2017 年第 4 期。

8356　郑葱燕：《屯垦经济是新疆社会发展的重要推力——评〈西域屯垦经济与新疆发展研究〉》,《中国农史》2017 年第 5 期。

8357　龚婷：《佛洲圣地，艺术宝库——〈中国石窟艺术——炳灵寺〉解读》,《出版参考》2017 年第 8 期。

8358　陈泯利：《图书史学研究价值与出版的现实意义——评〈丝绸之路：一部全新的世界史〉》,《出版广角》2017 年第 12 期。

8359　谢喜梅：《海上丝绸之路上的音乐传播考察——评〈海上丝绸之路的音乐文化〉》,《传媒》2017 年第 19 期。

8360　王燕、邵慧丽：《西方学者视域中的"丝绸之路"——聚焦历史学家彼得·弗兰克潘最新力著〈丝绸之路：一部全新的世界史〉》,《廊坊师范学院学报（社会科学版）》2018 年第 1 期。

8361　穆巴拉克·伊米提：《丝绸之路音乐文化交流史一览——评〈丝绸之路音乐研究〉》,《中国教育学刊》2018 年第 2 期。

8362　周枣：《论海洋文化对沿海城市文化、经济、宗教的影响——评〈中国海上丝绸之路城市廊道叙事〉》,《中国名城》2018 年第 2 期。

会 议

8363　晨曦：《"西域佛教与文化"学术讨论会述略》,《西域研究》1991年第4期。

8364　何志国：《"早期佛教造像南传系统中日学术研讨会"述评》,《东南文化》1991年第6期。

8365　朱思信：《"20世纪西域考察与研究"国际学术讨论会简述》,《新疆大学学报（哲学社会科学版）》1992年第4期。

8366　鲁迪：《"20世纪西域考察与研究"国际学术讨论会简述》,《西域研究》1992年第4期。

8367　华夫：《努力开拓丝绸之路音乐文化研究的新领域——九二年西安丝绸之路音乐学术研讨会记述》,《交响——西安音乐学院学报》1993年第1期。

8368　邢玉林：《"20世纪西域考察与研究"国际学术讨论会论著评介》,《中国边疆史地研究》1993年第1期。

8369　冷土：《西域古今一线牵——记"20世纪西域考察与研究"国际学术讨论会》,《清史研究》1993年第2期。

8370　马大正：《二十世纪西域考察与研究国际学术讨论会综述》,《中国社会科学》1993年第2期。

8371　继光：《1993中国丝绸之路与中亚文明国际学术研讨会述要》,《西北民族研究》1993年第2期。

8372　李凤翔：《第二次全国"南方丝绸之路货币研讨会"学术观点综述》,《云南金融》1994年第1期。

8373　高占福：《"海上丝绸之路与伊斯兰文化"国际学术讨论会述评》,《回族研究》1994年第2期。

8374　薛梅丽：《海上丝绸之路与潮汕文化学术研讨会》,《海交史研究》1994年第2期。

8375　蒋菁：《"丝绸之路经济带——共建共享与共赢共荣的新机遇"国际研讨会综述》,《俄罗斯东欧中亚研究》1994年第4期。

8376　郑一钧：《"海上丝绸之路与伊斯兰文化"国际学术讨论会述要》,《中国史研究动态》1994年第8期。

8377　刘笋：《第五次东南亚历史货币暨海上丝绸之路货币研讨会论文述要》,《中国钱币》1995年第1期。

8378　木子：《中国西域楼兰学与中亚文明国际学术讨论会综述》,《民族研究》1996

▶ 丝绸之路研究论文目录

年第 1 期。

8379 阿拉腾奥其尔：《"世纪之交中国古典文学及丝绸之路文明"国际学术研讨会综述》，《中国边疆史地研究》1996 年第 4 期。

8380 田杉：《"世纪之交中国古典文学及丝绸之路文明"国际学术研讨会综述》，《文学遗产》1997 年第 1 期。

8381 叶恩典：《"丝绸之路"历史进程中的中国——"中国与东南亚"国际学术讨论会综述》，《海交史研究》1998 年第 1 期。

8382 薛宗正：《西域研究领域的一次国际盛会："唐代西域与西域文明——安西大都护府国际学术讨论会"简记》，《西域研究》1998 年第 4 期。

8383 宋岘：《"澳门与海上丝绸之路"国际研讨会侧记》，《世界历史》1999 年第 6 期。

8384 王晓燕：《探海陆丝路之兴衰溯民族文化之渊源——丝绸之路与西北少数民族国际学术研讨会综述》，《中国文化研究》2001 年第 1 期。

8385 曾玲玲、殷小平：《南海交通史研讨会综述》，《海交史研究》2002 年第 1 期。

8386 杨炼：《西南、西北、海上丝绸之路比较研究学术讨论会综述》，《云南社会科学》2002 年第 1 期。

8387 耿昇：《丝绸之路研究在中国——昆明丝绸之路学术会议综述》，《西北第二民族学院学报（哲学社会科学版）》2002 年第 4 期。

8388 刘治立、栗晓斌：《北石窟佛教艺术与文化国际学术研讨会综述》，《甘肃高师学报》2003 年第 1 期。

8389 刘丰：《中华文化与域外文化的互动暨"海上丝绸之路泉州"学术研讨会综述》，《哲学动态》2003 年第 1 期。

8390 苏伯民：《拓展保护思路开展国际合作提高管理水平——丝绸之路古遗址保护：第二届石窟遗址国际学术讨论会综述》，《敦煌研究》2004 年第 4 期。

8391 霍旭初：《21 世纪初国外有关新疆石窟国际学术讨论会概述》，《西域研究》2004 年第 4 期。

8392 杨富学：《丝绸之路民族古文字与文化学术研讨会综述》，《敦煌学辑刊》2005 年第 4 期。

8393 杨富学：《"丝绸之路民族古文字与文化学术研讨会"综述》，《敦煌学辑刊》2005 年第 4 期。

8394 赵丰、沙舟、金琳：《"丝绸之路与元代艺术"国际学术研讨会论点摘编》，《东方博物》第 18 辑，杭州：浙江大学出版社，2006 年。

8395 鲍志成、林士民：《宁波"海上丝绸之路"学术研讨会综述》，《东方博物》第

18 辑，杭州：浙江大学出版社，2006 年。

8396 白芳：《"宁波海上丝绸之路学术研讨会"综述》，《中国史研究动态》2006 年第 4 期。

8397 王开队：《南方开发与中外交通——2006 年中国历史地理国际学术研讨会综述》，《历史地理》第 22 辑，上海：上海人民出版社，2007 年。

8398 赵大莹、林世田：《西域文献学术座谈会综述》，《敦煌学辑刊》2007 年第 1 期。

8399 刘文锁：《中古时代丝绸之路贸易中的货币问题——"丝绸之路古国钱币暨丝路文化国际学术研讨会"述评》，《西域研究》2007 年第 2 期。

8400 刘金明：《西域汉唐重镇历史、龟兹文化学术研讨会拾萃》，《新疆地方志》2007 年第 4 期。

8401 中国美术馆：《中国绘画西域画风学术研讨会纪要》，《新疆艺术学院学报》2007 年第 4 期。

8402 王樾：《"丝绸之路古国钱币暨丝路文化国际学术研讨会"纪要》，《文物》2007 年第 4 期。

8403 邱登成、杨泹新：《三星堆与南方丝绸之路青铜文化学术研讨会综述》，《四川文物》2007 年第 5 期。

8404 刘金明：《新和县"西域汉唐重镇历史与龟兹文化学术研讨会"综述》，《龟兹学研究》，乌鲁木齐：新疆大学出版社，2008 年。

8405 刘向阳、李青峰：《丝路胡人暨唐代文化交流学术讨论会综述》，《乾陵文化研究》，西安：三秦出版社，2008 年。

8406 赵大莹：《国际敦煌项目（IDP）第七次保存保护会议综述》，《敦煌学辑刊》2008 年第 2 期。

8407 水涛：《新疆史前考古学术研讨会综述》，《西域研究》2008 年第 4 期。

8408 邹一清：《"三星堆与南方丝绸之路青铜文化学术研讨会"综述》，《中国史研究动态》2008 年第 6 期。

8409 汤士华、陈爱峰：《第三届吐鲁番学国际学术研讨会暨欧亚游牧民族的起源与迁徙国际学术研讨会综述》，《西域研究》2009 年第 1 期。

8410 欧阳习若：《中印丝路文化交流学术研讨会会议综述》，《塔里木大学学报》2009 年第 1 期。

8411 鲁迪：《书大汉雄风写西域新篇——"两汉时期的新疆"学术研讨会概述》，《西域研究》2009 年第 3 期。

8412 刘全波：《丝绸之路文化国际学术研讨会综述》，《敦煌学辑刊》2009 年第 3 期。

8413 杨富学：《丝绸之路上的哈萨克斯坦国际学术讨论会综述》，《敦煌学辑刊》

2009 年第 3 期。

8414 于志勇：《汉唐西域考古——尼雅—丹丹乌里克遗址国际学术研讨会综述》，《西域研究》2010 年第 2 期。

8415 鲁迪：《清代新疆历史学术研讨会综述》，《西域研究》2010 年第 3 期。

8416 段小强、尹伟先：《2010 丝绸之路与西北历史文化学术研讨会述评》，《敦煌学辑刊》2010 年第 3 期。

8417 马晓玲：《宁夏 2009 年丝绸之路国际学术研讨会综述》，《考古》2010 年第 3 期。

8418 苗利辉、张惠玲：《汉唐文明下的龟兹文化学术研讨会综述》，《西域研究》2010 年第 4 期。

8419 江平：《历史上的中国新疆与中亚国际学术研讨会综述》，《西域研究》2010 年第 4 期。

8420 张卫光：《"丝绸之路"国际学术研讨会纪要》，《中国史研究动态》2010 年第 5 期。

8421 邢蕾、孙泓：《丝绸之路与龟兹中外文化交流学术研讨会综述》，《探索与争鸣》2010 年第 10 期。

8422 邱轶皓：《第五届北京大学"伊朗学在中国"学术研讨会综述》，《西域研究》2011 年第 1 期。

8423 罗帅：《"汉唐西域考古：尼雅—丹丹乌里克国际学术研讨会"综述》，《中国史研究动态》2011 年第 1 期。

8424 鲁迪：《"魏晋南北朝时期的新疆学术研讨会暨《新疆通史·魏晋南北朝卷》审稿工作会议"综述》，《西域研究》2011 年第 3 期。

8425 王旭送：《"元明时期的新疆"学术研讨会综述》，《西域研究》2011 年第 4 期。

8426 张一平、严春宝：《南海海上丝绸之路学术研讨会综述》，《史学月刊》2011 年第 12 期。

8427 刘吉平、吕思行、杨吉龙：《第二届家蚕功能基因组学与现代丝绸之路国际研讨会会议述评》，《广东蚕业》2012 年第 1 期。

8428 张华、赵逸民：《南海击波丝路论道——"南海海上丝绸之路学术研讨会"会议综述》，《海南师范大学学报（社会科学版）》2012 年第 1 期。

8429 邹一清：《"三星堆与南方丝绸之路：中国西南与欧亚古代文明国际学术研讨会"综述》，《中国史研究动态》2012 年第 1 期。

8430 龚缨晏：《"海上丝绸之路与世界文明进程"国际学术论坛综述》，《中国史研究动态》2012 年第 2 期。

8431 鲁迪：《"新疆宗教史学术研讨会"综述》，《西域研究》2012年第3期。

8432 赵青山：《2012敦煌·丝绸之路国际研讨会综述》，《敦煌学辑刊》2012年第3期。

8433 邹震：《"亚洲海峡：功能与历史"国际学术研讨会综述》，《海洋史研究》第4辑，北京：法律出版社，2013年。

8434 吴勇：《汉代西域考古与汉文化国际学术研讨会综述》，《西域研究》2013年第1期。

8435 齐新：《辽宋金时期新疆历史学术研讨会综述》，《西域研究》2013年第1期。

8436 刘建树：《"丝绸之路文化与中华民族文学"国际学术研讨会综述》，《陕西师范大学学报（哲学社会科学版）》2013年第1期。

8437 吴华峰、刘桥：《"唐代西域与文学"国际学术研讨会综述》，《西域研究》2013年第2期。

8438 徐军华：《"唐代西域与文学"国际学术研讨会综述》，《新疆师范大学学报（哲学社会科学版）》2013年第2期。

8439 鲁迪：《"隋唐时期的新疆"学术研讨会综述》，《西域研究》2013年第3期。

8440 殷小平：《第四届萨尔兹堡国际景教会议综述》，《西域研究》2013年第3期。

8441 张英梅：《居延遗址与丝绸之路历史文化国际学术研讨会会议论文综述》，《敦煌学辑刊》2013年第3期。

8442 陈晓露、刘子凡：《吐火罗问题学术座谈会综述》，《西域研究》2013年第4期。

8443 尹波涛：《古代东亚佛教文化交流与丝绸之路国际学术会议综述》，《西北民族论丛》第10辑，北京：中国社会科学出版社，2014年。

8444 李金鑫、杨斌：《"黄文弼与中瑞西北科学考查团"国际学术会议综述》，《西域研究》2014年第1期。

8445 尹波涛：《古代东亚佛教文化交流与丝绸之路国际学术会议综述》，《西北民族论丛》2014年第1期。

8446 陈玉荣、汤中超：《经济全球化背景下的"丝绸之路经济带"国际学术研讨会综述》，《国际问题研究》2014年第1期。

8447 灵均：《"历史视野下的边疆与民族"学术研讨会述要》，《西域研究》2014年第1期。

8448 汤士华：《吐鲁番与丝绸之路经济带高峰论坛暨第五届吐鲁番学国际学术研讨会综述》，《吐鲁番学研究》2014年第2期。

8449 周群华、荣亮：《"人海相依：中国人的海洋世界"国际学术研讨会综述》，《海交史研究》2014年第2期。

▶ 丝绸之路研究论文目录

8450 鲁迪：《"新疆民族史学术研讨会"综述》，《西域研究》2014 年第 4 期。

8451 徐学书、喇明英、梁音：《"民族走廊：互动、融合与发展"学术会议综述》，《西南民族大学学报（人文社会科学版）》2014 年第 11 期。

8452 汤士华：《吐鲁番与丝绸之路经济带高峰论坛暨第五届吐鲁番学国际学术研讨会综述》，《敦煌吐鲁番研究（敦煌吐鲁番研究）》第 17 卷，上海：上海古籍出版社，2015 年。

8453 王潞：《"海上丝绸之路与明清时期广东海洋经济"国际学术研讨会会议综述》，《海洋史研究》第 8 辑，北京：社会科学文献出版社，2015 年。

8454 常策：《发掘历史·把握机遇——东北亚走廊与丝绸之路研讨会暨〈中国东北与东北亚古代交通史〉出版座谈会重点发言摘要》，《辽宁省博物馆馆刊》，沈阳：辽海出版社，2015 年。

8455 包桂红、程鹏飞：《"草原游牧民族与丝绸之路暨中蒙联合考古十周年国际学术研讨会"纪要》，《草原文物》2015 年第 2 期。

8456 米兰沙：《"中国和伊朗：丝绸之路上的文化交流学术研讨会"综述》，《西域研究》2015 年第 2 期。

8457 荣亮、尤泽峰：《"行舟致远：扬帆海上丝绸之路"国际学术研讨会综述》，《海交史研究》2015 年第 2 期。

8458 史志林、沈渭显：《"开拓与守护：古丝绸之路交通要道上的白银"学术研讨会综述》，《甘肃广播电视大学学报》2015 年第 3 期。

8459 王旭送：《"新疆屯垦史学术研讨会"综述》，《西域研究》2015 年第 3 期。

8460 李林：《"中国与穆斯林世界：文化相遇"国际学术研讨会综述》，《世界宗教研究》2015 年第 3 期。

8461 沙舟：《杭州与新丝路研讨会综述》，《文化艺术研究》2015 年第 3 期。

8462 郭小利、林志达：《探究亚洲的音乐与文化——亚太民族音乐学会第 19 届年会综述》，《人民音乐》2015 年第 3 期。

8463 郑建成：《华侨华人与海上丝绸之路研讨会会议综述》，《华侨华人历史研究》2015 年第 4 期。

8464 吴玉堂：《人文精神照展演　共聚古都话发展——丝绸之路·明清俗曲展演及学术研讨会综述》，《交响——西安音乐学院学报》2015 年第 4 期。

8465 杨叶：《丝绸之路上的中日音乐文化交流——第十一届中日音乐比较国际学术研讨会综述》，《新疆艺术学院学报》2015 年第 4 期。

8466 郑建成：《"华侨华人与海上丝绸之路"研讨会会议综述》，《华侨华人历史研究》2015 年第 4 期。

8467 邹一清：《"南方丝绸之路学术研讨会"综述》，《中国史研究动态》2015年第4期。

8468 吴春浩、陈彬强：《"海丝文化国际青年学者论坛"会议论文综述》，《泉州师范学院学报》2015年第5期。

8469 荣亮、周群华：《"丝路的延伸：亚洲海洋历史与文化"国际学术研讨会综述》，《史林》2015年第6期。

8470 王日根、朱勤滨：《第12届亚洲新人文联网会议暨"海上丝绸之路：回顾与前瞻"国际学术研讨会综述》，《史学月刊》2015年第7期。

8471 莫秋新：《2015锁阳城遗址与丝绸之路历史文化学术研讨会综述》，《敦煌学国际联络委员会通讯》2016，上海：上海古籍出版社，2016年。

8472 袁苑：《西域与东瀛——中古时代经典写本国际学术研讨会综述》，《敦煌学国际联络委员会通讯》2016，上海：上海古籍出版社，2016年。

8473 李晓燕：《霞浦摩尼教学术研讨会综述》，《敦煌学国际联络委员会通讯》2016，上海：上海古籍出版社，2016年。

8474 韩昭庆：《古地图中的丝绸之路国际学术研讨会综述》，《历史地理》第34辑，上海：上海人民出版社，2016年。

8475 仑小红：《丝绸之路出土民族契约研究国际学术论坛综述》，《西域研究》2016年第1期。

8476 刘冬媚：《"十六至十七世纪的海上丝绸之路国际学术研讨会"纪要》，《中国文物报》2016年1月15日。

8477 马林：《"丝绸之路与玉文化研讨会"综述》，《故宫博物院院刊》2016年第1期。

8478 周珊、刘星：《李白与丝绸之路国际学术研讨会综述》，《西域研究》2016年第2期。

8479 安北江：《北方民族与丝绸之路博士后论坛述评》，《民族艺林》2016年第2期。

8480 周倩倩：《"敦煌与丝绸之路"国际学术研讨会综述》，《敦煌学辑刊》2016年第3期。

8481 李宝杰：《明清曲韵喧檀板丝路风流证梨园——丝绸之路·明清俗曲展演暨学术研讨会综述》，《人民音乐》2016年第3期。

8482 李心苑：《玄奘摄各界 丝路通古今——玄奘与丝绸之路学术研讨会综述》，《宗教学研究》2016年第3期。

8483 赵长峰、郝健荣、何丽君：《"21世纪海上丝绸之路与中国印尼战略合作"国际研讨会综述》，《社会主义研究》2016年第3期。

▶ 丝绸之路研究论文目录

8484 雷兴鹤：《"海上丝绸之路与环南海社会文化史"学术研讨会综述》，《中国史研究动态》2016年第3期。

8485 丛德新、刘彬彬、陈晓、程王鹏：《"跨越欧亚：从天山到阿尔泰山及其周边地区的青铜时代"国际学术研讨会综述》，《西域研究》2016年第4期。

8486 段真子：《"西域出土文献与丝绸之路历史文化研讨会"综述》，《西域研究》2016年第4期。

8487 梁富国：《"玄奘与丝绸之路"学术研讨会综述》，《世界宗教研究》2016年第4期。

8488 刘作奎、鞠维伟：《"多瑙河和新丝绸之路"国际学术研讨会综述》，《欧洲研究》2016年第4期。

8489 贺玉蕾：《"敦煌莫高窟专题研讨会"综述》，《敦煌研究》2016年第5期。

8490 吴春浩、孙明杰：《"第二届海丝文化国际青年学者联盟论坛"会议论文综述》，《泰山学院学报》2016年第5期。

8491 李毅婷：《中国海上丝绸之路历史文化研究展望学术研讨会综述》，《中国史研究动态》2016年第5期。

8492 张先堂、李国：《"纪念莫高窟创建1650周年国际学术研讨会"综述》，《敦煌研究》2016年第6期。

8493 景天星：《首届"丝绸之路与泾川文化"学术研讨会综述》，《世界宗教研究》2016年第6期。

8494 张梦晗：《形象史学与丝路文献国际学术研讨会综述》，《中国史研究动态》2016年第6期。

8495 刘莉：《新方法与新视野——中国社会科学论坛：形象史学与丝路文献国际学术研讨会综述》，《社会科学战线》2016年第9期。

8496 赵阳光、吴昺兵、杜唯平：《第四届丝绸之路经济带环阿尔泰山次区域经济合作国际论坛暨投资贸易洽谈会会议综述》，《经济研究参考》2016年第67期。

8497 关冰阳：《"丝绸之路上的抱弹类鲁特"专题研讨会综述》，《音乐研究》2017年第1期。

8498 耿学刚、乌日利戈：《丝绸之路上的中蒙民族艺术交流"科尔沁安代舞"中蒙国际学术研讨会综述》，《内蒙古民族大学学报（社会科学版）》2017年第1期。

8499 徐东升、毛蕾、靳小龙：《推陈出新，探寻新的学术增长点——"唐代江南社会经济与海上丝绸之路"学术研讨会综述》，《中国经济史研究》2017年第1期。

8500 林仪：《"海上丝绸之路历史上的移民与贸易"学术研讨会综述》，《海交史研究》2017 年第 1 期。

8501 孙宏年：《两岸学者共话丝路今昔——2017"丝绸之路今昔与展望"学术研讨会综述》，《中国边疆史地研究》2017 年第 3 期。

8502 梅倩：《丝绸之路上的各民族民歌展演与学术研讨会综述》，《交响——西安音乐学院学报》2017 年第 3 期。

8503 吴婷：《挖掘 传承 推进——丝绸之路上的民间器乐展演及学术研讨会综述》，《交响——西安音乐学院学报》2017 年第 3 期。

8504 陈功东：《国际丝绸之路科学与文明学会项目学术研讨会》，《广西民族大学学报（自然科学版）》2017 年第 3 期。

8505 王文洲：《"历史上的新疆与西藏关系学术讨论会"综述》，《西域研究》2017 年第 4 期。

8506 马俊杰：《"旅顺博物馆藏新疆出土汉文文书整理与研究研讨会"综述》，《西域研究》2017 年第 4 期。

8507 杨婷婷：《固本承源 趋新求变——"鼓乐新纪——西安鼓乐暨丝绸之路国际学术研讨会"述评》，《人民音乐》2017 年第 4 期。

8508 李光伟：《中国与世界：多元视野下的海上丝绸之路研讨会综述》，《中国高校社会科学》2017 年第 4 期。

8509 马树华、史子峰：《海陆丝绸之路的历史变迁与当代启示——中国中外关系史学会第九届会员代表大会暨学术研讨会综述》，《中国海洋大学学报（社会科学版）》2017 年第 6 期。

8510 张君仁：《阶段收获与历史意义——"首届丝绸之路乐舞文化国际学术研讨会"述评》，《音乐研究》2017 年第 6 期。

8511 徐定懿、张洪玉、张寅：《立足丝路农业传播，面向世界文化交流——丝绸之路与中外农业交流学术研讨会：2017 PNJCCS 论坛会议综述》，《中国农史》2017 年第 6 期。

8512 张先堂、李国：《传承与创新的盛会——"纪念段文杰先生诞辰 100 周年敦煌与丝绸之路国际学术研讨会"述要》，《敦煌研究》2017 年第 6 期。

8513 张弨、孙敏：《思古 问今 拓域——"全国丝绸之路音乐研究学术论坛"述评》，《人民音乐》2017 年第 10 期。

8514 陈烨轩、陈耕：《"北京大学与丝绸之路——中国西北科学考查团九十周年高峰论坛"会议综述》，《西域研究》2018 年第 1 期。

8515 马旭：《"南方丝绸之路与中华文化传播"学术研讨会综述》，《四川师范大学学报（社会科学版）》2018年第1期。

8516　何亦凡：《"丝绸之路与新疆出土文献"国际学术研讨会会议综述》，《西域研究》2018年第1期。

下编 当代经济社会研究

"一带一路"综论

"一带一路"

8517 曹力生：《再论"南方丝绸之路"的复兴》，《经济问题探索》1992年第1期。

8518 占豪：《两条丝绸之路的战略考虑》，《社会观察》2014年第1期。

8519 任佳、王清华、杨思灵：《构建新南方丝绸之路参与"一带一路"建设》，《云南社会科学》2014年第3期。

8520 袁新涛：《"一带一路"建设的国家战略分析》，《理论月刊》2014年第11期。

8521 郑永年：《新丝绸之路：做什么、怎么做》，《中国经贸》2014年第16期。

8522 张莉：《"一带一路"战略应关注的问题及实施路径》，《中国经贸导刊》2014年第27期。

8523 郑永年：《新丝绸之路：做什么、怎么做》，《国家智库》1，北京：中央编译出版社，2015年。

8524 蒋多：《文化外交视域下"一带一路"的现实与未来》，《中国文化产业评论》第22辑，上海：上海人民出版社，2015年。

8525 赵卫华：《"一带一路"的内涵与新丝绸之路经济带建设的机遇及挑战》，《中国周边外交学刊》第2辑，北京：社会科学文献出版社，2015年。

8526 于向东：《"一带一路"构想：和平与发展的若干思考》，《中国周边外交学刊》第2辑，北京：社会科学文献出版社，2015年。

8527 陈廷湘：《"一带一路"：开创国际国内关系新格局的重大战略》，《中外文化与文论》第31辑，成都：四川大学出版社，2015年。

8528 张波：《"一带一路"："表述"再认识——从西部话语到区域研究》，《中外文化与文论》第31辑，成都：四川大学出版社，2015年。

8529 林跃勤：《"一带一路"构想：挑战与应对》，《湖南财政经济学院学报》2015年第2期。

8530 夏立平：《论共生系统理论视阈下的"一带一路"建设》，《同济大学学报（社会科学版）》2015年第2期。

8531 卢丽刚、魏美玉：《"一带一路"战略的价值导向及其实现路径》，《江西科技师范大学学报》2015年第3期。

8532 张昕：《国家资本主义兴起视野中的"一带一路"》，《文化纵横》2015年第3期。

8533 郭继强、李新一：《论中国乃至世界新的增长极："一带一路"的综合价值》，《天水行政学院学报》2015年第3期。

8534 张祖群：《"古代丝绸之路"的当代地缘政治、经济升级版——基于"一带一路"的文献研究》，《云南地理环境研究》2015年第4期。

8535 陈雨露：《共建"一带一路"是中国经济新常态背景下的国家战略》，《政治经济学评论》2015年第4期。

8536 杨旭民：《"一带一路"建设确立行动路线图》，《新西部（上旬刊）》2015年第4期。

8537 张艳涛、张晓：《论"一带一路"战略的时代内涵——基于全球秩序重组视角的考察》，《桂海论丛》2015年第4期。

8538 高峰：《从古丝绸之路到"一带一路"建设》，《北方经济》2015年第4期。

8539 黄光健：《"一带一路"构想的比较研究》，《滇西科技师范学院学报》2015年第4期。

8540 石善涛：《推进"一带一路"建设应处理好的十大关系》，《当代世界》2015年第5期。

8541 刘卫东：《"一带一路"战略的科学内涵与科学问题》，《地理科学进展》2015年第5期。

8542 王超：《"一带一路"战略的可持续性研究》，《石家庄经济学院学报》2015年第5期。

8543 卢锋：《一带一路战略改变全球经济格局》，《河南社会科学》2015年第5期。

8544 陈奉林：《从海上和陆上丝绸之路两栖建设中寻求中国的发展》，《太平洋学报》2015年第5期。

8545 才国伟、曹昱葭、吴华强：《中国经济改革与发展视角下的"一带一路"》，《广东社会科学》2015年第5期。

8546 乌东峰：《从"一带一路"文明史迈向新时代》，《新疆社会科学》2015年第5期。

8547 王志民：《一带一路战略推进中的多重互动关系分析》，《中国高校社会科学》2015年第6期。

8548 吴涧生：《"一带一路"战略的几个问题思考》，《中国发展观察》2015年第6期。

▶ 丝绸之路研究论文目录

8549　葛剑雄：《"一带一路"的历史被误读》，《教师博览》2015 年第 7 期。

8550　何维达、辛宇非：《"马歇尔计划"的成功经验对"一带一路"建设的启示》，《学术论坛》2015 年第 8 期。

8551　卫志民：《"一带一路"战略：内在逻辑、难点突破与路径选择》，《学术交流》2015 年第 8 期。

8552　吴涧生：《一带一路战略的内涵及面临的机遇和挑战》，《前线》2015 年第 9 期。

8553　彭博：《"一带一路"战略探析》，《国际研究参考》2015 年第 9 期。

8554　徐宝琴、周逸：《一带一路战略思想研究》，《科学与财富》2015 年第 12 期。

8555　赵明：《茶马古道与"一带一路"建设》，《理论视野》2015 年第 12 期。

8556　周俊、乔萍、宋志文：《推进"一带一路"交汇点核心区建设制约因素与经验借鉴研究》，《中国经贸》2015 年第 16 期。

8557　史平：《从丝绸之路到一带一路——对古代丝绸之路的再认识》，《青春岁月》2015 年第 18 期。

8558　梁晨：《"一带一路"战略背景分析》，《学理论》2015 年第 20 期。

8559　田惠敏、田天、曾琬云：《中国"一带一路"战略研究》，《中国市场》2015 年第 21 期。

8560　陈云天：《"一带一路"建设工作路径探析》，《中国市场》2015 年第 35 期。

8561　赵广成：《"一带一路"背景下的中国软实力透视》，《中东问题研究》第一期，北京：社会科学文献出版社，2016 年。

8562　夏立平：《共生系统理论与中国"一带一路"战略》，《中国战略报告》第二期，上海：格致出版社，2016 年。

8563　刘雨林：《"一带一路"建设中的"三互准则"及其落实方法》，《成都理工大学学报（社会科学版）》2016 年第 1 期。

8564　刘卫东：《"一带一路"战略的认识误区》，《国家行政学院学报》2016 年第 1 期。

8565　金勇强：《古丝绸之路的功能演化及对构建新时期"一带一路"的启示意义》，《陕西理工学院学报（社会科学版）》2016 年第 1 期。

8566　吕斌：《"一带一路"战略与多尺度空间规划对应》，《西部人居环境学刊》2016 年第 1 期。

8567　董志敏：《一带一路与"西进"战略的关系》，《边疆经济与文化》2016 年第 2 期。

8568　林文勋：《"一带一路"战略与南方丝绸之路经济大走廊构想》，《云南师范大学学报（哲学社会科学版）》2016 年第 2 期。

8569 东阳：《"一带一路"倡议和实施中的几个细节问题》，《邢台学院学报》2016年第2期。

8570 陈梦媛：《"一带一路"战略：包容性经济全球化的新模式》，《佳木斯职业学院学报》2016年第2期。

8571 安江林：《"一带一路"轴带体系的空间结构和功能特点》，《甘肃社会科学》2016年第2期。

8572 李振福、王文雅、刘翠莲：《北极丝绸之路战略构想与建设研究》，《产业经济评论》2016年第2期。

8573 华桂宏：《共建"一带一路"：经济开放3.0、多元评价与空间延展》，《南京社会科学》2016年第2期。

8574 彭波：《"一带一路"推进与文明交融》，《国际贸易》2016年第2期。

8575 孙赫东：《龙江陆海丝绸之路经济带战略解析》，《边疆经济与文化》2016年第3期。

8576 侯传文：《"一带一路"与东方文化》，《内蒙古社会科学》2016年第3期。

8577 张亚光：《"一带一路"：从历史到现实的逻辑》，《东南学术》2016年第3期。

8578 王志远：《"一带一路"的历史地理及其当代价值》，《欧亚经济》2016年第3期。

8579 吴云贵：《"一带一路"建设与文明对话互鉴》，《世界宗教文化》2016年第3期。

8580 卫军茹：《"丝绸之路"的历史渊源与当代中国情结》，《产业与科技论坛》2016年第3期。

8581 宋志辉、蒋真明、张齐美晨：《南方丝绸之路经济带建设及其与"一带一路"的关系》，《南亚研究季刊》2016年第4期。

8582 程中兴：《"一带一路"的战略理念与空间生产》，《长安大学学报（社会科学版）》2016年第4期。

8583 杨陶：《"一带一路"建设面临的挑战及国际法思考》，《喀什大学学报》2016年第4期。

8584 董红光、刘勋：《"一带一路"战略的挑战及重点应对策略探讨》，《广东第二师范学院学报》2016年第4期。

8585 吴春霞：《从"一带一路"的视角看中国海上丝绸之路的变迁与发展》，《交通与港航》2016年第4期。

8586 邹禄禄：《一带一路建设的战略思考》，《山东工会论坛》2016年第4期。

8587 谢慧蓉：《中国"一带一路"战略分析》，《科学与财富》2016年第4期。

▶ 丝绸之路研究论文目录

8588 邹禄禄：《"一带一路"建设的战略思考》，《山东工会论坛》2016年第4期。

8589 王向远：《"一带一路"与中国的"东方学"》，《广西师范学院学报（哲学社会科学版）》2016年第5期。

8590 何星亮：《"一带一路"倡议与中华民族的复兴》，《云南社会科学》2016年第5期。

8591 陈高、朱雪琳：《一带一路建设：战略构想及实施路径》，《决策与信息（下旬刊）》2016年第6期。

8592 陈雪锐：《"一带一路"定位、风险及顺利推进路径探析》，《求知导刊》2016年第7期。

8593 张孝德、程安国：《"一带一路"时代战略与国家宏观战略内涵的解读》，《经济研究参考》2016年第7期。

8594 李燕宇：《试论"一带一路"战略构想的重大意义》，《丝路视野》2016年第7期。

8595 陆桂英：《一带一路战略对建设社会主义文化强国的现实意义》，《观察与思考》2016年第7期。

8596 林文勋：《"一带一路"战略与南方丝绸之路经济大走廊构想》，《新西部（上旬刊）》2016年第8期。

8597 卫华：《论"一带一路"战略的实质》，《北方经贸》2016年第8期。

8598 井天锋：《"一带一路"战略构想的多维价值透视》，《发展》2016年第9期。

8599 商植桐、郭瑞军、王涛：《草原丝绸之路重建的时代意义》，《山东农业工程学院学报》2016年第9期。

8600 赵永建、韩前进：《"一带一路"大战略实现模式思考》，《当代经济》2016年第10期。

8601 郎朗、孙堂厚：《国际视阈下"一带一路"战略思想创新及世界意义》，《学术探索》2016年第10期。

8602 苏文萱：《一带一路倡议的多维度思考》，《天津职业院校联合学报》2016年第10期。

8603 赵佳：《对"一带一路"建设的思考》，《山西财税》2016年第10期。

8604 赵旭东：《互惠逻辑与"新丝路"的展开——"一带一路"概念引发的人类学方法论的转变》，《探索与争鸣》2016年第11期。

8605 王辉景：《试论马克思主义视域下的"一带一路"战略》，《城市建设理论研究（电子版）》2016年第11期。

8606 李莉莉：《一带一路战略的哲学思考》，《学理论》2016年第11期。

8607　李莉莉：《"一带一路"战略的哲学思考》，《学理论》2016 年第 11 期。

8608　隋岩：《"一带一路"视野下的东部陆海丝绸之路经济带战略的历史背景——东北亚丝绸之路考》，《黑龙江史志》2016 年第 12 期。

8609　靳雪珂：《"一带一路"的战略意义——以我国自贸区的建立为视角》，《西部皮革》2016 年第 14 期。

8610　贺力：《我国"一带一路"战略定位中的问题分析》，《现代经济信息》2016 年第 19 期。

8611　李希光：《建设多元共存的"一带一路"大文明圈》，《丝绸之路》2016 年第 20 期。

8612　王帆：《"一带一路"战略推行的经济基础及其战略意义》，《财经界（学术版）》2016 年第 24 期。

8613　窦博：《东北亚丝绸之路与中国"一带一路"战略的拓展》，《人民论坛》2016 年第 29 期。

8614　房爱卿：《"一带一路"建设正在向深耕细作的阶段迈进》，《中国经贸导刊》2016 年第 30 期。

8615　薛韬：《"一带一路"战略思想的内涵、由来及意义初探》，《科技经济导刊》2016 年第 31 期。

8616　朱怡然：《对我国"一带一路"战略的思考》，《财经界》2016 年第 3 期。

8617　李登、于红霞：《解析"一带一路"战略以及对中国的影响》，《中国市场》2016 年第 33 期。

8618　陈瑶雯：《"一带一路"框架下的"海丝战略"与"澜湄合作"双线运行机制建设——2016 年中国—东盟区域发展论坛综述》，《中国—东盟研究》第 1 辑，北京：中国社会科学出版社，2017 年。

8619　曹建枝：《"一带一路"战略的障碍与对策研究》，《产业与科技论坛》2017 年第 1 期。

8620　曹敬飞：《论"一带一路"的利益共同性》，《赤峰学院学报（自然科学版）》2017 年第 1 期。

8621　黄梅波、刘振原：《"一带一路"的战略方向与实践路径：中美的比较》，《东南学术》2017 年第 2 期。

8622　李艺：《"一带一路"战略的历史思考与启迪》，《福建省社会主义学院学报》2017 年第 2 期。

8623　王健：《"近代丝绸之路"：从"丝绸之路"到"一带一路"历史跨越的重要节点》，《南京社会科学》2017 年第 3 期。

8624 傅梦孜、徐刚：《"一带一路"：进展、挑战与应对》，《国际问题研究》2017年第3期。

8625 陈远峰：《历史与现实的交汇——浅谈对"一带一路"的几点认识》，《宁波教育学院学报》2017年第3期。

8626 李并成：《丝绸之路：世界文化的大运河——兼论"一带一路"的伟大意义及成就》，《山东省社会主义学院学报》2017年第5期。

8627 崔向东：《东北亚走廊与丝绸之路研究论纲》，《广西民族大学学报（哲学社会科学版）》2017年第5期。

8628 王义桅：《"一带一路"能否开创"中式全球化"》，《新疆师范大学学报（哲学社会科学版）》2017年第5期。

8629 张顺凤、张艳涛：《论"一带一路"的世界历史意义》，《桂海论丛》2017年第6期。

8630 雷钟哲：《丝绸、丝绸之路与"一带一路"共建》，《标准生活》2017年第6期。

8631 肖洋：《"冰上丝绸之路"的战略支点——格陵兰"独立化"及其地缘价值》，《和平与发展》2017年第6期。

8632 何茂春、郑维伟：《"一带一路"战略构想从模糊走向清晰——绿色、健康、智力、和平丝绸之路理论内涵及实现路径》，《新疆师范大学学报（哲学社会科学版）》2017年第6期。

8633 张景安：《"一带一路"战略与创新驱动发展》，《中国民商》2017年第7期。

8634 刘诗平：《"冰上丝绸之路"越走越宽广》，《中国远洋海运》2017年第8期。

8635 廖艺伟：《关于"一带一路"的动因分析与挑战探讨》，《技术与市场》2017年第9期。

8636 许安拓：《"一带一路"：汉代丝路新时代的启示》，《财政科学》2017年第9期。

8637 王斯敏、李盛明：《"一带一路"：政治互信、经济融合、文化包容的中国方案》，《公关世界》2017年第9期。

8638 张晓红、詹小美：《"一带一路"生成发展的历史逻辑》，《广西社会科学》2017年第10期。

8639 顾永：《刍议"一带一路"与古代丝绸之路》，《新西部》2017年第10期。

8640 阮建平：《国际政治经济学视角下的"冰上丝绸之路"倡议》，《海洋开发与管理》2017年第11期。

8641 肖曹：《"一带一路"的历史变迁》，《共产党员（河北）》2017年第12期。

8642 黄妍：《地理视阈下的"一带一路"》，《企业科技与发展》2017年第12期。

8643 刘佳欣：《我国实施"一带一路"发展战略的重大意义》，《福建质量管理》2017 年第 16 期。

8644 于欣欣：《"一带一路"建设实施面临的挑战与策略》，《中外企业家》2017 年第 18 期。

8645 慕长泰：《古代丝绸之路与"一带一路"倡议浅析》，《中外企业家》2017 年第 19 期。

8646 屈庆锋、刘鹏、闫洪顺：《"一带一路"对丝绸之路的影响》，《中国经贸》2017 年第 20 期。

8647 张澍：《对我国实施"一带一路"战略的浅显认识》，《中国国际财经（中英文）》2017 年第 24 期。

8648 张景安：《"一带一路"与创新发展》，《中国科技产业》2018 年第 1 期。

丝绸之路经济带

8649 郭洪纪：《关于重开丝绸之路的探讨》，《青海社会科学》1986 年第 3 期。

8650 曲直：《从古商道的兴衰分析中找到重建丝绸之路的方略》，《瞭望新闻周刊》1994 年第 20 期。

8651 郭洪纪、孙立霞：《再说"重开丝绸之路"》，《青海社会科学》2005 年第 5 期。

8652 朱显平、邹向阳：《中国—中亚新丝绸之路经济发展带构想》，《东北亚论坛》2006 年第 5 期。

8653 邹德浩：《联合国与丝绸之路》，《丝绸之路》2009 年第 16 期。

8654 王明业：《丝绸之路经济带的构建及其战略意义》，《天水行政学院学报》2013 年第 6 期。

8655 海力古丽·尼牙孜、李丹：《"丝绸之路经济带"的建设基础——人文合作》，《新疆大学学报（哲学·人文社会科学版）》2013 年第 6 期。

8656 孙兴杰：《建设"丝绸之路经济带"的战略价值》，《党政论坛（干部文摘）》2013 年第 11 期。

8657 张永军：《丝绸之路经济带的智慧考验》，《西部大开发》2013 年第 11 期。

8658 丁俊发：《新丝绸之路的国际大战略》，《中国储运》2013 年第 12 期。

8659 再英·塔拉甫：《浅谈新丝绸之路给我国带来的机遇与挑战》，《现代经济信息》2013 年第 18 期。

8660 何茂春、张冀兵：《新丝绸之路经济带的国家战略分析——中国的历史机遇、潜在挑战与应对策略》，《人民论坛·学术前沿》2013 年第 23 期。

▶ 丝绸之路研究论文目录

8661　梅新育：《新丝绸之路的深意》，《人民论坛》2013 年第 34 期。

8662　张飞：《丝绸之路经济带新起点建设》，《环球市场信息导报》2013 年第 47 期。

8663　宋志辉：《南方丝绸之路经济带对西部边疆安全的意义》，《西部发展研究》2014，成都：四川大学出版社，2014 年。

8664　邢广程：《"丝绸之路经济带"与中国边疆安定和发展——以我国东北和西部边疆为视角》，《中国边疆学》第 2 辑，北京：社会科学文献出版社，2014 年。

8665　王志民：《南方丝绸之路经济带与中国地缘经济政治拓展》，《中国边疆学》第 2 辑，北京：社会科学文献出版社，2014 年。

8666　刘卓：《建设"丝绸之路经济带"推进跨越式发展》，《中共乌鲁木齐市委党校学报》2014 年第 1 期。

8667　卫玲、戴江伟：《丝绸之路经济带：超越地理空间的内涵识别及其当代解读》，《兰州大学学报（社会科学版）》2014 年第 1 期。

8668　杨恕、王术森：《丝绸之路经济带：战略构想及其挑战》，《兰州大学学报（社会科学版）》2014 年第 1 期。

8669　刘卓：《建设"丝绸之路经济带"推进跨越式发展》，《中共乌鲁木齐市委党校学报》2014 年第 1 期。

8670　胡鞍钢、马伟、鄢一龙：《"丝绸之路经济带"：战略内涵、定位和实现路径》，《新疆师范大学学报（哲学社会科学版）》2014 年第 2 期。

8671　凌激：《关于新丝绸之路经济带的思考》，《对外经贸》2014 年第 2 期。

8672　陈涛、王习农：《共建"丝绸之路经济带"路径探析》，《新疆社科论坛》2014 年第 3 期。

8673　王志远：《丝绸之路经济带的国际战略内涵解析》，《新疆财经》2014 年第 3 期。

8674　王伟：《关于建设丝绸之路经济带的思考》，《青年科学（教师版）》2014 年第 3 期。

8675　胡国云：《南方丝绸之路经济带建设的重要意义》，《中国党政干部论坛》2014 年第 3 期。

8676　赵华胜：《"丝绸之路经济带"的关注点及切入点》，《新疆师范大学学报（哲学社会科学版）》2014 年第 3 期。

8677　惠宁、杨世迪：《丝绸之路经济带的内涵界定、合作内容及实现路径》，《延安大学学报（社会科学版）》2014 年第 4 期。

8678　周励：《解读"丝绸之路经济带"》，《西部大开发》2014 年第 4 期。

8679　卫玲、戴江伟：《丝绸之路经济带：形成机理与战略构想——基于空间经济学语境》，《西北大学学报（哲学社会科学版）》2014 年第 4 期。

8680 白永秀、王颂吉：《丝绸之路经济带：中国走向世界的战略走廊》，《西北大学学报（哲学社会科学版）》2014年第4期。

8681 何义霞：《"丝绸之路经济带"：战略考量、前景展望与建设思路》，《当代世界与社会主义》2014年第4期。

8682 张宝通：《建设丝绸之路经济带新起点需抓好四个环节》，《西安财经学院学报》2014年第5期。

8683 王之泰：《丝绸之路经济带：丝绸之路的升华》，《中国流通经济》2014年第5期。

8684 李建民：《"丝绸之路经济带"合作模式研究》，《中国党政干部论坛》2014年第5期。

8685 王习农、陈涛：《"丝绸之路经济带"内涵拓展与共建》，《国际商务（对外经济贸易大学学报）》2014年第5期。

8686 芮雪：《"丝绸之路经济带"建设机遇当前》，《中国港口》2014年第6期。

8687 杜晓宇、李金叶、王雅婧：《"丝绸之路经济带"战略构建述评》，《新疆大学学报（哲学·人文社会科学版）》2014年第6期。

8688 马永真、梅园：《构建"草原丝绸之路经济带"的若干思考》，《内蒙古社会科学》2014年第6期。

8689 刘万华：《论"丝绸之路经济带"建设的目标定位与实施步骤》，《内蒙古社会科学》2014年第6期。

8690 王海运：《丝绸之路经济带建设的大构想》，《新疆师范大学学报（哲学社会科学版）》2014年第6期。

8691 徐小杰：《"丝绸之路"战略构想的特征研究》，《俄罗斯研究》2014年第6期。

8692 张秋生：《共建"丝绸之路经济带"的深层意蕴》，《当代陕西》2014年第7期。

8693 郭层城：《实施西进战略重振丝绸之路》，《广西社会科学》2014年第7期。

8694 袁新涛：《丝绸之路经济带建设和21世纪海上丝绸之路建设的国家战略分析》，《东南亚纵横》2014年第8期。

8695 张福新、李国东：《"丝绸之路经济带"的战略意义及举措》，《新疆农垦经济》2014年第8期。

8696 刘沛：《建设"新丝绸之路经济带"对我国经济发展的战略意义》，《卷宗》2014年第8期。

8697 陈雨露：《丝绸之路经济带有望成新的经济大动脉》，《理论学习——山东干部函授大学学报》2014年第8期。

8698 课题组：《"丝绸之路经济带"：概念界定与经济社会综述》，《西部金融》2014

▶ 丝绸之路研究论文目录

年第 9 期。

8699　张亚斌、马莉莉：《丝绸之路经济带相关问题的述评及思考》，《未来与发展》2014 年第 9 期。

8700　白永秀、吴航、王泽润：《丝绸之路经济带战略构想：依据、目标及实现步骤》，《人文杂志》2014 年第 9 期。

8701　张艳：《丝绸之路经济带的战略内涵与实现路径》，《新课程·下旬》2014 年第 11 期。

8702　李俞辰：《探析"新丝绸之路经济带"发展路上可能面临的困境》，《电脑迷》2014 年第 11 期。

8703　刘学敏：《关于"丝绸之路经济带"的几点思考》，《全球化》2014 年第 12 期。

8704　霍炳男：《浅析共建丝绸之路经济带的背景与由来》，《中国经贸导刊》2014 年第 13 期。

8705　何正荣：《建设"丝绸之路经济带"战略的支点》，《中国商贸》2014 年第 16 期。

8706　秦重庆：《"丝绸之路经济带"建设的空间溢出效应分析》，《中国电子商务》2014 年第 19 期。

8707　王劲松：《浅析"丝绸之路经济带"》，《魅力中国》2014 年第 26 期。

8708　申蕾：《丝绸之路经济带建设的内涵与外延分析》，《经济研究导刊》2014 年第 33 期。

8709　格哈德·欧·布劳恩著，李彤玥译：《重建丝绸之路经济带的几个理论问题》，《城市与区域规划研究》第 7 卷第 1 期，北京：商务印书馆，2015 年。

8710　刘晓音：《"丝绸之路经济带"的国家战略和区域经济合作趋势》，《海派经济学》第二期 13 卷，上海：上海财经大学出版社，2015 年。

8711　张懿、吴新平：《马克思主义群众史观对新丝路经济带建设的启示》，《昌吉学院学报》2015 年第 1 期。

8712　周宇：《构筑丝绸之路经济带的现实意义与实施困境》，《延安大学学报（社会科学版）》2015 年第 1 期。

8713　张可云：《丝绸之路经济带提出的国际与国内背景分析》，《理论研究》2015 年第 2 期。

8714　石岚、刘艳：《现代丝绸之路：亚欧腹地多元文化的复兴与交流》，《石河子大学学报（哲学社会科学版）》2015 年第 2 期。

8715　郑晨：《丝绸之路经济带与中国软实力增长》，《山东青年政治学院学报》2015 年第 2 期。

8716 李兴：《丝绸之路经济带：支撑"中国梦"的战略，还是策略?》，《东北亚论坛》2015年第2期。

8717 王树春、王洪波：《丝绸之路经济带——中国的欧亚战略》，《战略决策研究》2015年第2期。

8718 杜旭东：《丝绸之路之新经济带的构想》，《科教文汇》2015年第3期。

8719 冯宗宪、王珏、王华：《丝绸之路经济带建设的区域差异化研究——基于可变交易成本的区域均衡模型》，《西安交通大学学报（社会科学版）》2015年第3期。

8720 竹效民：《丝绸之路经济带提出的战略背景和重大现实意义》，《伊犁师范学院学报（社会科学版）》2015年第3期。

8721 张占仓：《建设"丝绸之路经济带"的国家战略需求与地方策略》，《区域经济评论》2015年第3期。

8722 龚哲卿：《薄板、蛀洞与霉变：建设丝绸之路经济带的挑战前瞻——中亚视角》，《印度洋经济体研究》2015年第4期。

8723 樊秀峰：《流通视角：丝绸之路经济带建设国内段实施路径》，《中国流通经济》2015年第4期。

8724 梁爽：《试论丝绸之路经济带建设对中国经济社会发展的影响》，《经营者》2015年第4期。

8725 郭立宏、任保平、宋文月：《新丝绸之路经济带建设：国家意愿与策略选择》，《西北大学学报（哲学社会科学版）》2015年第4期。

8726 高永久：《"丝绸之路经济带"建设中的相关因素研究》，《青海民族大学学报（社会科学版）》2015年第4期。

8727 张贡生、庞智强：《丝绸之路经济带国内段建设：战略意义及功能定位》，《经济问题》2015年第4期。

8728 赵树梅：《丝绸之路经济带互联互通战略研究》，《中国流通经济》2015年第4期。

8729 于千洪、徐利平：《丝绸之路经济带未来畅想》，《商场现代化》2015年第4期。

8730 白永秀、王颂吉：《丝绸之路经济带战略实施：目标、重点任务与支持体系》，《兰州大学学报（社会科学版）》2015年第4期。

8731 赵卫华：《新丝绸之路经济带建设的机遇与挑战——一种基于地缘政治视角的思考》，《武汉科技大学学报（社会科学版）》2015年第5期。

8732 姚荣：《新丝绸之路的时代创新内涵》，《北方文学（下旬刊）》2015年第5期。

8733 王志远：《"丝绸之路经济带"的国际背景、空间延伸与战略内涵》，《东北亚论坛》2015 年第 5 期。

8734 毕剑：《从被符号化到符号化生产：丝绸之路的符号化审视——以丝绸之路经济带为背景》，《西北民族大学学报（哲学社会科学版）》2015 年第 6 期。

8735 陈永昌：《谈龙江陆海丝绸之路经济带建设战略规划》，《北方经贸》2015 年第 6 期。

8736 杨荣国、张新平：《丝绸之路经济带研究：核心议题与深化方向》，《兰州大学学报（社会科学版）》2015 年第 6 期。

8737 李立凡：《丝绸之路经济带推进中的难题与出路》，《中国国情国力》2015 年第 7 期。

8738 刘云中：《"丝绸之路经济带"建设的战略构想》，《经济纵横》2015 年第 7 期。

8739 马永真、梅园：《构建"草原丝绸之路经济带"的若干思考》，《实践（思想理论版）》2015 年第 8 期。

8740 韩玉军、王丽：《丝绸之路经济带：中国对外开放的新战略》，《国际贸易》2015 年第 8 期。

8741 郑周胜：《丝绸之路经济带战略：趋势、影响及对策》，《吉林金融研究》2015 年第 9 期。

8742 丁志刚、刘领平：《丝绸之路经济带建设面临的境外挑战分析》，《学习与探索》2015 年第 10 期。

8743 邱燕生、王文利：《新"丝绸之路经济带"的"结"与"解"》，《时代金融（下旬）》2015 年第 10 期。

8744 丁志刚、刘领平：《"丝绸之路经济带"建设面临的境外挑战分析》，《学习与探索》2015 年第 10 期。

8745 杨锦宁、王昊、冯立功：《浅析新丝绸之路对中国经济的意义》，《东方企业文化》2015 年第 11 期。

8746 瞿琼：《新丝绸之路的"经济溢出"与"战略克制"》，《现代营销》2015 年第 12 期。

8747 崔治文、赵妍：《"新丝绸之路经济带"经济协同发展研究》，《改革与战略》2015 年第 12 期。

8748 刘真真、和欣：《丝绸之路经济带建设原因及意义的研究》，《商场现代化》2015 年第 14 期。

8749 孙咏：《基于中心—外围模型的"丝绸之路经济带"建设路径浅析》，《商场现代化》2015 年第 14 期。

8750 刘浩：《浅析新丝绸之路经济带发展战略》，《商》2015 年第 15 期。

8751 张欣：《丝绸之路经济带的思考》，《知识经济》2015 年第 18 期。

8752 栗霖霖、王琪：《从欧共体的产生过程浅析丝绸之路经济带建设》，《商》2015 年第 24 期。

8753 路利平：《关于丝绸之路经济带建设实践中的思考》，《商》2015 年第 24 期。

8754 汪洋：《丝绸之路经济战略对我国经济发展的影响》，《商业经济研究》2015 年第 26 期。

8755 何理：《"丝绸之路经济带"合作机制与建设思路研究》，《中国商论》2015 年第 34 期。

8756 何理：《"丝绸之路经济带"机遇与挑战研究》，《中国商论》2016 年第 1 期。

8757 彭瑞良、唐邦勋：《"新丝绸之路"经济带构想建设的机遇与挑战》，《山西青年》2016 年第 1 期。

8758 孙慧、刘媛媛：《丝绸之路经济带在全球价值链中的地位与作用》，《经济问题》2016 年第 1 期。

8759 赵建基、廖肇羽：《抢抓丝绸之路经济带多边对话平台主动权》，《塔里木大学学报》2016 年第 1 期。

8760 马震：《中国参与"丝绸之路经济带"的多维度战略选择》，《学术论坛》2016 年第 1 期。

8761 李晴：《"新丝绸之路经济带"对我国经济发展的意义》，《中国集体经济》2016 年第 1 期。

8762 罗马诺·普罗迪：《共建新丝绸之路》，《北京大学学报（哲学社会科学版）》2016 年第 1 期。

8763 王志远：《"后苏联空间"与"丝绸之路经济带"：一个分析框架》，《俄罗斯研究》2016 年第 1 期。

8764 赵隆：《论丝绸之路经济带"利益链"构想及其核心要素》，《和平与发展》2016 年第 2 期。

8765 徐林实：《丝绸之路经济带战略的共识与行动》，《西伯利亚研究》2016 年第 2 期。

8766 范永茂、王树光、马泽强：《"丝绸之路经济带"核心区建设中的公共服务与管理问题》，《新疆大学学报（哲学·人文社会科学版）》2016 年第 2 期。

8767 廖国雄：《把握丝绸之路经济带建设中的两个方向》，《淮北职业技术学院学报》2016 年第 3 期。

8768 苏威：《浅谈丝绸之路经济带的发展战略》，《北方经贸》2016 年第 3 期。

8769 姚福亮：《浅谈丝绸之路经济带建立的意义和战略目标》，《现代经济信息》

2016 年第 3 期。

8770 何理：《丝绸之路经济带内涵与意义研究》，《中国经贸》2016 年第 3 期。

8771 罗静：《丝绸之路经济带新起点建设的意义及途径》，《山西青年》2016 年第 3 期。

8772 侯艾君：《"丝绸之路经济带"：地缘构想的当代起源及其再认识》，《俄罗斯学刊》2016 年第 4 期。

8773 陈智文：《论丝绸之路经济带核心区的哲学特性》，《社科纵横》2016 年第 4 期。

8774 王玉刚：《创新发展丝绸之路经济带战略的几点思考》，《新疆社科论坛》2016 年第 4 期。

8775 滕堂伟、胡森林：《跨国集群网络与丝绸之路经济带建设新模式》，《兰州大学学报（社会科学版）》2016 年第 4 期。

8776 李建军、孙慧：《全球价值链分工、制度质量与丝绸之路经济带建设研究》，《国际贸易问题》2016 年第 4 期。

8777 陈飚、徐涛：《丝绸之路经济带的战略思考、前景展望与建设思路》，《金融发展评论》2016 年第 4 期。

8778 王维然：《增量利益在丝绸之路经济带建设中的作用及其形成路径分析——以欧亚地区为例》，《西伯利亚研究》2016 年第 5 期。

8779 李俊轶、孙咏：《"丝绸之路经济带"建设的 SWOT 模型浅析》，《丝路视野》2016 年第 5 期。

8780 张昊：《浅析丝绸之路对当今社会发展带来的思考》，《丝路视野》2016 年第 5 期。

8781 向洁、闫海龙：《丝绸之路经济带：丝绸之路的传承与发展》，《决策咨询》2016 年第 5 期。

8782 杨建新：《从古代丝绸之路的产生到当代丝绸之路经济带的构建——亚欧大陆共同发展繁荣和复兴之路》，《烟台大学学报（哲学社会科学版）》2016 年第 5 期。

8783 钟磊：《古丝绸之路对"丝绸之路经济带"建设的启示》，《西安财经学院学报》2016 年第 6 期。

8784 高潮：《从古"丝绸之路"到如今的"丝绸之路经济带"》，《中国对外贸易》2016 年第 7 期。

8785 杨胜刚：《丝绸之路经济带发展格局模式研究》，《时代金融（中旬）》2016 年第 9 期。

8786 李冰信：《在丝绸之路建设中更好展现核心价值观》，《商》2016 年第 10 期。

8787 孟源：《试论"丝绸之路经济带"内涵拓展与构建》，《财经界（学术版）》2016年第10期。

8788 孟源：《试论"丝绸之路经济带"内涵拓展与构建》，《财经界》2016年第15期。

8789 李玉梅：《中亚各国"新丝绸之路"构建的探讨》，《中小企业管理与科技》2016年第18期。

8790 包旭：《丝绸之路经济带：凝聚三大发展核心》，《中国经贸》2016年第21期。

8791 刘畅：《新丝绸之路经济带提出的背景及意义》，《新经济》2016年第27期。

8792 郑礼媛：《丝绸之路经济带的中国作用》，《商业文化》2016年第29期。

8793 宋灏：《"丝绸之路经济带"对中国经济的影响》，《现代工业经济和信息化》2017年第2期。

8794 李曦辉、狄洪旭：《从草原丝绸之路到中蒙俄经济走廊》，《发展研究》2017年第2期。

8795 万青松：《建设"丝绸之路经济带"的内涵及挑战》，《欧亚经济》2017年第2期。

8796 李桂：《五大发展理念与丝绸之路经济带的战略融合与实践创新》，《乌鲁木齐职业大学学报》2017年第3期。

8797 安林瑞、张莎莎：《丝绸之路经济带建设的意义与战略举措——基于向西开放的视角》，《党史博采（理论）》2017年第4期。

8798 安·弗·古宾著，王志远译：《论"丝绸之路经济带"倡议》，《俄罗斯学刊》2017年第4期。

8799 周阳敏、高霞：《新丝绸之路经济带的"四带"空间结构研究》，《重庆科技学院学报（社会科学版）》2017年第4期。

8800 李兴：《丝绸之路经济带："五通"进程与未来展望》，《贵州省党校学报》2017年第5期。

8801 贺雨微：《人文与经济："新丝绸之路经济带"建设的一个基本关系》，《金融经济》2017年第6期。

8802 徐日辉：《丝路经济带：中华民族对接世界的悠远实践》，《江南论坛》2017年第6期。

8803 高志刚、贾晓佳：《"丝绸之路经济带"核心区域关联与空间溢出效应》，《贵州社会科学》2017年第7期。

8804 王景华、韩振丽：《丝绸之路经济带民心相通发展现状与对策研究》，《中华文化论坛》2017年第7期。

8805 荀梅、关志强:《创新引领"丝绸之路经济带"核心区建设的路径研究》,《北方经济》2017年第7期。

8806 王玉慧:《试析丝绸之路经济带建立的意义和战略目标》,《收藏与投资》2017年第12期。

8807 李雪:《丝绸之路经济带核心区建设》,《现代工业经济和信息化》2017年第17期。

8808 韦艳宁:《浅析丝绸之路经济带经济发展格局》,《经济研究导刊》2017年第20期。

8809 缪章可:《浅谈古丝绸之路在今天的价值》,《中外交流》2017年第21期。

8810 赵政泉:《丝绸之路经济带的纵深背景和理念重塑》,《财经界(学术版)》2017年第21期。

8811 苏华、李玉彪:《"丝绸之路经济带"战略构想的理论脉络梳理》,《经济研究导刊》2018年第2期。

21世纪海上丝绸之路

8812 颜朝辉、朱红文、郑忠实:《海丝文化与当代中国和平崛起》,《龙岩师专学报》2004年第5期。

8813 郑海麟:《建构"海上丝绸之路"的历史经验与战略思考》,《太平洋学报》2014年第1期。

8814 卢昌彩:《建设21世纪海上丝绸之路的若干思考》,《决策咨询》2014年第4期。

8815 张勇:《略论21世纪海上丝绸之路的国家发展战略意义》,《中国海洋大学学报(社会科学版)》2014年第5期。

8816 邵雪婷:《中国古代海洋建设与21世纪海上丝路建设动因对比》,《浙江海洋学院学报(人文科学版)》2014年第6期。

8817 全毅、汪洁、刘婉婷:《21世纪海上丝绸之路的战略构想与建设方略》,《国际贸易》2014年第8期。

8818 全毅:《21世纪海上丝绸之路的战略构想与建设方略》,《理论参考》2014年第9期。

8819 冯建勇:《海路绵延通万国——海上丝绸之路的历史脉络与现实观照》,《理论参考》2014年第9期。

8820 江瑞平:《共建21世纪海上丝绸之路——走出东亚格局中的二元困境》,《东南亚纵横》2014 年第 10 期。

8821 高嵩、李清：《建设 21 世纪"海上丝绸之路"与实施"海运强国"战略浅析》，《世界海运》2014 年第 10 期。

8822 张丽丽、吕靖、艾云飞：《基于 ISM 和 AHP 的建设海上丝绸之路影响因素分析》，《工业技术经济》2014 年第 11 期。

8823 张勇：《建设 21 世纪海上丝绸之路的战略意义》，《新经济》2014 年第 31 期。

8824 马儒林：《挑战与应对：21 世纪海上丝绸之路的领导战略与实践》，《领导科学》2014 年第 36 期。

8825 张开城：《21 世纪海上丝绸之路建设与海洋强国》，《中国海洋社会学研究》总第 3 卷，北京：社会科学文献出版社，2015 年。

8826 赵青海：《建设 21 世纪海上丝绸之路：挑战与应对》，《中国周边外交学刊》第 2 辑，北京：社会科学文献出版社，2015 年。

8827 李皖南：《中国建设"21 世纪海上丝绸之路"的机遇、挑战及对策思考》，《中国周边外交学刊》第 1 辑，北京：社会科学文献出版社，2015 年。

8828 谷源洋：《大国汇聚亚洲与经略周边——21 世纪海上丝绸之路建设的认知与建议》，《东南亚纵横》2015 年第 1 期。

8829 胡志勇：《构建海上丝绸之路与海洋强国论析》，《印度洋经济体研究》2015 年第 1 期。

8830 王爱虎：《从海上丝绸之路的发展史和文献研究看新海上丝绸之路建设的价值和意义》，《华南理工大学学报（社会科学版）》2015 年第 1 期。

8831 汤震宇：《建设 21 世纪海上丝绸之路构筑对外开放新格局》，《华侨大学学报（哲学社会科学版）》2015 年第 1 期。

8832 李世杰、王成林：《21 世纪"海上丝绸之路"建设：经贸纽带与战略支撑》，《海南大学学报（人文社会科学版）》2015 年第 2 期。

8833 周方冶：《21 世纪海上丝绸之路战略支点建设的几点看法》，《新视野》2015 年第 2 期。

8834 张峰：《二十一世纪海上丝绸之路的政治经济学分析》，《青海社会科学》2015 年第 2 期。

8835 余密林：《对建设 21 世纪海上丝绸之路的若干思考》，《发展研究》2015 年第 2 期。

8836 周江：《对新海上丝绸之路战略的形而上解读》，《理论与现代化》2015 年第 3 期。

8837 傅梦孜、楼春豪：《关于 21 世纪"海上丝绸之路"建设的若干思考》，《现代国际关系》2015 年第 3 期。

8838 朱翠萍：《"21 世纪海上丝绸之路"的内涵与风险》，《印度洋经济体研究》2015 年第 4 期。

8839 张开城：《海上丝绸之路精神与 21 世纪海上丝绸之路建设》，《中国海洋大学学报（社会科学版）》2015 年第 4 期。

8840 贺鉴宫、高杰：《"海上丝绸之路"战略下中国海洋权益的维护》，《湘潭大学学报（哲学社会科学版）》2015 年第 4 期。

8841 宁波、刘宁：《海洋社会互动及其主要形式》，《中国海洋大学学报（社会科学版）》2015 年第 4 期。

8842 黄茂兴、贾学凯：《"21 世纪海上丝绸之路"的空间范围、战略特征与发展愿景》，《东南学术》2015 年第 4 期。

8843 于铭、徐祥民：《海上丝绸之路的布局和结构》，《湘潭大学学报（哲学社会科学版）》2015 年第 5 期。

8844 侯利民：《21 世纪海上丝绸之路战略的背景、定位和实现路径》，《淮海工学院学报（人文社会科学版）》2015 年第 6 期。

8845 关雪凌、祝明侠：《博弈论视角下的"海上丝绸之路"建设》，《学习与探索》2015 年第 6 期。

8846 刘国斌：《东北亚海上丝绸之路经济带建设研究》，《学习与探索》2015 年第 6 期。

8847 刘佳骏、汪川：《中国建设 21 世纪海上丝绸之路经济带的战略思考》，《改革与战略》2015 年第 6 期。

8848 无迪：《21 世纪海上丝绸之路的哲学反思》，《商业文化》2015 年第 7 期。

8849 李航：《21 世纪海上丝绸之路——构建命运共同体的重要途径》，《大观》2015 年第 11 期。

8850 郑雪红、王乃科、王雪冰：《历史观照下"21 世纪海上丝绸之路"建设的几点思考》，《中文信息》2015 年第 11 期。

8851 杜洁莉、陈朝萌：《海上丝绸之路文化圈的共建与创新》，《中国经贸》2015 年第 21 期。

8852 李颖：《试述 21 世纪"海上丝绸之路"建设对中国海洋权益的保护》，《商》2015 年第 43 期。

8853 林庆瑞、李明江、王思颖：《对海上丝绸之路倡议的地区回应——出于经济需要、国内问题和地缘政治考虑》，《中国周边外交学刊》第 1 辑，北京：社会科学文献出版社，2016 年。

8854 朱翠萍：《"21世纪海上丝绸之路"的建设能力与战略思考》，《东南亚南亚研究》2016年第1期。

8855 黄建钢：《互动和共进：中国海洋方略的内涵——从"21世纪海上丝绸之路"和"海陆统筹"的视角思考》，《中共浙江省委党校学报》2016年第1期。

8856 胡刚翔、曹丹、黄炜、陈焕鑫：《海上丝绸之路背景下中国—东盟强制性认证制度的研究》，《中国标准化》2016年第1期。

8857 谢博、岳蓉：《郑和下西洋对21世纪海上丝绸之路建设的启示》，《西南石油大学学报（社会科学版）》2016年第1期。

8858 陈明宝、韩立民：《"21世纪海上丝绸之路"蓝色经济国际合作：驱动因素、领域识别与机制构建》，《中国工程科学》2016年第2期。

8859 柳礼奎、孙东亮、焦慧元：《海洋之旅与21世纪海上丝绸之路》，《海洋信息》2016年第2期。

8860 安斌峰、徐辉：《海上丝绸之路、海洋文化与海洋战略之纵横研究》，《海洋信息》2016年第2期。

8861 张大勇：《加强"21世纪海上丝绸之路"战略支点建设研究》，《中国工程科学》2016年第2期。

8862 王勇辉：《"21世纪海上丝绸之路"东南亚战略支点国家的构建》，《世界经济与政治论坛》2016年第3期。

8863 段明伟：《"海权"与21世纪"海上丝绸之路"》，《牡丹江大学学报》2016年第3期。

8864 陈华健、李杰豪：《21世纪海上丝绸之路与我国海洋观养育的强化》，《湖南商学院学报》2016年第3期。

8865 张中泽：《21世纪海上丝绸之路与中国海洋权益维护》，《山西社会主义学院学报》2016年第4期。

8866 谢婷婷：《超越地缘的全球治理理念创新——对21世纪海上丝绸之路倡议的分析》，《国际关系研究》2016年第4期。

8867 许尔君：《海上丝绸之路的历史、现实与未来》，《泰山学院学报》2016年第5期。

8868 方俊吉：《中国历代海事发展与"二十一世纪海上丝绸之路"》，《湖北大学学报（哲学社会科学版）》2016年第5期。

8869 胡译匀：《海丝之路的历史渊源与现代发展》，《农村经济与科技》2016年第5期。

8870 许可：《构建"海上丝路"上的战略支点——兼议迪戈加西亚基地的借鉴作

▶ 丝绸之路研究论文目录

用》,《亚太安全与海洋研究》2016年第5期。

8871 林勇新:《建设新"海上丝绸之路"的内涵、前景与可行路径》,《西安交通大学学报(社会科学版)》2016年第6期。

8872 周梦姣:《"21世纪海上丝绸之路"国家贸易便利化水平对进出口的影响和贸易潜力预测》,《黑龙江生态工程职业学院学报》2016年第6期。

8873 李洁宇:《21世纪海上丝绸之路面临的问题及解决路径》,《中国党政干部论坛》2016年第7期。

8874 邹格林:《关于海上丝绸之路建设的几点思考》,《决策与信息(下旬刊)》2016年第8期。

8875 马晓菲、孙远方:《海上丝绸之路的历史、现实与未来》,《人文天下》2016年第9期。

8876 卞梁:《论"海上丝绸之路"建设中的德教因素》,《广东技术师范学院学报》2016年第9期。

8877 张中泽:《21世纪海上丝绸之路与中国海洋权益的维护》,《山西农经》2016年第9期。

8878 李晓霞:《海权观念的重塑——21世纪"海上丝绸之路"建设的理念目标》,《理论月刊》2016年第9期。

8879 陈之林:《"海上丝绸之路"建设中长征精神的再运用》,《科技经济导刊》2016年第10期。

8880 颜双波:《"四化同步"发展历史演进、评价模型与路径选择——基于海上丝绸之路核心区的研究》,《福建论坛(人文社会科学版)》2016年第10期。

8881 韩英:《加快融入"21世纪海上丝绸之路"国家战略的几点建议》,《福建理论学习》2016年第10期。

8882 杜旸:《21世纪海上丝绸之路面临的机遇与挑战》,《决策探索》2016年第16期。

8883 袁媛、宋成轮、谢树强:《21世纪海上丝绸之路战略背景分析——基于MAT-LAB多项式拟合》,《中国商论》2016年第16期。

8884 郑国姣、杨来科:《共建21世纪海上丝绸之路的战略对策》,《经济研究参考》2016年第18期。

8885 武丹:《从古代泉州谈"21世纪海上丝绸之路"》,《经济研究参考》2016年第45期。

8886 吴可亮:《东北亚海上丝绸之路建设问题研究》,《东北亚经济研究》2017年第1期。

8887 戚凯、刘乐：《"21世纪海上丝绸之路"建设的海事保障与中国角色》，《当代亚太》2017年第2期。

8888 方李莉：《"黄色"与"蓝色"的中国选择——来自"海上丝绸之路"的启示》，《群言》2017年第2期。

8889 郑崇伟、孙威、陈璇、张仲、孔洁：《经略"21世纪海上丝绸之路"：综合应用平台建设》，《海洋开发与管理》2017年第2期。

8890 刘大海、王艺潼、刘芳明、于莹、连晨超、徐孟：《"21世纪海上丝绸之路"海上战略支点港的主要建设模式及其政策风险》，《改革与战略》2017年第3期。

8891 梁颖、卢潇潇：《加快"21世纪海上丝绸之路"重要节点建设的建议》，《亚太经济》2017年第4期。

8892 郑军、张永庆、黄霞：《基于演化博弈的海上丝绸之路合作稳定性分析》，《运筹与管理》2017年第4期。

8893 何帆、朱鹤、张骞：《21世纪海上丝绸之路建设：现状、机遇、问题与应对》，《国际经济评论》2017年第5期。

8894 于光胜：《打造21世纪海上丝绸之路的障碍与路径》，《理论月刊》2017年第5期。

8895 韦红、尹楠楠：《"21世纪海上丝绸之路"东南亚战略支点国家的选择》，《社会主义研究》2017年第6期。

8896 陈江波：《"海湖庄园会晤"后"21世纪海上丝绸之路"战略的新思考》，《海南大学学报（人文社会科学版）》2017年第6期。

8897 郑冬梅：《21世纪海上丝绸之路核心区的动力构建及发展路径》，《亚太经济》2017年第6期。

8898 张广威、刘曙光：《21世纪海上丝绸之路：战略内涵、共建机制与推进路径》，《太平洋学报》2017年第8期。

8899 陈继勇、卢世杰：《"21世纪海上丝绸之路"沿线国家贸易竞争性测度及影响因素》，《社会科学文摘》2017年第11期。

8900 陈继勇、卢世杰：《"21世纪海上丝绸之路"沿线国家贸易竞争性测度及影响因素》，《经济与管理研究》2017年第11期。

8901 郑冬梅：《蓝色合作视域中21世纪海上丝绸之路核心区建设研究》，《中共福建省委党校学报》2017年第11期。

8902 邱璇：《21世纪海上丝绸之路布局与愿景》，《智库时代》2017年第15期。

8903 王靖：《海上丝绸之路建设面临的挑战和对策》，《纳税》2017年第19期。

8904 梁轶奎：《汪大渊游记对21世纪海上丝绸之路建设的启示意义》，《戏剧之家》

2017 年第 21 期。

8905 李大光：《经略东海与融入 21 世纪海上丝绸之路》，《中国经贸导刊》2017 年第 28 期。

8906 何雨：《基于"21 世纪海上丝绸之路"建设的"一海两洋"战略研究》，《海南热带海洋学院学报》2018 年第 1 期。

8907 陈秀英、刘胜：《"21 世纪海上丝绸之路"沿线国家服务贸易竞争力分析》，《首都经济贸易大学学报》2018 年第 2 期。

8908 杨国桢、陈辰立：《历史与现实：海洋空间视域下的"海上丝绸之路"》，《广东社会科学》2018 年第 2 期。

战略对接

美国"新丝绸之路"计划

8909 杨雷：《美国"新丝绸之路"计划的实施目标及其国际影响》，《新疆社会科学（汉文版）》2012 年第 5 期。

8910 韩隽、郭沅鑫：《"新丝绸之路愿景"——"大中亚计划"的 2011 版》，《新疆大学学报（哲学·人文社会科学版）》2012 年第 5 期。

8911 赵华胜：《美国新丝绸之路战略探析》，《新疆师范大学学报（哲学社会科学版）》2012 年第 6 期。

8912 吴兆礼：《美国"新丝绸之路"计划探析》，《现代国际关系》2012 年第 7 期。

8913 封东虎：《美国在中南亚的"新丝绸之路"攻势与中国的应对》，《商》2012 年第 9 期。

8914 田艺琼：《中美"丝路战略"比较研究》，《宗教与美国社会》第 9 辑，上海：时事出版社，2014 年。

8915 邵育群：《美国"新丝绸之路"计划评估》，《南亚研究》2014 年第 2 期。

8916 莘月、许亭玉、张龙琳、胡少营：《中美博弈"新丝绸之路"的差异与实施预测》，《轻纺工业与技术》2014 年第 3 期。

8917 孙云、李俊叶、赵高斌：《中美丝绸之路战略发展现状比较——结合中美丝路战略新闻差异探讨》，《新闻知识》2014 年第 11 期。

8918 耶斯尔：《论美国的"新丝绸之路"战略》，《新疆大学学报（哲学·人文社会科学版）》2015 年第 1 期。

8919 张杰、肖瑶：《浅析美国"新丝绸之路"计划中的巴基斯坦因素》，《南亚研究》2015年第3期。

8920 赵江林：《战略方向与实施路径：中美丝绸之路倡议比较研究》，《战略决策研究》2015年第3期。

8921 潘光：《美国"新丝绸之路"计划的缘起、演变和发展前景——对话"新丝绸之路"构想的提出人斯塔教授》，《当代世界》2015年第4期。

8922 陈宇、贾春阳：《美国的"新丝绸之路计划"》，《党政论坛（干部文摘）》2015年第6期。

8923 刘雨辰、杨鲁慧：《美国东亚海权战略与中国海上丝绸之路建设：基于战略外溢效应视角的分析》，《山东大学学报（哲学社会科学版）》2015年第6期。

8924 李文佳、熊理然、刘雪娇、荆田芬：《中美"新丝绸之路"战略比较分析》，《对外经贸》2015年第7期。

8925 郭曼若：《简析美国的"新丝绸之路"计划》，《环球人文地理》2015年第22期。

8926 徐绍华、李海樱、蔡春玲：《中外丝绸之路战略比较研究》，《云南行政学院学报》2016年第1期。

8927 武珺欢、孙凯：《在竞争中合作：中美两个"丝绸之路"计划的碰撞》，《江南社会学院学报》2016年第2期。

8928 邵育群：《美国"新丝绸之路"计划的实施前景》，《南亚研究》2016年第3期。

8929 崔日明、陈晨：《美国"新丝绸之路"战略研究——基于中国"一带一路"战略比较》，《世界经济与政治论坛》2016年第3期。

8930 刘新培：《美国"新丝绸之路"战略浅析》，《决策与信息（中旬刊）》2016年第4期。

8931 李雅菲、唐文睿：《"新丝绸之路"计划与美国中亚战略走向探析》，《北华大学学报（社会科学版）》2016年第5期。

8932 李咏梅、冯燕、赵琼：《中美丝绸之路经济带对比探究》，《中小企业管理与科技》2016年第7期。

8933 李咏梅、冯燕：《中美丝绸之路战略目标浅析》，《中小企业管理与科技（下旬刊）》2017年第1期。

8934 李兴：《"丝绸之路经济带"与"新丝绸之路计划"——亚欧中心跨区域发展中美倡议比较分析》，《贵州省党校学报》2017年第2期。

8935 郑陶然：《美国也有"丝绸之路"——浅析中美两国的丝路战略》，《学理论》2017年第2期。

欧亚经济联盟

8936 李兴:《关于普京欧亚联盟的几点看法及应对思考——兼议"丝绸之路经济带"构想》,《中共贵州省委党校学报》2014年第2期。

8937 张艳璐:《欧亚联盟与新丝绸之路经济带的复合型共生关系分析》,《国际展望》2015年第2期。

8938 陆南泉:《丝绸之路经济带与欧亚经济联盟关系问题》,《西伯利亚研究》2015年第5期。

8939 李兴:《丝绸之路经济带与欧亚经济联盟:比较分析与关系前景》,《中国高校社会科学》2015年第6期。

8940 顾炜:《欧亚经济联盟的新动向及前景》,《国际问题研究》2015年第6期。

8941 塔玛拉·尼古拉耶夫娜·尤金娜、伊戈尔·米哈伊洛维奇·图什卡诺夫:《欧亚经济联盟和丝绸之路经济带战略对接视域下的数字经济》,《俄罗斯经济与政治发展研究报告》,北京:中国社会科学出版社,2016年。

8942 T. H. 尤季娜著,赵欣然译:《欧亚经济联盟与丝绸之路经济带的对接——从全球化、区域化和经济哲学的视角解读》,《西伯利亚研究》2016年第1期。

8943 陆兵:《丝绸之路经济带与欧亚经济联盟聚同化异规避风险》,《石河子大学学报(哲学社会科学版)》2016年第2期。

8944 万青松:《试析当前欧亚经济联盟面临的难题——兼论与"丝绸之路经济带"的对接》,《欧亚经济》2016年第2期。

8945 林跃勤:《新丝路带构想与欧亚经济联盟共享发展关系辨析》,《湖南财政经济学院学报》2016年第3期。

8946 胡晶:《丝绸之路经济带与欧亚经济联盟对接合作的经济学思考》,《学术交流》2016年第3期。

8947 王志远:《"一带一盟":中俄"非对称倒三角"结构下的对接问题分析》,《国际经济评论》2016年第3期。

8948 唐朱昌:《差异定位与联动发展——"丝绸之路经济带"、欧亚经济联盟、上合组织合作关系研究》,《社会科学》2016年第4期。

8949 王宪举:《俄对欧亚经济联盟和丝绸之路经济带建设对接的态度及中国应采取的策略》,《西伯利亚研究》2016年第4期。

8950 李新:《丝绸之路经济带对接欧亚经济联盟:共建欧亚共同经济空间》,《西伯利亚研究》2016年第4期。

8951 杨成：《丝绸之路经济带与欧亚经济联盟对接对俄远东开发的可能影响》，《西伯利亚研究》2016年第4期。

8952 刘清才、支继超：《中国丝绸之路经济带与欧亚经济联盟的对接合作——基本架构和实施路径》，《东北亚论坛》2016年第4期。

8953 李新：《丝绸之路经济带对接欧亚经济联盟：共建欧亚共同经济空间》，《东北亚论坛》2016年第4期。

8954 Т. Н. 尤吉娜著，白晓光译：《从数字经济视角解读欧亚经济联盟与丝绸之路经济带对接》，《西伯利亚研究》2016年第5期。

8955 王海燕：《"一带一盟"对接的基础、领域与挑战》，《欧亚经济》2016年第5期。

8956 万青松：《"一带一盟"对接合作面临的问题及未来努力的方向》，《欧亚经济》2016年第5期。

8957 张聪明：《"一带一盟"对接问题探讨》，《欧亚经济》2016年第5期。

8958 董晓阳：《构建中国与欧亚经济联盟对接合作的文化基础》，《西伯利亚研究》2016年第5期。

8959 李兴：《关于"一带一盟"对接合作的几点思考》，《欧亚经济》2016年第5期。

8960 孙力：《"一带一盟"对接合作：中亚国家视角的分析》，《欧亚经济》2016年第5期。

8961 冯玉军：《论"丝绸之路经济带"与欧亚经济联盟对接的路径》，《欧亚经济》2016年第5期。

8962 К. Л. 瑟拉耶什金著，徐向梅译：《欧亚经济联盟与"丝绸之路经济带"的对接》，《欧亚经济》2016年第5期。

8963 张艳璐：《试析欧亚经济联盟与"丝绸之路经济带"对接的障碍》，《欧亚经济》2016年第5期。

8964 孙超：《"一带一盟"对接与上海合作组织发展前景》，《欧亚经济》2016年第5期。

8965 Е. М. 库兹米娜著，农雪梅译：《上海合作组织作为欧亚经济联盟与"丝绸之路经济带"对接平台的可能性》，《欧亚经济》2016年第5期。

8966 王晓泉：《上合组织在"一带一盟"对接合作中的平台作用》，《欧亚经济》2016年第5期。

8967 王维然：《"丝绸之路经济带"与欧亚经济联盟对接的经济学分析》，《欧亚经济》2016年第5期。

8968 孙壮志：《"一带一盟"对接与中国中亚经贸合作》，《欧亚经济》2016年第5期。

8969 谢晓光、生官声：《丝绸之路经济带与欧亚经济联盟对接面临的挑战及应对》，《辽宁大学学报（哲学社会科学版）》2016 年第 6 期。

8970 王海滨：《试析中俄主导的"一带一盟"对接之路》，《现代国际关系》2016 年第 11 期。

8971 翟今：《论中俄丝绸之路经济带与欧亚经济联盟的对接》，《中国经贸》2016 年第 19 期。

8972 崔浩、张鑫：《求同存异、共同繁荣：欧亚经济联盟与丝绸之路经济带》，《财经界》2016 年第 21 期。

8973 王彦芳、陈淑梅：《丝绸之路经济带与欧亚经济联盟对接模式研究》，《亚太经济》2017 年第 2 期。

8974 王海滨：《论"一带一盟"对接的现实与未来》，《东北亚论坛》2017 年第 2 期。

8975 向洁、何伦志、闫海龙：《区域经济一体化："一带一盟"对接之基础、困境、模式与路径探讨》，《俄罗斯东欧中亚研究》2017 年第 2 期。

8976 孙玉：《依托上合组织推进"一带一盟"对接的思考》，《中共济南市委党校学报》2017 年第 2 期。

8977 杨雷：《"一带一盟"对接与第二轨道协调》，《新疆大学学报（哲学·人文社会科学版）》2017 年第 3 期。

8978 宫艳华：《欧亚经济联盟的规则、成效与前景》，《西伯利亚研究》2017 年第 3 期。

8979 雷建锋：《"丝绸之路经济带"和欧亚经济联盟对接下的中俄关系》，《当代世界与社会主义》2017 年第 4 期。

8980 展妍男：《丝绸之路经济带与欧亚经济联盟的差异与对接》，《国际经济评论》2017 年第 4 期。

8981 赵亮：《丝绸之路经济带与欧亚经济联盟的对接——基于复合相互依赖理论视角》，《全国流通经济》2017 年第 4 期。

8982 李杨、贾瑞哲：《以"一带一盟"对接促中俄经贸有效合作》，《东北亚论坛》2017 年第 4 期。

8983 高志刚、王彦芳、刘伟：《丝绸之路经济带背景下中国—欧亚经济联盟自贸区建设研究》，《国际贸易问题》2017 年第 5 期。

8984 旦志红、何伦志：《贸易畅通视角下的"一带一盟"对接》，《中国流通经济》2017 年第 6 期。

8985 齐欣：《"一带一盟"对接对中俄关系的影响分析》，《党政干部学刊》2017 年第 11 期。

8986　叶慧超:《丝绸之路经济带如何有效对接欧亚经济联盟》,《中国外资》2017年第15期。

8987　杨俊:《丝绸之路经济带建设与欧亚经济联盟建设对接的再思考》,《重庆与世界》2017年第23期。

8988　B. E. 彼得罗夫斯基著,徐洪亮译:《丝绸之路经济带与欧亚经济联盟对接背景下的俄罗斯与亚太地区国家的边境合作发展战略》,《黑河学院学报》2018年第1期。

其 他

8989　陶亮:《"季节计划"、印度海洋战略与"21世纪海上丝绸之路"》,《南亚研究》2015年第3期。

8990　A. A. 努尔谢伊托夫著,高晓慧译:《哈萨克斯坦与中国的区域经济合作:"光明之路"新经济政策和"丝绸之路经济带"》,《欧亚经济》2015年第4期。

8991　何维达、王宇、敬莉:《亚太五国基于亚欧合作的"丝路战略"比较研究》,《西部论坛》2015年第5期。

8992　华倩:《"一带一路"与蒙古国"草原之路"的战略对接研究》,《国际展望》2015年第6期。

8993　马博:《"一带一路"与印尼"全球海上支点"的战略对接研究》,《国际展望》2015年第6期。

8994　张洁:《"一带一路"与"全球海洋支点":中国与印尼的战略对接及其挑战》,《当代世界》2015年第8期。

8995　李航:《简述美国亚太"再平衡"战略对中国建设21世纪海上丝绸之路的影响》,《决策与信息(中旬刊)》2015年第11期。

8996　高涵柏:《印度"东向政策"对中国"21世纪海上丝绸之路"建设的影响》,《商业故事》2015年第27期。

8997　宋利芳:《中国"丝绸之路经济带"战略与哈萨克斯坦"光明之路"新经济政策的对接——兼论与俄罗斯的政策协调》,《俄罗斯经济与政治发展研究报告》,北京:中国社会科学出版社,2016年。

8998　萨础日娜:《中国"一带一路"与蒙古国"草原之路"对接合作研究》,《内蒙古社会科学》2016年第4期。

8999　朱倍德:《哈萨克斯坦的光明之路计划与丝绸之路经济带对接研究》,《西伯利亚研究》2016年第6期。

9000　宋利芳：《中哈"丝路经济带"战略与"光明之路"新经济政策的对接》，《中国流通经济》2016年第9期。

9001　王金成：《"一路一带"与蒙古国"草原之路"的战略对接研究》，《现代经济信息》2016年第9期。

9002　蒋真、王国兵：《伊朗"向东看"战略与"丝绸之路经济带"的构建》，《中东问题研究》第一期，北京：社会科学文献出版社，2017年。

9003　黄永弟：《"21世纪海上丝绸之路"与印尼"全球海洋支点"战略对接的思考》，《宏观经济管理》2017年第3期。

9004　古尔曼卡里耶娃·热娜·图拉托夫娜：《"一带一路"与光明之路》，《大连干部学刊》2017年第3期。

9005　邓羽佳、秦放鸣：《中国"丝绸之路经济带"建设与哈萨克斯坦"光明之路"计划对接研究》，《改革与战略》2017年第6期。

政治外交

国际认知

9006 许娟、卫灵：《印度对 21 世纪"海上丝绸之路"倡议的认知》，《南亚研究季刊》2014 年第 3 期。

9007 曾向红：《中亚国家对"丝绸之路经济带"构想的认知和预期》，《当代世界》2014 年第 4 期。

9008 忻华：《欧盟决策共同体对"一带一路"战略的认知与回应》，《中国周边外交学刊》第 2 辑，北京：社会科学文献出版社，2015 年。

9009 杜兰：《"一带一路"倡议：美国的认知和可能应对》，《新视野》2015 年第 2 期。

9010 展妍男：《俄罗斯学界对中国"丝绸之路经济带"构想的认知和评论》，《俄罗斯学刊》2015 年第 4 期。

9011 万翔：《丝绸之路与西方观念中的中国》，《西安交通大学学报（社会科学版）》2015 年第 6 期。

9012 陆瑾：《历史与现实视阈下的中伊合作：基于伊朗人对"一带一路"认知的解读》，《西亚非洲》2015 年第 6 期。

9013 韩召颖、田光强：《印度对于 21 世纪"海上丝绸之路"倡议的战略疑虑》，《现代国际关系》2015 年第 9 期。

9014 谢静：《丝绸之路经济带战略在南亚：一热一冷》，《企业文化（下旬刊）》2015 年第 10 期。

9015 祖立超：《俄罗斯对 21 世纪海上丝绸之路的战略认知与政策选择》，《太平洋学报》2015 年第 11 期。

9016 黄凤志、刘瑞：《日本对"一带一路"的认知与应对》，《现代国际关系》2015 年第 11 期。

9017 伊藤刚、李骁：《日本对"一带一路"的批评与质疑》，《社会观察》2015 年第 12 期。

9018 邓秀琳：《乌兹别克斯坦主流网络媒体中的中国形象研究——以政治主题报道为

例》,《商》2015 年第 22 期。

9019 贾斯蒂娜·米夏基耶维茨、崔庭赫：《波兰视角下的中国"一带一路"倡议》，《中国与世界》第 5 辑，北京：中国社会科学出版社，2016 年。

9020 穆希伯·拉赫曼、陈妙玲：《南亚国家对中国"一带一路"倡议的看法》，《中国周边外交学刊》第 1 辑，北京：社会科学文献出版社，2016 年。

9021 马加力：《印度对"一带一路"的认知与反应》，《和平与发展》2016 年第 1 期。

9022 王强：《基于评价理论的新闻评论分析——以印度对"一带一路"评论为例》，《哈尔滨学院学报》2016 年第 1 期。

9023 白贵、欧斯曼·艾诺：《土耳其媒体和社会对"一带一路"的认识》，《河北大学学报（哲学社会科学版）》2016 年第 2 期。

9024 阮曰草、龙遍红、凌德权：《越南学者看"一带一路"》，《东南亚纵横》2016 年第 2 期。

9025 А. Г. 拉林、В. А. 马特维耶夫著，高晓慧译：《俄罗斯如何看待欧亚经济联盟与"丝绸之路经济带"对接》，《欧亚经济》2016 年第 2 期。

9026 毛彬彬、陈遥：《国际社会对 21 世纪海上丝绸之路的认知——以印度和东盟为例》，《东南亚纵横》2016 年第 3 期。

9027 熊琛然、武友德、彭邦文：《欧亚经济联盟对"丝绸之路经济带"战略认知及利益诉求分析》，《学术探索》2016 年第 3 期。

9028 吕亚楠：《俄罗斯对丝绸之路经济带建设的态度探析》，《河北师范大学学报（哲学社会科学版）》2016 年第 3 期。

9029 牛同、曲小康：《印度对"21 世纪海上丝绸之路"计划的认知、举措及中国对策分析》，《南亚研究季刊》2016 年第 4 期。

9030 米拉、施雪琴：《印尼对中国"一带一路"倡议的认知和反应述评》，《南洋问题研究》2016 年第 4 期。

9031 饶兆斌：《经济高于地缘政治：马来西亚对 21 世纪海上丝绸之路的观点》，《南洋问题研究》2016 年第 4 期。

9032 范晓玲、苏燕：《丝绸之路文化融入研究——哈萨克斯坦历史教科书中的中国形象》，《新疆大学学报（哲学·人文社会科学版）》2016 年第 4 期。

9033 吕萍：《格鲁吉亚与丝绸之路经济带倡议：态度、意义与前景》，《俄罗斯学刊》2016 年第 5 期。

9034 郭秋梅：《东盟国家对"一带一路"战略的认同问题考察》，《山东科技大学学报（社会科学版）》2016 年第 5 期。

9035 王宪举：《俄罗斯对"欧亚经济联盟和丝绸之路经济带"建设对接的态度以及

我国应采取的策略》,《北方经济》2016 年第 8 期。

9036 赵雅莹、郭继荣、车向前:《评价理论视角下英国对"一带一路"态度研究》,《情报杂志》2016 年第 10 期。

9037 理查德·萨克瓦著,宋阳旨译:《欧亚精英如何以全球视角看待欧亚经济联盟的作用》,《国外理论动态》2017 年第 2 期。

9038 赵昌、许善品:《澳大利亚学者对"21 世纪海上丝绸之路"南线的认知述评》,《国外社会科学》2017 年第 3 期。

9039 刘明:《南亚国家共建 21 世纪海上丝绸之路的参与活性——基于陆海属性的视角》,《理论月刊》2017 年第 8 期。

9040 袁鲁霞:《从境外"丝路"主题图书特点透视我国"一带一路"发展》,《对外传播》2017 年第 9 期。

9041 刘荃、曾慧岚:《"21 世纪海上丝绸之路"的传播现状与建议——以印度尼西亚为例》,《中国出版》2017 年第 17 期。

国际关系

通　论

9042 阿·阿卡耶夫:《丝绸之路外交》,《东欧中亚研究》1999 年第 2 期。

9043 张德广:《新丝绸之路与上海合作组织》,《西安交通大学学报(社会科学版)》2007 年第 6 期。

9044 甘钧先:《丝绸之路复兴计划与中国外交》,《东北亚论坛》2010 年第 5 期。

9045 王海运:《建设"丝绸之路经济带"促进地区各国共同发展》,《俄罗斯学刊》2014 年第 1 期。

9046 柳思思:《"一带一路":跨境次区域合作理论研究的新进路》,《南亚研究》2014 年第 2 期。

9047 连雪君:《传统的再发明:"新丝绸之路经济带"观念与实践——社会学新制度主义在地区国际合作研究中的探索》,《俄罗斯研究》2014 年第 2 期。

9048 白永秀、王颂吉:《丝绸之路经济带的纵深背景与地缘战略》,《改革》2014 年第 3 期。

9049 陈万灵、何传添:《海上丝绸之路的各方博弈及其经贸定位》,《改革》2014 年第 3 期。

▶ 丝绸之路研究论文目录

9050 肖洋：《跨境次区域合作与丝绸之路经济带——基于地缘经济学的视角》，《和平与发展》2014年第4期。

9051 王习农：《关于共建"丝绸之路经济带"的若干思考》，《实事求是》2014年第4期。

9052 李子先、孙文娟、何伦志：《推动上海合作组织区域经济一体化模式及路径研究》，《新疆大学学报（哲学·人文社会科学版）》2014年第5期。

9053 马莉莉、王瑞、张亚斌：《丝绸之路经济带的发展与合作机制研究》，《人文杂志》2014年第5期。

9054 李建民：《丝绸之路经济带合作模式研究》，《青海社会科学》2014年第5期。

9055 强晓云：《人文合作与"丝绸之路经济带"建设——以俄罗斯、中亚为案例的研究》，《俄罗斯东欧中亚研究》2014年第5期。

9056 陆南泉、蒋菁：《当今研究俄罗斯与中亚国家关系应关注的几个问题》，《探索与争鸣》2014年第7期。

9057 徐小杰：《"丝绸之路"战略的地缘政治考虑》，《国际石油经济》2014年第11期。

9058 关林、张鹏飞：《美俄凉战开启新丝绸之路格局》，《人才资源开发》2014年第15期。

9059 孙兴杰：《丝绸之路的地缘政治学》，《中国经济和信息化》2014年第19期。

9060 周宸伊：《丝绸之路经济带建设之国际合作浅析》，《大陆桥视野》2014年第24期。

9061 靳晓哲、曾向红：《上合组织和集安组织发展及前景——基于区域公共产品理论的视角》，《国际政治科学》第四期，北京：清华大学出版社，2015年。

9062 徐波：《中国外交：从历史资源中汲取正能量——对丝绸之路与郑和远航的比较》，《中国周边外交学刊》第1辑，北京：社会科学文献出版社，2015年。

9063 李涛：《建设丝绸之路经济带增强上合组织防务安全合作的利益基础》，《国防》2015年第1期。

9064 B. A. 马特维耶夫著，钟建平、朱坤华译：《上海合作组织战略发展的主要趋势》，《西伯利亚研究》2015年第1期。

9065 李兴、成志杰：《中俄印——亚欧金砖国家是推动丝绸之路经济带建设的关键力量》，《人文杂志》2015年第1期。

9066 宋魁：《多方面合作建东部陆海丝绸之路经济带》，《活力》2015年第1期。

9067 许可：《"21世纪海上丝绸之路"面临的安全挑战——"银河号事件"的启示》，《亚非纵横》2015年第2期。

9068 王飞：《复兴丝绸之路与中国对外援助》，《黑龙江民族丛刊》2015年第2期。

9069 张抗：《新丝绸之路和中国地缘格局新思维》，《世界地理研究》2015年第3期。

9070 谢尔盖·卡拉加诺夫、季莫费·博尔达切夫、奥列格·巴拉巴诺夫、阿列克谢·别兹波罗多夫、亚历山大·加布耶夫、康斯坦丁·库佐夫科夫、亚历山大·卢金、德米特里·苏斯洛夫、阿纳斯塔西娅·利哈乔娃、伊戈尔·马卡罗夫、叶卡捷琳娜·马卡罗娃、安德烈·斯克利巴、伊万·季莫费耶夫著，华盾译：《构建中央欧亚："丝绸之路经济带"与欧亚国家协同发展优先事项》，《俄罗斯研究》2015年第3期。

9071 陈伟光：《论21世纪海上丝绸之路合作机制的联动》，《国际经贸探索》2015年第3期。

9072 毛振鹏、慕永通：《从"21世纪海上丝绸之路"看中国海权发展道路选择》，《广西社会科学》2015年第4期。

9073 蒋润祥、姜永辉、宋亚：《丝绸之路地区国际区域合作述评及启示》，《甘肃金融》2015年第4期。

9074 葛汉文：《"一带一路"与中国地缘战略的新精神》，《热带地理》2015年第5期。

9075 余潇枫、张泰琦：《"和合主义"：建构"国家间认同"的价值范式——以"一带一路"沿线国家为例》，《西北师范大学学报（社会科学版）》2015年第6期。

9076 曹佳：《丝绸之路经济带的基础设施建设与合作进展》，《经济师》2015年第6期。

9077 A.阿姆列巴耶夫著，张严峻、万青松、李安华译：《上海合作组织与丝绸之路经济带建设前景》，《俄罗斯研究》2015年第6期。

9078 陈小鼎、马茹：《上合组织在丝绸之路经济带中的作用与路径选择》，《当代亚太》2015年第6期。

9079 贾茂：《丝绸之路区域组织建立的可行性研究》，《法制博览》2015年第8期。

9080 王爱洁：《"丝绸之路经济带"是中国"和天下"的战略》，《经济师》2015年第9期。

9081 昝涛：《土耳其、"欧亚主义"与"丝绸之路经济带"——一则思想史的侧记》，《中国图书评论》2015年第9期。

9082 胡宗山：《论新中国外交的不同形态、影响因素与未来转型》，《江汉论坛》2015年第10期。

9083 王亚鹏、高云飞、昝贺雷：《"新丝绸之路经济带"区域合作创新机制初探》，

《品牌》2015 年第 10 期。

9084　郭天宝、杨丽彬：《浅析"一带一路"建设对沿线国家的影响及政策建议》，《对外经贸》2015 年第 12 期。

9085　杨理智、张韧：《"21 世纪海上丝绸之路"地缘环境分析与风险区划》，《军事运筹与系统工程》2016 年第 1 期。

9086　郭振雪：《21 世纪海上丝绸之路的地缘政治解析》，《延边大学学报（社会科学版）》2016 年第 1 期。

9087　周琦、邓榕：《一带一路外交战略的内涵》，《湘潭大学学报（哲学社会科学版）》2016 年第 1 期。

9088　王树亮、童睿宗：《"一带一路"战略的地缘政治价值考量》，《中共南宁市委党校学报》2016 年第 1 期。

9089　任其亮、吴丽霞、马文俊：《"渝新欧"国际大通道的发展策略研究》，《重庆文理学院学报（社会科学版）》2016 年第 1 期。

9090　郭振雪：《"21 世纪海上丝绸之路"的地缘政治解析》，《延边大学学报（社会科学版）》2016 年第 1 期。

9091　岳西宽：《"一带一路"大战略中的中国智慧——兼论中国对 TPP 的应对》，《唯实》2016 年第 1 期。

9092　李新：《上海合作组织：共建丝绸之路经济带的重要平台》，《俄罗斯学刊》2016 年第 2 期。

9093　张虎平：《丝绸之路经济带跨国区域合作路径探析》，《石家庄经济学院学报》2016 年第 2 期。

9094　徐波：《我国"丝绸之路经济带"省份创新能力分析与创新合作机制构建》，《西安财经学院学报》2016 年第 2 期。

9095　吴楚克：《"一带一路"战略实施中地缘政治的不利因素及对策》，《云南师范大学学报（哲学社会科学版）》2016 年第 2 期。

9096　于军：《"一带一路"倡议与中国外交布局》，《黑龙江史志》2016 年第 3 期。

9097　黄湛冰：《公共品实验对丝绸之路经济带区域合作的启示》，《西安电子科技大学学报（社会科学版）》2016 年第 3 期。

9098　于美娜：《论"一带一路"战略下中国公共外交发展策略》，《广西师范学院学报（哲学社会科学版）》2016 年第 3 期。

9099　刘文波：《南海地缘政治格局与海上丝绸之路建设的地缘战略选择》，《理论与现代化》2016 年第 3 期。

9100　强晓云：《"丝绸之路经济带"建设与中国海外利益维护》，《上海商学院学报》

2016 年第 3 期。

9101 张建军、段利民、赵祚翔：《新丝绸之路经济带跨区域合作机制研究》，《西安电子科技大学学报（社会科学版）》2016 年第 4 期。

9102 张宁：《上合组织自贸区是"丝绸之路经济带"与"大欧亚伙伴关系"的新平台》，《欧亚经济》2016 年第 5 期。

9103 唐小松、张自楚：《中国对周边"一带一路"沿线国家的公共外交》，《教学与研究》2016 年第 6 期。

9104 阎铁毅、付梦华：《论确立中国海事事权的原则——以 21 世纪海上丝绸之路建设为背景》，《新疆师范大学学报（哲学社会科学版）》2016 年第 6 期。

9105 李大光：《习近平外交战略思想新特点》，《人民论坛》2016 年第 7 期。

9106 许秀芳：《一带一路战略与开拓中国外交新格局》，《佳木斯职业学院学报》2016 年第 7 期。

9107 靳会新：《丝绸之路经济带与上海合作组织的关系研究》，《知与行》2016 年第 8 期。

9108 贺宁华：《丝绸之路经济带建设中的国际势力纷争及其风险防范》，《求索》2016 年第 8 期。

9109 刘敏：《"丝绸之路经济带"商事制度国际合作的理论思考》，《中国市场监管研究》2016 年第 9 期。

9110 陈心香、林怀艺：《政党外交在"一带一路"战略中的作用及其实现》，《学习与探索》2016 年第 9 期。

9111 傅智能、潘壁雨：《"丝绸之路经济带"跨境次区域合作的前景展望》，《企业导报》2016 年第 9 期。

9112 麻静洁：《地缘政治经济视野下的"21 世纪海上丝绸之路"经济带》，《决策与信息（中旬刊）》2016 年第 11 期。

9113 毛艳、甘钧先：《中国应对外部海洋制衡的对策分析》，《海南师范大学学报（社会科学版）》2016 年第 11 期。

9114 刘涛：《沿线主要多边合作机制与推进 21 世纪"海上丝绸之路"》，《长春教育学院学报》2016 年第 12 期。

9115 毛雪卿：《加强合作对"丝绸之路经济带"的重要意义分析》，《中国市场》2016 年第 16 期。

9116 孙嘉敏：《"一带一路"与中国地缘政治经济战略的重构》，《金融经济》2016 年第 24 期。

▶ 丝绸之路研究论文目录

9117　王丹：《新丝绸之路经济带区域合作运行机制研究》，《中国商论》2016 年第 31 期。

9118　秦宏：《试论丝绸之路经济带的纵深背景与地缘战略》，《现代经济信息》2017 年第 1 期。

9119　马莉莉：《"一带一路"建设中发挥上海合作组织平台的作用》，《海外投资与出口信贷》2017 年第 2 期。

9120　侯利民：《"一带一路"倡议的地缘政治经济学分析》，《西安财经学院学报》2017 年第 2 期。

9121　胡键：《"一带一路"框架中的合作基础——基于沿线核心国家创新力现状的分析》，《湖南师范大学社会科学学报》2017 年第 2 期。

9122　朱永彪、魏月妍：《上海合作组织的发展阶段及前景分析——基于组织生命周期理论的视角》，《当代亚太》2017 年第 3 期。

9123　邢广程：《丝绸之路经济带建设与沿边合作》，《国际问题研究》2017 年第 3 期。

9124　刘鹏、胡潇文：《国际机制视角下的"21 世纪海上丝绸之路"建设》，《印度洋经济体研究》2017 年第 3 期。

9125　朱雄：《海上丝绸之路与中外海洋社会互联互动》，《泉州师范学院学报》2017 年第 3 期。

9126　吕德轩：《丝绸之路经济带战略的国际政治经济学分析》，《科技风》2017 年第 3 期。

9127　许涛：《欧亚地区"丝绸之路经济带"合作概览》，《中国俄语教学》2017 年第 4 期。

9128　李春林：《"一带一路"与国际发展合作的模式创新》，《中南大学学报（社会科学版）》2017 年第 4 期。

9129　杨玉荣：《"一带一路"纠纷仲裁解决机制研究——以东部陆海丝绸之路经济带为例》，《湖湘论坛》2017 年第 5 期。

9130　李玉婷：《试析地缘政治视角下"一带一路"建设的机遇及挑战》，《经贸实践》2017 年第 5 期。

9131　李新、胡贝贝：《欧亚全面伙伴关系：起源与路径》，《俄罗斯东欧中亚研究》2017 年第 6 期。

9132　曲雯嘉：《论"21 世纪海上丝绸之路"沿线国家互联互通建设》，《贵州社会科学》2017 年第 8 期。

中 亚

9133　刘学成：《中亚地缘战略地位的演变与美国的政策》，《国际问题研究》2004 年第 4 期。

9134　柳丰华：《新"丝绸之路"与当代中亚的地缘政治》，《国际论坛》2007 年第 6 期。

9135　韩隽：《权宜之计抑或是新中亚战略——评奥巴马政府的中亚政策》，《新疆社会科学（汉文版）》2013 年第 1 期。

9136　德全英、江淑娟：《在南亚与中亚之间：美国阿富汗经济战略走向评析》，《新疆社会科学（汉文版）》2013 年第 3 期。

9137　高飞：《中国的"西进"战略与中美俄中亚博弈》，《外交评论》2013 年第 5 期。

9138　丁兴安：《丝绸之路经济带建设中的中亚因素探析》，《新疆社科论坛》2013 年第 6 期。

9139　占豪：《丝绸之路经济带上的中亚》，《社会观察》2013 年第 10 期。

9140　王婷：《论美国在中亚地区的外交战略及其阻碍因素》，《前沿》2013 年第 20 期。

9141　刘薇：《"新丝绸之路"战略下的中亚地缘政治》，《中共伊犁州委党校学报》2014 年第 1 期。

9142　赵华胜：《浅评中俄美三大战略在中亚的共处》，《国际观察》2014 年第 1 期。

9143　赵华胜：《后阿富汗战争时期的美国中亚外交展望》，《国际问题研究》2014 年第 2 期。

9144　江秋丽：《中国与俄罗斯在中亚的共同利益及合作研究》，《牡丹江师范学院学报（哲学社会科学版）》2014 年第 3 期。

9145　周明：《地缘政治想象与获益动机——哈萨克斯坦参与丝绸之路经济带构建评估》，《外交评论（外交学院学报）》2014 年第 3 期。

9146　郭琼：《中国向西开放视角下的中哈关系》，《现代国际关系》2014 年第 4 期。

9147　强晓云：《"丝绸之路经济带"与中俄在中亚区域合作展望——俄罗斯视角的分析》，《上海商学院学报》2014 年第 4 期。

9148　丁晓星：《丝绸之路经济带的战略性与可行性分析——兼谈推动中国与中亚国家的全面合作》，《人民论坛·学术前沿》2014 年第 4 期。

9149　徐坡岭：《俄罗斯在中亚的经济存在及对丝绸之路经济带战略的影响》，《西伯利亚研究》2014 年第 5 期。

9150 韩隽：《丝绸之路经济带与中国—吉尔吉斯斯坦双边关系的发展》，《新疆大学学报（哲学·人文社会科学版）》2014年第6期。

9151 李如东：《试论区域关系史视域下的"西域"》，《新疆师范大学学报（哲学社会科学版）》2014年第6期。

9152 陈小碧：《浅析美俄中亚战略及中国应对》，《华章》2014年第7期。

9153 丁志刚：《建设"丝绸之路经济带"背景下的中国中亚外交》，《社会科学家》2014年第9期。

9154 谢锋斌：《"一带一路"背景下中国与吉尔吉斯斯坦战略合作探讨》，《商业时代》2014年第34期。

9155 杨嘉媛：《21世纪以来新丝绸之路经济带对哈萨克斯坦的影响及特点》，《商丘职业技术学院学报》2015年第1期。

9156 宋海洋：《试论"丝绸之路经济带"建设在中亚地区面临的挑战及其路径》，《江南社会学院学报》2015年第1期。

9157 潘志平：《中亚地缘政治博弈及其新动向》，《石河子大学学报（哲学社会科学版）》2015年第2期。

9158 曾向红：《中国的中亚外交与丝绸之路经济带的构建》，《上海交通大学学报（哲学社会科学版）》2015年第3期。

9159 张忆南：《"丝绸之路经济带"在中亚的实现路径及思考》，《晋中学院学报》2015年第4期。

9160 王建雄：《丝绸之路经济带跨界水资源利用的国际合作研究——基于中亚区域国际水法理论实践困境的反思》，《江汉论坛》2015年第4期。

9161 康·瑟拉耶什金著，陈余译：《丝绸之路经济带构想及其对中亚的影响》，《俄罗斯东欧中亚研究》2015年第4期。

9162 张宁：《"丝绸之路经济带"在中亚的愿景与行动》，《俄罗斯学刊》2015年第5期。

9163 卡什巴耶夫·卡尤哈克、塔季扬娜·费利波娃：《丝绸之路经济带与中亚发展》，《石河子大学学报（哲学社会科学版）》2015年第5期。

9164 袁胜育、汪伟民：《丝绸之路经济带与中国的中亚政策》，《世界经济与政治》2015年第5期。

9165 那传林：《哈萨克斯坦对接丝绸之路经济带建设的路径及对中亚国家的启示》，《西伯利亚研究》2015年第6期。

9166 文丰：《欧亚联盟计划在中亚的前景》，《新疆社会科学（汉文版）》2015年第6期。

9167 赵雅婷:《"一带一路"背景下中国战略支点的选择——以中国同哈萨克斯坦的战略合作为例》,《新疆社会科学》2015年第6期。

9168 刘超:《丝绸之路经济带对沿路国家及城市的经济影响之中哈战略合作伙伴关系》,《经贸实践》2015年第11期。

9169 贺锡田:《"新丝绸之路"战略中的心脏地带——中亚的国际地位发展趋势及与我关系》,《商》2015年第24期。

9170 爱哲、阿扎尔·赛力克哈利耶娃、赵宇蒙:《中哈关系视角下的"一带一路"》,《中国与世界》第5辑,北京:中国社会科学出版社,2016年。

9171 陆钢:《"一带一路"背景下中国对中亚外交的反思》,《探索与争鸣》2016年第1期。

9172 张杰、袁野:《中国的中亚地缘战略及其对"丝绸之路经济带"的影响》,《世界地理研究》2016年第1期。

9173 黄春龙:《中亚在新丝绸之路经济带战略地位》,《财讯》2016年第1期。

9174 潘志平:《"丝绸之路经济带"与中亚的地缘政治》,《西北民族研究》2016年第1期。

9175 刘乐、马莉莉:《哈萨克斯坦经济转型与"丝绸之路经济带"建设》,《欧亚经济》2016年第1期。

9176 王志远:《"丝绸之路经济带"与哈萨克斯坦:穿越还是融合》,《新疆财经大学学报》2016年第2期。

9177 王乐:《中哈共建丝绸之路经济带研究》,《党政研究》2016年第2期。

9178 王志远:《地区化视角下中国与中亚国家合作前景探析》,《新疆财经》2016年第3期。

9179 刘方平:《共建"丝绸之路经济带"视角下的中国对中亚援助:目标、困境与路径选择》,《新疆大学学报(哲学·人文社会科学版)》2016年第3期。

9180 徐海燕:《丝绸之路视域下中哈合作的机遇与挑战——以哈萨克斯坦国家战略规划为视角》,《学术探索》2016年第3期。

9181 王晓伟:《中亚新形势及"丝绸之路经济带"背景下我国的中亚战略探析》,《贵州社会科学》2016年第3期。

9182 贾利军、刘宜轩:《丝绸之路经济带建设在中亚遇到的问题及对策建议》,《理论探索》2016年第4期。

9183 谢·科舍沃伊著,李俊升、张娟译:《"一带一路":世界一些国家的经验及乌克兰的前景》,《俄罗斯学刊》2016年第4期。

9184 徐海燕:《丝绸之路经济带视阈下哈萨克斯坦的国家治理及其评估》,《北京工业大学学报（社会科学版）》2016 年第 4 期。

9185　袁丽君、高志刚：《丝绸之路经济带下中国与中亚互联互通的制度探析》，《宏观经济管理》2016 年第 4 期。

9186　方创琳、何伦志、王岩：《丝绸之路经济带中国—哈萨克斯坦国际合作示范区建设的战略思路与重点》，《干旱区地理》2016 年第 5 期。

9187　穆沙江·努热吉、方创琳、何伦志：《丝绸之路经济带中国—哈萨克斯坦国际合作示范区经贸合作重点与模式选择》，《干旱区地理》2016 年第 5 期。

9188　鲍超、方创琳：《丝绸之路经济带中国—哈萨克斯坦国际合作示范区跨境互联互通战略通道建设重点》，《干旱区地理》2016 年第 5 期。

9189　李雅菲、唐文睿：《新丝绸之路计划与美国中亚战略走向探析》，《北华大学学报（社会科学版）》2016 年第 5 期。

9190　薛力：《"一带一路"与中国的中亚方略》，《欧亚经济》2016 年第 5 期。

9191　孙力：《中国与中亚国家共建"丝绸之路经济带"的前景》，《西安交通大学学报（社会科学版）》2016 年第 6 期。

9192　李宏超、于淼淼：《丝绸之路经济带建设背景下中国与中亚五国合作研究》，《时代金融（中旬）》2016 年第 9 期。

9193　钮锡浩：《论"丝绸之路经济带"战略背景下中国与中亚的合作共赢》，《青春岁月》2016 年第 9 期。

9194　谢镇宇：《建设丝绸之路经济带的意义、挑战与原则——基于中国与中亚国家合作视角》，《当代经济》2016 年第 10 期。

9195　雷建锋：《中国的中亚地区主义与周边命运共同体的生成》，《教学与研究》2016 年第 10 期。

9196　刘志辉、韩丽纨：《塔吉克斯坦与我国一带一路建设的国际政治研究》，《科技经济导刊》2016 年第 27 期。

9197　穆哈默格尔蒂·塞尔达洛夫、马克赛特：《"一带一路"引领中亚丝绸之路复兴》，《开发研究》2017 年第 1 期。

9198　任洪生：《地缘支轴、丝绸之路经济带与 21 世纪中哈地缘政治关系》，《西北民族研究》2017 年第 2 期。

9199　肖斌：《地区极性、现状偏好与中国对中亚的外交哲学》，《俄罗斯东欧中亚研究》2017 年第 2 期。

9200　郝少英：《丝绸之路经济带建设中的中哈跨界河流合作利用面临的难题及对策》，《俄罗斯东欧中亚研究》2017 年第 3 期。

9201　吴航、杨昌俊：《"丝绸之路经济带"建设与开展中俄中亚合作的若干思考》，

《情报杂志》2017 年第 3 期。

9202 李旭雯：《关于中亚经济发展与丝绸之路经济带合作与对接研究》，《商场现代化》2017 年第 3 期。

9203 韩璐：《丝绸之路经济带在中亚的推进：成就与前景》，《国际问题研究》2017 年第 3 期。

9204 王志：《"丝绸之路经济带"视角下中美中亚竞合关系》，《常州大学学报（社会科学版）》2017 年第 5 期。

9205 王聪：《"丝绸之路经济带"与中亚：战略对接正当时》，《世界知识》2017 年第 10 期。

9206 陈素华：《关于对阿尔泰山跨国合作示范区建设的思考》，《全国流通经济》2017 年第 11 期。

9207 刘长敏、李益斌：《权力转移理论视角下的中俄美中亚格局演变》，《太平洋学报》2017 年第 12 期。

9208 刘阳：《"一带一路"与中哈关系——纪念中国与哈萨克斯坦建交 25 周年》，《丝绸之路》2017 年第 13 期。

9209 江凤香、周芳：《丝绸之路经济带背景下中国与中亚各国合作模式的构建》，《经济研究导刊》2017 年第 32 期。

9210 王志远：《"丝绸之路经济带"与"后苏联空间"的国际政治经济学解析》，《新疆财经》2018 年第 1 期。

9211 张维维：《中国与塔吉克斯坦共建丝绸之路经济带研究》，《开发研究》2018 年第 1 期。

东北亚

9212 刘鸣：《习近平主席访韩与中韩成熟性战略关系发展构想》，《当代韩国》2014 年第 3 期。

9213 李建民：《丝绸之路经济带、欧亚经济联盟与中俄合作》，《俄罗斯学刊》2014 年第 5 期。

9214 张建平、李敬：《丝绸之路经济带与中俄合作新机遇》，《俄罗斯学刊》2014 年第 5 期。

9215 庞大鹏：《俄罗斯的欧亚战略——兼论对中俄关系的影响》，《教学与研究》2014 年第 6 期。

9216 李家成：《东方海上丝绸之路视角下的中韩合作探析》，《当代韩国》2015 年第 2 期。

▶ 丝绸之路研究论文目录

9217 于会录、董锁成、李泽红、李飞、程昊、李富佳：《东亚地缘政治格局演变对东北亚资源合作的影响研究》，《资源与生态学报（英文版）》2015 年第 2 期。

9218 陈维新：《东亚秩序与中蒙关系》，《延边大学学报（社会科学版）》2015 年第 3 期。

9219 金雄：《东亚秩序与一带一路发展战略》，《延边大学学报（社会科学版）》2015 年第 3 期。

9220 李兴：《加强中俄印金砖国家团结是推动"一带一路"建设的重中之重》，《中共贵州省委党校学报》2015 年第 3 期。

9221 杨晓杰：《试析影响我国二十一世纪海上丝绸之路建设的"日本因素"》，《探求》2015 年第 3 期。

9222 А. О. 巴兰尼科娃著，邹秀婷译：《东部丝绸之路经济带与中俄合作前景》，《西伯利亚研究》2015 年第 5 期。

9223 姚荣：《新丝绸之路上的中俄合作》，《北方文学（中旬刊）》2015 年第 5 期。

9224 张秀杰：《东北亚区域经济合作下的中蒙俄经济走廊建设研究》，《学习与探索》2015 年第 6 期。

9225 В. 卡普斯京著，万青松译：《"丝绸之路经济带"倡议与俄中合作》，《俄罗斯研究》2015 年第 6 期。

9226 杨成：《丝绸之路经济带建设与中俄地区合作的新机遇》，《北方经济》2015 年第 7 期。

9227 李家成：《东方海上丝绸之路视角下的中韩合作探析》，《朝鲜·韩国历史研究》第 17 辑，延吉：延安人民出版社，2016 年。

9228 关雪凌：《全球经济治理体系调整中的中俄合作》，《俄罗斯经济与政治发展研究报告》，北京：中国社会科学出版社，2016 年。

9229 曾向红：《俄罗斯兼并克里米亚的心理动机研究——兼论对中国独联体地区外交的启示》，《当代亚太》2016 年第 1 期。

9230 吴昊、李征：《东北亚地区在"一带一路"战略中的地位——应否从边缘区提升为重点合作区》，《东北亚论坛》2016 年第 2 期。

9231 陈小沁：《"新丝绸之路"的不同构想与中俄合作》，《福州大学学报（哲学社会科学版）》2016 年第 3 期。

9232 李宗勋：《东北亚命运共同体与中国外交》，《东北亚论坛》2016 年第 4 期。

9233 Д. В. 苏斯洛夫著，王超译：《丝绸之路经济带与俄中关系前景》，《西伯利亚研究》2016 年第 5 期。

9234 朴英姬、孟晓：《"21世纪海上丝绸之路"视角下的中韩自贸区建设》，《东方论坛》2016 年第 6 期。

9235 李建军：《全球价值链分工视角下的中蒙俄经济走廊建设》，《社会科学家》2016 年第 11 期。

9236 王玉红：《在"丝绸之路经济带"框架下促进中蒙关系积极发展》，《赤峰学院学报（自然科学版）》2016 年第 12 期。

9237 刘紫涵、郝春琦：《促进对俄水上合作优化升级助力龙江丝路带建设研究》，《经济研究导刊》2016 年第 20 期。

9238 新井洋史著，穆尧芊译：《"一带一路"是东北亚区域合作的"逆风"吗?》，《俄罗斯学刊》2017 年第 1 期。

9239 岳惠来：《促进东北亚海洋经济合作共建"一带一路"》，《东北亚经济研究》2017 年第 2 期。

9240 德米特里·叶夫列缅科著，孙铭译：《中俄战略伙伴关系和大欧亚的构建》，《国外社会科学》2017 年第 3 期。

9241 邢广程：《中俄在欧亚大棋局中找到利益契合点》，《边界与海洋研究》2017 年第 3 期。

9242 郭红、于洋、于国政：《"一带一路"框架下中俄地缘通道探究》，《东北亚经济研究》2017 年第 5 期。

9243 王晓泉：《中俄如何在"一带一路"中深化战略协作》，《人民论坛·学术前沿》2017 年第 8 期。

9244 窦博：《冰上丝绸之路与中俄共建北极蓝色经济通道》，《东北亚经济研究》2018 年第 1 期。

9245 王志民、陈远航：《中俄打造"冰上丝绸之路"的机遇与挑战》，《东北亚论坛》2018 年第 2 期。

东南亚

9246 陈超、雷聪：《从复合相互依赖理论看中国与东盟的关系》，《东南亚纵横》2007 年第 7 期。

9247 吕余生：《深化中国—东盟合作，共同建设 21 世纪海上丝绸之路》，《学术论坛》2013 年第 12 期。

9248 周方冶：《中泰关系—东盟合作中的战略支点作用——基于 21 世纪海上丝绸之路的分析视角》，《南洋问题研究》2014 年第 3 期。

9249 邹立刚：《中国—东盟共建南海海上丝绸之路的战略思考》，《海南大学学报（人文社会科学版）》2014年第4期。

9250 黄耀东：《中国—东盟文化交流与合作可行性研究》，《学术论坛》2014年第11期。

9251 周章贵：《中国—东盟湄公河次区域合作机制剖析：模式、问题与应对》，《东南亚纵横》2014年第11期。

9252 李钧、顾涧清、魏伟新：《广东加强与东盟国家互联互通建设研究》，《新经济》2014年第16期。

9253 陈晓律、叶璐：《中国构建海上丝绸之路的两个节点：马来西亚与泰国》，《南京政治学院学报》2015年第1期。

9254 李兴、张晗：《"丝绸之路经济带"框架与东盟"10+8"机制比较研究》，《新视野》2015年第2期。

9255 陈相秒：《2014年马来西亚南海政策评析》，《世界经济与政治论坛》2015年第3期。

9256 李锋、徐兆梨：《基于21世纪海上丝绸之路视域的南海问题研究走向》，《海南大学学报（人文社会科学版）》2015年第4期。

9257 金永明：《海上丝路与南海问题》，《南海学刊》2015年第4期。

9258 吕楠、李响、王立婷：《中国—东盟共建南海海上丝绸之路的战略思考》，《决策与信息（中旬刊）》2015年第6期。

9259 贾庆军：《"海上丝绸之路"与南海区域秩序的建构——一种历史的启示》，《海南师范大学学报（社会科学版）》2015年第7期。

9260 李树娟：《"一带一路"商务环境下中国—东盟跨文化交际重要门户建设研究》，《广西社会科学》2015年第12期。

9261 陈志龙：《中国与东盟合作前景及发展趋势的思考——"21世纪海上丝绸之路"视野下》，《当代经济》2015年第28期。

9262 陈媛媛：《浅谈21世纪新丝绸之路背景下的中越海洋合作关系》，《商》2015年第42期。

9263 张明亮：《"东盟化"南海议题——进程、动力与前景》，《南洋问题研究》2016年第1期。

9264 黄德春、井璐：《21世纪海上丝绸之路下"世界水谷"全球体系建设的战略问题》，《水利经济》2016年第1期。

9265 宋涛、李玏、胡志丁：《地缘合作的理论框架探讨——以东南亚为例》，《世界地理研究》2016年第1期。

9266 杨泽伟：《论21世纪海上丝绸之路建设对南海争端解决的影响》，《边界与海洋研究》2016年第1期。

9267 赵泽琳：《新加坡在21世纪海上丝绸之路上的枢纽作用》，《广西师范学院学报（哲学社会科学版）》2016年第2期。

9268 张明：《新加坡与海上丝绸之路》，《中国经济信息》2016年第3期。

9269 薛松、许利平：《印尼"海洋强国战略"与对华海洋合作》，《国际问题研究》2016年第3期。

9270 白如纯：《"一带一路"背景下日本对大湄公河次区域的经济外交》，《东北亚学刊》2016年第3期。

9271 刘文波：《南海问题与中国21世纪海上丝绸之路建设》，《东南学术》2016年第3期。

9272 麻国庆：《跨区域社会体系：以环南中国海区域为中心的丝绸之路研究》，《民族研究》2016年第3期。

9273 陈世伦：《"21世纪海上丝绸之路"倡议下的中柬关系：对外援助关系下的风险分析》，《南洋问题研究》2016年第4期。

9274 杨程玲：《东盟海上互联互通及其与中国的合作——以21世纪海上丝绸之路为背景》，《太平洋学报》2016年第4期。

9275 王琦、石春雷：《中国—东盟共建新海上丝绸之路构想下南海问题新思考》，《海南大学学报（人文社会科学版）》2016年第4期。

9276 王虎、李明江：《支持、参与和协调：新加坡在实施"一带一路"倡议中的作用》，《南洋问题研究》2016年第4期。

9277 彭丽红、杨博：《海上丝绸之路重要节点：马来西亚的国家战略研究》，《河北经贸大学学报》2016年第4期。

9278 周方冶：《"一带一路"建设政治环境评估的思路与方法——基于泰国与印度尼西亚的案例分析》，《北京工业大学学报（社会科学版）》2016年第5期。

9279 许培源、陈乘风：《马来西亚在"海上丝绸之路"建设中的角色》，《亚太经济》2016年第5期。

9280 韦红：《21世纪海上丝绸之路建设与中国—东盟共建地区和谐海洋秩序》，《东南亚纵横》2016年第6期。

9281 万那瑞斯·常、颜洁：《缩小东盟内部发展差距——21世纪海上丝绸之路所扮演的角色》，《东南亚纵横》2016年第6期。

9282 罗亮：《从南海争端视角看中国—东盟共建21世纪"海上丝绸之路"》，《广西师范大学学报（哲学社会科学版）》2016年第6期。

▶ 丝绸之路研究论文目录

9283 李玲：《泰国面对中国"一带一路"战略的机遇与挑战》，《成都大学学报（社会科学版）》2016 年第 6 期。

9284 翟崑、王丽娜：《一带一路背景下的中国—东盟民心相通现状实证研究》，《云南师范大学学报（哲学社会科学版）》2016 年第 6 期。

9285 杨理智、张韧、白成祖、黎鑫、刘君：《"21 世纪海上丝绸之路"之 4 个主要东盟国家人文环境风险评估》，《海洋通报》2016 年第 6 期。

9286 蔡美玲、盛宝莲：《关于东南亚国家政府信用评价的实证分析——以海上丝绸之路为视角》，《对外经贸》2016 年第 10 期。

9287 杨青、王姗：《南海局势与海上丝绸之路建设》，《宜春学院学报》2016 年第 11 期。

9288 毛启蒙、韩冬临：《"21 世纪海上丝绸之路"的南海地缘政治风险及其治理路径》，《中国—东盟研究》第 2 辑，北京：中国社会科学出版社，2017 年。

9289 余珍艳：《"21 世纪海上丝绸之路"战略推进下中国—印度尼西亚海洋经济合作：机遇与挑战》，《战略决策研究》2017 年第 1 期。

9290 周伟：《21 世纪海上丝绸之路与环南海公共外交》，《公共外交季刊》2017 年第 2 期。

9291 陈才、刘晓晴：《以中国—东盟信息化合作推动 21 世纪海上丝绸之路发展》，《世界电信》2017 年第 2 期。

9292 施雪琴、叶丽萍：《契机与挑战：当代中国与印尼新型互动关系的构建——以"21 世纪海上丝绸之路"建设为背景》，《当代世界与社会主义》2017 年第 3 期。

9293 王小明：《21 世纪海上丝绸之路建设对接当地发展研究——印度尼西亚视角》，《国际展望》2017 年第 4 期。

9294 曹云华、李均锁：《21 世纪海上丝绸之路：东南亚的角色扮演》，《兰州学刊》2017 年第 5 期。

9295 夏苇航、刘清才：《"21 世纪海上丝绸之路"倡议视域中的中国—东盟关系》，《社会主义研究》2017 年第 6 期。

9296 曾刚、苏灿、曹贤忠、王丰龙：《粤港澳大湾区战略背景下香港—东盟关系重构初探》，《热带地理》2017 年第 6 期。

9297 熊灵、陈美金：《中国与印尼共建 21 世纪海上丝绸之路：成效、挑战与对策》，《边界与海洋研究》2017 年第 6 期。

9298 李铭：《影响 21 世纪海上丝绸之路建设的东盟因素分析》，《中国商论》2017 年第 20 期。

9299 吴喜龄、陈万灵：《21 世纪海上丝绸之路的中国与东盟共赢性研究——基于中国与东盟合作效应的计量》，《商业经济研究》2017 年第 22 期。

9300　李铭：《"21 世纪海上丝绸之路"对中国—东盟在南海问题上的影响》，《经济师》2018 年第 3 期。

南　亚

9301　王德华：《试论中国的"和谐印度洋战略"》，《社会科学》2008 年第 12 期。

9302　宋志辉、马春燕：《试析南方丝绸之路在中印关系中的作用》，《南亚研究季刊》2012 年第 2 期。

9303　陈继东、丁建军：《巴基斯坦—沙特关系与中国的印度洋地区外交》，《南亚研究季刊》2014 年第 2 期。

9304　郁龙余：《"龙象共和"是历史的神圣召唤》，《深圳大学学报（人文社会科学版）》2014 年第 3 期。

9305　胡志勇：《印度的"印度洋战略"对中国海上丝绸之路建设的影响》，《南亚研究季刊》2014 年第 4 期。

9306　宋志辉：《重振南方丝绸之路与中印合作前景》，《西部发展评论》2015，北京：民族出版社，2015 年。

9307　廖萌：《斯里兰卡参与共建海上丝绸之路的战略考虑及前景》，《亚太经济》2015 年第 3 期。

9308　王德华：《"一带一路"与环印度洋共同体建设——兼论中国—环印度洋能源供应链的构建》，《印度洋经济体研究》2015 年第 4 期。

9309　李诗隽：《阿富汗与"一带一路"》，《江南社会学院学报》2015 年第 4 期。

9310　楼春豪：《"一带一路"的理论逻辑及其对中国—南亚合作的启示》，《印度洋经济体研究》2015 年第 4 期。

9311　杨思灵：《一带一路：南亚地区国家间关系分析视角》，《印度洋经济体研究》2015 年第 5 期。

9312　尹仑：《21 世纪海上丝绸之路与"环印度洋战略"研究》，《学术探索》2015 年第 5 期。

9313　葛红亮：《"东向行动政策"与南海问题中印度角色的战略导向性转变》，《太平洋学报》2015 年第 7 期。

9314　葛成：《"一带一路"的中印共识：机遇与困局》，《山东社会科学》2015 年第 8 期。

9315　关煜颖：《"一带一路"战略在巴基斯坦的实施机遇、未来挑战及对策》，《湖南行政学院学报》2016 年第 1 期。

9316　谢钢、朱翠萍:《海上丝绸之路和印度洋地区:合作与竞争趋势》,《印度洋经济体研究》2016 年第 1 期。

9317　约书亚·托马斯著,刘务译:《中国丝绸之路战略构想与印度:机会、阻碍和选择》,《印度洋经济体研究》2016 年第 1 期。

9318　狄方耀:《试论中国西藏与南亚相邻国家经济文化合作交流的原则与对策》,《西藏大学学报(社会科学版)》2016 年第 2 期。

9319　黄民兴、陈利宽:《阿富汗与"一带一路"建设:地区多元竞争下的选择》,《西亚非洲》2016 年第 2 期。

9320　梁桐:《试析中巴经济走廊对美国"新丝绸之路"计划的地缘冲击》,《南亚研究》2016 年第 3 期。

9321　曾祥裕、杜宏:《印度海上合作新倡议的内涵、影响与对策》,《南亚研究季刊》2016 年第 3 期。

9322　李艳芳:《"21 世纪海上丝绸之路"框架下中斯经济关系的重塑研究》,《南亚研究》2017 年第 2 期。

9323　温亚琴、杜军、鄢波:《21 世纪海上丝绸之路背景下"囚徒困境"之破解——基于中印关系的博弈论视角》,《当代经济》2018 年第 3 期。

西　亚

9324　李伟建:《关于中国和中东国家关系的分析和思考》,《阿拉伯世界》1998 年第 4 期。

9325　王猛:《1945—2005:中国与伊朗外交关系考略》,《新疆社会科学》2008 年第 4 期。

9326　马伟:《新中国与阿拉伯国家经济关系的发展趋势研究》,《中国商贸》2013 年第 16 期。

9327　王京烈:《共建"丝绸之路经济带"的机遇及中国中东战略》,《阿拉伯世界研究》2014 年第 3 期。

9328　吴磊:《构建"新丝绸之路":中国与中东关系发展的新内涵》,《西亚非洲》2014 年第 3 期。

9329　柳思思:《中国—西亚共建"丝绸之路经济带"的战略构想》,《当代世界》2014 年第 4 期。

9330　薛正昌:《中阿博览会:丝绸之路文化的延伸——兼论丝绸之路的走向与研究范

围》,《丝绸之路》2014 年第 22 期。

9331 李茜:《文明交往论视域下的中约关系》,《宁夏社会科学》2015 年第 6 期。

9332 王勇、希望、罗洋:《"一带一路"倡议下中国与土耳其的战略合作》,《西亚非洲》2015 年第 6 期。

9333 吕海军、徐倩:《机遇与风险:"丝绸之路经济带"构建与中伊(朗)经贸合作》,《生产力研究》2015 年第 8 期。

9334 盛睿:《一带一路战略下中国土耳其关系》,《唯实》2015 年第 11 期。

9335 杜林泽:《"一带一路"中的伊朗地位及中伊合作》,《外国问题研究》2016 年第 3 期。

9336 李云鹏:《土耳其外交策略新特点及对我"一带一路"倡议的影响》,《和平与发展》2017 年第 6 期。

9337 卞瑞:《新时期中伊两国合作发展愿景研究》,《管理观察》2017 年第 19 期。

欧　美

9338 鞠维伟:《运用"丝绸之路经济带"发展中国与中东欧国家关系》,《当代世界》2014 年第 4 期。

9339 刘作奎:《中东欧在丝绸之路经济带建设中的作用》,《国际问题研究》2014 年第 4 期。

9340 邢凯旋:《丝绸之路经济带:中国—中东欧合作》,《开放导报》2014 年第 4 期。

9341 左品:《关于"一带一路"建设与中拉合作深化的若干思考》,《国际观察》2015 年第 5 期。

9342 理查德·图尔克萨尼著,邝雪译:《"16+1 合作"平台下的中国和中东欧国家合作及其在"一带一路"倡议中的作用》,《欧洲研究》2015 年第 6 期。

9343 苑生龙:《拉脱维亚总体形势及中拉共建"一带一路"的前景与建议》,《中国经贸导刊》2015 年第 27 期。

9344 谭秀杰、周茂荣、蒯娣:《"一带一路"背景下泛亚欧经济伙伴关系研究》,《武大国际法评论》第一期 19 卷,武汉:武汉大学出版社,2016 年。

9345 冯敏、宋彩萍:《运用"一带一路"发展中国与中东欧关系对策》,《经济问题》2016 年第 1 期。

9346 沈洋:《法国在中欧海上丝绸之路中的历史地位——以"海后"号两航广州为线索的考察》,《南海学刊》2016 年第 1 期。

9347 王敏:《中日法与丝绸之路的互惠关系》,《东北亚外语研究》2016 年第 4 期。

9348 迈克尔·敦弗德：《"一带一路"战略与中英区域合作》，《区域经济评论》2016年第5期。

9349 李自国：《大欧亚伙伴关系：重塑欧亚新秩序》，《国际问题研究》2017年第1期。

9350 张宁：《"大欧亚伙伴关系"解读》，《海外投资与出口信贷》2017年第2期。

其 他

9351 魏媛媛、肖齐家：《中国与东非国家的人文交流与合作研究》，《亚非研究》第2辑，北京：社会科学文献出版社，2016年。

9352 梁甲瑞：《海上战略通道视角下中国南太地区的海洋战略》，《世界经济与政治论坛》2016年第3期。

9353 魏媛媛：《对"21世纪海上丝绸之路"东部非洲节点重要性的再思考》，《海南大学学报（人文社会科学版）》2016年第4期。

9354 徐秀军：《中国的南太平洋周边外交：进展、机遇与挑战》，《太平洋学报》2016年第10期。

9355 丁鹏、崔玉中：《中国与南太平洋岛国合作述评》，《山东理工大学学报（社会科学版）》2017年第6期。

9356 张程锦：《"海上丝绸之路"倡议下的合作实践研究——以中国与太平洋岛国合作为例》，《东岳论丛》2017年第9期。

9357 毕晨：《TPP与新丝绸之路战略研究》，《三峡大学学报（人文社会科学版）》2017年增刊第1期。

9358 邢瑞利：《新西兰与"21世纪海上丝绸之路"倡议对接研究》，《战略决策研究》2018年第1期。

侨务侨胞

9359 郑山玉：《华侨与海上丝绸之路——部分侨乡族谱中的海外移民资料分析》，《华侨华人历史研究》1991年第1期。

9360 林金枝：《略论华侨产生发展变化的几个时期》，《八桂侨史》1993年第3期。

9361 杨会祥：《以侨为桥建设21世纪海上丝绸之路的思考》，《南方论刊》2014年第12期。

9362 廖大珂：《海上丝绸之路与华侨》，《海交史研究》2015年第1期。

9363 张赛群：《改革开放以来闽浙两省侨捐政策与落实比较研究》，《华侨大学学报（哲学社会科学版）》2015年第2期。

9364 黎相宜：《道义、交换与移民跨国实践——基于衰退型侨乡海南文昌的个案研究》，《华侨华人历史研究》2015年第3期。

9365 赵健：《华侨华人：建设21世纪海上丝绸之路的独特力量》，《玉林师范学院学报》2015年第3期。

9366 陈汉初：《侨批投递：独特的"海上丝绸之路"——以海峡殖民地时期新加坡批局与汕头等地的往来为例》，《韩山师范学院学报》2015年第5期。

9367 蒋炳庆：《"一带一路"战略视阈下的马来西亚华人社会探析》，《学术探索》2015年第9期。

9368 丁新正：《我国中亚战略实施背景下中资企业及华人华侨保护问题研究》，《重庆理工大学学报（社会科学版）》2015年第10期。

9369 童莹：《"以店为家"与"多处为家"：一个印尼非核心区域华人群体家庭策略与商业经营的考察》，《华侨华人历史研究》2016年第1期。

9370 康晓丽：《20世纪50年代以来东南亚闽籍华人数量的估算》，《华侨华人历史研究》2016年第3期。

9371 邓江年：《海外华侨华人经济与"一带一路"战略的互动机制》，《华南师范大学学报（社会科学版）》2016年第3期。

9372 郑晓光：《华侨华人与近代海上丝绸之路——基于天一信局的个案考察》，《淮南师范学院学报》2016年第3期。

9373 赵麟斌：《略述福州华人华侨对马来西亚经济发展的影响》，《闽江学院学报》2016年第3期。

9374 张赛群：《华侨华人与新"海丝之路"：作用、机制及对策》，《社会科学家》2016年第4期。

9375 黄兴华、石弢：《闽籍华侨华人参与建设21世纪海上丝绸之路核心区的路径研究》，《福建理论学习》2016年第4期。

9376 王勇辉、胡翙：《华侨华人在中国与印度尼西亚经贸关系中的作用》，《东南亚纵横》2016年第5期。

9377 朱陆民、阳海飞：《21世纪海上丝绸之路的民意构建——兼论东南亚华侨华人的作用》，《学理论》2016年第9期。

9378 刘益梅：《华人经济在海上丝绸之路建设中的助推作用探讨》，《丽水学院学报》2017年第1期。

9379 张赛群：《华侨华人与"海上丝绸之路"：基于历史和现实的思考》，《东南亚纵横》2017 年第 3 期。

9380 黄兴华、杨宏云：《东南亚华人企业在建设 21 世纪海上丝绸之路核心区中的助推作用研究》，《福建理论学习》2017 年第 4 期。

9381 蔡明宏：《"一带一路"视阈下印尼华裔族群意识与家国观念实证调研》，《世界宗教文化》2017 年第 5 期。

9382 谢婷婷：《侨务公共外交在海丝建设中的实践策略——以华商为例》，《太平洋学报》2017 年第 11 期。

民族关系

9383 徐黎丽、杨朝晖：《民族走廊的延伸与国家边疆的拓展——以长城、丝绸之路、藏彝走廊为例》，《思想战线》2012 年第 4 期。

9384 张俊明、刘有安：《多民族杂居地区文化共生与制衡现象探析——以河湟地区为例》，《北方民族大学学报（哲学社会科学版）》2013 年第 4 期。

9385 乔欣欣：《试论丝绸之路经济带对促进我国西部族际政治整合的积极作用》，《西部学刊》2014 年第 10 期。

9386 宋媛：《"丝绸之路经济带"少数民族经济价值观的历史演变的社会性研究——以"回族"为例》，《中外企业文化（上旬刊）》2014 年第 12 期。

9387 宋媛：《浅析"丝绸之路经济带"少数民族价值观的相通性》，《新西部（下旬刊）》2014 年第 12 期。

9388 李芳：《丝绸之路上少数民族的价值理性研究》，《中外企业文化（上旬刊）》2014 年第 12 期。

9389 宋泽楠：《"一带一路"背景下西南少数民族地区的开放型发展——以广西为例》，《广西民族研究》2015 年第 3 期。

9390 马成俊、于晓陆、王雪：《论撒拉族在丝绸之路经济带建设中的作用》，《广西民族大学学报（哲学社会科学版）》2015 年第 4 期。

9391 李舒琴：《试论丝绸之路经济带建设与民族团结》，《丝绸之路》2015 年第 6 期。

9392 王玉、杜君：《丝绸之路经济带建设中的少数民族文化开发》，《贵州民族研究》2015 年第 8 期。

9393 乌小花、红梅：《论"一带一路"战略与和谐民族关系构建》，《兰州学刊》2015 年第 12 期。

9394 马征、润泽：《丝绸之路经济带建设带动沿线民族地区经济活力——以甘肃省肃北、阿克塞两县为例》，《商》2015 年第 24 期。

9395　李伟、姚庐清：《"一带一路"发展中的民族交流与核心价值认同》，《齐鲁学刊》2016年第1期。

9396　刘卫宁、房全忠：《"丝绸之路经济带"的构建对民族格局与人口迁徙的影响》，《兰州大学学报（社会科学版）》2016年第1期。

9397　王玉霞：《试论广州穆斯林在"一带一路"发展战略中的作用》，《回族研究》2016年第1期。

9398　吕超、娄义鹏、熊坤新：《当前中亚地区民族问题的特点及对丝绸之路经济带建设的影响与对策》，《贵州民族研究》2016年第4期。

9399　杨云安：《"新丝绸之路"战略中的民族因素分析——以中亚地区为例》，《重庆三峡学院学报》2016年第5期。

9400　张健：《南海丝绸之路对东南亚壮泰族群民族文化的影响探析》，《经济与社会发展》2016年第5期。

9401　周红、刘丽：《"一带一路"战略背景下的新疆民族关系调适研究》，《兰州大学学报（社会科学版）》2016年第5期。

9402　曾路、魏清光：《新丝绸之路经济带发展战略中文化功能的作用——以中国关联少数民族为研究视域的理论思考》，《西南民族大学学报（人文社会科学版）》2016年第5期。

9403　杜有：《图们江区域民族文化与"一带一路"文化》，《延边大学学报（社会科学版）》2016年第6期。

9404　武和兴：《云南跨境民族母语文化融入"一带一路"战略发展意义研究》，《卷宗》2016年第7期。

9405　李宁：《丝绸之路经济带建设中的哈萨克跨国民族问题研究》，《伊犁师范学院学报（社会科学版）》2017年第2期。

9406　穆智：《"一带一路"战略背景下中缅边境地区的跨界民族事务治理》，《云南行政学院学报》2017年第4期。

9407　杨斌、王金亮：《基于新丝路建设的新疆跨界民族现代公民意识培育》，《产业与科技论坛》2017年第4期。

9408　马成俊、王含章：《中国民族走廊与国际民族通道：另一种视角看丝绸之路》，《中国民族》2017年第4期。

9409　任海军、郭子煊：《丝绸之路经济带民族地区特色产业的遴选研究》，《兰州大学学报（社会科学版）》2017年第5期。

9410　王联：《跨国民族宗教因素与丝绸之路的和平共建》，《中央社会主义学院学报》2017年第5期。

9411 刘聪：《"一带一路"战略与中国少数民族的源流及影响》，《陕西学前师范学院学报》2017年第12期。

9412 安小婷：《跨境的哈萨克族在丝绸之路经济带建设中的作用》，《西部皮革》2017年第23期。

其 他

9413 胡振华：《为共建丝绸之路经济带做好民心相通的工作》，《昌吉学院学报》2014年第3期。

9414 李铭：《发挥统战优势助力"丝绸之路经济带"建设》，《中国统一战线》2014年第10期。

9415 贾晓佳、韩延玲、高志刚：《社会公众对"丝绸之路经济带"认知的调查分析》，《兰州商学院学报》2015年第3期。

9416 张有恒：《从统战视角看"一带一路"战略的意义》，《四川省社会主义学院学报》2015年第4期。

9417 陈晓剑、唐兴和：《次区域经济合作国内纵向府际关系构建分析——以丝绸之路经济带为例》，《兰州大学学报（社会科学版）》2015年第5期。

9418 陈明宝、陈平：《国际公共产品供给视角下"一带一路"的合作机制构建》，《广东社会科学》2015年第5期。

9419 古璇、古龙高：《丝绸之路经济带战略对邓小平两个大局思想的创新》，《大陆桥视野》2015年第5期。

9420 杨焕平：《"一带一路"的权力政治分析》，《阴山学刊》2015年第6期。

9421 张国刚：《丝绸之路上的政治经济学》，《南风窗》2015年第10期。

9422 张凯：《发挥政党在"一带一路"建设中的引领作用——亚洲政党丝绸之路专题会议侧记》，《当代世界》2015年第11期。

9423 王立国：《高校智库服务"一带一路"的路径与对策》，《牡丹江师范学院学报（哲学社会科学版）》2016年第2期。

9424 郭玉华：《新中国海洋战略实践历程考察》，《云南社会主义学院学报》2016年第3期。

9425 韩启德：《九三学社如何参与"一带一路"战略》，《民主与科学》2016年第5期。

9426 林欣：《高校智库服务"一带一路"战略存在的问题与对策》，《黑龙江高教研究》2016年第9期。

9427 赵雯：《政府在"一带一路"文化建设中的作用》，《新闻研究导刊》2016年第22期。

9428 俞慈珍：《21世纪海上丝绸之路核心区建设中福州统战工作》，《中外企业家》2017年第2期。

9429 车向前、郭继荣：《跨文化外推视阈下的"一带一路"民心相通提升路径》，《西安交通大学学报（社会科学版）》2017年第2期。

9430 王梅：《丝绸之路经济带府际关系整体性治理逻辑》，《现代交际》2017年第22期。

9431 王艳雪、陈欢：《丝绸之路经济带建设中的公共服务与管理问题思考》，《企业改革与管理》2018年第1期。

经济贸易

通 论

9432 高新才:《丝绸之路经济带与通道经济发展》,《中国流通经济》2014 年第 4 期。

9433 王国巍:《论丝绸之路中的品牌战略思想》,《丝绸之路》2014 年第 14 期。

9434 邓羽佳、秦放鸣:《国际油价走低、卢布贬值及新常态与丝绸之路经济带"核心区"建设之思考》,《新疆大学学报(哲学·人文社会科学版)》2015 年第 1 期。

9435 卢暄:《地缘经济视角下的"一带一路"重点方向形势探析》,《西安财经学院学报》2015 年第 5 期。

9436 叶卫平:《论"一带一路"构想对当前国内外经济安全的意义》,《青海社会科学》2015 年第 6 期。

9437 杨伊慧:《论"一带一路"建设给中国带来的经济机遇》,《商场现代化》2015 年第 6 期。

9438 崔路路、孙建:《一带一路建设背景下国内企业面临的挑战及应对策略》,《交通企业管理》2015 年第 10 期。

9439 刘欢、姜建斌:《"丝绸之路经济"对我国经济的影响》,《商场现代化》2015 年第 14 期。

9440 高雅琪:《一带一路战略将对中国和世界经济产生深远影响》,《中国经贸》2015 年第 17 期。

9441 夏先良:《"一带一路"助力中国重返世界经济中心》,《人民论坛·学术前沿》2015 年第 23 期。

9442 余妍良、谢成刚:《"一带一路"战略中的经济空间新布局》,《全国商情·理论研究》2015 年第 40 期。

9443 古龙高:《加快"一带一路"交汇点建设的思路与策略分析》,《连云港师范高等专科学校学报》2016 年第 1 期。

9444 姚树洁、刘畅、欧璟华:《中国"新常态"下的发展与挑战》,《重庆大学学报(社会科学版)》2016 年第 1 期。

9445 马良:《"一带一路"背景下对中国经济发展的思考》,《学理论》2016 年第 2 期。

9446　赵阳、孙漩、杨鹏辉：《新海上丝绸之路对我国经济影响的定量评估——基于拓展引力模型的实证研究》，《宁德师范学院学报（哲学社会科学版）》2016年第3期。

9447　梁宇航：《"21世纪海上丝绸之路"对我国对外贸易影响的分析》，《企业科技与发展》2016年第7期。

9448　魏向远：《论"一带一路"战略的经济意义》，《经济研究导刊》2016年第15期。

9449　罗煜：《"一带一路"战略对中国经济发展的影响》，《现代经济信息》2016年第18期。

9450　季琼：《"一带一路"战略对全球经贸格局的构建》，《经济研究参考》2016年第19期。

9451　王铭菲：《浅析"一带一路"战略对我国经济发展的影响》，《中国经贸》2016年第20期。

9452　王子韩：《经济全球化下的中国经济特征与发展策略》，《价值工程》2016年第31期。

9453　唐芷瑄：《"一带一路"对中国经济的影响研究》，《中国商论》2016年第36期。

9454　李豫新、王振宇：《"丝绸之路经济带"背景下经济发展质量影响因素分析》，《统计与决策》2017年第21期。

9455　胡峻崧、李卓尔：《浅析一带一路对中国经济的影响》，《商情》2017年第45期。

9456　井晓贺：《"一带一路"建设对全球经济影响的思考》，《卷宗》2018年第3期。

经济管理

9457　彭玲、王铁山、郭得力：《影子经济及其对经济安全的影响研究——以俄罗斯为例》，《河南师范大学学报（哲学社会科学版）》2011年第4期。

9458　袁丹、雷宏振：《丝绸之路经济带经济联系与协调发展的社会网络分析》，《云南财经大学学报》2014年第4期。

9459　蔡春林：《新兴经济体参与新丝绸之路建设的策略研究》，《国际贸易》2014年第5期。

9460　张建卫：《新亚欧大陆桥运营管理及发展的研究》，《铁道运输与经济》2014年第6期。

9461　中国科学院地理科学与资源研究所课题组：《丝绸之路经济带可持续发展模式探

析》，《中国国情国力》2014 年第 10 期。

9462 魏萍：《海关服务丝绸之路经济带建设的若干思考》，《青年科学（教师版）》2014 年第 10 期。

9463 刘育红：《"新丝绸之路"经济带财政转移支付政策效应分析——基于城际面板数据的实证》，《学术论坛》2014 年第 12 期。

9464 李刚：《"丝绸之路经济带"与会计准则协调》，《中国管理信息化》2014 年第 13 期。

9465 金融：《深入开展海关国际合作全力推动丝绸之路经济带建设战略稳步发展》，《海关与经贸研究》2015 年第 2 期。

9466 张佩峰：《关于丝绸之路经济带建设税收政策的几点思考》，《税收经济研究》2015 年第 4 期。

9467 王秋玲、崔宏凯：《共建"丝绸之路经济带"下政府作用新探——基于"中国制造"商品不良信誉认知的背景》，《经济问题》2015 年第 5 期。

9468 于江波、王晓芳：《经济增长驱动要素在空间与时间两维度的动态演变轨迹》，《经济与管理研究》2015 年第 5 期。

9469 王锡刚、张奎、邹德志：《一带一路视角下青岛海关主动融入和服务国家战略的实践与思考》，《海关与经贸研究》2015 年第 5 期。

9470 魏晓旭、赵军、魏伟、颉斌斌：《丝绸之路经济带中国段经济发展时空演化特征》，《干旱区地理》2015 年第 6 期。

9471 文雷、张淑惠：《"丝绸之路经济带"的税收协调问题》，《税务研究》2015 年第 6 期。

9472 田静云：《新丝绸之路经济增长潜力分析》，《中国市场》2015 年第 8 期。

9473 姚宇、李忠民、夏德水：《丝绸之路经济带经济发展因果链分析》，《经济与管理研究》2015 年第 11 期。

9474 付韶军：《"丝绸之路经济带"沿线 TFP 测算及影响因素研究——基于随机前沿面板数据模型的分析》，《经济问题探索》2015 年第 11 期。

9475 姜安印：《一带一路建设中中国发展经验的互鉴性——以基础设施建设为例》，《中国流通经济》2015 年第 12 期。

9476 潘竟虎、胡艳兴、董晓峰：《丝绸之路经济带经济差异时空格局演变特征》，《经济地理》2016 年第 1 期。

9477 周阳敏、高霞：《新丝绸之路核心带、拉动带与辐射带的经济空间结构研究》，《创新科技》2016 年第 1 期。

9478 范永茂、王树光、马泽强：《丝绸之路经济带核心区建设中的公共服务与管理问题》，《新疆大学学报（哲学·人文社会科学版）》2016年第2期。

9479　卢飞、蒙永胜、刘明辉：《要素重心、空间匹配与地区差异分析——以"丝绸之路经济带"核心区为例》，《上海财经大学学报（哲学社会科学版）》2016年第2期。

9480　王文静：《"一带一路"战略下的跨境税收问题初探——基于公司所得税法和国际税收协定的比较》，《财经法学》2016年第2期。

9481　高志刚、刘伟：《俄白哈关税同盟对中国与哈萨克斯坦经贸合作的影响——以"丝绸之路经济带"战略为背景》，《新疆大学学报（哲学·人文社会科学版）》2016年第3期。

9482　向丽君：《中国在"21世纪海上丝绸之路"建设中的税收协调问题》，《山西财政税务专科学校学报》2016年第3期。

9483　崔建高：《海关支持"一带一路"建设路径及策略探析——以支持中蒙俄经济走廊建设为例》，《海关与经贸研究》2016年第3期。

9484　孙力：《"一带一路"愿景下政策沟通的着力点》，《新疆师范大学学报（哲学社会科学版）》2016年第3期。

9485　王颖、张倩、耿晓璐：《"一带一路"建设中审计服务业发展探析》，《现代审计与经济》2016年第4期。

9486　张可成：《供给侧改革中"一带一路"支撑作用研究》，《河南社会科学》2016年第4期。

9487　姜安印、张庆国：《中国减贫经验在"一带一路"建设中的互鉴性》，《中国流通经济》2016年第4期。

9488　王文静、赖泓宇：《"一带一路"战略的国际税收协调》，《国际税收》2016年第4期。

9489　程晓荣、刘源：《丝绸之路经济带战略背景下的区域税收协调问题研究——基于产业合作发展的视角》，《西部财会》2016年第5期。

9490　顾华详：《丝绸之路经济带核心区经济协调发展研究》，《新疆师范大学学报（哲学社会科学版）》2016年第5期。

9491　郭爱君、陶银海：《丝绸之路经济带与国家新区建设协同发展研究》，《西北师范大学学报（社会科学版）》2016年第6期。

9492　陈鹏：《海关对能源类贸易监管及其在龙丝路带经济格局中的特殊意义》，《中国经贸》2016年第6期。

9493　许涛：《国家行为体在古代"丝绸之路"构建中的作用和意义》，《新疆师范大学学报（哲学社会科学版）》2016年第6期。

9494 王娟娟、吕冠桥：《丝绸之路经济带经济增长趋同类型研究》，《技术经济与管理研究》2016年第8期。

9495 苏华、冯亮：《丝绸之路经济带"点—轴带动"发展模式构想》，《学术探索》2016年第9期。

9496 刘源、宋丽颖、闫珂：《"丝绸之路经济带"背景下中国—中亚企业所得税制协调问题研究——基于产业合作视角》，《人文杂志》2016年第9期。

9497 李文涛：《"21世纪海上丝绸之路"通道建设的税收政策协同研究》，《经济研究参考》2016年第23期。

9498 张星强、苏畅：《发展海上丝绸之路的税收协调研究——以东南亚地区为例》，《经济研究参考》2016年第53期。

9499 陈展、周广仁：《税收服务"海上丝绸之路""走出去"企业研究》，《税务研究》2017年第2期。

9500 岳武、杜莉：《中国FDI与ODI对低碳经济发展的影响以及对"一带一路"战略的启示》，《武汉大学学报（哲学社会科学版）》2017年第2期。

9501 曾敏：《丝路经济带建设下区域经济合作中政府的作用》，《时代金融（中旬）》2017年第3期。

9502 李海燕、兰永红：《海上丝绸之路沿线国家税务风险防控的国际借鉴研究》，《国际税收》2017年第4期。

9503 孙泽霖：《我国与"丝绸之路经济带"沿线国家避免双重征税协定的现状与改进路径》，《四川省干部函授学院学报》2017年第4期。

9504 杰弗里·欧文斯著，张钟月译：《新丝绸之路发展中的税收问题探究》，《国际税收》2017年第4期。

9505 张美云：《丝绸之路经济带经济复杂度及其影响因素》，《经济经纬》2017年第4期。

9506 郝金磊、尹萌：《我国丝绸之路经济带创新环境对创新绩效的影响研究——创新能力的调节作用》，《西北民族大学学报（哲学社会科学版）》2017年第4期。

9507 董淑兰、刘浩、刘芮萌：《腐败环境、政府补助与企业绩效的关系研究——基于丝绸之路经济带西部省份国资委下属上市公司的数据》，《武汉交通职业学院学报》2017年第4期。

9508 佐克·艾力木、张正通：《税收助力古丝绸之路重放异彩》，《中国税务》2017年第6期。

9509 张强：《"丝绸之路经济带"新起点的省以下政府间事权与支出责任划分》，《西安财经学院学报》2017年第6期。

9510　余珍、韩金红：《"丝绸之路核心区"财税政策对投资效率的影响——基于A股新疆上市公司的经验证据》，《财会月刊》2017年第24期。

9511　陈淑芬：《丝绸之路经济带建设中加强海关国际合作对策的思考》，《商场现代化》2018年第2期。

货币金融

9512　杨小平、孙仲文：《中国货币在东南亚区域化的历史进程——历史背景（一）：商贸通道的建立》，《中国金融》，2009年第2期。

9513　马骥：《人民币汇率变动对中国与中亚五国贸易影响的实证分析》，《俄罗斯中亚东欧市场》2012年第1期。

9514　周效荣、高长宝：《金融支持敦煌参与"丝绸之路经济带"建设的调查与思考》，《甘肃金融》2014年第2期。

9515　姚瑛：《城市商业银行在丝绸之路经济带发展中的策略研究》，《财经界》2014年第2期。

9516　葛伟、秦成德：《西安区域金融中心在丝绸之路经济带发展中的策略选择》，《西安文理学院学报（社会科学版）》2014年第3期。

9517　马广奇、赵亚莉：《基于"最优货币区理论"的丝绸之路经济带货币一体化条件分析》，《福建金融管理干部学院学报》2014年第4期。

9518　张良：《人民币区域化发展研究——以中亚五国为例》，《对外经贸》2014年第4期。

9519　郭田勇、李琼：《"新丝绸之路"的经贸金融战略意义》，《人民论坛·学术前沿》2014年第4期。

9520　杨为、程王芳：《"丝绸之路经济带"金融中心建设的模式和制度安排》，《开发研究》2014年第6期。

9521　杜蓓蓓：《促进丝绸之路经济带货币流通——基于新疆跨境直接投资人民币结算问题的研究》，《金融教育研究》2014年第6期。

9522　夏左：《新丝绸之路经济带沿线九省区市财政支出状况的比较分析》，《吉林工商学院学报》2014年第6期。

9523　郑云峰：《"丝绸之路"经济带助推人民币国际化》，《现代经济信息》2014年第7期。

9524　张军强：《丝绸之路经济带的金融支持》，《时代金融（下旬）》2014年第8期。

9525　马广奇、陈雯敏：《丝绸之路经济带货币流通的路径选择》，《西南金融》2014

9526 王永斌：《"丝绸之路经济带"建设及金融支持的研究》，《时代金融（中旬）》2014年第9期。

9527 课题组：《新丝绸之路经济带中喀什金融发展的路径选择》，《西部金融》2014年第9期。

9528 马广奇、赵亚莉：《基于"最优货币区理论"的丝绸之路经济带货币一体化条件分析》，《甘肃金融》2014年第10期。

9529 朱琛、王科：《金融支持"丝绸之路经济带"建设的战略路径与对策——以甘肃省开发性金融为例》，《甘肃金融》2014年第10期。

9530 张俊平、许鸣雷、张欢：《金融资源配置效率分析视角的丝绸之路经济带甘肃黄金段建设——以定西市为例》，《西部金融》2014年第10期。

9531 徐义国：《丝绸之路经济带战略构想的金融元素》，《银行家》2014年第10期。

9532 吴国培、杨少芬、赵晓斐、杨秀萍：《福建金融业融入"21世纪海上丝绸之路"建设研究》，《福建金融》2014年第10期。

9533 厉无畏、许平：《丝绸之路经济带上的金融合作与创新》，《毛泽东邓小平理论研究》2014年第10期。

9534 王海景、赵洋、吕威龙：《资本市场支持特色产业发展推动"丝绸之路经济带"黄金段建设》，《甘肃金融》2014年第11期。

9535 巨丽丽：《金融支持青海融入"丝绸之路经济带"浅议》，《青海金融》2014年第11期。

9536 南楠：《丝绸之路经济带构建中的新疆反洗钱研究》，《合作经济与科技》2014年第11期。

9537 白伟东、张国柱、何慧龄：《区域特色产业发展中的金融支持研究》，《甘肃金融》2014年第12期。

9538 郑周胜：《丝绸之路经济带甘肃段建设及其金融支持研究》，《吉林金融研究》2014年第12期。

9539 徐谊萍：《银行业支持"丝绸之路经济带"甘肃段建设路径探析》，《甘肃金融》2014年第12期。

9540 王倩、王奕、胡颖：《丝绸之路经济带加强货币金融合作的经济基础和可行性分析——基于SVAR模型的研究》，《西南金融》2014年第12期。

9541 马广奇、王巧巧：《丝绸之路经济带金融合作瓶颈与发展建议》，《商业经济研究》2015年第1期。

9542 戴海峰：《新丝绸之路经济带发展与金融支持》，《青海金融》2015年第1期。

9543 赵斐：《外汇管理政策支持丝绸之路经济带西安自由贸易实验园区建设的借鉴与探索》，《西部金融》2015年第1期。

9544 保建云：《论"一带一路"建设给人民币国际化创造的投融资机遇、市场条件及风险分布》，《天府新论》2015年第1期。

9545 王一琳：《21世纪海上丝绸之路经济金融法律合作前瞻——中国东南亚南亚法律合作磋商会暨21世纪海上丝绸之路法律研讨会述评》，《重庆与世界（学术版）》2015年第2期。

9546 杜蓓蓓：《促进丝绸之路经济带货币流通——基于新疆跨境直接投资人民币结算问题的研究》，《西部金融》2015年第2期。

9547 陈能军、王丽、赖明明：《金融深化与对外贸易发展的互动关系——以珠三角地区为例》，《中国流通经济》2015年第2期。

9548 李忠民、刘妍：《金融支持"新丝绸之路经济带"构想的战略路径研究》，《人文杂志》2015年第2期。

9549 郑周胜：《丝绸之路金融交流合作历程及其镜鉴》，《甘肃金融》2015年第2期。

9550 王宏森、吴镝：《丝绸之路经济带框架下新疆的金融业发展》，《商》2015年第2期。

9551 倪明明、王满仓：《丝绸之路经济带区域货币合作与人民币区域化的现实困境及实现路径》，《人文杂志》2015年第2期。

9552 屈波、王玉晨、杨运森、何欣：《西部蚕桑产业发展及金融支持路径探析》，《西部金融》2015年第2期。

9553 王倩：《中国与中亚五国间货币金融合作实践与发展研究》，《新疆财经》2015年第2期。

9554 杨措：《丝绸之路建设与跨境人民币结算》，《青海金融》2015年第2期。

9555 保建云：《论海上丝绸之路建设与海上丝路人民币贸易圈的形成与发展》，《江苏行政学院学报》2015年第2期。

9556 何方恩：《发挥国际化大银行优势支持丝绸之路经济带发展》，《甘肃金融》2015年第2期。

9557 黄军成：《"丝绸之路经济带"视角下民族地区金融资源配置效率研究——以青海省循化撒拉族自治县为例》，《青藏高原论坛》2015年第3期。

9558 辛瑞、杨红丽：《丝绸之路的"绢帛"输出对唐代货币流通的影响》，《新疆财经大学学报》2015年第3期。

9559 阿布都瓦力·艾百：《以新疆为平台推进中国与中亚国家的金融合作研究》，《新疆社会科学（汉文版）》2015年第3期。

9560　刘少军：《"丝绸之路"金融法律合作问题》,《中国流通经济》2015年第4期。

9561　韩国强：《金融支持"丝绸之路经济带"农业银行大有可为》,《农银学刊》2015年第4期。

9562　蒙启宙：《侨批业：一条由亲情串起来的海上金融丝绸之路》,《广州城市职业学院学报》2015年第4期。

9563　蔡书芳：《丝绸之路金融法律合作问题研究》,《延安职业技术学院学报》2015年第4期。

9564　徐成：《保险业参与丝绸之路经济带建设的路径分析》,《中国集体经济》2015年第4期。

9565　刘鑫杰：《丝绸之路经济带背景下再谈新疆建立棉花期货交易所》,《对外经贸》2015年第4期。

9566　张文木：《"一带一路"和亚投行的政治意义》,《政治经济学评论》2015年第4期。

9567　李建军、孙慧：《卢布暴跌对"丝绸之路经济带"建设的影响》,《求是学刊》2015年第4期。

9568　王敏、柴青山、王勇、刘瑞娜、周巧云、贾钰哲、张莉莉：《"一带一路"战略实施与国际金融支持战略构想》,《国际贸易》2015年第4期。

9569　孟阳：《"一带一路"战略下银行金融市场业务的发展机遇》,《北方金融》2015年第5期。

9570　何帆：《21世纪海上丝绸之路建设的金融支持》,《广东社会科学》2015年第5期。

9571　同勤学：《丝绸之路经济带视域下构建西部区域金融中心的设想》,《宝鸡文理学院学报（社会科学版）》2015年第5期。

9572　高洋：《中国新疆与哈萨克斯坦金融业投入产出效率的实证分析》,《新疆职业大学学报》2015年第5期。

9573　李翠萍：《"丝绸之路经济带"框架下人民币周边区域化研究——基于中亚视角》,《金融发展研究》2015年第5期。

9574　余剑秋：《"新丝绸之路经济带"人民币区域化路径及其效应》,《商场现代化》2015年第5期。

9575　周先平、朱新蓉、刘天云、李敏：《以"丝绸之路经济带"作为人民币国际化新的推进方向》,《全球化》2015年第5期。

9576　雷斐：《人民币实际有效汇率变动对中国对外贸易的影响——基于丝绸之路经济带中国段的数据分析》,《天津商业大学学报》2015年第5期。

9577 巴曙松、王志峰：《"一带一路"沿线经济金融环境与我国银行业的国际化发展战略》，《兰州大学学报（社会科学版）》2015年第5期。

9578 刘迁迁、李尚乘：《关于金融支持"一带一路"基础设施互联互通的思考和建议》，《农村金融研究》2015年第6期。

9579 高寒、胡志钢、于楠：《农业银行服务"丝绸之路经济带"建设的思考与建议》，《农村金融研究》2015年第6期。

9580 秦梓华、张四军：《丝绸之路经济带"甘肃黄金段"建设的碳金融模式——基于伊斯兰金融视阈的选择探析》，《兰州文理学院学报（社会科学版）》2015年第6期。

9581 倪明明、王满仓：《丝绸之路经济带区域货币合作的实现基础与路径选择》，《西北大学学报（哲学社会科学版）》2015年第6期。

9582 吕志青：《"一带一路"战略的货币流通研究》，《黄河科技大学学报》2015年第6期。

9583 王雪：《"新丝绸之路经济带"战略中货币金融体系构建的探析——基于PEST分析法》，《经济论坛》2015年第7期。

9584 杨宏伟、孙善祥：《金融支持现代物流发展的联动关系研究——以丝绸之路经济带核心区建设为例的实证分析》，《物流技术（装备版）》2015年第7期。

9585 刘宁：《浅析丝绸之路经济带甘肃黄金段建设金融支持》，《北方经贸》2015年第7期。

9586 权永生：《陕西建设"丝绸之路经济带"金融中心的战略研究》，《西部金融》2015年第7期。

9587 赵先立：《丝绸之路经济带建设中的金融合作研究》，《甘肃金融》2015年第7期。

9588 张硕：《"丝绸之路经济带"背景下扩大人民币与周边国家小币种衍生交易需求的可行性研究——以哈萨克斯坦坚戈为例》，《北方金融》2015年第7期。

9589 高麟睿、王霞：《人民币中亚化的基础条件与对策分析》，《时代金融（中旬）》2015年第7期。

9590 梁倬：《丝绸之路经济带人民币流通的实际情境与选择》，《时代金融（下旬）》2015年第7期。

9591 邵永平：《丝绸之路经济带建设背景下金融支持嘉峪关市发展的重点方向及对策研究》，《甘肃金融》2015年第8期。

9592 肖珊、华默然：《丝绸之路框架下中国（新疆）与中亚五国金融合作研究》，《吉林金融研究》2015年第8期。

9593 刘丹：《人民币区域化背景下审视我国"一带一路"战略》，《当代经济管理》2015年第8期。

9594 刘立民、李文胜、吕香亭：《金融支持经济发展的效率研究——基于丝绸之路经济带的西北五省域实证分析》，《西部金融》2015年第9期。

9595 周阿利：《丝绸之路经济带建设中西安金融的定位与发展研究》，《西部财会》2015年第9期。

9596 陈文新、马婉蓉：《丝绸之路经济带与乌鲁木齐区域金融中心建设》，《新疆农垦经济》2015年第9期。

9597 高国清、都静、纪超：《"中蒙俄经济走廊"基础设施建设引入PPP模式的探讨》，《北方经济》2015年第9期。

9598 金琦：《"一带一路"战略中的金融支持与合作》，《清华金融评论》2015年第9期。

9599 王成瑶：《"丝绸之路"货币流通使用规律研究及启示》，《西部金融》2015年第10期。

9600 梁斐然、童纪新：《金融视角下我国新丝绸之路经济带全要素生产率的测度》，《工业技术经济》2015年第10期。

9601 严维青、吴铮：《金融支持青海参与丝绸之路经济带建设思考》，《青海金融》2015年第10期。

9602 仲爱新：《保险业支持新疆"丝绸之路经济带"建设研究》，《大陆桥视野》2015年第10期。

9603 陈华、刘春紫：《一带一路背景下人民币国际化的秩序与路径》，《上海企业》2015年第11期。

9604 程贵：《丝绸之路经济带国际核心区货币金融合作的困境及其破解》，《经济纵横》2015年第11期。

9605 郭艺萌：《我国境内丝绸之路经济带西北段建设的金融支持——基于陕西省金融发展与经济增长关系的角度》，《商》2015年第12期。

9606 王倩、胡颖：《中国与中亚国家跨境贸易人民币结算：潜力、阻碍与策略》，《南方金融》2015年第12期。

9607 丁振辉：《"一带一路"下的国家金融战略与商业银行业务发展》，《杭州金融研修学院学报》2015年第12期。

9608 孙继业：《保障"一带一路"经济银保需携手共进退》，《杭州金融研修学院学报》2015年第12期。

9609 王小康、朱四伟：《乌鲁木齐市建立中亚区域金融中心分析建议》，《合作经济与科技》2015 年第 13 期。

9610　付宇杰、许益翔、孙梦健：《"一带一路"背景下新疆生产建设兵团对外金融合作研究》，《商场现代化》2015 年第 14 期。

9611　李明：《"新丝绸之路经济带"金融一体化战略路径及实施对策研究》，《赤峰学院学报（自然科学版）》2015 年第 16 期。

9612　肖珊、华默然：《丝绸之路框架下中国（新疆）与中亚五国金融合作研究》，《合作经济与科技》2015 年第 16 期。

9613　张海霞、李季鹏：《"一带一路"沿线国家投融资环境和我国外贸发展分析》，《现代商贸工业》2015 年第 17 期。

9614　马艳玲：《"丝绸之路经济带"建设甘肃段的金融支持》，《现代经济信息》2015 年第 18 期。

9615　王续凯：《"丝绸之路"经济带建设背景下金融支持宁夏经济区域发展的几点思考》，《金融经济》2015 年第 18 期。

9616　杨柳、赵鲁楠：《丝绸之路经济带沿线城市普惠金融发展机遇分析》，《商场现代化》2015 年第 19 期。

9617　王磊：《论如何发挥银行信贷在"一带一路"建设中的积极作用》，《财经界》2015 年第 21 期。

9618　王俊、杨超、陈志军、倪翔：《金融支撑甘肃省打造丝绸之路经济带黄金段研究》，《经济研究导刊》2015 年第 26 期。

9619　位元元：《"一带一路"建设下人民币国际化的前景》，《商》2015 年第 26 期。

9620　周阿利：《基于金融视域下的丝绸之路经济带建设研究》，《当代经济》2015 年第 27 期。

9621　何珊、姜晓兵：《丝绸之路经济带货币合作可行性的实证研究》，《现代商业》2015 年第 30 期。

9622　涂永红：《丝绸之路经济带建设为人民币国际化创造机遇》，《经济研究参考》2015 年第 30 期。

9623　曹志鹏、马翠萍：《谈以丝绸之路经济带为契机的人民币区域化发展》，《商业经济研究》2015 年第 31 期。

9624　崔巍平、刘春宇：《金融支持丝绸之路经济带核心区建设的几点思考》，《中国经贸导刊》2015 年第 33 期。

9625　刘丹：《人民币在新丝绸之路沿线国家实现区域化路径选择》，《经济研究参考》2015 年第 60 期。

9626　朱健齐、胡少东、陈笑莉、覃薇：《广东省发展海洋金融的机遇与挑战》，《汕头大学学报（人文社会科学版）》2016 年第 1 期。

9627　刘占洋：《金融支持丝绸之路经济带发展的思考以西部地区为例》，《实事求是》2016 年第 1 期。

9628　陈文新、马婉蓉：《丝绸之路经济带与乌鲁木齐区域金融中心建设》，《西部金融》2016 年第 1 期。

9629　杨肃昌、于淑利：《中国与中亚五国区域金融合作研究——基于"丝绸之路经济带"视角》，《时代金融（下旬）》2016 年第 1 期。

9630　李建军、马思超：《丝绸之路经济带核心区基础设施投资估计与融资模式探析》，《新疆财经》2016 年第 1 期。

9631　张飘洋、秦放鸣：《丝绸之路经济带沿线国家中、俄、哈股票市场的协同性研究》，《开发研究》2016 年第 1 期。

9632　李承鑫、周慧：《哈萨克斯坦经济金融发展及其对我国新疆的影响》，《金融教育研究》2016 年第 2 期。

9633　刘宇：《丝绸之路经济带背景下甘肃金融支持产业发展策略探析》，《西北成人教育学院学报》2016 年第 2 期。

9634　田娜、张丹：《西安构建"丝绸之路经济带"区域金融中心的 TOPSIS 分析》，《西安财经学院学报》2016 年第 2 期。

9635　杨肃昌、于淑利：《中国与中亚五国区域金融合作研究——基于"丝绸之路经济带"视角》，《北方金融》2016 年第 2 期。

9636　王振、胡振华、杨波：《跨境人民币资金流动驱动因素的实证研究：基础交易与金融交易划分的思路》，《重庆大学学报（社会科学版）》2016 年第 2 期。

9637　龚文强：《丝绸之路经济带人民币跨境流通现状及发展对策》，《对外经贸》2016 年第 2 期。

9638　刘宇：《"丝绸之路经济带"背景下甘肃金融支持产业发展策略探析》，《西北成人教育学院学报》2016 年第 2 期。

9639　王坤衍：《"丝绸之路经济带"建设背景下新疆与中亚国家开展人民币跨境结算业务的 SWOT 分析》，《对外经贸》2016 年第 2 期。

9640　李泉、石国海：《"丝绸之路经济带"沿线区域金融发展能力研究——以西北五省（区）为例》，《西华大学学报（哲学社会科学版）》2016 年第 3 期。

9641　黄杨杨：《21 世纪海上丝绸之路下广西金融产业的发展环境分析》，《新经济》2016 年第 3 期。

9642　董春风、何剑：《甘肃省金融发展对城镇化的影响研究——基于"丝绸之路经济带"战略视角》，《西部金融》2016 年第 3 期。

9643 李忠民：《建设丝绸之路经济带金融中心：陕西在行动》，《清华金融评论》2016年第3期。

9644 郑周胜：《丝绸之路经济带金融合作：进展、前景与策略》，《吉林金融研究》2016年第3期。

9645 高丽：《丝绸之路经济带视角下的中哈金融合作研究》，《新疆财经大学学报》2016年第3期。

9646 张永丽：《丝绸之路经济带与甘肃发展伊斯兰金融的研究》，《甘肃金融》2016年第3期。

9647 陈文新、马婉蓉、李国俊：《新常态下西部地区金融发展水平综合评价研究——基于R型因子和灰色聚类的实证分析》，《区域金融研究》2016年第3期。

9648 张永丽、王博：《中国西北地区发展伊斯兰金融的前景分析——基于"一带一路"的视角》，《上海财经大学学报（哲学社会科学版）》2016年第3期。

9649 申奉燮、吴琪、王克：《中国主导的亚洲基础设施投资银行对东盟成员国的影响》，《南洋资料译丛》2016年第3期。

9650 赵广会：《促进新疆保险企业融入"一带一路"战略的对策建议》，《经济论坛》2016年第3期。

9651 曹苏敏、杨姗姗、水冰：《"一带一路"战略下西安建设区域金融中心的优势测度》，《西部金融》2016年第3期。

9652 谢新芳、梁海明：《"一带一路"背景下我国发展伊斯兰金融的思考》，《南方金融》2016年第4期。

9653 罗传钰：《21世纪海上丝绸之路建设下中国—东盟金融合作法律机制的完善》，《太平洋学报》2016年第4期。

9654 侯凯：《黑龙江省构建"龙江陆海丝绸之路经济带"的金融支持分析》，《知与行》2016年第4期。

9655 石建平：《金融支持"丝绸之路"黄金节点建设的路径探析——以甘肃省张掖市为例》，《甘肃金融》2016年第4期。

9656 乔鹤鸣：《论"一带一路"的经济重心及其金融支撑机制》，《中州学刊》2016年第4期。

9657 牛凤君、李明：《"一带一路"背景下人民币周边区域化发展研究》，《商业经济研究》2016年第4期。

9658 宁薛平：《丝绸之路经济带企业跨境融资的逆向选择和道德风险》，《区域经济评论》2016年第4期。

9659 梅声洪：《信息不对称条件下的"丝绸之路经济带"跨境融资行为研究》，《西

▶ 丝绸之路研究论文目录

部金融》2016年第4期。

9660 宁薛平：《互联网跨境支付在丝绸之路经济带中的外部效应研究》，《西部金融》2016年第4期。

9661 詹小颖：《"一带一路"建设下西部地区跨境人民币业务创新发展研究——以广西为例》，《改革与战略》2016年第4期。

9662 任力、向宇、吴亚兰、章毅：《福建在海上丝绸之路战略中的金融对策》，《金融教育研究》2016年第5期。

9663 严晓波：《建设丝绸之路经济带甘肃黄金段的金融思考》，《甘肃科技》2016年第5期。

9664 孙经会：《金融支持"丝绸之路经济带"建设研究——以陕西省为例》，《西安石油大学学报（社会科学版）》2016年第5期。

9665 于江波：《丝绸之路经济带"金融—能源产业"合作机制研究》，《管理学刊》2016年第5期。

9666 张怡：《新疆打造丝绸之路经济带区域金融中心思考》，《消费导刊》2016年第5期。

9667 刘霞：《金融支持"一带一路"建设的思考——以营口市为例》，《黑龙江金融》2016年第5期。

9668 贾儒楠、韦娜：《金融支持"一带一路"建设的现状、问题与建议》，《国际贸易》2016年第5期。

9669 程贵、王琪：《人民币中亚区域化经济基础的实证分析》，《亚太经济》2016年第5期。

9670 袁佳：《"一带一路"基础设施资金需求与投融资模式探究》，《国际贸易》2016年第5期。

9671 许闲：《"一带一路"战略与保险业的冷思考》，《上海保险》2016年第5期。

9672 高丽、李季刚：《"丝绸之路经济带"视角下哈萨克斯坦货币政策实践及效应研究——基于VAR模型》，《新疆大学学报（哲学·人文社会科学版）》2016年第6期。

9673 赵龙：《"丝绸之路经济带"沿线国家金融发展潜力的指数化评估》，《新疆财经》2016年第6期。

9674 彭圣致：《基于突变理论的中国与哈萨克斯坦金融脆弱性比较研究》，《新疆财经》2016年第6期。

9675 陈文新、马婉蓉、于淑利：《金融发展对我国西部地区经济开放度的影响研究——基于"丝绸之路经济带"视角》，《商业经济研究》2016年第6期。

9676 马莉：《绿色金融法律问题研究——基于丝绸之路经济带视域下中国与中亚生态合作的视角》，《晋中学院学报》2016年第6期。

9677 李后成、李文侠、刘妍：《丝绸之路经济带金融人力资源评估与需求预测研究》，《西部金融》2016年第6期。

9678 王亚茹：《新疆参与丝绸之路经济带建设金融服务研究》，《时代金融（中旬）》2016年第6期。

9679 姚佳、陈丽婷：《中国与中亚五国货币金融合作的经济基础和路径设计》，《兰州财经大学学报》2016年第6期。

9680 汪永臻：《"丝绸之路经济带"建设中人民币中亚化问题思考》，《商业经济研究》2016年第6期。

9681 王晓芳、胡冰：《丝绸之路经济带人民币国际化问题研究——基于金融合作下的货币选择与竞争博弈》，《河南师范大学学报（哲学社会科学版）》2016年第6期。

9682 程贵、姚佳：《"丝绸之路经济带"战略下人民币实现中亚区域化的策略选择》，《经济纵横》2016年第6期。

9683 陈文新、祝艳梅：《丝绸之路经济带国内节点城市金融竞争力水平评价》，《商业经济研究》2016年第7期。

9684 曲丽丽、韩雪：《"一带一路"建设中金融风险识别及监管研究》，《学习与探索》2016年第8期。

9685 彭澎：《互联网金融深化丝绸之路经济带金融合作机制研究》，《国际融资》2016年第8期。

9686 蒋润祥、魏长江、郑周胜、李栋：《丝绸之路经济带甘肃段建设及其金融支持研究》，《西部金融》2016年第8期。

9687 李初文佳：《我国四大经济区金融发展比较研究——基于丝绸之路经济带视角》，《西部金融》2016年第8期。

9688 刘亚辉：《中国—中亚边境金融合作研究》，《合作经济与科技》2016年第8期。

9689 杨素娟、卢爱珍：《丝绸之路经济带中人民币流通问题探析》，《区域金融研究》2016年第8期。

9690 李翠萍：《从中亚视角分析货币合作的必要性》，《华北金融》2016年第9期。

9691 胡凯：《金融集聚化对丝绸之路经济带的影响机制探究》，《生产力研究》2016年第9期。

9692 唐光海：《丝绸之路经济带农村互联网金融发展风险与防范研究》，《西部财会》2016年第9期。

9693 赵龙：《"一带一路"战略下新疆定位与区域金融中心建设的再思考》，《金融发展评论》2016年第9期。

9694 周爱民、宋暄：《海上丝绸之路支点港口城市金融创新路径探索》，《中国流通经济》2016年第10期。

9695 冯伟：《金融支持陕西省丝绸之路经济带建设的实践与思考》，《北方金融》2016年第10期。

9696 瓮文俊、杨平、陈定海、梁春亚：《丝绸之路经济带框架下新疆外向型经济发展的金融支持》，《西部金融》2016年第10期。

9697 李翠萍、张文中：《丝绸之路经济带国际核心区货币合作研究》，《新金融》2016年第10期。

9698 温法仁：《"海上丝绸之路"货币对商贸作用的研究》，《区域金融研究》2016年第11期。

9699 孙龙：《绿色金融助推绿色丝绸之路建设的研究——基于农行发展绿色金融的思考》，《农村金融研究》2016年第11期。

9700 耿明英：《"一带一路"战略下加快构建多边金融市场体系的思考—兼论中欧金融合作的契机》，《对外经贸实务》2016年第11期。

9701 全浙玉：《我国与中亚五国经贸金融合作的现状、障碍及对策》，《对外经贸实务》2016年第11期。

9702 姜安印、郑博文：《中国开发性金融经验在一带一路建设中的互鉴性》，《中国流通经济》2016年第11期。

9703 罗梦寒：《海上丝绸之路建设与海上人民币贸易圈的构建分析》，《时代金融（下旬）》2016年第11期。

9704 武丽丽：《"丝绸之路经济带"在甘肃段建设的金融支持研究》，《商》2016年第11期。

9705 唐世辉、陈勇：《"一带一路"背景下中国与周边国家贸易金融业务发展的机遇与挑战》，《金融发展评论》2016年第11期。

9706 郭莉莉：《新的历史背景下丝路战略支点建设的金融思考》，《金融发展评论》2016年第11期。

9707 王成瑶：《"丝路货币"视角下的人民币国际化路径研究及启示》，《时代金融（中旬）》2016年第12期。

9708 吴达：《丝绸之路经济带产油国汇率制度选择与人民币国际化》，《西部金融》2016年第12期。

9709 张磊：《商业银行服务"一带一路"战略的机遇与挑战》，《中国经贸》2016年第 12 期。

9710 徐飞：《丝绸之路经济带金融合作中存在的问题及应对措施》，《经营者》2016年第 15 期。

9711 邓俊荣、章妍：《丝绸之路经济带西部区域金融中心建设的实证研究》，《经济研究导刊》2016 年第 16 期。

9712 白力：《"一带一路"的全球金融治理意义及挑战》，《商业经济研究》2016 年第 18 期。

9713 杨谠峰：《"一带一路"战略对人民币国际化的影响》，《现代经济信息》2016 年第 18 期。

9714 丁竹君、杨筱：《丝绸之路经济带甘肃段金融支持实证研究》，《合作经济与科技》2016 年第 19 期。

9715 伍习丽、傅强：《我国丝绸之路经济带的金融效率研究》，《数学的实践与认识》2016 年第 19 期。

9716 赵志君：《中国—中亚经贸发展和人民币区域化面临的挑战——基于对"丝绸之路"沿线国的考察》，《中国发展观察》2016 年第 19 期。

9717 杨筱：《金融支持丝绸之路经济带甘肃段经济发展的研究》，《科技经济导刊》2016 年第 20 期。

9718 朱恩东：《一带一路基础设施融资中的人民币国际化发展分析》，《现代经济信息》2016 年第 22 期。

9719 杨珍珍：《乌鲁木齐区域金融中心构建探讨》，《合作经济与科技》2016 年第 23 期。

9720 孔万幸：《我国丝绸之路经济带地区财政努力度测算》，《合作经济与科技》2016 年第 23 期。

9721 张赛：《新丝绸之路经济带进程中新疆地区金融创新展望》，《商》2016 年第 28 期。

9722 谢靖：《金融支持丝绸之路经济带可持续发展研究》，《商情》2016 年第 33 期。

9723 吴朋澔：《"一带一路"新形势下的金融投资现状及风险》，《中国商论》2016 年第 33 期。

9724 李秉坤、刘钰：《"一带一路"背景下基础设施项目 PPP 模式的现状及对策》，《行政事业资产与财务》2016 年第 34 期。

9725 王南忠：《丝绸之路经济带货币合作》，《商情》2016 年第 38 期。

9726 马怀政、余栋、马宁：《金融支持宁夏内陆开放型经济跨越式发展——基于宁夏发展伊斯兰金融的必要性与可行性》，《市场观察》2016 年增刊第 2 期。

9727　王阳阳：《"丝绸之路经济带"沿线省市金融业竞争力研究》，《淮海工学院学报（人文社会科学版）》2017年第1期。

9728　李翠萍、张文中：《"一带"背景下核心区货币合作研究——基于中亚视角》，《经济问题探索》2017年第1期。

9729　郭建伟：《丝绸之路经济带经济与金融发展的协同关系问题研究——基于空间经济学视角》，《金融发展评论》2017年第1期。

9730　李勇：《"21世纪海上丝绸之路经济带"区域货币一体化研究》，《西安交通大学学报（社会科学版）》2017年第2期。

9731　闫彦明：《"丝绸之路经济带"沿线国家金融发展格局分析》，《湖湘论坛》2017年第2期。

9732　李泉、石国海：《"丝绸之路经济带"沿线区域金融联系的空间分异与合作研究——以"丝绸之路经济带"国内段沿线七省（区）为例》，《西部经济管理论坛》2017年第2期。

9733　李学武、杨婷君、王炜：《促进新疆口岸建设和发展——基于金融视角下的思考》，《金融发展评论》2017年第2期。

9734　陈意新、马超平：《广东自贸区对接"海上丝绸之路"的跨境金融创新研究》，《金融教育研究》2017年第2期。

9735　郑周胜：《金融支持丝绸之路经济带整区域建设的框架设计与路径安排——基于甘肃省视角的研究与分析》，《吉林金融研究》2017年第2期。

9736　贾春、郭辉：《丝绸之路经济带核心区金融业产业关联和波及效应分析》，《金融发展研究》2017年第2期。

9737　李善燊：《丝绸之路经济带金融合作机制研究》，《金融发展评论》2017年第2期。

9738　刘勤昌：《我国与丝路经济带沿线国家金融合作模式研究》，《甘肃金融》2017年第2期。

9739　郭永强、王永峰、杨斌、邱鑫：《西部金融机构支持"丝绸之路经济带建设"策略研究》，《甘肃金融》2017年第2期。

9740　张亚光、王倩倩：《中国货币国际化的历史经验——丝绸之路的启示》，《东南学术》2017年第2期。

9741　关春玉、许启发：《"丝绸之路经济带"战略实施的金融支持——基于金融排斥的分析》，《西北民族大学学报（哲学社会科学版）》2017年第3期。

9742　李勇、袁晓玲：《基于最优货币区视角的古丝绸之路地区人民币区域化研究——以欧亚十国为例》，《经济经纬》2017年第3期。

9743 武文静、周晓唯:《丝绸之路经济带战略视阈下西安建设西部能源金融中心的优势测度》,《陕西师范大学学报(哲学社会科学版)》2017年第3期。

9744 王林彬、李玲艳:《中亚地区人民币在岸离岸金融市场对接的法律障碍及对策——以"新丝绸之路经济带"为背景》,《新疆大学学报(哲学·人文社会科学版)》2017年第3期。

9745 张栋、董莉、郑红媛:《中亚五国经济和金融发展情况的比较研究(2009—2016年)》,《俄罗斯研究》2017年第3期。

9746 郑周胜:《丝绸之路经济带跨境经贸合作对人民币区域化的影响研究——基于中国与哈萨克斯坦相关数据的检验》,《财经理论研究》2017年第3期。

9747 孙烨、吴昊洋:《丝绸之路经济带的基础设施资金需求与投融资经济决策》,《经济问题探索》2017年第3期。

9748 郭辉、郁志坚:《丝绸之路经济带沿线国家外债风险评估和偿债能力分析》,《西伯利亚研究》2017年第3期。

9749 朴琳:《绿色金融助推绿色丝绸之路经济发展研究》,《大庆社会科学》2017年第4期。

9750 张立民、李文娟、曹源:《丝绸之路货币对人民币国际化的借鉴与启示》,《甘肃金融》2017年第4期。

9751 顾华详:《丝绸之路经济带核心区建设与金融工作研究》,《西北民族大学学报(哲学社会科学版)》2017年第4期。

9752 魏丽莉、张利敏:《丝绸之路经济带西部城市群金融发展的空间差异研究》,《石河子大学学报(哲学社会科学版)》2017年第4期。

9753 徐肖冰:《优化丝绸之路经济带金融生态的建议——基于沈阳经济区的经验借鉴》,《吉林金融研究》2017年第4期。

9754 梁春亚:《丝绸之路经济带整区域跨境人民币结算研究》,《金融发展评论》2017年第4期。

9755 张文中:《"丝绸之路经济带"金融分层合作:构建中心城市金融链》,《新疆财经》2017年第5期。

9756 金乾伟:《21世纪海上丝绸之路与东盟绿色金融安全建设构想研究》,《湖北经济学院学报(人文社会科学版)》2017年第5期。

9757 谢婷婷、李玉梅、刘艳梅:《丝绸之路经济带背景下西北五省(区)经济金融效应的实证研究》,《新疆农垦经济》2017年第5期。

9758 黄敏:《丝绸之路经济带核心区货币政策传导渠道实证研究》,《上海经济》2017年第5期。

▶ 丝绸之路研究论文目录

9759 张棚：《乌兹别克斯坦金融环境发展新趋势及对中国涉外企业的影响因素分析》，《当代经济》2017年第5期。

9760 刘遵乐：《一带一路愿景下新疆推进资金融通问题研究》，《金融发展评论》2017年第5期。

9761 郑周胜：《丝绸之路经济带跨境经贸合作对人民币区域化的影响研究——基于中国与哈萨克斯坦相关数据的检验》，《金融理论与实践》2017年第6期。

9762 白鹤祥：《金融支持陕西丝绸之路经济带建设的思考》，《西部金融》2017年第8期。

9763 温瑞：《丝绸之路经济带与光明之路新经济政策对接中新疆金融发展的路径选择》，《西部金融》2017年第8期。

9764 王楠：《"一带一路"背景下的金融合作探讨》，《现代营销》2017年第9期。

9765 林进忠、林旻、黄邵：《论21世纪海上丝绸之路建设背景下我国与东盟的金融合作——基于SWOT分析》，《福建金融》2017年第9期。

9766 王宇杰：《一带一路战略与国际金融支持的战略构想》，《经贸实践》2017年第9期。

9767 李翠萍、张文中：《依托丝绸之路经济带建设 加强中国中亚货币金融合作》，《财会月刊》2017年第9期。

9768 刘功润：《"一带一路"倡议给人民币国际化带来的机遇与风险》，《上海金融》2017年第10期。

9769 王晨：《西北地区商业银行发展对策——基于丝绸之路经济带建设的研究》，《当代经济》2017年第10期。

9770 邱天：《一带一路背景下的企业融资策略探讨》，《中国国际财经（中英文）》2017年第10期。

9771 许昕：《金融支持青海省融入"丝绸之路经济带"思考》，《青海金融》2017年第11期。

9772 谢婷婷、潘宇：《丝绸之路经济带产业结构与金融集聚耦合评价及空间分异研究》，《武汉金融》2017年第11期。

9773 李学武：《中哈经贸发展新趋势及金融支持对策研究——基于贸易互补性的实证分析》，《金融发展评论》2017年第11期。

9774 吴迪：《"丝绸之路"经济带和"海上丝绸之路"之金融支持对策研究》，《产业与科技论坛》2017年第12期。

9775 霍津：《绿色金融助推绿色丝绸之路建设的研究——基于农行发展绿色金融的思考》，《金融发展评论》2017年第12期。

9776 孔万幸：《丝绸之路经济带财政汲取能力的研究》，《经贸实践》2017年第13期。

9777 王洁：《新疆"核心区"特色农业产业集群金融支持研究》，《合作经济与科技》2017年第16期。

9778 罗频宇：《提高丝绸之路经济带（甘肃段）贫困地区居民收入的金融对策研究》，《农村经济与科技》2017年第20期。

9779 鲁银辉、韩平：《中国与中亚金融合作探究——新丝绸之路经济带建设背景下》，《现代商贸工业》2017年第25期。

9780 张博覃：《关于"一带一路"的经济金融效应分析》，《全国商情·理论研究》2017年第26期。

9781 张培：《金融支持丝绸之路经济带建设的战略路径思考》，《经济研究导刊》2017年第26期。

9782 岳明：《丝绸之路经济带沿线国家的金融合作》，《中国商论》2017年第31期。

9783 马广奇、黄伟丽：《"互联网+"背景下深化丝绸之路经济带金融合作的路径研究》，《经济纵横》2018年第1期。

9784 王在荣：《"丝绸之路经济带"建设背景下区域金融资源配置效率研究——以西北五省（区）为例》，《浙江树人大学学报（人文社会科学）》2018年第1期。

9785 李青、许燕、矫强力：《"丝路经济带"九省市经济金融竞争力评价》，《当代金融研究》2018年第1期。

9786 马广奇、肖琳：《互联网时代下"丝绸之路经济带"金融合作新路径》，《企业经济》2018年第2期。

9787 韩吉容：《"丝绸之路经济带"背景下人民币区域化途径分析》，《中国商论》2018年第5期。

对外经贸

通　论

9788 蒋致洁：《丝绸之路贸易若干问题新论》，《中国经济史研究》1993年第4期。

9789 高伟江、徐新荣：《基于经济合作的丝绸之路开发》，《丝绸》2005年第3期。

9790 姚润田：《海上丝绸之路与中西经济交流研究》，《集团经济研究》2006年第5期。

9791 孙玉琴:《中国对外贸易重心由陆路转移到海路的动因、影响及其启示》,《集团经济研究》2007年第11期。

9792 袁丽君、高志刚:《依托"跨国丝绸之路"加强区域经济合作》,《开发研究》2014年第1期。

9793 高新才、朱泽钢:《丝绸之路经济带建设与中国贸易之应对——基于引力模型的研究》,《兰州大学学报(社会科学版)》2014年第6期。

9794 谢心庆、许英:《丝绸之路经济带下各省对外经济贸易发展综合评价研究》,《新疆职业大学学报》2014年第6期。

9795 程云洁:《"丝绸之路经济带"建设给我国对外贸易带来的新机遇与挑战》,《经济纵横》2014年第6期。

9796 段庆林:《以内陆开放视角看丝绸之路经济带》,《西部大开发》2014年第7期。

9797 赵明月:《新疆对外直接投资与进出口贸易的实证分析》,《对外经贸》2014年第8期。

9798 于会录、董锁成、李宇、李泽红、石广义、黄永斌、王喆、李飞:《丝绸之路经济带资源格局与合作开发模式研究》,《资源科学》2014年第12期。

9799 李铮:《贸易自由化与区域经济一体化的关联性研究——基于"丝绸之路经济带"区域经济视角》,《知识经济》2014年第16期。

9800 牛凤君:《丝绸之路经济带建设中上合组织贸易便利化发展研究》,《合作经济与科技》2014年第18期。

9801 梁艳:《丝绸之路文化贸易战略与生态文化建设研究》,《北方经贸》2015年第1期。

9802 杨恕、王术森:《亚洲中部经济发展轴:区位优势及问题》,《兰州大学学报(社会科学版)》2015年第1期。

9803 程中海、罗超:《丝绸之路经济带贸易便利化:理论、实践与推进》,《石河子大学学报(哲学社会科学版)》2015年第2期。

9804 杨丽娟:《丝绸之路上的贸易便利化和生态导向发展:技术标准视角》,《兰州大学学报(社会科学版)》2015年第2期。

9805 李青:《我国边境贸易的历史回顾与"十三五"发展的新特征》,《区域经济评论》2015年第2期。

9806 谭秀杰、周茂荣:《21世纪"海上丝绸之路"贸易潜力及其影响因素——基于随机前沿引力模型的实证研究》,《国际贸易问题》2015年第2期。

9807 王娜、陈兴鹏、张子龙、高鸿欣:《"丝绸之路经济带"贸易联系网络结构研究——基于省区尺度和国家尺度的社会网络分析》,《西部论坛》2015年第3期。

9808 李艳芳、李波：《中国与"海上丝绸之路"沿线区域/国家的贸易联系和贸易潜力分析》，《南亚研究季刊》2015年第3期。

9809 汪晓文、马晓锦、倪鲲鹏：《"丝绸之路经济带"沿线国家贸易与能源效率关系研究——基于DEA模型与贸易引力模型的实证研究》，《兰州大学学报（社会科学版）》2015年第4期。

9810 顾丽华：《新疆对外直接投资与经济增长的因果关系检验》，《淮阴工学院学报》2015年第4期。

9811 毛艳华、杨思维：《21世纪海上丝绸之路贸易便利化合作与能力建设》，《国际经贸探索》2015年第4期。

9812 陈万灵、吴旭梅：《海上丝绸之路沿线国家进口需求变化及其中国对策》，《国际经贸探索》2015年第4期。

9813 杨怡爽：《海上丝绸之路：重塑亚洲生产网络的契机与区域公共物品供给的新框架》，《思想战线》2015年第5期。

9814 马莉莉、张彤、黄文学：《东亚生产网络兴起背景下共建丝绸之路经济带的战略选择》，《人文杂志》2015年第5期。

9815 郑蕾、刘志高：《中国对"一带一路"沿线直接投资空间格局》，《地理科学进展》2015年第5期。

9816 胡晓红：《论贸易便利化制度差异性及我国的对策——以部分"丝绸之路经济带"国家为视角》，《南京大学学报（哲学·人文科学·社会科学）》2015年第6期。

9817 И.Ю. 祖延科著，钟建平译：《谁将从丝绸之路经济带货物过境运输中获益》，《俄罗斯学刊》2015年第6期。

9818 杨先明、田永晓：《"21世纪海上丝绸之路"愿景与亚洲生产网络的重塑》，《印度洋经济体研究》2015年第6期。

9819 冯宗宪、李刚：《"一带一路"建设与周边区域经济合作推进路径》，《西安交通大学学报（社会科学版）》2015年第6期。

9820 汪洁、全毅：《21世纪海上丝绸之路贸易便利化研究》，《国际商务（对外经济贸易大学学报）》2015年第6期。

9821 张胜满、张继栋、杨筱妹：《产品内分工视角下我国对外贸易"新常态"研究——兼论"亚投行"与"丝路基金"的功能定位》，《现代经济探讨》2015年第7期。

9822 罗莉：《基于一带一路理念下的企业对外直接投资区位选择》，《商场现代化》2015年第7期。

9823 吕承超、陈晓虹：《新丝绸之路经济带 FDI 空间差距、极化及影响》，《财经科学》2015 年第 7 期。

9824 谢红巫、才林、霍伟东：《"丝绸之路经济带"国内省份对外开放与经济增长》，《经济问题》2015 年第 8 期。

9825 刘华芹：《"一带一路"战略背景下企业走出去的前景与路径选择》，《对外经贸实务》2015 年第 8 期。

9826 沈飞：《"丝绸之路经济带"经济合作影响因素与发展潜力——基于引力模型的分析》，《农村经济与科技》2015 年第 9 期。

9827 杨萍、李豫新：《新疆碳排放量与外商直接投资关系的实证研究》，《对外经贸》2015 年第 10 期。

9828 卢山冰、刘晓蕾、余淑秀：《中国"一带一路"投资战略与"马歇尔计划"的比较研究》，《人文杂志》2015 年第 10 期。

9829 张红美：《一路一带下新疆对外贸易发展的优劣势分析》，《青年时代》2015 年第 11 期。

9830 郑兴碧：《新丝绸之路经济带建设对我国外贸发展的影响研究》，《商业经济》2015 年第 12 期。

9831 黄文磊：《丝绸之路国家贸易发展水平的聚类分析》，《经济研究导刊》2015 年第 12 期。

9832 郭贞贞：《从"一带一路"战略视角下看中国在国际市场中的贸易地位》，《经营管理者》2015 年第 12 期。

9833 彭凯、段元萍：《日美对外投资经验对我国"一带一路"战略的启示》，《改革与开放》2015 年第 17 期。

9834 阴启峰、王哲：《新丝绸之路经济带上对外贸易发展建议》，《合作经济与科技》2015 年第 19 期。

9835 郭睿、綦淇：《中国对海上丝路沿岸国家贸易前景研究——基于比较优势和 RCA 指数的实证分析》，《科技展望》2015 年第 22 期。

9836 綦淇、郭睿：《中国与海上丝路沿岸国家贸易互补性探讨——基于贸易特化系数的实证分析》，《科技展望》2015 年第 22 期。

9837 李想：《上海合作组织成员国贸易便利化的综合测评》，《中国商论》2015 年第 26 期。

9838 王书艺：《中国对"丝绸之路经济带"国家 FDI 的贸易效应》，《商》2015 年第 28 期。

9839 龚新蜀、胡志高、樊晶磊：《中国与丝绸之路经济带沿线国家贸易潜力分析——

基于扩展的引力模型》，《商业经济研究》2015 年第 32 期。

9840 李飞飞：《新常态下我国创新型经济外交路径探析》，《商》2015 年第 38 期。

9841 王亚鹏：《一带一路与中国企业"走出去"问题研究》，《中国市场》2015 年第 46 期。

9842 殷琪：《丝绸之路经济带贸易竞争力影响因素研究》，《经济研究参考》2015 年第 55 期。

9843 谢红、巫才林、霍伟东：《促进"丝绸之路经济带"国内省份开放型经济的政策建议》，《经济研究参考》2015 年第 66 期。

9844 石敏俊、美丽古丽、黄文、李娜：《上海合作组织国家贸易自由化的经济效应——基于 GTAP 模型的政策模拟分析》，《俄罗斯经济与政治发展研究报告》，北京：中国社会科学出版社，2016 年。

9845 崔连标、孙欣、宋马林：《贸易自由化视角下新丝绸之路战略经济影响评估》，《管理科学》2016 年第 1 期。

9846 曹晓蕾：《中国对外贸易增长放缓问题研究》，《世界经济与政治论坛》2016 年第 1 期。

9847 周岩、陈淑梅：《21 世纪海上丝绸之路贸易自由化和便利化的经济效应分析》，《亚太经济》2016 年第 1 期。

9848 李晓峰、宋亚奇：《"一带一路"背景下中国服务贸易发展机遇与问题分析》，《长安大学学报（社会科学版）》2016 年第 2 期。

9849 方婷婷：《"一带一路"对发展中部地区国际贸易的作用分析》，《哈尔滨职业技术学院学报》2016 年第 2 期。

9850 刘瑞峰、杨博义：《"一带一路"战略背景下我国服务贸易发展现状分析》，《现代经济信息》2016 年第 2 期。

9851 郑崇伟、黎鑫、陈璇、万娟娟：《经略 21 世纪海上丝路：海洋资源、相关国家开发状况》，《海洋开发与管理》2016 年第 3 期。

9852 杜晓英：《推进丝绸之路经济带国家贸易便利化合作的措施研究》，《青海社会科学》2016 年第 3 期。

9853 樊茂清：《中国进出口贸易分解及国际比较——基于全球价值链视角》，《北京航空航天大学学报（社会科学版）》2016 年第 3 期。

9854 徐钰清、钟建军：《"丝绸之路经济带"贸易潜力分析——基于随机前沿引力模型》，《科技与管理》2016 年第 3 期。

9855 王志远：《"一带一路"愿景下贸易畅通的新视点》，《新疆师范大学学报（哲学社会科学版）》2016 年第 3 期。

▶ 丝绸之路研究论文目录

9856 谭秀杰、蒯娣：《丝绸之路经济带沿线国家间进出口效率研究——基于随机前沿引力模型》，《边界与海洋研究》2016年第3期。

9857 樊秀峰、魏昀妍：《"丝绸之路经济带"背景下中国与核心国家经济贸易关系——基于SEM模型的实证研究》，《经济问题》2016年第4期。

9858 葛飞秀：《上海合作组织对中国与俄罗斯及中亚国家贸易效应的实证分析》，《新疆社会科学（汉文版）》2016年第4期。

9859 叶刘刚：《中国与海上丝绸之路沿线国家的贸易演变：1992—2014》，《东南亚研究》2016年第4期。

9860 李胤：《一带一路背景下我国外贸的转型升级研究》，《消费导刊》2016年第4期。

9861 黄光灿、王珏：《中国对丝路国家直接投资便利化实施路径研究》，《财经理论研究》2016年第4期。

9862 王亮、吴浜源：《丝绸之路经济带的贸易潜力——基于"自然贸易伙伴"假说和随机前沿引力模型的分析》，《经济学家》2016年第4期。

9863 袁洲、何伦志：《丝绸之路经济带核心区贸易关系分析与中国应对——基于扩展贸易引力模型的研究》，《新疆师范大学学报（哲学社会科学版）》2016年第5期。

9864 张亚斌、刘俊、李城霖：《丝绸之路经济带贸易便利化测度及中国贸易潜力》，《财经科学》2016年第5期。

9865 贺宁华：《丝绸之路经济带建设中我国企业对外直接投资面临的风险防范研究——基于丝路沿线国家经济基本状况的分析》，《经济体制改革》2016年第5期。

9866 夏维华：《二十一世纪海上丝绸之路沿海国家进口需求变化与中国的战略优势》，《对外经贸实务》2016年第6期。

9867 李鸣：《探析"丝绸之路经济带"经贸合作的法律保障》，《湖北函授大学学报》2016年第6期。

9868 周梦姣：《21世纪海上丝绸之路国家贸易便利化水平对进出口的影响和贸易潜力预测》，《黑龙江生态工程职业学院学报》2016年第6期。

9869 姬云香、胡晓红：《全球治理下"一带一路"之公平公正待遇问题研究——以部分丝绸之路经济带国家ICSID投资争端为例》，《西北师范大学学报（社会科学版）》2016年第6期。

9870 肖新艳：《2016年中国外贸发展形势展望》，《对外贸易》2016年第6期。

9871 郑又源、刘延平：《丝绸之路经济带国际贸易中的边界效应与制度因素研究——

以新疆自治区为例》,《兰州大学学报（社会科学版）》2016 年第 6 期。

9872 寇汴闽:《"一带一路"下的对外投资战略解析》,《统计与管理》2016 年第 6 期。

9873 王双双、胡瑞法:《中国与"一带一路"国家的对外贸易研究》,《经济论坛》2016 年第 8 期。

9874 黄立群:《"一带一路"贸易畅通策略研究》,《国际贸易》2016 年第 8 期。

9875 马莉莉、协天紫光、张亚斌:《新海上丝绸之路贸易便利化测度及对中国贸易潜力影响研究》,《人文杂志》2016 年第 9 期。

9876 蒋琼琼:《中国与"一带一路"沿线国家制造业产业内贸易的影响因素分析——基于引力模型》,《对外经贸》2016 年第 9 期。

9877 陈羽:《中国与丝绸之路国家贸易合作现状与展望》,《商业经济研究》2016 年第 9 期。

9878 董桂才、陶雪雪:《中国与丝绸之路经济带主要国家贸易潜力研究》,《绥化学院学报》2016 年第 9 期。

9879 潘泽:《一带一路下新疆传统民族产业对外贸易法律保障研究——以新疆传统地毯为例》,《丝路视野》2016 年第 10 期。

9880 刘俊、张亚斌:《丝绸之路经济带贸易便利化时空差异及其贸易效应——基于空间引力模型的实证研究》,《经济问题探索》2016 年第 10 期。

9881 林斌、孙梦茹:《丝绸之路经济带建设对中国外经贸发展的影响研究》,《全国商情·理论研究》2016 年第 11 期。

9882 吴迪:《一带一路建设中国际贸易融资的发展趋势及建议》,《甘肃金融》2016 年第 11 期。

9883 蓝庆新、韩羽来:《"一带一路"战略与我国对外经贸格局重构》,《现代管理科学》2016 年第 11 期。

9884 王绍媛、李国鹏:《"一带一路"倡议与新兴经济体集团化的共同发展》,《国际贸易》2016 年第 11 期。

9885 苏华、许子莹:《基于基础设施建设的"丝绸之路经济带"国际产能合作研究》,《广东经济》2016 年第 12 期。

9886 宋晓东:《一带一路背景下的中国国际服务贸易发展》,《中国流通经济》2016 年第 12 期。

9887 符淼、余朕:《中国与 21 世纪海上丝绸之路沿线国家贸易量的影响因素研究》,《时代金融（中旬）》2016 年第 12 期。

9888 王玉柱:《"一带一路"倡议下中国及世界经济"再平衡"的实现机制》,《现代经济探讨》2016年第12期。

9889 孙洁：《丝绸之路经济带建设对中国与中东地区经济合作的影响》，《中国经贸导刊》2016年第14期。

9890 马文秀、乔敏健：《丝绸之路经济带国家投资便利化水平现状分析》，《商场现代化》2016年第15期。

9891 梁军、黄献亮、赵焯顺：《解析"一带一路"背后中国的对外经济战略》，《当代经济》2016年第16期。

9892 白雪：《"丝绸之路经济带"沿线节点城市产业结构和对外贸易分析——基于14个城市的截面数据》，《全国商情·理论研究》2016年第18期。

9893 吴建功、唐斌：《"一带一路"战略背景下我国海外仓建设的必要性》，《中国管理信息化》2016年第18期。

9894 于彭涛：《丝绸之路经济带国内主要城市贸易承接实力评价》，《商》2016年第21期。

9895 黄炜：《"一带一路"背景下甘肃省对外贸易的机遇》，《现代经济信息》2016年第22期。

9896 邵桂兰、王雪梅、李晨：《中国对海上丝绸之路沿线国家出口结构分析》，《现代商业》2016年第25期。

9897 于露：《"一带一路"战略下中国对外投资的意义、问题与对策》，《现代商业》2016年第27期。

9898 马跃：《中国企业非洲投资项目成本管理的问题及对策》，《中国商论》2016年第30期。

9899 潘昱霖：《"一带一路"建设为促进我国对外贸易发展创造的机遇》，《现代商业》2016年第33期。

9900 郭蓉：《丝绸之路经济带对进出口贸易的影响》，《商情》2016年第51期。

9901 蔡婷、侯方淼：《中国对"海上丝绸之路"沿线国家出口贸易实证分析——以林产品为例》，《北京林业大学学报（社会科学版）》2017年第1期。

9902 吴旭梅、陈万灵：《中国对海上新丝路沿线国家出口增长的来源分析——基于CMS模型的需求效应、结构效应和竞争力效应分解》，《西部论坛》2017年第1期。

9903 刘清才、张伟：《中国"一带一路"建设与全球治理——区域经济合作的模式创新》，《天津师范大学学报（社会科学版）》2017年第2期。

9904 董银果、吴秀云：《贸易便利化对中国出口的影响——以丝绸之路经济带为例》，《国际商务（对外经济贸易大学学报）》2017年第2期。

9905 崔舜婷、侯东昱：《一带一路背景下纺织服装贸易的交流与发展》，《染整技术》2017年第2期。

9906 喻春娇、阮琪：《中国对丝绸之路经济带沿线国家出口增长源泉研究》，《亚太经济》2017年第2期。

9907 郑军、张永庆、黄霞：《2000—2014年海上丝绸之路贸易网络结构特征演化》，《国际贸易问题》2017年第3期。

9908 罗宇佳、杨雪荣：《"新丝绸之路"中国出口贸易影响因素研究》，《黑河学刊》2017年第4期。

9909 李进芳：《丝绸之路经济带国家林产品贸易现状及其合作前景分析——以俄罗斯、中国、印度、哈萨克斯坦等国为例》，《世界农业》2017年第4期。

9910 李嘉曾：《两艘古船的启示——海上丝绸之路与开放型世界经济》，《群言》2017年第4期。

9911 李晓莉：《21世纪海上丝绸之路沿线国家投资环境分析》，《学术探索》2017年第4期。

9912 彭渤、胡麦秀：《中国与"海上丝绸之路"沿线国家贸易对我国经济增长的影响分析——基于VAR模型的实证研究》，《海洋经济》2017年第5期。

9913 樊明、孙优、宋媚婷、姚全、周文婷：《中国与"一带一路"沿线国家贸易增长的因素分析》，《河北经贸大学学报》2017年第5期。

9914 刘镇、邱志萍、刘伟明：《自贸协定对"21世纪海上丝绸之路"出口贸易的影响》，《经济经纬》2017年第5期。

9915 赵珈艺、李金玲：《"一带一路"沿线国家经贸合作现状及前景分析》，《内蒙古财经大学学报》2017年第5期。

9916 刘来会、邓文慧：《中国对"丝绸之路经济带"沿线国家直接投资：现状、动机与政策建议——基于不同发展经济体的比较研究》，《经济问题探索》2017年第5期。

9917 陆一流、罗雪梅、许曜晨：《"丝绸之路经济带"贸易网络结构实证分析》，《上海管理科学》2017年第6期。

9918 杜军、赵聪、鄢波：《21世纪海上丝绸之路建设背景下基于引力模型的中国与新加坡双边贸易潜力研究》，《东南亚纵横》2017年第6期。

9919 孙红湘：《丝绸之路经济带实现贸易畅通的战略路径》，《技术与创新管理》2017年第6期。

9920 常耀中：《"一带一路"交易制度建设探讨》，《特区经济》2017年第6期。

9921 黄庆波、林晗龙、刘思琦：《21世纪海上丝绸之路港口建设投资风险研究》，

《大连海事大学学报（社会科学版）》2017年第6期。

9922 胡艺、闫吉丽、全毅：《中国与"21世纪海上丝绸之路"沿线国家贸易互补性测度及其影响因素的实证研究》，《世界经济研究》2017年第8期。

9923 蒋蔚芳：《中国出口贸易中的本地市场效应估计——以"21世纪海上丝绸之路"国家为例》，《市场周刊（理论研究）》2017年第9期。

9924 杨奎、王学君：《中国对"丝绸之路经济带"沿线国家肉类产品出口效率研究——基于随机前沿引力模型实证分析》，《世界农业》2017年第10期。

9925 刁莉、罗培、胡娟：《丝绸之路经济带贸易潜力及影响因素研究》，《统计研究》2017年第11期。

9926 张建武：《中国与海上丝绸之路国家贸易的影响因素分析——兼论"龙腾模型"的可行性》，《人民论坛·学术前沿》2017年第15期。

9927 简爱：《丝绸之路经济带的合作基础及投资策略探讨》，《经济研究导刊》2017年第17期。

9928 王小宁、周晓唯、张夺：《"丝绸之路经济带"国际贸易、环境规制与产业结构调整的实证分析》，《统计与决策》2017年第19期。

9929 曲国明、路璐：《中国对21世纪海上丝绸之路沿线国家出口的影响因素及潜力研究》，《商业经济研究》2017年第20期。

9930 毛翼虎：《新疆企业作为主体进入丝绸之路经济带境外投资发展浅析》，《现代国企研究》2017年第20期。

9931 秦国伟、董玮、李本和：《新丝绸之路的贸易增长效应及长期贸易潜力——基于静、动态面板数据的实证分析》，《北方民族大学学报（哲学社会科学版）》2018年第1期。

9932 李正红、吴红梅：《中国与海上丝绸之路国家木质林产品进口贸易效率研究》，《北京林业大学学报（社会科学版）》2018年第1期。

9933 石敏俊、美丽古丽、黄文、李娜：《丝绸之路经济带背景下上海合作组织国家贸易自由化的经济效应——基于GTAP模型的政策模拟分析》，《管理评论》2018年第2期。

9934 李学武、顾成军：《丝绸之路经济带沿线国家的贸易效率和潜力研究——基于中国及35个沿线国家的实证》，《金融与经济》2018年第2期。

9935 彭渤、胡麦秀：《与"海上丝绸之路"沿线国家贸易对我国经济增长贡献率研究》，《商业经济研究》2018年第4期。

9936 李顺萍：《新丝绸之路给我国经贸合作带来的机遇与挑战》，《财经界（学术版）》2018年第4期。

中 亚

9937 陈玉荣:《中国与中亚地区经济合作》,《国际问题研究》2004年第4期。

9938 须同凯:《中国与中亚国家经贸合作和前景》,《俄罗斯中亚东欧市场》2006年第8期。

9939 马勇、苏海红、赵起峰、吴江:《中国甘肃省与中亚国家的贸易关系》,《俄罗斯中亚东欧市场》2006年第9期。

9940 王志远:《中国与中亚五国贸易关系的实证分析》,《俄罗斯中亚东欧市场》2011年第6期。

9941 刘志中:《"新丝绸之路"背景下中国中亚自由贸易区建设研究》,《东北亚论坛》2014年第1期。

9942 王兵银:《中俄与中亚国家贸易合作比较研究》,《俄罗斯中亚东欧市场》2014年第4期。

9943 徐建伟、赵芸芸:《"丝绸之路"背景下我国与中亚国家产业合作的重点研究》,《开发研究》2014年第5期。

9944 钱晓萍:《中国与中亚五国双边投资条约准入规则研究——以中国的立场为出发点》,《现代经济探讨》2014年第6期。

9945 朱巍:《浅论中国企业对乌兹别克斯坦开展海外并购机遇及问题》,《卷宗》2014年第9期。

9946 热依汗·吾甫尔:《关于新疆如何进一步提升对中亚各国投资的思考——资源互惠和市场互补的视角》,《对外经贸实务》2014年第9期。

9947 徐德洪、张彩丽:《新丝绸之路建设对中国与中亚贸易的影响》,《价格月刊》2014年第12期。

9948 梁小丽:《陕西与中亚在"新丝绸之路"视角下的贸易关系探究》,《全国商情·理论研究》2014年第15期。

9949 张银山、秦放鸣:《丝绸之路经济带背景下加快推进中国—中亚自由贸易区建设的思考》,《经济研究参考》2014年第55期。

9950 黄涛、孙慧、马德:《"丝绸之路经济带"背景下新疆与中亚贸易潜力的实证分析——基于面板数据的引力模型》,《新疆社会科学(汉文版)》2015年第1期。

9951 艾赛提江·艾拜都拉:《"新丝绸之路"对中国与中亚贸易的影响及对策研究》,《价格月刊》2015年第1期。

▶ 丝绸之路研究论文目录

9952 张文中：《中亚五国的贸易特征及向东发展的障碍》，《新疆财经》2015 年第 1 期。

9953 费清、卢爱珍：《中亚国家投融资环境现状及对策研究》，《西伯利亚研究》2015 年第 1 期。

9954 程贵、丁志杰：《"丝绸之路经济带"背景下中国与中亚国家的经贸互利合作》，《苏州大学学报（哲学社会科学版）》2015 年第 1 期。

9955 韩延玲、陈三景：《基于 ARIMA 模型的哈萨克斯坦经济发展水平预测分析》，《乌鲁木齐职业大学学报》2015 年第 2 期。

9956 钟磊：《建设"丝绸之路经济带"背景下投资乌兹别克斯坦的机遇与风险》，《对外经贸实务》2015 年第 2 期。

9957 费清、卢爱珍：《丝绸之路经济带视阈下中亚国家投融资环境及对策研究》，《金融教育研究》2015 年第 2 期。

9958 郭爱君、毛锦凰：《丝绸之路经济带：中亚—中国产业分工协作研究》，《中共贵州省委党校学报》2015 年第 3 期。

9959 魏明亮、王林霞：《陕西省—中亚五国贸易交往与产业结构变动关系实证研究》，《西安电子科技大学学报（社会科学版）》2015 年第 3 期。

9960 白平：《吉尔吉斯斯坦扩大丝绸之路经济带东向贸易的研究》，《新疆大学学报（哲学·人文社会科学版）》2015 年第 3 期。

9961 吴素芳：《丝绸之路视角下的宁夏与中亚五国进出口贸易发展研究》，《宁夏党校学报》2015 年第 3 期。

9962 游海丽：《丝绸之路经济带框架下中哈霍尔果斯跨边境区域经济合作》，《新疆职业大学学报》2015 年第 4 期。

9963 于洋：《丝绸之路经济带建设背景下的哈萨克斯坦出口贸易利益研究》，《贵州商业高等专科学校学报》2015 年第 4 期。

9964 卢周来、刘珺：《丝路经济带中亚投资环境及市场风险》，《开放导报》2015 年第 4 期。

9965 董梅、赵丽莉：《"丝绸之路经济带"建设中面向哈萨克斯坦的对外贸易专利对策分析——兼谈哈萨克斯坦共和国专利法律制度》，《科学管理研究》2015 年第 4 期。

9966 张恒龙、周元诚：《"一带一路"战略下的中哈贸易自由化研究》，《新疆师范大学学报（哲学社会科学版）》2015 年第 4 期。

9967 高志刚、刘伟：《"一带"背景下中国与中亚五国贸易潜力测算及前景展望》，《山东大学学报（哲学社会科学版）》2015 年第 5 期。

9968	范爱军、白玉竹：《丝绸之路经济带建设对中国与中亚五国贸易互补性影响》，《东方论坛》2015年第5期。
9969	公丕萍、宋周莺、刘卫东：《中国与俄罗斯及中亚地区的贸易格局分析》，《地理研究》2015年第5期。
9970	丁巨涛、张涛：《中国与中亚五国贸易合作研究》，《西安财经学院学报》2015年第5期。
9971	王海燕：《"一带一路"视域下中亚国家经济社会发展形势探究》，《新疆师范大学学报（哲学社会科学版）》2015年第5期。
9972	何林、任媛：《我国与中亚五国双边贸易成本的测度与分析》，《西安财经学院学报》2015年第6期。
9973	王彦芳、高志刚：《中哈自由贸易区经济效应模拟》，《兰州财经大学学报》2015年第6期。
9974	赵雅婷：《一带一路背景下中国战略支点的选择——以中国同哈萨克斯坦的战略合作为例》，《新疆社会科学（汉文版）》2015年第6期。
9975	韩爽：《丝绸之路经济带视域下中哈产业耦合与发展空间》，《俄罗斯东欧中亚研究》2015年第6期。
9976	卢泽羽：《"丝绸之路经济带"与中哈贸易协同发展研究》，《时代金融（中旬）》2015年第8期。
9977	陈鸿鹏：《建设丝绸之路经济带背景下中资企业对中亚投资的思考》，《对外经贸》2015年第8期。
9978	赵珍：《新丝路经济带视域下中亚五国贸易发展趋势探析》，《地方财政研究》2015年第11期。
9979	高洋、鲍文改：《基于DEA方法的中国（新疆）与哈萨克斯坦的政府基础设施投资绩效评价》，《河北金融》2015年第11期。
9980	何剑、王小康：《中国与中亚国家区域经济合作的贸易效应研究——基于丝绸之路经济带视角》，《价格月刊》2015年第12期。
9981	高潮：《"丝路经济带"建设中塔吉克斯坦的投资机遇》，《中国对外贸易》2015年第12期。
9982	汤金润：《一带一路背景下中国与中亚五国贸易合作前景分析》，《中国经贸》2015年第16期。
9983	汪晶晶、马惠兰：《基于"冷热"国对比法的中亚农业投资环境评价》，《商业经济研究》2015年第21期。
9984	赵毅霖：《丝绸之路经济带背景下中国与中亚五国贸易合作研究》，《商》2015

年第 26 期。

9985　徐卢：《一带一路背景下中国与哈萨克斯坦的贸易合作分析》，《商》2015 年第 46 期。

9986　曹昭宁、席理想：《新丝路带背景下中国与中亚贸易的互补性与增长源泉分析——以中哈贸易为例》，《经济研究参考》2015 年第 64 期。

9987　俞沂暄：《中亚区域经济治理的路径与条件》，《复旦国际关系评论》第 18 辑，上海：上海人民出版社，2016 年。

9988　李宁、李欢：《试析哈萨克斯坦在丝绸之路经济带建设中的优势与劣势》，《伊犁师范学院学报（社会科学版）》2016 年第 1 期。

9989　赵青松：《中国与吉尔吉斯斯坦经贸关系：历史、现状与前景》，《新疆财经》2016 年第 1 期。

9990　冯宗宪、王石、王华：《中国和中亚五国产业内贸易指数及影响因素研究》，《西安交通大学学报（社会科学版）》2016 年第 1 期。

9991　孙景兵、杜梅：《中国新疆与哈萨克斯坦贸易便利化发展研究》，《新疆大学学报（哲学·人文社会科学版）》2016 年第 1 期。

9992　马骥、李四聪：《中国与中亚五国贸易互补性与竞争性分析——以"丝绸之路经济带"为背景》，《新疆财经大学学报》2016 年第 1 期。

9993　曾昭宁、席理想：《丝绸之路经济带背景下中国对哈萨克斯坦的出口效应——基于 CMS 模型的实证分析》，《商业研究》2016 年第 1 期。

9994　赵恒园：《一带一路建设下中哈经贸合作研究》，《经贸实践》2016 年第 1 期。

9995　高志刚、王彦芳：《丝绸之路经济带背景下中哈贸易自由化路径探析》，《开发研究》2016 年第 1 期。

9996　徐海燕：《一带一路视域下哈萨克斯坦经济发展战略及中哈合作》，《俄罗斯学刊》2016 年第 2 期。

9997　王晓芳、于江波：《我国对丝绸之路经济带中亚五国出口贸易扩张路径研究》，《管理学刊》2016 年第 2 期。

9998　韩延玲、陈三景：《中哈贸易出口效率及潜力研究——基于随机前沿引力模型》，《新疆财经》2016 年第 2 期。

9999　秦福强、史巧玲：《"一带一路"背景下中国与中亚五国的贸易分工与合作——基于贸易相关指数分析》，《青岛大学学报（自然科学版）》2016 年第 2 期。

10000　高新才、王一婕：《丝绸之路经济带背景下中国与中亚国家贸易互补性研究》，《兰州大学学报（社会科学版）》2016 年第 2 期。

10001　孙铭：《大国战略对中国与哈萨克斯坦投资合作的影响》，《欧亚经济》2016 年第 2 期。

10002　冯颂妹:《丝绸之路经济带视角下中国与中亚经贸合作问题研究》,《西安财经学院学报》2016 年第 3 期。

10003　段秀芳、王宪坤:《中国与哈萨克斯坦工业制成品贸易结构研究——基于"丝绸之路经济带"背景》,《新疆财经》2016 年第 3 期。

10004　史巧玲、周升起:《"一带一路"之中国对中亚五国的投资业绩与潜力比较研究》,《青岛大学学报(自然科学版)》2016 年第 3 期。

10005　王珏、黄光灿:《中国对"丝路六国"直接投资便利化影响因素研究》,《兰州财经大学学报》2016 年第 3 期。

10006　阿丽也·吾买尔、李长安:《丝绸之路沿线国家收入分配与社会稳定问题研究——以中亚五国为例》,《新疆社科论坛》2016 年第 4 期。

10007　张乃丽、徐海涌:《我国西北五省区与中亚五国贸易潜力研究——基于丝绸之路经济带的视角》,《山东社会科学》2016 年第 4 期。

10008　张帅、刘文翠:《"丝绸之路经济带"背景下哈萨克斯坦投资风险测度及预警研究》,《统计与信息论坛》2016 年第 4 期。

10009　王晓峰、王林彬:《丝绸之路经济带背景下哈萨克斯坦投资壁垒及中国的对策研究》,《国际商务研究》2016 年第 4 期。

10010　周耀杭:《"丝绸之路经济带"背景下我国对外贸易解决机制研究——以中亚五国为例》,《攀登》2016 年第 5 期。

10011　阿依娜尔、于洋、胡国良:《"丝绸之路经济带"建设背景下哈中贸易发展现状分析》,《无锡商业职业技术学院学报》2016 年第 5 期。

10012　旦志红、方创琳、何伦志:《丝绸之路经济带中国—哈萨克斯坦国际合作示范区互市贸易区建设探析》,《干旱区地理》2016 年第 5 期。

10013　徐梦梦:《中国新疆与哈萨克斯坦边境贸易发展研究》,《法制与社会》2016 年第 5 期。

10014　丁巨涛、郝新军:《中国与中亚贸易便利化的 SWOT 分析及对策研究》,《西安财经学院学报》2016 年第 5 期。

10015　何剑、王小康:《中亚周边国家贸易便利化对中国出口贸易的影响》,《商业研究》2016 年第 5 期。

10016　王力、苗海民、温雅:《中国与中亚五国棉花合作潜力分析及模式探究》,《新疆大学学报(哲学·人文社会科学版)》2016 年第 5 期。

10017　李依霏、刘亿:《中亚 5 国外商直接投资、进出口贸易对经济增长的影响》,《世界农业》2016 年第 5 期。

▶ 丝绸之路研究论文目录

10018 吕萍:《格鲁吉亚在"一带一盟"对接中的作用》,《欧亚经济》2016年第5期。

10019 张薇:《"丝绸之路经济带"建设背景下深化中国与中亚经济合作探析》,《经济纵横》2016年第5期。

10020 刘腾飞:《新丝路框架下中亚投资环境与风险研究》,《湖北第二师范学院学报》2016年第6期。

10021 李金叶、随书婉:《"丝绸之路经济带"背景下中塔产能合作研究》,《经济纵横》2016年第7期。

10022 张帅:《"丝绸之路经济带"背景下中国对哈萨克斯坦资本流动风险预警研究》,《金融发展评论》2016年第8期。

10023 赵志国、高静、褚平善:《"丝路经济带"背景下我国与中亚贸易潜力的实证分析及启示》,《西部金融》2016年第9期。

10024 徐铁、卢师:《中国新疆与中亚地区贸易关系现状浅析》,《湖北经济学院学报（人文社会科学版）》2016年第11期。

10025 刘丽慧、陈闻君:《欧亚经济联盟对中哈贸易便利化的影响》,《河南科技学院学报（社会科学版）》2016年第11期。

10026 张莉:《试论中国与中亚五国经济贸易发展的挑战》,《经贸实践》2016年第16期。

10027 张帅、刘文翠:《"丝绸之路经济带"背景下哈萨克斯坦投资环境评价》,《财会通讯》2016年第21期。

10028 王容:《丝绸之路经济带下的中国与中亚国家投资便利化分析》,《西部皮革》2016年第22期。

10029 赵庚科、魏卫鸽、胡森:《共建"丝绸之路经济带"对中国与中亚五国贸易影响》,《现代商业》2016年第31期。

10030 赵庚科、胡森、魏卫鸽:《中国与丝绸之路经济带中亚五国贸易合作研究》,《中国市场》2016年第46期。

10031 于洋、阿依娜尔:《"丝绸之路经济带"背景下哈中贸易障碍问题研究》,《伊犁师范学院学报（社会科学版）》2017年第1期。

10032 包艳、崔日明:《"丝绸之路经济带"框架下中国—格鲁吉亚自由贸易区建设研究》,《辽宁大学学报（哲学社会科学版）》2017年第1期。

10033 苏丽娟、陈兴鹏:《丝绸之路经济带背景下贸易一体化与经济增长研究——基于中国与中亚五国的数据》,《兰州大学学报（社会科学版）》2017年第1期。

10034 伊万·沙拉法诺夫著,任群罗译:《"丝绸之路经济带"背景下哈萨克斯坦产业投资环境研究》,《俄罗斯研究》2017 年第 1 期。

10035　白永秀、黄莹、王泽润:《丝绸之路经济带建设中的中哈产能合作研究》,《开发研究》2017 年第 2 期。

10036　李宁、施惠:《"丝绸之路经济带"视域下中国与乌兹别克斯坦的经济合作研究》,《实事求是》2017 年第 2 期。

10037　张宁:《中哈经济对接合作的成果与前景》,《俄罗斯学刊》2017 年第 2 期。

10038　赵晓晓、彭世璞:《中国与中亚五国贸易格局的时间维度分析——基于"丝绸之路经济带"背景》,《价格月刊》2017 年第 2 期。

10039　丁志刚、潘星宇:《"丝绸之路经济带"背景下中亚五国投资环境评估与建议》,《欧亚经济》2017 年第 2 期。

10040　程贵、马莹、胡海峰:《供给侧改革背景下我国对中亚国家直接投资的策略选择》,《兰州财经大学学报》2017 年第 2 期。

10041　张薇:《"丝绸之路经济带"背景下我国与中亚经济合作问题研究》,《经济纵横》2017 年第 3 期。

10042　张迎春:《新丝绸之路经济带下我国与土库曼斯坦经济合作研究》,《青藏高原论坛》2017 年第 3 期。

10043　李新:《中亚经济发展战略与丝绸之路经济带合作空间对接探究》,《新疆师范大学学报(哲学社会科学版)》2017 年第 3 期。

10044　张莉:《"丝绸之路经济带"背景下中国与中亚贸易发展合作探析》,《时代金融》2017 年第 3 期。

10045　房雨晨:《丝绸之路经济带建设下青海省与阿富汗、哈萨克斯坦两国贸易研究》,《科技经济市场》2017 年第 3 期。

10046　闫杰、刘清娟、热依汗·吾甫尔:《中国对中亚五国直接投资的贸易效应——基于丝绸之路经济带视角的研究》,《上海经济研究》2017 年第 3 期。

10047　张帅、刘文翠:《"丝绸之路经济带"背景下中国对哈萨克斯坦资本流动风险评价及预测》,《统计与信息论坛》2017 年第 4 期。

10048　李宝琴:《"丝绸之路经济带"背景下中亚国家境外经贸合作区建设研究》,《安徽行政学院学报》2017 年第 4 期。

10049　张彬、钟佳其:《"一带一路"背景下中哈跨境经济合作研究——以霍尔果斯口岸为例》,《边界与海洋研究》2017 年第 4 期。

10050　任华、刘威志:《"丝绸之路经济带"背景下中国与中亚国家贸易影响因素的分析——基于贸易引力模型》,《新疆社科论坛》2017 年第 4 期。

10051　任华、刘威志:《"丝绸之路经济带"背景下中国与中亚五国贸易发展中的影响因素分析》,《新疆财经》2017 年第 5 期。

10052 陈辉萍:《丝绸之路经济带中亚国家投资准入障碍与法律对策》,《江西社会科学》2017 年第 5 期。

10053 黄秀英:《拓展福建与中亚地区经贸合作的对策建议》,《对外经贸》2017 年第 5 期。

10054 李豫新、王容:《丝绸之路经济带建设背景下中国新疆与中亚国家贸易合作升级的影响因素分析》,《新疆大学学报(哲学·人文社会科学版)》2017 年第 6 期。

10055 李豫新、王容:《丝绸之路经济带建设背景下中国新疆与中亚贸易合作绩效评价分析》,《石河子大学学报(哲学社会科学版)》2017 年第 6 期。

10056 魏兰叶、陈晓:《中国在中亚直接投资对双边贸易的影响——基于丝绸之路经济带的研究视角》,《现代经济探讨》2017 年第 12 期。

10057 张建军、李扬:《新丝绸之路经济带中国与中亚产业合作的实证分析》,《统计与决策》2017 年第 13 期。

10058 孙林霞、王俊杰:《丝路战略背景下陕西与中亚五国贸易互补性分析》,《商业经济研究》2017 年第 13 期。

10059 陈娜娜、李姝、强鑫云、魏晓晴:《新常态背景下我国与中亚五国的贸易政策研究》,《赤峰学院学报(自然科学版)》2017 年第 16 期。

10060 赵艳:《"丝绸之路经济带"战略下西安—中亚贸易发展路径与策略研究》,《经济研究导刊》2017 年第 20 期。

10061 田原、杨超、祁欣、杨剑:《中乌重点产业合作:现状、策略及前景》,《国际经济合作》2018 年第 1 期。

10062 吴玉洁:《丝绸之路倡议下新疆与哈国贸易发展对策研究》,《中国商论》2018 年第 1 期。

10063 韩东、王述芬:《丝绸之路经济带战略背景下中国传统产业投资中亚五国的风险研究——以辽宁省为例》,《辽宁经济职业技术学院 辽宁经济管理干部学院学报》2018 年第 1 期。

10064 罗文标:《中国—中亚五国双边经贸合作深化的阻碍因素与对策——基于加快建设丝绸之路经济带的背景视角》,《对外经贸实务》2018 年第 2 期。

10065 李昌林:《"一带一路"背景下中哈塔城贸易发展探析》,《市场研究》2018 年第 2 期。

10066 吴宏伟:《"一带一路"视域下中国与中亚国家的经贸合作》,《新疆师范大学学报(哲学社会科学版)》2018 年第 3 期。

10067 黄太宏、周海赟:《丝绸之路经济带视野下中国对中亚五国直接投资的动因研究》,《经济问题探索》2018 年第 3 期。

东北亚

10068 徐海燕:《中哈贸易对中俄贸易的启示》,《复旦学报(社会科学版)》2003 年第 2 期。

10069 程云洁、刘琦平:《新背景下中俄贸易发展研究——基于商品结构和出口商品比较优势的视角》,《新疆财经》2015 年第 2 期。

10070 王毅:《绥芬河—海参崴"中俄丝绸之路枢纽城"建设模式的区域经济学分析》,《对外经贸》2015 年第 2 期。

10071 李新:《中蒙俄经济走廊是"一带一路"战略构想的重要组成部分》,《西伯利亚研究》2015 年第 3 期。

10072 李靖宇、张晨瑶:《中俄两国合作开拓 21 世纪东北方向海上丝绸之路的战略构想》,《东北亚论坛》2015 年第 3 期。

10073 杨永生、李永宠、刘伟:《中蒙俄文化廊道——"丝绸之路经济带"视域下的"万里茶道"》,《经济问题》2015 年第 4 期。

10074 程云洁:《当前俄罗斯经济发展形势及对中俄经贸合作的影响》,《对外经贸实务》2015 年第 6 期。

10075 刘晓音:《"丝绸之路经济带"对中俄贸易投资便利化的影响》,《学习与探索》2015 年第 6 期。

10076 陈岩:《俄罗斯远东开发战略背景下的中俄毗邻地区经贸合作探讨》,《对外经贸实务》2015 年第 7 期。

10077 康晓玲、吴萱、宁艳丽:《中俄贸易互补性实证分析》,《对外经贸》2015 年第 7 期。

10078 王厚双、朱奕绮:《中蒙俄建设"中蒙俄经济走廊"的战略价值取向比较研究》,《北方经济》2015 年第 9 期。

10079 蔡振伟、林勇新:《中蒙俄经济走廊建设面临的机遇、挑战及应对策略》,《北方经济》2015 年第 9 期。

10080 齐海山:《"一带一路"战略下中俄蒙经济贸易合作研究》,《北方经贸》2015 年第 11 期。

10081 李冬梅、张俊、张兰平:《基于流通视角的东亚国家融入我国新丝绸之路探索》,《商业经济研究》2015 年第 35 期。

▶ 丝绸之路研究论文目录

10082　朴键一：《蒙古与中蒙俄经济走廊建设》，《黄海学术论坛》第二期，北京：社会科学文献出版社，2016年。

10083　富景筠：《冷战后东北亚经济关系的演变》，《黄海学术论坛》第二期，北京：社会科学文献出版社，2016年。

10084　安娜、郑立新：《新丝绸之路建设与中俄深度经济合作研究》，《赤子》2016年第1期。

10085　黎峰：《全球价值链分工下的双边贸易收益及影响因素——以中日贸易为例》，《上海财经大学学报（哲学社会科学版）》2016年第1期。

10086　杨文兰：《中俄蒙边境三角区经贸合作方略》，《开放导报》2016年第1期。

10087　李新：《中俄蒙经济走廊推进东北亚区域经济合作》，《西伯利亚研究》2016年第1期。

10088　王冠蕊：《"一带一路"背景下的川韩贸易合作现状与前景展望》，《当代韩国》2016年第2期。

10089　А. В. 奥斯特洛夫斯基著，程洪泽译：《"丝绸之路经济带"框架下中国东北与俄远东经贸规划对接研究》，《西伯利亚研究》2016年第3期。

10090　珊娜：《"一带一路"战略与新时期中俄经贸合作》，《内蒙古统计》2016年第3期。

10091　朱婧、张静、付云鹏：《"丝绸之路经济带"视域下中蒙贸易潜力及贸易结构分析》，《商业研究》2016年第4期。

10092　张欣欣：《基于"一带一路"背景下提升中蒙贸易便利化的对策分析》，《物流科技》2016年第5期。

10093　格拉济里纳·伊里纳、扎别利纳·伊里纳：《丝绸之路经济带与俄罗斯东部经济的绿色增长》，《资源与生态学报（英文版）》2016年第5期。

10094　王海燕：《"一带一路"视域下中蒙俄经济走廊建设的机制保障与实施路径》，《华东师范大学学报（哲学社会科学版）》2016年第5期。

10095　田野：《"一带一路"背景下佳木斯市对俄经贸合作发展研究》，《统计与咨询》2016年第6期。

10096　李建军、孙慧：《共建丝绸之路经济带背景下中蒙俄经济走廊建设研究》，《新疆社会科学（汉文版）》2016年第6期。

10097　向洁、何伦志、闫海龙：《中俄经贸合作现状、问题及其思考》，《商业研究》2016年第8期。

10098　王文通：《丝绸之路经济带对于中蒙经贸关系的重要意义》，《卷宗》2016年第10期。

10099 雍洪俊、唐欢、张放：《俄罗斯水果生产与贸易现状及中俄水果贸易前景展望"一带一路"沿线主要国家水果生产与贸易统计分析（五）》，《中国果业信息》2016年第10期。

10100 郝时远：《包容发展与中蒙俄经济走廊建设》，《北方经济》2016年第10期。

10101 苑生龙：《俄罗斯经济形势分析及中俄经贸合作展望》，《中国物价》2016年第11期。

10102 聂海淦：《"新海上丝绸之路"建设对我国与周边国家贸易关系的影响——以中韩贸易关系为例》，《商情》2016年第24期。

10103 班泽晋：《"一带一路"背景下中俄经贸合作的现状、问题及建议》，《中国商论》2017年第1期。

10104 项义军、翟今：《中蒙俄经济走廊战略的现实基础分析》，《北方经贸》2017年第1期。

10105 万永坤：《"丝绸之路经济带"建设视域下的中俄贸易合作潜力分析》，《兰州大学学报（社会科学版）》2017年第2期。

10106 刘彦君：《"一带一路"倡议下的中俄经济合作：新趋势、挑战及应对》，《国外社会科学》2017年第3期。

10107 А. В. 奥斯特洛夫斯基著，张梅译：《俄远东和中国东北经贸关系在丝绸之路经济带中的地位和作用》，《西伯利亚研究》2017年第4期。

10108 潘志平：《对丝绸之路经济带与中俄合作研究的评估》，《大陆桥视野》2017年第4期。

10109 李俏：《中俄蒙合作先导区对外开放格局研究》，《合作经济与科技》2017年第4期。

10110 吴英晶、李雪峰、王楠：《草原丝绸之路与中蒙俄贸易合作研究》，《呼伦贝尔学院学报》2017年第5期。

10111 杨枝煌：《中俄经贸深度合作的颠覆性创新研究》，《中国市场》2017年第8期。

10112 简爱：《丝绸之路经济带视角下中俄经贸合作纵深发展路径研究》，《经济研究导刊》2017年第14期。

10113 谢海燕：《"丝绸之路经济带"建设背景下中俄双边贸易竞争性与互补性分析》，《现代商业》2017年第34期。

10114 王玉红、吴梦竹：《以"人类命运共同体"理念推进"中蒙俄经济走廊"建设》，《赤峰学院学报（汉文哲学社会科学版）》2018年第2期。

东南亚

10115　林香红、周通、高健：《印度尼西亚海洋经济研究》，《海洋经济》2014年第5期。

10116　谭立群、刘晓亮：《中国东盟水果贸易的竞争互补特性及策略选择》，《对外经贸实务》2014年第5期。

10117　陈红升：《丝绸之路与老挝》，《东南亚纵横》2014年第10期。

10118　陆建人：《中国与马来西亚经贸关系分析》，《创新》2015年第2期。

10119　丘兆逸、程静璇、陈姝淇：《劳动力成本上升对广西面向东盟出口贸易的影响及其对策研究》，《广西民族研究》2015年第2期。

10120　熊仲卿：《亚洲香料贸易与印尼马鲁古群岛的社会文化变迁》，《中山大学学报（社会科学版）》2015年第3期。

10121　吴志军、姜凌：《中国对东盟基础设施建设的机遇与构想》，《产业与科技论坛》2015年第3期。

10122　季鹏：《海上丝绸之路背景下福建与东盟贸易潜力分析——基于贸易引力模型的实证研究》，《哈尔滨商业大学学报（社会科学版）》2015年第4期。

10123　钟书琰：《"21世纪海上丝绸之路"背景下中国对东盟基础设施投资研究》，《东南亚纵横》2015年第4期。

10124　李锋、徐兆梨：《环南海五国三省区海洋经济竞争力评价与合作策略》，《湖南科技大学学报（社会科学版）》2015年第5期。

10125　傅国华、林爱杰、张琪：《海南对东南亚八国出口的多层贸易引力研究——基于国家"21世纪海上丝绸之路"战略下海南外贸发展的新思考》，《海南大学学报（人文社会科学版）》2015年第6期。

10126　王俊桦、张建中：《21世纪海上丝绸之路背景下中国—东盟经贸合作研究》，《东南亚纵横》2015年第7期。

10127　李航：《以构建21世纪海上丝绸之路为契机积极升级大湄公河次区域经济合作》，《今日湖北（中旬刊）》2015年第11期。

10128　周建明：《21世纪海上丝绸之路视角下的广西与东盟贸易》，《东南亚纵横》2015年第11期。

10129　高潮：《"海上丝绸之路"建设中的越南投资机遇》，《中国对外贸易》2015年第11期。

10130　廖泽芳、宁凌：《21世纪海上丝绸之路之中国与东盟贸易畅通——基于引力模型的实证考察》,《经济问题》2015 年第 12 期。

10131 樊琦:《建设中国东盟服务贸易经济效应分析——基于 21 世纪海上丝绸之路》,《现代商业》2015 年第 12 期。

10132 伍琳、李丽琴:《"一带一路"战略下福建投资东盟的产业选择——基于贸易的竞争性与互补性》,《福建论坛（人文社会科学版）》2015 年第 12 期。

10133 姜凌、江蕴玉:《建设 21 世纪海上丝绸之路与中国的发展机遇——基于东盟国家基础设施视角》,《产业与科技论坛》2015 年第 24 期。

10134 夏国恩、宋泽楠:《"一带一路"背景下加快广西对东盟对外直接投资研究》,《经济研究参考》2015 年第 35 期。

10135 程璐、宁凌:《中国与越南贸易提升研究》,《广东海洋大学学报》2016 年第 2 期。

10136 吴崇伯:《"一带一路"框架下中国与东盟产能合作研究》,《南洋问题研究》2016 年第 3 期。

10137 李好、肖坚:《"一带一路"视域下东盟经贸市场发展形势探究》,《东南亚纵横》2016 年第 3 期。

10138 刘宏、张慧梅、范昕:《东南亚跨界华商组织与"一带一路"战略的建构和实施》,《南洋问题研究》2016 年第 4 期。

10139 杨宏恩、孙汶:《中国与东盟贸易的依存、竞争、互补与因果关系研究》,《管理学刊》2016 年第 5 期。

10140 陆建人:《21 世纪海上丝绸之路与中国和东盟的产业合作》,《广西大学学报（哲学社会科学版）》2016 年第 6 期。

10141 曹云华、张应进:《后东盟共同体时代的中国—东盟经贸关系——基于新老东盟成员国越南、泰国的探究》,《东南亚纵横》2016 年第 6 期。

10142 林秋容:《"一带一路"战略背景下中国汽车出口东盟市场的机遇与挑战》,《汽车工业研究》2016 年第 6 期。

10143 张勉、王绮鎏:《"一带一路"背景下广西对东盟投资的法律风险及应对策略研究》,《长春金融高等专科学校学报》2016 年第 6 期。

10144 汪洋、袁旭菲:《价值链视角下中国企业对东盟投资的静态布局研究》,《广西财经学院学报》2016 年第 6 期。

10145 张静中、王文君:《"一带一路"背景下中国—西亚自贸区经济效应前瞻性研究——基于动态 GTAP 的实证分析》,《世界经济研究》2016 年第 8 期。

10146 吕佳:《一带一路战略背景下中国与马来西亚加快产能合作的探讨》,《对外经贸实务》2016 年第 8 期。

10147 杨正东：《关于广西对东盟直接投资的调查与思考》，《区域金融研究》2016年第11期。

10148 张天桂：《中国—东盟FTA升级和次区域经济合作——共建"21世纪海上丝绸之路"的视角》，《中国商论》2016年第14期。

10149 胡梦婷：《"一带一路"背景下广西东盟贸易对GDP贡献的实证分析》，《商场现代化》2016年第14期。

10150 陈慧：《"一带一路"背景下中越经济合作示范区建设研究——以北部湾经济区为例》，《经济研究参考》2016年第23期。

10151 田昕清：《中国—东盟海洋合作路径探析》，《中国经贸导刊》2016年第35期。

10152 范丹、朱妮娜、王博：《海上丝绸之路战略下中国东盟经贸形势分析》，《探求》2017年第1期。

10153 俞国祥、胡麦秀：《中国与东盟机电产品的出口竞争力和结构比较分析——以"21世纪海上丝绸之路"为背景》，《上海管理科学》2017年第6期。

10154 朱妮娜、范丹、王博：《海上丝绸之路对中国—东盟经贸关系影响实证分析》，《中国集体经济》2017年第9期。

10155 秦升：《超越"竞争性援助"："21世纪海上丝绸之路"建设与太平洋岛国经济发展的新思考》，《太平洋学报》2017年第9期。

10156 谢琳灿：《"全球海上支点"对接"21世纪海上丝绸之路"——对印尼产能与基础设施合作的机遇与风险》，《中国经贸导刊》2017年第22期。

10157 廖萌：《21世纪海上丝绸之路背景下中国企业投资印尼研究》，《亚太经济》2018年第1期。

10158 俞国祥、胡麦秀：《"21世纪海上丝绸之路"背景下中国与东盟水产品贸易的竞争性和互补性研究》，《海洋开发与管理》2018年第2期。

10159 钱耀军：《中国与新加坡贸易合作研究——基于"21世纪海上丝绸之路"战略背景》，《调研世界》2018年第4期。

南　亚

10160 任佳：《云南与印度经贸关系的发展及其前景》，《云南社会科学》2005年第4期。

10161 林优娜：《21世纪海上丝绸之路与中国—东盟自由贸易区升级版建设：印度尼西亚视角》，《东南亚纵横》2014年第10期。

10162 杨明洪：《基于边界效应视角的"环喜马拉雅经济合作带"研究》，《西部发展评论（2015）》，北京：民族出版社，2015 年。

10163 任佳、马文霞：《环印度洋南亚地区经济发展潜力分析》，《南亚研究》2015 年第 4 期。

10164 卢文刚、黎舒菡：《21 世纪海上丝绸之路背景下的海外华商风险管理研究——基于印度尼西亚华商的分析》，《探求》2015 年第 5 期。

10165 杜秀红：《"一带一路"背景下的中印货物贸易结构分析：2002—2014 年》，《审计与经济研究》2015 年第 6 期。

10166 司聘：《21 世纪海上丝绸之路战略构架下深化中国—斯里兰卡经济合作研究》，《兰州财经大学学报》2016 年第 2 期。

10167 阿布来提·依明：《中巴经济走廊贸易便利化研究》，《克拉玛依学刊》2016 年第 3 期。

10168 杨文武、王彦、李城霖：《中印缅孟经济走廊建设研究》，《南亚研究季刊》2016 年第 4 期。

10169 耿仲钟、肖海峰：《新时期中国与南亚农产品产业内贸易水平研究》，《对外经贸》2016 年第 5 期。

10170 刘益灯、朱志东：《"一带一路"通讯企业印度投资的标准必要专利风险防范——从爱立信诉小米案切入》，《中南大学学报（社会科学版）》2016 年第 6 期。

10171 金英姬：《中国与印尼发展战略的对接与经济合作》，《太平洋学报》2016 年第 11 期。

10172 邱娟、卓舒丹、王波：《基于"一带一路"视角下中国对南亚的出口潜力分析》，《人力资源管理》2016 年第 11 期。

10173 古小松：《关于建设中新印经济走廊的思考与探讨》，《人民论坛·学术前沿》2016 年第 21 期。

10174 朱世冬：《中巴经济走廊框架下中巴经贸合作发展分析》，《中国商论》2016 年第 25 期。

10175 孙建中：《构建"中尼印经济走廊"面临的困难、挑战及对策思考》，《西藏民族大学学报（哲学社会科学版）》2017 年第 1 期。

10176 刘媛媛、钟敏：《"一带一路"背景下中印贸易发展现状及对策研究》，《物流科技》2017 年第 4 期。

10177 李伟：《印度尼西亚深化经贸合作共建海上丝绸之路探析》，《对外经贸实务》2018 年第 1 期。

欧 美

10178 郭雯:《我国与中东欧国家产业合作问题研究》,《对外经贸》2014年第3期。

10179 刘威:《"一带一路"视域下中国与中东欧国家贸易互补性研究》,《长春工程学院学报(社会科学版)》2015年第4期。

10180 弋智勇:《中国(新疆)—亚欧自由贸易试验区建设初探》,《工业经济论坛》2015年第5期。

10181 德拉甘·帕夫里塞维奇著,邴雪译:《促进"一带一路"倡议和欧洲投资计划对接的政策建议——两大平台,两大区域,一种运作模式》,《欧洲研究》2015年第6期。

10182 叶子含:《新丝绸之路——中欧贸易的机遇与挑战》,《中国市场》2015年第16期。

10183 肖雪:《丝绸之路经济带与欧亚大陆桥商贸流通发展契机分析》,《商业经济研究》2015年第31期。

10184 高潮:《"一带一路"建设中匈牙利的投资机遇》,《中国对外贸易》2016年第1期。

10185 王全良:《"丝绸之路经济带"背景下对欧贸易发展的案例研究——以河南省为例》,《经济纵横》2016年第2期。

10186 М. У. 斯帕诺夫著,陈秋杰译:《中国与欧亚经济联盟成员国贸易的发展前景》,《西伯利亚研究》2016年第4期。

10187 张国凤:《中国与欧亚经济联盟自由贸易区构建的基础、问题与对策》,《中国高校社会科学》2016年第4期。

10188 张宁:《欧亚经济联盟贸易救济措施对"一带一路"的影响》,《北京工业大学学报(社会科学版)》2016年第5期。

10189 张奕辉:《"一带一路"将重塑中欧经济地理》,《中国经济报告》2016年第7期。

10190 游楠:《"一带一路"战略和中欧经贸关系》,《理论月刊》2016年第10期。

10191 杨志文:《从"义新欧"班列看"丝绸之路经济带"贸易畅通机制建设》,《环球市场信息导报》2016年第12期。

10192 李含:《中国与中东欧国家基础设施合作面临的困难及政策建议》,《现代经济信息》2016年第16期。

10193 肖雪:《丝绸之路经济带与欧亚大陆桥商贸流通发展契机分析》,《大陆桥视野》2016 年第 17 期。

10194　孙琪、王钰祥：《宁波市企业投资中东欧国家的对策研究》，《经济研究导刊》2016 年第 23 期。

10195　刘洪钟、郭胤含：《"丝绸之路经济带"与"16+1"合作框架内的中匈投资合作》，《欧亚经济》2017 年第 4 期。

10196　王开轩：《以"丝绸之路经济带"引领对欧亚地区经贸合作》，《理论视野》2017 年第 6 期。

其 他

10197　程星原：《阿拉伯国家与中国经贸关系简况》，《国际资料信息》2004 年第 6 期。

10198　邹志强：《丝绸之路经济带与中土经贸关系》，《回族研究》2014 年第 2 期。

10199　陈龙江：《中国与海上丝绸之路非洲沿线国家的贸易发展态势、问题与共建思路》，《广东外语外贸大学学报》2014 年第 5 期。

10200　吕亚楠：《新丝绸之路背景下对中土贸易的现状分析与建议》，《现代商业》2015 年第 15 期。

10201　田泽、郑秀、刘晓文：《"丝绸之路经济带"背景下中澳贸易合作竞争性与互补性研究》，《开发研究》2016 年第 3 期。

10202　高潮：《"一带一路"建设中沙特投资机遇》，《中国对外贸易》2016 年第 5 期。

10203　李海莲：《"丝路"国家贸易安全与便利化合作的路径选择——基于中国—中西亚国家合作的视角》，《东北亚论坛》2016 年第 6 期。

10204　孔怡婷、胡高福：《基于"21 世纪海上丝绸之路"建设的中澳自贸区研究》，《北方经济》2016 年第 8 期。

10205　岑嘉悦、黄秋兰：《海上丝绸之路建设背景下进一步加强大陆对台贸易发展路径研究》，《市场周刊（理论研究）》2017 年第 7 期。

区域发展

通 论

10206　秦重庆、王东：《"丝绸之路经济带"框架下的财政支出、空间溢出和全要素生产率——基于 8 省区面板数据的实证检验》，《开发研究》2014 年第 2 期。

10207　孙壮志：《"丝绸之路经济带"：打造区域合作新模式》，《新疆师范大学学报（哲学社会科学版）》2014 年第 3 期。

10208　秦真凤、丁生喜、诸宁扬：《丝绸之路经济带区域创新能力动态评价研究》，《青海师范大学学报（哲学社会科学版）》2014 年第 5 期。

10209　李文增、冯攀、李拉：《中国丝绸之路区域发展战略问题研究（上）》，《产权导刊》2014 年第 6 期。

10210　李文增、冯攀、李拉：《中国丝绸之路区域发展战略问题研究（下）》，《产权导刊》2014 年第 7 期。

10211　冯朝阳：《丝绸之路经济带区域经济增长及其空间格局演变分析》，《新疆农垦经济》2014 年第 8 期。

10212　张多勇、李并成、许尔忠：《关于创建"内陆型"经济特区的构想——以陕甘宁蒙毗邻地区为例》，《丝绸之路》2014 年第 24 期。

10213　王庸金：《包容性发展理念下我国区域经济合作的现实思考——以丝绸之路经济带和中原经济区为例》，《商业时代》2014 年第 34 期。

10214　张宝通：《丝绸之路沿线省区和国家发展定位分析——基于丝绸之路万里行实地考察视角》，《西安财经学院学报》2015 年第 1 期。

10215　张煜、孙慧：《"丝绸之路经济带"9 省区市全要素生产率比较：基于 DEA-Malmquist 指数法的研究》，《新疆社会科学（汉文版）》2015 年第 2 期。

10216　刘晓音：《"丝绸之路经济带"的国家战略和区域经济合作趋势》，《海派经济学》2015 年第 2 期。

10217　邢广程：《"一带一路"的国际区域和国内区域定位及其涵义》，《中共贵州省委党校学报》2015 年第 3 期。

10218　刘宗义：《我国"一带一路"倡议在东南、西南周边的进展现状、问题及对策》，《印度洋经济体研究》2015 年第 4 期。

10219　刘忠：《借助"一带一路"战略来推动地方经济转型升级》，《政治经济学评论》2015 年第 4 期。

10220　安树伟：《一带一路对我国区域经济发展的影响及格局重塑》，《经济问题》2015 年第 4 期。

10221　张贡生、庞智强：《"丝绸之路经济带"国内段建设：战略意义及功能定位》，《经济问题》2015 年第 4 期。

10222　程彦：《区域合作的机遇与发展区域内部分省市合作交流情况比较分析》，《华东科技》2015 年第 5 期。

10223 赵伟光、贾晓佳：《"丝绸之路经济带"国内段区域经济关联效应分析》，《重庆科技学院学报（社会科学版）》2015 年第 7 期。

10224 高新才：《丝绸之路经济带与长江经济带的互联互通》，《中国流通经济》2015 年第 9 期。

10225 赵文平、徐劲松：《丝绸之路经济带区域创新效率评价》，《经济与管理研究》2015 年第 11 期。

10226 赵天睿、孙成伍、张富国：《"一带一路"战略背景下的区域经济发展机遇与挑战》，《经济问题》2015 年第 12 期。

10227 胡玉霞：《"一带一路"战略下闽甘两省产业合作对接的思考》，《群言》2015 年第 12 期。

10228 王碧轩：《"新丝绸之路"助推区域平衡发展》，《商场现代化》2015 年第 18 期。

10229 仲崇高、黄仕靖、唐保庆：《新丝绸之路经济带区域创新能力差异与提升路径——基于空间经济学视角》，《科技进步与对策》2015 年第 21 期。

10230 陈彬彬：《基于"一带一路"规划影响重审区域学的地位》，《现代经济信息》2015 年第 22 期。

10231 祝艳：《分析"一带一路"对我国区域经济发展的影响及格局重塑》，《财经界》2015 年第 23 期。

10232 徐倩、钟晨丽：《丝绸之路核心带区域经济协调度研究》，《财经界》2015 年第 23 期。

10233 崔治文、周平录、杨洁：《我国丝绸之路经济带地区财政汲取能力分析——基于 DEA 模型的 Malmquist 指数方法》，《会计之友》2015 年第 24 期。

10234 敬莉、赵伟光、贾晓佳：《"一带"国内段区域关联与经济增长的空间溢出效应》，《山东大学学报（哲学社会科学版）》2016 年第 1 期。

10235 毛锦凰：《丝绸之路经济带与"西兰乌"产业带协同发展研究》，《生产力研究》2016 年第 2 期。

10236 孙苗、徐鹏杰、李佳芮：《探究海岛发展新模式助力海上丝绸之路建设》，《河北渔业》2016 年第 2 期。

10237 叶卫平：《新丝绸之路经济带与我国区域经济全面发展》，《宁夏社会科学》2016 年第 2 期。

10238 韩兆洲、马佳羽：《中国"一带一路"省市区域创新效率及空间效应》，《产经评论》2016 年第 2 期。

10239 许瑞泉：《丝绸之路经济带与长江经济带互联互通模式探讨》，《西北师大学报

(社会科学版)》2016年第3期。

10240 黄达远:《边疆的空间性:"区域中国"的一种阐释路径——对"中华民族共同性"论述的新思考》,《陕西师范大学学报(哲学社会科学版)》2016年第3期。

10241 杨琦、郭新榜、郭树华:《古西南丝绸之路对"一带一路"建设的借鉴与启示》,《学术探索》2016年第4期。

10242 赵江林:《大区域价值链:构筑丝绸之路经济带共同利益基础与政策方向》,《人文杂志》2016年第5期。

10243 黄卫东:《海上丝绸之路与专属经济区建设》,《辽宁经济》2016年第6期。

10244 白永秀、王泽润:《西兰乌经济带:内涵、范围与路径选择》,《西北大学学报(哲学社会科学版)》2016年第6期。

10245 吕余生、曹玉娟:《"一带一路"建设中"泛北部湾"产业合作新模式探析》,《学术论坛》2016年第7期。

10246 何剑、孙鲁云:《丝绸之路经济带10省市全要素生产率的差异和收敛性分析》,《软科学》2016年第7期。

10247 艾麦提江·阿布都哈力克、白洋、邓峰:《丝绸之路经济带投资结构对产业结构调整的空间效应——以国内段为例》,《工业技术经济》2016年第7期。

10248 肖雯雯、赵炳新、于振磊:《"丝绸之路经济带"中国段区域协同网络核结构效应研究》,《经济管理》2016年第8期。

10249 杨利红、任琳霞、顾李:《丝绸之路经济带区域协调与发展问题研究》,《全国商情·理论研究》2016年第11期。

10250 李安睿:《"一带一路"战略给区域经济融合发展带来的机遇和挑战》,《现代经济信息》2016年第15期。

10251 田莉:《区域经济增长差异及其影响因素分析》,《商业经济研究》2016年第17期。

10252 李铁、魏娜:《丝绸之路经济带下区域经济发展实力评价的实证分析》,《商场现代化》2016年第30期。

10253 罗丽:《"一带一路"战略下边疆地区建设小康社会的动力因素》,《山西能源学院学报》2017年第1期。

10254 李本和:《建设"丝绸之路经济带"与我国区域经济协调发展》,《贵州省党校学报》2017年第3期。

10255 黄庆华、刘晗:《丝绸之路经济带9省(区、市)的贸易格局》,《改革》2017年第4期。

10256 卓乘风、邓峰、白洋、艾麦提江·阿布都哈力克：《丝绸之路经济带区域创新与区域信息化的耦合协调性分析》，《科技管理研究》2017年第4期。

10257 刘秀玲、蔡莉、朱瑞雪：《"一带一路"与民族地区投资环境的提升》，《大连民族大学学报》2017年第4期。

10258 吉爱平、张锋：《"一带一路"背景下扬州伊犁产业合作对接》，《中国经贸导刊》2017年第6期。

10259 吉爱平、张锋：《"一带一路"背景下扬州伊犁产业合作对接研究》，《大陆桥视野》2017年第6期。

10260 孙久文、李恒森：《我国区域经济演进轨迹及其总体趋势》，《改革》2017年第7期。

10261 谢继文：《丝绸之路经济带区域经济差异分析》，《现代经济信息》2017年第8期。

10262 袁莉琳、季鹏：《"21世纪海上丝绸之路"沿线区域枢纽港优化选择》，《经济地理》2017年第11期。

10263 IUD领导决策数据分析中心：《"一带一路"分省区推进数据报告》，《领导决策信息》2017年第19期。

10264 卓乘风、邓峰、白洋、艾麦提江·阿布都哈力克：《区域创新与信息化耦合协调发展及其影响因素分析》，《统计与决策》2017年第19期。

10265 景卓：《"一带一路"对我国区域经济发展的影响分析》，《中国商论》2017年第23期。

10266 王美霞：《丝绸之路经济带沿线省区联动发展研究》，《开发研究》2018年第1期。

经济一体化

10267 关连吉：《明代对西域的经营及中西经济文化一体化交流》，《甘肃理论学刊》2004年第3期。

10268 王保忠、何炼成、李忠民：《"新丝绸之路经济带"一体化战略路径与实施对策》，《经济纵横》2013年第11期。

10269 李宁：《试析"丝绸之路经济带"的区域经济一体化》，《西北民族大学学报（哲学社会科学版）》2014年第3期。

10270 李宁：《"丝绸之路经济带"区域经济一体化的成本与收益研究》，《当代经济管理》2014年第5期。

▶ 丝绸之路研究论文目录

10271 董锁成、黄永斌、李泽红、石广义、毛琦梁、李俊、于会录：《丝绸之路经济带经济发展格局与区域经济一体化模式》，《资源科学》2014 年第 12 期。

10272 黄孟芳、卢山冰、余淑秀：《以"欧亚经济联盟"为标志的独联体经济一体化发展及对"一带一路"建设的启示》，《人文杂志》2015 年第 1 期。

10273 王志远：《中亚区域一体化合作探析》，《新疆师范大学学报（哲学社会科学版）》2015 年第 1 期。

10274 任保平：《丝绸之路经济带建设中区域经济一体化的战略构想》，《开发研究》2015 年第 2 期。

10275 刘小伟：《基于 GTAP 模型的我国新丝绸之路经济带核心区一体化发展评估》，《产经评论》2015 年第 3 期。

10276 林黎：《丝绸之路经济带上中亚五国水资源一体化管理探析》，《西部论坛》2015 年第 4 期。

10277 C. 比留科夫著，班婕译：《"丝绸之路"与欧亚一体化——两大战略项目相结合的前景》，《俄罗斯研究》2015 年第 6 期。

10278 朱燕鸣：《浅析新丝绸之路经济带一体化战略路径》，《山西农经》2015 年第 9 期。

10279 王娟：《基础设施对新丝绸之路经济带区域经济一体化的影响——基于空间面板杜宾模型的研究》，《学术论坛》2015 年第 11 期。

10280 崔庆蕾：《丝绸之路经济带一体化战略及其路径》，《丝绸之路》2015 年第 24 期。

10281 包艳、崔日明：《俄罗斯区域经济一体化：进程、问题及前景》，《首都经济贸易大学学报》2016 年第 2 期。

10282 郑周胜：《丝绸之路经济带国内西北段市场一体化的水平测度及其影响因素研究》，《兰州财经大学学报》2016 年第 3 期。

10283 哈丽努尔·哈兵：《丝绸之路经济带经济发展格局与区域经济一体化模式》，《科技经济市场》2016 年第 4 期。

10284 徐宁：《丝绸之路经济带经济发展格局与区域经济一体化模式》，《中外企业家》2016 年第 12 期。

10285 沈雁飞：《"丝绸之路经济带"区域经济一体化的成本与收益研究》，《中国商论》2016 年第 20 期。

10286 李鹏：《丝绸之路经济带格局与区域经济一体化互动研究》，《全国商情·理论研究》2016 年第 28 期。

10287 符运豪：《"丝绸之路经济带"与区域经济一体化模式》，《经济研究导刊》

2017 年第 1 期。

10288 李嵘：《丝绸之路经济带经济发展格局与区域经济一体化模式分析》，《现代经济信息》2017 年第 1 期。

10289 徐海燕：《欧亚经济联盟一体化：现实困境、优势及展望》，《俄罗斯学刊》2017 年第 6 期。

10290 张琳婕：《丝绸之路经济带经济发展格局与区域经济一体化模式探析》，《商情》2017 年第 6 期。

10291 孙悦群：《丝绸之路经济带经济发展格局与区域经济一体化模式的研究》，《中国经贸》2017 年第 11 期。

10292 郭士佩、宁艳丽：《通信基础设施、区域经济一体化与经济发展——基于"丝绸之路经济带"国家和地区的面板数据模型》，《渭南师范学院学报》2017 年第 12 期。

10293 韦艳宁：《丝绸之路经济带与区域经济一体化》，《经济研究导刊》2017 年第 26 期。

10294 李卓：《丝绸之路经济带经济发展格局与区域经济一体化模式》，《中国科技投资》2018 年第 1 期。

10295 陈璐：《"丝绸之路经济带"区域经济一体化发展的路径研究》，《吉林广播电视大学学报》2018 年第 2 期。

10296 彭晓楠：《丝绸之路经济带经济发展格局与区域经济一体化模式分析》，《当代经济》2018 年第 2 期。

城市发展

10297 王晓燕、范少言：《丝绸之路沿线国内城市竞合战略研究》，《西北大学学报（自然科学版）》2011 年第 4 期。

10298 贾百俊、李建伟、王旭红：《丝绸之路沿线城镇空间分布特征研究》，《人文地理》2012 年第 2 期。

10299 李建伟、王炳天：《丝绸之路沿线城镇发展的动力机制分析》，《城市发展研究》2012 年第 12 期。

10300 李鸣骥、韩秀丽：《内陆向西开放战略下的黄河上游城市经济带发展研究》，《宁夏大学学报（自然科学版）》2014 年第 2 期。

10301 李萍：《"新丝绸之路经济带"东方桥头堡城市发展对策研究》，《黑龙江生态工程职业学院学报》2014 年第 5 期。

▶ 丝绸之路研究论文目录

10302　冯朝阳：《新丝绸之路经济带城市规模与空间分布及其演变研究》，《新疆农垦经济》2014年第6期。

10303　全俊虎：《庆州原是丝绸之路的重要城市》，《丝绸之路》2014年第8期。

10304　高卫涛、侯小伟、张瑜：《信息革命下的"丝绸之路"我们会看到什么样的节点城市特色》，《建筑工程技术与设计》2014年第21期。

10305　李勇军：《建设海上丝绸之路综合枢纽城市对策研究》，《现代商业》2014年第33期。

10306　任秀芳、张仲伍、史雅洁、高涛涛、王东华：《2001—2010年"新丝绸之路"经济带中国段城市经济时空演变》，《中国沙漠》2015年第1期。

10307　高新才、杨芳：《丝绸之路经济带城市经济联系的时空变化分析——基于城市流强度的视角》，《兰州大学学报（社会科学版）》2015年第1期。

10308　曹飞：《丝绸之路经济带城市可持续发展能力测度、预警与提升对策》，《西安财经学院学报》2015年第1期。

10309　冉淑青：《丝绸之路经济带城市群经济联系强度空间分异》，《淮阴工学院学报》2015年第1期。

10310　卫玲、戴江伟：《丝绸之路经济带中国段集聚现象透视——基于城市位序—规模分布的研究》，《兰州大学学报（社会科学版）》2015年第2期。

10311　Pavel V. RYKOV、李泽红：《新丝绸之路形成背景下哈萨克斯坦城市群发展研究》，《资源与生态学报（英文版）》2015年第2期。

10312　张蕊、白永平、马卫：《新型城镇化质量与协调性研究——以"新丝绸之路"经济带为例》，《资源开发与市场》2015年第2期。

10313　王东华、张仲伍、高涛涛、史雅洁、任秀芳：《"丝绸之路经济带"中国段城市潜力的空间格局分异》，《中国沙漠》2015年第3期。

10314　王枫云、陈嘉俊：《以新型城镇化助推"丝绸之路经济带"延伸》，《上海城市管理》2015年第4期。

10315　刘泽照、黄杰、陈名：《丝绸之路经济带（中国段）节点城市空间差异及发展布局》，《重庆理工大学学报（社会科学版）》2015年第5期。

10316　王亚玲：《丝绸之路经济带智慧城市建设路径与对策研究》，《西安交通大学学报（社会科学版）》2015年第5期。

10317　蓝志勇、刘军：《中国西北地区城镇化的路径探讨》，《中国行政管理》2015年第5期。

10318　吴乐、霍丽：《丝绸之路经济带节点城市的空间联系研究》，《西北大学学报（哲学社会科学版）》2015年第6期。

10319 李振福、马书孟：《丝绸之路经济带中国段运输联系强度的城市流模型分析》，《中国科技论文》2015 年第 7 期。

10320 张海朋、刘英、赵荣钦、张战平、丁明磊：《丝绸之路经济带对中原经济区城镇体系规划的影响》，《河南科学》2015 年第 8 期。

10321 王炎垚、王国梁：《城市化效率与经济发展耦合协调性研究——以"丝绸之路经济带"中国段为例》，《河南科学》2015 年第 10 期。

10322 安晓艳：《浅谈古丝绸之路上中国境内的重要枢纽城市》，《青年时代》2015 年第 10 期。

10323 刘敏：《基于四维判别指数的丝绸之路经济带核心城市判别》，《现代商业》2015 年第 23 期。

10324 李电生、托娅：《新丝绸之路经济带节点城市的功能定位研究》，《现代商业》2015 年第 24 期。

10325 张蕊、白永平：《城市紧凑度与经济发展水平关系研究——以"新丝绸之路"经济带为例》，《安徽农业科学》2015 年第 32 期。

10326 高志刚、贾晓佳：《分割视角下"丝绸之路经济带"国内段城市化发展分析》，《乌鲁木齐职业大学学报》2016 年第 1 期。

10327 蔡继明：《"一带一路"与新型城镇化的战略耦合》，《福建理论学习》2016 年第 1 期。

10328 李俊鹏、王利伟、王振涛：《构建丝绸之路经济带核心城市群研究》，《河南科学》2016 年第 3 期。

10329 马莉莉、张彤、张亚斌：《丝绸之路经济带城市群协同转型的现实基础与路径选择》，《西安财经学院学报》2016 年第 3 期。

10330 李星苇、孙桂丽：《丝绸之路经济带背景下林业生态型城市建设的研究》，《安徽农业科学》2016 年第 3 期。

10331 戴昭鑫、胡云锋、任博、张云芝：《1990—2013 年丝绸之路东段城市群自我发展能力的时空格局和变化分析》，《干旱区地理》2016 年第 4 期。

10332 赵峥、刘杨：《丝绸之路经济带城市绿色经济增长效率及影响因素》，《宏观质量研究》2016 年第 4 期。

10333 魏丽莉：《丝绸之路经济带城市群空间联系能力的测度与评价》，《新疆社会科学（汉文版）》2016 年第 4 期。

10334 张雯、何剑、纪俊：《基于引力模型的丝绸之路核心区城市空间结构研究》，《商业经济研究》2016 年第 5 期。

10335 于晓华、方创琳、罗奎：《丝绸之路经济带陆路边境口岸城市地缘战略优势度综合评估》,《干旱区地理》2016 年第 5 期。

10336 陈明星、刘卫东、叶尔肯·吾扎提、龚颖华：《"一带一路"对我国城镇化发展格局的影响》,《山地学报》2016 年第 5 期。

10337 高友才、汤凯：《"丝绸之路经济带"节点城市竞争力测评及政策建议》,《经济学家》2016 年第 5 期。

10338 卫玲、王炳天：《丝绸之路经济带支点城市建设的顶层设计》,《西北大学学报（哲学社会科学版）》2016 年第 6 期。

10339 杨望暾、张阳、龚先洁、郭威：《丝路沿线地质公园与中心城市协调度评价——以秦岭终南山世界地质公园为例》,《西北大学学报（自然科学版）》2016 年第 6 期。

10340 聂正彦、燕彬、孙浩：《丝绸之路经济带城市经济联系及其网络特征分析》,《工业技术经济》2016 年第 9 期。

10341 陈文新、黄维：《丝绸之路经济带核心城市经济辐射效应研究》,《商业经济研究》2016 年第 9 期。

10342 刘蕾、戴玉才、肖汝琴、刘悦：《产权视角下的资源型城市可持续发展路径研究——以中国丝绸之路经济带城市为例》,《现代商业》2016 年第 22 期。

10343 程广斌、龙文：《丝绸之路经济带城市可持续发展能力及其影响因素——基于超效率 DEA—面板 Tobit 模型的实证检验》,《华东经济管理》2017 年第 1 期。

10344 禹丝思、孙中昶、郭华东、赵相伟、孙林、吴孟凡：《海上丝绸之路超大城市空间扩展遥感监测与分析》,《遥感学报》2017 年第 2 期。

10345 刘保奎：《21 世纪海上丝绸之路对中国沿海城市的影响》,《景观设计学》2017 年第 4 期。

10346 谢继文：《"丝绸之路经济带核心区"城市空间形态演化特征研究》,《对外经贸》2017 年第 5 期。

10347 刘士林：《中国丝绸之路城市群发展现状与战略设计》,《开发研究》2017 年第 5 期。

10348 杨宏伟、郑洁：《丝绸之路经济带沿线省区城镇化可持续发展评价研究》,《新疆农垦经济》2017 年第 8 期。

10349 张文博、邓玲、尹传斌：《"一带一路"主要节点城市的绿色经济效率评价及影响因素分析》,《经济问题探索》2017 年第 11 期。

10350 祝小涛：《城市规划师视角下的"一带一路"战略思考》,《环球人文地理》2017 年第 18 期。

10351 刘苗苗：《丝绸之路经济带投资环境对西部城市群崛起的影响》,《经贸实践》

2017 年第 18 期。

10352 张潇潇：《"新丝绸之路"经济带中国段城市竞争力的评价与分析》，《中国商论》2017 年第 34 期。

10353 李娜、张仲伍：《"丝绸之路经济带"中国段城市经济发展水平与居民生活质量的协调发展研究》，《山西师范大学学报（自然科学版）》2018 年第 1 期。

西　部

10354 张百顺：《丝绸之路与 21 世纪中国西部的发展》，《新疆社会经济》1992 年第 6 期。

10355 张百顺：《丝绸之路与 21 世纪中国西部的发展》，《乌鲁木齐职业大学学报》1993 年增刊第 1 期。

10356 姚征、陈文：《振兴西部经济贯通"现代丝绸之路"——论建立西北区域文献资源共享网络》，《图书馆理论与实践》1999 年第 2 期。

10357 胡戟：《漫议西部开发的过去和现在》，《中国历史地理论丛》2002 年第 2 期。

10358 徐四清：《丝绸之路对中国西部服装业的影响》，《纺织导报》2007 年第 2 期。

10359 南宇：《丝绸之路申遗视野下西北跨区域合作开发战略构想》，《丝绸之路》2012 年第 2 期。

10360 刘亚洲：《"丝绸之路经济带"是西北经贸的机遇》，《中国对外贸易》2013 年第 10 期。

10361 田西：《丝绸之路经济带是西部省份发展的战略重点》，《决策与信息（下旬刊）》2014 年第 2 期。

10362 杨映琳：《从建设丝绸之路经济带的构想审视西北区域发展》，《大陆桥视野》2014 年第 5 期。

10363 马丽：《西北地区与中亚五国贸易影响因素及潜力研究》，《甘肃社会科学》2014 年第 6 期。

10364 于磊杰、徐波：《丝绸之路经济带：西北三省基于资源禀赋优势的产业体系布局研究》，《未来与发展》2014 年第 10 期。

10365 冯海英：《西部区域经济发展差异比较研究——以青藏地区为例》，《经济问题探索》2014 年第 10 期。

10366 王艳格、周鹏翔：《新丝绸之路经济带与中国西部区域经济安全》，《中国经贸》2014 年第 19 期。

10367 何志龙：《丝绸之路经济带建设——西部发展新机遇》，《商场现代化》2014 年

▶ 丝绸之路研究论文目录

第 30 期。

10368 王颂吉、白永秀：《丝绸之路经济带建设与西部城镇化发展升级》，《宁夏社会科学》2015 年第 1 期。

10369 宋志辉：《以"丝绸之路经济带"大战略深入推进西部大发展》，《南亚研究季刊》2015 年第 1 期。

10370 杨巧红、田晓娟：《丝绸之路经济带建设背景下的西北地区经济转型研究》，《开发研究》2015 年第 2 期。

10371 王志民：《"一带一路"背景下的西南对外开放路径思考》，《人文杂志》2015 年第 5 期。

10372 李学军、张金艳：《西北开放型经济发展水平评价及战略思考——基于"新丝绸之路"经济带建设的角度》，《企业经济》2015 年第 5 期。

10373 潘志：《西部大开发与构建丝绸之路经济带的战略研究——以新疆为例》，《商场现代化》2015 年第 5 期。

10374 宋宇辰、陈田澍：《西部六省经济发展方式差异研究》，《国土资源科技管理》2015 年第 5 期。

10375 慕慧娟、崔光莲：《共建"丝绸之路经济带"背景下西北五省（区）经济协调发展研究》，《经济纵横》2015 年第 5 期。

10376 朱智文、杨洁：《共建丝绸之路经济带与西北地区向西开放战略选择》，《甘肃社会科学》2015 年第 5 期。

10377 任保平、周志龙：《丝绸之路经济带建设中打造西部大开发升级版的战略选择》，《兰州大学学报（社会科学版）》2015 年第 6 期。

10378 程广斌、申立敬、龙文：《丝绸之路经济带背景下西北城市群综合承载力比较》，《经济地理》2015 年第 8 期。

10379 梅园：《西部地区参与建设"丝绸之路经济带"的战略思考》，《北方经济》2015 年第 8 期。

10380 余薇、毕芳：《西北开放型经济发展水平评价及战略构想》，《商业经济研究》2015 年第 9 期。

10381 刘阳：《浅论丝绸之路经济带对西部地区发展的战略意义》，《时代经贸》2015 年第 9 期。

10382 权小虎、蔡书芳：《应对丝绸之路经济带我国西北地区突发性恐怖袭击法律对策探讨》，《新西部（下旬刊）》2015 年第 10 期。

10383 任润兰：《西部地区参与"丝绸之路经济带"建设的对策建议》，《卷宗》2015 年第 11 期。

10384　党永锋：《丝绸之路经济带与西部落后地区的可融路径探析》,《生产力研究》2015年第12期。

10385　吴丰华、白永秀：《以丝绸之路经济带促动西部发展：现实基础、重大意义、战略举措》,《人文杂志》2015年第12期。

10386　刘文丽：《西部产业结构调整方向的探讨》,《知识经济》2015年第9期。

10387　徐文佳：《丝绸之路经济带对西部经济发展战略的影响》,《商》2015年第24期。

10388　郭加玉、邢智仓、李鹏：《新常态下中西部地区产业结构优化升级对策研究》,《经济研究导刊》2015年第24期。

10389　万华：《"一带一路"战略下的西部机遇》,《中国市场》2015年第25期。

10390　黄志敏、慈向阳：《"改进的克强指数"与经济增长实证研究——基于"丝绸之路经济带"西北五省面板数据》,《商业经济研究》2015年第31期。

10391　慕怀琴、黄维民：《西部政府在"丝绸之路经济带"建设中的地位与作用》,《人民论坛》2015年第32期。

10392　任海军、张虎平：《丝绸之路经济带建设背景下西北五省（区）主要节点城市产业结构空间差异分析》,《新疆大学学报（哲学·人文社会科学版）》2016年第1期。

10393　仲俊涛、米文宝、米楠、张娟娟、宋永永：《丝绸之路经济带陆路西北段城市体系与开放性研究》,《地域研究与开发》2016年第1期。

10394　吴丰华、白永秀：《以丝绸之路经济带统领西部内陆开放型经济试验区建设：相互关系、重大关切、战略举措》,《宁夏社会科学》2016年第1期。

10395　高煜、张雪凯：《政策冲击、产业集聚与产业升级——丝绸之路经济带建设与西部地区承接产业转移研究》,《经济问题》2016年第1期。

10396　郭爱君、毛锦凰：《丝绸之路经济带与西北城市群协同发展研究》,《甘肃社会科学》2016年第1期。

10397　申晓佳、刘雅轩：《西北五省省际贸易水平差异研究——基于"丝绸之路经济带"背景》,《新疆农垦经济》2016年第3期。

10398　李豫新、孙培蕾：《FDI对区域经济增长、就业影响研究——基于丝绸之路经济带我国西北段省区》,《工业技术经济》2016年第3期。

10399　袁进琳：《在丝绸之路经济带建设大背景下对西北水资源开发格局的再认识》,《新商务周刊》2016年第3期。

10400　刘晓雷：《西北陆港建设与丝绸之路经济带区际贸易关联性的实证分析》,《国际经济合作》2016年第3期。

▶ 丝绸之路研究论文目录

10401 苏华、李雅：《向西开放战略下西北区域特色经济的发展思路》，《经济纵横》2016年第3期。

10402 全毅：《丝绸之路经济带建设与西部大开发：协同发展》，《青海社会科学》2016年第4期。

10403 朱逸宁：《丝绸之路西北城市群文化的传承与现代转换——以天水和酒泉为例》，《中国名城》2016年第4期。

10404 廖世锋：《我国西北五省与中亚五国产业互补性研究——基于丝绸之路经济带建设视角》，《现代商贸工业》2016年第4期。

10405 梁华、赵勇：《"十三五"时期西北地区新增长极培育思路、战略重点与政策举措》，《开发研究》2016年第4期。

10406 李润珍、温小亮：《"丝绸之路经济带"建设中我国西北地区的生态保护探析》，《山西高等学校社会科学学报》2016年第5期。

10407 冯泉：《丝绸之路经济带背景下西部区域经济发展分析》，《西部财会》2016年第5期。

10408 苏毅、马志林：《"一带一路"背景下我国西部地区产业发展空间维度解析——基于西北五省区的产业研究》，《改革与战略》2016年第5期。

10409 周欢、马乃毅：《"一带一路"建设中我国西北地区城市群协调发展研究》，《科技管理研究》2016年第6期。

10410 郭亚雨、胡新、惠调艳：《我国西北地区与中亚区域开展产能合作研究—以陕哈对接为例》，《西安电子科技大学学报（社会科学版）》2016年第6期。

10411 柳江、申洋：《"一带一路"背景下西北地区市场分割与经济协调发展分析》，《西北人口》2016年第6期。

10412 白永秀、王泽润：《"西兰乌"经济带：内涵、范围与路径选择》，《西北大学学报（哲学社会科学版）》2016年第6期。

10413 孙文东：《"一路背景"下我国西北的经济导向》，《时代金融（中旬）》2016年第7期。

10414 欧阳锦元：《"一带一路"与开发西部》，《商业文化》2016年第8期。

10415 张松柏：《丝绸之路经济带建设与西部经济增长极转型升级研究》，《生产力研究》2016年第9期。

10416 严晓辉、李政、谢克昌：《新时期中亚和我国西部地区绿色发展的SWOT分析研究》，《生态经济》2016年第12期。

10417 邓虎：《新丝绸之路经济带背景下提升西北地区中小企业吸纳就业能力研究》，《考试周刊》2016年第21期。

10418 张雯、纪俊、何剑：《丝绸之路经济带西北沿线城市产业结构趋同性分析》，《商业经济研究》2016 年第 22 期。

10419 左晓晴：《浅析西北地区对外的产业承接——以新丝绸之路为背景》，《商》2016 年第 32 期。

10420 李莹莹、景守武、张玉坤：《外商直接投资区位选择的影响因素实证分析——基于丝绸之路经济带西北五省区面板数据》，《区域金融研究》2017 年第 1 期。

10421 谢婷婷、马洁：《丝绸之路经济带西部 10 省开放型经济发展水平评价》，《新疆农垦经济》2017 年第 2 期。

10422 闫磊：《伺服于丝绸之路经济带的西部：资源诅咒之惑与空间价值一解》，《兰州大学学报（社会科学版）》2017 年第 2 期。

10423 张晓莉、杨近娇：《丝绸之路经济带沿线区域经济发展能力综合评价——以我国西部 10 个城市为例》，《石河子大学学报（哲学社会科学版）》2017 年第 4 期。

10424 冉泽泽：《基于 ESDA 的经济空间差异实证研究——以丝绸之路经济带中国西北段核心节点城市为例》，《经济地理》2017 年第 5 期。

10425 兰永海、张德：《西北地区丝绸之路的开辟和当代发展》，《青海师范大学学报（哲学社会科学版）》2017 年第 5 期。

10426 王海燕、刘玉顺、闫磊：《新时代西北地区转型跨越的区域方位》，《甘肃行政学院学报》2017 年第 5 期。

10427 张广裕：《西北地区参与"一带一路"建设实践研究》，《宁夏大学学报（人文社会科学版）》2017 年第 5 期。

10428 白鹤祥：《西北地区丝绸之路经济带建设》，《中国金融》2017 年第 9 期。

10429 赵雅萍：《"丝绸之路经济带"视阈下的西部地区优势产业选择》，《全国流通经济》2017 年第 19 期。

10430 王树晖：《"丝绸之路经济带"建设给我国西部带来的机遇与挑战》，《卷宗》2017 年第 33 期。

10431 牛春娥、郭婷婷、袁超、杨博辉：《新丝绸之路经济带西部地区牛肉品质分析》，《中国草食动物科学》2018 年第 2 期。

新　疆

10432 李建新、郝震宇、于向东、陈方：《新疆边境贸易的现状与瞻望》，《新疆社会科学》1989 年第 2 期。

10433 王留贵：《新疆古"丝绸之路"的发展与对策》，《中国纺织》1994 年第 7 期。

10434 张丹林、盛泉：《从丝绸之路的复兴看新疆的战略地位与发展前景》，《丝路学刊》1996 年第 2 期。

10435 林天锡、武立德：《新疆博尔塔拉蒙古自治州经济发展战略与展望》，《改革与理论》1997 年第 2 期。

10436 张小蕾、高永久：《论新疆城市型区划的确立》，《西域研究》2006 年第 2 期。

10437 张权：《新疆行政区域的变迁》，《新疆地方志》2006 年第 2 期。

10438 唐立久：《新疆经济发展战略定位重构》，《乌鲁木齐职业大学学报》2006 年第 4 期。

10439 李丽、阿迪力江·阿巴斯、朱丽玲：《乌鲁木齐城市发展中的历史特色保护研究》，《长沙大学学报》2009 年第 5 期。

10440 朱峰、刘永萍：《新疆与中亚地区青年国际交流状况研究》，《中国青年研究》2009 年第 7 期。

10441 申天松：《西域文化传承与当代边防建设》，《学理论》2011 年第 24 期。

10442 潘志平、耶斯尔：《西域新疆的战略地位：地缘政治的视角》，《中国边疆史地研究》2013 年第 3 期。

10443 黄一超：《以建设"丝绸之路经济带"为契机加快实现新疆跨越式发展和长治久安》，《实事求是》2013 年第 6 期。

10444 李中耀、潘志平、秦放鸣、李金叶、韩隽、孟楠：《"丝绸之路经济带"：机遇与挑战——立足新疆的视角》，《新疆大学学报（哲学·人文社会科学版）》2013 年第 6 期。

10445 李金叶、舒鑫：《"丝绸之路经济带"构建中新疆经济定位的相关思考》，《新疆大学学报（哲学·人文社会科学版）》2013 年第 6 期。

10446 何伦志：《东西协同 立足新疆 直面中亚 走向世界——对构建"丝绸之路经济带"战略的认知》，《新疆大学学报（哲学·人文社会科学版）》2013 年第 6 期。

10447 程中海：《西向开放战略下新疆与中亚经贸国际大通道建设与战略实施》，《对外经贸实务》2013 年第 10 期。

10448 张春林：《丝绸之路经济带框架下促进新疆对外开放与经济发展的建议》，《中国经贸导刊》2013 年第 33 期。

10449 赵萍：《新疆与中亚贸易合作的新机遇、新问题与对策》，《现代经济信息》2014 年第 1 期。

10450 王伯礼：《丝绸之路经济带空间布局与伊宁市的战略定位》，《伊犁师范学院学报（社科版）》2014年第1期。

10451 黄俊娣：《抢抓机遇争当巴州丝绸之路经济带排头兵》，《中共乌鲁木齐市委党校学报》2014年第2期。

10452 李雪梅、闫海龙、王伯礼：《丝绸之路经济带：新疆的布局和策略》，《开放导报》2014年第2期。

10453 王霞、原帼力：《丝绸之路经济带背景下喀什特区外向型经济发展的思考》，《新疆大学学报（哲学·人文社会科学版）》2014年第2期。

10454 高志刚：《新疆参与新丝绸之路经济带建设面临的问题与政策建议》，《区域经济评论》2014年第2期。

10455 夏修国：《新疆段丝路经济带各地州经济联系分析》，《新疆农垦经济》2014年第2期。

10456 杨新顺：《新疆跨越式发展与丝绸之路经济带的构建》，《区域经济评论》2014年第2期。

10457 郭晓兵、高志刚：《新疆丝绸之路经济带核心区建设探析》，《新疆财经大学学报》2014年第2期。

10458 赵川：《"丝绸之路经济带"视角下新疆承接产业转移的SWOT分析》，《新疆社科论坛》2014年第3期。

10459 谭林、魏玮、郝威亚：《基于共生视角的循环经济园区产业发展模式探析——以新疆X循环经济工业园区为例》，《新疆大学学报（哲学·人文社会科学版）》2014年第3期。

10460 刘红、呼义红：《抢抓"丝绸之路经济带"机遇促进巴克图口岸快速发展》，《兵团党校学报》2014年第3期。

10461 刘昌龙：《新疆兵团在"丝绸之路经济带"战略中的地位和作用》，《兵团党校学报》2014年第3期。

10462 王喜莎：《新疆打造"丝绸之路经济带"核心区的思考》，《实事求是》2014年第3期。

10463 周英虎：《新疆在丝绸之路经济带中的地位、作用、问题与对策》，《广西财经学院学报》2014年第3期。

10464 丁文恒、高志刚：《中国丝绸之路经济带战略视角下新疆开放型经济发展方向研究》，《兰州商学院学报》2014年第3期。

10465 支小军、丁伟：《"丝绸之路经济带"战略背景下天山北坡城市群的功能定位与布局》，《新疆农垦经济》2014年第3期。

▶ 丝绸之路研究论文目录

10466　陈德峰：《构建"丝绸之路经济带"新疆核心区的战略思考》，《新疆社科论坛》2014年第4期。

10467　姚艳红：《新疆打造丝绸之路经济带核心区的战略对策》，《乌鲁木齐职业大学学报》2014年第4期。

10468　李捷：《新疆长治久安的新战略——论丝绸之路经济带建设对新疆的意义》，《北方民族大学学报（哲学社会科学版）》2014年第4期。

10469　王淑娟：《丝绸之路经济带背景下兵团团场吸引人才的思考》，《中共伊犁州委党校学报》2014年第4期。

10470　支小军：《"丝绸之路经济带"沿线兵团城镇空间结构优化与功能布局》，《新疆农垦经济》2014年第5期。

10471　罗钢：《丝绸经济带国内竞争与新疆的应对》，《开放导报》2014年第5期。

10472　郝备：《把哈密建设成为"丝绸之路经济带"核心区重要增长极的思考》，《兵团党校学报》2014年第5期。

10473　梅冬辰：《建设丝绸之路经济带给新疆沿边开放带来的机遇和挑战》，《对外经贸》2014年第6期。

10474　茹仙姑·买买提：《抢抓丝绸之路经济带机遇发展喀什畜牧业初探》，《时代经贸》2014年第6期。

10475　郭亚萍、罗勇：《新疆在"丝绸之路经济带"中的战略地位的思考》，《时代金融（中旬）》2014年第7期。

10476　侯敬媛、王江：《建设"丝绸之路经济带"背景下的吉木乃口岸发展分析》，《对外经贸实务》2014年第7期。

10477　阿依古力·依明：《建设丝绸之路经济带背景下新疆与中亚国家经贸合作对策探讨》，《对外经贸》2014年第9期。

10478　闫海龙、胡青江：《丝绸之路经济带框架下新疆向西开放的前景与潜力》，《党政干部学刊》2014年第11期。

10479　陈晓艳：《"丝绸之路经济带"战略背景下新疆边境贸易发展研究》，《对外经贸》2014年第12期。

10480　袁月：《建设丝绸之路经济带背景下新疆产业结构优化研究》，《对外经贸》2014年第12期。

10481　陈荣：《沙湾县建设丝绸之路经济带上休闲之都的思考》，《中文信息》2014年第12期。

10482　闫海龙、胡青江：《新疆对外经贸合作发展的制约因素及对策建议》，《新疆农垦经济》2014年第12期。

10483　闫刚：《新丝绸之路经济带下新疆服务业发展对地区经济影响研究》，《经济论坛》2014年第12期。

10484　李晓春：《丝路经济带背景下的新疆财务会计发展战略研究》，《中国管理信息化》2014年第16期。

10485　江伟：《基于经济学视角论把新疆建设成为"丝绸之路经济带"核心区的思考》，《现代经济信息》2014年第17期。

10486　秦重庆：《丝绸之路经济带建设对新疆经济社会发展的影响》，《现代经济信息》2014年第18期。

10487　潘红洋：《丝绸之路经济带下的新疆企业价值研究》，《商业经济》2014年第19期。

10488　李荣、刘玲：《新疆科技创新与合作推进丝绸之路经济带发展》，《中国科技成果》2014年第19期。

10489　艾克拉木·艾尼瓦尔：《丝绸之路林业生态发展调查研究——以新疆哈密地区为例》，《华章》2014年第20期。

10490　徐小键、赵云艳：《新疆地区对外商品贸易展望——基于新丝绸之路建设视角》，《中外企业家》2014年第21期。

10491　马燕：《新疆现代服务业在国际合作中的发展潜力探究》，《当代经济》2014年第21期。

10492　闫海龙、张永明：《促进中国新疆与中亚经贸发展的战略思考——基于丝绸之路经济带的视角》，《经济研究参考》2014年第23期。

10493　展纪娟：《基于丝绸之路经济带视角的新疆服务业发展探讨》，《商业经济》2014年第23期。

10494　刘如仕：《融入丝绸之路经济带发展喀什特区经济》，《现代商业》2014年第30期。

10495　赵妍：《"丝绸之路经济带"战略构想与新疆发展》，《人民论坛》2014年第32期。

10496　闫海龙、胡青江：《关于推进新疆丝绸之路经济带"核心区"建设的思考与建议》，《经济研究参考》2014年第61期。

10497　龚新蜀、张瑞华：《新疆与周边国家贸易流量影响因素研究》，《石河子大学学报（哲学社会科学版）》2015年第1期。

10498　王文豪：《"丝绸之路经济带"建设下的新疆工业发展路径探析》，《合作经济与科技》2015年第1期。

10499　牛凤君：《"丝绸之路经济带"建设中新疆对外开放与经济发展的关系研究》，

《金融教育研究》2015 年第 1 期。

10500　刘琦平、程云洁：《共建"丝绸之路经济带"带给新疆发展的机遇与挑战》，《顺德职业技术学院学报》2015 年第 1 期。

10501　郑伟财：《新疆兵团参与"丝绸之路经济带"建设问题研究》，《中国农垦》2015 年第 1 期。

10502　袁建民：《中巴经济走廊的战略意义及应对策略——以新疆在"丝绸之路经济带"战略上的地位和作用为例》，《新疆社科论坛》2015 年第 1 期。

10503　向洁、何伦志：《加快"四地五师"沿边开发开放发展的战略思考——基于丝绸之路经济带的视角》，《濮阳职业技术学院学报》2015 年第 1 期。

10504　孟秀玲、许兴维、王庆民：《哈密地区打造丝绸之路经济带核心区重要增长极》，《实事求是》2015 年第 1 期。

10505　张燕、高志刚：《丝绸之路经济带背景下新疆与周边四国贸易发展研究——基于贸易竞争性、互补性和增长潜力的实证分析》，《新疆社科论坛》2015 年第 2 期。

10506　王友文：《共建丝绸之路经济带战略中新疆伊犁哈萨克自治州的定位及主攻方向》，《实事求是》2015 年第 2 期。

10507　何一民：《机遇与挑战：新丝绸之路经济带发展战略与新疆城市的发展》，《四川师范大学学报（社会科学版）》2015 年第 2 期。

10508　张淼、宋锋华：《丝绸之路经济带背景下的新疆工业企业经济绩效研究》，《财经理论研究》2015 年第 2 期。

10509　刘明辉：《丝绸之路经济带背景下新疆石化产业升级路径探析》，《新疆社科论坛》2015 年第 2 期。

10510　黎小群：《丝绸之路经济带构建中新疆经济定位的思考》，《吉林广播电视大学学报》2015 年第 2 期。

10511　卢飞：《丝绸之路经济带下的产业分布、人口聚集与地区差异——以新疆为例》，《广州城市职业学院学报》2015 年第 2 期。

10512　王喜莎：《新疆巴音郭楞蒙古自治州打造"丝绸之路经济带"核心区重要战略支点的思考》，《实事求是》2015 年第 2 期。

10513　王淑娟、李豫新：《新疆向西开放经济发展的优势、困境与对策——基于"丝绸之路经济带"建设的视角》，《实事求是》2015 年第 2 期。

10514　刘成：《影响新疆社会稳定和长治久安的因素探析》，《云南民族大学学报（哲学社会科学版）》2015 年第 2 期。

10515　韩延玲、陈三景：《新疆对外贸易与经济增长的关系探究——基于协整分析》，

《新疆财经》2015 年第 3 期。

10516 宋庆军、韩瑜：《建工师参与丝绸之路经济带建设的探讨》，《新疆农垦经济》2015 年第 3 期。

10517 吴镝、王宏森：《丝绸之路经济带建设促进新疆社会跨越式发展》，《商》2015 年第 3 期。

10518 卢飞：《丝绸之路经济带下的产业分布、人口聚集与地区差异——以新疆为例》，《西部经济管理论坛（原四川经济管理学院学报）》2015 年第 3 期。

10519 刘晨跃、高志刚：《丝绸之路新疆段产业发展路径研究——基于碳排放脱钩的视角》，《财经理论研究》2015 年第 3 期。

10520 刘晓婷、陈闻君：《新疆边境贸易、经济增长与碳排放动态关系实证研究》，《北京城市学院学报》2015 年第 4 期。

10521 蔡礼辉、阮向前：《丝绸之路经济带背景下喀什地区推进边境贸易发展问题研究》，《新疆农垦经济》2015 年第 4 期。

10522 高志刚、张燕、刘雅轩：《丝绸之路经济带核心区重要增长极：新疆自由贸易试验区建设构想研究》，《新疆社科论坛》2015 年第 4 期。

10523 胡志高、赵建基：《"一带一路"背景下新疆产业结构优化的路径研究》，《兵团党校学报》2015 年第 4 期。

10524 刘琳秀：《"一带一路"背景下新疆面临的机遇和挑战》，《经济论坛》2015 年第 4 期。

10525 李雪燕、陈志平：《丝绸之路经济带视角下新疆上市公司发展研究》，《克拉玛依学刊》2015 年第 4 期。

10526 柴利、顾丽华、张登钧：《新疆对外承包工程企业中亚市场开拓研究》，《新疆财经》2015 年第 4 期。

10527 王克念：《新疆奎屯发展面向中亚国家外向型经济的思考》，《实事求是》2015 年第 4 期。

10528 伍天山：《新丝绸之路经济带战略对乌鲁木齐房地产市场发展的影响研究》，《房地产导刊》2015 年第 4 期。

10529 孙坤杰、段秀芳：《"丝绸之路经济带"背景下新疆对哈萨克斯坦外贸发展探究》，《新疆农垦经济》2015 年第 5 期。

10530 吴新平、张懿：《马克思主义群众史观对新丝路经济带建设的启示——以新疆为例》，《行政与法》2015 年第 5 期。

10531 徐荣：《浅析兵团参与"丝绸之路经济带"建设战略定位》，《兵团党校学报》2015 年第 5 期。

▶ 丝绸之路研究论文目录

10532 刘艳：《丝绸之路经济带与新疆发展机遇研究》，《喀什师范学院学报》2015年第5期。

10533 赖先齐、王江丽：《丝绸之路经济带战略下新疆现代绿洲的结构与功能》，《石河子大学学报（哲学社会科学版）》2015年第5期。

10534 李金叶、贾瑞卿：《乌鲁木齐打造丝绸之路经济带重要战略性新兴产业基地研究》，《新疆社科论坛》2015年第5期。

10535 华刚：《新疆水泥企业的机遇与挑战探析》，《现代商业》2015年第5期。

10536 黄新平：《建设伊—霍城市经济带的思考与建议》，《兵团党校学报》2015年第5期。

10537 吕荣英：《新丝绸之路与新疆城市发展》，《黑龙江史志》2015年第5期。

10538 丁新：《新疆区域形象的调查分析》，《克拉玛依学刊》2015年第5期。

10539 杜鹰：《对新疆经济发展的几点思考》，《新疆社会科学（汉文版）》2015年第6期。

10540 熊菲：《促进新疆"丝绸之路经济带"作用发挥的财税政策研究》，《山东商业职业技术学院学报》2015年第6期。

10541 吴炯丽、宋建华：《丝绸之路经济带建设下的新疆南疆三地州经济发展路径选择研究》，《实事求是》2015年第6期。

10542 张腾飞：《论"丝绸之路经济带"视角下新疆与哈萨克斯坦的外经贸合作》，《赤峰学院学报（自然科学版）》2015年第7期。

10543 夏左：《新疆核心区建设的财政政策工具效果分析》，《经济论坛》2015年第7期。

10544 张海霞、李季鹏：《新疆企业开拓中亚市场面临的主要风险及对策》，《对外经贸》2015年第7期。

10545 吕景：《新疆奎屯积极打造"丝绸之路经济带"文化发展高地》，《新丝路（下旬）》2015年第7期。

10546 焦音学：《"丝绸之路经济带"背景下新疆克拉玛依的发展研究》，《中国经贸导刊》2015年第8期。

10547 高伟玲：《丝绸之路经济带建设语境下伊犁多元文化发展研究》，《边疆经济与文化》2015年第8期。

10548 王倩倩：《新疆丝路经济带发展SWOT分析》，《合作经济与科技》2015年第8期。

10549 焦音学：《"丝绸之路经济带"背景下新疆克拉玛依的发展研究》，《新丝路（下旬）》2015年第8期。

10550　白迎亚：《一带一路下新疆的比较优势及未来发展》，《大观》2015年第9期。

10551　张群：《喀什在"一带一路"战略下的机遇与挑战》，《经贸实践》2015年第9期。

10552　韦凤琴、曹建飞、李德山：《兵团在"丝绸之路经济带"建设中的战略研究》，《新疆农垦经济》2015年第10期。

10553　王改丽、李豫新：《丝绸之路经济带背景下中国新疆与周边国家经贸合作发展对策》，《新疆农垦经济》2015年第10期。

10554　库尔班·哈德尔：《丝绸之路经济带核心区建设与新疆科学跨越》，《现代经济信息》2015年第11期。

10555　潘丽萍、蒲春玲、汪霖、张影：《丝绸之路经济带下新疆多元安置方式探析》，《天津农业科学》2015年第11期。

10556　范永茂、马泽强：《"丝绸之路经济带"战略推进中的公共服务建设——兼谈新疆的有关问题》，《群言》2015年第11期。

10557　郑伟财：《兵团参与"丝绸之路经济带"建设的思考》，《新疆农垦经济》2015年第12期。

10558　雍会、张静、徐荣：《丝绸之路经济带核心区兵团西向发展定位与路径选择》，《新疆农垦经济》2015年第12期。

10559　张晔、李博峰、谢亚洲、马莎：《基于国际市场选择模型的新疆农产品向西出口市场评价》，《江苏农业科学》2015年第12期。

10560　郑琳琳：《"一带一路"背景下新疆跨国经营策略研究》，《经济论坛》2015年第12期。

10561　郭杰：《奎屯市打造"丝绸之路经济带"核心支点研究》，《改革与开放》2015年第13期。

10562　赵志文：《互联互通背景下新疆参与"中巴经济走廊"建设的思考》，《赤峰学院学报（自然科学版）》2015年第15期。

10563　汪霖、潘丽萍、张影、胡赛：《基于丝绸之路经济带的新疆征地补偿标准调整研究》，《经济研究导刊》2015年第18期。

10564　王红缨：《乌鲁木齐广告产业的现状与发展对策》，《青年记者》2015年第18期。

10565　达月霞、王雪玲：《新疆参与"丝绸之路经济带"建设面临的问题与对策建议》，《知识经济》2015年第18期。

10566　龚新蜀、许晓莹：《丝绸之路经济带背景下新疆优势产业选择研究》，《科技进步与对策》2015年第20期。

▶ 丝绸之路研究论文目录

10567 李松霞、张军民：《新疆"丝绸之路"沿线城市发展质量空间分异研究》，《科技进步与对策》2015年第20期。

10568 米尔江·达吾提汗、叶尔兰·库都孜：《中国新疆构建"丝绸之路经济带"具备的有利条件》，《中国经贸》2015年第20期。

10569 卢豫、龚新蜀、张静：《论丝绸之路经济带建设中新疆外贸结构转型升级》，《当代经济》2015年第33期。

10570 周戈：《丝绸之路经济带核心区建设与新疆科学跨越发展研究》，《中国市场》2015年第47期。

10571 杜荣坤：《略论"一带一路"与新疆——兼谈新时期我国的民族工作》，《西北民族论丛》第14辑，北京：社会科学文献出版社，2016年。

10572 王宁：《新疆口岸建设与发展研究》，《合作经济与科技》2016年第1期。

10573 秦放鸣、焦音学：《"丝绸之路经济带"背景下新疆区域经济发展不平衡水平测度及应对之策》，《新疆大学学报（哲学·人文社会科学版）》2016年第1期。

10574 张丽梅、张小峰：《兵团第四师可克达拉市参与丝绸之路经济带建设的思考》，《新疆农垦经济》2016年第1期。

10575 丁新、顾文斐、高志刚：《基于结构方程模型的新疆区域形象影响因素研究》，《天津商业大学学报》2016年第1期。

10576 马龙庆：《丝绸之路经济带背景下的伊宁市外向型经济发展思考》，《中共伊犁州委党校学报》2016年第1期。

10577 黄茜、乌云其其克：《丝绸之路经济带背景下新疆发展现状及核心区建设战略思考》，《黑河学院学报》2016年第1期。

10578 段秀芳、牛晓莹：《丝绸之路经济带背景下新疆国际道路运输发展的思考》，《伊犁师范学院学报（社科版）》2016年第1期。

10579 李梦洁、谢建明：《丝绸之路经济带背景下新疆外向型工业发展的重大机遇》，《合作经济与科技》2016年第1期。

10580 王小平：《新疆兵团在丝绸之路经济带上的发展定位》，《石河子大学学报（哲学社会科学版）》2016年第1期。

10581 高江：《新疆昌吉融入丝绸之路经济带建设的路径》，《中国国情国力》2016年第1期。

10582 刘宁、龚新蜀、吴晋：《新疆外贸发展方式转变问题研究——基于丝绸之路经济带核心区建设背景》，《石河子大学学报（哲学社会科学版）》2016年第1期。

10583　李豫新、孙培蕾：《新疆在丝绸之路经济带建设中的经济"边缘化"风险及规避》，《新疆大学学报（哲学·人文社会科学版）》2016年第1期。

10584　赵晓晓：《新常态背景下新疆对外贸易发展方式研究——基于新疆外贸进出口数据的实证分析》，《贵州商学院学报》2016年第2期。

10585　史文慧、权晓燕、翟红英、高倩、樊华丽：《"丝绸之路经济带"城市空间联系分析——基于城市流视角以新疆北线城市为例》，《现代商贸工业》2016年第2期。

10586　严晓荣、刘明俊、张丽梅：《丝绸之路经济带背景下兵团边境团场职工队伍建设问题研究》，《新疆农垦经济》2016年第2期。

10587　程云洁、赵亚琼：《丝绸之路经济带核心区建设背景下促进新疆"互联网+外贸"的发展对策研究》，《新疆大学学报（哲学·人文社会科学版）》2016年第2期。

10588　付再学：《丝绸之路经济带核心区建设对新疆哈萨克文化变迁的影响》，《湖北民族学院学报（哲学社会科学版）》2016年第2期。

10589　穆少波：《乌鲁木齐新航标：打造丝绸之路经济带文化中心》，《实事求是》2016年第2期。

10590　李松霞、张军民：《新疆"丝路沿线"城市发展质量空间计量分析》，《新疆大学学报（哲学·人文社会科学版）》2016年第2期。

10591　兰建：《新疆经济增长与碳排放关系实证研究——基于"丝绸之路经济带"背景与灰色关联分析》，《经济论坛》2016年第2期。

10592　闫海龙：《新疆丝绸之路经济带核心区建设的思考建议》，《新疆社科论坛》2016年第2期。

10593　黄新平：《新疆伊犁哈萨克自治州在丝绸之路经济带中的战略定位思考》，《实事求是》2016年第2期。

10594　黄新平：《伊犁州直在丝绸之路经济带中的战略定位思考》，《中共伊犁州委党校学报》2016年第2期。

10595　罗玲波、段秀芳：《中国新疆对哈萨克斯坦劳务输出的影响因素研究》，《新疆社会科学（汉文版）》2016年第2期。

10596　竹效民：《丝绸之路经济带上喀什经济开发区现状及愿景的思路》，《中共乌鲁木齐市委党校学报》2016年第2期。

10597　严晓荣：《浅论丝绸之路经济带背景下的边境团场职工队伍建设》，《兵团工运》2016年第2期。

10598　付海燕：《丝绸之路经济带视野下伊宁市投资环境优化分析》，《中共伊犁州委党校学报》2016 年第 2 期。

10599　程云洁、赵亚琼：《"丝绸之路经济带"核心区建设背景下促进新疆"互联网+外贸"的发展对策研究》，《新疆大学学报（哲学·人文社会科学版）》2016 年第 2 期。

10600　闫庆华、刘维忠、秦子：《"丝绸之路经济带"战略背景下新疆边境小额贸易研究》，《财经理论研究》2016 年第 3 期。

10601　王开幕：《论丝绸之路经济带视角下的新疆兵地融合经济发展》，《实事求是》2016 年第 3 期。

10602　赵亚琼、程云洁：《新疆外向型经济区域差异分析及均衡发展对策——基于"丝绸之路经济带"的背景》，《新疆财经大学学报》2016 年第 3 期。

10603　中国人民银行哈密地区中心支行课题组：《"丝绸之路经济带"视野下新疆定位与核心区建设》，《金融发展评论》2016 年第 3 期。

10604　高志刚、刘伟：《西北少数民族地区区域经济差异与协调发展——以新疆为例》，《南开学报（哲学社会科学版）》2016 年第 3 期。

10605　张佳雯：《"丝绸之路经济带"框架下新疆对外贸易发展研究》，《中国高新技术企业（中旬刊）》2016 年第 4 期。

10606　周珺：《"一带一路"背景下新疆对外贸易发展潜力研究》，《新疆社会科学（汉文版）》2016 年第 4 期。

10607　吴业鹏、袁汝华：《丝绸之路经济带背景下新疆水资源与经济社会协调性评价》，《水资源保护》2016 年第 4 期。

10608　李雪梅、闫海龙：《丝绸之路经济带建设背景下新疆北疆西北部区域产业合作发展思考》，《经济论坛》2016 年第 4 期。

10609　杨刚勇、杨友国：《新疆喀什发展转型战略研究》，《理论视野》2016 年第 4 期。

10610　孙文娟：《新疆口岸对丝绸之路经济带支持策略研究》，《乌鲁木齐职业大学学报》2016 年第 4 期。

10611　董文信：《新疆生产性服务业的就业效应研究》，《科技经济市场》2016 年第 4 期。

10612　曾晓、韩金红、余珍：《"一带一路"背景下新疆地州市投资环境评价研究》，《乌鲁木齐职业大学学报》2016 年第 4 期。

10613　姬肃林、王勤、李艳：《新疆绿洲小城镇多样化发展方略》，《新疆师范大学学报（哲学社会科学版）》2016 年第 4 期。

10614　庞岩、张勇：《新疆在"丝绸之路经济带"建设中的战略定位与布局》，《新疆农垦经济》2016 年第 4 期。

10615　顾华详：《丝绸之路经济带视域下新疆区域经济协调发展之探讨》，《西北民族大学学报（哲学社会科学版）》2016 年第 5 期。

10616　马天、赵士渊、苏欣：《一带一路新形势下申设都拉塔口岸综合保税区的必要性与可行性分析》，《商》2016 年第 5 期。

10617　竹效民：《丝绸之路经济带上乌鲁木齐经济技术开发区、高新技术产业开发区发展展望》，《喀什大学学报》2016 年第 5 期。

10618　李松霞、张军民：《新疆丝绸之路沿线城市空间关联性测度》，《城市问题》2016 年第 5 期。

10619　王世英、龚新蜀：《经济新常态下新疆光伏产业发展战略研究》，《新疆社科论坛》2016 年第 6 期。

10620　王宏丽：《丝绸之路经济带新疆核心区建设的现实困境与应对策略》，《克拉玛依学刊》2016 年第 6 期。

10621　穆沙江·努热吉、何伦志：《丝绸之路经济带战略下新疆口岸的建设与发展》，《中国流通经济》2016 年第 6 期。

10622　王克念：《丝绸之路经济带核心区视野下"奎—独—乌"区域大气污染治理的思考》，《实事求是》2016 年第 6 期。

10623　王婷婷：《"一带一路"下新疆服务贸易结构优化的路径选择》，《中国商论》2016 年第 7 期。

10624　安巧珍：《兵团精神在新时期的重要意义和时代价值》，《广西社会科学》2016 年第 8 期。

10625　王若涛：《内蒙古参与建设"丝绸之路经济带"的思考与探索》，《北方经济》2016 年第 8 期。

10626　黄琨、李梦丽：《"丝绸之路"经济带与新疆经济发展》，《现代企业》2016 年第 8 期。

10627　刘以雷：《新疆兵团参与丝绸之路经济带建设的机遇与选择》，《大陆桥视野》2016 年第 9 期。

10628　刘鑫杰：《资本市场支持"新疆段"发展建议》，《合作经济与科技》2016 年第 9 期。

10629　吴娟：《新疆构建丝绸之路经济带核心区的思考》，《环球市场》2016 年第 10 期。

10630　马建华、刘文哲：《新疆丝绸之路经济带核心区建设及与俄蒙经贸合作》，《北方经济》2016 年第 10 期。

10631 王燕：《"一带一路"新形势下新疆经济发展的定位思考》，《产业与科技论坛》2016年第11期。

10632 胡敏：《丝绸之路经济带建设对新疆的机遇与挑战》，《赤峰学院学报（自然科学版）》2016年第11期。

10633 王丽娟：《"一带一路"背景下新疆地区意识形态安全机制的建构》，《理论月刊》2016年第12期。

10634 香芳莉：《浅析丝路经济带建设中深化新疆与沿线国家的经贸合作》，《企业导报》2016年第14期。

10635 王强：《丝绸之路经济带背景下喀什地区推进边境贸易发展问题研究》，《中外企业家》2016年第15期。

10636 张腾飞：《新疆与中亚五国的经贸合作现状及前景展望》，《现代经济信息》2016年第19期。

10637 王雪芹：《新丝绸之路经济带下新疆对外贸易依存度研究》，《当代经济》2016年第21期。

10638 高佳琦：《新疆对外贸易SWOT分析》，《合作经济与科技》2016年第21期。

10639 杨松坤、熊志强、马波：《丝绸之路经济带与新疆发展》，《财讯》2016年第25期。

10640 孙凯：《"丝绸之路经济带"建设战略下新疆的区域经济发展研究》，《商情》2016年第31期。

10641 李聪：《基于新丝绸之路经济带背景下新疆引用外商直接投资状况分析》，《商》2016年第31期。

10642 马慧燕、陈智文：《兵团参与"丝绸之路经济带核心区"建设SWOT分析》，《当代经济》2016年第36期。

10643 刘春宇：《"一带一路"背景下产业援疆的若干思考》，《中国经贸导刊》2016年第36期。

10644 张宁：《丝绸之路经济带下的汉语国际推广——以新疆地区为例》，《时代报告》2016年第44期。

10645 洪晓龙：《乌鲁木齐建设丝绸之路经济带交通枢纽中心的战略和实施途径》，《交通与运输（学术版）》2017年第1期。

10646 孙璐：《丝绸之路经济带背景下促进新疆贸易畅通的新思考》，《乌鲁木齐职业大学学报》2017年第1期。

10647 李豫新、孙培蕾：《丝绸之路经济带背景下新疆区域发展不均衡测度及其动态分解——基于人口与经济分布匹配视角》，《西北民族大学学报（哲学社会科学版）》2017 年第 1 期。

10648　刘苗、王慧茹：《伊宁市建设"丝路经济带核心区支点城市"的思考》，《中共伊犁州委党校学报》2017 年第 1 期。

10649　余珍：《政府环境建设对新疆企业投资效率的影响分析——以"丝绸之路核心区"建设为背景》，《山东纺织经济》2017 年第 1 期。

10650　刘追：《丝绸之路经济带背景下新疆人才共享机制研究》，《行政论坛》2017 年第 1 期。

10651　乔秀丽：《"丝绸之路经济带"战略对新疆的机遇及发展对策》，《重庆电子工程职业学院学报》2017 年第 2 期。

10652　马桂英：《浅析以"丝绸之路经济带"北通道为支点的吉木乃县外向型经济》，《中共乌鲁木齐市委党校学报》2017 年第 2 期。

10653　胡方芳、闫海龙：《推动新疆巴克图口岸复兴发展的对策建议——基于与霍尔果斯、阿拉山口口岸的比较》，《对外经贸》2017 年第 2 期。

10654　付志刚：《新疆建省以来乌鲁木齐城市职能演进的历史考察》，《牡丹江师范学院学报（哲学社会科学版）》2017 年第 2 期。

10655　孟莎莎、喻晓玲：《新疆向西开放度与经济增长灰色关联分析》，《合作经济与科技》2017 年第 2 期。

10656　焦心舒、杨丽、卢萍、刘浩：《关于六师五家渠市转变经济发展方式的问题研究》，《兵团党校学报》2017 年第 2 期。

10657　吴雯静：《探析一带一路战略下新疆对外贸易发展新思路》，《消费导刊》2017 年第 3 期。

10658　余丝丝、任群罗：《丝绸之路经济带背景下新疆与沿线国家贸易效率研究——基于与全国水平的比较》，《新疆农垦经济》2017 年第 3 期。

10659　热娜·艾尔肯：《"一带一路"格局下新疆外贸企业走出去的制约因素及对策》，《中国物价》2017 年第 3 期。

10660　胡颖、徐强：《核心区建设背景下的乌鲁木齐综合保税区建设研究》，《乌鲁木齐职业大学学报》2017 年第 3 期。

10661　王成韦、赵炳新、肖雯雯：《新疆对"丝绸之路经济带"中国西北段产业影响力研究》，《新疆社会科学》2017 年第 3 期。

10662　孔德进：《"一带一路"战略背景下新疆经济社会发展研究》，《兵团党校学报》2017 年第 4 期。

10663　范勇：《关于新疆丝绸之路经济带建设科技创新的思考》，《生产力研究》2017 年第 4 期。

▶ 丝绸之路研究论文目录

10664 吴建伟、严德成、朱小川：《企业创新能力与社会网络资本构建的关系研究——兼论新疆在"丝绸之路经济带"核心区建设中的对策》，《新疆师范大学学报（哲学社会科学版）》2017年第4期。

10665 李豫新、王振宇：《丝绸之路经济带背景下经济发展质量评价分析——以新疆为例》，《生态经济》2017年第4期。

10666 张亚雷：《新疆发展开放型经济面临的机遇与挑战——基于丝绸之路经济带》，《华北水利水电大学学报（社会科学版）》2017年第4期。

10667 闫海龙：《新疆丝绸之路经济带核心区建设的现状与优发展途径》，《对外经贸实务》2017年第4期。

10668 姜杰：《新疆兵团屯垦与维稳戍边关系的哲学思考》，《兵团党校学报》2017年第5期。

10669 孙常伟：《以五大发展理念引领"丝绸之路经济带"建设——兼论如何发挥新疆作为经济带核心区的作用》，《新西部》2017年第5期。

10670 肖爽、张梦香、邢小宁：《南疆丝绸之路沿线阿克苏地区变革》，《农村经济与科技》2017年第5期。

10671 姚金伟：《丝绸之路经济带核心区支线建设研究——以重要节点阿克苏为例》，《人文杂志》2017年第5期。

10672 张先革：《丝绸之路经济带与新疆角色》，《和田师范专科学校学报》2017年第6期。

10673 秦雅婧：《新疆文化实力与丝绸之路经济带核心区》，《山东纺织经济》2017年第6期。

10674 刘媛媛：《丝绸之路经济带与新疆创新发展——人才需求与产业发展》，《山东纺织经济》2017年第6期。

10675 王雅清：《基于创新理念引领新疆经济建设发展》，《山东纺织经济》2017年第7期。

10676 刘昌龙：《丝绸之路经济带建设背景下新疆开放型经济体系研究》，《新疆农垦经济》2017年第7期。

10677 王宁：《新疆参与"一带一路"战略的优势、挑战与对策》，《大陆桥视野》2017年第8期。

10678 陈智文、马慧燕：《丝绸之路经济带核心区视野下兵团的功能定位》，《吉林广播电视大学学报》2017年第9期。

10679 王磊、惠施敏：《丝绸之路经济带框架下新疆与中亚国家产能契合性研究——基于新疆与哈萨克斯坦的实证分析》，《新疆农垦经济》2017年第9期。

10680 王曼：《丝绸之路经济带背景下新疆产业结构升级路径研究》，《山东纺织经济》2017年第10期。

10681 汪洋、王彩霞、程旭睿、杨燕、宋雨萌：《丝绸之路经济带背景下新疆国际商务环境调查研究——基于外贸企业的调查》，《中国高新区》2017年第10期。

10682 龚晓菊、申亚杰：《"一带一路"背景下天山北坡城市群的产业发展研究》，《当代经济管理》2017年第11期。

10683 唐月、安瓦尔·买买提明：《"一带一路"倡议下新疆新型城镇化的SWOT分析及路径选择》，《城市》2017年第11期。

10684 王文清、许小欢、吉伟、舒建峰：《优化税收征管与纳税服务　助力"丝绸之路经济带"外向型经济发展——以新疆石河子核心区建设为例》，《国际税收》2017年第11期。

10685 王艳、于东明、束从杰：《东北资源助力西北边贸城市产业发展研究——以"一带一路"背景下的新疆塔城市为例》，《技术经济与管理研究》2017年第12期。

10686 刘玲：《"新丝绸之路"背景下的霍尔果斯口岸发展研究》，《重庆科技学院学报（社会科学版）》2017年第12期。

10687 杨思琴：《"一带一路"背景下打造阿拉山口战略支点的制约因素及对策》，《大陆桥视野》2017年第12期。

10688 杜君君：《新疆建设"丝绸之路经济带"核心区的战略考量及举措》，《中国市场》2017年第14期。

10689 陈媛：《丝绸之路经济带新疆地区产业发展问题及对策探析》，《当代经济》2017年第15期。

10690 代敏：《在丝绸之路经济带背景下新疆兵团绩效评估实证分析》，《时代金融》2017年第17期。

10691 赵子芳：《论新疆区域文化的多元融合性》，《青年时代》2017年第19期。

10692 黄蓉蓉：《"丝绸之路经济带"背景下新疆产业开放合作研究》，《知识经济》2017年第20期。

10693 王晓明：《阿拉山口建设丝绸之路经济带核心区重要节点城市的现状和关键举措》，《产业与科技论坛》2017年第23期。

10694 葛晓燕、张雄：《丝绸之路经济带背景下不同货运方式对新疆进出口贸易的影响分析》，《新疆农垦经济》2018年第1期。

10695 高志刚、杨习铭：《乌鲁木齐周边文化商贸绿色特色小镇建设研究——基于丝绸之路经济带背景》，《新疆财经大学学报》2018年第1期。

10696　乔丽潘·毛肯：《伊犁州直在丝绸之路经济带建设中的优劣势分析》，《中共伊犁州委党校学报》2018年第1期。

10697　原幅力、麦迪娜·依布拉音：《丝绸之路经济带核心区视域下新疆推进境外园区建设的思路》，《新疆师范大学学报（哲学社会科学版）》2018年第4期。

甘　肃

10698　姚建华、郎一环、沈镭：《古丝绸之路与新亚欧大陆桥——河西走廊经济发展思考》，《干旱区地理》1996年第1期。

10699　王云、李钟山：《21世纪河西走廊对外开放战略研究》，《甘肃理论学刊》2000年第3期。

10700　强进前：《试论平凉在华夏文明传承创新区建设中的地位和作用》，《丝绸之路》2013年第10期。

10701　萧子扬：《新机遇与新挑战：中国—中亚新丝绸之路经济发展带构想——浅析兰州新区如何打造向西开放战略高地》，《商》2013年第26期。

10702　宋圭武：《甘肃建设新丝绸之路经济带的若干思考》，《区域经济评论》2014年第2期。

10703　李含琳：《论规划和实施甘肃"西向战略"——新丝绸之路经济带甘肃段的建设构想》，《甘肃金融》2014年第2期。

10704　王文行：《丝绸之路经济带甘肃河西走廊产业集群形成的探索研究》，《甘肃理论学刊》2014年第2期。

10705　王晓鸿、张慧：《甘肃新丝绸之路经济带的发展现状实证分析》，《中国发展》2014年第3期。

10706　李吉祥：《甘肃参与"丝绸之路经济带"建设的比较优势、目标定位及路径选择》，《西部金融》2014年第6期。

10707　雷晓峻：《天水加快丝绸之路经济带重点城市建设与发展的思路》，《天水行政学院学报》2014年第6期。

10708　赵锋：《嘉峪关市融入丝绸之路经济带的SWOT分析》，《青海金融》2014年第7期。

10709　王权：《甘肃重点发挥丝绸之路经济带衔接作用》，《运输经理世界（上半月）》2014年第9期。

10710　于倩、向君：《打造"丝绸之路经济带"甘肃"黄金段"向西开放的战略平台》，《全球化》2014年第11期。

10711 汪永臻：《甘肃丝绸之路经济带与兰州经济区产业联动发展研究》，《生产力研究》2014年第12期。

10712 沙武田：《丝绸之路黄金段河西走廊的历史地位——兼谈河西走廊在华夏文明传承创新区建设中的定位和宣传侧重》，《丝绸之路》2014年第12期。

10713 方媛、李锦、姚金华：《甘肃省打造"丝绸之路经济带黄金段"战略考虑》，《中国经贸》2014年第14期。

10714 马中贵：《打造陇南"丝绸之路经济带"的思考》，《甘肃农业》2014年第18期。

10715 李金峰、时书霞：《兰州新区：培育丝绸之路经济带甘肃段新的经济增长极》，《赤峰学院学报（自然科学版）》2014年第23期。

10716 宋圭武：《丝绸之路经济带甘肃段发展战略构想》，《甘肃农业》2014年第24期。

10717 张爱儒、丁绪辉、高新才：《打造"丝绸之路经济带"黄金段的战略思考——以甘肃省为例》，《青海民族研究》2015年第2期。

10718 曹海艳：《甘肃丝绸之路染缬新型文化业态发展研究》，《兰州交通大学学报》2015年第2期。

10719 杨立勋、苏文龙：《丝绸之路经济带甘肃段经济发展切入点探索》，《兰州文理学院学报（社会科学版）》2015年第2期。

10720 苏孜、何延平、牟亚男：《丝绸之路经济带战略视角下甘肃外向型经济的发展》，《兰州商学院学报》2015年第2期。

10721 李洁、许天富：《甘肃省河西走廊地区经济发展探究——基于丝绸之路经济带视角的分析》，《商场现代化》2015年第3期。

10722 张希君：《甘肃外向型经济发展的新思路和运作模式——基于丝路经济带建设的思考》，《天水行政学院学报》2015年第4期。

10723 张建君：《论丝绸之路经济带甘肃黄金段的战略重点》，《甘肃理论学刊》2015年第4期。

10724 王晓梅：《酒泉市在打造丝绸之路经济带"黄金段"重要节点城市的SWOT分析》，《兰州工业学院学报》2015年第4期。

10725 徐黎丽、王悦：《"一带一路"建设中甘肃"黄金段"作用的发挥》，《西北师范大学学报（社会科学版）》2015年第6期。

10726 王晓梅：《融入"丝绸之路经济带"，建设"西部通道旱码头"——对发展酒泉通道经济的几点思考》，《甘肃科技纵横》2015年第8期。

10727 孙科峰、陆莉萍：《丝绸之路经济带上的贫困节点城市战略响应及对策研究

——以临洮县为例》,《生产力研究》2015 年第 9 期。

10728 王树亮:《甘肃省嵌入丝绸之路经济带面向中亚开放的战略思考》,《丝绸之路》2015 年第 10 期。

10729 文华:《打造丝绸之路经济带武威黄金节点的思考》,《中国集体经济》2015 年第 10 期。

10730 王伟:《打造丝绸之路经济带甘肃黄金段研究》,《生产力研究》2015 年第 11 期。

10731 周琳、蒋兴国、王正坤、安慧娟:《丝绸之路经济带建设与张掖经济社会转型跨越》,《边疆经济与文化》2015 年第 11 期。

10732 牛永红:《甘肃省产业结构布局与地域性差异》,《城乡建设》2015 年第 12 期。

10733 胡成:《浅议甘肃省丝绸之路经济带黄金段建设思路》,《发展》2015 年第 12 期。

10734 冉小娥:《丝绸之路经济带武威节点可持续发展模式探析》,《发展》2015 年第 12 期。

10735 张佩峰:《促进甘肃参与"一带一路"建设的税收政策建议》,《国际税收》2015 年第 12 期。

10736 樊君第:《"新丝绸之路经济带"背景下甘肃省城市竞争力排名的实证研究》,《知识经济》2015 年第 14 期。

10737 汪璟:《甘肃新丝绸之路经济带的发展现状实证探析》,《赤峰学院学报(自然科学版)》2015 年第 14 期。

10738 郑景元:《新丝绸之路经济带构想下的甘肃开放开发路径》,《中国商贸》2015 年第 14 期。

10739 杨永生:《对丝绸之路酒泉段"后申遗时代"的思考》,《丝绸之路》2015 年第 14 期。

10740 黄炜:《丝绸之路经济带构建条件下的甘肃省对外贸易环境分析》,《现代经济信息》2015 年第 17 期。

10741 彭治军:《关于建设丝绸之路经济带甘肃黄金段的思考》,《知识经济》2015 年第 19 期。

10742 雷霆:《丝绸之路经济带框架下西部重化产业布局的优化分析——以甘肃为例》,《江苏科技信息》2015 年第 19 期。

10743 吴燕芳:《甘肃建设丝绸之路黄金段面临的机遇和挑战分析》,《甘肃科技》2015 年第 23 期。

10744 魏叶:《丝绸之路经济带甘肃段建设的 SWOT 分析及其战略选择》,《企业导报》2015 年第 24 期。

10745　康秀芬:《甘肃特色产业发展前景》,《甘肃科技》2016 年第 1 期。

10746　毛雪艳、王平:《新丝绸之路对外贸易与经济增长关系的动态关系研究——以甘肃省为例》,《天水师范学院学报》2016 年第 1 期。

10747　王瑷媛:《甘肃在"丝绸之路经济带"的区位优势》,《发展》2016 年第 1 期。

10748　曹李海:《丝绸之路经济带甘肃全面开放与融合发展的路径分析》,《克拉玛依学刊》2016 年第 1 期。

10749　崔敏:《丝绸之路黄金段定西城镇化发展格局构建及攻略》,《小城镇建设》2016 年第 2 期。

10750　刘明、王永瑜、黄恒君、韩君:《丝绸之路经济带甘肃段生产力布局研究——固定资产投资布局与对策》,《兰州财经大学学报》2016 年第 2 期。

10751　韩君、黄恒君、王永瑜、刘明:《丝绸之路经济带甘肃段生产力布局研究——从业人员布局与对策》,《兰州财经大学学报》2016 年第 3 期。

10752　田家骏:《丝绸之路经济带下甘肃省区域经济差异的演变探析》,《甘肃农业》2016 年第 3 期。

10753　云文娟:《浅析甘肃天水在丝绸之路经济带建设中的机遇与挑战》,《传承》2016 年第 4 期。

10754　李海龙:《丝绸之路经济带:打造甘肃"黄金段"的战略分析》,《石家庄经济学院学报》2016 年第 4 期。

10755　王琴梅、曹琼:《丝绸之路经济带特色产业集群发展的影响因素研究——以甘肃省定西市马铃薯产业集群为例》,《北京化工大学学报(社会科学版)》2016 年第 4 期。

10756　程黎君:《新常态下丝绸之路甘肃黄金段建成路径研究——基于"互联网+"的关联性视角》,《生产力研究》2016 年第 4 期。

10757　赵巧敏:《略述甘肃省丝绸之路经济带建设情况》,《发展》2016 年第 5 期。

10758　王万平:《对嘉峪关市打造丝绸之路经济带战略节点城市的思考》,《发展》2016 年第 6 期。

10759　朱瑜珂:《"丝绸之路经济带"背景下甘肃省基础设施投资与经济增长关系研究》,《兰州财经大学学报》2016 年第 6 期。

10760　郑彦宏:《丝绸之路经济带上的贫困节点城市现状分析与对策研究——以甘肃定西为例》,《发展》2016 年第 7 期。

10761　孙科峰:《丝绸之路经济带上甘肃贫困节点城市特色产业发展的现状及对策》,《发展》2016 年第 7 期。

▶ 丝绸之路研究论文目录

10762　王凯：《甘肃在"一带一路"中发挥资源优势的思考》，《发展》2016年第10期。

10763　万永坤、王丽、闫磊：《中俄资源型地区经济发展模式比较分析——以甘肃与伊尔库茨克为例》，《生产力研究》2016年第12期。

10764　王彩霞：《平凉市打造丝绸之路经济带重要节点城市的路径选择》，《商》2016年第12期。

10765　聂梁林、李丁、赵怡芳、朱晓婷、宋丹：《丝绸之路节点城市"五化"同步发展耦合协调性研究——以兰州市为例》，《资源开发与市场》2016年第12期。

10766　张博文：《丝绸之路经济带背景下甘肃发展文化贸易的机遇与挑战研究》，《福建质量管理》2016年第16期。

10767　王瑷媛：《"丝绸之路经济带"推动兰州城市建设》，《中国集体经济》2016年第16期。

10768　李并成：《甘肃成为丝绸之路黄金段的十大理由》，《丝绸之路》2016年第19期。

10769　王海龙、邹雪莲：《G20全球治理新思维下地方服务型政府的政策功能分析——基于"丝绸之路甘肃黄金段"建设的背景》，《甘肃理论学刊》2017年第1期。

10770　杨宏伟：《丝绸之路经济带建设背景下甘肃省产业转型升级对策研究》，《兰州财经大学学报》2017年第1期。

10771　李文瑞：《丝绸之路经济带甘肃段对外经贸合作状况及应对策略》，《甘肃金融》2017年第2期。

10772　雷兴长、刘青：《西部省区助推丝绸之路经济带建设的战略构想——以甘肃华夏文明传承创新区为例》，《兰州财经大学学报》2017年第2期。

10773　安林瑞、朱柏萍、张莎莎：《向西开放背景下丝绸之路经济带甘肃黄金段建设的路径选择》，《环球市场信息导报》2017年第2期。

10774　虞文宝、宋晓谕、简富缋：《丝绸之路经济带节点城市产业结构及竞争力水平——以甘肃省兰州市为例》，《干旱区研究》2017年第3期。

10775　虞文宝、宋晓谕、简富缋：《基于引力模型的丝绸之路经济带甘肃段节点城市空间发展战略》，《干旱区研究》2017年第4期。

10776　张鸣春：《"丝绸之路经济带"甘肃黄金段建设：战略规划与路径选择》，《经济论坛》2017年第5期。

10777　关兵：《甘肃构建西北丝绸之路经济带新战略支点构想》，《开发研究》2017年第5期。

10778 姜玲、张爱宁：《丝绸之路经济带建设背景下甘肃产业优化发展对策分析》，《甘肃科技》2017年第6期。

10779 宋圭武：《丝绸之路经济带甘肃段发展战略构想》，《丝绸之路》2017年第10期。

10780 陈星、史春岳：《"丝绸之路经济带"战略背景下天水市国际贸易发展的思路》，《中外企业家》2017年第11期。

10781 哈密市人民政府融合发展办公室：《关于构建哈密—酒泉、嘉峪关经济合作区的研究》，《大陆桥视野》2017年第12期。

10782 耿昊：《"丝绸之路经济带"建设中甘肃对外贸易SWOT分析》，《中国市场》2017年第32期。

10783 刘海飞：《关于西北落后地区发展中存在的典型问题研究——以甘肃省为例》，《经济研究参考》2017年第56期。

青　海

10784 冯海英：《多维视域下青海经济发展阶段研究》，《攀登》2014年第2期。

10785 李红：《青海省融入丝绸之路经济带建设的探析》，《攀登》2014年第4期。

10786 李勇：《青海融入丝绸之路经济带建设的战略构想》，《青海社会科学》2014年第5期。

10787 苏海红、丁忠兵：《丝绸之路经济带建设中青海打造向西开放型经济升级版研究》，《青海社会科学》2014年第5期。

10788 马文慧：《丝绸之路经济带建设中青海清真产业发展探讨》，《青海社会科学》2014年第6期。

10789 李耀辉、张林邦、严虎：《青海省海西州融入丝绸之路经济带的SWOT分析》，《青海金融》2014年第12期。

10790 吴茜茜、王玮：《青海穆斯林民族服饰及用品产业基地发展研究——基于SWOT分析方法》，《青藏高原论坛》2015年第2期。

10791 苑莹：《"一带一路"视域下的青海对外贸易环境分析及对策研究》，《青藏高原论坛》2015年第3期。

10792 杨有柏：《"一带一路"战略视角下青海清真产业发展研究》，《青藏高原论坛》2015年第3期。

10793 张宏岩、吕亚丽、禹贺：《推动西宁市融入"一带一路"建设的战略思考》，《青海师范大学学报（哲学社会科学版）》2015年第3期。

▶ 丝绸之路研究论文目录

10794 郝利斌：《基于空间视角的丝绸之路经济带战略与青海经济发展研究》，《金田》2015年第4期。

10795 刘峰贵、张海峰：《丝绸之路经济带背景下的青海区位优势》，《青海师范大学学报（哲学社会科学版）》2015年第4期。

10796 祁晓旭：《丝路经济带下青海省资本市场现状分析》，《现代商业》2015年第31期。

10797 王娜：《打造新丝路经济带青海黄金段的建议》，《内蒙古财经大学学报》2016年第1期。

10798 孙发平、戴鹏、杨军：《青海建设丝绸之路经济带的成效与对策》，《青海社会科学》2016年第1期。

10799 许昕：《青海融入"丝绸之路经济带"的实践探索与分析》，《经贸实践》2016年第1期。

10800 王霞、马德君：《青海深度融入"丝绸之路经济带"的机遇探析》，《青海师范大学学报（哲学社会科学版）》2016年第1期。

10801 韩盼：《丝绸之路经济带背景下循化地区经济发展》，《柴达木开发研究》2016年第1期。

10802 张效科：《"丝绸之路经济带"视域下青海城镇化发展探析》，《青海师范大学民族师范学院学报》2016年第2期。

10803 李振国：《丝绸之路经济带背景下青海产业结构演变分析》，《忻州师范学院学报》2016年第2期。

10804 郭晓欣、钟昌标：《丝绸之路经济带背景下内陆口岸建设问题研究——以青海省为例》，《青海社会科学》2016年第3期。

10805 池秀梅：《西宁市打造丝绸之路经济带重要节点城市的路径与政策建议》，《青海社会科学》2016年第4期。

10806 崔青山：《西宁市与丝绸之路沿线国际城市交流合作机制建设实践与思考》，《青海社会科学》2016年第5期。

10807 李毅、夏红梅：《青海在丝绸之路经济带建设中的定位和选择》，《江苏商论》2016年第9期。

10808 蓝庆新、韩萌：《青海特色优势产业融入丝绸之路经济带建设的促进机制和政策建议》，《西北民族大学学报（哲学社会科学版）》2017年第1期。

10809 高文文：《丝绸之路经济带背景下青海发展策略研究》，《市场研究》2017年第9期。

10810 马文静:《浅谈在"一带一路"战略下青海经济社会发展优势》,《改革与开放》2017年第12期。

内蒙古

10811 张胤钰、杜凤莲、赵鹏迪:《内蒙古沿边经济带建设研究》,《广播电视大学学报》2015年第1期。

10812 李加洞:《构筑丝绸之路右翼—草原丝绸之路经济带的可行性分析与内蒙古的路径选择》,《前沿》2015年第3期。

10813 张国:《内蒙古融入丝路经济带举措选择》,《开放导报》2015年第4期。

10814 刘仙梅:《以"一带一路"战略为契机提升内蒙古中小企业吸纳就业能力》,《财经理论研究》2015年第4期。

10815 杨臣华:《"一带一路"建设中的内蒙古机遇》,《北方经济》2015年第5期。

10816 文风:《内蒙古参与中俄蒙经济走廊建设几个问题的研究》,《北方经济》2015年第5期。

10817 徐杰:《"一带一路"背景下内蒙古经济发展面临的契机》,《财经理论研究》2015年第6期。

10818 王玉红:《"丝绸之路经济带"建设背景下以援助方式促进内蒙古与蒙古国的经贸合作研究》,《赤峰学院学报(自然科学版)》2015年第8期。

10819 梁鲜桃:《构建内蒙古"草原丝绸之路经济带"的优势与对策思考》,《北方经济》2015年第8期。

10820 于光军:《在"中蒙俄经济走廊"建设中找准内蒙古社会经济发展的着力点》,《北方经济》2015年第9期。

10821 王博、孙中华:《呼伦贝尔市经济发展战略融入"一带一路"的探索性思考》,《北方金融》2015年第10期。

10822 单浩杰:《构建内蒙古"草原丝绸之路经济带"的机遇与挑战分析》,《物流科技》2015年第11期。

10823 孙睿智、张国芝:《草原丝绸之路经济带建设中的内蒙古口岸支撑能力分析》,《时代经贸》2015年第11期。

10824 任益民、侯凤石、周牡丹:《丝绸之路经济带背景下内蒙古的战略定位与发展路径》,《丝绸之路》2015年第18期。

10825 韩澍乔:《"一路一带"建设背景下内蒙古与蒙古国合作研究》,《现代商业》2015年第21期。

▶ 丝绸之路研究论文目录

10826　于艳君：《"一带一路"战略与中国经济结构的转型升级——以内蒙古转型发展为例》，《内蒙古民族大学学报（社会科学版）》2016年第1期。

10827　曹晔：《构建草原丝绸之路经济带框架下内蒙古自治区国际道路运输发展思路》，《物流科技》2016年第2期。

10828　高晓焘：《内蒙古在丝绸之路经济带建设中的地位与作用》，《实践（思想理论版）》2016年第4期。

10829　蔡富廷：《内蒙古地区要积极投身　国家"一带一路"战略建设》，《内蒙古统战理论研究》2016年第6期。

10830　惠诗濛：《内蒙古直接利用外资现状分析及发展思考》，《内蒙古财经大学学报》2016年第6期。

10831　许海清：《中蒙俄经济走廊建设下内蒙古与俄蒙经贸合作路径研究》，《北方经济》2016年第11期。

10832　储诚山、侯小菲：《中蒙俄经济走廊建设中的内蒙古开放型经济发展策略》，《商业经济研究》2016年第14期。

10833　崔雪妍、董佳宇：《"一带一路"背景下内蒙古经济发展策略》，《合作经济与科技》2016年第15期。

10834　宫亚清：《内蒙古在实施"一带一路"战略中的问题及对策研究》，《内蒙古科技与经济》2016年第20期。

10835　王蕾：《草原丝绸之路经济带可行性分析与内蒙古的路径选择》，《中国市场》2016年第21期。

10836　方艳楠：《一带一路背景下内蒙古外向型经济研究》，《现代经济信息》2016年第33期。

10837　王晓晖：《中俄蒙经济走廊之内蒙古新视野——"草原丝绸之路"新动力》，《中国市场》2016年第34期。

10838　丛利红、陈永刚：《"一带一路"战略给内蒙地区发展经济带来的新机遇》，《内蒙古统战理论研究》2017年第1期。

10839　曹晔：《构建草原丝绸之路背景下锡林浩特市快递行业发展对策研究》，《物流科技》2017年第2期。

10840　宋喜斌：《一带一路战略视角下内蒙古对蒙古国经贸问题对策分析》，《包头职业技术学院学报》2017年第3期。

10841　徐娟、孟宝云：《内蒙古在"丝绸之路经济带"建设中的机遇、战略定位与对策研究》，《内蒙古统战理论研究》2017年第4期。

10842　李英震、马林、张顺：《内蒙古自治区三产融合的新制度经济学分析》，《财经理论研究》2017 年第 5 期。

10843 孟和宝音：《包头融入丝绸之路经济带战略之文明建设研究》，《学理论》2017 年第 6 期。

10844 熊春霞：《乌兰察布打造俄蒙欧自贸区推进一带一路研究》，《商场现代化》2017 年第 8 期。

10845 迟松、李怀清：《呼伦贝尔推进"丝绸之路经济带"建设情况的调查》，《北方金融》2017 年第 12 期。

10846 包明齐：《内蒙古在丝绸之路经济带建设中的地位和作用》，《中国市场》2018 年第 3 期。

宁　夏

10847 高兰芳：《宁夏融入丝绸之路经济带建设的战略选择——兼谈中阿共建丝绸之路经济带》，《宁夏党校学报》2014 年第 6 期。

10848 王慧春、杨韶艳：《宁夏深度参与丝绸之路经济带建设推动中阿务实合作研究》，《宁夏社会科学》2014 年第 6 期。

10849 鲍洪杰、寿逸人：《丝绸之路经济带中宁夏战略定位与实现路径》，《贵州民族研究》2014 年第 7 期。

10850 康彦华、霍伯晓、董玉成、张岳鹏、宋旭刚：《丝绸之路经济带战略框架下宁夏向西开放战略选择》，《西部金融》2014 年第 12 期。

10851 张八五：《把宁夏建设成为丝绸之路经济带战略支点》，《中国经贸导刊》2014 年第 13 期。

10852 薛正昌：《丝绸之路经济带与宁夏》，《宁夏社会科学》2015 年第 1 期。

10853 陈佩：《民族文化背景下宁夏清真食品市场开拓模式创新》，《农业科学研究》2015 年第 3 期。

10854 刘挺：《宁夏参与"丝绸之路经济带"国家战略的文化作用论析》，《甘肃广播电视大学学报》2015 年第 4 期。

10855 金宁洋：《宁夏在"一带一路"战略中的作用》，《卷宗》2015 年第 6 期。

10856 魏西林、李文芳、王金保：《对丝绸之路经济带建设相关税收政策的建议——以宁夏内陆开放型经济试验区为例》，《注册税务师》2015 年第 11 期。

10857 马挺：《丝绸之路经济带建设宁夏的机遇与挑战》，《商》2015 年第 28 期。

10858 范云芳、马海洋：《宁夏对外贸易发展的 SWOT 分析》，《宁夏大学学报（人文社会科学版）》2016 年第 2 期。

10859　刘秀玲、朱瑞雪、蔡莉：《丝绸之路经济带视阈下宁夏开放型经济发展探讨》，《大连民族大学学报》2016年第2期。

10860　黄莉：《"一带一路"机遇下枸杞产业发展布局和重点任务研究——以宁夏中宁县为例》，《青海民族研究》2016年第3期。

10861　王永莉：《丝绸之路经济带建设中宁夏的优势与困境分析》，《西南民族大学学报（人文社科版）》2016年第3期。

10862　王娟：《丝绸之路经济带战略中宁夏"清真产业"国际化发展探析》，《中国集体经济》2016年第6期。

10863　陈岗：《宁夏丝绸之路经济带发展战略研究》，《现代经济信息》2016年第9期。

10864　刘雪梅：《"一带一路"下宁夏贸易投资便利化研究》，《当代经济》2016年第33期。

10865　史祎：《宁夏经济开放形势下发展特色经济的探索和思考》，《商情》2017年第3期。

10866　郭宏杰：《铜川融入丝绸之路经济带战略的对策思考》，《西部大开发》2017年第3期。

10867　侯景伟：《协调发展导向的宁夏空间规划战略实施对策研究》，《测绘与空间地理信息》2017年第12期。

陕　西

10868　路敏、戴婧妮、李超、韦林珍：《构建丝绸之路经济带视域下的西安对外贸易环境分析报告》，《长春师范大学学报（自然科学版）》2014年第5期。

10869　史亚洲：《陕西参与丝绸之路经济带建设的比较优势》，《西安航空学院学报》2014年第6期。

10870　党琳静：《陕西服务外包向高端领域拓展的探索》，《宝鸡文理学院学报（社会科学版）》2014年第6期。

10871　张广和：《"新丝绸之路"经济带建设背景下陕西省发展的机遇》，《现代经济信息》2014年第7期。

10872　高雅：《新丝绸之路经济带建设背景下西安纺织城再生动力初探》，《建筑与文化》2014年第9期。

10873　秦辰钰、王婉玲：《丝绸之路经济带背景下大关中城市群建设的思考》，《经济研究导刊》2014年第32期。

10874 高东新、程丽辉：《丝绸之路经济带建设的西安策略研究》，《城市观察》2015年第1期。

10875 宋宇、谭仁超：《建设"丝绸之路经济带"的战略构想与陕西机遇》，《西安财经学院学报》2015年第2期。

10876 张原、王珍珍、陈玉菲：《基于"丝绸之路经济带"建设的西安外向型经济发展对策研究》，《西安财经学院学报》2015年第3期。

10877 魏明亮：《陕西省与中亚五国产业发展及结构互补性研究》，《陕西理工学院学报（社会科学版）》2015年第3期。

10878 祁蔚茹：《丝绸之路经济带构建对西安外贸产业营销发展的影响探析》，《现代营销》2015年第3期。

10879 卫玲、戴江伟：《丝绸之路经济带背景下西安迈向国际城市的路径选择》，《西北大学学报（哲学社会科学版）》2015年第4期。

10880 刘文洁：《新丝绸之路经济带构想——以西安为新起点》，《太原城市职业技术学院学报》2015年第6期。

10881 原亚丽：《丝绸之路经济带视角下西安市对外贸易发展对策研究》，《物流技术》2015年第7期。

10882 刘雅琼：《陕西建设丝绸之路经济带竞争力研究》，《商》2015年第7期。

10883 纪丽娟：《丝绸之路经济带背景下的陕西对外贸易研究》，《科学与财富》2015年第8期。

10884 尹丽英、赵捧未、魏明：《"丝绸之路经济带"互联互通的区域合作模式与路径——以陕西省为例》，《中国流通经济》2015年第8期。

10885 王静：《丝绸之路经济带战略框架下西安"智慧城区"建设模式》，《社会科学家》2015年第8期。

10886 董靓玉：《建设西安自贸区可行性分析》，《北方经贸》2015年第10期。

10887 陕西非公有制经济会计研究会课题组：《丝绸之路区域国家对陕投资情况调查分析》，《西部财会》2015年第11期。

10888 单雨萌：《新丝绸之路经济带建设背景下陕西省对外贸易的路径探究》，《商》2015年第13期。

10889 解蕾：《陕西省在"一带一路"战略中的优势与作用》，《东方企业文化》2015年第13期。

10890 于尧：《新丝绸之路经济带对陕西对外贸易的影响》，《中国商贸》2015年第15期。

10891 郭露露：《一带一路战略下陕西省的SWOT分析及发展对策》，《现代经济信息》2015 年第 17 期。

10892 王丽丽：《西安"一带一路"建设发展研究及其就业影响》，《商》2015 年第 21 期。

10893 孙颖玲：《基于"一带一路"建设西安国际化大都市的路径研究》，《商业经济研究》2015 年第 23 期。

10894 姚江红、刘晓燕：《"一带一路"战略下西安市政府扶持小微企业的政策影响研究》，《知识经济》2015 年第 23 期。

10895 马祯：《丝绸之路经济带下陕西省贸易便利化研究》，《现代经济信息》2015 年第 24 期。

10896 李晓洁：《"丝绸之路经济带"建设下的西安自由贸易区的构建分析》，《商场现代化》2015 年第 26 期。

10897 周阿利：《丝绸之路经济带建设中咸阳产业转型与升级研究》，《经济研究导刊》2015 年第 27 期。

10898 杨莉：《西安参与"新丝绸之路经济带"建设的 SWOT 分析》，《商》2015 年第 30 期。

10899 刘迎军：《浅析"丝绸之路经济带"战略下汉中经济的发展》，《山东青年》2016 年第 1 期。

10900 彭瑞良：《西安成为"新丝绸之路"经济带构想桥头堡的优势分析》，《福建质量管理》2016 年第 2 期。

10901 谢雨阳：《西安大唐西市产业链开发研究》，《长安大学学报（社会科学版）》2016 年第 2 期。

10902 张珩、赵寅科、罗剑朝：《西安作为丝绸之路经济带新起点的战略构想研究》，《重庆大学学报（社会科学版）》2016 年第 2 期。

10903 王宇红、冶刚：《加强国际科技合作助推西安丝绸之路经济带新起点建设》，《陕西行政学院学报》2016 年第 3 期。

10904 蔡卓钰：《丝绸之路经济带产业合作前景下的陕西工业对策分析》，《西安石油大学学报（社会科学版）》2016 年第 3 期。

10905 张超：《西部地区建设丝绸之路经济带的战略路径研究——以陕西省为例》，《改革与战略》2016 年第 3 期。

10906 祝福云、高燕霞：《陕西与"丝绸之路经济带"沿线国家贸易合作战略研究》，《西安财经学院学报》2016 年第 4 期。

10907 赵青：《建设丝绸之路经济带西安自贸区可行性分析及政策建议》，《西部财会》2016 年第 4 期。

10908 朱江涛：《陕西建设丝绸之路经济带的路径选择》，《城市》2016年第4期。

10909 郭俊华、许佳瑜：《丝绸之路经济带背景下关中城市群发展路径研究》，《西北大学学报（哲学社会科学版）》2016年第4期。

10910 王静：《丝绸之路经济带背景下社会经济发展动力结构与机制建设——以陕西省为例》，《开发研究》2016年第4期。

10911 顾颖、赵霜：《"一带一路"战略背景下陕西人才政策研究》，《金融经济》2016年第4期。

10912 王小强：《"丝绸之路经济带"背景下汉中经济发展浅析》，《丝路视野》2016年第5期。

10913 华慧婷、张桃、李全聪、奚萌：《基于丝绸之路经济带探索西安电子产品贸易市场的发展模式》，《山西青年》2016年第6期。

10914 张静、鲜宁：《"一带一路"战略下西安城市品牌再定位与跨文化推广的策略探析》，《现代营销（下旬刊）》2016年第6期。

10915 祁蔚茹：《丝绸之路视角下西安区域营销对策探讨》，《经贸实践》2016年第7期。

10916 李梦瑶、陈博、张鑫：《新"丝绸之路经济带"下建设陕西自贸区的优势》，《新经济》2016年第7期。

10917 苏秋芬：《丝绸之路经济带下陕西苹果出口外贸现状》，《现代商贸工业》2016年第9期。

10918 王艳雪：《"丝绸之路经济带"视阈下陕西民生科技发展创新》，《现代商贸工业》2016年第9期。

10919 张潇文、段咪、黄建新：《"一带一路"背景下来陕外商在陕适应现状分析》，《内江科技》2016年第11期。

10920 贾勇：《"新丝路经济带"视域下陕西吸引FDI环境优化研究》，《丝路视野》2016年第13期。

10921 郝百慧：《"丝绸之路经济带"视域下的西安外向型经济发展研究》，《商》2016年第15期。

10922 席蒙蒙：《陕西省在"丝绸之路经济带"建设中的战略优势》，《中外企业家》2016年第15期。

10923 冯冀岩：《丝绸之路经济带视角下陕西经济发展模式选择》，《法制博览》2016年第15期。

10924 许晶、刘滔：《新丝绸之路经济带建设背景下陕西省对外贸易的路径探究》，《经贸实践》2016年第16期。

10925 黄欣：《陕西参与丝绸之路经济带的比较优势产业分析》，《价值工程》2016年第17期。

10926 张璐：《丝绸之路经济带：陕西外贸的机遇与挑战》，《合作经济与科技》2016年第17期。

10927 李俊玲：《观古知今陕西"新丝绸之路经济带"发展分析》，《中外企业家》2016年第18期。

10928 华汉阳：《经济开放度与丝绸之路经济带经济增长关系的实证研究——以陕西省为例》，《当代经济》2016年第19期。

10929 许晶、查菲、谷蕾：《新丝绸之路经济带对陕西对外贸易的影响》，《知识经济》2016年第21期。

10930 王富俊、王凤雷：《论丝路精神对陕西本位化影响的再研究》，《城市地理》2016年第22期。

10931 席蒙蒙：《西安市融入丝绸之路经济带建设研究》，《商》2016年第24期。

10932 许文倩：《丝绸之路经济带框架下西安市发展战略研究》，《当代经济》2016年第25期。

10933 陈卫峰：《西安"丝绸之路经济带"自由贸易区实施策略研究》，《中小企业管理与科技》2016年第32期。

10934 杨永庚：《"一带一路"视野下陕西面临的形势与采取的政策》，《西安文理学院学报（社会科学版）》2017年第1期。

10935 薛伟贤、董艳丽、刘巧云：《陕西省沿丝绸之路经济带出口竞争力分析》，《西安理工大学学报》2017年第1期。

10936 杨家宸：《论"丝绸之路经济带"给节点城市带来的变化——以宝鸡市为例》，《赤峰学院学报（自然科学版）》2017年第2期。

10937 李喆：《一带一路背景下西安市融入全球经济的现状及路径选择研究》，《商场现代化》2017年第3期。

10938 原亚丽：《"一带一路"背景下西安出口贸易模式构建》，《经贸实践》2017年第4期。

10939 王静：《丝绸之路经济带新起点城市建设创新发展研究——以西安建设城市副中心为例》，《西北大学学报（哲学社会科学版）》2017年第4期。

10940 乔颖名：《新丝绸之路经济带城市群的机遇与挑战——以西安市复兴丝路文化为例》，《美与时代（城市版）》2017年第4期。

10941 潘雨相、胡宏力、张运良：《西安建设丝绸之路经济带科技创新中心的路径研究》，《西安文理学院学报（社会科学版）》2017年第5期。

10942 张世展：《"一带一路"战略对西安对外贸易经济的影响》，《中国商论》2017年第7期。

10943 尹莉莲：《论丝绸之路经济带环境下陕西民间手工艺品的传播》，《新西部（上旬刊）》2017年第8期。

10944 王雅楠：《丝绸之路经济带建设下西安总部经济发展能力评价研究》，《产业与科技论坛》2017年第8期。

10945 杨博：《新丝绸之路经济带视角下陕西对外贸易现状及问题研究》，《全国流通经济》2017年第11期。

10946 李静：《"丝绸之路经济带"背景下陕西省县域经济协同发展研究》，《商场现代化》2017年第12期。

10947 赵凯琳、白春梅：《丝绸之路经济带背景下陕西与中亚产能合作问题探讨》，《环渤海经济瞭望》2017年第12期。

10948 蔡小娟、田宁：《西安建设国际化大都市吸纳科技人才的现状研究——以丝绸之路经济带为背景》，《中国商论》2017年第13期。

10949 李梦娜：《丝绸之路经济带视角下"西咸新区核心区"建设的路径思考》，《现代商业》2017年第19期。

10950 王亚玲：《数字丝绸之路构想下关中平原智慧城市群发展研究》，《合作经济与科技》2017年第22期。

10951 肖海霞：《丝绸之路经济带背景下陕甘宁革命老区城市经济联系与合作分析——基于城市流强度的视角》，《唐都学刊》2018年第2期。

10952 张馨予、邵旻：《丝绸之路经济带对陕西对外贸易发展的影响》，《中国国际财经（中英文）》2018年第4期。

山　西

10953 高春平：《山西与丝绸之路——兼论山西在"一带一路"发展战略中的地位与对策》，《经济问题》2015年第4期。

10954 韩枫：《一带一路战略对山西经济发展前景影响分析》，《科技创新与生产力》2015年第12期。

10955 杨永生、李永宠：《规划建设亚欧大陆桥新线的重大战略意义——兼论山西融入丝绸之路经济带的机遇》，《经济问题》2015年第12期。

10956 韩枫：《"一带一路"战略对山西经济发展前景影响分析》，《科技创新与生产力》2015年第12期。

10957　王群：《"丝绸之路经济带"下晋商新契机》，《晋中学院学报》2016年第1期。

10958　赵娟：《试论一带一路与山西对外开放》，《吕梁学院学报》2016年第3期。

10959　孟思佳：《"一带一路"战略背景下山西经济发展前景分析》，《北方经济》2016年第6期。

10960　李虹：《文明融合视角下的山西融入"丝绸之路经济带"的构想》，《经济研究导刊》2016年第31期。

河　南

10961　李庚香、王喜成：《新"丝绸之路经济带"的战略特点与河南的积极融入》，《区域经济评论》2014年第6期。

10962　白汝珍：《共建丝绸之路经济带——洛阳转型新"丝路"》，《中国电子商务》2014年第21期。

10963　冯德显：《三门峡在晋陕豫黄河金三角区域合作与开放发展中的地位和作用》，《三门峡职业技术学院学报》2015年第1期。

10964　张广修、周跃：《丝绸之路与洛阳区域发展》，《河南科技大学学报（社会科学版）》2015年第1期。

10965　谢岩：《以"丝绸之路经济带"促开封经济发展》，《开封教育学院学报》2015年第1期。

10966　丁亚琪、郭丛冉、刘鹏：《新丝绸之路经济带建设中河南省发展机遇研究》，《商》2015年第2期。

10967　崔晨涛：《新常态下郑州融入"一带一路"快速发展的思路研究》，《金融管理研究》2015年第2期。

10968　陈晓：《河南省参与丝绸之路经济带战略的优势分析与推进策略》，《河南商业高等专科学校学报》2015年第6期。

10969　苏东鹏：《简述丝绸之路地域范围的变迁及其与新乡的联系》，《河南科技学院学报（社会科学版）》2015年第11期。

10970　于会丽：《河南省"一路一带"建设战略研究》，《小作家选刊》2015年第30期。

10971　周强：《河南在"一带一路"战略建设中的定位与发展研究》，《科学与财富》2015年增刊第1期。

10972　崔晨涛：《新常态下郑州融入"一带一路"快速发展的思路研究》，《金融管理研究》第7辑，上海：生活读书新知三联书社，2016年。

10973 申丽霞：《河南丝路地位和保护管理现状及展望》，《遗产与保护研究》2016 年第 1 期。

10974 裴欣红：《"一带一路"战略对郑州带来的机遇与挑战》，《农村经济与科技》2016 年第 1 期。

10975 崔晨涛、崔玉亮：《新常态下河南对接"一带一路"的基本情况及政策建议》，《中国发展》2016 年第 1 期。

10976 袁永波：《"一带一路"战略背景下南阳市融入发展研究》，《北方经贸》2016 年第 1 期。

10977 姚雪、尚明瑞：《"一带一路"背景下河南省经济发展的 SWOT 分析》，《北方经贸》2016 年第 11 期。

10978 尹诗：《对接"一带一路"战略打造郑州经济高地中心》，《商》2016 年第 17 期。

10979 金扬益：《新丝绸之路经济带下中部城市的发展——以郑州市为例》，《经营者》2016 年第 22 期。

10980 王娜：《河南在丝绸之路经济带的作用研究》，《时代报告》2016 年第 40 期。

10981 张珂珂：《一带一路与河南十三五经济增长动力机制研究》，《郑州航空工业管理学院学报》2017 年第 1 期。

10982 党博超：《浅析河南自贸区的建立对河南省发展对外贸易的影响》，《经贸实践》2017 年第 3 期。

10983 张红涛：《河南融入丝绸之路经济带：定位、模式与路径》，《西安财经学院学报》2017 年第 3 期。

10984 安玉桃：《河南省在丝绸之路经济带建设中的定位及发展战略——基于 SWOT 分析》，《新乡学院学报》2017 年第 4 期。

10985 刘世波、余华：《商丘融入"新丝绸之路经济带"机遇研究》，《改革与开放》2017 年第 7 期。

10986 张月瀛：《河南省建设更高层次开放型经济路径探析》，《商业经济》2017 年第 12 期。

10987 王喜成：《河南加快融入"一带一路"国家战略的对策思考》，《领导科学》2017 年第 25 期。

10988 张蓉：《"一带一路"背景下河南出口贸易发展研究》，《当代经济》2017 年第 26 期。

10989 郭婉华、张宇星：《河南自贸区建设对区域经济的影响及发展对策》，《时代金融》2017 年第 35 期。

山 东

10990 许建平:《青岛打造"21世纪海上丝绸之路"枢纽城市研究》,《青岛科技大学学报(社会科学版)》2014年第2期。

10991 徐海燕:《咸海治理:丝绸之路经济带建设的契入点》,《国际问题研究》2014年第4期。

10992 左沛廷:《基于丝绸之路经济带战略的临沂市发展对策研究》,《山东行政学院学报》2014年第6期。

10993 李广杰、刘晓宁:《依托新亚欧大陆桥深化山东对外开放》,《东岳论丛》2015年第2期。

10994 董彦岭:《区域经济视角下的"一带一路"战略——兼论山东的融入对策》,《经济与管理评论》2015年第5期。

10995 王爽:《"一带一路"战略视角下山东开放型经济发展路径研究》,《东岳论丛》2015年第11期。

10996 孙大步:《开发区经验对"新丝绸之路经济带"的借鉴意义——以业达开发区为例》,《烟台大学学报(哲学社会科学版)》2016年第3期。

10997 姜勇、魏星:《山东半岛海上丝绸之路支点城市建设研究》,《海洋开发与管理》2017年第1期。

黑龙江

10998 张梅:《黑龙江省对俄经贸合作新形势及对策建议》,《西伯利亚研究》2015年第1期。

10999 封安全、马友君、张秀杰:《深化黑龙江省对俄蒙经贸合作的新路径研究》,《西伯利亚研究》2015年第3期。

11000 孙浩进、周薇:《黑龙江省构建陆海丝绸之路经济带的"瓶颈"与对策》,《西伯利亚研究》2015年第4期。

11001 陈君、王立国:《黑龙江省陆海丝绸之路经济带建设的外部影响因素分析》,《牡丹江师范学院学报(哲学社会科学版)》2015年第4期。

11002 张金萍、袁嘉奕:《黑龙江省陆海丝绸之路经济带货运通道建设障碍及成因》,《哈尔滨商业大学学报(社会科学版)》2015年第5期。

11003 曹凤刚、徐树红、姜松滨、胡晓天、曹轶昕:《关于哈尔滨市在"中蒙俄经济走廊"龙江陆海丝绸之路经济带发挥核心作用的对策研究》,《决策咨询》

2015 年第 5 期。

11004　杜颖：《"龙江丝路带"建设视角下黑龙江省深化对日经贸合作研究》，《对外经贸》2015 年第 6 期。

11005　杨笑：《黑龙江省东丝绸之路经济带发展研究》，《商业经济》2015 年第 7 期。

11006　汤恩昱、黄丽敏、雷铜、汤庆熙：《黑龙江陆海丝绸之路经济带软实力建设研究》，《北方经贸》2015 年第 9 期。

11007　宋琳琳：《黑龙江陆海丝绸之路经济带建设规划——产业布局实施现状探析》，《边疆经济与文化》2015 年第 11 期。

11008　王亮：《牡丹江市融入龙江陆海丝绸之路经济带建设问题研究》，《中国经贸》2015 年第 22 期。

11009　乔榛：《"龙江丝路带"建设对黑龙江省经济发展的重大意义》，《学术交流》2016 年第 1 期。

11010　周萍萍：《黑龙江陆海丝绸之路经济带软实力建设的探讨》，《科技与企业》2016 年第 1 期。

11011　索伶俐：《加快龙江丝路带建设重构黑龙江省外贸增长动力》，《西伯利亚研究》2016 年第 1 期。

11012　董洪梅：《龙江陆海丝绸之路经济带与黑龙江省产业升级》，《大庆社会科学》2016 年第 1 期。

11013　黎羊、邬德林、金启慧：《大庆市陆海丝绸之路经济带建设中的企业成本管理》，《大庆社会科学》2016 年第 2 期。

11014　霍晓东、傅惟光：《以齐齐哈尔为黑龙江历史文化之源创建草原丝绸之路经济带城市群体》，《理论观察》2016 年第 4 期。

11015　董洪梅：《大庆融入龙江陆海丝绸之路经济带研究》，《大庆社会科学》2016 年第 5 期。

11016　索伶俐、王玉主：《黑龙江省与"一带一路"国家经贸合作现状及"龙江丝路带"建设融入"一带一路"的战略思考》，《对外经贸》2016 年第 7 期。

11017　孟祥吉、肖垚、郭超、麻连帅：《黑龙江省陆海丝绸之路经济带建设路径研究》，《经济研究导刊》2016 年第 8 期。

11018　项义军、王鑫、燕楠：《基于"龙江丝路带"视角的黑龙江省深化对俄经贸合作研究》，《对外经贸》2016 年第 8 期。

11019　丁哲新：《大庆融入丝绸之路经济带实践策略路径研究》，《现代经济信息》2017 年第 14 期。

江 苏

11020　颜姜慧:《徐连同城：新丝路经济带东端经济崛起的重要引擎——基于城镇化状况的分析》,《江苏师范大学学报（哲学社会科学版）》2014 年第 2 期。

11021　张远鹏、曹晓蕾、张莉:《江苏省与 21 世纪海上丝绸之路沿线国家合作交流研究》,《东南亚纵横》2014 年第 11 期。

11022　古龙、高古璇、赵巍:《"一带一路"交汇点的理论阐释与路径探索——基于连云港丝绸之路经济带陆桥通道视角的研究》,《城市观察》2015 年第 1 期。

11023　青舟、顾菁、李钧:《江苏港口城市沿"一带一路"交汇的历史渊源与前瞻》,《城市观察》2015 年第 1 期。

11024　张卫民:《丝绸之路经济带与江苏发展的新机遇》,《城市观察》2015 年第 1 期。

11025　薛为昶:《连云港积极呼应"丝绸之路经济带"战略构想的思考》,《淮海工学院学报（人文社会科学版）》2015 年第 2 期。

11026　卢宁、沈智清、谭槊、刘光东:《苏州参与"一带一路"建设的战略思考》,《常熟理工学院学报》2015 年第 3 期。

11027　张爱儒、丁绪辉:《"丝绸之路经济带"与连云港空间发展战略》,《甘肃社会科学》2015 年第 4 期。

11028　古璇、古龙高:《江苏丝绸之路经济带建设的现状、问题与对策研究》,《大陆桥视野》2015 年第 13 期。

11029　郑焱、沈和、金世斌、吴国玖、古晶:《"十三五"期间江苏建设"一带一路"交汇点的战略思路和关键举措》,《江苏师范大学学报（哲学社会科学版）》2016 年第 1 期。

11030　虞华、原娟娟、陈光亚、刘秉洁:《"一带一路"战略背景下盐城经济发展优劣因素发展研究——基于江苏盐城第三次经济普查资料》,《金融理论与教学》2016 年第 4 期。

11031　虞华、徐晓轶、陈光亚、刘秉洁:《"一带一路"战略背景下盐城经济发展优劣因素研究——基于江苏盐城第三次经济普查资料》,《北京财贸职业学院学报》2016 年第 4 期。

11032　叶立新、焦宜清:《关于江苏融入"一带一路"战略的研究》,《市场周刊（理论研究）》2016 年第 4 期。

11033　杨燕:《"两带一路"下江苏省港口物流资源整合和联动发展模式》,《交通企业管理》2016 年第 9 期。

11034　曲国明、王媛、沈树明：《江苏省与 21 世纪海上丝绸之路国家经贸合作路径研究——基于江苏企业的视角》，《时代经贸》2017 年第 3 期。

11035　徐薇薇：《"新丝绸之路经济带"战略对中国节点城市实施开放型经济的影响及对策——以徐州为例》，《现代营销（下旬刊）》2017 年第 3 期。

11036　曲国明：《江苏省与 21 世纪海上丝绸之路沿线国家贸易互补性与竞争性研究》，《江苏商论》2017 年第 5 期。

11037　曲国明、田贵良：《江苏省对 21 世纪海上丝绸之路沿线国家出口的影响因素及潜力——基于引力模型的研究》，《江苏经贸职业技术学院学报》2017 年第 6 期。

11038　马红：《21 世纪海上丝绸之路：历史回溯、现实意义与连云港融入》，《大陆桥视野》2017 年第 9 期。

11039　孟庆亮、陈晓超：《连云港在"丝绸之路经济带"中的战略定位与发展策略》，《当代经济》2017 年第 24 期。

11040　丁杰：《"一带一路"背景下连云港地区发展规划建议》，《宏观经济管理》2017 年增刊第 1 期。

浙　江

11041　黄建钢、骆小平：《论"现代海上丝绸之路"——以"浙江舟山群岛新区"为出发点的思考》，《浙江海洋学院学报（人文科学版）》2014 年第 1 期。

11042　王忠：《陆海联动助推海洋强国建设——浙江舟山群岛新区发展途径探讨》，《海洋开发与管理》2014 年第 5 期。

11043　耿相魁、耿冰、刘卉芳、陆叶：《舟山群岛新区建设 21 世纪海上丝绸之路重要节点的优势与路径》，《浙江海洋学院学报（人文科学版）》2014 年第 5 期。

11044　胡高福、刘俐：《浙江舟山"21 世纪海上丝绸之路"贸易枢纽港的战略构想》，《浙江海洋学院学报（人文科学版）》2014 年第 6 期。

11045　戴东生：《"一带一路"海陆联运枢纽发展研究——以宁波为例》，《城市观察》2014 年第 6 期。

11046　戴东生、邓雪：《宁波构建 21 世纪"海上丝绸之路"海陆联运枢纽的路径分析》，《宁波通讯》2014 年第 19 期。

11047　刘孝斌：《新丝绸之路战略背景下湖州丝绸复兴的路径》，《蚕桑茶叶通讯》2015 年第 1 期。

11048　徐莹、董文娟、张雪梅：《"一带一路"战略下宁波港拓展中西部腹地策略研究》，《华东交通大学学报》2015年第6期。

11049　曾繁强、赵勃艳、汤张伶、胡高福：《浅析21世纪"海上丝绸之路"建设背景下的舟山群岛新区发展新路径》，《江苏商论》2015年第6期。

11050　钭晓东、蒋金坤、黄秀蓉：《"一带一路"的区域发展协同——宁波及宁波帮的功能使命》，《宁波大学学报（人文科学版）》2016年第2期。

11051　王俊元、胡求光：《浙江海洋优势产业选择及空间布局演化研究——以海洋渔业为例》，《中国发展》2016年第2期。

11052　刘霞玲、罗俊杰：《"一带一路"战略下宁波服装行业可持续发展对策》，《环球市场信息导报》2016年第5期。

11053　张世龙、孙亚贤、原居林：《浙江省渔业发展模式转变及其对策研究》，《中国渔业经济》2016年第5期。

11054　汤艳：《"一带一路"背景下提升舟山群岛新区城市外语能力的对策研究》，《浙江海洋学院学报（人文科学版）》2016年第5期。

11055　查志强：《"十三五"浙江加快融入对接"一带一路"国家战略研究》，《中共宁波市委党校学报》2016年第6期。

11056　高军行：《"一带一路"战略下绍兴传统优势产业的发展》，《中国商论》2016年第34期。

11057　何闰顺、缪军翔、邵凤、杨莹、林佳：《舟山自贸区与现代海上丝绸之路》，《农村经济与科技》2017年第10期。

11058　王绍卜：《"一带一路"背景下宁波—舟山港经济腹地空间布局与拓展》，《浙江万里学院学报》2018年第1期。

福　建

11059　陆芸：《"海上丝绸之路"与福建建设海洋经济大省的研究》，《福建论坛（经济社会版）》1997年第12期。

11060　李亦园：《从"海滨邹鲁"到"海滨中原"——闽南文化的再出发》，《闽都文化研究》上，福州：海峡文艺出版社，2004年。

11061　陈志宏：《泉州海上丝绸之路滨海史迹的研究与保护》，《南方建筑》2006年第9期。

11062　陈水德：《泉商文化的核心精神——基于对海洋文明蕴涵的进取共赢精神的探析》，《黎明职业大学学报》2014年第1期。

| 11063 | 吴崇伯：《融入国家"21世纪海上丝绸之路"战略的优势与对策论析——以福建为例》，《华侨大学学报（哲学社会科学版）》2014年第4期。

| 11064 | 林香红、高健、张玉洁：《福建省"海上丝绸之路"建设的优势与发展路径研究》，《海洋经济》2014年第6期。

| 11065 | 冯碧梅、尤晓婷：《福建省构建"一带一路"战略支点研究》，《福建江夏学院学报》2014年第6期。

| 11066 | 吴崇伯：《福建构建21世纪海上丝绸之路战略的优势、挑战与对策》，《亚太经济》2014年第6期。

| 11067 | 王莹、余鹏：《福建省陆地港发展对策研究》，《闽江学院学报》2015年第1期。

| 11068 | 何军明：《福建参与海上丝路建设的挑战与对策》，《开放导报》2015年第2期。

| 11069 | 魏长春：《"一带一路"背景下福建港口腹地拓展策略》，《福建交通科技》2015年第4期。

| 11070 | 张惠、黄茂兴：《福建自贸试验区与21世纪海上丝绸之路核心区的融合发展分析》，《福建师范大学学报（哲学社会科学版）》2015年第4期。

| 11071 | 陈文亮：《新海上丝绸之路建设中福安发展机遇研究》，《湖南税务高等专科学校学报》2015年第5期。

| 11072 | 福建省人民政府发展研究中心课题组：《福建建设21世纪海上丝绸之路核心区的研究报告》，《发展研究》2015年第6期。

| 11073 | 林丽珍：《泉州与海上丝绸之路的历史、现在和未来》，《开封教育学院学报》2015年第6期。

| 11074 | 韩风春：《以"海丝"建设为契机推动福建陆海生态文明建设》，《福建省社会主义学院学报》2015年第6期。

| 11075 | 杨雪星：《福建建设21世纪海上丝绸之路核心区的对策思考》，《福建金融》2015年第6期。

| 11076 | 王展妮：《泉州地区海上丝绸之路文献整理与利用研究》，《图书馆理论与实践》2015年第7期。

| 11077 | 黄茂兴、季鹏：《福建积极融入21世纪海上丝绸之路建设的现实基础与战略方向》，《福建论坛（人文社会科学版）》2015年第7期。

| 11078 | 张霞、丁岩：《厦漳泉同城化与21世纪海上丝绸之路战略研究》，《福建论坛（人文社会科学版）》2015年第8期。

| 11079 | 杨诗源：《"海丝"背景下福建省建设海洋经济强省策略研究》，《湖北科技学

院学报》2015 年第 12 期。

11080 雷心恬：《"海丝"视角下福建省自贸区建设探讨》，《现代商贸工业》2015 年第 13 期。

11081 雷琪琪：《论福建发挥优势产业，融入"海上丝绸之路"——以水产品为例》，《现代经济信息》2015 年第 16 期。

11082 叶茂樟：《"一带一路"战略背景下泉州高职院校发展抉择》，《重庆电子工程职业学院学报》2016 年第 1 期。

11083 罗雪珍：《泉州"海丝"的历史文化魅力与现代开发研究》，《福建省社会主义学院学报》2016 年第 2 期。

11084 蔡晓君、陈彬强：《泉州建设闽南海丝文化信息资源中心的思考》，《长春师范大学学报（自然科学版）》2016 年第 2 期。

11085 吴娟：《漳州市融入 21 世纪海上丝绸之路建设刍议》，《漳州职业技术学院学报》2016 年第 2 期。

11086 王勤：《"一带一路"框架下福建与东盟的经贸合作》，《东南学术》2016 年第 3 期。

11087 林善炜：《"一带一路"战略背景下福建与东盟经贸合作分析》，《南昌航空大学学报（社会科学版）》2016 年第 4 期。

11088 林惠玲、黄茂兴：《"海丝"战略背景下闽台海洋经济融合发展研究》，《成都理工大学学报（社会科学版）》2016 年第 4 期。

11089 彭明旭、杨晓菁：《基于海上丝绸之路视野下"刺桐"文化精神的分析》，《泉州师范学院学报》2016 年第 4 期。

11090 吴晓园、陈志强：《福建建设"海丝核心区"的人才供给问题研究》，《闽江学院学报》2016 年第 4 期。

11091 周雪香：《闽西客家与海上丝绸之路——以四堡雾阁邹氏为例》，《福建论坛（人文社会科学版）》2016 年第 5 期。

11092 方璐萍：《"海丝"背景下福建自贸区建设发展战略思考》，《台湾农业探索》2016 年第 6 期。

11093 郑美青：《"一带一路"背景下福建拓展大洋洲经贸关系研究》，《亚太经济》2016 年第 6 期。

11094 黄国灿：《厦门融入"21 世纪海上丝绸之路"战略的定位发展研究》，《厦门特区党校学报》2016 年第 6 期。

11095 陈雅婷、刘华蝶：《从福建航海历史视角透析 21 世纪"海丝"构建》，《卷宗》2016 年第 8 期。

11096 黄国灿：《基于"一带一路"建设的泉州港与城市协调发展度分析》，《赤峰学院学报（自然科学版）》2016年第9期。

11097 刘琳玲：《福建省参与"一带一路"建设的优势与建议》，《开封教育学院学报》2016年第12期。

11098 李凯：《新海上丝绸之路与福建海运经济发展的对策研究》，《福建质量管理》2016年第16期。

11099 天津市人民政府驻福州办事处课题组：《福建省加快推进"21世纪海上丝绸之路"核心区建设的实践及对天津的启示》，《港口经济》2017年第3期。

11100 全毅、张庭祥、林裳、胡维：《福建融入海上丝绸之路建设的路径与对策》，《东南学术》2017年第4期。

11101 全毅、郑美青：《福建与东南亚：21世纪海上丝绸之路重要枢纽》，《福州大学学报（哲学社会科学版）》2017年第4期。

11102 林红、刘茂福：《绿色丝绸之路建设视域下的福建科技国际合作研究》，《亚太经济》2017年第5期。

11103 王明惠、庄佩芬：《福建自贸区融入21世纪海上丝绸之路的对策研究》，《福建农林大学学报（哲学社会科学版）》2017年第6期。

11104 陈昕：《福州"海上丝绸之路"文化城市品牌建设探究》，《东南传播》2017年第8期。

11105 殷琦：《"软联通"视角下福建21世纪海上丝绸之路核心区建设的路径选择》，《东南传播》2017年第11期。

11106 潘静静、王莹：《福建省港口融入海上丝绸之路建设现状与思路》，《重庆交通大学学报（社会科学版）》2018年第1期。

云 南

11107 梁辉：《我国西域边境民族自治地区风景园林事业发展研究——以云南红河哈尼族彝族自治州风景园林行业发展为例》，《安徽农业科学》2009年第17期。

11108 李云晋：《大理州物质文化遗产资源保护性开发利用的空间模式》，《大理民族文化研究论丛》第5辑，北京：民族出版社，2010年。

11109 范建华、齐骥：《论云南在国家向西开放战略中的地位与作用——开放大西南重振南丝路的战略构思》，《学术探索》2014年第4期。

11110 中国社会科学院、云南省社会科学院"云南融入'一带一路'建设研究"联合课题组、邢广程、李涛、任佳、陈利君、孙宏年、吕文利、罗静、童宇韬：

《云南融入"一带一路"建设研究》,《中国边疆学》第4辑,北京:社会科学文献出版社,2015年。

11111 范建华:《云南在"一带一路"国家开放战略中的重要地位与发展担当》,《大理学院学报》2015年第3期。

11112 朱雄关、姜瑾:《云南在"一带一路"战略中的优势分析与对策思考》,《楚雄师范学院学报》2015年第4期。

11113 李锋:《"一带一路"国家战略对云南经济发展的影响》,《财经界》2015年第21期。

11114 崔红茶、刘华:《"一带一路"战略背景下云南面临的机遇与挑战》,《商》2015年第21期。

11115 段春勇:《对德宏州参与重振南方丝绸之路的几点思考》,《经济研究导刊》2016年第11期。

11116 沈凌云、王永兵:《"一带一路"战略背景下曲靖开放发展路径研究》,《中国集体经济》2017年第8期。

广　西

11117 刘建军:《海上丝绸之路海陆对接线的开辟及其现代意义——谈贺州区域文化传统现代化》,《贺州学院学报》2012年第1期。

11118 刘松竹、吴尔江:《海上丝绸之路建设背景下广西与东盟经济合作深化问题研究》,《广西财经学院学报》2014年第3期。

11119 胡建华:《广西参与"一路一带"建设对策探究》,《开放导报》2014年第5期。

11120 吕余生:《构建海陆交汇的新支点——广西在"一路一带"建设中的使命与战略》,《城市观察》2014年第6期。

11121 王景敏、朱芳阳:《广西在"海上丝绸之路"建设中的战略选择与对策》,《钦州学院学报》2014年第11期。

11122 安鑫:《21世纪海上丝绸之路对发展广西的对策研究》,《青春岁月》2014年第12期。

11123 陈禹静:《广西参与中国—东盟海上合作的SWOT分析及对策》,《中国边疆学》第3辑,北京:社会科学文献出版社,2015年。

11124 齐兰、刘琳:《垄断资本全球化背景下广西参与21世纪海上丝绸之路建设研究》,《桂海论丛》2015年第1期。

11125 徐丛春、赵鹏：《北海市海上丝绸之路建设中经贸合作的思路与路径研究》，《海洋经济》2015年第1期。

11126 黄立廉：《钦州古代海上丝绸之路的形成、作用及原因》，《广西地方志》2015年第1期。

11127 唐姣美、钟明容：《广西打造21世纪海上丝绸之路的研究》，《北方经贸》2015年第2期。

11128 赵序海、曹汝华：《"一带一路"战略下的中国（北部湾）自贸区建设思路研究》，《广西经济管理干部学院学报》2015年第2期。

11129 段立生：《广西在构建21世纪海上丝路中的优势》，《玉林师范学院学报》2015年第3期。

11130 刘波：《陕西、甘肃、宁夏推进"一带一路"的实践及对广西的启示》，《经济与社会发展》2015年第4期。

11131 刘波：《"一带一路"战略背景下广西外贸的机遇、挑战及对策》，《桂海论丛》2015年第4期。

11132 张少峰、张春华、邢素坤：《广西海洋经济发展现状与对策分析》，《海洋开发与管理》2015年第4期。

11133 胡建华：《广西推进21世纪"海上丝绸之路"建设的路径选择》，《广西社会科学》2015年第4期。

11134 颜艳：《"一带一路"战略下广西参与大湄公河次区域经济合作战略研究》，《市场论坛》2015年第5期。

11135 冯娟：《"一带一路"背景下广西钦州市的定位与发展战略》，《东南亚纵横》2015年第6期。

11136 罗洁、林绮萍：《"一带一路"战略下广西发展研究》，《中共南宁市委党校学报》2015年第6期。

11137 张光明、廖志高：《广西港口物流与对外贸易关系的实证研究》，《物流技术》2015年第6期。

11138 韦欣：《海上丝绸之路视角下广西北部湾经济区企业人力资本投资风险规避》，《广西社会科学》2015年第6期。

11139 崔茂俊：《"一带一路"背景下广西发展的优劣势分析和发展路径探究》，《南宁职业技术学院学报》2015年第6期。

11140 廖瑜：《新丝绸之路视阈下广西口岸经济发展战略研究》，《价格月刊》2015年第7期。

11141 苏丁平：《北海市在建设21世纪海上丝绸之路的机遇与对策》，《中文信息》

2015 年第 7 期。

11142 陈禹静：《广西参与中国—东盟海上合作的 SWOT 分析及对策》，《学术论坛》2015 年第 11 期。

11143 卢品慕：《广西 21 世纪海丝路建设 SWOT 分析与应对策略》，《时代经贸》2015 年第 11 期。

11144 彭志荣：《"一带一路"给广西的机遇与挑战探索》，《经贸实践》2015 年第 12 期。

11145 杨亚非：《广西构建"一带一路"的支撑体系选择》，《中国经贸导刊》2015 年第 30 期。

11146 田宝、崔庆：《"一带一路"战略对柳州市经济发展的影响分析》，《经济研究参考》2015 年第 59 期。

11147 唐红祥：《广西参与"一带一路"建设的战略思考》，《广西社会科学》2016 年第 1 期。

11148 何敏、欧明刚、黄春全、陈飞：《"一带一路"倡议下广西口岸的现状、问题和对策》，《桂海论丛》2016 年第 2 期。

11149 李军、王文俊：《"一带一路"战略下广西开放型经济发展探讨》，《湖北经济学院学报》2016 年第 4 期。

11150 欧建峰：《广西参与"一带一路"建设的重点方向及策略》，《广西社会科学》2016 年第 4 期。

11151 陈邦瑜：《广西参与"海上丝绸之路"建设的基础与对策》，《产业与科技论坛》2016 年第 4 期。

11152 黄家庆：《钦州港融入新"海上丝绸之路"建设的思考——钦州港区开发建设研究之三》，《钦州学院学报》2016 年第 5 期。

11153 李丽萍、廖业扬：《"一带一路"战略下广西新型城镇化的 SWOT 分析及路径选择》，《通化师范学院学报》2016 年第 7 期。

11154 胡梦婷：《"一带一路"战略对广西外贸经济发展的挑战和对策》，《企业导报》2016 年第 17 期。

11155 杨兴华、刘红红：《广西—东盟共建 21 世纪海上丝绸之路战略价值研究》，《现代商贸工业》2016 年第 33 期。

11156 熊微：《广西打造"一带一路"有机衔接的重要门户路径研究》，《经济研究参考》2016 年第 47 期。

11157 熊微：《构建"一带一路"有机衔接的重要门户——广西开放发展的新机遇》，《经济研究参考》2016 年第 70 期。

11158 钟瑞添、张才圣：《21世纪海上丝绸之路战略支点衔接问题研究——以中国（广西）与东盟为视角》，《广西社会科学》2017年第1期。

11159 朱念、梁芷铭：《海上丝绸之路背景下广西产业转型升级研究——区域产业合作与转型研究系列论文之二》，《南宁职业技术学院学报》2017年第1期。

11160 李红：《"一带一路"战略背景下广西合浦县的机遇与发展》，《商场现代化》2017年第5期。

11161 黄玮、毛汉霖：《钦州市与东盟共建21世纪海上丝绸之路战略分析》，《钦州学院学报》2017年第8期。

11162 石瑞颖：《21世纪海上丝绸之路与广西财政发展的相关分析》，《科技经济导刊》2017年第28期。

广 东

11163 曹芳、申明浩：《粤商组织演化路径及其动力分析——兼论粤商的传承与发展》，《广东外语外贸大学学报》2013年第1期。

11164 李钧：《广东加强与海上丝绸之路国家互联互通建设的探索与思考》，《探求》2014年第4期。

11165 杨伦庆、刘强、吴迎新、原峰：《广东推进建设21世纪海上丝绸之路的若干思考》，《海洋信息》2014年第4期。

11166 刘艳霞、朱蓉文、黄吉乔：《海上丝绸之路沿线地区概况及深圳参与建设的潜力分析》，《城市观察》2014年第6期。

11167 张开城：《21世纪海上丝绸之路建设的广东响应》，《南方论刊》2014年第7期。

11168 陈文鸿：《珠三角与"一带一路"战略》，《当代港澳研究》第4辑，北京：社会科学文献出版社，2015年。

11169 黄波、张滨：《"一带一路"背景下广东海陆联运建设发展探究》，《珠江论丛》第三期，北京：社会科学文献出版社，2015年。

11170 李飞星、罗国强、郭丽珍：《广东参与一带一路建设的战略选择》，《开放导报》2015年第1期。

11171 唐松、宋宗宏、祝佳：《21世纪海上丝绸之路建设：广州的战略选择与关键问题》，《城市观察》2015年第1期。

11172 王世红：《粤东沿海城市参与21世纪"海上丝绸之路"建设的战略思考——以汕尾市为例》，《城市》2015年第1期。

▶ 丝绸之路研究论文目录

11173 杨伦庆、刘强：《湛江参与21世纪海上丝绸之路建设的思考》，《当代经济》2015年第1期。

11174 申勇：《海上丝绸之路背景下深圳湾区经济开放战略》，《特区实践与理论》2015年第1期。

11175 唐松、宋宗宏、祝佳：《2世纪海上丝绸之路建设：广州的战略选择与关键问题》，《城市观察》2015年第1期。

11176 顾涧清、李钧、魏伟新：《广州推进21世纪海上丝绸之路建设战略的目标与对策思考》，《广东广播电视大学学报》2015年第2期。

11177 朱懿：《海上丝路建设中的粤桂合作》，《开放导报》2015年第2期。

11178 卢文刚、黄小珍、刘沛：《广东省参与"21世纪海上丝绸之路"建设的战略选择》，《经济纵横》2015年第2期。

11179 孟飞荣、高秀丽：《海上丝绸之路战略下湛江港口发展策略分析》，《物流技术》2015年第3期。

11180 杨久炎、林涛、陈少华、李启华：《广东在海上丝绸之路形成和发展中地位与作用》，《广东造船》2015年第3期。

11181 张科：《海上丝绸之路战略中加强对沿海城市发展文化因素的思考——以湛江市为例》，《对外经贸》2015年第4期。

11182 胡利琴：《广州在二十一世纪海上丝绸之路的地位和作用探究》，《世纪桥》2015年第4期。

11183 李世兰：《以海上丝绸之路重构广州开放型经济优势的战略思考》，《探求》2015年第4期。

11184 陈文鸿：《珠三角与"一带一路"战略》，《当代港澳研究》2015年第4期。

11185 张科：《广东海上丝绸之路战略南海因素思考》，《边疆经济与文化》2015年第5期。

11186 赖明明、陈能军、蔡志刚：《汕头在21世纪海上丝绸之路建设中的SWOT分析》，《汕头大学学报（人文社会科学版）》2015年第5期。

11187 金永亮：《"一带一路"强化广州核心枢纽功能》，《广东经济》2015年第5期。

11188 赵宏利、陈修文、姜玲、廖树峰、王志敏、朱哲、幸继联：《茂名市参与"海上丝绸之路"战略实施的比较优势》，《广东石油化工学院学报》2015年第5期。

11189 林恺铖：《地缘经济视域下广东省参与"一带一路"建设的战略框架》，《东南亚纵横》2015年第9期。

11190 刘伟、左晓安：《广东"海上丝路"建设与粤桂琼区域合作发展的路径探究》，

《广东经济》2015 年第 9 期。

11191　赵宏利、陈修文、姜玲、王志敏、幸继联、朱哲:《茂名市参与"海上丝绸之路"经济带实施的建议与对策》,《南方论刊》2015 年第 11 期。

11192　李尧磊:《关于广东参与 21 世纪海上丝绸之路建设的研究》,《中国商论》2015 年第 19 期。

11193　董馨:《21 世纪海上丝绸之路建设中广东的战略地位及对策》,《珠江论丛》第一期,北京:社会科学文献出版社,2016 年。

11194　尹竹、邓剑虹、王志刚:《"一带一路"背景下珠海港发展战略研究》,《珠江论丛》第四期,北京:社会科学文献出版社,2016 年。

11195　杨玉民:《打造 21 世纪海上丝绸之路重要枢纽城市——基于发挥汕头特区优势的思考》,《中共银川市委党校学报》2016 年第 1 期。

11196　陈文宇:《"21 世纪海上丝绸之路"背景下的广东自贸区发展》,《广州航海学院学报》2016 年第 2 期。

11197　汤晓龙:《"一带一路"节点城市的发展路径研究——以广东省湛江市为例》,《财经理论研究》2016 年第 2 期。

11198　杜军:《广东参与海上丝路建设方略》,《开放导报》2016 年第 2 期。

11199　曹丽萍:《广东引领 21 世纪海上丝绸之路建设的战略思考》,《社科纵横》2016 年第 2 期。

11200　李湘滇:《广州服务"一带一路"国家战略的定位与路径分析》,《山西农经》2016 年第 5 期。

11201　李迎旭:《广东参与 21 世纪海上丝绸之路建设的重点及对策》,《嘉应学院学报》2016 年第 6 期。

11202　林岸连、吴淑娟:《广东沿海城市融入海上丝绸之路的定位和战略研究——以江门和东盟国家经济合作为例》,《沿海企业与科技》2016 年第 6 期。

11203　李亮:《以粤语文化为载体共建粤桂文化传播的"海上丝绸之路"》,《经济与社会发展》2016 年第 6 期。

11204　郑炜:《21 世纪海上丝绸之路背景下的潮商发展战略研究》,《赤峰学院学报(哲学社会科学版)》2016 年第 8 期。

11205　周春霞:《21 世纪海上丝绸之路背景下广东—东盟合作平台建设机制研究——兼与海南、广西、云南三省的比较》,《广东经济》2016 年第 11 期。

11206　马超平:《广东自贸区对接"海上丝绸之路"面临的障碍、挑战与对策研究》,《统计与管理》2016 年第 12 期。

11207　田弘:《"一带一路"开放态势下广东全面开放战略新思路研究》,《教育教学论坛》2016 年第 22 期。

11208　马超平：《广东自贸区对接"海上丝绸之路"可行性及经济效应分析》，《中国商论》2016 年第 26 期。

11209　高乔子：《21 世纪海上丝绸之路建设中科学发挥广州优势》，《广州航海学院学报》2017 年第 1 期。

11210　刘继森、张聪颖：《21 世纪海上丝绸之路与广东对外开放新格局》，《经贸实践》2017 年第 2 期。

11211　马超平、易露霞：《推进广东自贸区对接"海上丝绸之路"的战略与策略研究》，《改革与开放》2017 年第 2 期。

11212　王成荣：《21 世纪海上丝绸之路背景下的广东省蓝碳发展研究》，《海洋开发与管理》2017 年第 8 期。

11213　马超平：《沪、津、闽自贸区与"海上丝绸之路"对接的经验及其对广东的启示》，《中国管理信息化》2017 年第 14 期。

11214　马超平：《广东自贸区对接"21 世纪海上丝绸之路"战略的有效路径与对策研究》，《科技资讯》2017 年第 31 期。

海　南

11215　沈世顺：《"海上丝绸之路"的新内涵及海南省的作用》，《东南亚纵横》2014 年第 11 期。

11216　卢江勇：《海上丝绸之路建设背景下的海南与非洲经济合作研究》，《琼州学院学报》2015 年第 1 期。

11217　张尔升、岳方明：《海南融入海上丝绸之路的战略探析》，《上海商学院学报》2015 年第 6 期。

11218　郭敏、卢红飚：《21 世纪海上丝绸之路战略格局下的海南定位》，《中共贵州省委党校学报》2016 年第 1 期。

11219　周伟：《21 世纪"海上丝绸之路"建设：海南的角色与作用》，《南海学刊》2016 年第 2 期。

11220　南文龙、张争胜、赵亮：《"21 世纪海上丝绸之路"建设对我国南海地区的影响分析》，《海洋开发与管理》2016 年第 6 期。

11221　林国尧、刘一霖：《海南落实"一带一路"国家战略海洋建设初步探讨》，《中国发展》2016 年第 6 期。

11222　李晓欢：《"一带一路"战略下海南经济发展的机遇》，《商》2016 年第 23 期。

11223 潘珠：《海南融入21世纪海上丝绸之路发展对策研究》，《海南热带海洋学院学报》2017年第1期。

11224 李鸿阶、林在明：《海南在21世纪海上丝绸之路的角色定位与责任担当》，《学术评论》2017年第1期。

11225 毛春洲、卢尚玉、王勇：《浅论海南三沙海洋文化》，《邢台学院学报》2017年第2期。

11226 李滟茹：《"21世纪海上丝绸之路"下的海南发展》，《北方文学（下旬）》2017年第5期。

台港澳地区

11227 陈文璇、郑天祥、陈丽君：《澳门在"丝路"中的桥梁作用——建设澳门航空中转港》，《当代港澳研究》第3辑，北京：社会科学文献出版社，2015年。

11228 谢国梁：《"一带一路"战略及香港的角色》，《当代港澳研究》第4辑，北京：社会科学文献出版社，2015年。

11229 刘宗义：《"一带一路"与台湾的机遇》，《两岸关系》2015年第4期。

11230 李义虎：《"一带一路"与台湾》，《北京大学学报（哲学社会科学版）》2015年第6期。

11231 孙久文、潘鸿桂：《"一带一路"战略定位与澳门的机遇》，《现代管理科学》2016年第1期。

11232 刘开智、许志桦、曹小曙：《"21世纪海上丝绸之路"对香港港口发展的机遇与挑战》，《中国名城》2016年第2期。

11233 胡利琴：《澳门在"一带一路"战略中的重要地位与发展对策思考》，《社科纵横》2016年第4期。

11234 陈之林：《海上丝绸之路中的两岸对外经贸合作》，《吉林广播电视大学学报》2016年第9期。

11235 王建邦：《"21世纪海上丝绸之路"建设下的对台湾投资》，《贵州大学学报（社会科学版）》2017年第2期。

其 他

11236 曹凛：《吉林船厂与"黑龙江丝绸之路"》，《中国船检》2012年第6期。

11237 宋志辉、马春燕：《四川在"南方丝绸之路经济带"建设中的地位和作用》，《南亚研究季刊》2014年第1期。

11238　毛阳海：《论"丝绸之路经济带"与西藏经济外向发展》，《西藏大学学报（社会科学版）》2014年第2期。

11239　刘国斌、杜云昊：《论东北亚丝绸之路之纽带——图们江区域（珲春）国际合作示范区建设的战略思考》，《东北亚论坛》2014年第3期。

11240　方煜东：《贵州：西南新丝绸之路经济带之重要通道》，《贵州大学学报（社会科学版）》2014年第4期。

11241　汤正仁：《"新南方丝绸之路"视野下的贵州发展战略定位》，《区域经济评论》2014年第6期。

11242　贾根良：《面向内需与新丝绸之路——环渤海经济发展新战略》，《经济理论与经济管理》2014年第7期。

11243　陈永昌：《积极开发陆海丝绸之路东部经济带》，《北方经贸》2014年第8期。

11244　孙宏年：《历程、机遇与思考：沿边开发开放与西南边疆的稳定、发展》，《中国边疆学》第3辑，北京：社会科学文献出版社，2015年。

11245　张辛雨：《"一带一路"战略下北线节点吉林省在东北亚区域合作中的机遇与挑战》，《长春金融高等专科学校学报》2015年第3期。

11246　史本山：《成渝西昆菱形经济圈："一带一路"的桥头堡》，《西南交通大学学报（社会科学版）》2015年第3期。

11247　邢海晶、薛一飞：《成都市融入与推进"丝绸之路经济带"战略的对策研究》，《中共成都市委党校学报》2015年第3期。

11248　刘宗媛：《简析复兴"新丝绸之路"中的次国家行为者——以重庆市为例》，《俄罗斯研究》2015年第3期。

11249　王黔京：《"一带一路"布局下的贵州发展战略研究》，《贵州商业高等专科学校学报》2015年第4期。

11250　陈蓉、石国进：《湖北参与建设"丝绸之路经济带"的战略构想与应对策略》，《湖北社会科学》2015年第4期。

11251　毛阳海：《西藏对接"一带一路"战略的历史渊源和现实意义》，《西藏民族学院学报（哲学社会科学版）》2015年第4期。

11252　崔如波、张月芳：《重庆建设成"新丝绸之路"经济带的战略支点》，《重庆行政（公共论坛）》2015年第4期。

11253　代永忠：《丝绸之路经济带和长江经济带背景下綦江区发展战略研究》，《重庆行政（公共论坛）》2015年第4期。

11254　何一民：《成都在"一带一路"建设中应成为中国内陆对内对外开放的枢纽》，《开发研究》2015年第6期。

11255 张弘：《从西南丝绸之路的线路节点研析其功能及需求》，《学术探索》2015 年第 7 期。

11256 卫志勇：《环渤海港口融入"一带一路"的对策研究》，《环渤海经济瞭望》2015 年第 9 期。

11257 王娟娟：《京津冀协同区、长江经济带和一带一路互联互通研究》，《中国流通经济》2015 年第 10 期。

11258 赖庆晟、郭晓合：《上海自贸区扩容强化制度变迁辐射能力研究》，《技术经济与管理研究》2015 年第 12 期。

11259 高自为、徐中春：《丝绸之路经济带与贵州跨越发展战略研究》，《改革与开放》2015 年第 13 期。

11260 黄丽华：《浅谈海上丝绸之路对南海区域发展的影响》，《琼州学院学报》2016 年第 1 期。

11261 张时立：《中国自贸区建设与"21 世纪海上丝绸之路"——以上海自贸区建设为例》，《社会科学研究》2016 年第 1 期。

11262 周伟洲：《"唐蕃古道"与"一带一路"建构中的西藏》，《西藏民族大学学报（哲学社会科学版）》2016 年第 1 期。

11263 夏永林、甘晓娟：《基于社会网络分析的丝绸之路经济带区域经济研究——以兰新铁路沿线城市为例》，《西安财经学院学报》2016 年第 1 期。

11264 崔茂俊、陈敬平：《"一带一路"背景下湖北的发展策略研究》，《武汉冶金管理干部学院学报》2016 年第 2 期。

11265 郭文君：《关于将图们江区域合作开发纳入"一带一路"战略的思考》，《东疆学刊》2016 年第 2 期。

11266 孙瑞杰、羊志洪、刘佳、赵鹏：《天津市海洋经济融入"一带一路"建设的战略思考》，《海洋经济》2016 年第 2 期。

11267 胡仁霞、李晓乐：《"一带一路"与东北经济的转型发展》，《延边大学学报（社会科学版）》2016 年第 3 期。

11268 张静：《"一带一路"战略下的湖北发展举措研究》，《湖北社会科学》2016 年第 3 期。

11269 黄晓慧、邹开敏：《"一带一路"战略背景下的粤港澳大湾区文商旅融合发展》，《华南师范大学学报（社会科学版）》2016 年第 4 期。

11270 杨英：《新时期粤港澳经济更紧密合作的基本趋向》，《华南师范大学学报（社会科学版）》2016 年第 4 期。

11271 周伟：《"丝绸之路经济带"战略下陕甘宁协同发展：优势与挑战》，《陕西行政学院学报》2016 年第 4 期。

11272 周艺怡、沈佶：《发挥环渤海地区在新丝绸之路经济带中的作用刍议》，《城市》2016 年第 4 期。

11273 曾杰：《"一带一路"战略下鞍山市外经贸发展的机遇与对策》，《鞍山师范学院学报》2016 年第 5 期。

11274 王克林：《"一带一路"战略中的四川鞋业》，《西部皮革》2016 年第 7 期。

11275 黄承锋：《"一带一路"视域下重庆市对外通道发展现状、瓶颈及对策》，《企业经济》2016 年第 8 期。

11276 闻德卿、刘阳：《"一带一路"战略下大连与俄罗斯远东地区经济合作》，《知识经济》2016 年第 10 期。

11277 艾德洲：《服务"一带一路"政策沟通的粤港澳湾区联动发展研究》，《当代经济管理》2016 年第 11 期。

11278 邓雪婷：《"丝绸之路经济带"对成都产业用地规划的影响》，《商情》2016 年第 20 期。

11279 舒华章：《"一带一路"战略与湖南在"一带一路"战略下的发展》，《中外企业家》2016 年第 22 期。

11280 王进：《辽宁港口经济借助"一带一路"战略发展的路径研究》，《中国经贸导刊》2016 年第 29 期。

11281 任云兰、王静：《"草原丝绸之路"与京津冀商贸协同发展关系探析》，《中国商论》2016 年第 35 期。

11282 杜幼康：《"一带一路"建设中西藏面临的机遇及发展思路》，《西藏民族大学学报（哲学社会科学版）》2017 年第 1 期。

11283 黄先军：《"长江经济带"国家战略中的安徽机遇、挑战与对策》，《安庆师范大学学报（社会科学版）》2017 年第 2 期。

11284 王在亮、许东波：《吉林省参与丝绸之路经济带建设的问题与对策分析》，《东疆学刊》2017 年第 2 期。

11285 刘静江：《江西融入海上丝绸之路的区位优势及前景》，《九江学院学报（哲学社会科学版）》2017 年第 3 期。

11286 陈朴：《融入丝绸之路经济带建设背景下西藏在社会稳定中开放发展分析》，《西藏发展论坛》2017 年第 3 期。

11287 李永荣、安小雷：《重庆在长江经济带开发建设中的地位和作用研究》，《企业改革与管理》2017 年第 5 期。

11288 张文木：《青藏高原与中国整体安全——兼谈青藏高原对"一带一路"关键线

路的安全保障作用》,《太平洋学报》2017 年第 6 期。

11289 秦尊文:《"一带一路"与中部崛起》,《中国经济报告》2017 年第 12 期。

11290 黄超、陈奇:《"21 世纪海上丝绸之路"下的粤港澳大湾区联动开放新路径》,《现代经济信息》2017 年第 15 期。

11291 黄俭、肖学农:《新赣商融入"一带一路"的思考》,《老区建设》2017 年第 16 期。

11292 阎丽娜:《四川融入"丝绸之路经济带"建设的对策研究》,《中国市场》2017 年第 18 期。

11293 戴秦、欧丽萍:《海上丝绸之路对上海自贸区建设的影响》,《当代经济》2017 年第 33 期。

产业发展

通 论

11294 郭爱君、毛锦凰:《丝绸之路经济带:优势产业空间差异与产业空间布局战略研究》,《兰州大学学报(社会科学版)》2014 年第 1 期。

11295 谭林、魏玮:《产城关系视角下我国丝绸之路沿线产业发展问题研究》,《西安交通大学学报(社会科学版)》2014 年第 5 期。

11296 王彦庆:《丝绸之路经济带产业集聚发展战略研究》,《交通建设与管理(上半月)》2014 年第 8 期。

11297 吕余生:《21 世纪海上丝绸之路建设的产业合作探索》,《东南亚纵横》2014 年第 11 期。

11298 李立凡:《丝绸之路经济带的国际产业规划和发展瓶颈》,《城市观察》2015 年第 1 期。

11299 孙娜、廖维晓:《论海洋资源开发管理机制构建》,《学术交流》2015 年第 2 期。

11300 杨文升、张虎:《"一带一路"构建过程中相关行业的作用分析》,《辽宁师范大学学报(自然科学版)》2015 年第 2 期。

11301 苏华、康岚、王磊:《丝绸之路经济带产业合作的"雁行模式"构建》,《人文杂志》2015 年第 3 期。

11302 王聪:《丝绸之路经济带核心区产业转型与合作:新结构经济学的视角》,《人文杂志》2015 年第 3 期。

11303　赵菲菲：《丝绸之路经济带国内段沿线省份产业空间布局战略研究》，《吉林工商学院学报》2015 年第 3 期。

11304　郭爱君、毛锦凰：《丝绸之路经济带建设中的我国节点城市产业定位与协同发展研究》，《西北大学学报（哲学社会科学版）》2015 年第 4 期。

11305　徐晞：《两岸行业协会合作战略与路径：基于"21 世纪海上丝绸之路"战略视角》，《中国软科学》2015 年第 4 期。

11306　汪晓文：《"丝绸之路经济带"建设中的产业合作研究》，《经济问题》2015 年第 5 期。

11307　王莹、王呈仓：《"一带一路"战略下企业的国际化发展思路》，《北方经贸》2015 年第 6 期。

11308　孙星云：《丝绸之路经济带上业务拓展时的整合管理实践》，《北京石油管理干部学院学报》2015 年第 6 期。

11309　白永秀、王泽润、王颂吉：《丝绸之路经济带工业产能合作研究》，《经济纵横》2015 年第 11 期。

11310　张聪：《21 世纪海上丝绸之路下我国产业梯度转移的架构》，《中国经贸》2015 年第 17 期。

11311　乔木：《一带一路战略产业结构的模式分析》，《管理观察》2015 年第 17 期。

11312　李鹏、胡艺凡：《"新丝绸之路经济带"产业梯度转移——基于 2000—2010 年世界投入产出表的定量测度》，《产经评论》2016 年第 2 期。

11313　邵传林：《中国商业传统对现代企业家精神的影响研究：传承机理与实证检验》，《浙江工商大学学报》2016 年第 4 期。

11314　马海霞、张波、陈军：《丝绸之路经济带核心区国际化城市产业结构优化研究》，《新疆社会科学（汉文版）》2016 年第 5 期。

11315　王颂吉：《丝绸之路经济带国内段中心城市产业合作研究：基于价值链分工视角》，《西北大学学报（哲学社会科学版）》2016 年第 6 期。

11316　徐辉、李宏伟：《丝绸之路经济带市域经济增长与产业结构变化》，《经济地理》2016 年第 11 期。

11317　龚新蜀、李津津：《丝绸之路经济带核心区战略性新兴产业选择与评价——基于 TOPSIS 的灰色关联模型》，《科技管理研究》2016 年第 21 期。

11318　田晖：《"一带一路"背景下东西方企业文化差异探源及启示》，《低碳世界》2016 年第 28 期。

11319　赵霞、王志增、朱启航：《比较优势、空间差异与区域产业定位——基于偏离—

份额模型的丝绸之路经济带沿线省区分析》,《经济与管理》2017 年第 2 期。

11320 周丽:《海上丝绸之路语境下枢纽门户城市产业发展研究——以广东省肇庆市为例》,《特区经济》2017 年第 8 期。

11321 马琳琳、房胜飞:《新型城镇化、科技创新对产业结构升级的影响研究——以"丝绸之路经济带"沿线九省市为例》,《新疆农垦经济》2017 年第 9 期。

11322 彭薇:《共建"丝绸之路经济带"战略下中国与沿线国家产业转移研究——基于地缘经济的视角与引力模型的检验》,《经济问题探索》2018 年第 1 期。

11323 王嘉澜:《"一带一路"核心区产业结构优化机制创建》,《中国集体经济》2018 年第 8 期。

农 业

11324 封云芳:《漫谈桑蚕丝绸与化学》,《化学通报》1985 年第 10 期。

11325 陈桥驿:《关于四川省蚕桑、丝绸业的发展和南方丝绸之路的论证》,《郑州大学学报(哲学社会科学版)》1993 年第 2 期。

11326 李秋菊:《和田蚕业的发展与走出困境》,《中国蚕业》1996 年第 2 期。

11327 向仲怀:《中国家蚕基因组与 21 世纪丝绸之路》,《蚕业科学》2003 年第 4 期。

11328 向仲怀:《中国家蚕基因组与 21 世纪丝绸之路》,《蚕学通讯》2004 年第 1 期。

11329 崔霞:《关于中亚干燥地带的水缺乏和地区农业的开发现状》,《贵州民族学院学报(哲学社会科学版)》2004 年第 2 期。

11330 冯春营:《方城县柞蚕产业与丝绸之路文化》,《北方蚕业》2011 年第 3 期。

11331 李豫新、李婷:《基于引力模型分析中国与中亚国家农产品贸易》,《俄罗斯中亚东欧市场》2012 年第 2 期。

11332 张安福、田海峰:《新疆绿洲农业经济与国家安全》,《思想战线》2013 年第 6 期。

11333 崔志梅:《丝绸之路经济带建设对和静县林业发展的影响和对策》,《农业与技术》2014 年第 4 期。

11334 江丽:《中国与中亚五国农产品贸易互补性分析》,《克拉玛依学刊》2014 年第 6 期。

11335 林笑:《农业在"丝绸之路经济带"建设中的新机遇》,《农经》2014 年第 7 期。

11336 赵国栋:《陕西茶产业与文化在丝绸之路经济带中的地位与作用》,《湖北函授大学学报》2014 年第 15 期。

11337　丁世豪、布娲鹣·阿布拉：《丝绸之路经济带背景下中国与土耳其的农产品贸易优化之路》，《对外经贸实务》2015年第1期。

11338　施由明：《论河口、九江及江西茶叶与"一带一路"》，《农业考古》2015年第2期。

11339　张磊磊、王新哲、王华丽：《"丝绸之路经济带"建设与新疆农业信息化发展》，《新疆农垦经济》2015年第3期。

11340　苏丽娜、苏利德：《昔日草原丝茶驼道贸易对当前边境贸易发展的启示》，《北方经济》2015年第3期。

11341　吾斯曼·吾木尔、布娲鹣·阿不拉、丁世豪：《中国与新丝绸之路经济带沿线国家农产品贸易研究：可行性与特征》，《农业经济》2015年第3期。

11342　李建琴、顾国达：《"一带一路"对中国蚕丝业发展的战略意义》，《中国蚕业》2015年第4期。

11343　廖森泰：《海上丝绸之路与珠江三角洲"桑基鱼塘"发展》，《中国蚕业》2015年第4期。

11344　邹淼：《丝绸之路经济带之省区产业转移升级与农民工再转移市民化》，《成都行政学院学报》2015年第4期。

11345　刘晓鸾、赵凌云：《中国对摩洛哥茶叶出口贸易的市场空间及预警分析》，《对外经贸实务》2015年第4期。

11346　陶德臣：《"一带一路"：中国茶走向世界的主渠道》，《农业考古》2015年第5期。

11347　李英：《丝路经济带地区农业转型升级的机遇与路径选择》，《中国农业资源与区划》2015年第5期。

11348　王彦芳：《中国对哈萨克斯坦农产品出口贸易影响因素分析》，《新疆农垦经济》2015年第5期。

11349　蔡清毅：《建茶在海上丝绸之路中的地位与历史影响研究》，《福建茶叶》2015年第6期。

11350　隋博文、庄丽娟：《跨境农产品供应链的形成机制、类型特点及整合策略——基于广西—东盟的实践》，《对外经贸实务》2015年第6期。

11351　徐志远、布娲鹣·阿布拉、丁世豪：《新丝绸之路背景下中国对哈萨克斯坦出口农产品结构优化研究》，《中国农业资源与区划》2015年第6期。

11352　毛树春、李亚兵、支晓宇：《"一带一路"棉花产业研究》，《中国棉麻产业经济研究》2015年第6期。

11353　师晓华：《丝绸之路经济带农业经济协作功能分区规划研究》，《中国农业资源与区划》2015 年第 7 期。

11354　罗芳、武佳璇：《丝绸之路对中国农产品出口的拉动作用》，《农村经济与科技》2015 年第 8 期。

11355　童帮裕、雷天宇、侯峙坤：《"丝绸之路经济带"下的新疆农业发展探析》，《经贸实践》2015 年第 9 期。

11356　吾斯曼·吾木尔、布娲鹣·阿布拉、丁世豪：《中国与丝绸之路经济带沿线国家农产品贸易关系研究》，《农业经济》2015 年第 9 期。

11357　王常华、周益：《海上丝绸之路背景下海南休闲农业发展的问题及解决对策》，《农村经济与科技》2015 年第 10 期。

11358　李豫新、杨萍：《新疆对周边国家农产品出口贸易潜力及其影响因素研究——基于随机前沿引力模型的实证分析》，《价格月刊》2015 年第 10 期。

11359　王纯武、王菊文：《新疆丝绸之路经济带核心区国有农场战略定位及改革发展的思考》，《黑龙江农业科学》2015 年第 11 期。

11360　曹云华、胡爱清：《"一带一路"战略下中国—东盟农业互联互通合作研究》，《太平洋学报》2015 年第 12 期。

11361　龚新蜀、胡志高、樊晶磊：《丝绸之路经济带背景下西北 5 省（区）农业优势产业选择》，《江苏农业科学》2015 年第 12 期。

11362　王新哲、王华丽、张磊磊：《丝绸之路经济带下的新疆农业信息化"最后一公里"解决路径初探》，《农业网络信息》2015 年第 12 期。

11363　吾斯曼·吾木尔、布娲鹣·阿布拉、骆俊澎、邵帅：《中国与丝绸之路经济带沿线国家农产品贸易问题研究：特征与地位》，《农业科学与技术（英文版）》2015 年第 12 期。

11364　朱凯旋、姜宇：《丝绸之路沿线农村对"一带一路"战略的认知调查——以陕西省平利县广佛镇和兴隆镇为例》，《环球人文地理》2015 年第 18 期。

11365　邱桂林：《"一带一路"战略与中国农业国际化研究》，《中外企业家》2015 年第 21 期。

11366　陈宝全：《论一带一路对中国畜牧业经济发展的影响——以海南为例》，《农业与技术》2015 年第 24 期。

11367　王燕凤、王燕丽：《"一带一路"战略中宁夏与阿拉伯国家农业合作的重点领域探讨》，《现代农业科技》2015 年第 24 期。

11368　钱荷英、徐安英、孙平江、李刚：《"一带一路"战略下的蚕丝文化建设》，《中国蚕业》2016 年第 1 期。

11369　王彦芳：《俄白哈关税同盟对中哈农产品出口贸易的影响及趋势分析》，《重庆工商大学学报（社会科学版）》2016年第1期。

11370 童晓乐、徐晨杰、谭晶荣：《中国在丝绸之路经济带的农产品贸易效率分析》，《浙江工业大学学报（社会科学版）》2016年第1期。

11371 向仲怀：《让蚕桑丝绸在"一带一路"建设中重放异彩》，《蚕业科学》2016年第1期。

11372 彭世璞：《"丝绸之路经济带"背景下新疆发展面向中亚外向型农业优劣势分析》，《新疆职业大学学报》2016年第2期。

11373 张树彬：《服务"丝绸之路经济带"战略的探索与思考——以农业银行宁夏分行为例》，《农村金融研究》2016年第2期。

11374 李晴、布娲鹣·阿布拉：《基于SWOT分析的新疆农产品加工贸易的战略研究》，《黑龙江畜牧兽医》2016年第2期。

11375 张凤林：《"龙江丝路带"建设助推对俄农业开发与合作》，《知与行》2016年第3期。

11376 何瑞霞：《丝绸之路经济带框架下伊犁外向型绿色农产品生产基地建设对策思考》，《农村经济与科技》2016年第3期。

11377 王丽君、布娲鹣·阿布拉：《新常态下中国与SCO国家农产品贸易促进策略探讨》，《商业经济研究》2016年第3期。

11378 李辉、张未广、刘亿：《中国对中亚五国农产品出口增长的二元边际及影响因素分析——基于丝绸之路经济带建设背景》，《商业经济研究》2016年第3期。

11379 张宗军：《基于综合风险区划的农作物产量指数保险费率厘定——以大豆为例》，《东北农业大学学报（社会科学版）》2016年第4期。

11380 李通：《陕西茶叶在丝绸之路文化交流中的特殊地位管窥》，《新西部（下旬刊）》2016年第4期。

11381 吴方卫、张锦华：《丝绸之路经济带农牧业合作的空间、潜力与中国农业"走出去"策略》，《科学发展》2016年第4期。

11382 苏秋芬：《丝绸之路经济带下陕西主要出口农产品外贸现状》，《陕西农业科学》2016年第4期。

11383 金缀桥、杨逢珉：《中国对印度尼西亚农产品出口增长的影响因素分析——以"21世纪海上丝绸之路"为视角的研究》，《世界农业》2016年第4期。

11384 龚新蜀、樊晶磊：《中哈两国农产品产业内贸易研究——基于丝绸之路经济带战略背景》，《江苏农业科学》2016年第4期。

11385 徐海燕：《构建丝路粮食通道的若干思考》，《国际问题研究》2016年第4期。

11386 朱虹：《简析"一带一路"背景下的中国茶文化传播》，《旅游纵览（下半月）》2016年第4期。

11387 张冰洁：《"一带一路"国家发展战略下中国茶文化的国际推介》，《福建茶叶》2016年第5期。

11388 曹晓晴、杨军、孙江明：《中国与丝绸之路经济带国家农产品贸易结构及潜力分析》，《世界农业》2016年第5期。

11389 沈伟腾、胡求光：《"海上丝绸之路"农产品贸易潜力及其影响因素分析》，《科技与经济》2016年第6期。

11390 朱智洺、丁丽红：《21世纪海上丝绸之路——中国东盟农产品贸易发展空间研究》，《河南科学》2016年第6期。

11391 迪力夏提·胡达拜尔干：《巩留农机化在丝绸之路经济带建设中的地位与作用》，《南方农机》2016年第6期。

11392 张玉娥、余稳策、晋乐：《海上丝绸之路背景下中国广西与东盟国家农产品竞争性与互补性》，《世界农业》2016年第7期。

11393 李新兴、马凤才、黄德林：《丝绸之路经济带建设对中国和中亚地区农业经济与贸易的影响——以运输效率变动为视角》，《世界农业》2016年第7期。

11394 刘静：《丝绸之路上的中国茶叶经济》，《福建茶叶》2016年第9期。

11395 金玮佳：《"丝绸之路"经济带建设背景下中国与俄罗斯农产品贸易发展研究》，《世界农业》2016年第10期。

11396 鞠劭芃、黄德林：《"丝绸之路"经济带建设对中国新疆农业经济的影响——基于中国新疆和中亚5国一般均衡模型》，《世界农业》2016年第11期。

11397 谷慧：《丝绸之路经济带背景下南昌农业产业化龙头企业"走出去"战略分析》，《消费导刊》2016年第11期。

11398 彭松：《丝绸之路经济带战略背景下兵团外向型农业发展的挑战及对策》，《新疆农垦科技》2016年第11期。

11399 肖炎、廖肇羽：《丝路茶文化价值的产业化前景研究——以南疆阿拉尔市为例》，《丝路视野》2016年第13期。

11400 燕姝漘：《定西农业合作交流的优势机遇及战略平台》，《中国集体经济》2016年第16期。

11401 韩一军、刘乃郗、王萍萍：《"一带一路"玉米产业合作发展的意义与前景》，《农村工作通讯》2016年第17期。

11402 李亚鹏：《丝绸之路经济带中陕茶产业及文化发展的几点思考》，《商》2016年第30期。

11403 彭镜：《一带一路背景下中国农村经济的发展机遇与挑战》，《财讯》2016年第

36期。

11404 韩庆龄：《"草原丝绸之路"建设背景下的内蒙古农产品分销渠道研究》，《物流科技》2017年第1期。

11405 丁丽红、朱智洺：《中国对"21世纪海上丝绸之路"沿岸国家的农产品出口研究——基于贸易便利化视角》，《山东农业科学》2017年第1期。

11406 陈蔚：《"丝绸之路经济带"背景下畜牧产业区域合作的思考》，《农业经济》2017年第1期。

11407 张希君、展晓玲：《"一带一路"背景下甘肃农产品向西出口问题及对策》，《发展》2017年第2期。

11408 苏超、钱永华：《丝绸之路经济带建设中桑树产业发展的思考》，《蚕业科学》2017年第2期。

11409 朱念、李燕：《海上丝绸之路战略背景下粤桂琼农业转型升级合作研究——区域产业合作与转型研究系列论文之三》，《南宁职业技术学院学报》2017年第3期。

11410 王思明：《丝绸之路农业交流对世界农业文明发展的影响》，《内蒙古社会科学》2017年第3期。

11411 朱新鑫、杨晓林、刘维忠：《丝绸之路经济带背景下中国新疆与中亚五国农业科技合作路径探析》，《农业经济》2017年第4期。

11412 张绚蕾：《丝绸之路经济带城市文化软实力建设研究——以茶文化产业园建设为例》，《福建茶叶》2017年第4期。

11413 王瑞、王永龙：《我国与"丝绸之路经济带"沿线国家农产品进口贸易研究》，《经济学家》2017年第4期。

11414 张彤璞、韩洋：《中国与丝绸之路经济带国家农产品贸易影响因素及潜力研究》，《商业研究》2017年第4期。

11415 文艳：《丝绸之路经济带背景下兵团农业"走出去"研究》，《兵团党校学报》2017年第5期。

11416 王英平：《"丝绸之路经济带"核心区建设背景下新疆农业发展问题研究》，《新疆财经》2017年第6期。

11417 李豫新、孙培蕾：《丝绸之路经济带核心区农产品贸易潜力研究》，《江西财经大学学报》2017年第6期。

11418 彭博：《一带一路战略背景下中国茶叶行业国际博弈的新机遇》，《福建茶叶》2017年第6期。

11419 周振正、杨莲娜：《中国与丝绸之路经济带国家农产品贸易成本及影响因素》，

《滁州学院学报》2017年第6期。

11420 农业部软科学课题组：《中国与丝绸之路经济带沿线国家农产品贸易增长潜力及路径研究》，《当代农村财经》2017年第6期。

11421 陈珂：《"一带一路"视阈下茶经济发展研究》，《福建茶叶》2017年第9期。

11422 张瑜：《丝绸之路经济带沿线各国和中国农产品贸易的改进策略》，《科技经济市场》2017年第10期。

11423 李武强、孙荣庭、刘德智：《丝绸之路经济带背景下的农产品供应链一体化模式》，《中国流通经济》2017年第11期。

11424 李文霞、杨逢珉：《中国对"海上丝绸之路"沿线国家农产品出口的影响因素及潜力研究》，《现代经济探讨》2017年第11期。

11425 王博、朱玉春：《中国与"丝绸之路经济带"沿线国家农业合作前景分析——基于优势互补性与合作路径视角》，《中国流通经济》2017年第11期。

11426 董皓、杨琛：《丝绸之路经济带国家来华留学生的传统茶文化教育探析》，《福建茶叶》2017年第12期。

11427 陈俭、卢德彬、杨建、安万芳：《中国与丝绸之路经济带沿线国家农产品贸易区域差异与空间集聚效应研究》，《世界农业》2017年第12期。

11428 胡彩云、阴帅：《浅论兵团农场参与丝绸之路经济带建设的优势分析》，《经贸实践》2017年第14期。

11429 沈永真：《丝绸之路经济带视域下陕西茶叶生产贸易的国内外竞争力分析》，《经济研究导刊》2017年第14期。

11430 凌杰、王丽丽、赵纪越：《"互联网+精准扶贫"战略背景下丝绸之路沿线农村经济发展难题及解决路径选择——基于甘肃省清水县的实证调研》，《经贸实践》2017年第19期。

11431 王雅楠：《丝绸之路经济带背景下农产品品牌战略管理问题研究》，《山西农经》2017年第19期。

11432 喻慧慧、陈玉祥：《中国对丝路经济带国家农产品出口贸易影响因素分析》，《合作经济与科技》2017年第21期。

11433 卢彦铭：《"丝绸之路经济带"背景下新疆农产品出口贸易转型升级研究》，《经济研究导刊》2018年第1期。

11434 吕菁：《"一带一路"下中国茶文化走向阿拉伯世界》，《福建茶叶》2018年第1期。

11435 苏越婷、林润兰、洪岳群、蔡冰冰、徐权琴：《"一带一路"带动下茶产业对外贸易研究——以八马茶业为例》，《现代商贸工业》2018年第3期。

11436 韩世杰：《新疆农产品进出口贸易对农业经济增长效益研究》，《经贸实践》2018 年第 3 期。

11437 侯利民：《21 世纪海上丝绸之路背景下漳州市农业发展 SWOT 分析》，《现代农业科技》2018 年第 5 期。

工矿业

11438 陈俊楠、张辉：《关于深化我国与中亚国家资源合作的思考》，《经济研究参考》2014 年第 50 期。

11439 李娜、顾海旭、荣冬梅：《关于我国与中亚国家矿产资源合作的思考》，《中国矿业》2014 年增刊第 2 期。

11440 白永秀、王颂吉：《价值链分工视角下丝绸之路经济带核心区工业经济协同发展研究》，《西北大学学报（哲学社会科学版）》2015 年第 3 期。

11441 邢佳韵、于汶加、张若然、龙涛：《中国在哈萨克斯坦矿业投资区域优选评价研究》，《资源科学》2015 年第 5 期。

11442 龙涛、于汶加、代涛、李颖、邢佳韵：《中国在吉尔吉斯斯坦区域资源产业开发布局分析》，《资源科学》2015 年第 5 期。

11443 董连慧、刘德权、唐延龄、冯京、屈迅、李凤鸣、田江涛、徐仕琪：《试论新疆成矿体系与时空演化模式》，《矿床地质》2015 年第 6 期。

11444 刘伯恩：《系好资源纽带　搭建共赢平台——对"一带一路"矿产资源合作的思考与建议》，《国土资源》2015 年第 6 期。

11445 韩雪梅、万永坤：《依托"一带一路"建设转变资源开发方式》，《决策探索》2015 年第 6 期。

11446 陈关聚：《中国与中亚国家资源合作模式研究》，《技术经济与管理研究》2015 年第 6 期。

11447 王白侠、陶志军：《丝绸之路经济带沿线城市汽车产业发展特征分析》，《汽车工业研究》2015 年第 9 期。

11448 白永秀、王颂吉：《丝绸之路经济带核心区工业经济协同发展研究》，《新丝路（下旬）》2015 年第 9 期。

11449 焦兵、孙君厚：《丝绸之路经济带工业环境效率的动态评价及影响因素研究》，《统计与信息论坛》2015 年第 11 期。

11450 徐雅萍：《浅论"一带一路"给中国铅锌工业发展带来的新机遇》，《中国金属通报》2015 年第 12 期。

11451　周颖：《丝绸之路经济带视角下中国南车北车合并研究》，《现代商业》2015年第21期。

11452　程静：《中哈矿产投资法律对比分析》，《法制博览》2015年第34期。

11453　杜雪明、张寿庭、陈其慎：《从矿产资源方面浅谈中国与"一带一路"国家的战略合作》，《中国矿业》2015年增刊第1期。

11454　苏长有：《对钢铁行业"一带一路"战略的思考》，《冶金管理》2016年第1期。

11455　赵盼盼：《一带一路下中蒙矿产资源合作与环境风险研究》，《内蒙古财经大学学报》2016年第2期。

11456　程静：《中哈丝绸之路矿产资源开发与合作现状及困境》，《法制博览》2016年第5期。

11457　邓青青、李璐、罗勇、杨璐、赖儒琪：《"一带一路"背景下景德镇瓷产业发展研究》，《市场研究》2016年第5期。

11458　刘伟：《我国基建企业对外投资法律风险及管控——基于"一带一路"战略》，《市场经济与价格》2016年第6期。

11459　刘晨虹：《"丝绸之路经济带"构建背景下哈萨克斯坦矿产资源开发利用环境保护制度探析》，《理论月刊》2016年第9期。

11460　魏建新：《关于钢铁企业参与"一带一路"建设的思考》，《冶金管理》2016年第9期。

11461　冉红红、史皓友、郭嘉雯、李琳、李红蕾：《"一带一路"背景下景德镇瓷产业的发展研究》，《时代金融（中旬）》2016年第12期。

11462　段少帅、黄喜峰：《"一带一路"背景下矿产资源国际合作战略研究——以陕西省与中亚五国合作为例》，《地质论评》2016年增刊第1期。

11463　杜轶伦：《丝绸之路经济带矿产开发利用状况及"走出去"相关对策建议》，《地质通报》2017年第1期。

11464　杨忠振、陈东旭：《制造业沿海上丝绸之路的转移趋势》，《中国航海》2017年第1期。

11465　杨兴利：《丝绸之路经济带对中国汽车自主品牌发展的促进研究》，《金融经济》2017年第2期。

11466　冯玉梅、郭辉：《丝绸之路经济带核心区制造业对经济增长的贡献研究》，《克拉玛依学刊》2017年第3期。

11467　张静中、曾勇：《中国对丝绸之路经济带沿线国家机电产品出口潜力研究——基于扩展引力模型的实证分析》，《国际商务（对外经济贸易大学学报）》

2017 年第 4 期。

11468 段少帅、黄喜峰、武永江：《"新丝绸之路"背景下陕西矿产资源国际合作共同体模式》，《金属矿山》2017 年第 5 期。

11469 孙泽生、潘莉：《中国对"丝绸之路经济带"沿线国基建关联产业出口潜力实证研究》，《浙江社会科学》2017 年第 10 期。

11470 樊晓菲、邓慧杰、杨璐瑶：《基于层次分析法的海上丝绸之路发展战略对中国工业经济影响力的评估》，《中国市场》2017 年第 31 期。

11471 刘建芬：《"一带一路"沿线中国省域绿色矿山发展策略》，《中国经贸导刊》2017 年第 32 期。

11472 康露月：《"丝绸之路经济带核心区"矿业资源安全法律保障研究》，《市场论坛》2018 年第 1 期。

能　源

11473 李岱：《新亚欧大陆桥天然气资源国际合作前景刍议》，《经济地理》1999 年第 1 期。

11474 徐曼：《丝绸之路将成为"能源之路"》，《干旱区地理》2006 年第 4 期。

11475 惠庆春：《国际能源新格局与中国能源安全》，《理论前沿》2006 年第 12 期。

11476 李琪：《"丝绸之路"的新使命：能源战略通道——我国西北与中亚国家的能源合作与安全》，《西安交通大学学报（社会科学版）》2007 年第 2 期。

11477 马歇尔·戈德曼、张尚：《从丝绸之路到石油之路》，《俄罗斯研究》2007 年第 5 期。

11478 康玉柱：《准噶尔盆地古生界油气前景与勘探方向》，《新疆石油地质》2010 年第 5 期。

11479 张新华：《中国与中亚国家及俄罗斯能源合作探析——以丝绸之路经济带建设为视角》，《新疆社科论坛》2013 年第 6 期。

11480 王海运：《"丝绸之路经济带"建设与中国能源外交运筹》，《国际石油经济》2013 年第 12 期。

11481 刘素霞、钱晓萍：《上海合作组织框架下能源合作一体化的现实基础分析》，《新西部（下旬刊）》2013 年第 12 期。

11482 高志刚：《"丝绸之路经济带"框架下中国（新疆）与周边国家能源与贸易互联互通研究构想》，《开发研究》2014 年第 1 期。

11483 袁培：《"丝绸之路经济带"框架下中亚国家能源合作深化发展问题研究》，

《开发研究》2014年第1期。

11484　柴利、成丽霞:《共建"丝绸之路经济带"背景下我国与中亚国家能源合作中的影响因素分析》,《伊犁师范学院学报(社科版)》2014年第1期。

11485　闫海龙、张永明:《新疆构建国家能源资源陆上大通道的路径选择——基于"丝绸之路经济带"的视角》,《新疆财经》2014年第1期。

11486　王宏丽:《"丝绸之路经济带"新疆能源战略高地建设的有效路径研究——以克拉玛依打造"世界石油城"为例》,《新疆广播电视大学学报》2014年第2期。

11487　庞昌伟:《能源合作:"丝绸之路经济带"战略的突破口》,《新疆师范大学学报(哲学社会科学版)》2014年第2期。

11488　高超、张然:《构建"丝绸之路经济带"能源金融一体化研究》,《对外经贸》2014年第4期。

11489　戴永红、秦永红:《融入"丝绸之路经济带"建设——中巴能源通道的地缘政治经济思考》,《南亚研究季刊》2014年第4期。

11490　高世宪、梁琦、郭敏晓、李际、王頔:《丝绸之路经济带能源合作现状及潜力分析》,《中国能源》2014年第4期。

11491　安江林:《丝绸之路经济带——中国的开放式能源生命线》,《开发研究》2014年第5期。

11492　刘明辉:《中国与哈萨克斯坦能源合作机制构建设想》,《能源研究与利用》2014年第6期。

11493　张然:《构建丝绸之路经济带能源金融一体化的初步设想》,《新疆农垦经济》2014年第10期。

11494　王贺华:《构建中国西北与中亚能源战略通道的挑战与政策建议》,《湖北函授大学学报》2014年第17期。

11495　刘明辉:《"丝绸之路经济带"背景下中哈能源合作效应实证研究》,《新疆农垦经济》2015年第1期。

11496　罗佐县、杨国丰、卢雪梅、谭云冬:《中国与东盟油气合作的现状及前景探析兼论油气合作在共建海上丝绸之路中的地位》,《西南石油大学学报(社会科学版)》2015年第1期。

11497　戴永红、秦永红:《中缅油气管道建设运营的地缘政治经济分析》,《南亚研究季刊》2015年第1期。

11498　段秀芳、张新:《中国—中亚电力丝绸之路的探索》,《新疆财经》2015年第1期。

| 11499 | 谢文心：《"丝绸之路经济带"背景下上合能源合作探析》，《黑龙江民族丛刊》2015年第1期。

| 11500 | 朱雄关：《"一带一路"战略契机中的国家能源安全问题》，《云南社会科学》2015年第2期。

| 11501 | 袁培：《丝绸之路经济带沿线国家能源安全体系构建的思路创新》，《苏州市职业大学学报》2015年第2期。

| 11502 | 汪应洛、王树斌、郭菊娥：《丝绸之路经济带能源通道建设的战略思考》，《西安交通大学学报（社会科学版）》2015年第3期。

| 11503 | 朱雄关：《丝绸之路经济带战略中的中俄能源合作新机遇》，《思想战线》2015年第3期。

| 11504 | 赵菲菲、敬莉：《一带一路背景下的新疆煤炭产业生态产业链构建研究》，《伊犁师范学院学报（社科版）》2015年第3期。

| 11505 | 郭菊娥、王树斌、夏兵：《"丝绸之路经济带"能源合作现状及路径研究》，《经济纵横》2015年第3期。

| 11506 | 刘晓婵：《基于丝绸之路视角的中国与中亚能源合作研究》，《经济论坛》2015年第4期。

| 11507 | 曹峰毓、王涛：《论南亚区域能源合作的现状及挑战》，《南亚研究季刊》2015年第4期。

| 11508 | 刘明辉：《丝绸之路经济带背景下中哈能源消费结构与经济增长关联性比较分析》，《新疆农垦经济》2015年第4期。

| 11509 | 韦晓宏、王建民、尚海洋：《丝绸之路经济带节点省份能源生态效益动态分析——以甘肃省为例》，《沈阳师范大学学报（自然科学版）》2015年第4期。

| 11510 | 张新华：《新时期新疆能源产业发展机遇和挑战》，《实事求是》2015年第4期。

| 11511 | 袁培、刘明辉、葛晓燕：《一带一路背景下中国与中亚国家能源安全链构建》，《新疆财经》2015年第4期。

| 11512 | 刘小雪：《拓宽能源合作领域，深化中印能源合作》，《中国能源问题》2015年第4期。

| 11513 | 高志刚、江丽：《"丝绸之路经济带"背景下中哈油气资源合作深化研究》，《经济问题》2015年第4期。

| 11514 | 张磊：《"丝绸之路经济带"框架下的能源合作》，《经济问题》2015年第5期。

| 11515 | 贡晓丽：《"一带一路"引导下中俄能源合作保障能源安全》，《能源研究与利用》2015年第5期。

11516　于宏源：《中国如何应对全球能源格局震荡》，《探索与争鸣》2015年第5期。

11517　刘素霞：《"丝绸之路经济带"能源合作的法律进路研究》，《新疆大学学报（哲学·人文社会科学版）》2015年第5期。

11518　舒先林：《"21世纪海上丝绸之路"与中国能源外交》，《国际展望》2015年第5期。

11519　周宏春：《世界能源版图变化对我国的影响及其对策》，《中国能源》2015年第6期。

11520　邓秀杰：《"丝绸之路经济带"建设与中国—中亚能源合作》，《克拉玛依学刊》2015年第6期。

11521　师博、田洪志：《能源安全视角下中国与丝绸之路国家的能源合作》，《社会科学研究》2015年第6期。

11522　吴大辉、祝辉：《丝路经济带与欧亚经济联盟的对接：以能源共同体的构建为基石》，《当代世界》2015年第6期。

11523　乌云娜、崔力民：《"一带一路"背景下新疆电网的可持续发展研究》，《开发研究》2015年第6期。

11524　刘旭：《丝绸之路经济带倡议下的俄罗斯中亚油气投资风险》，《国际石油经济》2015年第8期。

11525　张小军：《丝绸之路经济带国际能源合作法律机制探析》，《生产力研究》2015年第9期。

11526　沈飞：《"丝绸之路经济带"对我国能源合作影响研究》，《发展研究》2015年第11期。

11527　王爽：《新丝绸之路对中俄能源合作发展的影响》，《决策与信息（下旬刊）》2015年第11期。

11528　曾鸣：《"一带一路"战略下看中国与东南亚电力合作》，《中国电力企业管理》2015年第12期。

11529　赫玉洁、孙莹：《丝绸之路经济框架下内中国和中亚地区及俄罗斯的能源合作——以辽宁省为例》，《北方文学（下旬刊）》2015年第12期。

11530　闫照军：《西咸新区建设丝绸之路经济带能源金贸中心的相关建议》，《现代商业》2015年第12期。

11531　鲁东侯：《中亚油气合作风险及应对》，《中国石油石化》2015年第19期。

11532　石丹丹：《"丝绸之路经济带"建设与中国能源外交运筹分析》，《财经界（学术版）》2015年第24期。

11533　石丹丹：《丝绸之路经济带建设与中国能源外交运筹分析》，《财经界》2015年第 36 期。

11534 李永杰：《新时期中俄能源合作前景及挑战研究》，《商》2015 年第 38 期。

11535 赵莹：《"丝绸之路经济带"建设与中国能源外交运筹》，《商》2015 年第 44 期。

11536 邹志强：《G20 参与全球能源治理的成效与展望》，《现代经济探讨》2016 年第 1 期。

11537 石莹、杜跃平：《"丝绸之路经济带"核心区能源资源产业的务实合作研究》，《经济与社会发展》2016 年第 1 期。

11538 刘君言、陈梦玫：《打造丝绸之路经济带可再生能源走廊——宁夏可再生能源产业发展研究》，《宁夏社会科学》2016 年第 1 期。

11539 杨泽伟：《共建"丝绸之路经济带"背景下中国与中亚国家能源合作法律制度：现状、缺陷与重构》，《法学杂志》2016 年第 1 期。

11540 师博、王勤：《丝绸之路经济带能源产业链一体化合作研究》，《经济问题》2016 年第 1 期。

11541 袁培、刘明辉：《中国与中亚五国能源贸易联系网络结构研究——基于社会网络分析方法》，《苏州市职业大学学报》2016 年第 1 期。

11542 余晓钟、高庆欣、辜穗、魏新：《丝绸之路经济带建设背景下的中国——中亚能源合作战略研究》，《经济问题探索》2016 年第 1 期。

11543 余晓钟、杨洋、魏新：《新疆石油企业中亚竞合能力研究——基于"综合双钻石模型"的分析》，《新疆师范大学学报（哲学社会科学版）》2016 年第 1 期。

11544 梅燕雄、叶锦华、张金良、朱裕生、瞿泓滢、邹斌、乔磊：《"一带一路"能源资源合作基础与前景》，《中国矿业》2016 年第 2 期。

11545 王玉辉、胡洪涛：《龙江丝路带建设与中俄能源合作研究》，《西伯利亚研究》2016 年第 2 期。

11546 柴利：《我国与中亚国家能源合作战略步骤及政策体系构建》，《新疆社会科学（汉文版）》2016 年第 2 期。

11547 王思羽：《丝绸之路经济带战略下中国与中亚国家间天然气合作研究》，《新疆社科论坛》2016 年第 2 期。

11548 石丽娇、杨涛：《"一带一路"战略下煤炭企业人才国际化》，《河北联合大学学报（社会科学版）》2016 年第 2 期。

11549 岳立、刘苑秋：《中哈能源产品产业内贸易及影响因素分析——基于丝绸之路经济带战略背景》，《石家庄经济学院学报》2016 年第 3 期。

11550 曾加、王聪霞：《"一带一路"能源合作法律问题探析》，《中共青岛市委党校青岛行政学院学报》2016 年第 3 期。

11551 杨文兰：《"丝绸之路经济带"建设背景下中哈能源合作面临的利益博弈》，《财经理论研究》2016 年第 4 期。

11552 刘丽慧、陈闻君：《基于演化博弈的中国与中亚国家能源合作分析——丝绸之路经济带建设视角》，《石家庄经济学院学报》2016 年第 4 期。

11553 余晓、钟辜穗：《新疆—中亚丝绸之路经济带能源合作战略研究》，《深圳大学学报（人文社会科学版）》2016 年第 4 期。

11554 杨芳、邵诚道、孙传旺：《"一带一路"背景下两岸能源合作的政策选择》，《台湾研究》2016 年第 4 期。

11555 金翔龙：《"十三五"期间我国海洋可再生能源发展的几点思考》，《海洋技术学报》2016 年第 5 期。

11556 白洋：《"丝绸之路"能源合作现状与发展路径选择》，《能源技术与管理》2016 年第 5 期。

11557 辜胜阻、王建润：《深化丝绸之路经济带能源合作的战略构想》，《安徽大学学报（哲学社会科学版）》2016 年第 5 期。

11558 陈润羊：《一带一路背景下中国核电走出去的战略探讨——基于 SWOT-PEST 模型的系统分析》，《南华大学学报（社会科学版）》2016 年第 5 期。

11559 赵媛、沈绿筠、郝丽莎：《"丝绸之路经济带"在世界石油供给格局中的地位及演变》，《自然资源学报》2016 年第 5 期。

11560 岳立、杨帆：《"丝绸之路经济带"框架下中国与中亚五国能源效率评价——基于 CCR-BCC 和 Malmquist 指数分析方法的 DEA-Tobit 模型》，《统计与信息论坛》2016 年第 6 期。

11561 徐洪峰、李扬：《"丝绸之路经济带"能源合作的大国因素分析》，《国际论坛》2016 年第 6 期。

11562 宋宇辰、陈田澍、李昊东：《西部六省能源消费与经济发展协调度分析》，《资源开发与市场》2016 年第 7 期。

11563 岳立、杨帆：《"丝绸之路经济带"中国与中亚五国能源合作的经验借鉴及路径探析——基于地缘经济视角》，《人文杂志》2016 年第 9 期。

11564 富景筠：《欧亚经济联盟共同能源市场建设的现状及前景》，《现代国际关系》2016 年第 9 期。

11565 丘舒予：《中国与东盟清洁能源合作研究》，《法制与经济》2016 年第 11 期。

11566 马远、徐俐俐：《丝绸之路经济带沿线国家石油贸易网络结构特征及影响因素》,《国际贸易问题》2016 年第 11 期。

11567　幸继联、赵宏利、陈修文、何俊霞、林巧颐:《茂名市参与"海上丝绸之路"的发展思路——以能源领域合作为例》,《南方论刊》2016 年第 11 期。

11568　王海燕:《构建丝绸之路经济带多边能源国际合作机制的探讨》,《国际经济合作》2016 年第 12 期。

11569　宋振良:《丝绸之路经济带下中国石油企业的国际合作的战略模式与实施路径》,《金融经济》2016 年第 12 期。

11570　张益娜:《丝绸之路经济带框架下新疆建设重要能源基地的研究》,《中国商论》2016 年第 13 期。

11571　符淼、马锐:《21 世纪海上丝绸之路国家风电发展潜能分析——基于 DGM (2.1) 预测模型的实证研究》,《经贸实践》2016 年第 13 期。

11572　程路恒:《新丝绸之路经济带能源战略研究》,《合作经济与科技》2016 年第 18 期。

11573　乔平平:《共建"丝绸之路经济带"背景下中国与中亚能源合作现状及升级途径》,《经济研究导刊》2016 年第 21 期。

11574　王静:《"丝绸之路经济带"下中国的中亚能源政策》,《人间》2016 年第 26 期。

11575　高世宪、安琪、谭琦璐、刘建国、杨晶、戚琳琳:《从 G20 能源进程看国际能源政策关注点》,《中国经贸导刊》2016 年第 28 期。

11576　刘文惠:《"一带一路"背景下山西煤炭业发展的困境与机遇研究》,《经济研究导刊》2016 年第 28 期。

11577　石雪杰:《境外流域开发的制约因素思考——"一带一路"下的水电开发》,《中国经贸导刊》2016 年第 35 期。

11578　徐俐俐、马远:《"丝绸之路经济带"天然气贸易格局的复杂网络分析》,《新疆农垦经济》2017 年第 1 期。

11579　马远、张嘉敏:《丝绸之路经济带沿线国家煤炭贸易的社会网络分析》,《价格月刊》2017 年第 1 期。

11580　刘中伟、唐慧远:《"丝绸之路经济带"构想下的中俄能源合作》,《全球化》2017 年第 1 期。

11581　胡健、焦兵、刘倩倩:《"丝绸之路经济带"战略下的中国与中亚国家能源合作现状与发展前景》,《人文杂志》2017 年第 1 期。

11582　姜巍、张菀航:《中国与海湾国家加强能源合作符合双方愿景》,《中国发展观察》2017 年第 1 期。

11583 林培源：《中国与哈萨克斯坦油气合作的现状、挑战和前景》，《中国石油大学学报（社会科学版）》2017年第1期。

11584 卞德智：《谈丝绸之路经济带核心油气合作区建设》，《北京石油管理干部学院学报》2017年第2期。

11585 刘超、吴晓斌：《21世纪海上丝绸之路视阈下我国能源货物贸易制度之疏失与更新》，《法治社会》2017年第3期。

11586 王鹏：《国际规则的灵活性机制初探——以丝绸之路经济带能源合作为例》，《国际关系研究》2017年第3期。

11587 闫磊、邓文慧、张思洁：《丝绸之路经济带共建下西北地区推进分布式新能源革命的策略研究》，《生产力研究》2017年第4期。

11588 李凡、许昕、刘姿含：《丝绸之路经济带沿线发展中国家可再生能源政策制定的影响因素》，《资源科学》2017年第4期。

11589 谭卓、杨松岭、蔡文杰：《"21世纪海上丝绸之路"油气勘探开发合作战略》，《国际经济合作》2017年第5期。

11590 刘超、王静：《"21世纪海上丝绸之路"能源投资准入之法律风险与应对》，《中国矿业大学学报（社会科学版）》2017年第5期。

11591 武红波：《基于丝绸之路经济带视角的能源合作、环境风险与政府预算行为》，《绿色财会》2017年第5期。

11592 赵佳、郎美玲、李忠民、柴建：《丝绸之路经济带能源金融中心综合评价指标体系构建及建设路径分析》，《西部金融》2017年第5期。

11593 王颖、黄晓雪：《丝绸之路经济带背景下新疆能源治理探析》，《新疆社科论坛》2017年第6期。

11594 卫灵：《丝绸之路经济带建设下的中哈能源合作研究》，《思想理论教育导刊》2017年第6期。

11595 郝晓莉、卓乘风、邓峰：《区域创新对能源结构的异质性边际效应——以丝绸之路经济带地区为例》，《工业技术经济》2017年第10期。

11596 黄莹：《丝绸之路经济带建设中的能源合作保障机制》，《金融经济》2017年第10期。

11597 郑崇伟、李崇银：《21世纪海上丝绸之路：海洋新能源大数据建设研究——以波浪能为例》，《海洋开发与管理》2017年第12期。

11598 蒲朦朦：《"丝绸之路经济带"背景下中国与哈萨克斯坦能源合作法律制度研究》，《法制与社会》2017年第16期。

11599 卢泽羽、陈晓萍：《丝绸之路经济带核心区建设框架下新疆可再生能源产业发展方向路径》,《中国战略新兴产业》2017 年第 32 期。

11600 吕江:《全球能源变革对丝绸之路经济带能源合作的挑战与应对》,《当代世界与社会主义》2018 年第 1 期。

11601 郑崇伟:《21 世纪海上丝绸之路:风能资源详查》,《哈尔滨工程大学学报》2018 年第 1 期。

11602 卜晶晶、王博君:《石油贸易格局的网络结构分析——以丝绸之路经济带沿线国家为视角》,《当代经济管理》2018 年第 3 期。

11603 郑崇伟:《21 世纪海上丝绸之路:风能的长期变化趋势》,《哈尔滨工程大学学报》2018 年第 3 期。

11604 王保忠、刘阳:《基于环境效应的"丝绸之路经济带"全要素能源效率研究——基于中国段 17 个城市的实证分析》,《资源开发与市场》2018 年第 4 期。

11605 巴燕·吾依木汗:《丝绸之路经济带背景下中国新疆与中亚能源合作探析》,《当代经济》2018 年第 4 期。

11606 郑崇伟:《21 世纪海上丝绸之路:斯里兰卡海域的波浪能评估及决策建议》,《哈尔滨工程大学学报》2018 年第 4 期。

物　流

11607 陈淑芬:《物流经济的发展历程》,《物流科技》2012 年第 7 期。

11608 高新才、丁绪辉、高新雨:《基于模糊物元方法的西北五省区物流能力评价研究》,《新疆社会科学(汉文版)》2014 年第 1 期。

11609 陈阳:《新丝绸之路经济带崛起助推新疆棉花现代物流业的发展》,《中国棉花加工》2014 年第 2 期。

11610 郝渊晓、常亮、闫玉娟、康俊慧、郝思洁:《丝绸之路经济带区域物流一体化协调机制构建》,《陕西行政学院学报》2014 年第 4 期。

11611 任华、赵国涛:《新疆面向中亚国际物流发展研究》,《新疆财经》2014 年第 4 期。

11612 李宁:《"丝绸之路经济带"的物流业基础与建设》,《理论月刊》2014 年第 5 期。

11613 曹云、王东:《大数据物流在"丝绸之路经济带"中的应用研究》,《开发研究》2014 年第 5 期。

11614 李忠民、夏德水:《我国丝绸之路经济带物流设施效率分析——基于 DEA 模型的 M almqusit 指数方法》，《西安财经学院学报》2014 年第 5 期。

11615 张必清：《丝路经济带跨国物流通道的战略布局》，《开放导报》2014 年第 6 期。

11616 李忠民、于庆岩：《物流促进经济增长的空间异质性研究——以"新丝绸之路"经济带为例》，《经济问题》2014 年第 6 期。

11617 楚峰：《抢抓丝绸之路新机遇，搭建物流合作大平台》，《运输经理世界（上半月）》2014 年第 7 期。

11618 阿布都伟力·买合普拉：《基于丝绸之路经济带框架的新疆现代物流业发展路径》，《中国流通经济》2014 年第 9 期。

11619 仝新顺、秦小康：《郑州打造丝绸之路经济带物流通道枢纽的对策研究》，《物流工程与管理》2014 年第 10 期。

11620 黄伟新、龚新蜀：《丝绸之路经济带国际物流绩效对中国机电产品出口影响的实证分析》，《国际贸易问题》2014 年第 10 期。

11621 郭辉：《丝绸之路经济带背景下新疆经济增长与物流供给关系的实证研究——以投资、消费、出口为视角》，《通化师范学院学报》2014 年第 11 期。

11622 陈开雄：《丝绸之路经济带武威保税物流中心建设研究》，《经济师》2014 年第 11 期。

11623 张颖：《丝绸之路经济带大物流系统协调发展机理研究》，《价格月刊》2014 年第 12 期。

11624 李永飞、童健：《丝绸之路经济带物流枢纽的构建分析——以西安为例》，《中国储运》2014 年第 12 期。

11625 童荣萍：《打造陕西农产品丝绸之路冷链物流的对策探讨》，《现代商业》2014 年第 28 期。

11626 梁小丽：《西部地区保税物流中心对国际贸易的作用探析——基于"新丝绸之路"的视角》，《全国商情·理论研究》2014 年第 28 期。

11627 阿布都伟力·买合普拉、张安虎：《阿拉山口构建丝绸之路经济带国际物流节点城市研究》，《物流技术》2015 年第 1 期。

11628 徐习军：《国家"一带一路"战略：亚欧大陆桥物流业的机遇与挑战》，《开发研究》2015 年第 1 期。

11629 李桂龙、魏恒姝：《丝绸之路经济带背景下新疆物流整合与产业集聚联动发展——基于灰色关联分析法的研究》，《新疆农垦经济》2015 年第 1 期。

11630 鄢飞、董千里：《丝绸之路经济带大物流系统协调发展机理》，《物流技术》2015 年第 1 期。

11631　袁丹、雷宏振：《丝绸之路经济带物流业效率及其影响因素》，《中国流通经济》2015年第2期。

11632　崔宏凯、张林、江志娟：《中国西部物流业与经济发展的互动分析——基于丝绸之路经济带的省域实证研究》，《技术经济与管理研究》2015年第2期。

11633　樊秀峰、余姗：《"海上丝绸之路"物流绩效及对中国进出口贸易影响实证》，《西安交通大学学报（社会科学版）》2015年第3期。

11634　陈恒、魏修建：《劳动力要素投入对区域物流发展的驱动效应——基于时间与空间视角下丝绸之路经济带西北地区的研究》，《兰州学刊》2015年第3期。

11635　陈艳：《西部地区农产品物流发展现状及对策研究》，《物流工程与管理》2015年第3期。

11636　杨宏伟、孙善祥：《基于丝绸之路经济带核心区建设的新疆物流发展水平空间差异研究》，《新疆财经大学学报》2015年第4期。

11637　葛飞秀、李玉琳：《丝绸之路背景下新疆物流发展与对外贸易关系的实证研究》，《新疆社会科学（汉文版）》2015年第4期。

11638　崔敏、魏修建：《西部物流业生产率变迁与发展异质性分析——基于丝绸之路经济带的构建》，《软科学》2015年第4期。

11639　乔鹏亮、潘文昊：《新战略支点驱动下北部湾物流通道建设研究》，《学术交流》2015年第4期。

11640　陈臻、张成：《基于海上丝绸之路战略的南海特种船物流基地构建》，《大连海事大学学报（社会科学版）》2015年第5期。

11641　吾鲁吐汉·拉合木别尔德、叶尔兰·库都孜：《借助丝绸之路经济带战略构想背景下新疆国际物流业发展研究》，《物流工程与管理》2015年第5期。

11642　任华：《我国新疆面向中亚物流发展存在的障碍与对策》，《对外经贸实务》2015年第5期。

11643　戢晓峰、郝京京、陈方：《综合运输可达性与物流经济的空间分异及耦合》，《交通运输系统工程与信息》2015年第5期。

11644　聂正彦、李帅：《共建"丝绸之路经济带"背景下物流业对我国西北地区经济增长的影响分析》，《西安财经学院学报》2015年第6期。

11645　甘卫华、许颖、黄雯、王茹红：《基于PCA和RSC的丝绸之路经济带物流发展水平评价》，《华东交通大学学报》2015年第6期。

11646　师晓华：《丝绸之路经济带物流发展研究》，《物流技术（装备版）》2015年第6期。

11647　刘光琦：《"一带一路"下新疆物流蕴藏的三大机遇》，《中国储运》2015年第

7 期。

11648 王改丽:《丝绸之路经济带背景下西北地区物流发展水平分析》,《合作经济与科技》2015 年第 7 期。

11649 陈俞宗:《丝绸之路经济带物流行业发展与经济增长互动研究》,《物流技术(装备版)》2015 年第 7 期。

11650 祝捷、杨莉、朱虹:《"海上丝绸之路"沿线国家物流资源整合规划研究》,《绍兴文理学院学报》2015 年第 8 期。

11651 吴瑜:《丝绸之路经济带背景下新疆面向中亚地区物流业发展分析》,《电子商务》2015 年第 8 期。

11652 杨晓楼:《丝绸之路经济带上的铁路集装箱运输在高职物流经济地理课的教学实践》,《物流工程与管理》2015 年第 8 期。

11653 许海清、孙桂里:《丝绸之路经济带建设背景下内蒙古对蒙古国边境口岸物流节点建设研究》,《物流科技》2015 年第 9 期。

11654 何剑、董春风、董丹丹:《丝绸之路经济带区域物流发展水平评价研究》,《铁道运输与经济》2015 年第 9 期。

11655 王玉勤:《西安建设面向中亚物流中心城市的若干思考》,《铁路采购与物流》2015 年第 9 期。

11656 康开洁:《影响物流服务过程的因素分析——基于甘肃物流在丝绸之路经济带中的战略地位》,《物流科技》2015 年第 9 期。

11657 唐小明:《建设南亚大通道融入丝绸之路经济带格局下的西藏物流发展战略研究》,《西藏科技》2015 年第 10 期。

11658 郭小花:《基于"丝绸之路经济带"的兰州空港物流国际竞争力发展研究》,《生产力研究》2015 年第 11 期。

11659 雷蕾、梁小丽、李虹:《"丝绸之路经济带"国际物流视角下的道路联通合作模式》,《现代商业》2015 年第 16 期。

11660 李安巧:《丝绸之路经济带核心城市物流体系运行分析》,《商业经济研究》2015 年第 20 期。

11661 王佩佩、王哲、黄佛君:《丝绸之路经济带背景下新疆城市物流中心布局》,《商业经济研究》2015 年第 29 期。

11662 邸春光、唐齐国:《关于哈尔滨建设东北亚国际物流中心城市的对策研究》,《中国化工贸易》2015 年第 33 期。

11663 何斌、赵晓文、柯谱、纳曼·麦麦提:《丝绸之路经济带物流运输线路 BIM 标准体系建设》,《山西建筑》2015 年第 35 期。

▶ 丝绸之路研究论文目录

11664 韩婷婷：《新丝绸之路经济带物流对经济增长的影响探析》，《商》2015 年第 37 期。

11665 李瑞吉：《"一带一路"战略下区域物流经济发展研究》，《全国商情·理论研究》2015 年第 48 期。

11666 曹晔：《构建草原丝绸之路经济带框架下内蒙古集通铁路集团发展现代物流对策研究》，《物流科技》2016 年第 1 期。

11667 齐胜达、雷军、段祖亮、英成龙：《中国丝绸之路经济带区域物流空间差异及其演化研究》，《干旱区地理》2016 年第 1 期。

11668 魏娟：《草原丝绸之路经济带内蒙古中蒙俄口岸物流发展研究》，《物流科技》2016 年第 2 期。

11669 田樱：《福州港口物流与对外贸易发展的互动效应研究——以福建自贸区建设为背景》，《福建商业高等专科学校学报》2016 年第 2 期。

11670 康晓玲、宁婧：《丝绸之路经济带国际物流绩效对中国农产品出口影响的实证分析》，《西北大学学报（哲学社会科学版）》2016 年第 2 期。

11671 王佩佩、王哲、黄佛君、代燕：《丝绸之路经济带下新疆通道轴辐式物流网络构建》，《经济地理》2016 年第 2 期。

11672 何剑、董春风、王欣爱：《新疆物流与对外贸易耦合的量化研究》，《价格月刊》2016 年第 2 期。

11673 任华：《"丝绸之路经济带"建设中的中国面向中亚物流发展浅析——以新疆为例》，《欧亚经济》2016 年第 2 期。

11674 李晓雯：《"一带一路"战略下广西现代物流业的发展现状与对策研究》，《柳州职业技术学院学报》2016 年第 3 期。

11675 白平、陈菊红、张丽春：《陕西三大物流园区评价及服务丝绸之路经济带的研究》，《预测》2016 年第 3 期。

11676 赵志文：《丝绸之路经济带核心区视角下中亚各国物流业发展现状分析》，《新疆职业大学学报》2016 年第 3 期。

11677 黄珊：《物流业发展促进产业结构优化的动态效应研究》，《商业经济研究》2016 年第 3 期。

11678 李国俊、付青叶：《西部地区物流发展水平的评价与实证》，《统计与决策》2016 年第 3 期。

11679 李南、赵海越、龙和：《"一带一路"战略框架下河北省国际物流体系重构的研究》，《铁道运输与经济》2016 年第 4 期。

11680 郭营立：《丝绸之路背景下柴达木地区现代物流业发展研究》，《柴达木开发研究》2016 年第 4 期。

11681 O. H. 杜纳耶夫著，张梅译：《丝绸之路经济带与俄罗斯区域物流平台对接的可能性》，《西伯利亚研究》2016 年第 4 期。

11682 戴虹宇：《新丝绸之路经济带物流对经济增长的影响研究》，《全国商情·理论研究》2016 年第 4 期。

11683 黄新平、申德英：《"丝绸之路经济带"视野下国际物流港建设的思考——以伊犁州直为例》，《克拉玛依学刊》2016 年第 5 期。

11684 郭爱君：《丝路经济带中国西北段物流节点功能定位与一体化》，《中国流通经济》2016 年第 5 期。

11685 宁银苹：《丝绸之路经济带建设下武威商贸物流枢纽建设机制探究》，《新丝路（下旬）》2016 年第 5 期。

11686 陈文新、潘宇：《基于生态位的物流可持续发展研究——以丝绸之路经济带沿线地区为例》，《石河子大学学报（哲学社会科学版）》2016 年第 6 期。

11687 刘永立、董春风：《西北 5 省区现代物流与对外贸易发展的协调效应研究》，《铁道运输与经济》2016 年第 7 期。

11688 谷继建：《新疆物流大通道构建对"丝绸之路经济带"战略体系实施影响》，《社会科学家》2016 年第 7 期。

11689 张洋：《21 世纪海上丝绸之路会展物流与国际贸易关系研究》，《理论月刊》2016 年第 7 期。

11690 鄢飞、王译：《基于 LPI 的丝绸之路经济带物流绩效分析》，《中国流通经济》2016 年第 8 期。

11691 江志娟、董千里：《丝绸之路经济带省域空间联系与物流枢纽布局》，《中国流通经济》2016 年第 8 期。

11692 易露霞、邓志虹：《21 世纪"海上丝绸之路"战略下珠三角地区国际物流人才培养探究》，《对外经贸》2016 年第 9 期。

11693 秦雯：《新时期海上丝绸之路物流业效率评价》，《商业经济研究》2016 年第 9 期。

11694 赵青松：《新疆建设丝绸之路经济带国际商贸物流中心的战略思考》，《商业经济研究》2016 年第 10 期。

11695 周丹、林海英：《草原丝绸之路背景下基于 AHP 的内蒙古区域物流开发模式构建研究》，《物流科技》2016 年第 11 期。

11696 曹晔：《基于草原丝绸之路经济带框架下的内蒙古制造业与物流业联动发展策略研究》，《物流科技》2016 年第 11 期。

11697　韩雪、樊相宇：《丝绸之路经济带区域物流能力与经济协调发展评价》，《铁道运输与经济》2016年第11期。

11698　周丹、林海英：《"一带一路"战略背景下内蒙古物流中心等级划分研究》，《物流科技》2016年第12期。

11699　倪超军、徐恒晔、周小虎：《丝绸之路经济带区域物流发展水平评价及实证分析》，《价格月刊》2016年第12期。

11700　周畅：《"十三五"时期内蒙古铁路物流发展对策研究》，《北方经济》2016年第12期。

11701　李元滨：《"丝路"背景下山西省物流业发展的建议研究》，《福建质量管理》2016年第15期。

11702　李文群、毛慧颖：《中东欧丝绸之路区域物流环境发展比较研究》，《教育教学论坛》2016年第20期。

11703　索佳莉：《"一带一路"战略在黑龙江省中俄边境物流领域所面临的机遇与挑战》，《商》2016年第22期。

11704　许丽萍、周小虎：《丝绸之路经济带物流业与区域经济协调度评价及优化》，《商业经济研究》2016年第23期。

11705　夏春光：《丝绸之路经济带物流绩效水平分析》，《商场现代化》2016年第24期。

11706　李俊：《新丝绸之路经济带物流对经济增长的影响与对策》，《商业经济研究》2016年第24期。

11707　高嘉莉：《"一带一路"战略下"互联网+"物流产业的发展模式与策略研究》，《商业经济研究》2016年第24期。

11708　周燕邬、跃练静：《丝绸之路经济带下西部地区物流发展影响因素分析》，《中国市场》2016年第49期。

11709　王爱虎、杨淞晓：《"一带一路"国际物流绩效对中国出口贸易影响研究》，《华南理工大学学报（社会科学版）》2017年第1期。

11710　李大海、孙杨、韩立民：《21世纪海上丝绸之路：物流分析、支点选择与空间布局》，《太平洋学报》2017年第1期。

11711　曹晔：《构建草原丝绸之路背景下锡林郭勒盟现代物流发展环境分析》，《物流科技》2017年第1期。

11712　田润娴、谭克东：《基于丝绸之路经济带上的甘肃物流园区建设》，《物流技术》2017年第1期。

11713　周小虎、杨宏伟、赵莺：《丝绸之路经济带区域经济与物流发展耦合评价及空间分析》,《铁道运输与经济》2017年第1期。

11714 阿布都伟力·买合普拉:《新疆建设丝绸之路经济带商贸物流中心的思考》,《中国流通经济》2017年第1期。

11715 周丹:《草原丝绸之路背景下我国物流设施设备存在问题及发展趋势》,《物流科技》2017年第2期。

11716 谢婷婷、赵莺:《丝绸之路经济带物流产业、金融发展对经济提升的驱动作用研究》,《工业技术经济》2017年第2期。

11717 曹晔:《构建草原丝绸之路经济带框架下内蒙古物流企业提升增值服务策略研究》,《物流科技》2017年第3期。

11718 杨林燕:《海上丝绸之路沿线港口物流对国际贸易的影响——基于15个港口的面板数据分析》,《太原学院学报(社会科学版)》2017年第3期。

11719 龚新蜀、张洪振:《物流产业集聚的经济溢出效应及空间分异研究——基于丝绸之路经济带辐射省份面板数据》,《工业技术经济》2017年第3期。

11720 赵珊珊、李红、唐洪松:《"丝绸之路经济带"沿线国家物流水平对新疆国际贸易的影响研究》,《干旱区地理》2017年第4期。

11721 魏娟:《建设草原丝绸之路经济带背景下内蒙古物流业转型升级发展模式》,《物流科技》2017年第4期。

11722 杨琪:《丝绸之路经济带物流发展水平时空格局分析》,《西安邮电大学学报》2017年第4期。

11723 曹晔:《构建草原丝绸之路经济带背景下呼和浩特市农产品物流发展对策研究》,《物流科技》2017年第5期。

11724 光昕、李沁、光昭:《基于国际陆港协作建设的丝绸之路物流与经济》,《开发研究》2017年第5期。

11725 王琴梅、张玉:《丝绸之路经济带"核心区"物流业效率整体评价及分省区、分国别比较》,《陕西师范大学学报(哲学社会科学版)》2017年第5期。

11726 李姮:《"丝绸之路经济带"背景下若羌县现代物流产业发展研究》,《和田师范专科学校学报》2017年第6期。

11727 王琴梅、王珍妮:《〈资本论〉流通费用理论对提升丝绸之路经济带"核心区"物流业效率的启示》,《宝鸡文理学院学报(社会科学版)》2017年第6期。

11728 刘瑞娟、王建伟、黄泽滨:《基于ESDA的"新丝绸之路经济带"物流竞争力空间格局演化及溢出效应研究》,《统计与信息论坛》2017年第6期。

11729 王琴梅、景英:《丝绸之路经济带"核心区"新疆物流业效率评价》,《甘肃理论学刊》2017年第6期。

▶ 丝绸之路研究论文目录

11730 范勇：《科技创新与物流发展——基于"海上丝绸之路"重点省市数据分析》，《生产力研究》2017 年第 7 期。

11731 鄢飞、杨帆：《丝绸之路经济带物流网络研究——基于社会网络分析视角》，《技术经济与管理研究》2017 年第 7 期。

11732 杨宏伟、郑洁：《丝绸之路经济带中道省区物流业与区域经济的耦合协调性研究》，《工业技术经济》2017 年第 7 期。

11733 邓振威：《"一带一路"背景下空港物流园发展思路研究》，《纳税》2017 年第 9 期。

11734 王晓雅：《丝绸之路经济带沿线省区农产品物流能力评价与分析》，《经济论坛》2017 年第 9 期。

11735 王静：《丝绸之路经济带农产品外贸物流综合评价研究》，《经济问题》2017 年第 10 期。

11736 王壮：《丝绸之路经济带视角下新疆物流业发展影响因素研究》，《市场周刊（理论研究）》2017 年第 10 期。

11737 阿布都伟力·买合普拉：《丝绸之路经济带下新疆一元化物流管理体制构建》，《商业经济研究》2017 年第 10 期。

11738 阿布都伟力·买合普拉：《中哈霍尔果斯国际边境合作中心物流运行模式研究》，《中国流通经济》2017 年第 10 期。

11739 朱灏、李宪印、尚云乔、王雅彬、于静：《21 世纪海上丝绸之路背景下全球化港口物流供应链生态系统研究——以山东半岛港口群为例》，《中国市场》2017 年第 11 期。

11740 吾斯曼·吾木尔、司马义·阿布力米提：《基于丝绸之路经济带核心区建设的新疆农产品冷链物流业发展机遇及潜力研究》，《物流技术》2017 年第 11 期。

11741 朱勇、葛炬、古丽扎尔·阿不都克力木：《"丝绸之路经济带"背景下兵团物流需求方法研究》，《铁道运输与经济》2017 年第 12 期。

11742 张超、王绍仁、潘文军：《海上丝绸之路经济带物流协作模式实证研究——基于供给侧视角下的 LPI》，《物流技术》2017 年第 12 期。

11743 孟庆亮：《基于"丝绸之路经济带"建设的连云港国际物流体系构建》，《淮海工学院学报（人文社会科学版）》2017 年第 12 期。

11744 孙立霞、石鹏娟：《基于丝绸之路经济带视角下青海物流业发展水平评价研究》，《当代经济》2017 年第 12 期。

11745 杨玉燕、王景敏：《港航物流服务体系转型升级的困境与出路——以海上丝绸之路战略下的广西北部湾为例》，《中国集体经济》2017 年第 15 期。

11746 穆晓央：《"海上丝绸之路背景下"福建区域物流发展水平评价研究》，《经贸实践》2017 年第 17 期。

11747 阿布都伟力·买合普拉：《新疆在丝绸之路经济带物流体系建设中的区域功能探析》，《商业经济研究》2017 年第 19 期。

11748 孙艳：《"一带一路"战略环境下西安及西北区域物流发展策略研究》，《现代商业》2017 年第 24 期。

11749 戴晓冬：《我国丝绸之路经济带物流业效率及其影响因素分析》，《青年时代》2017 年第 33 期。

11750 宋娅妮、肖玉徽：《"21 世纪海上丝绸之路"背景下海南物流的发展》，《当代经济》2017 年第 34 期。

11751 翁启伟：《"海上丝绸之路"背景下海南物流业国际竞争力研究》，《中国商论》2017 年第 35 期。

11752 王英伟：《基于"东部陆海丝绸之路经济带"国际物流发展研究》，《技术与市场》2018 年第 1 期。

11753 张红丽、刘芳：《丝绸之路经济带国际物流绩效对新疆进出口贸易影响研究》，《石河子大学学报（哲学社会科学版）》2018 年第 1 期。

11754 张长森、杨振华：《基于国际物流绩效指数的丝绸之路经济带物流发展研究》，《湖州师范学院学报》2018 年第 2 期。

11755 薛旭婷：《丝绸之路新起点新丰物流中心方案研究》，《铁路采购与物流》2018 年第 2 期。

11756 司马义·阿布力米提、吾斯曼·吾木尔：《新疆农产品冷链物流面临的形势及发展路径研究》，《价格月刊》2018 年第 2 期。

11757 朱长征、陈聪慧：《丝绸之路经济带物流产业集聚对区域经济的影响分析》，《物流工程与管理》2018 年第 3 期。

11758 徐寿芳、吴蕴：《中国丝绸之路集团电子商务应用模式设计》，《商》2013 年第 3 期。

电子商务

11759 易方、唐光海：《丝绸之路旅游电子商务发展路径与对策》，《当代经济》2015 年第 1 期。

11760 李涛、唐齐国、王峰：《哈尔滨市对俄跨境电子商务发展研究》，《俄罗斯学刊》2015 年第 3 期。

11761 王娟娟、秦炜：《一带一路战略区电子商务新常态模式探索》，《中国流通经济》2015年第5期。

11762 任华、崔金梅：《丝绸之路经济带背景下新疆跨境电子商务发展路径》，《新疆财经》2015年第6期。

11763 段蔚、许继志：《农村"网"事与社区电商的奎屯探索》，《新丝路》2015年第7期。

11764 匡绪琴：《基于丝绸之路的农产品电子商务发展对策研究》，《产业与科技论坛》2015年第10期。

11765 李虹含：《"一带一路"战略中电商外贸发展及人民币国际化的机遇》，《甘肃金融》2015年第10期。

11766 方志玉：《基于海上丝绸之路视角的福建与东盟跨境电子商务发展研究》，《对外经贸》2015年第10期。

11767 张真怡、杨新吉勒图：《新常态下中蒙俄经济走廊"互联网+"模式研究》，《北方经济》2015年第10期。

11768 张朝霞：《一带一路战略区跨境电子商务法律监管问题研究》，《生产力研究》2015年第11期。

11769 徐怡然：《"一带一路"战略区电子商务新常态模式探索》，《中国市场》2015年第33期。

11770 阿力木热·艾尼瓦尔、陈兵：《重建丝绸之路对新疆跨境电子商务的影响分析》，《中国市场》2015年第46期。

11771 刘明俊：《丝绸之路经济带背景下五师发展特色农产品电子商务的思考》，《农业网络信息》2016年第3期。

11772 黄茜：《"丝绸之路经济带"背景下新疆跨境电商发展现状及对策思考》，《乌鲁木齐职业大学学报》2016年第3期。

11773 许振宇、陈宝国：《跨境电子商务发展的若干思考——以福建自贸区为例》，《长沙大学学报》2016年第3期。

11774 刘海猛、方创琳、任宇飞：《丝绸之路经济带中国—哈萨克斯坦国际合作示范区物流业发展与跨境电商平台建设》，《干旱区地理》2016年第5期。

11775 杜永红：《"一带一路"战略背景下的跨境电子商务发展策略研究》，《经济体制改革》2016年第6期。

11776 唐光海：《丝路特色农产品电子商务突破发展路径与对策研究》，《陕西农业科学》2016年第10期。

11777 杜艳绥：《"一带一路"战略区电子商务新常态发展研究》，《丝路视野》2016

年第 13 期。

11778 张金凤、孙莹:《"一带一路"框架下满洲里对俄跨境电商发展状况及对策研究》,《现代信息科技》2017 年第 1 期。

11779 刘逸:《"丝绸之路经济带"背景下新疆跨境电子商务发展路径》,《青年时代》2017 年第 2 期。

11780 叶凯阳:《浅析"一带一路"背景下新疆跨境电商发展》,《物流科技》2017 年第 5 期。

11781 王霞、刘智炜、王小婷:《"丝绸之路经济带"背景下新疆跨境电商物流发展研究》,《河北企业》2017 年第 9 期。

11782 陈岗:《丝绸之路经济带背景下宁夏跨境电商发展策略研究》,《环渤海经济瞭望》2017 年第 12 期。

11783 张莉:《以跨境电子商务引领 21 世纪数字丝绸之路建设》,《中国经贸导刊》2017 年第 22 期。

其 他

11784 江涌:《从丝绸之路看丝绸企业发展路径选择》,《丝绸》2006 年第 12 期。

11785 杨小红、薛翔凌、陈义华:《丝绸之路服装 CAD 系统的打板模式及其应用分析》,《中国电子商务》2010 年第 10 期。

11786 杨波:《"丝绸之路经济带"九省份服务业发展研究》,《开发研究》2014 年第 6 期。

11787 韦有周、赵锐、林香红:《建设"海上丝绸之路"背景下我国远洋渔业发展路径研究》,《现代经济探讨》2014 年第 7 期。

11788 吴培钦:《会展业对丝绸之路经济带构建影响的作用途径研究》,《城市地理》2014 年第 20 期。

11789 李星、刘锦男:《南珠产业在"21 世纪海上丝绸之路"的战略地位》,《中国市场》2014 年第 52 期。

11790 董小君:《通过国际转移化解过剩产能:全球五次浪潮、两种模式及中国探索》,《经济研究参考》2014 年第 55 期。

11791 张艳茹、张瑾:《海上丝绸之路背景下的中非渔业合作发展研究——以印度洋沿岸非洲国家为例》,《非洲研究》第 1 卷,北京:中国社会科学出版社,2015 年。

11792 马华、虎有泽:《丝绸之路经济带构建视域的清真食品认证体系完善》,《甘肃

11793　黄军成：《丝绸之路经济带视阈下循化撒拉族清真食品产业发展研究》，《青海民族研究》2015 年第 3 期。

11794　张妙：《海上丝绸之路文化对区域女装品牌建设的影响》，《南宁职业技术学院学报》2015 年第 4 期。

11795　郭曦：《产业融合视阈下广西茧丝绸产业发展问题探析——建设 21 世纪海上丝绸之路引发的思考》，《广西师范大学学报（哲学社会科学版）》2015 年第 4 期。

11796　赵奕杨、朱佳惠：《基于产业创新系统的"互联网+丝绸之路经济带"建设策略研究》，《新疆社科论坛》2015 年第 6 期。

11797　秦曦、雷成虎：《新丝绸之路经济带资源型上市公司绩效评价研究》，《商场现代化》2015 年第 7 期。

11798　夏慧、钱鸿鸣：《新疆中小企业发展中的阻力及对策》，《合作经济与科技》2015 年第 11 期。

11799　梁艳霞、蔡琦：《"一带一路"背景下中菲印刷业合作分析》，《印刷杂志》2015 年第 12 期。

11800　安晓萌：《中央大型建筑企业践行"一带一路"风险要点及应对策略浅析》，《企业改革与管理》2015 年第 13 期。

11801　田洪志：《"丝绸之路经济带"建设中的重要产业基地建设》，《经济问题》2016 年第 1 期。

11802　陈永昌：《构建"龙江丝路带"产业新布局》，《学术交流》2016 年第 1 期。

11803　雷天、许金良、单东辉、贾兴利：《公路基础设施投资与产业结构优化升级的协整分析——以"新丝绸之路"经济带为例》，《铁道科学与工程学报》2016 年第 1 期。

11804　乔虹：《服务业全要素生产率研究基于丝绸之路经济带数据》，《财经理论与实践》2016 年第 2 期。

11805　吴迎新：《海上丝绸之路沿线国家和地区合作研究——以海洋产业竞争优势及合作为中心》，《中山大学学报（社会科学版）》2016 年第 2 期。

11806　吕蕊、石培基：《河西走廊产业集群发展现状与对策研究》，《中国包装》2016 年第 3 期。

11807　孙吉亭：《海洋渔业与海洋文化协调发展研究》，《中国渔业经济》2016 年第 4 期。

11808　李宁：《"一带一路"背景下建材企业境外投资法律风险解读》，《中国建材》

2016 年第 4 期。

11809　曹晔：《"一带一路"战略下我国道路运输行业诚信体系建设研究》，《内蒙古财经大学学报》2016 年第 5 期。

11810　朱念、李伊：《广西与东盟国家的海洋产业合作研究》，《南宁职业技术学院学报》2016 年第 6 期。

11811　殷瑞瑞、赵炳新、于振磊：《"21 世纪海上丝绸之路"东亚国家间产业网络及其关联效应研究》，《经济问题探索》2016 年第 6 期。

11812　唐奇芳：《21 世纪海上丝绸之路与湄公河次区域的建设与对接——产业园区视角》，《东南亚纵横》2016 年第 6 期。

11813　周张佳雯、徐焕章：《上市公司社会责任与财务绩效的闭环效应——对"丝绸之路经济带"的分析》，《财会通讯》2016 年第 8 期。

11814　蒋鸣湄：《海上丝绸之路清真饮食文化标记保护问题研究》，《钦州学院学报》2016 年第 12 期。

11815　赵立韦：《"新丝绸之路经济带"制造业上市公司财务绩效测评》，《商业会计》2016 年第 12 期。

11816　李豫新、刘乐：《丝绸之路经济带背景下纺织业竞争力评价与动态预测——以新疆为例》，《科技管理研究》2016 年第 17 期。

11817　乔敏健：《我国在丝绸之路经济带国家境外企业分布状况》，《新经济》2016 年第 18 期。

11818　王忆南：《"一带一路"基建投资的潜力、机遇和风险》，《中国招标》2016 年第 49 期。

11819　秦义、许斗斗：《"业缘"文化助力"21 世纪海上丝绸之路"建设》，《福建工程学院学报》2017 年第 2 期。

11820　舒逸：《"丝绸之路经济带"上中俄产业结构演变及其动因分析》，《产业与科技论坛》2017 年第 3 期。

11821　章成、平瑛：《海洋产业结构优化与海洋经济增长研究》，《海洋开发与管理》2017 年第 3 期。

11822　王雅楠：《丝绸之路经济带建设视角下总部经济发展环境评价》，《金融发展研究》2017 年第 5 期。

11823　李月清：《高度互补：资源国和消费国将合作共赢憧憬投射到丝绸之路》，《中国石油企业》2017 年第 5 期。

11824　赵旭、高苏红、王晓伟：《"21 世纪海上丝绸之路"倡议下的港口合作问题及对策》，《西安交通大学学报（社会科学版）》2017 年第 6 期。

11825 岳原：《"一带一路"开拓包装产业广阔发展空间》，《绿色包装》2017年第9期。

11826 王芳、刘晓宁：《新丝绸之路经济带城市人力资源生态系统脆弱性评价》，《统计与决策》2017年第15期。

11827 张萌物、史懿：《"丝绸之路经济带"沿线小城镇的产业定位——以瀛湖镇为例》，《技术与创新管理》2018年第1期。

11828 姚芳芳、周昌仕、翁春叶：《中国与海上丝绸之路沿线国家海洋产业合作模式研究——基于BCG Matrix-AHP的实证分析》，《资源开发与市场》2018年第4期。

社会发展

法　制

11829　陶广峰:《丝绸之路的历史及其再繁荣的法律保障》,《南京林业大学学报（人文社会科学版）》2002年第2期。

11830　顾华详:《论丝绸之路经济带视域下的法治新疆建设路径》,《新疆教育学院学报》2014年第3期。

11831　袁利华:《"丝绸之路经济带"次区域经济合作法律保障探析》,《兰州商学院学报》2014年第4期。

11832　顾华详:《"丝绸之路经济带"视域下的依法治疆问题研究》,《克拉玛依学刊》2014年第5期。

11833　李鸣:《改革开放丝绸之路国际法——从政治角度看待法律》,《石河子大学学报（哲学社会科学版）》2014年第6期。

11834　顾华详:《论丝绸之路经济带与中国法治建设》,《湖南财政经济学院学报》2014年第6期。

11835　袁利华:《"丝绸之路经济带"的法律思考及建议》,《商业时代》2014年第23期。

11836　何元媛:《征信"软着陆"的思考之丝绸之路经济带甘肃黄金段征信文化建设》,《现代经济信息》2014年第23期。

11837　张继红、丁天:《"一带一路"战略实施背景下我国反洗钱法律应对机制的构建思路》,《国际贸易法论丛》第6卷,北京:中国政法大学出版社,2015年。

11838　何力:《一带一路建设与海关国际法律问题》,《国际贸易法论丛》第6卷,北京:中国政法大学出版社,2015年。

11839　李人达、邹立刚:《中国—东盟共建新海上丝绸之路法律机制研究》,《中国海商法研究》2015年第1期。

11840　唐龙:《中国与中亚区域经济合作法律保障机制研究——基于丝绸之路经济带的构建》,《新疆职业大学学报》2015年第1期。

11841　顾华详:《论丝绸之路经济带"五通"的法治建设》,《中国井冈山干部学院学报》2015 年第 1 期。

11842 佟尧、王国华：《21 世纪海上丝绸之路背景下的海事法律冲突解决机制研究》，《中国海商法研究》2015 年第 2 期。

11843 宋云霞、李承奕、王铁钢：《海上丝绸之路安全保障法律问题研究》，《中国海商法研究》2015 年第 2 期。

11844 杜文艳：《青海省融入丝绸之路经济带的生态法制建设》，《青海师范大学学报（哲学社会科学版）》2015 年第 2 期。

11845 周方：《丝绸之路经济带建设中历史文化遗产的法治保障研究》，《西北大学学报（哲学社会科学版）》2015 年第 2 期。

11846 王小骄：《哈萨克斯坦国际私法冲突规范评述》，《新疆财经大学学报》2015 年第 2 期。

11847 王作全、王刚：《共建丝绸之路经济带：战略部署及其法治机制构建》，《青海社会科学》2015 年第 3 期。

11848 钱晓萍：《丝绸之路经济带市场准入国际法律制度构建研究》，《新疆大学学报（哲学·人文社会科学版）》2015 年第 3 期。

11849 裴予峰：《建立丝绸之路经济带争端解决机制的初步构想》，《西部法学评论》2015 年第 3 期。

11850 汪宝成、李凯锋：《县域水利法治助力新丝绸之路经济带建设的几点思考》，《水利发展研究》2015 年第 4 期。

11851 李建勋：《南海航道安全保障法律机制对"21 世纪海上丝绸之路"的借鉴意义》，《太平洋学报》2015 年第 5 期。

11852 吴凯：《浅析"一带一路"战略中外国环境法律的查明》，《世界环境》2015 年第 5 期。

11853 张钰羚：《浅谈实施"一带一路"战略的环境法治路径》，《世界环境》2015 年第 5 期。

11854 张立群：《丝绸之路经济带的法治环境建设研究》，《青海社会科学》2015 年第 5 期。

11855 何芳、张晓君：《丝绸之路经济带贸易与投资便利化法律问题研究》，《人文杂志》2015 年第 7 期。

11856 蔡书芳：《"丝绸之路经济带"次区域经济合作法律保障研究》，《现代交际》2015 年第 8 期。

11857 彭何利、毛勇：《"新丝绸之路经济带"的国际法治构建》，《法学杂志》2015 年第 8 期。

11858 杨晰琪：《21世纪海上丝绸之路"外溢"法律效应——中国与东盟经贸法律制度协调展望》，《楚天法治》2015年第9期。

11859 韩永红、石佑启：《论21世纪海上丝绸之路法律保障机制的构建》，《国际经贸探索》2015年第10期。

11860 孙昂：《"一带一路"建设的法治保障》，《人民法治》2015年第11期。

11861 万娟娟、郑崇伟、程秀建、陈璇、黎鑫：《经略21世纪海上丝路之法律护航：国际法视野下的"海上丝路"》，《海洋开发与管理》2015年第12期。

11862 刘家胜：《连云港市"一带一路"战略实施中的法律服务切入点》，《淮海工学院学报（人文社会科学版）》2015年第12期。

11863 牛风君、林娟、李明：《"丝绸之路经济带"背景下中国新疆与中亚国家征信合作探讨》，《征信》2015年第12期。

11864 杜征均、于洋、胡治杰：《中资企业在中亚国家的劳动法律风险防范》，《东方企业文化》2015年第14期。

11865 宋晓茵：《"丝绸之路经济带"背景下次区域经济合作及其法律保障》，《法制博览》2015年第17期。

11866 蒋旻悦：《"一带一路"区域性投资法律研究》，《法制与社会》2015年第21期。

11867 赵岩峰：《海上丝绸之路建设中的海事司法理念》，《人民司法》2015年第21期。

11868 刘炳辰：《建设"一带一路"对我国法学思想的影响》，《商》2015年第36期。

11869 杨艳：《"一带一路"框架下法治政府建设问题研究》，《法治论坛》第3辑，北京：中国法制出版社，2016年。

11870 詹礼愿：《"一带一路"蓝图下广东律师的紧跟战略》，《法治论坛》第2辑，北京：中国法制出版社，2016年。

11871 张乃根：《"一带一路"有关的知识产权海关执法：中国—欧亚经济空间，中—欧合作（英文）》，《海关法评论》第6卷，北京：法律出版社，2016年。

11872 贾引狮、吕亚芳：《21世纪"海上丝绸之路"背景下中国—东盟地理标志法律协调问题研究》，《南宁职业技术学院学报》2016年第1期。

11873 向明华：《广东加强21世纪海上丝绸之路法治建设的思考》，《岭南学刊》2016年第1期。

11874 张晏瑲：《由国际海洋法论海上丝绸之路的挑战》，《法律科学（西北政法大学学报）》2016年第1期。

11875 陈石：《论〈鹿特丹规则〉对"一带一路"的重要性》，《中国海商法研究》

2016 年第 1 期。

11876　牛文杰：《"一带一路"视角下海洋航道安全法律保障机制研究》，《海南广播电视大学学报》2016 年第 3 期。

11877　顾泽平、吕志杰、缪昕夙、刘玮：《"一带一路"下的海上安全合作的法律问题研究》，《法制与社会》2016 年第 4 期。

11878　彭俊磊：《"一带一路"战略背景下毒品相关犯罪案件侦查对策研究》，《贵州警官职业学院学报》2016 年第 4 期。

11879　张文强：《甘肃涉外法律服务存在的问题及对策——以"丝绸之路经济带"建设为背景》，《法制博览》2016 年第 5 期。

11880　杨泽伟：《论 21 世纪海上丝绸之路建设与国际海洋法律秩序的变革》，《东方法学》2016 年第 5 期。

11881　张若思：《"一带一路"建设的政策促进与法律完善研究》，《中国律师》2016 年第 6 期。

11882　林亚将：《护航 21 世纪海上丝绸之路——南海海盗防范区域合作法律机制研究》，《福建论坛（人文社会科学版）》2016 年第 7 期。

11883　曹兴国、初北平：《我国涉海法律的体系化完善路径》，《太平洋学报》2016 年第 9 期。

11884　罗静：《丝绸之路经济带新起点建设的法治保障对策》，《法制与社会》2016 年第 9 期。

11885　杨泽伟：《论 21 世纪海上丝绸之路建设与国际海洋法律秩序的变革》，《社会科学文摘》2016 年第 12 期。

11886　孙霞：《浅谈"丝绸之路经济带"战略下中国（河南）自由贸易区建设的法律制度创新问题》，《法制与社会》2016 年第 14 期。

11887　杜以星、李民韬：《"海上丝绸之路"建设新形势下海事仲裁司法审查面临的新问题及应对思路——以海事仲裁协议效力为视角》，《仲裁研究》第 41 辑，北京：法律出版社，2017 年。

11888　段明苒、刘莉：《试论我国丝绸之路经济带的生态旅游法治建设》，《西安建筑科技大学学报（社会科学版）》2017 年第 1 期。

11889　徐峰：《"海上丝绸之路"战略倒逼海事强制法松动》，《天津航海》2017 年第 1 期。

11890　张立群、张琬悦：《丝绸之路经济带建设法治文化融入研究》，《青海师范大学学报（哲学社会科学版）》2017 年第 2 期。

11891　方剑：《"一带一路"倡议下我国与新加坡法律制度之比较》，《政法学刊》

2017 年第 4 期。

11892 谢斌：《"21 世纪海上丝绸之路"建设背景下的中国—东盟执法安全合作》，《理论界》2017 年第 5 期。

11893 李人达：《建立新时期海上丝绸之路法律制度和发展规划的思考》，《中国党政干部论坛》2017 年第 6 期。

11894 王珉：《丝绸之路经济带海关国际合作法律机制的构建》，《东北亚论坛》2017 年第 6 期。

11895 方剑：《"21 世纪海上丝绸之路"倡议下我国与新加坡法律制度问题之比较》，《行政与法》2017 年第 8 期。

11896 赵霄珺：《丝绸之路经济带法律风险防范——以域外法查明为视角》，《劳动保障世界》2017 年第 15 期。

11897 黄炎：《"一带一路"与有约必守原则》，《法制博览》2017 年第 25 期。

11898 黄艳葵：《跨境基础设施 PPP 项目的法律保障问题分析——基于对 15 个海上丝绸之路沿线国家的分析》，《经济研究参考》2017 年第 29 期。

11899 陈红、眭睦：《"丝绸之路经济带"视角下的次区域经济合作法律保障研究》，《太原城市职业技术学院学报》2018 年第 1 期。

11900 周书焕：《丝绸之路经济带法治环境建设研究》，《许昌学院学报》2018 年第 1 期。

风险与安全

11901 东方晓：《回望西域：地缘政治变化与中国的安全》，《西亚非洲》2001 年第 1 期。

11902 林勇新：《关于新"海上丝绸之路"建设与亚洲新安全观的几点思考》，《中国边疆学》第 2 辑，北京：社会科学文献出版社，2014 年。

11903 曹海峰：《"丝绸之路经济带"构建中的风险考虑与规避策略》，《实事求是》2014 年第 1 期。

11904 张文木：《丝绸之路与中国西域安全——兼论中亚地区力量崛起的历史条件、规律及其因应战略》，《世界经济与政治》2014 年第 3 期。

11905 张文木：《丝绸之路与中国西域安全——兼论中亚地区力量崛起的历史条件、规律及其因应战略》，《文化纵横》2014 年第 3 期。

11906 楼春豪：《21 世纪海上丝绸之路的风险与挑战》，《印度洋经济体研究》2014 年第 5 期。

11907 郭君平、许涛、胡爱军：《当前中国在中亚地区面临的安全挑战及政策思考》，《和平与发展》2014年第6期。

11908 李志永：《"新丝路"建设中的安全合作：挑战与应对》，《中国社会科学院国际研究学部集刊》第8卷，北京：社会科学文献出版社，2015年。

11909 杨晓杰：《对确保21世纪海上丝绸之路建设安全的若干思考》，《广东省社会主义学院学报》2015年第1期。

11910 乔纳森·霍尔斯拉格著，李亚丽译：《确保新丝绸之路的安全》，《国际安全研究》2015年第1期。

11911 张秡菲：《印度洋通道安全对中国的重要意义及面临的挑战》，《江南社会学院学报》2015年第1期。

11912 刘海泉：《"一带一路"战略的安全挑战与中国的选择》，《太平洋学报》2015年第2期。

11913 朱时雨、王玉：《21世纪海上丝绸之路航道安全探析》，《交通运输研究》2015年第2期。

11914 张洁：《海上通道安全与中国战略支点的构建——兼谈21世纪海上丝绸之路建设的安全考量》，《国际安全研究》2015年第2期。

11915 高汝东、杨桂臻、安晓平：《"丝绸之路经济带"建设视野下中国与中亚国家的非传统安全合作》，《塔里木大学学报》2015年第3期。

11916 王晶：《"一带一路"战略视野下新疆反恐政治工作的几点思考》，《西安政治学院学报》2015年第3期。

11917 王乐：《构建中亚安全共同体的可行性探析》，《党政研究》2015年第3期。

11918 谢博、岳蓉：《论21世纪"海上丝绸之路"的安全——以地缘政治学为视角》，《哈尔滨师范大学社会科学学报》2015年第3期。

11919 罗斌：《乌克兰危机后上合组织成员国安全合作领域新发展——兼论对"环喜马拉雅经济合作带"的影响》，《西藏研究》2015年第3期。

11920 邵雪婷、荣正通：《21世纪海上丝绸之路中东海域的安全机制建设研究》，《中国海洋大学学报（社会科学版）》2015年第4期。

11921 徐黎丽、巴责达：《论边疆安全问题对丝绸之路经济带战略实施的影响》，《云南师范大学学报（哲学社会科学版）》2015年第4期。

11922 洪梅、马晨晨、张韧、余丹丹、葛晶晶：《"海上丝绸之路"及其周边国家的风险评估体系与应急响应机制初探》，《海洋信息》2015年第4期。

11923 韩克敌、王志远：《"丝绸之路经济带"视域下中俄合作与风险防范的深入思考》，《俄罗斯学刊》2015年第5期。

11924 谢博、岳蓉：《地缘政治视角下的 21 世纪海上丝绸之路通道安全》，《东南亚纵横》2015 年第 5 期。

11925 刘艳：《丝绸之路经济带语境下的中国中亚安全合作》，《新疆社会科学（汉文版）》2015 年第 5 期。

11926 刘艳：《"丝绸之路经济带"语境下的中国中亚安全合作》，《新疆社会科学》2015 年第 5 期。

11927 张文木：《从整体上把握中国海洋安全——"海上丝绸之路"西太平洋航线的安全保障、关键环节与力量配置》，《当代亚太》2015 年第 5 期。

11928 张才圣：《21 世纪海上丝绸之路背景下的东南亚海上通道安全问题研究》，《广西师范大学学报（哲学社会科学版）》2015 年第 6 期。

11929 马斌：《"丝绸之路经济带"政治风险的识别与应对：以中亚为例》，《国际论坛》2015 年第 6 期。

11930 李骁、薛力：《21 世纪海上丝绸之路：安全风险及其应对》，《太平洋学报》2015 年第 7 期。

11931 王承安：《论中国—中亚合作对中国国家安全战略影响——"一带一路"视阈下的研究》，《现代商贸工业》2015 年第 18 期。

11932 王竞超：《论海上丝绸之路沿线的海盗威胁与中国对策》，《武大国际法评论》第一期 19 卷，武汉：武汉大学出版社，2016 年。

11933 摩根·克莱门斯著，葛红亮、庞伟译：《"海上丝绸之路"与中国海外军事基地建设评估》，《印度洋经济体研究》2016 年第 1 期。

11934 维诺德·阿南德著，朱翠萍译：《海上丝绸之路透视：地缘政治和安全挑战》，《印度洋经济体研究》2016 年第 1 期。

11935 张敏、王新辉：《南海海事安全国际合作的困境与出路》，《中国海商法研究》2016 年第 1 期。

11936 蔡文之：《"一带一路"战略的网络维度和风险防范》，《中国信息安全》2016 年第 2 期。

11937 葛红亮：《南海安全区域间治理模式探析》，《国际安全研究》2016 年第 2 期。

11938 葛红亮：《南海局势"失衡"下东盟的区域安全实践》，《南洋问题研究》2016 年第 2 期。

11939 伏阳：《我国与"丝绸之路经济带"沿线国家反恐合作策略研究》，《伊犁师范学院学报（社科版）》2016 年第 2 期。

11940 罗英杰：《中亚安全形势的变化及其影响》，《国际安全研究》2016 年第 2 期。

11941 康晓丽：《福建海上丝绸之路建设面临的海外风险与防范建议》，《厦门特区党校学报》2016 年第 2 期。

11942 张芷凡：《论"海上丝绸之路"推进中的安全风险与法律应对——以构建海上通道安全合作机制为视角》，《南海学刊》2016 年第 2 期。

11943 厉声：《"丝绸之路经济带"安全保障机制的"对接合作"》，《中国法律评论》2016 年第 2 期。

11944 纪沿光、邓小鹏、常腾原：《中亚地区国际工程政治风险评估》，《工程管理学报》2016 年第 3 期。

11945 王文俊、李军：《"丝绸之路经济带"建设中的风险考虑与管控》，《陕西行政学院学报》2016 年第 4 期。

11946 向刚：《丝绸之路经济带战略可能面临的风险及其防范》，《长江大学学报（社会科学版）》2016 年第 4 期。

11947 张力：《从"海丝路"互动透视中印海上安全关系》，《南亚研究季刊》2016 年第 4 期。

11948 杜庆昊：《一带一路战略面临的安全风险和对策建议》，《实事求是》2016 年第 6 期。

11949 蔡俊煌、蔡加福：《国家经济安全视阈下印度洋与中国"海丝"倡议》，《福建行政学院学报》2016 年第 6 期。

11950 杜庆昊：《"一带一路"战略面临的安全风险和对策建议》，《实事求是》2016 年第 6 期。

11951 曹峰毓、王涛：《论南亚区域安全合作的进展及挑战》，《学术探索》2016 年第 9 期。

11952 王文俊、李军：《丝绸之路经济带建设中的风险考虑与管控》，《理论导刊》2016 年第 12 期。

11953 黄永弟：《论"一带一路"倡议实施的背景、风险及应对策略》，《经济研究导刊》2016 年第 30 期。

11954 王凤娟、卢毅：《"一带一路"海外承包工程非传统安全风险分析——以 21 世纪海上丝绸之路为例》，《工程管理学报》2017 年第 1 期。

11955 贾国栋：《丝绸之路经济带在中亚面临的风险评析》，《西北民族研究》2017 年第 1 期。

11956 李渤：《"新丝绸之路经济带"建设中的中亚地缘安全因素》，《扬州大学学报（人文社会科学版）》2017 年第 1 期。

11957 胡婷：《"丝绸之路经济带"建设中的社会风险管理》，《新西部（理论版）》2017 年第 2 期。

11958 宋志辉、马春燕：《南亚非传统安全形势及其对南方丝绸之路经济带的影响》，《南亚研究季刊》2017年第2期。

11959 扈琼琳：《21世纪海上丝绸之路面临的非传统安全问题研究》，《江汉大学学报（社会科学版）》2017年第3期。

11960 朱永彪、魏丽珺：《阿富汗安全形势及其对丝绸之路经济带的影响》，《南亚研究》2017年第3期。

11961 宫晓婵、吕靖：《海上丝绸之路关键节点动态安全效率评价》，《系统工程学报》2017年第3期。

11962 张维维、陆珊：《"丝绸之路经济带"建设与吉尔吉斯斯坦政治和安全形势》，《战略决策研究》2017年第4期。

11963 陈永忠：《"丝绸之路经济带"与中国的地缘政治和国家安全》，《西部学刊》2017年第4期。

11964 夏真真、汪万发：《21世纪海上丝绸之路：非传统安全问题及其合作安排》，《江南社会学院学报》2017年第4期。

11965 田澍：《国家安全视阈下的明代绿洲丝绸之路》，《中国史研究》2017年第4期。

11966 再米娜·伊力哈木：《"丝绸之路经济带"建设在中亚面临的风险与挑战评析》，《新疆师范大学学报（哲学社会科学版）》2017年第4期。

11967 沈骏霖：《"丝绸之路经济带"战略在中亚的风险因素》，《陇东学院学报》2017年第6期。

11968 陈雅婷：《海洋法视域下的南海海盗治理问题——以建设21世纪海上丝绸之路为背景》，《法制与社会》2017年第20期。

11969 涂玉侠：《丝绸之路经济带背景下中国企业境外直接风险文献研究》，《时代金融》2017年第32期。

11970 陈君武、许文思、张红梅：《"丝绸之路经济带"沿线区域安防体系构建浅析》，《中国有线电视》2018年第1期。

11971 И. Н. 贺梅利诺夫著，朱显平、刘啸译：《"冰上丝绸之路"的安全保障》，《东北亚论坛》2018年第2期。

生态环境

11972 樊自立、程心俊：《从地理环境的变迁谈塔里木盆地的农业发展》，《新疆环境保护》1981年第1期。

▶ 丝绸之路研究论文目录

11973　殷光明：《从敦煌汉晋长城、古城及屯戍遗址之变迁简析保护生态平衡的重要性》，《敦煌学辑刊》1994年第1期。

11974　俎瑞平、高前兆、钱鞠、杨建平：《2000年来塔里木盆地南缘绿洲环境演变》，《中国沙漠》2001年第2期。

11975　王继伟、巨天珍、林郁、贾丽、陈源：《"丝绸之路"（中国段）遗址环境监测规划》，《安徽农业科学》2007年第25期。

11976　韩春鲜、肖爱玲：《塔里木河下游地区交通变化所反映的历史环境变迁》，《丝绸之路》2009年第6期。

11977　姚小英、蒲金涌、刘晓强：《"丝绸之路"东段旅游气候舒适性分析》，《景观研究》2010年第3期。

11978　姚小英、蒲金涌、刘晓强：《丝绸之路东段旅游气候舒适性分析》，《安徽农业科学》2010年第13期。

11979　吴佳雨、周盼、杜雁：《基于文化线路的绿道选线规划研究——以草原丝绸之路元上都至元中都段为例》，《城市发展研究》2013年第4期。

11980　赵德利、赵凡：《丝绸之路东段生活文化的生态保护与功能再造》，《青海社会科学》2014年第6期。

11981　周盼、吴雪飞、陶丹凤、颜海琛：《基于多重目标的绿道选线规划研究——以草原丝绸之路（元上都至元中都段）文化线路为例》，《规划师》2014年第8期。

11982　李泽红、王卷乐、赵中平、董锁成、李宇、诸云强、程昊：《丝绸之路经济带生态环境格局与生态文明建设模式》，《资源科学》2014年第12期。

11983　姚丽娟：《基于低碳环保的丝绸之路经济带甘肃段型工业化发展研究》，《经济研究参考》2014年第53期。

11984　李姝睿：《丝绸之路的生态关注》，《青海师范大学学报（哲学社会科学版）》2015年第1期。

11985　董锁成、李泽红、李宇、石广义、于会录、王卷乐、李俊、毛琦梁、黄永斌：《丝绸之路经济带资源、环境和经济格局与可持续发展模式》，《资源与生态学报（英文版）》2015年第2期。

11986　杜昌河、敬莉：《资源环境约束下新疆区域经济发展差异研究——基于"两区两带"的比较分析》，《西部经济管理论坛（原四川经济管理学院学报）》2015年第2期。

11987　陕亮、张万益、姚晓峰、马腾、张鑫刚、王尧：《丝绸之路经济带地质调查规划与部署研究》，《华南地质与矿产》2015年第2期。

11988	任海军、唐晶：《"丝绸之路经济带"生态保护一体化战略研究》，《兰州大学学报（社会科学版）》2015年第3期。	
11989	刘大文：《"一带一路"地质调查工作刍议》，《中国地质》2015年第4期。	
11990	范一大：《"一带一路"战略减灾合作研究》，《中国减灾》2015年第5期。	
11991	王鹏：《"一带一路"背景下中企面临的环境风险》，《世界环境》2015年第5期。	
11992	郭利丹、周海炜、夏自强、黄峰、鄢波：《丝绸之路经济带建设中的水资源安全问题及对策》，《中国人口·资源与环境》2015年第5期。	
11993	李新、储成君、秦昌波、王倚：《丝绸之路经济带环境形势分析及对策研究》，《环境保护科学》2015年第6期。	
11994	郑崇伟、潘静、孙威、陈璇、夏淋淋：《经略21世纪海上丝路之海洋环境特征系列研究》，《海洋开发与管理》2015年第7期。	
11995	郑崇伟、李训强、高占胜、付敏、罗霞：《经略21世纪海上丝路之海洋环境特征：风候统计分析》，《海洋开发与管理》2015年第8期。	
11996	郑崇伟、付敏、芮震峰、陈雄、于坤：《经略21世纪海上丝路之海洋环境特征：波候统计分析》，《海洋开发与管理》2015年第10期。	
11997	马照亭、李成名、印洁：《丝绸之路经济带的地理空间认知框架研究》，《测绘科学》2015年第10期。	
11998	任栋、郭安宁：《一带一路所经陆路地域巨震链特征研究》，《中国安全生产科学技术》2015年第10期。	
11999	郑崇伟、高占胜、张雨、王旭冬、樊睿、尹龙国：《经略21世纪海上丝路之海洋环境特征：极值风速和极值波高》，《海洋开发与管理》2015年第11期。	
12000	柴麒敏：《亚洲低碳共同体与绿色丝绸之路》，《中国发展观察》2015年第12期。	
12001	闻倩、王文文：《丝绸之路经济带环境保护问题研究》，《商》2015年第15期。	
12002	朱邑：《丝绸之路经济带生态环境格局与生态文明建设模式》，《现代经济信息》2015年第21期。	
12003	曹广喜、刘禹乔、周洋、周静宜：《中国制造业发展与碳排放脱钩的空间计量研究——四大经济区分析》，《科技管理研究》2015年第21期。	
12004	王大力、吴映梅、郭建缨：《云南省在丝绸之路经济带发展中的资源环境基础分析》，《安徽农业科学》2015年第24期。	
12005	郝少英：《区域环境合作：丝绸之路经济带生态保障的法律对策》，《南京工业大学学报（社会科学版）》2016年第1期。	

▶ 丝绸之路研究论文目录

12006 韩博：《"一带一路"战略的生态伦理研究》，《沈阳师范大学学报（社会科学版）》2016年第1期。

12007 严琼：《青海绿色生态产业发展战略选择》，《攀登》2016年第1期。

12008 王建军、程昱翔、李志霞、赵司楠：《青海省融入"丝绸之路经济带"产业生态化战略研究》，《青海师范大学学报（哲学社会科学版）》2016年第1期。

12009 孙敏敏、黄德春：《"丝绸之路经济带"对"世界水谷"建设的战略需求》，《水利经济》2016年第1期。

12010 谭雪、石磊、王学军、许可、马中、张象枢：《新丝绸之路经济带水效率评估与差异研究》，《干旱区资源与环境》2016年第1期。

12011 吴玉萍：《新疆"丝绸之路经济带核心区"建设中的环境资源问题及其应对》，《华北电力大学学报（社会科学版）》2016年第2期。

12012 郑崇伟、黎鑫、陈璇、陈雄：《经略21世纪海上丝路：地理概况、气候特征》，《海洋开发与管理》2016年第2期。

12013 黄清子、张立、王振振：《丝绸之路经济带环保投资效应研究》，《中国人口·资源与环境》2016年第3期。

12014 何爱平、赵仁杰：《丝绸之路经济带背景下西部生态文明建设：困境、利益冲突及应对机制》，《人文杂志》2016年第3期。

12015 刘峰贵、李春花、张海峰、陈蓉：《丝绸之路沿线旅游城市气候比较优势分析》，《青海师范大学学报（自然科学版）》2016年第3期。

12016 武法东、王彦洁、曾鹏：《丝绸之路经济带上的地质瑰宝——中国敦煌世界地质公园》，《西部资源》2016年第3期。

12017 赵关维：《构建丝绸之路经济带西部生态安全屏障探析——以甘肃省为例》，《中共银川市委党校学报》2016年第5期。

12018 李新武、张丽、郭华东、傅文学、鹿琳琳、邱玉宝、王心源、贾根锁：《"丝绸之路经济带"干旱—半干旱区生态环境全球变化响应的空间认知》，《中国科学院院刊》2016年第5期。

12019 秦国伟、李宇涵、赵菁奇、李本和：《关于加快建设生态绿色丝绸之路经济带的思考》，《林业经济》2016年第5期。

12020 张蕾：《"21世纪海上丝绸之路"背景下的南海周边国家应对气候变化合作探讨》，《东南亚研究》2016年第6期。

12021 黎鑫、张韧、卢扬、宋荣兵、杨理智、钱龙霞：《"海上丝绸之路"自然环境风险分析》，《海洋通报》2016年第6期。

12022 黄玮睨、郑奕：《国内海上丝绸之路通过地区的环境效率分析》，《海洋开发与管理》2016 年第 6 期。

12023 董阳、路遥：《新丝绸之路经济带背景下甘肃城镇环境发展战略研究》，《中国建材科技》2016 年第 6 期。

12024 邓颖颖：《21 世纪"海上丝绸之路"背景下南海海洋保护区建设探析》，《学术论坛》2016 年第 7 期。

12025 孙伟平：《一带一路建设中的环境保护法律制度构建》，《消费导刊》2016 年第 8 期。

12026 许洁：《新丝绸之路经济带水效率评估与差异研究》，《消费导刊》2016 年第 8 期。

12027 程广斌、龙文：《丝绸之路经济带我国西北段城市群资源环境承载力的实证分析》，《华东经济管理》2016 年第 9 期。

12028 徐新良、王靓、蔡红艳：《"丝绸之路经济带"沿线主要国家气候变化特征》，《资源科学》2016 年第 9 期。

12029 周艺、徐晨娜、王世新、朱金峰、吴亮、王利双：《丝绸之路经济带中国段后备可利用水土资源空间分布格局研究》，《长江流域资源与环境》2016 年第 9 期。

12030 张强、杜志成：《丝绸之路经济带上区域生态安全评价研究——以祁连山冰川与水涵养生态功能区为例》，《生态经济》2016 年第 10 期。

12031 刘珉：《"一带一路"与林业生态建设研究》，《林业经济》2016 年第 11 期。

12032 路遥、董阳：《"一带一路"背景下甘肃省城镇环境特色发展战略研究》，《建筑设计管理》2016 年第 12 期。

12033 王小红、张晓斌：《丝绸之路经济带实施环境会计制度存在的问题及对策》，《管理观察》2016 年第 22 期。

12034 虞文宝、宋晓谕、简富缋：《丝绸之路经济带节点城市人文驱动因素对环境的影响》，《冰川冻土》2017 年第 1 期。

12035 段振振：《绿色丝绸之路理念下〈新疆湿地保护条例〉研究》，《商丘职业技术学院学报》2017 年第 2 期。

12036 刘玉贞、阿里木江·卡斯木、阿布都米吉提·阿布力克木：《丝绸之路经济带沿线典型地区荒漠化动态变化遥感监测》，《中国水土保持科学》2017 年第 2 期。

12037 任倩：《丝绸之路经济带核心区建设背景下的新疆环保投资研究》，《新疆职业大学学报》2017 年第 3 期。

12038 蔡旭、李文静、张萍萍：《海上丝绸之路海洋环境法律保护研究》，《湖北科技

▶ 丝绸之路研究论文目录

学院学报》2017年第3期。

12039 冯浪：《浅析环保在我国"一带一路"战略中的定位与作用》，《南方农业》2017年第3期。

12040 李鹏、张晓敏：《丝绸之路经济带资源环境成本及生态负荷强度的时空演变分析》，《中国环境管理》2017年第3期。

12041 张迪妮、王越、李涛：《丝绸之路的修复在生态景观营造中的重要性》，《河北建筑工程学院学报》2017年第4期。

12042 杨荣金、孟伟、段宁、舒俭民、张惠远、贾尔恒·阿哈提、王浩、张林波、乔琦、尹伟伦、张强、孙美莹：《天山北坡经济带生态文明建设战略研究》，《中国工程科学》2017年第4期。

12043 齐庆华、蔡榕硕：《21世纪海上丝绸之路海表温度异常与气候变率的相关性初探》，《海洋开发与管理》2017年第4期。

12044 王小平、贾琳琳、王月波：《"一带一路"倡议下我国环保企业如何"走出去"问题——以北控水务集团为例》，《对外经贸实务》2017年第5期。

12045 许震、张峰、王逸虹、姚坚：《"一带一路"建设背景下环境检测机构发展模式的研究》，《环境保护与循环经济》2017年第5期。

12046 齐庆华、蔡榕硕：《21世纪海上丝绸之路海洋环境的气候变化与风暴灾害风险探析》，《海洋开发与管理》2017年第5期。

12047 薛伟贤、郑玉雯：《生态文明视角下丝绸之路经济带复合生态系统构建研究》，《经济问题》2017年第5期。

12048 尹仑：《"一带一路"战略的气候变化合作机制及张掖市的作用》，《中国名城》2017年第5期。

12049 龚勤林：《合作共建绿色丝绸之路的思考》，《区域经济评论》2017年第6期。

12050 贾娜：《碳排放强制性披露制度助力绿色丝绸之路》，《山东纺织经济》2017年第7期。

12051 吴业鹏、袁汝华、刘诗园：《丝绸之路经济带水资源环境与经济社会协调分析》，《生态经济》2017年第9期。

12052 齐庆华、蔡榕硕：《21世纪海上丝绸之路海洋上层热含量及热比容海平面异常变化》，《海洋学报》2017年第11期。

12053 西安市人民政府研究室：《丝绸之路经济带重点城市水资源保护与利用调查研究》，《大陆桥视野》2017年第11期。

12054 顾剑华、车夏辉、蔡翔、李梦、黄金萍：《经济增长与环境污染退耦水平空间统计分析——以丝绸之路经济带9省份为例》，《生态经济》2017年第12期。

12055 程翠云、翁智雄、葛察忠、段显婷：《绿色丝绸之路建设思路与重点任务——〈"一带一路"生态环保合作规划〉解读》，《环境保护》2017年第18期。

12056 王怡：《丝绸之路经济带经济发展效益与生态环境质量耦合性研究》，《统计与决策》2018年第1期。

12057 张钰：《马克思人与自然和谐思想对"丝绸之路经济带"生态治理的启示》，《西安财经学院学报》2018年第1期。

12058 丁传群、杜毓龙、张小锋：《丝绸之路经济带气象保障研究》，《陕西气象》2018年第1期。

12059 许跃、郑崇伟、张仲、田妍妍、张哲、杨文广：《"21世纪海上丝绸之路"的海洋环境研究——印度洋海表风速变化趋势》，《海洋开发与管理》2018年第2期。

12060 王磊：《资源型产业生态化与区域经济可持续发展——基于丝绸之路经济带核心区的实证研究》，《企业经济》2018年第2期。

医学与人类发展

12061 余伍忠、李厚钧、李力、张宇红、仇东辉、周常文、华亮、刘丽、颉元文、杨有利：《中国"丝绸之路"地区血红蛋白病的遗传流行病学特点》，《人类学学报》2001年第1期。

12062 陈志峰：《中国丝绸之路地域人群胃癌患病特点与思考》，《医学综述》2011年第7期。

12063 钟鸣：《丝绸之路经济带视域下西部医药园区的博弈分析》，《生产力研究》2015年第1期。

12064 刘勇、肖伟、乔晶、肖培根：《中药和一带一路》，《中国现代中药》2015年第2期。

12065 张美云、宋宇：《丝绸之路经济带人类发展水平比较研究》，《云南民族大学学报（哲学社会科学版）》2015年第5期。

12066 赵立春、冷静：《"一带一路"战略视阈下中医药产业智库国际化发展探析》，《广西中医药大学学报》2016年第3期。

12067 贺湘焱、刘爱澜、杨玉清：《丝绸之路经济带框架下新疆医联体模式的探索与实践》，《中国卫生质量管理》2016年第3期。

12068 游珍、封志明、雷涯邻、杨艳昭：《丝绸之路经济带（境内段）人口分布的社会经济协调度研究》，《西北人口》2016年第4期。

12069 阿里木·马木提、郑蓉、赛力甫·阿不都乎甫尔：《分析 2012 年丝绸之路经济带框架下新疆医疗卫生系统效率及建议》，《新疆医学》2016 年第 5 期。

12070 倪杰文、刘文宝、徐菲、刘夏阳、陈国良：《21 世纪海上丝绸之路医学地理信息系统的设计》，《转化医学杂志》2016 年第 6 期。

12071 高新才、殷颂葵：《丝绸之路经济带人类发展指数差异的时空演变透视》，《兰州大学学报（社会科学版）》2016 年第 6 期。

12072 潘沙沙、张思容、王露、王李安安、彭立生：《21 世纪海上丝绸之路沿线国家中医执业法规研究》，《中国卫生事业管理》2016 年第 8 期。

12073 窦金鑫、田林：《"一带一路"战略下的中医药产业发展》，《大众科技》2016 年第 9 期。

12074 张华荣、文海燕、彭彦卿、冯翔宇：《"一带一路"与口岸公共卫生》，《中国国境卫生检疫杂志》2017 年第 1 期。

12075 倪杰文、胡永祥、陈国良：《医学地理信息系统在"21 世纪海上丝绸之路"战略构想中的作用》，《第二军医大学学报》2017 年第 3 期。

12076 王启涛：《古代丝绸之路的疾病防治及其对"一带一路"战略的启示》，《西南民族大学学报（人文社科版）》2017 年第 4 期。

12077 潘沙沙、张思容、苗青、罗玫、谭丽虹、彭立生：《海上丝绸之路沿线国家中医药科教概况》，《中华全科医学》2017 年第 5 期。

12078 张熙遥、吴琼琼、蔡智斌、李强、苏明星、徐稳、刘雪林、张传福：《新海上丝绸之路沿线国家主要虫媒传染病流行状况及预防措施》，《解放军预防医学杂志》2017 年第 9 期。

12079 宁静、张媛媛：《丝路背景下新疆医疗服务中心建设研究》，《合作经济与科技》2017 年第 12 期。

12080 马帆：《新丝绸之路经济带背景下的女性发展交流合作探析》，《新西部》2017 年第 13 期。

科技与知识产权

12081 毕建涛、王星星：《空间信息技术在丝绸之路历史变迁中的应用及研究进展》，《干旱区地理》2007 年第 6 期。

12082 苗红萍、戴健、戴俊生：《中国新疆维吾尔自治区与俄、哈、蒙科技合作现状与前景》，《俄罗斯中亚东欧市场》2011 年第 9 期。

12083 崔巍平、何伦志：《科技创新、经济增长与丝绸之路经济带的构建》，《开发研究》2014 年第 3 期。

12084 唐光海：《基于 DEA 的我国丝绸之路高技术产业创新效率研究》，《廊坊师范学院学报（自然科学版）》2014 年第 6 期。

12085 韩鹏、钱洪宝：《海洋科技在 21 世纪海上丝绸之路建设中的作用》，《海洋技术学报》2015 年第 3 期。

12086 孙文婷、王蓓蓓、加依娜：《新疆企业在开拓中亚市场中知识产权保护存在的问题及对策》，《石河子科技》2015 年第 3 期。

12087 刘玲、张国徽、李慧萍、李荣：《利用全国科技援疆机制推动丝绸之路经济带发展的构想》，《科技成果管理与研究》2015 年第 4 期。

12088 赵菁奇、李本和：《"一带一路"建设视阈下西南四省（区、市）技术创新政策实施效果评价及对策建议》，《学术论坛》2015 年第 5 期。

12089 侯向阳、魏琦：《加强中蒙草原科技合作是发展中蒙全面战略伙伴关系的有效推进器》，《中国草地学报》2015 年第 5 期。

12090 张乃根：《试探"一带一路"战略实施中的海关知识产权保护》，《海关与经贸研究》2015 年第 5 期。

12091 睢党臣、董玉迪：《中国新丝绸之路经济带科技效率的测度及分解——基于 DEA-M almquist 指数的方法》，《地域研究与开发》2015 年第 5 期。

12092 李毅、夏红梅：《"丝绸之路经济带"科技合作模式及平台构建探析》，《攀登》2015 年第 6 期。

12093 韩鹏：《创新驱动积极发挥海洋科技在 21 世纪海上丝绸之路建设中的作用》，《海洋开发与管理》2015 年第 6 期。

12094 孔令国、高天柱：《中国企业走向中亚地区的知识产权策略研究及建议》，《中国发明与专利》2015 年第 6 期。

12095 王震：《北斗系统的海外发展与"丝绸之路经济带"建设》，《社会科学》2015 年第 7 期。

12096 赵菁奇、李本和：《"丝绸之路经济带"建设背景下区域科技创新体系研究——基于西北五省科技创新差异性的实证研究》，《重庆理工大学学报（社会科学版）》2015 年第 8 期。

12097 尹怡然、黄亦鹏：《在"一带一路"战略实施中的知识产权国际合作机制》，《广东科技》2015 年第 8 期。

12098 江然、官秀珠：《一带一路战略下深化海峡两岸气象科技交流与合作的探讨》，《海峡科学》2015 年第 9 期。

12099 丁军、郑书民、胡松、夏国芳、周建波、刘兴万、黄建生、薛天纵：《空间信息技术在丝绸之路（新疆段）申遗前期资料准备中的应用》，《文物保护与考古科学》2015年增刊第1期。

12100 刘宏成：《丝绸之路非物质文化遗产的知识产权保护》，《法治论坛》第3辑，北京：中国法制出版社，2016年。

12101 刘勃：《"丝绸之路经济带核心区"科技创新水平评价模型研究》，《石河子科技》2016年第2期。

12102 乔刚、张万学、吴玉：《中国"丝绸之路经济带"涉外企业知识产权保护研究》，《石河子科技》2016年第4期。

12103 张国徽：《新常态下科技创新驱动丝绸之路经济带发展的作用研究》，《中国商论》2016年第5期。

12104 周燕华、李毅：《青海"丝绸之路经济带"科技合作模式及实现路径》，《攀登》2016年第6期。

12105 谢玲玲：《推动广西面向东盟知识产权开放合作发展的思考》，《企业科技与发展》2016年第6期。

12106 肖峰、马晓敏、杨敏：《一带一路水务科技合作机遇与挑战》，《智库理论与实践》2016年第6期。

12107 杨春平、张文德：《海上丝绸之路沿线国家专利实力评价研究》，《中国发明与专利》2016年第10期。

12108 时秀梅、李毅、颜实：《青海省利用科技创新融入"丝绸之路经济带"的背景、潜在挑战和未来走势》，《江苏商论》2016年第11期。

12109 中央党校"民营企业参与重大科技创新的策略与路径研究"课题组：《"一带一路"背景下怎样深化国际科技合作》，《中国党政干部论坛》2016年第12期。

12110 张安安、朱乔：《丝绸之路经济带下的大学科技园发展对策研究》，《知识经济》2016年第14期。

12111 赵丽莉：《中国企业面向中亚国家贸易的知识产权保护困境与对策分析》，《科技管理研究》2016年第24期。

12112 马治国、刘桢：《"一带一路"倡议下"关中—天水经济区"知识产权战略构建研究》，《陕西行政学院学报》2017年第1期。

12113 宁泽逵、魏颖、李颖、秦磊：《信息通讯技术能够驱动经济增长吗？——基于丝绸之路经济带国家和地区的实证分析》，《新疆农垦经济》2017年第1期。

12114 程广斌、张雅琴：《丝绸之路经济带沿线省份科技创新效率及其影响因素》，《地域研究与开发》2017年第2期。

12115 韦晓慧：《海上丝绸之路核心城市与区域的科技合作战略研究》，《科学管理研究》2017年第3期。

12116 林祥：《丝绸之路经济带与欧亚经济联盟之海关知识产权保护对接合作》，《湘南学院学报》2017年第4期。

12117 杨春平、张文德：《中国与海上丝绸之路沿线国家专利关系研究》，《情报杂志》2017年第4期。

12118 吴春萌、白福臣：《硅谷创新成长模式对广东建设海上丝绸之路科技合作圈的启示》，《广东海洋大学学报》2017年第5期。

12119 宁泽逵、宁攸凉：《丝绸之路经济带国家（地区）信息通讯技术对经济增长的影响分析——基于变系数面板数据模型》，《统计与信息论坛》2017年第9期。

12120 黄静茹、白福臣、张苇锟：《广东—东盟科技合作模式及平台建设——基于"21世纪海上丝绸之路"的背景》，《资源开发与市场》2017年第10期。

12121 张晓、白福臣：《广东与东盟"四位一体"科技合作模式研究——基于海上丝绸之路建设视阈》，《广东开放大学学报》2018年第1期。

教育与人才

12122 邓惠伯：《东方美术史教学与"丝绸之路"》，《美术研究》1988年第3期。

12123 刘再聪、田澍：《居丝绸之路古道开"丝绸之路学"课程——关于西北师范大学开设"丝绸之路学"课程的几点认识》，《西北成人教育学报》2011年第3期。

12124 孙楠：《浅析当今琵琶艺术教育的传承与思考》，《岁月（下半月）》2011年第5期。

12125 冯敏：《丝路文化的地方特色教学模式探索——以宁夏师范学院〈中国历史通论〉课程为例》，《宁夏师范学院学报》2013年第2期。

12126 马晓娟：《西域文献导读课程教学模式初探》，《丝绸之路》2013年第6期。

12127 袁利华：《"丝绸之路经济带"建设中新疆高校国际法教学探讨》，《克拉玛依学刊》2014年第4期。

12128 闫卫华、豆孝蕊：《新疆与哈萨克斯坦高校间跨文化交流合作研究》，《兵团教育学院学报》2014年第4期。

12129 林伦伦、陈佳璇、蔡锐群：《"地方性知识表达"与面向东南亚的国际汉语教育——基于21世纪海上丝绸之路建设的战略构想》，《韩山师范学院学报》2014年第5期。

▶ 丝绸之路研究论文目录

12130 康晨、李宁、王陈伟：《丝绸之路经济带教育合作机制建设研究》，《中共山西省直机关党校学报》2014年第6期。

12131 郑鸿飞：《"丝绸之路经济带"视域下喀什师院思想政治教育现状及问题研究》，《北方文学（中旬刊）》2014年第9期。

12132 苏晓智、吴耀武：《丝绸之路经济带西部高校孔子学院建设构想——以西安为例》，《科技创业月刊》2014年第9期。

12133 王海灵、貊雪霞：《丝绸之路经济带高校物流专业标准化教学浅析》，《大陆桥视野》2014年第12期。

12134 布比巴提马·哈力力、刘运红：《丝绸之路经济带框架下新疆高校中亚汉语国际教育发展问题及对策研究》，《教育教学论坛》2014年第37期。

12135 吴明海：《新丝路与民族教育发展战略的思考》，《民族高等教育研究》2015年第1期。

12136 江萍：《高校在21世纪海上丝绸之路建设中的角色思考——以福建泉州为例》，《闽西职业技术学院学报》2015年第2期。

12137 李莉：《论西部高校与中亚国家发展合作战略的建构》，《当代教育与文化》2015年第2期。

12138 刘挺、张丽彬：《宁夏高校参与丝绸之路经济带国家战略的作用和路径分析》，《包头职业技术学院学报》2015年第2期。

12139 赵爱国：《"新丝绸之路"建设——我国俄语教育教学创新的新机遇》，《中国俄语教学》2015年第3期。

12140 周民权：《"新丝绸之路经济带"背景下的俄语人才培养探究》，《中国俄语教学》2015年第3期。

12141 刘永红：《论"丝路经济带"构想对我国俄语人才培养的引领作用》，《中国俄语教学》2015年第3期。

12142 唐远雄：《教育扩展、地区差异与入学队列：教育不平等的分布逻辑》，《教育与经济》2015年第4期。

12143 魏萌：《民办高校国际化人才培养模式探讨——基于丝绸之路经济带视野》，《新西部（下旬刊）》2015年第4期。

12144 张晶：《高校学生跨文化交际能力的培养——基于丝绸之路经济带背景》，《新西部（下旬刊）》2015年第4期。

12145 唐建云、宋红霞、殷文、邹军、陈保锁：《"新丝绸之路经济带"引领下"创新人才"的培养新模式——以资源勘查工程专业为例》，《高教学刊》2015年第6期。

12146 顾明远：《"一带一路"与比较教育的使命》，《比较教育研究》2015年第6期。

12147 周满生：《"一带一路"与扩大教育对外开放》，《比较教育研究》2015年第6期。

12148 杨恕：《关于推进"一带一路"建设教育交流合作的战略思考》，《比较教育研究》2015年第6期。

12149 刘复兴：《做好与"一带一路"战略相适应的教育政策规划研究》，《比较教育研究》2015年第6期。

12150 刘中阳：《"一带一路"新形势下西部高校英语专业建设新思路》，《未来与发展》2015年第6期。

12151 段晓聪：《"一带一路"背景下高职院校商务英语人才培养研究——以广东省职业院校为例》，《西部素质教育》2015年第7期。

12152 黎英：《新丝绸之路经济带背景下新疆教育人才培养》，《现代企业》2015年第7期。

12153 董雨鑫、肖淼、许英仕：《浅谈新形势下"西部计划"的完善与升级——基于对大学生志愿服务西部计划的实证调研》，《太原城市职业技术学院学报》2015年第8期。

12154 马艳：《陕西高校"丝路文化及跨文化交际能力"培养策略》，《新西部（下旬刊）》2015年第9期。

12155 李茜：《一带一路对地方师范院校战略发展影响分析》，《国家教育行政学院学报》2015年第9期。

12156 牛抗：《面向"一带一路"建设与江苏沿海港口经济发展的商务英语专业实训师资培养研究》，《佳木斯职业学院学报》2015年第10期。

12157 赫崇飞、张杰、王继辉：《基于海上丝绸之路建设的琼粤高职教育发展探析》，《广东技术师范学院学报》2015年第10期。

12158 张媛：《丝绸之路文化在高校管理学教育中的作用》，《发展》2015年第10期。

12159 姚捷：《丝绸之路经济带背景下西部本科院校转型发展研究》，《速读（中旬）》2015年第10期。

12160 曹雅妮：《地方历史文化遗存引入高等艺术教育的思考——以丝绸之路甘肃段为中心》，《北方经贸》2015年第11期。

12161 迪力努尔·阿不都热依木、阿尔斯兰·吉力力：《喀什大学在丝绸之路经济带的定位与作用》，《河北企业》2015年第12期。

12162 杨保勤：《论高校科技创新在丝绸之路经济带建设中的作用》，《知识经济》2015年第14期。

12163 西安电子科技大学经管丝绸之路经济带学生研究小组：《丝绸之路经济带上的人才开发与"西出"战略研究》，《现代商业》2015年第17期。

12164 周梦、宋扬：《丝绸之路经济带建设中的人才开发策略——以陕西省为例》，《现代经济信息》2015年第19期。

12165 张小艳、马文霞：《丝绸之路经济带背景下新疆高校服务区域经济社会发展的和谐校园建设探析——以喀什师范学院为例》，《经济研究导刊》2015年第21期。

12166 朱素真：《"一带一路"高校战略联盟：搭建资源共享平台》，《世界教育信息》2015年第23期。

12167 魏义婕、张春燕：《丝绸之路经济带背景下新疆民族大学生职业生涯规划教育探析》，《才智》2015年第27期。

12168 段强：《丝绸之路经济带核心区教育产业发展的路径选择》，《中国市场》2015年第42期。

12169 王江：《丝绸之路经济带背景下国际经济与贸易专业课程体系的反思》，《考试周刊》2015年第44期。

12170 颜毓洁、谢娇娇：《基于"一带一路"背景下的陕西人才资源开发研究》，《经济研究参考》2015年第57期。

12171 王建明、李艳宾、罗晓霞：《"一带一路"背景下新疆南疆高校生物类专业应用、创新型人才培养模式的探索》，《中国教育学刊》2015年增刊第2期。

12172 李琳、王茹珍：《面向中亚的俄语专业教育改革——"新丝绸之路"背景下陕西俄语高素质人才培养研究》，《跨语言文化研究》第10辑，北京：中国社会科学出版社，2016年。

12173 李怀：《"一带一路"战略背景下的东南亚语言教育政策研究述评》，《语言政策与语言教育》第一期，上海：复旦大学出版社，2016年。

12174 杨生斌、韩忠诚：《陕西职业教育服务丝绸之路经济带新起点建设研究》，《陕西教育（高教）》2016年第1期。

12175 陈军川：《丝绸之路经济带背景下陕西高职会展教育发展对策探析》，《陕西教育（高教）》2016年第1期。

12176 王雅楠、孙慧、何昭丽：《丝绸之路经济带背景下新疆教育投入与经济发展关系的辨析研究》，《新疆大学学报（哲学·人文社会科学版）》2016年第1期。

12177 王康钱：《丝绸之路经济带下开放教育的国际化发展研究》，《陕西广播电视大学学报》2016年第1期。

12178 马艳：《丝绸之路经济带建设背景下陕西民办高校国际化办学策略研究》，《理论导刊》2016 年第 1 期。

12179　邢光远、汪应洛：《"一带一路"教科文先行的战略思考与资金保障》，《西安交通大学学报（社会科学版）》2016 年第 1 期。

12180　邢欣、李琰、郭安：《"丝绸之路经济带"核心区汉语国际化人才培养探讨》，《国际汉语教学研究》2016 年第 1 期。

12181　张晓：《"一带一路"与国际人才》，《国际人才交流》2016 年第 1 期。

12182　陆娟：《"一带一路"战略下复合型外语人才培养对策研究》，《陕西理工学院学报（社会科学版）》2016 年第 2 期。

12183　段强、马海霞：《丝绸之路经济带核心区教育产业中心建设研究》，《克拉玛依学刊》2016 年第 2 期。

12184　孟毅军：《丝绸之路经济带视域下新疆轨道交通人才培养的思考》，《郑州铁路职业技术学院学报》2016 年第 2 期。

12185　赵鹤、徐贺兵：《新丝绸之路经济带下的甘肃高校外语教育政策思考》，《兰州交通大学学报》2016 年第 2 期。

12186　罗静静：《一带一路战略下高职教育面临的机遇及发展路径》，《教书育人（高教论坛）》2016 年第 2 期。

12187　彭世璞、原帼力：《"丝绸之路经济带"背景下新疆与哈萨克斯坦高等教育合作的优劣势分析及对策》，《昌吉学院学报》2016 年第 3 期。

12188　车如山、姚捷：《"丝绸之路经济带"战略下中格高等教育的交流与互动》，《高校教育管理》2016 年第 3 期。

12189　孟繁红：《"一带一路"战略背景下黑龙江俄语教育展望》，《黑河学院学报》2016 年第 3 期。

12190　柴祎超、吕毅、吴小健、朱皓阳、胡良硕：《俄罗斯医学教育的研究与探讨》，《中国高等医学教育》2016 年第 3 期。

12191　黄敏、张小艳、郭秋生：《面向丝绸之路经济带核心区需求的国际贸易专业实践教学创新设计》，《喀什大学学报》2016 年第 3 期。

12192　孙昊：《"一带一路"给新疆高职教育发展带来的机遇》，《乌鲁木齐职业大学学报》2016 年第 4 期。

12193　张道明、田雪丰：《"一带一路"战略下高校服务地方经济社会发展模式探索》，《浙江工商职业技术学院学报》2016 年第 4 期。

12194　王巧凤：《浅析"一带一路"战略对当今大学生未来发展的挑战与机遇》，《人间》2016 年第 4 期。

12195　高志胜、冯海琴、施建腾、刘凌琳、潘益青：《丝绸之路经济带背景下中亚学生管理策略探究——以浙江省高校为例》,《浙江科技学院学报》2016 年第 4 期。

12196 李化树、叶冲:《丝绸之路经济带国家高等教育改革发展述评》,《成都中医药大学学报(教育科学版)》2016 年第 4 期。

12197 惠文军、高成海、宋倩倩、刘荣:《借鉴香港高校国际化经验加快云南高校国际化步伐》,《大理大学学报》2016 年第 5 期。

12198 王维然:《中亚国家经济学专业留学生培养经验探析》,《人力资源管理》2016 年第 5 期。

12199 武毅英、谢玲:《"新海丝"倡议下两岸文教合作新构想》,《重庆高教研究》2016 年第 5 期。

12200 覃绍娇、夏国恩:《"一带一路"背景下中国—东盟高等教育国际化合作探析》,《经济与社会发展》2016 年第 6 期。

12201 黄家庆、何光耀:《21 世纪海上丝绸之路建设背景下广西沿海地区高等教育发展研究》,《广西社会科学》2016 年第 6 期。

12202 黄翠翠、李青航:《港航类高职院校融入 21 世纪海上丝绸之路建设路径研究》,《时代金融(下旬)》2016 年第 6 期。

12203 罗静静:《"一带一路"战略下高职教育面临的机遇及发展路径》,《教书育人(高教论坛)》2016 年第 6 期。

12204 苏茹嘎:《广西服务一带一路东盟小语种人才培养机制创新研究》,《卷宗》2016 年第 7 期。

12205 李雄鹰、崔萍:《高等教育服务丝绸之路经济带建设研究》,《决策与信息(上旬刊)》2016 年第 9 期。

12206 张敬峰、刘晃、龙丽娜、徐琰斐、李月:《"一带一路"战略背景下渔业装备科技人才培育的思考》,《中国水产》2016 年第 10 期。

12207 刘玲:《丝绸之路经济带建设中新疆与中亚科技合作人才队伍建设的思考》,《当代经济》2016 年第 10 期。

12208 马英:《基于"丝绸之路经济带"建设的新疆高校图书馆社会化服务研究》,《河南图书馆学刊》2016 年第 10 期。

12209 胡妮:《丝绸之路经济带战略下西安高校外语教师角色转型研究》,《青春岁月》2016 年第 10 期。

12210 别春红、庄万丽:《丝绸之路经济带背景下的俄语专业人才培养模式探究——以石河子大学为例》,《山东青年》2016 年第 11 期。

12211 孙蕾:《丝绸之路经济带高素质外语人才的需求与缺失现象对比分析》,《文艺生活·文艺理论》2016 年第 11 期。

12212 石恒花：《"一带一路"新形势下中职英语现状和思考》，《现代职业教育》2016 年第 11 期。

12213 张月月：《新疆文化产业人才培养路径探析——以丝绸之路经济带建设为背景》，《北方经贸》2016 年第 12 期。

12214 吕艳、滕文静：《一带一路格局下的新疆高校科技人力资源现状》，《中国科技信息》2016 年第 12 期。

12215 李静：《"一带一路"背景下国际化复合型导游人才培养模式的研究》，《旅游纵览（下半月）》2016 年第 12 期。

12216 杨璘璘：《"一带一路"背景下就业创业一体化的商务英语专业特色建设研究》，《教育现代化》2016 年第 15 期。

12217 程鸣、李治：《论丝绸之路经济带下陕西大学生跨文化能力培养》，《现代交际》2016 年第 16 期。

12218 应瑛：《"一带一路"接轨职业学校外贸专业初探》，《职业》2016 年第 17 期。

12219 姜泓列：《"一路一带"与高职院校协同创新人才培养研究》，《山东工业技术》2016 年第 20 期。

12220 高汝东、屈玉丽：《一带一路战略视域下新疆跨界民族大学生多元文化理解教育研究》，《产业与科技论坛》2016 年第 22 期。

12221 宋小雨：《丝绸之路经济带建设背景下陕西师范大学俄语人才培养模式分析》，《商》2016 年第 25 期。

12222 李亚楠、姜晓兵：《"丝绸之路经济带"教育合作现状分析》，《中国集体经济》2016 年第 27 期。

12223 方鹏华：《丝绸之路经济带背景下国际经济与贸易专业课程体系的反思》，《商情》2016 年第 28 期。

12224 黄稳书：《"一带一路"背景下云南教育对外合作交流研究》，《价值工程》2016 年第 30 期。

12225 刘娟：《建设"丝绸之路经济带核心区"视域下新疆高校俄语人才培养探究》，《教育界》2016 年第 30 期。

12226 苏怡：《"一带一路"战略下跨境电商人才需求与培养探析》，《中国市场》2016 年第 41 期。

12227 尹洪炜：《"一带一路"战略对包装专业人才培养的影响和对策研究》，《经济研究参考》2016 年第 53 期。

12228 江晋、李洁：《探析丝绸之路经济带背景下基于维基平台的高校学生跨文化交际能力培养模式》，《考试周刊》2016 年第 75 期。

12229 阮晓蕾：《"一带一路"背景下的亚洲英语语言政策：〈英语语言教育政策在亚洲〉介评》，《语言政策与语言教育》第一期，上海：复旦大学出版社，2017 年。

12230 曾坤生、顾志敏：《"海丝"背景下，广东省面向东盟国家高等教育服务贸易研究》，《经济界》2017 年第 1 期。

12231 赵小雅：《"一带一路"国家战略下的教育使命》，《中国民族教育》2017 年第 1 期。

12232 邹红艳、雷洪梅、马颖：《"一带一路"战略引领下的高职教育国际化——以某职业技术学院为例》，《经济师》2017 年第 1 期。

12233 顾炜：《中亚国家的俄语现状与建设丝绸之路经济带的人才战略》，《中国俄语教学》2017 年第 1 期。

12234 李彬：《论闽台高校旅游管理专业校企合作——以建设 21 世纪海上丝绸之路为视角》，《闽南师范大学学报（哲学社会科学版）》2017 年第 1 期。

12235 李雄鹰、王颖：《丝绸之路经济带建设中中国高等教育的机遇与责任》，《长安大学学报（社会科学版）》2017 年第 2 期。

12236 苏珊珊、田海洋：《"一带一路"背景下新疆高校多元外语教育发展策略探微》，《兵团教育学院学报》2017 年第 3 期。

12237 赵杰、石佩芝：《"一带一路"战略背景下西部少数民族人才培养研究》，《江苏科技信息》2017 年第 4 期。

12238 何建宁、贾涵：《高等教育对陕西对外开放的贡献率分析——基于丝绸之路经济带的战略背景》，《山东工商学院学报》2017 年第 4 期。

12239 曹雅妮、朱秋霞：《甘肃省高等艺术教育引入丝绸之路甘肃段历史文化艺术资源的必要性及途径探讨》，《中国包装》2017 年第 5 期。

12240 刘昭、孙琳：《构建丝绸之路染缬的高校教育传承体系》，《艺术与设计（理论）》2017 年第 6 期。

12241 杨建锋：《海上丝绸之路文化资源融入高校社会主义核心价值观教育的实践路径研究》，《西部素质教育》2017 年第 6 期。

12242 杨洁：《"一带一路"背景下陕西省高校中亚留学生招生策略研究》，《价值工程》2017 年第 7 期。

12243 高云：《海上丝绸之路视域下闽台高校对文化艺术遗产保护的研究》，《北京印刷学院学报》2017 年第 7 期。

12244 周超、陈捷：《文化认同：海上丝绸之路精神融入高校校园文化建设的应然路径》,《思想理论教育导刊》2017年第8期。

12245 夏传真:《"一带一路"背景下高职院校商务英语专业人才培养研究——以辽宁对外经贸学院为例》,《人才资源开发》2017年第10期。

12246 倪秀芝、熊向敏:《丝绸之路经济带背景下内蒙古职业教育发展路径探析》,《中国职业技术教育》2017年第10期。

12247 袁占亭:《"一带一路"建设中的大学使命》,《中国高等教育》2017年第10期。

12248 梁怡萌、杜新芳、孔智星、廖婷婷、周丹萍、陈楚格:《丝绸之路上的语言碰撞对英语教学的启发》,《文教资料》2017年第14期。

12249 张毅:《"21世纪海上丝绸之路"建设对我国海洋高等教育的启示》,《农村经济与科技》2017年第19期。

12250 初瑞瑞:《基于东部陆海丝绸之路经济带黑龙江省高职国贸实务人才培养模式研究》,《农技服务》2017年第22期。

12251 王燕、巴合提努尔、李秀花、牛凤君:《新疆丝绸之路经济带核心区职业教育与区域经济协调发展分析》,《职业技术教育》2017年第23期。

12252 刘婷:《"一带一路"建设背景下职业院校的发展机遇》,《现代交际》2017年第23期。

12253 刘聊:《海上丝绸之路创新创业学院构想与实施》,《就业与保障》2017年第23期。

12254 姚兰:《"丝绸之路经济带"背景下我国外贸翻译人才的需求与培养模式研究》,《经济研究导刊》2018年第2期。

12255 陈泠霏:《丝绸之路经济带背景下新疆外语人才培养的课程设置探索》,《产业与科技论坛》2018年第2期。

12256 盛莹:《丝绸之路经济带下西部本科院校国际化人才培养的路径研究》,《知识经济》2018年第2期。

12257 王昊泽:《"一带一路"战略下对英语学习的新思考》,《中外交流》2018年第3期。

12258 陈芊卉:《"一带一路"背景下复合型外语人才的培养探析》,《中外交流》2018年第10期。

交通运输

12259 黄文房:《新疆陆路交通的配置》,《新疆地理》1980年第2期。

▶ 丝绸之路研究论文目录

12260　胡光荣：《关于西部地区的交通发展》，《科学·经济·社会》1986年第3期。

12261　王平心、冯世新：《新亚欧大陆桥交通运输研究》，《开发研究》1993年第4期。

12262　孙玉泰：《对丝路交通的思考》，《河南交通科技》1994年第1期。

12263　许玉宣：《新月与天鹅架起的空中丝绸之路》，《中国对外贸易》1996年第7期。

12264　纪大椿：《新疆的驿路、公路和铁路——新疆境内丝绸之路的历史变迁》，《乌鲁木齐职业大学学报》2003年第2期。

12265　李忠民、刘育红、张强：《新丝绸之路交通经济带经济增长的实证研究——基于人力资本等6个因素的面板数据模型》，《经济问题》2011年第1期。

12266　车探来：《论中国与中亚国家的交通合作和发展》，《俄罗斯中亚东欧市场》2011年第4期。

12267　李忠民、刘育红、张强：《新丝绸之路交通基础设施、空间溢出与经济增长——基于多维要素空间面板数据模型》，《财经问题研究》2011年第4期。

12268　李忠民、刘育红、张强：《"新丝绸之路"交通基础设施、空间溢出与经济增长——基于多维要素空间面板数据模型》，《财经问题研究》2011年第4期。

12269　史勇：《浅谈欧亚航空公司与中国西部早期民航事业的发展》，《丝绸之路》2011年第22期。

12270　刘育红、王新安：《"新丝绸之路"交通基础设施与全要素生产率增长》，《西安交通大学学报（社会科学版）》2012年第3期。

12271　刘育红：《"新丝绸之路"经济带交通基础设施投资与经济增长的动态关系分析》，《统计与信息论坛》2012年第10期。

12272　张卫民：《加强中亚区域合作：连云港拓展丝绸之路经济带的关键》，《淮海工学院学报（社会科学版）》2013年第20期。

12273　王争鸣：《"丝绸之路经济带"铁路通道发展战略研究》，《铁道工程学报》2014年第1期。

12274　罗钢：《"丝绸之路经济带"建设中交通物流制度协同与推进探讨》，《开发研究》2014年第2期。

12275　刘育红、王曦：《"新丝绸之路"经济带交通基础设施与区域经济一体化——基于引力模型的实证研究》，《西安交通大学学报（社会科学版）》2014年第2期。

12276　彭丽琼、任华：《"丝绸之路经济带"背景下新疆交通运输基础设施建设与进出口贸易的关系分析》，《新疆社科论坛》2014年第3期。

12277 龚新蜀、马骏：《"丝绸之路"经济带交通基础设施建设对区域贸易的影响》，《企业经济》2014年第3期。

12278 章庆慧、蔡畅：《"丝绸之路经济带"构想下的"无差异空间"与区域合作——论中国与中亚的交通运输合作》，《欧亚经济》2014年第6期。

12279 王兰英、丁悦：《论青海省新丝绸路上的交通经济带建设》，《柴达木开发研究》2014年第6期。

12280 刘宗义：《21世纪海上丝绸之路建设与我国沿海城市和港口的发展》，《城市观察》2014年第6期。

12281 王乐乐：《基于丝绸之路经济带发展的西安国际港务区运输通道构建分析》，《物流技术》2014年第9期。

12282 张中理：《新疆丝绸之路西行国际货运班列的组织与实施》，《铁道货运》2014年第10期。

12283 林子荣：《我国港口航运业发展与中国—东盟双边贸易的互动关系研究》，《广西社会科学》2014年第11期。

12284 吕子鹏：《新丝绸之路经济带下长江航运发展建议》，《现代商贸工业》2014年第18期。

12285 李真真、陈蓉、高品文、赵静：《浅谈"汉新欧"国际货运大通道建设》，《丝绸之路》2014年第22期。

12286 樊雪君：《新丝绸之路建构中区域交通便利化合作法律机制研究》，《魅力中国》2014年第25期。

12287 陆韧、苏月秋：《"丝棉之路"：云南对外交通水陆联运的发展》，《社会主义论坛》2015年第1期。

12288 王兰英：《论新丝路上的青海交通经济带建设》，《青海师范大学学报（哲学社会科学版）》2015年第1期。

12289 张虎：《论21世纪海上丝绸之路构建中航运的先导作用》，《中国海商法研究》2015年第1期。

12290 王凤山、丛海彬、冀春贤：《宁波—舟山港对接"一带一路"的探析》，《经济论坛》2015年第1期。

12291 黄卫平：《新丝绸之路经济带与中欧经贸格局新发展——兼论跨亚欧高铁的战略价值》，《中国流通经济》2015年第1期。

12292 王喆、董锁成、李泽红、李宇、李俊、程昊：《丝绸之路经济带交通格局与跨大陆版块交通经济带建设模式》，《资源与生态学报（英文版）》2015年第2期。

12293 吕承超、徐倩：《新丝绸之路经济带交通基础设施空间非均衡及互联互通政策研究》，《上海财经大学学报（哲学社会科学版）》2015年第2期。

12294 王淑敏、杨欣、李瑞康：《上海自由贸易区实施"国际船舶登记制度"的法律问题研究》，《中国海商法研究》2015年第2期。

12295 曾庆成、滕藤：《海上丝绸之路航线网络的复杂性分析》，《中国航海》2015年第2期。

12296 邓小朱、李赫之、辛雁：《江西策应"一带一路"的交通发展战略》，《华东交通大学学报》2015年第3期。

12297 王毅：《构建中俄丝绸之路经济带欧亚高速运输走廊分支线——绥芬河运输走廊的逻辑体系》，《对外经贸》2015年第4期。

12298 宋斌：《西部铁路建设是推动甘肃"丝绸之路经济带"发展的动力》，《理论学习与探索》2015年第5期。

12299 莫辉辉、王姣娥、宋周莺：《丝绸之路经济带国际集装箱陆路运输的经济适应范围》，《地理科学进展》2015年第5期。

12300 曹小曙、李涛、杨文越、黄晓燕、殷江滨、刘永伟、梁斐雯、王武林、王妙妙：《基于陆路交通的丝绸之路经济带可达性与城市空间联系》，《地理科学进展》2015年第6期。

12301 张滨、黄波、樊娉：《"一带一路"背景下我国海陆联运建设与发展》，《中国流通经济》2015年第6期。

12302 钟卫稼：《新丝绸之路交通设施投资与经济增长的实证分析》，《价格月刊》2015年第7期。

12303 姜宝、李剑、宫春霞：《"海上丝绸之路"上的航运与贸易关联度研究》，《世界经济研究》2015年第7期。

12304 唐卫红：《新丝绸之路经济带的铁路运输研究》，《现代商业》2015年第7期。

12305 杨莹：《中欧铁路国际货运中的高附加值货物范畴实证研究》，《现代经济信息》2015年第7期。

12306 王艳华：《河西走廊物流业和交通相关性的研究》，《物流工程与管理》2015年第9期。

12307 郭上人：《海上丝绸之路名港——漳州月港》，《理论参考》2015年第11期。

12308 樊鸿禄：《"一带一路"建设背景下哈尔滨市国际货运大通道建设的产业支撑问题研究》，《对外经贸》2015年第12期。

12309 张哲、赵志伟、房本旭、王谢勇：《关于提升大连港港口竞争力促进海上丝绸之路建设的战略研究》，《商场现代化》2015年第13期。

12310 侯崎坤、吴明生、付帅:《探访"兰新高铁"为丝绸之路经济带经济发展带来的影响——以甘肃省部分城市为例》,《商场现代化》2015年第18期。

12311 顾美玲:《丝绸之路经济带的国际货运班列组织探讨》,《知识经济》2015年第19期。

12312 王秋玲:《丝路经济带上节点省份各种交通方式建设的协调与举措》,《经济研究参考》2015年第20期。

12313 苏蕊芯:《基于网络视角的丝绸之路交通经济带节点设计与模式选择》,《商业经济研究》2015年第21期。

12314 龚英、陈振江、何春江:《新丝绸之路下中欧班列相互融合发展研究》,《合作经济与科技》2015年第21期。

12315 张洁斐、李元:《构建"丝绸之路经济带"综合立体交通枢纽体系》,《中国市场》2015年第28期。

12316 戴美真:《交通基础设施投资与经济增长关系的实证研究——基于"新丝绸之路"经济带西部五省面板数据》,《当代经济》2015年第32期。

12317 申慧芝:《浅谈"一带一路"文件下我国港口的发展趋势》,《大科技》2015年第34期。

12318 谢海燕:《"一带一路"战略下中国高铁走出去的现状、风险及对策》,《全国商情·理论研究》2015年第40期。

12319 肖昭升:《新疆构建丝绸之路经济带核心区交通枢纽中心战略思考》,《综合运输》2015年增刊第1期。

12320 周晓青:《新丝绸之路背景下喀什地区发展综合交通的思考》,《交通与运输》2015年增刊第2期。

12321 苏州海关课题组、叶刚、康政:《"一带一路"视域下"苏满欧"国际班列海关监管创新和发展》,《海关法评论》第6卷,北京:法律出版社,2016年。

12322 李小峰:《"海上丝绸之路"视阈下邮轮文化与邮轮产业发展的关系》,《中国海商法研究》2016年第1期。

12323 吴聪:《"一带一路"战略下上海交通领域企业"走出去"对策的探讨》,《交通与运输》2016年第1期。

12324 李振福、吴玲玲:《交通政治视角下"一带一路"及北极航线与中国的地缘政治地位》,《东疆学刊》2016年第1期。

12325 曾庆成、吴凯、滕藤:《海上丝绸之路港口的空间分布特征研究》,《大连理工大学学报(社会科学版)》2016年第1期。

12326 杨京钟:《基于"海丝"战略的福建港口功能整合研究》,《郑州航空工业管理学院学报》2016 年第 1 期。

12327　李国政：《丝绸之路经济带：民航的机遇与挑战》，《交通企业管理》2016 年第 1 期。

12328　何华武：《古丝绸之路铁路畅通关键问题及对策》，《中国勘察设计》2016 年第 1 期。

12329　刘小红、翁振松、罗阳、胡伶、朱子虎、曹键：《丝绸之路经济带铁路需求特征与发展趋势研究》，《铁道经济研究》2016 年第 1 期。

12330　刘育红：《"丝绸之路经济带"交通运输碳排放空间转移分析》，《财经理论与实践》2016 年第 2 期。

12331　邹伟勇、金祎、熊晓冬：《广东建设"21 世纪海上丝绸之路"战略枢纽的交通协同策略》，《规划师》2016 年第 2 期。

12332　古丽米热姆·阿迪力江、苏刚：《丝绸之路经济带中亚段公路运输速度分析》，《物流科技》2016 年第 2 期。

12333　赵山花：《21 世纪海上丝绸之路背景下的港口建设》，《中国港口》2016 年第 2 期。

12334　钱媛媛：《21 世纪海上丝绸之路背景下亚太地区港口国监控的区域协调问题研究》，《中国海商法研究》2016 年第 2 期。

12335　莫世健、陈石：《论国际铁路运输公约对"一带一路"的重要性》，《山东科技大学学报（社会科学版）》2016 年第 2 期。

12336　杨京钟：《国内外港口功能整合经验及对福建港口发展的启示》，《通化师范学院学报》2016 年第 3 期。

12337　白平：《中亚获得丝绸之路经济带东向海陆界面节点研究——基于西安国际港务区视角的分析》，《陕西行政学院学报》2016 年第 3 期。

12338　徐建刚、杨帆：《"一带一路"战略背景下高铁对连云港市区域可达性的影响及其发展对策》，《淮海工学院学报（人文社会科学版）》2016 年第 3 期。

12339　赵惠群：《践行新丝绸之路战略组织西行国际班列》，《铁路采购与物流》2016 年第 3 期。

12340　阳阳：《"海丝"合作下的越南交通基建需求与舆论态度》，《南海学刊》2016 年第 3 期。

12341　潘志平：《"一带一路"愿景下设施联通的连接点——以"中国—中亚—西亚"经济走廊为例》，《新疆师范大学学报（哲学社会科学版）》2016 年第 3 期。

12342　刘明婷：《"新丝绸之路经济带"交通基础设施投资的经济增长效应研究——基于甘肃省数据的模型检验》，《时代金融（中旬）》2016 年第 4 期。

12343 尚丽：《"丝绸之路经济带"大型交通基础设施利用效率分析——以西北五省区为例》，《河北经贸大学学报（综合版）》2016年第4期。

12344 陈芙英、胡志华：《海上丝绸之路东南亚航运网络空间格局研究》，《大连海事大学学报》2016年第4期。

12345 夏添、孙久文、肖春梅：《乌鲁木齐市空港经济区发展初探——基于丝绸之路经济带的建设》，《现代城市研究》2016年第4期。

12346 郭晓欣、钟昌标：《青海省交通通讯基础设施建设对国际贸易的影响——基于"丝绸之路经济带"背景》，《科技与管理》2016年第5期。

12347 周江华：《浅谈构建新疆丝绸之路经济带交通枢纽中心战略研究》，《中国管理信息化》2016年第5期。

12348 曹晔：《推进"一带一路"战略背景下中蒙国际道路货运市场发展策略研究》，《物流科技》2016年第5期。

12349 黄凯、倪元元：《一带一路背景下重庆长江上游航运中心建设战略分析》，《重庆交通大学学报（社会科学版）》2016年第5期。

12350 胡凤乔、李金珊：《从自由港代际演化看"一带一路"倡议下的第四代自由港发展趋势》，《社会科学家》2016年第5期。

12351 宗康、胡志华：《海上丝绸之路沿线港口的连接性分析》，《广西大学学报（自然科学版）》2016年第5期。

12352 徐淑红：《"空中丝绸之路"视域下航空港发展的影响因素——兼论郑州航空港区建设》，《郑州航空工业管理学院学报》2016年第5期。

12353 张晓东：《"丝绸之路经济带"铁路通道构成规划研究》，《铁道运输与经济》2016年第5期。

12354 廖元和：《"一带一路"战略背景下的新欧亚大陆桥建设》，《经济体制改革》2016年第5期。

12355 黄凯、倪元元：《"一带一路"背景下重庆长江上游航运中心建设战略分析》，《重庆交通大学学报（社会科学版）》2016年第5期。

12356 高洋：《中国对哈萨克斯坦交通基础设施投融资研究》，《新疆财经》2016年第6期。

12357 陈芙英、胡志华：《海上丝绸之路东南亚航运网络的复杂性分析》，《上海大学学报（自然科学版）》2016年第6期。

12358 李玉铭：《近代海上丝绸之路的新起点——交通、通讯工具变革与近代上海远洋航运的发展》，《太平洋学报》2016年第6期。

12359 宁凌、欧春尧：《经济新常态下我国海上丝绸之路主要港口动态效率研究》，

《广西财经学院学报》2016 年第 6 期。

12360 吴文婕、杨兆萍、李东、李松、韩芳：《"丝绸之路经济带"背景下乌鲁木齐国际机场临空经济发展战略研究》，《新疆财经》2016 年第 6 期。

12361 刘丹：《海上丝绸之路沿线机场公司运营效率研究》，《厦门大学学报（哲学社会科学版）》2016 年第 6 期。

12362 董锁成、程昊、郭鹏、李富佳、李宇、李泽红、张晓晓：《"一带一路"交通运输业格局及对策》，《中国科学院院刊》2016 年第 6 期。

12363 张红岩：《新常态下郑州航空港经济区发展的对策》，《河南科技学院学报（社会科学版）》2016 年第 7 期。

12364 翁玮：《泛亚铁路建设与人民币区域化发展路径》，《学术探索》2016 年第 7 期。

12365 郝新鸿、柯文：《"丝绸之路经济带"中的铁路政治——对中吉乌铁路的技术社会学分析》，《科学学研究》2016 年第 7 期。

12366 张强、张映芹：《"丝绸之路经济带"西北五省区交通基础设施对经济增长的空间溢出效应》，《统计与信息论坛》2016 年第 8 期。

12367 陈欢：《新疆交通运输中心发展研究》，《合作经济与科技》2016 年第 9 期。

12368 施张兵：《新丝绸之路时期的中国高铁外交研究》，《广州大学学报（社会科学版）》2016 年第 9 期。

12369 李琳：《交通物流制度协同与推进——基于丝绸之路经济带下》，《科技展望》2016 年第 10 期。

12370 赵雪冉、周文通：《交通基础设施与区域经济空间格局差异分析——以丝绸之路经济带西北五省区为例》，《商业经济研究》2016 年第 10 期。

12371 曹杨、李开宇：《丝绸之路五大城市群公路通达性空间格局研究》，《河南科学》2016 年第 10 期。

12372 吴文婕、杨兆萍、李松、雷军、李东、刘群：《丝绸之路经济带国际航空枢纽竞争力分析与战略研究》，《干旱区资源与环境》2016 年第 10 期。

12373 葛春凤：《"一带一路"战略背景下海运业发展支持政策研究》，《港口经济》2016 年第 10 期。

12374 高超、胡华清：《"一带一路"战略下乌鲁木齐机场建设国际航空枢纽发展基础与建议》，《综合运输》2016 年第 11 期。

12375 赵旭、王晓伟、周巧琳：《海上丝绸之路战略背景下的港口合作机制研究》，《中国软科学》2016 年第 12 期。

12376 吕雅丽：《构建草原丝绸之路背景下内蒙古道路客运行业应对高速铁路客运竞

争的若干思考》,《中国市场》2016 年第 15 期。

12377 包堃:《中美运输服务贸易竞争力研究》,《中国商论》2016 年第 21 期。

12378 贾桃桃:《"一带一路"背景下西北五省交通基础设施建设与进出口贸易的关系——基于 EViews 的数据模型分析》,《赤峰学院学报(自然科学版)》2016 年第 21 期。

12379 公梓安:《丝绸之路经济带背景下中国西北与中亚交通运输问题研究》,《商》2016 年第 30 期。

12380 范佳平:《论泉州港在海上丝绸之路中的地位和优势》,《中国港口》2016 年增刊第 1 期。

12381 张强、张映芹:《"丝绸之路经济带"交通设施投资对经济增长效应分析》,《软科学》2017 年第 1 期。

12382 张璐、殷焕焕:《21 世纪海上丝绸之路战略下港口腹地划分研究》,《交通运输研究》2017 年第 1 期。

12383 吕欣:《新丝绸之路铁路通道总体布局规划构想》,《中国高新区》2017 年第 1 期。

12384 方嘉雯:《丝绸之路经济带交通运输的时空演化特征及对经济发展的影响》,《干旱区地理》2017 年第 2 期。

12385 李剑、兰潇文、姜宝:《"海上丝绸之路"战略下的我国港口功能布局研究——基于临港产业空间集聚视角》,《海洋开发与管理》2017 年第 2 期。

12386 张华春、黄有方、胡坚堃:《海上丝绸之路下东亚港口枢纽地位评价》,《华中师范大学学报(自然科学版)》2017 年第 2 期。

12387 朱长征:《丝绸之路经济带铁路运输联通问题研究》,《经济研究导刊》2017 年第 2 期。

12388 汪小梅、汪令涛、刘垒垒、樊丽:《"丝绸之路经济带"中欧班列运输模式比较研究》,《价值工程》2017 年第 2 期。

12389 谭皓尹、黄运华、李芾、胡敏:《丝绸之路经济带背景下变轨距转向架的发展研究》,《机械工程与自动化》2017 年第 2 期。

12390 施婷婷、徐涵秋、王帅、方灿莹、林中立、王美雅、唐菲:《海上丝绸之路起点——泉州港岸线变化的遥感动态研究》,《地球信息科学学报》2017 年第 3 期。

12391 贾大山:《海上丝绸之路战略与港口网络化发展》,《中国远洋海运》2017 年第 3 期。

12392 郭旭:《21 世纪海上丝绸之路航海保障服务体系研究》,《广州航海学院学报》

2017 年第 3 期。

12393　车探来：《丝绸之路经济带铁路互联互通：推进路径与前景展望》，《国际经济合作》2017 年第 3 期。

12394　封学军、张铖、蒋柳鹏、张艳、蒋鹤：《"海上丝绸之路"集装箱航运网络路由策略研究》，《复杂系统与复杂性科学》2017 年第 4 期。

12395　赵旭、梁雪娇、周巧琳、赵媛：《海上丝绸之路沿线港口体系的空间布局演化》，《上海海事大学学报》2017 年第 4 期。

12396　古尔巴诺娃·娜塔丽娅：《21 世纪冰上丝绸之路：中俄北极航道战略对接研究》，《东北亚经济研究》2017 年第 4 期。

12397　曹晔：《推进草原丝绸之路建设背景下呼和浩特铁路局包裹运输优化策略研究》，《物流科技》2017 年第 4 期。

12398　张海涛、陆铭俊：《新丝绸之路经济带交通基础设施与城市化——基于高铁和高速公路的研究》，《工业技术经济》2017 年第 4 期。

12399　葛晓燕、于若冰：《新疆交通基础设施建设对地区经济增长的影响分析——基于"丝绸之路经济带"倡议》，《新疆财经》2017 年第 5 期。

12400　魏海蕊、盛昭瀚：《我国内陆省份参与海上丝绸之路的外向型特征与优化策略——基于无水港海港定向合作视角》，《国际贸易问题》2017 年第 5 期。

12401　严南南、陆珉、宗康：《海上丝绸之路航线网络的连通性建模与仿真研究》，《华中师范大学学报（自然科学版）》2017 年第 5 期。

12402　刘瑞娟、王建伟、黄泽滨：《交通基础设施、空间溢出效应与物流产业效率——基于"丝绸之路经济带"西北 5 省区的实证研究》，《工业技术经济》2017 年第 6 期。

12403　白洋、瓦哈甫·哈力克、艾麦提江·阿布都哈力克、卓乘风、邓峰：《交通基础设施对区域旅游经济增长的空间效应——基于丝绸之路经济带 2001—2014 年省际面板数据的分析》，《陕西师范大学学报（自然科学版）》2017 年第 6 期。

12404　刘婵娟、胡志华：《海上丝绸之路海运网络层次体系划分》，《经济地理》2017 年第 7 期。

12405　王大军、李凤飞：《丝绸之路经济带跨境陆路军事运输模式研究》，《军事交通学院学报》2017 年第 8 期。

12406　程丹、陈卫东：《"一带一路"沿线 18 省市交通运输竞争力评价研究》，《综合运输》2017 年第 10 期。

12407　陈文新、潘宇、马磊：《交通基础设施、空间溢出与全要素生产率——基于丝绸之路经济带面板数据的空间计量分析》，《工业技术经济》2017 年第 10 期。

12408　王姣娥、焦敬娟、景悦、马丽：《"中欧班列"陆路运输腹地范围测算与枢纽识别》，《地理科学进展》2017 年第 11 期。

12409　王列辉、朱艳：《基于"21 世纪海上丝绸之路"的中国国际航运网络演化》，《地理学报》2017 年第 12 期。

12410　杨莉、祝捷：《"海上丝绸之路"沿线港口资源整合规划研究》，《赤峰学院学报（自然科学版）》2017 年第 13 期。

12411　白洋、艾麦提江·阿布都哈力克、卓乘风、邓峰：《丝绸之路经济带核心区交通与旅游业协调发展的实证分析》，《统计与决策》2017 年第 16 期。

12412　毕国通：《"一带一路"战略下中欧班列发展的现状与对策》，《中国市场》2017 年第 22 期。

12413　肖宝军：《宝鸡构建丝绸之路经济带交通战略枢纽地位研究》，《新西部》2017 年第 26 期。

12414　Zholdasbayeva Akbayan：《"一带一路"战略背景下的欧亚大陆桥建设》，《中国战略新兴产业》2017 年第 44 期。

12415　杨文广、郑崇伟、黎鑫、陈璇、许跃、张哲：《"海上丝绸之路"的恶劣环境及应对——极值风速和波高》，《海洋开发与管理》2018 年第 1 期。

12416　高世龙、刘加钊、张晓：《冰上丝绸之路背景下商船北极航行的经济性评析》，《对外经贸实务》2018 年第 1 期。

12417　维平、李京文、杨正东、方磊、杜时雨：《海铁联运对中国丝绸之路经济带制造业集聚影响研究》，《科技管理研究》2018 年第 2 期。

12418　张婷婷、陈晓晨：《中俄共建"冰上丝绸之路"支点港口研究》，《当代世界》2018 年第 3 期。

12419　张金斗：《丝绸之路下枢纽港口的选择研究》，《福建质量管理》2018 年第 4 期。

旅　游

12420　唐明达：《新疆"丝绸之路"（新）北道旅游资源评价与开发设想》，《干旱区地理》1990 年第 3 期。

12421　何银武、赵纯涂、施仑山、黄星、赵颖：《中国南方丝绸之路历史地位及旅游开发的重要意义》，《国土经济》1996 年第 1 期。

12422　钱作华、袁遵、张星亮、郝国庆、李亮、张志峰：《新亚欧大陆桥中国段沿线旅游资源特征》，《化工矿产地质》1996 年第 4 期。

12423 迟景才：《新亚欧大陆桥沿线旅游发展》，《经济与信息》1996 年第 11 期。

12424 叶明：《西南丝绸之路重开与西南旅游业》，《北京第二外国语学院学报》1997 年第 1 期。

12425 李亮：《新亚欧大陆桥中国段沿线旅游资源基本类型及分析》，《旅游学刊》1997 年第 1 期。

12426 陈国生、杨晓霞：《以西南丝绸之路为依托，发展西南旅游业》，《经济地理》1997 年第 1 期。

12427 李亮：《新亚欧大陆桥中国段沿线旅游资源基本类型及分析（续）》，《旅游学刊》1997 年第 2 期。

12428 陈国生、杨晓霞：《西南三条丝绸之路与西南旅游经济开发》，《热带地理》1997 年第 4 期。

12429 李并成：《论丝绸之路沿线古城遗址旅游资源的开发》，《地理学与国土研究》1998 年第 4 期。

12430 阚耀平、焦黎、蒙莉：《新疆文化遗址旅游资源及开发思路》，《干旱区地理》2000 年第 2 期。

12431 张岩、陆计明：《浅谈喀什旅游景观蕴涵的历史文化》，《新疆社科论坛》2001 年第 4 期。

12432 高翔、王爱民：《河西走廊旅游业发展定位与优化升级对策研究》，《科学·经济·社会》2002 年第 2 期。

12433 肖星、李文兵、伍延基：《丝绸之路入境旅游者空间行为浅析与旅游开发建议》，《甘肃社会科学》2002 年第 2 期。

12434 王啸、甘枝茂：《西北丝绸之路的旅游资源开发应凸现人文精神价值》，《干旱区地理》2003 年第 3 期。

12435 郑亮、王开元：《唐、清边塞诗对西域旅游文化贡献之比较》，《昌吉学院学报》2003 年第 4 期。

12436 刘林智：《海上丝绸之路及其特色旅游资源开发》，《资源开发与市场》2004 年第 2 期。

12437 顾华详：《新疆旅游业发展的优劣势分析与对策》，《新疆农垦经济》2005 年第 3 期。

12438 雷军、阚耀平、许英勤、赵兴有：《丝绸之路南道旅游资源开发研究——以和田地区为例》，《干旱区资源与环境》2005 年第 5 期。

12439 马耀峰、梁雪松、李君轶、白凯：《跨国丝绸之路旅游合作研究》，《开发研究》2006 年第 2 期。

12440 贾鸿雁：《我国的海洋旅游文化资源及其开发》，《中国海洋大学学报（社会科学版）》2006 年第 2 期。

12441 孙葛：《对丝绸之路（新疆段）遗产廊道文化景观进行视觉建构意义的研究》，《新疆师范大学学报（哲学社会科学版）》2006 年第 2 期。

12442 张滢、丁建丽：《丝绸之路沿线旅游业的可持续发展》，《华东经济管理》2006 年第 3 期。

12443 赵玉芝：《再现古丝绸之路的辉煌——河西走廊区域经济与文化旅游产业发展的调查和思考》，《红旗文稿》2006 年第 3 期。

12444 何喜刚、高亚芳：《甘肃段丝绸之路旅游产品生命周期成长研究》，《开发研究》2006 年第 5 期。

12445 张鲲、康冬、樊敏：《构建"新丝绸之路体育娱乐带"的思考》，《体育文化导刊》2006 年第 5 期。

12446 孟峰年：《丝绸之路甘肃段体育旅游资源开发策略研究》，《甘肃农业》2006 年第 11 期。

12447 卡哈尔·吾甫尔：《新疆吐鲁番旅游业发展存在的问题及其对策探讨》，《商场现代化》2006 年第 36 期。

12448 孟峰年：《"丝绸之路"甘肃段体育旅游发展的 SWOT 分析》，《首都体育学院学报》2007 年第 1 期。

12449 王涛、孟峰年、张兰：《丝绸之路甘肃段体育旅游市场开发的可行性研究》，《四川体育科学》2007 年第 1 期。

12450 张兰、王涛、孟峰年：《丝绸之路甘肃段体育旅游资源的开发研究》，《安徽体育科技》2007 年第 1 期。

12451 王生鹏：《甘肃海外游客消费结构现状、问题及优化对策》，《西北民族大学学报（哲学社会科学版）》2007 年第 3 期。

12452 汪威：《丝绸之路中国段旅游中心城市体系构建研究》，《宁夏大学学报（自然科学版）》2007 年第 4 期。

12453 何喜刚、高亚芳：《丝绸之路文化遗产型旅游景区解说系统研究》，《西北师范大学学报（自然科学版）》2007 年第 6 期。

12454 闫瑜、杨清汀：《"丝绸之路"甘肃段文化资源及旅游产品的整合》，《甘肃科技》2007 年第 7 期。

12455 李巧玲：《甘肃境外旅游客源市场分析》，《社科纵横》2007 年第 12 期。

12456 许世岩、张建华、公兰英：《甘肃省地域特色体育旅游资源开发研究》，《西安体育学院学报》2008 年第 1 期。

12457 罗会光、徐芳、高汝东：《论新疆县域历史文化古迹旅游资源的开发与利用——以新和县为例》，《塔里木大学学报》2008 年第 1 期。

12458 袁音、陈忠菊、任莲香：《构建甘肃"丝绸之路体育健身旅游长廊"的研究》，《西北师范大学学报（自然科学版）》2008 年第 2 期。

12459 姚重军、李颖侠、孟峰年、赵勇：《"丝绸之路"甘肃段体育旅游开发的制约因素分析》，《发展》2008 年第 3 期。

12460 马丽莉、楚新正、段晓云：《和田地区"丝绸之路"品牌旅游产品开发》，《乌鲁木齐职业大学学报》2008 年第 4 期。

12461 梁雪松、马耀峰：《旅游偏好和旅游行为研究——以丝绸之路入境游客为例》，《商业经济与管理》2008 年第 5 期。

12462 南宇、李兰军：《西北丝绸之路旅游区合作开发创新研究》，《西北成人教育学报》2008 年第 5 期。

12463 梁雪松、马耀峰：《基于市场调研的丝路入境游客旅游决策行为分析》，《商场现代化》2008 年第 6 期。

12464 曾启鸿、蔡文静：《海上丝绸之路区域旅游合作研究》，《经济研究导刊》2008 年第 9 期。

12465 窦开龙：《丝绸之路与新疆民族旅游产品开发》，《现代商业》2008 年第 9 期。

12466 郑春丽、韩春鲜：《中国丝绸之路客源市场动态发展变化研究》，《陕西师范大学学报（自然科学版）》2009 年第 1 期。

12467 黄少辉、傅轶、陈波、詹伟芳、骆茜：《海上丝绸之路文化旅游发展研究——以"南海一号"古商船为例》，《热带地理》2009 年第 2 期。

12468 高赟、邓华陵：《西北地区经济发展的理性选择：发展文化、旅游产业》，《丝绸之路》2009 年第 2 期。

12469 田中禾、薛刘伟：《河南旅游与丝路旅游线路对接策略研究》，《洛阳师范学院学报》2009 年第 4 期。

12470 梁雪松：《丝绸之路区域旅游合作空间开发模式选择》，《丝绸之路》2009 年第 4 期。

12471 王东良、彭丽娜：《丝绸之路体育健身旅游长廊产业化开发探讨》，《体育文化导刊》2009 年第 4 期。

12472 南宇、窦开龙：《西北丝绸之路旅游区创新品牌研究》，《郑州航空工业管理学院学报》2009 年第 4 期。

12473 李德山、韩春鲜：《西北五省区入境旅游竞争力比较研究》，《河南理工大学学报（社会科学版）》2009 年第 4 期。

12474 南宇、李兰军：《西北丝绸之路旅游区合作开发研究——基于丝路申遗的视角分析》，《地域研究与开发》2009 年第 5 期。

12475 吕琳、吕仁义：《关于丝绸之路国际旅游线路开发的思考》，《丝绸之路》2009 年第 6 期。

12476 王少华：《中国丝绸之路上古代关隘文化旅游资源评价》，《旅游论坛》2009 年第 6 期。

12477 李创新、马耀峰、李振亭、马红丽：《遗产廊道型资源旅游合作开发模式研究——以"丝绸之路"跨国联合申遗为例》，《资源开发与市场》2009 年第 9 期。

12478 张永锋、杜忠潮：《西北地区"丝绸之路"沿线 10 城市旅游竞争力浅析》，《干旱区资源与环境》2009 年第 10 期。

12479 南宇：《西北丝绸之路旅游区旅游品牌创新研究》，《贵州社会科学》2009 年第 11 期。

12480 刘博：《浅析丝绸之路旅游文化》，《丝绸之路》2009 年第 14 期。

12481 张文：《关于丝绸之路旅游与区域合作的思考》，《丝绸之路》2009 年第 16 期。

12482 马耀峰：《丝绸之路国内段旅游合作与开发》，《丝绸之路》2009 年第 16 期。

12483 申培德：《丝绸之路旅游资源开发的战略与对策》，《丝绸之路》2009 年第 16 期。

12484 董建国：《丝绸之路文化与旅游产业》，《丝绸之路》2009 年第 16 期。

12485 陆清：《西安丝路文化旅游开发的基础和可行性分析》，《丝绸之路》2009 年第 16 期。

12486 魏宝山：《西北五省区联手打造丝绸之路大旅游区》，《丝绸之路》2009 年第 23 期。

12487 杨阿莉：《基于生态理念的丝绸之路旅游产品结构优化与升级研究》，《西北师范大学学报（自然科学版）》2010 年第 1 期。

12488 李文兵、南宇：《论丝绸之路沿线旅游合作机制》，《干旱区资源与环境》2010 年第 1 期。

12489 李巧玲、王学军：《丝绸之路申遗宁夏固原段旅游形象设计与推广策略研究》，《甘肃社会科学》2010 年第 2 期。

12490 杜丽敏：《天水旅游在丝绸之路线上的品牌化战略研究》，《丝绸之路》2010 年第 2 期。

12491 道尔基、李煜辉：《汉唐丝绸之路文化内涵与现代新疆旅游业发展对策》，《文博》2010 年第 3 期。

12492 许龙：《城市建设与新丝绸之路的旅游塑造》，《安徽建筑》2010 年第 4 期。

12493 南宇、李兰军：《西北丝绸之路跨区域、无障碍、一体化旅游模式研究——基于丝路申遗的视角分析》，《新疆社会科学（汉文版）》2010 年第 4 期。

12494 褚玉良、马耀峰：《入境旅游流空间转移与旅游经济联系研究——以北京向丝绸之路转移为例》，《资源开发与市场》2010 年第 5 期。

12495 李德山、韩春鲜、杨玲：《丝绸之路外国旅游者旅游动机及旅游行为特征——基于跨文化比较的视角》，《旅游科学》2010 年第 5 期。

12496 郑春丽、韩春鲜：《丝绸之路中国西段旅游中心城市国际旅游流时空演化特征》，《市场论坛》2010 年第 5 期。

12497 吐尔逊姑丽·买买提：《新疆喀什地区旅游景观多尺度与多样性分析》，《干旱区地理》2010 年第 5 期。

12498 李巧玲、王学军：《丝绸之路"申遗"甘肃段旅游形象的设计与推广策略》，《兰州大学学报（社会科学版）》2010 年第 6 期。

12499 南宇：《西北丝绸之路区旅游中心城市合作开发网络模式研究》，《经济地理》2010 年第 6 期。

12500 焦世泰：《河西走廊区域旅游》，《干旱区资源与环境》2010 年第 8 期。

12501 南宇、杨阿莉：《西北丝绸之路区重点旅游城市梯度开发研究》，《干旱区资源与环境》2010 年第 9 期。

12502 高翔：《敦煌市建设成丝绸之路旅游集散中心的可行性研究》，《农业科技与信息》2010 年第 12 期。

12503 董原、王嘉瑞：《丝绸之路申遗甘肃段旅游地形象定位策略探析》，《兰州学刊》2010 年第 12 期。

12504 李巧玲：《丝绸之路申遗中国段旅游形象设计与推广策略——基于青海段的视角》，《兰州商学院学报》2011 年第 2 期。

12505 杜忠潮、柳银花：《基于信息熵的线性遗产廊道旅游价值综合性评价——以西北地区丝绸之路为例》，《干旱区地理》2011 年第 3 期。

12506 韩春鲜、陈文婷、陈肖静：《基于人口学特征的外国旅游者出游推—拉力因素差异分析——以中国西北丝绸之路为例》，《干旱区资源与环境》2011 年第 5 期。

12507 李兴江、马亚妮：《新丝绸之路经济带旅游业发展对经济影响的实证研究——基于甘肃省数据的模型检验》，《开发研究》2011 年第 5 期。

12508 李巧玲、王学军、董原：《丝绸之路申遗中国段旅游形象设计与推广策略——

基于河南段洛阳旅游区的视角》,《西北大学学报(哲学社会科学版)》2011年第6期。

12509 樊华、金海龙:《丝绸之路文化遗址旅游资源的开发与保护》,《当代旅游(学术版)》2011年第6期。

12510 南宇、史婧、王凯:《西北五省区境内外旅游客源市场开发对策研究》,《干旱区资源与环境》2011年第6期。

12511 潘雪梅:《论南方丝绸之路旅游纪念品的开发与创新》,《美术教育研究》2011年第8期。

12512 杨阿莉、南宇:《体验经济视角下的丝绸之路旅游产品开发与创新研究》,《干旱区资源与环境》2011年第8期。

12513 杨秀平、柳春岩、翁钢民:《加快甘肃现代"国际丝绸之路"旅游业发展的初探》,《对外经贸实务》2011年第9期。

12514 李文实:《泉州海洋文化旅游资源特色及其开发研究》,《贵州师范学院学报》2011年第9期。

12515 李广成:《丝绸之路沿线旅游资源的潜质与开发探讨》,《中国商贸》2011年第9期。

12516 董英:《浅谈新疆段丝绸之路旅游产品生命周期成长》,《当代旅游(中旬刊)》2012年第1期。

12517 李巧玲、王学军、董原:《丝绸之路申遗河南段洛阳旅游区形象营销策略研究》,《科学·经济·社会》2012年第1期。

12518 沈文馥、王光辉:《"海丝"文化与旅游开发刍议——以漳州月港申遗为例》,《漳州师范学院学报:哲学社会科学版》2012年第3期。

12519 王少华:《中国古关隘文化旅游资源的开发现状与对策——以丝绸之路上的古关隘为例》,《安徽农业科学》2012年第3期。

12520 董原、王嘉瑞:《丝绸之路申遗甘肃段旅游区文化遗产的保护与开发》,《兰州学刊》2012年第4期。

12521 李巧玲:《丝绸之路申遗中国段旅游形象设计与推广策略——基于陕西段西安旅游区的视角》,《西北农林科技大学学报(社会科学版)》2012年第5期。

12522 张立群:《"丝绸之路"甘肃河西段国际入境旅游发展差异研究》,《西北师范大学学报(自然科学版)》2012年第6期。

12523 王三北、王宁、魏鹏、郑先芳:《回归原义的旅游资源评价模式重构——以丝绸之路甘肃段旅游资源为例》,《开发研究》2012年第6期。

12524 王立国、陶犁、张丽娟、李杰:《文化廊道范围计算及旅游空间构建研究——

以西南丝绸之路（云南段）为例》，《人文地理》2012 年第 6 期。

12525 任渊、汪洋、康帆、王惠霖：《丝绸之路甘肃段体育旅游资源开发现状与研究》，《卫生职业教育》2012 年第 7 期。

12526 欧阳正宇：《丝绸之路非物质文化遗产旅游开发 RMP 分析》，《干旱区资源与环境》2012 年第 12 期。

12527 郭晓东、逯晓芸、侯佩旭：《丝路沿线城市文化生态旅游开发研究——以甘肃省张掖市为例》，《开发研究》2013 年第 1 期。

12528 安智海：《丝绸之路甘肃段文化旅游资源开发的整体构想》，《发展》2013 年第 3 期。

12529 代学明：《固原须弥山景区的文化特色》，《宁夏师范学院学报》2013 年第 4 期。

12530 孔毅：《南方丝绸之路区域旅游纪念品开发与设计的探索》，《课程教育研究》2013 年第 7 期。

12531 马勇、周婵：《丝绸之路文化旅游价值提升》，《现代商业》2013 年第 7 期。

12532 马勇、周婵：《丝绸之路文化旅游体系构建》，《经济研究导刊》2013 年第 8 期。

12533 李婷、李玲琴：《丝绸之路青海段旅游中心城镇等级体系构建研究》，《学园》2013 年第 26 期。

12534 尹贻梅：《经济带建设背景下丝绸之路旅游发展政策研究》，《中国旅游评论》第 1 辑，北京：旅游教育出版社，2014 年。

12535 李永纬：《关于丝绸之路甘肃段文化旅游特色景点及小吃汉英翻译的讨论》，《海外英语（上）》2014 年第 1 期。

12536 顾华详：《论丝绸之路经济带视域下新疆国际旅游业的跨越式发展》，《西部学刊》2014 年第 1 期。

12537 顾华详：《丝绸之路经济带背景下的新疆入境旅游业跨越式发展对策研究》，《新疆农垦经济》2014 年第 2 期。

12538 马勇、刘军：《丝绸之路旅游文化经济带全球发展战略研究》，《世界地理研究》2014 年第 2 期。

12539 黄明凤、王姗姗：《西北丝绸之路旅游收入对经济的影响分析》，《山东农业大学学报（社会科学版）》2014 年第 2 期。

12540 李小蒙、朱军、徐晓伟、张媛媛、唐菁、郭伟：《"丝绸之路"新疆段旅游景观开发与建设之思考》，《中南林业科技大学学报（社会科学版）》2014 年第 3 期。

12541　朱环：《"丝绸之路经济带"旅游发展对策——基于中国—东盟无障碍旅游区构建视野》，《开发研究》2014年第3期。

12542　冯玲玲：《基于共建丝绸之路经济带的中哈国际旅游网络营销对策研究》，《中共伊犁州委党校学报》2014年第4期。

12543　黄明凤、王姗姗：《丝绸之路复兴计划带动下区域旅游产业对经济贡献的时空差异分析——以西北地区为例》，《开发研究》2014年第4期。

12544　马勇、李欢：《丝绸之路中国段低碳旅游目的地溢出效应的体系构建研究》，《资源开发与市场》2014年第4期。

12545　王友文：《中哈两国实现哈萨克草原文化国际旅游合作目标的战略模式》，《中共伊犁州委党校学报》2014年第4期。

12546　李宁：《国际视阈下的乌鲁木齐生态旅游的资源与空间结构》，《云南农业大学学报（社会科学版）》2014年第5期。

12547　程圩、隋丽娜、程默：《基于网络文本的丝绸之路旅游形象感知研究》，《西部论坛》2014年第5期。

12548　孙亚辉：《丝绸之路的价值弘扬与文化旅游的开发及优化》，《社会科学家》2014年第5期。

12549　龚强：《基于地理国情普查对开发冰雪丝绸之路旅游带的思考》，《测绘与空间地理信息》2014年第6期。

12550　马桂芳：《论青海丝绸之路旅游业的新发展》，《攀登》2014年第6期。

12551　杨宏伟、马腾：《丝绸之路经济带视域下新疆旅游中心地体系分形研究》，《石河子大学学报（哲学社会科学版）》2014年第6期。

12552　李婉琳：《西部生态旅游发展的法律困境与对策——以丝绸之路经济带的构建为背景和切入点》，《云南大学学报（法学版）》2014年第6期。

12553　覃小华、甘永萍：《新丝绸之路建设背景下广西与东盟旅游合作发展研究》，《东南亚纵横》2014年第8期。

12554　冯玲玲、王友文：《中国与哈萨克斯坦旅游差异性互补性分析》，《北方经济》2014年第8期。

12555　石斌、马耀峰：《西北丝绸之路旅游区入境旅游客源市场结构变化研究——基于SSM的分析》，《河南科学》2014年第9期。

12556　龚强：《应用地理国情普查信息开发冰雪丝绸之路旅游带管见》，《现代经济信息》2014年第11期。

12557　孙媛媛：《丝绸之路经济带旅游效率评价与差异研究——以关中—天水经济区为例》，《丝绸之路》2014年第12期。

12558 郭鹏、董锁成、李泽红、李宇、程昊、袁靓:《丝绸之路经济带旅游业格局与国际旅游合作模式研究》,《资源科学》2014年第12期。

12559 王淑新、张西虎:《丝绸之路区域旅游经济发展研究》,《丝绸之路》2014年第12期。

12560 郑琦:《崇明"海上丝绸之路"文化旅游政策研究》,《上海文化》2014年第12期。

12561 王海冬:《崇明海上丝绸之路文化旅游政策的路径借鉴》,《上海文化》2014年第12期。

12562 马亚妮、王晨、薛培芹:《新丝绸之路经济带旅游业发展对经济影响的实证研究——基于陕西省数据的模型检验》,《企业导报》2014年第13期。

12563 张文成、刘宇:《"丝绸之路经济带"框架中天山天池景区提升市场竞争力研究》,《现代工业经济和信息化》2014年第15期。

12564 赵依楠:《"丝绸之路"中国段旅游资源的开发研究》,《青春岁月》2014年第16期。

12565 彭穗华:《海上丝绸之路与广东海洋旅游》,《新经济》2014年第16期。

12566 许益翔:《迪拜旅游业发展对乌鲁木齐的启示》,《合作经济与科技》2014年第17期。

12567 陈静薇:《丝绸之路与宁夏旅游发展——以西夏王陵为例》,《丝绸之路》2014年第18期。

12568 马斯文、王汉:《丝绸之路甘肃段旅游开发与合作的战略转变》,《电子制作》2014年第22期。

12569 魏颖:《西北丝绸之路旅游价值及开发建议分析》,《知识经济》2014年第22期。

12570 李如意:《丝绸之路"旅游信息驿站"系统建设构想》,《丝绸之路》2014年第24期。

12571 周伯乐:《基于共生理论的丝绸之路中国段旅游企业合作分析》,《金融经济》2014年第24期。

12572 王松茂、方良彦、邓峰:《"丝绸之路经济带"西北五省区旅游经济周期同步性研究》,《开发研究》2015年第1期。

12573 罗丽丽:《"丝绸之路经济带"下的西咸乡村旅游优势探析》,《科教导刊·电子版(上旬)》2015年第1期。

12574 王英、原帼力:《关于SCO成员国跨国旅游合作机制构建的思考》,《新疆广播电视大学学报》2015年第1期。

12575 王丽会、原帼力：《上合组织成员国发展跨国旅游合作的途径探索》，《对外经贸实务》2015 年第 1 期。

12576 王文华：《丝绸之路经济带背景下新疆与中亚旅游一体化可行性研究》，《伊犁师范学院学报（社科版）》2015 年第 1 期。

12577 冯玉珠：《丝绸之路饮食文化旅游资源开发研究》，《美食研究》2015 年第 1 期。

12578 江海旭、梁娟：《丝绸之路中国段主要城市旅游竞争力空间结构研究》，《国土与自然资源研究》2015 年第 1 期。

12579 冯晓华、杨慧芳：《天山北坡遗址遗迹类旅游资源保护性开发研究》，《开发研究》2015 年第 1 期。

12580 王峻蓉：《中哈两国哈萨克草原文化国际旅游合作的重大意义探析》，《中共伊犁州委党校学报》2015 年第 1 期。

12581 高春惠、郭桂均：《中哈两国哈萨克草原文化旅游合作前景研究》，《中共伊犁州委党校学报》2015 年第 1 期。

12582 孙英敏：《浅析丝绸之路申遗成功对陕西旅游业发展的影响》，《品牌》2015 年第 1 期。

12583 魏敏：《丝绸之路经济带：中土旅游合作的战略思考》，《亚非纵横》2015 年第 1 期。

12584 乌尔娜：《"丝绸之路经济带"建设是新疆旅游业发展的新机遇》，《中共乌鲁木齐市委党校学报》2015 年第 2 期。

12585 赵颐洪、王兆昕：《海上丝绸之路经济带下海南省旅游服务业对地区经济影响的实证研究》，《贵州商业高等专科学校学报》2015 年第 2 期。

12586 古丽孜拉·艾尼外、马劲松、黄书剑、王友文：《建设中国—哈萨克斯坦旅游资源信息库的需求、构想与意义》，《新疆大学学报（哲学·人文社会科学版）》2015 年第 2 期。

12587 马莉萍：《丝绸之路经济带跨境旅游消费者权益保障研究》，《法制与社会》2015 年第 2 期。

12588 王会战、李树民、陈实、温秀：《丝绸之路旅游合作国内研究述评》，《旅游科学》2015 年第 2 期。

12589 祁晓庆：《丝绸之路文化旅游需求调查与研究》，《丝绸之路》2015 年第 2 期。

12590 钟小欢：《新疆区域旅游一体化发展的优势、问题及对策》，《贵州商业高等专科学校学报》2015 年第 2 期。

12591 王广元、王友文：《中哈国际旅游合作对推进丝绸之路经济带构建的政治考虑》,《新疆社科论坛》2015年第2期。

12592 张立哲、王友文:《中哈两国草原文化国际旅游合作法律保障机制研究——以上海合作组织框架为研究基础》,《南昌师范学院学报》2015年第2期。

12593 罗雨:《"一带一路"背景下旅游文化特征研究及启示》,《湖州职业技术学院学报》2015年第3期。

12594 孙楠:《"一带一路"愿景下旅游产业发展SWOT分析》,《统计与咨询》2015年第3期。

12595 原帼力、王英:《SCO成员国跨国旅游合作探析》,《新疆财经》2015年第3期。

12596 张祖群:《后申遗时代的遗产旅游发展——以"丝绸之路:长安和天山廊道的路网"为例》,《河南教育学院学报（哲学社会科学版）》2015年第3期。

12597 曹婷婷、梁保尔、潘植强、林琰:《论丝绸之路廊道旅游安全风险管控》,《旅游世界·旅游发展研究》2015年第3期。

12598 张广宇、沈兴菊、刘韫:《丝绸之路经济带建设背景下的国际区域旅游合作研究》,《四川师范大学学报（社会科学版）》2015年第3期。

12599 李鹭:《丝绸之路经济带视野下的西部旅游演艺产业升级研究》,《浙江工商大学学报》2015年第3期。

12600 李巧玲:《丝绸之路申遗中国段旅游形象设计与推广策略》,《西安财经学院学报》2015年第3期。

12601 于小涵、章军杰:《新丝绸之路文化旅游先行带的战略构想》,《浙江工商大学学报》2015年第3期。

12602 王广元、王友文:《中哈国际旅游合作对推进丝绸之路经济带构建的政治考虑》,《西部学刊》2015年第3期。

12603 张祖群:《"丝绸之路:长安和天山廊道的路网"后申遗时代的遗产旅游发展》,《西部学刊》2015年第4期。

12604 王英、原帼力:《SCO框架下跨国旅游合作的可行性与障碍性思考》,《潍坊学院学报》2015年第4期。

12605 王友文:《构建世界级哈萨克草原文化国际旅游圈的意义及方略》,《南昌师范学院学报》2015年第4期。

12606 董珍慧、陈加:《丝绸之路经济带建设中敦煌旅游产业发展的探索与思考》,《河西学院学报》2015年第4期。

12607 闫静、李树民:《丝绸之路经济带旅游合作的潜力、挑战与实现路径》,《西安财经学院学报》2015年第4期。

12608　陈金林：《丝绸之路青海道旅游开发空间结构分析》，《攀登》2015年第4期。

12609　李文龙、林海英：《西北丝绸之路区旅游业可持续发展的驱动机制及开发模式研究》，《财经理论研究》2015年第4期。

12610　韩梅：《新疆会展旅游产业链发展环境及制约因素研究》，《乌鲁木齐职业大学学报》2015年第4期。

12611　王友文、王广元：《中哈国际旅游合作与共建丝绸之路经济带互动模式探微》，《新疆社会科学（汉文版）》2015年第4期。

12612　马斌斌、鲁小波、郭迪、丁玉娟：《丝绸之路经济带背景下西北五省旅游协同发展战略研究》，《新疆大学学报（哲学·人文社会科学版）》2015年第5期。

12613　吴健、俞天秀：《丝绸之路中国段文化旅游展示与体验创新服务模式探讨》，《敦煌研究》2015年第5期。

12614　霍露萍：《新疆旅游业效率及影响因素分析》，《新疆农垦经济》2015年第5期。

12615　马斌斌、鲁小波、郭迪、丁玉娟：《"丝绸之路经济带"背景下西北五省旅游协同发展战略研究》，《新疆大学学报（哲学·人文社会科学版）》2015年第5期。

12616　张燕：《"一带一路"背景下福建发展竹文化生态旅游的优势与建议》，《世界竹藤通讯》2015年第6期。

12617　孙忠印、刘炜：《"一路一带"战略视域下的陇山文化旅游产业开发研究》，《宝鸡文理学院学报（社会科学版）》2015年第6期。

12618　祁晓庆：《基于文化价值挖掘的文化旅游主题设计——以丝绸之路文化旅游为例》，《丝绸之路》2015年第6期。

12619　王友文：《开展中哈国际旅游合作推动新疆丝绸之路经济带核心区建设》，《新疆社科论坛》2015年第6期。

12620　杨芳：《丝绸之路经济带背景下中哈边境旅游合作动力机制分析及保障体系构建》，《对外经贸》2015年第6期。

12621　原志华、刘宇峰、张曼：《丝绸之路经济带旅游交通CO_2排放量与经济增长脱钩弹性研究——以西部9省（直辖市）为例》，《咸阳师范学院学报》2015年第6期。

12622　王丽芳、谢霞：《新疆丝绸之路经济带旅游集散中心建设规划策略》，《昌吉学院学报》2015年第6期。

12623　马耀峰、刘军胜：《中国丝绸之路世界遗产旅游发展战略研究》，《陕西师范大学学报（自然科学版）》2015年第6期。

12624 陈钦：《"一带一路"背景下"海丝旅游"品牌的创建——以福建为例》,《广西民族师范学院学报》2015年第6期。

12625 马静：《"丝绸之路经济带"甘肃段旅游合作机制探究》,《品牌》2015年第7期。

12626 袁春潮：《丝绸之路经济带文化旅游产业发展研究——跨区域管理的基本层面的考虑》,《洛阳师范学院学报》2015年第7期。

12627 娄佩彦、闫东坡：《丝绸之路沿线旅游资源的潜质与开发》,《赤峰学院学报（自然科学版）》2015年第7期。

12628 马震：《"丝绸之路经济带"旅游消费与经济增长关系研究——以"丝绸之路经济带"国内段为例》,《经济问题》2015年第8期。

12629 谢威：《关于建设丝绸之路经济带航空文化旅游中心的思考》,《丝绸之路》2015年第8期。

12630 周义龙：《琼粤"海上丝绸之路"旅游合作与发展策略》,《南方论刊》2015年第8期。

12631 闫亚新、陈亮：《新丝绸之路背景下西安旅游体育文化发展现状》,《当代体育科技》2015年第8期。

12632 万明：《中国与哈萨克斯坦：丝绸之路文化带国际旅游线路的构建》,《丝绸之路》2015年第8期。

12633 张晶晶：《中国与中东欧国际友好城市间推进旅游合作发展的探讨》,《对外经贸实务》2015年第8期。

12634 耿丽：《陆上丝绸之路民族民间体育文化旅游产业带建设初探》,《体育世界（学术版）》2015年第8期。

12635 丁绪辉、田泽：《"丝绸之路经济带"入境旅游经济增长研究》,《西南民族大学学报（人文社科版）》2015年第9期。

12636 颜妍婷、麦蔼文：《广佛非物质文化遗产旅游资源的保护与开发——以海上丝绸之路为视角》,《广东技术师范学院学报》2015年第9期。

12637 王怡：《丝绸之路经济带生态旅游发展的收敛性检验》,《统计与决策》2015年第9期。

12638 唐娟：《新丝路视阈下加快中越旅游合作区建设初探》,《钦州学院学报》2015年第9期。

12639 程远清：《"一带一路"战略对西北省区旅游事业的机遇研究》,《新丝路（下旬）》2015年第9期。

12640 马斌斌、鲁小波、丁玉娟：《甘肃省旅游业融入新丝绸之路经济带的SWOT分析》,《经济视角(上旬刊)》2015年第9期。

12641 高楠、马耀峰、张春晖:《中国丝绸之路经济带旅游产业与区域经济的时空耦合分异——基于九省区市1993—2012年面板数据》,《经济管理》2015年第9期。

12642 邓颖颖:《21世纪海上丝绸之路建设的有效路径:中国—东盟旅游合作》,《东南亚纵横》2015年第10期。

12643 黄耀东、黄尚坤:《广西融入"海上丝绸之路"旅游合作的优势、问题和建议》,《学术论坛》2015年第10期。

12644 田甜、陈丹:《陕西段丝绸之路宗教性旅游资源的现状及对策——以法门寺为例》,《艺术科技》2015年第10期。

12645 李敏、王友文:《新疆满族历史文化旅游开发方略研究——基于共建丝绸之路经济带视角》,《丝绸之路》2015年第10期。

12646 刘从磊、曾德蒋:《新疆文化旅游产业发展研究——以新丝绸之路经济带建设为契机》,《商场现代化》2015年第10期。

12647 王友文、李敏:《中哈两国丝绸之路旅游合作模式探析——以新疆与哈萨克斯坦草原丝绸之路旅游合作为视角》,《西部学刊》2015年第10期。

12648 殷杰、郑向敏、董斌彬:《21世纪海上丝绸之路沿线国家旅游贸易:潜力、效及其影响因素》,《东南亚纵横》2015年第11期。

12649 门达明:《合作构建南海丝绸之路旅游经济带》,《现代商业》2015年第11期。

12650 南琳芝:《丝绸之路经济带旅游人力资源开发与管理探究——以陕西为例》,《人力资源管理》2015年第11期。

12651 纪星、李君轶:《基于地理参考照片的西北五省游客时空格局研究》,《河南科学》2015年第11期。

12652 豆晓宁、王小辉、雷可为:《基于智慧旅游的丝路经济带手机导游平台发展研究》,《科技视界》2015年第12期。

12653 张燕:《"一带一路"背景下福建森林生态旅游的研究》,《农村经济与科技》2015年第12期。

12654 邵振宇、蔡文娟、陆继翔:《西安市丝绸之路新型旅游人才培训基地建设研究》,《西部素质教育》2015年第13期。

12655 张丽群:《丝绸之路经济带背景下旅游翻译人才培养模式研究》,《知识经济》2015年第15期。

12656 刘阳、韩大勇:《丝绸之路经济带建设背景下陕西省体育旅游竞争力研究》,《文体用品与科技》2015年第15期。

▶ 丝绸之路研究论文目录

12657 刘晓宇：《郑州丝绸之路旅游业发展研究》，《企业导报》2015 年第 15 期。

12658 林越英、李春艳、彭瑜：《丝绸之路经济带建设背景下的格尔木市旅游对外融合发展》，《教育教学论坛》2015 年第 17 期。

12659 王虹烨：《西北丝绸之路旅游开发的优势及对策研究》，《新经济》2015 年第 17 期。

12660 郑秀娟、张化丽、张阳：《基于 PM 的丝绸之路遗产廊道旅游发展模式研究》，《知识经济》2015 年第 19 期。

12661 赵胜男、孟祥凤、何朝辉、潘守东：《基于 XML 的动态重组技术在丝路文化旅游网中的应用》，《丝绸之路》2015 年第 20 期。

12662 王倩倩、张驰：《丝绸之路与宁夏旅游资源开发与保护的法律思考》，《法制与社会》2015 年第 22 期。

12663 戴欣佚：《基于旅游经济区划的江苏"丝绸之路"旅游带研究》，《高教学刊》2015 年第 23 期。

12664 张莹、李海峰、田豆：《新丝绸之路经济带背景下陕西旅游服务贸易现状及发展路径》，《商业经济研究》2015 年第 29 期。

12665 任智勇：《丝绸之路国际旅游城市联盟跨区域旅游协作机制的创新》，《中国商论》2015 年第 36 期。

12666 赵亚琼：《"丝绸之路经济带"背景下新疆入境旅游服务贸易的机遇与挑战》，《新疆职业大学学报》2016 年第 1 期。

12667 李泉、张馨予：《"丝绸之路经济带"沿线区域文化旅游产业合作发展研究》，《青海民族大学学报（社会科学版）》2016 年第 1 期。

12668 吕俊芳、翟孝娜：《基于 GM（1，1）模型的国际旅游目的地开发研究——以宁夏回族自治区为例》，《辽宁师范大学学报（自然科学版）》2016 年第 1 期。

12669 李金峰、时书霞：《兰州面向丝绸之路经济带跨区域旅游合作研究》，《长春师范大学学报（自然科学版）》2016 年第 1 期。

12670 田富强：《西安建设丝绸之路经济带旅游制高点研究》，《湖北农业科学》2016 年第 1 期。

12671 毕佳妮、江海旭：《"一带一路"战略背景下辽宁沿海经济带城市旅游发展研究》，《产业与科技论坛》2016 年第 1 期。

12672 邓小兵、徐金金：《"丝绸之路经济带"旅游综合行政执法模式探析》，《甘肃广播电视大学学报》2016 年第 2 期。

12673 董华朋、陈黎：《"一带一路"背景下青海省旅游业发展的新机遇》，《柴达木开发研究》2016 年第 2 期。

12674 徐宁、图登克珠：《"一带一路"背景下西藏边境旅游发展的战略选择》，《西藏大学学报（社会科学版）》2016年第2期。

12675 於天：《"一带一路"国家战略下的中国旅游发展新思维》，《广州航海学院学报》2016年第2期。

12676 曹笑笑：《"一带一路"视角下中阿旅游合作研究》，《阿拉伯世界研究》2016年第2期。

12677 买小英：《对河西走廊旅游联动中文化认同的若干思考》，《丝绸之路》2016年第2期。

12678 陈邦瑜、麻名佳：《环（泛）北部湾—东盟海上旅游合作开发策略——基于21世纪"海丝路"合作倡议之探索》，《广西经济管理干部学院学报》2016年第2期。

12679 罗勇、李金峰：《面向丝绸之路的古镇文化旅游资源挖掘及保护——以兰州榆中县青城镇为例》，《赤峰学院学报（自然科学版）》2016年第2期。

12680 陈邦瑜：《浅谈21世纪"海上丝绸之路"背景下北海文化旅游的开发策略》，《经济与社会发展》2016年第2期。

12681 周建标：《泉州发展海上丝绸之路文化旅游的形式和途径》，《福建省社会主义学院学报》2016年第2期。

12682 时书霞、李金峰、丁敏：《丝绸之路经济带甘肃段旅游"次优区"开发研究》，《兰州文理学院学报（社会科学版）》2016年第2期。

12683 张治荣：《"一带一路"背景下庆阳文化旅游产业发展：现实与构想》，《陇东学院学报》2016年第3期。

12684 刘战慧、刘昕昕：《"一带一路"战略下湖州蚕桑文化旅游开发研究》，《浙江农业科学》2016年第3期。

12685 刘亚辉、蒙永胜：《基于"丝绸之路经济带"背景提升新疆旅游产业竞争力》，《新疆职业大学学报》2016年第3期。

12686 李金峰、时书霞：《面向丝绸之路经济带的旅游资源非优区开发研究——以甘肃省兰州市为例》，《成都师范学院学报》2016年第3期。

12687 李金峰、时书霞：《丝绸之路经济带甘肃段旅游产业一体化路径选择——基于"点—轴"渐进扩散理论的视角》，《生产力研究》2016年第3期。

12688 李群群、方旭红：《文化遗产类旅游产品品牌建设——以泉州"海上丝绸之路"为例》，《广西经济管理干部学院学报》2016年第3期。

12689 席宇斌、赵倩：《哈萨克斯坦旅华客源市场特征与拓展分析》，《世界地理研究》2016年第3期。

▶ 丝绸之路研究论文目录

12690 吴江秋、黄俊元、刘平：《福建与新加坡合作发展旅游文化创意产业对策研究——以海上丝绸之路为战略视角》，《长春工程学院学报（社会科学版）》2016 年第 4 期。

12691 唐睿、冯学钢：《旅游企业对入境旅游市场投入产出效率的影响——以"丝绸之路经济带"西北六省（区）为例》，《新疆大学学报（哲学·人文社会科学版）》2016 年第 4 期。

12692 闫静：《丝绸之路经济带文化遗产旅游合作研究——以中国和中亚五国为例》，《西安财经学院学报》2016 年第 4 期。

12693 张建松：《丝路文化资源与河南省旅游业发展研究》，《华北水利水电大学学报（社会科学版）》2016 年第 4 期。

12694 柳红波：《基于就业导向的旅游管理专业课程体系优化研究》，《丝绸之路》2016 年第 4 期。

12695 张之红、郑畅、于会丽：《"一带一路"视域下的河南省旅游业发展分析与对策》，《太原城市职业技术学院学报》2016 年第 4 期。

12696 宋一兵、温志洪：《旅游视域的广州海上丝绸之路研究评述——兼论中国南向地缘旅游战略的历史渊源》，《南海学刊》2016 年第 4 期。

12697 周怡岑、陈国生：《"21 世纪海上丝绸之路"战略中大湘南旅游发展的 SWOT 分析及实现路径研究》，《丝路视野》2016 年第 5 期。

12698 周建标：《发展海丝文化旅游助推海上丝绸之路核心区建设》，《泰山学院学报》2016 年第 5 期。

12699 孙斐：《基于"新丝绸之路"理念的陕西文化旅游产品开发及应用研究》，《艺海》2016 年第 5 期。

12700 周建标：《泉州发展海丝文化旅游的机遇、优势及路径选择》，《长江论坛》2016 年第 5 期。

12701 江天若、张慨：《丝绸之路甘肃段旅游商品开发研究》，《大众文艺》2016 年第 5 期。

12702 张军谋：《丝绸之路经济带甘肃段旅游产业发展战略研究》，《宝鸡文理学院学报（社会科学版）》2016 年第 5 期。

12703 李耀华、王会战、姚慧琴：《丝绸之路经济带沿线国内城市旅游合作的困境与对策》，《四川旅游学院学报》2016 年第 5 期。

12704 罗奎、李广东、张蕾：《丝绸之路经济带中国—哈萨克斯坦国际合作示范区边境旅游发展与自由旅游区建设》，《干旱区地理》2016 年第 5 期。

12705 赵晋颐、张亨溢：《新丝路背景下大湘南与东盟旅游合作研究》，《丝路视野》2016 年第 5 期。

12706 刘丽梅：《中蒙俄旅游合作及其发展策略研究》，《内蒙古财经大学学报》2016 年第 5 期。

12707 毕秀芹：《关中丝路沿线佛寺中玄奘景观的哲学理念》，《宝鸡文理学院学报（社会科学版）》2016 年第 5 期。

12708 陈烁：《丝绸之路视阈下陇州社火与旅游产业的融合发展》，《新丝路（下旬）》2016 年第 5 期。

12709 韩志勇：《"一带一路"战略对东盟旅游业的影响》，《农村经济与科技》2016 年第 6 期。

12710 苏勇军、邹智深：《海洋文化遗产旅游开发价值模糊评价研究——以浙江 25 处海洋文化遗产为例》，《宁波大学学报（人文科学版）》2016 年第 6 期。

12711 孙媛媛：《基于回归模型的入境旅游对经济增长贡献研究——以丝绸之路经济带九省（市、区）为例》，《旅游研究》2016 年第 6 期。

12712 李泉、张佳丽：《丝绸之路经济带沿线城市旅游竞争力综合评价——以西北五省省会城市为例》，《宝鸡文理学院学报（社会科学版）》2016 年第 6 期。

12713 任唤麟、刘梅：《丝路文化遗产资源特征及其旅游开发策略》，《淮北师范大学学报（哲学社会科学版）》2016 年第 6 期。

12714 张锦良、陈逸敏、潘新琴、陈滨、李馨雨、祁鸣鸣：《"一带一路"背景下甘肃、青海两省丝路旅游联动发展前景研究》，《旅游纵览（下半月）》2016 年第 6 期。

12715 张广海、汪立新、李苗苗：《丝绸之路经济带区域旅游发展的多尺度分析——基于中国视角》，《新疆农垦经济》2016 年第 7 期。

12716 王西娅、唐彬、杨艳萍：《丝绸之路经济带视角下西安旅游产品差异化开发的影响因子分析》，《西安工业大学学报》2016 年第 7 期。

12717 王倩：《新丝绸之路经济带旅游业发展对经济影响的实证分析——以新疆为例》，《经济研究导刊》2016 年第 7 期。

12718 付媛、戴祎璠：《丝绸之路景区关联度及协同发展研究——基于社会网络分析视角》，《未来与发展》2016 年第 7 期。

12719 杨小杰、肖艳：《21 世纪海上丝绸之路战略下广西旅游产业对地区经济拉动效应的实证分析》，《旅游纵览（下半月）》2016 年第 7 期。

12720 祁晓庆：《基于文化价值挖掘的丝绸之路文化旅游线路规划策略研究》，《丝绸之路》2016 年第 8 期。

12721 张月花、杨燕华、薛平智：《丝绸之路城市旅游经济带竞争力研究》，《生产力研究》2016年第8期。

12722 张毓、孙根年、苏建军：《丝绸之路经济带9省区国内旅游成长及增长惯性分析》，《干旱区资源与环境》2016年第8期。

12723 徐娟秀、郑蓓媛：《"一带一路"背景下甘肃文化旅游产业创新发展模式研究》，《旅游纵览（下半月）》2016年第9期。

12724 单浩杰：《基于"草原丝绸之路"文化背景下呼和浩特旅游业发展新思路研究》，《物流科技》2016年第10期。

12725 党婕、唐志强：《丝绸之路经济带旅游产业与城市化耦合协调研究——基于2003—2013年九省区市的面板数据》，《商业经济研究》2016年第10期。

12726 宋红娟、赵丽娟、蒋玉石：《丝绸之路网络视频旅游营销价值研究》，《商业研究》2016年第10期。

12727 李小明、王新文、张中华：《"新丝绸之路"经济带背景下的区域旅游合作发展模式研究》，《建筑与文化》2016年第11期。

12728 刘欢、杨德进、王红玉：《国内外海洋旅游研究比较与未来展望》，《资源开发与市场》2016年第11期。

12729 席蒙蒙：《咸阳市旅游产业融入"丝绸之路经济带"建设研究》，《经济研究导刊》2016年第11期。

12730 张碧兰、陈海童、李敏：《"一带一路"背景下浙江省海洋旅游发展研究》，《旅游纵览（下半月）》2016年第11期。

12731 杨兴华、黄运平：《广西合浦海上丝绸之路历史文化遗产及其旅游价值》，《旅游纵览（下半月）》2016年第11期。

12732 王昭旭、许浩丰、张丹丹：《"一带一路"背景下三亚疍家民俗旅游资源的保护与开发》，《旅游纵览（下半月）》2016年第12期。

12733 周伟伟：《新丝绸之路经济带背景下陕西旅游人才需求分析》，《现代商贸工业》2016年第13期。

12734 秦珊：《基于空间结构视角：丝绸之路旅游节事活动网络化发展模式构建》，《商》2016年第15期。

12735 蒋彩云：《"光明之路"经济政策背景下中哈旅游合作机遇探析》，《丝绸之路》2016年第18期。

12736 阚越：《丝绸之路经济带战略下中国新疆昭苏天马旅游节国际化发展研究》，《城市地理》2016年第20期。

12737　戴欣佚：《基于网络文本内容分析的江苏"丝绸之路"旅游发展研究》，《湖北函授大学学报》2016年第22期。

12738　李明、高院：《四川旅游业的发展机遇与挑战浅析——基于"一带一路"战略的思考》，《人间》2016年第24期。

12739　李秀花、王燕、曹相东、隋父苤：《丝绸之路经济带视野下新疆旅游业的优势及其发展》，《当代经济》2016年第26期。

12740　阴启峰、魏骊蓉：《新丝绸之路经济带下库尔勒市文化旅游产业的发展研究》，《中国商论》2016年第26期。

12741　杨健全、张闻笑：《丝绸之路背景下西安旅游业国际化发展对策建议》，《商情》2016年第42期。

12742　施清：《基于SWOT分析的"一带一路"背景下福州旅游业发展路径选择》，《环球市场信息导报》2016年第45期。

12743　李宁：《"丝绸之路经济带"背景下哈萨克斯坦旅游业发展及其与中国的合作》，《伊犁师范学院学报（社会科学版）》2017年第1期。

12744　王宏宇、杨欣：《汉中红古绿旅游资源整合发展研究——以丝绸之路经济带建设为背景》，《学理论》2017年第1期。

12745　邓颖颖、蓝仕皇：《南海文化遗产保护及其旅游开发利用研究——基于21世纪"海上丝绸之路"建设背景》，《贵州省党校学报》2017年第1期。

12746　罗景峰：《泉州海上丝绸之路文化遗产旅游开发适宜性评价研究》，《广东外语外贸大学学报》2017年第1期。

12747　文国繁：《"点—轴系统"理论下的丝绸之路经济带旅游空间结构研究》，《金融经济》2017年第2期。

12748　潘君喜、敖思：《"一带一路"助推黑井古镇旅游转型》，《四川旅游学院学报》2017年第2期。

12749　李佳晶、张银玲：《海上丝绸之路历史文化旅游资源的挖掘与提升——以广西玉林市为例》，《太原城市职业技术学院学报》2017年第2期。

12750　罗景峰：《泉州海上丝绸之路文化遗产旅游开发适宜性可变模糊评价》，《开发研究》2017年第2期。

12751　罗景峰：《泉州市海上丝绸之路文化遗产旅游开发适宜性评价的必要性和可行性分析》，《重庆文理学院学报（社会科学版）》2017年第2期。

12752　薛倍珍：《丝绸之路经济带陕甘段旅游空间结构研究——基于"点—轴"理论》，《金融经济》2017年第2期。

▶ 丝绸之路研究论文目录

12753　李金峰、时书霞、汪胜兰：《"一带一路"视阈下兰州智慧旅游建设研究》，《生产力研究》2017年第3期。

12754　闫红瑛：《"一带一路"战略背景下中国西藏与南亚相邻国家旅游合作与发展问题探析》，《西藏民族大学学报（哲学社会科学版）》2017年第3期。

12755　王海玉：《河南省旅游业与文化产业融合发展问题研究》，《创新科技》2017年第3期。

12756　王华、孙根年、田晓辉、林龙飞：《基于丝绸之路节点城市竞合的天水旅游分析》，《资源开发与市场》2017年第3期。

12757　曾慧娟、张雅萍：《闽西南四市生态旅游合作模式研究——基于"海上丝绸之路"建设背景》，《龙岩学院学报》2017年第3期。

12758　兰晓虹：《融入丝绸之路经济带的大同旅游业发展探析》，《山西大同大学学报（社会科学版）》2017年第3期。

12759　南宇、孙建飞、张萍：《丝绸之路背景下甘南藏族自治州旅游产业与文化产业融合问题研究》，《干旱区资源与环境》2017年第3期。

12760　白牧蓉：《丝绸之路文化旅游产业发展中公益信托的引入与制度构想》，《甘肃政法学院学报》2017年第3期。

12761　李琛、蔡梦琪：《中国陆上丝绸之路经济带旅游景区空间分异研究》，《北京联合大学学报》2017年第3期。

12762　冯学钢、唐睿：《"21世纪海上丝绸之路"沿线省市入境旅游市场效率研究》，《南京审计大学学报》2017年第4期。

12763　黄国灿：《厦门旅游业融合"21世纪海上丝绸之路"建设的对外开放发展研究》，《厦门特区党校学报》2017年第4期。

12764　吴珂：《丝绸之路经济带建设背景下我国西北省区旅游商品优化策略》，《新乡学院学报》2017年第4期。

12765　郝金磊、尹萌：《我国丝绸之路经济带旅游业效率及影响因素研究》，《资源开发与市场》2017年第4期。

12766　袁小玉、汤文霞：《新丝绸之路经济带西北五省旅游业发展战略思考》，《哈尔滨商业大学学报（社会科学版）》2017年第4期。

12767　李志勇：《"海上丝绸之路"背景下中国—东盟旅游合作内容、途径及政策建议》，《广东海洋大学学报》2017年第5期。

12768　张武康：《"丝绸之路"背景下陕西文化旅游产业国际竞争力演进评价》，《西安财经学院学报》2017年第5期。

12769 孟思源、王汉友、邹咏梅：《"一带一路"背景下江门"海上丝绸之路"申遗点旅游纪念品设计探究》，《艺术百家》2017年第5期。

12770 柯彬彬、张镒：《海上丝绸之路文化遗产廊道旅游价值评价》，《开发研究》2017年第5期。

12771 代道军、杨艳萍：《河西走廊佛教旅游资源研究》，《新西部（下旬刊）》2017年第5期。

12772 谷晓冰：《基于海上丝绸之路背景下的湛江海岛旅游开发及对策研究》，《四川旅游学院学报》2017年第5期。

12773 赵静、李树民：《丝绸之路经济带旅游合作障碍与对策研究》，《云南民族大学学报（哲学社会科学版）》2017年第5期。

12774 何淑英：《丝绸之路经济带沿线省份旅游效率测算及其驱动因素研究》，《青海师范大学学报（哲学社会科学版）》2017年第5期。

12775 陈逸平、柳路行：《丝绸之路视野下的天水旅游文化资源整合研究》，《旅游纵览（下半月）》2017年第5期。

12776 刘大中：《"21世纪海上丝绸之路"战略下的海南"全域旅游"发展研究》，《旅游纵览（下半月）》2017年第6期。

12777 何鑫：《"一带一路"战略背景下我国西部旅游发展的新思考》，《旅游纵览（下半月）》2017年第6期。

12778 张新萍：《瓜州文化旅游产业发展现状与对策研究》，《丝绸之路》2017年第6期。

12779 郑治伟：《基于茶文化的丝绸之路旅游文化经济带发展战略研究》，《福建茶叶》2017年第6期。

12780 李金峰、时书霞：《旅游产业与区域经济耦合协调度实证分析——以丝绸之路经济带甘肃段为例》，《成都师范学院学报》2017年第6期。

12781 师守祥：《丝绸之路旅游：多面挑战与突破口》，《旅游学刊》2017年第6期。

12782 柯彬彬、张镒：《文化遗产廊道旅游开发路径研究——以泉州为例》，《台湾农业探索》2017年第6期。

12783 郝金磊、尹萌、张启聪：《我国丝绸之路经济带旅游业效率研究》，《兰州财经大学学报》2017年第6期。

12784 翁花、孙凤、马芳、郭苗、张阳：《基于顾客体验的西安市"丝绸之路"主题酒店产品开发策略》，《知识经济》2017年第6期。

12785 唐睿、冯学钢、周成：《"丝绸之路经济带"入境旅游市场效率研究——基于西北五省（区）DEA-面板Tobit的实证》，《国际经贸探索》2017年第7期。

▶ 丝绸之路研究论文目录

12786 赵宏利、彭梓洺、陈修文、陈健：《茂名参与海上丝绸之路建设的旅游产品开发探讨》，《南方论刊》2017年第7期。

12787 张艳琴：《丝绸之路经济带战略下嘉峪关文化旅游产业融合发展研究——基于SWOT分析法》，《旅游纵览（下半月）》2017年第7期。

12788 栾福明、王芳：《丝绸之路新疆段文化遗址旅游资源时空分布特征研究》，《资源开发与市场》2017年第7期。

12789 庞莲荣、刘坤章：《"海上丝绸之路"视角下的湛江—东盟邮轮旅游通道构建》，《经济论坛》2017年第8期。

12790 王军：《"丝绸之路经济带"背景下甘肃省冰雪体育旅游资源开发策略研究》，《赤峰学院学报（自然科学版）》2017年第8期。

12791 王西娅：《丝绸之路经济带需求下陕西旅游产品创新开发路径研究》，《农村经济与科技》2017年第8期。

12792 朱晓翔：《中国与"海上丝绸之路"国家间旅游流双向互动关系分析》，《太平洋学报》2017年第8期。

12793 隋丽娜、郭昳岚、程圩、杨玮燕：《游客认知视角下我国丝绸之路目的地品牌伞的特征研究》，《资源开发与市场》2017年第9期。

12794 杨兴华、姚锦金：《"海上丝绸之路"旅游发展：泉州对合浦的启示》，《金融经济》2017年第10期。

12795 屈小爽：《"丝绸之路经济带"西北旅游城市旅游效率评价》，《统计与决策》2017年第10期。

12796 黄辰：《"一带一路"战略背景下云南旅游业对外开放合作问题探析》，《商场现代化》2017年第10期。

12797 杨林伟：《产业集群视角下丝绸之路经济带旅游业发展研究》，《知识经济》2017年第11期。

12798 杨培培：《云南开发丝绸之路体育旅游资源对策研究》，《运动》2017年第11期。

12799 张荣国、赵倩：《"一带一路"背景下区域旅游资源开发研究——以甘肃兴隆山为例》，《旅游纵览（下半月）》2017年第12期。

12800 冯燕：《基于丝绸之路建设视角下的泉州海丝文化旅游建设研究》，《现代营销（下旬刊）》2017年第12期。

12801 郭晶晶：《"丝绸之路经济带"战略背景下兰州市旅游业发展问题研究》，《山西农经》2017年第13期。

12802 崔新、谭益民、胡婧依：《丝绸之路经济带省域森林公园旅游产业偏离份额研究》，《现代商业》2017 年第 15 期。

12803 孙媛媛：《基于主成分分析法的省际旅游竞争力研究——以丝绸之路经济带沿线九省市为例》，《经济研究导刊》2017 年第 17 期。

12804 任珏奕、任磊：《谈南方丝绸之路上平乐古镇文化旅游产品开发》，《神州》2017 年第 19 期。

12805 杨培培：《云南省开发"丝绸之路"体育旅游的 SWOT 分析》，《运动》2017 年第 19 期。

12806 杨培培：《构建云南"丝绸之路体育旅游走廊"的研究》，《运动》2017 年第 21 期。

12807 菏泽市调研课题组：《丝绸之路经济带旅游产业的合作发展研究》，《大陆桥视野》2017 年第 21 期。

12808 姜萍：《丝绸之路甘肃段城市旅游发展现状及对策》，《经贸实践》2017 年第 22 期。

12809 耿丽：《陆上丝绸之路民族民间体育文化旅游产业发展初探》，《经济研究导刊》2017 年第 23 期。

12810 尹小英、邹佳秀、汪东：《基于佛教遗址玄奘西行路线的旅游开发》，《城市地理》2017 年第 24 期。

12811 张蓉、喻丽、巴胜超：《南方丝绸之路五尺道旅游开发研究——以盐津县豆沙段为例》，《名作欣赏》2017 年第 27 期。

12812 赵临龙：《基于中国南北旅游大通道的内蒙古中部地区旅游发展思考》，《经济研究导刊》2017 年第 33 期。

12813 王静飞：《21 世纪海上丝绸之路背景下舟山旅游资源开发研究》，《中国市场》2017 年第 34 期。

12814 刘寒冰：《新丝绸之路下的区域旅游翻译人才培养机制构建》，《经济研究导刊》2017 年第 34 期。

12815 樊一辰：《丝路文化背景下大汉上林苑保护与开发模式探究》，《经济研究导刊》2017 年第 35 期。

12816 林立军、蔺国伟：《河西走廊房车旅游发展及对策研究》，《河西学院学报》2018 年第 1 期。

12817 王琼、王珍珍：《闽台合力开拓海上丝绸之路旅游市场的路径研究》，《龙岩学院学报》2018 年第 1 期。

12818 李想、华旦扎西、李丹：《南方丝绸之路上藏族饮食文化旅游资源开发探析》，《四川旅游学院学报》2018 年第 1 期。

12819 郭爽、孙根年、申林林：《丝路经济带旅游枢纽城市定量测评：9个省会城市的比较》，《宁夏大学学报（自然科学版）》2018年第1期。

12820 方伟洁、袁英蕾、杜菲菲：《文化线路遗产旅游开发研究——以南方丝绸之路云南永昌段为例》，《四川民族学院学报》2018年第1期。

12821 王莉莉、肖雯雯：《"丝绸之路经济带"（中国段）城市群旅游空间网络结构研究》，《经济问题》2018年第2期。

12822 胡红梅：《"一带一路"建设下丝绸之路旅游品牌共享机制构建》，《改革与战略》2018年第2期。

12823 孙慧：《丝绸之路经济带在全球旅游价值链中的地位与作用》，《内蒙古社会科学（汉文版）》2018年第2期。

12824 李耀华、姚慧琴、王会战、刘必强：《新时代丝绸之路经济带跨国文化遗产旅游合作机制研究——基于中亚五国居民调研视角》，《西北大学学报（哲学社会科学版）》2018年第2期。

12825 陈艳丽：《"一带一路"生态旅游带发展模式与对策分析》，《中外交流》2018年第4期。

12826 刘秀秀、刘茜：《西北地区新丝绸之路经济带都市旅游核心竞争力探析》，《价值工程》2018年第4期。

体 育

12827 谷世权：《略论21世纪的丝绸之路体育文化》，《西安体育学院学报》1999年第2期。

12828 潘健：《丝绸之路"河西走廊"段全民健身服务体系示范工程建设研究》，《甘肃社会科学》2007年第2期。

12829 王天军、王珏瑞：《丝绸之路经济带战略构想下的体育文化交流研究》，《西安体育学院学报》2014年第6期。

12830 张洁：《丝绸之路经济带之莲湖区武术文化发展战略研究》，《青年文学家》2014年第36期。

12831 王继康、程娟：《以"丝绸之路经济带"为契机实现少数民族体育文化资源的开发》，《吉林省教育学院学报（下旬）》2015年第4期。

12832 赵亮、向斌：《丝绸之路经济带体育文化认同与价值需求》，《当代体育科技》2015年第6期。

12833 陈永浩、陈亮：《丝绸之路经济带视域下西安传统体育文化现代发展的机遇与挑战》,《才智》2015 年第 12 期。

12834　周兴、刘治国：《丝绸之路体育健身长廊项目建设的现状分析与思考》,《运动》2015 年第 23 期。

12835　刘贝：《丝绸之路经济带战略机遇下新疆少数民族体育发展探究》,《南京体育学院学报（自然科学版）》2016 年第 1 期。

12836　张金桥、邱茜：《我国丝绸之路沿线体育产业发展的优势与措施》,《四川体育科学》2016 年第 1 期。

12837　王宝庆：《新疆体育在丝绸之路经济带建设中的地位和作用》,《新疆职业大学学报》2016 年第 2 期。

12838　王颖：《"丝绸之路经济带"背景下新疆哈萨克传统体育文化发展机遇与对策研究》,《新疆教育学院学报》2016 年第 4 期。

12839　陈正权：《丝绸之路体育健身长廊项目建设的现状分析与思考》,《丝路视野》2016 年第 10 期。

12840　史文生：《榆林在丝绸之路经济带背景下举办大型体育赛事对城市发展的研究》,《价值工程》2017 年第 1 期。

12841　洪浩：《"一带一路"：武术国际推广新机遇》,《武术研究》2017 年第 2 期。

12842　史文生：《榆林体育文化对"丝绸之路经济带"建设的贡献度研究》,《经济研究导刊》2017 年第 3 期。

12843　张新辉、赵凤霞：《"丝绸之路经济带"背景下新疆体育文化交流发展及对策研究》,《四川体育科学》2017 年第 4 期。

12844　万晓红、王海明：《以数字技术驱动和建构丝绸之路民族体育文化认同》,《武汉体育学院学报》2017 年第 11 期。

12845　张朝霞：《丝绸之路经济带战略下甘肃体育产业发展的 SWOT 分析及路径选择研究》,《甘肃科技》2017 年第 12 期。

12846　马文玉、张明杨：《丝绸之路经济带背景下新疆体育文化产业发展现状调查及对策研究》,《当代体育科技》2017 年第 21 期。

12847　吴庭柱：《"丝绸之路经济带"视域下兰州新区体育产业发展研究》,《当代体育科技》2017 年第 27 期。

12848　梁托托、杜学工：《"丝绸之路经济带"战略机遇下新疆少数民族体育的发展》,《经济研究导刊》2017 年第 30 期。

文化艺术

文化遗产保护

12849 何振良：《略论泉州"海上丝绸之路"文化遗产及其保护与开发》，《闽都文化研究》上，福州：海峡文艺出版社，2004年。

12850 刘睿文、刘衡：《多国联合申报世界文化遗产模式的引入——以丝绸之路为例》，《经济地理》2005年第2期。

12851 贾东：《环塔里木非物质文化遗产的现状及其保护》，《塔里木大学学报》2005年第3期。

12852 贾东：《浅析汉民族物质文化遗产在南疆的濒危现状》，《塔里木大学学报》2006年第1期。

12853 周荣、朱利民、王娟蓉：《构建西部丝绸之路沿线非物质文化保护体系》，《西安文理学院学报（社会科学版）》2007年第3期。

12854 邓华陵：《丝绸之路申报世界遗产的理论与实践》，《西北师大学报（社会科学版）》2007年第6期。

12855 李林：《文化线路与"丝绸之路"文化遗产保护探析》，《新疆社会科学（汉文版）》2008年第3期。

12856 吕丽辉：《国际视野下的文化遗产保护与利用》，《学习与探索》2008年第5期。

12857 吴建国：《以世界文化遗产的视角看南方丝绸之路——兼谈南方丝路申报世界文化线路遗产问题》，《中华文化论坛》2008年增刊第2期。

12858 陈艳：《线路遗产与"海上丝绸之路"个案研究——以海上丝绸之路（中国宁波段）为例》，《世界遗产论坛》，兰州：西北大学出版社，2009年。

12859 顾风、刘尚杰：《申遗视野下的海上丝绸之路和扬州价值》，《扬州文化研究论丛》第4辑，扬州：广陵书社，2009年。

12860 张益、谢青桐：《文明的空间联系：大运河、新安江和徽杭古道构建的徽商文化线路》，《扬州文化研究论丛》第3辑，扬州：广陵书社，2009年。

12861 李并成：《世界文化遗产视野中的锁阳城遗址》，《丝绸之路》2009年第4期。

12862 梁涛：《新疆地区土遗址病害类型及成因初步分析》，《考古与文物》2009年第5期。

12863 李最雄、赵林毅、孙满利：《中国丝绸之路土遗址的病害及 PS 加固》，《岩石力学与工程学报》2009 年第 5 期。

12864 李勇锋：《简论丝绸之路甘肃段物质文化遗产》，《丝绸之路》2009 年第 8 期。

12865 袁刚、焦黎、袁洪渝：《龟兹石窟申报世界文化遗产的问题分析——以克孜尔千佛洞为例》，《科技信息》2009 年第 36 期。

12866 宋梅、张泰琦：《高校文化展馆在非物质文化遗产保护中的作用与地位——以塔里木大学西域文化研究所展馆为例》，《塔里木大学学报》2010 年第 1 期。

12867 南宇、李兰军：《丝绸之路中国段跨国申报世界遗产理论与实践的意义和价值》，《宁夏大学学报（人文社会科学版）》2010 年第 1 期。

12868 马建军：《丝绸之路"宁夏段"申报世界文化遗产预备点突出的普遍价值》，《宁夏师范学院学报》2010 年第 4 期。

12869 盛春寿：《大型文物保护项目组织管理运作初探——以丝绸之路新疆段大遗址抢救保护项目为例》，《敦煌研究》2010 年第 6 期。

12870 孙满利、王旭东、李最雄：《西北地区土遗址病害》，《兰州大学学报（自然科学版）》2010 年第 6 期。

12871 强进前、杨路军：《河西走廊古城堡遗址考证及其保护与开发》，《丝绸之路》2010 年第 12 期。

12872 杨静：《学术整合与文化自觉——南方丝绸之路视野下的非物质文化遗产研究》，《中华文化论坛》2011 年第 4 期。

12873 南宇、杨永春：《构建西部丝绸之路沿线非物质文化遗产传承保护开发体系研究》，《宁夏社会科学》2011 年第 5 期。

12874 乌布里·买买提艾力：《对 UNESCO 援助库木吐喇石窟保护项目的思考》，《敦煌研究》2011 年第 6 期。

12875 胡潇：《丝绸之路文化遗产在现当代的艺术表现与拓展》，《社科纵横》2011 年第 6 期。

12876 南宇：《简析西北丝绸之路区非物质文化遗产保护与开发》，《丝绸之路》2012 年第 4 期。

12877 胡永祥：《原州区丝路文化遗产土遗址保护的现状及对策》，《宁夏师范学院学报》2013 年第 2 期。

12878 张安福：《新疆丝绸之路中道历史文化遗存保护现状及对策研究》，《石河子大学学报（哲学社会科学版）》2013 年第 3 期。

12879 骆文伟：《作为文化线路的"海上丝绸之路：泉州史迹"遗产保护研究》，《福建省社会主义学院学报》2013 年第 6 期。

▶ 丝绸之路研究论文目录

12880 张安福、田海峰：《新疆丝路中道汉唐历史遗存现状及保护研究》，《新疆师范大学学报（哲学社会科学版）》2013年第6期。

12881 张男、刘洋：《丝绸之路申遗工程遗址服务站研究型设计》，《建筑学报》2013年第9期。

12882 旷薇、邵磊：《丝绸之路商贸城市布哈拉古城保护与利用》，《中国名城》2013年第12期。

12883 孟霞：《对丝绸之路申遗过程中文化对话的几点思考》，《丝绸之路》2013年第18期。

12884 杨永生：《浅述金塔文化遗产的保护与利用》，《丝绸之路》2013年第22期。

12885 任克彬、赵刚：《"丝绸之路：起始段与天山廊道的路网"遗产点申遗工程的几点思考——以新安汉函谷关遗址为例》，《文物建筑》第7辑，北京：科学出版社，2014年。

12886 宋平：《广州海上丝绸之路文物与文化史迹展示的现状与思考》，《城市观察》2014年第4期。

12887 李永生：《LensphotoV2.0在丝绸之路申遗文物信息获取的应用研究》，《矿山测量》2014年第4期。

12888 张祖群、胡丽萍：《快速城市化进程中文物遗址保护的困境与突破——以京杭大运河、安阳殷墟、丝绸之路为例》，《上海城市管理》2014年第5期。

12889 强进前：《平凉古城堡遗址的保护与开发探析》，《黑龙江史志》2014年第11期。

12890 王路平：《基于SWOT分析的西安市丝绸之路文化遗产、文化产业发展途径》，《丝绸之路》2014年第14期。

12891 马玉萍：《丝绸之路与甘肃的世界文化遗产》，《丝绸之路》2014年第15期。

12892 刘红雨：《非物质文化遗产的传承开发研究——以丝绸之路为例》，《中外企业家》2014年第16期。

12893 孙斐：《浅谈丝绸之路驿站上的宝鸡历史文化遗产》，《科教导刊》2014年第23期。

12894 林雨萌、徐凯：《丝绸之路沿线地区居民文化遗产保护意识研究——以汉长安城遗址为例》，《南风》2014年第33期。

12895 杜青松、刘永团、许磊：《丝绸之路甘肃段石窟类世界文化遗产的地学基础与保护——以敦煌莫高窟为例》，《石窟寺研究》第6辑，北京：科学出版社，2015年。

12896 伦珠旺姆：《丝路非遗：〈格萨尔〉文化的多样性》，《中外文化与文论》第31

辑，成都：四川大学出版社，2015 年。

12897　才让：《交流与共享：丝绸之路上的藏文化遗产》，《中外文化与文论》第 31 辑，成都：四川大学出版社，2015 年。

12898　康晨：《丝绸之路遗迹的文化价值及其开发分析》，《西安石油大学学报（社会科学版）》2015 年第 1 期。

12899　陶长雨：《新形势下"南丝路申遗"面临的机遇和挑战》，《云南开放大学学报》2015 年第 1 期。

12900　徐桂玲、梁涛：《通古斯巴西古城遗址前期保护研究》，《新疆大学学报（哲学·人文社会科学版）》2015 年第 2 期。

12901　张祖群：《"丝绸之路：长安和天山廊道的路网"申请世界文化遗产的政府规治》，《美与时代·城市》2015 年第 3 期。

12902　刘珺：《丝绸之路非物质文化遗产的管理模式》，《郑州航空工业管理学院学报》2015 年第 3 期。

12903　潘竟虎、潘发俊：《认识保护"两关"文化传承创新华夏文明》，《克拉玛依学刊》2015 年第 3 期。

12904　徐桂玲、李春长：《通古斯巴西古城遗址土体特性及 PS 加固试验》，《文物保护与考古科学》2015 年第 4 期。

12905　张镒、柯彬彬、苏欣慰：《海上丝绸之路遗产廊道构建设想及原理——基于"21 世纪海上丝绸之路"战略背景》，《云南地理环境研究》2015 年第 5 期。

12906　陈同滨：《丝绸之路跨国申遗国际语境中的探索、创新与协作》，《世界遗产》2015 年第 5 期。

12907　李路平：《围绕世界遗产价值体现的风景名胜区总体规划——以麦积山国家级风景名胜区为例》，《西部人居环境学刊》2015 年第 5 期。

12908　强进前：《变迁与传承：丝绸之路经济带甘肃段文化遗址的价值特征》，《河西学院学报》2015 年第 6 期。

12909　郑国穆：《甘肃陇东地区茶马古道文化遗产考察研究——甘肃茶马古道文化线路遗产考察之三》，《天水师范学院学报》2015 年第 6 期。

12910　龙志坤：《在丝绸之路文化线路遗产框架下谈南海 I 号申遗》，《丝绸之路》2015 年第 8 期。

12911　吴基伟：《酒泉世界文化遗产"赋能"激活路径研究》，《丝绸之路》2015 年第 14 期。

12912　赵梦涵：《丝绸之路"申遗"与喀什文化遗产的保护利用》，《青年时代》2015 年第 15 期。

▶ 丝绸之路研究论文目录

12913 惠小峰、方晶：《试论丝路开发与沿线文物遗址保护》，《建筑工程技术与设计》2015 年第 18 期。

12914 齐卫颖、谈星东：《线性文化遗产智慧导览服务研究——以丝绸之路（中国段）文化遗产为例》，《丝绸之路》2015 年第 20 期。

12915 翟禹：《草原丝绸之路历史文化遗产的保护与开发研究——以汉代居延甲渠塞遗址群为个案考察》，《地方文化研究辑刊》第 10 辑，成都：四川大学出版社，2016 年。

12916 徐卫民、裴蓓：《商于古道历史文化及其开发利用》，《秦汉研究》第 10 辑，西安：陕西人民出版社，2016 年。

12917 翟禹：《汉代甲渠塞遗址群遗产构成及文化价值——居延遗址群保护利用研究之一》，《广播电视大学学报（哲学社会科学版）》2016 年第 1 期。

12918 吕舟：《文化遗产视野下的"丝绸之路"》，《遗产与保护研究》2016 年第 1 期。

12919 柯彬彬、张镒：《海峡西岸遗产廊道构建意义及谋略》，《岭南师范学院学报》2016 年第 1 期。

12920 林蓁：《南海水下文化遗产保护合作机制的可行性研究——基于建设 21 世纪海上丝绸之路视角》，《海南大学学报（人文社会科学版）》2016 年第 2 期。

12921 苏静、赵娜：《试论"丝绸之路"上的文化遗存现状与开发保护》，《文艺生活·文艺理论》2016 年第 2 期。

12922 曹铭婧、邵振宇：《从丝绸之路到世界遗产探析》，《遗产与保护研究》2016 年第 2 期。

12923 易西兵：《广州海上丝绸之路史迹的文化内涵与遗产价值》，《岭南文史》2016 年第 2 期。

12924 张镒、柯彬彬：《空间视角下海上丝绸之路文化遗产廊道构建研究——广东沿海地区为例》，《云南地理环境研究》2016 年第 3 期。

12925 翟禹：《唐代大同城遗址的遗产构成及文化价值——居延遗址群保护利用研究之三》，《广播电视大学学报（哲学社会科学版）》2016 年第 3 期。

12926 童明康：《文化线路的研究与保护》，《四川文物》2016 年第 3 期。

12927 张镒、柯彬彬：《广东沿海地区文化遗产空间分布特征及影响因素》，《海南师范大学学报（自然科学版）》2016 年第 4 期。

12928 翟禹：《内蒙古额济纳旗唐代大同城遗址保护展示探讨——居延遗址群保护利用研究之四》，《昆明学院学报》2016 年第 4 期。

12929 杨巨平：《远东希腊化文明的文化遗产及其历史定位》，《历史研究》2016 年第

5 期。

12930 赵云、王毅：《从文化线路到跨海和声关于海丝申遗策略的思考》，《世界遗产》2016 年第 6 期。

12931 翟禹：《汉代居延甲渠塞遗址群保护展示探讨——居延遗址群保护利用研究之二》，《赤峰学院学报（哲学社会科学版）》2016 年第 7 期。

12932 童瑞雪、傅玥：《线性文化遗产保护与利用的初步探索——以"茶马古道"雅安段为例》，《中华文化论坛》2016 年第 7 期。

12933 叶文佳：《关于丝绸之路驿站景观改造建议——以改造兰州火车站景观为例》，《建筑工程技术与设计》2016 年第 8 期。

12934 萨如拉、张银花：《草原丝绸之路文化遗产的保护与开发》，《学理论》2016 年第 8 期。

12935 杜艳：《陕西省丝绸之路世界文化遗产美术文化资源保护与开发研究》，《美与时代（中旬刊）·美术学刊》2016 年第 12 期。

12936 杨生举、周明全、赵凡：《新丝路经济带文化遗产数字化保护及发展对策研究》，《甘肃科技》2016 年第 16 期。

12937 徐子明：《从文物古迹看南江流域对海陆丝绸之路的对接作用》，《丝绸之路》2016 年第 22 期。

12938 王宏宇：《在"一带一路"的历史机遇下做好非物质文化遗产保护工作》，《魅力中国》2016 年第 25 期。

12939 贾鹏、龙安辉：《丝绸之路中武威天梯山石窟遗址的现状研究》，《人间》2016 年第 28 期。

12940 韩炜师：《从海上丝绸之路的遗产价值探讨文化遗产保护的理念》，《文物世界》2017 年第 1 期。

12941 李丕宇：《"一带一路"背景下"丝绸之路"历史文化遗产研究的双向视域》，《齐鲁艺苑》2017 年第 2 期。

12942 丁方、史蕊：《"一带一路"物质文化遗产的保存与修复研究》，《艺术百家》2017 年第 2 期。

12943 田心：《广西钦州"海上丝绸之路"历史文化遗址考证及评析》，《钦州学院学报》2017 年第 2 期。

12944 袁峥嵘、王小文：《丝绸之路经济带建设与中国非物质文化遗产立法保护》，《长安大学学报（社会科学版）》2017 年第 2 期。

12945 刘珺、郝索、余洁：《丝绸之路经济带文化遗产保护的基础、困境与合作研究》，《西安财经学院学报》2017 年第 2 期。

12946　唐飞：《蜀道遗产的研究与保护刍议》，《遗产与保护研究》2017年第2期。

12947　王媛、胡惠林：《以丝绸之路资源的共享性开发促进非遗保护与发展》，《丝绸之路》2017年第4期。

12948　张安福：《塔里木盆地历史文化遗产保护的特殊性分析》，《西北大学学报（哲学社会科学版）》2017年第4期。

12949　张镒、柯彬彬：《文化遗产廊道构建影响因素及适宜性评价——以海上丝绸之路为例》，《台湾农业探索》2017年第6期。

12950　李尔吾、张良：《丝绸之路世界遗产日常监测工作中的问题与对策研究》，《遗产与保护研究》2017年第6期。

12951　夏克尔江·牙生：《高昌故城土遗址保护措施研究》，《文艺生活·中旬刊》2017年第7期。

12952　周和平：《丝绸之路与非物质文化遗产》，《西部大开发》2017年第9期。

12953　金宁：《丝路开发与沿线文物遗址保护思考》，《收藏与投资》2017年第10期。

12954　宋梦珂、包亚芳：《论线性文化遗产的保护与发展——以丝绸之路为例》，《建筑与文化》2017年第11期。

12955　崔文河、王炜、令狐梓燃：《民族地区聚落景观与民居特质保护传承研究——以丝绸之路甘青段为例》，《中国名城》2017年第12期。

12956　李晓梅：《丝绸之路中国段的遗产廊道保护开发研究》，《城市地理》2017年第12期。

12957　张婧、任云英：《丝绸之路陇右南道甘肃东段典型城镇历史文化遗产保护现状》，《城市建筑》2017年第33期。

文化传承与发展

12958　霍旭初：《也谈"振兴丝绸之路音乐"》，《人民音乐》1987年第1期。

12959　周菁葆：《振兴丝绸之路音乐》，《人民音乐》1987年第1期。

12960　王智娟：《"文化整合"语境下的西域文化》，《西北民族研究》2004年第3期。

12961　牛云峰：《文化线路与丝绸之路（新疆段）民族文化资源开发——以库车—新和段为例》，《乌鲁木齐职业大学学报》2008年第4期。

12962　艾娣雅：《丝路遗产与维吾尔木卡姆传承》，《丝绸之路》2009年第10期。

12963　张开城：《论广东海上丝绸之路文化资源的开发利用》，《南方论刊》2011年第11期。

12964　屈华：《丝绸之路经济带战略下终南山文化生态的保护》，《咸阳师范学院学报》2014 年第 6 期。

12965 吴绒：《丝绸之路经济带陕西段文化资源深度开发研究》，《丝绸之路》2014 年第 18 期。

12966 黄文睿：《丝绸经济战略带下兰州历史文化的传承与发展》，《产业与科技论坛》2014 年第 22 期。

12967 段莹：《丝绸之路沿线城市文化发展研究》，《城市建设理论研究（电子版）》2014 年第 30 期。

12968 阎金明：《丝绸之路的文化传承与大陆桥发展新思路》，《理论与现代化》2015 年第 1 期。

12969 阎金明：《丝绸之路的文化传承与当代发展新思路》，《天津市社会主义学院学报》2015 年第 1 期。

12970 赵旭东：《新问题意识下的"新丝路"——"丝绸之路经济带"与文化转型研究》，《原生态民族文化学刊》2015 年第 2 期。

12971 管雪竹：《简述西南地区丝绸之路的文化影响及其传承与保护》，《丝绸之路》2015 年第 6 期。

12972 赵逵夫：《"一带一路"的战略构想与丝绸之路的文化传统》，《甘肃社会科学》2015 年第 6 期。

12973 刘玉琴：《构建丝绸之路视域下诺鲁孜节的时代价值浅析》，《边疆经济与文化》2015 年第 10 期。

12974 崔娜：《丝绸之路经济带宁夏地域文化发展研究》，《散文百家（下）》2015 年第 12 期。

12975 薛睿：《丝绸之路陕西大遗址文化产业开放型发展研究》，《全国商情·理论研究》2015 年第 31 期。

12976 黄洁琼：《一带一路背景下客家文化的传承和发展》，《赣南师范学院学报》2016 年第 1 期。

12977 罗莉：《从云南看民族文化产业的培育与发展》，《云南民族大学学报（哲学社会科学版）》2016 年第 5 期。

12978 赵涛：《关于丝绸之路建设中文化发展思路的思考》，《丝路视野》2016 年第 5 期。

12979 林莉：《浅析丝绸之路建设对新疆哈萨克族文化的影响》，《企业文化（中旬刊）》2016 年第 10 期。

12980 张青霞：《"一带一路"战略背景下的中原地域文化保护与传承研究》，《绿色环保建材》2016 年第 12 期。

12981　万明：《东亚海上丝绸之路文化资源的传承与创新》，《丝绸之路》2016年第20期。

12982　来永红：《丝绸之路的文化内涵及其当代价值探析》，《丝绸之路》2016年第24期。

12983　曾欣：《探究一带一路的文化建设和丝绸之路的文化复兴》，《才智》2016年第27期。

12984　赵妮：《"丝绸之路"题材舞剧的民族化风格呈现——从〈丝路花雨〉到〈丝绸之路〉与〈丝路长城〉》，《北京舞蹈学院学报》2017年第1期。

12985　李西建：《"丝绸之路"与当代文艺创新》，《兰州学刊》2017年第2期。

12986　尹伶俐：《21世纪海上丝绸之路海洋文化传承与创新的局限性研究》，《广州航海学院学报》2017年第3期。

12987　郑剑玲：《当代中国海洋文化发展力与21世纪海上丝绸之路建设》，《创新》2017年第4期。

12988　闫炜炜：《新疆民族文化转型与社会发展关系研究》，《实事求是》2017年第4期。

12989　袁晓璐：《"一带一路"下中国美术发展的历史基础》，《中国民族博览》2017年第4期。

12990　吴碧英：《传承与发展"海上丝绸之路"文化——以福州市为例》，《济宁学院学报》2017年第6期。

12991　黄国灿：《"21世纪海上丝绸之路"战略下文化档案品牌资源保护研究——以泉州市为例》，《辽宁经济》2017年第7期。

12992　王安潮：《从史料真实挖掘"丝路"题材真情从戏剧手法发扬舞剧张弛——舞剧〈传丝公主〉评析》，《音乐生活》2017年第10期。

12993　蒲向明：《陇东南丝绸之路祖脉文化资源现实意义臆说》，《甘肃高师学报》2018年第1期。

12994　刘昭、张丽丽：《丝绸之路染缬文化资源的多维发展研究》，《中国报业》2018年第4期。

文化交流与传播

12995　陈育宁：《丝绸之路的文化交流对宁夏地区的影响》，《西北史地》1995年第1期。

12996　陈育宁：《丝绸之路的文化交流对宁夏地区的影响》，《宁夏社会科学》1995年第 4 期。

12997　白昆亭：《新疆美术创新应注重弘扬西域优秀文化传统》，《新疆艺术学院学报》2004 年第 3 期。

12998　李开荣：《新疆当代美术发展与丝路文化精神的弘扬》，《新疆艺术学院学报》2011 年第 2 期。

12999　顾华详：《论"丝绸之路经济带"视域下的文化交流》，《克拉玛依学刊》2014 年第 2 期。

13000　顾华详：《论丝绸之路经济带文化交流视域下的社会事业发展》，《乌鲁木齐职业大学学报》2014 年第 2 期。

13001　顾华详：《共建丝绸之路经济带的新疆文化交流战略》，《陕西学前师范学院学报》2014 年第 4 期。

13002　金荣：《浅析中国—东盟文化交流在 21 世纪海上丝绸之路的影响及前景》，《广西社会主义学院学报》2014 年第 5 期。

13003　胡雅：《重建丝绸之路的对外文化传播策略研究》，《今传媒（学术版）》2014 年第 6 期。

13004　周静、吴旭：《"丝绸之路"经济交流与文化传播动机问题研究》，《中外文化与文论》第 31 辑，成都：四川大学出版社，2015 年。

13005　顾华详：《"丝绸之路经济带"视野下新疆文化交流的优势与劣势分析》，《克拉玛依学刊》2015 年第 2 期。

13006　赵天：《共建丝绸之路经济带的文化交流战略研究》，《新疆社会科学（汉文版）》2015 年第 2 期。

13007　包来军：《让草原丝绸之路纪录片推动草原文化的传播》，《内蒙古广播与电视技术》2015 年第 4 期。

13008　周晨：《论福建钢琴音乐对外开放新战略》，《湖北第二师范学院学报》2015 年第 4 期。

13009　吴延：《传播学视域下的丝绸之路音乐文化的交流与融合》，《音乐天地》2015 年第 5 期。

13010　顾华详：《丝绸之路经济带的中国文化交流服务体系》，《重庆社会科学》2015 年第 5 期。

13011　王景华、韩振丽：《丝绸之路经济带建设中的多元文化交往与民心相通研究》，《新疆社会科学（汉文版）》2015 年第 6 期。

13012　丁丽：《陕西文化在丝绸之路经济带中的传播研究》，《今传媒（学术版）》2015 年第 8 期。

▶ 丝绸之路研究论文目录

13013 刘诗苑、丁乙：《中国"一带一路"战略对南太岛国的影响——中国传统文化影响下的文化合作前景》，《湖北科技学院学报》2015年第9期。

13014 郑士鹏：《一带一路建设中文化交流机制的构建》，《学术交流》2015年第12期。

13015 马玲：《"一带一路"背景下丝绸之路国际电影节的功能及推广策略探析》，《西部学刊》2015年第13期。

13016 蒙胜军、迟凯文：《传播学视域下"秦、汉、唐"文化对当前国家形象传播的价值与意义（上）》，《西部学刊》2015年第13期。

13017 刘婷：《丝绸之路经济带建设中的中国文化传播——以核心段中亚地区的汉语传播为视角》，《人文天下》2015年第20期。

13018 刘斯琴高娃、王强：《一带一路战略下民族文化的传播路径分析》，《人才资源开发》2015年第22期。

13019 唐月民：《"一带一路"战略下我国对外文化贸易格局的新变化及路径选择》，《文化产业研究》第12辑，南京大学出版社，2016年。

13020 段京肃、段雪雯：《丝绸之路文化传播力的传承与发展》，《当代传播》2016年第1期。

13021 王少鹏：《"一带一路"战略与跨文化交流》，《陕西行政学院学报》2016年第2期。

13022 刘颖：《加强新疆对外文化交流促进丝绸之路经济带核心区建设》，《实事求是》2016年第2期。

13023 甄晓英：《丝绸之路经济带建设背景下甘肃文化走出去战略研究与思考》，《生产力研究》2016年第2期。

13024 蒙胜军、迟凯文：《传播学视域下"秦、汉、唐"文化对当前国家形象传播的价值与意义（下）》，《西部学刊》2016年第2期。

13025 马海生：《中华乐舞海外传播模式研究》，《音乐探索》2016年第2期。

13026 于营：《传统海洋文化视角下中国与东南亚的交流》，《北华大学学报（社会科学版）》2016年第3期。

13027 双传学：《"一带一路"视阈下的我国文化开放战略》，《东岳论丛》2016年第5期。

13028 田晖：《协同学视角下的"丝绸之路经济带"跨文化融合研究》，《求索》2016年第5期。

13029 祁伟：《"一带一路"背景下跨文化交流的策略研究》，《重庆三峡学院学报》2016年第6期。

13030 马东平、金蓉：《丝绸之路甘肃段上的文化交流及其所体现的精神》，《中国西部》2016 年第 6 期。

13031 曹小晶、周文会：《"丝绸之路国际电影节"的特色及未来》，《电影新作》2016 年第 6 期。

13032 靳晶：《构建中华文化丝绸之路：中华价值观输出方式研究》，《新疆社会科学（汉文版）》2016 年第 6 期。

13033 方创琳、鲍超、马海涛、罗奎：《丝绸之路经济带中哈国际合作示范区人文社会交流合作重点与路径》，《干旱区地理》2016 年第 6 期。

13034 南长森、南冕：《丝绸之路经济带的历史格局与民俗文化视像传播研究》，《保定学院学报》2016 年第 6 期。

13035 罗子婵、王冠威、王展宇：《"一带一路"视野下汕头打造海外华侨华人文化交流平台》，《市场周刊（理论研究）》2016 年第 7 期。

13036 秦冬雪：《丝绸之路文化传播与经贸发展关系研究》，《经营管理者》2016 年第 8 期。

13037 项阳：《一带一路与中国音乐"特色话语"》，《中国文艺评论》2016 年第 9 期。

13038 王媛媛：《"一带一路"沿线文化研究之柬埔寨文化研究》，《丝绸之路》2016 年第 10 期。

13039 付再学：《一带一路建设中对外文化交流机制研究》，《人民论坛》2016 年第 11 期。

13040 项阳：《一带一路与中国音乐"特色话语"》，《艺术评论》2016 年第 12 期。

13041 王端薛：《丝绸之路文化与西安地铁公共艺术设计研究——以地铁三号线为例》，《建筑工程技术与设计》2016 年第 16 期。

13042 史一丰：《基于"一带一路"发展战略视野对徽州民歌传播的推动研究》，《兴义民族师范学院学报》2017 年第 1 期。

13043 廖中武：《"21 世纪海上丝绸之路"战略中妈祖文化的传播研究》，《中共福建省委党校学报》2017 年第 2 期。

13044 王治来：《丝绸之路的历史文化交流与"一带一路"建设》，《西域研究》2017 年第 2 期。

13045 黄丹麾：《丝绸之路与美术创作之关系反思》，《梧州学院学报》2017 年第 4 期。

13046 张瑞坤：《丝绸之路经济带建设中草原文化传播研究》，《名作欣赏》2017 年第 6 期。

13047 陶克套、李梅英、希力木格：《"丝绸之路经济带"建设中草原文化走出去的路径选择——三论草原文化与草原丝路沿线文化》，《实践（思想理论版）》2017年第10期。

13048 石庆：《文化传播视野下的中国传统烹饪技艺与"一带一路"的关系》，《现代食品》2017年第10期。

13049 胡关子：《"一带一路"建设中的文化联接研究》，《决策与信息（上旬刊）》2017年第11期。

13050 郭媛媛：《从"一带一路"看东西方音乐文化的碰撞与融合》，《北方文学（中旬刊）》2017年第11期。

13051 张辽辽、王红：《浅析"一带一路"下中华文化的再次传播》，《改革与开放》2017年第18期。

13052 李慧慧、靳军军：《丝绸之路美术文化传播探究》，《中外交流》2017年第33期。

13053 马廷魁：《丝绸之路语境下甘肃文化外向传播模式的创新》，《宁波职业技术学院学报》2018年第1期。

13054 龙建宇：《丝绸之路的历史文化交流与一带一路建设研究》，《青春岁月》2018年第2期。

文化建设

13055 孟驰北：《草原文化与西域艺术散论》，《文艺研究》1995年第5期。

13056 杨匡汉：《澳门的文化价值与建设运作》，《中国社会科学院研究生院学报》1999年第4期。

13057 段云奎：《澳门文化面面观》，《决策与信息》1999年第5期。

13058 张英：《刍议馆藏文物的文化艺术魅力——以丝绸之路甘肃段相关博物馆、文物保护遗址为例》，《丝绸之路》2012年第10期。

13059 车凯龙：《试论发挥文化在丝绸之路经济带中的作用》，《新西部（下旬刊）》2014年第6期。

13060 惠霞：《丝绸之路经济带历史文化资源的整合管理——以关中—天水经济区为例》，《中文信息》2014年第9期。

13061 程圩、隋丽娜：《丝绸之路经济带建设中的民办博物馆发展研究——以西安为例》，《丝绸之路》2014年第18期。

13062 惠霞：《丝绸之路经济带历史文化资源综合管理模式的建构维度》，《教育界》

2014 年第 24 期。

13063 李焕：《丝绸之路经济带中的陕西文化先行战略研究》，《陕西行政学院学报》2015 年第 1 期。

13064 赵宪军：《丝绸之路甘肃地域文化探析》，《中央社会主义学院学报》2015 年第 3 期。

13065 郑松辉：《潮汕海盗文化的"海丝"遗产价值研究》，《地方文化研究》2015 年第 5 期。

13066 陈曦：《丝绸之路经济带建设背景下陕西文化软实力发展研究》，《理论导刊》2015 年第 6 期。

13067 伍庆：《21 世纪海上丝绸之路背景下建设面向东南亚的离岸文化中心研究》，《学术论坛》2015 年第 7 期。

13068 陈同滨、傅晶、刘剑、王力军、蔡超、李琛、徐新云、苏春雨、李敏、韩真元、王敏、周伟、吴东、于文洪、尹航、钟彦华：《超大型文化线路"丝绸之路"遗产的研究与保护》，《建设科技》2015 年第 10 期。

13069 巨虹：《丝路黄金段文化资源在中华文化格局中的地位及前景》，《淮海工学院学报（人文社会科学版）》2015 年第 11 期。

13070 尹照东：《丝绸之路视阈下研究边境地区农村群众文化工作》，《新丝路（下旬）》2015 年第 12 期。

13071 于海凤：《"一带一路"背景下喀什民间艺术人才开发研究》，《农村经济与科技》2015 年第 12 期。

13072 屈燕妮：《草原文化开放融入"丝绸之路经济带"建设的思考》，《商业经济研究》2015 年第 28 期。

13073 张纵远、杨正军：《"一带一路"战略背景下的广西海洋文化研究》，《武汉冶金管理干部学院学报》2016 年第 1 期。

13074 张开城：《比较视野中的中华海洋文化》，《中国海洋大学学报（社会科学版）》2016 年第 1 期。

13075 纳文汇：《回族文化与"一带一路"背景下南方丝绸之路的重构》，《青海民族大学学报（社会科学版）》2016 年第 2 期。

13076 黎远波、李国荣：《"海丝精神"下国家文化软实力提高策略探究》，《经济与社会发展》2016 年第 2 期。

13077 何成学：《"一带一路"背景下中国—东盟文化中的广西元素及其思考》，《桂海论丛》2016 年第 2 期。

13078 顾华详：《丝绸之路经济带视野下新疆文化交流的挑战与机遇》，《新疆社会科学（汉文版）》2016年第2期。

13079 唐建军：《建设丝绸之路经济带核心区文化中心的基本语境与路径》，《新疆社科论坛》2016年第2期。

13080 陈强：《"人类命运共同体"的文化构建与"精神丝绸之路"》，《西北民族大学学报（哲学社会科学版）》2016年第4期。

13081 黄晓宇、丁玲玲：《情系海丝遗存再创海丝辉煌——泉州回族社区"海丝"文化资源调查研究》，《兰州教育学院学报》2016年第5期。

13082 范周、周洁：《"一带一路"战略背景下的中国文化软实力建设研究》，《同济大学学报（社会科学版）》2016年第5期。

13083 涂茵：《西游记文化在连云港市构建"一带一路"交汇点中的作用》，《淮海工学院学报（人文社会科学版）》2016年第6期。

13084 钟天娥：《习近平文化建设思想论要》，《理论导刊》2016年第6期。

13085 蒋冬英：《"一带一路"与创新岭南海洋文化资源建设研究》，《图书馆界》2016年第6期。

13086 王松、刘光远、刘希珍：《丝绸之路经济带文化战略研究》，《中华文化论坛》2016年第6期。

13087 高庆国：《法治下的河南"丝绸之路"文化经济建设》，《法制与社会》2016年第11期。

13088 任秀荣：《一带一路视域下宁夏的文化建设探析与研究》，《丝路视野》2016年第19期。

13089 穆尼热·安斯尔丁：《建设丝绸之路经济带核心区文化中心的基本语境与路径探析》，《中小企业管理与科技》2016年第29期。

13090 何娟：《丝绸之路经济带背景下博物馆工作的新思路——以甘肃地质博物馆为例》，《自然科学博物馆研究》2016年增刊第1期。

13091 孙江、李婷：《论"一带一路"战略下媒介于国家的文化安全作用》，《中国记者》2017年第3期。

13092 朱晓军：《新疆"丝绸之路经济带核心区"中"文化科教中心"建设探究》，《双语教育研究》2017年第3期。

13093 吕娅玲：《在丝绸之路经济带建设进程中保障中国传统文化的安全》，《中共伊犁州委党校学报》2017年第4期。

13094 闫琮、李明斌：《博物馆视野下的中华优秀传统文化传承——以成都博物馆"丝路之魂——敦煌艺术大展暨天府之国与丝绸之路文物特展"为例》，《中华文化论坛》2017年第5期。

13095 王其格：《草原文化在"丝绸之路经济带"建设中的意义和作用——二论草原文化与草原丝路沿线文化》，《实践（思想理论版）》2017年第10期。

13096 魏军红：《西域丝绸之路文化的特点及当代价值——新疆特色文化自信的根基》，《党政干部学刊》2017年第12期。

13097 郑剑玲：《21世纪海上丝绸之路的文化价值及路径选择》，《学校党建与思想教育》2017年第16期。

13098 陶克套：《草原文化应在"丝绸之路经济带"建设中有所作为》，《新西部》2017年第29期。

13099 陈欢、王艳雪：《丝绸之路经济带西安文化中心建设战略研究》，《价值工程》2017年第30期。

文化产业

13100 张阿利：《论西部电影与中国传统文化》，《电影艺术》2005年第4期。

13101 沈滨、马明：《西北动漫产业的发展与丝绸之路文化资源的开发》，《生产力研究》2009年第3期。

13102 米高峰、刘晶莹：《试论本土动画创作中丝路文化资源的挖掘》，《美术大观》2011年第7期。

13103 米高峰、刘晶莹：《丝绸之路文化中的本土动画创作资源研究》，《电影评介》2011年第17期。

13104 王裕昌：《中国丝绸之路沿线博物馆合作交流的实践与思考》，《丝绸之路》2012年第2期。

13105 刘晶莹、米高峰：《丝路文化艺术在中国动画创作中的应用探寻》，《电影评介》2012年第6期。

13106 胡潇：《浅谈甘肃丝绸之路文化资源与影视创作》，《丝绸之路》2012年第18期。

13107 胡少营、李卉晴、张龙琳：《"新丝绸之路"背景下汉服在现代女装设计中的传承与创新》，《蚕学通讯》2014年第2期。

13108 曹海艳：《丝绸之路文化资源优势与动漫产业发展》，《兰州交通大学学报》2014年第5期。

13109 宿萌：《优化陕西历史文化产业再塑丝绸之路新起点》，《卷宗》2014年第11期。

▶ 丝绸之路研究论文目录

13110 韩东：《影视传媒与消费的力量——论丝绸之路经济带文化产业发展新模式》，《丝绸之路》2014年第18期。

13111 徐芳：《创新与和谐：加快丝绸之路经济带文化产业的健康发展》，《丝绸之路》2014年第22期。

13112 黎羌：《论陕西丝绸之路文化资源与文化产业新起点》，《丝绸之路》2014年第22期。

13113 阿布都外力·克热木：《丝绸之路经济带格局下的阿凡提文化产业》，《全国商情·理论研究》2014年第39期。

13114 董鸿英、熊澄宇：《大格局中的丝绸之路文化产业发展：历史与当代的视角》，《中国文化产业评论》第22辑，上海：上海人民出版社，2015年。

13115 王靖雯、黄卓：《甘肃河西走廊文化产业发展问题研究》，《经济师》2015年第1期。

13116 金栋昌、吴绒、刘吉发：《丝绸之路文化产业带上的跨域文化治理：理论与实践的维度》，《开发研究》2015年第2期。

13117 邹岚：《从丝绸之路文化看现代服饰品牌文化的建设——以本土品牌"例外"为例》，《大众文艺》2015年第3期。

13118 王青亦：《丝绸之路文化产业带的文化发展策略研究》，《华侨大学学报（哲学社会科学版）》2015年第3期。

13119 曹伟：《丝绸之路文化产业战略规划需探讨的几个问题》，《浙江工商大学学报》2015年第3期。

13120 许立勇、王瑞雪：《西部丝绸之路特色文化产业带布局初论》，《浙江工商大学学报》2015年第3期。

13121 王青亦：《丝绸之路文化产业带发展战略研究》，《北华大学学报（社会科学版）》2015年第4期。

13122 王青亦：《丝绸之路文化产业带的文化发展策略研究》，《湖湘论坛》2015年第5期。

13123 金栋昌、刘吉发、吴绒：《丝绸之路文化产业带上的跨域文化治理——基于模式基础的战略思考》，《西安交通大学学报（社会科学版）》2015年第5期。

13124 曹荣：《民族地区参与一带一路文化产业发展路径——以内蒙古为例》，《开放导报》2015年第6期。

13125 张慧、王莉莉、李弘毅：《丝绸之路经济带建设背景下甘肃文化产业发展的战略选择》，《丝绸之路》2015年第6期。

13126 尹宏：《丝绸之路经济带建设中的文化产业发展研究》，《学术论坛》2015年第6期。

13127 王晓梅、曾令泽：《"丝绸之路经济带"酒泉文化产业发展的几点思考》，《企业改革与管理》2015年第7期。

13128 刘吉发、袁春潮：《跨域治理与区域协同：丝绸之路文化产业带建设的时代审视》，《人文杂志》2015年第7期。

13129 尹宏：《丝绸之路经济带文化产业发展研究》，《中华文化论坛》2015年第8期。

13130 王婕、林宪生：《丝绸之路经济带文化产业竞争力定量研究》，《经济研究导刊》2015年第9期。

13131 李颂华、蔡书芳：《西部地区民族文化产业法律保障机制研究——以共建丝绸之路经济带为视角》，《人文天下》2015年第11期。

13132 郑炳林：《丝绸之路文化主题创意关键技术研究》，《中国科技成果》2015年第11期。

13133 韩婧娟、冯建兵：《借力"一带一路"引领瓜州文化产业发展——对锁阳城遗址入选〈世界遗产名录〉的考虑》，《丝绸之路》2015年第14期。

13134 周阿利：《丝绸之路经济带建设中咸阳文化产业发展战略研究》，《东方企业文化》2015年第17期。

13135 金栋昌、吴绒、刘吉发：《丝绸之路文化产业带上的跨域文化治理：理论与实践的维度》，《经济研究参考》2015年第19期。

13136 陈朝萌：《21世纪海上丝绸之路视角下的深圳文化产业发展研究》，《改革与开放》2015年第22期。

13137 赵玉宏：《"一带一路"对影视文化传播的影响》，《电影文学》2015年第23期。

13138 张英华：《丝绸之路经济带酒泉区域文化产业创新与发展模式研究》，《价值工程》2015年第31期。

13139 张英华：《丝绸之路经济带酒泉区域文化产业发展现状分析》，《科技展望》2015年第31期。

13140 赖春、赵燕：《一带一路背景下西部文化产业发展机遇探析》，《全国商情·理论研究》2015年第32期。

13141 张英华：《丝绸之路经济带酒泉区域文化产业创新与发展机制问题研究》，《价值工程》2015年第33期。

13142 曹海艳：《甘肃丝绸之路染缬文化产业化建设机制研究》，《人民论坛》2015年第 33 期。

13143 何娟：《丝绸之路经济带背景下博物馆发展路径构建》，《自然博物》第四卷，杭州：浙江科学技术出版社，2016 年。

13144 刘晓萍：《"电影丝绸之路"：中国电影国际传播新路径》，《宜宾学院学报》2016 年第 1 期。

13145 王倩、韩兴勇：《基于 AHP-SWOT 分析法的海商文化产业发展研究——以宁波地区为例》，《海洋开发与管理》2016 年第 1 期。

13146 叶淑媛、王源：《"丝绸之路"经济带甘肃文化资源的产业开发》，《兰州文理学院学报（社会科学版）》2016 年第 2 期。

13147 曹海艳：《简论"丝绸之路"染缬文化产业化建设——以甘肃为例》，《理论视野》2016 年第 2 期。

13148 申红兴：《建设丝绸之路青海道特色文化产业带研究》，《青海社会科学》2016 年第 2 期。

13149 丁玲玲：《泉州沿海古镇"海丝"文化资源产业化开发探索》，《泉州师范学院学报》2016 年第 3 期。

13150 熊澄宇：《"一带一路"大背景下相关文化产业发展的几个问题》，《教育传媒研究》2016 年第 3 期。

13151 林元富、林思荻、陈子安、林佳佳：《"一带一路"战略视域下陈靖姑文化的价值与开发利用》，《黎明职业大学学报》2016 年第 3 期。

13152 吴红叶：《海丝战略背景下福建民间舞蹈的产业化发展研究》，《河北工程大学学报（社会科学版）》2016 年第 4 期。

13153 蔡尚伟、车南林：《"一带一路"上的文化产业挑战及对中国文化产业发展的建议》，《西南民族大学学报（人文社科版）》2016 年第 4 期。

13154 齐勇锋、张超：《"一带一路"战略与中蒙俄文化产业走廊研究》，《东岳论丛》2016 年第 5 期。

13155 李康化：《"一带一路"战略与中国文化产业发展》，《青海社会科学》2016 年第 5 期。

13156 邓小兵、孙祯锋：《"丝绸之路"文化产业执法机制的解构与重构》，《甘肃广播电视大学学报》2016 年第 6 期。

13157 李园：《基于丝路文化视角下宁夏文化产业发展策略研究》，《边疆经济与文化》2016 年第 8 期。

13158 闫丽娟、何瑞：《"丝绸之路经济带"战略下西部民族地区文化产业发展研究——以甘青人口较少民族为例》，《贵州民族研究》2016 年第 9 期。

13159 付国乐、苏磊、韩婧、史志伟、颜帅：《"一带一路"与中国出版》，《科技与出版》2016年第10期。

13160 张杰、麻小芸：《"一带一路"战略下我国出版单位在版权运营管理中需要注意的若干法律问题》，《科技与出版》2016年第10期。

13161 杨彬：《从丝绸之路起源看经济带背景下的陕西文化产业发展》，《山海经（故事）》2016年第11期。

13162 张小军：《西北地区"丝绸之路"文化产业发展的区域法治协同》，《法制与经济》2016年第11期。

13163 陈晓茹：《陕西丝绸之路文化产业研究——以梨园文化为例》，《中文信息》2016年第12期。

13164 王鹏：《"一带一路"国家战略中西部电影产业发展的现实境遇与历史机遇——以近年来的西安电影业为例》，《西部学刊》2016年第15期。

13165 赵万里：《"一带一路"即恢弘的文化产业》，《云南社会主义学院学报》2017年第1期。

13166 刘慧：《丝绸之路文化产业带企业版权保护的现实困境及路径选择》，《长安大学学报（社会科学版）》2017年第2期。

13167 李建亮、伍海环：《中国元素在丝绸文化营销中的价值研究》，《艺术研究》2017年第3期。

13168 帅志强、曾伟：《妈祖文化产业发展的意义、机遇及策略——以21世纪海上丝绸之路为背景》，《徐州工程学院学报（社会科学版）》2017年第4期。

13169 张茜：《融通："丝路"情怀的影像表达——丝绸之路题材纪录片的创作现状考略》，《民族艺术研究》2017年第4期。

13170 柴晨清：《丝绸之路经济带出版传播的历史考察》，《新闻论坛》2017年第6期。

13171 王庆福、何萍：《"丝绸之路"主题中外合拍纪录片纵向研究》，《现代视听》2017年第7期。

13172 李含琳：《略论敦煌国际文博会与向西开放的关系层次》，《丝绸之路》2017年第10期。

13173 潘旭：《"一带一路"背景下的纪录片创作》，《新闻传播》2017年第15期。

13174 李国斌：《丝绸之路文化产业投融资体制建设问题研究》，《知识经济》2017年第18期。

13175 王勇华：《"一带一路"倡议背景下中国文化产业走出去的障碍与对策》，《新闻研究导刊》2017年第20期。

13176 卞靖：《丝绸之路特色文化产业发展的供给侧结构性改革》，《中国经贸导刊》2017年第25期。

13177 周泽超：《宁夏丝绸之路经济带文化产业发展的SWOT分析》，《宁夏社会科学》2017年增刊第1期。

13178 彭朝晖：《谈冼太文化在"海上丝绸之路"建设中的作用》，《科技资讯》2018年第1期。

宗教信仰

13179 陈森镇：《略论泉州伊斯兰史迹人文优势对振兴海上丝绸之路的作用》，《厦门大学学报（哲学社会科学版）》1988年第2期。

13180 魏寒梅、马海陆：《试述中国清真寺在对外交往中的重要作用》，《江南社会学院学报》2008年第4期。

13181 王赟、张慨：《西北丝绸之路宗教文化资源开发现状及对策》，《丝绸之路》2014年第24期。

13182 夏凤珍：《论宗教文化在建设海上丝绸之路中的作用——以浙江为例》，《思想政治理论教育新探索（2015）》，杭州：浙江工商大学出版社，2015年。

13183 邹磊：《新丝绸之路上宗教与贸易的互动：以义乌、宁夏为例》，《世界宗教文化》2015年第1期。

13184 纳文汇：《"一带一路"建设和重构新南方丝绸之路语境中的宗教文化建设与调适》，《云南社会科学》2015年第3期。

13185 贾应生：《论丝绸之路经济带建设中不同宗教对话的共同准则》，《西北师范大学学报（社会科学版）》2015年第6期。

13186 李林：《"一带一路"的伊斯兰因素与新型国家安全战略》，《中国穆斯林》2015年第6期。

13187 司聃：《佛教外交对重建海上丝绸之路政策的影响——以中国与斯里兰卡关系为中心》，《丝绸之路》2015年第16期。

13188 王长鱼：《谈藏传佛教文化与"一带一路"战略》，《西藏民族大学学报（哲学社会科学版）》2016年第1期。

13189 朱旭旭：《论中国公共外交与丝绸之路经济带建设的关系——以宗教为视角》，《延安职业技术学院学报》2016年第2期。

13190 张世海：《扬州伊斯兰文化与新丝绸之路建设》，《北方民族大学学报（哲学社会科学版）》2016年第2期。

13191 王文杰：《弘扬伊斯兰教优良传统助推"一带一路"战略》，《广东省社会主义学院学报》2016年第3期。

13192 郭志云：《论宗教交流与"一带一路"战略》，《天津市社会主义学院学报》2016年第4期。

13193 黑德昆：《发挥北京在"一带一路"宗教文化交流中的积极作用》，《中国宗教》2016年第8期。

13194 陈智文、马慧燕：《丝绸之路经济带核心区背景下宗教去极端化国际合作探究》，《环球市场信息导报》2016年第34期。

13195 王国棉：《"一带一路"战略视域下的五台山佛教文化》，《五台山研究》2017年第1期。

13196 乌云格日勒：《"一带一路"视野下的中蒙宗教文化交流》，《世界宗教文化》2017年第2期。

13197 梁轶奎：《海上丝绸之路与南海区域宗教传播》，《戏剧之家》2017年第22期。

语言与翻译

13198 李春华：《略论外国探险考察者有关西域著作的翻译与出版》，《新疆大学学报（哲学社会科学版）》1998年第3期。

13199 李雅梅：《丝绸之路上的汉语驿站——乌兹别克斯坦共和国的汉语教学》，《云南师范大学学报（对外汉语教学与研究版）》2008年第5期。

13200 伊·达瓦、米尔阿迪力江·麦麦提：《丝绸之路经济带相似语言信息横向处理通信技术的研究》，《新疆师范大学学报（自然科学版）》2014年第4期。

13201 高健：《新"丝绸之路"经济带背景下外语政策思考》，《东南大学学报（哲学社会科学版）》2014年第4期。

13202 何子鑫、哈斯也提·哈孜：《新疆高层次俄语口译人才的社会需求调查研究》，《新疆大学学报（哲学·人文社会科学版）》2014年第6期。

13203 王岁孝、操龙升：《丝绸之路经济带建设中的三秦文化英译研究》，《科教文汇》2014年第35期。

13204 朱洪涛：《关于"一带一路"中语言建设的思考》，《中国社会语言学》第二期，北京：商务印书馆，2015年。

13205 党红侠、刘淑颖：《丝绸之路景观标识的翻译移植研究》，《无线互联科技》2015年第4期。

13206 王新青、池中华：《丝绸之路经济带中亚五国语言状况考察与思考》，《云南师范大学学报（哲学社会科学版）》2015年第5期。

13207 黄行：《我国与"一带一路"核心区国家跨境语言文字状况》，《云南师范大学学报（哲学社会科学版）》2015年第5期。

13208 曹荣：《"一带一路"背景下中国语言产业的SCP分析》，《广西财经学院学报》2015年第6期。

13209 李宇明：《"一带一路"需要语言铺路》，《中国科技术语》2015年第6期。

13210 余玲、麻三山：《21世纪海上丝绸之路的语言交流互动平台构筑》，《学术论坛》2015年第9期。

13211 于强福：《丝绸之路经济带视野下陕西省翻译产业现状分析与发展对策研究》，《生产力研究》2015年第9期。

13212 王巧宁、张焱：《"一带一路"战略构想下的广告翻译研究》，《未来与发展》2015年第12期。

13213 李宇明：《"一带一路"，语言"铺路"——序〈中国语言生活状况报告（2016）〉》，《中国语言生活状况报告》2016年第1期。

13214 李艳玲、贾玉凤：《谈"丝绸之路经济带"核心区建设中翻译之功用及人才培养》，《语言与翻译（汉文版）》2016年第2期。

13215 王辉、王亚蓝：《"一带一路"沿线国家语言政策概述》，《北华大学学报（社会科学版）》2016年第2期。

13216 王建勤：《"一带一路"与汉语传播：历史思考、现实机遇与战略规划》，《语言战略研究》2016年第2期。

13217 王盛、李慧、刘松林：《"新丝绸之路"视野下甘肃省语言政策研究》，《兰州教育学院学报》2016年第3期。

13218 金沙丽：《"一带一路"战略中阿拉伯语的重要作用及应用》，《民族艺林》2016年第3期。

13219 何洪霞：《吉尔吉斯斯坦语言政策及汉语在吉传播之路径》，《鞍山师范学院学报》2016年第5期。

13220 张雨晴、安俊丽、蒋锐、王紫依：《海陆丝绸之路上汉语输出的历史溯源及其现实启示》，《淮海工学院学报（人文社会科学版）》2016年第9期。

13221 杨君君、张辩辩：《从"一带一路"战略看典籍英译的重要性——以19世纪"侨居地翻译"为例》，《湖北经济学院学报（人文社会科学版）》2016年第10期。

13222 周丽霞、托波尔科娃·Е.П.：《丝绸之路经济带项目语境下俄语在中国的发展特点》，《经贸实践》2016年第13期。

13223 陈一睿：《浅析一带一路背景下语言文化对于国际经贸合作的影响》，《经贸实践》2016 年第 18 期。

13224 赫琳、谭昭：《古代丝绸之路语言服务对"一带一路"建设的启示》，《文化软实力研究》2017 年第 1 期。

13225 王璞：《"西域"英译考辨》，《世界民族》2017 年第 1 期。

13226 罗婷婷：《摩尔多瓦汉语传播现状研究》，《重庆文理学院学报（社会科学版）》2017 年第 3 期。

13227 侯力丹、董斌、曹艳芳：《丝绸之路的古文明——基于从新石器时代至秦代的岩画、陶器、文字遗迹分析》，《艺术科技》2017 年第 4 期。

13228 谢倩：《中亚五国语言变革对我国新丝绸之路民族语言政策规划的影响》，《宁夏社会科学》2017 年第 4 期。

13229 陈明富、谈悠：《"一带一路"战略背景下的新疆各民族语言交流与社会发展》，《南京理工大学学报（社会科学版）》2017 年第 5 期。

13230 张奚真：《中医药国际翻译传播丝绸之路历史经验借鉴》，《光明中医》2017 年第 14 期。

文献建设与数字化

13231 徐兴海、陈东玉：《丝绸之路与情报》，《新疆石油教育学院学报》1988 年第 1 期。

13232 徐兴海、陈东玉：《丝绸之路与情报》，《情报杂志》1988 年第 2 期。

13233 陈重秋：《略论西域文献的搜集整理与出版》，《中国边疆史地研究》1995 年第 2 期。

13234 周义罩：《丝绸之路学立类思考》，《河西学院学报》2006 年第 1 期。

13235 府宪展：《寻找敦煌的海外游子——流失海外敦煌西域文献文物的编纂出版》，《敦煌研究》2006 年第 6 期。

13236 刘慧：《西北地方文化典籍研究中的音乐文献开发述评》，《兰州大学学报（社会科学版）》2009 年第 4 期。

13237 刘波：《国际敦煌项目（IDP）与敦煌西域文献数字化国际合作》，《数字图书馆论坛》2010 年第 1 期。

13238 石咏梅、赵建基、梁国杰、叶勤：《西域文献特色馆藏建设的思考》，《图书馆学刊》2010 年第 5 期。

13239 陈兰兰、缪建梅：《基于长尾理论的西域研究文献利用策略》，《农业图书情报

▶ 丝绸之路研究论文目录

学刊》2011 年第 7 期。

13240　曾华明：《西域文化研究背景下西域文献数字化探讨》，《塔里木大学学报》2013 年第 1 期。

13241　张汉平：《陕西图书馆参与丝路经济带共建的泛想》，《新西部（下旬刊）》2013 年第 12 期。

13242　杨朝：《西安市档案工作积极为丝绸之路经济带建设服务》，《陕西档案》2014 年第 1 期。

13243　何艳香、陈兰兰、曾华明：《关于西域特色文献搜集工作的探析——以塔里木大学为例》，《大学图书情报学刊》2014 年第 1 期。

13244　张汉平：《丝绸之路共建中图书馆的使命与机遇》，《图书馆理论与实践》2014 年第 8 期。

13245　杜群阳、黄卫勇、方建春、王莉、黄金亮、李凯：《"网上丝绸之路"对"一带一路"战略的意义》，《浙江经济》2014 年第 24 期。

13246　汪晓风：《数字丝绸之路与公共产品的合作供给》，《复旦国际关系评论》第 16 辑，上海：上海人民出版社，2015 年。

13247　冯玉雷：《浅论〈丝绸之路〉杂志在丝绸之路经济带建设中的重要使命》，《丝绸之路》2015 年第 2 期。

13248　陈彬强：《海上丝绸之路文献资源保障体系建设》，《图书馆建设》2015 年第 5 期。

13249　曾建勋：《推进"数字丝绸之路"构建》，《数字图书馆论坛》2015 年第 8 期。

13250　王耀武：《图书馆服务社会为丝绸之路经济带建设做贡献》，《科技与企业》2015 年第 9 期。

13251　刘珊珊：《海南"海上丝绸之路"文化遗产保护的数字图书馆运行方式分析》，《佳木斯职业学院学报》2015 年第 11 期。

13252　陈晓忠：《海南"海上丝绸之路"文化遗产保护的数字图书馆模式研究》，《美术教育研究》2015 年第 16 期。

13253　孙挺、徐长林：《基于 CiteSpace Ⅲ 的"一带一路"研究文献的可视化分析》，《图书情报工作》2015 年增刊第 2 期。

13254　蒋飞、郭继荣：《"丝绸之路经济带"社会文化情报支持作用研究》，《情报杂志》2016 年第 2 期。

13255　艾积保：《浅谈丝绸之路经济带核心区竞争情报研究与应用的集成服务模式》，《竞争情报》2016 年第 2 期。

13256　刘淑玉：《一带一路视域下档案馆的使命与对策探讨》，《山西档案》2016 年第

3期。

13257 叶长绵、廖小韵、庄艳华、张年生、徐汉卿、郝晓光：《"一带一路"在新编世界地图上的表述》，《海洋测绘》2016年第3期。

13258 方明：《修好兵团志助力"丝绸之路经济带"发展战略》，《新疆地方志》2016年第4期。

13259 吴春浩：《"海上丝绸之路"文献资源建设现状分析与发展策略研究》，《图书馆工作与研究》2016年第6期。

13260 丁洪玲：《论规划和实施陕西"面向战略"——陕西省图书馆丝绸之路数据库建设构想》，《兰台世界》2016年第7期。

13261 李宏建、白穆、郭勇、曹建成：《〈丝绸之路经济带核心区域地图集〉的设计研究》，《测绘与空间地理信息》2016年第7期。

13262 梁艳：《公共档案馆参与"一带一路"文化建设之管见》，《档案时空》2016年第10期。

13263 陆伟华：《关于加强"一带一路"档案信息资源建设的思考》，《兰台世界》2016年第11期。

13264 蔡红霞、吕琳：《〈丝绸之路经济带核心区域地图集〉的设计与编制》，《地理空间信息》2016年第11期。

13265 周训安：《地方志服务"一带一路"的路径和方法》，《卷宗》2016年第11期。

13266 华涛：《中文和阿拉伯—波斯文古籍中的"一带一路"》，《新世纪图书馆》2016年第11期。

13267 蔡振武、杨鹏：《国际视野下的"一带一路"档案文化建设研究》，《档案时空》2016年第12期。

13268 杨俊华：《"一带一路"建设与民族地区图书馆》，《丝绸之路》2016年第18期。

13269 马述忠、潘钢、健濮、方清：《用大数据构造"网上丝绸之路"》，《浙商》2016年第24期。

13270 周春霞：《21世纪海上丝绸之路建设的研究现状和趋势展望——基于中国知网CNKI上550篇论文的统计分析》，《社科纵横》2017年第2期。

13271 朱佳林：《发挥智库作用 支撑丝绸之路建设——以"丝绸之路经济带"地区"985"高校图书馆为例》，《图书情报导刊》2017年第4期。

13272 植素芬：《高校图书馆助力"一带一路"建设的服务策略——以国内"21世纪海上丝绸之路"四省区高校为例》，《宁波教育学院学报》2017年第4期。

13273 朱玉玲、詹衍玲、孙学政：《海上丝绸之路广东特色档案建设》，《兰台世界》

2017 年第 4 期。

13274　陈忠、廖运建：《"一带一路"视野下"互联网+地方志"创新研究》，《新疆地方志》2017 年第 4 期。

13275　张萍：《GIS 与丝绸之路研究》，《云南大学学报（社会科学版）》2017 年第 5 期。

13276　张萍：《丝绸之路历史地理信息平台：设计、理念与应用》，《云南大学学报（社会科学版）》2017 年第 5 期。

13277　王敏敏：《克孜尔石窟壁画艺术的数字化再生》，《数字印刷》2017 年第 6 期。

13278　向坤：《从数字经济视角看数字丝绸之路建设的内涵、结构和发展路径》，《西部论坛》2017 年第 6 期。

13279　曾华明：《西域文化研究背景下西域文献数字化评价》，《兰台世界》2017 年第 7 期。

13280　张效羽：《中国互联网+"数字丝绸之路"报告——"一带一路"倡议下的中国互联网经济发展机遇、挑战与对策》，《大陆桥视野》2017 年第 7 期。

13281　王婷婷、韩满、王宇：《基于"21 世纪海上丝绸之路"文献的文本挖掘研究》，《统计与信息论坛》2017 年第 11 期。

13282　高韵、王喜文：《数字丝绸之路的内涵与价值》，《互联网经济》2017 年第 11 期。

13283　任宇：《数字丝绸之路助力跨越信息鸿沟》，《互联网经济》2017 年第 11 期。

13284　黄星鑫、吴建功：《e-WTP 对数字丝绸之路建设的价值》，《全国流通经济》2017 年第 17 期。

13285　邓文、吴建功：《建设数字丝绸之路的条件与实现途径》，《全国流通经济》2017 年第 17 期。

13286　朱玉玲：《广东海上丝绸之路特色档案开发利用策略——以档案展览为例》，《兰台世界》2017 年第 21 期。

13287　伍佳荣、吴建功：《数字丝绸之路推进中国梦实现的愿景》，《当代经济》2017 年第 24 期。

13288　王腾、吴建功：《数字丝绸之路建设在实现中国梦过程中的地位》，《现代商业》2017 年第 29 期。

13289　王文艳：《浅论"一带一路"倡议的文化意义对图书馆建设的促进作用》，《丝路视野》2017 年第 34 期。

媒体与传播

13290　刘永连：《从丝绸文化传播看丝绸之路上的文化回流》，《西域研究》2008 年第 2 期。

13291　董林、白洋、杨丽、帕尔哈提·艾孜木：《中国丝绸之路吐鲁番葡萄节媒体影响力研究》，《新疆大学学报（哲学·人文社会科学版）》2009 年第 4 期。

13292　马廷魁：《丝绸之路跨文化传播中的媒介形态转向》，《西北民族大学学报（哲学社会科学版）》2010 年第 6 期。

13293　杨天豪：《丝绸之路河西走廊段形象定位研究》，《当代旅游（中旬刊）》2013 年第 2 期。

13294　罗桂林、王星星、毕建涛：《基于现代信息技术的汉唐时期新疆境内丝绸之路信息发布系统的研究与实现》，《测绘与空间地理信息》2013 年第 6 期。

13295　南长森：《"丝绸之路经济带"与区域传播研究》，《新闻研究导刊》2013 年第 12 期。

13296　张伟疆：《海上丝绸之路在南海区域文化中的传播》，《青年文学家》2013 年第 19 期。

13297　张云鹭：《传播学视角下丝绸之路的跨文化传播现象研究——以甘肃敦煌为例》，《数字化用户》2013 年第 33 期。

13298　南长森：《丝绸之路经济带与区域传播研究》，《西部学刊》2014 年第 1 期。

13299　蔡帛真：《我国传统文化的对外传播策略》，《今传媒（学术版）》2014 年第 2 期。

13300　孙云、李俊叶、赵高斌：《基于语料库的中美丝绸之路战略新闻对比研究——以中美官方网络媒体平台为例》，《新闻知识》2014 年第 3 期。

13301　张哲玮：《浅析新丝绸之路大众传播文化建设》，《丝绸之路》2014 年第 6 期。

13302　孟建、裴增雨、于嵩昕：《提升传播效果　护航国家战略——"丝绸之路经济带"对外传播的策略建议》，《交通建设与管理（上半月）》2014 年第 8 期。

13303　俞峰：《海南军歌在南海丝绸之路文化传播中的历史价值研究》，《华章》2014 年第 24 期。

13304　贺翔宇、焦若薇：《"新丝路"语境下新疆地区性传播理念的转化》，《新疆职业大学学报》2015 年第 1 期。

13305　薛煦：《论新媒体在宁夏丝绸之路文化传播中的作用与提升》，《宁夏师范学院学报》2015 年第 1 期。

13306 郄佼、邓秀琳：《批评性话语视阈下中亚主流网络媒体中的中国国家形象——以中国在上海合作组织成员国的角色为例》，《新疆社科论坛》2015年第2期。

13307 王星：《大众传媒与"丝绸之路经济带"政策的解读和传播》，《视听》2015年第3期。

13308 岳甜、张博：《西安城市媒介形象传播策略探究——以"丝绸之路经济带"建设为视角》，《西安电子科技大学学报（社会科学版）》2015年第3期。

13309 王亚莘：《世界重要经济带议题新闻报道的策略研究——兼谈"丝绸之路经济带"报道新思路》，《传媒》2015年第3期。

13310 南长森：《"丝绸之路经济带"传播的价值预设与民俗传播文化研究》，《平顶山学院学报》2015年第4期。

13311 陈力丹：《"一带一路"建设与跨文化传播》，《民主与科学》2015年第4期。

13312 刘妍：《21世纪海上丝绸之路视域下的岭南文化传播》，《探求》2015年第4期。

13313 戎霞：《中国—东盟文化传播视阈下北部湾经济区海洋文化产业创新研究》，《广西财经学院学报》2015年第4期。

13314 曹如梦：《"丝绸之路经济带"品牌融媒体塑造与整合传播》，《长春教育学院学报》2015年第6期。

13315 王宁霞：《丝绸之路黄金段——甘肃形象宣传研究》，《发展》2015年第6期。

13316 李宇：《新媒体环境下一带一路沿线文化传播模式研究》，《新闻知识》2015年第7期。

13317 覃倩：《"丝绸之路经济带"国际传播探索》，《中国广播电视学刊》2015年第8期。

13318 寇颖、郭忠庆：《发掘纪录片的多重社会价值努力为打造"一带一路"战略服务——论"丝绸之路"系列纪录片的多重社会价值》，《社科纵横》2015年第9期。

13319 王亮、张允、艾美华：《新疆本土媒体微博对"丝绸之路经济带"的报道分析》，《新闻知识》2015年第10期。

13320 张语洋、周星：《"一带一路"语境下"丝绸之路"电视纪录片的跨文化传播》，《中国电视》2015年第11期。

13321 俞运宏、代立：《新疆主流报纸"新丝路经济带"报道亮点与提升空间解析》，《中国记者》2015年第12期。

13322 李晓平：《大数据时代"丝绸之路经济带"的传播新理念》，《现代视听》2015年第12期。

13323 贾佳：《省级党报如何塑造本省形象——以陕西日报"丝绸之路经济带"报道为例》，《西部学刊》2015年第13期。

13324 麻晶晶：《青海丝绸之路城市符号传播的探究》，《西部学刊》2015年第13期。

13325 马莉：《浅析丝绸之路传播中的文化冲突》，《西部学刊》2015年第13期。

13326 路蓓、张允：《〈人民日报·共享丝绸之路特刊〉报道框架研究》，《新闻研究导刊》2015年第16期。

13327 程翠平：《丝绸之路城市符号传播研究——以甘肃敦煌为例》，《新闻研究导刊》2015年第16期。

13328 史文蕾、张磊：《丝绸之路作为文化符号的功能与当代意义》，《青年时代》2015年第17期。

13329 邓娟：《"丝绸之路经济带新起点"传播研究——以〈陕西日报〉为例》，《西部广播电视》2015年第20期。

13330 郗佼：《批评性话语分析视阈下中亚主流网络媒体中的"中国形象"研究——以乌兹别克斯坦为例》，《科技视界》2015年第23期。

13331 姚丹丹：《丝绸之路文化传播中的视觉语言表达》，《设计》2015年第23期。

13332 史佳：《丝绸之路沿线城市新闻传播交流研究》，《中国报业》2015年第24期。

13333 陈力丹：《"一带一路"下跨文化传播研究的几个面向》，《江西师范大学学报（哲学社会科学版）》2016年第1期。

13334 沈雁昕：《2015年境外媒体关于"一带一路"的评述》，《红旗文稿》2016年第1期。

13335 李锡奎、严功军：《俄罗斯媒体视角下"一带一盟"研究》，《东北亚论坛》2016年第1期。

13336 李晓林、史鹏飞：《电视外交："一带一路"建设上的国际传播实践——以大型跨国体验报道〈丝绸之路万里行〉为例》，《西部广播电视》2016年第2期。

13337 冉华、王凤仙：《三大党报的"丝绸之路经济带"政策报道框架——基于〈人民日报〉〈光明日报〉〈经济日报〉的内容分析》，《北京理工大学学报（社会科学版）》2016年第2期。

13338 马翕娴：《以跨文化传播的视角探寻丝绸之路经济带文化建设》，《丝绸之路》2016年第2期。

13339 郑保卫：《"一带一路"背景下西藏文化对外传播策略研究》，《当代传播》2016年第2期。

13340 曾丽芸、谭天：《两种文明观：中日版本纪录片〈新丝绸之路〉的对比分析》，《视听》2016年第3期。

▶ 丝绸之路研究论文目录

13341　艾美华、李阳：《"一带一路"视野下中国新丝路文化的深度解读——以〈丝绸之路传奇〉为例》，《实事求是》2016年第3期。

13342　陈积银、杨廉：《〈人民日报〉（海外版）"一带一路"报道的国际传播策略研究》，《教育传媒研究》2016年第3期。

13343　吉思敬：《2015年西北五省区省级党报"丝绸之路经济带"报道分析》，《新闻知识》2016年第4期。

13344　刘娜、朱东仪：《"一带一路"背景下我国对外传播战略新构想》，《新疆社会科学（汉文版）》2016年第5期。

13345　陈李鹏：《泉州21世纪依托移动媒体的海上丝绸之路先行区文化传播研究》，《湖南大众传媒职业技术学院学报》2016年第5期。

13346　郭彦伟、艾美华：《新疆政务微博的传播效果分析——以对"丝绸之路经济带"的报道为例》，《吉林广播电视大学学报》2016年第5期。

13347　彭玉娟、邱健、昌邦：《茶马古道及其对茶文化传播的交互影响探析》，《广西民族大学学报（哲学社会科学版）》2016年第5期。

13348　高丽萍：《"一带一路"沿线区域媒体宣传格局的构建》，《数字传媒研究》2016年第6期。

13349　李焦、王艺桦：《NHK纪录片〈丝绸之路〉传播特点》，《人间》2016年第6期。

13350　刘红林：《从移民角度看中国丝路文化在澳洲的传播与发展》，《华文文学》2016年第6期。

13351　石晓博、屈亿欣、章学锋：《丝绸之路经济带新起点背景下西安城市形象的新媒体传播研究》，《西安电子科技大学学报（社会科学版）》2016年第6期。

13352　宋青：《广播构建"丝绸之路经济带"舆论新格局——以中央人民广播电台为例》，《新闻前哨》2016年第6期。

13353　王思文、贾文颖、郭佳丽：《国家政策对新丝绸之路经济带文化传播的重要影响——以孔子学院（课堂）为例》，《东南传播》2016年第7期。

13354　徐贝勒：《网络媒体环境下丝绸之路经济带对外传播策略分析》，《新闻研究导刊》2016年第7期。

13355　曾丽芸、谭天：《两种文明观：中日版本纪录片〈新丝绸之路〉比较》，《西部学刊》2016年第8期。

13356　苏勇军：《海上丝绸之路文化遗产与广播影视创作》，《中国广播电视学刊》2016年第8期。

13357　王霞：《丝绸之路媒介呈现的社会语境及意义变迁》，《青年记者》2016年第

9 期。

13358 张瑞坤：《"丝绸之路经济带"建设中河套文化的传播意义简析》，《美与时代（下旬刊）》2016 年第 11 期。

13359 高海建：《陕西媒体对"丝绸之路经济带"议题报道分析——以〈陕西日报〉为例》，《今传媒（学术版）》2016 年第 12 期。

13360 范玥：《丝绸之路文化在标识设计中的应用与推广》，《大众文艺》2016 年第 23 期。

13361 刘雪琳：《"一带一路"建设背景下中国国家形象新媒体传播渠道探析》，《新媒体研究》2016 年第 23 期。

13362 王佩弦：《从茉莉花的传播看丝绸之路上的文化回流现象》，《攀登》2017 年第 1 期。

13363 李涛：《依托丝绸之路经济带核心区打造广播全媒体服务体系》，《西部广播电视》2017 年第 1 期。

13364 曾庆江：《海上丝绸之路沿线华文媒体与中国近现代化进程》，《南海学刊》2017 年第 2 期。

13365 关德洪：《"一带一路"建设背景下陕西对外传播研究——以〈丝绸之路万里行〉栏目为例》，《陕西广播电视大学学报》2017 年第 3 期。

13366 李晓林、史鹏飞：《"一带一路"建设上的电视外交实践——以大型跨国体验报道〈丝绸之路万里行〉为例》，《对外传播》2017 年第 3 期。

13367 蔡梦虹：《21 世纪海上丝绸之路与潮汕侨乡非遗文化的海外传播研究——以潮州工夫茶文化海外传播为例》，《文化学刊》2017 年第 3 期。

13368 张洁、郑港龙、任思远：《海上丝绸之路与区域文化发展传播初探——以 2016 年度东亚文化之都宁波市为例》，《商场现代化》2017 年第 3 期。

13369 闫文静：《丝绸之路经济带民心相通的传播路径》，《宝鸡文理学院学报（社会科学版）》2017 年第 3 期。

13370 高海建：《提升陕西媒体对丝绸之路经济带信息传播能力研究》，《新闻知识》2017 年第 3 期。

13371 景德明、王友文：《新疆面向中亚国家传播的特点与契机——以共建丝绸之路经济带为视角》，《新闻战线》2017 年第 3 期。

13372 程林顺：《"一带一路"倡议下中华文化价值传播机制研究》，《广西社会主义学院学报》2017 年第 4 期。

13373 毛章清、郑学檬：《8 至 14 世纪海上丝绸之路的跨文化传播考察》，《厦门大学学报（哲学社会科学版）》2017 年第 4 期。

▶ 丝绸之路研究论文目录

13374　谭兴梅：《邮驿文化及其对"一带一路"信息传递的启迪》，《山东商业职业技术学院学报》2017年第5期。

13375　田晖、孟彩霞：《"一带一路"背景下中国与中东地区文化传播：机遇、挑战与策略》，《财务与金融》2017年第6期。

13376　王雅茹：《〈新丝绸之路〉叙述方式对国家形象的建构》，《重庆广播电视大学学报》2017年第6期。

13377　朱锦程：《21世纪东南亚海上丝绸之路文化传播与海外华人文化认同研究》，《福建论坛（人文社会科学版）》2017年第8期。

13378　董莹：《"一带一路"倡议下的草原文化国际传播路径研究》，《前沿》2017年第9期。

13379　郭钊玮、刘芳冰：《"南方丝绸之路"文明传承中影像表达的缺失》，《艺术评鉴》2017年第9期。

13380　涂明谦：《关于福建海上丝绸之路文化交流与传播的思考》，《福建论坛（人文社会科学版）》2017年第10期。

13381　王小英：《"丝绸之路"的语言学命名及其传播中的话语实践》，《现代传播》2017年第11期。

13382　徐兆寿、巩周明：《大说丝绸之路——新时期以来丝绸之路题材纪录片考察》，《中国电视》2017年第11期。

13383　刘杨：《以跨文化传播的视角探析丝绸之路经济带文化建设》，《经济研究导刊》2017年第20期。

13384　张文君：《大型纪录片的叙事策略——以央视〈丝绸之路经济带〉为例》，《新闻前哨》2018年第1期。

13385　叶斯奇：《"丝绸之路"背景下西安市城市形象建设和传播研究》，《时代金融》2018年第3期。

13386　梁信：《海南省"海上丝绸之路"外宣文本英译现状与对策研究》，《经贸实践》2018年第3期。

综　述

研　究

13387　张旭亮：《丝路文化及其旅游开发研究进展综述》，《天水师范学院学报》2005年第3期。

13388　马莉莉、张亚斌、王瑞：《丝绸之路经济带：一个文献综述》，《西安财经学院学报》2014年第4期。

13389　于光军：《建设"丝绸之路经济带"与"21世纪海上丝绸之路"研究热点述评》，《内蒙古社会科学》2014年第6期。

13390　陈青松：《海洋社会学视域下的21世纪"海上丝绸之路"研究》，《中国海洋社会学研究》总第3卷，北京：社会科学文献出版社，2015年。

13391　孙凤毅：《基于文化规划的丝绸之路经济带发展策略探究》，《浙江工商大学学报》2015年第3期。

13392　张双悦、邬晓霞：《丝绸之路经济带建设：2014国内文献综述》，《兰州财经大学学报》2015年第5期。

13393　蔡春玲、李海樱、徐绍华：《"一带一路"研究综述》，《昆明理工大学学报（社会科学版）》2015年第6期。

13394　唐彦林、贡杨、韩佶：《实施"一带一路"倡议面临的风险挑战及其治理研究综述》，《当代世界与社会主义》2015年第6期。

13395　王永武：《"一带一路"战略文献综述》，《商》2015年第26期。

13396　唐琼：《丝绸之路经济带下贸易便利化的研究综述》，《商》2015年第28期。

13397　李振：《"一带一路"沿线支点城市：一个文献综述》，《城市地理》2016年第4期。

13398　揭锡捷：《"一带一路"战略几个基本问题研究综述》，《南方论刊》2016年第4期。

13399　何晓跃、许开轶：《2015—2016年中国国际政治学研究热点述评》，《人民论坛》2016年第8期。

13400　马知遥、刘旭旭：《"一带一路"：认识蒙古国文化的新起点——中国对蒙古国文化研究综述》,《丝绸之路》2016 年第 10 期。

13401 刘津:《"一带一路"上的保加利亚文化——中国对保加利亚文化研究综述》,《丝绸之路》2016 年第 10 期。

13402 王子君:《"一带一路"沿线国家文化研究之泰国文化研究综述》,《丝绸之路》2016 年第 10 期。

13403 张玉蓉:《丝绸之路经济带旅游发展研究综述》,《现代经济信息》2016 年第 13 期。

13404 鲍雨璇:《互联网安全问题研究综述——基于国际关系视角》,《中国集体经济》2016 年第 22 期。

13405 刘喆、梁培可:《"一带一路"战略研究综述》,《现代商贸工业》2016 年第 22 期。

13406 杨小杰、蒋丽玲:《海上丝绸之路与旅游研究综述》,《商》2016 年第 26 期。

13407 施国庆:《"一带一路":中国社会学发展新空间》,《清华社会学评论》第 7 辑,北京:社会科学文献出版社,2017 年。

13408 汪宁:《丝绸之路大文化背景下俄罗斯东欧中亚区域国别研究的学科构建》,《新疆师范大学学报(哲学社会科学版)》2017 年第 2 期。

13409 沈振萍:《"一带一路"背景下的新疆研究回顾与思考》,《新疆社科论坛》2017 年第 3 期。

13410 程钦良、刘明、李哲:《产业承接、结构调整与西部地区制造业发展——从西部大开发到丝绸之路经济带建设的文献综述》,《兰州财经大学学报》2017 年第 3 期。

13411 陈润羊、张双悦:《我国丝绸之路经济带研究的特点与展望》,《兰州财经大学学报》2018 年第 1 期。

著 作

13412 朱瑾:《将"现代海上丝绸之路"与"浙江舟山群岛新区"结合起来——〈"浙江舟山群岛新区·现代海上丝绸之路"研究〉书评》,《海洋开发与管理》2014 年第 12 期。

13413 石泽:《"一带一路"与洲际基础设施走廊的联通——评〈从丝绸之路到世界大陆桥〉》,《国际问题研究》2015 年第 6 期。

13414 冯妮、王大可:《历史与比较视野下的"一带一路"——评邹磊著〈中国"一带一路"战略的政治经济学〉》,《江南论坛》2017 年第 8 期。

13415 王静:《地理空间上的丝路蓝图——简评〈图解丝绸之路经济带〉》,《中国测绘》2018年第1期。

会 议

13416 杨军:《携手合作凝聚智慧共同推进丝绸之路经济带建设——2014西北五省区社科院丝绸之路经济带建设研讨会综述》,《青海社会科学》2014年第2期。

13417 李林:《"伊斯兰教与丝绸之路经济带"学术研讨会综述》,《世界宗教研究》2014年第3期。

13418 李卫青:《尊崇昆仑共建丝路——2014昆仑文化与丝绸之路经济带国际学术论坛综述》,《青海社会科学》2014年第5期。

13419 李林:《"伊斯兰教与国家安全战略"学术研讨会综述》,《世界宗教研究》2014年第6期。

13420 龚剑、丁晓钦:《丝路:区域合作和国际经济合作的雏形典范——"新丝绸之路与中非经济关系"国际研讨会述要》,《海派经济学》第四期13卷,上海:上海财经大学出版社,2015年。

13421 廖萌:《打造命运共同体携手共建21世纪海上丝绸之路——21世纪海上丝绸之路国际研讨会综述》,《学术评论》2015年第2期。

13422 马玉珍:《青海如何参与"一带一路"战略——"丝绸之路经济带与青海经济:融入与发展"学术研讨会综述》,《青藏高原论坛》2015年第3期。

13423 刘澈元、刘丹:《"新海上丝绸之路构建:从泛北部湾到欧洲"国际学术会议观点综述》,《广西师范大学学报(哲学社会科学版)》2015年第4期。

13424 龚剑、丁晓钦:《丝路:区域合作和国际经济合作的雏形典范——"新丝绸之路与中非经济关系"国际研讨会述要》,《海派经济学》2015年第4期。

13425 柳菁、王成勇:《西北地区丝绸之路经济带协同发展的理论与实践探讨——西北地区党校系统丝绸之路经济带协同发展理论研讨会会议综述》,《甘肃理论学刊》2015年第6期。

13426 李加洞:《新形势、新常态下的中俄合作与发展——"丝绸之路经济带"建设与中俄地区合作国际研讨会综述》,《现代国际关系》2015年第7期。

13427 郝依梅、夏咏:《"新丝绸之路经济带"的研究综述》,《天津农业科学》2015年第9期。

13428 陈永胜、王怀强:《四个全面战略布局与打造丝绸之路经济带甘肃黄金段理论研讨会——甘肃省科学社会主义学会2015年年会综述》,《社科纵横》2015年第 12 期。

13429 陈永胜、王怀强：《"四个全面"战略布局与打造丝绸之路经济带甘肃黄金段理论研讨会——甘肃省科学社会主义学会 2015 年年会综述》，《社科纵横》2015 年第 12 期。

13430 周秀兰：《"张掖与丝绸之路经济带建设暨沙产业理论与实践"学术研讨会综述》，《经济研究导刊》2015 年第 16 期。

13431 张群：《"中国—东盟关系与海上丝绸之路建设"国际研讨会综述》，《中国周边外交学刊》第 1 辑，北京：社会科学文献出版社，2016 年。

13432 黄俊、代彬、黄森：《一带一路建设对欧亚经济格局的影响——重庆国际战略研究院"一带一路"研讨会综述》，《产业与科技论坛》2016 年第 1 期。

13433 臧术美：《"中国'海上丝绸之路'与南亚的政治经济学"国际学术研讨会综述》，《国外社会科学》2016 年第 1 期。

13434 徐海俊、武戈、戴越：《"一带一路"建设与农业国际合作：开放共享中的农业转型——中国国外农业经济研究会 2015 年学术研讨会综述》，《中国农村经济》2016 年第 4 期。

13435 杨军：《文化产业助推民族地区经济社会发展的路径探索——丝绸之路经济带建设与民族地区文化产业发展学术研讨会综述》，《青海社会科学》2016 年第 5 期。

13436 彭飞：《丝绸之路经济带核心区建设与新疆影视创作创新研讨会综述》，《现代传播》2016 年第 8 期。

13437 田浩：《世界格局与中俄关系——第十四届中俄经济社会发展比较论坛国际学术研讨会综述》，《国外理论动态》2017 年第 1 期。

13438 郭瑞鹏：《"海上丝绸之路与印度洋通道安全建设"学术研讨会综述》，《国际商务研究》2017 年第 2 期。

13439 晏波：《"一带一路"暨跨文化视域下的中国历史高层论坛综述》，《中国史研究动态》2017 年第 4 期。

13440 彭剑：《融入"一带一路"战略的四川探索——"天府之国与丝绸之路"学术研讨会综述》，《中华文化论坛》2017 年第 5 期。

13441 丁春艳、陕思婕：《民族地区经济与"一带一路"倡议研讨会综述》，《新疆农垦经济》2017 年第 11 期。

13442 臧术美：《"中国'海上丝绸之路'与非洲和中东的政治经济学"会议综述》，《国外社会科学》2018 年第 1 期。

论著作者索引

说明：
1. 本索引以汉语拼音顺序编排；
2. 人名后所附号码，为本书条目编号。

A

A. A. 努尔谢伊托夫　8990
A. B. 奥斯特洛夫斯基　10089，10107
A. Berdimimurodov　3077，3105
A. Г. 拉林　9025
A. O. 巴兰尼科娃　9222
A. 阿姆列巴耶夫　9077
阿·阿卡耶夫　9042
阿·乌铁库尔　6764
阿巴拜克·阿不来提　5022
阿不来提·马合苏提　6072
阿不来提·艾合买提　4861，5922
阿不里克木·亚森　7452
阿布都艾尼·阿不都拉　3101
阿布都克里木·热合满　1521
阿布都克力木·阿布力孜　4860
阿布都拉·艾沙　4336
阿布都力江·赛依提　5468
阿布都米吉提·阿布力克木　12036

阿布都热扎克·沙依木　7470
阿布都瓦力·艾百　9559
阿布都外力·克力木　5477
阿布都外力·克热木　8314，13113
阿布都伟力·买合普拉　11618，11627，11714，11737，11738，11747
阿布来提·依明　10167
阿布里克木·亚森　7456
阿布力克木·阿布都热西提　7458
阿布利特·卡玛洛夫　4769
阿朝东　6127
阿迪力江·阿巴斯　10439
阿地里·居玛吐尔地　6879，7237
阿地力·哈斯木　7456
阿尔丁夫　4760
阿尔甫·买买提尼牙孜　4282
阿尔斯兰·吉力力　12161
阿尔斯朗·马木提　348
阿合买提·热西提　3033
阿合买提江·艾海提　3815
阿拉腾奥其尔　7948，8379

阿里甫　3133
阿里甫江·尼亚孜　3085
阿里木·阿布都热合曼　1390
阿里木·马木提　12069
阿里木江·卡斯木　12036
阿力肯·阿吾哈力　7454
阿力木热·艾尼瓦尔　11770
阿丽也·吾买尔　10006
阿利亚·艾尼瓦尔　1771
阿利娅·艾尼瓦尔　4766，8009
阿列克谢·别兹波罗多夫　9070
阿罗　5249
阿曼·阿宝　7426
阿米尔·阿卜杜喀迪尔　4332，4333
阿米娜　6809
阿米娜·热合木吐拉　1522，1542
阿纳斯塔西娅·利哈乔娃　9070
阿特米·马尔可夫　68
阿依达尔·米尔卡马力　5359，7418，8252

▶ 丝绸之路研究论文目录

阿依古力·依明　10477
阿依娜尔　10011，10031
阿依先　5481
阿扎尔·赛力克哈利耶娃
　　9170
艾比拜·阿布都卡地尔　4336
艾德洲　11277
艾娣雅　12962
艾娣雅·买买提　7635
艾尔肯·白克力　8314
艾尔西丁·若孜　6143
艾积保　13255
艾克拉木·艾尼瓦尔　10489
艾力·吾甫尔　768，8059，
　　7705
艾力江·阿西木　4967
艾玲　7320
艾买提　5014
艾麦提江·阿布都哈力克
　　10247，10256，10264，
　　12403，12411
艾美华　8337，13319，13341，
　　13346
艾尼瓦尔·艾合买提　3522
艾尼瓦尔·吐尼亚孜　716
艾仁贵　4990
艾赛提·苏来曼　6855
艾赛提江·艾拜都拉　9951
艾山江·阿不力孜　2621，3906
艾尚连　2824，2826，4743
艾斯卡尔·模拉克　5426
艾素珍　354
艾涛　3159
艾茵　6755
艾云飞　8822

艾中帅　3107
艾周昌　2246
爱德华·特里雅尔斯基　7301
爱哲　9170
安·弗·古宾　8798
安北江　1877，2503，8479
安斌峰　8860
安成邦　350，351
安德烈·斯克利巴　9070
安海燕　5215
安浩　8067
安慧娟　10731
安俭　4842
安建军　6883
安江林　8571，11491
安俊丽　13220
安林瑞　8797，10773
安娜　10084
安尼瓦尔·哈斯木　3522，
　　6636，7468，8141
安奇贤　7724
安琪　11575
安巧珍　10624
安胜蓝　2235
安树伟　10220
安瓦尔·买买提明　10683
安万芳　11427
安文英　5677，5722
安祥馥　6794，6798
安小雷　11287
安小婷　4875，9412
安晓萌　11800
安晓平　3826，4523，11915
安晓艳　10322
安鑫　11122

安毅　8271
安玉桃　10984
安悦君　2768
安志敏　1309
安智海　12528
岸边成雄　5675，6383，6390，
　　6396，6397，6607，6608，
　　6619，6620，6621
昂毛吉　4992
敖昌群　6476，6654
敖思　12748
奥列格·巴拉巴诺夫　9070

B

B. A. 马特维耶夫　9025，9064
B. E. 彼得罗夫斯基　8988
B. 卡普斯京　9225
巴合提努尔　12251
巴荷夏·沙合曼　4874
巴桑旺堆　1480
巴胜超　12811
巴曙松　9577
巴图·克惕诺娃　5222
巴燕·吾依木汗　11605
巴音其其格　3277
巴责达　11921
巴兹尔·格　5722
巴兹尔·格雷　5676，5677
白成祖　9285
白崇人　2848
白春梅　10947
白翠琴　1639，2900，6429，
　　6440
白凡　5425

白芳　8396
白凤岐　4583
白福臣　12118，12120，12121
白贵　9023
白海提　1103
白鹤祥　9762，10428
白坚　1645
白洁　3770
白京兰　3701，3706
白井千彰　7587
白静静　662，669
白凯　12439
白昆亭　12997
白力　9712
白立君　228
白牧蓉　12760
白穆　13261
白娜　4251
白平　9960，11675，12337
白庆红　1311，1312
白如纯　9270
白汝珍　10962
白少双　5010
白曙璋　3395
白苏侠　8025
白伟东　9537
白晓光　8954
白晓红　889
白雪　491，4537，9892
白杨　8002，8003
白洋　10247，10256，10264，11556，12403，12411，13291
白乙拉　2863
白迎亚　10550

白应东　6925
白永平　10312，10325
白永秀　8680，8700，8730，9048，10035，10244，10368，10385，10394，10412，11309，11440，11448
白玉冬　535，4069，5558，7459，7462
白玉竹　9968
柏互玖　6599
柏宇亮　2068
班布日　202
班德军　726
班婕　10277
班丽霞　6639
班玛更珠　5130
班睿　4096
班泽晋　10103
包德述　6488
包德树　6476
包桂红　8455
包桂芹　1017
包堃　12377
包来军　13007
包朗　872
包磊　5346
包明齐　10846
包乌云　2999，3019
包晓悦　7819
包旭　8790
包亚芳　12954
包艳　10032，10281
包燕丽　3445
包于榕　6289

宝音朝克图　8323
保宏彪　1898，4826
保建云　9544，9555
保罗　1916
鲍丙峰　5991
鲍超　9188，13033
鲍洪杰　10849
鲍文改　9979
鲍兴诺　78
鲍音　78
鲍雨璇　13404
鲍志成　73，88，8395
北京大学中国古代史研究中心　3015
贝阿特·莱芬塞德　5694
彼得·弗兰科潘　117
彼诺　7467
毕波　1535，2273，4984，4985，7752
毕晨　9357
毕芳　10380
毕国通　12412
毕佳妮　12671
毕建涛　12081，13294
毕剑　8734
毕然　1867
毕瑞　6206
毕秀芹　12707
毕旭玲　5661
毕雅静　473
毕研洁　6760
边丁　8225
边素萍　6158
边缘人　8220
卞程秀　5061

▶ 丝绸之路研究论文目录

卞德智　11584
卞靖　13176
卞梁　8876
卞蓉荣　4804
卞瑞　9337
卞亚男　1592
别春红　12210
邴淑清　1022
邴雪　9342，10181
晒麟　1819
博碧姬　3398
薄树人　4879
卜晶晶　11602
卜小翠　5233
布艾杰尔·库尔班　1771
布比巴提马·哈力力　12134
布尔努瓦　7939
布海歌　6774
布娲鹣·阿布拉　11337，
　　11351，11356，11363，
　　11374，11377
布娲鹣·阿不拉　11341
布希乔　19
步履　2136

C

C. 比留科夫　10277
C. 莫里森　3562
才国伟　8545
才林　9824
才让　12897
才吾加甫　5051，5115，5117，
　　5146，5191，5207，5393，
　　5401，5437

蔡斌　2881
蔡冰冰　11435
蔡帛真　13299
蔡畅　12278
蔡超　13068
蔡春林　9459
蔡春玲　8926，13393
蔡翠　129
蔡定益　2012，4212
蔡丰明　2622
蔡凤林　1626，2753
蔡富廷　10829
蔡红霞　13264
蔡红艳　12028
蔡鸿生　3814
蔡继明　10327
蔡加福　11949
蔡家艺　1743，4781
蔡建东　6339
蔡杰华　3581
蔡晶晶　8145，8311
蔡景峰　4266
蔡静波　7278
蔡俊煌　11949
蔡磊　3079
蔡礼辉　10521
蔡丽红　6327
蔡莉　10257，10859
蔡淋　3500
蔡凌　7253
蔡美玲　9286
蔡梦虹　13367
蔡梦琪　12761
蔡明宏　9381
蔡琦　6814，11799

蔡青　3407
蔡清毅　11349
蔡榕硕　12043，12046，12052
蔡锐群　12129
蔡尚伟　13153
蔡书芳　9563，10382，11856，
　　13131
蔡天新　5649，5652
蔡铁鹰　7272，7276，7280
蔡婷　9901
蔡薇　2214
蔡为民　1824
蔡伟堂　6182，6195
蔡渭洲　2313
蔡文杰　11589
蔡文静　12464
蔡文娟　12654
蔡文之　11936
蔡祥梅　69
蔡翔　12054
蔡小娟　10948
蔡小龙　8124
蔡晓君　11084
蔡旭　12038
蔡宇知　5811
蔡振伟　10079
蔡振武　13267
蔡志刚　11186
蔡智斌　12078
蔡卓钰　10904
操龙升　13203
曹博林　7809，8077
曹春梅　7363
曹春生　3326
曹丹　8856

曹尔琴　938
曹芳　11163
曹飞　10308
曹峰毓　11507，11951
曹凤刚　11003
曹光新　3390
曹广喜　12003
曹海峰　11903
曹海艳　10718，13108，13142，
　　13147
曹晖　4335
曹辉　3077，3105
曹佳　9076
曹建成　13261
曹建飞　10552
曹建枝　8619
曹键　12329
曹劲　4352
曹敬飞　8620
曹俊兴　1336
曹李海　1595，10748
曹力生　208，8517
曹丽萍　11199
曹莉　3877
曹凛　845，1038，7740，11236
曹凌燕　6807
曹隆恭　4133
曹旅宁　5084，5088
曹茂　4019
曹萌　5665
曹铭婧　12922
曹琼　10755
曹秋玲　3293，4179，4187
曹群　3847
曹荣　13124，13208

曹如梦　13314
曹汝华　11128
曹生龙　5213
曹苏敏　9651
曹婷婷　12597
曹万智　4379
曹伟　4365，13119
曹贤忠　9296
曹相东　12739
曹小晶　13031
曹小曙　11232，12300
曹晓晶　6538
曹晓蕾　9846，11021
曹晓晴　11388
曹笑笑　12676
曹兴国　11883
曹汛　3048
曹雅妮　6019，12160，12239
曹艳芳　13227
曹杨　12371
曹晔　10827，10839，11666，
　　11696，11711，11717，
　　11723，11809，12348，
　　12397
曹义中　4167
曹轶昕　11003
曹寅　4999
曹宇　1258
曹玉娟　10245
曹昱葭　8545
曹源　3603，3606，3608，
　　3623，9750
曹云　11613
曹云华　9294，10141，11360
曹昭宁　9986

曹志鹏　9623
曹中月　717，4366
岑嘉悦　10205
岑沫　12
岑仲勉　746，7556
柴晨清　13170
柴建　11592
柴剑虹　3023，5436，5736，
　　6953
柴利　10526，11484，11546
柴麒敏　12000
柴青山　9568
柴祎超　12190
柴怡　3162
昌邦　13347
长青　4279
长泽和俊　7890，7901
常策　8454
常婧　1456
常雷　3374
常亮　11610
常青　2309，4343，4345，
　　5089，5377
常任侠　2565，3848，3888，
　　6376
常沙娜　6164
常腾原　11944
常喜恩　3470
常学辉　4324
常耀中　9920
常一民　3471
畅红霞　3127
晁中辰　1082，2895，8278
朝鸿　6007
车宝仁　4434

车凯龙　13059
车辚　1099
车南林　13153
车乒　2754
车如山　12188
车探来　12266, 12393
车夏辉　12054
车向前　9036, 9429
车效梅　3679
琛玉　7938
陈爱东　3077
陈爱峰　2184, 2417, 2420, 5122, 5135, 5433, 7994, 8409
陈爱蓉　3291
陈爱珠　1153, 2364
陈安利　3117
陈安琪　3947
陈柏坚　2022
陈邦瑜　11151, 12678, 12680
陈宝国　11773
陈宝全　11366
陈保锁　12145
陈保亚　448, 489, 514, 554, 5125
陈飚　8777
陈彬彬　10230
陈彬强　8468, 11084, 13248
陈滨　12714
陈兵　11770
陈炳应　2344, 3462
陈波　12467
陈博　10916
陈才　9291
陈才智　7126

陈财经　3537
陈昌远　459
陈昌云　7110
陈超　2924, 9246
陈朝萌　2096, 8851, 13136
陈潮　141
陈辰立　8908
陈晨　8929
陈乘风　9279
陈崇凯　2241
陈楚格　12248
陈传席　5727, 5728
陈春晓　1053
陈聪慧　11757
陈琮渊　2284
陈达森　153
陈达生　3307
陈丹　12644
陈得芝　1034, 7306, 8249
陈德峰　10466
陈定海　9696
陈东　4455
陈东杰　2482
陈东旭　11464
陈东玉　13231, 13232
陈冬季　5463, 5811, 8212
陈恩志　1487
陈发虎　350, 351
陈方　6322, 10432, 11643
陈芳　3948
陈芳学　3162
陈飞　11148
陈奉林　8544
陈芙英　12344, 12357
陈福麟　4501

陈富龙　3110
陈改玲　2728
陈刚　4054, 5565, 6822
陈岗　10863, 11782
陈高　8591
陈戈　2609
陈庚龄　3642, 3648
陈耕　8514
陈功　863
陈功东　8504
陈关聚　11446
陈光文　1071, 4833, 7813
陈光亚　11030, 11031
陈广恩　7846
陈桂权　4255
陈国灿　26, 1499, 1532, 1546, 7397, 7403, 7445, 7639, 7645, 7769, 7967
陈国光　1707, 5025, 5376, 5579, 5580, 5584
陈国良　12070, 12075
陈国强　7594
陈国生　12426, 12428, 12697
陈果　2454
陈海龙　569, 7758
陈海涛　2975, 4791, 4792
陈海童　12730
陈海燕　1985
陈寒　5111, 5116
陈汉初　7841, 9366
陈浩　1560, 2839, 2964, 8318
陈恒　11634
陈红　6743, 11899
陈红升　10117

陈宏　789

陈洪波　165，2055，3483，5151

陈洪海　3480，4367

陈鸿鹏　9977

陈华　8230，9603

陈华健　8864

陈怀成　3379

陈欢　9431，12367，13099

陈焕鑫　8856

陈晖　5674

陈辉萍　10052

陈卉　6356

陈惠平　142

陈慧　10150

陈慧生　1322，3689

陈火祥　7140

陈积银　13342

陈继春　5540

陈继东　9303

陈继宏　8184

陈继勇　8899，8900

陈加　12606

陈佳楣　568

陈佳荣　759，7558

陈佳璇　12129

陈嘉俊　10314

陈坚红　2321

陈俭　11427

陈建国　2964

陈建辉　3791

陈建军　6221

陈健　12786

陈践　7447，7448

陈江波　8896

陈劼　2383

陈杰　1835

陈捷　12244

陈金凤　1363

陈金林　12608

陈金龙　2795

陈金生　2663

陈进国　5650

陈竞翘　3090

陈敬平　11264

陈静　4058

陈静薇　4002，12567

陈久金　4056

陈菊红　11675

陈菊霞　4797

陈娟　3928，5654

陈娟娟　3223

陈军　11314

陈军川　12175

陈君　1418，1422，11001

陈君武　11970

陈俊谋　385

陈俊楠　11438

陈开雄　11622

陈恺旻　2007

陈康　5857

陈珂　11421

陈克志　2368

陈坤龙　3489

陈兰兰　13239，13243

陈黎　12673

陈李鹏　13345

陈力丹　13311，13333

陈立立　2407

陈丽芳　3720

陈丽君　11227

陈丽萍　2640

陈丽婷　9679

陈利君　11110

陈利宽　9319

陈连开　750

陈连庆　2240，7565

陈联众　3328

陈良伟　184，186，392，422，807，3461

陈亮　3425，12631，12833

陈辽　7268

陈泠霏　12255

陈铃美　6990

陈凌　7643

陈柳晶　7846

陈龙江　10199

陈璐　10295

陈洛　6401

陈履生　5835

陈美东　4055

陈美金　9297

陈美静　6577

陈梦家　7486

陈梦玫　11538

陈梦媛　8570

陈妙玲　9020

陈民镇　2009，8148

陈泯利　8358

陈名　10315

陈明　2696，4285，4286，4290，4292，4299，4303，4304，4311，4316，4325，5259，5293，5349，5420，6810，6857，7322，7626，7650，8229

▶ 丝绸之路研究论文目录

陈明宝　8858，9418
陈明芳　3120
陈明富　13229
陈明星　10336
陈娜娜　10059
陈楠　1462，5354
陈能军　9547，11186
陈宁　880
陈佩　10853
陈鹏　2076，9492
陈频　2174
陈平　9418
陈平平　3180
陈朴　11286
陈其慎　11453
陈奇　11290
陈启流　3102
陈芊卉　12258
陈茜　372，2299，2319
陈强　866，6881，7731，7886，13080
陈桥驿　637，638，4114，11325
陈钦　12624
陈勤学　3482
陈青萍　3985
陈青松　13390
陈庆明　6980
陈秋儿　3961
陈秋杰　10186
陈荣　10481
陈蓉　11250，12015，12285
陈茹茹　6022
陈瑞芳　4727，4731
陈瑞近　6211

陈瑞莲　5492
陈润羊　11558，13411
陈三景　9955，9998，10515
陈三平　635
陈森镇　5569，13179
陈少华　11180
陈石　11875，12335
陈实　12588
陈世柏　2053
陈世良　587，702，758，4587，4637，5087，7345，7579，7584
陈世伦　9273
陈世明　7319，7324，7337，7951
陈世松　2127
陈守忠　389
陈姝淇　10119
陈淑芬　9511，11607
陈淑华　182
陈淑梅　8973，9847
陈淑霞　5057
陈水德　2616，5049，11062
陈烁　12708
陈思　3378
陈四海　6796
陈素华　9206
陈粟裕　5790，5934，5950
陈涛　4733，8672，8685
陈特　7805
陈田澍　10374，11562
陈铁凡　7590
陈廷湘　8527
陈婷婷　5441
陈同滨　12906，13068

陈托兄　8116
陈万灵　9049，9299，9812，9902
陈维新　9218
陈伟光　9071
陈伟利　4348
陈伟明　4078
陈玮　5542，5594，7545
陈卫东　12406
陈卫峰　10933
陈渭忠　956
陈蔚　11406
陈文　10356
陈文广　5662
陈文鸿　11168，11184
陈文军　6174
陈文亮　11071
陈文婷　12506
陈文祥　873
陈文新　9596，9628，9647，9675，9683，10341，11686，12407
陈文璇　11227
陈文宇　11196
陈闻君　10025，10520，11552
陈雯敏　9525
陈梧桐　827
陈五云　7354，7356
陈曦　13066
陈习刚　3980，3981，3989，4004，4156，4157，4166，4168，8322
陈霞　1220，5852，6039
陈贤春　1020
陈相秒　9255

陈湘萍　7580	陈雄　11996，12012	陈益歆　8139
陈肖静　12506	陈修文　11188，11191，11567，	陈逸敏　12714
陈小碧　9152	12786	陈逸平　12775
陈小鼎　9078	陈秀芬　3988	陈意新　9734
陈小锦　2384	陈秀英　8907	陈引驰　7805
陈小沁　9231	陈旭　1830	陈应时　6383，6395，6474，
陈晓　8485，10056，10968	陈璇　8889，9851，11861，	6525，6679，6687
陈晓超　11039	11994，12012，12415	陈永昌　8735，11243，11802
陈晓晨　12418	陈雪锐　8592	陈永刚　10838
陈晓程　3281	陈汛　529	陈永浩　12833
陈晓虹　9823	陈雅劼　3291	陈永华　2395
陈晓剑　9417	陈雅婷　11095，11968	陈永亮　265
陈晓静　6664	陈亚军　3167	陈永胜　13428，13429
陈晓军　5879	陈亚欣　4107	陈永耘　1852
陈晓露　626，3073，5008，	陈亚洲　7685，7690	陈永忠　11963
5153，5387，5396，5405，	陈延安　8032	陈勇　4978，9705
5412，5776，5805，8442	陈岩　10076	陈勇勤　911
陈晓律　1785，9253	陈炎　133，135，382，2023，	陈友义　2085
陈晓萍　11599	2304，2574，2578，2591，	陈余　9161
陈晓茹　13163	3662	陈俞宗　11649
陈晓艳　10479	陈艳　11635，12858	陈瑜　7529
陈晓忠　13252	陈艳丽　12825	陈宇　8922
陈笑莉　9626	陈艳玲　5167	陈宇宏　1402
陈燮君　5802	陈艳云　3339	陈羽　9877
陈心香　9110	陈阳　11609	陈雨露　8535，8697
陈忻　6989	陈遥　9026	陈禹静　11123，11142
陈昕　11104	陈瑶雯　8618	陈玉菲　10876
陈新海　1910，3728	陈野　3315	陈玉荣　8446，9937
陈新儒　3064	陈晔　1995	陈玉霞　2192
陈新元　1050	陈烨轩　8514	陈玉祥　11432
陈信雄　5272	陈一军　85	陈育宁　5897，12995，12996
陈星　10780	陈一睿　13223	陈昱良　8010
陈星星　2788，4480	陈祎晟　3770	陈媛　10689
陈星宇　4740	陈以鉴　810	陈媛媛　9262
陈兴鹏　9807，10033	陈义华　11785	陈源　11975

757

陈远峰 8625	陈忠凯 5372	程鸿运 418
陈远航 9245	陈重秋 13233	程怀文 5729, 5730, 5733
陈月清 2922	陈柱 1107	程惠萌 6556
陈悦新 2985, 2989	陈子安 13151	程佳 7703
陈跃 1397, 1406, 4098, 4099, 4102, 4106, 8136	陈子丹 7676	程嘉芬 4476
	晨曦 8363	程嘉静 1042, 1044
陈云 7161, 7729	谌璐琳 5514	程嘉翎 1173
陈云华 3637, 7371	谌文武 3070	程杰 4207
陈云天 8560	成建正 49, 6898	程金城 5699, 5704, 8134
陈允吉 5840	成丽霞 11484	程锦 668
陈运涛 3018	成倩 3392, 3393	程静 11452, 11456
陈泽桢 2559	成珊娜 8021	程静璇 10119
陈展 9499	成史章 4593	程娟 12831
陈占山 2913	成松柳 6348	程军 1895
陈张承 2077	成湘丽 7208, 7307	程黎君 10756
陈臻 11640	成志杰 9065	程丽辉 10874
陈振江 12314	承焕生 3383	程利英 1067, 1068, 5582, 7969, 7970, 7973
陈振杰 736, 5980	程爱民 5162, 6338	
陈振旺 6152	程安国 8593	程林顺 13372
陈正权 3802, 12839	程翠平 13327	程龙彪 8133
陈之林 8879, 11234	程翠云 12055	程路恒 11572
陈之伟 3591	程丹 12406	程璐 10135
陈支平 178, 1998	程狄 3435, 5217	程民生 2446
陈直 3528	程弓 247, 248, 249, 250, 251, 252, 253, 254, 255, 256, 257, 258, 259, 260, 261, 262, 263, 264	程鸣 12217
陈志峰 12062		程酩茜 3369
陈志宏 11061		程默 12547
陈志军 9618		程牧 2323
陈志龙 9261	程广斌 10343, 10378, 12027, 12114	程鹏 3768
陈志明 2714		程鹏飞 8455
陈志平 10525	程贵 9604, 9669, 9682, 9954, 10040	程琦 5457
陈志强 3619, 11090		程钦良 13410
陈智文 8773, 10642, 10678, 13194	程国君 7842	程群 6757
	程昊 9217, 11982, 12292, 12362, 12558	程如铁 7219
陈忠 13274		程适良 5461
陈忠菊 12458	程洪泽 10089	程溯洛 1148, 4748, 4847

程天健　6527
程彤　3588，5035
程王芳　9520
程王鹏　8485
程圩　12547，12793，13061
程喜霖　390，954，4418，
　　　　7621，7768，8170
程晓荣　9489
程心俊　11972
程星原　10197
程秀建　11861
程秀金　1249
程旭　2432
程旭睿　10681
程雅娟　3504，3933
程彦　10222
程印学　2103
程玉萍　6102
程昱翔　12008
程远清　12639
程云洁　9795，10069，10074，
　　　　10500，10587，10599，
　　　　10602
程云霞　2962，5395
程中海　9803，10447
程中兴　8582
程钟书　7866
澄之　6962
池田温　7947，8268
池秀梅　10805
池漪　6100
池中华　13206
迟景才　12423
迟凯文　13016，13024
迟松　10845

初北平　11883
初瑞瑞　12250
初师宾　374
储成君　11993
储诚山　10832
储怀贞　3599
储建新　3793
楚峰　11617
楚福印　246
楚鲁鹏　2550
楚默　6839
楚生　1611
楚新正　12460
楚艳芳　7373
褚宏霞　1754
褚俊杰　4917
褚平善　10023
褚荣昌　2243
褚卫红　5539
褚晓莉　5747，5928
褚玉良　12494
船木胜马　4584
炎默　5483，7424
慈向阳　10390
次旦顿珠　5602
丛德新　3044，8485
丛国巍　7108
丛海彬　12290
丛利红　10838
丛振　3878，3879，3882，
　　　3885，5989，8036
崔保新　2946
崔策　2478
崔晨涛　10967，10972，10975
崔峰　5350，5753

崔凤霞　7175
崔谷平　5810
崔光莲　10375
崔广庆　363
崔浩　8972
崔红茶　11114
崔红芬　3188，3189
崔宏凯　9467，11632
崔宏艳　2836
崔惠萍　8019
崔建高　9483
崔建华　4855
崔剑锋　3388，3392，3393
崔金梅　11762
崔瑾　196
崔力民　11523
崔丽芳　861，4603
崔连标　9845
崔路路　9438
崔茂俊　11139，11264
崔敏　1894，2539，10749，
　　　11638
崔明德　298，939，2813，
　　　　4426，4445，4450，4454
崔娜　12974
崔萍　12205
崔青山　10806
崔庆　11146
崔庆蕾　10280
崔日明　8929，10032，10281
崔如波　11252
崔树强　6840
崔舜婷　9905
崔天兴　3454
崔庭赫　9019

崔魏平　9624，12083
崔文河　12955
崔霞　11329
崔向东　8627
崔晓晨　5219
崔新　12802
崔星　4543，4827
崔雪妍　10833
崔岩　6267
崔银秋　4964，4974，4976
崔永红　302，533
崔永强　2786
崔玉亮　10975
崔玉中　9355
崔志梅　11333
崔志瑞　3599
崔志勇　6994
崔治文　8747，10233
村渭　1906
存理　4881
措科　4704

D

Dieter Jaekel　8169
Д. В. 苏斯洛夫　9233
达浚　1823
达丽　5222
达应庚　2857
达月霞　10565
大卫·克里斯蒂安　86
代彬　13432
代道军　12771
代福尧　3052
代巨鹏　3079
代立　13321
代敏　10690
代涛　11442
代学明　12529
代燕　11671
代永忠　11253
戴东生　11045，11046
戴海峰　9542
戴禾　23
戴虹宇　11682
戴淮清　595
戴建兵　3611
戴健　12082
戴江伟　8667，8679，10310，10879
戴婧妮　10868
戴俊生　12082
戴良佐　601，606，634，641，643，3467，4578，7604，7649
戴美真　12316
戴明应　6983
戴宁　6428，6433，6624
戴鹏　10798
戴秦　11293
戴伟华　6988，7030，7034
戴希龙　7366
戴晓冬　11749
戴欣佚　12663，12737
戴亚伟　727
戴祎璠　12718
戴永红　11489，11497
戴玉才　10342
戴越　13434
戴云客　4715

戴昭鑫　10331
丹尼斯·西诺尔　7300
丹曲　5172，5173
单东辉　11803
单浩杰　10822，12724
单晓杰　6727
单雨萌　10888
旦志红　8984，10012
淡如冰　1572
党宝海　1031
党博超　10982
党国平　3140
党红侠　13205
党婕　12725
党琳静　10870
党群　6442
党顺民　3377，3472
党文静　7211
党晓婷　3162
党养性　590
党永锋　10384
党志豪　8141
道尔基　12491
德格吉　4691
德金　3281
德拉甘·帕夫里塞维奇　10181
德米特里·苏斯洛夫　9070
德米特里·叶夫列缅科　9240
德全英　3671，9136
德效骞　2249
邓贝　2490
邓炳权　3055
邓德芳　1191
邓峰　10247，10256，10264，

11595，12403，12411，
12572
邓凤莲　3763
邓禾颖　3311，3313
邓虎　10417
邓华陵　12468，12854
邓辉　524
邓惠伯　12122
邓慧杰　11470
邓慧君　1216，1673
邓家倍　2036，2045，2046
邓剑虹　11194
邓江年　9371
邓娟　13329
邓俊荣　9711
邓兰　2030
邓李娜　3806，3807
邓玲　10349
邓其生　4352
邓乔彬　6992
邓青青　11457
邓榕　9087
邓锐龄　5316
邓氏事　5404
邓淑苹　6218
邓舒　4423
邓文　13285
邓文才　3791
邓文慧　9916，11587
邓文宽　4072
邓文韬　851
邓小兵　12672，13156
邓小鹏　11944
邓小朱　12296
邓秀杰　11520

邓秀琳　9018，13306
邓雪　11046
邓雪婷　11278
邓亚楠　5954
邓颖颖　12024，12642，12745
邓羽佳　9005，9434
邓振威　11733
邓志虹　11692
狄方耀　9318
狄洪旭　8794
迪力努尔·阿不都热依木
　　12161
迪力夏提·胡达拜尔干　11391
迪丽努尔·吾普尔　3845
荻原裕敏　3001，5969
邸春光　11662
邸静　3801
邸若虹　4314
娣丽达·买买提明　7370
蒂埃里　3555
刁丽俊　2108
刁莉　9925
刁培俊　4025
刁淑琴　7530
丁柏峰　519，522
丁传群　12058
丁春华　1996
丁春艳　13441
丁方　12942
丁果　2971
丁宏武　2801
丁洪玲　13260
丁慧　4040
丁见祥　169
丁建军　9303

丁建丽　12442
丁杰　1384，5519，11040
丁洁雯　2003
丁巨涛　9970，10014
丁军　12099
丁君涛　1780，4238
丁俊　1603，7787
丁俊发　8658
丁克家　936
丁立军　2870
丁丽　13012
丁丽红　11390，11405
丁玲玲　13081，13149
丁敏　12682
丁明俊　2394，8166
丁明磊　10320
丁明夷　5832
丁培卫　8180
丁鹏　9355
丁清华　180
丁汝俊　1676
丁生喜　10208
丁世豪　11337，11341，11351，
　　11356
丁天　7877，11837
丁万华　6208
丁万录　4381
丁伟　10465
丁文　2236，2488
丁文恒　10464
丁晓东　4474
丁晓莲　3013
丁晓钦　13420，13424
丁晓星　9148
丁新　10538，10575

▶ 丝绸之路研究论文目录

丁新正　9368	董国炎　2732，6887	董小君　11790
丁兴安　9138	董海鹏　6076	董晓峰　9476
丁绪辉　10717，11027，11608，12635	董皓　11426	董晓萍　5281，5809，7781
丁亚琪　10966	董红光　8584	董晓荣　3950
丁岩　11078	董红玲　1607	董晓阳　8958
丁燕燕　4185	董洪梅　11012，11015	董欣欣　2203
丁乙　13013	董鸿英　13114	董馨　11193
丁雨　3364	董华锋　1841，5961，6074	董延寿　7521
丁玉娟　12612，12615，12640	董华朋　12673	董彦岭　10994
丁悦　12279	董华云　6221	董艳　704
丁云飞　1215	董佳宇　10833	董艳丽　10935
丁哲新　11019	董建国　12484	董艳秋　5264
丁振辉　9607	董建业　6258	董阳　12023，12032
丁志刚　8742，8744，9153，10039	董建勇　1318	董一平　6090
丁志杰　9954	董俊珏　2014	董银果　9904
丁忠兵　10787	董莉　9745	董银苹　171
丁钟华　2137	董连慧　11443	董印其　7364，7378
丁竹君　9714	董靓玉　10886	董英　12516
东方晓　11901	董林　13291	董莹　13378
东阳　8569	董琳　1177	董永茂　1139
董斌　1880，13227	董梅　9965	董雨鑫　12153
董斌彬　12648	董敏慧　3729	董玉成　10850
董炳月　7872	董千里　11630，11691	董玉迪　12091
董波　3333，5590，8297	董茜　3774	董玉祥　5073
董蔡时　1088	董韶华　1935	董豫　3324
董春风　9642，11654，11672，11687	董绍宣　1911	董原　12503，12508，12517，12520
董春林　517	董淑兰　9507	董珍慧　12606
董丹丹　11654	董锁成　9217，9798，10271，11982，11985，12292，12362，12558	董振辉　6058
董定一　6922，6924	董涛　2560	董铮　3940
董广辉　351	董玮　9931	董知珍　1667，4557，4685，6512，6515
董广强　2978	董文娟　11048	董志敏　8567
董桂才　9878	董文信　10611	冻国栋　7616
	董锡玖　6277	斜晓东　11050

豆晓宁 12652	杜倩萍 1399	杜瑜 1970
豆孝蕊 12128	杜青松 12895	杜玉粉 54，4544
窦博 8613，9244	杜庆昊 11948，11950	杜毓龙 12058
窦金鑫 12073	杜庆军 1364	杜跃平 11537
窦开龙 12465，12472	杜群阳 13245	杜云昊 11239
都静 9597	杜荣坤 10571	杜芸 3754
杜蓓蓓 9521，9546	杜珊珊 2485	杜韵红 234
杜兵兵 2693	杜石然 2326	杜镇 5333
杜昌河 11986	杜时雨 12417	杜征均 11864
杜常顺 1905	杜树海 2048	杜志成 12030
杜成辉 7785	杜唯平 8496	杜忠潮 12478，12505
杜丹丹 7040	杜文艳 11844	段宝林 6765
杜斗城 2237，5068，5073，5277，5284，5320，5369	杜文玉 6320	段春勇 11115
	杜仙洲 3030	段阜涛 350
杜飞舟 1632	杜晓勤 203，7529	段光利 6149
杜菲菲 12820	杜晓英 9852	段海蓉 1040，7132，7133，7822
杜凤莲 10811	杜晓宇 8687	
杜根成 2949，3046	杜新芳 12248	段汉明 1191
杜海 1866，4773	杜秀红 10165	段华 328
杜汉超 3219	杜旭东 8718	段继业 287
杜红 3923	杜学工 12848	段京肃 13020
杜宏 9321	杜雪明 11453	段俊峰 4379
杜继文 5204	杜亚妮 6592	段立生 11129
杜建录 4498	杜艳 12935	段利民 9101
杜洁莉 8851	杜艳绥 11777	段盟盟 6342
杜静薇 3350	杜雁 11979	段咪 10919
杜军 9323，9918，11198	杜旸 8882	段明苒 11888
杜君 9392	杜瑶 6587	段明伟 8863
杜君君 10688	杜以星 11887	段宁 12042
杜俊枝 4346	杜轶伦 11463	段培华 5494
杜兰 9009	杜鹰 10539	段朋飞 7214，7217，7218
杜丽敏 12490	杜颖 11004	段强 12168，12183
杜莉 4020，9500	杜永红 11775	段清波 2697，2703，2707
杜林泽 9335	杜有 9403	段晴 663，3280，3284，3601，5252，7401
杜梅 9991	杜幼康 11282	

段庆林　9796

段然慧　4964

段锐超　7336

段少帅　11462，11468

段塔丽　5617

段文　6728

段文杰　3007，5731

段小强　8416

段晓聪　12151

段晓云　12460

段秀芳　10003，10529，10578，10595，11498

段雪雯　13020

段莹　12967

段永强　4323

段渝　236，476，501，2101，2111，2186，2206，4993

段元萍　9833

段赟婷　12055

段云奎　13057

段真子　8486

段振振　12035

段志勇　2680

段智钧　5413

段祖亮　11667

顿贺　2067

多洛肯　7115

多强　8342，8346

E

Е.И. 鲁勃·列斯尼切钦科　3188，3189

Е.М. 库兹米娜　8965

俄琼卓玛　1339

俄玉楠　3437

F

F. 蒂埃里　3562

樊保良　1018，4511，4646，4744，4839

樊波　7515，7531

樊根耀　1183

樊国斌　3707

樊海涛　5761

樊鸿禄　12308

樊华　12509

樊华丽　10585

樊嘉禄　3959

樊锦诗　3222，5861

樊晶磊　9839，11361，11384

樊君第　10736

樊丽　12388

樊丽沙　5232

樊茂清　9853

樊萌　5801

樊敏　12445

樊明　9913

樊明方　359，2945

樊娉　12301

樊琦　10131

樊睿　11999

樊维纲　3968

樊文礼　969

樊相宇　11697

樊小敏　3860

樊晓菲　11470

樊新和　4356，4357

樊秀峰　8723，9857，11633

樊雪君　12286

樊一辰　12815

樊志民　4014，4095，4210

樊自立　317，462，11972

范爱军　9968

范丹　10152，10154

范佳　8144

范佳平　12380

范家伟　4277，5102

范建华　11109，11111

范金民　2920

范瑾　6479

范晶晶　5286

范磊　3767

范明三　211，2501

范慕尤　5283

范锐超　7803

范少言　10297

范小平　5849

范晓玲　9032

范晓倩　8131

范昕　10138

范学新　6863，6930

范雅黎　7714

范一大　11990

范永茂　8766，9478，10556

范勇　10663，11730

范玥　13360

范云芳　10858

范中义　2892

范周　13082

方步和　5841

方灿莹　12390

方创琳　9186，9187，9188，10012，10335，11774，

13033
方光华 53
方广锠 5255
方国瑜 4425
方嘉雯 12384
方建春 13245
方建军 6643
方剑 11891, 11895
方晶 12913
方俊吉 8868
方磊 12417
方李莉 2514, 8888
方立军 1694, 8160, 8161
方莉敏 6151
方良彦 12572
方璐萍 11092
方明 13258
方鹏华 12223
方清 13269
方铁 235, 4013
方婷婷 9849
方伟洁 12820
方闻 6044, 6046
方旭红 12688
方循 5307
方衍 2859
方艳楠 10836
方燕 1735
方也 8243
方英楷 1285, 1435
方煜东 11240
方媛 10713
方志玉 11766
方忠英 2026
房爱卿 8614

房本旭 12309
房定亚 4259
房建昌 2853
房全忠 9396
房胜飞 11321
房雨晨 10045
肥田路美 6097
费清 9953, 9957
费万春 51
费仙梅 867
丰云舒 4318
封安全 10999
封传兵 1588
封东虎 8913
封魏 5769
封兴中 1609
封学军 12394
封云芳 11324
封志明 12068
冯碧梅 11065
冯彬妮 3405
冯朝阳 10211, 10302
冯春莺 11330
冯德显 10963
冯风 4089
冯国昌 1056
冯国富 2962, 3118, 3200, 5723, 6176, 8315
冯海琴 12195
冯海霞 7243, 7244
冯海英 10365, 10784
冯汉镛 364, 383, 423, 2133, 4274
冯继强 7826
冯冀岩 10923

冯建兵 13133
冯建华 4706
冯建勇 1797, 8819
冯金磊 3839
冯京 11443
冯娟 11135
冯浪 12039
冯立功 8745
冯立军 2435
冯立升 4047
冯丽娟 5981
冯亮 9495
冯玲玲 12542, 12554
冯敏 2429, 2436, 2468, 2665, 5156, 5242, 5515, 9345, 12125
冯妮 13414
冯攀 10209, 10210
冯培红 1832, 4018, 4702, 4810, 4812, 8304, 8330
冯其庸 5734
冯泉 10407
冯瑞 7637
冯瑞建 5010
冯少波 3024, 5960
冯世新 12261
冯颂妹 10002
冯天瑜 60, 122
冯铁健 5082
冯伟 9695
冯卫英 2464
冯蔚然 134
冯文慈 6424
冯西西 1000
冯锡时 4837, 7623

冯先铭　2302，2337，3304
冯相磊　5291
冯翔宇　12074
冯小琴　4557
冯晓华　12579
冯璇　7885
冯学钢　12691，12762，12785
冯雅颂　6586
冯燕　6537，8932，8933，12800
冯晔　7314
冯一下　4920
冯毅　2013
冯盈之　1985
冯玉军　8961
冯玉雷　299，300，301，305，
　　　308，2209，3455，3457，
　　　13247
冯玉梅　11466
冯玉新　1837，4094
冯玉珠　12577
冯泽阳　3347
冯珍　5012
冯蒸　7464
冯卓慧　4996
冯卓五　4219
冯宗宪　8719，9819，9990
弗朗索瓦丝·普热得瑞
　　　4065，4067
伏俊琏　2835
伏阳　1791，11939
伏奕冰　5967
符淼　9887，11571
符运豪　10287
福建省人民政府发展研究
　　　中心课题组　11072

府宪展　13235
付滨　4301
付国乐　13159
付海燕　10598
付君　2460
付马　4772
付梦华　9104
付敏　11995，11996
付明华　6480，6736
付青叶　11678
付韶军　9474
付帅　12310
付晓青　4032
付轩　2727
付宇杰　9610
付煜　2087
付媛　12718
付岳莹　3292
付云鹏　10091
付再学　10588，13039
付志刚　10654
傅宝姬　3361
傅伯模　2163
傅朝云　2356
傅定淼　7352
傅国华　10125
傅晶　13068
傅举有　3148
傅朗云　240，241，429
傅乐焕　3182
傅梦孜　110，8624，8837
傅明方　3141
傅宁　111
傅强　9715
傅仁麟　4563

傅山泉　1931
傅惟光　1047，11014
傅文学　12018
傅吾康　7590
傅小锋　1154
傅轶　12467
傅玥　12932
傅振伦　926，927，7888，
　　　7931
傅智能　9111
傅宗文　1959，1963，1964
富景筠　10083，11564
富霞　3102

G

G. M. 榜迦德-列文　7613
尕藏加　5093，5094
尕藏扎西　4992
盖佳择　8086，8103
盖金伟　970，1454，1547，
　　　7006，7646，7995
甘桂琴　1736
甘季中　4379
甘钧先　9044，9113
甘叔　2348
甘卫华　11645
甘晓娟　11263
甘永萍　12553
甘枝茂　12434
干福熹　3383，3386
冈村繁　7248，7249
冈崎敬　3465
高彬　5781
高炳文　3338

高博　3162，4930
高彩云　1675
高长宝　9514
高常柏　4301
高超　11488，12374
高朝阳　3739
高潮　8784，9981，10129，10184，10202
高成海　12197
高城　3078
高春惠　12581
高春平　2427，10953
高次若　6183
高大伦　215
高丹丹　1457
高德祥　6399，6622
高东新　10874
高飞　9137
高芬　2192
高峰　8538
高福顺　909，1058
高古璇　11022
高国清　9597
高海建　13359，13370
高涵柏　8996
高寒　9579
高汉玉　2307
高恒天　4530
高红梅　2404
高鸿欣　9807
高佳琦　10638
高嘉莉　11707
高建新　2681，6331，7054，7070
高健　7150，7689，7770，7790，7801，7820，7845，7848，7880，8100，10115，11064，13201
高江　10581
高杰　8840
高景明　393
高静　10023
高军行　11056
高俊刚　441，7527
高凯　5133
高克冰　2234，2543
高兰芳　10847
高磊　8074
高丽　9645，9672
高丽萍　13348
高列过　5266，5271，7316
高麟睿　9589
高曼　3536
高敏　7779，8219
高明　6109
高鸣　6563
高娜　1347
高楠　12641
高鹏举　4122
高品文　12285
高启安　1845，2793，3645，3993，4250，7672，7697
高前兆　11974
高倩　10585
高乔子　5641，11209
高庆国　13087
高庆欣　11542
高庆衍　5853
高人雄　5161，5275，5288，5295，5391，6454，6455，6457，6458，6487，6518，6548，6552，6593，6767，6795，6862
高荣　820，2531，4599
高荣盛　2695
高汝东　363，3823，4763，4971，11915，12220，12457
高山　5683，6115
高世龙　12416
高世宪　11490，11575
高顺旺　3345
高嵩　8821
高苏　4340
高苏红　11824
高涛涛　10306，10313
高天佑　416
高天柱　12094
高田时雄　7697
高铁泰　5547
高伟　3389
高伟江　9789
高伟玲　10547
高卫涛　10304
高卫星　1436
高文文　10809
高霞　8799，9477
高翔　12432，12502
高晓波　1914
高晓慧　8990，9025
高晓焘　10828
高新才　9432，9793，10000，10224，10307，10717，11608，12071
高新生　4506

▶ 丝绸之路研究论文目录

高新雨　11608
高雄山　5949
高秀军　6241
高秀丽　11179
高雅　10872
高雅琪　9440
高亚芳　12444，12453
高燕霞　10906
高杨　6161
高洋　9572，9979，12356
高益荣　6352，6816
高永久　4653，5505，5526，
　　　　5528，8726，10436
高勇　5968，5970
高友才　10337
高愚民　3937，4008
高宇　3959
高宇琪　5885
高煜　10395
高院　12738
高赟　12468
高云　4374，12243
高云飞　9083
高韵　13282
高增良　7312
高占福　4878，4892，8373
高占胜　11995，11999
高占盈　5453
高长山　7186，7197
高振　4332，4333，4334，
　　　8127
高振茂　496
高震　7049
高志刚　8803，8983，9185，
　　　　9415，9481，9792，9967，
　　　　9973，9995，10326，
　　　　10454，10457，10464，
　　　　10505，10519，10522，
　　　　10575，10604，10695，
　　　　11482，11513
高志胜　12195
高自厚　1061，1648，4742
高自为　11259
格藏才让　4694
格哈德·欧·布劳恩　8709
格拉济里纳·伊里纳　10093
格桑本　3480
葛察忠　12055
葛成　9314
葛承雍　64，87，91，1524，
　　　　1821，2757，3418，3438，
　　　　3997，5488，5530，7508，
　　　　7543
葛春凤　12373
葛定华　7561
葛芳　2548
葛飞秀　9858，11637
葛根高娃　199，4547，5078
葛汉文　9074
葛红亮　9313，11933，11937，
　　　　11938
葛华廷　5474
葛佳平　6196
葛剑雄　80，8549
葛金芳　2551
葛晶晶　11922
葛景春　7081
葛炬　11741
葛立　520
葛美珠　1946，3289
葛明桥　3295
葛伟　9516
葛晓燕　10694，11511，12399
葛晓音　5616，6568，6975
葛艳玲　8177
葛云健　2992
葛兆光　7
耿冰　11043
耿德铭　7512
耿昊　10782
耿鉴庭　7480
耿丽　12634，12809
耿明英　9700
耿奇　1991
耿昇　1092，2262，3187，
　　　3191，7467，7930，7939，
　　　7956，7960，7962，7963，
　　　8072，8082，8167，8387
耿世民　4761，5274，7330，
　　　　7405，7964，8242
耿相魁　11043
耿晓璐　9485
耿学刚　8498
耿引曾　4259
耿引循　4259
耿占军　589，6335
耿仲钟　10169
公兰英　12456
公丕萍　9969
公维军　5236
公维章　916
公梓安　12379
宫春霞　12303
宫海峰　1037
宫静　5083

宫珊珊　8026
宫下三郎　7602
宫晓婷　11961
宫亚清　10834
宫艳华　8978
宫治昭　5741，8097
龚纯　4267
龚剑　13420，13424
龚丽坤　4071
龚鹏程　3067
龚强　244，270，12549，12556
龚勤林　12049
龚绍方　1006
龚天祥　3558
龚婷　8357
龚为纲　3355
龚伟　572，577，2129
龚文强　9637
龚先洁　10339
龚晓菊　10682
龚晓嵘　3899
龚新蜀　9839，10497，10566，10569，10582，10619，11317，11361，11384，11620，11719，12277
龚英　12314
龚缨晏　149，152，735，2000，8430
龚颖华　10336
龚哲卿　8722
巩生勤　242
巩周明　13382
贡保扎西　7446，7449
贡晓丽　11515
贡杨　13394

缑娅兰　7335
苟翰　1078
苟翰林　786，1672
苟利武　2532
苟长玲　892
姑丽娜尔·吾甫力　6886，6890
辜胜阻　11557
辜穗　11542
古尔巴诺娃·娜塔丽娅　12396
古尔曼卡里耶娃·热娜·图拉托夫娜　9004
古方　3044
古晶　11029
古力努尔　899
古力孜拉·克孜尔别克　1752
古丽比亚　5945，6305
古丽比娅　4575
古丽米热姆·阿迪力江　12332
古丽娜尔·努尔买买提　6836
古丽扎尔·阿不都克力木　11741
古丽扎帕尔　953
古丽孜拉·艾尼外　12586
古龙　11022
古龙高　9419，9443，11028
古清尧　4584
古滕客　8347
古小松　2230，10173
古璇　9419，11028
古永继　803
古远清　6854
谷慧　11397
谷继建　11688

谷蕾　10929
谷苗凤　6763
谷世权　12827
谷小勇　4089
谷晓冰　12772
谷新春　5800，6091
谷源洋　8828
顾晨媛　6319
顾成军　9934
顾冬红　3383
顾敦信　1958
顾风　12859
顾国达　11342
顾国荣　5079
顾海旭　11439
顾华详　1234，4463，9490，9751，10615，11830，11832，11834，11841，12437，12536，12537，12999，13000，13001，13005，13010，13078
顾吉辰　2145，4644，5311，5312
顾剑华　12054
顾涧清　9252，11176
顾菁　11023
顾晶晶　2752
顾克鹏　3784
顾李　10249
顾丽华　9810，10526
顾美玲　12311
顾明远　12146
顾楠　6495
顾盼盼　4709
顾生蓉　6096

► 丝绸之路研究论文目录

顾炜 8940,12233	广中智之 3413,5325,5863,	郭继强 8533
顾文斐 10575	5877,7684,8268	郭继荣 9036,9429,13254
顾学稼 212	圭特·克莱宁 6494	郭加玉 10388
顾懿德 1933	桂林 7924,8266	郭佳丽 13353
顾颖 6064,6067,6099,	桂栖鹏 3970,7090	郭嘉雯 11461
10911	郭阿梅 2555	郭建伟 9729
顾永 8639	郭爱君 9491,9958,10396,	郭建缨 12004
顾泽平 11877	11294,11304,11684	郭健新 3212
顾政博 649,650	郭安 12180	郭娇 7196
顾志敏 12230	郭安宁 11998	郭杰 10561
关巴 2951	郭层城 8693	郭金龙 3392,3393,7495
关冰阳 8497	郭超 11017	郭晶 2680
关兵 10777	郭朝辉 7844	郭晶晶 121,12801
关春玉 9741	郭城 2064	郭静娜 5284
关德洪 13365	郭传彩 5454	郭菊娥 11502,11505
关迪 7395,7398	郭春阳 3880	郭军 3874
关海萍 2497	郭纯向 5403	郭君平 11907
关晋文 5955	郭丛冉 10966	郭筠 2005
关连吉 10267	郭丹华 3264	郭俊峰 6059
关林 9058	郭得力 9457	郭俊华 10909
关双喜 6106	郭迪 12612,12615	郭俊叶 5974,6078
关雪凌 8845,9228	郭飞飞 8058	郭可慈 1550
关意权 4508	郭风平 2709,4170	郭兰 7337
关懿 6018	郭锋 1477,4922,7586,7619	郭兰英 7115
关煜颖 9315	郭凤霞 564	郭立宏 8725
关志强 8805	郭桂坊 3083	郭丽 4449
观民 3029	郭桂均 12581	郭丽珍 11170
官秀珠 12098	郭豪杰 4327	郭利丹 11992
管楚度 129	郭弘 6939	郭莉莉 9706
管守新 1174	郭红 9242	郭露露 10891
管卫中 1892	郭宏杰 10866	郭曼若 8925
管雪竹 12971	郭洪纪 8649,8651	郭茂全 8350
管志刚 3904	郭华东 10344,12018	郭茂育 4448
光昕 11724	郭辉 9736,9748,11466,	郭美兰 734
光昭 11724	11621	郭苗 12784

郭敏　11218

郭敏晓　11490

郭明　3509

郭明卿　3586

郭沐洁　5681

郭牧　6255

郭泮溪　1938

郭培忠　2016，2358

郭鹏　12362，12558

郭平梁　2815，7236，7523，
　　　7582，7916

郭萍　5772，5905，6136，
　　　6145，8057

郭倩倩　3005

郭勤华　983，2117，8324

郭青林　3070

郭庆昌　4256

郭琼　9146

郭秋梅　9034

郭秋生　12191

郭仁辉　3729

郭蓉　9900

郭瑞军　8599

郭瑞鹏　13438

郭睿　9835，9836

郭润涛　784

郭善兵　2296

郭上人　12307

郭绍林　1926，5392

郭声波　1553，8317

郭胜利　1750，5152

郭胜强　2538

郭盛　5138

郭士偑　10292

郭守涛　5047

郭书兰　2927

郭淑云　5467，5470，5473

郭树华　10241

郭爽　12819

郭天宝　9084

郭田勇　9519

郭婷婷　10431

郭婉华　10989

郭万杰　72

郭威　10339

郭伟　12540

郭伟华　5856

郭玮　6769，7364

郭卫东　2471

郭文娟　8067

郭文君　11265

郭文庭　7025

郭雯　10178

郭物　5816，7954

郭曦　11795

郭宪春　2716

郭小红　2198

郭小花　11658

郭小利　8462

郭小影　6270

郭晓兵　10457

郭晓东　12527

郭晓合　11258

郭晓红　3598

郭晓花　7884

郭晓涛　3075

郭晓欣　10804，12346

郭新榜　10241

郭新荣　4170

郭旭　12392

郭雪妮　7031

郭亚非　221，2378

郭亚萍　10475

郭亚雨　10410

郭彦伟　13346

郭雁云　4045

郭晔旻　1744

郭艺萌　9605

郭昳岚　12793

郭益海　5039，5041，5045，
　　　5054，5193

郭益欣　6540

郭胤含　10195

郭营立　11680

郭颖珊　2552

郭应德　411，2362，2564

郭永强　9739

郭永琴　2263

郭勇　13261

郭友亮　2413

郭玉华　9424

郭育生　3336

郭钰　3886

郭沅鑫　8910

郭媛媛　13050

郭院　6340，7185

郭院林　1735，7014，7209

郭云艳　3587，3615，7999

郭早早　5775

郭泽保　4720

郭钊玮　13379

郭贞贞　9832

郭振雪　9086，9090

郭郑瑞　6717

郭志山　6372

郭志禹　3796，3797，3809
郭志云　13192
郭忠庆　13318
郭子煊　9409
果林　3495
过伟　2038

H

哈宝玉　3691
哈德斯　412
哈建华　1269
哈磊　7659
哈丽努尔·哈兵　10283
哈密市人民政府融合发展办公室　10781
哈木拉提·吾甫尔　4332，4333，4334，8127
哈桑　2732
哈斯吾其　656，657
哈斯也提·哈孜　13202
海滨　1599，3990，6326，6339，6509，6934，7004，7016，7020，7021，7027，7037，8227
海刚　7232
海杰　4908
海科·施托伊尔　3170
海力古丽·尼牙孜　8655
海丽恰姆·买买提　6885
海热提江·乌斯曼　5627
海燕萍　7308
韩保全　1184
韩博　12006
韩春鲜　335，11976，12466，12473，12495，12496，12506
韩大勇　12656
韩东　10063，13110
韩冬临　9288
韩芳　12360
韩风春　11074
韩枫　10954，10956
韩国磐　5076
韩国强　9561
韩海梅　4804
韩洪文　171
韩湖初　7975
韩华　2266，4096
韩吉容　9787
韩佶　13394
韩建武　3419，3972
韩建业　886，2677
韩金红　9510，10612
韩晶　6753
韩婧　13159
韩婧娟　13133
韩君　10750，10751
韩隽　8910，9135，9150，10444
韩康信　4850
韩克敌　11923
韩孔乐　3115
韩立民　8858，11710
韩丽纮　9196
韩留勇　6931
韩璐　9203
韩露　6755
韩满　13281
韩梅　12610
韩萌　10808
韩楠　2789
韩宁　6564
韩盼　10801
韩鹏　2004，12085，12093
韩平　9779
韩琦　2940
韩启德　9425
韩前进　8600
韩强　2058
韩庆龄　11404
韩世杰　11436
韩淑德　6616
韩树伟　1891，2804
韩澍乔　10825
韩爽　9975
韩顺发　6278
韩涛　1545
韩天琪　4191
韩婷婷　11664
韩炜师　12940
韩文慧　6346，6352，6366，6872，7818，8073
韩香　1590，2172，2270，2281，2463，4248，6120，8228，8332
韩翔　2004，3032
韩晓龙　6215
韩晓雪　4995
韩星海　4182
韩兴勇　13145
韩秀丽　10300
韩雪　9684，11697
韩雪梅　11445
韩延玲　9415，9955，9998，

10515
韩岩 516
韩洋 11414
韩养民 5432
韩一军 11401
韩毅 4164, 5576, 5583
韩英 8881
韩颖 6165, 6167
韩永红 11859
韩有成 2705, 2987, 3014, 6192
韩瑜 10516
韩羽来 9883
韩雨笑 4419, 7062
韩玉军 8740
韩育民 6451
韩昭庆 8474
韩召颖 9013
韩兆洲 10238
韩真元 13068
韩振丽 8804, 13011
韩志勇 12709
韩智敏 7423
韩中华 8328
韩中义 5581, 5591, 5596, 5606
韩忠诚 12174
韩佐生 3725
蒿峰 1640
郝百慧 10921
郝备 10472
郝春琦 9237
郝春文 8279
郝春阳 3660
郝二旭 344

郝建英 1396
郝健荣 8483
郝金磊 9506, 12765, 12783
郝京京 11643
郝浚 7258
郝柯羽 3105
郝丽莎 11559
郝利斌 10794
郝茂 3521
郝润华 1820
郝少英 9200, 12005
郝时远 10100
郝树声 1361, 2213, 2671, 2770
郝思洁 11610
郝苏民 7915
郝索 12945
郝威亚 10459
郝文军 8116
郝晓光 13257
郝晓莉 11595
郝新鸿 4776, 12365
郝新军 10014
郝延霖 6783
郝依梅 13427
郝毅 6280, 6388
郝渊晓 11610
郝振宇 4834
郝震宇 10432
何爱平 12014
何斌 11663
何昌林 6384
何朝辉 12661
何成学 13077
何崇恩 2308

何传坤 3388
何传添 9049
何春江 12314
何春燕 2091
何达 869
何东红 2557
何端中 712
何帆 8893, 9570
何方恩 9556
何方耀 5410
何芳 11855
何芳川 1273
何粉霞 3876
何峰 703
何根海 4411
何光耀 12201
何光岳 4565, 4595
何国卫 4052
何海龙 2052
何汉南 3113
何横松 2430
何红艳 7271
何红中 4209
何洪霞 13219
何华武 12328
何欢欢 5190
何慧龄 9537
何继英 3309
何骥晨 1012
何建宁 12238
何剑 9642, 9980, 10015, 10246, 10334, 10418, 11654, 11672
何金龙 706
何娟 13090, 13143

▶ 丝绸之路研究论文目录

何军明　11068
何俊霞　11567
何理　8755，8756，8770
何力　11838
何立波　615
何丽君　8483
何炼成　10268
何林　2994，9972
何伦志　8975，8984，9052，
　　　9186，9187，9863，10012，
　　　10097，10446，10503，
　　　10621，12083
何满子　5098
何卯平　5400，6062
何茂春　8632，8660
何梦曦　4040
何绵山　6426
何敏　11148
何宁生　836，3695，4659
何萍　13171
何青　11
何庆　8253
何秋菊　3163
何全江　7247
何荣　2627，3716
何汝贵　6562
何瑞　13158
何瑞霞　11376
何闰顺　11057
何珊　9621
何淑英　12774
何双全　483，485，3065，7493
何涛　4579
何婷婷　1779
何彤慧　647

何维达　8550，8991
何伟　3172
何喜刚　12444，12453
何翔　2025
何晓燕　4831
何晓跃　13399
何孝荣　5339
何欣　9552
何鑫　12777
何星亮　361，8590
何煦　4414
何雪利　6895
何延平　10720
何艳香　13243
何燕漪　6678
何一民　2122，2128，10507，
　　　11254
何义霞　8681
何亦凡　8516
何银武　12421
何银香　5941
何英　3813
何永明　8014
何宇华　3049
何雨　8906
何玉屏　34
何玉人　6678
何元园　3288
何元媛　11836
何跃　2164，2166
何昭丽　12176
何兆吉　4947
何振良　12849
何崝　7303
何正金　5673

何正荣　8705
何志标　2445
何志国　3883，6180，8364
何志龙　10367
何志文　4696
何治民　4414
何子鑫　13202
和晖　2324，2342，4890，5566
和谈　1634，2878，2882，
　　　2884，3721，7116，7121，
　　　7123，7861
和欣　8748
和羑　4880，4887，4891，
　　　5562
菏泽市调研课题组　12807
贺继宏　2592，4431
贺鉴宫　8840
贺金峰　1930
贺菊莲　1585，3982，3983，
　　　3987，4003，4011，4175，
　　　8008
贺力　8610
贺灵　645，646，648
贺凌飞　3088
贺明　6020
贺宁华　9108，9865
贺萍　4567
贺茹　59，2698
贺圣达　2484
贺世哲　1813，6177，6178
贺卫光　1918，2604
贺锡田　9169
贺湘焱　12067
贺翔宇　13304
贺小平　7592

贺晓阳 6747	侯东昱 9905	呼啸 7534
贺兴 7637	侯方森 9901	呼义红 10460
贺雨微 8801	侯凤石 10824	胡阿提·克孜尔别克 1752
贺玉蕾 8489	侯官响 3635	胡爱军 11907
贺志凌 6481	侯海洋 4309	胡爱清 11360
赫崇飞 12157	侯景伟 10867	胡鞍钢 8670
赫琳 13224	侯敬媛 10476	胡贝贝 9131
赫树权 2334	侯凯 9654	胡彬彬 6202，6216
赫玉洁 11529	侯科远 5778	胡冰 9681
黑德昆 13193	侯李游美 6726	胡冰清 7063
黑龙 2930	侯力丹 13227	胡波 1140
黑维强 951，7368	侯立兵 2702，6915	胡泊 2797
黑文凯 4771	侯利民 8844，9120，11437	胡彩云 11428
衡宗亮 5459	侯凌静 2438，2495	胡成 10733
弘远（心悟） 5732	侯明明 1255，3629，5053	胡成霞 2292
红梅 9393	侯佩旭 12527	胡大浚 6970
洪博涵 6508	侯丕勋 4955	胡凡 1788
洪浩 12841	侯世新 4527，4799，4982	胡方芳 10653
洪嘉禾 4278	侯水平 7082	胡方艳 5213
洪梅 4305，11922	侯万明 4721	胡风雨 1011
洪起龙 3412	侯文昌 1450，8038	胡凤乔 12350
洪涛 1297，1315，4638，4866，4934，7996	侯向阳 12089	胡刚翔 8856
	侯小菲 10832	胡高福 10204，11044，11049
洪晓龙 10645	侯小伟 10304	胡根兵 6629，6630
洪映红 2001	侯晓斌 3144	胡关子 13049
洪勇明 4768，7472，7533	侯亚梅 2630	胡光荣 12260
洪用斌 188	侯懿航 6265	胡光霞 3784
洪岳群 11435	侯颖 6761	胡桂芬 3375，6019
洪再新 6035	侯甬坚 774，776，830	胡国良 10011
侯艾君 8772	侯玉臣 697	胡国云 8675
侯灿 1147，1271，1325，1445，2156，2947，3036，4136	侯豫新 4451	胡海峰 10040
	侯志川 2901	胡红梅 12822
	侯峙坤 11355，12310	胡宏力 10941
侯传文 8576	侯宗辉 7503	胡宏起 2168
侯德仁 7670，7688，8000，8043	后晓荣 1411	胡洪涛 11545

775

胡华清　12374
胡焕庸　1138
胡惠林　12947
胡戟　5315，10357
胡坚堃　12386
胡建芳　871
胡建华　11119，11133
胡健　11581
胡键　9121
胡锦彤　3380
胡晶　8946
胡婧依　12802
胡静　7431，7433
胡娟　9925
胡峻崧　9455
胡凯　9691
胡克森　5175
胡丽萍　12888
胡利琴　11182，11233
胡莉　2532
胡良硕　12190
胡良益　3514
胡林梅　1081
胡伶　12329
胡麦秀　9912，9935，10153，10158
胡梦婷　10149，11154
胡敏　10632，12389
胡妮　12209
胡企平　6553
胡青江　10478，10482，10496
胡求光　11051，11389
胡仁霞　11267
胡瑞法　9873
胡瑞琴　5538，7692

胡睿　1669
胡赛　10563
胡森　10029，10030
胡森林　8775
胡少东　9626
胡少营　8916，13107
胡绍华　207
胡澍　4138
胡斯振　1
胡松　12099
胡婷　11957
胡同庆　5780，8033
胡望林　3168
胡维　11100
胡文康　324
胡文亮　4199
胡喜贵　4171
胡潇　12875，13106
胡潇文　9124
胡小杰　3854
胡小鹏　1030，4558，4699
胡晓红　9816，9869
胡晓天　11003
胡新　10410
胡兴东　1026
胡兴军　3489
胡雪　1889
胡雅　13003
胡岩涛　882，887，994，1002，1407，1426
胡艳兴　9476
胡扬吉　6476
胡耀飞　8344
胡耀武　3163
胡一楠　896，898，6950

胡艺　9922
胡艺凡　11312
胡译匀　8869
胡翊　9376
胡莹莹　2533
胡颖　9540，9606，10660
胡永祥　12075，12877
胡勇刚　3777
胡宇　3381
胡玉春　202
胡玉康　3506，3508，3513
胡玉霞　10227
胡月文　4376
胡云锋　10331
胡振华　2211，4912，5715，7463，9413，9636
胡正华　757
胡正宁　2920
胡志丁　9265
胡志钢　9579
胡志高　9839，10523，11361
胡志华　12344，12351，12357，12404
胡志磊　1224
胡志勇　8829，9305
胡治杰　11864
胡智育　319
胡宗山　9082
虎有泽　11792
户仓英美　5616
户晓辉　6900，8248
扈琼琳　11959
花敏洁　796
华旦扎西　12818
华盾　9070

华锋　6955
华夫　8367
华刚　10535
华桂宏　8573
华汉阳　10928
华慧婷　10913
华锦木　5040, 5653
华黎静　6146
华亮　12061
华默然　9592, 9612
华倩　8992
华山　5202
华涛　4549, 4752, 7759, 8276, 13266
华喆　7748
淮建军　8079
槐强　4340
荒川正晴　1495, 1506, 4792
黄栢权　5378
黄保华　6013
黄斌　4160
黄波　11169, 12301
黄博　4991
黄超　11290
黄朝晖　5648
黄辰　12796
黄晨阳　3510
黄承锋　11275
黄春高　8159
黄春和　5726
黄春龙　9173
黄春全　11148
黄聪　3759
黄翠翠　12202
黄达远　1712, 1716, 1733, 10240
黄丹麾　13045
黄德春　9264, 12009
黄德林　11393, 11396
黄芳芳　3360
黄峰　11992
黄凤志　9016
黄佛君　11661, 11671
黄刚　6958, 7141
黄光灿　9861, 10005
黄光成　434
黄光健　8539
黄桂林　520
黄国灿　11094, 11096, 12763, 12991
黄国信　8211
黄海德　5029
黄海蓉　5669
黄行　13207
黄恒君　10750, 10751
黄红　3676
黄晖菲　2521
黄会奇　4551, 4553
黄惠焜　5069
黄吉乔　11166
黄家庆　11152, 12201
黄俭　11291
黄建钢　8855, 11041
黄建生　12099
黄建新　10919
黄剑华　2125, 5176, 5784
黄杰　10315
黄洁琼　12976
黄婕　5670
黄金亮　13245

黄金萍　12054
黄锦　6604
黄晋祥　2475
黄景春　7687
黄靖　4919
黄静茹　12120
黄娟　1769
黄军成　9557, 11793
黄俊　13432
黄俊娣　10451
黄俊棚　572
黄俊元　12690
黄凯　5243, 5430, 12349, 12355
黄崑威　5194
黄琨　10626
黄力平　1141
黄立廉　11126
黄立群　9874
黄丽华　11260
黄丽敏　11006
黄丽平　4065, 4067
黄丽荣　3118, 3420, 3580
黄莉　10860
黄林　4171
黄琳　3294
黄玲　5009
黄留珠　1868
黄楼　987, 7811
黄茂兴　172, 8842, 11070, 11077, 11088
黄梅波　8621
黄孟芳　10272
黄梦梦　5903
黄民兴　8105, 9319

▶ 丝绸之路研究论文目录

黄敏　9758，12191
黄明凤　12539，12543
黄鸣　7129
黄培杰　3071
黄培焰　2580，2582
黄平　6208
黄齐　2208
黄琦敏　4928
黄启臣　2031
黄茜　10577，11772
黄钦康　3890
黄清子　12013
黄庆波　9921
黄庆华　10255
黄秋兰　10205
黄仁钰　7234
黄蓉蓉　10692
黄芮　3400
黄瑞柳　4040
黄森　13432
黄珊　8107，11677
黄尚坤　12643
黄少辉　12467
黄邵　9765
黄珅　653
黄盛璋　732，749，4927，5365，7564
黄时鉴　4146
黄仕靖　10229
黄适远　6489，7415
黄书剑　12586
黄淑萍　2556
黄太宏　10067
黄涛　9950
黄天柱　132，1967，1999

黄庭辉　4885
黄维　10341
黄维民　10391
黄维勋　3548
黄伟　350
黄伟丽　9783
黄伟新　11620
黄伟宗　159
黄玮　11161
黄玮睨　12022
黄炜　8856，9895，10740
黄卫东　10243
黄卫平　12291
黄卫勇　13245
黄文　9844，9933
黄文弼　578
黄文房　12259
黄文焕　5247
黄文磊　9831
黄文睿　12966
黄文学　9814
黄雯　11645
黄稳书　12224
黄喜峰　11462，11468
黄霞　8892，9907
黄夏年　4178，5319
黄先军　11283
黄宪　3599
黄献亮　9891
黄祥深　1753，7763
黄小珍　11178
黄晓东　7048，7055，7380
黄晓宏　2431
黄晓慧　11269
黄晓雪　11593

黄晓燕　12300
黄晓宇　13081
黄心川　5099
黄欣　10925
黄新波　1923
黄新平　10536，10593，10594，11683
黄新生　3463
黄新亚　929
黄星　12421
黄星鑫　13284
黄兴华　9375，9380
黄秀蓉　11050
黄秀英　10053
黄妍　8642
黄炎　11897
黄艳红　3823
黄艳葵　11898
黄杨杨　9641
黄耀东　9250，12643
黄一超　10443
黄亦鹏　12097
黄英　6507
黄英湖　2215，4556
黄莹　10035，11596
黄颖　173
黄永斌　9798，10271，11985
黄永弟　9003，11953
黄永明　6787
黄有方　12386
黄毓芸　5360
黄运华　12389
黄运平　12731
黄韵诗　3834

黄泽滨　11728，12402
黄泽敏　6021
黄湛冰　9097
黄长著　7300
黄昭斌　3589
黄兆宏　449，510，1858，1860，
　　　　4770
黄哲　2084
黄浙苏　6213
黄志刚　3583
黄志敏　10390
黄中祥　4871，6861
黄祝龄　4260，4261
黄卓　13115
回达强　7482
卉子　7772
惠宁　8677
惠庆春　11475
惠诗濛　10830
惠施敏　10679
惠调艳　10410
惠文军　12197
惠霞　13060，13062
惠小峰　12913
惠晓东　96
霍炳男　8704
霍伯晓　10850
霍川　313
霍杰　2015
霍津　9775
霍克功　5163
霍锟　6498
霍丽　10318
霍露萍　12614

霍然　945，952，955，4456，
　　　4462，6946
霍彤彤　7096
霍巍　126，313，560，2718，
　　　3132，3421，4192，4672，
　　　4692，4794，5795，5819，
　　　5851，5858，6187
霍维洮　8
霍伟东　9824，9843
霍晓东　11014
霍旭初　2982，2988，5159，
　　　　5292，5864，5871，5880，
　　　　6461，6477，8237，8391，
　　　　12958
霍永军　6224
霍有明　6878

I

IUD 领导决策数据分析中心
　　10263
И. Н. 贺梅利诺夫　11971
И. Ю. 祖延科　9817

J

姬红兵　6596
姬肃林　10613
姬云香　9869
吉爱平　10258，10259
吉发习　7488
吉尼斯·杜布洛文　4332，
　　　　4333
吉思敬　13343
吉田豊　5502

吉薇羲　5939
吉伟　10684
戢晓峰　11643
计晓云　7874
纪超　9597
纪大椿　12264
纪华传　8289
纪俊　10334，10418
纪丽娟　10883
纪星　12651
纪亚光　1242
纪沿光　11944
纪宗安　2，421，695，1706，
　　　　1708，1778，2029，2154，
　　　　3184，8171
季爱民　5128
季莫费·博尔达切夫　9070
季鹏　10122，10262，11077
季琼　9450
季羡林　1180，5203，5251，
　　　　7668，8208
季羡林　4215
季学源　279
继光　8371
暨远志　5844
冀春贤　12290
冀开运　1615，1618，2919
冀振武　7908
加·奥其尔巴特　4856
加藤直人　7891
加依娜　12086
贾百俊　10298
贾晨阳　3793
贾春　9736
贾春阳　8922

▶ 丝绸之路研究论文目录

贾丛江　834，844，1342，1344，1619，1620，4568，4569，4758，4852，7367

贾大山　12391

贾东　12851，12852

贾峨　2581，3849，3853

贾尔恒·阿哈提　12042

贾发义　5227

贾根良　11242

贾根锁　12018

贾国栋　11955

贾国芳　7938

贾涵　12238

贾合甫·米尔扎汗　4640

贾红毅　3872

贾鸿雁　12440

贾继用　7112

贾佳　13323

贾建飞　1687，1741，1748，6812，7961，7997

贾建威　2657，3331，3496

贾晶　84

贾磊　3803

贾丽　11975

贾利军　9182

贾琳琳　12044

贾嫚　6702

贾茂　9079

贾娜　12050

贾鹏　12939

贾庆军　156，9259

贾儒楠　9668

贾瑞卿　10534

贾瑞哲　8982

贾森　8092

贾书梅　2859

贾斯蒂娜·米夏基耶维茨　9019

贾桃桃　12378

贾文丽　855，1413，1857

贾文龙　3877

贾文颖　13353

贾玺增　3949，3951

贾小军　1125，1469，7864

贾晓光　4327，4334

贾晓佳　8803，9415，10223，10234，10326

贾晓雅　2790

贾兴和　3324

贾兴利　11803

贾秀慧　1795

贾学凯　8842

贾延财　6241，6353

贾衣肯　4997，7240

贾依肯　7928，7929，7940

贾怡　6597

贾引狮　11872

贾应生　13185

贾应逸　20，1263，3225

贾勇　10920

贾玉凤　13214

贾钰哲　9568

贾增辉　6558

菅原纯　7707

笕文生　2819

简爱　9927，10112

简富缋　10774，10775，12034

简圣宗　7682

健濮　13269

江凤香　9209

江海旭　12578，12671

江晋　12228

江丽　11334，11513

江凌　2400，3332

江平　8205，8419

江萍　12136

江秋丽　9144

江然　12098

江瑞平　8820

江上波夫　2583

江淑娟　9136

江成疆　584、586、1289

江天若　12701

江婷婷　5229

江伟　10485

江闻杰　773

江晓原　4060，4061，4062，4063

江涌　11784

江玉祥　2638

江蕴玉　10133

江志娟　11632，11691

姜安印　9475，9487，9702

姜宝　12303，12385

姜宝莲　3586

姜波　169，179，2204

姜伯勤　2148

姜成山　561

姜付炬　655

姜泓列　12219

姜欢　4623

姜辉　2530

姜建斌　9439

姜江来　440

姜杰　10668

姜瑾　11112
姜玲　10778，11188，11191
姜凌　10121，10133
姜培玉　2314
姜萍　12808
姜松滨　11003
姜巍　11582
姜晓兵　9621，12222
姜歆　5587
姜雪　6579
姜伊凡　2170
姜永辉　9073
姜永兴　4884
姜勇　10997
姜宇　1206，11364
蒋爱花　497
蒋炳庆　9367
蒋彩云　12735
蒋岱　2257
蒋冬英　13085
蒋多　8524
蒋飞　13254
蒋海明　3564
蒋鹤　12394
蒋宏军　7325，7327，7331，7334
蒋洪恩　3163
蒋金坤　11050
蒋菁　8375，9056
蒋丽玲　13406
蒋莉　5154
蒋林　2925
蒋柳鹏　12394
蒋旻悦　11866
蒋鸣镝　3450

蒋鸣湄　11814
蒋其祥　1513，4713
蒋琼琼　9876
蒋锐　13220
蒋润祥　9073，9686
蒋树森　485
蒋太旭　304，515
蒋铁民　5574
蒋蔚芳　9923
蒋小莉　7735
蒋新红　4477
蒋兴国　10731
蒋学熙　684，685
蒋燕君　3881
蒋颖贤　5613
蒋猷龙　822，3230，3231，3232，4220，4222，4223
蒋玉石　12726
蒋真　9002
蒋真明　8581
蒋志　2828
蒋致洁　2329，2331，2354，2376，9788
焦贝　3778
焦兵　11449，11581
焦虎三　4252
焦慧元　8859
焦敬娟　12408
焦黎　12430，12865
焦丽锋　5058
焦霓　2935
焦若薇　13304
焦世泰　12500
焦心舒　10656
焦宜清　11032

焦音学　10546，10549，10573
矫强力　9785
揭锡捷　13398
杰当·西饶江措　4647
杰弗里·勒纳　723
杰弗里·欧文斯　9504
颉斌斌　9470
颉耀文　1863
颉玉娟　5773
颉元文　12061
介永强　2370，2995，5121，5265，5329，5362，5390
金炳菫　2421
金诚实　3408
金承哲　3785
金城　1008
金德平　3569
金栋昌　13116，13123，13135
金海龙　12509
金久宁　4196
金理那　3412
金琳　8394
金楠　905，2295
金宁　12953
金宁洋　10855
金普军　6125
金琦　9598
金启慧　11013
金乾伟　9756
金秋　6358，6734
金秋蓉　2726
金荣　13002
金蓉　13030
金融　9465
金沙丽　13218

781

▶ 丝绸之路研究论文目录

金申　6041
金世斌　11029
金涛　5345
金维诺　5750，5829，5830，5831
金玮佳　11395
金文达　6416，6418，6419
金溪　6574
金翔龙　11555
金鑫　1722
金雄　9219
金琰　8181
金扬益　10979
金祎　12331
金英姬　10171
金永安　6193
金永亮　11187
金永明　9257
金勇强　347，1130，8565
金玉萍　1684
金缀桥　11383
晋超　4252
晋乐　11392
晋之　835
靳会新　9107
靳晶　13032
靳军军　13052
靳婷婷　2801
靳小龙　8499
靳晓哲　9061
靳萱　4320
靳雪珂　8609
靳义亭　2797
靳煜　1758，1772
荆克迪　2179

荆田芬　8924
井口泰淳　7592
井璐　9264
井天锋　8598
井晓贺　9456
景德明　13371
景红卫　8195
景守武　10420
景天星　8493
景亚鹏　815
景英　11729
景悦　12408
景卓　10265
敬莉　8991，10234，11504，11986
敬玉芳　1428
静永杰　3408
鞠劭芃　11396
鞠维伟　8488，9338
巨虹　13069
巨丽丽　9535
巨天珍　11975
巨星　4421
君羊　1809

K

К.Л.瑟拉耶什金　8962
K. Raximov　3077，3105
卡哈尔·吾甫尔　12447
卡什巴耶夫·卡尤哈克　9163
阚耀平　12430，12438
阚越　12736
康·瑟拉耶什金　9161
康爱华　2791

康晨　12130，12898
康冬　12445
康帆　12525
康浩　4380
康继亚　1789
康俊慧　11610
康开洁　11656
康岚　11301
康荔　3079
康柳硕　3468，3535，3556，3565，3603
康露月　11472
康鹏　7477
康青　3674
康斯坦丁·库佐夫科夫　9070
康晓丽　9370，11941
康晓玲　10077，11670
康秀芬　10745
康亚军　4977
康彦华　10850
康耀仁　5285
康玉柱　11478
康振栋　5294
康政　12321
康智超　5521
柯彬彬　12770，12782，12905，12919，12924，12927，12949
柯蒂　7910
柯嘉团　1074
柯谱　11663
柯庆梅　7042
柯文　12365
柯杨　6071
可里　2482

克林凯特　5492
克孜尔汗　4242
孔德进　10662
孔恩阳　754
孔凡一　3658
孔繁胜　3538
孔繁洲　6431，6791
孔含鑫　2708
孔洁　8889
孔令国　12094
孔令杰　1376
孔令远　3178
孔庆典　4063，4066，4068
孔庆蓉　6940
孔万幸　9720，9776
孔祥军　7751
孔祥山　3569
孔祥星　2303
孔怡婷　10204
孔毅　12530
孔智星　12248
寇汴闽　9872
寇颖　13318
库车文管所　3531
库尔班·买吐尔迪　6801
库尔班·哈德尔　10554
库尔班·买吐迪　6583
库来西·塔依尔　7451，7470，7957
蒯娣　9344，9856
邝振明　6066
宽忍　7310
匡绪琴　11764
邝杨华　6150
旷薇　12882

昆都　503
昆仑　2748

L

喇秉德　395
喇秉礼　395
喇明英　575，8451
来永红　12982
赖春　13140
赖德霖　4370
赖泓宇　9488
赖洪波　3106，8295
赖进义　737
赖明明　9547，11186
赖庆晟　11258
赖琼　2040
赖孺琪　11457
赖先齐　10533
兰博　3105
兰翠　6056
兰干　809
兰建　10591
兰拉成　7288
兰松林　981
兰潇文　12385
兰晓虹　12758
兰永海　10425
兰永红　9502
兰宇　6828
蓝江湖　2754
蓝炯熹　4900
蓝淇　1505
蓝琪　1349，1459，4665，4734，5598

蓝庆新　9883，10808
蓝仕皇　12745
蓝雪霏　6644
蓝勇　693，2340，2355，2357，5090
蓝志勇　10317
郎朗　8601
郎美玲　11592
郎一环　10698
郎樱　2603，6306，6790，6848，7575，7577
朗措　4667
劳沃格林　6643
乐家华　2546
乐胜奎　1506
雷斌　2178
雷成虎　11797
雷聪　9246
雷繁　4363
雷斐　9576
雷富饶　4678
雷汉卿　7355
雷宏振　9458，11631
雷洪梅　12232
雷建锋　8979，9195
雷军　11667，12372，12438
雷可为　12652
雷蕾　11659
雷力　3724
雷琪琪　11081
雷顺英　3566
雷天　11803
雷天宇　11355
雷婷婷　3112
雷霆　1187，10742

▶ 丝绸之路研究论文目录

雷铜　11006
雷晓峻　10707
雷心恬　11080
雷兴鹤　8484
雷兴长　10772
雷学华　2310，2318
雷浑邻　12068
雷雅琴　5926
雷玉华　2984，3422，6204，
　　　6226
雷钟哲　8630
冷静　12066
冷土　8369
骊珠麽　5314
黎大祥　3592
黎峰　10085
黎国韬　3868，6492，6510，
　　　6511，6792，6808，6831
黎海南　696
黎洪　325
黎虎　915，2199，3857
黎惠伦　5038
黎珂　3281
黎明　3567
黎难秋　8188
黎平　6393
黎羌　6302，6344，6350，
　　　7011，13112
黎蔷　686，6284，6288，6290，
　　　6292，6295，6296，6301，
　　　6408，6417，6771，6772，
　　　6779，6782，6786
黎尚诚　914
黎舒菌　10164
黎桐柏　4687

黎相宜　9364
黎小群　10510
黎鑫　9285，9851，11861，
　　　12012，12021，12415
黎羊　11013
黎英　12152
黎远波　13076
黎跃进　8153
李爱国　3127
李爱荣　1634
李安华　9077
李安宁　4226，6308
李安巧　11660
李安睿　10250
李宝华　339
李宝杰　8481
李宝军　505
李宝民　5
李宝琴　10048
李宝通　1437，4466
李保文　7471
李葆嘉　6638
李本和　9931，10254，12019，
　　　12088，12096
李彬　12234
李斌　3294，6068
李冰　1848
李冰信　8786
李秉坤　9724
李炳东　2361
李炳泉　838，1324，1329，
　　　1330，1331，1394，8016
李炳中　7527
李并成　340，468，625，688，
　　　698，699，715，729，1851，

2997，3037，3040，3041，
3097，4076，4117，4224，
8132，8626，10212，10768，
12429，12861
李波　3919，9808
李伯重　131
李博　2465，3696
李博峰　10559
李渤　11956
李彩霞　2062，2065，2476
李彩云　2936，7173，7176，
　　　7177，7186，7197，7204
李策　92
李婵娜　4172
李昌集　6452
李昌林　10065
李超　2880，5541，10868
李朝　4707
李朝虹　4864
李朝阳　341
李琛　12761，13068
李晨　6892，9896
李晨瑞　571
李成林　370
李成名　11997
李承鑫　9632
李承奕　11843
李城霖　9864，10168
李迟蕾　3808
李重申　3725，3726，3740，
　　　3745，3832，3855，3867，
　　　6578
李崇银　11597
李初文佳　9687
李传江　145，4230

李传军　2664，3827
李传印　2350
李创新　12477
李春　4167
李春保　8120
李春芳　1831
李春风　1360
李春花　12015
李春华　13198
李春林　9128
李春茂　413，420
李春梅　202
李春香　3177，4976
李春艳　7372，12658
李春长　12904
李聪　10641
李从军　581
李萃芝　5701
李翠萍　9573，9690，9697，
　　9728，9767
李大光　8905，9105
李大海　1719，11710
李大龙　818，1290，1291，
　　1293，1295，1298，1379，
　　8224
李岱　11473
李丹　8655，12818
李德辉　7679，7836
李德山　10552，12473，12495
李德霞　2461，2469
李德杏　4306
李德真　6606
李登　8617
李登峰　2388
李迪　4049，4148

李电生　10324
李丁　10765
李东　12360，12372
李冬梅　10081
李栋　9686
李尔吾　12950
李发源　571
李凡　2071，11588
李方　922，1203，1219，1460，
　　1523，1527，1530，1538，
　　4123，4124，4125，4126，
　　4559，4560，4725，7311，
　　7737
李芳　5812，8022，9388
李飞　559，9217，9798
李飞飞　9840
李飞星　11170
李苇　12389
李峰　2366，4193，4198
李锋　8340，9256，10124，
　　11113
李锋敏　4597，4780
李凤飞　12405
李凤鸣　11443
李凤琼　3668
李凤翔　8372
李富佳　9217，12362
李刚　488，2541，3409，3705，
　　5091，7461，9464，9819，
　　11368
李根万　6617，8294
李庚香　10961
李冠国　3553
李光斌　2268
李光辉　3659

李光明　5415
李光伟　8508
李广成　12515
李广东　12704
李广杰　10993
李广志　5196
李桂　8796
李桂芳　2123
李桂龙　11629
李桂瑶　6333
李国　5937，8063，8119，
　　8492，8512
李国斌　13174
李国东　8695
李国俊　9647，11678
李国鹏　9884
李国平　1186，3843，4870，
　　5129，5629，5643
李国强　1201
李国清　3320
李国荣　13076
李国泰　2282
李国香　6845
李国政　12327
李果　3320
李海　6555
李海峰　12664
李海莲　10203
李海龙　10754
李海宁　2398
李海萍　8189
李海群　4628
李海霞　4247
李海燕　9502
李海英　2278，2516

▶ 丝绸之路研究论文目录

李海樱　8926，13393
李海勇　6123
李含　10192
李含琳　10703，13172
李行　6778
李航　8849，8995，10127
李好　10137
李昊东　11562
李和平　7365
李赫之　12296
李恒森　10260
李姮　11726
李弘毅　13125
李红　10785，11160，11720
李红举　4553
李红蕾　11461
李红雄　5737
李宏超　9192
李宏建　13261
李宏伟　3066，3091，11316
李虹　10960，11659
李虹含　11765
李洪波　6750
李洪甫　1961，1965，7273
李鸿宾　4516，7532
李鸿阶　11224
李鸿姝　6526
李后成　9677
李厚钧　12061
李华瑞　1808，4428，4429
李铧　3346
李化树　12196
李怀　12173
李怀清　10845
李淮东　1086

李欢　9988，12544
李焕　13063
李辉　4821，6189，11378
李辉柄　3302
李卉晴　13107
李惠兴　399，690，1328，1501
李慧　13217
李慧国　3963
李慧慧　13052
李慧萍　12087
李吉祥　10706
李际　11490
李季刚　9672
李季鹏　9613，10544
李加洞　10812，13426
李佳晶　12749
李佳芮　10236
李家成　9216，9227
李家烈　2821，2822
李嘉曾　9910
李建栋　6324，6470，6472，6503，6590
李建国　692，1127，8190
李建华　2504，6826，7139
李建疆　3767
李建军　1221，2678，3736，8776，9235，9567，9630，10096
李建亮　13167
李建毛　3310
李建梅　6880
李建民　8684，9054，9213
李建强　3601
李建琴　11342
李建伟　7850，10298，10299

李建新　10432
李建勋　11851
李建宗　1872，1899
李剑　12303，12385
李健超　401，465
李健胜　523，536，537，546，564，5013，5431
李健正　6627，6628
李江　1654，7618
李江风　320
李江杰　6361
李焦　13349
李杰　12524
李杰豪　8864
李洁　1243，10721，12228
李洁宇　5669，8873
李捷　10468
李金峰　10715，12669，12679，12682，12686，12687，12753，12780
李金玲　9915
李金梅　3726，3740，3753，3855，3867，6741，6742
李金明　157，1982，2385
李金珊　12350
李金鑫　7193，7201，8061，8444
李金叶　8687，10021，10444，10445，10534
李津津　11317
李锦　10713
李锦绣　112，1228，7669，7674，7727
李进芳　9909
李进新　5028，5469，5508

李京文　12417
李经纬　7406，7408
李竟成　1176，6851，6899，6901
李敬　9214
李靖宇　10072
李静　6119，6369，10946，12215
李静杰　5399，5739，5798，6010
李久昌　456，461
李举纲　7515，7531
李娟　7225，7233
李娟娟　2126
李军　1126，1534，1755，3197，4607，7766，7802，7808，11149，11945，11952
李均锁　9294
李君轶　12439，12651
李钧　9252，11023，11164，11176
李俊　4093，10271，11706，11985，12292
李俊红　6942
李俊玲　10927
李俊鹏　10328
李俊升　9183
李俊生　2803
李俊叶　8917，13300
李俊轶　8779
李开华　1369
李开荣　8255，12998
李开宇　12371
李凯　285，6977，11098，13245

李凯锋　11850
李康　3647
李康化　13155
李克建　4486
李克郁　4959
李拉　10209，10210
李兰　6139
李兰军　12462，12474，12493，12867
李玏　9265
李蕾　1346
李黎　1881
李力　7506，12061
李立凡　8737，11298
李立璞　2414
李丽　4005，10439
李丽娜　3448
李丽萍　11153
李丽琴　10132
李利安　5347
李利平　4327
李莉　12137
李莉莉　8606，8607
李亮　11203，12422，12425，12427
李林　8460，12855，13186，13417，13419
李琳　5618，11461，12172，12369
李灵仙　1360
李玲　2680，9283
李玲琴　12533
李玲艳　9744
李翎　3314，5886，5914
李零　5783

李岭　4624
李榴芬　3451
李陆华　1070
李路平　12907
李禄胜　647
李璐　11457
李鹭　12599
李茂林　4661
李玫　6623，6631
李梅　4196，5975，8065
李梅景　5004
李梅菊　3047
李梅英　13047
李美燕　6706
李薨　3915
李孟丹　4040
李梦　12054
李梦洁　10579
李梦丽　10626
李梦娜　10949
李梦瑶　10916
李苗苗　12715
李淼　5353
李民韬　11887
李敏　1685，2519，4419，6118，6126，6130，9575，12645，12647，12730，13068
李明　9611，9657，11863，12738
李明斌　13094
李明华　3143
李明江　8853，9276
李明山　5015，5016
李明伟　24，2153，2322，2330，

2335, 2339, 2341, 2374,
4430, 4722, 6852, 6961,
7927, 7983, 8246
李明瑶　4479
李鸣　9867, 11833
李鸣飞　1041
李鸣骥　10300
李铭　850, 9298, 9300, 9414
李娜　1699, 4412, 5701, 6230,
9844, 9933, 10353, 11439
李乃贤　5171
李南　11679
李楠　1412, 1419, 3960, 5909,
6156, 7328, 8140
李宁　15, 9405, 9988, 10036,
10269, 10270, 11612,
11808, 12130, 12546,
12743
李培峰　4441
李培志　1347
李鹏　6235, 10286, 10388,
11312, 12040
李鹏海　708
李丕宇　12941
李平　3140
李萍　76, 6997, 10301
李琪　1238, 1304, 4358, 5398,
7932, 11476
李琦　6343
李启华　11180
李茜　9331, 12155
李倩　1890, 8005
李强　873, 1706, 1708, 1778,
3294, 3613, 8047, 12078
李巧玲　502, 2072, 12455,

12489, 12498, 12504,
12508, 12517, 12521,
12600
李俏　10109
李钦曾　6236
李琴生　36
李沁　11724
李青　2229, 3263, 5453,
5724, 5948, 5959, 5963,
5984, 6254, 9785, 9805
李青峰　2640, 8405
李青航　12202
李青会　3383, 3384
李青丽　7998
李青青　196
李清　8821
李清凌　824, 826, 932, 2811
李清昇　1616
李晴　8761, 11374
李庆新　942, 2448, 2959
李琼　2906, 5059, 5062,
9519
李秋菊　11326
李全聪　10913
李泉　9640, 9732, 12667,
12712
李群群　12688
李人达　11839, 11893
李荣　10488, 12087
李荣华　349, 4210
李荣建　2176
李嵘　10288
李蓉　3893
李如东　9151
李如意　12570

李茹　8097
李瑞　910
李瑞吉　11665
李瑞康　12294
李瑞哲　2405, 2422, 2423,
2453, 2500, 2512, 5517,
5787, 5868, 5888
李润珍　10406
李善燊　9737
李尚乘　9578
李尚奎　4600
李绍明　8012
李慎仪　2849
李升　3140
李生　6206
李胜旗　6993
李盛明　8637
李诗隽　9309
李士厚　7567, 7568
李世斌　6421
李世光　3872
李世惠　8273
李世佳　2492
李世杰　8832
李世兰　11183
李书吉　526
李姝　10059
李姝睿　11984
李淑芝　731
李舒琴　9391
李树辉　521, 654, 677, 3709,
4070, 4158, 4674, 4730,
5262, 7384, 7453, 7767
李树娟　9260
李树民　12588, 12607, 12773

李帅　11644
李双幼　170
李顺萍　9936
李硕　497，897
李思成　166
李四聪　9992
李松　12360，12372
李松霞　10567，10590，10618
李淞　5794
李颂华　13131
李素娥　6473
李溯源　2950，3477
李泰仁　4525
李泰玉　5070
李涛　316，9063，11110，11760，12041，12300，13363
李韬　8173
李天　5434
李天石　1464
李天锡　1973
李天义　6726
李铁　10252
李铁匠　5676
李廷勇　7952
李婷　5438，11331，12533，13091
李通　11380
李彤　3743
李彤玥　8709
李婉琳　12552
李皖南　8827
李薇　488
李维琨　6043
李维路　6648

李维青　3712
李伟　9395，10177
李伟建　9324
李卫青　13418
李卫星　6036
李未醉　6793
李文　5646
李文兵　12433，12488
李文博　2411
李文芳　10856
李文会　3162
李文佳　8924
李文静　12038
李文娟　1466，3606，9750
李文龙　12609
李文群　11702
李文瑞　10771
李文生　6173
李文胜　9594
李文实　12514
李文涛　9497
李文侠　9677
李文霞　11424
李文英　1374
李文瑛　3264，3489，8141
李文增　10209，10210
李文钟　6963
李雯雯　3434，6244
李武华　6410，6411
李武强　11423
李西建　12985
李西林　6430
李希光　8611
李锡奎　13335
李曦辉　8794

李霞　8146
李先敏　5061
李宪印　11739
李香　6663
李湘滇　11200
李响　9258
李想　9837，12818
李肖　612，3281，4395，7332
李肖冰　6776
李骁　9017，11930
李小岛　8326
李小峰　12322
李小惠　3738，3745，3765，3769
李小林　1091
李小蒙　12540
李小明　12727
李小茜　7050
李小唐　3749
李晓　199
李晓标　1104
李晓岑　3523
李晓春　10484
李晓峰　9848
李晓欢　11222
李晓洁　10896
李晓乐　11267
李晓莉　9911
李晓林　13336，13366
李晓梅　12956
李晓明　2840，2841
李晓平　3798，13322
李晓巧　2554
李晓雯　11674
李晓霞　8878

▶ 丝绸之路研究论文目录

李晓燕　8473
李晓瑜　3279, 3290, 6275
李晓舟　5896
李孝迁　8045
李心苑　8482
李昕升　4208
李欣　7329, 8321
李欣悦　5982
李新　8950, 8953, 9092, 9131, 10043, 10071, 10087, 11993
李新贵　984
李新伟　1410
李新武　12018
李新兴　11393
李新一　8533
李馨雨　12714
李鑫　6357
李鑫鑫　4209
李星　11789
李星琼　2864
李星苇　10330
李兴　8716, 8800, 8934, 8936, 8939, 8959, 9065, 9220, 9254
李兴江　12507
李兴祥　972
李雄飞　4356, 4357, 6432
李雄鹰　12205, 12235
李秀花　12251, 12739
李秀莲　4738
李秀梅　586, 4753
李旭天　3757
李旭雯　9202
李绪成　3140

李学江　4822
李学经　5248
李学军　10372
李学勤　7492
李学武　9733, 9773, 9934
李雪　8807
李雪峰　10110
李雪梅　10452, 10608
李雪荣　6907, 6910
李雪欣　4375
李雪燕　10525
李训强　11995
李涯　2282
李雅　10401
李雅淳　3359
李雅菲　8931, 9189
李雅梅　13199
李亚兵　11352
李亚娟　5657
李亚丽　11910
李亚楠　12222
李亚鹏　11402
李亚平　3283
李亚茹　7700
李岩　2044
李琰　12180
李琰君　3506, 3507, 3508
李艳　10613
李艳宾　12171
李艳芳　9322, 9808
李艳峰　982
李艳华　1319, 3178
李艳玲　1197, 4104, 4169, 13214
李滟茹　11226

李燕　6085, 11409
李燕飞　5865
李燕宇　8594
李扬　4342, 6175, 10057, 11561
李阳　2496, 4214, 8337, 13341
李杨　8982
李洋　6439
李尧磊　11192
李耀华　12703, 12824
李耀辉　10789
李叶宏　977, 3694
李烨　4469
李一鸣　5669
李一全　3047
李伊　11810
李依霏　10017
李怡　3905, 3907, 3908, 3917, 3918
李义虎　11230
李艺　8122, 8622
李亦园　11060
李易安　1991, 2682
李羿萱　6968
李益斌　9207
李毅　10807, 12092, 12104, 12108
李毅婷　8491
李吟屏　588, 1146, 1190, 2643, 3443, 3554, 4217, 5081, 5620, 7633, 7694, 7706
李银霞　4825
李胤　9860

李英　11347
李英魁　1974
李英震　10842
李英姿　1988
李迎旭　11201
李莹　5695
李莹莹　10420
李颖　4043，7942，8852，
　　11442，12113
李颖侠　3758，12459
李应存　4298，4313，8250
李永宠　10073，10955
李永锋　6471
李永飞　11624
李永杰　11534
李永康　6214，6263
李永平　2102，3474
李永泉　7835
李永荣　11287
李永生　12887
李永纬　12535
李咏梅　8932，8933
李勇　9730，9742，10786
李勇锋　46，50，12864
李勇军　10305
李俞辰　8702
李宇　9798，11982，11985，
　　12292，12362，12558，
　　13316
李宇涵　12019
李宇明　13209，13213
李雨濛　5932
李玉彪　8811
李玉辉　6437
李玉昆　2381，7898，7903

李玉琳　11637
李玉梅　8789，9757
李玉铭　12358
李玉婷　9130
李聿骐　5958
李昱　6371
李浴　2561
李遇春　1134，3035，3198
李煜辉　12491
李豫新　9454，9827，10054，
　　10055，10398，10513，
　　10553，10583，10647，
　　10665，11331，11358，
　　11417，11816
李元　12315
李元滨　11701
李元晖　4420
李园　13157
李远　1007，3700
李月　12206
李月清　11823
李云　5386，8142
李云晋　11108
李云鹏　9336
李载龙　4151
李泽红　9217，9798，10271，
　　10311，11982，11985，
　　12292，12362，12558
李长安　10006
李长傅　747
李兆健　4278
李照国　4283
李墅华　4317
李哲　13410
李喆　10937

李真真　12285
李桢峰　1715
李圳　5011
李振　13397
李振福　8572，10319，12324
李振国　10803
李振亭　12477
李振中　5597
李征　6484，6513，9230
李铮　9799
李正红　9932
李正宇　109，603，709，3456
李正元　4536
李正周　1334
李政　10416
李之勤　630，7656
李枝彩　3215
李志慧　829
李志鹏　2529，3610，3626，
　　5063
李志霞　12008
李志永　11908
李志勇　1054，12767
李治　12217
李治安　1033
李智君　5214
李中耀　1773，7091，7092，
　　7144，7145，10444
李忠存　30
李忠民　9473，9548，9643，
　　10268，11592，11614，
　　11616，12265，12267，
　　12268
李钟山　10699
李钟天　5796

▶ 丝绸之路研究论文目录

李仲元 5716	梁爱东 6463	6707，6708，6709，6711，
李卓 3172，10294	梁安和 1341	6713，6714
李卓尔 9455	梁宝鎏 3320	梁全录 3852
李子捷 7704	梁保尔 12597	梁森 2842
李子先 9052	梁炳猛 2054	梁爽 8724
李自国 9349	梁晨 8558	梁涛 3058，5894，12862，
李宗俊 454，475，532，976，	梁初阳 7814	12900
1540，2264，4673，7522，	梁春亚 9696，9754	梁庭望 2063
7795，8334	梁二平 740，2218，2494，	梁桐 9320
李宗勋 9232	6086	梁托托 12848
李最雄 2979，3051，5865，	梁斐然 9600	梁鲜桃 10819
12863，12870	梁斐雯 12300	梁向明 808，2910
理查德·萨克瓦 9037	梁丰 6184	梁小丽 9948，11626，11659
理查德·图尔克萨尼 9342	梁富国 8487	梁晓虹 7354，7356
历洁 3606	梁国杰 13238	梁晓青 3586
厉声 1237，1695，2221，	梁国昭 2051	梁信息 13386
4625，11943	梁海明 9652	梁旭达 2030
厉无畏 9533	梁海峡 3693	梁雪娇 12395
励轩 1913	梁洪川 2087	梁雪松 12439，12461，12463，
郦桂芬 696	梁华 10405	12470
郦宁宁 6005	梁辉 11107	梁迅 741
栗建安 3319	梁加诚 5793，6093	梁艳 9801，13262
栗霖霖 8752	梁加龙 3226，3228	梁艳霞 11799
栗肖鹏 3780	梁甲瑞 9352	梁怡萌 12248
栗晓斌 8388	梁景宝 4697	梁轶奎 8904，13197
栗瑶 6158	梁娟 12578	梁音 8451
连晨超 8890	梁军 9891	梁颖 8891
连殿冬 6752	梁俊艳 1129，1704	梁永强 2025
连劭名 812，3681，7489	梁坤 1849	梁宇航 9447
连文玲 6560	梁立昌 8352	梁云 3105
连心豪 5655	梁培可 13405	梁芷铭 11159
连雪君 9047	梁萍 6355	梁中效 846，1128，1853，
连振波 1894	梁琦 11490	2131，7074
廉德瑰 2216	梁勤 1801，1809	梁州 7926
良穆 3967	梁秋丽 6701，6704，6705，	梁倬 9590

梁子　2410，2825

廖奔　6287，6784

廖大珂　9362

廖冬梅　7362

廖国雄　8767

廖国一　3212，3575，8070，8261

廖靖靖　4254

廖立　6959，6969

廖玲　5224，5348

廖萌　9307，10157，13421

廖森泰　11343

廖莎　6729

廖世锋　10404

廖树峰　11188

廖婷婷　12248

廖维晓　11299

廖小韵　13257

廖旸　2980，2981，2983，5235

廖业扬　11153

廖艺伟　8635

廖永林　5061

廖瑜　11140

廖渊泉　132

廖元和　12354

廖运建　13274

廖泽芳　10130

廖肇羽　671，1205，1245，4467，4536，5456，6766，8759，11399

廖志高　11137

廖中武　13043

列斯科夫　8301

林爱杰　10125

林岸连　11202

林宝成　4272

林斌　9881

林承节　7609

林承坤　1969

林春　3753，3788，3800，6741，7265

林春培　8154

林达　6643

林幹　4631，4714，4918，7906

林刚年　3371

林更生　4131

林冠群　975

林光纪　8078

林国平　5667

林国尧　11221

林海英　11695，11698，12609

林晗龙　9921

林浩　1976

林红　11102

林宏宇　154

林怀艺　9110

林惠玲　172，11088

林济庄　6381

林佳　11057

林佳佳　13151

林剑鸣　1292，7341

林健　3423

林焦霓　6340，7185

林金水　2704，2921

林金枝　9360

林进忠　9765

林娟　11863

林恺铖　11189

林黎　10276

林立　3050

林立军　12816

林丽珍　11073

林莉　12979

林玲爱　5779，5890

林鸧　6158

林龙飞　12756

林伦伦　12129

林梅村　539，599，604，623，713，997，1393，1478，2346，2353，2412，2439，2685，3042，3084，3108，3125，3241，3497，3660，3896，4607，4614，4924，4966，5506，5696，7386，7387，7388，7390，7394，7551，7605，7622，7664，7678

林旻　9765

林明太　5648

林缪迅　5179

林娜　3511

林培源　11583

林绮萍　11136

林巧颐　11567

林庆瑞　8853

林秋容　10142

林热米娜·克依木　1078

林荣贵　355

林容宇　5639

林润兰　11435

林珊娜　3366

林善炜　11087

林尚斌　3367

▶ 丝绸之路研究论文目录

林裳　2489, 11100	林优娜　10161	刘贝　12835
林士民　1978, 8395	林雨萌　12894	刘必强　12824
林世田　8398	林玉　6074	刘宾　1151, 5462, 6764,
林树建　2301	林玉峰　6531	7914
林舜仪　4368	林郁　11975	刘彬彬　8485
林思荻　13151	林元富　13151	刘秉洁　11030, 11031
林松　2848, 7246, 7251	林远辉　436	刘炳辰　11868
林唐欧　3654	林跃勤　8529, 8945	刘波　4790, 6185, 6186,
林涛　11180	林越英　12658	11130, 11131, 13237
林天锡　10435	林沄　484, 3912	刘伯恩　11444
林文勋　40, 232, 233, 3557,	林在明　11224	刘勃　12101
3560, 8568, 8596	林喆　1213	刘博　52, 12480
林悟殊　5480, 5484, 5491,	林蓁　12920	刘彩虹　1084
5496, 5501, 5550, 5553,	林振武　2939	刘婵娟　12404
8223	林志达　8462	刘昌龙　10461, 10676
林宪生　13130	林中立　12390	刘昌玉　2522
林献忠　8083	林子荣　12283	刘长东　6853
林香红　10115, 11064, 11787	蔺国伟　12816	刘长敏　9207
林祥　12116	蔺姝　2713	刘畅　8791, 9444
林向　2104, 3205	蔺周智　7739	刘超　2214, 9168, 11585,
林晓洁　1539	灵均　8205, 8239, 8447	11590
林笑　11335	凌德权　9024	刘超建　4863, 8041
林欣　9426	凌激　8671	刘澈元　13423
林雪红　6240	凌杰　11430	刘晨虹　11459
林亚将　11882	凌受勋　2118, 4239	刘晨跃　10519
林琰　12597	凌勇　3478, 3489	刘成　10514
林燕　3604	令狐梓燃　12955	刘传飞　1097, 1760
林叶新　4030	刘爱兰　2143	刘传铭　8149
林晔　6383	刘爱澜　12067	刘传绪　3726
林仪　8500	刘爱琳　1890	刘春华　4519
林移刚　2686, 3863, 5630	刘安志　1563, 5382	刘春燕　2720
林茵　3945	刘邦　3352	刘春宇　9624, 10643
林英　1509, 7991	刘宝真　1571	刘春雨　1395
林永匡　2320	刘保奎　10345	刘春子　1118
林勇新　8871, 10079, 11902	刘堡　6309	刘春紫　9603

刘聪　9411
刘从磊　12646
刘翠莲　8572
刘存宽　1679
刘大海　8890
刘大文　11989
刘大先　1112
刘大有　3570
刘大中　12776
刘丹　9593，9625，12361，
　　13423
刘聃　12253
刘德智　11423
刘德权　11443
刘登才　4171
刘冬　4900
刘冬媚　8475
刘多敏　6069
刘范弟　2780
刘方平　9179
刘芳　4097，4279，5991，
　　11753
刘芳冰　13379
刘芳明　8890
刘菲　5951
刘丰　8389
刘峰贵　10795，12015
刘凤鸣　989，1937，2265，
　　2774
刘复兴　12149
刘刚文　1101
刘功润　9768
刘光东　11026
刘光华　4518，4585，4630
刘光琦　11647

刘光全　223
刘光煜　3351，3399
刘光远　13086
刘广堂　7596，7600
刘国斌　8846，11239
刘国防　854，1327，1343，
　　1403，1650，8218
刘国瑞　3470，5866
刘果强　3609
刘海飞　10783
刘海峰　1730
刘海猛　11774
刘海泉　11912
刘海涛　4327
刘海霞　996
刘海燕　2756
刘晗　10255
刘寒冰　12814
刘汉兴　4112
刘浩　705，8750，9507，10656
刘恒武　1008，2283，3090，
　　5806
刘衡　12850
刘弘　817，2105，2111，3140
刘红　10460
刘红红　11155
刘红杰　4378
刘红林　13350
刘红雨　12892
刘宏　10138
刘宏成　12100
刘宏伟　7832
刘宏英　7119
刘泓文　5964
刘虹　8028

刘洪林　2365
刘洪钟　10195
刘后滨　1580
刘华　11114
刘华蝶　11095
刘华芹　9825
刘怀祥　3735
刘欢　9439，12728
刘焕成　4221
刘焕峰　358
刘晃　12206
刘辉　1386，3293，6150，6541
刘卉芳　11043
刘惠琴　2975
刘惠卿　7287
刘慧　5555，13166，13236
刘慧琪　1261
刘慧茹　5660
刘慧中　5423
刘蕙孙　365
刘吉发　13116，13123，13128，
　　13135
刘吉平　6237，8427
刘继华　8177
刘继森　11210
刘加钊　12416
刘佳　8154，11266
刘佳骏　8847
刘佳丽　6128
刘佳欣　8643
刘家胜　11862
刘家兴　2280，4186
刘嘉伟　1046，2887，6866，
　　7106，7108，7264
刘建芬　11471

▶ 丝绸之路研究论文目录

刘建国　3044，11575
刘建虎　6875
刘建华　5110
刘建建　7127
刘建军　11117
刘建丽　4442，4526
刘建树　6815，8296，8436
刘建新　6049，6052
刘剑　3264，13068
刘江波　1306
刘杰　7647
刘洁　1240，5174，6991
刘金明　8400，8404
刘金生　3757
刘津　13401
刘锦男　11789
刘进宝　77，3185，4162，
　　　5313，7875，8147，8270，
　　　8283
刘京臣　7823
刘晶芳　3702
刘晶莹　13102，13103，13105
刘精远　7152
刘景刚　3769
刘景华　1908
刘景云　4203
刘璟　6020
刘敬贤　6777
刘靖远　7153
刘静　2451，5298，11394
刘静江　11285
刘娟　12225
刘军　6942，10317，12538
刘军刚　490
刘军胜　12623

刘君　9285
刘君言　11538
刘俊　9864，9880
刘俊珂　8039
刘俊敏　8269
刘俊仙　4234
刘珺　9964，12902，12945
刘开智　11232
刘坎龙　6933，6947，7022，
　　　7087，7103，7182，7188，
　　　7192，7195
刘康　6348
刘珂艳　6110，6122，6140
刘克父　3388
刘克俭　3832
刘奎　1256
刘坤章　12789
刘来会　9916
刘兰芬　7817，8096
刘乐　8887，9175，11816
刘垒垒　12388
刘蕾　10342
刘立民　9594
刘立云　555，3095
刘丽　9401，12061
刘丽慧　10025，11552
刘丽梅　12706
刘丽萍　5926
刘俐　11044
刘莉　2480，8495，11888
刘莉莉　3218
刘连香　5418
刘林魁　5185，5416
刘林媛　5771
刘林智　12436

刘琳　11124
刘琳玲　11097
刘琳秀　10524
刘玲　1109，10488，10686，
　　　12087，12207
刘凌琳　12195
刘领平　8742，8744
刘露　4913
刘露露　3105
刘满　378，444，508，678，
　　　1879，4505
刘曼春　2306，3224
刘茂福　11102
刘梅　12713
刘美奎　5765
刘美崧　8226
刘蒙林　4545
刘梦圆　6014
刘苗　10648
刘苗苗　10351
刘妙　3846
刘珉　7309，12031
刘敏　2735，9109，10323
刘明　7537，9039，10750，
　　　10751，13410
刘明翰　2922
刘明华　6978
刘明辉　9479，10509，11492，
　　　11495，11508，11511，
　　　11541
刘明金　6，4165，7357
刘明俊　10586，11771
刘明科　6183
刘明坤　1922
刘明婷　12342

刘鸣　9212
刘铭恕　4046
刘娜　13344
刘乃郗　11401
刘宁　4979，8020，8841，9585，10582
刘沛　8696，11178
刘鹏　3781，8646，9124，10966
刘平　12690
刘萍　3737
刘琦　3088
刘琦平　3527，10069，10500
刘启振　4039，4200，4204，4205，4206，8123
刘迁迁　9578
刘茜　12826
刘倩　1631，7107
刘倩倩　11581
刘强　11165，11173
刘桥　8437
刘巧云　10935
刘钦　2528
刘勤昌　9738
刘青　10772
刘清才　8952，9295，9903
刘清娟　10046
刘庆　4036，4037
刘庆宇　4294
刘庆柱　70
刘全波　4806，7736，8412
刘荃　9041
刘群　12372
刘仁庆　3524
刘荣　12197

刘蓉　5946，7653
刘如仕　10494
刘如仲　2891
刘汝醴　5837
刘芮萌　9507
刘瑞　108，3176，9016
刘瑞峰　9850
刘瑞娟　11728，12402
刘瑞娜　9568
刘睿文　12850
刘森垚　1605
刘珊珊　13251
刘尚杰　12859
刘少军　9560
刘少明　2511
刘胜　8907
刘诗平　8634
刘诗园　12051
刘诗苑　13013
刘士林　10347
刘世波　10985
刘世超　5243
刘世庆　227
刘世旭　3543，3549
刘世哲　7891，7894，7895
刘守刚　2856
刘守华　7267
刘淑萃　6601
刘淑颖　13205
刘淑玉　13256
刘舒羽　2535
刘曙光　8898
刘树琪　4010
刘顺利　7804
刘朔　2741

刘硕　8355
刘思琦　9921
刘斯琴高娃　13018
刘松林　13217
刘松竹　11118
刘素霞　11481，11517
刘涛　3075，9114
刘滔　10924
刘韬　5775
刘腾飞　10020
刘天祐　5179
刘天云　9575
刘甜甜　6138
刘婷　12252，13017
刘婷玉　5672
刘挺　10854，12138
刘婉婷　8817
刘万华　8689
刘威　10179
刘威志　10050，10051
刘薇　9141
刘维钧　5018，6956
刘维忠　10600，11411
刘嵬　6591
刘伟　8983，9481，9967，10073，10604，11190，11458
刘伟明　9914
刘玮　571，11877
刘炜　12617
刘卫东　8541，8564，9969，10336
刘卫宁　9396
刘卫平　1160
刘卫武　4397

▶ 丝绸之路研究论文目录

刘卫英　5273
刘未　2524
刘文　3962
刘文宝　12070
刘文波　9099，9271
刘文翠　10008，10027，
　　　　10047
刘文东　6207
刘文惠　11576
刘文江　4110，4331
刘文洁　10880
刘文丽　10386
刘文龙　2367
刘文鹏　1686
刘文荣　3017，5993，6542
刘文锁　1157，3086，3129，
　　　　3542，7391，7392，8399
刘文先　4332，4333，4334，
　　　　8127
刘文哲　10630
刘务　9317
刘希珍　13086
刘锡淦　807，1268，4504
刘锡涛　953，1170，1516，
　　　　2010，6434
刘玺鸿　86
刘喜平　4323
刘霞　9667
刘霞玲　11052
刘夏阳　12070
刘仙梅　10814
刘祥友　3809
刘翔　3498，3501
刘向明　2090，2095
刘向上　3151

刘向阳　3786，8405
刘潇　3416，5807
刘小红　12329
刘小龙　2669
刘小荣　2605
刘小伟　10275
刘小雪　11512
刘小英　2601
刘晓婵　11506
刘晓晨　6011
刘晓婧　4367
刘晓雷　10400
刘晓蕾　9828
刘晓亮　10116
刘晓鸾　11345
刘晓宁　10993，11826
刘晓萍　13144
刘晓强　11977，11978
刘晓晴　9291
刘晓荣　3213
刘晓婷　10520
刘晓文　10201
刘晓燕　10894
刘晓音　8710，10075，10216
刘晓宇　12657
刘孝斌　11047
刘啸　11971
刘昕昕　12684
刘欣　3865
刘欣荣　5208
刘新　714
刘新培　8930
刘鑫　5691
刘鑫杰　9565，10628
刘星　8478

刘星若　4683
刘兴万　12099
刘秀玲　10257，10859
刘秀梅　1124
刘秀敏　5335
刘秀秀　12826
刘谞　4349，4350
刘旭　11524
刘旭旭　13400
刘学成　9133
刘学军　5344
刘学敏　8703
刘学荣　6080
刘学堂　2672，2950，2951，
　　　　3126，3130，3133，3469，
　　　　3477
刘雪娇　8924
刘雪林　12078
刘雪琳　13361
刘雪梅　2534，10864
刘勋　8584
刘雅琼　10882
刘雅轩　10397，10522
刘亚辉　9688，12685
刘亚妮　1254
刘亚洲　10360
刘延平　9871
刘延清　4803
刘妍　4016，9548，9677，
　　　　13312
刘彦君　10106
刘彦威　825
刘艳　8714，10532，11925，
　　　　11926
刘艳丽　89

刘艳梅　9757
刘艳芹　7338
刘艳荣　294
刘艳霞　2397，11166
刘艳燕　5979
刘雁翔　7017
刘燕　6715
刘阳　3755，3776，5527，
　　　7313，9208，10381，
　　　11276，11604，12656
刘杨　10332，13383
刘洋　5706，12881
刘瑶　787，3396
刘一霖　11221
刘宜轩　9182
刘以雷　10627
刘亿　10017，11378
刘义杰　4404，8341
刘艺　5466，6966，6979
刘益灯　10170
刘益梅　9378
刘逸　11779
刘英　10320
刘英俊　8069
刘英英　2698，4184，5668
刘英智　3210
刘迎军　10899
刘迎胜　93，118，1612，2267，
　　　2733，2883，4897，4951，
　　　7484
刘莹　6840
刘颖　6004，13022
刘影　289
刘永红　12141
刘永立　11687

刘永连　146，443，499，962，
　　　2280，2647，4186，13290
刘永萍　10440
刘永强　1351，4105，8006
刘永胜　775
刘永团　12895
刘永伟　12300
刘永增　5838，6060
刘勇　3028，12064
刘友竹　2808
刘有安　9384
刘宇　9633，9638，12563
刘宇峰　12621
刘雨辰　8923
刘雨林　8563
刘禹乔　12003
刘玉皑　8051
刘玉璟　4770
刘玉琴　12973
刘玉权　1856，6089
刘玉生　3046
刘玉顺　10426
刘玉霞　6304
刘玉贞　12036
刘育红　9463，12265，12267，
　　　12268，12270，12271，
　　　12275，12330
刘钰　9724
刘毓琅　4075
刘元春　5092，5327
刘媛媛　5920，8758，
　　　10176，10674
刘源　7404，8137，9489，
　　　9496
刘苑秋　11549

刘悦　10342
刘云　2596
刘云中　8738
刘运动　4596
刘运红　12134
刘韫　12598
刘再聪　506，1528，1543，
　　　1569，1884，5189，12123
刘泽照　10315
刘占洋　9627
刘战慧　12684
刘章才　2751
刘昭　12240，12994
刘昭佚　3436
刘喆　13405
刘真伦　602
刘真真　8748
刘桢　12112
刘振伟　5653，6906，6908，
　　　6909，8258，8262
刘振玉　627
刘振原　8621
刘镇　9914
刘镇绪　7892
刘筝　8377
刘正　8174
刘正刚　174，2430，5182，
　　　8211
刘正江　4540
刘正民　4782，6926
刘正平　8102
刘正寅　1677，1681，1682，
　　　4548，5572，5573
刘志东　4841
刘志刚　3733

▶ 丝绸之路研究论文目录

刘志高 9815	柳江 10411	楼淑琦 3249
刘志辉 9196	柳菁 13425	楼婷 3243
刘志佳 7172	柳礼奎 8859	卢爱珍 9689, 9953, 9957
刘志扬 5563	柳良 6476, 6490	卢宝荣 4093
刘志中 9941	柳路行 12775	卢滨玲 7703
刘治国 12834	柳茜 4193, 4198, 4201,	卢昌彩 8814
刘治立 570, 3022, 4546,	4202, 4211	卢超 6097
8388	柳思思 9046, 9329	卢德彬 11427
刘智炜 11781	柳雯 4016	卢丁 6206, 6232
刘中伟 11580	柳晓明 6910	卢飞 9479, 10511, 10518
刘中阳 12150	柳颜 857	卢锋 8543
刘忠 7427, 10219	柳银花 12505	卢耿华 3730
刘忠贵 6398	柳用能 801, 2759	卢红飚 11218
刘仲华 4432	柳岳武 2399	卢继旻 4983
刘重日 2027	柳长华 4313	卢江勇 11216
刘追 10650	龙安辉 12939	卢丽刚 8531
刘卓 2180, 8666, 8669	龙遍红 9024	卢茂村 3116
刘姿含 11588	龙成松 4484	卢美松 4933
刘子凡 1574, 1587, 1602,	龙和 11679	卢明辉 185, 1025
8442	龙建民 205	卢宁 11026
刘紫涵 9237	龙建宇 13054	卢品慕 11143
刘宗迪 3833, 6903	龙开义 1594	卢萍 10656
刘宗义 10218, 11229, 12280	龙丽娜 12206	卢山 1005
刘宗媛 11248	龙涛 11441, 11442	卢山冰 9828, 10272
刘尊明 7252	龙文 10343, 10378, 12027	卢尚玉 11225
刘遵乐 9760	龙显昭 1270, 5137	卢师 10024
刘佐泉 2033	龙晓燕 4490	卢世杰 8899, 8900
刘作奎 8488, 9339	龙永行 2854	卢苇 21, 2185, 6951
留草 7647	龙玉梅 4636	卢文刚 10164, 11178
柳春岩 12513	龙志坤 12910	卢文丽 6141
柳丰华 9134	龙忠 5429, 5443	卢向前 3481
柳刚 1826	娄贵书 37	卢潇潇 8891
柳红波 12694	娄佩彦 12627	卢新燕 3475, 3916, 3936
柳洪亮 1482, 3128, 4746,	娄义鹏 9398	卢秀文 3282, 3929, 3934
8214	楼春豪 8837, 9310, 11906	卢暄 9435

卢雪梅　11496
卢雪萍　3589
卢彦铭　11433
卢燕新　7057
卢扬　12021
卢毅　11954
卢盈盈　6499
卢豫　10569
卢泽羽　9976, 11599
卢兆旭　7241
卢周来　9964
芦柳源　6832
芦平生　3734
芦韬　3705
鲁粲　6045
鲁超凡　4023
鲁岱青　7146
鲁迪　8366, 8411, 8415,
　　　8424, 8431, 8439, 8450
鲁东侯　11531
鲁佳亮　3276
鲁靖康　1105, 1761, 1766,
　　　4095, 4249, 7166
鲁璐　6680, 6683, 6685
鲁莽　4289
鲁茜　6985
鲁人勇　375, 380, 2167
鲁茸玉滇　4490
鲁小波　12612, 12615, 12640
鲁晓双　4405
鲁星星　51
鲁银辉　9779
陆兵　8943
陆驰　3387
陆钢　9171

陆桂英　8595
陆晖　3861
陆计明　12431
陆继翔　12654
陆建人　10118, 10140
陆瑾　9012
陆敬国　5921, 5936, 6063
陆敬严　35
陆娟　12182
陆离　4669, 4671, 4675,
　　　4677, 4693, 4988, 5746,
　　　7717
陆莉萍　10727
陆璐　2115
陆珉　12401
陆铭俊　12398
陆南泉　8938, 9056
陆培勇　4928
陆清　12485
陆庆夫　1554, 1806, 2238,
　　　4510, 4931
陆韧　16, 2505, 12287
陆珊　11962
陆水林　486, 619, 621, 785
陆伟华　13263
陆锡兴　3138
陆新军　4398
陆薪羽　4817
陆艳清　6098
陆叶　11043
陆一流　9917
陆宇澄　6260
陆芸　2261, 2287, 2470,
　　　2666, 5026, 5031, 5588,
　　　5593, 5595, 5599, 5600,

　　　5601, 8055, 11059
陆臻杰　2000
鹿琳琳　12018
逯晓芸　12527
禄德军　3140
路蓓　13326
路海洋　7202
路利平　8753
路璐　9929
路敏　10868
路倩　5943
路旭斌　2220
路遥　7224, 12023, 12032
路义旭　224
路云亭　7007, 7008
路志峻　3753, 3862, 3864,
　　　6742
栾福明　3100, 3111, 12788
栾海龙　2658
栾睿　5239, 5383, 5869,
　　　5873, 5882
伦珠旺姆　12896
罗安鸽　3584
罗彬　6820
罗斌　11919
罗伯尔热拉-贝扎尔　7934
罗超　9803
罗成　6533, 6768
罗传钰　9653
罗春晓　6206
罗二虎　220, 2948, 6197
罗芳　11354
罗丰　1825, 3115, 3124,
　　　5475, 6733
罗钢　10471, 12274

▶ 丝绸之路研究论文目录

罗桂林　13294	罗普云　3731	骆惠珍　3817
罗国强　11170	罗群　3268，8088	骆俊澎　11363
罗海燕　7104	罗绍文　2843，3969，4216，	骆伦良　3578
罗涵　3451	6835	骆茜　12467
罗汉　4364	罗树宝　4392	骆文伟　12879
罗颢　5368	罗帅　780，793，2502，8423	骆小平　11041
罗会光　1186，1609，5127，	罗婷　2694	骆亚琪　4014
5134，12457	罗婷婷　13226	吕变庭　4328，4359
罗佳　658，3944	罗文标　10064	吕斌　8566
罗建军　7117	罗希　2668，6514	吕冰　6387，6427
罗剑朝　10902	罗霞　11995	吕超　6802，9398
罗教讲　3355	罗贤佑　7732	吕承超　9823，12293
罗洁　11136	罗晓霞　12171	吕锤宽　6600
罗进勇　6187	罗心怡　2742	吕德轩　9126
罗京　1882	罗欣　4396	吕殿生　6622
罗景峰　12746，12750，12751	罗雪梅　79，9917	吕富华　3452
罗静　8771，11110，11884	罗雪珍　11083	吕冠桥　9494
罗静静　12186，12203	罗延焱　5935	吕海军　9333
罗俊杰　11052	罗阳　12329	吕患成　4059
罗奎　10335，12704，13033	罗洋　9332	吕患诚　1613
罗兰　8200	罗英杰　11940	吕继熔　3268
罗丽　4327，10253	罗勇　10475，11457，12679	吕佳　10146
罗丽丽　12573	罗宇佳　9908	吕建福　5060，5221
罗莉　9822	罗雨　12593	吕江　11600
罗亮　9282	罗玉珍　2996	吕菁　11434
罗玲波　10595	罗煜　9449	吕景　10545
罗鹭凌　4228	罗照晖　5718	吕靖　8822，11961
罗马诺·普罗迪　8762	罗哲文　3031	吕俊芳　12668
罗玫　12077	罗正义　7933	吕丽辉　12856
罗梦寒　9703	罗志　1890	吕琳　1939，12475，13264
罗明　6189	罗志英　5321	吕楠　9258
罗培　9925	罗子婵　13035	吕梦荻　101
罗鹏　4064	罗佐县　11496	吕朋珍　2673
罗频宇　9778	洛克什·钱德拉　5976	吕萍　9033，10018
罗普磷　3731	洛秦　6774	吕强　463

吕庆峰　4006

吕仁义　1939，12475

吕荣英　10537

吕蕊　11806

吕树芝　3460

吕思行　8427

吕威龙　9534

吕文利　1096，11110

吕锡鹏　2445

吕香亭　9594

吕晓洁　2712

吕欣　12383

吕馨　3155

吕学贞　5413

吕雅丽　12376

吕亚芳　11872

吕亚丽　10793

吕亚楠　9028，10200

吕亚宁　7022

吕娅玲　13093

吕艳　12214

吕一燃　1678，4390

吕毅　12190

吕余生　9247，10245，11120，11297

吕育良　7624

吕长颖　7750

吕钊　3947

吕昭义　433，2140

吕振羽　1133

吕志杰　11877

吕志青　9582

吕舟　12918

吕卓民　4098

吕子鹏　12284

吕宗力　1870

律广　5912

M

M. L. 沃罗巴耶娃-吉斯雅托夫斯卡雅　7613

M. Khasanov　3077，3105

M. Y. 斯帕诺夫　10186

麻国钧　6819

麻国庆　9272

麻晶晶　13324

麻静洁　9112

麻连帅　11017

麻名佳　12678

麻三山　13210

麻天祥　5363

麻小芸　13160

马碧黛　4048

马斌　11929

马斌斌　12612，12615，12640

马波　3383，10639

马博　8993

马彩霞　7666

马昌仪　5622

马超　957，1242

马超平　9734，11206，11208，11211，11213，11214

马晨晨　11922

马成芬　167，175

马成俊　4555，9390，9408

马驰　4950

马春梅　6274

马春燕　1676，9302，11237，11958

马翠萍　9623

马大正　1181，1182，3664，8093，8370

马德　9950

马德福　3855

马德君　10800

马德元　1156

马登杰　7013

马丁玲　4068

马东平　13030

马冬　960，2676，3640，3910，3913，4394，4970

马帆　12080

马芳　7024，12784

马凤才　11393

马格侠　5228

马广奇　9517，9525，9528，9541，9783，9786

马桂芳　12550

马桂英　10652

马国荣　1159，1279，1294，1305，1314，1488，2766，3122，3684，4577

马海滨　2675

马海陆　13180

马海生　13025

马海涛　13033

马海霞　11314，12183

马海洋　10858

马红　11038

马红丽　12477

马鸿良　696

马华　11792

马化龙　5366

马怀政　9726

▶ 丝绸之路研究论文目录

马欢　6530，6796
马惠兰　5612，9983
马慧　5698
马慧燕　10642，10678，13194
马骥　3518，9513，9992
马加力　9021
马佳羽　10238
马嘉晖　4494
马建春　176，1032，1571，
　　1621，1624，1629，2258，
　　2862，3248，3816，4901，
　　4902，4904，4962，4965，
　　7259，7481，7538
马建华　10630
马建军　477，2952，2954，
　　3149，3391，3596，3597，
　　3618，6351，12868
马建钊　5570
马健　2649，3077，3082
马健君　4915
马洁　10421
马金辰　204
马金梅　3335
马锦　571
马劲松　12586
马景卫　3794
马静　12625
马静娟　3503
马娟　4957，7953，8064
马俊杰　8506
马骏　12277
马骏骐　2142
马珂　5338
马可　6374
马克·狄更斯　7424

马克·迪更斯　5555
马克赛特　9197
马克章　644，7120，7377，
　　7381
马逵　3043
马兰　3439
马磊　12407
马丽　10363，12408
马丽莉　12460
马丽平　786
马丽蓉　13，5607，8155
马丽亚·艾海提　3408
马莉　2661，9676，13325
马莉莉　8699，9053，9119，
　　9175，9814，10329，13388
马莉莉　9875
马莉萍　12587
马良　9445
马林　8477，10842
马琳　3918
马琳琳　11321
马玲　13015
马玲玲　5952
马凌霄　2724
马龙　674
马龙庆　10576
马曼丽　2239，5014
马明　13101
马鸣春　7304
马乃毅　10409
马宁　1874，5611，9726
马沛军　6740
马启亮　2294
马千希　426
马晴　4809

马榕　8034
马茹　9078
马儒林　8824
马锐　11571
马瑞琼　543，2731
马莎　10559
马世长　2974，3222
马守平　1660
马书孟　10319
马述忠　13269
马树华　8509
马硕　5699
马思超　9630
马斯文　12568
马腾　11987，12551
马天　10616
马廷魁　13053，13292
马挺　10857
马通　3550，5564
马托弟　2804
马婉蓉　9596，9628，9647，
　　9675
马万宏　3260，5758
马巍　542，1009，4685
马维纳　6557
马维绪　710
马伟　5001，8670，9326
马卫　10312
马文慧　10788
马文静　10810
马文俊　9089
马文宽　3532
马文霞　10163，12165
马文秀　9890
马文玉　12846

马希刚　6535

马禽娴　13338

马翔　5596

马小鹤　5490，5497，5498，
　　　　5500

马小娟　346

马小玲　2614

马晓菲　8875

马晓锦　9809

马晓玖　5818

马晓娟　7702，7725，7733，
　　　　8056，12126

马晓林　5181

马晓玲　3174，8417

马晓敏　12106

马啸　1903，5451，8004

马歇尔·戈德曼　11477

马兴东　2244，4886

马兴胜　3746

马旭　8515

马雪兵　7880

马亚妮　12507，12562

马妍　5516

马艳　5592，12154，12178

马艳玲　9614

马艳敏　177

马燕　10491

马燕云　2997

马耀峰　12439，12461，12463，
　　　　12477，12482，12494，
　　　　12555，12623，12641

马耀圻　7488

马叶桢　3278

马一帆　4371

马英　12208

马英明　472

马迎胜　1231

马莹　10040

马颖　12232

马雍　805，7569

马永　5589

马永真　4545，8688，8739

马勇　10，139，9939，12531，
　　　12532，12538，12544

马友君　10999

马玉蕻　1855

马玉华　5898

马玉萍　12891

马玉珍　13422

马远　11566，11578，11579

马悦宁　7053，7555

马跃　9898

马运新　6466

马泽强　8766，9478，10556

马照亭　11997

马肇曾　4056，4893，4896

马祯　10895

马臻加　7826

马振颖　5290

马震　8760，12628

马征　9394

马知遥　13400

马志冰　2327

马志林　10408

马志明　3009

马志祥　3305

马志勇　511

马治国　12112

马智全　530，1383，1387，
　　　　4128，4496

马中　12010

马中贵　10714

马祖毅　5245

玛依努尔·吾甫尔　2660

买丽萍　944

买买提·木沙　5072

买买提祖农·阿布都克力木
　　　1199，5485，8317

买托合提·居来提　3845，
　　　　4336

买小英　12677

买玉华　1796

迈克尔·敦弗德　9348

麦蔼文　12636

麦迪娜·依布拉音　10697

麦莱克·约兹特勤　3705

满达人　7904，7938

满盈盈　3071，5770，5777，
　　　　5929

满泽阳　3657

毛保枝　3858

毛彬彬　9026

毛春洲　11225

毛汉霖　11161

毛洪东　1954

毛慧颖　11702

毛锦凰　9958，10235，10396，
　　　　11294，11304

毛静一　3935

毛军吉　5662

毛铿祖　2387

毛蕾　8499

毛民　2409，5751

毛民校　8301

毛琦梁　10271，11985

▶ 丝绸之路研究论文目录

毛启蒙 9288	梅园 8688,8739,10379	孟莎莎 10655
毛起雄 3683	美丽古丽 9844,9933	孟思佳 10959
毛瑞方 8179	门达明 12649	孟思源 12769
毛树春 11352	门岿 7085	孟万春 1952
毛宪民 3638	门晓琴 590	孟魏坚 2481
毛晓沪 3404	蒙莉 12430	孟伟 12042
毛晓剑 8281	蒙曼 7001	孟文婷 503
毛雪卿 9115	蒙启宙 9562	孟霞 12883
毛雪艳 10746	蒙胜军 13016,13024	孟宪军 8171
毛艳 9113	蒙永胜 9479,12685	孟宪实 1239,1332,1549,
毛艳华 9811	蒙媛 551	1576,1586,7652,7663,
毛阳光 5548,7535	孟柏严 6938	7847,8001
毛阳海 1919,11238,11251	孟宝云 10841	孟祥凤 12661
毛翼虎 9930	孟彩霞 13375	孟祥吉 11017
毛勇 11857	孟池 1262	孟晓 9234
毛雨辰 7982,8099	孟驰北 13055	孟昕 6134
毛章清 13373	孟东风 274	孟秀玲 10504
毛振鹏 9072	孟凡人 591,680,1429,	孟阳 9569
毛振伟 6125	1497,3119,4629,5373	孟瑶 5801
茅惠伟 3300	孟繁红 12189	孟毅军 12184
眉宇 4012	孟飞荣 11179	孟原召 3376
梅村 5476	孟峰年 3758,12446,12448,	孟源 8787,8788
梅冬辰 10473	12449,12450,12459	米德昉 5924
梅红 5017	孟格斯 8266	米尔阿迪力江·麦麦提 13200
梅加林 6389	孟和宝音 10843	米尔江·达吾提汗 10568
梅建军 3143,3470,3478,	孟建 13302	米高峰 13102,13103,13105
3480,3489,3493	孟建军 8191	米卡热慕·艾尼玩 1584
梅礼成 3321	孟辽阔 1405	米克拉吉·阿不来提 6890
梅林 5119	孟琳 4301	米拉 9030
梅倩 8502	孟乃昌 4386	米兰沙 8456
梅蓉 4406	孟楠 2498,2631,2880,	米娜玩·衣明 6751
梅声洪 9659	3825,4443,4855,7863,	米楠 10393
梅新育 8661	8292,10444	米文宝 10393
梅燕雄 11544	孟庆亮 11039,11743	米彦青 7072,7229
梅艺华 7837	孟庆梅 242	

勉卫忠　2667

苗海民　10016

苗红萍　12082

苗金萍　1119

苗利辉　6201，6231，8418

苗普生　1172，1175，1275，4446，4460，4621

苗青　12077

苗润洁　1411

苗中泉　893

闵宗殿　4143

敏文清　3183

明成满　8306

明月　4163

缪建梅　13239

缪军翔　11057

缪祥山　4080

缪昕凤　11877

缪章可　8809

摩根·克莱门斯　11933

莫洪贵　3039

莫辉辉　12299

莫简　4491

莫默　3451

莫秋新　8471

莫任南　367，391，594，1303，2146，2760，4271，4718

莫世健　12335

莫小也　6037

莫筱　4491

莫艳梅　7878

莫玉玲　3939

貊雪霞　12133

墨非　83

墨功　1296

牟雪松　4705

牟亚男　10720

牟艳旗　5656

牟艳涛　5656

牟钟鉴　5318

母小琳　6920

木合塔尔·麦丁　348

木合亚提·沙黑多拉　7946

木霁弘　432

木拉提·黑尼亚提　5531，5532，5533

木尼热·阿布都热合曼　5922

木沙江·艾力　4074

木十戊　2973

木仕华　8024

木子　8378

慕怀琴　10391

慕慧娟　10375

慕容浩　907

慕永通　9072

慕长泰　8645

穆巴拉克·伊米提　8361

穆宝修　4888，5559

穆德全　1617，4789，4876，5560，5561

穆桂金　1409

穆哈默格尔蒂·塞尔达洛夫　9197

穆罕默德·巴格尔·乌苏吉　1213

穆罕默德·艾沙　6789

穆拉特·埃尔马勒　7423

穆尼热·安斯尔丁　13089

穆沙江·努热吉　9187，10621

穆少波　10589

穆舜英　7907

穆希伯·拉赫曼　9020

穆晓央　11746

穆兴平　3909

穆尧芊　9238

穆智　9406

N

那传林　9165

那仁毕力格　5183

那亚　4193

纳曼·麦麦提　11663

纳文汇　13075，13184

纳忠　2135

奈马克　8301

南炳文　2078

南恺时　2741

南快莫德格　1622，1625，1627，5586

南琳芝　12650

南冕　13034

南楠　9536

南文龙　7815，11220

南宇　10359，12462，12472，12474，12479，12488，12493，12499，12501，12510，12512，12759，12867，12873，12876

南长森　13034，13295，13298，13310

内玛才让　5210，5393

内田吟风　4109

尼古拉斯·辛姆斯-威廉姆斯　2273

▶ 丝绸之路研究论文目录

尼可拉斯·莫尔　4332，4333
倪超军　11699
倪杰文　12070，12075
倪开升　6785
倪鲲鹏　9809
倪立保　2458
倪明明　9551，9581
倪培翔　8254
倪童　6920，6921
倪翔　9618
倪秀芝　12246
倪元元　12349，12355
乜小红　958，4238，7403，
　　7422，7469，7730，8476
聂爱文　4869
聂崇正　3202
聂海渝　10102
聂娇　4252
聂静洁　451，7977
聂梁林　10765
聂巧平　6985
聂文慧　100
聂秀娟　3803
聂正彦　10340，11644
聂政　168
聂忠智　3105
宁波　2077，8841
宁博涵　7048
宁稼雨　7627
宁婧　11670
宁静　12079
宁凌　10130，10135，12359
宁夏文物考古研究所　3173
宁薛平　9658，9660
宁艳丽　10077，10292

宁银苹　11685
宁攸凉　12119
宁泽逵　12113，12119
宁志新　6965
牛白琳　6334
牛春娥　10431
牛凤君　9657，9800，10499，
　　11863，12251
牛耕　7972
牛海丹　527
牛海桢　7630
牛鸿斌　2419
牛劲梅　668
牛抗　12156
牛来颖　2545
牛乐　4385，4562
牛龙菲　4137
牛汝辰　639，668，670，673，
　　3812，7342，7909，7920
牛汝极　633，1194，3240，
　　3533，5534，5537，7407，
　　7409，7411，7517，7909
牛锐　7965
牛同　9029
牛文杰　11876
牛晓莹　10578
牛新军　4755
牛永红　10732
牛云峰　12961
钮海燕　1804
钮锡浩　9193
钮毅　5774
钮仲勋　1288，4118，7578
农雪梅　8965
农业部软科学课题组　11420

奴尔买买提·卡迪尔　3995
努尔比亚·吾斯曼　3137，
　　3139
努尔兰　1670
努尔兰·肯加哈买提　7528
努尔兰·肯加合买提　614
努尔买买提·艾买提　4332，
　　4333

O. H. 杜纳耶夫　11681
欧春尧　12359
欧建峰　11150
欧璟华　9444
欧居湖　979
欧丽萍　11293
欧明刚　11148
欧斯曼·艾诺　9023
欧潭生　4933
欧燕　4710
欧阳锦元　10414
欧阳习若　8410
欧阳友徽　2579
欧阳云梓　1792
欧阳哲生　2217
欧阳正宇　12526

Pavel V. RYKOV　10311
P. T. 科拉多克　3464
帕尔哈提·艾孜木　13291
帕提曼·穆明　5056
潘璧雨　9111

潘伯荣　4110，4331	潘新琴　12714	裴海霞　4828
潘德深　3，1960	潘星宇　10039	裴建平　6032，6199
潘登　342	潘旭　13173	裴梦斐　3094
潘发俊　509，725，12903	潘雪梅　12511	裴强强　3070
潘瑶　3942	潘益青　12195	裴欣红　10974
潘钢　13269	潘勇勇　1777，2207，7799，	裴应东　3213
潘光　99，8921	7827，7858	裴永亮　8085
潘国义　6246	潘宇　9772，11686，12407	裴予峰　11849
潘红兵　7527	潘雨相　10941	裴增雨　13302
潘红洋　10487	潘玉闪　1800	彭邦本　2106，2113
潘鸿桂　11231	潘昱霖　9899	彭邦文　9027
潘华　4354	潘泽　9879	彭波　8574
潘怀素　6373	潘植强　12597	彭博　8553，11418
潘吉星　3517	潘志　10373	彭渤　9912，9935
潘健　12828	潘志平　772，1095，8234，	彭朝晖　13178
潘京京　7570	8236，9157，9174，10108，	彭飞　13436
潘竞虎　509，725，9476，	10442，10444，12341	彭丰文　1597
12903	潘珠　11223	彭海　5257
潘静　11994	庞昌伟　11487	彭何利　11857
潘静静　11106	庞大鹏　9215	彭慧敏　1274
潘君喜　12748	庞国伟　571	彭建华　5279，5280，5385
潘俊杰　5171	庞辉　3762	彭建祥　4400
潘丽萍　10555，10563	庞锦荣　3727，3733	彭建英　4410
潘莉　11469	庞莲荣　12789	彭剑　13440
潘玲　3822	庞乃明　2623，2749	彭杰　1390，2993，5282，
潘鲁生　6156	庞伟　11933	5417，5881，5889，5894
潘妙　4862	庞文秀　3539	彭金城　5814
潘沙沙　12072，12077	庞霄骁　723，3677	彭金章　2628
潘世东　455	庞岩　10614	彭镜　11403
潘守东　12661	庞智强　8727，10221	彭俊磊　11878
潘素娟　3650	培尔顿·米吉提　4332，4333	彭凯　9833
潘天波　3512，3514，3515	裴蓓　12916	彭立生　12072，12077
潘文昊　11639	裴成国　1468，1472，3616，	彭丽红　9277
潘文军　11742	3840，4737，7753，7773，	彭丽娜　12471
潘孝伟　930	8277	彭丽琼　12276

▶ 丝绸之路研究论文目录

彭玲　9457
彭明旭　11089
彭澎　9685
彭清深　4436，4437
彭瑞花　5180，5223，5428
彭瑞良　8757，10900
彭瑞琪　6754
彭森鹏　1731
彭圣致　9674
彭世璞　10038，11372，12187
彭树智　2586
彭栓红　6259
彭松　11398
彭穗华　12565
彭薇　5335，11322
彭卫　1282，3991
彭文宇　1287
彭向前　4824
彭晓静　5050
彭晓楠　10296
彭晓燕　2274
彭彦卿　12074
彭阳县文物管理所　3173
彭一万　295
彭印川　7925
彭英姿　6485
彭瑜　12658
彭玉娟　13347
彭援军　2248
彭兆荣　534
彭铮　18
彭正松　4093
彭志荣　11144
彭治军　10741
彭忠富　8329

彭梓洺　12786
彭作禄　276，277
朴大在　3430
朴键一　10082
朴琳　9749
朴万里　6551
朴英姬　9234
平菁菁　5690
平瑛　11821
泼尔奇奥　7421
蒲春玲　10555
蒲亨强　6425
蒲金涌　11977，11978
蒲朦朦　11598
蒲仁　3737
蒲实　3804
蒲向明　12993
普慧　2741，5225

Q

戚凯　8887
戚琳琳　11575
戚文闯　8108，8146
戚志芬　7893，7899
漆浩　4270
齐朝勇　3754
齐陈骏　2351，2810，3685，3687，8118
齐冲天　7083
齐东方　103，3639
齐桂莲　4444
齐海山　10080
齐海棠　7065
齐骥　11109

齐兰　11124
齐清顺　1702，1710，1720，7955
齐庆华　12043，12046，12052
齐胜达　11667
齐万良　2768，4576
齐卫颖　12914
齐小艳　2232，4111，4814，4816
齐欣　8985
齐新　8435
齐耀东　4327
齐勇锋　13154
祁兵　3622
祁和晖　2114，7047
祁开寅　2018
祁美琴　1754，2414，7945
祁鸣鸣　12714
祁琪　6921
祁伟　13029
祁蔚茹　10878，10915
祁小山　3046，3262
祁晓庆　8075，12589，12618，12720
祁晓旭　10796
祁欣　10061
祁永龙　2986
祁越　6585
其合力嘎　4321
奇曼·乃吉米丁　4854，4863
綦淇　9835，9836
钱伯泉　582，766，802，811，1065，1432，1433，1484，1504，1526，2157，3576，3590，3663，4745，4747，

4754，4820，4868，4903，
4923，4929，4943，4952，
4973，6316，7235，7719
钱国祥　3075
钱荷英　11368
钱洪宝　12085
钱鸿鸣　11798
钱建华　6315
钱鞠　11974
钱龙　526
钱龙霞　12021
钱松　3859
钱婉约　3842
钱晓萍　9944，11481，11848
钱耀军　10159
钱耀鹏　2637
钱永华　11408
钱玉趾　7478
钱毓　3932
钱媛媛　12334
钱云　337，3678
钱允凤　2291
钱作华　12422
乾清华　3886
潜伟　3384，3568
潜心　7511
强爱国　662，669
强进前　3063，10700，12871，
12889，12908
强强　7351
强晓云　9055，9100，9147
强鑫云　10059
强中华　3866
乔琛　4615
乔刚　12102

乔鹤鸣　9656
乔虹　11804
乔辉　7784
乔佳宏　2794
乔建奇　6239
乔晶　2400，12064
乔军　5820
乔磊　11544
乔丽潘·毛肯　10696
乔敏健　9890，11817
乔木　11311
乔纳森·霍尔斯拉格　11910
乔南　1115，1116
乔培华　5638
乔鹏亮　11639
乔平平　11573
乔萍　8556
乔琦　12042
乔瑞　2425
乔松林　4471
乔天　4034
乔同欢　8084
乔义征　3306
乔欣欣　9385
乔秀丽　10651
乔颖名　10940
乔永　4514，7353
乔予　2440
乔榛　11009
乔志军　3895
乔治忠　7670
乔智慧　306
秦帮兴　5513，7190，8351
秦昌波　11993
秦超超　3668

秦辰钰　10873
秦成德　9516
秦川　1062，1063，1652，1703
秦大树　3364
秦冬雪　13036
秦放鸣　9005，9434，9631，
9949，10444，10573
秦菲　1858
秦福强　9999
秦国伟　9931，12019
秦汉　664
秦红卫　438，1452
秦红增　788
秦宏　9118
秦桦林　7840
秦纪　6762
秦坚　7003
秦开凤　94
秦磊　12113
秦利　4240
秦陇华　556
秦佩珩　755
秦塞　1122
秦珊　12734
秦升　10155
秦铁柱　4609，4611
秦炜　11761
秦雯　11693
秦曦　11797
秦小康　11619
秦雅婧　10673
秦琰　6874
秦义　11819
秦莹　4019
秦永红　11489，11497

▶ 丝绸之路研究论文目录

秦真凤　10208
秦臻　3431
秦重庆　8706，10206，10486
秦子　10600
秦梓华　9580
秦尊文　11289
罩波　7651
罩春雷　3957
罩静兰　2202
罩倩　13317
罩日旭　4341
罩绍娇　12200
罩薇　9626
罩小华　12553
罩志峰　6913
罩主元　2049，2269
青舟　11023
清扬　5355，5358
庆昭蓉　5276，5343，5421，
　　7473，7474，7499，7749
丘继业　6974
丘进　813
丘舒予　11565
丘兆逸　10119
丘志力　3451
邱登成　8403
邱东如　4144
邱飞飞　4328
邱桂林　11365
邱宏亮　3780
邱建　4470
邱健　13347
邱江宁　1059
邱捷　2553
邱娟　10172

邱陵　5847
邱美玲　8029
邱茜　12836
邱树森　1812
邱天　9770
邱鑫　9739
邱璇　8902
邱燕生　8743
邱怡菁　4384
邱轶皓　733，2274，8286，
　　8422
邱玉宝　12018
邱源媛　6444
邱志萍　9914
邱忠鸣　6042
仇春霞　4360，6057
仇东辉　12061
仇宇　6203
求芝蓉　5181
屈波　9552
屈大成　5147
屈华　12964
屈庆锋　8646
屈涛　5866
屈王静　7329
屈文军　8247
屈小玲　229
屈小强　935
屈小爽　12795
屈迅　11443
屈燕妮　13072
屈亿欣　13351
屈玉丽　12220
屈直敏　2249
瞿泓滢　11544

瞿康宁　5688
瞿萍　525，1251
瞿琼　8746
瞿世民　42
曲国明　9929，11034，11036，
　　11037
曲金良　2690
曲丽丽　9684
曲六乙　6799，8302
曲雯嘉　9132
曲小康　9029
曲直　8650
权小虎　10382
权晓燕　10585
权永生　9586
全洪涛　231
全俊虎　10303
全浙玉　9701
全毅　2489，8817，8818，
　　9820，9922，10402，
　　11100，11101

R

冉红红　11461
冉华　13337
冉淑青　10309
冉万里　3064，3327，3651
冉小娥　10734
冉泽泽　10424
让·马克·博奈比多　4065，
　　4067
饶宏展　2064
饶瑞符　3661
饶文心　6651

饶兆斌 9031
饶宗颐 950
热合木吐拉·艾山 3714, 3722, 7416
热娜·艾尔肯 10659
热娜古丽·玉素甫 3105
热依汗·吾甫尔 10046, 9946
任宝磊 852, 4736, 8031
任保平 8725, 10274, 10377
任冰心 4639
任博 10331
任崇岳 1473
任大援 2659
任道斌 5725, 6031, 6033
任德昕 6493, 6501
任栋 11998
任冠 719
任海军 9409, 10392, 11988
任浩 2709
任和 7755
任红敏 1057, 6824
任洪生 9198
任华 10050, 10051, 11611, 11642, 11673, 11762, 12276
任唤麟 12713
任慧婷 5923
任继昉 2275
任佳 8519, 10160, 10163, 11110
任建芬 2045
任江 3414
任珏奕 12804
任克彬 12885

任克良 1226, 1357, 1365, 1377, 2639, 4483
任磊 12804
任力 9662
任莲香 12458
任琳霞 10249
任萌 3082, 3105, 4735
任乃宏 562
任乃强 272, 273
任平山 5209, 5900, 5962, 5988, 5994
任其亮 9089
任倩 12037
任群罗 10034, 10658
任润兰 10383
任树民 1003, 1004, 3810, 4651, 4700
任思远 13368
任曦 7552
任小波 1073, 4680, 4695, 6871, 8293, 8299
任小平 6841
任秀芳 10306, 10313
任秀荣 13088
任曜新 5277
任宜敏 5205
任益民 10824
任宇 13283
任宇飞 11774
任玉贵 769, 4464
任渊 12525
任媛 9972
任云兰 11281
任云英 8128, 12957
任志强 4473

任智勇 12665
日知 2587
戎天佑 3105
戎霞 13313
荣冬梅 11439
荣红梅 3428
荣杰 1531
荣亮 8449, 8457, 8469
荣新江 62, 782, 791, 1455, 1492, 1498, 1507, 1635, 2738, 2743, 2746, 2832, 4528, 4793, 4795, 5482, 6103, 7571, 7610, 7658, 7937, 8001, 8087, 8095, 8202, 8354
荣正通 11920
容子 2231
柔鲜古丽·阿尤甫 6886
茹仙姑·买买提 10474
茹毅 3984
阮建平 8640
阮明道 752, 1280, 7611
阮琪 9906
阮秋荣 3045, 8141
阮荣春 6171, 6172, 6247, 6248, 7918
阮向前 10521
阮晓蕾 12229
阮应祺 2034
阮曰草 9024
芮传明 183, 384, 583, 5489
芮雪 8686
芮震峰 11996
润泽 9394

▶ 丝绸之路研究论文目录

S

萨尔吉　7434
萨恒·松哈泰　187
萨础日娜　8998
萨仁娜　8274
萨如拉　12934
赛力甫·阿不都乎甫尔　12069
赛宁　397
赛雅拉·阿巴索夫　6529
三海子考古队　3165
伞霁虹　2200
桑山正进　400
色音　5464
森安孝夫　7684，7894，7895
森鹿三　7704
僧海霞　1257，3986，4326
沙吉代木·依夏尼　4859
沙金　6415
沙吾提·帕万　2477
沙武田　4351，5917，5937，
　　　 5947，6006，8119，10712
沙舟　8394，8461
沙宗平　5585
山崎一雄　5838
珊娜　10090
陕锦风　8327
陕亮　11987
陕思婕　13441
陕西非公有制经济会计研究会
　　　课题组　10887
陕西省考古研究院　2958
商春芳　3403，5995
商大民　1987

商明惠　8282
《商业志》编辑室　387
商植桐　8599
上官荣光　505
上官绪智　833
上野照夫　5846
尚海洋　11509
尚珩　978
尚辉　7711
尚丽　12343
尚明瑞　10977
尚新丽　832
尚衍斌　25，807，1145，1630，
　　　2876，2879，2885，3686，
　　　3889，3891，3892，3894，
　　　3970，4435，4968，7760
尚永琪　5336
尚玉平　8141
尚云乔　11739
尚志迈　1828
韶蓉　1823
邵诚道　11554
邵传林　11313
邵凤　11057
邵桂兰　9896
邵洪玲　6269
邵欢欢　7747
邵会秋　314，1359，1370，
　　　3485，4616，6113，8307
邵慧丽　8360
邵磊　3571，12882
邵旻　10952
邵敏灵　1123
邵明杰　4798，5511
邵楠　5907

邵强军　6000，6160，8124
邵帅　11363
邵文丽　4197
邵文实　573，1909
邵晓　1900
邵旭东　117
邵雪婷　8816，11920
邵艳平　2462，2472
邵永平　9591
邵郁　6883
邵育群　8915，8928
邵振宇　2755，12654，12922
畲振华　66
佘贵孝　3012，4650，8339
佘树声　2576
申超　1401
申德英　11683
申东宁　2491
申奉燮　9649
申海田　2590
申红兴　13148
申慧青　1010
申慧芝　12317
申蕾　8708
申立敬　10378
申丽霞　2741，10973
申林林　12819
申明浩　11163
申培德　12483
申瑞鹏　2194
申天松　10441
申晓佳　10397
申旭　206，222，2159，2360，
　　　4894
申亚杰　10682

申艳红　3688
申洋　10411
申勇　11174
申友良　2079，2081，2088，
　　　　2491，2509
申云艳　6044，6046
莘月　8916
沈爱凤　2633，4524，5684，
　　　　5685，5689，5692，5693，
　　　　5757，5933，6132，6144
沈滨　13101
沈德仁　1140
沈飞　9826，11526
沈富腾　2311
沈广斌　4185
沈和　11029
沈佶　11272
沈謇　315
沈建纲　5228
沈骏霖　11967
沈康身　5714
沈镭　10698
沈立新　2568
沈莉　1345
沈凌云　11116
沈绿筠　11559
沈世顺　11215
沈寿文　4453
沈淑花　7374，7452
沈树明　11034
沈韬　2933
沈伟腾　11389
沈卫荣　5123，5215，5218
沈渭显　8458
沈文馥　12518

沈锡伦　7346
沈兴菊　12598
沈旭　1548
沈雁飞　10285
沈雁昕　13334
沈洋　9346
沈永真　11429
沈玉萍　7710
沈韵琪　2737
沈振萍　13409
沈智清　11026
生官声　8969
盛宝莲　9286
盛春寿　12869
盛菲菲　6550
盛黎明　835
盛泉　10434
盛睿　9334
盛莹　12256
盛昭瀚　12400
圣凯　5230
师博　11521，11540
师若予　6206
师尚礼　4987
师守祥　12781
师小群　3472
师晓华　11353，11646
施爱民　5854
施丁　821
施光明　1434，2571，2572，
　　　　2584
施国庆　13407
施鹤皋　6699
施惠　10036
施加农　3323

施建平　4402
施建腾　12195
施仑山　12421
施茜　3325
施倩　281
施清　12742
施婷婷　12390
施维琳　3053
施贤明　7118
施新荣　611，1072，1663，
　　　　1665，2406，7673，7782，
　　　　8216，8217，8244
施雪琴　5666，9030，9292
施雅风　366
施扬　1711
施杨　435
施锜　6094
施咏　8298
施泳峰　1636
施由明　11338
施展　1253
施张兵　12368
施舟人　6448
石斌　12555
石沧金　1696，5647
石春雷　9275
石丹丹　11532，11533
石广义　9798，10271，11985
石国海　9640，9732
石国进　11250
石恒花　12212
石坚平　2069
石建刚　6241，6353，8080
石建平　9655
石金亮　3761

▶ 丝绸之路研究论文目录

石劲松　5409
石娟　6587
石坤　1471
石岚　772，8714
石磊　6354，12010
石丽娇　11548
石利娟　7151，7294，7295
石敏俊　9844，9933
石宁　2680
石培基　11806
石佩芝　12237
石鹏娟　11744
石桥　1250
石庆　13048
石瑞颖　11162
石润宏　4181
石善涛　8540
石少颖　4641
石羖　9375
石晓博　13351
石雪杰　11577
石艳艳　5557
石莹　11537
石应宽　5883，6318
石咏梅　13238
石勇强　4241
石佑启　11859
石云涛　47，193，877，881，
　　　901，917，918，919，923，
　　　924，947，2182，2191，
　　　2689，3193，4194，5337，
　　　7059，7067，7068，7071，
　　　7079
石泽　13413
石塚晴通　7595

时兰兰　6234
时书霞　10715，12669，12682，
　　　12686，12687，12753，
　　　12780
时秀梅　12108
史本山　11246
史春岳　10780
史飞翔　5289
史国强　2938，6877，6882，
　　　6917，6919，7002，7175，
　　　7205，7792，7868
史皓友　11461
史继东　4619
史继忠　2597
史佳　13332
史家珍　458
史金波　4554
史婧　12510
史坤　5157
史雷　1776
史连峰　3162
史明文　8309
史念海　415，933，941
史鹏飞　13336，13366
史平　8557
史巧玲　9999，10004
史蕊　12942
史世任　6047
史淑琴　4543，8049
史铁良　7094
史王鑫磊　5697
史苇湘　1803，4643
史文慧　10585
史文蕾　13328
史文生　12840，12842

史无云　8201
史小霞　7799
史晓明　8158
史雅洁　10306，10313
史亚洲　10869
史一丰　13042
史祎　10865
史懿　11827
史勇　12269
史云霄　2679
史占扬　403
史正刚　4298，4323
史志林　1863，1871，1880，
　　　5004，8458
史志伟　13159
史子峰　8509
寿逸人　10849
舒昌　4363
舒华章　11279
舒辉波　6556
舒俭民　12042
舒建峰　10684
舒健　8259
舒曼　151
舒韶雄　7541
舒先林　11518
舒鑫　10445
舒逸　11820
舒迎澜　4145
束成杰　2537，4110，4331
束从杰　10685
束景南　7612
束锡红　3057，5755，7436
束锡鸿　1815
束有春　6181

恕子　6944
帅志强　13168
双宝　5183
双传学　13027
水冰　9651
水丽淑　876
水渺　4883
水涛　1337，8407
司聘　7210，10166，13187
司马倩　550
司马义·阿布力米提　11740，11756
司徒尚纪　161，164，356，357，3297
司艳华　7839，7883
司艺　3163
司志武　5278
丝路　679，2850，3114，4633，6027，6379
思和　5143
思文　4497
斯维至　1281
斯文尼伯·帕顿　6594
四川省钱币学会课题组　3546
四川省钱币学会南方丝绸之路货币课题组　3547
松本伸之　5386
松本文三郎　6041
松浦章　167，175，1066
宋阿棣　4284
宋斌　12298
宋冰　528
宋彩凤　7168，7170
宋彩萍　9345
宋成轮　8883

宋大仁　4257，4916
宋丹　10765
宋东眷　4260，4261
宋栋国　1951
宋锋华　10508
宋圭武　10702，10716，10779
宋国荣　868
宋海洋　9156
宋灏　8793
宋红娟　12726
宋红霞　12145
宋佳柏　2455
宋建华　10541
宋建良　2403，2632
宋江莉　8308
宋杰　3534
宋金兰　7349
宋晶　4318
宋魁　9066
宋立彬　5178
宋立道　5211
宋立州　531
宋丽颖　9496
宋利芳　8997，9000
宋琳琳　11007
宋马林　9845
宋梅　12866
宋媚婷　9913
宋梦珂　12954
宋蓬勃　2964
宋平　12886
宋倩倩　12197
宋青　13352
宋庆军　10516
宋荣兵　12021

宋若琳　6762
宋蜀华　217
宋肃瀛　5253
宋涛　7691，9265
宋文月　8725
宋喜斌　10840
宋岘　768，4318，8383
宋翔　794
宋小雨　12221
宋晓东　4765，9886
宋晓梅　2386，3146，5113
宋晓楠　4369
宋晓蓉　6876，7798
宋晓茵　11865
宋晓谕　10774，10775，12034
宋晓云　6859，6870，7097，7101，7102，7105，7971
宋新　6646
宋新潮　4590
宋旭刚　10850
宋暄　9694
宋亚　9073
宋亚奇　9848
宋娅妮　11750
宋扬　12164
宋阳旨　9037
宋一兵　12696
宋义岳　5431
宋亦箫　8013
宋永永　10393
宋永忠　5764，6002
宋宇　10875，12065
宋宇辰　10374，11562
宋雨萌　10681
宋媛　9386，9387

▶ 丝绸之路研究论文目录

宋云霞 11843	3098，8090	苏欣慰 12905
宋运娜 7162	苏航 5479	苏彦玲 4273
宋泽楠 9389，10134	苏河 3105	苏燕 9032
宋振良 11569	苏赫 2147	苏扬帆 3295
宋志辉 8581，8663，9302，9306，10369，11237，11958	苏华 8811，9495，9885，10401，11301	苏怡 12226
	苏惠苹 1079，1984	苏毅 10408
	苏惠萍 875，2466，3424	苏银梅 3062，4809
宋志伟 3779	苏嘉 7713	苏莹莹 2710
宋志文 8556	苏嘉雨 5201	苏勇军 12710，13356
宋治民 800	苏建军 12722	苏玉敏 5389
宋周莺 9969，12299	苏健 1921，7843	苏原裕 7553
宋宗宏 11171，11175	苏金花 608	苏月秋 1993，2505，12287
苏北海 352，353，386，598，628，636，687，1266，1307，1485，4573，4634，4635，4716，4753，4848，4948，6972	苏晋仁 5310	苏越婷 11435
	苏静 12921	苏长有 11454
	苏奎俊 1767	苏振兴 2390，3318
	苏磊 13159	苏州海关课题组 12321
	苏丽娟 10033	苏孜 10720
苏彬 8251	苏丽娜 11340	粟迎春 194
苏伯民 8390	苏利德 11340	眭睦 11899
苏灿 9296	苏明星 12078	眭党臣 12091
苏畅 9498	苏宁 7078	隋博文 11350
苏超 11408	苏平 6847	隋父苢 12739
苏垂昌 2317	苏倩 3368	隋红 3766，3772
苏春雨 13068	苏秋芬 10917，11382	隋丽娜 12547，12793，13061
苏聪 540，7340	苏茹嘎 12204	隋岩 8608
苏丹 6478	苏蕊芯 12313	隋莹莹 6262
苏德苹 3798	苏珊珊 12236	随书婉 10021
苏丁平 11141	苏铁 7831	孙昂 11860
苏东黎 5983	苏威 8768	孙傲 3957
苏东鹏 10969	苏文龙 10719	孙宝镛 1415
苏都必力格 661	苏文萱 8602	孙斌 5080
苏刚 12332	苏文泽 196	孙伯君 4836
苏海红 9939，10787	苏晓智 12132	孙长龙 620，622，718，1770，1846，7744
苏海洋 466，467，471，487，493，494，566，1854，	苏欣 10616	孙常伟 10669

孙超　8964

孙成林　3762

孙成伍　10226

孙崇涛　6788

孙传旺　11554

孙大步　10996

孙东亮　8859

孙恩乐　3939

孙发平　10798

孙芳　117

孙斐　12699，12893

孙峰　665

孙凤　12784

孙凤毅　13391

孙福喜　3135

孙富磊　2787

孙葛　12441

孙根年　12722，12756，12819

孙光圻　5

孙桂里　11653

孙桂丽　10330

孙国璋　5721

孙昊　12192

孙浩　10340

孙浩进　11000

孙浩然　4914

孙赫东　8575

孙红　6198

孙红湘　9919

孙宏开　7323

孙宏年　8501，11110，11244

孙泓　482，2645，2646，3385，
　　　5892，6323，8421

孙慧　8758，8776，9567，
　　　9950，10096，10215，
　　　12176，12823

孙慧兰　2092

孙机　5367，7941

孙吉亭　11807

孙继亮　1075

孙继敏　334

孙继业　9608

孙嘉敏　9116

孙建　9438

孙建飞　12759

孙建中　10175

孙健　8313

孙江　13091

孙江明　11388

孙洁　4582，9889

孙经会　9664

孙景兵　9991

孙婧婍　4322

孙久文　10260，11231，12345

孙娟　5139

孙君厚　11449

孙凯　8927，10640

孙科峰　10727，10761

孙可　6949

孙坤　7064

孙坤杰　10529

孙蕾　12211

孙力　8960，9191，9484

孙立峰　6964

孙立婷　5998

孙立霞　8651，11744

孙立祥　2483

孙丽萍　7794

孙丽英　3235

孙林　4666，10344

孙林霞　10058

孙琳　12240

孙龙　9699

孙鲁云　10246

孙璐　10646

孙满利　3051，3070，12863，
　　　12870

孙美莹　12042

孙梦　5136

孙梦健　9610

孙梦茹　9881

孙苗　10236

孙敏　8513

孙敏敏　12009

孙明杰　8490

孙明媚　8206

孙明艳　2655

孙鸣生　3047

孙铭　9240，10001

孙娜　11299

孙楠　12124，12594

孙培蕾　10398，10583，10647，
　　　11417

孙培良　17，3459，6029

孙佩兰　3236，3239，3242

孙平江　11368

孙其斌　4338

孙琪　10194

孙启军　1209

孙启忠　4193，4198，4201，
　　　4202，4211

孙仁儒　5841

孙荣庭　11423

孙儒偁　4347

孙瑞杰　11266

孙睿智　10823
孙润祥　6971
孙善祥　9584，11636
孙尚勇　3054，5120，5267
孙少华　2650
孙思　6502
孙荪　6108
孙堂厚　8601
孙田成　6198
孙婷　6153
孙挺　13253
孙危　3077
孙威　8889，11994
孙伟平　12025
孙魏　7860
孙文东　10413
孙文杰　2941，2943，4422，7036，7180，7189，7213，7821，7824，7828，7830，7833，7838，7851，7852，7855，7859，7862，8135
孙文娟　9052，10610
孙文婷　130，12086
孙汶　10139
孙武军　4801，5788
孙希　3718
孙霞　11886
孙先民　2493
孙先知　2508，2515，2544
孙小东　5874
孙晓峰　5985
孙晓岗　1581，3020，5797，5977，7544，7548
孙晓婷　6830
孙晓燕　4314

孙欣　9845
孙星群　6414
孙星云　11308
孙兴杰　8656，9059
孙修身　4749，4750，4751，5066，5719
孙秀君　1049
孙潋　9446
孙学政　13273
孙亚辉　12548
孙亚贤　11053
孙延青　8187
孙岩　7227
孙艳　11748
孙杨　11710
孙烨　9747
孙宜孔　995
孙毅华　5911
孙英敏　12582
孙莹　11529，11778
孙颖玲　10893
孙永刚　3830
孙永军　3049
孙咏　8749，8779
孙优　9913
孙有智　3764
孙瑜　5398
孙瑜浛　6328
孙玉　8976
孙玉琴　2474，9791
孙玉泰　12262
孙媛媛　12557，12711，12803
孙远方　8875
孙岳　3756
孙悦群　10291

孙云　8917，13300
孙允华　2947
孙泽霖　9503
孙泽生　11469
孙占鳌　55，56，58，1878，2540，3175，4022，8094
孙占琴　7877
孙占宇　1340，4597，7987
孙章峰　3649
孙祯锋　13156
孙植　7039，7041
孙中昶　10344
孙中华　10821
孙忠印　12617
孙仲文　3540，9512
孙壮志　8968，10207
孙宗贤　5512
索德浩　3140
索德浩 2006　3052
索佳莉　11703
索朗平措　967
索伶俐　11011，11016
索南　7438
索荣荣　8129

T

T. Annaev　3105
T. H. 尤吉娜　8954
T. H. 尤季娜　8942
T. K. 沙弗拉诺夫斯卡娅　3188，3189
塔季扬娜·费利波娃　9163
塔力甫江·吐尔逊艾力　4846
塔玛拉·尼古拉耶夫娜·尤

金娜 8941
塔伊尔江 8222
台来提·乌布力 6718，7499，7812
邰惠莉 1845
泰卫星 2761
谈克生 4147
谈星东 12914
谈寅 4147
谈悠 13229
谭蝉雪 5619
谭皓尹 12389
谭弘毅 7754
谭继和 2114，5330
谭晶荣 11370
谭克东 11712
谭立群 10116
谭丽虹 12077
谭林 10459，11295
谭琦璐 11575
谭启龙 4318
谭前学 988
谭仁超 10875
谭世宝 5326
谭槊 11026
谭天 13340，13355
谭羨 3347
谭兴梅 13374
谭秀杰 9344，9806，9856
谭雪 12010
谭瑶 8114
谭益民 12802
谭玉华 3152
谭悦 6368
谭云冬 11496

谭昭 13224
谭真 7602
谭振超 4401
谭卓 11589
汤德伟 6896
汤恩昱 11006
汤洪 6916
汤金润 9982
汤开建 6038
汤凯 10337
汤庆熙 11006
汤士华 8409，8448，8452
汤文霞 12766
汤晓芳 5897
汤晓龙 11197
汤晓青 4481
汤艳 11054
汤张伶 11049
汤震宇 8831
汤正仁 11241
汤中超 8446
唐邦勋 8757
唐保庆 10229
唐彬 12716
唐斌 9893
唐成英 7033
唐楚臣 205
唐大潮 5023
唐飞 12946
唐菲 12390
唐耕耦 1807
唐光海 9692，11759，11776，12084
唐国尧 4945
唐红 7012

唐红祥 11147
唐洪松 11720
唐欢 10099
唐慧远 11580
唐嘉弘 138
唐建军 13079
唐建云 12145
唐姣美 11127
唐菁 12540
唐晶 11988
唐景绅 1799，1802，4115
唐菊花 4864
唐娟 12638
唐立久 10438
唐丽雅 856
唐莉芸 691，7424
唐亮 3052，3140
唐林 3298
唐龙 11840
唐明达 12420
唐娜 2636
唐培淞 6243
唐齐国 11662，11760
唐奇芳 11812
唐启翠 297
唐琼 13396
唐睿 12691，12762，12785
唐尚书 891
唐世辉 9705
唐世明 348
唐淑娴 1131
唐帅 7032
唐松 11171，11175
唐伟 3719
唐卫红 12304

唐文睿　8931，9189
唐熙阳　5791
唐翔　3052，3140
唐小明　11657
唐小松　9103
唐星　5295，6548，6552
唐兴和　9417
唐亚林　3585
唐延龄　11443
唐彦林　13394
唐彦临　7191
唐艳华　7169
唐亦功　330
唐雨良　7968
唐远雄　12142
唐月　10683
唐月民　13019
唐振　171
唐芷瑄　9453
唐志强　12725
唐智　5596
唐朱昌　8948
陶丹凤　11981
陶德臣　1120，2536，2547，11346
陶广峰　11829
陶红　4235
陶继波　3195，3196
陶继双　999
陶建英　3499
陶克套　13047，13098
陶犁　12524
陶连洲　8113
陶亮　8989
陶娜　3922

陶涛　4394
陶雪雪　9878
陶雅　4193，4198，4201，4202，4211
陶野　1790
陶银海　9491
陶勇　1664
陶玉乐　885
陶喻之　5104
陶长雨　12899
陶志军　11447
滕桂华　7009，7010，7176
滕堂伟　8775
滕藤　12295，12325
滕文静　12214
滕先森　4244
滕宇鹏　2283
藤田胜久　7498
天津市人民政府驻福州办事处课题组　11099
田宝　11146
田成伟　4811
田德民　4427
田德新　916
田豆　12664
田丰　2094
田峰　479，1558，1561，1912，3994，4681，5144，5231，5357，8017
田富强　12670
田光强　9013
田广林　2147，3440
田贵良　11037
田海峰　3081，3089，3179，11332，12880

田海洋　12236
田浩　13437
田弘　11207
田洪志　11521，11801
田晖　11318，13028，13375
田惠敏　8559
田家骏　10752
田江涛　11443
田静　4427
田静云　9472
田莉　10251
田林　12073
田娜　9634
田宁　10948
田平凤　2826
田青　6405
田庆锋　1628，2177，2866
田润娴　11712
田若虹　2456
田杉　8380
田尚　4116
田圣宝　8152
田澍　46，50，130，1087，1657，1659，2382，7982，8004，8040，11965，12123
田帅　8154
田天　8559
田甜　12644
田同旭　6469
田卫疆　762，1641，1643，1644，1646，1647，1649，1651，1661，1662，4529，4757，4759，4838，4853，7563，7728，8284，8288
田文林　3795

田西 10361

田向阳 7998

田小红 1409，1421，3161

田小龙 3642

田小书 5972

田晓辉 12756

田晓娟 10370

田心 12943

田昕清 10151

田雪丰 12193

田亚岐 460

田妍妍 12059

田野 10095

田艺琼 8914

田樱 11669

田永晓 9818

田余庆 804

田雨 1267

田原 10061

田芸 8062

田泽 10201，12635

田中公明 6060

田中禾 12469

铁穆尔 4987

铁颜颜 1058

樋口隆康 3201

仝涛 565，5439

仝新顺 11619

同勤学 9571

佟大群 271

佟克力 3715，4954，7979

佟洙 3281

佟尧 11842

佟柱臣 745，1137，7519

童帮裕 11355

童凤畅 7089

童纪新 9600

童健 11624

童岭 4109

童明康 12926

童荣萍 11625

童瑞雪 12932

童睿宗 9088

童晓乐 11370

童莹 9369

童友军 3916，3936

童宇韬 11110

图登克珠 551，12674

涂丹 4025

涂敏华 6757

涂明谦 13380

涂茵 13083

涂永红 9622

涂玉侠 11969

涂裕春 4440

屠恒贤 2402，3246，3250

土晓梅 8044

吐尔逊·皮达库 3520

吐尔逊·卡地尔 4492，5220

吐尔逊·库尔班 6884

吐尔逊姑丽·买买提 12497

吐尔逊娜依·赛买提 3719

吐娜 4840，4843，5216

吐逊·木沙 2639

托波尔科娃·Е.П. 13222

托呼提 3130，3133

托娅 10324

拓和提·莫扎提 5340

拓万亮 6752

W

瓦哈甫·哈力克 12403

瓦哈甫·吐尔逊 4860

万安伦 4405

万冰 1594

万芳 3915

万海玲 8021

万红 900

万华 10389

万洁 6018

万娟娟 9851，11861

万礼杰 3341

万明 237，1972，2028，2242，2896，2897，2907，2918，3348，6603，12632，12981

万那瑞斯·常 9281

万青松 8795，8944，8956，9077，9225

万熹 6233

万翔 4975，9011

万晓红 12844

万雪玉 613，4588，4873，8233

万永坤 10105，10763，11445

汪宝成 11850

汪保全 5105

汪川 8847

汪东 12810

汪泛舟 5019

汪凤梅 4219

汪高鑫 4472

汪根基 2475

汪桂海 4981，7662

▶ 丝绸之路研究论文目录

汪桂生　1863
汪汉利　795，2285
汪洪亮　8110
汪洁　8817，9820
汪晶晶　9983
汪璟　10737
汪立新　12715
汪霖　10555，10563
汪令涛　12388
汪敏倩　11
汪宁　13408
汪宁生　1135
汪胜兰　12753
汪受宽　579
汪万发　11964
汪威　12452
汪伟民　9164
汪玮琳　3732
汪玺　4987
汪小军　7134
汪小梅　12388
汪小洋　5966
汪晓风　13246
汪晓文　9809，11306
汪洋　8754，10144，10681，12525
汪一鸣　8320
汪应洛　11502，12179
汪永臻　971，9680，10711
汪泽仁　238
汪震　148
王爱虎　8830，11709
王爱辉　1747
王爱洁　9080
王爱民　12432

王爱武　7657
王安潮　6496，6547，12992
王白侠　11447
王百岁　3025
王邦维　5095，5251，5303，5341，7285
王胞生　4849，4882
王宝坤　5361
王宝庆　12837
王保真　1956
王保忠　10268，11604
王北辰　369，376，683
王蓓蓓　6750，12086
王碧轩　10228
王彬　7788
王斌　7005
王冰　1826，4465
王兵银　9942
王炳华　402，469，666，1316，2963，2965，3099，3186
王炳天　10299，10338
王波　10172
王伯礼　10450，10452
王博　3141，3163，3293，3317，3392，3393，3523，9648，10152，10154，10821，11425
王博君　11602
王彩霞　10681，10764
王昌燧　3163，3324
王常华　11357
王超　8542，9233
王超云　4703
王臣邑　7400
王陈伟　12130

王晨　9769，12562
王称　1713
王成良　5664
王成林　8832
王成荣　11212
王成韦　10661
王成喜　4605
王成瑶　9599，9707
王成勇　13425
王呈仓　11307
王承安　11931
王承植　6445
王崇人　5839
王春城　2369
王春花　1559
王春辉　2620，5042
王春梅　4232，7501
王春泉　67
王纯武　11359
王聪　9205，11302
王聪霞　11550
王聪延　1192，1200，1235，1404，2706，4495
王大方　190，4153
王大军　12405
王大可　13414
王大力　12004
王大中　5445
王丹　4329，9117
王道坤　4260，4261
王德恒　245，921，4497
王德华　9301，9308
王荻　5709
王頔　11490
王棣　406，4275，4276

王佃印　7028

王丁　5483，5663

王东　1759，2452，4827，
　　　7443，10206，11613

王东华　10306，10313

王东良　12471

王东平　1152，1725，1734，
　　　3602，5578，7525

王端薛　13041

王娥　3162

王恩春　1458，1544，1726，
　　　1732，2188，4604，6740，
　　　8041

王帆　8612

王芳　3100，3111，5996，
　　　11826，12788

王芳芳　6337

王飞　9068

王飞峰　3406

王菲　7409，8245

王丰玲　7242

王丰龙　9296

王凤雷　10930

王枫云　10314

王峰　11760

王锋　333

王锋钧　6220

王凤娟　11954

王凤山　12290

王凤仙　13337

王福利　6497

王福生　6413

王富俊　10930

王改丽　10553，11648

王刚　11847

王歌莺　1934

王根宪　4189

王冠葱　10088

王冠辉　711

王冠威　13035

王光辉　12518

王光照　5848

王广进　3748

王广平　5589

王广荣　7603，8194

王广元　12591，12602，12611

王瑰　895

王桂枝　3410

王国兵　9002

王国栋　3316

王国华　823，4653，11842

王国健　980

王国梁　10321

王国棉　13195

王国魏　9433

王海滨　8970，8974

王海冬　12561

王海景　9534

王海灵　12133

王海龙　10769

王海明　12844

王海亭　8104，8115

王海燕　8955，9971，10094，
　　　10426，11568

王海宇　4232，7501

王海玉　12755

王海运　8690，9045，11480

王含章　4555，9408

王汉　12568

王汉民　6532

王汉友　12769

王菡薇　5269

王昊　8745

王昊泽　12257

王浩　12042

王和平　7607

王河江　2190

王贺华　11494

王鹤琴　5347

王红　13051

王红蕾　6730

王红梅　1035，3240

王红茹　2662

王红缨　10564

王红玉　12728

王宏丽　10620，11486

王宏谋　445，2196，3665，
　　　3669，3670，4580，5165

王宏森　9550，10517

王宏宇　12744，12938

王虹霞　6313

王虹烨　12659

王洪波　8717

王洪军　831

王洪瑞　1178

王洪祥　2860

王洪镇　4379

王厚双　10078

王虎　9276

王华　2415，8719，9990，
　　　12756

王华丽　11339，11362

王怀强　13428，13429

王怀宥　6238

王欢　5634

▶ 丝绸之路研究论文目录

王焕然　6867	王建明　12171	王竞超　11932
王辉　13215	王建勤　13216	王靖　8903
王辉斌　6932	王建荣　2464	王靖雯　13115
王辉景　8605	王建润　11557	王静　946, 5535, 6206,
王会战　12588, 12703, 12824	王建伟　11728, 12402	10885, 10910, 10939,
王惠霖　12525	王建文　3886	11281, 11574, 11590,
王惠民　5254, 5256, 5842	王建新　3077, 3082, 3105	11735, 13415
王慧春　10848	王建雄　9160	王静飞　12813
王慧芳　4258	王剑平　6204, 6226	王菊　3258
王慧慧　5419	王剑英　798	王菊文　11359
王慧茹　10648	王健　119, 124, 1121, 8623	王菊映　2378
王吉祥　7130	王健红　6330	王娟　7775, 10279, 10862
王济宪　105, 6891	王江　10476, 12169	王娟娟　9494, 11257, 11761
王继光　682, 701, 2255,	王江丽　10533	王娟蓉　12853
2904, 2908, 2912, 7583,	王江鹏　5987	王卷乐　11982, 11985
7681, 7699, 7712	王姣娥　12299, 12408	王珏　4035, 8719, 9861,
王继辉　12157	王洁　6536, 9777	10005
王继康　12831	王婕　13130	王珏瑞　12829
王继平　1715, 4762	王金　3457	王军　12790
王继伟　11975	王金保　4775, 10856	王均佳　6521
王冀青　681, 5717, 7379	王金成　9001	王君平　3255, 4233
王骥　3316	王金都　1896	王俊　9618
王佳　4547	王金亮　9407	王俊桦　10126
王家广　1286	王锦　4319, 4502	王俊杰　10058
王家祐　4941	王瑾　5823	王俊元　11051
王嘉澜　11323	王进　11280	王峻蓉　12580
王嘉瑞　12503, 12520	王进玉　2600, 5759	王开队　8397
王建邦　11235	王劲松　8707	王开幕　10601
王建朝　6727	王晋　3760	王开堂　1887
王建功　3570	王京烈　9327	王开玺　2223
王建光　7328	王菁华　1949	王开轩　10196
王建辉　136	王晶　4482, 5633, 11916	王开元　6856, 6905, 6945,
王建军　4899, 12008	王晶波　2729	6980, 12435
王建林　7499	王景华　8804, 13011	王凯　2796, 10762, 12510
王建民　11509	王景敏　11121, 11745	王康　5402

王康钱　12177

王珂　7283

王科　9529

王可佳　1953

王克　9649

王克芬　6291

王克林　4513，11274

王克念　10527，10622

王克之　600，607

王坤　1047，1217

王坤衍　9639

王鲲　6467

王兰平　8319

王兰英　12279，12288

王乐　3256，3276，9177，11917

王乐乐　12281

王磊　9617，10679，11301，12060

王蕾　1575，8050，10835

王李安安　12072

王力　1738，5226，10016

王力博　6605

王力军　13068

王力平　1893

王立　5397，6050，6069，7270，7701，8263，8264

王立本　1102

王立波　3900，5749

王立国　9423，11001，12524

王立宏　4170

王立婷　9258

王立欣　7671

王丽　8740，9547，10763

王丽超　7058

王丽芳　12622

王丽会　12575

王丽娟　3203，10633

王丽君　11377

王丽丽　10892，11430

王丽梅　5658

王丽明　3329

王丽娜　8197，9284

王励耘　3162

王利器　5447

王利双　12029

王利伟　10328

王莉　4620，13245

王莉莉　12821，13125

王莉英　3308

王连芳　4388

王连茂　1966

王连旗　363，872，2844

王联　9410

王亮　3010，3646，9862，11008，13319

王靓　12028

王列辉　12409

王林彬　9744，10009

王林霞　9959

王琳　4187，6822

王琳峰　722

王霖　5808

王麟　2368

王玲　3978

王玲秀　5409

王留贵　10433

王龙　3013，4073，4778

王路力　3099

王路平　12890

王潞　8453

王潞伟　6817

王璐　5033，5129，5328，6462

王露　12072

王满仓　9551，9581

王曼　10680

王熳丽　5182

王茂福　1310

王梅　9430

王梅堂　2865，2867，2875，7099

王美霞　10266

王美雅　12390

王美艳　5990

王猛　9325

王梦彤　5785

王妙妙　12300

王珉　11894

王敏　3299，4541，6147，7797，9347，9568，13068

王敏敏　13277

王敏婷　3873

王明芳　3256

王明惠　11103

王明亚　8654

王明哲　4632，4642

王茗　6747

王铭菲　9451

王睦　3281

王娜　9807，10797，10980

王乃昂　1824

王乃栋　6833，6834

王乃科　8850

王南忠　9725

王楠　5356，9764，10110
王宁　6528，10572，10677，12523
王宁霞　13315
王培华　1746，4127
王佩佩　11661，11671
王佩弦　13362
王蓬　189，495
王鹏　11586，11991，13164
王鹏辉　332，1749，2991
王鹏举　163
王平　2160，10746
王平心　12261
王萍　6818，6821
王萍萍　11401
王璞　3493，13225
王其格　197，13095
王其书　6446，6476，6482，6642，6654
王琪　8752，9669
王琦　9275
王旗　2744，2750
王启明　498，518，1751，1765
王启涛　2132，3704，4026，4029，4031，7726，7870，7882，12076
王启元　5170
王绮纂　10143
王黔京　11249
王茜　1165，4851
王倩　5918，9540，9553，9606，12717，13145
王倩倩　9740，10548，12662
王强　6321，9022，10635，13018
王巧凤　12194
王巧玲　4570
王巧宁　13212
王巧巧　9541
王琴梅　10755，11725，11727，11729
王勤　10613，11086，11540
王青　1189，1447，2617，2636，4296，4438，5624，5637，6858，7274，7293
王青亦　13118，13121，13122
王清华　2608，8519
王清廉　5374
王庆　4171
王庆福　13171
王庆民　10504
王庆卫　7554
王庆宪　2772，4591，4592，4601
王琼　12817
王秋玲　9467，12312
王权　10709
王全良　10185
王群　10957
王仁波　1814
王日根　8470
王荣国　5188
王容　10028，10054，10055
王嵘　828，2599，5678，5679
王蓉　1837，5038
王柔　6378
王茹红　11645
王茹娜　6159
王茹珍　12172
王汝良　7806
王蕊　5200
王瑞　9053，11413，13388
王瑞平　7290
王瑞雪　13120
王睿　4800
王睿颖　5457
王润虎　963
王若诗　3958
王若涛　10625
王若昭　4340
王赛时　3971，3975
王三北　12523
王姗　9287
王姗姗　12539，12543
王尚达　2363
王少华　12476，12519
王少良　4021
王少鹏　13021
王少泉　2006
王少宇　5446
王绍卜　11058
王绍林　2881
王绍仁　11742
王绍媛　9884
王升华　230
王生鹏　12451
王胜　4604，5142
王胜泽　5789，5804，5997
王盛　13217
王诗曼　90
王石　9990
王使臻　1596
王世红　11172
王世平　7588

王世新　12029
王世英　10619
王守春　327，331，667，1313，
　　　　1326，7686
王守亮　7720，7762
王守云　4180
王书艺　9838
王叔凯　377
王淑娟　10469，10513
王淑莲　1227
王淑玲　6634
王淑敏　12294
王淑新　12559
王曙明　4007
王术森　8668，9802
王述芬　10063
王树斌　11502，11505
王树春　8717
王树光　8766，9478
王树晖　10430
王树亮　9088，10728
王树林　7298
王树森　7046
王树英　2969
王帅　12390
王双双　9873
王爽　8267，10995，11527
王思杰　5064
王思明　576，4039，4199，
　　　　4200，4204，4205，4206，
　　　　4208，8123，11410
王思思　6770
王思文　13353
王思颖　8853
王思羽　11547

王斯敏　8637
王偲　7485
王四达　4081
王松　13086
王松茂　12572
王颂吉　8680，8730，9048，
　　　　10368，11309，11315，
　　　　11440，11448
王素　1453，5503，6984，
　　　　7540，7547，7549
王岁孝　13203
王涛　2652，8599，11507，
　　　　11951，12449，12450
王腾　13288
王天海　1352，1358，7620
王天军　3741，5813，12829
王天顺　4819
王铁钢　11843
王铁山　9457
王婷　4044，6206，9140
王婷梅　1842
王婷婷　10623，13281
王颋　2873
王宛春　3941
王婉玲　10873
王万平　10758
王旺祥　1362，3665
王唯宁　3952
王维芳　6030
王维克　849
王维坤　3147，3157
王维屏　629
王维然　8778，8967，12198
王伟　350，1218，2648，
　　　　5828，6436，6823，6825，

　　　　6827，6829，7721，7741，
　　　　8674，10730
王伟明　1979
王伟章　1829
王玮　10790
王玮轩　6486
王炜　9733，12955
王卫红　4101
王蔚华　6191
王文光　982，4415
王文行　10704
王文豪　10498
王文华　12576
王文杰　13191
王文静　9480，9488
王文君　1214，10145
王文俊　11149，11945，11952
王文利　2279，4315，8743
王文清　10684
王文涛　1380
王文通　10098
王文文　12001
王文秀　6121
王文雅　8572
王文艳　13289
王文元　5444
王文洲　8505
王雯雯　6584
王武林　12300
王西娅　12716，12791
王汐　5351
王希隆　1077，1241，1463，
　　　　1578，1683，1688，1753，
　　　　3818
王锡刚　9469

王锡伦　127	王小婷　11781	5034，5177，8204
王锡臻　6203	王小文　12944	王欣爱　11672
王熹　2320	王小英　13381	王新安　12270
王曦　12275	王晓　3751	王新春　8176
王习农　8672，8685，9051	王晓芳　9468，9681，9997	王新辉　11935
王喜成　71，10961，10987	王晓芬　5009，5052	王新青　13206
王喜莎　10462，10512	王晓峰　10009	王新文　12727
王喜文　13282	王晓红　516	王新宇　6602
王霞　6222，9589，10453，10800，11781，13357	王晓鸿　10705	王新哲　11339，11362
	王晓晖　1555，4090，4092，4121，10837	王鑫　11018
王咸秋　3074		王星　13307
王显辉　7647	王晓辉　3886	王星星　12081，13294
王宪举　8949，9035	王晓建　2816	王兴锋　2782
王宪坤　10003	王晓玲　5705，5876，6268	王兴国　4149
王献彩　6435	王晓梅　10724，10726，13127	王兴茂　3806
王献军　2250	王晓明　10693	王兴伊　4291，4294，4295，4300，4319，4330，4337
王香莲　4665	王晓农　5356，8060	
王湘　7023	王晓鹏　2917	王兴宇　4503
王祥伟　1247，7746	王晓清　1013	王旭　4149
王翔　2349，2575	王晓泉　8966，9243	王旭东　3051，3070，12870
王向远　8589	王晓伟　9181，11824，12375	王旭冬　11999
王骁勇　5748	王晓霞　2207	王旭红　10298
王小盾　6574	王晓雅　11734	王旭送　1570，4787，4788，7722，8287，8303，8425，8459
王小风　7017	王晓燕　8384，10297	
王小甫　280，1489，1491，4657	王晓玉　5876	
	王晓云　5604	王续凯　9615
王小红　12033	王筱芸　7109	王讓　928
王小辉　12652	王校阑　7574	王学军　7015，12010，12489，12498，12508，12517
王小骄　11846	王啸　12434	
王小君　341	王谢勇　12309	王学君　9924
王小康　9609，9980，10015	王心源　12018	王学平　632
王小明　9293	王忻　1495	王学强　1863
王小宁　9928	王欣　925，1456，1461，1467，1517，1936，2771，4083，4649，4946，4949，5007，	王雪　9390，9583
王小平　10580，12044		王雪冰　8850
王小强　10912		王雪娇　7231

王雪莲 4818	王艳华 12306	王逸之 2782
王雪玲 10565	王艳玲 6008	王毅 10070, 12297, 12930
王雪梅 4236, 9896	王艳蓉 3347	王银田 1942, 3010, 3646
王雪芹 10637	王艳雪 9431, 10918, 13099	王引 2893
王雪艳 3334, 3340	王艳云 5855	王英 5822, 12574, 12595, 12604
王勋陵 329	王燕 4807, 8360, 10631, 12251, 12739	王英平 11416
王雅彬 11739	王燕凤 11367	王英伟 11752
王雅婧 8687	王燕丽 11367	王迎喜 1810
王雅丽 2546	王燕玉 7625	王莹 1425, 11067, 11106, 11307
王雅楠 10944, 11431, 11822, 12176	王阳 303	王颖 9485, 11593, 12235, 12838
王雅清 10675	王阳阳 9727	
王雅茹 13376	王尧 5916, 11987	王映予 7854
王亚蓝 13215	王垚磊 8301	王庸金 10213
王亚玲 10316, 10950	王耀 2942	王永斌 9526
王亚鹏 9083, 9841	王耀华 6385, 6554	王永兵 11116
王亚茹 9678	王耀锟 6402	王永峰 9739
王亚莘 13309	王耀武 13250	王永刚 1811
王亚伟 7777	王野苹 4935, 4937	王永礼 3250
王亚勇 616	王一丹 4389	王永莉 3836, 7051, 10861
王延丹 6257	王一凡 1950	王永龙 11413
王岩 9186	王一婕 10000	王永平 120, 864, 904, 2272, 2719, 3756, 3884
王炎垚 10321	王一琳 9545	
王癸 9540	王一名 6209	王永强 3085, 3171, 8141
王彦 10168	王依 11993	王永生 3552, 3579, 3593
王彦芳 8973, 8983, 9973, 9995, 11348, 11369	王怡 6555, 12056, 12637	王永武 13395
王彦洁 12016	王义康 4953	王永兴 1496, 7593
王彦俊 694	王义桅 8628	王永瑜 10750, 10751
王彦娜 6153, 6159	王艺桦 13349	王勇 2613, 2615, 2641, 3617, 4240, 9332, 9568, 11225
王彦庆 11296	王艺潼 8890	
王彦智 2724	王艺璇 7029	
王艳 10685	王忆南 11818	王勇华 13175
王艳格 10366	王译 11690	王勇辉 8862, 9376
王艳花 2935	王轶鸿 3432	王友富 906
	王逸虹 12045	

▶ 丝绸之路研究论文目录

王友文　1100，10506，12545，12554，12586，12591，12592，12602，12605，12611，12619，12645，12647，13371
王有鹏　210
王佑夫　6937，7457
王宇　959，7596，8991，13281
王宇红　10903
王宇杰　9766
王宇洁　5609
王玉　5346，9392，11913
王玉晨　9552
王玉芳　5758，6157
王玉刚　8774
王玉红　9236，10114，10818
王玉辉　11545
王玉慧　8806
王玉娟　5268
王玉平　1212，1589
王玉萍　902
王玉勤　11655
王玉霞　9397
王玉祥　5568
王玉主　11016
王玉柱　9888
王郁风　2328
王育林　4317
王育民　388
王钰祥　10194
王御分　7510
王裕昌　13104
王煜　3441，3600，5636，5644，5791，6133，7585

王毓红　3024，5960
王元　2449
王元林　481，767，2059，2080，2082，2083，2089，3061，3373，5626，5628，5631
王援朝　2595
王媛　6886，6890，11034，12947
王媛媛　3921，5478，5487，5495，13038
王源　13146
王瑗媛　10747，10767
王月波　12044
王钺　400
王悦　10725
王跃潼　8348
王越　12041
王樾　1583，8402
王赟　13181
王云　3026，3027，10699
王云度　22
王云鹏　3487
王允亮　6506
王韵　2224，3680
王蕴锦　3965，5766
王在亮　11284
王在荣　9784
王泽润　8700，10035，10244，10412，11309
王泽湘　3800
王增斌　2817，2837
王增明　3807
王展　3244
王展妮　11076

王展宇　13035
王湛　1580
王长启　3536，6190
王长鱼　13188
王昭国　3100，3111
王昭旭　12732
王昭义　1388
王兆昕　12585
王哲　9834，11661，11671
王哲然　4051
王喆　8298，9798，12292
王珍妮　11727
王珍仁　7600
王珍珍　10876，12817
王振　9636
王振刚　2112
王振磊　5134
王振涛　10328
王振宇　9454，10665
王振振　12013
王震　12095
王震亚　7490
王震中　1947
王争鸣　12273
王征　5756，5875，5956，6015
王征兵　8079
王正坤　10731
王正儒　4815
王政　3811
王之泰　8683
王志　9204
王志峰　9577
王志刚　11194
王志高　2916

· 832 ·

王志华　2851
王志杰　2783
王志民　8547，8665，9245，
　　　　10371
王志敏　11188，11191
王志强　1724，7695
王志炜　3427，5815
王志兴　6040
王志勇　6912
王志远　8578，8673，8733，
　　　　8763，8798，8947，9176，
　　　　9178，9210，9855，9940，
　　　　10273，11923
王志增　11319
王治来　4566，4723，13044
王治新　5096
王鸳嘉　5694
王智娟　2618，8260，12960
王忠　11042
王忠林　5763
王仲荦　7601
王壮　11736
王濯巾　2288
王子璠　4818
王子韩　9452
王子今　541，553，675，778，
　　　　797，848，888，912，
　　　　1873，2260，2784，3169，
　　　　3285，3296，3667，4471，
　　　　4489，4535，4552，4561，
　　　　4606，4608，4610，4612，
　　　　4617，7507，7718
王子君　13402
王子云　2968，6169
王梓盾　6403，6404

王紫依　13220
王宗光　7959
王宗磊　1579，1633
王宗太　366
王宗维　322，381，414，
　　　　1276，4589
王宗元　605，3038
王作全　11847
韦斌　3572
韦凤琴　10552
韦浩明　442，4087
韦红　8895，9280
韦林珍　10868
韦民　6483
韦娜　9668
韦双龙　4174
韦夏宁　2070，8071
韦晓宏　11509
韦晓慧　12115
韦欣　11138
韦艳宁　8808，10293
韦有周　11787
维诺德·阿南德　11934
维平　12417
卫华　8597
卫军茹　95，8580
卫丽　4014
卫灵　9006，11594
卫玲　8667，8679，10310，
　　　10338，10879
卫凌　6303
卫斯　4042，4119，7648，
　　　7966，7984，7986，7992
卫霞　2721，8081
卫心　404，940

卫欣　2872
卫艺林　4406
卫志民　8551
卫志勇　11256
位磊　4324
位元元　9619
魏宝山　12486
魏楚楚　3394
魏楚雄　162
魏丹霞　7296
魏东　5884，6111
魏方　3750
魏郭辉　4969，5145
魏海蕊　12400
魏寒梅　13180
魏恒姝　11629
魏泓　4065，4067
魏会廷　4093
魏坚　719
魏建新　11460
魏绛　8209
魏晋贤　756
魏晶　7974，7978，7981
魏景波　7032
魏娟　11668，11721
魏军红　13096
魏开伟　1577
魏兰叶　10056
魏骊蓉　12740
魏丽珺　11960
魏丽莉　9752，10333
魏丽琴　1465
魏良弢　1023，1642，4507，
　　　　4726，5567，5572，7573，
　　　　7581

▶ 丝绸之路研究论文目录

魏美玉　8531	魏雪艳　7202	温雅　10016
魏萌　12143	魏亚芳　6253	温亚琴　9323
魏梦月　2092	魏亚儒　1105	温玉成　790，4732，5075，
魏敏　12583	魏叶　10744	5110，5388
魏明　10884	魏义婕　12167	温志洪　12696
魏明孔　1816，2345	魏迎春　992，5992	文丰　9166
魏明亮　9959，10877	魏颖　12113，12569	文风　10816
魏娜　10252	魏拥军　3583	文国繁　12747
魏鹏　3909，12523	魏媛媛　9351，9353	文海燕　12074
魏萍　9462	魏月妍　9122	文豪　2073
魏琦　12089	魏昀妍　9857	文华　5471，10729
魏清光　9402	魏长春　11069	文建刚　4236
魏晴晴　538	魏长洪　1150，1174，3750，	文军　2825
魏然　5632	7150，7320，7562	文俊红　7396
魏嵘　7052	魏长江　9686	文雷　9471
魏珊　2227	魏兆和　1173	文平　7315
魏盛楠　6519	魏臻　3963	文青　8199
魏巍　878	魏振国　1945	文欣　782
魏伟　9470	魏志江　92，162，1045，	文艳　11415
魏伟新　9252，11176	1055，2227	文志勇　3188，3189，8091
魏玮　10459，11295	温斌　7262，7263	文忠祥　4708
魏卫鸽　10029，10030	温翠芳　2401，2428，4297，	闻德卿　11276
魏文　7765	7318	闻倩　12001
魏文斌　44，2977，5155，	温法仁　9698	问永宁　5455
5158，5786，6114，6249	温浩　5499	翁春叶　11828
魏西林　10856	温建辉　4024	翁钢民　12513
魏峡　1117	温军　4509	翁花　12784
魏贤玲　1385	温其洲　3312	翁晖　1786，7220
魏向远　9448	温全禄　1869	翁经方　7560
魏晓晴　10059	温泉　4380	翁萌　4378，4383
魏晓旭　9470	温瑞　9763	翁启伟　11751
魏新　11542，11543	温睿　3324，3652	翁玮　12364
魏新民　4120	温小亮　10406	翁莹芳　742
魏星　10997	温秀　12588	翁振松　12329
魏修建　11634，11638	温旭　1637	翁智雄　12055

瓮文俊 9696
乌布里·买买提艾力 1207，5426，12874
乌达巴勒 7326
乌东峰 8546
乌尔娜 12584
乌尔沁 6981
乌拉特 7856
乌兰 1692
乌买尔·达吾提 7989
乌日利戈 8498
乌廷玉 2297
乌小花 9393
乌云 3920
乌云毕力格 1093，4844，4845，5000
乌云高娃 1028，1039
乌云格日勒 13196
乌云娜 11523
乌云其其克 10577
邬德林 11013
邬国义 2931
邬建华 5940
邬晓霞 13392
巫才林 9843
巫新华 424，452，2717，2723，2960，3164，4362
无迪 8848
吾鲁吐汉·拉合木别尔德 11641
吾斯曼·吾木尔 11740，11756，11341，11356，11363
吾斯曼江·亚库甫 7758，4858，7483

吴阿宁 7675
吴浜源 9862
吴碧英 12990
吴冰冰 5035
吴昺兵 8496
吴波 1690
吴焯 219，405，407，425，5071，5097，5834
吴臣辉 1114
吴崇伯 10136，11063，11066
吴楚克 9095
吴春浩 8468，8490，13259
吴春萌 12118
吴春明 144，8117
吴春霞 8585
吴春艳 6716
吴春燕 6070
吴聪 12323
吴达 9708
吴大辉 11522
吴大旬 1514，1515，1518，1520，1525，4101，8032
吴丹妮 2708
吴丹微 2098
吴迪 4188，6162，9774，9882
吴镝 9550，10517
吴东 13068
吴恩荣 7853
吴尔江 11118
吴二持 2487
吴方基 8106
吴方浪 8106
吴方卫 11381
吴丰华 10385，10394

吴逢箴 6973
吴福环 3572
吴高泉 4227
吴高修 1416
吴国玖 11029
吴国培 9532
吴海平 4622
吴海琪 2785
吴寒 1623
吴航 8700，9201
吴昊 576，9230
吴昊天 2205
吴昊洋 9747
吴浩军 1833
吴红 226
吴红梅 9932
吴红叶 13152
吴宏歧 1016
吴宏伟 10066
吴荭 2977，6249
吴洪琳 4550，4970
吴鸿丽 5623
吴华峰 779，2934，7158，7200，7206，7207，7867，8437
吴华锋 7187
吴华强 8545
吴基伟 12911
吴佳雨 11979
吴建功 9893，13284，13285，13287，13288
吴建国 12857
吴建华 2032
吴建伟 10664
吴健 12613

吴涧生　8548，8552	吴明贤　2776	吴伟峰　3217
吴江　3946，9939	吴沫　3451	吴文婕　12360，12372
吴江秋　12690	吴能远　2316	吴雯静　10657
吴疆　7514	吴培钦　11788	吴锡民　2060
吴洁　6003，6758	吴培植　2691	吴曦　4626
吴晋　10582	吴朋　6400，6450	吴喜龄　9299
吴景山　326，500，7539	吴朋潴　9723	吴小红　3388
吴竞存　6375	吴平凡　1143，1272	吴小健　12190
吴炯炯　1879	吴琪　9649	吴小玲　2035，2041，3206
吴炯丽　10541	吴茜茜　10790	吴晓斌　11585
吴娟　10629，11085	吴巧云　6596，6598	吴晓园　11090
吴军行　6443	吴钦承　3551	吴孝成　7219
吴凯　11852	吴琼琼　12078	吴新雷　6775
吴凯　12325	吴秋野　6048	吴新平　8711，10530
吴珂　12764	吴初骧　371，379，7491	吴秀云　9904
吴可亮　8886	吴荣国　3428	吴旭　13004
吴乐　10318	吴荣鉴　5859	吴旭梅　9812，9902
吴磊　9328	吴绒　12965，13116，13123，13135	吴萱　10077
吴蕾　6520	吴蓉　6697	吴璇　6009，6363
吴丽红　7499	吴少静　6582	吴学忠　6804
吴丽佳　6781	吴少珉　1924	吴雪飞　11981
吴丽霞　9089	吴少明　6210	吴亚兰　9662
吴莉苇　5544	吴石坚　2097	吴延　13009
吴亮　12029	吴寿鹏　6797，6800	吴妍春　3819，3900，6107
吴玲玲　12324	吴淑娟　11202	吴艳春　1551，3209，3505，4522，5632，6131，6154，6273
吴露生　6746	吴树德　6710	
吴峦　6569	吴树国　1533	吴燕芳　10743
吴孟凡　10344	吴树实　3614	吴耀武　12132
吴孟华　4335	吴素芳　9961	吴业恒　458
吴孟显　360	吴廷璆　5100	吴业鹏　10607，12051
吴梦　6360	吴庭柱　12847	吴铁群　1740，1782，7215
吴梦竹　10114	吴婷　8503	吴逸飞　6116
吴妙英　5642	吴团英　200	吴英晶　10110
吴明海　12135	吴巍巍　2684，2704	吴迎新　11165，11805
吴明生　12310		

吴颖　1985

吴映梅　12004

吴拥政　3783

吴勇　1409，1424，3068，
　　　3136，3156，3161，8141，
　　　8434

吴幼雄　1975

吴瑜　11651

吴宇翔　7550

吴羽　8335

吴玉　12102

吴玉贵　934，986，1479，
　　　2814，7742

吴玉洁　10062

吴玉梅　5010

吴玉萍　12011

吴玉堂　8464

吴昱捷　7877

吴元丰　1717，7716

吴赟培　7399

吴云贵　8579

吴蕴　11758

吴长春　2151

吴兆礼　8912

吴铮　9601

吴正浩　1608

吴正科　3016

吴之邨　2902，2903

吴志军　10121

吴子婴　3264

伍成泉　8163，8164

伍德勤　3708

伍海环　13167

伍佳荣　13287

伍琳　10132

伍茜溪　3635

伍庆　13067

伍天山　10528

伍铁平　7343，7344

伍习丽　9715

伍延基　12433

武伯纶　3199

武丹　8885

武殿卿　3118

武法东　12016

武复兴　1805

武戈　13434

武和兴　9404

武红波　11591

武祎　4461

武佳　6345

武佳璇　11354

武金峰　2589，2607

武君　6549，6566

武珺欢　8927

武科　3140

武立德　10435

武丽丽　9704

武敏　3227，3233，4218

武沐　3818，4494，4767，
　　　6515

武内绍人　7435，7437，7440，
　　　7441，7442

武润生　3624，3625

武世刚　5545

武守志　1431，5074

武文静　9743

武晓敏　3805

武毅英　12199

武瑛　6016

武永江　11468

武友德　9027

武宇林　3211

武玉环　1042

X

西安电子科技大学经管丝绸之
　　　路经济带学生研究小组
　　　12163

西安市人民政府研究室　12053

西北大学丝绸之路文化遗产保
　　　护与考古学研究中心
　　　3080

西北大学文化遗产学院　3173

西谷正　2947

西梅　5735

希都日古　676

希力木格　13047

希望　9332

析侠　2371

郗百施　814

郗国庆　12422

郗佼　13306，13330

郗荣庭　4130

奚萌　10913

习通源　3064，3082，3105

席会东　738，1876

席理想　9986，9993

席丽博　5978

席龙飞　2214，2898

席蒙蒙　10922，10931，12729

席宇斌　12689

席臻贯　6407，6619，6620，
　　　6621

夏兵　11505

夏传真　12245

夏春光　11705

夏德美　5244

夏德水　9473,11614

夏洞奇　8291

夏凡　6543,6575

夏凤珍　13182

夏福顺　2435

夏光仁　4971

夏国恩　10134,12200

夏国芳　12099

夏国强　7073,8300

夏海东　5899

夏红梅　10807,12092

夏慧　11798

夏吉金　3104

夏克尔江·牙生　12951

夏雷鸣　3979,4246,4281,4287,4293,5124

夏里甫罕·阿布达里　4867

夏里甫汗　4640

夏立平　5671,8530,8562

夏淋淋　11994

夏琳　3195

夏敏　1907,4512,5027,7266

夏鼐　2137,3529,5065,7889

夏生平　8063

夏时华　2549

夏添　12345

夏维华　9866

夏苇航　9295

夏文斌　9

夏侠　3271,3287,3911,3927

夏先良　9441

夏修国　10455

夏燕靖　2699

夏永林　11263

夏咏　13427

夏宇　3755

夏真真　11964

夏自强　11992

夏左　9522,10543

鲜宁　10914

鲜肖威　368,580,7905

鲜于浩　2178

鲜于煌　5258

咸成海　2889

香坂昌纪　1091

香芳莉　10634

祥春　2767

向斌　12832

向达　7557

向刚　11946

向红笳　3464

向洁　8781,8975,10097,10503

向君　10710

向坤　13278

向丽君　9482

向明华　11873

向世山　5322

向宇　9662

向仲怀　98,4235,11327,11328,11371

项家宝　2670

项阳　2799,6362,6441,6447,13037,13040

项一峰　3021,5112,5332,6256

项义军　10104,11018

肖爱玲　11976

肖爱民　2594,4594

肖宝军　12413

肖斌　9199

肖曹　8641

肖春梅　12345

肖存峰　3786

肖峰　12106

肖海峰　10169

肖海霞　10951

肖坚　10137

肖林榕　4265

肖琳　9786

肖淼　12153

肖培根　4327,12064

肖齐家　9351

肖强　3353

肖汝琴　10342

肖珊　9592,9612

肖爽　10670

肖素娟　7019

肖伟　12064

肖文评　2288

肖雯雯　10248,10661,12821

肖小勇　1378,2957,3158,3838,4459,7988

肖晓　7877

肖新艳　9870

肖星　12433

肖旭艺　5803

肖学农　11291

肖雪　10183，10193
肖炎　11399
肖艳　12719
肖洋　8631，9050
肖瑶　8919
肖玉徽　11750
肖芸晓　7498
肖昭升　12319
肖正春　2537
肖之兴　799，1136，1149
肖忠纯　4487
肖垚　11017
萧兵　4433
萧梅　6580
萧赛　6778
萧巍　3270
萧子扬　10701
小野忠重　6037
晓白　3966
晓莹　6280
篠原典生　5394，5754，6051
协天紫光　9875
谢·科舍沃伊　9183
谢斌　11892
谢博　8857，11918，11924
谢成刚　9442
谢承志　4976
谢崇安　5867
谢春林　1215
谢丹　6724
谢道辛　761
谢尔盖·卡拉加诺夫　9070
谢方　2899
谢锋斌　9154
谢钢　9316

谢贵安　1775，2520，4911
谢贵平　4523
谢国财　2006
谢国梁　11228
谢国先　218
谢海涛　1215
谢海燕　10113，12318
谢红　9843
谢红巫　9824
谢慧蓉　8587
谢继文　10261，10346
谢继忠　590，3190
谢建国　3411
谢建明　10579
谢建忠　6299，6300，6982，
　　　　6987
谢娇娇　12170
谢捷　3365
谢瑾　6652
谢靖　9722
谢静　9014
谢克昌　10416
谢力丹　8183
谢丽　4088
谢琳灿　10156
谢玲　12199
谢玲玲　12105
谢倩　13228
谢倩倩　3003
谢青　6731
谢青桐　12860
谢群　6129
谢绍鹔　847
谢绍鹥　884
谢生保　6294

谢树强　8883
谢桃坊　7075
谢婷婷　8866，9382，9757，
　　　　9772，10421，11716
谢威　12629
谢文心　11499
谢雯雯　6370
谢西娇　2014
谢喜梅　8359
谢霞　12622
谢咸铠　2313
谢晓丹　2193
谢晓光　8969
谢晓燕　483，2779
谢筱婷　4905
谢心庆　9794
谢新芳　9652
谢玄　6545
谢亚洲　10559
谢延明　3066
谢岩　10965
谢彦明　839，840，843
谢弈桢　7776
谢雨阳　10901
谢增虎　1090，5048
谢长菊　2756
谢镇宇　9194
谢重光　2011，2086
解安宁　5853
解蕾　10889
解梅　3999，5509，6112，
　　　　6743，8232
解生才　567
心雨　593
辛宝　4323

▶ 丝绸之路研究论文目录

辛德勇　874	邢培顺　1598	熊志强　10639
辛克靖　4355	邢瑞利　9358	熊仲卿　10120
辛梦霞　7124	邢素坤　11132	熊柱　6998
辛瑞　9558	邢卫　776	熊作勤　7114
辛蔚　3643	邢小宁　10670	修彩波　8007, 8046, 8052,
辛文　5711, 5712	邢欣　12180	8162, 8168
辛雁　12296	邢晔　6561	修海林　3710
辛宇非　8550	邢玉林　7891, 7894, 7895,	修晓波　1024
辛元欧　2905	8203, 8368	宿久高　2472
忻鼎新　2307	邢智仓　10388	宿萌　13109
忻华　9008	幸继联　11188, 11191, 11567	宿月　6329, 6487, 6491
新疆龟兹研究院　3015	熊琛然　9027	秀梅　1186, 3821, 3826,
新疆维吾尔自治区博物馆出土	熊澄宇　13114, 13150	5030, 5032, 5127, 5134,
文物展览工作组　3221	熊春霞　10844	5206, 5328, 5629, 7238
新疆文物考古研究所哈密地区	熊笃　6960	须同凯　9938
文物局巴里坤县文物局	熊飞　1508, 3757	胥昊　5901
3080	熊菲　10540	胥惠民　6860, 6925
新疆文物考古研究所库车县	熊黑钢　335, 3100, 3111	徐安英　11368
文物局　3145	熊家利　29, 34	徐百成　418
新井洋史　9238	熊建军　1225, 6880	徐宝琴　8554
信搏涛　6250	熊健余　4213	徐悲鸿　5710
星汉　6842, 6927, 7137,	熊坤新　9398	徐贝勒　13354
7139, 7147, 7148, 7159,	熊理然　8924	徐波　9062, 9094, 10364
7163, 7164, 7165, 7212	熊寥　3303	徐畅　961
邢春林　3060	熊灵　9297	徐超　2730, 3782
邢光远　12179	熊明祥　5938	徐晨杰　11370
邢广程　8664, 9123, 9241,	熊微　11156, 11157	徐晨娜　12029
10217, 11110	熊雯　2725	徐成　9564
邢海晶　11247	熊向敏　12246	徐成文　4001
邢佳韵　11441, 11442	熊小飞　2919	徐承炎　717, 1248, 1798,
邢凯旋　9340	熊晓冬　12331	4366
邢蕾　3703, 8040, 8421	熊雪如　2080, 2083	徐传明　3804
邢立涛　660, 4000	熊旸　3875	徐丛春　11125
邢利海　2187	熊元彬　1113	徐达标　4017
邢莉　2523	熊昭明　2966, 3102	徐德洪　9947

徐定懿 8511	徐建刚 12338	徐勤 321
徐东升 8499	徐建伟 9943	徐权琴 11435
徐芳 12457，13111	徐建炜 3480	徐泉 1817
徐飞 9710	徐杰 10817	徐日辉 8802
徐菲 12070	徐金金 12672	徐荣 10531，10558
徐峰 11889	徐堇 2473	徐荣坤 6423
徐刚 8624	徐劲松 10225	徐蓉蓉 868
徐光雄 1709	徐婧文 6539	徐绍华 8926，13393
徐规 2298	徐靖彬 2075	徐时仪 3252，7302，7354，
徐桂玲 12900，12904	徐娟 10841	7356，7358
徐国灿 3956	徐娟秀 12723	徐仕琪 11443
徐国栋 920，1398	徐军华 8438	徐寿芳 11758
徐国群 5423	徐俊鸣 2016，2017	徐淑红 12352
徐海俊 13434	徐凯 8010，12894	徐树春 7044
徐海量 462	徐黎丽 892，899，900，1131，	徐树红 11003
徐海燕 4729，9180，9184，	2175，2228，8081，9383，	徐思益 7348，7350
9996，10068，10289，	10725，11921	徐四清 10358
10991，11385	徐丽君 4201，4202，4211	徐素琴 2333
徐海涌 10007	徐丽莉 4314	徐涛 8777
徐涵秋 12390	徐利平 8729	徐铁 10024
徐汉卿 13257	徐利颖 2734	徐庭云 4779
徐行 837	徐俐俐 11566，11578	徐万和 823
徐贺兵 12185	徐莉莉 7597	徐微微 6522
徐恒晔 11699	徐良利 29	徐薇薇 11035
徐红 3286，3288，3953，	徐林实 8765	徐卫民 887，1407，12916
3955	徐卢 9985	徐文佳 10387
徐虹 7538	徐曼 11474	徐文堪 116，1232，7976，
徐洪峰 11561	徐孟 8890	8235，8257
徐洪亮 8988	徐梦梦 10013	徐文武 6564
徐鸿达 4260，4261	徐敏 4835	徐稳 12078
徐华 3698	徐宁 551，10284，12674	徐希平 2820
徐焕章 11813	徐鹏杰 10236	徐晞 11305
徐辉 7000，8860，11316	徐坡岭 9149	徐溪 1763
徐会贞 3282	徐倩 9333，10232，12293	徐习军 11628
徐建德 5686	徐强 10660	徐相霖 5019

▶ 丝绸之路研究论文目录

徐祥民　8843
徐向梅　8962
徐肖冰　9753
徐小键　10490
徐小杰　8691，9057
徐小坤　4709
徐晓鸿　5551，7181
徐晓琳　6865
徐晓梅　2017
徐晓望　2002
徐晓伟　12540
徐晓轶　11031
徐新良　12028
徐新荣　9789
徐新吾　7917
徐新云　13068
徐兴海　13231，13232
徐秀军　9354
徐秀玲　1591
徐学书　8451
徐雅萍　11450
徐琰斐　12206
徐彦　7475
徐艳芹　5005
徐扬尚　6846
徐烨　5160
徐仪明　4310
徐怡　4015
徐怡然　11769
徐义国　9531
徐艺乙　4387
徐亦亭　2020
徐谊萍　9539
徐英　192
徐瑛智　4382

徐莹　11048
徐有富　6739
徐玉琼　5904，5908，5942，
　　　　6148，6229
徐钰清　9854
徐允信　4
徐长林　13253
徐兆梨　9256，10124
徐兆寿　13382
徐铮　3300
徐志远　11351
徐中春　11259
徐中煜　1698
徐子明　12937
许安拓　8636
许彩萍　6465，6649
许东波　11284
许斗斗　11819
许多会　7416
许尔君　8867
许尔忠　10212
许戈　2447
许关中　3856
许桂灵　164，3297
许海清　10831，11653
许浩丰　12732
许红梅　4613
许佳瑜　10909
许家塈　147
许建平　10990
许建英　1111，1701，1742
许洁　12026
许金良　11803
许晶　10924，10929
许娟　9006

许开轶　13399
许可　8870，9067，12010
许磊　12895
许力　7591
许立勇　13120
许丽萍　11704
许利平　9269
许龙　12492
许明珠　5707
许鸣雷　9530
许娜　5132
许宁宁　2483
许培玲　5255
许培源　9279
许平　9533
许启发　9741
许全胜　7524，7708，7734
许泉　1957
许荣生　7138
许瑞泉　10239
许善品　9038
许世岩　12456
许涛　9127，9493，11907
许天富　10721
许亭玉　8916
许婷婷　5666
许宛音　2970
许万林　3742，3747，3748，
　　　　3752，3764，3771
许文倩　10932
许文思　11970
许闲　9671
许小欢　10684
许晓东　3641
许晓莹　10566

许昕 9771, 10799, 11588
许新国 3251
许兴维 10504
许秀芳 9106
许序雅 624, 763, 765, 949, 4468, 4478, 4796, 5024, 6449, 7628, 7632
许燕 9785
许曜晨 9917
许奕谋 6952
许益翔 9610, 12566
许英 9794
许英勤 12438
许英仕 12153
许颖 11645
许永璋 1925, 2245, 2375, 2434
许玉宣 12263
许元振 6572
许圆圆 5424
许跃 12059, 12415
许云和 6500
许在全 1962
许兆欢 2073
许振宇 11773
许震 12045
许正 266
许志桦 11232
许子莹 9885
许总 6967
宣朝庆 1161
薛倍珍 12752
薛程 4382
薛春霖 3053
薛东前 2680

薛海波 1414
薛克翘 4280, 5334
薛力 9190, 11930
薛刘伟 12469
薛梅丽 8374
薛培芹 12562
薛平拴 1836, 2392
薛平智 12721
薛启赓 1265
薛瑞泽 1436
薛睿 12975
薛松 9269
薛韬 8615
薛天纵 12099
薛为昶 11025
薛伟贤 10935, 12047
薛翔凌 11785
薛小林 781
薛小梅 5052
薛旭婷 11755
薛煦 13305
薛艳丽 1247
薛仰敬 751
薛一飞 11247
薛迎春 160
薛幼萍 6893
薛正昌 409, 439, 504, 552, 1861, 1902, 2762, 2890, 2998, 3059, 4805, 5435, 5449, 5635, 9330, 10852
薛宗正 640, 651, 841, 1211, 1368, 1443, 1444, 1486, 1500, 1502, 1503, 1511, 1564, 2800, 2831, 4564, 4648, 4663, 4664, 4701,

4711, 4712, 4717, 4756, 4932, 4938, 4940, 4942, 5118, 8382
雪莲 2734
郁宇 7879
郁志坚 9748
荀梅 8805

Y

亚合甫江 3064
亚力坤 3767
亚历山大·加布耶夫 9070
亚历山大·卢金 9070
鄢波 9323, 9918, 11992
鄢飞 11630, 11690, 11731
鄢一龙 8670
闫存庭 1723, 1727, 3194
闫东坡 12627
闫芳 6516
闫刚 10483
闫国疆 1051, 1785, 4776
闫海龙 8781, 8975, 10097, 10452, 10478, 10482, 10492, 10496, 10592, 10608, 10653, 10667, 11485
闫红瑛 12754
闫洪顺 8646
闫吉丽 9922
闫佳梅 6223
闫家富 4475
闫杰 10046
闫静 12607, 12692
闫珂 9496

闫磊　10422，10426，10763，
　　　11587
闫丽红　97
闫丽娟　13158
闫强　3801
闫庆华　10600
闫廷亮　1840，4229
闫炜炜　12988
闫卫华　12128
闫文静　13369
闫文君　3286，3953
闫向莉　545
闫晓青　5625
闫雪莹　7260，7261
闫亚林　286
闫亚新　12631
闫琰　13094
闫彦明　9731
闫瑜　12454
闫玉娟　11610
闫照军　11530
闫忠林　1396
严昌洪　6425
严春宝　8426
严德成　10664
严功军　13335
严虎　10789
严辉　3074
严家辉　2688
严锴　2513
严南南　12401
严琼　12007
严世芸　4307
严淑琼　6778
严维青　9601

严晓波　9663
严晓辉　10416
严晓荣　10586，10597
严寅春　7194，7834
严勇　3247
岩尾一史　7791
阎芳　7912
阎福玲　7093
阎根齐　181
阎金明　12968，12969
阎晶宇　3372
阎丽川　5067
阎丽娜　11292
阎璘　3563
阎铁毅　9104
阎万钧　5077，5103，6282，
　　　7893，7899
阎文儒　2967
阎永宏　427
阎瑜民　6034
颜朝辉　8812
颜海琛　11981
颜姜慧　11020
颜洁　2061，9281
颜培华　1553
颜实　12108
颜世明　507，739，7790，
　　　7801，7817，7820，7845，
　　　7848，7866，7869，8096
颜帅　13159
颜双波　8880
颜祥林　549
颜妍婷　12636
颜艳　11134
颜毓洁　12170

颜昭斐　4176
颜正华　4268
晏波　487，13439
晏新志　6544
宴芳　2756
燕彬　10340
燕海鸣　168，2526
燕楠　11018
燕姝潭　11400
燕晓洋　7080
扬之水　3655
羊毅勇　1490，1493
羊泽林　2964
羊志洪　11266
阳海飞　9377
阳清　5298，5442，6895，
　　　7077，7849
阳阳　12340
杨阿莉　12487，12501，12512
杨宝霖　4139
杨宝玉　7761，7783，7786
杨保勤　12162
杨保玉　5782
杨彬　13161
杨斌　2654，8444，9407，
　　　9739
杨波　5973，6233，6869，
　　　9636，11786
杨伯达　282
杨博　9277，10945
杨博辉　10431
杨博文　1483，9850
杨昌俊　9201
杨超　9618，10061
杨朝　13242

杨朝晖 9383
杨琛 11426
杨臣华 10815
杨成 8951，9226
杨成鉴 1977
杨诚 3449
杨程斌 6347
杨程玲 9274
杨传宇 8142
杨春平 12107，12117
杨春燕 7791
杨措 9554
杨代成 1077
杨诜峰 9713
杨德春 5299，5300，5301，
　　　 5302，5304，5305，5306
杨德聪 5101
杨德进 12728
杨殿刚 5971
杨丁 1954
杨东晨 858，4515
杨东野 5086
杨东宇 4403，7278，7455
杨冬梅 5471，6314，6737，
　　　 6738
杨发鹏 777，2715
杨帆 11560，11563，11731，
　　 12338
杨方方 4531
杨芳 1844，3335，6321，
　　 7504，10307，11554，
　　 12620
杨飞 3792
杨逢珉 11383，11424
杨富学 730，1610，1862，

2184，2379，2417，2420，
2877，3437，3636，4107，
4214，4329，4762，4774，
4792，4813，4995，5002，
5050，5122，5126，5135，
5148，5160，5232，5240，
5320，5450，5492，5493，
5976，7131，7305，7317，
7389，7396，7404，7410，
7412，7414，7419，7421，
7435，7462，7536，7613，
7615，7791，7922，7949，
7958，8035，8054，8086，
8103，8250，8266，8392，
8393，8413
杨刚 7383
杨刚勇 10609
杨根 4340
杨公卫 7437，7440，7441，
　　　 7442，8185，8336
杨共乐 431，2359，2377，
　　　 5263
杨洸 8121，8138
杨桂山 2992
杨桂臻 11915
杨国才 4274
杨国丰 11496
杨国庆 2162
杨国学 5323，6293，6298，
　　　 7269，7275，7277，7629
杨国桢 143，155，158，163，
　　　 8908
杨海波 106
杨海英 1375
杨昊 7289

杨红丽 9558
杨红武 6206
杨宏恩 10139
杨宏伟 9584，10348，10770，
　　　 11636，11713，11732，
　　　 12551
杨宏云 9380
杨泓 394，3417
杨洪冰 6702
杨虎 4237
杨焕平 9420
杨会祥 9361
杨慧芳 12579
杨慧玲 3012，5414
杨积堂 3690
杨吉龙 8427
杨吉宁 8062
杨继伟 4741
杨家宸 10936
杨嘉 6756
杨嘉媛 9155
杨建 11427
杨建锋 12241
杨建国 4515
杨建华 314，1372，3150，
　　　 3476，3485，4616，6113
杨建军 4203，6267
杨建平 1714，11974
杨建新 31，748，8782
杨剑 10061
杨健全 12741
杨杰 7810
杨洁 2442，3594，3595，
　　 8011，8037，10233，
　　 10376，12242

▶ 丝绸之路研究论文目录

杨金祥　7450
杨锦宁　8745
杨瑾　457, 2418, 3954, 4532, 4534, 4777, 6567
杨近娇　10423
杨京钟　12326, 12336
杨晶　11575
杨静　3401, 12872
杨久盛　6635
杨久炎　11180
杨巨平　723, 2201, 2635, 3582, 5507, 5762, 8125, 12929
杨军　5384, 6353, 6571, 10798, 11388, 13416, 13435
杨军凯　3135
杨军民　1108
杨君君　13221
杨俊　7497, 8987
杨俊光　8178, 8182
杨俊广　2365
杨俊华　13268
杨俊明　4626
杨凯　196
杨可　6083
杨克旺　446
杨匡汉　13056
杨奎　9924
杨来科　8884
杨雷　8909, 8977
杨磊　2498
杨理智　9085, 9285, 12021
杨立勋　10719
杨丽　7142, 7143, 7157, 7160, 7167, 7171, 7191, 7208, 10656, 13291
杨丽彬　9084
杨丽华　239
杨丽娟　9804
杨丽梅　7944
杨利红　10249
杨莉　7863, 10898, 11650, 12410
杨莉萍　3363
杨莲娜　11419
杨廉　13342
杨镰　2852, 7128, 7135, 7608, 8210
杨炼　8386
杨林　1917, 3844
杨林坤　1076, 1888, 2467
杨林伟　12797
杨林燕　11718
杨琳琳　8343
杨璘璘　12216
杨玲　6225, 12495
杨菱菱　6053
杨柳　4865, 9616
杨鲁慧　8923
杨路军　3063, 12871
杨璐　11457
杨璐瑶　11470
杨伦庆　11165, 11173
杨满忠　4831, 6565
杨敏　12106
杨明洪　10162
杨铭　450, 453, 492, 631, 4447, 4457, 4645, 4658, 4659, 4660, 4670, 4679,
7428, 7429, 7430, 7431, 7432, 7433, 7437, 7440, 7441, 7442, 7444, 7446, 7449, 8336
杨培培　12798, 12805, 12806
杨鹏　13267
杨鹏辉　9446
杨平　9696
杨萍　9827, 11358
杨琪　11722
杨琦　10241
杨倩如　890, 894
杨巧红　10370
杨琴　788
杨青　9287
杨清凡　3897, 3898
杨清汀　12454
杨庆　5179
杨庆玲　4477
杨仁飞　2347
杨荣成　7307
杨荣春　362, 2802, 2805, 2806, 7796
杨荣国　8736
杨荣金　12042
杨蕤　963, 1043, 2391, 2424, 2651, 4823, 8030
杨瑞馥　4312
杨森　3449, 5845
杨姗姗　9651
杨善龙　3070
杨韶艳　10848
杨少芬　9532
杨生斌　12174
杨生举　12936

杨胜刚　8785	杨文广　12059，12415	杨新平　3738
杨诗源　11079	杨文兰　10086，11551	杨新顺　10456
杨士弘　7975	杨文清　3574	杨新亭　6789
杨士宏　2728	杨文升　11300	杨兴华　11155，12731，12794
杨世迪　8677	杨文武　10168	杨兴利　11465
杨淑美　2332	杨文越　12300	杨雄　5862
杨曙明　460，470	杨武能　2570	杨秀平　12513
杨树文　5940	杨武云　4093	杨秀萍　9532
杨树云　6028	杨希义　691	杨秀清　1680，4409
杨恕　1254，8668，9802，12148	杨晰琪　11858	杨许波　7076
杨思灵　8519，9311	杨锡开　5827	杨旭民　8536
杨思琴　10687	杨习铭　10695	杨煦生　65
杨思维　9811	杨玺伟　5700	杨雪梅　4306
杨斯童　57	杨先明　9818	杨雪荣　9908
杨四宏　3647	杨向奎　7211，7226	杨雪星　11075
杨松坤　10639	杨小红　11785	杨亚非　11145
杨松岭　11589	杨小杰　12719，13406	杨亚雄　5003
杨淞晓　11709	杨小敏　1897	杨严争　1579
杨肃昌　9629，9635	杨小平　9512	杨艳　11869
杨素娟　9689	杨晓霭　7049，7069，7222	杨艳萍　12716，12771
杨涛　11548	杨晓春　7526，7638，7757	杨艳昭　12068
杨涛维　2923	杨晓富　2109	杨燕　10681，11033
杨陶　8583	杨晓华　6078	杨燕华　12721
杨天豪　13293	杨晓杰　9221，11909	杨燕起　842
杨婷君　9733	杨晓菁　11089	杨扬　3799
杨婷婷　6534，8507	杨晓林　11411	杨阳　5407
杨万秀　2019	杨晓楼　11652	杨旸　1064
杨望暾　10339	杨晓梅　1177	杨洋　11543
杨为　9520	杨晓霞　12426，12428	杨耀坤　5085
杨维中　5164	杨筱　9714，9717	杨耀文　8053
杨伟　6206	杨筱平　4344	杨叶　8465
杨玮燕　12793	杨筱姝　9821	杨伊慧　9437
杨文　4413，5114	杨笑　11005	杨怡爽　9813
杨文成　3052	杨欣　12294，12744	杨亦军　870，1756，6325，6332
	杨新吉勒图　11767	

▶ 丝绸之路研究论文目录

杨益民　3163
杨浥新　8403
杨印民　3253
杨英　11270
杨鹰　720
杨莹　11057，12305
杨映琳　10362
杨永春　12873
杨永岗　3162
杨永庚　10934
杨永恒　4379
杨永鹏　3140
杨永平　2110
杨永生　10073，10739，
　　　　10955，12884
杨勇林　981
杨友国　10609
杨有柏　10792
杨有利　12061
杨樾　2909
杨玉民　11195
杨玉清　12067
杨玉荣　9129
杨玉山　6168
杨玉燕　11745
杨育坤　2764
杨毓骧　4936
杨圆梦　3107
杨源　4140
杨云安　9399
杨运森　9552
杨再红　7881
杨泽伟　9266，11539，11880，
　　　　11885
杨兆钧　2567

杨兆萍　12360，12372
杨照珺　2866
杨珍珍　9719
杨振华　11754
杨正东　10147，12417
杨正军　13073
杨正位　81
杨枝煌　10111
杨志玖　2847，4895，5529，
　　　　5575
杨志玲　1120
杨志文　10191
杨忠振　11464
杨梓艺　5957
杨作山　1838，1839，4662，
　　　　4668
姚宝瑄　6773，6897
姚崇新　3713，5036，5108
姚春梅　6311，6735，7993
姚丹丹　13331
姚芳芳　11828
姚福亮　8769
姚桂兰　5910
姚皓华　6996
姚慧琴　12703，12824
姚继德　5571
姚佳　9679，9682
姚坚　12045
姚建华　10698
姚鉴　1259
姚江红　10894
姚洁敏　4307
姚捷　12159，12188
姚金华　10713
姚金伟　10671

姚锦金　12794
姚景芳　182
姚景洲　1319
姚柯桢　1407
姚兰　12254
姚丽娟　11983
姚庐清　9395
姚全　9913
姚荣　8732，9223
姚如好　3771
姚锐　6559
姚润田　9790
姚三刚　2479
姚胜　1674，2778，5192
姚士宏　2976
姚树洁　9444
姚朔民　3620
姚伟钧　3978
姚蔚玲　3121，3131
姚香勤　3220
姚潇鸫　5166
姚小英　11977，11978
姚晓菲　4909，7220，7221，
　　　　7223，7771，7789，7807
姚晓峰　11987
姚雪　10977
姚艳红　10467
姚义田　3465
姚瑛　9515
姚勇　1724
姚宇　9473
姚远　2730
姚征　10356
姚之若　7589
姚志虎　5938，5965

姚重军　12459
耶斯尔　8918，10442
冶刚　10903
冶倩　5605
叶爱欣　6868，7111
叶冲　12196
叶大槐　3545
叶道阳　3347
叶栋　6394，6406
叶恩典　8381
叶尔肯·吾扎提　10336
叶尔兰·库都孜　10568，11641
叶尔米拉　6137
叶繁　6205
叶夫根尼·克恰诺夫　1880
叶甫盖尼·克恰诺夫　5004
叶刚　12321
叶岗　2009
叶国庆　7598
叶晗　341
叶红　6069
叶慧超　8986
叶嘉莹　7254
叶建　8182
叶锦华　11544
叶静渊　4141
叶君明　5403
叶俊士　576，4038，4195
叶卡捷琳娜·马卡罗娃　9070
叶凯阳　11780
叶立新　11032
叶丽萍　9292
叶刘刚　9859
叶璐　9253

叶茂林　3123
叶茂樟　11082
叶明　12424
叶农　216，8139
叶萍　3692
叶勤　13238
叶淑媛　13146
叶舒宪　291，292，293，312，512，1843，2736，2740，3453，3458，5236，5238
叶斯奇　13385
叶伟奇　3621，3628，3634
叶卫平　9436，10237
叶文　6335，6745
叶文程　396，398，2312，2315，2338
叶文佳　12933
叶显恩　2021
叶新　4028
叶玉梅　5891
叶长绵　13257
叶真铭　3612，3630，3633
叶子含　10182
一文　4057
伊·达瓦　13200
伊弟利斯　3568
伊第利斯　3489
伊戈尔·马卡罗夫　9070
伊戈尔·米哈伊洛维奇·图什卡诺夫　8941
伊克巴尔·吐尔逊　7239
伊斯拉菲尔·玉苏甫　7468，6636
伊藤刚　9017
伊藤清郎　5020

伊万·季莫费耶夫　9070
伊万·沙拉法诺夫　10034
衣霄　6135
弋大勇　5999
弋智勇　10180
易方　11759
易国才　558，7161，7729
易华　307
易继明　4050
易露霞　11211，11692
易西兵　12923
易中华　3344
阴朝霞　1848
阴法鲁　6276，6377，7245，8196
阴启峰　9834，12740
阴帅　11428
殷晨　5006
殷鼎　5309
殷福兰　5870
殷光明　11973
殷弘承　1519，5872
殷红梅　1308
殷焕焕　12382
殷冀飞　6142
殷江滨　12300
殷杰　12648
殷晴　8207
殷克勤　6420
殷力欣　3666，5109
殷琪　9842
殷琦　11105
殷晴　32，323，408，474，860，1144，1166，1391，2408，2542，2781，2809，

3034, 3442, 3444, 3446,
　　　4091, 4225, 4407, 7494
殷瑞瑞　11811
殷颂葵　12071
殷文　12145
殷雯　3682
殷小平　4177, 4308, 5546,
　　　5549, 5554, 8385, 8440
尹波涛　8316, 8443, 8445
尹传斌　10349
尹飞　2507
尹航　13068
尹宏　13126, 13129
尹洪炜　12227
尹磊　2259, 7684, 8275
尹丽英　10884
尹莉莲　10943
尹伶俐　12986
尹龙国　11999
尹仑　9312, 12048
尹萌　9506, 12765, 12783
尹楠楠　8895
尹清亮　5369
尹诗　10978
尹伟伦　12042
尹伟先　1810, 4654, 8416
尹小英　12810
尹雪萍　8100
尹怡然　12097
尹贻梅　12534
尹元超　2352
尹照东　13070
尹竹　11194
印洁　11997
英宝军　1373

英成龙　11667
英卫峰　5752
应晓琴　653
应瑛　12218
雍洪俊　10099
雍会　10558
雍际春　128, 311, 466, 467,
　　　471, 487, 618, 707,
　　　1827, 1875
永言　6409
咏馥　7465
尤宝铭　6227
尤海燕　7149
尤红娟　7255
尤江彬　3110
尤康　6811
尤伟琼　4415
尤晓妮　487
尤晓婷　11065
尤学工　38
尤泽峰　8457
尤中　2152
游博清　1098
游海丽　9962
游楠　10190
游修龄　3519, 4079
游珍　12068
於天　12675
于超　6271
于春　6206
于东明　10685
于逢春　1223, 1233, 2683
于光建　574, 1850, 3592
于光军　10820, 13389
于光胜　8894

于国政　9242
于海凤　13071
于红霞　8617
于宏源　11516
于会丽　10970, 12695
于会录　9217, 9798, 10271,
　　　11985
于慧中　6163
于建军　3160, 3168, 4173,
　　　8141
于江波　9468, 9665, 9997
于静　11739
于军　9096
于坤　11996
于兰　2155
于磊杰　10364
于力　3787, 3789, 6752
于留纪　2325
于露　9897
于美娜　9098
于淼淼　9192
于民　2197
于铭　8843
于默颖　1656
于楠　9579
于彭涛　9894
于千洪　8729
于倩　2454, 2459, 10710
于强福　13211
于庆岩　11616
于泉胜　7375
于若冰　12399
于沙沙　1381, 1562
于淑利　9629, 9635, 9675
于嵩昕　13302

于文洪　13068

于汶加　11441，11442

于霞　2151

于向东　2225，8526，10432

于小涵　12601

于晓华　10335

于晓陆　9390

于欣欣　8644

于秀丽　1036

于秀情　2116，2120，2130

于艳君　10826

于洋　9242，9963，10011，10031，11864

于尧　10890

于业礼　4339

于莹　8890

于营　13026

于颖　3267，3272

于振磊　10248，11811

于志勇　1389，8414

于宗仁　5865

余丹丹　11922

余栋　9726

余国钦　7086

余红莲　7151

余华　16，10985

余慧　4470

余家栋　2300，2336，3322，7911

余建华　2700

余剑秋　9574

余江安　3322

余洁　8126，12945

余静　2830

余君岳　3320

余林　1863

余玲　13210

余密林　8835

余淼　913

余敏辉　7764

余明泾　6228

余鹏　11067

余秋雨　2219

余姗　11633

余士雄　7559

余淑秀　9828，10272

余丝丝　10658

余太山　410，447，585，592，609，610，764，1155，1158，1167，1169，1299，1300，1301，1302，1430，1439，1440，1441，1442，2773，3672，3673，4109，4572，4574，4586，4926，5021，7614，7617，7634，7636，7641，7642，7654，7660，7661，7665，7677，7683，7693

余薇　10380

余稳策　11392

余伍忠　12061

余潇枫　9075

余晓　11553

余晓钟　11542，11543

余欣　4183，7723，8221

余妍良　9442

余尧　5713，7487

余珍　9510，10612，10649

余珍艳　9289

余朕　9887

俞慈珍　9428

俞德华　2343

俞峰　13303

俞国祥　10153，10158

俞海涛　6803

俞理明　5250，7359

俞敏敏　1971

俞明　4439

俞如先　2486

俞慎初　4265

俞士玲　5381

俞世峰　1007，3700

俞天秀　12613

俞晓辉　8168

俞秀红　3824

俞沂暄　9987

俞运宏　13321

虞浩旭　8198

虞华　11030，11031

虞文宝　10774，10775，12034

予征　2775

羽离子　2791，2858，3577

羽田明　37

禹贺　10793

禹丝思　10344

玉努斯江·艾力　1777，7827，7858

玉时阶　309，310

郁斐　6761

郁军　3555，3562

郁龙余　2562，5364，9304

郁明　3503

昱昊　760，7606

喻常森　1089

喻春娇　9906

▶ 丝绸之路研究论文目录

喻慧慧　11432
喻继如　137
喻丽　8150，12811
喻鹏涛　783
喻晓玲　10655
喻堰田　859，1069
喻莹　6665
喻忠杰　8089
元文广　5296
元祯　7301
贠娟　5645
袁昌齐　2537
袁超　10431
袁春潮　12626，13128
袁丹　9458，11631
袁枫　3357
袁刚　12865
袁行云　6954
袁洪渝　12865
袁辉　419
袁佳　9670
袁嘉奕　11002
袁建民　10502
袁剑　114，343，1246，1252
袁进琳　10399
袁靖　2583
袁静芳　6570
袁开惠　4337
袁凯铮　6191
袁黎明　966
袁丽君　9185，9792
袁利华　11831，11835，12127
袁莉琳　10262
袁靓　12558
袁琳　514

袁鲁霞　9040
袁梦雅　5953
袁明煜　3734
袁培　11483，11501，11511，11541
袁汝华　10607，12051
袁胜育　9164
袁澍　1014，1794，3707
袁炜　3607，3608，3627，3632，3636
袁小玉　12766
袁晓春　2066，2181，2226，2499，2517，4053，7829
袁晓玲　9742
袁晓璐　12989
袁新涛　8520，8694
袁旭菲　10144
袁延胜　862，1338，1355，1536，2189，7496，7644
袁野　9172
袁音　12458
袁英蕾　12820
袁永波　10976
袁媛　8883
袁苑　8472
袁月　10480
袁占亭　12247
袁峥嵘　12944
袁志鹏　1529
袁志伟　5197
袁中伟　4171
袁钟仁　2024
袁洲　9863
袁祖雨　5825
袁遵　12422

原峰　11165
原帼力　10453，10697，12187，12574，12575，12595，12604
原居林　11053
原娟娟　11030
原田淑人　3888，6024
原亚丽　10881，10938
原志华　12621
苑生龙　9343，10101
苑莹　10791
院文清　6188
约翰·罗克斯　2332
约翰·盖伊　3329
约书亚·托马斯　9317
岳东　2834，3998，5411
岳方明　11217
岳峰　6638
岳惠来　9239
岳键　6698
岳立　11549，11560，11563
岳丽霞　1222
岳亮　2735
岳明　9782
岳明浩　4989
岳蓉　8857，11918，11924
岳甜　13308
岳武　9500
岳西宽　9091
岳永　1768，6873
岳原　11825
跃练静　11708
云波　243
云峰　2888
云南省社会科学院"云南融入

"'一带一路'建设研究"
　　联合课题组　11110
云文娟　10753

Z

Zholdasbayeva Akbayan　12414
再米娜·伊力哈木　11966
再英·塔拉甫　8659
昝贺雷　9083
昝涛　9081
臧术美　13433，13442
臧振　275
曾飙　3732
曾翠　3343
曾德蒋　12646
曾凡礼　7088
曾繁强　11049
曾钫　617
曾分良　3831
曾刚　9296
曾国富　4458
曾汉辰　4829
曾华明　13240，13243，13279
曾慧娟　12757
曾慧岚　9041
曾加　11550
曾建生　6941
曾建勋　13249
曾杰　11273
曾金寿　6494，6505，6517，
　　6551
曾俊敏　7476
曾俊琴　5979
曾坤生　12230

曾丽荣　990
曾丽芸　13340，13355
曾玲玲　6206，6453，8385
曾令泽　13127
曾路　9402
曾旅湘　2074
曾敏　9501
曾明　3506，3507，3508
曾鸣　11528
曾鹏　12016
曾启鸿　12464
曾谦　1928，1929
曾茜　6669
曾庆成　12295，12325
曾庆江　13364
曾少聪　2277
曾缇　7378
曾琬云　8559
曾维华　2611，4142，4155
曾伟　13168
曾文芳　4958，4961
曾宪珊　2039
曾祥裕　9321
曾向红　9007，9061，9158，
　　9229
曾晓　10612
曾欣　12983
曾新　2039
曾艳英　2076
曾勇　11467
曾羽霞　6935
曾玉华　3739，3742，3747，
　　3748，3752，3755，3771，
　　3776
曾钰　668

曾昭宁　9993
曾昭璇　2039，4889
曾志雄　7887
扎别利纳·伊里纳　10093
查菲　10929
查洪德　8310
查志强　11055
翟芳淳　6504
翟红英　10585
翟杰　2625
翟今　8971，10104
翟崑　9284
翟旻昊　4183
翟敏　6650
翟少冬　1901
翟胜丞　3648
翟晓兰　3389
翟孝娜　12668
翟旭龙　3977
翟禹　195，3093，12915，
　　12917，12925，12928，
　　12931
翟战胜　5520
詹嘉　3332
詹礼愿　11870
詹姆斯·汉密尔顿　7314
詹伟芳　12467
詹小美　8638
詹小颖　9661
詹衍玲　13273
詹艳　2629
展纪娟　10493
展晓玲　11407
展妍男　8980，9010
展羽　27

▶ 丝绸之路研究论文目录

占豪　8518，9139
占益波　1994
张吕　1179
张阿利　13100
张爱宁　10778
张爱儒　10717，11027
张安安　12110
张安福　853，973，1195，
　　1198，1202，1204，1210，
　　1212，1222，1224，1367，
　　1373，1381，1556，1557，
　　1562，1566，1589，1592，
　　1604，1764，2620，3072，
　　3081，3089，3829，4500，
　　11332，12878，12880，
　　12948
张安虎　11627
张八五　10851
张百顺　2087，10354，10355
张柏青　7347
张宝通　8682，10214
张蓓蓓　3943
张本刚　4327
张必清　11615
张碧兰　12730
张辩辩　13221
张彬　10049
张斌　3383
张滨　11169，12301
张冰　2092
张冰洁　11387
张波　397，4006，4077，8528，
　　11314
张伯龄　5522
张伯瑜　6546，6573，6594

张勃　4353
张秕菲　11911
张博　13308
张博罩　9780
张博文　10766
张步天　428
张才圣　11158，11928
张彩丽　9947
张彩秋　6995
张策刚　213
张策则　3541
张超　10905，11742，13154
张朝　3096
张朝霞　11768，12845
张晨瑶　10072
张成　11640
张成渝　6155，6251，6252
张承志　7680
张铖　12394
张程锦　9356
张弛　1941，3166，3208，
　　8325
张驰　1417，12662
张崇琛　2642
张传福　12078
张闯辉　3650
张春华　11132
张春晖　12641
张春兰　1997
张春林　10448
张春燕　12167
张春阳　2917
张纯　662，669
张聪　11310
张聪明　8957

张聪颖　11210
张翠兰　7698
张存良　8305
张大为　6633
张大勇　8861
张丹　4110，4331，9634
张丹丹　12732
张丹林　10434
张道明　12193
张得祖　284，1904，6581
张德　10425
张德芳　879，1320，1321，
　　1366，1371，1382，1400，
　　2212，7502，7913
张德罡　4987
张德广　9043
张德华　2624
张德阶　1142，1283
张德伟　336
张登钧　10526
张迪妮　12041
张东菊　351
张栋　9745
张多勇　341，574，3056，
　　7555，10212
张夺　9928
张尔升　11217
张法　5379
张凡　1208
张芳　5643
张放　10099
张飞　3000，8662
张芬　48
张峰　8834，12045
张锋　10258，10259

张凤　2961

张凤林　11375

张凤武　1187，2593

张福龙　7793

张福新　8695

张付新　4041，5141，5169，5817，6336

张富国　10226

张高陵　290

张贡生　8727，10221

张光明　11137

张广达　1507，2566，7896，7897，7900，7902

张广海　12715

张广和　10871

张广林　2711，5610

张广威　8898

张广修　10964

张广宇　12598

张广裕　10427

张桂凤　3214

张国　10813

张国潘　7542

张国凤　10187

张国刚　107，2656，9421

张国华　3254

张国徽　12087，12103

张国庆　5380

张国旺　7696

张国元　2162

张国芝　10823

张国柱　9537

张海波　3204

张海博　2426，3516

张海峰　10795，12015

张海娟　1862，2877，5002，5148，5240，7421

张海军　3362

张海龙　3103

张海朋　10320

张海涛　12398

张海霞　9613，10544

张海英　2510

张晗　9254

张寒冬　3105

张汉平　13241，13244

张昊　8780

张浩　5352

张禾　3265，3266，6264

张和纬　5374

张訸　1392，4538

张亨溢　12705

张恒　349

张恒龙　9966

张珩　10902

张弘　11255

张红　1196

张红仓　3162

张红丽　11753

张红梅　11970

张红美　9829

张红涛　10983

张红岩　4707，12363

张宏岩　10793

张虹萍　5324

张洪　7539

张洪慈　6943，7257

张洪静　5826

张洪玉　8511

张洪振　11719

张鸿杰　7060

张鸿勋　5682

张虎　11300，12289

张虎平　9093，10392

张华　8428

张华春　12386

张华荣　12074

张化丽　12660

张欢　6341，6441，6693，6694，6695，6700，9530

张辉　7985，11438

张辉辉　5458

张惠玲　8418

张惠远　12042

张慧　10705，13125

张慧行　2956

张慧佳　7738

张慧梅　10138

张蕙　11070

张吉林　1850，3592

张继栋　9821

张继红　11837

张继军　2444

张冀兵　8660

张骥飞　345

张佳丽　12712

张佳雯　10605

张嘉敏　11579

张謇　8893

张建斌　4627

张建春　1185，7154，7155，7174，7179，7184，7198，7199，7203，7216，7250

张建华　138，12456

张建江　3706

855

张建军　1438，1494，9101，10057
张建君　10723
张建平　9214
张建松　12693
张建卫　9460
张建武　9926
张建学　74
张建宇　5792，6079
张建中　6075，10126
张健　98，542，9400
张健波　6236
张箭　2911
张江河　14
张杰　3171，8919，9172，12157，13160
张洁　8994，11914，12830，13368
张洁斐　12315
张金斗　12419
张金凤　11778
张金杰　5659
张金良　11544
张金萍　11002
张金桥　12836
张金艳　10372
张津芬　2577
张锦华　11381
张锦良　12714
张瑾　11791
张晋峰　3092
张京华　1284
张晶　12144
张晶晶　12633
张景安　8633，8648

张景科　3070
张景明　3484，3486，3488，3490，3491，3492，3494
张景平　4129
张婧　7402，8128，12957
张敬峰　12206
张敬全　5212，5241
张靖雷　2203
张静　1323，3201，10091，10558，10569，10914，11268
张静容　3337
张静远　6647
张静中　10145，11467
张巨成　2124
张娟　9183
张娟娟　10393
张军　3736
张军华　1737，4122
张军民　10567，10590，10618
张军谋　12702
张军强　9524
张君君　4033
张君仁　6364，8510
张君荣　101
张钧雷　1980，1981
张俊　5767，10081
张俊峰　2921
张俊杰　2499，6576
张俊民　642，4972，7500
张俊明　9384
张俊平　9530
张俊彦　2138
张俊英　89
张开城　8825，8839，11167，

12963，13074
张凯　9422
张铠　2563
张慨　5688，12701，13181
张抗　9069
张珂珂　10981
张科　11181，11185
张可成　9486
张可云　8713
张克　243
张克非　1859
张克仁　102
张奎　9469
张琨　2655
张鲲　12445
张来仪　1019，1188
张兰　12449，12450
张兰平　10081
张磊　9709，11514，13328
张磊磊　11339，11362
张蕾　12020
张蕾蕾　1614，4689
张琍沫　3931
张李　4724
张力　11947
张力华　6928
张立　12013
张立民　3606，9750
张立群　11854，11890，12522
张立哲　12592
张丽　12018
张丽彬　12138
张丽春　11675
张丽娟　12524
张丽君　1363

张丽丽　8822，12994

张丽莉　3353

张丽梅　10574，10586

张丽娜　7857

张丽群　12655

张丽香　5760

张利敏　9752

张利亚　7061

张莉　1097，1728，3342，8522，10026，10044，11021，11783

张莉莉　9568

张连杰　437，908

张连银　1069，1085

张良　9518，12950

张辽辽　13051

张辽艳　6589

张林　11632

张林邦　10789

张林波　12042

张琳婕　10290

张玲玲　3426，3479，6117，8021

张玲荣　7230

张留见　1927

张龙琳　8916，13107

张璐　10926，12382

张曼　12621

张茂林　3357

张梅　10107，10998，11681

张美娟　6918

张美云　9505，12065

张萌　4234

张萌物　11827

张盟　1372

张梦晗　8494

张梦香　10670

张勉　10143

张淼　10508

张妙　11794

张旻萌　5686

张敏　3835，11935

张敏波　4085

张明　214，4253，9268

张明俊　7935

张明亮　9263

张明清　3087

张明泉　3051

张明杨　12846

张鸣春　10776

张铭　2126，6160

张铭心　1560，3142，7947

张墨　3837

张乃根　11871，12090

张乃丽　10007

张乃翥　2585，2588，3002，3653，4994，4998，5536，5556，6155，6219，6251，7520

张男　12881

张南男　6245

张难生　2021

张楠　204，1048

张年生　13257

张宁　1894，9102，9162，9350，10037，10188，10644

张宁馨　201

张培　9781

张培锋　6949

张沛　7788

张沛之　1029

张佩峰　9466，10735

张朋川　5742，5743，6025，8280

张棚　9759

张鹏　5408

张鹏飞　9058

张飘洋　9631

张平　1354，3383，3384，3530，3559，3568

张平真　4150

张萍　463，563，12759，13275，13276

张萍萍　12038

张朴　8227

张齐美晨　8581

张琪　7228，10125

张琦　8032

张启安　28

张启聪　12783

张启祥　6380

张乾元　5702

张茜　13169

张倩　4417，6317，9485

张倩红　4939，7923，8092

张倩影　3441

张强　9509，12030，12042，12265，12267，12268，12366，12381

张蔷　12704

张钦　2915

张勤　3245，6084，6095

张青平　4986

张青青　462

张青霞　12980
张清宏　3976
张清廉　2687
张清民　1920
张庆芬　2626
张庆国　9487
张庆捷　1944，3127，3471，3828，7518
张秋生　8692
张权　4520，10437
张全超　3992，4974，4976
张全红　6017
张群　10551，13431
张然　11488，11493
张仁镜　2763
张忍顺　2992
张韧　9085，9285，11922，12021
张荣　4872
张荣国　12799
张荣强　7505
张蓉　8150，10988，12811
张如柏　5179
张如青　4288，4302，7985，8151
张蕊　10312，10325
张瑞华　10497
张瑞坤　13046，13358
张瑞贤　4160
张瑞义　6976
张睿丽　2253，4598
张睿智　6759
张若然　11441
张若思　11881
张赛　9721

张赛群　9363，9374，9379
张莎莎　2008，8797，10773
张善庆　5902，5910，8338
张善熙　3538
张善云　5179
张尚　11477
张尚庆　4499
张少峰　11132
张少华　43，1229
张升森　968
张胜满　9821
张时立　11261
张实　2402
张世才　1718，1789，4857
张世海　13190
张世龙　11053
张世民　2827
张世展　10942
张守愚　7917
张寿庭　11453
张书彬　5237
张书城　2812，2818，2823
张书峰　2692
张书进　7156
张书艳　4602
张书斋　2025
张书颖　3069
张淑红　1721，1757
张淑惠　9471
张舒　1943，1948
张曙晖　4503
张树彬　11373
张树栋　4393
张树国　6463
张澍　8647

张帅　10008，10022，10027，10047
张双悦　13392，13411
张爽　2457，5195
张顺　10842
张顺凤　8629
张朔人　2057
张硕　9588
张硕勋　516
张思恩　596
张思洁　11587
张思琪　3440
张思容　12072，12077
张四军　9580
张松柏　1021，3466，4153，10415
张绥　4877
张泰琦　9075，12866
张唐彪　2290，2727，5186
张涛　2792，3744，4408，9970
张桃　10913
张腾飞　10542，10636
张体勇　5331
张天桂　10148
张田　8290
张铁梅　5828
张铁山　3605，5072，5261，7417，7420，7460，7461，8015，8175，8256，8265
张铁伟　2139，2144，8156
张庭祥　11100
张婷婷　6744，12418
张同标　3429
张同胜　113，7043，7282，

7284，7286
张彤　3219，9814，10329
张彤璞　11414
张菀航　11582
张琬悦　11890
张万财　5406
张万杰　4262，4264
张万学　12102
张万益　11987
张薇　10019，10041
张维维　9211，11962
张伟　7339，9903
张伟疆　13296
张苇锟　12120
张玮　1106
张炜　4323
张炜华　548
张卫光　8420
张卫民　11024，12272
张卫明　2537
张未　6007
张未广　11378
张文　6088，12481
张文博　10349
张文成　12563
张文德　1666，1668，2183，2251，2254，2256，2271，2276，2441，2612，2861，2914，3447，3699，4898，4906，7631，8241，12107，12117
张文芳　3573
张文晶　3697
张文静　6464
张文君　13384

张文木　9566，11288，11904，11905，11927
张文强　11879
张文澍　2869，2871，7095，7100
张文效　4346
张文亚　1739
张文中　9697，9728，9755，9767，9952
张闻笑　12741
张雯　6936，10334，10418
张武康　12768
张武一　7980
张西虎　12559
张希君　10722，11407
张熙遥　12078
张喜琴　4108
张霞　11078
张先革　4864，10672
张先堂　6849，6850，8492，8512
张湘宾　5472
张翔里　283
张翔宇　3162
张向红　1865
张向辉　3785
张象枢　12010
张潇文　10919
张潇潇　10352
张小峰　10574
张小锋　12058
张小刚　6023，6078
张小贵　5518，5614
张小涓　7784
张小军　11525，13162

张小蕾　10436
张小艳　12165，12191
张小玉　4039，4204，4206
张晓　8537，12121，12181，12416
张晓斌　12033
张晓东　743，792，2506，3675，4521，12353
张晓刚　2528
张晓红　8638
张晓虹　1001
张晓华　5107
张晓慧　1052
张晓君　11855
张晓莉　1195，10423
张晓敏　12040
张晓鸣　3358
张晓宁　6285
张晓平　3902
张晓琴　7281
张晓晓　12362
张晓亚　3254
张晓妍　3841
张晓燕　1773，7209
张孝德　8593
张效科　10802
张效羽　13280
张啸虎　1015
张辛雨　11245
张昕　8532
张欣　8751
张欣欣　10092
张新　11498
张新超　865
张新红　6911

▶ 丝绸之路研究论文目录

张新华　11479，11510
张新辉　3871，12843
张新平　8736
张新萍　12778
张新艳　3525
张馨予　10952，12667
张鑫　8972，10916
张鑫刚　11987
张信刚　45，123
张星　3946
张星亮　12422
张星强　9498
张兴民　3127
张兴胜　943
张兴田　6923
张雄　10694
张秀杰　9224，10999
张秀莲　3591
张秀萍　7393
张旭　992，7876
张旭亮　13387
张绪山　2169，2393，2396，
　　　　2653，6902，6914
张绚蕾　11412
张学锋　8186
张学君　2372，2380
张雪凯　10395
张雪梅　11048
张珣　5651
张雅萍　12757
张雅琴　12114
张亚斌　8699，9053，9864，
　　　　9875，9880，10329，13388
张亚光　8577，9740
张亚雷　10666

张亚莎　5680，5745
张延清　3011，4698
张严峻　9077
张岩　1168，1170，5738，
　　　12431
张炎　5297
张癸真　13230
张彦虎　338，4103，4113，
　　　　8312
张彦修　2602
张艳　7419，8701，12394
张艳国　819
张艳杰　3648
张艳璐　8111，8937，8963
张艳琴　12787
张艳茹　11791
张艳涛　8537，8629
张晏瑢　11874
张焱　13212
张燕　1100，10505，10522，
　　　12616，12653
张燕婴　7640
张扬　7764
张阳　10339，12660，12784
张洋　7308，7369，7370，
　　　11689
张烨　7485
张晔　10559
张一平　8426
张怡　9666
张宜婷　1606
张忆南　9159
张奕辉　10189
张益　12860
张益娜　11570

张益智　7226
张镒　12770，12782，12905，
　　　12919，12924，12927，
　　　12949
张毅　6165，6167，12249
张懿　8711，10530
张银花　12934
张银玲　12749
张银山　9949
张寅　6595，6682，6716，
　　　8066，8511
张寅彭　7248，7249
张引良　4373
张胤钰　10811
张英　4097，13058
张英华　13138，13139，13141
张英莉　23
张英梅　8441
张瑛　61，7865
张鹰　1244
张迎春　10042
张迎胜　2868，7098
张莹　12664
张滢　12442
张颖　11623
张影　10555，10563
张应斌　6948
张应进　10141
张映芹　12366，12381
张永锋　12478
张永辉　4424
张永坚　2443
张永军　8657
张永丽　9646，9648
张永禄　4921

张永明　10492，11485

张永强　3790

张永庆　8892，9907

张咏　4729

张咏梅　4944

张勇　3263，8815，8823，10614

张涌泉　1822

张友信　1990，1992

张有　3862，3864，3869，3870

张有恒　9416

张瑜　10304，11422

张宇　3964

张宇红　12061

张宇星　10989

张雨　11999

张雨晴　13220

张语洋　13320

张玉　11725

张玉娥　11392

张玉洁　11064

张玉坤　10420

张玉兰　5370

张玉梅　3996

张玉鹏　2047

张玉平　3526，6210，6217

张玉桥　191

张玉蓉　13403

张玉声　2769，6843，6844，7640

张玉祥　1593

张玉兴　993，8349

张玉玉　5179

张玉忠　1968，3493，4132，5866，7950

张驭寰　3030

张郁　1027

张育英　5246

张钰　12057

张钰羚　11853

张煜　10215

张毓　12722

张元林　5846，5986

张元龙　4219

张元敏　2756

张原　10876

张媛　12158

张媛媛　12079，12540

张远　2286，6523

张远鹏　11021

张月　8143

张月芳　11252

张月花　12721

张月瀛　10986

张月月　12213

张岳鹏　10850

张跃峰　3451

张跃进　5720

张云　115，4041，4652，4655，4656，4728，5169，5817，6336

张云凤　2195

张云江　5150

张云鹭　13297

张云芝　10331

张云志　5943

张鋆　3652

张允　13319，13326

张运德　1348

张运良　10941

张泽洪　2610，5046，5058，5224，5348，5448

张泽咸　4082

张增如　979

张展　5554

张占仓　8721

张战平　10320

张长森　11754

张哲　12059，12309，12415

张哲玮　13301

张珍珍　721

张真怡　11767

张甄　8513

张振华　1465

张振霞　4533，4539

张振玉　2833

张振岳　1427

张争胜　7815，11220

张正明　6188

张正通　9508

张正学　7297

张之红　12695

张芷凡　11942

张志峰　12422

张志军　1408

张志坤　417

张志强　5740

张志尧　4571

张志岳　6957

张志云　6166

张志忠　3415

张治荣　12683

张中华　12727

张中理　12282

张中泽　8865，8877

· 861 ·

▶ 丝绸之路研究论文目录

张忠　267，268，269，547	赵斌　464，974，3901，4598	4488
张钟月　9504	赵炳清　2777，4493	赵海鹰　3558
张仲　8889，12059	赵炳新　10248，10661，11811	赵海越　11679
张仲葛　4134	赵勃艳　11049	赵鹤　12185
张仲伍　10306，10313，10353	赵昌　9038	赵恒园　9994
张重艳　7745	赵超　1781	赵红　5270，8285
张重洲　5187，8076	赵焯顺　9891	赵红梅　1470
张祝平　7279	赵川　10458	赵宏利　11188，11191，11567，
张子俊　174	赵春晨　140	12786
张子龙　9807	赵春婷　6699	赵华胜　8676，8911，9142，
张子鹏　3011	赵纯涂　12421	9143
张自楚　9103	赵聪　9918	赵焕庭　2042，2043，2050
张宗军　11379	赵丛苍　3096	赵焕震　4830
张宗品　7780	赵大莹　8398，8406	赵辉　1227，1230
张宗子　4135，4231	赵德利　11980	赵徽弘　5199
张纵远　13073	赵凡　11980，12936	赵惠群　12339
张祖群　8534，12596，12603，	赵菲菲　11303，11504	赵纪越　11430
12888，12901	赵斐　9543	赵佳　8603，11592
张作君　4272	赵丰　63，2955，3234，3238，	赵珈艺　9915
章伯锋　1475	3256，3257，3276，3544，	赵嘉麒　6929，6930
章成　11821	6149，8394	赵建安　4097
章鸿昊　6001	赵锋　10708	赵建基　8759，10523，13238
章金荣　278	赵凤霞　3871，12843	赵建平　44，4232，7501
章军杰　12601	赵福礼　4260，4261	赵剑锋　507，739，1568，
章庆慧　12278	赵刚　12885	7816
章文钦　8157	赵高斌　8917，13300	赵健　9365
章兴宝　8345	赵庚科　10029，10030	赵健雄　4260，4261，4273
章学锋　13351	赵关维　12017	赵江林　8920，10242
章妍　9711	赵广成　8561	赵江民　5040，7321
章毅　9662	赵广会　9650	赵疆囡　1601
章永俊　8172	赵国栋　11336	赵杰　3735，4517，12237
章忠民　1081	赵国涛　11611	赵洁　4461，4767
赵爱国　12139	赵海军　6760	赵金科　3844
赵宝红　288	赵海如　3006	赵锦玉　2739
赵犇　3805	赵海霞　1745，3984，4007，	赵晋颐　12705

赵菁奇　12019，12088，12096
赵婧　7002
赵静　12285，12773
赵娟　10958
赵军　9470
赵凯　4372
赵凯琳　10947
赵逵夫　557，1864，12972
赵昆　3775
赵雷　1350，1356
赵蕾　3723
赵力扬　520
赵立春　12066
赵立韦　11815
赵丽娟　12726
赵丽莉　9965，12111
赵丽娅　6054，6718
赵丽云　2758，5234
赵俪生　1638，7385，7599
赵莉　5741，5973，7035，
　　　7499，8231
赵亮　7815，8981，11220，
　　　12832
赵林毅　5865，12863
赵临龙　12812
赵麟斌　9373
赵玲　5823
赵凌云　11345
赵龙　9673，9693
赵隆　8764
赵鲁楠　9616
赵麦茹　8126
赵孟懿　6242
赵梦涵　12912
赵梦阳　4405

赵敏俐　7943
赵明　8555
赵明海　4581
赵明月　9797
赵娜　12921
赵娜冬　5413
赵楠　1932
赵妮　12984
赵盼盼　11455
赵沛　2541
赵鹏　11125，11266
赵鹏迪　10811
赵捧未　10884
赵评春　689
赵萍　10449
赵起峰　9939
赵倩　12689，12799
赵巧敏　10757
赵芹　6588
赵青　6468，10907
赵青海　8826
赵青山　7546，8432
赵青松　9989，11694
赵琼　8932
赵仁杰　12014
赵荣钦　10320
赵荣织　1171，4783，4784，
　　　4785，4786，4787，5577
赵汝清　806，3665
赵锐　11787
赵瑞　6888
赵瑞廷　3473
赵莎莎　2674，5824
赵山花　12333
赵珊珊　11720

赵声良　2990，5887，5893
赵胜男　12661
赵士城　7026
赵士渊　10616
赵世骞　3851，6281，6283，
　　　6609，6611，6613，6614，
　　　6618，6625，6626，6632，
　　　6732
赵世金　5422
赵淑梅　3076
赵树梅　8728
赵双叶　517
赵霜　10911
赵司楠　12008
赵思方　5440
赵松乔　318
赵涛　12978
赵天　13006
赵天宝　4980
赵天睿　10226
赵天相　4159
赵天英　4813
赵婷婷　3397，4377，6073
赵万里　1955，13165
赵巍　11022
赵维娜　6805
赵维平　6641
赵维玺　3330
赵伟光　10223，10234
赵卫　8130
赵卫宾　1787，2222
赵卫华　8525，8731
赵文平　10225
赵文润　2598，6297
赵文坦　2874

赵雯　9427
赵喜惠　5037，6082，6349
赵霞　2658，11319
赵先立　9587
赵宪军　13064
赵相伟　10344
赵向群　1446
赵霄珺　11896
赵小雅　12231
赵晓芳　1554，5140
赵晓斐　9532
赵晓军　5539
赵晓文　11663
赵晓晓　10038，10584
赵心愚　1915，2838，7756
赵欣然　8942
赵新平　3921
赵鑫桐　7871
赵星华　1700，8238
赵兴有　12438
赵旭　6012，6087，11824，12375，12395
赵旭东　8604，12970
赵旭国　2715
赵序海　11128
赵学东　5126，5132，7994
赵雪芬　5913
赵雪冉　12370
赵雅萍　10429
赵雅婷　9167，9974
赵雅莹　9036
赵亚娟　3656
赵亚莉　9517，9528
赵亚琼　10587，10599，10602，12666

赵妍　6272，8747，10495
赵岩峰　11867
赵艳　10060
赵燕　13140
赵阳　9446
赵阳光　8496
赵阳阳　2701
赵洋　3181，9534
赵耀锋　1847
赵依楠　12564
赵怡芳　10765
赵颐丽　3569
赵颐淇　12585
赵以武　1818
赵奕杨　11796
赵逸民　8428
赵毅　1671，1783，1784
赵毅霖　8101，9984
赵寅科　8079，10902
赵莺　11713，11716
赵迎山　3783，3792
赵莹　11536
赵莹波　2416，2527
赵颖　12421
赵永复　700，1476，7376
赵永红　7413
赵永建　8600
赵永康　225
赵永伦　1537，1567，1573
赵咏维　5822
赵勇　10405，12459
赵友琴　4269
赵予征　1653
赵宇蒙　9170
赵玉宏　13137

赵玉平　5511
赵玉霞　3859，4443
赵玉芝　12443
赵媛　11559，12395
赵云　169，12930
赵云旗　1481，4719
赵云田　3711
赵云艳　10490
赵芸芸　9943
赵泽琳　9267
赵占锐　3064
赵长峰　8483
赵哲昊　168
赵贞　430，513，948，964，985，1317，4764
赵珍　9978
赵振华　4448，7521
赵峥　10332
赵政泉　8810
赵志安　6637
赵志超　965
赵志国　10023
赵志军　4093
赵志君　9716
赵志强　3652
赵志伟　12309
赵志文　10562，11676
赵中平　11982
赵中振　4335
赵子芳　10691
赵祚翔　9101
柘植元一　6438
真大成　771
甄晓英　13023
正明　1943，1948

郑阿财　7382
郑保卫　13339
郑蓓媛　12723
郑炳林　1866, 2634, 4391,
　　　5290, 7410, 7513, 7572,
　　　7667, 8193, 13132
郑炳山　2305
郑博文　9702
郑渤秋　3523, 5744
郑畅　2807, 12695
郑晨　8715
郑崇伟　8889, 9851, 11597,
　　　11601, 11603, 11606,
　　　11861, 11994, 11995,
　　　11996, 11999, 12012,
　　　12059, 12415
郑传锋　2093
郑春丽　12466, 12496
郑葱燕　8356
郑聪　5768
郑冬梅　8098, 8897, 8901
郑港龙　13368
郑广薰　8048
郑国姣　8884
郑国穆　12909
郑国英　3773
郑国珍　2373
郑海麟　8813
郑豪　8331
郑红翔　1886
郑红媛　9745
郑鸿飞　12131
郑焕章　132
郑骥　2835
郑建成　8463, 8466

郑建明　5106
郑剑玲　12987, 13097
郑洁　10348, 11732
郑景元　10738
郑军　8892, 9907
郑蕾　9815
郑礼媛　8792
郑力乔　1080
郑立新　10084
郑亮　1552, 5131, 7018,
　　　12435
郑琳琳　10560
郑玲　6894, 7425, 7873
郑美青　11093, 11101
郑敏　672, 3679
郑培凯　3320
郑彭年　5100
郑琦　12560
郑蓉　12069
郑汝中　6391
郑闰　3349
郑三粮　2090, 2095
郑山玉　2247, 9359
郑士鹏　13014
郑世连　7698
郑守一　2210
郑书民　12099
郑思阳　4038
郑松才　1985
郑松辉　13065
郑陶然　8935
郑天祥　11227
郑铁巨　931
郑彤　5821
郑为　6026

郑维伟　8632
郑伟财　10501, 10557
郑炜　11204
郑先芳　12523
郑向敏　12648
郑晓光　9372
郑晓培　4907
郑星　8109
郑兴碧　9830
郑秀　10201
郑秀娟　12660
郑学檬　998, 1132, 5168,
　　　13373
郑雪红　8850
郑彦宏　10760
郑彦卿　724
郑焱　11029
郑燕燕　4802
郑瑶峰　4994, 4998
郑一钧　5574, 8376
郑祎　3631
郑怡楠　5931
郑奕　12022
郑毅　5020
郑因　2765
郑颖　3347
郑镛　1983
郑永年　8521, 8523
郑勇　1277
郑又源　9871
郑玉玲　2944
郑玉雯　12047
郑云　3207
郑云峰　9523
郑云龙　289

▶ 丝绸之路研究论文目录

郑志刚 6578	钟华邦 296	仲俊涛 10393
郑治伟 12779	钟佳其 10049	周阿利 9595, 9620, 10897, 13134
郑忠莉 7152	钟建华 1989	
郑忠实 8812	钟建军 9854	周艾民 289
郑重 3567	钟建平 9064, 9817	周爱民 9694
郑周胜 8741, 9538, 9549, 9644, 9686, 9735, 9746, 9761, 10282	钟健 5878	周宝利 1022, 2158
	钟进文 4925	周保明 2829
	钟磊 8783, 9956	周彬 14
郑自海 2293	钟丽娟 5543, 5552, 6061	周斌 980, 4416
郑祖襄 6412	钟美珠 7901	周伯乐 12571
支继超 8952	钟敏 10176	周婵 12531, 12532
支小军 10465, 10470	钟敏丽 2288	周昌仕 11828
支晓宇 11352	钟明容 11127	周常文 12061
直盛 2798	钟鸣 12063	周畅 11700
植素芬 13272	钟瑞添 11158	周超 12244
中国第一历史档案馆 2252	钟少异 2595	周宸伊 9060
中国科学院地理科学与资源研究所课题组 9461	钟盛 1451	周晨 13008
	钟诗吟 2644	周成 12785
中国美术馆 8401	钟书琰 10123	周春健 2886
中国人民大学国学院西域历史语言研究所 3015	钟涛 7942	周春霞 11205, 13270
	钟天娥 13084	周丹 11695, 11698, 11715
中国人民银行哈密地区中心支行课题组 10603	钟卫稼 12302	周丹萍 12248
	钟响 7291	周得京 39
中国社会科学院 11110	钟小欢 12590	周德钧 1565
中国文物研究所 7516	钟兴麒 652, 770, 1510, 4152, 6780, 7084	周方 11845
中央党校"民营企业参与重大科技创新的策略与路径研究"课题组 12109		周方冶 8833, 9248, 9278
	钟彦华 13068	周芳 9209
	钟燕丽 4375	周菲菲 6889
钟伯清 2165	钟治 6206	周戈 10570
钟昌标 10804, 12346	种坤 3502	周巩平 6200
钟昌斌 198	仲爱新 9602	周广仁 9499
钟晨丽 10232	仲崇高 10229	周贵华 5260
钟赣生 4268	仲高 1164, 1512, 2606, 3820, 3973, 3974, 4100, 4154, 5465, 5621, 6904, 8213	周国信 5729, 5730, 5733
钟辛穗 11553		周海炜 11992
钟焙 7360, 7466, 8333		周海赟 10067

周和平 12952

周珩帮 5287，6837，6838，
    7800

周红 3750，4522，8240，
    9401

周宏 3237

周宏春 11519

周泓 1083，1163，1236，
    1423，1448，1449，1689，
    2747

周华 3346

周欢 10409

周桓 7566

周辉 3599

周慧 3177，4964，4976，
    7825，9632

周积明 1060

周吉 6310，6392，6806

周加胜 2056

周家干 2037

周建 859

周建标 12681，12698，12700

周建波 12099

周建明 2558，10128

周建朋 4360，6057

周健强 6778

周江 8836

周江华 12347

周洁 13082

周金花 339

周菁葆 3259，3269，3273，
    3274，3275，3925，3926，
    4361，5149，5452，5486，
    5504，5510，5525，5687，
    5843，5906，5915，5919，

5925，5927，6065，6212，
6266，6279，6286，6307，
6312，6382，6386，6422，
6460，6524，6610，6615，
6645，6653，6655，6656，
6657，6658，6659，6660，
6661，6662，6666，6667，
6668，6670，6671，6672，
6673，6674，6675，6676，
6677，6681，6684，6686，
6688，6689，6690，6691，
6692，6693，6694，6695，
6696，6700，6701，6704，
6705，6707，6708，6709，
6711，6713，6714，6719，
6720，6721，6722，6723，
6813，12959

周晶 5434

周静 3402，5930，13004

周静宜 12003

周君平 3850

周俊 883，8556

周珺 10606

周丽 11320

周丽群 5604

周丽霞 13222

周励 8678

周利群 7479

周莉 6595

周莉英 3922

周连宽 1474，5308

周良霄 3154

周琳 10731

周满生 12147

周毛措 4690

周毛先 7439

周茂荣 9344，9806

周梦 12164

周梦江 2298

周梦姣 8872，9868

周密 6092

周民权 12140

周敏 4161

周明 9145

周明全 12936

周明学 1353

周牡丹 10824

周年 4263

周宁 2619，6367

周盼 11979，11981

周佩妮 480，2952，2954，
    3153，3596，3597

周鹏翔 10366

周丕显 7921

周平录 10233

周萍萍 11010

周普元 5045

周其岗 810

周琦 5375，9087

周谦 5675，6390，6396，
    6397

周倩倩 8480

周强 10971

周巧琳 12375，12395

周巧云 9568

周庆基 3382

周秋良 7292

周群华 8449，8469

周日安 659

周日琏 209

周荣　12853

周珊　8478

周尚兵　831

周尚仪　6261

周升起　10004

周生霞　4190

周士琦　4245

周世荣　3356

周仕德　1110

周书焕　11900

周双利　2855

周陶　6594

周廷贤　2100

周通　10115

周万友　4242

周旺　4030

周旺林　4028

周薇　11000

周伟　9290，11219，11271，13068

周伟伟　12733

周伟洲　373，937，1335，1885，1936，2953，3216，4525，4963，5342，7919，8215，11262

周文会　13031

周文婷　9913

周文通　12370

周武　544

周锡娟　4713

周先平　9575

周湘东　2450

周祥　3561，8272

周翔宇　2107

周骁腾　2459

周小虎　11699，11704，11713

周小明　3134

周晓青　12320

周晓唯　9743，9928

周效荣　9514

周燮藩　5603，5608

周新郢　3077

周星　13320

周兴　12834

周兴梁　2099

周兴禄　2845，2846

周秀坤　7122

周秀兰　13430

周轩　597，1691，1693，1705，1729，1762，1774，2926，2928，3008，3192，7136，7178，7216，7509，7936

周学锋　1333，1345

周学军　358

周雪香　11091

周训安　13265

周妍　2275

周岩　9847

周彦池　6359

周燕华　12104

周燕玲　7158，7183，7200，7228，7256，7867

周燕鄢　11708

周阳敏　125，8799，9477

周旸　3264

周洋　12003

周耀杭　10010

周一良　7576

周怡岑　12697

周义龙　12630

周义鏊　7709，8027，13234

周艺　12029

周艺怡　11272

周益　11357

周逸　8554

周懿　2722

周英虎　10463

周颖　3433，11451

周永华　4452

周有光　7299

周宇　8712

周元诚　9966

周跃　10964

周云　3644

周耘　6475

周运中　728，903，7743

周枣　8362

周泽超　13177

周张佳雯　11813

周章贵　9251

周长山　150，8042

周长源　3301

周珍珍　6124

周祯祥　5523，5524

周振鹤　753

周振正　11419

周芝雨　3170

周志龙　10377

周志培　5248

周志清　3052，3140，4399

周智生　2171，2173

周智武　4009

周中坚　2141

洲塔　1667，6512

朱安女　2119

868

朱柏萍　10773
朱葆珊　1260，1264
朱倍德　8999
朱彩霞　7156
朱昌利　2149
朱超　3064
朱琛　9529
朱成林　7778
朱翠萍　8838，8854，9316，
　　　11934
朱存世　5812
朱丹丹　3354
朱德军　991，4739，8353
朱东仪　13344
朱恩东　9718
朱方胜　3354
朱芳阳　11121
朱峰　7060，10440
朱凤玉　6864
朱刚　6179
朱国祥　5043，5044，7420
朱皓阳　12190
朱灏　11739
朱和平　4084
朱贺琴　3887
朱鹤　8893
朱红文　8812
朱宏斌　59，2698，4033，
　　　4086，4089，4184
朱泓　3992，4964，4976
朱虹　11386，11650
朱洪涛　13204
朱鸿　1883
朱浒　4485，5799，5944，
　　　6077

朱环　12541
朱加荣　1834
朱佳惠　11796
朱佳林　13271
朱建君　2233
朱健齐　9626
朱江　2150
朱江涛　10908
朱杰勤　2134，8192
朱金峰　12029
朱锦程　13377
朱瑾　13412
朱尽晖　5703
朱进彬　548，1114
朱婧　10091
朱军　12540
朱凯旋　11364
朱坤华　9064
朱磊　5640
朱立春　1094
朱丽　1420
朱丽玲　10439
朱丽娜　1202，1557，1582，
　　　7333
朱丽萍　6725
朱丽双　2832，5184
朱利民　12853
朱琳　4808
朱龙　1935
朱陆民　9377
朱梅新　3757，3871
朱明忠　5615
朱妮娜　10152，10154
朱念　11159，11409，11810
朱培民　1193

朱鹏　2389
朱启航　11319
朱强　8088
朱乔　12110
朱勤滨　8470
朱秋德　6986，6999，7113
朱秋霞　12239
朱冉　5708
朱日祥　334
朱蓉文　11166
朱瑞雪　10257，10859
朱少伟　1986
朱绍侯　4618
朱生云　4832
朱胜楠　7125
朱时雨　11913
朱士光　41，75，330
朱世冬　10174
朱世广　478
朱姝　2556，4384，5707
朱思信　8365
朱四伟　9609
朱苏康　4179
朱素珍　3370
朱素真　12166
朱天曙　6101
朱铁权　3347
朱同　6612
朱万民　2121
朱巍　5895，9945
朱伟　168，3079
朱卫　2437
朱显平　8652，11971
朱湘蓉　7361
朱小川　10664

▶ 丝绸之路研究论文目录

朱晓峰 6703	朱瑜章 5323	祝小涛 10350
朱晓军 13092	朱玉春 11425	祝艳 10231
朱晓婷 10765	朱玉玲 13273，13286	祝艳梅 9683
朱晓翔 12792	朱玉麒 2929，2932，2937，	庄国土 33，2289
朱晓宇 3930	3717，7655，7715，7774，	庄华峰 4017
朱新光 1655，1658，1697	8023，8165	庄景辉 2398
朱新蓉 9575	朱裕生 11544	庄礼伟 2525
朱新鑫 11411	朱悦梅 4676，4682，4684，	庄丽娟 11350
朱雄 9125	4686	庄莉红 4910
朱雄关 11112，11500，	朱云宝 5371	庄明军 1940，3487
11503	朱蕴秋 7671	庄佩芬 11103
朱秀敏 7170	朱泽钢 9793	庄为玑 2894
朱旭旭 13189	朱长征 82，11757，12387	庄万丽 12210
朱学渊 4956，4960	朱昭华 2433	庄艳华 13257
朱雪琳 8591	朱哲 6194，11188，11191	庄壮 5850，5860，6459，
朱亚非 2161，3229	朱振华 5773	6640
朱艳 1949，12409	朱振杰 1278	卓乘风 10256，10264，
朱燕鸣 10278	朱郑慧 7530	11595，12403，12411
朱叶 1541，6055	朱之勇 8074	卓建明 5317
朱怡然 8616	朱志东 10170	卓舒丹 10172
朱义禄 2745	朱智洺 11390，11405	卓文静 3261
朱邑 12002	朱智文 10376	卓新平 5055
朱易安 6456	朱珠 7383	宗喀·漾正冈布 7439
朱奕绮 10078	朱子虎 12329	宗喀益西丹佛 4688
朱逸宁 10403	诸葛铠 6104，6105，6170	宗康 12351，12401
朱懿 11177	诸宁扬 10208	宗性 5198
朱英荣 2569，2972，3004，	诸云强 11982	宗永平 1162
5072，5833，5836	竹效民 8720，10596，10617	邹斌 11544
朱瑛 1793	竹云 816	邹德浩 8653
朱瑛培 3652	竺小恩 3903，3914，3924	邹德志 9469
朱永彪 9122，11960	祝福云 10906	邹飞 3109
朱永梅 2795	祝辉 11522	邹格林 8874
朱永明 1747	祝佳 11171，11175	邹红艳 12232
朱勇 11741	祝捷 11650，12410	邹佳秀 12810
朱瑜珂 10759	祝明侠 8845	邹军 12145

邹开敏　11269

邹岚　13117

邹磊　13183

邹礼洪　4243

邹立　104

邹立刚　9249，11839

邹禄禄　8586，8588

邹森　11344

邹淑琴　3938，4027，4542，6365，6748，6749，7038，7045，7056，7066

邹伟勇　12331

邹向阳　8652

邹晓华　6887

邹秀婷　9222

邹雪莲　10769

邹一清　2518，5460，7990，8018，8068，8408，8429，8467

邹逸麟　1476

邹咏梅　12769

邹宇　6712

邹振环　744

邹震　8433

邹志强　10198，11536

邹智深　12710

俎瑞平　11974

祖立超　9015

祖鲁比亚·吾斯曼　3137，3139

左斌　1600

左建　2573

左金众　5427

左力光　6081

左沛廷　10992

左品　9341

左晓安　11190

左晓晴　10419

佐克·艾力木　9508